*Les grands arrêts*
*de la Cour européenne*
*des Droits de l'homme*

# THÉMIS

COLLECTION FONDÉE PAR MAURICE DUVERGER

THÉMIS DROIT

SOUS LA DIRECTION DE
CATHERINE LABRUSSE-RIOU
*Professeur émérite à l'Université Panthéon-Sorbonne (Paris I)*
*et*
DIDIER TRUCHET
*Professeur émérite à l'Université Panthéon-Assas (Paris II)*



FRÉDÉRIC SUDRE (dir.)
*Professeur à l'Université Montpellier I*

JEAN-PIERRE MARGUÉNAUD
*Professeur à l'Université de Limoges*

JOËL ANDRIANTSIMBAZOVINA
*Professeur à l'Université Toulouse 1-Capitole*

ADELINE GOUTTENOIRE
*Professeur à l'Université de Bordeaux*

GÉRARD GONZALEZ
*Professeur à l'Université Montpellier I*

LAURE MILANO
*Professeur à l'Université d'Avignon*

HÉLÈNE SURREL
*Professeur à l'IEP de Lyon*

avec la collaboration de

FABIEN MARCHADIER
*Professeur à l'Université de Poitiers*

CAROLINE PICHERAL
*Professeur à l'Université Montpellier I*



# *Les grands arrêts de la Cour européenne des Droits de l'Homme*

*7e édition mise à jour*



puf

ISBN 978-2-13-061877-5
ISSN 0768-0910

Dépôt légal — 1re édition : 2003
7e édition mise à jour : 2015, avril


6, avenue Reille, 75014 Paris

# *Sommaire*

Titre II

**LES DROITS GARANTIS**

Titre III

**LA GARANTIE DES DROITS**

## *Répartition des commentaires par auteur*

Frédéric SUDRE : nos 1 à 5, 7, 9, 14 à 16, 28, 39, 70, 73, 75.
Jean-Pierre MARGUENAUD : nos 18 à 20, 41 à 47, 64, 66 à 69.
Joël ANDRIANTSIMBAZOVINA : nos 6, 21 à 26, 29, 33, 40, 62, 63, 71, 74.
Adeline GOUTTENOIRE : nos 30, 34 à 38, 48 à 54.
Gérard GONZALEZ : no 8, 10 à 13, 55 à 58, 65.
Laure MILANO : nos 27, 28, 31, 32.
Hélène SURREL : nos 17, 60, 61.
Fabien MARCHADIER : no 72.
Caroline PICHERAL : no 59.

# *Abréviations*

| | |
|---|---|
| A | Cour européenne des droits de l'homme, arrêts et décisions, Série A (jusqu'au 31 décembre 1995 ; pour la suite voir *Rec.*) |
| *ADE* | *Annuaire de droit européen* |
| *AFDI* | *Annuaire français de droit international* |
| *AJDA* | *L'Actualité juridique. Droit administratif* |
| *Ann.* | *Annuaire de la* CEDH |
| *Bull. civ.* | *Bulletin des arrêts des chambres civiles de la Cour de cassation* |
| *Bull. crim.* | *Bulletin des arrêts de la chambre criminelle de la Cour de cassation* |
| *Bull. dr. h.* | *Bulletin des droits de l'homme* (Institut luxembourgeois des droits de l'homme) |
| *CDE* | *Cahiers de droit européen* |
| CEDH | Convention européenne des droits de l'homme |
| CJCE | Cour de justice des communautés européennes |
| Comm. | Commission européenne des droits de l'homme |
| Cour EDH | Cour européenne des droits de l'homme |
| CSE | Charte sociale européenne |
| *D* | *Recueil Dalloz* (depuis 1945) |
| *DCDF* | *Droit communautaire des droits fondamentaux. Recueil de décisions de la Cour de justice des Communautés européennes* (F. Sudre (dir.) et R. Tinière, Némésis-Bruylant, « Droit et justice », n° 77, 2007) |
| Déc. | Décision sur la recevabilité de la Commission européenne des droits de l'homme ou de la Cour depuis le 1er novembre 1998 |
| *DR* | *Décisions et rapports de la Commission européenne des droits de l'homme* (depuis 1975) |
| *Dr. fam.* | *Droit de la famille* |
| *Dr. soc.* | *Droit social* |
| DUDH | Déclaration universelle des droits de l'homme |
| *GAJA* | *Grands arrêts de la jurisprudence administrative* (14e éd., Dalloz, 2003) |

| | |
|---|---|
| *Gaz. Pal.* | *Gazette du Palais* |
| *GDCC* | *Grandes décisions du Conseil constitutionnel* (12e éd., Dalloz, 2003) |
| *IR* | *Informations rapides (Recueil Dalloz)* |
| *JDI* | *Journal du droit international* |
| *JCP G* | *Jurisclasseur périodique (Semaine juridique)*, édition générale |
| *JO* | *Journal officiel* de la République française |
| *JT* | *Journal des tribunaux* |
| *JTDE* | *Journal des tribunaux. Droit européen* |
| *LPA* | *Les Petites Affiches* |
| PIDCP | Pacte international relatif aux droits civils et politiques |
| PIDESC | Pacte international relatif aux droits économiques, sociaux et culturels |
| Rap. | Rapport de la Commission européenne des droits de l'homme |
| *RBDI* | *Revue belge de droit international* |
| *RCADE* | *Recueil des cours de l'Académie de droit européen* |
| *RCDIP* | *Revue critique de droit international privé* |
| *RDP* | *Revue de droit public et de la science politique en France et à l'étranger* |
| *RDSS* | *Revue de droit sanitaire et social* |
| *Rec.* | *Recueil des arrêts et décisions de la Cour européenne des droits de l'homme (depuis le 1er janvier 1996) ;* aussi, selon contexte, *Recueil des arrêts de la* CJCE, *des décisions du Conseil d'État (Rec. Lebon), des décisions du Conseil constitutionnel* |
| *Rec. déc.* | *Recueil de décisions de la Commission européenne des droits de l'homme* (jusqu'en 1974) |
| req. | requête |
| *REDE* | *Revue européenne du droit de l'environnement* |
| *Rev. aff. eur.* | *Revue des affaires européennes* |
| *Rev. sc. crim. dr. pén. comp.* | *Revue de science criminelle et de droit pénal comparé* |
| *RFDA* | *Revue française de droit administratif* |
| *RFDC* | *Revue française de droit constitutionnel* |
| *RFFP* | *Revue française de finances publiques* |
| *RGDIP* | *Revue générale de droit international public* |
| *RJE* | *Revue juridique de l'environnement* |
| *RRJ* | *Revue de la recherche juridique. Droit prospectif* |
| *RTD civ.* | *Revue trimestrielle de droit civil* |
| *RTDE* | *Revue trimestrielle de droit européen* |
| *RTDH* | *Revue trimestrielle des droits de l'homme* |
| *RUDH* | *Revue universelle des droits de l'homme* |
| *Série B* | *Cour européenne des droits de l'homme, mémoires, plaidoiries et documents* |

# *Introduction*

Cet ouvrage a été conçu non seulement pour les étudiants mais aussi pour les praticiens – magistrats, avocats, conseils –, qui sont conduits de plus en plus fréquemment à faire usage de la Convention européenne des droits de l'homme, et pour tous ceux qui souhaitent, par l'étude de la jurisprudence de la Cour européenne des droits de l'homme, avoir une connaissance précise du droit de la Convention.

Signée à Rome le 4 novembre 1950, ratifiée par la France le 3 mai 1974, la Convention européenne des droits de l'homme fonde la protection européenne des droits de l'homme, offrant aux individus le bénéfice d'un contrôle juridictionnel du respect de leurs droits. Si la Convention est aujourd'hui une charte vivante des droits et libertés, elle le doit avant tout à l'œuvre prétorienne. Riche d'environ vingt mille arrêts, la jurisprudence de la Cour de Strasbourg a enrichi et vivifié la Convention, donnant plein effet aux droits proclamés par celle-ci. Cette jurisprudence dynamique, visant au « développement » des droits de l'homme qu'appelle le Préambule de la Convention, contribue progressivement à une harmonisation des droits nationaux autour de la Convention – telle qu'interprétée et appliquée par la Cour – et à la formation d'un droit commun aux États européens, le droit de la Convention européenne des droits de l'homme. Désormais, les autorités nationales – et principalement les juges – ne peuvent plus ignorer cette source du droit des libertés, qui irrigue aujourd'hui largement l'ordre juridique interne dans ses multiples branches, qu'elles relèvent traditionnellement du droit public ou du droit privé. Même si l'on peut toujours critiquer une jurisprudence ici ou là trop « constructive », dénoncer son influence parfois déstabilisante sur le droit national, s'interroger sur la légitimité de la création du droit par le juge (notamment quand il est européen), on ne saurait nier que le droit de la CEDH a profondément rénové le domaine des droits et libertés et qu'il fait aujourd'hui partie intégrante du paysage juridique national.

L'œuvre de la Cour européenne des droits de l'homme est donc déterminante dans l'élaboration du droit de la Convention européenne des droits de l'homme et toute connaissance scientifique de ce dernier passe nécessairement par la connaissance des grands arrêts de cette juridiction. Cela pose évidemment le choix des décisions devant figurer dans ce recueil. Outre qu'il ne pouvait faire abstraction des contraintes liées aux dimensions nécessairement limitées de l'ouvrage, ce choix obéit à des considérations tant scientifiques que pédagogiques. Scientifiques, parce que les arrêts qui définissent une notion clé de la Convention (arrêt Engel quant à la « matière pénale »), déterminent le contenu d'un droit (arrêt Marckx quant à la « vie familiale »), fixent les principes du contrôle jurisprudentiel (arrêt Handyside) ou procèdent à un revirement de jurisprudence (arrêt C. Goodwin en matière de transsexualisme) peuvent être objectivement considérés comme de « grands » arrêts ; précisons, à cet égard, qu'un « grand arrêt » n'est pas nécessairement un arrêt qui donne une extension accrue à la protection des droits de l'homme (arrêt Johnston, à propos du droit au divorce). Pédagogiques, car, comme le note pertinemment notre collègue Jean-François Lachaume, « il existe des arrêts où la règle de droit est formulée plus clairement que dans ceux où cette règle est apparue la première fois » (*Les grandes décisions de la jurisprudence. Droit administratif*, Puf, « Thémis », 1999, p. 12). Le souci de choisir les arrêts les plus clairs explique, par exemple, que l'arrêt Selmouni ait été préféré à l'arrêt Irlande c/ Royaume-Uni à propos de l'article 3, ou que le principe de l'« effet horizontal » de la Convention soit illustré par l'arrêt Lopez Ostra plutôt que par l'arrêt X et Y c/ Pays-Bas de 1985 ; de même, on a été conduit parfois à privilégier des arrêts récents permettant de mieux rendre compte de l'évolution jurisprudentielle de la matière (arrêt Oneryildiz quant au droit de propriété). Par ailleurs, ce recueil n'est pas un commentaire « article par article » de la Convention, et il n'a pas semblé utile, en l'absence d'une jurisprudence suffisamment significative, que certains droits fassent l'objet d'un commentaire spécifique : par exemple, le droit à la liberté de circulation (art. 2 du Protocole 4) et le droit à ne pas être jugé ou puni deux fois (art. 4 du Protocole 7) sont traités au titre, respectivement, du droit à la liberté et à la sûreté (n° 18) et du principe de la légalité des délits et des peines (n° 39).

D'une manière générale, les arrêts retenus l'ont été en raison tout à la fois de l'intérêt qu'ils présentent pour la connaissance des méthodes d'interprétation de la Cour (interprétation évolutive, notions autonomes, obligations positives, marge d'appréciation...) et de leur importance pour le droit visé ou la disposition procédurale de la Convention en cause. Figurent donc dans cet ouvrage comme « grands » arrêts ceux qui, au-delà de la solution d'espèce, fixent, nous semble-t-il, les lignes directrices du droit de la Convention européenne des droits de l'homme. Vu la longueur des arrêts de la Cour, ne sont reproduits ici que les extraits les plus significatifs du texte de l'arrêt [1], les passages à caractère factuel ayant été délibérément écartés.

On aurait une vision réductrice du droit de la Convention européenne des droits de l'homme si l'on se limitait à la seule étude des arrêts de la Cour européenne, en omettant de prendre en considération la portée de la jurisprudence européenne en droit interne, qu'elle se traduise par des adaptations législatives ou par des applications remarquables de la Convention par les juridictions judiciaires et administratives. Aussi les commentaires proposés dans cet ouvrage, fruit de la collaboration de professeurs de Droit privé et de professeurs de Droit public, intègrent-ils systématiquement cette dimension.

F. S.

1. Il a parfois été nécessaire, pour la bonne compréhension du texte, d'ajouter un mot ou d'opérer un renvoi ; ceux-ci figurent entre parenthèses et en italiques dans le texte. Dans le texte de l'ouvrage, les arrêts antérieurs à 1996 sont cités par référence à leur numéro de publication dans la Série A des arrêts et décisions de la Cour (par ex., Airey, 9 oct. 1979, A. 32). Depuis 1996, les arrêts rendus au cours d'une même année civile sont publiés dans le Recueil des arrêts et des décisions de l'année ; il a alors semblé inutile, afin de ne pas alourdir le texte, de renvoyer au Recueil (par ex., Aydin, 25 sept. 1997). Tous les arrêts de la Cour sont disponibles sur son site Internet, http://www.echr.coe.int.

TITRE PREMIER

# *Les principes directeurs*

# *Chapitre 1*

# UN INSTRUMENT DE L'ORDRE PUBLIC EUROPÉEN

**1.** ***Loizidou c/ Turquie, 23 mars 1995*** *(Grande Chambre), Exceptions préliminaires, série A, n° 310, RUDH, 1996, 6, obs. F. Sudre ; RGDIP, 1998, 123, obs. G. Cohen-Jonathan ; RTDH, 1998, 102, obs. J.-P. Cot.*

I / Sur la qualité pour agir du gouvernement requérant [...]

**41.** Quoi qu'il en soit, la reconnaissance d'un gouvernement requérant par un gouvernement défendeur n'est le préalable ni à l'engagement d'une instance en vertu de l'article 24 de la Convention ni à la saisine de la Cour en vertu de l'article 48 [...]. Sinon, le système de garantie collective, élément essentiel du mécanisme de la Convention, se verrait en pratique neutralisé par le jeu de la reconnaissance réciproque entre les différents gouvernements et États.

V / Sur les exceptions d'incompétence *ratione loci.*

[...]

B) Sur la validité des restrictions territoriales dont sont assorties les déclarations de la Turquie relatives aux articles 25 et 46 de la Convention [...]

**70.** La Cour relève que les articles 25 et 46 sont des dispositions essentielles à l'efficacité du système de la Convention puisqu'ils délimitent la responsabilité de la Commission et de la Cour, celle « d'assurer le respect des engagements résultant pour les Hautes Parties contractantes » à la Convention (art. 19), en fixant leur compétence pour connaître des griefs tirés de violations alléguées des droits et libertés énoncés dans ce texte. Lorsqu'elle interprète ces dispositions clés, elle doit tenir compte du caractère singulier de la Convention, traité de garantie collective des droits de l'homme et des libertés fondamentales.

Comme l'a noté la Cour dans l'arrêt Irlande c/ Royaume-Uni du 18 janvier 1978 (série A, n° 25, p. 90, 239) : « À la différence des traités internationaux de type classique, la Convention déborde le cadre de la simple réciprocité entre États contractants. En sus d'un réseau d'engagements synallagmatiques bilatéraux, elle crée des obligations objectives qui, aux termes de son préambule, bénéficient d'une "garantie collective". »

**71.** Il est solidement ancré dans la jurisprudence de la Cour que la Convention est un instrument vivant à interpréter à la lumière des conditions de vie actuelles [...]. Pareille démarche, pour la Cour, ne se limite pas aux dispositions normatives de la Convention, mais vaut encore pour celles, tels les articles 25 et 46, qui régissent le fonctionnement du mécanisme de sa mise en œuvre. Il s'ensuit que ces dispositions ne sauraient s'interpréter uniquement en conformité avec les intentions de leurs auteurs telles qu'elles furent exprimées voici plus de quarante ans. [...]

**72.** En outre, l'objet et le but de la Convention, instrument de protection des êtres humains, appellent à interpréter et à appliquer ses dispositions d'une manière qui en rende les exigences concrètes et effectives [...].

**73.** Pour dire si les Parties contractantes peuvent imposer des restrictions à leur acceptation de la compétence de la Commission et de la Cour en application des articles 25 et 46, la Cour recherchera le sens ordinaire à attribuer aux termes de ces dispositions dans leur contexte et à la lumière de leur objet et de leur but (voir notamment l'arrêt Johnston *et al.* c/ Irlande du 18 décembre 1986, série A, n° 112, p. 24, § 51, et l'article 31, § 1 de la Convention de Vienne du 23 mai 1969 sur le droit des traités). Parallèlement au contexte, elle tiendra compte de « toute pratique ultérieurement suivie dans l'application du traité par laquelle est établi l'accord des parties à l'égard de l'interprétation du traité » (art. 31, § 3 *b*) de la Convention de Vienne précitée.

**75.** [...] Si, comme le prétend le gouvernement défendeur, ces dispositions permettaient des restrictions territoriales ou sur le contenu de l'acceptation, les Parties contractantes seraient libres de souscrire à des régimes distincts de mise en œuvre des obligations conventionnelles selon l'étendue de leurs acceptations. Un tel système, qui permettrait aux États de tempérer leur consentement par le jeu de clauses facultatives, affaiblirait gravement le rôle de la Commission et de la Cour dans l'exercice de leurs fonctions, mais amoindrirait aussi l'efficacité de la Convention en tant qu'instrument constitutionnel de l'ordre public européen. De surcroît, lorsque la Convention autorise les États à limiter leur acceptation en vertu de l'article 25, elle le précise expressément (voir, à cet égard, l'article 6, § 2 du Protocole n° 4 et l'article 7, § 2 du Protocole n° 7). D'après la Cour, compte tenu de l'objet et du but du système de la Convention indiqués ci-dessus, les conséquences pour la mise en œuvre de la Convention et la réalisation de ses objectifs auraient une si grande portée qu'il eût fallu prévoir explicitement un pouvoir en ce sens. Or ni l'article 25 ni l'article 46 ne renferment pareille disposition.

**89.** Compte tenu de la nature de la Convention, du sens ordinaire des articles 25 et 46 dans leur contexte et à la lumière de leur objet et de leur but, ainsi que de la pratique des Parties contractantes, la Cour conclut que les restrictions *ratione loci* dont sont assorties les déclarations de la Turquie relatives aux articles 25 et 46 ne sont pas valides.

Il reste à déterminer si, par voie de conséquence, la validité des acceptations elles-mêmes peut être remise en cause.

C) Sur la validité des déclarations de la Turquie relatives aux articles 25 et 46 de la Convention [...]

**93.** En examinant cette question, la Cour doit tenir compte de la nature particulière de la Convention, instrument de l'ordre public européen pour la protection des êtres humains et de sa mission, fixée à l'article 19, celle d'« assurer le respect des engagements résultant pour les Hautes Parties contractantes » à la Convention.

**96.** Il incombe donc à la Cour, dans l'exercice des responsabilités que lui confère l'article 19, de trancher la question en se référant au texte des déclarations respectives et à la nature particulière du régime de la Convention. Or ce dernier milite pour la séparation des clauses attaquées puisque c'est par ce moyen que l'on peut garantir les droits et libertés consacrés par la Convention dans tous les domaines relevant de la « juridiction » de la Turquie au sens de l'article 1er de la Convention.

**97.** La Cour a examiné le texte des déclarations et le libellé des restrictions en vue de rechercher si les restrictions querellées peuvent se dissocier des instruments d'acceptation ou si elles en forment partie intégrante et indivisible. Même en prenant les textes des déclarations relatives aux articles 25 et 46 comme un tout, elle estime que les restrictions dénoncées peuvent se dissocier du reste du texte, laissant intacte l'acceptation des clauses facultatives.

L'affaire *Loizidou* a été déférée à la Cour européenne par le gouvernement chypriote au titre de l'ex-article 48, al. *b*, qui permet la saisine de la Cour par l'État partie dont le national a déposé une requête individuelle devant la Commission ; en l'espèce, Mme Loizidou se plaignait de ne pouvoir accéder à ses propriétés situées dans la partie nord de l'île de Chypre du fait de l'occupation de celle-ci par les forces armées turques. Le présent arrêt écarte les exceptions préliminaires de la Turquie relatives, principalement, à la qualité pour agir de Chypre et à l'incompétence *ratione loci* de la Cour (arrêt au fond, 18 déc. 1996). Pour retenir sa compétence, la Cour se fonde sur la nature de la Convention, « instrument constitutionnel de l'ordre public européen » (§ 75). La qualification d'*« instrument de l'ordre public européen »* – dépouillée du terme « constitutionnel », qui semble devoir être compris non au sens du droit interne mais dans son acception matérielle d'élément structurant et ne sera plus réemployé par la suite (exception faite de déc. 12 déc. 2001, *Bankovic et al. c/ 17 États membres de l'OTAN*, Gr. Ch., *RTDH*, 2002, 1057, obs. G. Cohen-Jonathan) – sera pérennisée par le juge européen (*Loizidou*, 28 juill. 1998, art. 50, § 48 ; *Chypre c/ Turquie*, 10 mai 2001, § 78). En écho à la notion d'ordre public (interne), la notion d'« ordre public européen », déjà consacrée par la Commission (déc. 11 janv. 1961, Autriche c/ Italie, *Ann.*, 1961-4, 139 ; déc. 10 juill. 1978, Chypre c/ Turquie, *DR*, 13, 85), traduit les exigences essentielles d'une vie en société. En s'y référant, la Cour européenne pose le postulat de l'existence d'un ensemble de règles perçues comme fondamentales pour la société européenne et s'imposant à ses membres. Ainsi qu'elle l'affirme, le système conventionnel a « pour but de trancher, dans l'intérêt général, des questions qui relèvent de l'ordre public, en élevant les normes de protection des droits de l'homme et en étendant la jurisprudence dans ce domaine à l'ensemble de la communauté des États parties à la Convention »

(*Karner c/ Autriche*, 24 juill. 2003, § 26, *RTDH*, 2004-59, 663, obs. P. Frumer).

## I / La formation de l'ordre public européen

Fondé sur la spécificité de la Convention, l'ordre public européen s'ordonne autour de l'affirmation de valeurs communes par le juge européen.

A) Le lien entre la nature juridique spécifique de l'instrument conventionnel et la notion d'ordre public est clairement établi par la Cour lorsqu'elle énonce qu'elle « doit tenir compte de la *nature particulière* de la Convention, instrument de l'ordre public européen pour la protection des êtres humains » (§ 93). Le « caractère singulier » de la Convention est fortement souligné par l'arrêt *Irlande c/ Royaume-Uni* du 10 janvier 1978 (*infra*, n° 14), sur lequel prend appui le présent arrêt (§ 70).

1 / La Convention est plus qu'un simple échange d'engagements interétatiques, elle assure, au nom de valeurs communes et supérieures aux États, la protection des intérêts des individus vivant sous l'autorité nationale et crée des « obligations objectives » (§ 70) dont le respect s'impose aux États, non pas à titre de contrepartie des droits consentis par les autres États parties, mais à raison des engagements pris à l'égard des individus (Autriche c/ Italie, préc.). Le caractère objectif de la Convention, « instrument de protection des êtres humains » (*Berktay c/ Turquie*, 1er mars 2001, § 151), fonde la solidarité commune et s'oppose au principe général de réciprocité du droit international (déc. 6 déc. 1983, France *et al.* c/ Turquie, *DR*, 35, 143), de même qu'il rend inapplicable la réserve de réciprocité de l'article 55 de la Constitution (en ce sens, Cons. const. 22 janv. 1999, déc. n° 98-408 DC Traité portant statut de la Cour pénale internationale, *AJDA*, 1999, 230, chron. J.-E. Schoettl).

2 / L'instauration d'une sauvegarde collective des droits de l'homme singularise aussi la Convention et marque la présence de l'ordre public dans le système de contrôle (§ 70) : « La Convention doit se lire en fonction de son caractère spécifique de traité de garantie collective des droits de l'homme et des libertés fondamentales » (*Soering*, § 87, *infra*, n° 16 ; *Al Adsani c/ Royaume-Uni*, 21 nov. 2001, § 55). Parce que le respect des droits de l'homme et des libertés fondamentales fait partie du « patrimoine commun d'idéal et de traditions politiques » des États

membres du Conseil de l'Europe (Préambule, al. 5), la Convention, par le biais d'un recours étatique (art. 33), institue une véritable action publique et charge les États contractants d'assurer collectivement et solidairement la sauvegarde des droits qu'elle énonce. Agissant dans le cadre de la garantie collective, que ce soit au titre du recours étatique ou, comme en l'espèce, de l'ex-article 48 *b*, l'État partie ne fait pas valoir ses droits propres mais agit « dans l'intérêt de communauté de la Convention tout entière » (*Loizidou*, 28 juill. 1998, préc., § 48).

B) L'expression « ordre public européen » rassemble les dispositions du Préambule de la Convention et vient signifier qu'en concluant celle-ci les États parties ont entendu définir et protéger des valeurs communes comprises comme irréductibles.

1 / Affirmant que « l'esprit général » de la Convention est de « sauvegarder et promouvoir les idéaux et valeurs d'une société démocratique » (*Kjeldsen et al.*, § 53, *infra*, n° 58), la Cour érige la « société démocratique » en valeur centrale de l'ordre public européen (*PCU de Turquie, infra*, n° 6). Le juge européen procède à la déclinaison de « principes propres à une "société démocratique" » (*Handyside*, § 49, *infra*, n° 7), dont il souligne l'importance capitale : principe de respect de la dignité humaine (*S. W. c/ Royaume-Uni*, § 44, *infra*, n° 39), principe de la prééminence du droit (*Golder*, § 34, *infra*, n° 27), principe du pluralisme (*PCU de Turquie*, préc., § 43), principe de non-discrimination (*Aff. linguistique belge*, 23 juill. 1968, § 10, *infra*, n° 9). La Cour européenne distingue, parmi les droits qui concourent à la réalisation de ces principes, les articles 2 et 3 de la Convention qui « comptent parmi les dispositions les plus fondamentales de la Convention » (*Z. et al. c/ Royaume-Uni*, 10 mai 2001, § 109), accordant « la prééminence » au droit à la vie (*Pretty*, § 37, *infra*, n° 44 ; voir *Mac Cann, infra*, n° 11). Porteurs de valeurs communes essentielles, ces principes constituent l'ossature de l'ordre public européen des droits de l'homme et font office de principes directeurs de toute activité de l'État. Cela ne signifie pas, pour autant, que le contenu de l'ordre public européen se réduise à ces seuls principes, la nature fonctionnelle de l'ordre public européen (*infra*, II) impliquant nécessairement la variabilité de son contenu, ainsi qu'en témoigne la promotion – due à la nécessité de sanctionner l'esclavage domestique – de l'interdiction de l'esclavage, de la servitude et du travail forcé au rang de « valeurs fondamentales des sociétés démocratiques » (*Siliadin, infra*, n° 17).

2 / La formation de l'ordre public européen est guidée par la volonté progressiste du juge européen : il s'agit d'assurer non seulement la sauvegarde mais aussi le *développement* des droits de l'homme.

Prenant appui sur le Préambule de la Convention (al. 73), dont le présent arrêt rappelle les termes (§ 77), le juge européen, dès l'arrêt *Wemhoff c/ Allemagne*, a choisi de privilégier une interprétation finaliste de la Convention : « S'agissant d'un traité normatif, il y a lieu d'autre part de rechercher quelle est l'interprétation la plus propre à atteindre le but et à réaliser l'objet de ce traité et non celle qui donnerait l'étendue la plus limitée aux engagements des Parties » (27 juin 1968, A. 7, § 8). L'arrêt *Loizidou* relève aussi que la Convention appelle une interprétation qui rende ses « exigences concrètes et effectives » (§ 72). Cette exigence d'effectivité, qui caractérise l'ensemble de la jurisprudence européenne (*infra*, n° 2), emporte également une interprétation évolutive de la Convention, « instrument vivant à interpréter à la lumière des conditions de vie actuelles » (§ 71). C'est en se prévalant d'une telle interprétation que la Cour juge que la peine de mort en temps de paix est désormais « une forme de sanction inacceptable, voire inhumaine, qui n'est plus autorisée par l'article 2 » (*Öcalan*, § 163, *infra*, n° 13).

L'intérêt de l'arrêt *Loizidou* est de préciser que cette interprétation évolutive, qui permet au juge européen d'ajuster la Convention à l'évolution des mœurs et des mentalités et de dénoncer les législations désuètes, « ne se limite pas aux dispositions normatives de la Convention » mais vaut aussi pour celles qui régissent le mécanisme de contrôle (§ 71). Cela conduit même la Cour, par une interprétation constructive, à interpréter une disposition de son Règlement intérieur (art. 39, mesures provisoires) « à la lumière » des normes conventionnelles auxquelles elle se rattache (art. 34 et 46 de la Convention) et à promouvoir une simple règle de procédure au rang de norme conventionnelle (*Mamatkulov et Askarov c/ Turquie*, 4 févr. 2005, Gr. Ch., § 126, confirmant l'arrêt de chambre du 6 févr. 2003, *RGDIP*, 2003, 601, obs. H. Tigroudja ; *infra*).

## II / La fonction de l'ordre public européen

Compris comme ordre public commun aux États parties à la CEDH, l'ordre public européen, comme l'ordre public interne, remplit à la fois une fonction procédurale et substantielle.

A) De manière significative, l'arrêt *Loizidou* lie la mission de la Cour à la défense de l'ordre public européen (§ 93 ; *Chypre c/ Turquie*, 10 mai 2001, § 78). Il s'agit de ne pas affaiblir « l'efficacité de la Convention en tant qu'instrument constitutionnel de l'ordre public européen » (§ 75), exigence qui n'est pas sans lien avec une interprétation extensive de la notion de « juridiction » au sens de l'article 1er de la Convention (*infra*, n° 70).

1 / L'ordre public européen tend à la pleine soumission de l'État partie au mécanisme conventionnel de contrôle.

*a)* Il fait alors échec aux règles classiques du droit international général qui permettraient à l'État de s'y soustraire.

L'État défendeur ne peut invoquer le principe de réciprocité – en se prévalant, en l'espèce, de la non-reconnaissance du gouvernement de l'État requérant – pour neutraliser la garantie collective de la Convention, que celle-ci soit mise en œuvre indirectement par le moyen de l'ex-article 48, al. *b* (§ 41) ou directement par le biais de l'article 33 (déc. 10 juill. 1978, Chypre c/ Turquie, préc., § 10), car ce serait aller « à l'encontre de l'objet de la Convention » (*ibid.*, § 13). De même, un État ne peut exciper, pour se soustraire à un recours étatique, de ce que la requête concerne des faits survenus à une époque où l'État requérant n'était pas partie à la Convention (Autriche c/ Italie, préc.) ou porte sur des questions que l'État requérant a lui-même exclues de son engagement par le moyen d'une réserve (France *et al.* c/ Turquie, § 41).

Se fondant sur « la nature particulière de la Convention », le juge européen se reconnaît compétent pour apprécier la conformité à la Convention d'une réserve étatique ou d'une déclaration interprétative (art. 57) et, surtout, procédant à la dissociation de la réserve et de l'engagement conventionnel, juge qu'en cas d'invalidité d'une réserve, l'État reste lié par la Convention en faisant abstraction de la réserve (*Belilos c/ Suisse*, 29 avr. 1988, A. 132, § 60, *RGDIP*, 1989, 273, note G. Cohen-Jonathan).

Comme le souligne l'arrêt *Loizidou*, les dispositions de nature procédurale gouvernant le droit de recours individuel (ex-art. 25) et la juridiction obligatoire de la Cour (ex-art. 46) sont des « dispositions essentielles à l'efficacité du système de la Convention » (§ 70). En conséquence, les restrictions territoriales (§ 89) et matérielles (déc. 4 mai 1991, Chrysostomos *et al.* c/ Turquie, *RUDH*, 1991, 193) à la compétence des organes de contrôle dont la Turquie avait assorti ses déclarations d'acceptation de ces clauses facultatives sont incompatibles avec la spécificité de la Convention. L'invalidité desdites restrictions n'emporte pas pour autant l'invalidité des déclarations turques d'acceptation de la compétence des organes de contrôle (§ 96-97). L'ordre public européen heurte ici de plein fouet le principe de l'autonomie de la volonté.

*b)* L'ordre public européen commande également que l'exercice efficace du droit de recours individuel (art. 34) – qualifié de « clé de voûte du mécanisme de sauvegarde des droits » garantis par la Convention – et l'effectivité de l'arrêt au fond de la Cour (art. 46) soient assurés. Cette exigence emporte désormais la force obligatoire des mesures provisoires que, dans le silence de la Convention, la Cour (et autrefois la Commission) s'est reconnue le pouvoir de proposer à l'État incriminé afin d'éviter qu'un préjudice irréparable ne soit causé à la victime de la violation alléguée (art. 39 du Règlement intérieur). La Cour en décide ainsi par son arrêt *Mamatkulov et Askarov* (préc.), qui revient spectaculairement sur la décision *Cruz-Varas*, du 20 mars 1991 (*RUDH*, 1991, 205, note G. Cohen-Jonathan). S'appuyant non seulement sur la spécificité de la Convention mais aussi sur les principes généraux du droit international et sur la jurisprudence internationale pertinente en matière de mesures conservatoires (CDH, Cour IADH, CIJ), la Cour estime que « l'interprétation de la portée des mesures provisoires ne peut être dissociée de la procédure au cours de laquelle elles sont prévues et de la décision sur le fond qu'elles visent à protéger » (§ 123). Une indication de mesures provisoires vise non seulement à prévenir un risque qui pourrait entraver l'exercice effectif du droit de recours individuel mais aussi à permettre à l'État partie de « s'acquitter de son obligation de se conformer à l'arrêt définitif de la Cour », dont le caractère juridiquement contraignant est souligné (art. 46, § 125). En conséquence, l'inobservation de mesures provisoires par un État contractant (ici, refus de surseoir à l'exécution d'une décision d'extradition) s'analyse en une violation du droit de recours individuel (§ 128 ; aussi, *Chamaïev et al. c/ Géorgie et Russie*, 12 avr. 2005, § 478 ; *Aoulmi c/ France*, 17 janv. 2006, *D*, 2006, 1151, note F. Lazaud), même si elle n'a pas eu pour conséquence en pratique de faire obstacle à l'exercice du droit de recours (*Olaechea Cahuas c/ Espagne*, 10 août 2006), sauf à ce que l'État démontre qu'il y avait un obstacle objectif au respect de la mesure provisoire qu'il n'a pu surmonter (*Paladi c/ Moldova*, 10 mars 2009, Gr. Ch.). L'État défendeur ne doit pas non plus entraver l'exercice efficace du droit de recours individuel, soit en exerçant des pressions sur la victime ou sur son avocat (*Petra c/ Roumanie*, 23 sept. 1998), soit en intervenant « amicalement » auprès de l'État national du requérant (*Ilascu et al.*, *infra*, n° 71), soit en faisant obstacle à l'établissement des faits par la Cour (*Chamaïev*, § 518). L'article 38, § 1 de la Convention énonce un principe de coopération, dont la Cour souligne « l'importance fondamentale » pour le fonctionnement efficace du système de garantie collective (*Chamaïev*, § 493 et 502). Le refus de l'État partie de fournir à la Cour « toutes facilités nécessaires » lorsqu'elle décide de procéder à une enquête pour l'établissement des faits peut conduire à un constat de violation de l'article 38 (*Aktas c/ Turquie*, 24 avr. 2003 ; *Chamaïev*), même en l'absence de violation d'un droit garanti par la Convention (*Janowiec et a. c/ Russie*, 21 oct. 2013, Gr. Ch).

*c)* L'ordre public européen renforce également la compétence du juge européen en lui permettant de refuser la radiation d'une affaire du rôle si « le respect des droits de l'homme garantis par la Convention et ses Protocoles l'exige » (art. 37, § 1). La Cour considère que sa mission est non seulement de fournir une garantie individuelle mais est aussi, à l'instar de celle d'un juge constitutionnel, de « clarifier, sauvegarder et développer les normes de la Convention » (*Irlande c/ Royaume-Uni*, § 158) et de « trancher dans l'intérêt général des questions qui relèvent de l'ordre public » européen et intéressent non seulement l'État partie mais aussi les autres États membres (*Karner c/ Autriche*, 24 juill. 2003, § 25-27 ; aussi, *Deweer c/ Belgique*, 27 févr. 1980, A. 35, § 38). Ainsi, elle estime que la condition de « victime » à laquelle est subordonnée sa compétence *ratione personae* ne doit pas faire l'objet d'une « application rigide, mécanique et inflexible » et juge qu'il lui incombe de poursuivre l'examen d'une requête, après le décès du requérant et en l'absence d'héritier susceptible de poursuivre la procédure, qui soulève la question d'une discrimination fondée sur l'orientation sexuelle en matière de droit au bail (*Karner*) ; ou encore, elle considère qu'elle doit poursuivre l'examen d'une affaire soulevant la question de principe de l'interdiction par la Convention du trafic d'êtres humains, malgré la déclaration unilatérale de l'État reconnaissant la violation (*Rantsev c/ Chypre et Russie*, 7 janv. 2010) ou posant la question de la différence de traitement entre les militaires de sexe masculin et de sexe féminin pour l'octroi du droit au congé parental, malgré l'octroi au requérant d'un congé parental et d'une aide financière (*Konstantin Markin c/ Russie*, 22 mars 2012, Gr. Ch.). Dans le même esprit, la Cour peut rejeter un projet de règlement amiable présenté par les parties et refuser de rayer la requête du rôle dès lors que la gravité de la violation alléguée des droits garantis commande un examen au fond (*Ukrainian Media Group* c/ Ukraine, 29 mars 2005, § 36).

*d)* La question de la renonciation du requérant aux droits garantis par la Convention obéit également à la logique de l'ordre public européen. La Cour juge ainsi que le droit à la liberté, « matière qui relève de l'ordre public au sein du Conseil de l'Europe », « revêt une trop grande importance dans une "société démocratique", au sens de la Convention, pour qu'une personne perde le bénéfice de la protection de celle-ci du seul fait qu'elle se constitue prisonnière » (*De Wilde, Ooms et Versyp*, 18 juin 1971, § 65 ; *infra*, n° 17) ; le même raisonnement la conduit aussi à estimer qu'une personne ne peut renoncer au « droit à un tribunal » par cela seul qu'elle a souscrit à un arrangement parajudiciaire (*Deweer*, § 49). La jurisprudence postérieure confirme que la renonciation à des droits de procédure ne peut être prise en compte que si elle est établie « de manière non équivoque » et ne se heurte « à aucun intérêt public important » ; il en va ainsi pour le droit à la publicité des débats judiciaires (*Poitrimol c/ France*, 23 nov. 1993, A. 277-A, § 31) ou le droit de comparaître (*Sejdovic c/ Italie*, 10 nov. 2004, § 30, *JCP G*, 2005, I, 103, n° 8 chron. F. Sudre ; dans le même sens, CE, Ass., 18 mars 2005, Battisti).

3 / La subsidiarité de la procédure de contrôle de la CEDH paraît faire obstacle à la reconnaissance en droit interne de la valeur d'ordre public de la Convention – la règle d'épuisement des voies de recours internes serait alors privée de tout effet utile (*infra*, n° 73) – et le juge national a toute latitude pour appliquer d'office, ou non, la Convention. Le Conseil d'État refuse de traiter formellement le moyen tiré de la Convention comme un moyen d'ordre public (CE, 16 janv. 1995, SARL Constructions industrielles, *Rec.*, p. 35). Il en va de même de la chambre commerciale de la Cour de cassation (Cass. com., 27 mars 2001, Philip Électronique, *D*, 2001, 1537, obs. E. Chevrier), mais non de la Chambre criminelle (Cass. crim., 5 déc. 1978, *D*, 1979, 5, note R. Koering-Joulin) et de la Chambre sociale (Cass. soc., 14 janv. 1999, Bozkurt, *JCP G*, 1999, II, 10082, note F. Sudre) qui n'hésitent pas à soulever d'office un moyen tiré de la Convention.

B) L'ordre public européen a une fonction substantielle de neutralisation des normes externes. Il impose d'abord à l'État partie à la Convention de ne pas appliquer un accord international conclu avec un État tiers qui aurait des effets contraires à la Convention et a joué, à ce jour, en matière d'extradition (*infra*, n° 16). Surtout, l'« exception d'ordre public européen » permet au juge interne d'évincer la norme étrangère normalement compétente parce qu'elle heurte fondamentalement les exigences de cet ordre public.

1 / Le juge européen pose le principe, par son arrêt *Pellegrini c/ Italie* (20 juill. 2001, *RTDH*, 2002, 463, note J.-P. Costa ; *Gaz. Pal.*, 21-23 juill. 2002, 2, note L. Sinopoli), que les juridictions d'un État partie ne peuvent, sans violer elles-mêmes l'article 6 de la Convention, accorder l'*exequatur* à un jugement d'un pays tiers méconnaissant les garanties de l'article 6 (et non plus seulement constitutif d'un « déni de justice flagrant », *Drozd et Janousek c/ France et Espagne*, 26 juin 1992, A. 240, § 110 ; *RTDH*, 1994, 87, note G. Cohen-Jonathan et J.-F. Flauss) ; obligation leur est donc faite de vérifier que le jugement étranger a bien été adopté dans le respect des principes du procès équi-

table. La Cour de cassation tend à incorporer les dispositions de la Convention à l'ordre public international français, que ce soit au titre de l'ordre public de procédure ou de l'ordre public de fond. Sur le premier point, elle va dans le même sens que la Cour européenne (droit d'accès à un tribunal : Cass. civ. 1re, 16 mars 1999, Pordéa, *Rev. crit. dr. int. priv.*, 2000, 223 ; *infra*, n° 27), tout comme la CJCE (droit à l'assistance d'un défenseur : CJCE, 28 mars 2000, Krombach et Bamberski, aff. C-7/98, *Rec.*, 2000-I, 1435 ; Cass. civ. 1re, 30 juin 2004, Stolzenberg c/ Daimer Chrysler Canada, *D*, 2004, 2743, note N. Bouchet ; *infra*, n° 35). Sur le second, la Cour de cassation n'hésite pas à se fonder sur le seul principe de l'égalité des droits des époux (art. 5, Prot. 7) pour écarter l'application d'une décision marocaine de répudiation et faire prévaloir la Convention sur une convention bilatérale (Cass. civ. 1re, 11 mars 1997, Mme X. c/ Y., *D*, 1997, 400, note M.-L. Niboyet), abandonnant désormais le terrain de l'ordre public procédural (principe du contradictoire et droits de la défense : Cass. civ. 1re, 3 juill. 2001, Mme X. c/ Y., *D*, 2001, 3378, note M.-L. Niboyet ; Cass. civ. 2e, 14 mars 2002, A. c/ Mme C., *JCP G*, 2002, II, 10095, note H. Fulchiron) dès lors que la femme est domiciliée en France (Cass. civ. 1re, 17 fév. 2004, *D*, 2004, 815, chron. P. Courbe ; *JCP G*, 2004, II, 10128, note H. Fulchiron). Le jeu de l'exception d'« ordre public européen » n'est toutefois pas tempéré par l'ordre public de proximité lorsque la femme est de nationalité française, quand bien même les époux sont domiciliés au Maroc (Cass. civ. 1re, 10 mai 2006, n° 04-19. 444, *JCP G*, 2006, IV, 2248).

C'est également en incorporant implicitement l'interdiction de la servitude telle que précisée par le juge européen (*Siliadin*, préc.) dans l'ordre public international que la Cour de cassation juge que ce dernier justifie la compétence de la loi et des juridictions françaises pour sanctionner en France un état d'esclavage domestique (Cass. soc., 10 mai 2006, Épx Moukarim c/ Isopehi, *JCP G*, 2006, II, 10121, note S. Bollée).

2 / La Cour de cassation mobilise directement l'exception d'ordre public européen pour procéder, au profit de la loi nationale, à l'éviction de la loi étrangère normalement applicable en vertu de la règle de conflit du for. L'article 5 du Protocole 7 s'oppose ainsi à l'application d'une loi suisse imposant une discrimination à l'encontre de la seule épouse dans la liquidation et le partage des biens de l'union conjugale (Cass. civ. 1re, 24 févr. 1998, Mmes V. c/ G., *JCP G*, 1998, II, 10175, note T. Vignal).

F. S.

*Chapitre 2*

# L'EFFECTIVITÉ DES DROITS

## SECTION 1
## *La théorie des obligations positives*

### I | Notion

**2.** ***Airey c/ Irlande, 9 octobre 1979***, *série A, n° 32 ; JDI, 1982, 187, chron. P. Rolland ; AFDI, 1980, 323, chron. R. Pelloux.*

**24.** [...] La Convention a pour but de protéger des droits non pas théoriques ou illusoires, mais concrets et effectifs [...]. La remarque vaut en particulier pour le droit d'accès aux tribunaux, eu égard à la place éminente que le droit à un procès équitable occupe dans une société démocratique [...]. Il faut donc rechercher si la comparution devant la *High Court* sans l'assistance d'un conseil serait efficace, en ce sens que Mme Airey pourrait présenter ses arguments de manière adéquate et satisfaisante [...]. La Cour en déduit que la possibilité de comparaître en personne devant la *High Court* n'offre pas à la requérante un droit effectif d'accès et, partant, ne constitue pas non plus un recours interne dont l'article 26 exige l'épuisement [...].

**25.** Le gouvernement essaie de différencier la présente espèce de l'affaire Golder. Dans cette dernière, souligne-t-il, le requérant avait été empêché de saisir un tribunal par un « obstacle positif » dressé sur son chemin par l'État : le ministre de l'Intérieur lui avait interdit de consulter un avocat. Ici, au contraire, il n'existerait de la part de l'État ni « obstacle positif » ni tentative d'entrave : le défaut allégué d'accès à la justice ne découlerait d'aucune initiative des autorités, mais uniquement de la situation personnelle de Mme Airey, dont on ne saurait tenir l'Irlande pour responsable sur le terrain de la Convention.

Cette dissemblance entre les circonstances des deux causes est indéniable, mais la Cour n'approuve pas la conclusion qu'en tire le gouvernement. Tout d'abord, un obstacle de fait peut enfreindre la Convention à l'égal d'un obstacle juridique (arrêt Golder du 21 février 1975, série A, n° 18, p. 18, p. 13, § 26). En outre, l'exécution d'un engagement assumé en vertu de la Convention appelle parfois des mesures positives de l'État ; en pareil cas, celui-ci ne saurait se borner à demeurer passif et « il n'y a [...] pas lieu de distinguer entre actes et omissions » [...]. Or l'obligation d'assurer un droit effectif d'accès à la justice se range dans cette catégorie d'engagements.

**26.** [...] La Cour n'ignore pas que le développement des droits économiques et sociaux dépend beaucoup de la situation des États et notamment de leurs finances. D'un autre côté, la Convention doit se lire à la lumière des conditions de vie d'aujourd'hui (arrêt Marckx, § 41), et à l'intérieur de son champ d'application elle tend à une protection réelle et concrète de l'individu (§ 24 ci-dessus). Or si elle énonce pour l'essentiel des droits civils et politiques, nombre d'entre eux ont des prolongements d'ordre économique ou social. Avec la Commission, la Cour n'estime donc pas devoir écarter telle ou telle interprétation pour le simple motif qu'à l'adopter on risquerait d'empiéter sur la sphère des droits économiques et sociaux ; nulle cloison étanche ne sépare celle-ci du domaine de la Convention [...]. En outre l'article 6, § 1, s'il garantit aux plaideurs un droit effectif d'accès aux tribunaux pour les décisions relatives à leurs « droits et obligations de caractère civil », laisse à l'État le choix des moyens à employer à cette fin. L'instauration d'un système d'aide judiciaire – envisagée à présent par l'Irlande pour les affaires ressortissant au droit de la famille [...] – en constitue un, mais il y en a d'autres, par exemple une simplification de la procédure. Quoi qu'il en soit, il n'appartient pas à la Cour de dicter les mesures à prendre, ni même de les indiquer ; la Convention se borne à exiger que l'individu jouisse de son droit effectif d'accès à la justice selon des modalités non contraires à l'article 6, § 1 [...]. Cependant [...], l'article 6, § 1 peut parfois astreindre l'État à pourvoir à l'assistance d'un membre du barreau quand elle se révèle indispensable à un accès effectif au juge soit parce que la loi prescrit la représentation par un avocat, comme la législation nationale de certains États contractants le fait pour diverses catégories de litiges, soit en raison de la complexité de la procédure ou de la cause [...].

**28.** La Cour constate ainsi, à la lumière de l'ensemble des circonstances de la cause, que Mme Airey n'a pas bénéficié d'un droit d'accès effectif à la *High Court* pour demander un jugement de séparation de corps. Partant, il y a eu violation de l'article 6, § 1.

**32.** Aux yeux de la Cour, Mme Airey ne saurait passer pour avoir subi de la part de l'Irlande une « ingérence » dans sa vie privée ou familiale : elle se plaint en substance non d'un acte, mais de l'inaction de l'État. Toutefois, si l'article 8 a essentiellement pour objet de prémunir l'individu contre des ingérences arbitraires des pouvoirs publics, il ne se contente pas d'astreindre l'État à s'abstenir de pareilles ingérences : à cet engagement plutôt négatif peuvent s'ajouter des obligations positives inhérentes à un respect effectif de la vie privée ou familiale (arrêt Marckx, § 31).

**33.** Le droit irlandais règle cette dernière sous beaucoup d'aspects. Au sujet du mariage, il prescrit en principe aux époux de cohabiter, mais il leur accorde dans certains cas le droit de demander un jugement de séparation de corps. Par là même, il reconnaît que la protection de leur vie privée ou familiale exige parfois de les relever de ce devoir.

Un respect effectif de la vie privée ou familiale impose à l'Irlande de rendre ce moyen effectivement accessible, quand il y a lieu, à quiconque désire l'employer. Or la requérante n'y a pas eu effectivement accès : n'ayant pas été mise en mesure de saisir la *High Court*, elle n'a pu réclamer la consécration juridique de sa séparation de fait d'avec son mari. Elle a donc été victime d'une violation de l'article 8.

Mme Airey n'a pu, en l'absence d'aide judiciaire pour les affaires relevant du droit de la famille, engager une procédure en vue d'obtenir une séparation de corps, ses ressources insuffisantes ne lui permettant pas d'assumer le coût d'une telle procédure. En concluant à la fois à la violation de l'article 6, § 1, pour défaut d'un « droit d'accès effectif » à un tribunal (§ 28), et à la violation de l'article 8, du fait de l'impossibilité pour la requérante d'accéder à une séparation judiciaire (§ 33), le juge européen sanctionne la défaillance de l'État irlandais à s'acquitter de son « obligation positive » de fournir à la requérante une aide judiciaire gratuite dans le cadre d'une procédure civile, afin qu'elle puisse, en raison notamment de la complexité de la procédure, défendre utilement sa cause (§ 24) dans le but d'être relevée de son devoir de cohabitation (§ 33).

L'arrêt *Airey* pose les fondements de la notion d'obligation positive (I) et engage un mouvement jurisprudentiel fécond qui, bien que la Cour européenne se refuse à « élaborer une théorie générale des obligations positives de nature à découler de la Convention » (*Plattform « Arzte für das Leben » c/ Autriche*, 21 juin 1988, A. 139, § 31, *JDI*, 1989, 824, obs. P. Tavernier), étendra singulièrement la portée des obligations positives (II) et définira les modalités du contrôle de son respect (III).

## I / La notion d'« obligation positive »

L'arrêt Airey invite à dépasser le clivage artificiel entre les droits civils et politiques et les droits économiques et sociaux, entre les « droits de... » supposant une abstention de l'État, et les « droits à... » réclamant des prestations de l'État. Il est remarquable que la Cour européenne accepte ici de se détacher de la lettre du texte de 1950, dont elle a justement noté qu'il énonce, « pour la majorité des droits civils et politiques », « une obligation d'abstention ou de non-ingérence » (*Mathieu-Mohin et Clerfayt c/ Belgique*, 2 mars 1987, § 50), pour se placer sur le terrain d'un « droit à... » – en l'espèce, d'un droit à l'assistance judiciaire –, c'est-à-dire d'un droit d'exiger de l'État une prestation positive.

A) Le souci de conférer au système de sauvegarde et aux droits garantis une véritable effectivité est au fondement de la démarche du juge européen, qui expose ici sa conception des droits individuels : il s'agit de « protéger des droits non pas théoriques ou illusoires mais concrets et effectifs » (§ 24). Réfutant l'existence d'une « cloison étanche » entre la sphère de la Convention et celle des droits économiques et sociaux, la Cour constate que nombre de droits civils et politiques ont des « prolongements d'ordre économique et social » et se réserve la possibilité d'interpréter en ce sens les droits garantis par la Convention (§ 26). Le juge européen entend ainsi fournir à l'individu les conditions matérielles à l'exercice effectif de ses droits, en l'espèce le « droit effectif d'accès aux tribunaux ». La réalisation des droits qu'énonce la Convention est donc susceptible de réclamer des « mesures positives » de la part de l'État, « qui ne saurait se borner à demeurer passif » (§ 25). L'« obligation positive » qui pèse sur l'État est alors une « obligation de faire », traditionnellement associée aux droits économiques et sociaux, celle d'« adopter des mesures raisonnables et adéquates pour protéger les droits » que l'individu tient de la Convention (*Lopez Ostra*, § 51, *infra*, n° 3).

B) Parce qu'elle est nécessaire à l'effectivité du droit, l'obligation positive est, selon le juge européen, « inhérente » au droit garanti, c'est-à-dire consubstantielle à ce dernier.

1 / Le caractère imprécis du contenu d'un droit favorise la construction jurisprudentielle. Il en va ainsi, particulièrement, du droit au *respect* de la vie privée et familiale (art. 8) : prenant appui sur le « manque de netteté » de la notion de « respect », dont elle dira par ailleurs qu'elle signifie « plus » que « reconnaître » ou « prendre en considération » (*Campbell et Cosans c/ Royaume-Uni*, 25 févr. 1982, A. 48, § 37, *JDI*, 1985, 191, obs P. Tavernier), la Cour européenne affirme, dans une formulation de principe qui met en relief le pouvoir discrétionnaire du juge, que si l'article 8 « a "essentiellement" pour objet de prémunir l'individu contre des ingérences arbitraires des pouvoirs publics [...] il ne se contente pourtant pas d'astreindre l'État à s'abstenir de pareilles ingérences : à cet engagement plutôt négatif *peuvent* s'ajouter des obligations positives inhérentes à un "respect" effectif de la vie familiale » (*Marckx*, § 31, *infra*, n° 51 ; *Airey*, § 32).

Plus largement, le juge européen découvre dans l'article 1er de la Convention une obligation positive inhérente à l'engagement général qu'ont les États de reconnaître « à toute personne relevant de leur juridiction les droits et libertés » consacrés par la Convention. L'arrêt de Grande Chambre, *Ilascu et al. c/ Moldavie et Russie*, du 8 juillet 2004 (*infra*, n° 70), systématise cette construction jurisprudentielle (Comm., Rap., 8 oct. 1991, Costello-Roberts c/ Royaume-Uni, n° 13134/87, § 37), et, liant intimement « obligations positives » et « juridiction » de l'État, au sens de l'article 1er de la Convention, vient définir de manière extensive l'obligation positive inhérente à l'article 1er. L'article 1er fonde désormais une obligation positive générale pesant sur l'État partie d'adopter des mesures adéquates pour protéger tout droit garanti par la Convention à toute personne placée sous sa juridiction formelle, quand bien même cette personne échapperait à son autorité réelle (en l'espèce, la responsabilité de la Moldavie est engagée pour faits de torture et détention arbitraire subis par des ressortissants moldaves aux mains d'un mouvement sécessionniste).

Par ailleurs, élargissant son action, la Cour affirme désormais que la prise en compte du « juste équilibre à ménager entre l'intérêt général et les intérêts de l'individu » est décisive pour « déterminer s'il existe une obligation positive » (*C. Goodwin*, § 72, *infra*, n° 49). La Cour se reconnaît donc la possibilité de faire jouer la théorie des obligations positives pour tout droit et confère à celle-ci un champ d'application général. La preuve en est que la Cour n'hésite pas à mêler les articles 3 et 8 de la Convention pour découvrir une nouvelle obligation positive « inhérente » à ces deux dispositions, celle de promulguer une législation pénale permettant de punir effectivement le viol et d'appliquer cette législation au moyen d'une enquête et de poursuites effectives (*M. C. c/ Bulgarie*, 4 déc. 2003, *JCP G*, 2004, I, 107, n° 1, chron. F. Sudre).

2 / On ne saurait passer sous silence le fait que le juge européen fait aussi une utilisation implicite de la théorie des obligations positives. Ainsi, lorsque, après avoir constaté que la détention pendant six mois d'un aliéné dans un établissement pénitentiaire non approprié n'est pas « régulière » au sens de l'article 5, § 1, al. e de la Convention, la Cour européenne, sans énoncer explicitement une « obligation positive », n'hésite pas à relever que le manque de place dans les établissements concernés constitue un problème structurel dans l'État partie, faisant ainsi peser sur ce dernier l'obligation de se doter des structures d'accueil adéquates (par ex., *Brand c/ Pays-Bas*, 11 mai 2004). La même démarche est empruntée dans l'arrêt *Dogan et al. c/ Turquie* (29 juin 2004), où analysant une mesure de déplacement imposée à des villageois comme une atteinte au droit de propriété, la Cour affirme que les autorités nationales ont l'obligation « d'assurer les conditions, et de fournir les moyens », permettant aux personnes déplacées de « regagner de leur plein gré, en sécurité et avec dignité leurs domiciles ou lieux de résidence habituels, ou de s'installer volontairement dans une autre région du pays » (§ 154 ; *JCP G*, 2004, I, 161, n° 17, chron. F. Sudre).

## II / La portée des obligations positives

A) Bouleversant l'économie de la Convention, les « obligations positives » emportent une redéfinition des obligations des États parties.

La responsabilité de l'État peut être engagée non seulement du fait de son ingérence « active » dans tel ou tel droit mais aussi, par le jeu de la théorie des « obligations positives », du fait de son ingérence « passive », en raison de la non-adoption des mesures positives que l'application concrète du droit réclamait. Cette ingérence passive recouvre deux modalités, selon que l'abstention de l'État entraîne en soi une atteinte au droit garanti ou qu'elle permet aux tiers de s'immiscer dans le droit garanti. L'arrêt *Airey* illustre le premier cas de figure (pour le second, voir *Lopez-Ostra, infra*, n° 3). La Cour y affirme qu'un « obstacle de fait peut enfreindre la Convention à l'égal d'un obstacle juridique » (§ 25). En d'autres termes, l'ingérence passive peut résulter de la carence de l'État aussi bien dans l'adoption de mesures positives d'ordre matériel – par exemple, l'absence de soins médicaux fournis à un détenu (art. 3 : *Ilhan c/ Turquie*, 27 juin 2000, *JCP G*, 2001, I, 291, n° 11, chron. F. Sudre) – que d'ordre normatif – ainsi, l'absence d'une législation protectrice du statut juridique de l'enfant né hors mariage (art. 8 : *Marckx*, préc.). Les organes de la Convention entendent donc fournir à l'individu les conditions juridiques et matérielles nécessaires à l'exercice réel des libertés proclamées.

Par le biais des « obligations positives », c'est donc l'inertie des pouvoirs publics – quelle que soit l'autorité en cause (législative, gouvernementale, administrative, juridictionnelle) – qui est susceptible d'être sanctionnée et, plus précisément, celle du législateur. En conséquence, même si l'État a théoriquement le « choix des moyens à utiliser » pour assurer l'exécution d'un arrêt le condamnant (*Marckx*, préc., § 58), un constat de manquement trouvant sa source dans un déficit législatif (absence de législation, défaillance de la législation existante) ne lui laissera que la seule possibilité de mettre sa législation en conformité avec la Convention afin de s'acquitter de l'obligation qu'il tient de l'article 46 de la Convention (*infra*, n° 74).

Au bout du compte, la Convention impose à l'État partie une triple obligation : obligation de respecter (de ne pas porter atteinte au droit), obligation de mettre en œuvre (prendre les mesures législatives, réglementaires, autres, afin d'assurer la jouissance concrète du droit), obligation de protéger (prendre des mesures afin que des tiers ne portent pas atteinte au droit).

B) Par un usage quasi systématique de la théorie des obligations positives, qui se déploie aujourd'hui sur un très large éventail de droits, le juge européen a sensiblement enrichi le contenu des droits énoncés dans la Convention et, partant, élargi le champ des obligations des États parties.

1 / La jurisprudence européenne témoigne d'une très large diffusion des obligations positives substantielles, qui impliquent l'adoption de mesures propres à permettre la réalisation effective du droit garanti, dans le champ de la Convention : le droit à l'instruction (*Aff. linguistique belge*, § 3, *infra*, n° 9), le droit au respect de la vie privée et familiale (*Marckx*), le droit à un procès équitable (*Guincho c/ Portugal*, 10 juill. 1984, A. 81, § 38, *JDI*, 1986, 1062, obs. P. Tavernier) – y compris le droit à l'exécution des décisions de justice (*Ruianu c/ Roumanie*, 17 juin 2003) –, le droit à des élections libres (*Mathieu-Mohin et Clerfayt*, préc., § 50), le droit à la liberté de réunion (*Plattform « Arzte für das Leben »*, préc., § 50), le droit à la liberté syndicale (*Gustafsson c/ Suède*, 25 avr. 1996), le droit à la vie (*L. C. B. c/ Royaume-Uni*, 9 juin 1998, § 36, *JCP G*, 1999, I, 105, n° 7, chron. F. Sudre), le droit à ne pas subir de torture ou de traitements inhumains et dégradants (*Ilhan*), le droit à la liberté d'expression (*Fuentes Bobo c/ Espagne*, 29 févr. 2000, *D*, 2001, jur., p. 574, note J. Mouly et J.-P. Marguénaud), le droit de propriété (*Oneryildiz*, *infra*, n° 66), le droit à la liberté et à la sûreté (*Storck c/ Allemagne*, 16 juin 2005, *RTDH*, 2006, n° 66, 237, note I. Soumy), l'interdiction de l'esclavage et du travail forcé (*Siliadin*, *infra*, n° 17), la liberté de pensée, de conscience et de religion (*97 membres de la Congrégation des témoins de Jéhovah de Gldani et al.* c/ Géorgie, 3 mai 2007), attestent d'un mouvement de généralisation des obligations positives qui va, évidemment, dans le sens du « développement des droits de l'homme » (Préambule, al. 4). Le juge interne n'est pas resté à l'écart de ce mouvement et le Conseil d'État, sur le fondement de l'article 2 CEDH, met à la charge des autorités pénitentiaires l'obligation positive « de prendre les mesures propres à protéger (la) vie » des détenus, notamment en mettant à la disposition des détenus des quartiers ordinaires des matelas ininflammables (CE, 17 déc. 2008, n° 305594, Section française de l'Observatoire international des prisons).

C'est, sans nul doute, le contenu du droit au respect de la vie privée et familiale qui a le plus bénéficié de cet enrichissement, puisque désormais il intègre, notamment, l'obligation d'offrir à un enfant né hors mariage les moyens « de mener une vie familiale normale » (*Marckx*, préc., § 31, et *Johnston et al. c/ Irlande*, 18 déc. 1986, § 72), l'obligation de permettre aux époux d'engager une procédure de séparation de corps (*Airey*, § 33), l'obligation de prendre des mesures propres à réunir un parent à son enfant (*Eriksson c/ Suède*, 22 juin 1989, A. 156, § 71, *JDI*, 1990, 714, obs. P. Rolland), l'obligation de permettre à un père naturel d'obtenir la tutelle ou la garde de son enfant placé par la mère aux fins d'adoption (*Keegan c/ Irlande*, 26 mai 1994, A. 291, § 50 et s., *JCP G*,

1995, I, 3823, n° 32, chron. F. Sudre), mais aussi l'obligation d'organiser l'accès des individus aux dossiers contenant des informations personnelles (*Gaskin c/ Royaume-Uni*, 7 juill. 1989, A. 160, § 38, *RTDH*, 1990, p. 361, note P. Lambert), l'obligation de permettre à un enfant de connaître ses origines par une action en recherche de paternité (*Mikulic c/ Croatie*, 7 févr. 2002, *JCP G*, 2002, I, 157, n° 13, chron. F. Sudre), l'obligation de fournir aux intéressés des informations pertinentes en cas de risques majeurs pour l'environnement (*Guerra et al. c/ Italie*, 19 févr. 1998, *Rev. eur. dr. env.*, 1998, 318, note J.-P. Marguénaud), l'obligation de fournir à un détenu le matériel nécessaire pour sa correspondance (*Cotlet c/ Roumanie*, 3 juin 2003, *JCP G*, 2003, I, 160, n° 10, chron. F. Sudre), l'obligation de protéger la réputation de la personne (*Petrina c/ Roumanie*, 14 oct. 2008), ou encore l'obligation d'assurer l'exécution d'une décision d'expulsion afin de permettre au propriétaire de recouvrer la possession de son appartement aux fins d'y habiter (*Cvijetic c/ Croatie*, 26 févr. 2004) ou celle de protéger une épouse contre des violences conjugales (*A c/ Croatie*, 14 octobre 2010).

2 / De surcroît, le juge européen a « découvert » des obligations positives procédurales au sein de droits matériels – droit à la vie, interdiction de la torture, liberté d'expression, droit au respect du domicile –, réalisant un dédoublement de l'obligation positive qui pèse sur l'État : obligation active substantielle *(supra)* et obligation procédurale de procéder à une enquête officielle, approfondie et effective, afin d'établir les faits allégués en vue de l'identification et de la punition des responsables en cas de recours à la force par les agents de l'État ayant entraîné mort d'hommes (art. 2 : *McCann*, § 161, *infra*, n° 11), d'allégation défendable de traitements contraires à l'article 3 commis par des agents de l'État (art. 3 : *Assenov c/ Bulgarie*, 28 oct. 1998, § 102, *JCP G*, 1999, I, 105, n° 12, chron. F. Sudre), de perquisition domiciliaire arbitraire par la police (*H. M. c/ Turquie*, 8 août 2006), lorsque des actes de violence répétés ont été commis à l'encontre d'un journal (art. 10 : *Ozgür Gundem c/ Turquie*, 16 mars 2000, § 42-43, *JCP G*, 2001, I, 291, n° 38) ou encore obligation procédurale de fournir une procédure judiciaire équitable permettant de trancher tout litige entre personnes privées relatif au droit de propriété (art. 1, Prot. 1 : *Sovtransavto Holding c/ Ukraine*, 25 juill. 2002, § 96). Dans la même logique, la Cour européenne procède à un encadrement procédural de la matière de l'autorité parentale et de l'assistance éducative, bien que l'article 8 ne contienne aucune condition explicite de procédure, pour juger que le processus décisionnel débouchant sur la mesure litigieuse doit être équitable et ménager aux parents un rôle respectant leurs intérêts (*W. c/ Royaume-Uni*, 8 juill. 1987,

A. 121-A, *infra*, n° 43). Cette démarche est transposée au droit au respect du domicile (*Blecic c/ Croatie*, 29 juill. 2004, § 36) ainsi qu'en matière environnementale, où la Cour fait obligation à l'État de réaliser des enquêtes et études appropriées en cas d'atteinte alléguée à l'environnement de la vie privée et familiale, permettant de prendre en compte les points de vue des intéressés (art. 8 : *Hatton et al. c/ Royaume-Uni*, 8 juill. 2003, Gr. Ch. ; *RTD civ.*, 2003, 760, obs. J.-P. Marguénaud ; *RDP*, 2004, 832, obs. C. Picheral). Cette « procéduralisation » des droits substantiels, qui atteint aussi le droit à la non-discrimination – que soit en cause une discrimination raciale (*Natchova et al. c/ Bulgarie*, 6 juill. 2005, Gr. Ch., *infra*, n° 9) ou une discrimination d'une autre nature (*Danilenkov c/ Russie*, 30 juill. 2009, *JCP G*, 2010, doctr. 70, obs. F. Sudre : liberté syndicale) – ne doit pas cependant s'opérer au détriment du contrôle au fond, auquel se substituerait un simple contrôle procédural (par ex., *Turek c/ Slovaquie*, 14 févr. 2006). Ainsi, dans l'affaire *Koch c/ Allemagne* (19 juill. 2012), relative au refus des autorités locales de délivrer à l'épouse défunte du requérant l'autorisation de se procurer une dose létale de médicaments afin de mettre fin à ses jours, la Cour juge inutile d'examiner le grief tiré de l'article 8 dans son volet matériel et se borne à un examen du volet procédural de l'article 8, qui la conduit à conclure à la violation de cette disposition dès lors que les juridictions allemandes ont refusé d'examiner au fond la demande du requérant, alléguant l'illégalité du refus opposé à sa femme.

Il faut ici relever que le recours aux obligations positives procédurales tend à être la méthode privilégiée de résolution des conflits de droits individuels (*infra* n° 3). La Cour déserte alors le fond et ne procède pas à une mise en balance des intérêts pour se cantonner au simple contrôle des exigences procédurales et vérifier la qualité du processus décisionnel mis en œuvre (*Tysiac c/ Pologne*, 20 mars 2007, *RDSS* 2007, 643, note D. Roman : droit de la femme d'avorter/droit de l'enfant à naître ; *Moretti et Benedetti c/ Italie*, 27 avr. 2010, *JCP G*, 2010, act. 578, F. Sudre : droit d'une famille d'adopter/droit de la famille adoptive).

On notera, à la marge, que la Cour fait aussi usage de la technique des obligations positives pour le contrôle de l'exécution de ses propres arrêts, jugeant que l'État partie tient de l'article 46 de la Convention une obligation positive d'« exécution correcte et entière » de l'arrêt de la Cour européenne (*Verein Gegen Tierfabriken Schweiz (VGT) c/ Suisse (n° 2)*, 30 juin 2009, Gr. Ch., *JCP G*, 2010, doctr. 70, F. Sudre ; *infra* n° 74).

3 / Les limites du recours aux obligations positives sont à la discrétion du juge européen, comme en témoigne l'usage par ce dernier de l'interprétation « consensuelle ».

L'absence de principes communs aux droits internes justifie en principe, commodément, le refus d'ériger une obligation positive. Il en va ainsi, sur le terrain de l'article 8, de l'obligation d'adopter des mesures autorisant le divorce et le remariage (*Johnston*, préc., § 57), d'accorder des droits parentaux aux transsexuels (*X., Y., Z. c/ Royaume-Uni*, 22 avr. 1997 ; *D*, 1997, 582, note S. Grataloup), d'autoriser un changement de nom patronymique (*Stjerna c/ Finlande*, 25 nov. 1994, A. 299-B, *JCP G*, 1995, I, 3823, n° 31, chron. F. Sudre), de divulguer le secret de la naissance (*Odièvre c/ France*, 13 févr. 2003), de garantir aux femmes qui se sont soumises à une fécondation *in vitro* la possibilité de se faire implanter un embryon lorsque leur ex-partenaire a révoqué l'engagement pris (*Evans c/ Royaume-Uni*, 10 avr. 2007, Gr. Ch., *RDSS*, 2007, 810, note D. Roman), de reconnaître aux homosexuels le droit de se marier (*Schalk et Kopf c/ Autriche*, 24 juin 2010, *RTD civ* 2010, 738, obs. J.-P. Marguénaud). Aussi, à propos de l'article 6, de l'obligation d'aménager les délais de prescription afin de permettre aux enfants victimes de sévices sexuels d'engager une action civile (*Stubbings c/ Royaume-Uni*, 22 oct. 1996, *JCP G*, 1997, I, 4000, n° 22, chron. F. Sudre) et, pour le droit à des élections libres (art. 3 Prot. 1) de l'obligation d'instaurer un système permettant l'exercice du droit de vote à l'étranger pour les citoyens expatriés (*Sitaropoulos et al. c/ Grèce*, 15 mars 2012, Gr. Ch.).

Néanmoins, la Cour peut aussi considérer que l'absence de consensus européen ne lui interdit pas de mettre au jour une obligation positive, telle celle faite à l'État de procéder à la reconnaissance juridique de la nouvelle identité sexuelle d'un transsexuel, dès lors qu'il y a une « tendance internationale » (ce qui est pour le moins vague) en ce sens (*C. Goodwin*, § 85). Par contre, il est assez exceptionnel que la Cour dégage, directement (*MC c/ Bulgarie*, 4 déc. 2003, préc.) ou indirectement (*Bayatyan c/ Arménie*, 7 juill. 2011, Gr. Ch., *JCP G* 2012, doctr. 87, F. Sudre), une obligation positive en procédant à une interprétation véritablement consensuelle *et* évolutive. Dans le premier arrêt, la Cour juge, « eu égard aux normes et tendances contemporaines », que les États membres ont l'obligation positive « de pénaliser et de poursuivre de manière effective tout acte sexuel non consenti, même si la victime n'a pas opposé de résistance physique » (§ 166). Le second arrêt, se prévalant d'une interprétation évolutive et du consensus existant au sein des États européens, le second arrêt reconnaît au titre de la liberté de conscience et de religion, le droit à l'objection de conscience au service militaire obligatoire, que la Cour accompagnera ensuite de l'obligation positive pour l'État d'offrir aux intéressés une procédure effective et accessible leur permettant de faire établir s'ils ont oui ou non le droit de bénéficier du statut d'objecteur de conscience (*Savda c/ Turquie*, 12 juin 2012).

On relève aussi la réticence du juge européen à garantir les conditions de développement et d'épanouissement effectifs de la vie familiale, refusant de considérer, dans une affaire de grande pauvreté, que l'article 8 oblige l'État « à intervenir positivement pour rétablir les conditions de vie familiale dégradées » (Comm., déc. 9 mai 1990, *Van Volsem c/ Belgique*, *RUDH*, 1990, 349, note F. Sudre), ou d'admettre que l'État a l'obligation de permettre à un propriétaire de récupérer sa maison mise en location afin de pouvoir l'utiliser à des fins familiales (*Velosa Barreto c/ Portugal*, 21 nov. 1995, *RUDH*, 1996, p. 17, obs. M. Levinet).

## III / Le contrôle du respect des obligations positives

Frustre dans l'arrêt *Airey*, qui met l'accent sur le libre choix des moyens dont dispose l'État pour remplir l'obligation positive mise à sa charge (§ 26), le contrôle juridictionnel des obligations positives, dont les modalités ont été systématisées par l'arrêt *Powell et Rayner c/ Royaume-Uni* (21 févr. 1990, A. 172, § 41, *JDI*, 1991, 774, obs. P. Tavernier), s'organise autour du principe de proportionnalité.

A) Le juge européen entend exercer un contrôle identique sur les ingérences aux droits garantis, que ces ingérences aient été opérées dans le cadre des obligations positives (ingérences passives) ou des obligations négatives (ingérences actives) qui pèsent sur l'État. Il refuse donc l'hypothèse d'un contrôle réduit en matière d'obligations positives et pose le principe d'un contrôle normal sur la finalité et la nécessité de la mesure, c'est-à-dire sur la proportionnalité de l'ingérence au but légitime poursuivi. Ce contrôle de proportionnalité s'exerce naturellement en rapport avec la marge d'appréciation reconnue à l'État (voir *Handyside*, *infra*, n° 7) et l'exigence de « juste équilibre » sera bien souvent assouplie par la notion de « raisonnable » (pour un exemple contraire, *C. Goodwin*, § 93). Par exemple, la Cour note, dans l'affaire *Powell et Rayner* (préc.), où était en cause l'insuffisance de la réglementation des niveaux sonores des avions et des mesures pratiques prises pour réduire l'exposition des riverains au bruit, qu'« on ne peut raisonnablement prétendre que le gouvernement britannique [...] a outrepassé sa marge d'appréciation ou rompu le juste équilibre à ménager aux fins de l'article 8 » (§ 45) ; à l'inverse, dans l'affaire *Hokkannen c/ Finlande* (23 sept. 1994, A. 299-A), elle constate que les autorités nationales, nonobstant leur marge d'appréciation, n'ont pas adopté les mesures de mise en œuvre du droit de visite d'un père à l'égard de sa fille « que l'on pouvait raisonnablement exiger d'elles en l'occurrence » (§ 58 et 61).

B) D'une manière générale, le contrôle des obligations positives manque néanmoins de rigueur. La Cour européenne ne reprend pas, le plus souvent, la démarche qui est la sienne pour les ingérences actives – consistant à contrôler si l'ingérence est bien prévue par la loi, si elle poursuit un but légitime et si elle est nécessaire dans une société démocratique – et fait l'impasse sur les deux premières conditions, alors que celles-ci paraissent également pertinentes en matière d'ingérences passives (omissions, décisions de refus, mesures insuffisantes). L'arrêt *Hokkannen* (préc.) est topique de cette manière de faire : examinant à la fois une ingérence passive (absence de mise en œuvre du droit de garde du père) et une ingérence active (transfert ultérieur de la garde de l'enfant aux grands-parents), la Cour contrôle la seconde ingérence au regard des trois conditions énoncées au § 2 de l'article 8, mais non la première. Par ailleurs, la distinction entre ingérence passive et ingérence, active est parfois ténue et le choix opéré par la Cour d'examiner une affaire au titre des obligations positives plutôt que des obligations négatives (ou inversement) paraît singulièrement arbitraire. Dans l'affaire *Gnahoré c/ France* (19 sept. 2000, *RDP*, 2001, 682, obs. A. Gouttenoire-Cornut), la Cour analyse ainsi curieusement la suspension du droit de visite d'un père à l'égard de son enfant qui avait fait l'objet d'une mesure de placement non comme une ingérence active dans ses droits parentaux mais sur le seul fondement des obligations positives ; de même, elle se place sur ce terrain pour examiner le refus d'accès à l'insémination artificielle opposé aux détenus et non sur celui de l'ingérence dans le droit au respect de la vie privée (*Dickson c/ Royaume-Uni*, 4 déc. 2007, Gr. Ch.). Inversement, dans l'affaire *S.H. et a. c/ Autriche* (Gr. Ch., 3 nov. 2011, *Dr. fam.*, 2012, étude 6, A. Gouttenoire), la Cour choisit, sans s'en expliquer, de se placer sur le terrain de l'ingérence résultant de l'interdiction faite aux intéressés par la loi de recourir à certaines techniques de procréation assistée et non de l'obligation positive pesant sur l'État d'autoriser lesdites techniques (§ 88). Le refus de la Cour de choisir si l'ingérence relève de l'action ou de l'abstention de l'État est tout aussi fâcheux (par ex., *Hatton*, préc., § 119 ; *Broniowski*, § 146, *infra*, n° 74).

Le flottement du contrôle exercé par la Cour s'explique, sans doute, par l'« inversion » du jeu de la proportionnalité en matière d'obligations positives, puisque le rapport de proportionnalité ne consiste pas à vérifier, comme à l'habitude, que les ingérences dans le droit individuel sont excessives eu égard au but d'intérêt général poursuivi, mais que les obligations mises à la charge de l'État ne sont pas trop lourdes au regard de l'intérêt individuel à protéger. L'arrêt *C. Goodwin*, où la Cour relève qu'« aucun facteur important d'intérêt public n'entr(e) en concurrence » avec l'intérêt d'une transsexuelle à obtenir la reconnaissance juridique de sa conversion sexuelle, est, à cet égard, topique (§ 93).

F. S.

## II | « Effet horizontal »

**3.** ***Lopez Ostra c/ Espagne, 9 décembre 1994***, *série A, n° 303-C ; JDI, 1995, 798, obs. P. Tavernier ; RUDH, 1995, 112, chron. F. Sudre ; RTD civ., 1996, 507, chron. J.-P. Marguénaud.*

**51.** Il va pourtant de soi que des atteintes graves à l'environnement peuvent affecter le bien-être d'une personne et la priver de la jouissance de son domicile de manière à nuire à sa vie privée et familiale, sans pour autant mettre en grave danger la santé de l'intéressée. Que l'on aborde la question sous l'angle d'une obligation positive de l'État – adopter des mesures raisonnables et adéquates pour protéger les droits de l'individu en vertu du § 1 de l'article 8 –, comme le souhaite dans son cas la requérante, ou sous celui d'une « ingérence d'une autorité publique », à justifier selon le § 2, les principes applicables sont assez voisins. Dans les deux cas, il faut avoir égard au juste équilibre à ménager entre les intérêts concurrents de l'individu et de la société dans son ensemble, l'État jouissant en toute hypothèse d'une certaine marge d'appréciation. En outre, même pour les obligations positives résultant du § 1, les objectifs énumérés au § 2 peuvent jouer un certain rôle dans la recherche de l'équilibre voulu [...].

**52.** Il ressort du dossier que la station d'épuration litigieuse fut construite en juillet 1988 par Sacursa pour résoudre un grave problème de pollution existant à Lorca à cause de la concentration de tanneries. Or, dès son entrée en service, elle provoqua des nuisances et troubles de santé chez de nombreux habitants [...]. Certes, les autorités espagnoles, et notamment la municipalité de Lorca, n'étaient pas en principe directement responsables des émanations dont il s'agit. Toutefois, comme le signale la Commission, la ville permit l'installation de la station sur des terrains lui appartenant et l'État octroya une subvention pour sa construction [...].

**55.** [...] De toute manière, la Cour estime qu'en l'occurrence il lui suffit de rechercher si, à supposer même que la municipalité se soit acquittée des tâches qui lui revenaient d'après le droit interne [...], les autorités nationales ont pris les mesures nécessaires pour protéger le droit de la requérante au respect de son domicile ainsi que de sa vie privée et familiale garanti par l'article 8 (voir, entre autres, *mutatis mutandis*, l'arrêt X. et Y. c/ Pays-Bas du 26 mars 1985, série A, n° 91, p. 11, § 23).

**56.** Il échet de constater que non seulement la municipalité n'a pas pris après le 9 septembre 1988 des mesures à cette fin, mais aussi qu'elle a contrecarré des décisions judiciaires allant dans ce sens. Ainsi, dans la procédure ordinaire entamée par les belles-sœurs de Mme Lopez Ostra, elle a interjeté appel contre la décision du Tribunal supérieur de Murcie du 18 septembre 1991 ordonnant la fermeture provisoire de la station, de sorte que cette mesure resta en suspens [...].

**58.** Compte tenu de ce qui précède – et malgré la marge d'appréciation reconnue à l'État défendeur –, la Cour estime que celui-ci n'a pas su ménager un juste équilibre entre l'intérêt du bien-être économique de la ville de Lorca – celui de disposer d'une station d'épuration – et la jouissance effective par la requérante du droit au respect de son domicile et de sa vie privée et familiale.

Il y a donc eu violation de l'article 8.

La Cour européenne condamne l'Espagne pour ne pas avoir pris les mesures nécessaires pour protéger le droit de la requérante au respect de son domicile et de sa vie privée et familiale contre les émanations nauséabondes d'une station d'épuration des résidus de tanneries. Outre qu'il fait pénétrer, par le biais de l'article 8, le droit à un environnement sain dans le champ de la Convention (§ 51, *infra*, n° 46), l'arrêt *Lopez-Ostra* confirme de manière éclatante l'« effet horizontal » de la Convention puisque, en l'espèce, la requérante se plaignait des nuisances causées par une entreprise privée. La diffusion de l'« effet horizontal » de la Convention (I) s'accompagne néanmoins d'incertitudes quant au contrôle de proportionnalité qu'exerce la Cour en la matière (II).

## I / La diffusion de l'« effet horizontal » de la Convention

L'effet horizontal consiste dans l'application de la Convention dans les relations privées et s'analyse comme « une extension de l'opposabilité des droits de l'homme aux rapports interindividuels » (J.-P. Marguénaud, dir., CEDH *et droit privé*, La Documentation française, 2001, 77), conduisant inéluctablement le juge – et en premier lieu le juge européen

– à connaître, en sus du conflit classique qui oppose l'individu à l'État, du conflit entre deux droits ou intérêts individuels. Comme il est évident que les violations des droits de l'homme ne sont pas nécessairement le fait des pouvoirs publics mais peuvent aussi être le fait des particuliers, on mesure l'intérêt d'une construction doctrinale – inspirée de la théorie allemande de la *Drittwirkung* (« effets vis-à-vis des tiers ») – qui vise à assurer l'effectivité des droits protégés, y compris contre les agissements des tiers. La question de l'effet horizontal de la Convention se pose de manière différente devant le juge européen et devant le juge interne.

A) La Cour européenne n'est compétente *ratione personae* que pour connaître de recours individuels dirigés contre un État contractant (art. 34), et toute requête dirigée contre un particulier sera déclarée irrecevable (par ex., Comm., déc. 12 janv. 1994, Durini c/ Italie, *DR*, 76A, 76). En conséquence, une requête, telle celle de Mme Lopez Ostra, invoquant la violation du fait des agissements d'autrui d'un droit garanti par la Convention soulève d'abord un problème d'imputabilité. Lorsque l'atteinte au droit protégé n'est pas directement imputable à l'État mais est le fait d'un tiers – personne privée –, l'« effet horizontal » de la Convention permet la mise en jeu de la responsabilité de l'État si la législation de ce dernier rend possible la violation d'un droit garanti par cette personne privée mais n'implique nullement que celle-ci puisse avoir à répondre devant les organes de contrôle d'actes contraires à la Convention : ce n'est pas le comportement du tiers qui est reproché à l'État mais celui de ses organes (§ 52 et 55 de l'arrêt). Le fondement de la responsabilité de l'État se situe dans l'article 1er de la Convention, qui stipule que chaque État contractant reconnaît « à toute personne relevant de (sa) juridiction les droits et libertés définis (dans) la présente Convention ». Selon la conception du juge européen de la notion de « juridiction » (*supra*, n° 1), les États membres sont responsables de tous les actes et omissions de leurs organes internes, quel que soit le type de normes ou de mesures en cause (*PCU de Turquie*, § 29, *infra*, n° 6). Le premier arrêt retenant l'applicabilité de la Convention aux rapports interindividuels souligne que, quand la violation de l'un des droits garantis par la Convention « dérive d'un manquement du législateur national à cette obligation (de l'article 1er), la responsabilité en incombe à l'État » (*Young, James et Webster c/ Royaume-Uni*, 13 août 1981, A. 44, § 49, *CDE*, 1982, 226, chron. G. Cohen-Jonathan, *JDI*, 1982, 220, obs. P. Rolland). La responsabilité de l'État au regard de la Convention peut donc être mise en jeu non en raison du fait lui-même du particulier mais de la défaillance de son droit interne : l'effet horizontal peut être dit ici « indirect ».

Ainsi compris, l'effet horizontal de la Convention recouvre, au vu de la pratique jurisprudentielle, deux cas de figure.

1 / La première hypothèse, la plus fréquente, est celle où les violations privées sont imputables à l'État du fait de son inaction. Les organes de l'État ont fait preuve de manque de diligence et n'ont pas pris les mesures adéquates pour prévenir, ou pour limiter les atteintes individuelles au droit garanti (§ 55 de l'arrêt). La responsabilité de l'État se situe ici sur le terrain des obligations positives (*supra*, n° 2) : la violation d'un droit protégé par la Convention résulte d'une abstention de l'État permettant au tiers de s'immiscer dans le droit garanti. L'arrêt *X. et Y. c/ Pays-Bas*, du 26 mars 1985, relatif à l'impossibilité d'intenter des actions pénales à l'égard de l'auteur de violences sexuelles sur une mineure mentalement handicapée, ouvre la voie à une telle solution : selon la Cour, les obligations positives inhérentes au droit au respect de la vie privée et familiale (art. 8) « peuvent impliquer l'adoption de mesures visant au respect de la vie privée jusque dans les relations des individus entre eux » (A. 91, § 23, *JDI*, 1986, 1086, obs. P. Rolland). Par la suite, la jurisprudence européenne a largement diffusé, sur le fondement des obligations positives, l'effet horizontal de la Convention au bénéfice, notamment, du droit de manifester (*Plattform « Arzte für das Leben » c/ Autriche*, 21 juin 1988, A. 139, § 32, *JDI*, 1989, 824, obs. P. Tavernier : manifestation licite perturbée par des contre-manifestants), du droit à l'instruction (*Costello-Roberts c/ Royaume-Uni*, 25 mars 1993, A. 247-C, *JCP G*, 1994, I, 3742, n° 2, obs. F. Sudre : punition corporelle infligée par le directeur d'une école privée), de la liberté syndicale (*Gustafsson c/ Suède*, 25 avr. 1996 : pressions d'un syndicat pour contraindre un commerçant à signer une convention collective), du droit à la vie (*Osman*, *infra*, n° 11 : menaces d'un individu sur la vie des membres d'une famille), de l'interdiction de la torture et des traitements inhumains et dégradants, en elle-même (*A c/ Royaume-Uni*, 23 septembre 1998 : châtiments corporels infligés à un enfant par son beau-père, *JCP G*, 1999, I, 105, n° 11, obs. F. Sudre) ou ensemble avec le droit au respect de la vie privée (*M. C. c/ Bulgarie*, 4 déc. 2003, *JCP G*, 2004, I, 107, n° 1, obs. F. Sudre : viol), du droit à la liberté d'expression (*Fuentes Bobo c/ Espagne*, 29 févr. 2000, *D*, 2001, jur., 574, note J. Mouly et J.-P. Marguénaud : licenciement d'une journaliste par son employeur), ou encore du droit de propriété (*Sovtransavto Holding c/ Ukraine*, 25 juill. 2002, § 96 : agissements des dirigeants d'une société ayant entraîné la dévalorisation des actions de la requérante). En dernier lieu, le droit à la liberté et à la sûreté (*Storck c/ Allemagne*, 16 juin 2005, *infra*, n° 18) : internement d'une jeune fille à la demande de son père, la

liberté d'association (*Ouranio Toxo et al. c/ Grèce*, 20 oct. 2005 : saccage des locaux d'un parti politique), l'interdiction de l'esclavage et du travail forcé (*Siliadin*, *infra*, n° 17 : esclavage domestique), le droit à la réputation (*Petrina c/ Roumanie*, 14 oct. 2008, *JCP G*, 2009, I, 104, obs. F. Sudre : articles de presse diffamatoires), le droit à la liberté d'information (*Khurshid Mistafa et Tarzibachi c/ Suède*, 16 déc. 2008, *JCP G*, 2009, I, 104, obs. F. Sudre : expulsion d'un logement pour refus de retirer une antenne parabolique), la liberté de religion (*Siebenhaar c/ Allemagne*, 3 févr. 2011, *D* 2011, 1637, note J.-P. Marguénaud et J. Mouly : licenciement d'une salariée par son employeur) se sont vus dotés d'un tel effet horizontal.

L'« effet horizontal » concourt à une large application du droit au respect de la vie privée et familiale (art. 8), d'autant que les atteintes au droit garanti sont fréquemment le fait de particuliers. Ainsi, la Cour sanctionne-t-elle l'inaction des autorités compétentes pour faire cesser les atteintes au droit au respect du domicile de la personne commises, pendant plusieurs années, par des tiers (*Surugiu c/ Roumanie*, 20 avr. 2004 : intrusion sur le terrain où était située sa maison, obstacles mis à l'accès à celle-ci, troubles...), l'insuffisance des mesures prises afin de prévenir la divulgation par la presse de conversations téléphoniques de nature privée (*Craxi n° 2 c/ Italie*, 17 juill. 2003, *JCP G*, 2004, I, 107, n° 12, obs. F. Sudre), l'insuffisante protection du droit à l'image d'une personne publique contre les pratiques de la presse à sensation offerte par le droit interne (*Von Hannover c/ Allemagne, infra*, n° 43), l'insuffisance du contrôle exercé par les autorités sur le traitement médical pratiqué dans les cliniques psychiatriques privées (*Storck*, préc.), l'inadéquation de la protection contre l'accès non autorisé de tiers à des données médicales confidentielles (*I c/ Finlande*, 17 juill. 2008). La Cour européenne juge même l'article 8 applicable en matière contractuelle (*Van Kuck c/ Allemagne*, 12 juin 2003, *RTD civ.*, 2004, 361, obs. J.-P. Marguénaud : refus des tribunaux d'ordonner à une compagnie privée d'assurance-maladie le remboursement à une transsexuelle des frais complémentaires afférents à sa conversion sexuelle). Comme le montre l'arrêt *Lopez-Ostra*, la jurisprudence des obligations positives est particulièrement bien adaptée à la protection de l'environnement et susceptible de garantir le droit de vivre dans un environnement sain contre les ingérences d'autres particuliers ainsi que le confirme l'arrêt *Moreno Gomez c/ Espagne*, du 16 novembre 2004 (*infra*, n° 47) qui juge que l'Espagne, du fait de la passivité de l'administration face au tapage nocturne causé par des boîtes de nuit, a manqué à son obligation positive de garantir le droit de l'intéressée au respect de son domicile et de sa vie privée

(§ 61-62 ; *JCP G*, 2005, I, 103, n° 12, obs. F. Sudre). Il faut alors s'étonner que la Cour n'utilise pas expressément cette technique dans son arrêt de Grande Chambre *Hatton c/ Royaume-Uni*, considérant qu'il n'y a pas lieu d'adopter une démarche particulière en matière de « droits environnementaux de l'homme » (8 juill. 2003, § 122 : nuisances sonores causées par l'exploitation d'un aéroport ; préc. n° 2).

Il convient également de se demander si la Cour européenne ne confère pas un « effet horizontal » au droit à un procès équitable (*infra*, n° 33), en retenant la responsabilité d'un État partie du fait de l'inexécution de décisions judiciaires trouvant leur cause principale dans les agissements d'une personne privée. Le juge européen sanctionne ainsi l'inaction des autorités nationales, qui n'ont pris aucune mesure adéquate pour limiter les atteintes commises par un tiers au droit d'une personne à l'exécution des décisions de justice (*Ruianu c/ Roumanie*, 17 juin 2003 : opposition de particuliers à l'exécution d'un jugement ordonnant de démolir une construction édifiée sur le terrain du requérant ; *Pini et Bertani, et Manera et Atripaldi c/ Roumanie*, 22 juin 2004 : obstacles mis par un établissement d'accueil d'enfants mineurs à l'exécution d'un jugement d'adoption, *JCP G*, 2004, I, 161, n° 7, obs. F. Sudre ; *Ghibusi c/ Roumanie*, 23 juin 2005 : refus d'un employeur de réintégrer son employé et de lui verser les salaires dus). Est ainsi mise à la charge de l'État partie l'obligation positive d'assurer l'exécution effective des décisions judiciaires définitives entre personnes privées (*Romanczyk c/ France*, 18 nov. 2010 : défaut de recouvrement de créances alimentaires).

2 / La deuxième hypothèse est celle où les violations privées sont imputables à l'État « du fait de son action » ou, plus exactement, du fait que l'État a donné au particulier « les moyens ou un encouragement » (J. Mouly et J.-P. Marguénaud, préc.) pour porter atteinte au droit garanti d'une autre personne. Le recours à la théorie des obligations positives n'est plus ici utile puisque la violation privée résulte, si ce n'est d'une action proprement dite de l'État, du fait que le droit interne a légitimé ou favorisé la violation en cause. De fait, la Cour européenne se place alors sur le terrain classique des ingérences actives. Ainsi, dans l'affaire *Young, James et Webster* (préc.), où était en cause le licenciement de trois cheminots n'appartenant pas à l'un des syndicats avec lesquels leur employeur avait conclu un accord de *closed shop* (monopole syndical d'emploi), la Cour, sans se référer à la notion d'obligations positives, retient la violation de l'article 11 de la Convention au motif que « le droit en vigueur à l'époque… a rendu licite le traitement dont se plaignent les intéressés » (§ 49). Reprise dans une affaire similaire de

liberté syndicale « négative » (*Sigurjonsson c/ Islande*, 30 juin 1993, A. 264, *JCP G*, 1994, I, 3742, n° 34, chron. F. Sudre ; *contra, Sorensen et Rasmussen c/ Danemark*, 11 janvier 2006, où la Cour fait jouer les obligations positives ; *infra*, n° 65), cette démarche a également été appliquée en matière de liberté d'information dans l'arrêt *VGT Verein Gegen Tierfabriken c/ Suisse*, du 28 juin 2001, où était en cause le refus de la société privée responsable de la publicité télévisée en Suisse de diffuser un spot publicitaire de l'association requérante. La Cour relève que la responsabilité de l'État suisse est engagée dès lors que le refus opposé à la requérante, confirmé par une décision du Tribunal fédéral, trouve son fondement dans une disposition de la loi fédérale sur la radio et la télévision : « Le droit interne [...] légitime donc le traitement dont se plaint l'association requérante » (§ 47). De même, la publication dans la presse de la photographie d'une personne poursuivie personnellement, qui tire son origine « d'une activité ou collaboration des organes de l'État », constitue une « ingérence » dans le droit à l'image protégé par l'article 8 (*Sciacca c/ Italie*, 11 janv. 2005, § 27) comme la perte du droit de propriété par le jeu de la prescription acquisitive organisée par la loi nationale est une « ingérence » dans le droit de propriété (*J. A. Pye (Oxford), LTD c/ Royaume-Uni*, 30 août 2007, Gr. Ch, *RTD civ.*, 2007, 727, obs. J.P. Marguénaud). En bref, l'« effet horizontal » de la Convention peut résulter d'une « législation qui entre en jeu en raison d'actions entre particuliers » (*ibid.*, § 57). Avec une audace certaine, la Cour européenne confère également, selon les mêmes modalités, un « effet horizontal » à la clause de non-discrimination de l'article 14, à propos d'une discrimination en matière successorale trouvant sa source dans une disposition testamentaire, validée par les juridictions nationales (*Pla et Puncernau c/ Andorre*, 13 juill. 2004 ; *RTD civ.*, 2004, 804, obs. J.-P. Marguénaud, *JCP G*, 2005, I, 103, n° 15, F. Sudre). Cette solution est confirmée par *Danilenkov c/ Russie* (30 juill. 2009, *JCP G*, 2010, doctr. 70, F. Sudre : discrimination en matière de liberté syndicale).

La frontière avec les obligations positives reste cependant très incertaine. Ainsi, l'applicabilité de la Convention aux relations du travail, que ce soit au titre de la liberté syndicale (*Young, James et Webster*, préc.), de la liberté d'expression *(Fuentes Bobo)*, de la liberté d'association (*Redfearn c/ Royaume-Uni*, 6 nov. 2012 : licenciement d'un salarié du fait de son appartenance à un parti politique d'extrême droite), du droit au respect de la vie privée (déc. 7 nov. 2002, *Madsen c/ Danemark*, n° 58341/00 et déc. 9 mars 2004, *Wretlund c/ Suède*, n° 46210/99, *D*, 2005, 36, note J. Mouly et J.-P. Marguénaud : obligation faite par leur employeur à des salariés de se soumettre à des tests de dépistage de l'alcool et de la drogue dans le cadre de leur activité professionnelle), s'opère de manière assez confuse, selon que le juge européen se situe sur le terrain de l'« ingérence » de l'État, expressément (*Young, James et Webster*, préc.) ou implicitement *(Madsen, Wretlund)*, ou vise son « obligation positive » *(Fuentes Bobo, Redfearn)*. De même, dans l'affaire *Odièvre c/ France* (13 févr. 2003 ; *infra* n° 42) la Cour européenne choisit, sans s'en expliquer, de se placer sur le terrain des obligations positives alors même que c'est le droit interne qui, organisant le système de l'accouchement anonyme, fournit à la mère biologique les moyens de porter atteinte au droit de l'enfant de connaître ses origines. Quoi qu'il en soit, même si la Cour refuse « d'élaborer une théorie générale concernant la mesure dans laquelle les garanties de la Convention doivent être étendues aux relations entre les personnes privées » (§ 46), il est clair que la responsabilité de l'État peut être mise en jeu dès lors que le droit interne rend possible l'atteinte à un droit conventionnel par des particuliers.

3 / La diffusion de l'effet horizontal « indirect » de la Convention favorise l'apparition des conflits de droit devant le juge européen, que ce soit au titre de l'une ou l'autre des deux hypothèses envisagées. On en donnera quelques exemples. Pour la première hypothèse : droit de manifester de l'un c/ droit de contre-manifester de l'autre (*Plattform « Arzte für das Leben »)*, droit à la vie familiale des parents c/ droit des enfants à la protection de leur intégrité physique (*Z et al. c/ Royaume-Uni*, 10 mai 2001), droit de l'enfant de connaître ses origines c/ droit de la mère de conserver l'anonymat (*Odièvre*), droit à la liberté d'expression de l'un c/ droit à l'image de l'autre (*Von Hannover, infra*, n° 43). Pour la seconde : liberté de l'un de transmettre ses biens c/ droit de l'autre à la non-discrimination en matière successorale (*Pla et Puncernau c/ Andorre*, 13 juill. 2004), droit de propriété de l'un c/ droit de propriété de l'autre (*J.A Pye (Oxford) LTD*), droit à la liberté d'information de l'un c/ droit à la liberté d'information de l'autre (*VGT*).

B) Devant le juge interne, la question de l'applicabilité de la Convention aux relations entre personnes privées se pose dans des termes très différents. L'effet horizontal de la Convention se confond ici avec la question de l'applicabilité directe en droit interne de la norme conventionnelle et, partant, de l'application de celle-ci par les tribunaux internes à des litiges privés. On peut alors parler d'effet horizontal « direct ». Il convient ici de relever que la compétence du juge interne pour appliquer la CEDH n'est pas soumise aux mêmes conditions que la compétence du juge européen, notamment en matière de recevabilité du recours, et que rien ne lui interdit de faire application de la Convention aux contentieux interindividuels. Comme le note le Pr Coussirat-Coustère, « la Convention fait partie de la légalité que le juge doit respecter et, par conséquent, l'effet direct des droits garantis est autant vertical (contentieux de droit public) qu'horizontal (contentieux de droit privé) » (CEDH et droit interne : primauté et effet direct, *in* L.-E. Pettiti *et al.* (dir.), *La Convention européenne des droits de l'homme*, éd. Némésis, 1992, 14).

La Cour de cassation va dans ce sens (par ex., Cass. civ. 1re, 27 févr. 1991, Camuset c/ Casino Guichard-Perrachon, *Bull.*, III, n° 67, 39 : indemnité d'éviction due en cas de non-renouvellement du bail commercial et art. 1er, Prot. 1 CEDH), et fait désormais une application dynamique de l'article 8 aux relations interindividuelles : admettant que le droit des obligations tombe sous l'empire de la CEDH, elle juge que les clauses d'un bail d'habitation ne peuvent, « en vertu de l'article 8, § 1 de la CEDH, avoir pour effet de priver le preneur de la possibilité d'héberger ses proches » (Cass. civ. 3e, 6 mars 1996, OPAC de la ville de Paris c/ Mme Mel Yedei, *D*, 1997, 167, note B. de Lamy ; Civ. 3e, 22 mars 2006, Zaline (Mme) c/ Élisée, *D*, 2006, *IR*, 1185). Mieux encore, la Cour de cassation n'hésite pas à faire application de l'article 8 aux relations du travail pour apprécier à la lumière de cette disposition la validité d'une clause d'un contrat de travail (Cass. soc., 12 janv. 1999, Spileers c/ SARL Omni Pac, *D*, 1999, jur., 645, note J.-P. Marguénaud et J. Mouly) ou d'un licenciement pour faute grave dans l'exécution du contrat de travail (Cass. soc., 2 oct. 2001, Sté Nikon France SA c/ M. Onof, *D*, 2001, 3148, note P.-Y. Gautier). Fort étrange est alors le contresens manifeste commis par la deuxième chambre civile qui juge que la communication par les dirigeants d'une entreprise employant des travailleurs handicapés d'informations relatives à l'état de santé des travailleurs au comité d'établissement constitue une violation de l'article 8 au motif que ledit comité « n'est pas une autorité publique », semblant considérer que seule une autorité publique est admise à s'ingérer dans l'exercice du droit au respect de la vie privée (Civ. 2e, 10 juin 2004, Sté Atofina, *D*, 2005, 469, note J.-P. Marguénaud et J. Mouly).

## II / L'exercice d'un contrôle de proportionnalité

En l'espèce, la Cour juge que l'État « n'a pas su ménager un juste équilibre entre l'intérêt du bien-être économique de la ville de Lorca [...]

et la jouissance effective par la requérante du droit au respect de son domicile et de sa vie privée et familiale » (§ 58). La rencontre du principe de proportionnalité (*supra*, n° 2) et de l'effet horizontal de la Convention ne manque pas d'ambiguïté (voir les notes, préc., de J. Mouly et J.-P. Marguénaud).

1 / Le contrôle de proportionnalité, utilisé par le juge européen pour contrôler la marge d'appréciation des États dans la mise en œuvre des restrictions aux droits autorisées par la clause d'ordre public de la Convention (*infra*, n° 7), paraît inadapté quand il s'agit de violations privées imputables à l'État du fait de son abstention et que la Cour recourt à la théorie des obligations positives. La diffusion horizontale de la Convention, particulièrement lorsqu'elle véhicule un conflit de droits individuels, ne devrait pas alors être placée « sous l'influence d'un principe de proportionnalité construit en fonction des rapports verticaux existant entre l'individu et l'État » (J. Mouly et J.-P. Marguénaud, note préc.). Lorsqu'est en cause l'application de la Convention aux relations de particuliers à particuliers, la proportionnalité n'a plus la même signification, car elle vise alors à mettre en balance non pas l'intérêt individuel et l'intérêt général mais deux intérêts particuliers, puisque l'ingérence a été commise par un particulier au nom d'un intérêt privé.

2 / La pratique jurisprudentielle est incertaine. Soit que la Cour s'abstienne parfois de pratiquer un contrôle de proportionnalité (voir *X et Y ; Plattform « Arzte für das Leben »)*. Soit qu'elle fasse directement jouer le principe de proportionnalité entre deux intérêts privés et procède à « une mise en balance effective des intérêts en jeu à l'aune du principe de proportionnalité » (*Schüth c/ Allemagne*, 23 sept. 2010, § 69, *JCP G*, 2010, act. 1006, M. Levinet). Il en va ainsi dans l'affaire *Van Kuck* (préc.), où s'opposent les intérêts de deux parties à un contrat, et où la Cour juge qu'un « juste équilibre » n'a pas été ménagé entre les intérêts de la compagnie privée d'assurance-maladie et les intérêts de l'assuré à la protection de sa vie privée ; ou encore dans les affaires *Sorensen et Rasmussen* (préc.) et *K.U. c/ Finlande* (2 déc. 2008, *JCP G*, 2009, I, 104, obs. F. Sudre), où la Cour met en balance, dans un cas (monopole syndical), le droit des requérants au libre choix de leur syndicat et la protection des intérêts de leurs adhérents par les syndicats, et, dans l'autre (pratiques pédophiles sur Internet), liberté d'expression et confidentialité des services Internet et protection du droit au respect de la vie privée. Soit, fréquemment, que le juge européen, combinant l'effet horizontal (notamment de l'article 8) et le principe de proportionnalité, paraisse, paradoxalement, vérifier si l'ingérence d'un particulier dans le droit d'un autre particulier était nécessaire dans une société démocra-

tique pour atteindre un but d'intérêt général. Significativement, la Cour, dans son arrêt *Hatton* (préc.), met en balance les intérêts des requérants et « les intérêts concurrents d'autrui et de la société dans son ensemble » (à savoir les intérêts de l'industrie aérienne et les intérêts économiques du pays, § 129 ; voir aussi, *Fuentes Bobo*, préc., et déc. 7 nov. 2002, *Madsen*, préc., où, dans des affaires relatives à un conflit de travail, le raisonnement tenu par la Cour semble placer l'employeur dans la situation de l'autorité publique). Topique est le cas du conflit entre vie privée et liberté de la presse, où le juge européen confronte non la vie privée de tel ou tel et l'intérêt individuel du journaliste mais le droit au respect de la vie privée et l'intérêt du public à recevoir les informations, le droit à l'image et la contribution de la publication incriminée au débat d'intérêt général ; dans l'arrêt *Von Hannover c/ Allemagne*, la Cour juge ainsi que « la publication des photos et des articles litigieux [...] ne saurait passer pour contribuer à un quelconque débat d'intérêt général pour la société, malgré la notoriété de la requérante » (§ 65, *infra*, n° 43).

Afin de résoudre le conflit de droits, il nous semble que la tendance actuelle du juge européen, dans le but d'échapper au dilemme de devoir trancher entre deux intérêts privés difficilement conciliables ou inconciliables, est non de pratiquer (ou rarement), comme il l'annonce (*Chassagnou c/ France*, 29 avr. 1999, § 113, *infra*, n° 69), une « mise en balance des intérêts » individuels au cas par cas mais, par le jeu des obligations positives, de privilégier une mise en balance de l'intérêt individuel et de la norme générale, choisissant de situer le « juste équilibre » dans le cadre d'une évaluation globale des normes (*categorical balancing*). Ainsi, dans les affaires *Odièvre* (préc.) et *Evans c/ Royaume-Uni* (10 avr. 2007, Gr. Ch., § 77, droit pour la femme de devenir mère / droit pour l'homme de ne pas être père ; *RDSS*, 2007, 810, note D. Roman) la Cour a égard à « l'intérêt général » d'une législation protégeant la santé de la mère et de l'enfant lors de la grossesse et de l'accouchement et visant à éviter les avortements clandestins ou établissant un cadre juridique en matière de fécondation *in vitro*. On sait aussi que le contrôle des obligations procédurales peut être une autre voie de « dérivation » du contrôle de la Cour (*supra* n° 2, *Tysiac c/ Pologne*, 20 mars 2007).

À l'inverse, quand la violation privée est imputable à l'État du fait de son « action », le recours au contrôle de proportionnalité ne soulève pas de difficultés puisqu'il s'agit bien d'apprécier une ingérence active de l'État *(supra)* : c'est bien ainsi que procède la Cour dans ses décisions *Sigurjonsson* et *VGT Verein Gegen Tierfabriken* et, de manière implicite, dans ses décisions *Fuentes Bobo* et *Madsen*.

Le principe de proportionnalité, tel que conçu par le juge européen pour limiter les ingérences des autorités publiques, ne devrait *a fortiori* pas avoir sa place dans les contentieux privés devant le juge interne (Cass. civ. 3°, 6 mars 1996, Mel Yedei et Cass. soc., 2 octobre 2001, Sté Nikon ; en sens contraire, Cass. soc., 12 janvier 1999, Spileers).

F. S.

## SECTION 2
## *Les notions autonomes*

**4. Engel *et al.* c/ Pays-Bas, 8 juin 1976** (Cour plénière), série A, n° 22, *CDE*, 1978, 364, chron. G. Cohen-Jonathan ; *JDI*, 1978, 695, obs. P. Rolland.

**79.** […] Amenée ainsi à s'interroger sur l'applicabilité de l'article 6 en l'espèce, la Cour examinera d'abord si lesdites procédures concernaient des « accusations en matière pénale » au sens de ce texte : quoique disciplinaires d'après la législation néerlandaise, elles tendaient à réprimer au moyen de sanctions des manquements reprochés aux requérants, objectif analogue au but général du droit pénal.

**81.** […] Si les États contractants pouvaient à leur guise qualifier une infraction de disciplinaire plutôt que de pénale, ou poursuivre l'auteur d'une infraction « mixte » sur le plan disciplinaire de préférence à la voie pénale, le jeu des clauses fondamentales des articles 6 et 7 se trouverait subordonné à leur volonté souveraine. Une latitude aussi étendue risquerait de conduire à des résultats incompatibles avec le but et l'objet de la Convention. La Cour a donc compétence pour s'assurer, sur le terrain de l'article 6 et en dehors même des articles 17 et 18, que le disciplinaire n'empiète pas indûment sur le pénal. En résumé, l'« autonomie » de la notion de « matière pénale » opère pour ainsi dire à sens unique.

**82.** Dès lors, la Cour doit préciser, en se limitant au domaine du service militaire, comment elle vérifiera si une « accusation » donnée, à laquelle l'État en cause attribue – comme en l'espèce – un caractère disciplinaire, relève néanmoins de la « matière pénale » telle que l'entend l'article 6. À ce sujet, il importe d'abord de savoir si le ou les textes définissant l'infraction incriminée appartiennent, d'après la technique juridique de l'État défendeur, au droit pénal, au droit disciplinaire ou aux deux à la fois. Il s'agit cependant là d'un simple point de départ. L'indication qu'il fournit n'a qu'une valeur formelle et relative ; il faut l'examiner à la lumière du dénominateur commun aux législations respectives des divers États contractants.

La nature même de l'infraction représente un élément d'appréciation d'un plus grand poids […].[…] Il (le contrôle de la Cour) se révélerait en général illusoire s'il ne prenait pas également en considération le degré de sévérité de la sanction que risque de subir l'intéressé. Dans une société attachée à la prééminence du droit, ressortissent à la « matière pénale » les privations de liberté susceptibles d'être infligées à titre répressif, hormis celles qui par leur nature, leur durée ou leurs modalités d'exécution ne sauraient causer un préjudice important. Ainsi le veulent la gravité de l'enjeu, les traditions des États contractants et la valeur que la Convention attribue au respect de la liberté physique de la personne [...].

**83.** C'est en se fondant sur ces critères que la Cour recherchera si les requérants, ou certains d'entre eux, ont fait l'objet d'une « accusation en matière pénale » au sens de l'article 6, § 1.**4 (suite). König c/ RFA, 28 juin 1978** (Cour plénière), série A, n° 27, *CDE*, 1979, 474, chron. G. Cohen-Jonathan ; *JDI*, 1980, 460, obs. P. Rolland.

**88.** [...] Le problème de l'« autonomie » du sens des termes de la Convention par rapport à leur sens en droit interne a déjà été posé à plusieurs reprises devant la Cour. Ainsi, elle a jugé que le mot « accusation », qui apparaît à l'article 6, § 1, doit se comprendre « au sens de la Convention » (arrêt Neumeister du 27 juin 1968, série A, n° 8, p. 41, § 18 [...]). Elle a affirmé d'autre part, dans le contexte de l'affaire Engel *et al.*, l'« autonomie » de la notion de « matière pénale » au sens de l'article 6, § 1 (série A, n° 22, p. 34, § 81). La Cour a aussi déjà reconnu, implicitement, celle du concept de « droits et obligations de caractère civil » (arrêt Ringeisen du 16 juillet 1971, série A, n° 13, p. 45, § 110). La Cour confirme cette jurisprudence en l'espèce. Elle estime en effet que le même principe d'autonomie s'applique au concept en question. Toute autre solution risquerait de conduire à des résultats incompatibles avec l'objet et le but de la Convention [...].

**89.** Si la Cour conclut ainsi à l'autonomie de la notion de « droits et obligations de caractère civil », elle ne juge pas pour autant dénuée d'intérêts, dans ce domaine, la législation de l'État concerné. C'est en effet au regard non de la qualification juridique, mais du contenu matériel et des effets que lui confère le droit interne de l'État en cause qu'un droit doit être considéré ou non comme étant de caractère civil au sens de cette expression dans la Convention. Il appartient à la Cour, dans l'exercice de son contrôle, de tenir compte aussi de l'objet et du but de la Convention ainsi que des systèmes de droit interne des autres États contractants [...].

**90.** D'après le gouvernement, l'article 6, § 1 vise les contestations de droit privé au sens classique, c'est-à-dire entre des particuliers, ou entre un particulier et l'État dans la mesure où ce dernier a agi comme personne privée, soumise au droit privé ; en seraient exclus notamment les litiges opposant un particulier à l'État en tant que détenteur de la puissance publique.

En ce qui concerne le champ d'application de l'article 6, § 1, la Cour a jugé dans son arrêt Ringeisen du 16 juillet 1971 qu'« il n'est pas nécessaire », pour que l'article 6, § 1 s'applique à une contestation, que « les deux parties au litige soient des personnes privées ». Le libellé de l'article 6, § 1 est beaucoup plus large ; « les termes français "contestations sur (des) droits et obligations de caractère civil" couvrent toute procédure dont l'issue est déterminante pour des droits et obligations de caractère privé. Le texte anglais qui vise "the determination of [...] civil rights and obligations", confirme cette interprétation. Peu importent dès lors la nature de la loi suivant laquelle la contestation doit être tranchée [...] et celle de l'autorité compétente en la matière [...] » (série A, n° 13, p. 39, § 94). Si la contestation oppose un particulier à une autorité publique, il n'est donc pas décisif que celle-ci ait agi comme personne privée ou en tant que détentrice de la puissance publique. En conséquence, pour savoir si une contestation porte sur la détermination d'un droit de caractère civil, seul compte le caractère du droit qui se trouve en cause.

**91.** [...] Dès lors, il reste à rechercher si le droit du Dr König de continuer à exploiter une clinique privée et celui de continuer à exercer la profession médicale revêtent un caractère civil au sens de l'article 6, § 1.

**94.** Dans ces conditions, il importe peu que les contestations concernent en l'occurrence des actes administratifs pris par les autorités compétentes dans l'exercice de la puissance publique. Que d'après le droit de l'État en cause il incombe à des tribunaux administratifs de les trancher – et cela dans une procédure qui laisse au tribunal la responsabilité de l'instruction et de la conduite du procès – n'apparaît pas non plus pertinent. Sous l'angle de l'article 6, § 1 de la Convention, seul compte le fait que les contestations dont il s'agit ont pour objet la détermination de droits de caractère privé.

**95.** Estimant ainsi que les droits mis en cause par les décisions de retrait et qui font l'objet des contestations devant les tribunaux administratifs sont des droits privés, la Cour conclut à l'applicabilité de l'article 6, § 1 sans qu'il lui faille en l'espèce se prononce sur la question de savoir si la notion de « droits et obligations de caractère civil », au sens de cette disposition, va au-delà des droits de caractère privé.

Les arrêts *Engel* et *König* sont les arrêts fondateurs de la technique des « notions autonomes » utilisée par la Cour européenne afin d'assurer l'indispensable uniformité d'interprétation de la Convention : les normes européennes protectrices des droits de l'homme ne sauraient en effet varier selon les qualifications juridiques propres aux droits nationaux. En l'espèce, le juge européen était confronté aux notions, au caractère vague ou indéterminé, d'*« accusations en matière pénale » (Engel)* et de *« droits et obligations de caractère civil » (König)* de l'article 6, § 1. Ces deux notions vont bénéficier d'une interprétation « autonome », dont on précisera les principes et la portée.

## I / Les principes de l'interprétation « autonome »

Le recours aux concepts autonomes, dont le juge européen fait aussi usage à propos du droit de propriété (notion de « biens » : *Gasus Dosier und Fördertechnik Gmbh c/ Pays-Bas*, 23 févr. 1995, A. 306-B, § 53 ; *infra*, n° 66), du droit à la liberté et à la sûreté (notion d'« arrestation » : *Van der Leer c/ Pays-Bas*, 21 févr. 1990, A. 170-A ; notion d'« aliéné » : *Glien c/ Allemagne*, 28 nov. 2013), de la liberté d'association (notion d'« association » : *Chassagnou, infra*, n° 69), du principe de la légalité des délits et des peines (notion de « peine » : *Jamil c/ France*, 8 juin 1995, A. 317-B, § 30, *infra*, n° 39), du droit au respect du domicile (notion de « domicile » : *Prokopovich c/ Russie*, 18 nov. 2004, § 36,

*JCP G*, 2005, I, 103, n° 11, obs. F. Sudre, *infra*, n° 48), du droit à des garanties procédurales en cas d'expulsion (notion d'« expulsion » : *Bolat c/ Russie*, 5 oct. 2006, *JCP G*, 2007, I, 106, n° 16, obs. F. Sudre), du droit de recours individuel (notion de « victime » : *Micallef c/ Malte*, 15 oct. 2009, Gr. Ch. § 84-85, *RTDH* 2011-86, 295, note F. Krenc), s'analyse comme une méthode de formation d'un droit commun qui vient pallier l'imprécision des termes conventionnels et l'absence d'homogénéité des droits nationaux, et permettre une définition uniforme des engagements étatiques.

A) Bien que le juge européen prenne soin dans ces deux arrêts de principe de s'appuyer sur les droits internes, pour dégager les critères de la « matière pénale » (*Engel*, § 82) et conclure à l'autonomie de la notion de « droits et obligations de caractère civil » (*König*, § 89), l'appel aux législations nationales apparaît largement formel : face à des notions revêtant des significations différentes selon les législations nationales, la Cour va détacher ces notions de leur contexte juridique national et les doter d'un sens « européen ». Ainsi, dans l'affaire *Feldbrugge* (*infra*, n° 22), la Cour n'hésitera pas à qualifier de « civil » un droit à une prestation d'assurance-maladie malgré « l'absence d'un dénominateur commun qui permette de dégager en la matière une notion européenne uniforme » (§ 29). Des résistances se manifesteront, au sein même de la Cour, pour dénoncer une interprétation par trop « constructive » qui conduirait le juge européen à « s'aventurer sur le terrain de la politique législative » (op. séparée du juge Matscher sous *König*). Ce qui importe avant tout au juge européen, c'est de retenir la définition qui lui semble la plus compatible avec « l'objet et le but de la Convention » (König, § 88), afin de donner tout leur effet utile aux notions en cause. Il est notable que la Cour de cassation reprenne cette conception de l'« interprétation autonome » (à propos du terme « arrestation » : Cass. com., 18 juin 2002, Administration des douanes c/ X., *D*, 2002, *IR*, 2170).

B) Or, les « notions autonomes » ne concernent pas les conditions d'exercice d'un droit mais présentent la caractéristique majeure d'en commander son applicabilité. Les notions de « droits et obligations de caractère civil » et d'« accusation en matière pénale » sont les « clés d'accès » au droit à un procès équitable comme l'est la notion de « peine » au principe de la légalité des délits et des peines, la notion d'« association » à la liberté de réunion et d'association, celle de « biens » au droit de propriété, celle de « domicile » au droit au respect du domicile ou celle de « victime » au droit de recours individuel. La notion en cause fait l'objet d'une qualification différente du droit interne : dans l'affaire *König*, le retrait d'une autorisation d'exploiter une clinique s'analyse en droit allemand comme un acte administratif relevant de la compétence de la juridiction administrative et non comme un droit « de caractère civil » ; et dans l'affaire *Engel*, les sanctions pour infractions à la discipline militaire prononcées contre des appelés du contingent sont des sanctions disciplinaires en droit néerlandais et non des sanctions « pénales » ; de même, dans l'affaire *Gasus Dosier* (§ 52), le gouvernement se fonde sur la distinction entre « sûreté réelle » et « bien », propre au droit interne, pour dénier à la réserve de propriété en cause la qualité de « bien » au sens de l'article 1^er^ du Protocole 1 ; dans l'affaire *Jamil*, le gouvernement français fait valoir que la contrainte par corps prévue par l'article 749 du Code de procédure pénale ne s'analyse pas une « peine » (§ 29)... L'interprétation « autonome » permet alors de surmonter l'opposition du droit interne afin d'assurer l'applicabilité du droit garanti et d'éviter ainsi « une fraude à la Convention » (voir *Engel*, § 81). Pour ce faire, le juge européen opte pour une conception « matérielle », et non formelle, des notions à déterminer (*König*, § 89), qui lui permet de dépasser le sens habituel que le concept en cause revêt en droit national et de conférer à ce concept une signification extensive. En témoigne la démarche de la Cour en formation solennelle qui, en matière de répression disciplinaire pénitentiaire, s'attache « par-delà les apparences et le vocabulaire employé [...] à cerner la réalité », pour qualifier de « pénale » une condamnation à des jours de détention supplémentaires (*Ezeh et Connors c/ Royaume-Uni*, 9 oct. 2003, Gr. Ch., *JCP G*, 2004, I, 107, n° 4, obs. F. Sudre).

## II / La portée de l'interprétation « autonome »

La technique des « notions autonomes » emporte pour conséquence majeure d'étendre substantiellement le champ d'application des dispositions protectrices de la Convention et de provoquer une extension de l'ordre conventionnel, comme en témoignent les notions d'« accusation en matière pénale » et de « droits et obligations de caractère civil ». Vecteurs privilégiés de la diffusion du droit à un procès équitable en droit interne, ces deux notions ont favorisé la soumission aux exigences de l'article 6 de contentieux inédits, d'autant que les rédacteurs de la Convention n'avaient qu'une perception traditionnelle de la garantie juridictionnelle de l'article 6, essentiellement d'ordre pénal. L'emprise de l'article 6 n'est cependant pas sans limites.

A) Les zones d'inapplicabilité de l'article 6 ont été réduites tant en matière pénale que civile.

1 / L'emprise protectrice de l'article 6 en matière pénale s'est surtout étendue grâce aux deux critères décisifs de la « matière pénale » que retient l'arrêt *Engel* – en sus du critère de la qualification nationale de l'infraction, qui n'a qu'une valeur relative – et qui sont, d'une part, la nature de l'infraction – à savoir la transgression d'une norme générale ayant un caractère à la fois dissuasif et répressif – et, d'autre part, la gravité de la sanction encourue (§ 82). Dans l'affaire Engel, ce troisième critère permet de faire le départ entre la qualification « disciplinaire », retenue pour des arrêts simples et des arrêts de rigueur, et la qualification « pénale » retenue pour une peine privative de liberté (affectation à une unité disciplinaire). Ces critères sont alternatifs et non cumulatifs (par ex., *Putz c/ Autriche*, 22 févr. 1996, § 31), comme le rappelle la Cour en matière de sanctions fiscales (*Jussila, infra*, n° 26), après avoir paru opter pour une « approche cumulative » (*Bendenoun c/ France*, 24 févr. 1994, *RFDA*, 1995, 1181, obs. L. et J.-P. Maublanc). De surcroît, l'applicabilité de l'article 6 est également favorisée par l'acception matérielle de l'« accusation » : cette notion « autonome » se définit comme « la notification officielle, émanant de l'autorité compétente, du reproche d'avoir accompli une infraction pénale » (*Deweer c/ Belgique*, 27 févr. 1980, A. 35, § 42 et 44, *JDI*, 1982, 197, obs. P. Rolland), et renvoie à l'idée de « répercussions importantes sur la situation » de l'intéressé : ainsi une assignation à comparaître comme témoin peut-elle s'analyser en une « accusation », au sens de l'article 6 (*Serves c/ France*, 20 oct. 1997, *JCP G*, 1998, I, 107, n° 20, obs. F. Sudre) ; il en va de même de la garde à vue (*Brusco c/ France*, 14 oct. 2010).

L'arrêt Engel engage ainsi un mouvement de « pénalisation » qui voit une même norme ne pas appartenir à l'ensemble « droit pénal national » mais néanmoins relever de la « matière pénale » au sens de l'article 6, § 1 : il en va ainsi pour les sanctions disciplinaires militaires (Engel) et pénitentiaires (*Campbell et Fell c/ Royaume-Uni*, 28 juin 1984, A. 80, *JDI*, 1986, 1058, obs. P. Tavernier ; confirmé par *Ezeh et Connors*, préc.), les dispositions répressives du droit douanier français (*Salabiaku c/ France*, 7 oct. 1988, A. 141-A, *JDI*, 1989, 829, obs. P. Rolland) et, surtout, les sanctions administratives (*infra*, n° 25) et les pénalités fiscales (*infra*, n° 26). Le juge interne amplifie ce mouvement. Ainsi, en l'absence de jurisprudence européenne en la matière, la Cour de cassation (Cass. 2e civ., 18 déc. 2003, *Bull. civ.*, II, n° 396) comme le Conseil d'État (CE, 1er juill. 2005, Ousty et Gravier (2 aff.), concl. E. Glaser, *D*, 2005, 2931, note J.-C. Jobart) jugent que la « peine accessoire » de l'inéligibilité sanctionnant les élus auteurs d'infraction à la morale publique (art. L 7, L 230 et L 236, du Code électoral) constitue, en raison de la nature, la portée et le degré de sévérité du régime d'inéligibilité, une sanction pénale au sens de l'article 6, § 1. Le Conseil constitutionnel estime également que cette sanction a « le caractère d'une punition », méconnaissant le principe d'individualisation des peines (déc., 2010-6/7, QPC, 11 juin 2010).

2 / Repoussant une interprétation étroite de la notion de « droits et obligations de caractère civil », la Cour européenne juge que l'expression couvre « toute procédure dont l'issue est déterminante pour des droits et obligations de caractère privé » (*König*, § 90, citant *Ringeisen c/ Autriche*, 16 juill. 1971, A. 13, *AFDI*, 1974, 334, note R. Pelloux). L'issue de la procédure doit donc être directement déterminante pour le droit en question. Un lien ténu ou des répercussions lointaines ne suffisent pas à faire entrer en jeu l'article 6, § 1 (il en va ainsi, par exemple, d'une procédure visant à contester la légalité du renouvellement de l'autorisation d'exploitation d'une centrale nucléaire : *Athanassoglou c/ Suisse*, 6 avr. 2000, *RTDH*, 2000, 533, note P. Lambert). De même, une procédure en récusation, qui est une procédure incidente et indépendante de la procédure principale (déc., 11 déc. 2003, *Schreiber et Boetsch c/ France*, n° 58751/00 ; dans le même sens, Cass. 2e civ., 14 oct. 2004, Aquigem (Sté) c/ Zanghellini, *D*, 2004, *ir*, 2835), et une procédure de référé, qui a un caractère conservatoire et vise à « régir une situation temporaire en attendant qu'il soit statué au principal » (*Maillard Bous c/ Portugal*, 28 juin 2001, *D*, 2002, 686, obs. N. Fricero), n'entrent pas dans le champ d'application de l'article 6. Par contre, se prévalant du « large consensus » existant au sein des États membres et de la jurisprudence de la CJCE (CJCE, 21 mai 1980, Denilauler c/ Couchet, C 125/79), la Cour juge désormais que l'article 6 est applicable aux mesures provisoires – telle une injonction – à la double condition que le droit en jeu, tant dans la procédure au principal que dans la procédure d'injonction, soit « de caractère civil » et que la mesure provisoire soit, en raison de son objet, de son but et de ses effets, « déterminante » pour le droit ou l'obligation en cause (*Micallef*, § 84-85).

Mais peu importe la nature de la loi (civile, commerciale, administrative…) suivant laquelle la contestation doit être tranchée et celle de l'autorité compétente en la matière (juridiction, de quelque ordre qu'elle soit, organe administratif, autre). Seul compte le caractère « privé » du droit en cause, dont la Cour se garde de donner une définition abstraite dans l'affaire *König* (§ 94), tout en constatant, en l'espèce, que l'exploitation d'une clinique et l'activité de médecin ont un tel caractère (§ 92-93).

La jurisprudence ultérieure soulignera la nature personnelle ou patrimoniale du droit contesté, considérant, d'une manière générale, que toute contestation ayant un objet « patrimonial » et se fondant sur une atteinte alléguée à des droits eux aussi patrimoniaux relève de la « matière civile » (*Éditions Périscope c/ France*, 26 mars 1992, A. 234-B, § 40, *JCP G*, 1993, I, 3654, n° 11, obs. F. Sudre). Le critère de l'*incidence* d'une situation ou d'un acte sur les droits patrimoniaux du justiciable (*Procola c/ Luxembourg*, 28 sept. 1995, A. 326, § 39, *RFDA*, 1996, 677, note J.-L. Autin et F. Sudre) apparaît désormais comme le critère décisif de l'applicabilité de l'article 6. En témoignent en dernier lieu, dans des domaines différents, les arrêts *Perez* et *Richard Dubarry*. Le premier arrêt, soulignant que la plainte avec constitution de partie civile en droit français tend à la réparation d'un préjudice résultant d'une infraction, pose le principe de l'applicabilité de l'article 6 « aux procédures relatives aux plaintes avec constitution de partie civile dès l'acte de constitution de partie civile », à moins que la victime ait renoncé de manière non équivoque à l'exercice de son droit à réparation (*Perez c/ France*, 12 févr. 2004, Gr. Ch., § 66, *D*, 2004, 2943, note D. Roets ; *rsc*, 2004, 698, obs. F. Massias) ou que l'action civile soit exercée à des fins purement répressives (*Beyazgül c/ Turquie*, 22 sept. 2009). Dans la seconde décision, le critère de la patrimonialité emporte l'applicabilité de l'article 6 à une procédure de gestion de fait ; selon la Cour, l'issue de la procédure est « déterminante » pour l'obligation de l'intéressé de restituer les sommes pour lesquelles il a été mis en débet à l'égard de l'État créancier et son enjeu patrimonial ne saurait être contesté (déc. 7 oct. 2003, *Richard-Dubarry c/ France, RFDA*, 2004, 378, note A. Potteau ; arrêt au fond, 1er juin 2004). Le Conseil d'État s'est rangé à cette solution (CE, 30 déc. 2003, Beausoleil et Mme Richard, *RFDA*, 2004, 365, concl. M. Guyomar, note A. Coutant).

Seul le contentieux de la fonction publique obéit à un autre critère d'applicabilité de l'article 6. Après avoir retenu le « critère fonctionnel » de la participation à l'exercice de la puissance publique, fondé sur la nature des fonctions et des responsabilités exercées par l'agent (*Pellegrin c/ France*, 8 déc. 1999, *infra*, n° 21), la Cour retient désormais le critère de l'accès à un tribunal dans l'ordre juridique interne et juge que l'accès à un tribunal ouvert au fonctionnaire par le droit interne entraîne l'applicabilité automatique de l'article 6 aux litiges de la fonction publique (*Vilho Eskelinen et al.*, § 61, *infra*, n° 23).

Le critère attractif de la patrimonialité a favorisé une jurisprudence de neutralisation des conceptions nationales distinguant entre droit public et droit privé et permis d'asseoir l'emprise de la « matière civile » sur nombre de domaines fortement marqués par le droit public. Sont ainsi, tour à tour, « tombés » dans le champ d'attraction de l'article 6, au titre de la matière civile, le contentieux disciplinaire devant les juridictions ordinales (*infra*, n° 21), le contentieux des prestations sociales (*infra*, n° 22) ainsi que des contentieux classiquement de droit public (*infra*, n° 23) et, même, le contentieux préjudiciel de la constitutionnalité des lois (*infra*, n° 24).

Forçant à peine le trait, on serait tenté de dire que tout ce qui n'est pas « pénal » est aujourd'hui « civil » au sens de l'article 6, § 1, tant la notion de « droits et obligations de caractère civil », en raison de sa plasticité, paraît avoir une vocation « attrape-tout ».

B) En affirmant récemment que le principe de l'interprétation évolutive des notions autonomes de la Convention « n'autorise pas la Cour à interpréter l'article 6, § 1 comme si l'adjectif "civil", avec les limites que pose nécessairement cet adjectif à la catégorie des "droits et obligations" à laquelle s'applique cet article, ne figurait pas dans le texte », le juge européen semble néanmoins vouloir « verrouiller » le champ d'application « civil » de l'article 6 (*Ferrazzini c/ Italie*, 12 juill. 2001, § 30, *JCP G*, 2002, I, 105, n° 6, obs. F. Sudre).

1 / D'abord, s'appuyant sur une distinction contestable entre les droits « civils » et les droits « politiques », la Cour européenne juge l'article 6 inapplicable au contentieux électoral au motif que le droit en cause (droit d'être candidat et d'être élu) est un droit de caractère politique, étroitement lié au système électoral, et non un droit « civil » au sens de l'article 6 (*Pierre-Bloch c/ France*, 21 oct. 1997, *RFDA*, 1998, 999, note P. Jan).

2 / Surtout, demeurent aujourd'hui exclues du champ de l'article 6 les procédures qualifiées par le juge européen « de nature administrative et discrétionnaire », impliquant l'exercice de prérogatives de puissance publique. Il en va ainsi, de jurisprudence constante, des procédures relatives aux taxations fiscales (*Shouten et Meldrum c/ Pays-Bas*, 9 déc. 1994, A. 304, § 50, *JCP G*, 1995, I, 3823, n° 12, obs. F. Sudre) et, par assimilation, aux droits de douane (déc. 13 janv. 2005, *Emesa Sugar N. V. c/ Pays-Bas*, n° 62023/00). En la matière, « le fait de démontrer qu'un litige est de nature "patrimoniale" n'est pas suffisant à lui seul pour entraîner l'applicabilité de l'article 6, § 1 sous son aspect "civil" » (*Ferrazzini*, préc., § 25). Par extension, et de manière critiquable, la Cour européenne rattache au contentieux fiscal la procédure d'exécution de la décision de justice ordonnant la restitution d'une imposition privée d'une base légale (*Beires Côrte-Real c/ Portugal*, 11 oct. 2011, *Rev. dr. fisc.* 2012, étude 166, L. Ayrault)

Le Conseil d'État se prononce dans le même sens (CE, 2 juin 1989, Bussoz, *Rec.*, 563), quand bien même le juge de l'impôt fait application d'une législation ayant pour effet de priver rétroactivement le contribuable de la possibilité d'obtenir la décharge d'une imposition (CE, 21 déc. 2001, SCI Le Complexe, *Rec.*, p. 663). Quant à elle, la Cour de cassation est plus audacieuse que le juge européen puisqu'elle juge l'article 6 applicable, d'une manière générale, à l'ensemble du contentieux fiscal (Cass. Ass. plén., 14 juin 1996, Kloeckner, *JCP G*, 1996, II, 22692, concl. Y. Monnet) ; cependant, la chambre commerciale, s'appuyant expressément sur l'arrêt Ferrazzini (préc.) adopte une solution contraire (Com., 12 juill. 2004, n° 01-11403, *Bull. civ.*, IV, n° 153, 167).

La même solution d'exclusion vaut en matière de police des étrangers, pour les procédures d'octroi de l'asile politique (Comm., déc. 16 oct. 1986, Lukka, *DR*, 50, 268 ; CE, 28 avr. 2000, Mme Aiyu Qu, *RFDA*, 2000, 707) ou d'éloignement du territoire : expulsion (Comm., déc. 2 mai 1979, Singh Uppal, *DR*, 17, 165 ; CE, 29 déc. 1997, Simozrag, n° 165590), extradition (déc. 16 avr. 2002, *Penafiel Salgado c/ Espagne*, n° 65964/01), procédure en relèvement d'interdiction du territoire (*Maouia c/ France*, 5 oct. 2000, *D*, 2001, somm., p. 2346, obs. B. de Lamy ; dans le même sens, Cass. crim., 4 mai 2000, *D*, 2000, n° 23, p. IX). Le contentieux des mesures de police administrative n'appelle cependant pas une solution uniforme puisque, curieusement, la Cour européenne juge l'article 6 applicable en matière de police des publications étrangères, en raison des importantes conséquences patrimoniales d'une mesure d'interdiction de publication pour la société éditrice (déc. 18 janv. 2000, *Association Ekin c/ France*, n° 39288/98).

Enfin, certains fonctionnaires peuvent être placés, par « dérogation », hors du champ de protection de l'article 6 à la double condition que le droit interne de l'État concerné exclut expressément l'accès à un tribunal s'agissant du poste ou de la catégorie de salariés en question et qu'il soit démontré que « l'objet du litige est lié à l'exercice de l'autorité étatique ou remet en cause le lien spécial » de confiance et de loyauté entre l'agent et l'État employeur (*Vilho Eskelinen*, § 62, préc. ; pour un premier exemple : déc., 11 sept. 2007, *Sukut c/ Turquie*, n° 59773/00, révocation de l'armée pour actes d'indiscipline). Mais on sait que cette dernière condition fait l'objet d'une interprétation étroite par la Cour, qui juge ainsi l'article 6 applicable à la procédure de jugement des comptes des comptables publics (*Martinie c/ France*, 12 avr. 2006, *RFDA*, 2006, 577, note L. Sermet).

F. S.

# SECTION 3
# *L'interprétation restrictive des limitations aux droits*

## I | Ingérence « prévue par la loi »

**5.** ***Kruslin c/ France, 24 avril 1990****, série A, n° 176-A, RUDH, 1990, 195, note G. Cohen-Jonathan ; D, 1990, chron., 187, R. Koering-Joulin ; JDI, 1991, 786, obs. E. Decaux.*

A / « Prévue par la loi »

**27.** Les mots « prévues par loi », au sens de l'article 8, § 2, veulent d'abord que la mesure incriminée ait une base en droit interne, mais ils ont trait aussi à la qualité de la loi en cause : ils exigent l'accessibilité de celle-ci à la personne concernée, qui de surcroît doit pouvoir en prévoir les conséquences pour elle, et sa compatibilité avec la prééminence du droit.

1 / Existence d'une base légale en droit français

[...]

**29.** La Cour rappelle d'abord, avec le gouvernement et le délégué, qu'« il incombe au premier chef aux autorités nationales », et singulièrement « aux cours et tribunaux, d'interpréter et appliquer » le droit interne [...]. Il ne lui appartient donc pas d'exprimer une opinion contraire à la leur sur la compatibilité des écoutes judiciaires avec l'article 368 du Code pénal. Or depuis de longues années déjà, une série de jugements et d'arrêts, en particulier de la Cour de cassation, voient dans les articles 81, 151 et 152 du Code de procédure pénale la base légale des écoutes pratiquées par un officier de police judiciaire sur commission rogatoire d'un juge d'instruction.

On ne saurait faire abstraction d'une jurisprudence ainsi établie. Dans le domaine du § 2 de l'article 8 de la Convention et d'autres clauses analogues, la Cour a toujours entendu le terme « loi » dans son acception « matérielle » et non « formelle » ; elle y a inclus à la fois des textes de rang infralégislatif [...] et le « droit non écrit », Les arrêts *Sunday Times*, Dudgeon et Chappell concernaient certes le Royaume-Uni, mais on aurait tort de forcer la distinction entre pays de *common law* et pays « continentaux » ; le gouvernement le souligne avec raison. La loi écrite *(statute law)* revêt aussi, bien entendu, de l'importance dans les premiers. *Vice versa*, la jurisprudence joue traditionnellement un rôle considérable dans les seconds, à telle enseigne que des branches entières du droit positif y résultent, dans une large mesure, des décisions des cours et tribunaux. La Cour l'a du reste prise en considération en plus d'une occasion pour de tels pays [...]. À la négliger, elle ne minerait guère moins le système juridique des États « continentaux » que son arrêt *Sunday Times* du 26 avril 1979 n'eût « frappé à la base » celui du Royaume-Uni s'il avait écarté la *common law* de la notion de « loi » (série A, n° 30, p. 30, § 47).

Dans un domaine couvert par le droit écrit, la « loi » est le texte en vigueur tel que les juridictions compétentes l'ont interprété en ayant égard, au besoin, à des données techniques nouvelles.

En résumé, l'ingérence litigieuse avait une base légale en droit français.

2 / « Qualité de la loi »

**30.** La deuxième exigence qui se dégage du membre de phrase « prévue par la loi », l'accessibilité de cette dernière, ne soulève aucun problème en l'occurrence.

Il n'en va pas de même de la troisième, la « prévisibilité » de la loi quant au sens et à la nature des mesures applicables. Ainsi que la Cour l'a relevé dans son arrêt Malone du 2 août 1984, l'article 8, § 2 de la Convention « ne se borne pas à renvoyer au droit interne, mais concerne aussi la qualité de la loi » « il la veut compatible avec la prééminence du droit » : « Il implique ainsi que le droit interne doit offrir une certaine protection contre des atteintes arbitraires de la puissance publique aux droits garantis par le § 1 [...]. Or le danger d'arbitraire apparaît avec une netteté singulière là où un pouvoir de l'exécutif s'exerce en secret [...]. À la vérité [...], les impératifs de la Convention, notamment quant à la prévisibilité, ne peuvent être tout à fait les mêmes dans le contexte de l'interception de communications pour les besoins d'enquêtes de police » – ou d'informations judiciaires – « que quand la loi en cause a pour but d'assortir de restrictions la conduite de l'individu. En particulier, l'exigence de prévisibilité ne saurait signifier qu'il faille permettre à quelqu'un de prévoir si et quand ses communications risquent d'être interceptées par les autorités, afin qu'il puisse régler son comportement en conséquence. Néanmoins, la loi doit user de termes assez clairs pour indiquer à tous de manière suffisante en quelles circonstances et sous quelles conditions elle habilite la puissance publique à opérer pareille atteinte secrète, et virtuellement dangereuse, au droit au respect de la vie privée et de la correspondance. [...] [Dans son arrêt Silver *et al.* du 25 mars 1983, la Cour] a jugé qu'une loi conférant un pouvoir d'appréciation doit en fixer la portée, bien que le détail des normes et procédures à observer n'ait pas besoin de figurer dans la législation elle-même (série A, n° 61, p. 33-34, § 88-89). Le niveau de précision exigé ici de la loi, dépend du domaine considéré [...]. Puisque l'application des mesures de surveillance secrète des communications échappe au contrôle des intéressés comme du public, la "loi" irait à l'encontre de la prééminence du droit si le pouvoir d'appréciation accordé à l'exécutif » – ou au juge – « ne connaissait pas de limites. En conséquence, elle doit définir l'étendue et les modalités d'exercice d'un tel pouvoir avec une netteté suffisante [...] pour fournir à l'individu une protection adéquate contre l'arbitraire » (série A, n° 82, p. 32-33, § 67-68).

**32.** [...]. Amenée à rechercher si l'ingérence incriminée se trouvait « prévue par la loi », il lui faut inévitablement apprécier, au regard des impératifs du principe fondamental de la prééminence du droit, la « loi » française en vigueur à l'époque dans le domaine considéré. Pareil examen implique par la force des choses un certain degré d'abstraction. Il n'en porte pas moins sur la « qualité » des normes juridiques nationales applicables à M. Kruslin en l'espèce.

**33.** Les écoutes et autres formes d'interception des entretiens téléphoniques représentent une atteinte grave au respect de la vie privée et de la correspondance. Partant, elles doivent se fonder sur une « loi » d'une précision particulière. L'existence de règles claires et détaillées en la matière apparaît indispensable, d'autant que les procédés techniques utilisables ne cessent de se perfectionner [...].

**35.** Surtout, le système n'offre pas pour le moment des sauvegardes adéquates contre divers abus à redouter. Par exemple, rien ne définit les catégories de personnes susceptibles d'être mises sous écoute judiciaire, ni la nature des infractions pouvant y donner lieu ; rien n'astreint le juge à fixer une limite à la durée de l'exécution de la mesure ; rien non plus ne précise les conditions d'établissement des procès-verbaux de synthèse consignant les conversations interceptées, ni les précautions à prendre pour communiquer intacts et complets les enregistrements réalisés, aux fins de contrôle éventuel par le juge – qui ne peut guère se rendre sur place pour vérifier le nombre et la longueur des bandes magnétiques originales – et par la défense, ni les circonstances dans lesquelles peut ou doit s'opérer l'effacement ou la destruction desdites bandes, notamment après non-lieu ou relaxe. Les renseignements donnés par le gouvernement sur ces différents points révèlent au mieux l'existence d'une pratique, dépourvue de force contraignante en l'absence de texte ou de jurisprudence.

**36.** En résumé, le droit français, écrit et non écrit, n'indique pas avec assez de clarté l'étendue et les modalités d'exercice du pouvoir d'appréciation des autorités dans le domaine considéré. Il en allait encore davantage ainsi à l'époque des faits de la cause, de sorte que M. Kruslin n'a pas joui du degré minimal de protection voulu par la prééminence du droit dans une société démocratique [...]. Il y a donc eu violation de l'article 8 de la Convention.

Pour être compatible avec la Convention, conformément à la clause d'ordre public énoncée au § 2 des articles 8 à 11 du texte (et à l'art. 2, § 3 du Prot. 4), une ingérence dans un droit garanti doit, en premier lieu, *« être prévue par la loi »*. En était-il ainsi, en l'espèce (aussi, *Huvig c/ France*, même jour, A. 176-B), d'écoutes téléphoniques – classiquement analysées comme une ingérence dans le droit au respect de la correspondance et de la vie privée du requérant (*Klass c/ Allemagne*, 6 sept. 1978, A. 82, *JDI*, 1980, 463, obs. P. Rolland) – opérées par un officier de police judiciaire commis rogatoirement par un juge d'instruction en vertu de l'article 81 du Code de procédure pénale ?

En laissant au législateur national le soin de définir les atteintes au droit reconnu, la Convention confère à l'État partie une marge d'appréciation certaine (*Handyside*, § 48, *infra*, n° 7), que le juge européen s'est efforcé d'encadrer en dégageant une conception commune de la « loi » (*Sunday Times*, 26 avr. 1979, § 47, *infra*, n° 59), qu'énonce l'arrêt commenté : « Les mots “prévues par loi” [...] veulent d'abord que la mesure incriminée ait une base en droit interne, mais ils ont trait aussi à la qualité de la loi en cause : ils exigent l'accessibilité de celle-ci à la personne concernée, qui de surcroît doit pouvoir en prévoir les conséquences pour elle, et sa compatibilité avec la prééminence du droit » (§ 27). Cette acception sera ensuite étendue à toutes les hypothèses où la Convention pose une exigence de légalité : légalité de la privation de liberté (art. 5 : *Amuur c/ France*, 25 juin 1996, § 50, *JCP G*, 1997, I,

4000, n° 11, obs. F. Sudre), légalité des restrictions aux droits garantis par les protocoles additionnels – droit de propriété (art. 1er, Prot. 1 : *Lithgow c/ Royaume-Uni*, 8 juill. 1986, A. 102), liberté de circulation (art. 2, Prot. 4 : *Deniczi c/ Chypre*, 23 mai 2001, § 405), droits procéduraux de l'étranger sous le coup d'une mesure d'expulsion (art. 1er, Prot. 7 : *Lupsa c/ Roumanie*, 8 juin 2006) – et, même, légalité des délits et des peines (*S. W. c/ Royaume-Uni*, 22 nov. 1995, *infra*, n° 39).

Ainsi redéfinie, la « loi », au sens de la Convention, suppose l'existence d'une base légale (I) et une certaine « qualité » (II).

## I / L'existence d'une base légale

A) Soucieuse de ne pas « forcer la distinction entre pays de *common law* et pays continentaux » (§ 29), la Cour européenne a une conception fort souple de la « base légale », qui la conduit à admettre que « le mot "loi" englobe à la fois le droit écrit et le droit non écrit » (*Sunday Times*, § 47 ; S. W., § 35). Plus précisément, le juge européen retient une acception matérielle et non formelle de la « loi », qui vaut aussi pour la légalité criminelle (*Cantoni c/ France*, 15 nov. 1996, *infra*, n° 39), et estime que « dans un domaine couvert par le droit écrit, la "loi" est le texte en vigueur tel que les juridictions compétentes l'ont interprété en ayant égard, au besoin, à des données techniques nouvelles » (*Kruslin*, § 29).

En l'espèce, la Cour juge que les écoutes judiciaires litigieuses avaient une base légale en droit français (§ 29), résidant dans une jurisprudence établie de la Cour de cassation (Cass. crim., 9 oct. 1980, Tournet, *Bull. crim.*, n° 255, *JCP*, 1981, II, 19578, note G. Di Marino), qui jugeait d'ailleurs contraires à l'article 8 de la CEDH, car non « prévues par la loi », des écoutes pratiquées par des policiers n'ayant pas reçu commission rogatoire d'un juge d'instruction (Cass., Ass. plén., 24 nov. 1989, Baribeau, *D*, 1990, chron. 15, J. Pradel). Par contre, le juge européen émet de sérieux doutes quant à l'existence en droit interne (à l'époque des faits) d'une base légale à la « sonorisation » par la police, sur commission rogatoire, d'un appartement (*Vetter c/ France*, 31 mai 2005, *D*, 2005, 2575, note P. Hennion-Jacquet ; *contra*, Cass. crim., 15 févr. 2000).

Au sens de la Convention, la « loi matérielle » désigne donc l'ensemble du droit en vigueur, qu'il soit législatif, réglementaire ou jurisprudentiel. Cette conception extensive de la « loi », que le Conseil d'État retient partiellement, jugeant que la « loi », au sens de la CEDH, désigne les « textes tant législatifs que réglementaires » (CE, 28 juill. 1995, CGT, *RFDA*, 1995, 1059 ; aussi, CE, 8 déc. 2000, Rahal, *RFDA*, 2001, 262), appelle une appréciation nuancée.

B) L'intégration de la jurisprudence dans la « loi matérielle », outre qu'elle prend en compte le fait que la norme ne peut être envisagée indépendamment de son interprétation par le juge, répond au souci du juge européen de retenir une conception de la « loi » lui permettant de dégager un régime commun d'exercice des droits et libertés en Europe (§ 29, *in fine*). Une conception « distributive » du principe de la légalité – les seules normes écrites pour les pays de droit continental, le droit écrit et non écrit pour les pays de *common law* – serait aller à l'encontre d'un tel objectif. Notons, cependant, que le juge européen comprend dans un sens formel l'expression « tribunal... établi par la loi » (art. 6, § 1), jugeant que l'organisation du système judiciaire doit être « régie par une loi du Parlement » afin de pas être laissée à la discrétion non seulement de l'Exécutif mais aussi, « dans des pays de droit codifié », des autorités judiciaires (*Coëme c/ Belgique*, 22 juin 2000, § 98).

Plus critiquable, à notre sens, est le fait que la « base légale » puisse être constituée par des actes administratifs de nature incertaine, tel le rapport d'un travailleur social à propos du placement d'un enfant dans un foyer d'accueil (*Andersson c/ Suède*, 25 févr. 1992, A. 226, § 84). La jurisprudence est cependant flottante puisque, après avoir admis qu'une circulaire, sans être une « base légale *stricto sensu* », était néanmoins « une base juridique suffisante » à l'ingérence en cause (atteinte à la liberté d'information par les autorités militaires, *Vereinigung Democratischer Soldaten Osterreichs et Gubi c/ Autriche*, 19 déc. 1994, A. 302, § 31), la Cour juge désormais qu'il s'agit d'une « instruction de service adressée, en vertu de son pouvoir hiérarchique, par une autorité administrative supérieure à des agents subordonnés » et qu'on ne saurait donc voir dans un tel texte, « édicté en dehors de l'exercice d'un pouvoir normatif », une « loi » au sens de la Convention (*Frérot c/ France*, 12 juin 2007, § 52).

Loin de restreindre la marge nationale d'appréciation, la notion de « base légale » assouplit au contraire sensiblement la condition de légalité prévue par la Convention et élargit les bases sur lesquelles

les autorités nationales peuvent limiter l'exercice des droits. De fait, rares sont les constats d'inexistence de la base légale : par exemple, *Olsson c/ Suède*, n° 2 (27 nov. 1992, A. 250, § 81 : placement d'un enfant dans un foyer d'accueil), *A. c/ France* (23 nov. 1993, A. 277-B, § 39 : écoutes téléphoniques administratives), *Demirtepe c/ France* (21 déc. 1999, § 27 : ouverture du courrier d'un détenu par les autorités pénitentiaires).

Ce sont, à vrai dire, les conditions qualitatives qui donnent au principe de légalité tout son sens.

## II / L'exigence de « qualité » de la loi

La qualité de la loi doit être « compatible avec la prééminence du droit » (*Malone c/ Royaume-Uni*, 2 août 1984, A. 82, § 67, *JDI*, 1986, 1064, note P. Tavernier ; *Kruslin*, § 30). La référence au principe de la prééminence du droit, dont la Cour affirme qu'il est « l'un des principes fondamentaux d'une "société démocratique", auquel se réfère expressément le Préambule de la Convention [...] et dont s'inspire la Convention tout entière » (*Brogan c/ Royaume-Uni*, 29 nov. 1988, A. 145-B, § 58), donne sa cohérence à la jurisprudence européenne, tant le principe de légalité – qu'on l'envisage au titre de la clause d'ordre public, de la légalité des délits et des peines (S. W., § 34) ou de la régularité d'une privation de liberté (*Amuur ; Baranowski*) – est intimement lié au principe de la prééminence du droit. Ainsi comprise, la « loi » doit fournir à l'individu « une protection adéquate contre l'arbitraire » (§ 30) : tel n'était pas le cas, par exemple, dans l'affaire *Amuur*, où aucun des textes prévoyant le maintien d'étrangers dans la zone de transit d'un aéroport ne constituait « une "loi" d'une "qualité" suffisante au sens de la jurisprudence de la Cour » (§ 53).

Énoncées dès l'arrêt *Sunday Times* (§ 49), les conditions qualitatives de la « loi » sont de deux ordres, l'accessibilité et la prévisibilité.

A) L'accessibilité de la règle de droit signifie que « le citoyen doit pouvoir disposer de renseignements suffisants, dans les circonstances de la cause, sur les normes juridiques applicables à un cas donné » (*Sunday Times*, § 49). Cette condition s'avère en réalité peu contraignante, le juge européen estimant, d'une manière générale, qu'elle est satisfaite dès lors que la « base légale » a fait l'objet d'une publication (*Kruslin*, § 30 ;

*Kokkinakis*, § 40, *infra*, n° 56 ; *Rotaru c/ Roumanie*, 4 mai 2000, § 54). L'accessibilité est donc strictement entendue par le juge européen au sens d'accès pratique, physique, au support écrit de la « loi » et non pas au sens de compréhension ou de « lisibilité » du texte. C'est sous l'angle de la prévisibilité que la jurisprudence européenne envisage la question de la connaissance de la règle de droit.

B) La prévisibilité de la règle de droit suppose « une norme énoncée avec assez de précision pour permettre au citoyen de régler sa conduite » ; ce dernier « doit être à même de prévoir à un degré raisonnable dans les circonstances de la cause, les conséquences pouvant résulter d'un acte déterminé » (*Sunday Times*, § 49 ; *Goodwin c/ Royaume-Uni*, 27 mars 1996, § 31, *Rec.*, 1996, II, 483). Par exemple, dans sa décision *Hentrich c/ France*, la Cour juge que l'article 668 du Code général des impôts (qui, à l'époque, fondait le droit de préemption de l'Administration fiscale), tel qu'interprété et appliqué par la Cour de cassation, « ne satisfait pas suffisamment aux exigences de précision et de prévisibilité qu'implique la notion de loi » (22 sept. 1994, A. 296-A, § 42, *JCP G*, 1995, I, 3823, n° 42, obs. F. Sudre). Cette exigence de prévisibilité de la loi – que l'on retrouve, par ailleurs, au titre de l'article 6, § 1 quand la Cour européenne juge que la clarté de la loi commande l'effectivité du droit d'accès à la justice (*Geouffre de la Pradelle c/ France*, 16 déc. 1992, A. 253-B, § 33-34 ; *Bellet c/ France*, 4 déc. 1995, A. 333-B, § 36, *infra*, n° 27) – vise à satisfaire « le principe général de la sécurité juridique » (*Baranowski*, § 52), dont la Cour, après avoir noté qu'il est « nécessairement inhérent au droit de la Convention comme au droit communautaire » (*Marckx*, § 58, *infra*, n° 51), affirme qu'il est « implicite dans la Convention et constitue l'un des éléments fondamentaux de l'État de droit » (*Riad et Idiab c/ Belgique*, 24 janv. 2008, § 78). Le Conseil constitutionnel rejoint le juge européen en reconnaissant que le principe « d'accessibilité et d'intelligibilité de la loi » est un objectif à valeur constitutionnelle (déc. 99-421 DC, 16 déc. 1999, *D*, 2000, p. VII, note B. Mathieu) ; le juge communautaire reprend également à son compte l'exigence de prévisibilité de la loi « dégagée de la jurisprudence » de la Cour européenne (CJCE, 20 mai 2003, Rechnungshof, aff. C-465/00, C-138/01).

La prévisibilité suppose donc clarté et précision de la « loi », mais cette condition est doublement modulée par le juge européen.

1 / L'exigence de prévisibilité est, d'abord, relative. La clarté de la loi ne s'apprécie qu'à la condition que l'intéressé se soit entouré de « conseils éclairés » (*Sunday Times*, § 49 ; *Cantoni*, § 35) : la règle de droit n'a donc pas à être compréhensible par tous, il suffit qu'elle le soit

par les praticiens du droit. Surtout, le niveau de précision requis de la législation – y compris de la législation pénale (*Cantoni*, § 35) – « dépend dans une large mesure du texte considéré, du domaine qu'il couvre et de la qualité de ses destinataires » (*Vogt*, § 48, *infra*, n° 61) : le libellé des lois peut ne pas présenter une précision absolue, par exemple, en matière de concurrence (*Markt intern. Verlag Gmbh c/ Allemagne*, 20 nov. 1989, A. 165, § 30, *JDI*, 1990, 719, obs. P. Rolland), de discipline militaire (*Vereinigung Democratischer*..., § 31), de protection de l'enfance (*Bronda c/ Italie*, 9 juin 1998, § 54), ou encore dans le domaine technique des télécommunications (*Groppera radio AG c/ Suisse*, 28 mars 1990, A. 173, § 68, *JDI*, 1991, 778, obs. P. Tavernier). De même, la Cour juge que le niveau de précision requis des dispositions constitutionnelles, en raison de la nature générale de celles-ci, « peut être inférieur à celui exigé d'une autre législation » (*Rekvényi c/ Hongrie*, 20 mai 1999, *RTDH*, 2000, 107, note J. Callewaert). Par contre, des mesures de surveillance secrète des personnes – qu'il s'agisse d'écoutes téléphoniques (*Kruslin*, § 33-35), du contrôle de la correspondance écrite (*Calogero Diana c/ Italie*, 15 nov. 1996, § 33) ou orale (*Doerga c/ Pays-Bas*, 27 avr. 2004, § 53 : téléphone ; *Wisse c/ France*, 20 déc. 2005, *JCP G*, 2006, I, 109, n° 8, obs. F. Sudre : sonorisation d'un parloir) des détenus, de la constitution de fichiers de données à caractère personnel (*Rotaru*, § 59) – doivent, compte tenu de la gravité de l'atteinte portée au respect de la vie privée et de la correspondance, « se fonder sur une "loi" d'une précision particulière », indiquant « l'étendue et les modalités d'exercice du pouvoir d'appréciation des autorités dans le domaine considéré » (*Kruslin*, § 36) et fournissant à l'individu des garanties adéquates contre les risques d'abus. Cette condition n'était pas remplie en l'espèce (§ 36) ; le droit national (art. 100 et s. CPP), tel qu'il a été modifié après l'arrêt *Kruslin* (loi du 10 juillet 1991 relative au secret des correspondances émises par la voie des télécommunications, *D*, 1992, chron., p. 49, J. Pradel), satisfait désormais à l'exigence de prévisibilité, sous réserve, toutefois, que la personne placée sur écoutes bénéficie des garanties d'un « contrôle efficace » apte à limiter l'ingérence dans le droit au respect de la vie privée et de la correspondance à ce qui est « nécessaire dans une société démocratique » (*Lambert c/ France*, 24 août 1998, *JCP G*, 1999, I, 105, n° 45, chron. F. Sudre : tel n'est pas le cas en l'espèce, où le requérant n'a pu contester les conditions dans lesquelles a été ordonnée la prolongation d'écoutes téléphoniques sur une ligne attribuée à un tiers ; aussi, *Matheron c/ France*, 29 mars 2005). C'est également l'insuffisante « qualité » du droit français en matière de « sonorisation » que le juge européen sanctionne *(Vetter ; Wisse)*. La loi n° 2004-204 du

9 mars 2004 portant adaptation de la justice aux évolutions de la criminalité (*D*, 2004, 737), dans ses dispositions sur la criminalité organisée, réglemente désormais la « sonorisation » (art. 706-96 à 706-102 CPP), en compatibilité avec les exigences de l'article 8 de la CEDH selon la Cour de cassation (Crim. 1er mars 2006, *D*, 2006, 1504, note J. Pradel : sonorisation d'un parloir).

2 / Ensuite, la conception européenne de la prévisibilité de la « loi » intègre l'interprétation jurisprudentielle. Le juge européen relève, dès son arrêt *Sunday Times*, que le droit, afin d'éviter une rigidité excessive, « doit savoir s'adapter aux changements de situation » et que, dès lors, beaucoup de lois se servent « par la force des choses, de formules plus ou moins vagues dont l'interprétation et l'application dépendent de la pratique » (§ 54). La prévisibilité de la règle de droit est donc à rechercher dans la dialectique entre le libellé de la norme et son utilisation, particulièrement par le juge. Par la suite, dans de nombreuses affaires concernant des pays de droit écrit, le juge européen souligne « l'impossibilité d'arriver à une exactitude absolue dans la rédaction des lois », mais conclut, néanmoins, que l'ingérence est bien « prévue par la loi », après avoir constaté qu'il y a une « jurisprudence constante » de la juridiction nationale compétente (voir, *Müller c/ Suisse*, 24 mai 1988, § 29, *infra*, n° 61 ; *Markt intern.*, § 30 ; *Vogt*, § 48). Les arrêts *Chauvy et al. c/ France* (29 juin 2004) et *Dogru c/ France* (4 déc. 2008) fournissent un bon exemple de cette démarche. Dans le premier, la Cour juge que la loi sur la liberté de la presse du 29 juillet 1881, telle qu'elle était interprétée de jurisprudence constante par la Cour de cassation en matière de diffamation à propos des membres de mouvements de résistance (art. 30 et 31), satisfait à l'exigence requise de prévisibilité et d'accessibilité et ne pouvait être méconnue du monde de la presse et de l'édition (§ 47) ; les requérants (un journaliste et les Éditions Albin-Michel), au besoin en s'entourant de conseils éclairés, étaient donc à même de prévoir « à un degré raisonnable » les conséquences judiciaires de la publication de l'ouvrage en cause (relatif à l'arrestation de Jean Moulin ; § 49). Dans le second, la Cour juge que l'ingérence dans le droit à la liberté de religion de la requérante constituée par son exclusion du collège public, en 1999, en raison de son refus répété de retirer son foulard durant les cours d'éducation physique et sportive, était bien prévue par la « loi », alors qu'à l'époque des faits aucun texte ne prévoyait explicitement l'interdiction du port du voile en cours d'EPS. Pour la Cour, l'ingérence avait une base légale suffisante en droit interne, résidant dans l'avis du Conseil d'État du 27 novembre 1989, qui « fixe le cadre juridique relatif au port de signes religieux dans les établissements

scolaires » (§ 56), et la jurisprudence subséquente qui, faisant une application fidèle de ces principes en validant systématiquement des sanctions disciplinaires du type de celle en l'espèce, satisfaisait à l'exigence de prévisibilité de la notion de « loi » (§ 59).

La condition tenant au respect des « voies légales » en matière de privation de liberté (art. 5, § 1) est appréciée de manière similaire (*Laumont c/ France*, 8 nov. 2001, *JCP G*, 2002, I, 105, n° 5, obs. F. Sudre ; *Steel et al. c/ Royaume-Uni*, 23 sept. 1998, § 55). Cette conception souple de la légalité, qui vaut aussi pour la légalité pénale (*infra*, n° 36), conduit parfois le juge européen à sanctionner l'insuffisante « qualité » de la jurisprudence (*Kruslin ; Hentrich ; Belvedere Alberghia c/ Italie*, 30 mai 2000, § 58).

Le juge européen assigne donc à la jurisprudence le soin de pallier les lacunes du droit écrit afin d'atteindre la « qualité » requise par la « loi » au sens européen. Une telle conception semble partagée par la Cour de cassation, qui fait de la « jurisprudence constante » le complément nécessaire d'une loi imprécise et, énonçant que « la sécurité juridique invoquée ne saurait consacrer un droit acquis à une jurisprudence figée, l'évolution de la jurisprudence relevant de l'office du juge dans l'application du droit », affirme aussi le rôle créateur de la jurisprudence (Civ. 1re, 21 mars 2000, Le Collinet, *D*, 2000, p. 593, note C. Atias ; *RTD civ.*, 2000, 666, chron. N. Molfessis ; aussi, Civ. 1re, 9 oct. 2001, Coindoz c/ Christophe, *D*, 2001, jur., 3470, rap. P. Sargos). Il n'en reste pas moins que la décision jurisprudentielle ne peut être considérée comme une norme véritablement prévisible et que tout revirement de jurisprudence est nécessairement rétroactif.

Au bout du compte, la conception européenne de la « loi » vient surtout conforter l'office du juge national qui, dans le cadre du contrôle de conventionnalité, peut s'appuyer sur cette notion de « loi » pour s'ériger en « juge de la rédaction formelle » de la loi nationale (*D*, 2001, 1643, chron. D. Mayer) : la Cour de cassation n'y manque pas, qui écarte l'application de dispositions législatives édictant des sanctions pénales au motif que l'interdiction énoncée est trop générale (Cass. crim., 16 janv. 2001, *D*, 2001, 1067, obs. J.-F. Renucci ; dans le même sens, Cour EDH, 3 oct. 2000, *Du Roy et Malaurie* c/ France, *RTDH*, 2001, 1075, obs. G. Tillement) ou ignore l'impératif de prévisibilité des actions (Cass. crim., 20 févr. 2001, *D*, 2001, 908) ou, au contraire, conclut à la compatibilité avec la Convention (art. 7 et 10) de dispositions législatives après s'être assurée qu'elles étaient « claires et précises » (Cass. crim., 18 mars 2003, L., *JCP G*, 2003, n° 20, IV, 1907).

F. S.

## II | Ingérence « nécessaire dans une société démocratique »

### A | La « société démocratique »

**6. *Parti communiste unifié de Turquie et al. c/ Turquie, 30 janvier 1998*** *(Grande Chambre), Rec., 1998, I, 1 ; JCP, 1999, I, 105, n° 53, chron. F. Sudre ; RFDC, 2000, 876, chron. J.F. Flauss ; RTDH, 1999, 301, note B. Duarté.*

**24.** [...] le libellé de l'article 11 fournit un premier élément de réponse à la question de savoir si les partis politiques peuvent se prévaloir de cette disposition. [...] Si l'article 11 évoque « la liberté d'association, y compris le droit de fonder avec d'autres des syndicats », la conjonction « y compris » montre clairement qu'il ne s'agit là que d'un exemple parmi d'autres de la forme que peut prendre l'exercice du droit à la liberté d'association. On ne saurait donc en conclure, comme le gouvernement, qu'en mentionnant les syndicats – pour des raisons qui tiennent principalement aux débats en cours à l'époque –, les auteurs de la Convention aient entendu exclure les partis politiques du champ d'application de l'article 11.

**25.** Toutefois, plus encore qu'au libellé de l'article 11, la Cour attache du poids au fait que les partis politiques représentent une forme d'association essentielle au bon fonctionnement de la démocratie. Eu égard à l'importance de celle-ci dans le système de la Convention [...], il ne saurait faire aucun doute qu'ils relèvent de l'article 11.

**30.** Aussi l'organisation institutionnelle et politique des États membres doit-elle respecter les droits et principes inscrits dans la Convention. Il importe peu, à cet égard, que se trouvent en cause des dispositions constitutionnelles [...] ou simplement législatives [...]. Dès lors que l'État concerné exerce par elles sa « juridiction », elles se trouvent soumises à la Convention.

**31.** Du reste, il peut parfois s'avérer malaisé, voire artificiel, de vouloir distinguer, dans un litige porté devant la Cour, ce qui relève des structures institutionnelles d'un État de ce qui concerne les droits fondamentaux *stricto sensu*. C'est particulièrement le cas d'une mesure de dissolution du genre de celle qui se trouve en cause en l'espèce. Eu égard en effet au rôle des partis politiques [...], elle affecte à la fois la liberté d'association et, partant, l'état de la démocratie dans le pays dont il s'agit.

**32.** Il n'en résulte pas pour autant que les autorités d'un État dont une association, par ses activités, met en danger les institutions seraient privées du droit de les protéger.

À cet égard, la Cour rappelle qu'elle a déjà jugé inhérente au système de la Convention une certaine forme de conciliation entre les impératifs de la défense de la société démocratique et ceux de la sauvegarde des droits individuels (voir, *mutatis mutandis*, l'arrêt Klass *et al.* c/ Allemagne du 6 septembre 1978, § 59). Une telle conciliation requiert que l'intervention des autorités se fasse en conformité avec le § 2 de l'article 11, dont la Cour aborde ci-dessous l'examen [...]. C'est à l'issue de celui-ci que la Cour pourra décider, à la lumière de toutes les circonstances de la cause, s'il y a lieu d'appliquer l'article 17 de la Convention.

**33.** [...] le droit consacré par l'article 11 se révélerait éminemment théorique et illusoire s'il ne couvrait que la fondation d'une association, les autorités nationales pouvant aussitôt mettre fin à son existence sans avoir à se conformer à la Convention. Il en découle que la protection de l'article 11 s'étend à toute la durée de vie des associations, leur dissolution par les autorités d'un pays devant, en conséquence, satisfaire aux exigences du § 2 de cette disposition [...].

**42.** La Cour rappelle que malgré son rôle autonome et la spécificité de sa sphère d'application, l'article 11 doit s'envisager aussi à la lumière de l'article 10. La protection des opinions et de la liberté de les exprimer constitue l'un des objectifs de la liberté de réunion et d'association consacrée par l'article 11 [...].

**43.** Il en va d'autant plus ainsi dans le cas de partis politiques, eu égard à leur rôle essentiel pour le maintien du pluralisme et le bon fonctionnement de la démocratie [...]. La Cour l'a souvent souligné : il n'est pas de démocratie sans pluralisme. C'est pourquoi la liberté d'expression consacrée par l'article 10 vaut, sous réserve du § 2, non seulement pour les « informations » ou « idées » accueillies avec faveur ou considérées comme inoffensives ou indifférentes, mais aussi pour celles qui heurtent, choquent ou inquiètent [...]. En tant que leurs activités participent d'un exercice collectif de la liberté d'expression, les partis politiques peuvent déjà prétendre à la protection des articles 10 et 11 de la Convention.

**44.** Dans son arrêt Informationsverein Lentia *et al.* c/ Autriche, la Cour a qualifié l'État d'ultime garant du pluralisme (24 novembre 1993, § 38). Sur le terrain politique, cette responsabilité entraîne pour l'État l'obligation, parmi d'autres, d'organiser à des intervalles raisonnables, conformément à l'article 3 du Protocole n° 1, des élections libres au scrutin secret, dans les conditions qui assurent la libre expression de l'opinion du peuple sur le choix du corps législatif. Pareille expression ne saurait se concevoir sans le concours d'une pluralité de partis politiques représentant les courants d'opinion qui traversent la population d'un pays... (et) apportent une contribution irremplaçable au débat politique, lequel se trouve au cœur même de la notion de société démocratique [...].

**45.** La démocratie représente sans nul doute un élément fondamental de « l'ordre public européen » (arrêt Loizidou, préc., § 75). Cela ressort d'abord du préambule à la Convention, qui établit un lien très clair entre la Convention et la démocratie en déclarant que la sauvegarde et le développement des droits de l'homme et des libertés fondamentales reposent sur un régime politique véritablement démocratique d'une part, et sur une conception commune et un commun respect des droits de l'homme d'autre part (arrêt Klass *et al.*, préc., § 59). Le même préambule énonce ensuite que les États européens ont en commun un patrimoine d'idéal et de traditions politiques, de respect de la liberté et de prééminence du droit. La Cour a vu dans ce patrimoine commun les valeurs sous-jacentes à la Convention (arrêt Soering c/ Royaume-Uni du 7 juillet 1989, § 88) ; à plusieurs reprises, elle a rappelé que celle-ci était destinée à sauvegarder et promouvoir les idéaux et valeurs d'une société démocratique (arrêts Kjeldsen, Busk Madsen et Pedersen c/ Danemark du 7 décembre 1976, § 53, et Soering, § 87). En outre, les articles 8, 9, 10 et 11 de la Convention requièrent d'apprécier les ingérences dans l'exercice des droits qu'ils consacrent à l'aune de ce qui est « nécessaire dans une société démocratique ». La seule forme de nécessité capable de justifier une ingérence dans l'un de ces droits est donc celle qui peut se réclamer de la « société démocratique ». La démocratie apparaît ainsi comme l'unique modèle politique envisagé par la Convention et, partant, le seul qui soit compatible avec elle. De son côté, la Cour a reconnu un certain nombre de dispositions de la Convention comme caractéristiques de la société démocratique. Ainsi a-telle estimé, dans son premier arrêt déjà, que dans toute « société démocratique au sens du préambule et des autres dispositions de la Convention », la procédure devant un organe judiciaire devait avoir un caractère contradictoire et public et que ce principe fondamental se trouvait consacré par l'article 6 de la Convention (arrêt Lawless c/ Irlande du 14 novembre 1960 *(exceptions préliminaires et questions de procédure)*). Dans un domaine plus proche de celui dont il s'agit en l'espèce, la Cour a maintes fois rappelé, par exemple, que la liberté d'expression constituait l'un des fondements essentiels d'une société démocratique, l'une des conditions primordiales de son progrès et de l'épanouissement de chacun [...], tandis que dans son arrêt Mathieu-Mohin et Clerfayt précité, elle a relevé l'importance capitale de l'article 3 du Protocole n° 1, cette disposition consacrant un principe caractéristique d'un régime politique véritablement démocratique (§ 47).

**46.** En conséquence, les exceptions visées à l'article 11 appellent, à l'égard des partis politiques, une interprétation stricte, seules des raisons convaincantes et impératives pouvant justifier des restrictions à leur liberté d'association. Pour juger en pareil cas de l'existence d'une nécessité au sens de l'article 11, § 2, les États contractants ne disposent que d'une marge d'appréciation réduite, laquelle se double d'un contrôle européen rigoureux [...].

**54.** [...] le nom que se donne un parti politique ne saurait, en principe, justifier une mesure aussi radicale que la dissolution, à défaut d'autres circonstances pertinentes et suffisantes [...].

**56.** [...] si le programme du TBKP [...] parle du « peuple », de la « nation » ou des « citoyens » kurdes, il ne les qualifie pas pour autant de « minorité » et ne revendique pas non plus pour eux – hormis la reconnaissance de leur existence – le bénéfice d'un traitement ou de droits particuliers, voire celui de se séparer du reste de la population de la Turquie [...].

**57.** [...] l'une des principales caractéristiques de la démocratie réside dans la possibilité qu'elle offre de résoudre par le dialogue et sans recours à la violence les problèmes que rencontre un pays, et cela même quand ils dérangent. La démocratie se nourrit en effet de la liberté d'expression. Sous ce rapport, une formation politique ne peut se voir inquiétée pour le seul fait de vouloir débattre publiquement du sort d'une partie de la population d'un État et se mêler à la vie politique de celui-ci afin de trouver, dans le respect des règles démocratiques, des solutions qui puissent satisfaire tous les acteurs concernés. Or, à en, juger par son programme, tel était bien l'objectif du TBKP dans ce domaine [...].

**58.** Certes, on ne saurait exclure que le programme politique d'un parti cache des objectifs et intentions différents de ceux qu'il affiche publiquement. Pour s'en assurer, il faut comparer le contenu dudit programme avec les actes et prises de position de son titulaire. Or, en l'espèce, le programme du TBKP n'aurait guère pu se voir démenti par de quelconques actions concrètes car, dissous dès sa fondation, le parti n'a pas eu le temps d'en mener... 59. La Cour est prête aussi à tenir compte des circonstances entourant les cas soumis à son examen, en particulier les difficultés liées à la lutte contre le terrorisme [...]. En l'espèce, toutefois, elle ne voit pas d'éléments lui permettant de conclure, en l'absence de toute activité du TBKP, à une quelconque responsabilité de celui-ci pour les problèmes que pose le terrorisme en Turquie.

**60.** Il n'y a pas lieu non plus de faire jouer l'article 17, les statuts et le programme du TBKP n'autorisant aucunement à conclure que celui-ci se prévaudrait de la Convention pour se livrer à une activité ou accomplir un acte visant à la destruction des droits et libertés qu'elle reconnaît [...].

**61.** Face à tout cela, une mesure aussi radicale que la dissolution immédiate et définitive du TBKP, prononcée avant même ses premières activités et assortie d'une interdiction pour ses dirigeants d'exercer toute autre responsabilité politique, apparaît disproportionnée au but visé et, partant, non nécessaire dans une société démocratique [...].

Également commenté pour son apport à la liberté des partis politiques (*PCU*, n° 63), l'arrêt *Parti communiste unifié de Turquie* affirme le lien indissoluble entre la démocratie et la Convention européenne des droits de l'homme. S'il n'est pas le premier arrêt à avoir apporté les principales caractéristiques de la société démocratique que sont le pluralisme, la tolérance et l'esprit d'ouverture (*Handyside*, n° 7, § 49), l'arrêt *PCU* fournit une synthèse de tout ce que représente la société démocratique dans le système de la CEDH. Cette société regroupe les idéaux et les valeurs du seul modèle politique compatible avec la Convention : la démocratie.

Comme expression axiologique de la démocratique, la société démocratique constitue un patrimoine commun à promouvoir (I) et à sauvegarder (II).

## I / La promotion de la société démocratique

La société démocratique ne peut s'épanouir que dans le cadre d'un régime politique véritablement démocratique (A) respectueux de la liberté et de la prééminence du droit (B).

A) La société démocratique évolue dans un régime politique véritablement démocratique.

Conformément à la base élective de la démocratie, la société démocratique offre un espace électif qui constitue le creuset de la légitimité du régime politique qu'elle porte (1), un pilier institutionnel de séparation des pouvoirs (2) et un lieu d'organisation de la vie publique (3).

1°/ Le droit à des élections libres consacré par l'article 3 du Protocole 1 à la Convention « *revêt donc dans le système de la Convention une importance capitale* » (*Mathieu-Mohin et Clerfayt c. Belgique*, 2 mars 1987, § 47 ; *Zdanoka*, n° 65)). Dans ce domaine « *se trouve au premier plan non une obligation d'abstention ou de non-ingérence, comme pour la majorité des droits civils et politiques, mais celle, à la charge de l'État, d'adopter des mesures positives pour « organiser » des élections démocratiques* » (Commission EDH, déc. 13 mai 1982, *X. c. Royaume-Uni*, *DR*, 28, 99 (corps législatif élu de Jersey) ; Cour EDH, déc. 7 juin 2001, *Federacion Nacinalista Canaria c. Espagne*, n° 56618/00 (assemblées législatives des communautés autonomes)). Certes, cette obligation ne concerne que l'élection du « corps législatif », néanmoins elle est fondée sur une approche vaste du « corps législatif ». Celui-ci intègre les conseils régionaux et assemblées locales d'entités politiques infra étatiques, le Parlement européen, un organe législatif supranational (*Matthews c. Royaume-Uni*, 18 février 1999 ; *RTDE* 1999, 637, obs. G. Cohen-Jonathan et J.-F. Flauss). La promotion de la démocratie élective ainsi à la charge de l'État déborde l'espace démocratique étatique. Outre la reconnaissance implicite d'une démocratie supranationale dans l'arrêt Matthews précité, la Cour emploie explicitement les termes de « *démocratie locale* » (*Ahmed e.a c. Royaume-Uni*, 2 septembre 1998, § 62). La société démocratique existe en deçà et au-delà de l'État.

Bien que la CEDH ne garantisse pas en tant que tel le principe de séparation des pouvoirs, la Cour européenne des droits de l'homme a développé une jurisprudence exigeant le respect de celui-ci.

2 / La Cour européenne des droits de l'homme protège le principe de séparation des pouvoirs à travers le droit à un procès équitable. Elle veille particulièrement à ce que l'État n'utilise les moyens du parlementarisme rationalisé à l'encontre des prérogatives du pouvoir juridictionnel. Elle encadre strictement la pratique étatique des validations législatives et des lois rétroactives (*Zielinski et Pradal, Gonzalez e.a c. France*, n° 29), c'est-à-dire l'intervention du législateur tendant à modifier de façon rétroactive des règles de droit appliquées par les juridictions ordinaires afin de soustraire les actes administratifs et les agissements de l'administration de l'annulation contentieuse. Plus précisément, elle pose un principe clair : « *le principe de prééminence du droit et la notion de procès équitable consacrés par l'article 6 s'opposent à toute ingérence du pouvoir législatif dans l'administration de la justice dans le but d'influer sur le dénouement judiciaire d'un litige* » (*Raffineries Grecques c. Grèce*, 9 décembre 1994, § 49). Sauf en cas d'existence d'un impérieux motif d'intérêt général (*National & Provincial Bulding Society e.a c. Royaume-*

*Uni*, 23 octobre 1997), l'ingérence des pouvoirs publics dans une procédure juridictionnelle en cours n'est pas acceptable. La Cour contrôle ainsi strictement la proportionnalité des ingérences étatiques dans ce domaine.

Dans une société démocratique, l'État doit faire preuve de neutralité à l'égard des institutions de droit privé qui sont dérivées de l'exercice de certains droits politiques fondamentaux et qui constituent l'expression de la vitalité d'une société démocratique.

3°/ Aussi la société démocratique est un lieu d'organisation de la vie publique. Les citoyens et les membres de la société civile peuvent y exploiter la liberté d'association, et une de ces composantes : la liberté des partis politiques. La Cour indique de manière symbolique que « *la liberté d'association revêt une telle importance qu'elle ne peut subir une quelconque limitation, même pour une personne candidate à une charge publique, dans la mesure où l'intéressé ne commet, par lui-même, en raison de son appartenance à l'association, aucun acte répréhensible* » (*Grande Oriente d'Italia c. Italie*, 2 août 2001, § 26). Elle est même enrichie et prolongée par la liberté des partis politiques. Ces derniers « *représentent une forme d'association essentielle au bon fonctionnement de la démocratie* » (*Yazar, Karatas, Aksoy et Parti du Travail du peuple c. Turquie*, 9 avril 2002, § 30). Ces poumons de la société démocratique ne sauraient être asphyxiés par l'ingérence intempestive de l'État quant à leur création, à leur bon fonctionnement, à leur vie quotidienne. C'est pourquoi la Cour a développé une jurisprudence exigeante quant au contrôle de conventionnalité des mesures de dissolution des partis politiques (*PCU*, n° 63). Sous réserve des partis politiques qui soutiennent « *un programme politique en contradiction avec les principes fondamentaux de la démocratie* » (*Refah Partisi c. Turquie*, n° 57, § 103), l'État ne saurait interdire ou dissoudre des partis qui revendiquent de façon pacifique et légale le droit à l'autodétermination d'un peuple, les droits linguistiques de celui-ci ou encore la transformation d'un État unitaire en État fédéral (*Parti socialiste e.a c. Turquie*, 25 mai 1998 ; *Parti de la liberté et de la démocratie c. Turquie*, 8 décembre 1999).

Société pluraliste et tolérante, la société démocratique est respectueuse de la liberté et de la prééminence du droit.

B) La société démocratique est une société de prééminence du droit. Dans ce cadre, l'État ne s'immisce pas dans les libertés des individus (1) et veille même à la concrétisation de celles-ci (2).

1°/ Cette indifférence de l'État est sensible en matière de préservation du droit à la vie privée et familiale. L'État ne saurait pénétrer la sphère intime des individus. Il ne saurait interdire ni sanctionner pénalement les relations homosexuelles entre adultes consentants (*Dudgeon c. Royaume-Uni*, 22 octobre 1981, § 30) dès lors que celles-ci ont lieu en « *privé* » (*A.D.T. c. Royaume-Uni*, 31 juillet 2000 : à propos de relations homosexuelles que les protagonistes ont enregistré sur vidéo) ; il ne saurait exclure non plus des homosexuels du seul fait de leur orientation sexuelle de certaines institutions étatiques comme l'armée (*Smith* et *Grady c. Royaume-Uni*, 27 septembre 1999 ; *Lustig-Prean et Beckett c. Royaume-Uni*, 27 septembre 1999).

Le détachement de l'État est exigé également matière de liberté de pensée, de conscience et de religion. Cette liberté « *représente l'une des assises d'une "société démocratique", au sens de la Convention. Elle figure, dans sa dimension religieuse, parmi les éléments les plus essentiels de l'identité des croyants et de leur conception de la vie, mais elle est aussi un bien précieux pour les athées, les agnostiques, les sceptiques ou les indifférents. Il y va du pluralisme – chèrement conquis au cours des siècles – consubstantiel à pareille société* » (*Kokkinakis c. Grèce*, 25 mai 1993, § 31, n° 56). Dès lors, « *sauf dans des cas très exceptionnels, le droit à la liberté de religion exclut toute appréciation étatique sur la légitimité des croyances religieuses* » (*Hassan et Tchaoutch c. Bulgarie*, 26 octobre 2000, § 78) « *ou sur les modalités d'expression de celles-ci* » (*Manoussakis e.a c. Grèce*, 26 septembre 1996, § 44, *RTDH* 1997, p. 536, obs. G. Gonzalez). Et même si l'État peut bien sûr restreindre l'exercice de cette liberté, la conventionnalité des mesures qu'il adopte est vérifiée à l'aune de « *la nécessité de maintenir un véritable pluralisme religieux, inhérent à la notion de société démocratique* » (*Manoussakis e.a c. Grèce*, 26 septembre 1996, § 44). Surtout, dès lors que la liberté de la presse est en jeu, le désistement étatique doit être plus grand encore concernant la liberté d'expression. En l'occurrence, malgré des incohérences dans sa jurisprudence, la profondeur du contrôle européen sur les ingérences étatiques marque bien le souci du juge européen de préserver la société démocratique des attaques contre la liberté d'expression. On connaît la doctrine de la Cour en la matière pour qui « *la liberté d'expression, consacrée par le paragraphe 1 de l'article 10, constitue l'un des fondements essentiels de la société démocratiques, l'une des conditions primordiales de son progrès. Sous réserve du paragraphe 2 de l'article 10, elle vaut non seulement pour les « informations » ou « idées » accueillies avec faveur ou considérées comme inoffensives ou indifférentes, mais aussi pour celles qui heurtent, choquent ou inquiètent ; ainsi le veulent le pluralisme, la tolérance et l'esprit d'ouverture sans lesquels il n'est pas de « société démocratique »* » (*Handyside*, préc.). Sur cette base, la Cour interprète favorablement la liberté de la presse et la liberté d'expression au détriment des ingérences étatiques qui restreignent le débat politique (*Stoll*, n° 60). Le rôle éminent de « *chien de garde* » (*Thorgeir Thorgeirson c. Finlande*, 25 juin 1992, § 63), de stimulateur du libre jeu du débat politique – « *cœur même de la notion de société démocratique* » (*Lingens c. Autriche*, 8 juillet 1986, § 42) – et de rouage du « *bon fonctionnement de la société démocratique* » (*Sürek c. Turquie*, 8 juillet 1999, § 55), joué par la presse dans un État de droit diminue sensiblement la marge d'appréciation étatique (*Thorgeir Thorgeirson c. Finlande*, 25 juin 1992, § 63 ; *Castells c. Espagne*, 23 avril 1993, § 43 ; *Sunday Times c. Royaume-Uni*, 26 avril 1979, § 59). L'État ne saurait restreindre ni la libre critique ni la liberté de s'opposer au gouvernement en place (arrêt *Castells* précité, § 30, § 43 ; *Piermont c. France*, 27 avril 1995, § 76). *A fortiori*, il ne saurait affaiblir la liberté des journalistes de critiquer les personnalités politiques (*Obersschlick n° 2 c. Autriche*, 1er juillet 1997, § 29) y compris les chefs d'État étrangers (*Colombani e.a c. France*, 25 juin 2002, § 69, *RTDH* (55) 2003, p. 975, obs. P. Wachsmann).

En permettant aux libertés de se développer, la société démocratique veille aussi à leur concrétisation.

2°/ Dans une société démocratique, les droits et les libertés ne doivent pas rester théoriques. Leur effectivité constitue une préoccupation tant dans les rapports verticaux de l'État avec les individus que dans les rapports horizontaux entre les individus (*Laskey, Jaggard et Brown c. Royaume-Uni*, 19 février 1997, condamnant l'inertie de l'État pour adopter des mesures permettant de prévenir et de mettre fin à des pratiques sexuelles sadomasochistes ; *RTDH* 1997, p. 738, obs. M. Levinet).

Cette effectivité est assurée grâce aux obligations positives « *d'adopter des mesures raisonnables et adéquates pour protéger les droits de l'individu* » (*López*, n° 3, § 51). De nature substantielle et procédurale, ces obligations positives permettent de promouvoir le droit à la vie et le droit à ne pas subir la torture et des traitements inhumains et dégradants constitutifs d'« *une des valeurs fondamentales des sociétés démocratiques qui forment le Conseil de l'Europe* » (*Mc Cann*, n° 11, § 147 ; *Soering*, n° 16, § 88). La protection de la vie et de l'intégrité physique de la personne constitue une obligation première dans une société démocratique. Tout aussi importante est la concrétisation des droits politiques. Outre l'obligation d'organiser des élections libres pour l'élection du corps législatif, l'État doit veiller à l'effectivité de la liberté d'expression (*Fuentes Bobo c. Espagne*, 29 février 2000, *D.*, 2001, J, p. 574, note J.-P. Marguénaud et J. Mouly), du droit à la liberté de réunion et de manifestation (*Plattform « Ärtzte für das Leben » c. Autriche*, 21 juin

1988), du droit à la liberté syndicale (*Gustafsson c. Suède*, 25 avril 1996), du droit au respect la vie familiale (*Igelisas Gi et A.U.I. c. Espagne*, 29 avril 2003, § 49 : à propos du droit d'un parent à des mesures propres à le réunir à son enfant et l'obligation pour les autorités nationales de les prendre).

Les caractéristiques propres de la société démocratique font sa force et sa faiblesse. Le pluralisme, la tolérance et l'esprit d'ouverture peuvent en effet être exploités par les ennemis de la société démocratique pour la détruire. Il importe de les préserver et de les utiliser judicieusement pour sauvegarder la société démocratique.

## II / La sauvegarde de la société démocratique

En raison des liens serrés entre la Convention européenne des droits de l'homme et la démocratie, la Convention comporte les instruments utiles à la défense de la société démocratique (A) et à l'équilibre des différents intérêts au sein de celle-ci (B).

A) La défense de la société démocratique implique de déterminer les menaces contre celle-ci (1) avant de les combattre (2).

1°/ Les menaces contre la société démocratique peuvent prendre plusieurs visages. Il peut s'agir de menaces indirectes ou rampantes lorsque les ennemis de la société démocratique se prévalent des droits de l'homme et des libertés pour remettre en cause *in fine* les valeurs de cette société. La Convention prévoit cet abus de droit et permet de le combattre. Ces dernières peuvent d'abord relever de certaines doctrines. L'article 17 de la CEDH autorise explicitement la lutte étatique contre les tentatives d'utilisation de la CEDH pour détruire les droits et libertés garantis par cette Convention : « *l'article 17 pour autant qu'il vise des groupements ou des individus, a pour but de les mettre dans l'impossibilité de tirer de la Convention un droit qui leur permette de se livrer à une activité ou d'accomplir un acte visant à la destruction des droits et libertés reconnus dans la Convention ; (…) ainsi personne ne doit pouvoir se prévaloir des dispositions de la Convention pour se livrer à des actes visant à la destruction des droits et libertés ci-dessus visés* » (*Lawless c. Irlande*, 1er juillet 1961, § 7). La Commission européenne des droits de l'homme a pu considérer ainsi que « *le national-socialisme est une doctrine incompatible avec la démocratie et les droits de l'homme et que ses partisans visent incontestablement des objectifs du type mentionné à l'article 17* »

(Comm. EDH, déc. 12 oct. 1989, *H, W, P et K c/ Autriche*, n° 12774/87, *DR* 62, p. 216, *spéc.* p. 225).

Malgré sa sévérité à l'égard des États en matière de liberté d'expression, la Cour reconnaît que « *des faits clairement établis – tel l'Holocauste – dont la négation ou révision se verrait soustraite par l'article 17 à la protection de l'article 10* » (*Lehideux et Isorni c. France*, 23 septembre 1998, § 47 ; *RTDH* (38) 1999, p. 351, obs. G. Cohen-Jonathan) ; dès lors, « *la justification d'une politique pro-nazie ne saurait bénéficier de la protection de l'article 10* » (§ 53). De même, en dépit de sa coupable souplesse, la Cour a tout de même précisé « *qu'il importe au plus haut point de lutter contre la discrimination raciale sous toutes ses formes et ses manifestations* » (*Jersild c. Danemark*, 23 septembre 1994, § 30).

Au-delà des doctrines totalitaires ou nazies, les menaces contre la société peuvent prendre des aspects diffus ou violents. Au-delà des abus mêmes des autorités étatiques dans la lutte contre les menaces contre la société démocratique, abus que la Cour traque et sanctionne, ces phénomènes se manifestent dans l'espionnage (*Klass c. Allemagne*, 6 septembre 1978), la mafia, le crime organisé et le grand banditisme (*Raimondo c. Italie*, 22 février 1994). Ces différentes activités peuvent déboucher sur le trafic de drogue (*Mehemi c. France*, 26 septembre 1997). Et hélas, la société démocratique doit faire face au terrorisme. La Cour ne la laisse pas désarmée pour combattre ces différentes menaces.

2°/ De prime abord, « *il incombe aux États contractants d'assurer l'ordre public* » (*El Boujaïdi c. France*, 26 septembre 1997, § 39). Cela permet à l'État de se doter des moyens nécessaires pour protéger les fondements de la démocratie et de la prééminence du droit, « *les sociétés démocratiques se trouvent menacées de nos jours par des formes très complexes d'espionnage et par le terrorisme, de sorte que l'État doit être capable, pour combattre efficacement ces menaces, de surveiller en secret les éléments subversifs opérant sur son territoire* » (*Klass*, préc.).

La Convention prévoit des dérogations prévues par l'article 15 pour faire face à un danger public qui menace la vie de la nation (*A. c. Royaume-Uni*, n° 8). La Cour considère « *qu'il incombe d'abord à chaque État contractant, responsable de « la vie de (sa) nation », de déterminer si un « danger public » la menace et, dans l'affirmative, jusqu'où il faut aller pour essayer de le dissiper. En contact direct et constant avec les réalités pressantes du moment, les autorités nationales se trouvent en principe mieux placées que le juge international pour se prononcer sur la présence de pareil danger comme sur la nature et l'étendue des dérogations nécessaires pour le conjurer. L'article 15 leur laisse en la matière une large marge d'appréciation* » (*Irlande c. Royaume-Uni*, 18 janvier 1978, § 207 ;

*Brannigan et McBride c. Royaume-Uni*, 26 mai 1993, § 43 ; *Aksoy c. Truquie*, 18 décembre 1996, § 68). En présence d'un tel danger, la Cour reconnaît à l'État le principe d'adaptations progressives : « *quand un État lutte contre un danger public menaçant la vie de la nation, on le désarmerait si l'on exigeait de lui de tout faire à la fois, d'assortir d'emblée chacun des moyens d'action dont il se dote de chacune des sauvegardes conciliables avec les impératifs prioritaires du fonctionnement des pouvoirs publics et du rétablissement de la paix civile. En interprétant l'article 15, il faut laisser place à des adaptations progressives* » (*Irlande c. Royaume-Uni, préc.*, § 220).

En dehors du recours à l'article 15 CEDH, dans un cadre très strict fixé par la Cour (obligation de protéger la vie, recours à la force rendue absolument nécessaire par le maintien de l'ordre public, proportionnalité stricte entre la force employée et la réalisation du but autorisé ; enquête effective sur les circonstances de la mort), il n'est pas impossible aux États membres d'utiliser la force meurtrière dans la lutte contre le terrorisme ou dans le maintien de l'ordre public (*McCann e.a c/ Royaume-Uni, 27* septembre 1995, n° 11).

Si dans l'ensemble la Cour fixe des critères de conformités de l'usage des technologies nouvelles de surveillance dans la lutte contre le terrorisme et la grande criminalité, notamment l'exigence de clarté et de prévisibilité de la procédure mise en place (*Kennedy c. Royaume-Uni*, 18 novembre 2010 : surveillance de courrier postal, de courriel et de conversations téléphoniques d'une personne condamnée pour homicide d'un codétenu ; *Liberty e.a c. Royaume-Uni*, 1er juillet 2008 : à propos de l'interception et de l'analyse de communications à destination ou en provenance de l'étranger sur la base d'une loi de 1985 – *Interception of Communications Act* 1985), son contrôle est plus souple sur certaines techniques de surveillance comme le GPS au motif que cette technique de surveillance constitue une ingérence moins importante dans la vie privée de la personne surveillée (*Uzun c. Allemagne*, 2 septembre 2010, § 52 : *« il y a lieu de distinguer, de par sa nature même, la surveillance par GPS d'autres méthodes de surveillance par des moyens visuels ou acoustiques qui, en règle générale, sont davantage susceptibles de porter atteinte au droit d'une personne au respect de sa vie privée car elles révèlent plus d'informations sur la conduite, les opinions ou les sentiments de la personne qui en fait l'objet »).*

Enfin, pour les menaces de type idéologique, sans abdiquer devant les alibis étatiques de menace contre la société démocratique pour justifier la dissolution des partis politiques qui n'excluent pas d'utiliser la violence pour s'emparer du pouvoir ou qui prévoient des idées incompatibles avec les valeurs démocratiques, la Cour ne condamne pas systématiquement la dissolution des partis politiques : elle « *considère qu'il n'est pas du tout improbable que des mouvements totalitaires, organisés sous la forme de partis politiques, mettent fin à la démocratie, après avoir prospéré sous le régime démocratique* » (Refah *Partisi*, § 99, n° 57).

Cette défense de la société démocratique implique aussi la recherche de l'équilibre entre les intérêts privés et les intérêts publics.

B) L'équilibre entre les différents intérêts qui cohabitent au sein de la société démocratique est un gage de bon fonctionnement de celle-ci.

1°/ Pour trouver cet équilibre, sous son contrôle vigilant, la Cour reconnaît aux États parties, une certaine marge d'appréciation soit pour organiser au mieux la société démocratique (1) soit pour aménager les droits par le biais d'une limitation justifiée par un intérêt légitime (2).

L'organisation de la société démocratique incombe à chaque État adhérent. La Cour européenne des droits de l'homme respecte l'autonomie constitutionnelle des États contractant. Ceux-ci ont le libre choix de la forme étatique et de la forme de gouvernement sous réserve que « *l'organisation institutionnelle et politique des États membres doit-elle respecter les droits et principes inscrits dans la Convention* » (PCU, § 30). En clair, les États gardent une marge d'appréciation quant à leurs structures institutionnelles.

Si l'État assume des obligations positives liées à l'organisation des élections libres à intervalle raisonnable pour la désignation du corps législatif, il dispose d'une large marge d'appréciation quant au choix du système électoral (*Mathieu-Mohin et Clerfayt, préc.*, § 54) et des conditions qui entourent les droits de vote et d'éligibilité. Sous le contrôle strict de la Cour, et sous réserve de ne pas porter une atteinte disproportionnée ou arbitraire, « *il convient de concéder à l'État une latitude quant au découpage des circonscriptions électorales et à la répartition des sièges entre elles* ». Ainsi, en fonction des « *facteurs historiques et politiques propres à chaque État* » et de « *la diversité des choix possibles en la matière* », « *les États disposent d'une grande latitude pour établir, dans leur ordre constitutionnel, des règles relatives au statut parlementaire, dont les critères d'inéligibilité* » (*Podkolzina c. Lettonie*, 9 avril 2002, § 33). De même, il est loisible aux États de fixer des règles d'incompatibilité concernant les fonctionnaires qui souhaitent se présenter à des mandats électifs (*Gitonas c. Grèce*, 1er juillet 1997, § 39, *RFDA* 1998, 1007, obs. M. Levinet ; Cour EDH, arrêt *Ahmed c. Royaume-Uni*, 2 septembre 1998, § 75).

La prééminence du droit dans la société démocratique ne prive pas les États de marges de manœuvre. L'obligation de l'État de faire respecter le droit et de faire en sorte que celui-ci soit de qualité ne lui enlève pas la faculté d'ordonnancer selon son droit interne les rapports entre les normes constitutionnelles et les normes législatives puisque le droit à un recours effectif n'implique pas un devoir d'installation d'un recours juridictionnel de constitutionnalité contre la loi (*James e. a c. Royaume-Uni*, 21 février 1986, § 85 ; *Lithgow c. Royaume-Uni*, 8 juillet 1986, § 206 ; *Leander c. Suède*, 26 mars 1987, § 77 ; *Powell et Rayner c. Royaume-Uni*, 21 février 1990, § 36 ; *Les Saints Monastères c. Grèce*, 9 décembre 1994, § 90). De même, si le droit à un recours effectif implique l'obligation d'instaurer un recours permettant de lutter contre le délai excessif de jugement (*Kudla*, n° 40), « *il ne va pas jusqu'à exiger une forme particulière de recours, les États contractants jouissant d'une marge d'appréciation pour honorer les obligations qu'il leur impose* » (*Vilvarajah e.a c. Royaume-Uni* du 30 octobre 1991, § 12). Plus largement, par une sorte de subsidiarité juridictionnelle, l'État dispose donc d'une certaine liberté dans l'aménagement de la justice nationale.

Enfin, tout en affirmant l'importance primordiale de la liberté de pensée, de croyance et de religion dans une société démocratique, la Cour n'en admet pas moins que « *l'organisation par l'État de l'exercice d'un culte concourt à la paix religieuse et à la tolérance* » (*Cha'are Shalom Ve Tsedek*, 27 juin 2000, § 84 ; *RTDH* 2001, p. 195, obs. J.-F. Flauss). En revanche, le contrôle des mesures réglementant la manifestation publique des signes d'appartenance religieuse implique un subtil dosage entre l'intérêt privé de l'individu et le cadre dans lequel celui-ci exerce sa liberté de religion ; la jurisprudence tient compte notamment du lieu – entreprises, administrations, publics – (*Eweida c. Royaume-Uni*, 15 janvier 2013 ; *Chaplin c. Royaume-Uni*, *JCP G 2013*, Act. 180, Obs. K. Blay-Grabarczyk : dans la première affaire, une violation de l'article 9 de la CEDH relatif à la liberté de religion a été retenue à propos du licenciement d'une employée de British Airways qui portait une croix visible ; dans la seconde affaire, une non-violation du même article pris isolément et en combinaison avec l'article 14 (principe de non-discrimination) a été prononcée à propos d'une infirmière gériatrique ayant manifesté son appartenance religieuse par une croix. L'affaire pendante contre la France (*S.A.S c. France*, 43835/11) d'une requérante de confession musulmane se plaignant de ne pas pouvoir porter le voile intégral dans l'espace public en raison de la législation française montre bien la difficulté du rôle de régulation dévolu à la Cour.

En vertu de l'intérêt légitime de la société démocratique, l'organisation de celle-ci est prolongée par l'aménagement des droits garantis par la CEDH.

2°/ Au nom de l'intérêt légitime de la société démocratique, les États contractants disposent une marge d'appréciation dans l'exercice des limitations des droits garantis. En effet, « *le législateur démocratiquement élu doit avoir la liberté de prendre des mesures d'intérêt général même si elles entraînent une ingérence dans une catégorie donnée d'intérêts individuels* » (L. Wildhaber, « Place de la Cour européenne des droits de l'homme dans le paysage constitutionnel européen », www.confcoconsteu.org/fr/common/home.html, p. 4).

Ainsi, la Cour semble laisser une marge d'appréciation aux États pour régler des questions de société. À travers notamment l'interprétation consensuelle, l'absence de dénominateur commun entre les systèmes juridiques des États membres justifie une marge d'appréciation des États membres dans ces questions de société. Par exemple, la Cour considère que la Convention n'impose pas aux États membres de reconnaître un droit à l'adoption au profit des homosexuels (*Fretté c. France*, 26 février 2002 ; *JCP G* 2002, II, 10074, note A. Gouttenoire et F. Sudre) ; elle estime également qu'il n'existe pas une obligation des États membres de dépénaliser le suicide assisté (*Pretty*, § 39-40, n° 44). Concernant la législation relative à l'accouchement anonyme, les États membres peuvent choisir les moyens qu'ils estiment nécessaires dans la conciliation complexe du droit de la mère à l'anonymat et du droit de l'enfant de connaître son histoire personnelle (*Odièvre c. France*, 13 février 2003, *JCP* 2003, II, 10049, note A. Gouttenoire et F. Sudre). La marge d'appréciation dont dispose l'État pour concilier la nécessité d'assurer la protection du fœtus et des intérêts de la femme justifie la compatibilité de la loi italienne de 1978 relative à l'interruption volontaire de grossesse avec le droit à la vie (déc. du 5 décembre 2002, *Giampiero Boso c. Italie*, req. 50490/99). De même, elle laisse l'État faire le choix des meilleurs moyens pour résoudre diverses questions comme le mariage entre deux personnes de même sexe (*Schalk et Kopf c/ Autriche*, 24 juin 2010 ; Hämäläinen c. Finlande, 16 juillet 2014, Gd., ch., req. 37359/09, § 71 : « l'article 8 de la Convention ne peut être compris comme imposant aux États contractants l'obligation d'ouvrir le mariage aux couples homosexuels »), la présence de crucifix dans les écoles publiques (*Lautsi c/ Italie*, 18 mars 2011, Gd. ch.), l'utilisation des techniques de procréation médicalement assistée comme la fécondation *in vitro* (*S.H c/ Autriche*, 3 novembre 2011, Gr. Ch.).

La recherche de l'équilibre entre la liberté d'expression en matière politique et la mise en œuvre objective et impartiale du pluralisme des opinions politiques dans un processus démocratique équitable témoigne de l'importance de la sauvegarde de la société démocratique. Les débats autour de la publicité politique payante dans la presse audiovisuelle illustrent parfaitement le rôle déterminant de la Cour européenne des droits de l'homme dans la recherche de cet équilibre. La position de la Cour en la matière n'est pas uniforme. À une courte voix de majorité, la Grande chambre n'a pas relevé une violation de la liberté l'expression dans le refus de diffusion d'un spot publicitaire en faveur de la protection des animaux dès lors que ce refus s'appuie sur une législation qui vise à sauvegarder le processus électoral en tant qu'élément de l'ordre démocratique ; il s'agit notamment d'éviter que les groupes qui disposent de moyens financiers importants ne déséquilibrent le débat politique et le processus démocratique (*Animal Defenders International c. Royaume-Uni*, 22 avril 2013, Gr. Ch. : elle a reconnu la proportionnalité de l'interdiction). Dans un autre cas, la Cour a conclu à la violation de l'article 10 de la CEDH en raison d'une amende prononcée contre une chaîne télévisée qui a accepté de diffuser un spot publicitaire en faveur d'un parti de retraités en méconnaissance d'une législation interdisant les publicités politiques payantes à la télévision (*TV Vest As et Rogaland Pensjonistparti c. Norvège*, 11 décembre 2008). Dans un autre cas encore, elle a aussi prononcé une violation de l'article 10 de la CEDH en raison d'une interdiction d'un spot publicitaire en faveur du bien-être des animaux (*Verein gegen Tierfabriken c. Suisse* du 28 juin 2001).

Malgré une évolution vers une prise en compte des intérêts des minorités, la Cour demeure prudente dans la mise en balance de la protection des minorités et des intérêts légitimes d'organisation de la société démocratique (*Chapman c. Royaume-Uni*, 18 janvier 2001, *RTDH* (47) 2001, p. 887, obs. F. Sudre). On note cependant la recherche d'une société démocratique qui protège pleinement les personnes vulnérables. À propos des Roms, la Cour considère que « *l'article 14 (de la* CEDH*) n'interdit pas à un État membre de traiter des groupes de manière différenciée pour corriger des inégalités factuelles entre eux ; de fait, dans certaines circonstances, l'absence d'un traitement différenciée pour corriger une inégalité peut en soi emporter violation de la disposition en cause* » (*Stec e.a c. Royaume-Uni*, 12 avril 2006, § 51). Cette approche du principe de non-discrimination lui a permis de condamner des mesures nationales discriminatoires à l'encontre des enfants Roms (*D.H. e.a c. République tchèque*, 13 novembre 2007, Gr. Ch. : le placement des enfants Roms dans des écoles spéciales réservées aux enfants atteints d'une déficience mentale et viole l'interdiction de la discrimination (article 14 CEDH) et le droit à l'éducation (article 2 du Protocole n° 1) ; *Orsus e.a c. Croatie*, du 16 mars 2010, Gr. Ch. : le placement des enfants dans des écoles réservées aux Roms pendant certaines périodes viole l'interdiction de la discrimination combinée avec le droit à l'éducation). Dans une société démocratique, la tolérance implique la condamnation des traitements et les mesures discriminatoires fondées sur l'origine des personnes, *a fortiori* lorsqu'ils sont le fait d'un tribunal (*Paraskeva Todo-*

*rova c. Bulgarie,* 25 mars 2010 : refus d'assortir une peine de sursis au motif de lutter contre « *une impression d'impunité, particulièrement parmi les membres de groupes minoritaires, qui considèrent qu'une peine avec sursis n'est pas une peine* »).

Enfin, la qualité et la profondeur de la protection des étrangers contre les mesures d'éloignement dans la jurisprudence européenne (*Soering*, n° 16 ; *Üner c. Pays-Bas,* 18 oct. 2006, n° 55) ne suppriment pas la marge d'appréciation laissée aux États membres concernant la maîtrise de l'entrée et du séjour des étrangers (*Sen c/ Pays-Bas,* 21 décembre 2001, § 36).

La promotion et la sauvegarde de la société démocratique constituent une double mission partagée par les États contractants et la Cour européenne des droits de l'homme. Dans sa mission de gardienne de l'ordre public européen des droits de l'homme, la Cour doit entretenir la flamme d'une démocratie meilleure.

J. A.

## B | Le contrôle de la marge nationale d'appréciation

### 7. *Handyside c/ Royaume-Uni, 7 décembre 1976* (*Cour plénière*), *série A, n° 24, CDE, 1978, 350, chron. G. Cohen-Jonathan ; JDI, 1978, 706, chron. P. Rolland.*

**48.** La Cour relève que le mécanisme de sauvegarde instauré par la Convention revêt un caractère subsidiaire par rapport aux systèmes nationaux de garantie des droits de l'homme [...]. La Convention confie en premier lieu à chacun des États contractants le soin d'assurer la jouissance des droits et libertés qu'elle consacre. Les institutions créées par elle y contribuent de leur côté, mais elles n'entrent en jeu que par la voie contentieuse et après épuisement des voies de recours internes (art. 26).Ces constatations valent, entre autres, pour l'article 10, § 2. En particulier, on ne peut dégager du droit interne des divers États contractants une notion européenne uniforme de la « morale ». L'idée que leurs lois respectives se font des exigences de cette dernière varie dans le temps et l'espace, spécialement à notre époque caractérisée par une évolution rapide et profonde des opinions en la matière. Grâce à leurs contacts directs et constants avec les forces vives de leur pays, les autorités de l'État se trouvent en principe mieux placées que le juge international pour se prononcer sur le contenu précis de ces exigences comme sur la « nécessité » d'une « restriction » ou « sanction » destinée à y répondre. La Cour note à cette occasion que si l'adjectif « nécessaire », au sens de l'article 10, § 2, n'est pas synonyme d'« indispensable » (comp. aux articles 2, § 2 et 6, § 1, les mots « absolument nécessaire » et « strictement nécessaire » et, à l'article 15, § 1, le membre de phrase « dans la stricte mesure où la situation l'exige »), il n'a pas non plus la souplesse de termes tels qu'« admissible », « normal » (comp. l'article 4, § 3), « utile » (comp. le premier alinéa de l'article 1er du

Protocole 1), « raisonnable » (comp. les articles 5, § 3 et 6, § 1) ou « opportun ». Il n'en appartient pas moins aux autorités nationales de juger, au premier chef, de la réalité du besoin social impérieux qu'implique en l'occurrence le concept de « nécessité ». Dès lors, l'article 10, § 2 réserve aux États contractants une marge d'appréciation. Il l'accorde à la fois au législateur national (« prévues par la loi ») et aux organes, notamment judiciaires, appelés à interpréter et appliquer les lois en vigueur [...].

**49.** L'article 10, § 2 n'attribue pas pour autant aux États contractants un pouvoir d'appréciation illimité. Chargée, avec la Commission, d'assurer le respect de leurs engagements (art. 19), la Cour a compétence pour statuer par un arrêt définitif sur le point de savoir si une « restriction » ou « sanction » se concilie avec la liberté d'expression telle que la protège l'article 10. La marge nationale d'appréciation va donc de pair avec un contrôle européen. Celui-ci concerne à la fois la finalité de la mesure litigieuse et sa « nécessité ». Il porte tant sur la loi de base que sur la décision l'appliquant, même quand elle émane d'une juridiction indépendante. À cet égard, la Cour se réfère à l'article 50 de la Convention (« décision prise ou [...] mesure ordonnée par une autorité judiciaire ou toute autre autorité ») ainsi qu'à sa propre jurisprudence (arrêt *Engel et al.* du 8 juin 1976, série A, n° 22, p. 41-42, § 100). Son rôle de surveillance commande à la Cour de prêter une extrême attention aux principes propres à une « société démocratique ». La liberté d'expression constitue l'un des fondements essentiels de pareille société, l'une des conditions primordiales de son progrès et de l'épanouissement de chacun. Sous réserve du § 2 de l'article 10, elle vaut non seulement pour les « informations » ou « idées » accueillies avec faveur ou considérées comme inoffensives ou indifférentes, mais aussi pour celles qui heurtent, choquent ou inquiètent l'État ou une fraction quelconque de la population. Ainsi le veulent le pluralisme, la tolérance et l'esprit d'ouverture sans lesquels il n'est pas de « société démocratique ». Il en découle notamment que toute « formalité », « condition », « restriction » ou « sanction » imposée en la matière doit être proportionnée au but légitime poursuivi.

D'un autre côté, quiconque exerce sa liberté d'expression assume « des devoirs et des responsabilités » dont l'étendue dépend de sa situation et du procédé technique utilisé. En recherchant, comme en l'espèce, si des « restrictions » ou « sanctions » tendaient à la « protection de la morale » qui les rendait « nécessaires » dans une « société démocratique », la Cour ne saurait faire abstraction des « devoirs » et « responsabilités » de l'intéressé.

**50.** Dès lors, la Cour n'a point pour tâche de se substituer aux juridictions internes compétentes, mais d'apprécier sous l'angle de l'article 10 les décisions qu'elles ont rendues dans l'exercice de leur pouvoir d'appréciation.

Son contrôle se révélerait cependant en général illusoire si elle se bornait à examiner ces décisions isolément ; elle doit les envisager à la lumière de l'ensemble de l'affaire, y compris la publication dont il s'agit et les arguments et moyens de preuve invoqués par le requérant dans l'ordre juridique interne puis sur le plan international. Il incombe à la Cour de déterminer, sur la base des divers éléments en sa possession, si les motifs donnés par les autorités nationales pour justifier les mesures concrètes d'« ingérence » qu'elles adoptent sont pertinents et suffisants au regard de l'article 10, § 2 [...].

**59.** Sur la base des éléments dont elle dispose, la Cour arrive ainsi à la conclusion que nul manquement aux exigences de l'article 10 ne se trouve établi dans les circonstances de la cause.

M. Handyside, éditeur, a été condamné pénalement à une amende pour avoir publié en anglais un ouvrage danois jugé obscène, dont les exemplaires ont été par ailleurs saisis et confisqués. Analysées à titre principal par la Cour comme des ingérences dans l'exercice de la liberté d'expression du requérant, prévues par les lois internes sur les publications obscènes et poursuivant le but légitime de la protection de la morale, les mesures incriminées étaient-elles « nécessaires dans une société démocratique » ?

Derrière l'aspect banal d'une mesure de censure, l'affaire *Handyside* pose le délicat problème de l'étendue du contrôle juridictionnel sur une mesure de police portant atteinte à une liberté individuelle et fournit l'occasion à la Cour de rendre « un arrêt de principe sur le contrôle juridictionnel des restrictions aux libertés » (P. Rolland, *op. cit.*). D'emblée, le juge européen se réfère au principe de subsidiarité, qui fonde l'économie de la Convention : la Convention « revêt un caractère subsidiaire par rapport aux systèmes nationaux de garantie des droits de l'homme » (§ 48) et, comme l'illustre au plan procédural la règle classique d'épuisement des voies de recours internes (art. 35, § 1 ; ex-art. 26), elle confie en premier lieu aux autorités nationales – plus particulièrement au juge national, juge de droit commun de la Convention – le soin d'assurer la jouissance des droits et libertés qu'elle consacre (art. 1^er^). Le principe de subsidiarité – désormais consacré par le Protocole 15 (ouvert à la signature le 24 juin 2013) qui l'inscrit, avec la marge d'appréciation à laquelle il le lie, dans le Préambule de la Convention – implique une application décentralisée de la Convention et, dès l'« *affaire linguistique belge* » (*infra*, n° 9, § 10), la Cour affirme qu'« elle ne saurait se substituer aux autorités nationales compétentes, faute de quoi elle perdrait de vue le caractère subsidiaire du mécanisme international de garantie collective instauré par la Convention ». C'est là la reconnaissance de l'autonomie nationale : aucune uniformité absolue ne s'impose – la Convention est un instrument non d'uniformisation mais d'harmonisation des droits internes – et les autorités nationales demeurent libres de choisir les mesures qu'elles estiment appropriées pour la mise en œuvre de leurs obligations conventionnelles, sous réserve de respecter le standard minimum de la Convention ; le contrôle de la Cour ne porte alors que sur la compatibilité à la Convention de ces mesures nationales. Il en va d'autant plus ainsi que la Convention confie aux États eux-mêmes le soin d'aménager le régime juridique des droits proclamés et de mettre en œuvre – dans le cadre de la clause d'ordre public figurant aux articles 8 à 11 (§ 2) de la Convention et 2, § 3 du Protocole 4 – les restrictions autorisées aux droits garantis.

Toute la dialectique du contrôle du juge européen réside alors dans le souci de faire place à l'autonomie nationale, tout en préservant le droit commun, et se résume dans la notion de « marge d'appréciation », qui vient définir le rapport de compatibilité devant exister entre les mesures nationales et la norme conventionnelle. L'arrêt *Handyside* consacre, tout à la fois, la reconnaissance et le contrôle de la marge d'appréciation.

## I / La reconnaissance de la marge nationale d'appréciation

La notion prétorienne de « marge d'appréciation » confère aux États un pouvoir discrétionnaire dans la mise en œuvre des restrictions aux droits protégés et marque *a priori* le contrôle européen du sceau de la retenue judiciaire. Sa reconnaissance procède, comme le montre clairement l'arrêt *Handyside*, d'une double exigence.

A) La marge d'appréciation est d'abord l'expression d'une nécessité fonctionnelle. Le juge européen prend acte de ce que les autorités nationales ont la meilleure connaissance des circonstances et des conditions locales d'application de la Convention et constate que « grâce à leurs contacts directs et constants avec les forces vives de leur pays, les autorités de l'État se trouvent en principe mieux placées que le juge international pour se prononcer » sur le contenu des exigences de l'ordre public et la nécessité d'une restriction à une liberté (§ 48). Par exemple, le juge européen reconnaît, de jurisprudence constante, « une grande latitude » au législateur pour mener une politique économique et sociale et, notamment, pour déterminer ce qui est d'« utilité publique » en matière de privation de propriété (*James, infra*, n° 68, § 46). Il en va de même s'agissant de la présence d'un danger public nécessitant le recours à des mesures dérogatoires (art. 15), comme de la nature et de l'étendue des mesures nécessaires pour le conjurer (*Irlande c/ Royaume-Uni*, 18 janv. 1978, A. 25, § 207, *JDI*, 1980, 449, obs. P. Rolland).

De ce constat, la Cour européenne tire la conséquence, protectrice de la diversité nationale, que « dès lors » la Convention réserve aux États contractants une marge d'appréciation (§ 48). Le principe de subsidiarité peut cependant être parfois malmené par le juge européen, notamment lorsque ce dernier n'hésite pas à substituer son appréciation à celle du juge interne dans l'interprétation d'un acte éminemment privé, telle une disposition testamentaire (*Pla et Puncernau c/ Andorre*, 13 juill. 2004, *JCP G*, 2005, II, 10052, note F. Boulanger).

B) La marge d'appréciation est aussi la traduction d'une exigence idéologique qu'exprime l'arrêt *Handyside* (§ 49) : composante de la « société démocratique » (*infra*, n° 7), le « pluralisme » joue également à l'intérieur de la communauté des États européens. La Cour européenne se montre ainsi sensible à la diversité européenne, notamment des cultures juridiques, précisant qu'elle ne peut « négliger les caractéristiques de fond et de procédure (des) droits internes respectifs » (*Sunday Times*, 26 avr. 1979, § 61). La jurisprudence ultérieure en témoigne.

1 / En premier lieu, l'application de la Convention s'accommode des particularismes locaux. En font foi les décisions de la Cour se référant, par exemple, au « climat moral [...] en matière sexuelle » régnant en Irlande du Nord (*Dudgeon*, § 56, *infra*, n° 44), à « la tradition dans les écoles écossaises » en matière de châtiments corporels (*Campbell et Cosans c/ Royaume-Uni*, 25 févr. 1982, A. 48, § 29, *JDI*, 1985, 191, obs. P. Tavernier), aux « traditions culturelles » relatives à la réglementation de la profession d'avocat en matière de publicité (*Casado Coca c/ Espagne*, 24 févr. 1994, A. 285, § 54), aux « facteurs historiques ou politiques propres à chaque État », à propos des conditions d'éligibilité des parlementaires (*Gitonas c/ Grèce*, 1er juill. 1997, § 39, *RFDA*, 1998, 1007, note M. Levinet) ou à la spécificité de la question religieuse en Irlande (*Murphy c/ Irlande*, 10 juill. 2003 : interdiction faite à un pasteur de diffuser sur une radio locale une annonce publicitaire à des fins religieuses). Les traditions locales peuvent même conduire la Cour à juger compatible avec la Convention une législation nationale isolée au regard des législations des autres États parties dès lors qu'elle concerne un domaine « étroitement lié aux traditions culturelles et historiques de chaque société », qu'il s'agisse de la question du remariage après divorce, qui touche aux « conceptions profondes » de la société sur la cellule familiale (*F. c/ Suisse*, 18 déc. 1987, A. 128, § 33, *JDI*, 1988, 892, obs. P. Tavernier) ou de celle de la transcription des noms et des prénoms d'origine étrangère dans les documents officiels (déc. 7 déc. 2004, *Mentzen alias Mencena c/ Lettonie*, n° 71074/01). Sous réserve, toutefois, que cette législation isolée ne soit pas contredite par une « tendance » évolutive suffisamment caractérisée au sein des ordres juridiques des États parties (*Vallianatos et a. c/ Grèce*, 7 nov. 2013, GC : loi excluant les couples homosexuels du pacte de vie commune).

Il n'y a là, cependant, aucune automaticité, et le seul fait d'invoquer les particularités locales (tradition, usage approuvé par la population) ne suffit pas à assurer la conformité à la Convention d'une mesure nationale (*Tyrer c/ Royaume-Uni*, 25 avr. 1978, A. 26, *JDI*, 1980, 457, obs. P. Rolland : peine judiciaire de la fustigation infligée dans l'île de Man). Pour se prévaloir de la clause « coloniale » de l'article 56, qui permet d'appliquer la Convention aux territoires d'outre-mer « en tenant compte des nécessités locales » (§ 3), l'État doit faire « la preuve décisive et manifeste d'une nécessité » (*Tyrer*, § 38 ; *Piermont c/ France*, 27 avr. 1995, A. 314, § 58) et, lorsqu'est en cause le statut juridique particulier d'un territoire, les nécessités locales doivent « revêtir un caractère impérieux » (*Py c/ France*, 11 janv. 2005, § 60). Dans cette affaire *Py*, le juge européen estime que l'histoire tourmentée de la Nouvelle-Calédonie et son statut actuel, qui « s'inscrit dans un processus d'autodétermination » (§ 61), caractérisent des « nécessités locales » justifiant les restrictions apportées au droit du requérant de voter aux élections territoriales.

2 / En second lieu, la Convention n'impose aucune « uniformité absolue » (*Sunday Times*, § 61). C'est dire qu'il peut y avoir une grande variété de solutions nationales sans qu'il y ait pour autant violation de la Convention. À plusieurs reprises, la Cour a pu ainsi relever l'absence d'uniformité européenne et noter « la diversité dans l'espace et la variabilité dans le temps » des lois nationales (ainsi, en matière de lois électorales : *Mathieu-Mohin et Clerfayt c/ Belgique*, 2 mars 1987, § 54, *infra*, n° 65) : dans l'arrêt Handyside (§ 48), le juge européen souligne qu'« on ne peut dégager du droit interne des États contractants une notion uniforme de la morale » (aussi, *Open Door, infra*, n° 72). Un constat similaire est dressé, par exemple, à propos d'une « conception uniforme de la signification de la religion dans la société » (*Otto-Preminger-Institut c/ Autriche*, 20 sept. 1994, A. 295-A, § 50, *RUDH*, 1994, 441, note P. Wachsmann), d'une « conception uniforme » de la réglementation du port des symboles religieux dans les établissements d'enseignement (*Leyla Sahin c/ Turquie*, 10 nov. 2005, Gr. Ch., *AJDA*, 2006, 315, note G. Gonzalez), d'une « approche européenne uniforme » dans le domaine de la réglementation du recours à la fécondation *in vitro* (*Evans c/ Royaume-Uni*, 10 avr. 2007, Gr. Ch., § 79, *RDSS*, 2007, 810, note D. Roman) ou d'une « communauté de vues » quant aux règles de conflits de lois en matière d'adoption (*Harroudj c/ France*, 4 oct. 2012, *D* 2012, p. 2947 note P. Hammje). Cela conduit normalement la Cour, lorsqu'elle a à connaître de requêtes individuelles, à refuser de statuer *in abstracto* : la tâche de la Cour se limite, autant que faire se peut, à l'examen du cas concret dont elle est saisie. Elle n'a pas à apprécier *in abstracto* la conformité d'un texte de droit interne à la Convention mais seulement la manière dont ce texte a été appliqué à l'intéressé ou

l'a touché. Par là, la Cour refuse, en théorie, de s'ériger en législateur et d'édicter des normes générales fixant le comportement des États.

3 / Sauf à vider le principe de subsidiarité de sa substance, on ne saurait admettre que chaque État partie soit maître de la définition du champ d'application des droits garantis par la Convention. En principe, la marge nationale d'appréciation ne joue pas dans ce registre et ne gouverne pas l'applicabilité du droit garanti par la Convention mais régit les conditions d'exercice du droit et est un paramètre du contrôle de la Cour. Fait alors figure d'anomalie la position de la Cour qui, invoquant l'absence de consensus européen, refuse de dire expressément si le droit à la vie (art. 2) est applicable à l'enfant à naître, abandonnant cette question à la marge d'appréciation des États (*Vo c/ France, infra*, n° 9 ; *Evans*, préc., § 56). Surtout, l'arrêt de Grande Chambre, *Austin et al. c/ Royaume-Uni*, du 15 mars 2012 (*JCP G* 2012, act. 455, obs. F. Sudre) marque un infléchissement inquiétant de la jurisprudence de la Cour. Se plaçant sous les auspices du principe de subsidiarité, qui « est l'un des piliers de la Convention » (§ 61), la Cour se retranche derrière l'appréciation des autorités nationales pour définir la notion de « privation de liberté ». Elle juge en conséquence que le confinement d'un groupe de personnes à l'intérieur d'un cordon de police ne constitue pas une « privation de liberté » au sens de l'article 5 § 1 et que cette disposition ne trouve pas à s'appliquer en l'espèce.

## II / Le contrôle de la marge nationale d'appréciation

Reconnaissant la marge d'appréciation des État, l'arrêt *Handyside* précise que celle-ci ne saurait être illimitée et, simultanément, établit l'aptitude du juge européen à en contrôler l'étendue : « La marge nationale d'appréciation va donc de pair avec un contrôle européen » (§ 49). On précisera les principes et les modalités de ce contrôle.

A) La marge d'appréciation, qui marque la part de compétence discrétionnaire dont dispose l'État et, partant, l'étendue du contrôle juridictionnel, n'a pas la même ampleur pour chacune des limitations apportées aux droits garantis, comme l'illustre l'arrêt *Handyside*. Contrôlant les mesures de saisie et de confiscation des ouvrages au regard du droit de propriété, la Cour relève que l'article 1er, al. 2 du Protocole 1, « à la différence de l'article 10, § 2 de la Convention, érige les États contractants en seuls juges de la “nécessité” » d’une réglementation à l’usage des biens : la large marge d’appréciation reconnue aux États par le texte conventionnel conduit la Cour à pratiquer un contrôle réduit et à « se borner à contrôler la légalité et la finalité de la restriction » (§ 62 ; sur l’évolution de ce contrôle, *infra*, n° 69).

À l’inverse, la clause d’ordre public autorise un contrôle normal portant, à la lumière de toutes les circonstances de l’espèce, à la fois sur « la finalité de la mesure litigieuse et sa “nécessité” » (§ 49). Les arrêts *Handyside* et *Sunday Times* (§ 63-65) fixent les principes de ce contrôle, que systématise l’arrêt *Gillow* (24 nov. 1986, A. 109, § 55) : « La notion de nécessité implique un besoin social impérieux ; en particulier, la mesure prise doit être proportionnée au but légitime poursuivi. » Quant à l’exigence d’un « besoin social impérieux », la Cour ne se borne pas à vérifier si l’État a usé de son pouvoir d’appréciation « de bonne foi, avec soin et de manière sensée » mais contrôle si les motifs invoqués à l’appui des ingérences sont, en l’espèce, « pertinents et suffisants » (voir *Olsson c/ Suède*, 24 mars 1988, *infra*, n° 52, § 68). Ensuite, la Cour recherche si l’ingérence est proportionnée au but légitime poursuivi et vérifie alors qu’un « juste équilibre » a été ménagé entre l’intérêt général et les intérêts de l’individu (*Sporrong et Lönnroth, infra*, n° 67, § 69). Toutefois, la Cour peut, exceptionnellement, pratiquer un contrôle restreint si la restriction au droit garanti s’inscrit dans le cadre d’une politique de justice sociale – telle une politique de logement. Reconnaissant à l’État dans ce domaine une large marge d’appréciation, la Cour assouplit l’exigence du « juste équilibre » par la notion de « raisonnable » et se limite à vérifier que la décision des autorités nationales n’est pas « manifestement dénuée de fondement raisonnable » ou que la mesure prise n’est pas « manifestement disproportionnée au but légitime poursuivi » (*Blecic c/ Croatie*, 29 juill. 2004, § 33, droit au respect du domicile).

Le principe de proportionnalité, qui traduit une exigence d’adéquation entre un objectif légitime et les moyens utilisés pour l’atteindre, se situe donc au cœur du contrôle de la marge nationale d’appréciation. Selon qu’elle énonce plus ou moins strictement la condition de proportionnalité – proportion rigoureuse, juste, raisonnable –, la Cour européenne module l’intensité de son contrôle et, en conséquence, fait varier l’étendue de la marge d’appréciation de l’État : comme l’affirme l’arrêt *Sunday Times*, « à une liberté d’appréciation moins discrétionnaire correspond donc ici un contrôle européen plus étendu » (§ 59).

B) Les modalités du contrôle de proportionnalité sont issues de la pratique jurisprudentielle postérieure à l’arrêt *Handyside*.

1 / La méthodologie du contrôle s'organise, schématiquement, autour de trois critères que la Cour combine pour faire varier l'intensité de son contrôle. Le premier critère tient à la nature du droit en cause ou « des activités en jeu ». Le contrôle de la Cour sera d'autant plus strict et la marge d'appréciation de l'État réduite que l'ingérence est relative à un droit qui touche à la sphère d'intimité de l'individu – tel le droit d'avoir des relations homosexuelles (*Dudgeon, infra*, n° 44), le droit parental de visite (*B. c/ Royaume-Uni*, 8 juill. 1987, A. 121), le droit à la confidentialité des données à caractère personnel relatives à la santé (*Z. c/ Finlande, infra*, n° 42) –, à un droit qui, selon la Cour, est caractéristique d'une société démocratique – telle la liberté de la presse (par ex., *Castells c/ Espagne*, 23 avr. 1992, A. 236, § 43, *RUDH*, 1993, 14, chron. F. Sudre *et al.*) ou la liberté d'association des partis politiques (*PCU de Turquie, infra*, n° 63) –, ou, si l'on en croit une jurisprudence récente, à un droit qui relève de l'« autonomie personnelle » (*Sorensen et Rasmussen, infra*, n° 62 : droit d'association négatif). À l'inverse, la technicité ou la complexité des activités en jeu (concurrence déloyale, *Markt Intern. Verlag Gmbh c/ Allemagne*, 20 nov. 1989, A. 165, *JDI*, 1990, 719, obs. P. Rolland ; publicité commerciale, *Casado Coca*, § 50 ; politique urbanistique, *Sporrong et Lönnroth*) amène la Cour à accorder aux États un large pouvoir discrétionnaire ; de même, les États disposent d'une « ample latitude » pour prendre des mesures d'ordre général en matière économique ou sociale (*James*, § 46, *infra*, n° 68 ; *Stec et al. c/ Royaume-Uni*, 12 avr. 2006, Gr. Ch. : fixation de l'âge légal de la retraite). Le Conseil d'État ne s'y est pas trompé, jugeant ainsi que l'article 1er du Protocole 1 laisse au législateur « une marge d'appréciation étendue, en particulier pour mener une politique d'urbanisme » (CE, 3 juill. 1998, Bitouzet, *RFDA*, 1998, 1243, concl. R. Abraham ; CE, 7 janv. 2000, Sté Lady Jane, *D*, 2000, jur., 301, obs. H. Charles).

Par ailleurs, systématisant une jurisprudence casuistique (*Odièvre c/ France*, 13 févr. 2003 : droit à la connaissance de ses origines / droit de préserver le secret de son accouchement), la Cour pose le principe que la marge d'appréciation est de façon générale également ample lorsque l'État doit ménager un équilibre entre différents droits protégés par la Convention qui entrent en conflit (*Evans*, préc., § 77, droit pour la femme de devenir mère / droit pour l'homme de ne pas être père) ; *supra* n° 3.

Le but de l'ingérence entre aussi en compte : si le but poursuivi par la restriction au droit s'analyse en une notion « objective » (telle la protection de l'autorité judiciaire en matière d'atteinte à la liberté d'expression : *Sunday Times*, § 59), la marge d'appréciation de l'État sera moindre que si le but légitime a un caractère contingent (ainsi, la protection de la morale : *Handyside*, § 48).

Enfin, et surtout, « la présence ou absence d'un dénominateur commun aux systèmes juridiques des États » (*Rasmussen c/ Danemark*, 28 nov. 1984, A. 87, § 40, *JDI*, 1986, 1074, obs. P. Tavernier) est un élément décisif du contrôle de la Cour et de la variation des limites du pouvoir discrétionnaire reconnu aux États (cf. *supra*, n° 2). La présence de principes juridiques communs réduit la marge d'appréciation de l'État : il en va ainsi, notamment, pour l'égalité de traitement entre enfants légitimes et naturels (*Marckx*, § 41 et 58, *infra*, n^os^ 51 et 54) et l'égalité des sexes (en matière de nom patronymique : *Burghartz c/ Suisse*, 22 févr. 1994, A. 280-B, § 27 ; *infra*, n° 9), la répression pénale de l'homosexualité (*Dudgeon*, § 60), la liberté de ne pas adhérer à un syndicat (*Sirgurjonsson c/ Islande*, 30 juin 1993, A. 264, § 41, *JCP G*, 1994, I, 3742, n° 34, chron. F. Sudre), la protection des sources journalistiques (*Goodwin c/ Royaume-Uni*, 27 mars 1996, *Rec.*, 1996, 483, § 39, *RTD civ.*, 1997, 1026, chron. J.-P. Marguénaud), la fixation d'un âge identique pour le consentement à des relations hétérosexuelles, lesbiennes et homosexuelles (*L. et V. c/ Autriche*, 9 janv. 2003, § 50, *JCP G*, 2003, I, 160, n° 16, chron. F. Sudre), la conservation de données personnelles dans un « fichier génétique » (*S. et Marper, infra* n° 42) ou l'égalité de traitement entre hommes et femmes en matière d'allocation de congé parental (*Konstantin Markin c/ Russie*, 22 mars 2012, GC, *JCP G* 2012-35, doctr. 924, n° 22, chron. F. Sudre).

Inversement, l'absence d'un « dénominateur commun » aux systèmes juridiques nationaux laisse à l'État partie une « grande » ou une « large » marge d'appréciation quant à la nécessité de la mesure restrictive (en ce sens, CE, Avis contentieux, 13 juin 2013, M.M., n° 362981, *RFDA*, 2013-5, 1051, concl. E. Crépey : compatibilité de l'anonymat du donneur de gamètes avec l'article 8). Cela vaut, entre autres, pour le droit syndical de négociation collective (*Gustafsson c/ Suède*, 25 avr. 1996), la décision de placement d'un enfant dans une famille d'accueil (*Johansen c/ Norvège*, 7 août 1996, § 64, chron. préc., n° 35), la protection des convictions religieuses contre le blasphème (*Wingrove c/ Royaume-Uni*, 25 nov. 1996, § 57, *RTDH*, 1997, 713, note J.-M. Larralde), la réglementation de la diffusion des publicités à caractère religieux (*Murphy*, préc.), la réglementation du port des symboles religieux dans les établissements d'enseignement (*Leyla Sahin*, préc.), l'attribution, la reconnaissance et l'usage des noms et prénoms (*Mentzen*, préc.), l'accès des détenus à l'insémination artificielle (*Dickson c/ Royaume-Uni*, 4 déc. 2007, Gr. Ch., § 81), le droit au mariage des couples homosexuels (*Schalk et Kopf c/ Autriche*, 24 juin 2010, *JCP G*, 2010, act, 1013, H. Fulchiron), l'exposition de crucifix dans les salles de classe de l'école publique (*Lautsi c/ Italie*, 18 mars 2011, Gr. Ch., *JCP G* 2011, note 601, G. Gonzalez) ou encore l'affiliation des détenus exerçant un travail au régime des pensions de retraite (*Stummer c/ Autriche*, 7 juill. 2011, Gr. Ch., *JCP G* 2012, doctr. 87, F. Sudre).

Dans l'affaire *Handyside*, l'impossibilité de dégager des droits internes une conception commune de la protection de la morale dans une société démocratique (§ 48 et 53) conduit pour l'essentiel la Cour à constater que le droit à la liberté d'expression n'est pas violé (voir aussi, *Müller*, § 35, *infra*, n° 60).

2 / Cette interprétation « consensuelle » est cependant fragilisée par l'indétermination du « standard » européen – dont on ne sait s'il doit s'entendre dans un sens quantitatif ou qualitatif –, d'autant que le juge européen se reconnaît la faculté d'effectuer « à la lumière des conditions d'aujourd'hui » (*Marckx*, § 41) sa lecture du « dénominateur commun » et d'adapter ce dernier à l'évolution des solutions juridiques nationales, se réservant, au demeurant, la possibilité de réviser à l'avenir sa solution quand « le droit paraît traverser une phase de transition » (*Rees c/ Royaume-Uni*, 17 oct. 1986, A. 106, § 47, *infra*, n° 45). L'interprétation « consensuelle » porte la marque du pouvoir discrétionnaire du juge européen.

Ainsi, malgré l'absence de consensus européen, la Cour juge que les États ne disposent plus de nos jours d'une marge d'appréciation telle qu'ils puissent refuser la reconnaissance juridique de la conversion sexuelle (*C. Goodwin, infra*, n^os^ 43 et 48), priver les détenus condamnés du droit de vote (*Hirst c/ Royaume-Uni*, 6 oct. 2005, Gr. Ch., *AJDA*, 2006, 475, obs. J.-F. Flauss) ou refuser l'adoption « coparentale » aux couples homosexuels (*X et a. c/ Autriche*, 19 févr. 2013, Gr. Ch., *JCP G* 2013, doctr. 855, chron. F. Sudre, n° 17).

À l'inverse, malgré l'existence ou « l'émergence » d'un consensus européen, la Cour peut ignorer ce dernier et reconnaître à l'État une certaine marge d'appréciation au motif que le consensus n'est pas « suffisamment solide » (*S.H. et a. c. Autriche*, 3 nov. 2011, Gr. Ch. *Dr. Fam.* 2012-1, étude 6, A. Gouttenoire : droit de recourir à la procréation médicalement assistée ; *Hristozov et a. c. Bulgarie,* 13 nov. 2012 : droit des malades en phase terminal d'accéder à des médicaments expérimentaux) ou qu'il existe une « minorité non négligeable » d'États ayant une règle contraire (*Ahrens c. Allemagne*, 22 mars 2012, Dr. fam. 2012-5, comm.80, M. Bruggeman : contestation de la paternité légale). Mais aussi, au motif qu'il subsiste une « diversité des systèmes et traditions juridiques », alors que tel n'est pas le cas (*Odièvre c. France*, 13 févr. 2003, Gr. Ch., *JCP G* 2003, II, 10049, note A. Gouttenoire et F. Sudre : aucun État européen autre que la France ne connaît l'accouchement sous X ; *Yumak et Sadak c. Turquie*, 8 juill. 2008, Gr. Ch., *RFDC* 2009-78, 423, note M, Levinet : seuil électoral pour l'obtention d'un siège de député très largement supérieur à celui retenu en moyenne dans les États européens ; *Sitaropoulos et al. c. Grèce*, 15 mars 2012, Gr. Ch., *supra* n° 2). Mais encore, au motif que ce consensus ne permet pas, « même dans le cadre d'une interprétation évolutive de la Convention », de réduire de « manière décisive » l'ample marge d'appréciation reconnue traditionnellement à l'État lorsque sont en jeu des questions morales ou éthiques délicates (*A, B, C c. Irlande*, 16 déc. 2010, Gr. Ch., § 232, 237, *JCP G*, 2011, act. 58, M. Levinet : motifs d'autorisation de l'avortement). Mieux, la Cour va à l'encontre du « dénominateur commun » aux droits internes des États parties existant en la matière pour juger qu'une règle de droit interne (ici, la règle d'empêchement au mariage entre des beaux-parents et leurs beaux-enfants) est contraire à la Convention (*B. et L. c. Royaume-Uni*, 13 sept. 2005, *Dr. fam.*, 2005, comm. 234, note A. Gouttenoire et M. Lamarche). *In fine*, la Cour se libère de la contrainte du seul dénominateur commun en internationalisant l'interprétation consensuelle et met à jour, par l'utilisation combinatoire et discrétionnaire des sources internationales, des sources européennes et de la pratique des États membres, « une communauté de vues dans les sociétés modernes » (*Demir et Baykara*, *infra* n° 64 ; *Stanev c/ Bulgarie*, 17 janv. 2012, Gr. Ch. *JCP G* 2012, doctr. 924, chron. F. Sudre : droit d'accès à un tribunal pour demander le rétablissement de sa capacité juridique).

Il serait de beaucoup plus cohérent que la Cour, plutôt que de mobiliser un « consensus européen » dont elle ne définit ni les critères ni sa fonction réelle dans l'exercice de son contrôle, se limite à affirmer que lorsque sont en jeu de difficiles questions de société, sur lesquelles les législations nationales soit se partagent, soit n'ont pas encore pris position, elle n'a pas à se substituer au législateur national et qu'il convient, au nom du principe de subsidiarité, de laisser à l'État une large marge d'appréciation.

3 / La jurisprudence européenne sur la marge d'appréciation apparaît ainsi parfois déconcertante. Soit qu'elle semble incohérente et imprévisible. Par exemple, il est surprenant que la Cour n'exerce pas un contrôle rigoureux sur la marge d'appréciation de l'État dans l'affaire *Laskey, Jaggard et Brown c/ Royaume-Uni* (19 févr. 1997, *RTDH*, 1997, 738, note M. Levinet), alors que le droit en cause touche à un aspect

intime de la vie privée (liberté de se livrer à des pratiques sexuelles sadomasochistes), ou encore dans l'affaire *Worm c/ Autriche* (29 août 1997, *JCP G*, 1998, I, 107, n° 38, chron. F. Sudre), alors que l'ingérence (condamnation d'un journaliste à une amende) tend à la protection de l'autorité judiciaire et qu'il y a, selon la Cour, une « grande concordance de vues » du droit interne des États membres. De même, on est étonné que la Cour juge que la marge nationale d'appréciation est réduite lorsque le droit interne autorise la conclusion entre syndicats et employeurs d'accords de monopole syndical alors que, de jurisprudence constante, les États parties bénéficient d'une « ample » marge d'appréciation quant à la manière d'assurer la liberté syndicale, compte tenu notamment de la diversité des systèmes nationaux *(Sorensen et Rasmussen)*.

Soit que sa sophistication la rende peu « lisible » : ainsi, la Cour n'hésite pas, dans des domaines – la concurrence déloyale, la protection de la morale – où, selon une jurisprudence établie *(Markt Intern Verlag)*, l'État dispose d'une large marge d'appréciation pour limiter la liberté d'expression, à réduire cette marge si, d'une part, le discours en cause n'est pas strictement commercial mais participe d'un débat touchant à l'intérêt général, par exemple, à la santé publique (*Hertel c/ Suisse*, 25 août 1998, *D*, 1999, somm., 239, obs. M.-L. Niboyet), et si, d'autre part, la mesure restrictive interdit l'accès du public d'une langue donnée à une œuvre figurant dans le patrimoine littéraire européen (*Akdas c/ Turquie*, 16 février 2010, *RTDH* 2010-83, 769, note A, Latil).

Visant à concilier la définition d'une norme commune en matière de droits de l'homme et la sauvegarde du pluralisme juridique, la notion prétorienne de marge d'appréciation est d'une utilité incontestable. Son maniement peut néanmoins laisser perplexe en ce qu'il autorise la Cour pour une même liberté – notamment, la liberté d'expression – aussi bien à pratiquer un véritable contrôle d'opportunité de la mesure restrictive et à substituer son appréciation à celles des autorités nationales (ainsi, quand la liberté de la presse est en jeu) qu'à se limiter à un contrôle restreint qui tend à s'effacer derrière le pouvoir discrétionnaire de l'État (par ex., *Chorherr c/ Autriche*, 25 août 1993, A. 266-B, § 32, atteintes à la liberté d'expression fondées sur la défense de l'ordre).

Le principe de subsidiarité devrait être un principe matriciel de la jurisprudence européenne mais, lié intimement à la marge d'appréciation, il tend à être une simple variable d'ajustement de son contrôle. On ne peut que souligner l'usage pour le moins inconstant de ce principe par la Cour qui, au gré des affaires, l'ignore ou l'invoque opportunément, selon qu'elle entend ou non soumettre la question de politique générale en jeu à sa propre lecture de la Convention. L'adoption du Protocole 15 (*supra*) laisse craindre pour l'avenir un repli du contrôle de la Cour, à l'image de l'arrêt *Animal Defenders International c/ Royaume-Uni* (Gr. Ch., 22 avr. 2013, *JCP G* 2013, doctr. 855, chron. F. Sudre, n° 16), qui marque une érosion du contrôle de proportionnalité. Au mépris de sa jurisprudence antérieure, la Cour juge en effet qu'une interdiction légale générale de toutes les publicités payantes sur des questions « politiques » à la radio et à la télévision ne constitue pas une atteinte disproportionnée à la liberté d'expression de la requérante et ne méconnaît pas l'article 10.

F. S.

## SECTION 4
## *L'encadrement des dérogations*

**8. A *et al.* c/ Royaume-Uni, 19 février 2009** (Grande Chambre), *JCP G*, 2009, 143, n° 32, chron. F. Sudre ; *JDI* 2010, 998, obs. P. von Muhlendahl ; Rev. Sc. Crim. 2009, 672, obs. J.P. Marguénaud.

**1.** La Cour rappelle qu'il incombe à chaque État contractant, responsable de « la vie de [sa] nation », de déterminer si celle-ci est menacée par un « danger public » et, dans l'affirmative, jusqu'où il faut aller pour essayer de le dissiper [...]. Les États ne jouissent pas pour autant d'un pouvoir illimité en ce domaine. La Cour a compétence pour décider, notamment, s'ils ont excédé la « stricte mesure » des exigences de la crise. La marge nationale d'appréciation s'accompagne donc d'un contrôle européen. Quand elle exerce celui-ci, la Cour doit en même temps attacher le poids qui convient à des facteurs pertinents tels que la nature des droits touchés par la dérogation, la durée de l'état d'urgence et les circonstances qui l'ont créé [...].

II / Sur l'existence d'un « danger public menaçant la vie de la nation »

**2.** La Cour rappelle avoir jugé, en l'affaire Lawless (§ 28), que, dans le contexte de l'article 15 de la Convention, le sens normal et habituel de l'expression « en cas de guerre ou en cas d'autre danger public menaçant la vie de la nation » est suffisamment clair et qu'elle désigne « une situation de crise ou de danger exceptionnel et imminent qui affecte l'ensemble de la population et constitue une menace pour la vie organisée de la communauté composant l'État » [...].

**3.** [...] L'exigence d'imminence ne doit pas recevoir une interprétation étroite au point d'obliger les États à attendre qu'un désastre survienne pour prendre des mesures propres à le conjurer [...]. L'article 15 ayant pour objet de permettre aux États de prendre des mesures dérogatoires pour protéger leur population contre des dangers à venir, la réalité de la menace dirigée contre la vie de la nation doit s'apprécier principalement au regard des faits connus à l'époque de la dérogation. Cependant, rien n'empêche la Cour de tenir compte d'éléments apparus ultérieurement [...].

**4.** Si, aux yeux du Comité des droits de l'homme des Nations unies, les mesures dérogatoires aux dispositions du PDICP doivent avoir un caractère « exceptionnel et provisoire », la Cour, quant à elle, n'a encore jamais expressément jugé que le danger invoqué devait être de nature temporaire, quoique la durée de celui-ci puisse entrer en ligne de compte pour la question de la proportionnalité de la riposte qui lui est apportée. [...] La Cour estime que des mesures dérogatoires mises en œuvre immédiatement après les attentats perpétrés par Al-Qaïda sur le territoire américain et soumises à un réexamen annuel par le Parlement ne sauraient être déclarées invalides au motif qu'elles ne sont pas « provisoires ».

**5.** [...] Frappée par le fait que le Royaume-Uni a été le seul État contractant à avoir dérogé à la Convention pour riposter à la menace d'Al-Qaïda, alors pourtant que d'autres États y ont été confrontés, la Cour n'en reconnaît pas moins que chaque gouvernement, garant de la sécurité de la population dont il a la charge, demeure libre d'apprécier par lui-même les faits à la lumière des informations qu'il détient. L'opinion de l'exécutif et du Parlement britannique importe donc en la matière, et il convient d'accorder un grand poids à celle des juridictions internes, qui sont mieux placées pour évaluer les éléments de preuve relatifs à l'existence d'un danger.

**6.** Dès lors, la Cour souscrit, sur ce premier point, à l'avis de la majorité de la Chambre des lords, qui a estimé qu'il existait un danger public menaçant la vie de la nation.

III / Sur la question de savoir si les mesures litigieuses étaient strictement exigées par la situation : [...]

**7.** [...] lorsqu'une mesure dérogatoire porte atteinte à un droit conventionnel fondamental – tel que le droit à la liberté –, la Cour doit s'assurer qu'elle constitue une réponse véritable à l'état d'urgence, qu'elle se justifie pleinement au regard des circonstances spéciales de cette situation et qu'il existe des garanties contre les abus [...].

**8.** Le Gouvernement soutient ensuite que la majorité des membres de la Chambre des lords ont fait fausse route en considérant la loi in abstracto au lieu de se pencher sur les circonstances propres au cas de chacun des intéressés. Pour sa part, la Cour estime que l'article 15 appelle nécessairement une démarche axée sur la situation globale du pays concerné, en ce sens qu'il incombe à la juridiction saisie – qu'elle soit interne ou internationale – d'examiner les mesures adoptées en dérogation aux droits conventionnels en jeu et de les mettre en balance avec la nature de la menace pesant sur la nation. Lorsque, comme en l'espèce, les mesures en question sont jugées disproportionnées par rapport à la menace et discriminatoires dans leurs effets, il est inutile d'aller plus loin et de contrôler au cas par cas la manière dont elles ont été mises en œuvre.

**9.** [...] la Cour estime que les Law Lords ont jugé à bon droit que les mesures litigieuses ne pouvaient être considérées comme ressortissant au droit des étrangers, où une distinction entre ces derniers et les nationaux aurait pu se justifier, mais bien plutôt comme ressortissant à la sécurité nationale. Le chapitre IV de la loi de 2001 avait pour objectif de parer à une menace réelle et imminente d'attentats terroristes qui, à l'évidence, émanait aussi bien de ressortissants britanniques que d'étrangers. En choisissant de recourir à une mesure relevant du droit des étrangers pour traiter un problème d'ordre essentiellement sécuritaire, l'exécutif et le Parlement lui ont apporté une réponse inadaptée et ont exposé un groupe particulier de terroristes présumés au risque disproportionné et discriminatoire d'une détention à durée indéterminée. Comme l'a indiqué la Chambre des lords, les effets potentiellement néfastes d'une détention sans inculpation peuvent affecter de manière sensiblement identique un citoyen britannique et un étranger que l'on ne peut, en pratique, soumettre à une mesure d'éloignement de crainte qu'il ne soit torturé à l'étranger [...].

**10.** En conclusion, la Cour estime, comme la Chambre des lords, que les mesures dérogatoires étaient disproportionnées en ce qu'elles opéraient une discrimination injustifiée entre étrangers et citoyens britanniques.

Alors que plusieurs dispositions de la Convention autorisent des restrictions aux droits garantis (articles 8 à 11 § 2, 16 et 17), l'article 15 permet de déroger « aux obligations prévues par la Convention » en cas d'état d'urgence (guerre ou autre danger public menaçant la vie de la nation) sous réserve de satisfaire à des conditions formelles et matérielles. Cette clause générale de dérogation permet ainsi une mise entre parenthèses de certains droits garantis et, mal utilisée, n'est pas sans risques pour la société démocratique qu'elle vise avant tout à préserver d'un danger imminent et exceptionnel. Après les attentats du 11 septembre 2001, le Royaume-Uni notifia au Secrétaire général du Conseil de l'Europe un avis de dérogation aux dispositions de l'article 5 § 1 de la Convention en raison de l'adoption de la loi du 4 décembre 2001 (*Anti-terrorism, Crime and Security Act 2001*). Ce texte instituait notamment un pouvoir d'arrestation et de détention élargi des étrangers dont le refoulement ou l'expulsion sont prévus mais momentanément impossibles. Mais, le 16 décembre 2004 la Chambre des Lords a jugé ce régime discriminatoire et déclaré incompatible l'avis de dérogation avec la Convention européenne. Le dispositif incriminé fut abrogé par une nouvelle loi du 11 janvier 2005 autorisant diverses restrictions aux personnes sur lesquelles pèseraient des soupçons raisonnables d'implication dans le terrorisme, quelle que fût leur nationalité. Cette loi entra en vigueur le 11 mars 2005 et l'avis de dérogation fut levé le 16 mars 2005. Les détenus sous un régime de haute sécurité dans le cadre de la loi de 2001 et à l'origine de l'arrêt de la Chambre des Lords ne purent en bénéficier pleinement puisque la déclaration d'incompatibilité est dépourvue d'effet obligatoire et qu'ils furent maintenus en détention au-delà de cet arrêt sans pouvoir bénéficier d'aucune indemnité pour le préjudice subi. C'est dans ce contexte inhabituel, « car il n'est pas courant qu'un gouvernement défendeur soit conduit à remettre en cause les décisions rendues par la juridiction suprême de son pays » (§ 157), que fut saisie la Cour européenne. L'arrêt s'inscrit dans la lignée d'une jurisprudence classique en confirmant que l'ample marge d'appréciation des États, fussent-ils aux mains d'un gouvernement révolutionnaire (*affaire grecque*, déc. 24 janv. 1968, *Ann.* 1968, p. 691), pour se préserver d'un péril imminent ne saurait échapper à un contrôle de la Cour (*Irlande c/ Royaume-Uni*, 18 janv. 1978, § 207 ; *Brannigan et McBride c/ Royaume-Uni*, 26 mai 1993, A.258-B, § 43 ; *Aksoy c/ Turquie*, 26 nov. 1996, § 68-69 ; *A. et autres*, § 173). Mais l'interprétation évolutive est aussi perceptible tant en ce qui concerne les conditions de mise en œuvre de la clause dérogatoire (I) que le contrôle de ses modalités d'application (II).

## I / Mise en œuvre de la clause dérogatoire

La mise en œuvre de la dérogation est subordonnée à la condition formelle d'information du Secrétaire général du Conseil de l'Europe et matérielle d'identification d'une situation menaçant la vie de la nation.

A) Selon l'article 15 § 3, le Secrétaire général est tenu « pleinement informé des mesures prises et des motifs qui les ont inspirées » ainsi que « de la date à laquelle ces mesures ne sont plus en vigueur, la Convention reprenant alors sa pleine application ». La Cour peut contrôler « d'office » (*Aksoy*, § 88) que cette information est circonstanciée (*affaire grecque*, rapport 5 novembre 1969, § 78-8, *Ann.* 12 : le gouvernement grec n'a pas « pleinement satisfait aux exigences » de 15-3 ; *Lawless c/ Irlande (n° 3)*, 1er juillet 1961, § 47 ; *Aksoy*, § 31) et est intervenue dans un délai raisonnable (*Lawless* § 47 : 12 jours répondent à cette exigence). Il faut « un acte formel et public de dérogation » (Commission, rapport 4 oct. 1983, *Chypre c/ Turquie*, § 67, *RUDH*, 1992, p. 70), mais une lettre accompagnée des documents et informations pertinents suffit (*Lawless* § 46 ; *Aksoy* § 31 ; lettre du 7 février 1985 sur l'instauration de l'état d'urgence en Nouvelle-Calédonie avec effet du 8 février au 30 juin 1985 et lettre de retrait du 2 septembre 1985, *Ann.* 28, p. 13). Le secrétaire général doit être informé de l'évolution du régime d'urgence appliqué (*Irlande c/ Royaume-Uni*, § 79, § 223 : notification de six avis de dérogation signalant « la législation pertinente et les amendements apportés »). En l'absence de notification, le gouvernement est implicitement considéré comme n'ayant exercé aucune dérogation au sens de l'article 15 (déc. 20 sept. 2007, *Kononov c/ Lettonie*) alors même que des situations très délicates sont avérées (24 févr. 2005, *Khachiev et Akaïeva c/ Russie*, § 97 et *Issaïeva Youssoupova et Bazaïeva c/ Russie*, § 125). La Cour exerce alors un contrôle « normal » du respect par l'État de ses obligations, en tenant néanmoins compte du contexte général (*Brogan c/ Royaume-Uni*, 29 nov. 1988, § 48). Tirant les leçons d'un constat de violation de la Convention faute de dérogation (*Brogan*), la notification consécutive à l'arrêt de la Cour peut alors constituer une « riposte véritable » à l'état d'urgence (*Brannigan et Mc Bride*, § 51). Dès que le danger cesse, l'application de l'article 15 n'a plus lieu d'être et le Secrétaire général doit être informé du retour à la normale. Mais en l'absence de cette information, les mesures justifiées par l'article 15 perdent « automatiquement leur effet » lorsque la situation de péril prend fin et leur « maintien en vigueur… enfreint les dispositions de la Convention » (*De Becker c/ Belgique*, Commission, déc. 9 juin 1958, *Ann.* II, p. 215).

B) L'identification d'une situation de « guerre » ou d'un « autre danger menaçant la vie de la nation » ressortit très largement à l'ample marge d'appréciation des États.

1 / La guerre est facile à identifier, surtout dans sa forme internationale. La question peut se poser des interventions extra-territoriales des États parties à la Convention. Dans l'affaire *Bankovic* (CEDH, décision 12 déc. 2001) la Cour rejette la thèse « selon laquelle l'article 15 couvre l'ensemble des situations de "guerre" et d'"urgence", tant à l'intérieur qu'à l'extérieur du territoire des États contractants (et) l'article 15 lui-même doit se lire à la lumière de la limitation de "juridiction" énoncée à l'article 1<sup>er</sup> de la Convention. » (§ 62). Depuis, elle s'est montrée plus réceptive aux demandes de contrôle d'actions militaires sur des territoires qui n'entrent pas dans le champ d'application de la Convention (*Al-Saadon et Mufdhi c/ Royaume-Uni*, 2 mars 2010) mais la tentation d'activer l'article 15 pour couvrir des opérations conduites dans le cadre de la juridiction extraterritoriale d'un État se heurterait à la question de la menace, souvent lointaine, pour la « vie de la nation ».

2 / Les États et la Cour évoquent généralement, même confrontés à une forme de guerre intérieure, une situation de « danger public » (*Lawless* § 28-29 ; *Aksoy* § 70). La jurisprudence s'appuie exclusivement aujourd'hui sur la notion de « danger public menaçant la vie de la nation » et renvoie essentiellement aux réactions de défense des États confrontés à un danger terroriste précis comme en Irlande du Nord ou dans le Sud-est de la Turquie, ou plus diffus mais tout aussi certain, notamment depuis les attentats du 11 septembre 2001 et spécialement au Royaume-Uni. Exception faite de l'*affaire grecque* où les éléments de

preuves sont jugés insuffisants (Commission, rapport 5 nov. 1969, § 165-168, *Ann.* 12), ni la Commission, ni la Cour, n'ont contesté la réalité du péril invoqué par les États désireux de bénéficier de la dérogation de l'article 15. Réaliste, la Cour ne retient pas une interprétation étroite de « l'exigence d'imminence » qui obligerait les États à attendre un désastre pour prendre des mesures de protection ; lors de son contrôle, elle accepte aussi de « tenir compte d'éléments apparus ultérieurement » comme les attentats de Londres survenus en juillet 2005 (*A. et autres.* § 177). La situation de danger public peut s'étirer sur plusieurs années et rendre nécessaire une dérogation durable faisant néanmoins l'objet d'un réexamen périodique, conception moins stricte que le caractère « exceptionnel et provisoire » exigé par le Comité des droits de l'homme (Obs. gén. n° 29). Des mesures dérogatoires « soumises à un réexamen annuel par le Parlement ne sauraient être déclarées invalides au motif qu'elles ne sont pas "provisoires" » (*A. et autres.* § 178). Le caractère isolé de la dérogation du Royaume-Uni n'est pas non plus disqualifiant, alors même que d'autres États sont confrontés à la même menace terroriste. La marge d'appréciation étatique prend ici tout son sens et l'État, responsable de la sécurité de sa population, est « libre d'apprécier par lui-même les faits à la lumière des informations qu'il détient » (§ 181). Il n'est pas nécessaire que la menace soit si grave qu'elle mette en péril l'existence même de l'État en tant que « nation civilisée » ou ses institutions (*A. et autres* § 179). Une situation localement périlleuse peut justifier des dérogations géographiquement limitées. Dans ce cas, la Cour veille scrupuleusement à la garantie des droits conventionnels hors de la zone sous dérogation car elle irait à l'encontre de l'objet et du but de l'article 15 « si, appelée à apprécier la portée territoriale de la dérogation dont il s'agit, elle en étendait les effets à une partie du territoire... non explicitement couverte par la notification » (*Sakik c/ Turquie*, 26 nov. 1997, § 39 ; *Sadak c/ Turquie*, 8 avril 2004, § 56 ; *Yurttas c/ Turquie*, 27 mai 2005, § 58 ; *Abdülsamet Yaman c/ Turquie*, 2 nov. 2004, § 69 ; *Bilen c/ Turquie*, 21 févr. 2006, § 45). Il est impossible toutefois d'identifier dans la jurisprudence une obligation positive de l'État de limiter la dérogation à la partie de son territoire en péril (*Brannigan et Mc Bride*, opinion dissidente du juge Walsh), notamment en raison du caractère diffus de la menace terroriste le plus souvent en cause. Le Conseil d'État peut ainsi juger que le décret du 8 novembre 2005 instaurant l'état d'urgence sur l'ensemble du territoire pour cause de « violences urbaines » n'avait pas été pris « en contradiction avec les stipulations de l'article 15 de la Convention » (CE, 14 nov. 2005, *Rolin et Hoffer*, *AJDA*, 2006, p. 357, chron. C. Landais et F. Lenica et p. 501, note P. Chrestia ;

CE, Ass., 24 mars 2006, *Rolin et Boisvert*, *AJDA*, 2006, p. 1036 – mais le bureau des traités ne garde aucune trace d'une notification d'une telle dérogation au Secrétariat général du Conseil de l'Europe). De telles situations pourraient justifier une enquête sur place, initiative jamais rééditée prise par la Commission dans l'affaire *Grèce c/ Royaume-Uni* (req. 176/56 : enquête d'une sous-commission à Chypre, alors sous administration britannique, de deux semaines à partir du 13 janvier 1958 pour évaluer l'existence d'un « danger public menaçant la vie de la nation »).

## II / Application de la clause dérogatoire

Les mesures dérogatoires autorisées (A) doivent demeurer dans la « stricte mesure où la situation l'exige ». Elles doivent être proportionnées (B), ce qui implique qu'elles soient non discriminatoires (C).

A) Les États sont tentés de limiter eux-mêmes la portée de l'article 15 en formulant des réserves de façon à préserver l'interprétation de leurs propres régimes dérogatoires. La France, en 1974, a émis une réserve selon laquelle les circonstances énumérées pour la mise en œuvre de l'article 16 de la Constitution et pour les lois sur l'état de siège et l'état d'urgence « doivent être comprises comme correspondant à l'objet de l'article 15 de la Convention » et selon laquelle « pour l'interprétation et l'application de l'article 16… les termes "dans la stricte mesure ou la situation l'exige" ne sauraient limiter le pouvoir du Président de la République de prendre les mesures exigées par les circonstances ». Tant le souci de se prémunir de toute mise en cause d'une qualification nationale d'une situation d'urgence que la volonté d'obérer le contrôle de proportionnalité opéré par la Cour paraissent peu compatibles avec l'objet et le but de la Convention (*mutatis mutandis* voir *Loizidou c/ Turquie*, *infra* n° 1). La formulation d'une réserve n'empêche pas un État de recourir contre un autre État sur le fondement de la disposition réservée (*France, Norvège, Danemark, Suède, Pays-Bas c/ Turquie*, décision 6 déc. 1983, § 35-43, *DR* 35 p. 195).

L'article 15 § 2 interdit toute dérogation au droit à la vie, sauf pour les cas d'actes licites de guerre, à l'interdiction de la torture et des traitements inhumains ou dégradants, à l'interdiction de l'esclavage et de la servitude et à la règle « pas de peine sans loi ». À cette énumération qui figure expressément à l'article 15, il faut ajouter l'article 4 du Protocole 7 (droit à ne pas être jugé ou puni deux fois), le protocole 13 relatif à l'abolition de la peine de mort et aussi l'interdiction de toute discrimination, au moins en tant qu'elle a rapport avec l'un des droits auxquels il ne peut être dérogé.

La Cour peut examiner d'office (*Lawless*, § 41) que les mesures prises ne sont pas « en contradiction avec les autres obligations du droit international » (15 § 1) ce qui inclut l'article 4 du PIDCP qui impose la proclamation du danger public par un « acte officiel ». Mais une déclaration ministérielle devant une assemblée parlementaire cadre bien avec « la notion de proclamation officielle » (*Brannigan et Mac Bride*, § 73).

B) Le contrôle de proportionnalité met en balance d'un côté les mesures prises par l'État dans le cadre de l'urgence reconnue et, de l'autre, la nature du droit touché par la dérogation, la durée de celle-ci et le contexte dans lequel les mesures ont été prises. La Cour doit s'assurer que la mesure dérogatoire répond bien à ces trois conditions : 1/ elle est une « réponse véritable » à la situation ; 2/ elle est pleinement justifiée par les circonstances exceptionnelles ; 3/ elle est assortie de garanties contre les abus (*A et autres* § 184). Les affaires concernant le Royaume-Uni, confronté au terrorisme dans le contexte du conflit en Irlande du Nord puis au terrorisme international, et la Turquie illustrent la nature et l'évolution du contrôle de la Cour. Dans l'affaire *Irlande c/ Royaume-Uni* la Cour se montre particulièrement compréhensive à l'égard de mesures justifiées par une situation « très exceptionnelle » autorisant l'arrestation de personnes que « l'on ne soupçonnait nullement de crimes » (§ 212), comme de simples témoins, et les personnes soupçonnées de terrorisme pouvaient faire l'objet d'une détention « extrajudiciaire » pouvant aller de 72 heures à plusieurs années (§ 217-218). La Cour en appelait alors au « réalisme » et soulignait que, sur la longue période concernée, « la législation et la pratique litigieuses ont évolué dans le sens d'un respect croissant de la liberté individuelle ». Plutôt qu'une approche figée de la situation, « en interprétant l'article 15, il faut laisser place à des adaptations progressives » (§ 220). La jurisprudence postérieure démontre une plus grande sévérité à l'égard des dérogations aux garanties de l'article 5 car « une prompte intervention judiciaire peut conduire à la détection et à la prévention de sévices graves, qui… sont prohibés par la Convention en termes absolus, non susceptibles de dérogation » (*Aksoy*, § 76). Dans un tel contexte, l'existence de garanties sérieuses, notamment procédurales, peut conduire à un rapport de proportionnalité acceptable (*Brannigan et Mac Bride*, § 68) ; en leur absence, un constat de violation s'impose (*Aksoy*, § 82-84 ; *Demir et al. c/ Turquie*, 23 sept. 1998, § 55 ; *Bilen*, § 47). La Cour n'est pas disposée à tout accepter dans le cadre des dérogations à la Convention valablement formulées et se montre attentive aux améliorations apportées au fur et à mesure de l'évolution de la situation (*Lawless*, § 37 ; *Irlande c/ Royaume-Uni*, § 220).

C) Dans l'affaire *Irlande c/ Royaume-Uni*, la dérogation ayant été jugée valide, la Cour avait ensuite rejeté l'allégation de discriminations entre « républicains » et « loyalistes » dans le cadre de la mise en œuvre des pouvoirs extrajudiciaires au titre des articles 14 et 5 combinés (§ 225-232). L'affaire *A et autres* sanctionne une telle discrimination inscrite dans la mesure dérogatoire elle-même. Le mérite en revient d'ailleurs plus à la Chambre des Lords, qui a pointé ce vice de la dérogation britannique. La Cour, qui se retranche ici « derrière le principe de subsidiarité » (F. Sudre, *JCP G, 2009*, *143*, *n° 32*), se contente de contrôler que le juge interne n'a pas commis une erreur manifeste d'appréciation au détriment de son propre État (§ 182). Elle parachève cet « exercice de surréalisme juridique » (J.-P. Marguénaud, *Rev. Sc. Crim.* 2009, 672) en reprenant l'affirmation du juge interne selon laquelle « la question de la proportionnalité relève en dernière instance du domaine judiciaire » (§ 182) ce qui contribue à recadrer la théorie de la marge nationale au niveau interne. Avant d'examiner la validité de la dérogation, la Cour s'est d'ores et déjà appuyée sur son contenu pour conclure que l'article 5 § 1 ne peut pas être interprété « comme autorisant la recherche d'un juste équilibre entre le droit à la liberté individuelle et l'intérêt de l'État à protéger sa population contre la menace terroriste », ce qui implique que « lorsqu'une détention sort des limites de ces alinéas fixées par la jurisprudence de la Cour, on ne peut l'y ramener en invoquant la nécessité de mettre en balance les intérêts de l'État et ceux des détenus » (§ 171). Manifestement, la détention d'étrangers qui ne sont pas expulsables au seul motif qu'ils sont soupçonnés d'être des terroristes internationaux sort de ces limites. Sur la clause elle-même, la Cour entérine le jugement de la Chambre des Lords qui a jugé le recours au droit des étrangers inapproprié pour régler une question de sécurité nationale, l'exécutif et le Parlement ayant « exposé un groupe particulier de terroristes présumés au risque disproportionné et discriminatoire d'une détention à durée indéterminée » (§ 186). L'invalidité de principe des mesures dérogatoires rend inutile l'examen de leur application à chacun des requérants pris individuellement (§ 185).

G. G.

# Chapitre 3

# L'EXERCICE DES DROITS SANS DISCRIMINATION

## 9. *« Affaire linguistique belge », 23 juillet 1968* *(Cour plénière), série A, n° 6, AFDI, 1968, 201, obs. R. Pelloux ; RBDI, 1970, 353, obs. J. Verhoeven.*

**9.** Si cette garantie *(de l'article 14)* n'a pas, il est vrai, d'existence indépendante en ce sens qu'elle vise uniquement, aux termes de l'article 14, les « droits et libertés reconnus dans la Convention », une mesure conforme en elle-même aux exigences de l'article consacrant le droit ou la liberté en question peut cependant enfreindre cet article, combiné avec l'article 14, pour le motif qu'elle revêt un caractère discriminatoire.

Ainsi, les personnes soumises à la juridiction d'un État Contractant ne peuvent puiser dans l'article 2 du Protocole le droit d'obtenir des pouvoirs publics la création de tel ou tel établissement d'enseignement ; néanmoins, l'État qui aurait créé pareil établissement, ne pourrait, en en réglementant l'accès, prendre des mesures discriminatoires au sens de l'article 14. [...]. Tout se passe comme si ce dernier faisait partie intégrante de chacun des articles consacrant des droits ou libertés. Il n'y a pas lieu, à cet égard, de distinguer selon la nature de ces droits et libertés et des obligations qui y correspondent, et par exemple suivant que le respect du droit dont il s'agit implique une action positive ou une simple abstention. Le caractère très général des termes employés à l'article 14 – « la jouissance des droits et libertés reconnus dans la présente Convention doit être assurée » – le prouve d'ailleurs clairement.

**10.** Malgré le libellé très général de sa version française (« sans distinction aucune »), l'article 14 n'interdit pas toute distinction de traitement dans l'exercice des droits et libertés reconnus. Cette version doit se lire à la lumière du texte, plus restrictif, de la version anglaise *(« without discrimination »)*. En outre et surtout, on aboutirait à des résultats absurdes si l'on donnait à l'article 14 une interprétation aussi large que celle que la version française semble impliquer. On en arriverait, en effet, à juger contraires à la Convention chacune des nombreuses dispositions légales ou réglementaires qui n'assurent pas à tous une complète égalité de traitement dans la jouissance des droits et libertés reconnus. Or, les autorités nationales compétentes se trouvent souvent en face de situations ou de problèmes dont la diversité appelle des solutions juridiques différentes ; certaines inégalités de droit ne tendent d'ailleurs qu'à corriger des inégalités de fait. L'interprétation extensive mentionnée ci-dessus ne saurait par conséquent être retenue. Il importe donc de rechercher les critères qui permettent de déterminer si une distinction de traitement donnée, relative bien entendu à l'exercice de l'un des droits et libertés reconnus, contrevient ou non à l'article 14. À ce sujet, la Cour, suivant en cela les principes qui se dégagent de la pratique judiciaire d'un grand nombre d'États démocratiques, retient que l'égalité de traitement est violée si la distinction manque de justification objective et raisonnable. L'existence d'une pareille justification doit s'apprécier par rapport au but et aux effets de la mesure considérée, eu égard aux principes qui prévalent généralement dans les sociétés démocratiques. Une distinction de traitement dans l'exercice d'un droit consacré par la Convention ne doit pas seulement poursuivre un but légitime : l'article 14 est également violé lorsqu'il est clairement établi qu'il n'existe pas de rapport raisonnable de proportionnalité entre les moyens employés et le but visé.

En recherchant si, dans un cas d'espèce, il y a eu ou non distinction arbitraire, la Cour ne saurait ignorer les données de droit et de fait caractérisant la vie de la société dans l'État qui, en qualité de Partie contractante, répond de la mesure contestée. Ce faisant, elle ne saurait se substituer aux autorités nationales compétentes, faute de quoi elle perdrait de vue le caractère subsidiaire du mécanisme international de garantie collective instaurée par la Convention. Les autorités nationales demeurent libres de choisir les mesures qu'elles estiment appropriées dans les domaines régis par la Convention. Le contrôle de la Cour ne porte que sur la conformité de ces mesures avec les exigences de la Convention.

**11.** En l'espèce, la Cour relève que l'article 14, même combiné avec l'article 2 du Protocole, n'a pas pour effet de garantir aux enfants ou à leurs parents le droit à une instruction dispensée dans la langue de leur choix. L'objet de ces deux articles, combinés entre eux, est plus limité : il consiste à faire assurer par chaque Partie contractante la jouissance du droit à l'instruction à toute personne relevant de sa juridiction sans discrimination fondée, par exemple, sur la langue. [...]

Les requérants faisaient valoir que la législation belge relative au régime linguistique de l'enseignement, en énonçant une condition de résidence interdisant aux enfants francophones, habitant la région unilingue néerlandaise, d'accéder aux écoles françaises situées dans six communes de la périphérie de Bruxelles, faisait obstacle à ce que leurs enfants accèdent aux dites écoles et constituait une discrimination dans leur droit à l'instruction. L'arrêt rendu par la Cour plénière, outre qu'il permet à celle-ci de préciser la portée du droit à l'instruction (*infra*, n° 59), fixe le régime de l'interdiction de discrimination énoncée par l'article 14 de la Convention, définissant les principes qui gouvernent l'applicabilité et les modalités d'application du droit à la non-discrimination.

## I / L'applicabilité du droit à la non-discrimination

La clause de non-discrimination de l'article 14, comme le constate la Cour, n'a pas « d'existence indépendante » (§ 9) puisqu'elle se limite à interdire toute discrimination pour les « droits et libertés reconnus dans la présente Convention » ; une violation de l'article 14, pris isolément, n'est donc pas concevable. N'étant pas un droit « en soi », le droit à la non-discrimination voit ainsi son applicabilité subordonnée au rattachement du grief de discrimination à l'un des droits garantis par la Convention ou ses protocoles.

A) L'apport premier de l'arrêt du 23 juillet 1968 est d'affirmer que l'interdiction de discrimination, bien que n'ayant pas d'existence indépendante, a une portée autonome.

1 / L'applicabilité de l'article 14 ne saurait en effet être limitée aux seules hypothèses de violation concomitante d'un autre article de la Convention, car ce serait là le priver de tout effet utile. L'article 14 complète les autres clauses normatives de la Convention et, comme le précise la Cour, fait « partie intégrante de chacun des articles consacrant des droits et libertés » (§ 9). L'exigence de non-discrimination est donc incorporée à chaque droit garanti par la Convention. La Cour, affirmant la portée autonome de l'article 14, pose le principe que cette disposition peut entrer en jeu même en l'absence de manquement à l'un ou à l'autre des droits garantis (§ 9). L'article 14 permet donc de censurer la discrimination dans la jouissance d'un droit respecté : par exemple, une mesure de contrôle de l'immigration, conforme au droit au respect de la vie privée et familiale mais revêtant un caractère discriminatoire, est incompatible avec la Convention européenne, par le jeu combiné de l'article 14 et de l'article 8 (*Abdulaziz et al. c/ Royaume-Uni*, 28 mai 1985, A. 94, § 69 et 83, *JDI*, 1986, 1081, obs. P. Rolland) ; une décision de retrait d'un certificat d'urbanisme, conforme en soi au droit de propriété, viole néanmoins, du fait d'une application discriminatoire, l'article 14 combiné avec l'article 1$^{er}$ du Protocole 1 (*Pine Valley Developments Ltd c/ Irlande*, 29 nov. 1991, A. 222, *RUDH*, 1992, 9, chron. F. Sudre).

De simplement complémentaire, l'examen du grief de discrimination tend à devenir principal.

*a)* En règle générale, le juge européen, ayant constaté une violation séparée d'un droit garanti par la Convention, estime inutile de se prononcer également sur le grief de discrimination, considérant que cette question particulière est englobée dans la constatation de la violation du droit au principal (*Airey*, *supra*, n° 2 ; *Dudgeon*, *infra*, n° 44 ; *C. Goodwin*, § 108, *infra*, n° 45 ; *Py c/ France*, 11 janv. 2005 ; en sens contraire, voir *Église catholique de la Canée c/ Grèce*, 16 déc. 1997, 347). Il n'en va autrement que « si une nette inégalité de traitement dans la jouissance du droit en cause constitue un aspect fondamental du litige » (*Dudgeon*, § 67 ; *Airey*, § 30). Cette possibilité est exploitée pour la première fois par l'arrêt *Chassagnou c/ France* (§ 89, *infra*, n° 69), qui examine sous l'angle de l'article 14 deux clauses normatives (art. 1er, Prot. 1 ; art. 11) dont la violation a déjà été constatée isolément (aussi, *Aziz c/ Chypre*, 22 juin 2004 : art. 3, Prot. 1).

*b)* Surtout, la Cour européenne a aujourd'hui tendance à examiner en priorité la question de la violation de l'article 14. Antérieurement, ce n'était que lorsque le requérant invoquait le seul grief de discrimination que la Cour estimait inutile de soulever d'office le moyen de la violation du droit substantiel (*Rasmussen c/ Danemark*, 28 nov. 1984, A. 87 ; *Inze c/ Autriche*, 28 oct. 1987, A. 126 ; *Van Raalte c/ Pays-Bas*, 21 févr. 1997). Désormais, alors que le requérant a soulevé le grief tiré de la violation du droit principal, la Cour juge souvent inutile d'examiner séparément ce grief, après avoir constaté une violation de l'article 14 (*Salgueiro Da Silva Mouta c/ Portugal*, 21 déc. 1999, *RTD civ.*, 2003, 313, obs. J. Hauser ; *Unal Tekeli c/ Turquie*, 16 nov. 2004, *RTD civ.*, 2005, 343, obs, J.-P. Marguénaud : art. 8), mais cette démarche n'est pas systématique (par ex., *Folgero et al. c/ Norvège*, 29 juin 2007, Gr. Ch. ; *Van Der Heijden c/ Pays-Bas*, 3 avr. 2012, Gr. Ch., *JCP G* 2012, act. 525, B. Pastre-Belda).

2 / L'applicabilité de l'article 14 est donc soumise à la seule condition que les faits ou mesures litigieux « se situent dans le domaine » (*Abdulaziz*, § 71) ou « tombent sous l'empire » (*Rasmussen c/ Danemark*, 28 nov. 1984, A. 87, § 29, *JDI*, 1986, 1074, obs. P. Tavernier) de l'une des dispositions substantielles de la Convention ; peu importe, au demeurant, comme le précise ici la Cour (§ 9), que le respect du droit en cause implique une simple abstention de l'État *(Pine Valley)* ou une action positive (*Marckx*, *infra*, n° 51).

Le juge européen va entendre souplement cette condition. Dans le présent arrêt, la Cour juge que si l'article 2 du Protocole 1 ne confère pas le droit d'obtenir des pouvoirs publics la création d'établissements d'enseignement, l'État qui crée de tels établissements doit en assurer l'accès sans discrimination (§ 9). Elle étend ainsi l'interdiction de discrimination de l'article 14 à un droit que l'État partie garantit dans son droit interne de manière plus ample que ce que prévoit la Convention. Plus généralement, l'interdiction de la discrimination de l'article 14 déborde la sphère des droits énoncés par la Convention et s'applique « aux droits additionnels, relevant du champ d'application général de tout article de la convention, que l'État a volontairement décidé de protéger » *(Stec et a. c/ Royaume-Uni*, 6 juill. 2005, Gr. Ch., *JCP G* 2006, I, 109, n° 14, chron. F. Sudre). Elle s'étend en conséquence à des droits non expressément garantis par la Convention et ses protocoles. Il en est ainsi du droit à indemnité pour atteinte au droit de propriété (*James*, § 76, *infra*, n° 68) et, surtout, des modalités d'exercice de la liberté syndicale qui, bien que laissées à la discrétion des États, doivent respecter l'exigence de non-discrimination : comme le dit la Cour, l'article 14 entre en jeu dès lors que « la matière sur laquelle porte le désavantage compte parmi les modalités d'exercice d'un droit garanti » (*Syndicat national de la police belge c/ Belgique*, 27 oct. 1975, A. 19, § 45, *JDI*, 1978, 685, obs. P. Rolland).

Le juge européen fait également bénéficier de cette technique du « droit additionnel » le droit d'accès à l'adoption (*E. B. c/ France*, 22 janv. 2008, Gr. Ch., *JCP G*, 2008, II, 10071, note A. Gouttenoire et F. Sudre ; *X et a. c/ Autriche*, 19 févr. 2013, Gr. Ch., *JCP G* 2013, act. 316, H. Surrel) ou le droit au logement *(Bah c/ Royaume-Uni*, 27 sept. 2011*)*.

B) La jurisprudence la plus récente favorise une extension remarquable du champ d'application de l'article 14.

1 / Le juge européen distend progressivement le lien de rattachement de l'article 14 à un droit substantiel garanti par la Convention. L'arrêt *Gaygusuz c/ Autriche* (16 sept. 1996, *D*, 1998, 438, note J.-P. Marguénaud et J. Mouly) engage ce mouvement sur le terrain des droits sociaux. Afin de permettre l'application du droit à la non-discrimination, la Cour rattache formellement au droit de propriété (*infra*, n° 66) un droit – le droit à une prestation sociale – qui sort manifestement du champ de la Convention et paraît plus relever de la Charte sociale européenne, au motif lapidaire que ce droit est « un droit patrimonial au sens de l'article 1er du Protocole 1 » (§ 41, droit d'un chômeur à une allocation d'urgence ; *Koua-Poirrez c/ France*, 30 sept. 2003, droit à une allocation pour handicapés, *JCP G*, 2004, I, 107, n° 20, chron. F. Sudre ; *Wessels-Bergervoet c/ Pays-Bas*, 4 juin 2002, droit à une pension de vieillesse ; *Willis c/ Royaume-Uni*, 11 juin 2002, droit à une allocation de veuve, *JCP G*, 2002, I, 157, n° 22 ; *Stec*, préc, droit à une allocation de retraite). Dans une démarche similaire, le juge européen relie au droit de propriété l'obligation de verser des cotisations sociales (*Van Raalte c/ Pays-Bas*, 21 févr. 1997 ; *JCP G*, 1998, I, 107, n° 44, chron. F. Sudre), au droit au respect de la vie familiale le droit à une allocation de congé parental (*Petrovic c/ Autriche*, 27 mars 1998, *RTDH*, 1998, 721, obs. S. Priso) et le droit à des allocations familiales (*Okpisz c/ Allemagne*, 25 oct. 2005), au droit au respect de la vie privée le droit de gagner sa vie par le travail (*Sidabras et Dziautas*, préc.) ou le droit d'accéder à une profession réglementée (*Bigaeva c/ Grèce*, 28 mai 2009).

En la matière, le critère déterminant de l'applicabilité de l'article 14 combiné avec l'article 1 du Protocole 1 « consiste à rechercher si, n'eût été la condition d'octroi litigieuse, l'intéressé aurait eu un droit sanctionnable devant les tribunaux internes à percevoir la prestation en cause » (*Gaygusuz*, § 40). Ainsi, à propos du grief d'un détenu dénonçant comme discriminatoire l'exclusion des détenus exerçant un travail en prison de l'affiliation du régime des pensions de retraite, la Cour ne peut que constater que si le requérant avait été affilié au régime des pensions de retraite il aurait eu droit à une pension et juger que le grief relève bien du champ du droit au respect des biens, ce qui rend l'article 14 applicable (*Stummer c/ Autriche*, Gr. Ch., 7 juil. 2011, *JCP G* 2012, doctr. 87, n° 21, chron. F. Sudre ; pour un raisonnement similaire : CE, Ass, 13 mai 2011, n° 316734, Mme M'Rida).

Le juge national s'est rallié à cette interprétation constructive de la Cour européenne pour admettre l'applicabilité de l'article 14 à des griefs de discrimination en matière de prestations sociales ou familiales ou de pension, qu'il soit combiné avec l'article 1er du Protocole 1 (Cass. soc., 14 janv. 1999, Bozkurt c/ CPAM de Saint-Étienne, *JCP*, 1999, II, 10082, note F. Sudre ; CE, 12 déc. 2003, Ammouche et Mme Bangue Nambea, n° 235234, *Rec. tab.* ; CE, Ass., 5 mars 1999, Rouquette, *RFDA*, 1999, 357, concl. C. Maugüe ; CE, 30 nov. 2001, Diop, *AJDA*, 2001, 1039, chron. M. Guyomar et P. Collin : pensions militaires) ou avec le droit au respect de la vie familiale (art. 8 : Cass. ass. pl., 16 avril 2004, DRASS c/ M. et Mme Lingouala, *D*, 2004, 2614, obs. X. Prétot ; Cass. 2e civ., 6 déc. 2006, Mme Benyahia c/ CAF de Saône-et-Loire, *Dr. fam.*, 2007, comm. 74, A, Devers ; CE, 27 juill. 2005, Mme Margain, n° 272443 ; CE, 6 déc. 2006, Mme Ligori, *AJDA*, 2007, 142, concl. L. Vallée).

2 / Le juge européen confère à l'article 14 un « effet horizontal » (*supra*, n° 3) et, en admettant que le droit à la non-discrimination trouve à s'appliquer dans le cadre des relations interindividuelles, ouvre la voie à un contrôle de la compatibilité des actes purement privés, sources d'une différence de traitement, avec l'article 14. Soit que les autorités nationales aient prêté la main à l'acte privé discriminatoire (*Pla et Puncernau c/ Andorre*, 13 juill. 2004, *JCP G*, 2005, II, 10052, note F. Boulanger : interprétation faite par les tribunaux d'une disposition testamentaire excluant un enfant adopté de ses droits successoraux). Soit qu'elles n'aient pas pris les mesures nécessaires à la prévention ou à la répression des discriminations commises par des particuliers (*97 membres de la Congrégation des témoins de Jéhovah de Gldani et al. c/ Géorgie*, 3 mai 2007 : actes d'agression physique commis à l'encontre de témoins de Jéhovah par des orthodoxes extrémistes avec la tolérance

des policiers ; *Danilenkov c/ Russie*, 30 juill. 2009, *JCP G*, 2010, doctr. 70, n° 23, F. Sudre : licenciement par leur employeur des membres grévistes d'un syndicat).

C) L'article 14 se voit désormais doté d'une dimension procédurale qui accroît son autonomie. Lorsque des actes de violence meurtrière ont été commis par des agents publics (*Natchova et al. c/ Bulgarie*, 6 juill. 2005, Gr. Ch., *RTDH*, 2006-67, 655, obs. D. Rosenberg ; *Bekos et Koutropoulos c/ Grèce*, 13 déc. 2005) ou par des particuliers (déc. 6 mai 2003, *Menson c/ Royaume-Uni*, n° 479116/99 ; *Anguelova et Iliev c/ Bulgarie*, 26 juill. 2007, *JCP G*, 2008, I, 110, n° 13, obs. F. Sudre) contre les membres d'une minorité ethnique, l'État partie a l'obligation procédurale, s'il y a des allégations de discrimination raciale, de procéder à une enquête officielle efficace et impartiale afin d'établir d'éventuelles motivations racistes, sauf à violer l'article 14. Il en va de même en cas d'actes de violence motivée par la haine religieuse (*Milanovic c/ Serbie*, 14 déc. 2010, *JCP G*, 2011, doctr. 94, n° 19, F. Sudre). Cette obligation procédurale est étendue hors de ces domaines à toute allégation de discrimination par l'arrêt *Danilenkov* (préc. : discrimination anti-syndicat).

## II / Les modalités d'application du droit à la non-discrimination

Distinguer n'est pas discriminer et, comme le relève la Cour (§ 10), l'article 14 n'interdit pas toute distinction de traitement dans l'exercice des droits reconnus. L'arrêt *« Affaire linguistique belge »* met à jour deux critères cumulatifs de définition de la discrimination (§ 10) : une différence de traitement dans l'exercice ou la jouissance d'un droit reconnu, et un manque de justification objective et raisonnable.

A) La différence de traitement bénéficie d'une approche renouvelée par le juge européen de la notion même, des motifs de distinction, des modalités de la différence de traitement et de la charge de la preuve.

1 / La Cour a progressivement élargi sa conception de la discrimination.

*a)* La différence de traitement est initialement comprise, selon une conception formelle de l'égalité, comme « une distinction introduite entre des situations analogues ou comparables » (*Marckx*, § 32, *infra*, n° 51 ; *Van der Mussele c/ Belgique*, 23 nov. 1983, A. 70, § 46). Bien que la question de l'analogie ou de la comparabilité des situations soit déterminante pour établir une comparaison et rechercher *in concreto* une éventuelle discrimination, la jurisprudence européenne est longtemps restée très floue sur ce point. Il était rare que la Cour affirme formellement que les situations sont comparables : ainsi, celle d'un père et celle d'une mère dans leurs relations avec un nouveau-né quant à l'obtention d'une allocation de congé parental (*Petrovic*, § 36) ou, pour l'obtention d'une prestation sociale, celle des nationaux et celle des étrangers (*Koua-Poirrez*, § 48). Le plus souvent, l'analogie des situations était établie de manière implicite (par ex., situation de l'époux et de l'épouse quant au choix du nom de famille : *Burghartz c/ Suisse*, 22 févr. 1994, A. 280-B, *JCP G*, 1995, I, 3823, n° 31, chron. F. Sudre) mais la question pouvait aussi être, fâcheusement, omise *(Fretté c/ France*, 26 févr. 2002, *JCP G*, 2002, II, 10074, note A. Gouttenoire et F. Sudre). La Cour fait désormais preuve de plus de rigueur dans l'examen de ce critère. Le défaut d'analogie des situations la conduit alors à conclure à l'absence de discrimination : ainsi, en matière fiscale, entre, d'une part, un couple marié ou en partenariat civil et, d'autre part, deux sœurs vivant sous le même toit (*Burden c/ Royaume-Uni*, 29 avr. 2008, Gr. Ch., *RTDH* 2009-78, 513, note J.P. Marguénaud), en matière d'adoption simple de l'enfant du conjoint, entre un couple homosexuel et un couple hétérosexuel marié, (*Gas et Dubois c/ France*, 15 mars 2012, *JCP G 2012*, note 589, A. Gouttenoire et F. Sudre). L'analogie des situations, quant à elle, ouvre la voie à l'examen de la justification de la différence de traitement : en ce sens, *Stummer c/ Autriche* (préc. : situation comparable d'un détenu exerçant un travail et d'un salarié ordinaire au regard de l'affiliation à un régime de pension de retraite) et *X et a. c/ Autriche* (préc : comparabilité de la situation d'un couple homosexuel non marié et d'un couple hétérosexuel non marié au regard de l'adoption « coparentale »).

Si le Conseil d'État se fonde implicitement sur le défaut d'analogie pour juger que l'article 14 ne peut être invoqué à propos d'une différence de traitement, en matière fiscale, entre l'État et le contribuable, la spécificité de la puissance publique la plaçant hors du champ de l'article 14 (CE, Ass., Avis, 12 avr. 2002, SA financière Labeyrie, *AJDA*, 2002, 410), la Cour de cassation se réfère expressément à la comparabilité des situations des enfants légitimes et des enfants naturels en matière successorale (Cass. 1re civ., 29 janv. 2002, Rolland c/ Fourtier, *D*, 2002, 1938, note A. Devers).

*b)* Retenant une approche concrète de l'égalité – qu'elle avait envisagée dès l'arrêt *Affaire linguistique belge* (§ 10) –, la Cour juge désormais que le droit à la non-discrimination est transgressé « lorsque, sans justification objective et raisonnable, les États n'appliquent pas un traitement différent à des personnes dont les situations sont sensiblement différentes » (*Thlimmenos c/ Grèce*, 6 avril 2000, § 44, *RTD civ.*, 2000, 434, chron. J.-P. Marguénaud). Ainsi interprété, l'article 14 paraît énoncer une obligation de traiter différemment des personnes placées dans des situations différentes mais le juge européen s'est engagé avec prudence dans la voie de la reconnaissance des discriminations « positives ». D'une part, l'article 14 de la Convention ne semble pas susceptible de faire naître à la charge de l'État une obligation d'adopter les mesures d'« action positive » adéquates pour garantir l'exercice effectif de l'égalité de traitement (ainsi, quant à la jouissance du droit des membres de la minorité tsigane de suivre leur mode de vie traditionnel, *Chapman*, § 95 et 129, *infra*, n° 48). Cependant, l'arrêt *Orsus et al. c/ Croatie* (Gr. Ch., 16 mars 2010, *JCP G*, 2010, act 394, C. Picheral) marque une évolution en se référant aux obligations positives qui pèsent sur l'État afin, notamment, d'aider les requérants à acquérir les compétences linguistiques nécessaires (aussi, *Sampani et a. c/ Grèce*, 11 déc. 2012).

D'autre part, des mesures d'inégalité compensatoire sont compatibles avec l'article 14, qui « n'interdit pas à un État membre de traiter les groupes de manière différenciée pour corriger des "inégalités factuelles" entre eux », notamment les inégalités financières et économiques dont souffrent les femmes (*Stec et al. c/ Royaume-Uni*, 12 avr. 2006, Gr. Ch., § 51 et 61, *RDP*, 2007, 872, obs. H. Surrel ; *Runkee et White c/ Royaume-Uni*, 10 mai 2007, § 40). Par contre, le Conseil d'État juge que l'article 14 n'impose pas d'accorder un « traitement différent » à une catégorie de personnes (de confession sikhe : CE, 15 déc. 2006, Association United Sikhs *et al.*, *AJDA*, 2007, 313, concl. T. Olson).

2 / L'existence d'une distinction ne soulève pas en principe de difficultés dès lors que la jurisprudence européenne précise que la liste des motifs de discrimination dressée par l'article 14 n'est pas limitative mais indicative (*Engel*, § 72, *supra*, n° 4 : distinction fondée sur le grade et les modalités d'exécution d'une sanction disciplinaire dans les armées). En bref, toute discrimination est interdite, quel que soit le motif qui la fonde (*Rasmussen*, § 34).

*a*) Le motif « autre situation » a ainsi une signification large et couvre en conséquence une différence de traitement fondée sur l'orientation sexuelle – par exemple, en matière d'attribution de l'autorité parentale (*Salgueiro Da Silva Mouta ; Fretté*, préc.) ou de transfert du bail d'habitation au concubin (*Karner c/ Autriche*, 24 juill. 2003, *JCP G*, 2004, I, 107, n° 18, obs. F. Sudre)-, le handicap (*Glor c/ Suisse*, 30 avril 2009, *JCP G*, 2009, doctr. 143, n° 26 et 27, F. Sudre), les caractéristiques génétiques (*G.N. et al. c/ Italie*, 1er déc. 2009, *JCP G*, 2010, act. 595, F. Sudre) mais aussi le lieu de résidence (*Carson et al. c/ Royaume-Uni*, 16 mars 2010, Gr. Ch.) ou la séropositivité (*Kiyutin c/ Russie*, 10 mars 2011). De plus, comme le précise la Cour, « la protection conférée par l'article 14 ne se limite pas à des distinctions de traitement fondées sur des caractéristiques personnelles en ce sens qu'elles seraient innées ou inhérentes » (*Clift c/ Royaume-Uni*, 13 juill. 2010, § 59). Le fait qu'une situation est fixée par la loi et qu'elle n'est pas inhérente à l'individu ne l'empêche donc pas de constituer une « autre situation » aux fins de l'article 14 : ainsi de la situation de prisonnier purgeant une peine déterminée, définie par la loi pénale *(Clift, préc.)* ou de la situation d'immigrant définie par la réglementation nationale sur l'immigration *(Hode et Abdi c/ Royaume-Uni*, 6 nov. 2012, *JCP G* 2012, act. 1281, C. Picheral*)*.

*b*) La Cour européenne, dans sa jurisprudence la plus récente, s'oriente vers une hiérarchisation des motifs de distinction, qui ouvre la voie à une modulation de la protection offerte par l'article 14 de la convention. Elle stigmatise la discrimination raciale comme une « forme de discrimination particulièrement odieuse » et estime qu'une différence de traitement fondée sur l'origine ethnique est inacceptable dans « la société démocratique contemporaine fondée sur le respect du pluralisme et la diversité culturelle » (*Timishev c/ Russie*, 13 déc. 2005, *RDP*, 2006-3, obs. F. Sudre ; *D. H. et a. c/ Rép. tchèque*, 13 nov. 2007, Gr. Ch., § 204, *RTDH*, 2008, no 75, 821, note E. Dubout). Elle singularise aussi certains motifs lorsqu'elle considère que les États ne peuvent invoquer les traditions qui prévalent dans une société donnée pour justifier une différence de traitement fondée sur des « stéréotypes » liés au sexe – telle la répartition traditionnelle des rôles entre les sexes dans la société – ou à la race, l'origine, la couleur ou l'orientation sexuelle (*Konstantin Markin c/ Russie*, 22 mars 2012, Gr. Ch. § 143, *JCP G* 2012, doctr. 924, no 22, chron. F. Sudre). *In fine*, elle établit une hiérarchie entre les motifs de différences de traitement, distinguant ceux qu'elle juge « inacceptables par principe » – tels que la race ou l'origine ethnique –, ceux qui sont « inacceptables en l'absence de considérations très fortes » – tels le sexe et l'orientation sexuelle – et… les autres – telle la fortune foncière – pour lesquels l'État dispose d'une « importante marge d'appréciation » *(Chabauty c/ France*, 4 oct. 2012, Gr. Ch., *JCP G*, 2012, note 1351, H. Surrel).

3 / L'article 14 interdit non seulement les discriminations directes, fondées sur un motif prohibé de distinction, mais aussi les discriminations indirectes. L'arrêt *D. H. et a. c/ Rép. tchèque* (préc.), relatif à des mesures de placement d'enfants d'origine rom dans des écoles spéciales

destinées aux enfants atteints de déficiences intellectuelles et ne pouvant suivre un cursus scolaire ordinaire, fait entrer le droit à la non-discrimination, au sens de l'article 14, dans la modernité : « peut être considérée comme discriminatoire une politique ou une mesure générale qui (a) des effets préjudiciables disproportionnées sur un groupe de personnes même si elle ne vise pas spécifiquement ce groupe » (§ 175). Il en va ainsi, par exemple, lorsque l'obligation d'être juré pèse en pratique de manière beaucoup plus importante sur les hommes que sur les femmes (*Zarb Adami c/ Malte*, 20 juin 2006, *RDP*, 2006, 872, obs. H. Surrel) ou lorsque le placement d'enfants dans des classes spéciales au motif de leur maîtrise insuffisante de la langue croate n'est appliqué qu'aux membres d'un groupe ethnique particulier (*Orsus*, préc.).

Ensuite, la sanction de la discrimination indirecte accroît la dimension collective du droit à la non-discrimination, que la Cour avait très tôt relevé en notant que « la notion de discrimination englobe d'ordinaire les cas dans lesquels un individu ou un groupe se voit, sans justification adéquate, moins bien traité qu'un autre, même si la Convention ne requiert pas le traitement plus favorable » (*Abdulaziz, Cabales et Balkandali c/ Royaume-Uni*, 28 mai 1985, A. 94, § 82, *JDI*, 1986, 1084, obs. P. Rolland). C'est en effet en tant que membre du groupe que l'individu peut se prévaloir de ce droit. Dans l'affaire *D. H.*, la Cour sanctionne pour la première fois expressément une discrimination (dans le droit l'instruction) à l'encontre d'un groupe ethnique, considérant que « dès lors qu'il a été établi que l'application de la législation pertinente avait à l'époque des faits des effets préjudiciables disproportionnés sur la communauté rom, les requérants en tant que membres de cette communauté ont nécessairement subi le même traitement discriminatoire » (§ 209), et, dans l'arrêt *Opuz c/ Turquie* (9 juin 2009), une discrimination à l'égard des femmes victimes de violence domestique (la Cour juge discriminatoire la passivité des autorités turques pour remédier à cette violence ; *JCP G*, 2009, doctr. 143, n° 25, F. Sudre).

4 / Après avoir affirmé sa fidélité au critère classique de la preuve « au-delà de tout doute raisonnable » (*Natchova*, préc., § 157), la Cour opte, avec l'arrêt *D. H.*, pour un renversement de la charge de la preuve. Abandonnant le critère de l'intentionnalité de la discrimination indirecte (*Hugh Jordan et al. c/ Royaume-Uni*, 4 mai 2001, § 154), elle recourt désormais à une présomption de discrimination qu'il incombe à l'État de renverser dès lors qu'un commencement de preuve d'une discrimination a été fournie par le demandeur (*Sampanis et al. c/ Grèce*, 5 juin 2008, § 79), des statistiques « fiables et significatives » suffisant à constituer ce commencement de preuve (*D. H.*, § 188 ; *Zarb Adami*, § 78). En

matière de discriminations « directes », après avoir indiqué qu'un transfert de la charge de la preuve n'était pas exclu, notamment en cas de grief de discrimination raciale en matière d'emploi ou de prestation de services (*Natchova*, § 157), le juge européen procède de manière identique (*Cobzaru c/ Roumanie*, 26 juill. 2007 ; *Baczkowski et al. c/ Pologne*, 3 mai 2007, § 100, *JCP G*, 2007, I, 182, n° 13, obs. F. Sudre). Ainsi, dans son arrêt *E. B. c/ France* (préc.), la Cour relève que l'État défendeur n'a pas été en mesure de produire des informations statistiques permettant d'établir que le refus d'agrément à l'adoption opposée à une homosexuelle n'est pas discriminatoire (§ 74).

B) La « justification objective et raisonnable » d'une différence de traitement est, de jurisprudence constante, celle qui poursuit un « but légitime » dans une société démocratique et respecte « un rapport raisonnable de proportionnalité entre les moyens employés et le but visé » (*Aff. linguistique belge*, § 10 ; *Fretté*, § 34) ; le juge interne fait sienne cette démarche (par ex., Cass. soc., 17 juin 2003, Mayen c/ Sté Alitalia, *JCP G*, 2003, IV, 2444). Reconnaissant à l'État une « certaine marge d'appréciation pour déterminer si et dans quelles mesures des différences entre des situations à d'autres égards analogues justifient des distinctions de traitement juridique » (*Rasmussen*, § 40 ; *Aff. linguistique belge*, § 10), la Cour européenne contrôle à la fois la finalité de la différence de traitement et sa proportionnalité.

1 / La finalité de la différence de traitement fait l'objet d'une appréciation relative. Les « données de droit et de fait caractérisant la vie de la société dans l'État » (*Aff. linguistique belge*, § 10), « les circonstances, les domaines et le contexte » (*Rasmussen*, § 40) entrent ici en jeu.

*a)* Si la différence de traitement ne poursuit pas un but légitime, le contrôle exercé ne laisse alors pas de place à la marge d'appréciation nationale. Il en est ainsi lorsque l'État justifie la différence de traitement par des raisons pratiques (*Darby c/ Suède*, 23 oct. 1990, A. 187, § 33, note J.-F. Flauss, *RTDH*, 1992, 181 : différence de traitement fiscal entre résidents et non-résidents), par des considérations tenant à la nationalité *(Gaygusuz)* ou lorsque le but avancé pour légitimer la distinction cache en réalité un but illicite car fondé sur un motif discriminatoire (*Timishev c/ Russie*, 13 déc. 2005 : refus d'entrée sur le territoire fondé sur l'origine ethnique de la personne). De même, la Cour de cassation juge que la différence de traitement établie par l'article L. 30 du Code des pensions de retraite des marins entre les créanciers quant à la saisissabilité des dites pensions ne poursuit pas un but légitime et emporte violation des articles 14 et 1 Prot. 1 (Cass. 2e civ., 3 mai 2007, Magueur c/ Rousseau, *JCP* G, 2007, IV, 2133).

*b)* Si la différence de traitement poursuit un but légitime, la voie est alors ouverte à un contrôle de la proportionnalité de la distinction en cause et la Cour peut alors juger que la différence de traitement est soit disproportionnée, soit « raisonnable » et justifiée.

Les affaires *« linguistique belge », Hoffmann c/ Autriche* (23 juin 1993, A. 225 C : décision de retrait à une mère, témoin de Jéhovah, de la garde de ses enfants), et *Salgueiro Da Silva Mouta* (préc., attribution de l'autorité parentale exclusive à la mère parce que le père est homosexuel et vit en couple avec un autre homme) fournissent l'exemple d'une différence de traitement fondée sur un but légitime (favoriser l'unité linguistique ; protéger la santé et les droits des enfants) mais disproportionnée, car procédant non de l'intérêt des établissements scolaires mais de considérations tenant à la langue *(« Affaire linguistique »)*, « dictée pour l'essentiel par des considérations de religion » *(Hoffmann)*, fondée sur la seule orientation sexuelle du requérant *(Salgueiro Da Silva Mouta)*. En harmonie avec cette jurisprudence, le Conseil d'État juge qu'est dépourvue de justification objective et raisonnable une différence de traitement fondée sur la seule nationalité en matière de pension (CE, 30 nov. 2001, M. Diop, *AJDA*, 2001, 1045) ou d'octroi d'une allocation aux harkis (CE, 27 juin 2005, Bahri, *RFDA*, 2005, 984).

Par contre, des différences de traitement entre adultes et mineurs dans la procédure de détention préventive (*Bouamar c/ Belgique*, 29 févr. 1988, A.129, § 67), entre syndicats dans le système de consultation syndicale (*Syndicat national de la police belge*, 27 oct. 1975, A. 19, § 49), entre ressortissants communautaires et ressortissants d'États tiers en matière d'expulsion (*Chorfi c/ Belgique* 7 août 1996, *RUDH*, 1997, 27, obs. M. Levinet), entre couples mariés hétérosexuels et unions de fait d'homosexuels quant à l'octroi d'une pension de conjoint survivant (déc. 10 mai 2001, *Mata Estevez c/ Espagne*, n° 56501/00, *infra*, n° 231), sont « raisonnables » et justifiées, respectivement, par le caractère protecteur de la procédure applicable aux mineurs, par la volonté de lutter contre l'« anarchie syndicale » en prenant en compte la représentativité syndicale, par la spécificité de l'ordre juridique communautaire et l'instauration d'une citoyenneté de l'Union européenne, par la protection de la famille fondée sur les liens du mariage.

2 / Le défaut de rapport raisonnable de proportionnalité est le critère décisif permettant de qualifier de discrimination une inégalité de traitement. La notion de « raisonnable » vient, à la fois, assouplir l'exigence de proportionnalité, et permettre à la Cour de fixer les limites du pouvoir discrétionnaire des autorités nationales en corrigeant une disproportion manifeste. Le facteur déterminant pour la Cour du carac-

tère raisonnable ou non de la différence de traitement est « la présence ou absence d'un dénominateur commun aux systèmes juridiques des États contractants » (*Rasmussen*, § 40 ; *supra*, n° 6).

*a)* La Cour souligne ainsi l'existence d'une « communauté de vues » entre les États membres du Conseil de l'Europe quant à l'importance primordiale attachée à l'égalité entre enfants issus du mariage et enfants nés hors mariage (*Marckx*, § 41) ainsi qu'à la progression vers l'égalité des sexes (*Abdulaziz et al.*, § 78). Dès lors, « seules de très fortes raisons » pourront justifier, dans une législation nationale, une distinction fondée sur la naissance hors mariage (*infra*, n° 55). Il en va pareillement d'une distinction fondée sur le sexe : la législation britannique sur l'immigration, opérant une distinction entre les étrangers selon leur sexe quant à l'entrée et au séjour de leur conjoint non national, est discriminatoire (*Abdulaziz et al.*, § 78) tout comme l'est la législation suisse qui interdit au mari de faire précéder le patronyme de sa femme – nom de famille – du sien propre (*Burghartz*, § 27), la législation turque qui impose à la femme mariée le patronyme de l'époux comme nom de famille (*Unal Tekeli c/ Turquie*, 16 nov. 2004, *RTD civ.*, 2005, 343, obs. J.-P. Marguénaud), la législation italienne qui interdit d'attribuer à un enfant, à sa naissance, le nom de famille de sa mère (*Cusan et Fazzo c/ Italie*, 7 janv. 2014, *JCP G* 2014, act, 108, H, Surrel), la législation autrichienne qui fait peser sur les seuls hommes l'obligation de payer une taxe compensatoire à un service civique de sapeur-pompier (*Karlheinz Schmidt c/ Allemagne*, 18 juill. 1994, A. 291-B, § 28), la législation néerlandaise qui exempte les seules femmes d'une obligation de cotisation sociale (*Van Raalte*, § 44) ou encore la législation russe excluant du droit au congé parental les militaires de sexe masculin (*Konstantin Markin c/ Russie*, préc).

L'exigence de « très fortes raisons » est désormais étendue aux différences de traitement fondées sur l'orientation sexuelle (*Karner*, préc., § 37). Est discriminatoire une législation fixant un âge différent pour le consentement à des relations hétérosexuelles et homosexuelles (*L. et V. c/ Autriche*, 9 janv. 2003, § 50, *JCP G*, 2003, I, 160, n° 16, obs. F. Sudre), excluant les couples homosexuels du bénéfice du transfert du bail d'habitation au concubin en cas de décès du preneur (*Karner*, § 42), de la couverture de l'assurance-maladie et accidents des fonctionnaires dont est titulaire l'autre membre du couple (*P.B. et J.S. c/ Autriche*, 22 juill. 2010) ou de la possibilité de contracter un pacte de vie commune (*Vallianatos et a. c/ Grèce*, 7 nov. 2013, Gr. Ch., *JCP G* 2013, act. 1281, F, Sudre), ou encore un refus d'agrément à l'adoption fondé de manière décisive sur l'orientation sexuelle (*E. B.*, § 91-96).

*b)* À l'inverse, la Cour juge que ne transgresse pas le principe de proportionnalité la législation danoise soumettant à un délai l'action en désaveu de paternité émanant du mari mais non celle faite par la mère (*Rasmussen*, préc., § 41), la législation britannique fixant un âge légal différent de départ à la retraite pour les hommes et les femmes (*Stec et al.*, 12 avr. 2006, préc.) ou la législation autrichienne excluant les détenus du régime des pensions de retraite (*Stummer*, préc.), en raison de l'absence de « dénominateur commun » aux droits internes des États parties en matière, respectivement, de contestation de paternité, de parité des vies professionnelles des hommes et des femmes et d'affiliation des détenus exerçant un travail aux systèmes nationaux de sécurité sociale.

*c)* La malléabilité du « dénominateur commun » doit être soulignée. Le jeu du dénominateur commun est tributaire de l'interprétation évolutive pratiquée par la Cour. Ainsi, après avoir jugé que la décision de réserver aux seules mères de famille l'attribution d'une allocation de congé parental relevait de la marge nationale d'appréciation en raison de l'absence d'un « dénominateur commun » aux droits internes des États parties (*Petrovic*, § 42), la Cour procède à un revirement et considère qu'il existe désormais un « standard commun » entre les États parties, tel qu'un congé parental doit pouvoir être pris aussi bien par la mère que par le père (*Konstantin Markin*, préc.). Mais cette interprétation s'avère fort aléatoire puisque la Cour considère qu'en l'absence d'un dénominateur commun aux droits internes des États parties, une « tendance croissante » au sein de ces ordres juridiques vers la réalisation de l'égalité de traitement est susceptible de conduire aussi bien au constat que la législation en cause est discriminatoire (par ex., *Vallianatos*, préc.) ou qu'elle n'est pas discriminatoire (par ex. *Stummer*, préc.). En bref, il y a « tendance » et « tendance »

*d)* Certains domaines, souvent marqués par une certaine technicité, échappent toutefois au jeu du « dénominateur commun ». Selon une jurisprudence bien établie, les États disposent d'une « ample latitude » pour prendre des mesures d'ordre général en matière économique ou sociale (*James*, § 46, *infra*, n° 68) ; ainsi, par exemple, s'agissant de l'exonération de droits de succession (*Burden*, préc.) ou de la fixation d'un âge légal différent pour le départ à la retraite pour les hommes et les femmes *(Stec et al.)*. La Cour ne sanctionne alors une différence de traitement que dans l'hypothèse où elle est manifestement dépourvue de base raisonnable (par ex., *Hode et Abdi*, préc). Dans cette ligne, le Conseil d'État peut juger, à propos du dispositif de cristallisation des pensions des étrangers, que « la différence de traitement de portée limitée relève de la marge d'appréciation que les stipulations de l'article 14 réservent au législateur national » (CE, 18 juill. 2006, GISTI et CE (avis), 18 juill. 2006, Ka, *RFDA*, 2006, 1194, concl. L. Vallée).

F. S.

TITRE II

# *Les droits garantis*

# *Chapitre 1*

# L'INTÉGRITÉ DE LA PERSONNE

## SECTION 1
## *Le droit au respect de la vie*

### I | Notion

**10.** ***Vo c/ France, 8 juillet 2004*** *(Grande Chambre) ; D, 2004, 2456, note J. Pradel; Dr. fam. 2004, Comm. n° 194, obs. P. Murat ; JCP G, 2004, II, 10158, note M. Levinet; RTD civ., 2004, 799, chron. J.-P. Marguénaud; RDP, 2005, 765, chron. F. Sudre et 1417, note X. Bioy.*

**75.** Contrairement à l'article 4 de la Convention américaine des droits de l'homme qui énonce que le droit à la vie doit être protégé « en général à partir de la conception », l'article 2 de la Convention est silencieux sur les limites temporelles du droit à la vie et, en particulier, il ne définit pas qui est la « personne » dont « la vie » est protégée par la Convention. À ce jour, la Cour n'a pas encore tranché la question du commencement du droit « de toute personne à la vie », au sens de cette disposition, ni celle de savoir si l'enfant à naître en est titulaire. Cette question n'a été soulevée pour l'instant qu'à travers les législations sur l'interruption volontaire de grossesse. Celle-ci ne constitue pas une exception au nombre de celles énumérées explicitement au § 2 de la Convention, mais elle est compatible avec l'article 2, § 1, première phrase, selon l'ancienne Commission, au nom de la protection de la vie et de la santé de la mère parce que « si l'on admet que cette disposition s'applique à la phase initiale de la grossesse, l'avortement se trouve couvert par une limitation implicite du droit à la vie du fœtus pour, à ce stade, protéger la vie et la santé de la femme » (*X. c/ Royaume-Uni*, déc. préc.).

**80.** […] dans les circonstances examinées par les organes de la Convention à ce jour, à savoir les législations régissant l'avortement, l'enfant à naître n'est pas considéré comme une « personne » directement bénéficiaire de l'article 2 de la Convention et que son « droit » à la « vie », s'il existe, se trouve implicitement limité par les droits et les intérêts de sa mère. Les organes de la Convention n'excluent toutefois pas que, dans certaines circonstances, des garanties puissent être admises au bénéfice de l'enfant non encore né [...].

**81.** La singularité de la présente affaire place le débat sur un autre plan. La Cour est en présence d'une femme qui entendait mener sa grossesse à terme et dont l'enfant à naître était pronostiqué viable, à tout le moins en bonne santé. Cette grossesse a dû être interrompue à la suite d'une faute commise par un médecin et la requérante a donc subi un avortement thérapeutique à cause de la négligence d'un tiers. La question est dès lors de savoir si, hors de la volonté de la mère agissant dans le cas d'une interruption volontaire de grossesse, l'atteinte au fœtus doit être pénalement sanctionnée au regard de l'article 2 de la Convention, en vue de protéger le fœtus au titre de cet article. Elle suppose au préalable de se pencher sur l'opportunité pour la Cour de s'immiscer dans le débat lié à la détermination de ce qu'est une personne et quand commence la vie [...].

**82.** Comme cela découle du rappel jurisprudentiel effectué ci-dessus, l'interprétation de l'article 2 à cet égard s'est faite dans un souci évident d'équilibre, et la position des organes de la Convention, au regard des dimensions juridiques, médicales, philosophiques, éthiques ou religieuses de la définition de la personne humaine a pris en considération les différentes approches nationales du problème. Ce choix s'est traduit par la prise en compte de la diversité des conceptions quant au point de départ de la vie, des cultures juridiques et des standards de protection nationaux, laissant place à un large pouvoir discrétionnaire de l'État en la matière [...]. Il en résulte que le point de départ du droit à la vie relève de la marge d'appréciation des États dont la Cour tend à considérer qu'elle doit leur être reconnue dans ce domaine [...]. Les raisons qui la poussent à ce constat sont, d'une part, que la solution à donner à ladite protection n'est pas arrêtée au sein de la majorité des États contractants, et en France en particulier, où la question donne lieu à débat et, d'autre part, qu'aucun consensus européen n'existe sur la définition scientifique et juridique des débuts de la vie.

**85.** Eu égard à ce qui précède, la Cour est convaincue qu'il n'est ni souhaitable ni même possible actuellement de répondre dans l'abstrait à la question de savoir si l'enfant à naître est une « personne » au sens de l'article 2 de la Convention. Quant au cas d'espèce, elle considère qu'il n'est pas nécessaire d'examiner le point de savoir si la fin brutale de la grossesse de Mme Vo entre ou non dans le champ d'application de l'article 2, dans la mesure où, à supposer même que celui-ci s'appliquerait, les exigences liées à la préservation de la vie dans le domaine de la santé publique n'ont pas été méconnues par l'État défendeur. La Cour s'est en effet demandée si la protection juridique offerte par la France à la requérante, par rapport à la perte de l'enfant à naître qu'elle portait, satisfaisait aux exigences procédurales inhérentes à l'article 2 de la Convention.

[...]

Victime d'une homonymie, la requérante enceinte de six mois a dû subir un avortement thérapeutique à la suite de la confusion d'un médecin l'ayant prise pour une autre patiente à laquelle il devait enlever son stérilet. En vertu du principe d'application stricte de la loi pénale qui ne protège pas le fœtus en tant que personne, l'arrêt de la Cour d'appel qui, sur le fondement de l'article 2 de la Convention, condamnait le médecin pour homicide involontaire est cassé (Crim., 30 juin 1999, *Golfier, D.*1999.710, note D. Vigneau). Cette affaire permet à la Cour européenne de clarifier la définition du droit fondamental au respect de la vie en rapport avec ses limites notamment temporelles.

## I / Fondamentalité du droit à la vie

Ce n'est pas le moindre des paradoxes de cette disposition parmi les plus fondamentales de la Convention que d'être, de tous les droits indérogeables, celui qui est le moins absolu.

C'est un truisme que d'affirmer que le droit à la vie protégé par l'article 2 se voit reconnaître « la prééminence » parmi les dispositions primordiales de la Convention puisque sans la vie la jouissance des autres droits garantis est vaine ou « illusoire » (*Pretty*, § 37, *infra*, n° 45 : souffrant d'une maladie dégénérative incurable la requérante ne peut recevoir l'assurance que son mari ne serait pas poursuivi s'il l'aidait à se donner la mort). « Roi des droits » (J.-P. Marguénaud chron. *RTD civ.*, 2002, 859), que la Cour s'est parfois aventurée à qualifier de « sacré » (*Pretty*, § 65), le caractère fondamental de l'article 2 garantissant le droit au respect de la vie est, sous diverses formes, au cœur de la jurisprudence européenne (*Mc Cann*, *infra* n° 11, § 147 : « parmi les articles primordiaux... » ; *Vo*, § 88 : « l'une des valeurs fondamentales... » ; *Odièvre c/ France*, Gr. Ch., 13 février 2003, § 45 : « valeur supérieure garantie par la Convention » ; *Makaratzis c/ Grèce*, Gr. Ch., 20 déc. 2004, § 56 ; *Al-Saadoon et Mufdhi c/ Royaume-Uni*, Gr. Ch., 2 mars 2010, § 118 : « un droit fondamental qui consacre l'une des valeurs essentielles... » ; *Zavoloka c/ Lettonie*, 7 juill. 2009, § 35 : « disposition la plus fondamentale de la Convention ») en accord avec les autres instruments internationaux assurant sa protection en tant qu'« attribut inaliénable de la personne humaine » et « valeur suprême dans l'échelle des droits de l'homme » (*Streletz, Kessler et Krenz c/ Allemagne*, Gr. Ch., 22 mars 2001, § 94, *RTDH*, 2001, 1109, note P. Tavernier). De ce caractère primordial, fondamental, il découle que l'obligation de l'État de s'abstenir de donner la mort intentionnellement se double, en certaines circonstances, de l'obligation positive « de prendre les mesures nécessaires à la protection de la vie » (*Osman*, § 115, *infra* n° 12), notamment dans le domaine de la santé publique (*Vo*, § 89) et au regard des activités dangereuses (*Öneyrildiz*, *infra* n° 66) ; le juge administratif français a bien intégré cette nature du droit à la vie expressément qualifié de « liberté fondamentale », passeport indispensable du référé liberté, au visa de l'article 2 de la Convention (CE, 13 août 2013, *Ministre de l'intérieur c/ commune de Saint-Leu*, *AJDA* 2013, p. 2104, note O. Le Bot). L'article 2 « n'a aucun rapport avec les questions concernant la qualité de la vie ou ce qu'une personne choisit de faire de sa vie » (*Pretty*, § 39) et ne saurait générer un droit social « à une certaine qualité de vie » (déc. 29 avril 2003, *Dremlyuga c/ Lettonie*, n° 66729/01), cette notion ne prenant toute sa signification que sous l'angle de l'article 8 (*Pretty*, § 65).

Pourtant, cette fondamentalité ne fait pas du droit au respect de la vie un droit absolu. De tous les droits indérogeables de la Convention, le droit à la vie est celui qui est assorti du plus grand nombre d'exceptions. Il n'exclut pas toute infliction de la mort. Celle-ci peut résulter, selon le paragraphe 2 de l'article 2 « d'un recours à la force rendu absolument nécessaire » dans un certain nombre d'hypothèses (défense de toute personne contre la violence illégale, arrestation régulière, empêchement d'une évasion, répression d'une émeute ou insurrection). Selon la Cour ces exceptions doivent être interprétées « de façon étroite », y compris lorsque la mort est donnée « de façon involontaire » (*McCann*, § 147-148). De plus, la Cour met à la charge de l'État l'obligation positive de « prendre les mesures nécessaires à la protection de la vie des personnes relevant de sa juridiction », mesures notamment procédurale qui pèsent de plus en plus sur la responsabilité des États (*Osman*, § 115). Par son contrôle, la Cour s'efforce d'encadrer strictement les situations dans lesquelles il est porté atteinte au droit à la vie, relativisant ainsi le caractère non absolu de ce droit (*infra* n° 11 et 12). Mais le paragraphe 1 réserve aussi la question de la mort infligée « en exécution d'une sentence capitale prononcée par un tribunal au cas où le délit est puni de cette peine par la loi ». Sur cette question une évolution tant textuelle que jurisprudentielle a heureusement contribué à une relecture majeure de l'article 2 sur cette question (*Öcalan*, *infra* n° 13).

## II / Temporalité du droit à la vie

La Cour trace les frontières dans le temps du droit à la vie, plus sûrement en ce qui concerne sa fin que son commencement.

A / De façon rationnelle la Cour souligne que « l'article 2 ne saurait, sans distorsion de langage, être interprété comme conférant un droit diamétralement opposé, à savoir un droit à mourir », ni « créer un droit à l'autodétermination en ce sens qu'il donnerait à tout individu le droit de choisir la mort plutôt que la vie » (*Pretty*, § 39). S'agissant d'un pays qui, à la différence du Royaume-Uni, autoriserait le suicide assisté, « la mesure dans laquelle un État permet ou cherche à réglementer la possibilité pour les individus en liberté de se faire du mal ou de se faire faire du mal par autrui peut donner lieu à des considérations mettant en conflit la liberté individuelle et l'intérêt public qui ne peuvent trouver leur solution qu'au terme d'un examen des circonstances particulières de l'espèce » (*ibid.*, § 41). Mais, prudemment, la question du « droit d'un individu de décider de quelle manière et à quel moment sa vie doit prendre fin, à condition qu'il soit en mesure de forger librement sa propre volonté à ce propos et d'agir en conséquence » est déplacée sur le terrain de la valorisation de l'autonomie personnelle dans le cadre du respect de la vie privée protégée par l'article 8 (*Haas c/ Suisse*, 20 janvier 2011, § 51, *JCP G* 2011, 914, n° 13, obs. F. Sudre : impossibilité pour un malade souhaitant mourir sans douleur ni risque d'échec d'accéder à une substance létale sans ordonnance – cet arrêt est le seul à délivrer une lecture de l'article 8 à la lumière de l'article 2 qui « oblige les autorités nationales à empêcher un individu de mettre fin à ses jours si sa décision n'intervient pas librement et en toute connaissance de cause », § 54 ; *Koch c/ Allemagne*, 19 juillet 2012, *JCP G* 2012, act. 915, obs. M. Afrouk : idem *Haas* sur requête, recevable seulement sous l'angle procédural, du mari après le décès de son épouse ; *Gross c/ Suisse*, 14 mai 2013, *JCP G* 2013, act. 650, obs. G. Gonzalez : insuffisante précision de la loi suisse pour répondre au vœu de cette dame âgée souhaitant mourir pour échapper au déclin de ses facultés physiques et mentales mais, saisie, la Grande chambre conclut par un arrêt du 30 septembre 2014 à l'abus de droit de recours individuel, la requérante étant décédée depuis 2011 sans que la Cour en soit informée). Dans ces détails se niche l'obligation positive, de nature essentiellement procédurale, qui pèse sur les États réglementant le suicide assisté. En effet, les États parties étant « loin d'avoir atteint un consensus » sur la question du suicide assisté, c'est un terrain particulièrement propice à la pleine effectivité du principe de subsidiarité, le contrôle portant essentiellement sur le volet procédural du droit garanti (*Koch*, § 70-71). La situation pourrait cependant évoluer au regard de la question posée par l'interruption du traitement n'ayant d'autre effet que le maintien artificiel en vie d'un patient (CE, Ass., 14 février 2014, *Consorts Lambert et a* : autorisation de mettre fin à un tel traitement ; *Lambert et a. c/ France*, n° 46043/14 : suspension de cette autorisation pour la durée de la procédure devant la Cour).

B/Cet éclairage sur la finitude du droit à la vie laisse entière la question de son commencement. L'article 2 se différencie sur ce point, par son silence, de l'article 4 de la Convention américaine qui fixe « en général à partir de la conception » le point de départ de la garantie du droit à la vie sans d'ailleurs que cette précision ne disqualifie les législations légalisant l'avortement (Cour IADH, avis consultatif, *Réserves*, 24 sept. 1982, OC-2/82, A n° 2 p. 61). C'est sur cette question de l'avortement qu'ont été le plus souvent sollicitées, plus ou moins directement, la Commission (déc. 13 mai 1980, *X c/ R.-U.*, *D.R.* 19.244 ; déc. 19 mai 1992, *H. c/ Norvège*, *D.R.* 73.155 : contestation par le compagnon de la femme enceinte de son avortement pour des raisons d'ordre social) puis la Cour (*Open Door Dublin Well Woman c/ Irlande*, *infra* n° 72 ; déc. 5 sept. 2002, *Boso c/ Italie*, n° 50490/99 : opposition du père à l'avortement de sa femme ; *Tysiac c/ Pologne*, 20 mars 2007, *RDSS* 2007.649 note D. Roman : avortement thérapeutique refusé à une femme craignant une accentuation de sa grave myopie ; *A.B.C. c/ Irlande*, Gr. Ch., 16 déc. 2010, § 222, *JCP G* 2011, act. 58, M. Levinet : deux requérantes contestent l'interdiction de l'avortement pour motifs de santé et/ou de bien-être et une troisième l'impossibilité de faire établir qu'elle remplissait les conditions pour avorter légalement en Irlande ; *R.R. c/ Pologne*, 26 mai 2011 : refus de médecins opposés à l'avortement de pratiquer sur une femme enceinte dont l'enfant risquait d'être atteint d'une grave anomalie génétique des tests génétiques ; *P. et S. c/ Pologne*, 30 oct. 2012 : absence de cadre législatif clair, tergiversations du personnel médical et harcèlement d'une adolescente, enceinte à la suite d'un viol). De cette jurisprudence reflétant l'absence de consensus entre États européens, il ressort que « l'enfant à naître n'est pas considéré comme une "personne" directement bénéficiaire de l'article 2 de la Convention et que son "droit" à la "vie", s'il existe, se trouve implicitement limité par les droits et les intérêts de sa mère » (*Vo*, § 80). En conséquence, un État peut « tout aussi légitimement choisir de considérer l'enfant à naître comme une personne et protéger sa vie qu'adopter le point de vue opposé » (*A.B.C.*, § 222). Ainsi, « en interdisant sur la base des idées morales profondes du peuple irlandais concernant la nature de la vie et la protection à accorder en conséquence au droit à la vie des enfants à naître l'avortement pour motifs de santé ou de bien-être sur son territoire, l'État irlandais n'a pas excédé la marge d'appréciation dont il jouit » (*ibid.*, § 241). À l'image de la fin de vie, le débat est porté principalement sur le terrain de la vie privée (article 8), le droit au respect de l'autonomie personnelle et à l'intégrité physique et morale ; dans ce cadre « le droit de la femme enceinte au respect de sa vie privée devrait se mesurer à l'aune d'autres droits et libertés concurrents, y compris ceux de l'enfant à naître » (*Tysiac*, § 106 ; *A.B.C.*, § 213). Au total, en l'absence d'une législation nationale imposant le respect de la « vie » de l'enfant à naître que l'État demeure libre de protéger, le droit au respect de la vie et/ou de la vie privée de la mère l'emporte et l'embryon ne peut bénéficier d'aucune protection au titre de l'article 2 (*Evans c/ R.-U.*, Gde Ch., 10 avril 2007 : destruction d'embryons conservés dans le cadre d'une PMA ; *mutatis mutandis* CAA Douai, 6 déc. 2005, *Dr. famille* 2006.14, J.-R. Binet). Lorsqu'une protection de l'enfant à naître est édictée et assortie de certaines exceptions, la Cour veille à ce qu'une « procédure accessible et effective » en permette l'accès (*A.B.C.*, § 267 ; sur les garanties procédurales précédant l'avortement en France : Conseil constit., 2001-446 DC, 27 juin 2001, *IVG II*, *D.* 2001.2533, note B. Mathieu). *Mutatis mutandis*, il appartient à l'État de faire en sorte que, s'il peut l'éviter, la mère ne soit pas exposée à « la souffrance dérivant du choix douloureux de procéder, le cas échéant, à un avortement thérapeutique » (*Costa et Pavan c/ Italie*, 28 août 2012, § 66, *JCP G* 2012, 1148, note C. Picheral : viole l'article 8 l'incohérence du système législatif qui prive un couple porteur sain de la mucoviscidose souhaitant avoir recours à la PMA de l'accès au diagnostic génétique préimplantatoire et autorise une IVG quand le fœtus est affecté par cette même pathologie). L'affaire *Vo* posait clairement la question, sur le terrain de l'article 2, d'un avortement thérapeutique provoqué contre la volonté de la mère. Il y avait là matière à donner corps à l'affirmation de la Cour selon laquelle il n'était pas exclu que « dans certaines circonstances, des garanties puissent être admises au bénéfice de l'enfant non encore né » (*Vo*, § 80). La Cour choisit de laisser l'enfant à naître « dans l'antichambre » de l'article 2 (J-P. Marguénaud, chron. *RTD civ.*, 2003.378). Elle « considère qu'il n'est pas nécessaire d'examiner le point de savoir si la fin brutale de la grossesse entre ou non dans le champ d'application de l'article 2, dans la mesure où, à supposer même que celui-ci s'appliquerait, les exigences liées à la préservation de la vie dans le domaine de la santé publique n'ont pas été méconnues par l'État défendeur », le recours en responsabilité civile offrant à la mère une garantie suffisante au regard des exigences procédurales de l'article 2 (*Vo*, § 85). En l'absence de modification législative et d'une interprétation évolutive de la Convention, la Cour de cassation demeure liée par l'interprétation stricte de la loi pénale qui l'empêche, dans une telle situation, de retenir l'homicide involontaire (Crim., 27 juin 2006, n° 05-83767). Ainsi est vérifiée l'affirmation selon laquelle « même quand il n'est pas considéré comme une personne à part entière, (l'embryon) n'est généralement pas défini comme une chose » (Conseil d'État, *Les révisions des lois de bioéthique*, rapport, La Doc. Française, 2009, p. 19). Véritable objet vivant non identifié, l'embryon ou le fœtus humain ne bénéficie d'aucune protection au titre de l'article 2 si ce n'est de nature procédurale et par le seul filtre de la femme qui le portait. Sans doute, au regard notamment des progrès de la biomédecine, une évolution est-elle souhaitable. Mais on peut comprendre que, compte tenu des « dimensions juridiques, médicales, philosophiques, éthiques ou religieuses de la définition de la personne humaine » (*Vo*, § 82), la Cour préfère laisser la main aux États et déserte le terrain du droit à la vie de l'enfant à naître au profit de celui de la vie privée de la mère ou des parents concernés.

G. G.

## II | Recours à la force meurtrière

**11.** ***McCann et al. c/ Royaume-Uni, 27 septembre 1995*** *(Grande Chambre), série A nº 324 ; AFDI, 1995, 485, chron. V. Coussirat-Coustère ; Rev. sc. crim. 1996, 462, obs. R. Koering-Joulin ; RUDH, 1996, 9, chron. F. Sudre.*

**146.** La Cour doit guider son interprétation de l'article 2 sur le fait que l'objet et le but de la Convention, en tant qu'instrument de protection des êtres humains, appellent à comprendre et à appliquer ses dispositions d'une manière qui en rende les exigences concrètes et effectives [...].

**147.** Il faut également garder à l'esprit que l'article 2 garantit non seulement le droit à la vie, mais expose les circonstances dans lesquelles infliger la mort peut se justifier ; il se place à ce titre parmi les articles primordiaux de la Convention, auquel aucune dérogation ne saurait être autorisée, en temps de paix, en vertu de l'article 15. Combiné à l'article 3 de la Convention, il consacre l'une des valeurs fondamentales des sociétés démocratiques qui forment le Conseil de l'Europe [...]. Il faut donc en interpréter les dispositions de façon étroite.

**148.** La Cour estime que les exceptions définies au § 2 montrent que l'article 2 vise certes les cas où la mort a été infligée intentionnellement, mais que ce n'est pas son unique objet. Comme le souligne la Commission, le texte de l'article 2, pris dans son ensemble, démontre que le § 2 ne définit pas avant tout les situations dans lesquelles il est permis d'infliger intentionnellement la mort, mais décrit celles où il est possible d'avoir « recours à la force », ce qui peut conduire à donner la mort de façon involontaire. Le recours à la force doit cependant être rendu « absolument nécessaire » pour atteindre l'un des objectifs mentionnés aux alinéas *a), b)* ou *c)* [...].

**149.** À cet égard, l'emploi des termes « absolument nécessaire » figurant à l'article 2, § 2 indique qu'il faut appliquer un critère de nécessité plus strict et impérieux que celui normalement employé pour déterminer si l'intervention de l'État est « nécessaire dans une société démocratique » au titre du § 2 des articles 8 à 11 de la Convention. La force utilisée doit en particulier être strictement proportionnée aux buts mentionnés au § 2 *a), b)* et *c)* de l'article 2.

**150.** Reconnaissant l'importance de cette disposition dans une société démocratique, la Cour doit se former une opinion en examinant de façon extrêmement attentive les cas où l'on inflige la mort, notamment lorsque l'on fait un usage délibéré de la force meurtrière, et prendre en considération non seulement les actes des agents de l'État ayant eu recours à la force, mais également l'ensemble des circonstances de l'affaire, notamment la préparation et le contrôle des actes en question.

**161.** Comme la Commission, la Cour se borne à constater qu'une loi interdisant de manière générale aux agents de l'État de procéder à des homicides arbitraires serait en pratique inefficace s'il n'existait pas de procédure permettant de contrôler la légalité du recours à la force meurtrière par les autorités de l'État. L'obligation de protéger le droit à la vie qu'impose cette disposition, combinée avec le devoir général incombant à l'État en vertu de l'article 1er de la Convention de « reconna(ître) à toute personne relevant de (sa) juridiction les droits et libertés définis (dans) la Convention », implique et exige de mener une forme d'enquête efficace lorsque le recours à la force, notamment par les agents de l'État, a entraîné mort d'homme.

**194.** Cela étant, pour déterminer si la force utilisée est compatible avec l'article 2, la Cour doit examiner très attentivement, comme indiqué plus haut, non seulement la question de savoir si la force utilisée par les militaires était rigoureusement proportionnée à la défense d'autrui contre la violence illégale, mais également celle de savoir si l'opération antiterroriste a été préparée et contrôlée par les autorités de façon à réduire au minimum, autant que faire se peut, le recours à la force meurtrière. La Cour examinera tour à tour chacune de ces questions.

**200** [...] Elle estime que le recours à la force par des agents de l'État pour atteindre l'un des objectifs énoncés au § 2 de l'article 2 de la Convention peut se justifier au regard de cette disposition lorsqu'il se fonde sur une conviction honnête considérée, pour de bonnes raisons, comme valables à l'époque des événements mais qui se révèle ensuite erronée. Affirmer le contraire imposerait à l'État et à ses agents chargés de l'application des lois une charge irréaliste qui risquerait de s'exercer aux dépens de leur vie et de celle d'autrui. Eu égard au dilemme devant lequel se trouvaient les autorités en l'espèce, il s'ensuit que les actes des militaires ne suffisent pas, en eux-mêmes, à donner lieu à une violation de cette disposition.

**201.** La question se pose cependant de savoir si l'opération antiterroriste dans son ensemble a été contrôlée et organisée de manière à respecter les exigences de l'article 2 et si les renseignements et instructions transmis aux militaires, et qui rendaient pratiquement inévitable le recours à la force meurtrière, ont pris dûment en considération le droit à la vie des trois suspects.

**213.** En résumé, eu égard à la décision de ne pas empêcher les suspects d'entrer à Gibraltar, à la prise en compte insuffisante par les autorités d'une possibilité d'erreur dans leurs appréciations en matière de renseignements, au moins sur certains aspects, et au recours automatique à la force meurtrière lorsque les militaires ont ouvert le feu, la Cour n'est pas convaincue que la mort des trois terroristes ait résulté d'un recours à la force rendu absolument nécessaire pour assurer la défense d'autrui contre la violence illégale, au sens de l'article 2, § 2 *a)* de la Convention.

Lors d'une opération calamiteuse supposée déjouer un attentat de l'IRA à Gibraltar, trois membres de cette organisation sont tués par les forces de sécurité britanniques. Si les actes des agents confrontés au « dilemme » de préserver la vie des activistes au péril de civils innocents ne violent pas l'article 2 (§ 200), il en va différemment de l'organisation et du contrôle de l'opération dont l'égale déficience viole le droit à la vie (§ 213). La Cour établit aussi l'obligation procédurale, ici respectée, d'une enquête judiciaire permettant un « examen complet, impartial et approfondi des circonstances dans lesquelles les homicides ont été commis » (§ 163).

## I / l'État meurtrier par nécessité absolue

L'expression « absolument nécessaire » de l'article 2 renvoie à un caractère « plus strict et impérieux » de la nécessité que celui requis au titre du paragraphe 2 des articles 8 à 11 de la Convention (§ 149) et induit un contrôle serré de la Cour portant à la fois sur l'encadrement de l'action, sa préparation, et sur les actes des agents impliqués dans l'usage létal de la force légale.

A) Le paragraphe 2 de l'article 2 énonce les exceptions, ou buts légitimes, dans lesquelles un recours à la force susceptible d'entraîner la mort n'est « pas en soi incompatible avec l'article 2 » (*Makaratzis c/ Grèce*, Gr. Ch., 20 déc. 2004, § 67).

1/Il peut être recouru à la force « pour assurer la défense de toute personne contre la violence illégale » (*McCann*, § 195 : attentat à la voiture piégée ; *Makaratzis* : menace constituée par un conducteur fou refusant d'obtempérer dans un « climat » de menace terroriste), pour « effectuer une arrestation régulière » (*Ilhan c/ Turquie*, Gr. Ch., 27 juin 2000, § 77 ; *Natchova et a. c/ Bulgarie*, Gr. Ch., 6 juillet 2005, § 95) ou « empêcher l'évasion d'une personne régulièrement détenue » (*Ülüfer c/ Turquie*, 5 juin 2012, § 68 ; *Guerdner et a. c/ France*, 17 avril 2014), pour « réprimer conformément à la loi une émeute ou une insurrection » (*Leyla Alp et a. c/ Turquie*, Gr. Ch., 10 déc. 2013 : reprise de contrôle d'une prison tenue par des « insurgés »). L'intervention des agents de l'État relève souvent de plusieurs de ces objectifs (*Ogur c/ Turquie*, Gr. Ch., 20 mai 1999, § 79 : « défense contre la violence illégale » et « arrestation régulière » ; *Leyla Alp*, § 85 : « la “répression d'une émeute” et/ou “la défense de toute personne contre la violence”) sans que la Cour les identifie toujours précisément (*Soare et a. c/ Roumanie*, 22 février 2011, § 143, *JCP G*, 2011, actu. 316, obs. G. Gonzalez : arrestation brutale d'un homme prétendument armé d'un couteau à la poursuite d'un tiers selon le gouvernement dont la thèse « semble correspondre aux situations prévues à l'article 2 § 2 a) et b) de la Convention »). Alors que ces trois exceptions visent des situations où la mort est infligée intentionnellement, la Cour, interprétant l'article 2 dans son ensemble, contrôle aussi le recours à la force entraînant la mort « de façon involontaire » (*McCann*, § 148), sans quoi le champ d'application de l'article 2 s'en trouverait considérablement réduit sauf à démontrer que l'argument, souvent mis en avant par l'État, n'est pas pertinent (*Soare*, § 144 ; *Cozbaru c/ Roumanie*, Gr. Ch., 25 juin 2013, § 64), ce qui n'est pas toujours possible (*Ogur*, § 83). Le caractère délibéré ou non de l'infliction de la mort est un élément parmi d'autres pris en compte pour évaluer la nécessité de l'acte mortel (*Ilhan*, § 74). Promouvant une protection concrète et effective du droit à la vie, la Cour étend logiquement l'emprise de l'article 2 sur les situations dans lesquelles une force « potentiellement mortelle » a été employée sans provoquer la mort (*Leyla Alp*, § 65 ; *Makaratzis*, § 55) ; dans ce cas, alors même que le requérant blessé légèrement invoque l'article 3, la Cour, « maîtresse de la qualification des faits », peut décider d'examiner ses griefs sur le terrain de l'article 2 (*Camekan c/ Turquie*, 28 janvier 2014, § 39). l'État est aussi responsable « d'un acte illégal commis par un agent public en dehors de l'exercice de ses fonctions officielles » mais en « service permanent » selon la réglementation nationale applicable (*Sašo Gorgiev c/ « l'ex-République yougoslave de Macédoine »,* 19 avril 2012 : meurtre commis par un agent réserviste en uniforme ivre avec son arme de service), ce qui n'est pas sans rappeler la faute pénale conservant un lien avec le service et engageant la responsabilité de l'État libre ensuite d'actionner l'action récursoire contre son agent (TC, 14 janvier 1935, *Thépaz*, *GAJA* n° 47 ; CE, Ass., 28 juillet 1951, *Laruelle et Delville*, *GAJA* n° 67).

2 / L'impossibilité d'identifier un but légitime au sens du paragraphe 2 de l'article 2 empêche de considérer le recours à la force comme absolument nécessaire, celui-ci étant entaché d'une présomption d'inconventionnalité quasi irréfragable. Tel est le cas de hauts fonctionnaires de l'ex-RDA ayant participé à la mise en œuvre d'une pratique étatique qui « ne défendait personne contre la violence illégale, ne servait à procéder à aucune arrestation que l'on pourrait qualifier de « légale »

selon le droit de la RDA et n'avait aucun lien avec la répression d'une émeute ou d'une insurrection car le seul but poursuivi par les fugitifs était de quitter le pays » (*Streletz, Kessler et Krenz c/ Allemagne*, 22 mars 2001, § 96) ou de deux manifestants pacifiques et sans armes battus à mort par une foule comprenant des agents de l'État turc dans la zone tampon des Nations Unies à Chypre (*Isaak c/ Turquie*, 24 juin 2008). Il en va de même de personnes disparues aux mains d'agents de l'État pour lesquelles l'État n'avance aucune explication quant aux conditions de leur décès avéré ou présumé (*Çakiçi c/ Turquie*, 8 juillet 1999 ; *Nihayet Arici et a. c/ Turquie*, 23 octobre 2012 ; parmi plus de 120 arrêts relatifs à des disparitions dans le Caucase du nord, notamment en Tchétchénie : *Aslashkanova et a. c/ Russie*, 18 déc. 2012, § 118 ; *Pitsayeva et a. c/ Russie*, 9 janvier 2014), dès lors qu'il est prouvé « au-delà de tout doute raisonnable » que les agents de l'État sont impliqués (*Shafiyeva c/ Russie*, 3 mai 2012 : hors du contexte tchétchène, ici le Daghestan, les allégations peu étayées d'enlèvement par des agents de l'État n'emportent pas la conviction de la Cour) et que l'on dépasse le stade de « la pure spéculation » (*Chypre c/ Turquie*, Gde Ch., 10 mai 2001, § 129). En cas de bombardement aveugle entraînant des pertes civiles importantes, la Cour peut surmonter son « doute que ce but (défense des personnes contre la violence illégale) puisse être retenu » pour se livrer au contrôle de l'organisation de l'attaque et de sa proportionnalité (*Issaïeva, Youssoupova et Bazaïeva c/ Russie*, 24 février 2005, § 181, *RTDH* 2006.111 note H. Tigroudja) ; plus pertinemment, elle peut aussi juger qu'« un bombardement aérien aveugle de civils et de leurs villages ne peut pas être acceptable dans une société démocratique et ne peut être conciliable avec l'un des motifs régissant le recours à la force énoncés à l'article 2 § 2 de la Convention ni avec les règles coutumières du droit international humanitaire ou aucun des traités internationaux régissant l'usage de la force dans les conflits armés » (*Benzer c/ Turquie*, 12 novembre 2013, § 184) prenant enfin la juste mesure du droit international humanitaire dans la préservation de la vie des civils dans les conflits (*Varnava c/ Turquie*, Gr. Ch., 18 sept. 2009, § 185 : disparus chypriotes lors de l'invasion turque).

B) L'action des agents de l'État doit être absolument nécessaire, c'est-à-dire strictement proportionnée, au but légitime poursuivi au titre du § 2 de l'article 2, comme la « protection de vies innocentes » (*McCann*, § 200), et « toutes les « précautions dans l'organisation et le contrôle de l'opération » doivent être prises faute de quoi une violation substantielle de l'article 2 peut être constatée alors même que les actes des agents de l'État ne suffisent pas, en eux-mêmes, à un constat de violation (*McCann*, § 212). C'est l'opération dans son ensemble, englobant la préparation des agents de l'État, celle de l'opération s'il y a lieu, et l'intervention proprement dite qui permet à la Cour d'apprécier l'absolue nécessité du recours à la force meurtrière.

1 / L'action *in situ* des agents de l'État est appréciée d'une façon contextuelle, la Cour cherchant à déterminer s'ils pouvaient « de bonne foi » (*McCann*, § 200 ; *Trévalec c/ Belgique*, 14 juin 2011, § 76, *JCP G* 2011, act. 796, obs. H. Surrel : cameraman blessé par des tirs de policiers qu'il accompagnait pour une arrestation) ou « raisonnablement penser » (*Maratzakis*, § 66) qu'ils répondaient à une menace réelle (*Guerdner et a. c/ France*, § 71 : l'évasion de ce gardé à vue sans arme et entravé tué par le tir d'un gendarme dans l'enceinte de la caserne pouvait « difficilement représenter une menace immédiate »). La présomption de dangerosité de l'opération est forte dans un climat « marqué par des actions terroristes contre des intérêts étrangers » (*Maratzakis*, § 65), face à un possible déclenchement de bombe (*McCann*), à « une violente résistance armée » d'insurgés (*Leyla Alp*, § 82), à « l'extrême violence » d'une attaque contre un véhicule dans lequel se trouvait un militaire blessé (*Giuliani et Gaggio c/ Italie*, Gr. Ch., 24 mars 2011, § 189, *JCP G*, 2011, act. 4549, obs. G. Gonzalez) ou encore lorsqu'il s'agit de « réagir, dans le feu de l'action, à ce qui était... une opération unique et sans précédent de sauvetage d'une vie humaine » dans le cadre d'une prise d'otage domestique (*Andronicou et Constantinou c/ Chypre*, 9 oct. 1997). La Cour ne souhaite pas imposer aux États et à leurs agents une « charge irréaliste » (*McCann*, § 200 ; *Maratzakis*, § 66). L'utilisation, même massive (*McCann* – 12 tirs ; *Andronicou* – plus de 30 tirs), d'armes à feu est admise sauf à refléter une « pagaille » induite par un mauvais encadrement (*Maratzakis* – 16 impacts de balles, § 70) et la Cour n'établit aucune « obligation de principe » d'user « de moyens neutralisants, tels que projectiles à gaz lacrymogène, balles plastiques ou grenades paralysantes, avant de se servir d'armes à feu » (*Perk et al. c/ Turquie*, 28 mars 2006, § 72). L'utilisation préalable de tels moyens est cependant un élément plaidant en faveur de la mesure et de la retenue des autorités (*Leyla Alp*, § 83). En revanche, l'arrestation d'une personne n'étant pas soupçonnée d'avoir commis une infraction à caractère violent ne constitue pas une menace telle que l'usage d'armes à feu soit requis (*Natchova c/ Bulgarie*, Gr. Ch., 6 juillet 2005, § 107, *RTDH* 2006, 655, note D. Rosenberg : deux jeunes appelés roms emprisonnés pour manquements à la discipline puis évadés et tués par la police militaire venue les interpeler ; *Ülufer c/ Turquie*, 5 juin 2012, § 69 ; voy. Cass. crim., 14 juin 2005, *D*, 2006.618, note Pradel ; Crim., 27 fév. 2008, n° 07-88470) ; encourt le

même reproche l'utilisation d'armes puissantes et peu précises potentiellement mortelle en direction des participants à une manifestation (*Ahmed Güleç c/ Turquie*, 27 juillet 1998) et pouvant atteindre des tiers (*Aydan c/ Turquie*, 12 mars 2013 ; *Issaïeva, Youssoupova et Bazaïeva*, § 195 : bombardement sans évacuation de civils hors temps de guerre). La Cour tient aussi compte du caractère « impromptu » (*Maratzakis*, § 69) ou non de l'opération, du recours à des sommations (*Giuliani et Gaggio*, § 225), de l'absence de tels avertissements (*Aydan c/ Turquie*, 12 mars 2013, § 84) ou de leur mauvaise exécution (*Ogur c/ Turquie*, § 83), du fait que les suspects étaient armés (*Leyla Alp* ; *Giuliani et Gaggio* ; *Camekan c/ Turquie*, 28 janvier 2014, § 48), que l'on pouvait raisonnablement penser qu'ils l'étaient (*McCann* ; *Maratzakis*) ou, au contraire, qu'ils ne l'étaient pas (*Natchova* ; *Soare ; Guerdner)*. Ce faisceau d'indices permet de déterminer si l'action meurtrière était absolument nécessaire ou pas. La Cour se fonde sur les preuves fournies par les parties et par la procédure nationale mais « lorsque les événements en cause, dans leur totalité ou pour une large part, sont connus exclusivement des autorités... la charge de la preuve pèse sur les autorités, qui doivent fournir une explication satisfaisante et convaincante sur le déroulement des faits » (*Cozbaru*, § 55). Une présomption de causalité joue lorsque la mort d'une personne survient sous la garde des autorités sans qu'aucune explication n'en soit fournie (en garde à vue : *Salman c/ Turquie*, Gr. Ch., 27 juin 2000, § 100 ; *Anguelova c/ Bulgarie*, 13 juin 2002, § 111 ; *Taïs c/ France*, 1er juin 2006, § 85 ; en cas de disparitions : affaires turques et russes précitées). En revanche, c'est en général au requérant d'apporter éventuellement la preuve de la préméditation (*McCann*, § 184 ; *Perk*, § 59) ou d'une intention discriminatoire (*Natchova*, § 157).

2 / La préparation doit permettre aux agents de l'État, le moment venu, de limiter autant que possible le recours à la force meurtrière ou ses conséquences (*McCann*, § 194). Si « le recours des policiers à la force meurtrière peut être justifié dans certaines circonstances... l'article 2 ne donne pas carte blanche... cela signifie que les opérations de police, en plus d'être autorisées par le droit national, doivent être suffisamment délimitées par ce droit, dans le cadre d'un système de garanties adéquates et effectives contre l'arbitraire et l'abus de la force » tenant compte « des normes internationales élaborées en la matière » (*Makaratzis*, § 58-59). La loi régissant l'utilisation des armes ne doit pas être « obsolète et incomplète pour une société démocratique moderne » mais doit au contraire offrir « des recommandations et des critères clairs concernant le recours à la force en temps de paix » (*ibid.* § 70 ; *Natchova*,

§ 105 : le cadre réglementaire « trahit un mépris déplorable pour la prééminence du droit à la vie » ; *Soare*, § 132). Pour agir en professionnels les policiers doivent recevoir une formation et pouvoir s'appuyer sur des instructions adéquates (*Saoud c/ France*, 9 oct. 2007, § 103, *JCP G*, 2008, I.110 chron. F. Sudre : absence de directives sur des techniques d'immobilisation très dangereuses utilisées par la police). La vigilance de la Cour influence le juge administratif qui annule le décret ne prévoyant aucune formation ni instructions pour les policiers municipaux autorisés à user de pistolets à impulsion électrique (CE, 2 sept. 2009, *Assoc. Réseau d'alerte et d'intervention pour les droits de l'homme*, n° 318584, *Rec.*), obligeant ainsi le gouvernement à revoir sa copie (décret du 26 mai 2010). D'une façon générale, et bien que « des ajustements nationaux pourraient encore améliorer la lisibilité des dispositions relatives à l'usage des armes à feu », le cadre juridique français composé du code de la défense, des circulaires d'application faisant référence à l'article 2 de la Convention et de la jurisprudence de la Cour de cassation qui exige un recours à la force « absolument nécessaire », offre le niveau de protection requis du droit à la vie dans une société démocratique (*Guerdner et a. c/ France*, 17 avril 2014, § 69). En cas d'intervention spontanée, les réactions des agents de l'État « doivent être compatibles avec les instructions pertinentes en matière d'interventions » et en l'absence d'une réglementation claire et d'une formation adéquate, le risque est grand de les voir « agir avec une grande autonomie et prendre des initiatives inconsidérées » (*Soare*, § 135 ; *Makaratzis*, § 70). Le recours à des volontaires civils, les « gardes de village », opérant « en dehors de la structure normale de la discipline et de la formation applicables aux gendarmes et aux policiers » accroît ce risque (*Acar et a. c/ Turquie*, 24 mai 2005). Dans l'hypothèse d'une intervention différée, l'enchaînement des événements conduisant au recours à la force pèse lourd et les autorités doivent « soigner la préparation de l'opération » (*Makbule Kaymaz et a. c/ Turquie*, 25 février 2014, § 112). Les autorités sont tenues notamment « d'évaluer avec la plus grande prudence les informations en leur possession avant de les transmettre à des militaires » formés pour tuer (*McCann*, § 211 : les suspects auraient aussi pu être arrêtés avant d'entrer à Gibraltar, lieu de l'attentat projeté), d'informer les agents d'intervention de la présence éventuelle de tiers autorisés sur le lieu de l'action (*Trevallec*, § 82), d'établir une chaîne de commandement claire auprès de laquelle les agents de terrain pourront prendre leurs ordres (*Giuliani et Gaggio*, § 259, *Maratzakis*, § 68). *A posteriori*, « l'absence d'imposition d'une sanction pénale à un gendarme qui a utilisé de manière injustifiée son arme à feu risque d'être interprétée comme une carte blanche donnée aux forces de l'ordre » (*Aydan*, § 100), constat qui rejoint l'exigence procédurale qui apparaît comme un complément et, parfois comme un substitut, au contrôle matériel de la violation de l'article 2.

## II / L'absolue nécessité d'une enquête effective sur les circonstances de la mort

L'interprétation de l'article 2 à la lumière du devoir général, en vertu de l'article 1 de la Convention, de « reconnaître à toute personne relevant de sa juridiction » les droits définis dans la Convention, impose l'obligation positive de l'État de mener une enquête officielle effective sur le recours à la force meurtrière (*McCann*, § 161 ; *Al-Skeini et a. c/ Royaume Uni*, 7 juillet 2011, Gr. Ch., § 162 : six Irakiens tués par des soldats britanniques dans des circonstances confuses).

A) La portée de l'obligation procédurale est très large mais n'est pas sans limites. En cas de disparition avant l'entrée en vigueur de la Convention pour l'État concerné, l'enquête effective constitue une obligation continue de l'État susceptible de neutraliser l'exception d'incompétence *ratione temporis* de la Cour (*Varnava et a. c/ Turquie*, Gr. Ch., 18 sept. 2009). Ainsi, lorsque les faits se rapportant au volet matériel de l'article 2 échappent à sa compétence temporelle, les faits relatifs au volet procédural peuvent relever au moins partiellement de sa compétence. L'obligation procédurale acquiert ainsi un caractère distinct et autonome et devient une « obligation détachable… pouvant s'imposer à l'État même lorsque le décès est antérieur à la date critique » d'entrée en vigueur à son égard de la Convention (*ibid.* § 138). De leur côté, les requérants doivent « faire preuve de diligence et d'initiative et introduire leurs griefs sans délai excessif » devant la Cour, appréciation qui peut varier suivant la complexité de l'affaire et de son contexte (*ibid.* § 161 : compte tenu de la complexité de la situation post-conflictuelle à Chypre un délai de 15 ans après les faits et de 3 ans après l'entrée en vigueur de la Convention à l'égard de la Turquie est raisonnable ; *a contrario* déc. 9 mars 2010, *Emrah Aydinlar c/ Turquie* : 11 ans après la disparition et 2 ans après le dernier acte de procédure pour saisir la Cour reflètent une telle négligence). Il faut néanmoins établir une distinction entre l'obligation continue d'enquêter sur une disparition suspecte non élucidée et celle se rapportant à un décès suspect qui est plus limitée. Dans ce cas il faut établir un « lien véritable » entre le fait générateur (le décès) et l'entrée en vigueur de la Convention à l'égard de l'État. Pour que ce « lien véritable » soit identifié « le délai entre le décès en tant que fait générateur et l'entrée en vigueur de la Convention doit avoir été relativement bref, et la majeure partie de l'enquête doit avoir été conduite, ou aurait dû l'être, après l'entrée en vigueur » (*Janowiec et a. c/ Russie*, Gr. Ch., 21 oct. 2013, § 148, *JCP G* 2013 act. 1218, obs. M. Afroukh : massacre de Katyn perpétré par la police secrète soviétique en 1940). Exceptionnellement, en l'absence du lien véritable ainsi défini, « la nécessité de protéger de manière réelle et effective les garanties offertes par la Convention et les valeurs qui la sous-tendent constitue un fondement suffisant pour reconnaître l'existence d'un lien » comme en cas de graves crimes de droit international tels que génocide, crime contre l'humanité ou crime de guerre marqués du sceau de l'imprescriptibilité, à la condition toutefois que ces actes odieux soient postérieurs à l'adoption de la Convention le 4 novembre 1950 (*ibid.*, § 151 : aucune des deux conditions n'est remplie et la Cour décline sa compétence *ratione temporis* ; *Association « 21 décembre 1989 » et a. c/ Roumanie*, 24 mai 2011 ; *Mocanu et a c/ Roumanie*, Gr. Ch., 17 septembre 2014 : lien véritable établi pour l'ineffectivité des investigations sur les décès de manifestants au cours de la révolution roumaine de décembre 1989). Un contexte difficile d'insécurité dans le cadre d'un conflit armé n'exonère pas l'État de cette obligation (*Al-Skeïni*, § 164) et la préférence pour une « méthode politique » pour traiter le cas des personnes disparues, sous l'égide des Nations Unies par exemple dans un contexte conflictuel, est sans incidence sur l'application de l'article 2 (*Varnava*, § 193). Quant à la naissance de l'obligation elle découle « *ipso facto* » de l'information des autorités d'un décès consécutif à un recours à la force, la célérité étant un gage d'effectivité de l'enquête (*Tanrikulu c/ Turquie*, 8 juillet 1999, § 103 ; *Tanguiyeva c/ Russie*, 29 nov. 2007, § 91, ouverture 4 ans après le meurtre de civils tchétchènes par des militaires russes). Il leur faut « agir d'office, dès que l'affaire est portée à leur attention » et non « laisser aux proches de la victime l'initiative de déposer une plainte formelle ou d'assumer la responsabilité d'une procédure d'enquête » (*Soare*, § 161 ; *Ilhan c/ Turquie*, Gr. Ch., 27 juin 2000, § 63). L'État ne peut organiser l'impunité des coupables d'actes de violence en rendant caduque la procédure ou la condamnation « par une prescription, et l'application de mesures telles que l'amnistie ou la grâce » (*Teren Aksakal c/ Turquie*, 11 sept. 2007, § 88 ; *Association « 21 décembre 1989 »*, § 144), ou la suspension légale de l'exécution d'un verdict de culpabilité (*Kasap et a. c/ Turquie*, 14 janvier 2014, § 60). Il ne peut non plus s'exonérer de son obligation positive « uniquement par l'octroi de dommages et intérêts » (*Mc Kerr c/ Royaume-Uni*, 4 mai 2001, § 121).

B) Le volet procédural de l'article 2 « impose une obligation de moyens et non de résultat » (*Avsar c/ Turquie*, 10 juillet 2001, § 404 ; *Natchova*, § 160 ; *Al Skeini*, § 166). Les autorités nationales doivent prendre toutes les mesures raisonnables nécessaires à l'établissement de la vérité sur l'utilisation de la force létale. L'enquête doit être « adéquate », c'est-à-dire « apte à conduire à l'identification et au châtiment des responsables » (*Ramsahai et a. c/ Pays-Bas*, Gr. Ch., 15 mai 2007, § 324). Il y va de « la confiance du public dans le respect du principe de légalité et pour éviter toute apparence de complicité ou de tolérance relativement à des actes illégaux » (*Al Skeini*, § 167). Il convient de « procéder à un examen complet, impartial et approfondi des circonstances dans lesquelles les homicides ont été commis » (*McCann*, § 163). Les personnes chargées de cet examen doivent être indépendantes des personnes impliquées, impartiales « en droit et en fait » (*Güleç c/ Turquie*, 27 juillet 1998, § 82 ; *Natchova*, § 112), ce qui « suppose non seulement l'absence de lien hiérarchique ou institutionnel, mais aussi une indépendance concrète » (*Al Skeini*, § 167 : la section spéciale d'investigation n'était pas indépendante de la hiérarchie militaire qui pouvait clore à tout moment l'enquête ; *Mocanu*, § 33 : l'enquête confiée à des procureurs militaires sur des faits impliquant des généraux n'est pas indépendante ; *Giulani et Gaggio*, § 322 : le fait que des membres du corps d'armée des auteurs du recours à la force soient chargés de vérifications de nature « technique et objective » ne nuit pas à l'impartialité de l'enquête). Tout doit être mis en œuvre, à bref délai, pour « assurer l'obtention des preuves relatives à l'incident en question, y compris, entre autres, les dépositions des témoins oculaires, des expertises criminalistiques et, le cas échéant, une autopsie propre à fournir un compte rendu complet et précis des blessures ainsi qu'une analyse objective des constatations cliniques, notamment de la cause du décès » (*ibid.*, § 166). Une reconstitution, en présence du requérant ou de son avocat, est utile lorsque les faits ne sont pas suffisamment établis (*Taïs c/ France*, 1er juin 2006, § 108 : la reconstitution refusée par le juge d'instruction aurait pu permettre d'établir avec plus de certitudes les conditions de cette mort survenue dans une cellule de dégrisement ; *Ülüfer c/ Turquie*, 5 juin 2012, § 77 ; *Makbule Kaymaz c/ Turquie*, 25 février 2014, § 143). De façon récurrente, et assez inquiétante, des constats de violation procédurale de l'article 2 sont dressés dans les affaires bulgares, roumaines, turques et russes. À propos des disparitions dans le cadre de la lutte antiterroriste dans le Caucase, la Cour constate un problème systémique en Russie et, au titre de l'article 46 de la Convention, indique les mesures générales qui devraient être prises pour assurer le caractère effectif des enquêtes (*Aslakhanov et a. c/ Russie*, 18 déc. 2012, § 229-237) ; mais le problème systémique déborde largement de ce cadre en Russie (*Shchiborsch c/ Russie*, 16 janvier 2014 : manquement à mener une enquête effective sur la mort résultant de l'utilisation de la force pour emmener la victime dans un hôpital psychiatrique). L'enquête doit aussi respecter le principe de publicité et « les proches de la victime doivent être associés à la procédure dans toute la mesure nécessaire à la protection de leurs intérêts légitimes » (*Al Skeini*, § 167 ; *Güleç*, § 82 ; *Issaïeva*, § 213), ce qui implique cependant qu'« on ne saurait considérer comme une exigence découlant automatiquement de l'article 2 que les proches d'une victime puissent avoir accès à l'enquête tout au long de son déroulement » (*Ramsahai*, § 347 : la Cour adopte un dispositif différencié selon les procédures en cause – violation au titre du caractère inadéquat de l'enquête et de son caractère insuffisamment indépendant ; non-violation relativement à la position du procureur, du degré de participation des proches à l'enquête et de la procédure devant la Cour d'appel). Un retard très important dans l'enquête ou dans la conduite de la procédure devant les juridictions internes révèle que les autorités compétentes « n'ont pas agi avec une promptitude suffisante et avec une diligence raisonnable » violant ainsi l'obligation procédurale de l'article 2 (*Camekan c/ Turquie*, 28 janvier 2014, § 55). Par ailleurs, les autorités doivent rechercher, lorsque cela est pertinent, « s'il existe un lien entre des attitudes racistes et un acte de violence » tant au regard des obligations procédurales de l'article 2 pris isolément que combiné avec l'article 14 (*Natchova*, § 161). La garantie procédurale de l'article 2 peut être complétée par les exigences de l'article 13 qui « impose, lorsque les circonstances d'un décès ou d'une agression potentiellement meurtrière sont litigieuses, des investigations approfondies et effectives propres à conduire à l'identification et à la punition des responsables des faits et comportant un accès effectif du plaignant à la procédure d'enquête, outre le versement d'une indemnité là où il convient » (*Soare*, § 191 : ayant constaté une violation procédurale de l'article 2, la Cour examine l'effectivité d'une action civile en réparation ; *Ilhan*, § 103) ; mais, le plus souvent, la Cour, par économie de moyens, s'en tient à son constat de violation procédurale de l'article 2 (*Makaratzis*, § 86 ; *Varnava*, § 211 ; *Valeriy Fuklev c/ Ukraine*, 16 janvier 2014, § 86).

G. G.

## III | Préservation de la vie

### 12. *Osman c/ Royaume-Uni, 28 octobre 1998 (Grande Chambre), JCP G, 1999, I, 105, chron. F. Sudre ; JDI, 1999, 269, chron. P. Tavernier.*

**115.** La Cour note que la première phrase de l'article 2, § 1 astreint l'État non seulement à s'abstenir de provoquer la mort de manière volontaire et irrégulière, mais aussi à prendre les mesures nécessaires à la protection de la vie des personnes relevant de sa juridiction (arrêt L. C. B. c/ Royaume-Uni du 9 juin 1998, § 36). Nul ne conteste que l'obligation de l'État à cet égard va au-delà du devoir primordial d'assurer le droit à la vie en mettant en place une législation pénale concrète dissuadant de commettre des atteintes contre la personne et s'appuyant sur un mécanisme d'application conçu pour en prévenir, réprimer et sanctionner les violations. Aussi les comparants acceptent-ils que l'article 2 de la Convention puisse, dans certaines circonstances bien définies, mettre à la charge des autorités l'obligation positive de prendre préventivement des mesures d'ordre pratique pour protéger l'individu dont la vie est menacée par les agissements criminels d'autrui. […].

**116.** Pour la Cour, et sans perdre de vue les difficultés pour la police d'exercer ses fonctions dans les sociétés contemporaines, ni l'imprévisibilité du comportement humain ni les choix opérationnels à faire en termes de priorités et de ressources, il faut interpréter cette obligation de manière à ne pas imposer aux autorités un fardeau insupportable ou excessif. Dès lors, toute menace présumée contre la vie n'oblige pas les autorités, au regard de la Convention, à prendre des mesures concrètes pour en prévenir la réalisation. Une autre considération pertinente est la nécessité de s'assurer que la police exerce son pouvoir de juguler et de prévenir la criminalité en respectant pleinement les voies légales et autres garanties qui limitent légitimement l'étendue de ses actes d'investigations criminelles et de traduction des délinquants en justice, y compris les garanties figurant aux articles 5 et 8 de la Convention.

La Cour estime que, face à l'allégation que les autorités ont failli à leur obligation positive de protéger le droit à la vie dans le cadre de leur devoir de prévenir et réprimer les atteintes contre la personne […], il lui faut se convaincre que lesdites autorités savaient ou auraient dû savoir sur le moment qu'un ou plusieurs individus étaient menacés de manière réelle et immédiate dans leur vie du fait des actes criminels d'un tiers, et qu'elles n'ont pas pris, dans le cadre de leurs pouvoirs, les mesures qui, d'un point de vue raisonnable, auraient sans doute pallié ce risque. La Cour n'accepte pas la thèse du gouvernement selon laquelle le fait de ne pas percevoir ce risque de mort dans des circonstances connues à l'époque et de ne pas prendre des mesures préventives pour empêcher la concrétisation du risque, équivaudrait à une faute lourde ou à un manquement délibéré à l'obligation de protéger la vie […]. En effet, un critère aussi rigoureux serait incompatible avec les exigences de l'article 1er de la Convention et avec l'obligation pour les États contractants au regard de cet article d'assurer une protection concrète et effective des droits et libertés consacrés par cet instrument, y compris par l'article 2 (voir, *mutatis mutandis*, l'arrêt McCann *et al.* préc., p. 45, § 146). Pour la Cour, et vu la nature du droit protégé par cet article, essentiel pour l'économie de la Convention, il suffit au requérant de montrer que les autorités n'ont pas fait tout ce que l'on pouvait raisonnablement attendre d'elles pour empêcher la matérialisation d'un risque certain et immédiat pour la vie, dont elles avaient ou auraient dû avoir connaissance. Il s'agit là d'une question dont la réponse dépend de l'ensemble des circonstances de l'affaire en question. [...].

Amoureux éconduit et jaloux d'un de ses élèves, un enseignant commet l'irréparable, blessant l'élève en question et assassinant son père et un autre élève. Après l'arrêt *L. C. B. c/ Royaume-Uni* (9 juin 1998, leucémie infantile développée après que le père, militaire, ait été exposé aux rayonnements d'essais nucléaires), la Cour confirme que l'article 2 § 1 impose à l'État l'obligation positive de prendre les mesures nécessaires à la protection de personnes dont la vie est menacée (*Osman*, § 115). Sans frais dans un premier temps, ces deux arrêts ne constatant aucune violation du droit à la vie, cette interprétation évolutive conférant à l'article 2 un effet horizontal va connaître un développement exponentiel au bénéfice de la préservation de la vie contre des atteintes directes ou fortuites. Dans tous les cas c'est l'abstention fautive de l'État qui est en cause.

## I / Les domaines de l'obligation positive de protection de la vie

Deux grands domaines émergent de la jurisprudence selon qu'est en cause une atteinte à la vie causée directement du fait de l'homme ou indirectement du fait d'événements fortuits.

A) L'obligation de protection de la vie menacée par les agissements criminels d'autrui constitue une extension logique de l'obligation de l'État de ne recourir lui-même qu'exceptionnellement à la force létale (*McCann*, *supra* n° 11).

1/ La passivité de l'État peut être mise en cause pour les crimes commis par un tiers poussé par des mobiles passionnels (*Osman*), crapuleux (*Khaindrava et Dzamashvili c/ Géorgie*, 8 juin 2010 : règlement de comptes ; *Kayak c/ Turquie*, 10 juillet 2012, *JCP G* 2012, act. 972, obs. F. Sudre : meurtre d'un garçon lors d'une altercation devant un établissement scolaire ; *Van Colle c/ Royaume-Uni*, 13 nov. 2012 : vengeance contre un témoin à charge), politiques (*Dink c/ Turquie*, 14 sept. 2010 : meurtre d'un journaliste par des ultranationalistes) ou racistes (*Angue-lova et Iliev c/ Bulgarie*, 26 juillet 2007 : jeune rom battu à mort). La mort peut aussi avoir été infligée par un individu souffrant d'un désordre mental et placé, au moment des faits, sous la garde de l'État (*Edwards c/ Royaume-Uni*, 14 mars 2002, *JCP G*, 2002, I, 157 n°2 obs. F. Sudre : meurtre par un codétenu aliéné ; *Yabansu c/ Turquie*, 12 nov. 2012 : homme effectuant son service militaire tué par un autre appelé déclaré inapte à l'usage d'armes à feu en raison de troubles psychologiques à qui une arme avait pourtant été remise) ou après que l'État ait baissé sa garde, mettant fin à une détention par une libération anticipée ou provisoirement par un régime de semi-liberté ou d'autorisations de sorties (*Mastromatteo c/ Italie*, Gr. Ch., 24 oct. 2002, *JCP G*, 2003, I, 109, n° 1, obs. F. Sudre : meurtre lors d'un hold-up commis par un détenu en permission de sortie ; *Maioranno et a. c/ Italie*, 15 déc. 2009 ; *Choreftakis et Choreftaki c/ Grèce*, 17 janvier 2012, *RDP* 2013., obs. G. Gonzalez) ; autant de situations traitées par le juge administratif dans le cadre du contentieux de la responsabilité pour risque spécial des méthodes dangereuses de rééducation (CE, 3 févr. 1956, *Min. de la Justice c. Thouzellier*, *Rec.* 49 ; pour la libération conditionnelle et la semi-liberté : CE, S., 29 avril 1987, *garde des Sceaux c. Banque populaire de la région éco. de Strasbourg*, *Rec.* 158 ; CE, 6 déc. 2012, *Min. de la justice et des libertés c/ association JCLT*, n° 351158, *Rec. T*). La Cour s'est aussi saisie de la question des violences domestiques, notamment faites aux femmes, brisant ainsi le tabou du machisme et/ou de traditions barbares (*Controva c/ Slovaquie*, 31 mai 2007 ; *Branko Tomasic et a. c/ Croatie*, 15 janvier 2009 ; *Opuz c/ Turquie*, 9 juin 2009 : emblématique de l'indifférence des autorités parfaitement au fait du sort de cette femme et de sa mère harcelées et maltraitées par un mari qui, finalement, tua la dernière). l'État doit aussi protéger l'étranger contre des agissements criminels, comme les crimes d'honneur, lorsqu'il envisage une expulsion (*A.A. et a. c/ Suède*, 28 juin 2012 ; *A.G.A.M., D.N.M., M.K.N., M.Y.H. et autres, N.A.N.S., N.M.B., N.M.Y. et autres et S.A. c. Suède*, 27 juin 2013).

2/ Les personnes vulnérables doivent aussi être protégées contre elles-mêmes. Tel est principalement le cas des détenus comme l'illustre une jurisprudence abondante relative au suicide en prison (*Tanribilir c/ Turquie*, 16 nov. 2000, *JCP G*, 2001, 291, n° 4, obs. F. Sudre ; *Renolde c/ France*, 16 oct. 2008, *JCP G* 2008.II.10196, note B. Belda ; *Jasinska c/ Pologne*, 1er juin 2010 ; *De Donder et De Clippel c/ Belgique*, 6 déc. 2011 ; *Ketreb c/ France*, 19 juillet 2012 ; *Çoşelav c/ Turquie*, 9 oct. 2012). Le service militaire peut aussi être mortifère, notamment en Turquie (*Kilavuz*, 21 oct. 2008 ; *Lütfi Demirci et a.*, 2 mars 2010 ; *Servet Gündüz et a.*, 11 janvier 2011) ou en Ukraine (*Mosendz*, 17 janvier 2013 : suicide supposé consécutif à des pratiques de bizutage dans l'armée) tout comme le désespoir lié à une certaine précarité (*Mikayil Mammadov c/ Azerbaïdjan*, 17 déc. 2009 : immolation par le feu de la mère d'une famille déplacée en raison du conflit avec l'Arménie et confrontée à une menace d'expulsion de son logement). Il faut enfin rappeler que le suicide médicalement assisté fait l'objet d'une jurisprudence encore incertaine qui ne s'aventure que rarement sur le terrain de l'article 2 (*supra* n° 10 ; *Koch c/ Allemagne*, 19 juillet 2012, *JCP G* 2012, act. 915, obs. M. Afroukh ; cependant CE, Ass., 14 février 2014, *Consorts Lambert et a* : autorisation de mettre fin à un traitement maintenant artificiellement en vie un patient ; *Lambert et a. c/ France*, n° 46043/14 : suspension de cette autorisation pour la durée de la procédure devant la Cour).

B) La Cour s'est aussi saisie sur le terrain de l'article 2 des atteintes indirectes à la vie du fait de négligences ou d'événements fortuits. Selon la Cour « l'obligation positive pour les États de prendre toutes les mesures nécessaires à la protection de la vie des personnes relevant de leur juridiction... doit être interprétée comme valant dans le contexte de toute activité, publique ou non, susceptible de mettre en jeu le droit à la vie » (*Öneyrildiz*, § 71, *infra* n° 64).

1 / Les installations ou activités dangereuses requièrent de la part des autorités une vigilance particulière en rapport néanmoins avec l'état des connaissances au moment des faits (*L. C. B.*, § 41). L'obligation positive de protéger la vie s'applique à l'égard des personnes vivant dans leur voisinage (*Guerra c/ Italie*, 19 février 1998 : implicite sur le terrain de l'article 8 – voisinage d'une usine chimique ; *Öneyrildiz* ; *Paşa et Erkan Erol c/ Turquie*, 12 déc. 2012 : enfants blessés en jouant dans une zone minée ; *Oruk c/ Turquie*, 4 février 2014, *JCP G*, 2014, actu, 248, obs. G. Gonzalez : explosion d'un obus perdu à proximité d'une zone de tir militaire provoquant la mort de cinq enfants), de celles qui sont confrontées à des activités à risques (*Kalender c/ Turquie*, 15 déc. 2009, § 44, *JCP G*, 2010, 70, n° 3, obs. F. Sudre : le transport ferroviaire ; déc. 16 janvier 2008, *Leray et a. c/ France*, n° 44617/98 : sécurité sur un bateau ; déc. 27 novembre 2007, *Rajkowska c. Pologne*, n° 37393/02 : sécurité routière) ou à des conditions de travail qui ne sont pas sans dangers (*L. C. B.* ; *Vilnes et a. c/ Norvège*, 5 déc. 2013 : risques pris par des plongeurs en eaux profondes ; déc. 26 août 2003, *Pereira Enriques c/ Luxembourg*, n° 60255/00 : chantier de construction). Une chose inanimée peut aussi s'avérer dangereuse et l'État doit prendre les mesures raisonnables pour assurer la sécurité des personnes dans l'espace public (*Ciechonska c/ Pologne*, 14 juin 2011, § 67, *JCP G*, 2011, 167 n°3, obs. F. Sudre : promeneur tué par la chute d'un arbre dans la rue ; *Banel c/ Lituanie*, 18 juin 2013 : enfant tué par la chute d'un balcon d'un bâtiment en ruine). Le juge administratif consolide cette protection

par la voie du référé liberté en cas de « danger caractérisé et imminent pour la vie des personnes » par exemple lors de la réalisation de travaux publics (CE, ord. 16 nov. 2011, *Ville de Paris, SEM parisienne, RFDA* 2012.269).

2 / Après avoir été interpelée sur les obligations d'information de l'État au regard des conséquences pour la santé d'une exposition à la radioactivité (*L.C.B.*) et avoir évoqué une obligation de protéger l'individu « contre le risque de maladie » (*Berktay c/ Turquie*, 1er mars 2001, § 154, *JCP G*, 2001, I, 342, n° 1, obs. F. Sudre) la Cour a développé sa doctrine relativement à cette obligation positive de protection dans deux directions.

Dans le domaine de « la santé publique », les principes relatifs à la protection de la vie intéressent tout autant les professionnels « agissant dans le cadre du secteur public que ceux travaillant dans des structures privées » (*Calvelli et Ciglio c/ Italie*, 17 janvier 2002, *JCP G* 2002, I, 157 obs. F. Sudre). La mort peut résulter de négligences des professionnels de santé (*Kudra c/ Croatie*, 18 déc. 2012) ; elle peut aussi résulter de problèmes organisationnels comme une privation d'accès aux soins d'urgence appropriés due à « une exigence financière préalable » (*Şentürk c/ Turquie*, 9 avril 2013, § 95, *JCP G* 2013, actu 510, obs. G. Gonzalez) ou d'une réponse inadaptée à un refus de traitement médical de la part d'un patient présentant des troubles mentaux (*Arskaya c/ Ukraine*, 5 déc. 2013).

La Cour exige également que les autorités prennent en considération l'état de santé des personnes vulnérables placées sous leur garde. Comme elle le souligne « face à des personnes détenues, placées en garde à vue ou venant de faire l'objet d'une arrestation et se trouvant donc dans un rapport de dépendance par rapport aux autorités de l'État, ces dernières ont une obligation de protection de la santé » (*Saoud c/ France*, 9 oct. 2007, § 98, *RDP* 2008, 947, obs. M. Levinet ; *Florea c/ Roumanie*, 14 sept. 2010 : prisonnier dont la maladie est aggravée par le tabagisme passif auquel il a été exposé ; *Gorelov c/ Russie*, 9 janvier 2014 : le lien entre la détention et la séropositivité du requérant n'est pas établi mais une violation procédurale de l'article 2 est retenue). Le juge administratif, se référant expressément à l'article 2 de la Convention y veille aussi (CE, 22 déc. 2012, *Section française de l'Observatoire des prisons* : situation sanitaire déplorable de la prison des Beaumettes, *JCP G* 2013, 87, note O. Le Bot).

3 / Aux activités humaines dangereuses, la nature ajoute son lot de risques dont les conséquences sont d'ailleurs souvent aggravées du fait de l'homme. La Cour juge que « dans le domaine des secours d'urgence

où l'État s'implique directement dans la protection des vies humaines en procédant à l'atténuation des catastrophes naturelles, toutes ces considérations (relatives à l'obligation de protéger la vie) devraient trouver à s'appliquer dans la mesure où les circonstances d'un cas particulier montrent l'imminence d'une telle catastrophe clairement identifiable et surtout lorsqu'il s'agit d'une calamité récurrente frappant une zone particulière d'habitation ou d'utilisation par l'homme » (*Boudaïeva c/ Russie*, 20 mars 2008, § 137, *JCP G* 2008.I.167 n°2 obs. F. Sudre : manquement des autorités à mettre en œuvre des politiques d'aménagement du territoire et de secours d'urgence dans une zone à risques submergée par une coulée de boue ; *Kolyadenko c/ Russie*, 28 février 2012, *RDP* 2013., obs. G. Gonzalez : victimes d'une évacuation massive d'eau d'un réservoir suite à des pluies exceptionnelles). Face aux intempéries, les personnes vulnérables doivent être particulièrement protégées, les négligences se payant cher (*Kemaloglu c/ Turquie*, 10 avril 2012 : enfant de 7 ans mort gelé en tentant de rentrer chez lui dans une tempête de neige après la fermeture prématurée de son école). Les animaux, à l'état sauvage sont aussi sources de risques (*Stoicescu c/ Roumanie*, 26 juillet 2011 : implicite sous l'article 8 à propos des chiens errants de Bucarest ; *Berü c/ Turquie*, 11 janvier 2011, *RDP* 2012, 794, obs. G. Gonzalez ; CE, 13 août 2013, *Ministre de l'intérieur c/ commune de Saint-Leu*, *AJDA*, 2013, p. 2104, note O. Le Bot : requins).

## II / Le contenu de l'obligation positive de protection de la vie

« Prévenir et réprimer » s'agissant d'agissements criminels (*Osman*, § 116), ou plus généralement enquêter pour comprendre et si possible réparer les conséquences des négligences de l'État, telles sont les obligations positives de ce dernier qui se répartissent ainsi classiquement entre un volet matériel et un volet procédural.

A) Contre les agissements criminels, « une législation pénale concrète dissuadant de commettre des atteintes contre la personne et s'appuyant sur un mécanisme d'application conçu pour en prévenir, réprimer et sanctionner les violations » (*Osman*, § 115 ; *Mastromatteo*, § 74) est nécessaire mais insuffisante, tout comme une réglementation d'une activité à risque régissant « l'autorisation, la mise en place, l'exploitation, la sécurité et le contrôle afférents l'activité » (*Oneryildiz*,

§ 90 ; *Boudaïeva*, § 132) ou celle « imposant aux hôpitaux, qu'ils soient privés ou publics, l'adoption de mesures propres à assurer la protection de la vie des malades » (*Şentürk c/ Turquie*, 9 avril 2013, § 81). L'article 2 impose à l'État de prendre des mesures pratiques propres à chacun des domaines concernés.

1/ L'appréciation de « l'obligation positive de prendre préventivement des mesures d'ordre pratique pour protéger l'individu dont la vie est menacée par les agissements criminels d'autrui » est appréciée « de manière à ne pas imposer aux autorités un fardeau insupportable ou excessif » compte tenu des aléas auxquels se heurtent les activités de police (*Osman*, § 115-116 ; *Dink c/ Turquie*, 14 sept. 2010, § 65 ; *Kayak c/ Turquie*, 10 juillet 2012, § 54).

La Cour distingue deux situations. Certaines affaires « portent sur l'exigence d'une protection rapprochée d'un ou de plusieurs individus identifiables à l'avance comme cibles potentielles d'une action meurtrière » (*Mastromatteo*, § 69 ; *Kayak*, § 55). Dans ce cas, il suffit de faire la preuve que « les autorités n'ont pas fait tout ce que l'on pouvait raisonnablement attendre d'elles pour empêcher la matérialisation d'un risque certain et immédiat pour la vie, dont elles avaient ou auraient dû avoir connaissance » (*Osman*, § 116 ; *Opuz c/ Turquie*, 9 juin 2009, § 136 ; *Dink*, § 72). Cette protection doit être effective et ne doit pas être retirée tant que le risque encouru est réel (*R.R. et a. c/ Hongrie*, 4 déc. 2012 : exclusion prématurée d'un programme de protection des témoins). D'autres affaires concernent plutôt « l'obligation d'assurer une protection générale de la société contre les agissements éventuels d'une ou de plusieurs personnes… et d'en définir l'étendue » (*Mastromatteo*, § 69 ; *Kayak*, § 65). Tel est le cas de personnes incarcérées pour des crimes violents et récidivant dans le cadre de permissions de sorties ou d'une libération anticipée (*Mastromatteo* ; *Choreftakis et Choreftaki c/ Grèce*, 17 janvier 2012). Dans ce secteur, privilégiant la politique de réinsertion sociale pour la mise en œuvre de laquelle les États ont une large marge d'appréciation, la Cour opère un contrôle minimum du système encadrant ces mesures de substitution à la détention puis s'assure de leur bonne application. Les constats de violation sont rares sauf manquement manifeste « au devoir de diligence » des autorités confrontées à un individu socialement très dangereux (*Maiorano c/ Italie*, 15 déc. 2009, § 121). Mais la Cour peut étendre considérablement cette obligation positive en y incluant une « obligation de surveillance des élèves » renforcée à l'occasion notamment de leur entrée et de leur sortie de l'établissement (*Kayak*, § 60). Dans le cas de personnes dangereuses et/ou souffrant de troubles mentaux graves, la circulation des informations entre les diverses autorités impliquées dans la chaîne décisionnelle revêt une importance particulière (*ibid.*, § 121 ; *Edward c/ R.-U.*, 14 mars 2002, § 61).

2 / L'État doit être particulièrement vigilant quant aux troubles mentaux que peuvent engendrer ou aggraver la privation de liberté ou les conditions de détention jusqu'à pousser les détenus au suicide. Une surveillance appropriée à leur état de santé doit être mise en œuvre (par exemple *Ketreb c/ France*, 19 juillet 2012, § 95 : outre une surveillance médicale adaptée – voir *infra* – une fouille régulière de la cellule aurait permis de trouver la ceinture avec laquelle le détenu s'est pendu). Intégrant progressivement ces contraintes le juge administratif décide « qu'eu égard à la vulnérabilité des détenus et à leur situation d'entière dépendance vis-à-vis de l'administration, il appartient à celle-ci... de prendre les mesures propres à protéger leur vie... afin de garantir le respect effectif des exigences découlant des principes rappelés notamment par les articles 2 et 3 de la Convention européenne » (CE, 22 déc. 2012, *Section française de l'Observatoire des prisons*, *JCP G*, 2013, 87, note O. Le Bot : injonctions d'assainir la prison des Beaumettes ; CE, 17 déc. 2008, *Section française de l'Observatoire des prisons*, *Rec.*). D'une manière générale, les conditions d'accueil ne doivent pas créer « une situation de danger pour la vie de personnes vulnérables confiées aux soins de l'État » (*Nencheva c/ Bulgarie*, 18 juin 2013 : 7 enfants souffrant de troubles mentaux trouvent la mort durant l'hiver dans un foyer en raison de l'insuffisance de chauffage, d'alimentation et de médicaments ; *Centre des ressources juridiques au nom de Valentin Campeanu c/ Roumanie*, Gr. Ch., 17 juillet 2014 : mort d'un jeune rom orphelin, handicapé et séropositif transféré d'une structure à l'autre au mépris de sa vulnérabilité et dont les autorités, « ont mis de manière déraisonnable sa vie en danger », § 143).

3 / Dans le domaine des choses ou activités dangereuses et/ou des risques naturels la Cour insiste sur l'obligation de l'État d'entretenir convenablement les ouvrages qui contribuent à minimiser les menaces comme les systèmes d'évacuation des eaux dans les zones inondables (*Boudaïeva*, 20 mars 2008 ; *Kolyadenko*, 28 février 2012). Des mesures particulières de sécurité s'imposent aussi pour éviter « que des vies ne soient inutilement mises en danger dans le contexte d'une activité à risques » et la Cour est attentive aux failles de sécurité (*Kalender c/ Turquie*, 15 déc. 2009, § 44 : structure physique d'une gare présentant de telles failles ; *Öneyrildiz*, § 107 : une « mise en place en temps utile d'un système de dégazage dans la décharge » municipale aurait évité l'explosion meurtrière ; *Paşa et Erkan Erol c/ Turquie*, 12 déc. 2012 et *Oruk*

*c/ Turquie*, 4 février 2014 : zones militaires insuffisamment sécurisées et délimitées). Les autorités scolaires doivent prendre en considération le caractère vulnérable des enfants qui sont sous leur garde (*Kemaloglu c/ Turquie*, 10 avril 2012 : graves négligences des autorités scolaires qui ont laissé rentrer chez lui un enfant, en l'absence du bus de ramassage scolaire, dans une tempête de neige où il a trouvé la mort – rapprocher CE, 14 mai 1986, *Commune de Cilaos*, *AJDA* 1986.466, note L. Richer). Plus généralement cette obligation d'entretien pèse sur les autorités en ce qui concerne les espaces publics (*Ciechonska c/ Pologne*, 14 juin 2000 ; *Banel c/ Lituanie*, 18 juin 2013). Pour parer à tout danger, l'État doit fournir les services d'urgence essentiels comme les pompiers, les ambulances mais aussi les moyens de sauvetage en mer ou en montagne (déc. 2 déc. 2008, *Furdik c/ Slovaquie*, n° 42994/05). Dès qu'un risque tel celui encouru par les travailleurs en contact avec des produits toxiques comme l'amiante est avéré, l'État doit réagir en légiférant ou en prenant des mesures pratiques (*Brincat et a. c/ Malte*, 24 juillet 2014). Quant aux animaux, les quelques attaques commises par des chiens errants dans un village de Turquie ne sont pas suffisantes selon la Cour pour identifier un manquement à l'obligation de protéger malgré la mort d'une enfant victime d'une meute (*Berü c/ Turquie*, op. cit.). En revanche, face au risque avéré d'attaques de requins représentant un « risque mortel, notamment pour une activité ordinaire de baignade proche du rivage », le juge du référé-liberté enjoint le préfet de prendre des mesures de protection des baigneurs sur l'île de La Réunion suite à plusieurs attaques (CE, 13 août 2013, *Ministre de l'intérieur c/ commune de Saint-Leu*).

Le point commun de toutes ces affaires générées par une installation ou une activité à risque est l'obligation d'information des populations. Les autorités doivent prendre au sérieux leur rôle de donneur d'alerte (*Öneyrildiz*, § 108 : ici même le respect de l'obligation d'information sur les risques encourus par les habitants du bidonville n'aurait pu « absoudre » les autorités de leur responsabilité ; *Boudaïeva*, § 152 : face à des coulées de boue récurrentes « informer la population des risques constituait l'une des mesures pratiques majeures » ; *Kolyadenko*, § 182 : absence de réparation du système d'alarme d'urgence du réservoir à l'origine des inondations ; *Oruk*, § 64 : absence de « mesures d'éducation et de sensibilisation que requérait l'exercice d'une activité militaire dangereuse » dans une zone militaire non délimitée ; *Brincat*, § 114 : absence d'informations sur les risques d'intoxication par l'amiante sur les lieux de travail, ici un chantier naval). Pour se protéger des attaques de requins, le Conseil d'État juge que « seules les mesures d'interdiction de baignade et d'activités nautiques, dans des zones où un dispositif efficace de surveillance et d'alerte n'a pas été mis en place, sont susceptibles de supprimer le risque d'attaques, à la condition que ces interdictions soient respectées, ce qui implique qu'elles soient convenablement signalées et que la population soit largement informée de ces mesures d'interdiction et des risques encourus en ne les respectant pas » (CE, 13 août 2013, op. cit.).

4 / Dans le domaine de la santé, l'obligation positive de protéger la vie est essentiellement procédurale, comme si la Cour se refusait d'interférer dans ce domaine de haute technicité. Les États doivent néanmoins tout faire « pour assurer un haut niveau de compétence chez les professionnels de la santé » (*Şentürk c/ Turquie*, 9 avril 2013, § 80). Ils sont aussi responsables de « dysfonctionnement flagrants » privant un malade de soins d'urgence pour des motifs exclusivement financiers (*ibid.*, § 97 ; déc. 21 mars 2002, *Nitecki c/ Pologne*, n° 65653/01, non-remboursement complet d'un médicament coûteux indispensable à un malade incurable indigent ; *Chypre c/ Turquie*, 10 mai 2001, § 219 : refus de soins discriminatoire). Cette obligation rejoint celle de dispenser des soins médicaux aux personnes gardées à vue (*Anguelova c/ Bulgarie*, 13 juin 2002, § 130) comme aux étrangers placés en zone rétention (*Slimani c/ France*, 27 juillet 2004, § 27). Un prisonnier souffrant de troubles psychiques doit aussi bénéficier des soins appropriés et les autorités agissent de façon raisonnable à son égard « en le plaçant à l'hôpital et sous surveillance lorsqu'il faisait preuve de tendances suicidaires » (*Keenan c/ Royaume-Uni*, 3 avril 2001, § 96) ; au contraire viole l'article 2 le suicide d'un tel détenu placé en cellule disciplinaire alors que, souffrant de troubles psychotiques avérés, il doit « gérer lui-même quotidiennement son traitement sans aucune surveillance » (*Renolde c/ France*, 16 oct. 2008), ou sans que les autorités pénitentiaires se soient assurées « de la compatibilité de (son) état avec son maintien en quartier disciplinaire » en consultant les services psychiatriques rattachés à la maison d'arrêt (*Ketreb c/ France*, 19 juillet 2012, § 94). L'État faillit aussi à son obligation de protéger la vie lorsque des « enfants vulnérables atteints de maladies exigeant des soins spécifiques et renforcés » sont soumis à des conditions déplorables mettant inévitablement en péril leur vie (*Nencheva c/ Bulgarie*, 18 juin 2013 ; *Centre des ressources juridiques au nom de Valentin Campeanu c/ Roumanie*, Gr. Ch., 17 juillet 2014).

B) Toute mort dans des circonstances susceptibles d'impliquer l'État requiert une réaction judiciaire « pour que, le cas échéant, les violations du droit en jeu soient réprimées et sanctionnées » (pour les activités dangereuses : *Öneyrildiz*, § 91 ; *Boudaïeva*, § 142 ; pour les agissements criminels d'autrui : *Osman*, § 116 ; *Edward c/ Royaume-Uni*, 14 mars 2002, § 69 ; *Branko Tomašić et autres c. Croatie*, 15 janvier 2009, § 62 ; pour la santé : *Şentürk c/ Turquie*, 9 avril 2013, § 81). Une enquête est nécessaire afin d'identifier les « imprudences, omissions ou négligences » des autorités nationales face aux agissements criminels d'autrui (*Dink c/ Turquie*, 14 sept. 2010, § 76), les « défaillances dans la mise en œuvre du cadre réglementaire » d'une activité à risques (*Oruk*, § 55 ; *Chiechonska*, § 66), la « cause du décès d'un individu se trouvant sous la responsabilité de professionnels de la santé » (*Senturk*, § 81). Les exigences de moyens sont identiques à celles mises en lumière en matière de recours à la force meurtrière (*McCann*, *supra* n° 11) qui « sont tout à fait susceptibles de s'appliquer dans d'autres catégories d'affaires » (*Öneyrildiz*, § 93 ; *Cavelli et Ciglio c/ Italie*, 17 janvier 2002, § 49). Au-delà du stade de l'enquête officielle, « c'est l'ensemble de la procédure, y compris la phase de jugement, qui doit satisfaire aux impératifs de l'obligation positive de protéger la vie par la loi » (*Öneyrildiz*, § 95). Une distinction doit être opérée en fonction de l'origine de l'atteinte à la vie. La mise en œuvre d'un arsenal pénal dissuasif doit permettre, en pratique, de réprimer et sanctionner les agissements criminels d'autrui (*Osman*, § 116 ; *Opuz*, § 150) et les conséquences funestes de négligences graves d'agents de l'État en rapport avec des activités dangereuses (*Öneyrildiz*, § 112 et § 116 : le procès pénal n'a pas eu trait à l'atteinte au droit à la vie ; *Boudaïeva*, § 142). Mais lorsque l'atteinte au droit à la vie ou à l'intégrité physique n'est pas volontaire, « l'obligation positive de mettre en place un 'système judiciaire efficace'n'exige pas nécessairement dans tous les cas un recours de nature pénale et il peut y être satisfait par l'offre de recours de nature civile, administrative ou même disciplinaire » notamment pour les accidents survenus dans l'espace public (*Ciechonska*, § 67) ou dans le domaine de la santé (*Calveli et Ciglio*, § 51 ; *Vo c/ France*, Gr. Ch., 8 juillet 2004, § 90, *supra*, n° 10) sauf dans le cas où la mort d'un patient résulterait d'« une absence de prise en charge médicale par un service hospitalier » (*Şentürk*, § 105). Dans les affaires concernant les crimes perpétrés pendant une permission de sortie ou sous un régime de semi-liberté, la Cour déconnecte les poursuites pénales contre l'auteur et les recours propres à engager la responsabilité de l'État, les deux régimes de responsabilité reposant sur des fondements différents (*Mastromatteo c/ Italie*, 24 oct. 2002, § 94-95), ce qui n'est pas sans rappeler la position du juge français des conflits (TC, 14 janvier 1935, *Thépaz*, *GAJA* n° 47). L'ensemble de la procédure, investigations comprises, doit en tout état de cause répondre aux canons de l'équité, faute de quoi une violation procédurale de l'article 2 sera constatée. Les investigations et la procédure doivent être menées en toute indépendance et impartialité, ce qui « suppose non seulement une indépendance hiérarchique ou institutionnelle, mais aussi une indépendance pratique » (*Maiorano c/ Italie*, 15 déc. 2009 : doutes sur celle de l'organe chargé de conduire une procédure disciplinaire ; *Öneyrildiz*, § 115 : sur celle des organes d'enquêtes aptes à engager les poursuites pénales ; *Boudaïeva*, § 163 : absence d'enquête judiciaire indépendante ou de rapports d'expertise ; *Dink*, § 91 : le classement sans suite des instructions pénales contre les responsables de la gendarmerie et de la police impliqués dans cet assassinat politique méconnaissent ces exigences procédurales). Une certaine publicité est aussi requise (*Edwards*, § 84 ; *Seidova et al. c/ Bulgarie*, 18 nov. 2010, § 60) et les mesures adéquates doivent être prises en respectant l'« exigence de célérité et de diligence raisonnables » (*Senturk*, § 79 ; *Silih c/ Slovénie*, Gr. Ch., 9 avril 2009, § 196 : dans le milieu hospitalier un « prompt examen » est nécessaire à la « connaissance des faits et des erreurs éventuellement commises… pour permettre aux établissements concernés et au personnel médical de remédier aux défaillances potentielles et de prévenir des erreurs similaires »). Dans le cadre des agissements criminels d'autrui, l'obligation positive d'enquêter apparaît dès lors qu'une disparition intervient dans des circonstances suspectes (*Dodov c/ Bulgarie*, 17 janv. 2008 : femme atteinte de la maladie d'Alzheimer ; *Girard c/ France*, 30 juin 2011, § 83, *JCP G* 2011.914, n° 4, obs. F. Sudre : ne respecte pas cette exigence une enquête sur une disparition qui n'aboutit 18 mois plus tard que grâce aux investigations des parents de la disparue). L'ensemble de la procédure doit être d'une durée raisonnable (*G. N. et al. c/ Italie*, 1er déc. 2009, *JCP G*, 2009, 595, n° 52, obs. F. Sudre : infection par le VIH de personnes à la suite de transfusions sanguines ; *Dambean c/ Roumanie*, 23 juillet 2013 : plus de 7 ans pour une procédure pénale consécutive à un accident de la route mortel ; *Kemaloglu c/ Turquie*, § 47) et la réparation doit être adéquate (*Oyal c/ Turquie*, 23 mars 2010, § 72 : seule l'octroi d'une couverture médicale à vie à un adolescent contaminé par le VIH lors de transfusions sanguines après sa naissance peut tenir lieu de réparation ; *Kemaloglu*, § 47). Dans les affaires particulièrement délicates de violences domestiques, la combinaison bienvenue de l'article 13 avec l'article 2 impose d'aménager une voie de réparation du préjudice moral causé à la victime (*Kontrova c/ Slovaquie*, 31 mai 2007, § 65) et la combinaison avec l'article 14 souligne le caractère discriminatoire de ces violences accentué par le caractère « inopérant » des recours pénaux et civils (*Opuz*, § 152 et 201).

G. G.

## IV | Peine de mort

### 13. *Öcalan c/ Turquie, 12 mai 2005* (*Grande Chambre*).

*Portée juridique de la pratique des États contractants concernant la peine de mort.*

**162.** [...]. En fait, s'il faut interpréter l'article 2 comme autorisant la peine capitale, nonobstant l'abolition presque complète de celle-ci en Europe, on ne saurait affirmer que l'article 3 inclut une interdiction générale de la peine de mort, car le libellé clair de l'article 2, § 1 s'en trouverait réduit à néant (*Soering c/ Royaume-Uni*, arrêt du 7 juillet 1989, § 103).

**163.** Sur ce point, la Grande Chambre partage les conclusions suivantes de la chambre (§ 189-196) :» [...] la Cour doit d'abord répondre aux observations du requérant, qui affirme que la pratique des États contractants en la matière peut passer pour témoigner de leur accord pour abroger l'exception prévue par la deuxième phrase de l'article 2, § 1, laquelle autorise explicitement la peine capitale dans certaines conditions. » [...] Elle rappelle qu'elle a admis dans l'affaire *Soering* qu'une pratique établie au sein des États membres pourrait donner lieu à une modification de la Convention. Dans cette affaire, la Cour a jugé qu'une pratique ultérieure en matière de politique pénale nationale, sous la forme d'une abolition généralisée de la peine capitale, pourrait témoigner de l'accord des États contractants pour abroger l'exception ménagée par l'article 2, § 1, donc pour supprimer une limitation explicite aux perspectives d'interprétation évolutive de l'article 3 (§ 103). Elle a toutefois estimé que le Protocole n° 6 montrait que les Parties contractantes, pour instaurer l'obligation d'abolir la peine capitale en temps de paix, avaient voulu agir par voie d'amendement, selon la méthode habituelle, et, qui plus est, au moyen d'un instrument facultatif laissant à chaque État le choix du moment où il assumerait pareil engagement. La Cour a donc conclu que l'article 3 ne saurait s'interpréter comme prohibant en principe la peine de mort (§ 103-104). » [...] la Cour observe que le traitement juridique de la peine de mort a considérablement évolué depuis qu'elle s'est prononcée sur l'affaire *Soering*. D'une abolition de fait dans vingt-deux États contractants constatée dans cette affaire en 1989, on est passé à une abolition *de jure* dans quarante-trois des quarante-quatre États contractants – notamment, très récemment, dans l'État défendeur – et à un moratoire dans le dernier pays qui n'a pas encore aboli cette peine, à savoir la Russie. Cet abandon pratiquement total en Europe de la peine de mort en temps de paix se traduit par la signature du Protocole n° 6 par l'ensemble des États membres et par la ratification de ce Protocole par quarante et un d'entre eux [...]. En témoigne également la politique du Conseil de l'Europe, qui exige des nouveaux États membres, comme condition préalable à leur admission dans l'Organisation, qu'ils s'engagent à abolir la peine capitale. Du fait de cette évolution, les territoires relevant de la juridiction des États membres du Conseil de l'Europe forment à présent une zone exempte de la peine de mort. » [...] Il est tout à fait possible de considérer que cette franche tendance traduit à présent un accord des États contractants pour abroger, ou du moins modifier, la deuxième phrase de l'article 2, § 1, particulièrement lorsque l'on tient compte du fait que tous les États contractants ont déjà signé le Protocole n° 6 et que quarante et un d'entre eux l'ont ratifié. On peut se demander s'il est nécessaire d'attendre la ratification du Protocole n° 6 par les trois États membres restants pour conclure que l'exception relative à la peine de mort prévue à l'article 2, § 1 a été substantiellement modifiée. Eu égard à la convergence de tous ces éléments, on peut dire que la peine de mort en temps de paix en est venue à être considérée comme une forme de sanction inacceptable [...] qui n'est plus autorisée par l'article 2. »

**164.** La Cour rappelle qu'avec l'ouverture à la signature du Protocole n° 13 à la Convention relatif à l'abolition de la peine de mort en toutes circonstances, les États contractants ont choisi de poursuivre leur politique d'abolition selon la méthode habituelle, c'est-à-dire par voie d'amendement du texte de la Convention. À la date du présent arrêt, trois États membres n'ont pas signé ce Protocole, et seize États ne l'ont pas encore ratifié. Cependant, ce pas ultime vers l'abolition totale de la peine de mort en toutes circonstances – c'est-à-dire aussi bien en temps de paix qu'en temps de guerre – peut être vu comme la confirmation de la tendance abolitionniste que les États contractants sont en train de mettre en pratique. Elle ne va pas nécessairement à l'encontre de la thèse selon laquelle l'article 2 a été amendé en tant qu'il autorise la peine de mort en temps de paix.

**165.** Pour le moment, le fait qu'il y a encore un nombre élevé d'États qui n'ont pas signé ou ratifié le Protocole n° 13 peut empêcher la Cour de constater que les États contractants ont une pratique établie de considérer l'exécution de la peine de mort comme un traitement inhumain et dégradant contraire à l'article 3 de la Convention, compte tenu du fait que cette dernière disposition n'admet aucune dérogation, même en temps de guerre. Toutefois, à l'instar de la chambre, la Grande Chambre juge inutile que la Cour parvienne à une conclusion définitive sur ces points puisque, pour les raisons suivantes, il serait contraire à la Convention, même si l'article 2 de celle-ci devait être interprété comme autorisant toujours la peine de mort, d'exécuter une telle peine à l'issue d'un procès inéquitable.

*Procédure inéquitable et peine de mort*

**166.** En ce qui concerne « l'exécution d'une sentence capitale prononcée par un tribunal », tel que prévu par l'article 2 de la Convention, la Grande Chambre souscrit au raisonnement tenu par la chambre (arrêt de chambre, § 201-204) :

[...] Quand bien même l'article 2 autoriserait-il encore aujourd'hui la peine de mort, la Cour estime qu'il est interdit d'infliger la mort de façon arbitraire en vertu de la peine capitale. Cela découle de l'exigence que « le droit de toute personne à la vie [soit] protégé par la loi ». [...].

[...] Il découle également de l'exigence contenue dans l'article 2, § 1 que la mort ne peut être donnée qu'en vertu de « l'exécution d'une sentence capitale prononcée par un tribunal » [...] ; par ailleurs, les normes d'équité les plus strictes et les plus rigoureuses doivent être observées dans la procédure pénale tant en première instance qu'en appel. L'exécution de la peine capitale étant irréversible, ce n'est que par l'application de telles normes qu'une mort arbitraire et illégale peut être évitée [...].

[...] Il découle de l'interprétation de l'article 2 développée ci-dessus que « l'exécution d'un condamné à mort qui n'a pas bénéficié d'un procès équitable n'est pas autorisée » [...].

Arrêté après une traque internationale, jugé et condamné à mort, le chef du Parti des travailleurs du Kurdistan (PKK), organisation terroriste, a vu sa peine commuée en prison à vie à la suite d'une loi du 9 août 2002 abolissant la peine de mort en temps de paix. Devant la Cour européenne il soutient notamment que le fait d'infliger et/ou d'appliquer la peine de mort emporte violation de l'article 2 de la Convention et constitue une peine inhumaine et dégradante au sens de l'article 3. Toute menace d'application de la peine de mort ayant disparu, la Cour écarte les griefs de violation de l'article 2 mais apporte d'utiles éclaircissements sur le seul terrain de l'article 3 de la Convention. Adepte du contournement de l'autorisation du châtiment suprême, la Cour consacre aujourd'hui une relecture de l'article 2 en bannissant l'infliction.

## I / Le contournement de l'autorisation de l'infliction de la peine de mort

Depuis son arrêt *Soering c/ Royaume-Uni* (7 juill. 1989, § 103, *infra* n° 16) la Cour, faute de pouvoir réécrire l'article 2 de la Convention, s'emploie chaque fois qu'elle le peut à en neutraliser la disposition paradoxale qui autorise la peine capitale.

A) L'instrument privilégié de ce contournement est l'article 3 de la Convention. Comme le rappelle la Cour, « s'il faut interpréter l'article 2 comme autorisant la peine capitale, nonobstant l'abolition presque complète de celle-ci en Europe, on ne saurait affirmer que l'article 3 inclut une interdiction générale de la peine de mort, car le libellé clair de l'article 2 § 1 s'en trouverait réduit à néant » (*Öcalan*, § 162 ; *Soering* § 103). Mais « la manière dont la peine de mort est prononcée ou appliquée, la personnalité du condamné ou une disproportion par rapport à la gravité de l'infraction, ainsi que les conditions de la détention vécue dans l'attente de l'exécution, figurent parmi les éléments de nature à faire tomber sous le coup de l'article 3 le traitement ou la peine subis par l'intéressé » (*Öcalan*, § 168 ; *Soering*, § 104 ; *Jabari c/ Turquie*, 11 juill. 2000, § 42 : risque de lapidation en cas d'expulsion vers l'Iran). L'article 2 lui-même impose le prononcé de la peine de mort « par un tribunal au cas où le délit est puni de cette peine par la loi ». Pourtant, après avoir réaffirmé après la chambre (12 mars 2003, *RDP* 2004, 801, obs. M. Levinet) qu'« il découle de l'interprétation de l'article 2... que "l'exécution d'un condamné à mort qui n'a pas bénéficié d'un procès équitable n'est pas autorisée" » (*Öcalan*, § 166), la Cour conclut que « le fait de prononcer la peine de mort à l'encontre du requérant à l'issue d'un procès inéquitable devant un tribunal dont l'indépendance et l'impartialité sont sujettes à caution s'analyse en un traitement inhumain » (*ibid.*, § 175) qui viole l'article 3 alors qu'il était possible de prononcer une violation procédurale de l'obligation positive d'organiser un tel procès au sens de l'article 2. Quoique confusément, elle semble franchir timidement ce pas en considérant que « condamné à l'issu d'un procès inéquitable... M. Bader serait exposé à un risque réel d'être exécuté et soumis à un traitement contraire aux articles 2 et 3 s'il était expulsé vers son pays d'origine » (*Bader et al. c/ Suède*, 8 nov. 2005, § 48).

B) Plus paradoxalement encore, l'adoption des Protocoles 6 interdisant la peine de mort en temps de paix et 13 la proscrivant en toutes circonstances n'a pas, dans un premier temps, contribué à l'évolution de l'interprétation de l'article 2. Au contraire, la Cour a d'abord jugé que « le Protocole n° 6 montrait que les Parties contractantes, pour instaurer l'obligation d'abolir la peine capitale en temps de paix, avaient voulu agir par voie d'amendement, selon la méthode habituelle, et, qui plus est, au moyen d'un instrument facultatif laissant à chaque État le choix du moment où il assumerait pareil engagement » (*Soering*, § 103 ; *Öcalan*, § 164 : sur le Protocole 13). En conséquence, elle peut encore juger qu'« un État contractant qui n'a pas ratifié le Protocole n° 6 et n'a pas adhéré au Protocole n° 13 est autorisé à appliquer la peine capitale sous certaines conditions, conformément à l'article 2 § 2 de la Convention » (*Chamaïev et al. c/ Géorgie et Russie*, 12 avr. 2005, § 333). Il ressort de l'arrêt *Öcalan* que la ratification quasi-unanime du seul Protocole 6 ne saurait suffire à permettre une interprétation évolutive radicale de l'article 2 compte tenu du choix de recourir à un nouveau protocole, le 13, pour étendre encore l'interdiction (§ 163-164). Néanmoins, au gré du progrès des ratifications, l'interprétation évolutive ne peut que s'accélérer jusqu'à considérer que l'infliction de la peine de mort en soi constitue un traitement inhumain et dégradant (*Öcalan*, § 165), voire est contraire au droit à la vie. La Cour en pose d'ailleurs les fondements, les faits de l'affaire *Öcalan* étant appréciés à l'aune de l'état des ratifications du protocole 13 lors de l'arrêt de chambre que 16 États n'ont pas encore ratifié.

## II / La relecture de l'article 2

En quelques années seulement le contexte est devenu favorable à une relecture, sinon une réécriture, de l'article 2.

A) La simple « tendance abolitionniste » (*Öcalan*, § 164) est devenue une réalité qui permet de disqualifier totalement l'infliction de la peine de mort. La Cour peut franchir le pas et juger que, depuis l'arrêt *Öcalan* dans lequel « la Grande Chambre n'a pas exclu la possibilité que l'article 2 se trouve déjà modifié de telle manière qu'il ne ménage plus d'exception autorisant la peine de mort », la situation a encore évolué. La ratification unanime moins un État du protocole 6 et très large du Protocole 13, cinq États seulement manquant à l'appel, combinée « à la pratique constante des États, qui observent le moratoire sur la peine capitale, tendent fortement à démontrer que l'article 2 interdit aujourd'hui la peine de mort en toutes circonstances » et « la Cour estime que le libellé de la deuxième phrase de l'article 2 § 1 n'interdit plus d'interpréter les mots “peine ou traitement inhumain ou dégradant” de l'article 3 comme s'appliquant à la peine de mort » (*Al Saadoon et Mufdhi c/ Royaume-Uni*, 2 mars 2010, § 120, *JCP G* 2010, act. 327, K. Grabarczyk : remise par l'armée britannique d'un détenu de la prison de Bassora en Irak aux autorités irakiennes devant lesquelles il est passible de la peine de mort). Dans cet arrêt la Cour, dégage les principes généraux du Protocole 13, soulignant que, compte tenu du fait que « quelle que soit la méthode utilisée, l'extinction d'une vie fait intervenir un certain degré de douleur physique » et que « le fait pour le condamné de savoir que l'État va lui donner la mort doit inévitablement susciter chez lui une intense souffrance psychique… les États membres du Conseil de l'Europe ont reconnu que l'imposition et l'exécution de la peine de mort est une négation des droits humains fondamentaux » (§115).

B) La Convention ne peut plus être lue comme au moment de sa rédaction soixante ans auparavant, et « la Cour considère que, pour les États liés par ce protocole, le droit de ne pas être soumis à la peine de mort garanti à l'article 1, qui n'admet aucune dérogation et s'applique en toutes circonstances, est, au même titre que les droits garantis par les articles 2 et 3 de la Convention, un droit fondamental, qui consacre l'une des valeurs essentielles des sociétés démocratiques qui composent le Conseil de l'Europe » (§ 118). La réserve maintenue à l'égard des « États liés par ce protocole » est logique s'agissant de l'interprétation de ce seul texte. En revanche elle devrait être sans influence sur la relecture des articles 2 et 3 de la Convention qui s'en trouve radicalement changée. La Cour juge qu'en l'absence d'assurance des autorités irakiennes de ne pas recourir à la peine de mort « le Royaume-Uni n'a pas tenu dûment compte de ses obligations au titre des articles 2 et 3 de la Convention et de l'article 1 du Protocole n° 13 lorsqu'il a déféré les affaires des requérants aux juridictions irakiennes et remis les intéressés aux autorités territoriales, étant donné que, pendant toute la période considérée, il existait des motifs sérieux de penser que ceux-ci seraient exposés à un risque réel d'être condamnés à mort et exécutés » (§ 143). Cependant, la conclusion ne s'écarte pas du constat classique selon lequel « les actions et l'inaction des autorités britanniques les ont soumis à la crainte d'être exécutés par les autorités irakiennes » (§ 144) qui n'est pas sans rappeler celui selon lequel « la peur et l'incertitude quant à l'avenir engendrées par une sentence de mort, dans des circonstances où il existe une possibilité réelle que la peine soit exécutée, doivent être sources d'une angoisse considérable » (*Öcalan*, § 169). L'actualisation de la lecture de la Convention demeure néanmoins en suspens, la Cour ne jugeant « pas nécessaire de trancher la question de savoir s'il y a eu également violation des droits des requérants garantis par l'article 2 de la Convention et l'article 1 du Protocole n° 13 » (*Al Saadoon*, § 145), retenue regrettable au regard de la nouvelle lecture de l'article 2. Une coutume régionale est née qui prohibe l'infliction de la peine capitale dans les États parties à la Convention européenne (*Maktouf et Damjanovic c/ Bosnie-Herzégovine*, Gde ch., 18 juillet 2013, § 69 : saisie de la question de la rétroactivité de la loi pénale la Cour vérifie que les faits de crime de guerre en question ne relevaient pas de la peine de mort prévue par la loi ancienne jugée applicable), consolidation d'un droit humain fondamental à la vie dont il faut souhaiter que, contrairement au constat dressé par le Conseil constitutionnel (2005-524/525 DC, 13 oct. 2005, *Engagements internationaux relatifs à l'abolition de la peine de mort*, *JCP G* 2005, II, 10171, note B. Mathieu), elle est irrévocable.

G. G.

# SECTION 2
# *L'interdiction de la torture et des traitements inhumains et dégradants*

## I | Mauvais traitements

**14.** ***Selmouni c/ France, 28 juillet 1999*** *(Grande Chambre), Rec., 1999-V, 203 ; JCP G, 1999, II, 10193, note F. Sudre ; RGDIP, 2000, 181, note G. Cohen Jonathan ; RTDH, 2000, 123, note P. Lambert.*

I / Sur la violation alléguée de l'article 3 de la Convention : […]

A) Sur l'exception préliminaire du gouvernement : […]

**78.** […] Au total, la Cour relève avec la Commission que, cinq ans après les faits, aucune mise en examen n'était intervenue nonobstant l'identification des policiers mis en cause par le requérant. Elle constate que les policiers n'ont finalement comparu devant le tribunal que pratiquement cinq ans après leur identification et sept ans après la garde à vue litigieuse.

**79.** Ainsi, de l'avis de la Cour, il s'agit moins de savoir s'il y a eu une enquête, puisque son existence est avérée, que d'apprécier la diligence avec laquelle elle a été menée, la volonté des autorités d'aboutir à l'identification des responsables ainsi qu'à leur poursuite et, partant, son caractère « effectif ». Cette question revêt un aspect particulier si l'on se rappelle que, lorsqu'un individu formule une allégation défendable de violation des dispositions de l'article 3 (ainsi d'ailleurs que de l'article 2), la notion de recours effectif implique, de la part de l'État, des investigations approfondies et effectives propres à conduire à l'identification et à la punition des responsables […]. La Cour considère que les allégations de M. Selmouni, dont le caractère au moins défendable ressortait de certificats médicaux connus des autorités, étaient d'une nature particulièrement grave, tant au regard des faits invoqués que de la qualité des personnes mises en cause.

**80.** Compte tenu de ce qui précède, la Cour estime, avec la Commission, que les autorités n'ont pas pris les mesures positives que les circonstances de la cause imposaient pour faire aboutir le recours invoqué par le gouvernement.

B) Sur le bien-fondé du grief : […]

1. Sur l'appréciation des faits par la Cour : […]

**87.** La Cour considère que lorsqu'un individu est placé en garde à vue alors qu'il se trouve en bonne santé et que l'on constate qu'il est blessé au moment de sa libération, il incombe à l'État de fournir une explication plausible pour l'origine des blessures, à défaut de quoi l'article 3 de la Convention trouve manifestement à s'appliquer […].

**88.** En l'espèce, la Cour estime devoir accepter, pour l'essentiel, les faits établis par la Commission car elle est convaincue, au vu des éléments de preuve examinés par elle, que la Commission pouvait à juste titre conclure que les allégations du requérant étaient prouvées au-delà de tout doute raisonnable, sachant qu'une telle preuve peut résulter d'un faisceau d'indices suffisamment graves, précis et concordants [...]. L'existence de plusieurs certificats médicaux contenant des informations précises et concordantes, ainsi que l'absence d'explication plausible pour l'origine des blessures, justifiaient la conclusion de la Commission [...].

2. Sur la gravité des traitements dénoncés

**95.** La Cour rappelle que l'article 3 consacre l'une des valeurs fondamentales des sociétés démocratiques. Même dans les circonstances les plus difficiles, telle la lutte contre le terrorisme et le crime organisé, la Convention prohibe en termes absolus la torture et les peines ou traitements inhumains ou dégradants. L'article 3 ne prévoit pas de restrictions, en quoi il contraste avec la majorité des clauses normatives de la Convention et des Protocoles n$^{os}$ 1 et 4, et d'après l'article 15, § 2 il ne souffre nulle dérogation, même en cas de danger public menaçant la vie de la nation [...].

**96.** Pour déterminer s'il y a lieu de qualifier de torture une forme particulière de mauvais traitements, la Cour doit avoir égard à la distinction, que comporte l'article 3, entre cette notion et celle de traitements inhumains ou dégradants. Ainsi qu'elle l'a relevé précédemment, cette distinction paraît avoir été consacrée par la Convention pour marquer d'une spéciale infamie des traitements inhumains délibérés provoquant de fort graves et cruelles souffrances [...].

**98.** La Cour constate que l'ensemble des lésions relevées dans les différents certificats médicaux, ainsi que les déclarations du requérant sur les mauvais traitements dont il a fait l'objet durant sa garde à vue établissent l'existence de douleurs ou de souffrances physiques et, à n'en pas douter nonobstant l'absence regrettable d'expertise psychologique de M. Selmouni à la suite de ces faits, mentales. Le déroulement des faits atteste également que les douleurs ou souffrances ont été infligées intentionnellement au requérant, aux fins notamment d'obtenir des aveux sur les faits qui lui étaient reprochés. Enfin, il ressort clairement des certificats médicaux joints au dossier de la procédure que les multiples violences ont été directement exercées par des policiers dans l'exercice de leurs fonctions.

**99.** Les actes dénoncés étaient assurément de nature à créer des sentiments de peur, d'angoisse et d'infériorité propres à humilier, avilir et briser éventuellement la résistance physique et morale du requérant. La Cour relève donc des éléments assez sérieux pour conférer à ce traitement un caractère inhumain et dégradant [...]. En tout état de cause, la Cour rappelle qu'à l'égard d'une personne privée de sa liberté l'usage de la force physique qui n'est pas rendu strictement nécessaire par le comportement de ladite personne porte atteinte à la dignité humaine et constitue, en principe, une violation du droit garanti par l'article 3 [...].

**100.** Autrement dit, en l'espèce, reste à savoir si les « douleurs ou souffrances » infligées à M. Selmouni peuvent être qualifiées d'« aiguës » au sens de l'article 1$^{er}$ de la Convention des Nations Unies. La Cour estime que ce caractère « aigu » est, à l'instar du « minimum de gravité » requis pour l'application de l'article 3, relatif par essence ; il dépend de l'ensemble des données de la cause, notamment de la durée du traitement et de ses effets physiques ou mentaux ainsi que, parfois, du sexe, de l'âge, de l'état de santé de la victime, etc.

**101.** La Cour a déjà eu l'occasion de juger d'affaires dans lesquelles elle a conclu à l'existence de traitements ne pouvant être qualifiés que de torture [...]. Cependant, compte tenu de ce que la Convention est un « instrument vivant à interpréter à la lumière des conditions de vie actuelles » [...], la Cour estime que certains actes autrefois qualifiés de « traitements inhumains et dégradants », et non de « torture », pourraient recevoir une qualification différente à l'avenir. La Cour estime en effet que le niveau d'exigence croissant en matière de protection des droits de l'homme et des libertés fondamentales implique, parallèlement et inéluctablement, une plus grande fermeté dans l'appréciation des atteintes aux valeurs fondamentales des sociétés démocratiques.

**102.** La Cour a pu se convaincre de la multitude des coups portés à M. Selmouni. Quel que soit l'état de santé d'une personne, on peut supposer qu'une telle intensité de coups provoque des douleurs importantes. [...].

**103.** [...] Outre la violence des faits décrits, la Cour ne peut que constater leur caractère odieux et humiliant pour toute personne, quel que soit son état.

**104.** La Cour note enfin que ces faits ne peuvent se résumer à une période donnée de la garde à vue au cours de laquelle, sans que cela puisse aucunement le justifier, la tension et les passions exacerbées auraient conduit à de tels excès : il est en effet clairement établi que M. Selmouni a subi des violences répétées et prolongées, réparties sur plusieurs jours d'interrogatoires.

**105.** Dans ces conditions, la Cour est convaincue que les actes de violence physique et mentale commis sur la personne du requérant, pris dans leur ensemble, ont provoqué des douleurs et des souffrances « aiguës » et revêtent un caractère particulièrement grave et cruel. De tels agissements doivent être regardés comme des actes de torture au sens de l'article 3 de la Convention.

Condamnant à l'unanimité la France pour « actes de torture », du fait des mauvais traitements (coups de pied et de poing, coups avec une batte de base-ball, humiliations diverses, notamment de nature sexuelle, menaces avec un chalumeau...) infligés par des policiers au requérant lors de sa garde à vue, l'arrêt *Selmouni* fait figure d'arrêt de principe sur l'article 3 (« Nul ne peut être soumis à la torture ni à des peines ou traitements inhumains ou dégradants »). Au terme d'une lecture modernisée et exigeante de cette disposition, il systématise les principes jurisprudentiels relatifs à la portée de l'interdiction de la torture et à la qualification des mauvais traitements.

## I / La portée de l'interdiction de la torture et des traitements inhumains et dégradants

Il est désormais acquis que l'article 3 édicte à la charge de l'État une double obligation, substantielle et procédurale.

A) L'obligation substantielle d'interdiction de la torture s'analyse en une prohibition absolue : la Cour réaffirme avec force la nature particulière de la clause normative de l'article 3 (§ 95), qui énonce un droit intangible, insusceptible de restrictions et de dérogations, et « consacre l'une des valeurs fondamentales des sociétés démocratiques » (*Soering*, § 88, *infra*, n° 16). Cette singularité est renforcée avec éclat par l'arrêt *Al-Adsani c/ Royaume-Uni*, qui reconnaît que « l'interdiction de la torture est devenue une règle impérative du droit international », consacrant ainsi une norme de *jus cogens* (21 nov. 2001, § 61, *JCP G*, 2002, I, 105, n° 8, obs. F. Sudre).

1 / L'obligation substantielle qui pèse sur les autorités nationales est d'abord une obligation « essentiellement négative » (*Pretty*, § 50, *infra*, n° 46), qu'illustre le présent arrêt, de ne pas faire subir de mauvais traitements aux personnes relevant de leur juridiction. C'est aussi une obligation positive de protection, tirée de la combinaison de l'article 3 et de l'article 1er de la Convention (*supra*, n° 2), qui se décline sous deux formes principales.

a) Obligation, en premier lieu, de protéger l'intégrité physique et morale des personnes privées de liberté – qu'elles soient placées en garde à vue (*Selmouni ; Berktay c/ Turquie*, 1er mars 2001, § 167, *JCP G*, 2001, I, 342, n° 2, obs. F. Sudre), en rétention administrative (*Slimani c/ France*, 27 juill. 2004, *JCP G*, 2005, I, 103, n° 2, obs. F. Sudre), en zone de transit (*Riad et Idiab c/ Belgique*, 24 janv. 2008) ou détenues en prison (Comm., Rap. 12 déc. 1981, Reed c/ Royaume-Uni, *DR*, 25, 5 ; *Labita c/ Italie*, 6 avr. 2000, *RTDH*, 2001, 117, obs. A. Beernaert) –, en raison de la situation de vulnérabilité de celles-ci (il en est *a fortiori* ainsi d'un enfant mineur détenu dans un centre de transit pour adultes, *Mubilanzila Mayeka c/ Belgique*, 12 oct. 2006, *RTDH*, 2007-71, 823, note B. Masson ; *Popov c/ France*, 19 janv. 2012, *JCP G* 2012, act. 221, F. Sudre). Cela suppose de protéger leur santé, notamment en fournissant des soins appropriés aux personnes blessées lors d'une arrestation ou d'une détention (Comm., Rap. 8 juill. 1993, H c/ Suisse, n° 17549/90, § 79 ; *Ilhan c/ Turquie*, Gr. Ch., 27 juin 2000, *JCP G*, 2001, I, 291, n° 11, obs. F. Sudre). La Cour a précisé l'étendue de cette obligation de protection, indiquant que le droit de demander un examen par un médecin de son choix ainsi que l'accès à un avocat et à un membre de la famille et une prompte intervention judiciaire fournissent des « garanties fondamentales » assurant la détection et la prévention des mauvais traitements (*Algür c/ Turquie*, 22 oct. 2002, § 44 ; aussi, *A. A. et al. c/ Turquie*, 27 juill. 2004, § 38). Dans une démarche similaire à celle empruntée pour le droit à la vie (*supra*, n° 11), la Cour énonce également l'obligation pour l'État de mettre en place une réglementation appropriée du recours à la force et de l'usage d'armes à feu par les représentants de l'ordre, afin d'assurer une protection adéquate de l'intégrité physique des personnes (*Tzekov c/ Bulgarie*, 23 févr. 2006).

b) Obligation pour l'État, en second lieu, de prendre les mesures propres à empêcher que les personnes placées sous sa juridiction ne soient soumises à des traitements contraires à l'article 3, « même administrés par les particuliers » (*A. c/ Royaume-Uni*, 23 sept. 1998 : châtiments corporels infligés à un enfant par son beau-père ; *97 membres de la Congrégation des témoins de Jéhovah de Gldani et al. c/ Géorgie*, 3 mai 2007 : agression physique par des orthodoxes extrémistes). L'article 3 est donc applicable aux relations interindividuelles et fait peser sur l'État une obligation positive de prévention des traitements contraires à l'article 3. Il protège notamment les enfants, dont la vulnérabilité est soulignée, contre les actes de maltraitance commis par leurs proches et fait obligation aux services sociaux de prendre les mesures propres à prévenir de tels actes ou à les faire cesser, dès lors qu'elles ont été mises en mesure d'avoir connaissance des sévices incriminés (*Z et al. c/ Royaume-Uni*, 10 mai 2001, *JCP G*, 2001, I, 342, n° 3, obs. F. Sudre ; *D. P. et J. C. c/ Royaume-Uni*, 10 oct. 2002, *RTDH*, 2003, 1355, obs. A. Gouttenoire). Pèse particulièrement sur l'État une obligation de protection des enfants en milieu scolaire contre les sévices sexuels, impliquant la mise en place d'une législation pénale efficace et des mécanismes effectifs de détection et de signalement des sévices éventuel, avec un dispositif de contrôle public lorsque l'enseignement primaire est déléguée à une entité privée (*O'Keeffe c/ Irlande*, 28 janv. 2014, GC, § 162, *JCP G* 2014, act. C. Picheral). De la même manière, les autorités pénitentiaires dès lors qu'elles ont (ou auraient dû avoir) connaissance d'un risque certain et immédiat de mauvais traitements infligés à un détenu de la part d'autres détenus, doivent prendre les mesures d'ordre pratique visant à empêcher la matérialisation de ce risque (*Pantea c/ Roumanie*, 3 juin 2003, *JCP G*, 2003, I, 160, n° 3, obs. F. Sudre ; *D.F. c/ Lettonie*, 29 oct. 2013, sanctionnant un manquement à cette obligation bien que le risque ne se soit pas matérialisé ; *JCP G* 2013, act. 1219, B. Pastre-Belda).

L'État partie a également l'obligation positive, dans le cadre d'une combinaison des articles 3 et 8, de promulguer et d'appliquer une législation pénale permettant de punir effectivement le viol (*M. C. c/ Bulgarie*, 4 déc. 2003, § 153, *RDP*, 2004, 803, obs. H. Surrel) ou encore de réprimer effectivement les abus sexuels sur enfants (*M. et C. c/ Roumanie*, 27 sept. 2011). L'interprétation dynamique a cependant des limites et la Cour refuse de déduire de l'article 3 une obligation positive pour l'État de légaliser le « suicide assisté » (*Pretty*, § 54-56).

2 / Parachevant l'évolution jurisprudentielle engagée par l'arrêt *Tomasi c/ France* (27 août 1992, *Rev sc. crim.*, 1993, 33, note F. Sudre ; *Ribitsch c/ Autriche*, 4 déc. 1995, A. 336, *RUDH*, 1996, 9, obs. F. Sudre), l'arrêt *Selmouni* met clairement à jour les deux conséquences majeures qu'emporte la garantie absolue posée par l'article 3.

*a)* De jurisprudence classique, la preuve de mauvais traitements commis par des agents publics doit être établie « au-delà de tout doute raisonnable » ; en pratique, une telle preuve peut résulter de certificats médicaux attestant de sévices corporels ou encore d'un faisceau d'indices suffisamment graves, précis et concordants (§ 88 ; pour un exemple d'éléments de preuve insuffisants, *Martinez Sala c/ Espagne*, 2 nov. 2004, § 145). L'arrêt *Selmouni* confirme le renversement de la charge de la preuve opéré, au détriment de l'État défendeur, par l'arrêt *Tomasi* (mais la jurisprudence postérieure paraissait, parfois, hésitante : *Klaas c/ Allemagne*, 22 sept. 1993, A. 269 ; *Aydin c/ Turquie*, 25 sept. 1997, *JCP G*, 1998, I, 107, n° 6, obs. F. Sudre ; *Assenov c/ Bulgarie*, 28 oct. 1998, *D*, 1999, somm., 266, note P. Hennion) et énonce une véritable présomption de causalité (§ 87) pour considérer comme établies les allégations du requérant, sauf preuve contraire apportée par l'État défendeur (§ 88-89 ; *Büyükdag c/ Turquie*, 21 déc. 2000, § 51 ; *Berktay*, § 168 ; *Rivas c/ France*, 1er avril 2004).

*b)* La Cour reprend ici le considérant de principe de sa décision *Ribitsch* (préc., § 38) : « à l'égard d'une personne privée de sa liberté l'usage de la force physique qui n'est pas rendu strictement nécessaire par le comportement de ladite personne porte atteinte à la dignité humaine et constitue, en principe, une violation du droit garanti par l'article 3 » (§ 99 ; *Tekin c/ Turquie*, 9 juin 1998, § 53). Ce principe vaut également pour des brutalités policières commises lors d'une arrestation (*Rehbock c/ Slovénie*, 28 nov. 2000) et pour les violences perpétrées par le personnel pénitentiaire sur les détenus (*Labita*, préc.) : la prohibition énoncée par l'article 3 est absolue et joue au bénéfice des détenus, quelles que soient leur dangerosité et la nature de l'infraction commise (*Indelicato c/ Italie*, 18 oct. 2001, § 30, *JCP G*, 2002, I, 105, n° 2, obs. F. Sudre). Il appartient alors aux autorités nationales de démontrer de manière convaincante que le recours à la force n'a pas été excessif (*Caloc c/ France*, 20 juill. 2000 : usage de la force contre le requérant, jugé nécessaire en raison de sa tentative de fuite lors de sa garde à vue ; pour un exemple contraire, relatif à une interpellation « musclée », *R. L. et M. J. D. c/ France*, 19 mai 2004). Le recours à la force ne saurait être justifié par le comportement des détenus, si celui-ci trouve sa cause dans une tentative de tromperie des autorités pénitentiaires ayant provoqué chez les détenus angoisse et incertitude sur leur sort (*Chamaïev et al. c/ Géorgie et Russie*, 12 avr. 2005 : utilisation de la ruse pour faire sortir des détenus de leur cellule afin d'exécuter une décision d'extradition).

C'est là l'aboutissement d'une évolution jurisprudentielle significative puisque, dans un premier temps, le juge européen s'est référé au critère de l'intensité des souffrances infligées aux victimes pour déterminer l'applicabilité de l'article 3 : « pour tomber sous le coup de l'article 3 un mauvais traitement doit atteindre un minimum de gravité » (*Irlande c/ Royaume-Uni*, 18 janv. 1978, A. 25, § 162, *JDI*, 1980, 449, obs. P. Rolland ; *RGDIP*, 1979, 104, note P.-M. Martin). Le droit européen s'accommodait donc de ce que « certaines brutalités » (tels gifles ou coups donnés de la main sur le visage d'un détenu) puissent échapper à l'interdiction édictée par l'article 3 (Comm., Rap. 18 nov. 1969, aff. grecque, *Ann.*, 186). De surcroît, cette appréciation du seuil minimum de gravité, conditionnant l'application de l'article 3, était fonction des circonstances de la cause (*Irlande c/ Royaume-Uni)*. La Cour abandonne heureusement cette méthode d'interprétation dans sa décision Tomasi, soulignant que les nécessités de la lutte contre le terrorisme et le crime « ne sauraient conduire à limiter la protection due à l'intégrité physique de la personne » (§ 115 ; *Selmouni*, § 95). L'interdiction énoncée par l'article 3 a « un caractère absolu indépendamment des agissements de la personne concernée et même en cas de danger public menaçant la vie de la nation – ou *a fortiori* celle d'un individu » ; ainsi, les menaces de mauvais traitements afin d'obtenir des informations pour sauver la vie d'une personne sont-elles contraires à l'article 3 (*Gäfgen c/ Allemagne*, 1er juin 2010, Gr. Ch., *JCP G*, 2010, act, 701, G, Gonzalez). C'est donc *tout* usage de la force physique sur une personne en situation d'infériorité – car privée de liberté – qui est prohibé par l'article 3 : établissant une « présomption de gravité », le juge européen considère qu'un tel recours à la force physique atteint, en soi, le « minimum de gravité » requis pour tomber sous le coup de l'article 3. Fait figure d'exception regrettable, l'arrêt *Bouyid c/ Belgique* (21 nov. 2013) jugeant qu'une gifle « isolée » donnée par un policier à une personne retenue dans un commissariat de police ne soulève « aucune question de violation » de l'article 3, (*JCP G* 2013, act. 1375, F. Sudre).

Cette approche modernisée emporte alors une extension du champ d'application de l'article 3 à des situations où le recours à la force n'est pas inspiré par les motivations qui sont généralement à l'origine d'un traitement contraire à l'article 3. La Cour peut ainsi juger que le recours à une intervention médicale de force pour recueillir les éléments de preuve d'une infraction, qui auraient pu être obtenus par des méthodes moins intrusives, porte atteinte à l'intégrité physique et mentale du suspect, contre son gré, et constitue un traitement inhumain et dégradant (*Jelloh c/ Allemagne*, 11 juill. 2006, Gr. Ch. : administration forcée d'un vomitif à un trafiquant présumé de drogue ayant avalé des sachets de cocaïne).

B) L'arrêt *Selmouni* confirme sans ambiguïté l'existence d'une obligation procédurale issue de l'article 3 (*Assenov*, § 102), imposant de procéder à une enquête officielle approfondie et effective, respectant le principe du contradictoire (*Kmetty c/ Hongrie*, 16 déc. 2003), en vue de l'identification et de la punition des responsables, chaque fois qu'il y a des motifs raisonnables de croire que des traitements contraires à l'article 3 ont été commis par des agents de l'État sur des personnes privées de liberté – qu'elles soient en garde à vue (*Assenov ; Selmouni*, § 79), placées en rétention administrative *(Slimani)* ou détenues en prison *(Labita ; Indelicato)* – ou sur la base de motifs racistes (*Cobzaru c/ Roumanie*, 26 juill. 2007). Il en va de même lorsque les mauvais traitements ont été commis par des tiers, notamment en cas de violences sexuelles à l'encontre des enfants (*M.C c/ Bulgarie*, préc. ; *M et C c/ Roumanie, préc*). En l'espèce, la Cour sanctionne le défaut d'effectivité de l'enquête menée par les autorités nationales à la suite de la plainte du requérant avec constitution de partie civile (§ 78-80).

1 / Cette obligation positive (*supra*, n° 2), qu'énonce également la Convention des Nations Unies contre la torture du 3 décembre 1984 (art. 12), s'impose en raison de la nécessité de rendre efficace en pratique l'interdiction qu'édicte l'article 3 en privant de toute impunité les agents de l'État qui la méconnaîtraient (*Assenov ; Caloc*, § 89). En ce sens, elle a vocation à s'étendre au-delà de l'enquête et à couvrir la phase de jugement, s'il y a lieu, imposant aux instances judiciaires internes de sanctionner de manière dissuasive des traitements contraires à l'article 3 (*Okkali c/ Turquie*, 17 oct. 2006 ; *Zontul c/ Grèce*, 17 janv. 2012). Par là même, la Cour procède à un « dédoublement » du jeu de l'article 3 : la responsabilité de l'État peut être engagée pour violation de l'article 3 en cas de non-respect des dispositions substantielles et/ou de non-respect de l'obligation procédurale. La transgression de cette obligation procédurale constitue donc en soi une violation de la clause normative de l'article 3, qu'il y ait, par ailleurs, violation de l'obligation substantielle (*Dikme c/ Turquie*, 11 juill. 2000 ; *Satik c/ Turquie*, 10 oct. 2000) ou non (voir, *Assenov*, § 106 ; *Labita*, § 136 ; *Indelicato*, § 36).

2 / L'obligation procédurale de l'article 3 est combinée par le juge européen avec l'obligation de « recours effectif » de l'article 13 de la Convention (*infra*, n° 40). En cas d'allégation défendable de sévices contraires à l'article 3 subis aux mains des agents de l'État, l'article 13 impose non seulement de « mener une enquête approfondie et effective » comme l'exige l'article 3, mais aussi « un accès effectif du plaignant à la procédure d'enquête » et le versement d'une indemnité s'il y a lieu (*Aksoy c/ Turquie*, 18 déc. 1996, *JCP G*, 1997, I, 4000, n° 44, obs. F. Sudre ; *Selçuk et Asker c/ Turquie*, 24 avr. 1998, *JCP G*, 1999, I, 105, n° 14, obs. préc. ; *Assenov*, § 117). Cependant, par son arrêt *Ilhan* (27 juin 2000, § 92, préc.), la Cour limite le jeu propre de l'obligation procédurale tirée de l'article 3 : l'obligation de mener une enquête effective est désormais absorbée en principe par la notion de recours effectif de l'article 13 et doit être sanctionnée à titre principal sur le terrain de l'article 13 (*Berktay*, § 179 ; *Bati et al. c/ Turquie*, 3 juin 2004). Cela vaut également dans l'hypothèse de mauvais traitements administrés par des particuliers (*D. P. et J. C. c/ Royaume-Uni*, préc.). Néanmoins, le juge européen précise qu'il peut être « approprié ou nécessaire », selon les « circonstances particulières de l'espèce » *(Caloc ; Dikme ; Indelicato)*, d'examiner ladite obligation procédurale sous l'angle de l'article 3, soit que le requérant n'ait pas invoqué l'article 13 (*Dikme*, préc.), soit que le défaut d'enquête effective menée par les autorités nationales empêche la Cour de se prononcer sur le volet substantiel de l'article 3 (*Khachiev et Akaïeva c/ Russie*, 24 févr. 2005, § 178). Mais il peut aussi sanctionner à la fois la violation de l'article 3 dans son volet procédural et celle de l'article 13 (*Cozbaru*, préc.) ou s'en tenir au seul article 3 (*Koutcherouk c/ Ukraine*, 6 sept. 2007).

3 / L'obligation procédurale de l'article 3 est aussi étroitement liée à la règle d'épuisement des voies de recours internes (art. 35, § 1, *infra*, n° 73) – en l'espèce, la plainte avec constitution de partie civile n'était pas un recours « utile » à exercer au sens de l'article 35 dès lors que les autorités nationales avaient manqué à leur obligation d'enquête « effective » (§ 78-80 ; *Henaf c/ France*, 27 nov. 2003) – et à la notion de « victime » (*infra* n° 72). Ainsi, en cas de mauvais traitement délibéré infligé par les agents de l'État en violation de l'article 3, l'octroi d'une indemnisation en l'absence de poursuites pénales ayant entraîné l'impunité de l'auteur des mauvais traitements (*Camdereli c/ Turquie*, 17 juill. 2008) ou, alors que l'enquête et les poursuites pénales ont été diligentes, l'infliction d'une sanction très légère manifestement disproportionnée au regard de la gravité de la violation commise (*Gäfgen*, préc.) ne font pas perdre à l'intéressé la qualité de « victime ».

## II / La qualification des mauvais traitements

Les principes directeurs de la jurisprudence européenne relatifs à la qualification des mauvais traitements font l'objet, dans l'affaire *Selmouni*, d'une interprétation actualisée.

A) Ces principes directeurs s'ordonnent autour de deux critères.

1 / Le critère de l'intensité des souffrances infligées aux victimes permet de distinguer entre les types de « traitements » relevant de l'article 3 (en dernier lieu, *Pretty*, § 52), emportant une différenciation du champ d'application de chacun des concepts – torture, traitement inhumain, traitement dégradant. La Cour européenne définit le traitement inhumain comme celui qui provoque volontairement des souffrances mentales ou physiques d'une intensité particulière ; par exemple, une sanction disciplinaire infligée à un appelé dans le but délibéré de provoquer d'intenses souffrances physiques – et qui, de fait, provoqua son invalidité – constitue une peine inhumaine en violation de l'article 3 (*Chember c/ Russie*, 3 juill. 2008). Un traitement est dégradant « s'il humilie ou avilit un individu, s'il témoigne d'un manque de respect pour sa dignité humaine, voire la diminue, ou s'il suscite chez l'intéressé des sentiments de peur, d'angoisse ou d'infériorité propres à briser sa résistance morale et physique » (*M.S.S. c. Belgique*, 21 janv. 2011, GC, § 220, *RTDH* 2011-88, 1023, note C. Raux : conditions de détention de demandeurs d'asile). Est tel, le châtiment judiciaire de la fustigation infligé dans l'île de Man (*Tyrer c/ Royaume-Uni*, 25 avr. 1978, A. 26, § 29 et § 32, *JDI*, 1980, 457, obs. P. Rolland) ou l'obligation faite à une personne placée dans un centre de dégrisement de se déshabiller complètement devant une personne de l'autre sexe (*Wiktorko c/ Pologne*, 31 mars 2009). Le caractère public de la sanction ou du traitement constitue alors un élément pertinent d'appréciation du traitement dégradant (port de menottes en public : *Raninen c/ Finlande*, 16 déc. 1997, § 55, *RTDH*, 1999, 277, note J.-M. Larralde ; *Erdogan Yagiz c/ Turquie*, 6 mars 2007 ; installation d'un détenu dans une cage de métal lors de son procès public en appel : *Ashot Harutyunyan c/ Arménie*, 15 juin 2010). Quant à la qualification de torture, elle « marque d'une spéciale infamie des traitements inhumains délibérés provoquant de fort graves et cruelles souffrances » (*Irlande c/ Royaume-Uni*, § 167 ; *Selmouni*, § 96). Le juge européen considère que l'article 8, qui selon une jurisprudence constante protège « l'intégrité physique et morale de la personne » (*X et Y c/ Pays-Bas*, 26 mars 1985, A. 91), peut se substituer à l'article 3 afin de sanc-

tionner une atteinte à l'intégrité physique et/ou morale qui n'atteint pas le minimum de gravité requis par l'article 3 (*Raninen*). L'arrêt *Wainwright c/ Royaume-Uni* fournit le premier exemple d'une violation isolée de l'article 8 (26 sept. 2006, *JCP G*, 2006, I, 106, n° 11, obs. F. Sudre : fouilles à corps de personnes rendant visite à un détenu en prison).

2 / Le critère de l'appréciation relative de la gravité du mauvais traitement permet au juge européen de qualifier *in concreto* le mauvais traitement incriminé. L'appréciation relative dépend, selon une formulation classique, « de l'ensemble des données de la cause, notamment de la durée du traitement et des effets physiques ou mentaux, ainsi que, parfois, du sexe, de l'âge, de l'état de santé de la victime, etc. » (*Irlande c/ Royaume-Uni*, § 162 ; *Selmouni*, § 100). Cette démarche conduisait, en pratique, le juge européen à recourir de préférence aux qualifications de « traitements inhumains et dégradants », que l'usage de la violence par les agents de l'État soit occasionnel *(Tomasi ; Tekin)* ou organisé et corresponde alors à une « pratique administrative » (*infra*, n° 73), impliquant selon un plan préétabli et avec la tolérance officielle une répétition d'actes contraires à l'article 3 (ainsi, dans l'affaire *Irlande c/ Royaume-Uni* à propos des « cinq techniques » d'interrogatoires « approfondis » utilisées par les forces armées britanniques en Irlande du Nord, § 67 et 159). De fait, jusqu'à l'arrêt *Selmouni*, la Cour européenne n'a retenu la qualification de « torture » qu'à titre très exceptionnel, pour sanctionner par deux fois les sévices infligés par la police turque à une personne placée en garde à vue (*Aksoy :* « pendaison palestinienne » ; *Aydin* : viol d'une jeune fille par des policiers).

B) L'arrêt *Selmouni* marque une rupture, salutaire, avec cette attitude de retenue.

1 / Le juge européen, après avoir relevé que les actes dénoncés revêtaient, à tout le moins, le caractère de « traitements inhumains et dégradants » (§ 99), signifie clairement que la notion de « torture » doit bénéficier d'une interprétation « évolutive » : rappelant que la Convention est « un instrument vivant à interpréter à la lumière des conditions de vie actuelles », la Cour juge que, en raison des exigences présentes en matière de droits de l'homme, des actes autrefois qualifiés de « traitements inhumains et dégradants » doivent désormais recevoir la qualification de torture (§ 101). La Cour prend appui sur la Convention des Nations Unies sur la torture qui, s'inspirant de la jurisprudence de la Commission (aff. grecque, préc.), définit la torture comme un acte par lequel des souffrances « aiguës » physiques ou mentales sont intentionnellement infligées à une personne par un agent de la fonction publique, ou à son instigation, dans un but déterminé (aveu, punition, intimida-

tion...) (§ 97-98). La qualification de torture requiert donc la réunion de trois éléments constitutifs : intention délibérée, but déterminé, souffrances aiguës (§ 98 et 100 ; voir, *Denizci c/ Chypre*, 23 mai 2001, où fait défaut le deuxième élément). En l'espèce, la Cour, après avoir noté le caractère répété et prolongé, « odieux et humiliant » des sévices exercés sur le requérant (§ 102-104), qualifie ceux-ci d'« actes de torture » (§ 105). L'arrêt *Selmouni* inaugure donc une nouvelle ligne jurisprudentielle où la qualification infamante de « torture », sans devenir banale *(Büyükdag)*, sanctionne plus rigoureusement les violences policières (*Dikme*, 11 juill. 2000 ; *Ilhan ; Bati et al.*). Par exemple, les menaces de mauvais traitements en vue d'extorquer des aveux pour sauver la vie d'une personne constituent un « traitement inhumain » dès lors qu'elles n'ont pas été mises à exécution, mais, dans le cas contraire, la qualification de torture semble devoir s'imposer (*Gäfgen*).

2 / La Cour, sous réserve de conditions particulières (proximité de la parenté, nature de la relation, tentative d'obtenir des renseignements sur le disparu, silence ou passivité des autorités) considère également que la « disparition » d'une personne constitue un traitement inhumain et dégradant infligé au proche parent (*Kurt c/ Turquie*, 25 mai 1998, § 133-134 ; *Timurtas c/ Turquie*, 13 juin 2000 ; *Chypre c/ Turquie*, 10 mai 2001, § 157 ; *Bazorkina c/ Russie*, 27 juill. 2006) de même qu'est un traitement dégradant la souffrance éprouvée par un père du fait de la mutilation du corps de son fils, après qu'il ait été tué, par les forces armées (*Akkum et al. c/ Turquie*, 24 mars 2005, § 259). Elle voit aussi dans l'incendie volontaire des maisons d'habitation dans les villages kurdes par les forces de l'ordre turques un « traitement inhumain » (*Selçuk et Asker ; Bilgin c/ Turquie*, 16 nov. 2000), tout en refusant, jusqu'à présent, de se prononcer sur l'existence d'une « pratique administrative ».

Participe également de cette actualisation de l'article 3 le fait que le juge européen relève qu'est en formation une pratique étatique considérant que l'exécution de la peine de mort, en toutes circonstances, constitue dorénavant un traitement contraire à l'article 3 (*Öcalan*, § 165, *supra*, n° 13 ; *Al-Saadoon et Mufdhi c/ Royaume-Uni*, 2 mars 2010, § 120, *RTDH* 2010-84, 959, note P. Frumer).

L'appréciation de l'« effet horizontal » de l'article 3 bénéficie aussi de cette lecture évolutive et conduit la Cour européenne à juger, au vu de l'évolution de la société vers une égalité effective et le respect de l'autonomie sexuelle de chaque individu, que l'absence de consentement est l'élément essentiel du viol et des abus sexuels et qu'en conséquence les États membres ont l'obligation de réprimer pénalement tout acte sexuel non consenti, même si la victime n'a pas opposé de résistance physique (*M. C. c/ Bulgarie*, préc., § 164-166).

3 / Le juge européen s'engage également dans la voie d'une interprétation dynamique du concept de « traitement dégradant ». Celle-ci permet l'application de l'article 3 à certains domaines de la vie sociale ou certains actes d'origine privé.

a) Les punitions corporelles à l'école (Comm., Rap. 18 juill. 1986, Warwick, *DR*, 60, 5, § 86 ; *Campbell et Cosans c/ Royaume-Uni*, 25 févr. 1982, A. 48) ou en privé (*A. c/ Royaume-Uni*, 23 septembre 1998, préc.) en fournissent les premières illustrations avec les traitements discriminatoires fondés sur des motifs raciaux (aff. Patel, dite des Asiatiques de l'Est africain, Comm., Rap. 14 déc. 1973, *DR*, 78 B, 5 : législation britannique sur l'immigration). Ainsi, dans sa décision *Chypre c/ Turquie* (10 mai 2001, § 309-311), la Cour juge que les autorités turques imposent aux Chypriotes grecs vivant dans le nord de l'île, en raison de leur origine ethnique, de leur race et de leur religion, des conditions de vie (surveillance, isolement, restriction à la liberté de circulation) avilissantes et contraires au respect de la dignité humaine de ses membres et qualifie la discrimination ainsi pratiquée de traitement dégradant (aussi, *Moldovan et al. c/ Roumanie*, n° 2, 12 juill. 2005, *infra*). Dans la même ligne, elle n'hésite pas à faire application de la qualification de traitement dégradant à des mauvais traitements collectifs révélateurs d'une « intention d'intimider, d'humilier et de rabaisser » les habitants d'un village (*Ahmet Ozkan c/ Turquie*, 6 avr. 2004).

b) L'arrêt *R.R. c/ Pologne* (26 mai 2011, *RTD*H 2012-91, 609, note J-M. Larralde) réalise une extension significative du champ d'application du « traitement dégradant ». La Cour juge que les actes et omissions des autorités nationales dans le domaine de la protection de la santé sont susceptibles, dans certaines circonstances, d'engager leur responsabilité au regard de l'article 3 lorsqu'elles sont en défaut de fournir un traitement médical approprié (§ 152 ; refus des services d'un hôpital public de réaliser une amniocentèse en temps utile) ou lorsqu'elles méconnaissent le droit à l'autonomie du patient (*V.C. c/ Slovaquie*, 8 nov. 2011, § 31, *Dr. Fam.* 2012-2, étude 4, p. 9, K. Garcia : stérilisation forcée).

c) La condamnation de principe de la prostitution contrainte, jugée « incompatible avec les droits et la dignité de la personne humaine », doit être soulignée (*Tremblay c/ France*, 11 sept. 2007, *RTD civ.*, 2007, 730, obs. J.-P. Marguénaud). Le fait pour une autorité, une administration ou un organisme interne de contraindre, d'une manière ou d'une autre, « une personne à se prostituer ou à continuer à se prostituer » constitue alors un « traitement inhumain et dégradant » (§ 26). Mais la Cour ne se prononce pas sur la question de savoir si la prostitution est en elle-même contraire à l'article 3.

d) De plus, cette jurisprudence, dont l'« effet horizontal » a été souligné (*supra*), n'a pas été sans influencer le juge interne : la Cour de cassation juge ainsi, à propos de sanctions vexatoires infligées à de jeunes pensionnaires autistes par le personnel éducatif d'une institution spécialisée, que « ne peuvent constituer des mesures éducatives des traitements dégradants imposés à des êtres humains » (Cass. crim., 2 déc. 1998, *D*, 2000, somm. 32, obs. Y. Mayaud) ; le Conseil d'État, au visa de la CEDH, inscrit « le respect de la dignité humaine » au titre « des composantes de l'ordre public » et juge que l'attraction du « lancer de nain » « porte atteinte à la dignité de la personne humaine » (Ass., 27 oct. 1995, Commune de Morsang-sur-Orge, *RFDA*, 1995, 1204, concl. J. Frydman ; *D*, 1996, 179, note G. Lebreton).

e) Il faut cependant regretter que le juge européen refuse de faire entrer dans le champ de protection de l'article 3 des situations d'extrême pauvreté et d'exclusion sociale, qui portent atteinte à la dignité de l'homme (Comm., déc. 9 mai 1990, Van Volsem c/ Belgique, *RUDH*, 1990, 349, note F. Sudre) ; le juge national peut, sur ce terrain, se montrer plus audacieux (Trib. Mons, ord. réf., 23 mars 1990, *RTDH*, 1991, 261, note J.-C. Geus). Néanmoins, une évolution est perceptible. Après avoir considéré que la privation de toute ressource « n'atteint pas le seuil de gravité nécessaire pour que l'article 3 trouve à s'appliquer » (Comm., déc. 10 oct. 1994, FN c/ France, n° 18725/91 ; dans le même sens, déc. 28 oct. 1999, *Paneenko c/ Lettonie*, n° 40772/98), le juge européen admet désormais le principe que le montant totalement insuffisant d'une pension et autres prestations sociales pour maintenir un niveau de vie minimum est susceptible de soulever une question au titre de l'article 3 (déc. 23 avr. 2002, *Larioshina c/ Russie*, n° 56869/00). D'autre part, tout en rappelant que l'article 3 ne fait pas obligation aux États de « garantir un droit au logement à toute personne relevant de leur juridiction », il admet qu'« une situation de dénuement extrême peut soulever un problème sous l'angle de l'article 3 » (*M.S.S c/ Belgique et Grèce*, préc.) et accepte de qualifier de traitement dégradant des conditions de vie précaires conjuguées avec une discrimination raciale (personnes d'origine rom contraintes de vivre dans des caves, des écuries, des poulaillers : *Moldovan*, préc.) ou imposées à des demandeurs d'asile (*M.S.S ; Sufi et Elmi c/ Royaume-Uni*, 28 juin 2011).

F. S.

## II | Conditions de détention

### 15. ***Kudla c/ Pologne, 26 octobre 2000*** *(Grande Chambre) ; Rec., 2000-XI, RTD civ., 2001, 442, obs. J.-P. Marguénaud; JCP G, 2001, I, 291, n° 6, chron. F. Sudre ; RTDH, 2002, 169, note J.-F. Flauss.*

**82.** Le requérant se plaint de n'avoir pas reçu un traitement psychiatrique adéquat pendant sa détention à compter du 4 octobre 1993. La maison d'arrêt de Cracovie, où il séjourna alors, serait dépourvue de service psychiatrique, et aucun effort n'y aurait été fait pour traiter sa dépression chronique. À l'origine de ses tentatives répétées de suicide en prison, cette carence s'analyserait en un traitement inhumain et dégradant au sens de l'article 3 de la Convention [...].

**90.** La Cour l'a dit à de nombreuses reprises, l'article 3 de la Convention consacre l'une des valeurs les plus fondamentales des sociétés démocratiques. Il prohibe en termes absolus la torture et les traitements ou peines inhumains ou dégradants, quels que soient les circonstances et les agissements de la victime [...].

**91.** Toutefois, pour tomber sous le coup de l'article 3, un traitement doit atteindre un minimum de gravité. L'appréciation de ce minimum est relative par essence ; elle dépend de l'ensemble des données de la cause, et notamment de la nature et du contexte du traitement, de ses modalités d'exécution, de sa durée, de ses effets physiques ou mentaux, ainsi que, parfois, du sexe, de l'âge et de l'état de santé de la victime [...]

**92.** La Cour a jugé un traitement « inhumain » au motif, notamment, qu'il avait été appliqué avec préméditation pendant des heures et qu'il avait causé soit des lésions corporelles, soit de vives souffrances physiques ou mentales. Elle a par ailleurs considéré qu'un traitement était « dégradant » en ce qu'il était de nature à inspirer à ses victimes des sentiments de peur, d'angoisse et d'infériorité propres à les humilier et à les avilir. En revanche, elle a toujours souligné que la souffrance et l'humiliation infligées doivent en tout cas aller au-delà de celles que comporte inévitablement une forme donnée de traitement ou de peine légitimes [...].

**93.** Les mesures privatives de liberté s'accompagnent ordinairement de pareilles souffrance et humiliation. Toutefois, on ne saurait considérer qu'un placement en détention provisoire pose en soi un problème sur le terrain de l'article 3 de la Convention. De même, cet article ne peut être interprété comme établissant une obligation générale de libérer un détenu pour motifs de santé ou de le placer dans un hôpital civil afin de lui permettre d'obtenir un traitement médical d'un type particulier.

**94.** Néanmoins, l'article 3 de la Convention impose à l'État de s'assurer que tout prisonnier est détenu dans des conditions qui sont compatibles avec le respect de la dignité humaine, que les modalités d'exécution de la mesure ne soumettent pas l'intéressé à une détresse ou à une épreuve d'une intensité qui excède le niveau inévitable de souffrance inhérent à la détention et que, eu égard aux exigences pratiques de l'emprisonnement, la santé et le bien-être du prisonnier sont assurés de manière adéquate, notamment par l'administration des soins médicaux requis [...].

**95.** La Cour observe d'emblée qu'il n'est pas contesté en l'espèce que, tant avant que pendant sa détention du 4 octobre 1993 au 29 octobre 1996, le requérant a souffert de dépression chronique et a par deux fois tenté de mettre fin à ses jours en prison. Le diagnostic posé concernant son état parlait de troubles de la personnalité ou de troubles névrotiques, et de réaction situationnelle dépressive [...].

**96.** La Cour note de surcroît qu'il ressort des preuves médicales produites par le gouvernement devant elle (mais non devant la Commission) que le requérant a régulièrement sollicité et obtenu des soins médicaux au cours de sa détention [...].Peu après sa première tentative de suicide, événement qui, à la lumière des preuves produites devant la Cour, ne semble pas être résulté d'une quelconque carence discernable de la part des autorités ou pouvoir être corrélé à semblable carence, le requérant reçut un traitement spécialisé, sous la forme d'un séjour en observation psychiatrique à l'hôpital carcéral de Wroclaw du 9 mars au 26 mai 1994 [...].

**97.** Certes, cela ne l'empêcha pas de faire une seconde tentative de suicide en janvier 1995 [...]. Néanmoins [...], la Cour estime, au vu des éléments dont elle dispose, que les autorités ne peuvent être jugées responsables de ce qui s'est produit.

**98.** De même, elle ne discerne aucun manquement ultérieur de leur part à maintenir le requérant sous surveillance psychiatrique. Elle constate au contraire que, du début de 1995 à sa mise en liberté le 29 octobre 1996, l'intéressé a été examiné par un psychiatre au moins une fois par mois. C'est ainsi que pour la seule année 1996, c'est-à-dire avant l'élargissement précité, on recense douze consultations psychiatriques [...].

**99.** La Cour admet que la nature même de l'état psychologique du requérant rendait celui-ci plus vulnérable que le détenu moyen, et que sa détention peut avoir exacerbé dans une certaine mesure les sentiments de détresse, d'angoisse et de crainte éprouvés par lui. Elle prend note également du fait que, du 11 juin au 29 octobre 1996, l'intéressé a été maintenu en détention alors que, de l'avis d'un psychiatre, cela risquait de compromettre sa vie à cause du risque de le voir attenter à ses jours [...]. Toutefois, après s'être livrée à une appréciation globale des faits pertinents sur la base des preuves produites devant elle, la Cour n'estime pas établi que le requérant ait été soumis à des mauvais traitements atteignant un niveau de gravité suffisant pour entrer dans le champ d'application de l'article 3 de la Convention.

**100.** En conséquence, il n'y a pas eu violation de cette clause en l'espèce.

Par son arrêt *Kudla*, la Cour européenne (en Grande Chambre) affirme, pour la première fois, que l'article 3 de la Convention garantit le droit de tout prisonnier à être « détenu dans des conditions qui sont compatibles avec le respect de la dignité humaine » (§ 94). C'est là l'aboutissement d'une construction prétorienne remarquable. En effet, si la Convention garantit par son article 3 le droit du détenu, comme de toute autre personne placée sous la juridiction de l'État, à ne pas subir de sévices de la part des agents de l'État (*Labita c/ Italie*, 6 avr. 2000, *supra*, n° 14) ou de ses codétenus (*Pantea c/ Roumanie*, 3 juin 2003 ; *Rodic et al. c/ Bosnie-Herzégovine*, 27 mai 2008), elle ne consacre pas en soi un droit à des conditions de détention déterminées, à la différence du PIDCP qui stipule que « toute personne privée de sa liberté est traitée avec humanité et avec le respect de la dignité inhérente à la personne humaine » (art. 10, § 1). Malgré cette omission, la Commission, après avoir affirmé très tôt le principe que la détention ne privait pas le détenu des droits garantis par la Convention (déc. 8 mars 1962, Ilse Koch, *Ann.*, 5, 127), a utilisé le mécanisme de la « protection par ricochet » (pour son étude, *infra*, n° 16) pour juger que les conditions de détention « peuvent tomber sous le coup de l'article 3 » (déc. 9 mai 1977, X. c/ Suisse, *DR*, 11, 216). Dès lors, une peine de prison est « susceptible de soulever un problème, sous l'angle de l'article 3, par la manière dont elle est exécutée et par sa durée » (déc. 6 mai 1978, Kotälla c/ Pays-Bas, *DR*, 14, 238). Il en est notamment ainsi des peines perpétuelles lorsqu'il n'existe aucun espoir de pouvoir bénéficier de mesures telles que la libération conditionnelle (déc. 3 juill. 2001, *Nivette c/ France*, n° 44190/98). Une peine perpétuelle compressible *de jure* et *de facto* ne soulève aucune question sous l'angle de l'article 3 (*Léger c/ France*, 11 avr. 2006, § 92, *D*, 2006, 1800, note J.-P. Céré). Affinant sa jurisprudence antérieure (*Kafkaris c/ Grèce*, 12 févr. 2008, GC, § 98) la Cour se livre à une interprétation constructive de l'article 3 et énonce que « l'article 3 doit être interprété comme exigeant » que les peines perpétuelles soient « compressibles », c'est-à-dire « soumise à un réexamen permettant aux autorités nationales de rechercher si, au cours de l'exécution de sa peine, le détenu a tellement évolué et progressé sur le chemin de l'amendement qu'aucun motif légitime d'ordre pénologique ne permet plus de justifier son maintien en détention » (*Vinter et a. c/ Royaume-Uni*, 9 juill. 2013, GC, § 119, *JCP G* 2013, act. 918, F. Sudre). Le droit national doit donc offrir au détenu condamné à perpétuité une chance d'élargissement, la Cour insistant sur le fait qu'une « nette tendance » se dégage de la pratique des États contractants en faveur d'un premier réexamen dans un délai de « 25 ans au plus après l'imposition de la peine » (§ 120). Cette exigence de « compressibilité » est absolue et s'impose même si le condamné est l'auteur de crimes terroristes particulièrement graves (*Öcalan c/ Turquie* (n° 2), 18 mars 2014, § 205).

L'arrêt *Kudla* opère un saut qualitatif et va très au-delà de cette protection indirecte. Par une interprétation constructive de l'article 3, la nouvelle Cour consacre un nouveau droit – le droit à des conditions de détention conformes à la dignité humaine. Se fondant sur l'article 3, le Conseil d'État fait de même (CE, 6 déc. 2013, *M.B.*, n° 363290, *AJDA* 2014, 237, concl. D. Hedary).

Les conditions d'applicabilité du droit sont celles définies initialement par la jurisprudence européenne relative à la torture et aux traitements inhumains et dégradants (*Irlande c/ Royaume-Uni*, 18 janv. 1978, A. 25, § 162 ; *supra*, n° 14) : le mauvais traitement doit atteindre « un minimum de gravité » pour tomber sous le coup de l'article 3, l'appréciation de ce minimum étant « relative par essence » (§ 91 ; par ex., *Enea c/ Italie*, 17 sept. 2009, Gr. Ch., § 67). La Cour souligne (§ 92) que sa jurisprudence antérieure a pris soin de préciser que si toute peine judiciaire ou le traitement dont elle s'accompagne entraîne ordinairement souffrance et humiliation, la souffrance et l'humiliation infligées doivent « aller au-delà de celles que comporte inévitablement une forme donnée de traitement ou de peine légitimes » pour que la qualification de peines ou traitements « inhumains » et/ou « dégradants » soit retenue (*Tyrer c/ Royaume-Uni*, 25 avr. 1978, A. 26, § 30 ; pour la peine de mort, *Soering*, *infra*, n° 16). Recourant à l'interprétation évolutive (*Selmouni*, *supra*, n° 14), le juge européen abaisse le seuil minimum de gravité requis pour tomber sous le coup de l'article 3 et estime que certains actes autrefois exclus du champ d'application de l'article 3 en relèvent aujourd'hui ; ainsi, le fait d'enchaîner à son lit d'hôpital, la nuit précédant une intervention chirurgicale, un détenu âgé de 75 ans relève d'un « traitement inhumain » (*Henaf c/ France*, 27 nov. 2003, *D*, 2004, 1196, note D. Roets).

Le droit à des conditions de détention conformes au respect de la dignité humaine, tel que le définit l'arrêt *Kudla*, implique que les modalités d'exécution de la peine de prison « ne soumettent pas l'intéressé à une détresse ou à une épreuve d'une intensité qui excède le niveau inévitable de souffrance inhérent à la détention et que, eu égard aux exigences pratiques de l'emprisonnement, la santé et le bien être du prisonnier soient assurés de manière adéquate » (§ 94). Le contenu du droit s'ordonne ainsi autour d'une double obligation – d'abstention et d'action – pesant sur l'État.

## I / L'obligation de ne pas soumettre les détenus à des conditions de détention constitutives d'un mauvais traitement contraire à l'article 3

Cette obligation négative, qui reprend l'acquis jurisprudentiel de l'ancienne Commission, se décline principalement en matière de discipline et de punition.

A) Le détenu ne doit pas être soumis à des traitements poursuivant le but – et ayant eu pour effet – de l'humilier ou de le rabaisser dans sa personnalité. L'intention délibérée d'humilier est ici le critère décisif qui permet de qualifier, au sens de la jurisprudence européenne, un tel traitement de « dégradant » (*Raninen c/ Finlande*, 16 déc. 1997, § 55 ; par ex., *Duval c/ France*, 29 mai 2011, détenu entravé et menotté lors d'examens médicaux intimes en présence des surveillants, *JCP G* 2011, act. 731, B. Pastre-Belda). À cet égard, le port de menottes ne soulève pas en principe de problèmes au regard de l'article 3 « lorsqu'il est lié à une arrestation ou une détention légales et n'entraîne pas l'usage de la force, ni l'exposition publique, au-delà de ce qui est raisonnablement considéré comme nécessaire dans les circonstances de l'espèce » (*ibid.*, § 56). Par son arrêt *Valasinas c/ Lituanie* (24 juill. 2001), le juge européen précise que si une fouille « intégrale » peut parfois être nécessaire à la sécurité de l'établissement pénitentiaire ou à la défense de l'ordre et à la prévention des infractions pénales, elle doit cependant être conduite de manière convenable dans le respect de la personne du détenu afin de ne pas « amoindrir sa dignité humaine » (§ 117). Tel n'est pas le cas, en l'espèce, de la fouille à corps pratiquée sur le requérant en présence notamment d'une gardienne (comparer avec Comm., déc. 15 mai 1980, McFeeley c/ Royaume-Uni, *DR*, 20, 44, § 59-61). Les fouilles intégrales, prévues par la circulaire du garde des Sceaux du 14 mars 1986 prise en application de l'article D. 275 C. pr. pén., sont jugées par le Conseil d'État compatibles avec l'article 3 de la Convention, « compte tenu des mesures prévues pour protéger l'intimité et la dignité des détenus et eu égard aux contraintes particulières afférentes au fonctionnement des établissements pénitentiaires » (CE, 8 déc. 2000, Frérot, *RFDA*, 2001, 261). Le Conseil d'État encadre au fond le régime des fouilles intégrales et, se fondant sur l'article 3 de la CEDH, subordonne la légalité de ce régime à la double condition de la nécessité de telles fouilles (impératif de sécurité) et à la proportionnalité des modalités retenues (CE, 14 nov. 2008, n° 315622, El Shennawy, *RFDA*, 2009, 957 obs. D. Pollet-Panoussis ; CE, 26 sept. 2012, n° 359479). Quant à elle, la Cour européenne sanctionne le caractère arbitraire de fouilles intégrales systématiques, non justifiées par des impératifs de sécurité, pratiquées sur le détenu (*Frérot c/ France*, 12 juin 2007, *D*, 2008, 1016, obs. J.-P. Céré ; *Khider c/ France*, 9 juill. 2009, *JCP G*, 2010, doctr. 70, F. Sudre ; *El Shennawy c/ France*, 20 janv. 2011, *D* 2011, 1311, obs. J-P. Céré). Dans le même esprit, la Cour juge que l'obligation faite à un détenu de se mettre nu devant un groupe de gardiens avant de pouvoir exercer son droit de vote aux élections législatives s'analyse en un traitement dégradant en ce qu'elle vise à provoquer un sentiment d'humiliation et d'infériorité (*Iwanczuk c/ Pologne*, 15 nov. 2001).

B) L'isolement absolu du détenu est prohibé par l'article 3. La Cour européenne (déc. 8 juin 1999, *Messina c/ Italie*, n° 25498/94), reprenant à son compte la jurisprudence de la Commission – qui, toutefois, n'a jamais retenu de violation de l'article 3 (rap. 16 déc. 1982, Kröcher et Möller c/ Suisse, *DR*, 34, 25 ; rap. 14 mai 1987, Dhoest c/ Belgique, *DR*, 55, 42) –, distingue clairement entre l'exclusion d'un détenu de la collectivité carcérale pour des motifs de sécurité, de discipline ou de protection, qui ne constitue pas en elle-même une peine ou un traitement inhumain (voir, déc. 9 juill. 1991, Treholt c/ Norvège, *DR*, 71, 168) et l'isolement total (à la fois sensoriel et social), qui « peut détruire la personnalité et constitue une forme de traitement inhumain qui ne saurait se justifier par les exigences de sécurité ou toute autre raison » (voir, déc. 8 juill. 1976, Ensslin, Baader et Raspe c/ RFA, *DR*, 14, 64). Pour apprécier si l'isolement d'un détenu est compatible avec l'article 3, le juge européen tient compte de sa rigueur, de sa durée, de l'objectif poursuivi et de son effet sur le détenu. Ainsi un « isolement social relatif » (interdiction de contacts avec d'autres détenus, restrictions des visites, interdiction de téléphoner) n'atteint pas le minimum de gravité requis pour tomber sous le coup de l'article 3 (*Messina*, préc.) sauf s'il se prolonge (plus de quatre ans : *Ocalan c/ Turquie (n° 2)*, 18 mars 2014, § 146). Par contre, des conditions de détention dans un quartier de haute sécurité portent atteinte à la dignité humaine du détenu et constituent un traitement inhumain et dégradant du fait de la combinaison de mesures de sécurité rigoureuses et d'une pratique de fouilles corporelles systématiques ne reposant sur aucune justification convaincante en matière de sécurité (*Lorsé et al. c/ Pays-Bas*, 4 févr. 2003, *JCP G*, 2003, I, 160, n° 2, chron. F. Sudre ; voir aussi, *G. B. c/ Bulgarie*, 11 mars 2004).

La « personnalité et la dangerosité hors normes » d'un détenu (le terroriste Carlos) peuvent justifier des « mesures extraordinaires de sécurité », tel un isolement prolongé (pendant huit ans : *Ramirez Sanchez c/ France*, 4 juill. 2006, Gr. Ch., *RTDH*, 2007-69, 247, note P. Poncela ; aussi, déc. 25 juill. 2000, *Legret c/ France*, n° 42553/98, *D*, 2002, 118, obs. J.-P. Céré). Toutefois, la compatibilité avec l'article 3 de la prolongation du maintien à l'isolement d'un détenu implique que la décision de prolongation soit motivée, que cette motivation soit « de plus en plus approfondie et convaincante » au fil du temps, que des solutions alternatives à la mise à l'isolement soient recherchées pour les détenus dangereux, que le détenu ait accès à une autorité judiciaire indépendante aux fins de statuer sur le bien-fondé de la prolongation de l'isolement (*infra*, n° 38 ; *Ramirez Sanchez*). De plus, l'État a, en la matière, une obligation particulière de vigilance médicale (contrôle régulier de l'état de santé physique et psychique du détenu ; *Rohde c/ Danemark*, 21 juill. 2005) ; un placement en cellule disciplinaire d'un détenu souffrant de graves problèmes mentaux n'est alors pas compatible « avec les exigences d'un traitement humain » (*Renolde c/ France*, 16 oct. 2008, § 128, *JCP G*, 2008, II, 10196, note B. Belda).

De même, une garde à vue d'une durée excessive en isolement total est susceptible de constituer un traitement contraire à l'article 3 (*Sadak c/ Turquie*, 8 avr. 2004).

## II / L'obligation d'assurer des conditions de détention conformes à la dignité humaine

L'arrêt *Kudla*, en affirmant que l'article 3 « impose à l'État de s'assurer » que tout prisonnier bénéficie de conditions de détention conformes à la dignité humaine, met à jour une obligation positive implicite relative aux conditions de détention qui s'inscrit dans la ligne des obligations positives dégagées de l'article 3 par le juge européen en matière de mauvais traitements sur les personnes privées de liberté (*Selmouni, supra*, n° 14), notamment sur les détenus (*Labita c/ Italie*, 6 avr. 2000 ; *Pantéa c/ Roumanie*, 3 juin 2003, *supra* n° 14). L'État partie est donc tenu par une obligation de double nature, substantielle et procédurale.

A) L'obligation substantielle est celle, « eu égard aux exigences pratiques de l'emprisonnement », d'assurer « la santé et le bien-être » des détenus « de manière adéquate » (§ 94 ; aussi, MacFeeley, préc, § 46). Cette obligation, qui est une obligation relative prenant en compte les contingences ordinaires de l'emprisonnement, vaut « par analogie » pour les autres personnes privées de liberté, telles celles placées en rétention administrative (*Slimani c/ France*, 27 juill. 2004) ou en zone de transit en attente d'une mesure d'éloignement (*Riad et Idiab c/ Belgique*, 24 janv. 2008, § 98) et elle est étendue aux conditions de transfèrement cellulaire (*Vlasov c/ Russie*, 12 juin 2008). La question spécifique de la détention dans « le couloir de la mort », dans l'attente de l'exécution de la peine capitale, est également appréciée au regard des critères de la jurisprudence Kudla (*Poltoratskiy c/ Ukraine*, 29 avr. 2003 ; *Ilascu et al., infra*, n° 70).

1 / Les arrêts *Dougoz* et *Peers*, rendus contre la Grèce (6 mars et 19 avr. 2001, *JCP G*, 2001, I, 342, n° 4, chron. F. Sudre), marquent une rupture avec la jurisprudence antérieure de la Commission. Selon celle-ci, les conditions matérielles de détention n'étaient susceptibles

d'atteindre le seuil de gravité du traitement dégradant que si deux conditions étaient réunies : des conditions objectivement dégradantes et la volonté d'humilier le détenu (*MacFeeley*, § 54). Au contraire, la Cour estime que l'absence d'une véritable intention d'humilier ou de rabaisser l'intéressé n'exclut pas une violation de l'article 3 (*Peers*, § 74). Dès lors, des conditions de détention objectivement inacceptables (*Peers* : cellule dépourvue d'aération et surchauffée, absence de toilettes séparées ; *Dougoz* : surpopulation des cellules, absence de lits, conditions sanitaires déplorables ; voir aussi, parmi d'autres, *Karalevicius c/ Lituanie*, 7 avr. 2005 ; *Payet c/ France*, 20 janv. 2011) portent atteinte à la dignité de la personne et provoquent chez l'intéressé « des sentiments de désespoir et d'infériorité propres à l'humilier et le rabaisser, voire à briser sa résistance physique et morale » (*Peers*, § 75). Il en va de même des conditions de détention qui, méconnaissant les règles d'hygiène fondamentales, ont un effet réellement préjudiciable sur la santé du détenu (*Nevmerjitsky c/ Ukraine*, 5 avr. 2005).

De telles conditions, en l'absence de mesures prises par les autorités compétentes pour les améliorer, constituent un traitement dégradant, le critère des « effets cumulatifs » des conditions de détention – conditions matérielles, dégradation de la santé, durée de la détention (*Kalashnikov c/ Russie*, 15 juill. 2002) – étant décisif pour une telle qualification. La Cour étend celle-ci aux transfèrements répétés (ou « rotations de sécurité ») d'une prison à l'autre, susceptibles de créer un sentiment d'angoisse aiguë chez le détenu (*Khider*, préc. ; *Payet*, préc.).

Cette nouvelle jurisprudence intègre *de facto* dans l'article 3 les « Règles pénitentiaires européennes », qui énoncent un ensemble de règles minima, très détaillées, destinées à assurer « des conditions humaines de détention » (Comité des ministres, Cons. Eur., *Rec.*, 2006 (2), 11 janv. 2006), auxquelles la Cour n'hésite pas à se référer (*Ramirez Sanchez*, préc.). L'arrêt *Valasinas* fournit l'exemple d'un examen méticuleux (surface, lumière, ventilation des locaux de détention ; conditions sanitaires ; hygiène ; alimentation) des conditions de détention (§ 103-111 : constat de non-violation).

La jurisprudence européenne influence manifestement le juge administratif qui, eu égard à la taille des cellules, la promiscuité et l'absence de respect de l'intimité, juge que de telles conditions de détention n'assurent pas le respect de la dignité inhérente à la personne humaine, méconnaissent l'article D 89 CPP et engagent la responsabilité de l'État (CAA Douai, 12 nov. 2009, *AJDA*, 2010, 42, note J. Lepers ; TA Rouen, 27 mars 2008, Donat, *D.* 2008, 1959, note M. Herzog-Evans). Se fondant sur les articles 2 et 3 de la CEDH, le juge des référés au Conseil d'État énonce l'obligation positive pour l'administration pénitentiaire de protéger la vie des détenus et de leur éviter tout traitement inhumain et dégradant et constate que la carence de celle-ci a créé à la prison des Baumettes une situation (état de dégradation des cellules, prolifération des espèces nuisibles) affectant la dignité des détenus et « de nature à porter une atteinte grave et manifestement illégale » à leurs libertés fondamentales (CE, ord. réf., 22 déc. 2012, Section française de l'OIP et a., n° 364584, *JCP G*, 2013, note 87, O. Le Bot).

Il faut aussi souligner la propension de la Cour à s'appuyer sur les rapports du Comité européen pour la prévention de la torture (CPT ; par ex. *Peers ; Dougoz*). Contrôle préventif (dans le cadre de la Convention européenne pour la prévention de la torture, du 26 novembre 1987) et contrôle juridictionnel conjuguent désormais leurs effets pour garantir la protection des droits des détenus (par ex., *Slimani*, préc., *Kehayov c/ Bulgarie*, 18 janv. 2005).

2 / Les autorités pénitentiaires ont également l'obligation de protéger la santé des détenus. Cette obligation est triple (*Xiros c/ Grèce*, 9 sept. 2010).

*a)* Elle implique « l'administration des soins médicaux requis » par l'état de santé du détenu (§ 94). Alors que la Commission estimait que l'insuffisance de soins médicaux et des négligences graves dans le régime de détention ayant provoqué une aggravation sérieuse de l'état de santé du détenu étaient susceptibles de constituer des traitements inhumains et dégradants (déc. 2 févr. 1971, Simon-Herold c/ Autriche, *Rec. déc.*, 38, 18), la Cour a longtemps fait preuve d'une réserve manifeste, se retranchant en pratique derrière une commode présomption de conformité à l'article 3 des traitements médicaux administrés aux détenus, notamment aux aliénés. Ainsi, dans l'affaire *Herczegvalfy c/ Autriche*, la Cour estime qu'en pareil cas « les conceptions médicales établies sont en principe décisives » et qu'une mesure dictée par une « nécessité thérapeutique » ne saurait, en général, passer pour inhumaine ou dégradante (24 sept. 1992, A. 244, § 82, *JDI*, 1993, 748, obs. E. Decaux). Contrairement à la Commission, la Cour estime en l'espèce que le traitement imposé au requérant (administration par la force de médicaments et de nourriture, isolement, maintien par des menottes et des sangles sur un lit de sûreté) était justifié par un impératif médical, compte tenu des « principes psychiatriques communément admis à l'époque » (§ 83). De même, dans l'affaire *Aerts c/ Belgique* (30 juill. 1998, § 65-66), la Cour juge que la souffrance causée à un aliéné par son maintien en détention pendant sept mois dans un établissement pénitentiaire ordinaire ne permettant pas un traitement psychiatrique approprié ne revêtait pas un caractère inhumain ou dégradant, malgré un rapport antérieur du CPT soulignant un risque indéniable d'aggravation de l'état mental des personnes internées dans ledit établissement ; à l'inverse, la Commission considérait que l'État « par son omission » avait fait subir au requérant un traitement contraire à l'article 3 (Rap. 20 mai 1997, n° 25357/94).

Cette attitude de retenue de la Cour est désormais révolue, comme le confirme de manière éclatante l'arrêt *Keenan c/ Royaume-Uni*, du 3 avril 2001. Dans cette affaire, le fils de la requérante, atteint de paranoïa et manifestant des tendances suicidaires, s'est suicidé après avoir été placé par mesure disciplinaire en cellule d'isolement. Le juge européen relève la vulnérabilité des malades mentaux et leur incapacité, dans certains cas, à se plaindre de manière cohérente (§ 110) et énonce, dans une affirmation de principe, que « le traitement infligé à un malade mental peut se trouver incompatible avec les normes imposées par l'article 3 s'agissant de la protection de la dignité humaine, même si cette personne n'est pas en mesure, ou pas capable, d'indiquer des effets néfastes précis » (§ 112). Soulignant « les graves lacunes » dans les soins médicaux prodigués et l'incompatibilité de la sanction disciplinaire infligée avec le niveau de traitement requis pour un malade mental, la Cour juge en l'espèce que l'intéressé a subi un traitement et une peine inhumains et dégradants (§ 115).

Désormais, le juge européen contrôle au regard de l'article 3 non seulement l'existence même des soins médicaux (*McGlinchey c/ Royaume-Uni*, 29 avr. 2003 : carence des soins procurés à une héroïnomane) mais encore le caractère « adéquat et raisonnable » du traitement médical (*Rivière c/ France*, 11 juill. 2006), s'assurant ainsi que la nécessité d'un traitement médical forcé administré à un détenu atteint de troubles psychiques soit établie de manière convaincante (*Gennadiy Naumenko c/ Ukraine*, 12 févr. 2004). Ainsi, en l'absence de nécessité thérapeutique, l'alimentation forcée d'un détenu qui fait la grève de la faim constitue, en raison des moyens employés, une « torture » (*Nevmerjitsky c/ Ukraine*, 5 avr. 2005, § 97). Plus généralement, les détenus atteints de graves troubles mentaux doivent pouvoir être placés et soignés dans un service hospitalier doté de l'équipement adéquat et disposant d'un personnel qualifié, conformément aux Règles pénitentiaires européennes (*Slawomir Musial c/ Pologne*, 20 janv. 2009 ; *G. c/ France*, 23 février 2012).

Cette nouvelle rigueur conduit aussi la Cour à renverser la charge de la preuve et à conclure à la violation de l'article 3 en l'absence de documents médicaux pertinents fournis par l'État défendeur et attestant que l'intéressé a bénéficié d'un diagnostic rapide et d'un traitement adéquat de sa maladie pendant sa détention (*Metchenkov c/ Russie*, 7 févr. 2008 ; *Kotsaftis c/ Grèce*, 12 juin 2008).

Aux yeux du juge européen, l'intervention d'un médecin n'ayant aucun lien avec l'autorité pénitentiaire constitue une importante garantie contre les mauvais traitements physiques ou mentaux des détenus (*Mathew c/ Pays-Bas*, 29 sept. 2005).

*b)* C'est aussi l'obligation de veiller à ce que le détenu a la capacité à purger sa peine. Le maintien en détention d'un prisonnier est, selon une jurisprudence constante de la Commission, susceptible de constituer un traitement inhumain si la détention en tant que telle, en l'absence de soins appropriés, compromet gravement la santé du requérant ou est inconciliable avec l'âge avancé du détenu (Rap. 5 déc. 1979, Bonnechaux c/ Suisse, *DR*, 18, 124 ; Rap. 8 déc. 1982, Chartier c/ Italie, *DR*, 33, 41 ; déc. 2 mars 1998, Venetucci c/ Italie, *DR*, 92-B, 113). La Cour européenne fait sienne cette jurisprudence et précise que pour apprécier si le maintien en détention d'une personne âgée et malade est compatible avec l'article 3, il convient, dans le cadre d'une interprétation évolutive, de tenir compte de la condition du détenu, de la qualité des soins dispensés et de l'opportunité de maintenir la détention au vu de l'état de santé de l'intéressé (*Farbtuhs c/ Lettonie*, 2 déc. 2004, *JCP G*, 2005, I, 103, n° 4, obs. F. Sudre). Dans sa décision *Papon c/ France* (7 juin 2001, *D*, 2001, 2335, note J.-P. Céré), elle juge que la situation du requérant (âgé de plus de 90 ans, cardiaque) n'atteint pas un niveau de gravité suffisant pour entrer dans le champ d'application de l'article 3, dès lors que les autorités nationales ont satisfait à leur obligation de soins médicaux (aussi, déc. 5 avr. 2001, *Priebke c/ Italie*, n° 48799/99 ; *Matencio c/ France*, 15 janv. 2004 ; pour une solution contraire, *Farbthus*). Par contre, le maintien en détention, sans encadrement médical approprié, d'un détenu malade mental avec des tendances suicidaires constitue un traitement inhumain et dégradant *(Rivière)*. De même, le maintien en détention d'un détenu cancéreux, contraint à des transferts en milieu hospitalier pour suivre une chimiothérapie, porte atteinte à la dignité de l'intéressé et emporte une violation de l'article 3 (*Mouisel c/ France*, 14 nov. 2002, *RTDH*, 2003, 999, obs. J. P. Céré) ; on notera que la Cour souligne que la possibilité de suspension de la peine en cas de dégradation de la santé du détenu offerte par le nouvel article 720-1-1 CPP (loi 4 mars 2002) constitue désormais une garantie adéquate (aussi, *Matencio*). Le port de menottes ou d'entraves imposé aux détenus pendant leur transport en vue d'une consultation médicale à l'extérieur de l'établissement pénitentiaire ainsi que lors de la consultation et des soins médicaux *(Mouisel)* ou durant l'hospitalisation dans un service (*Henaf ; Avci et al. c/ Turquie*, 27 juin 2006) est susceptible de constituer un traitement contraire à l'article 3 si, compte tenu de l'état de santé du détenu et de la réalité du risque de fuite, il s'avère disproportionné au regard des nécessités de la sécurité (*Mouisel*, § 47). Le Conseil d'État juge également que de telles mesures ne sont pas contraires à l'article 3 dès lors qu'elles sont adaptées et proportionnées à la dangerosité du détenu et au risque d'évasion et ne constituent pas « un traitement excédant par lui-même le niveau de contrainte strictement nécessaire au déroulement d'une consultation médicale dans des conditions de sécurité satisfaisantes » (CE, 30 mars 2005, Observatoire international des prisons, n° 276017, *Rec.*).

*c)* C'est, en dernier lieu, l'obligation de fournir un environnement carcéral adapté à l'état de santé du détenu, particulièrement en cas de handicaps physiques, afin que ne soit pas porté atteinte à son intégrité morale. Une personne gravement handicapée (*Price c/ Royaume-Uni*, 10 juill. 2001 ; CE, 6 déc. 2013, *M.B.*, préc.) ou malade (*Bragadireanu c/ Roumanie*, 6 déc. 2007) doit alors bénéficier de conditions de détention en accord avec ses besoins spécifiques. Dans son arrêt *Price* (10 juill. 2001), la Cour juge, en l'absence d'une volonté manifeste d'humiliation ou d'avilissement de la requérante, que la détention de cette dernière dans des conditions où elle souffre sérieusement du froid, risque d'avoir des douleurs à cause de la dureté et de l'inaccessibilité de son lit, et ne peut que très difficilement aller aux toilettes ou se laver, constitue un traitement dégradant au sens de l'article 3 (v. aussi, *Vincent c/ France*, 24 oct. 2006, *JCP G*, 2007, II, 10007, note J.-B. Thierry). De même, l'État partie a l'obligation positive de prendre des mesures appropriées afin de protéger un détenu contre les effets nocifs du tabagisme passif lorsque son état de santé l'exige (*Elefteriadis c/ Roumanie*, 25 janv. 2011).

Cette obligation suppose aussi de nourrir convenablement le détenu, afin de « subvenir aux besoins fonctionnels de l'organisme » (*Moisejevs c/ Lettonie*, 15 juin 2006).

Si le juge européen prend soin de préciser que l'on ne saurait déduire de l'article 3 une obligation générale de libérer un détenu, ou de le transférer dans un hôpital civil, pour motifs de santé (*Mouisel*, § 40 ; *Matencio*, § 78), il semble cependant considérer désormais que, lorsque l'État n'est pas en mesure d'offrir à un détenu gravement malade les conditions de détention adaptées à sa pathologie, il doit alors suspendre l'exécution d'une peine qui s'analyse en un traitement contraire à l'article 3 (*Scoppola c/ Italie*, 10 juin 2008, § 50).

B) L'obligation procédurale est identique à celle dégagée de l'article 3 par la jurisprudence européenne relative aux mauvais traitements subis par les personnes privées de liberté (*supra*, n° 13) et suppose qu'une enquête effective soit menée en cas d'allégation défendable de conditions de détention contraires à l'article 3. Confirmation en est donnée par l'arrêt *Valasinas*, qui s'assure, pour constater une non-violation de l'article 3, que les sanctions disciplinaires infligées à l'intéressé ont fait l'objet d'un contrôle adéquat par l'administration pénitentiaire et le médiateur (§ 123-125). Cette obligation procédurale se combine également avec l'obligation de « recours effectif » de l'article 13 : dans l'affaire *Keenan*, l'absence en droit interne de procédure de plainte rapide contre une sanction disciplinaire contraire à l'article 3 emporte violation de l'article 13 (§ 126).

F. S.

## III | Éloignement forcé des étrangers

**16.** ***Soering c/ Royaume-Uni, 7 juillet 1989*** *(Cour plénière), série A, n° 161 ; JCP, 1990, II, 3452, note H. Labayle ; RGDIP, 1990, 103, obs. F. Sudre ; RTDH, 1990, 5, obs. W. J. Ganshof Van Der Meersch.*

A / Applicabilité de l'article 3 en matière d'extradition [...]

**85.** Comme il ressort de l'article 5, § 1 *f)*, qui autorise « la détention régulière [...] d'une personne [...] contre laquelle une procédure [...] d'extradition est en cours », la Convention ne consacre pas en soi un droit à ne pas être extradé. Néanmoins, quand une décision d'extradition porte atteinte, par ses conséquences, à l'exercice d'un droit garanti par la Convention, elle peut, s'il ne s'agit pas de répercussions trop lointaines, faire jouer les obligations d'un État contractant au titre de la disposition correspondante [...]. La question à trancher ici consiste à savoir si l'article 3 peut s'appliquer lorsque de telles répercussions se manifestent ou peuvent se manifester en dehors de la juridiction de l'État requis, par suite de peines ou traitements administrés dans l'État de destination.

**86.** L'article 1, aux termes duquel « les Hautes Parties contractantes reconnaissent à toute personne relevant de leur juridiction les droits et libertés définis au titre 1 », fixe une limite, notamment territoriale, au domaine de la Convention. En particulier, l'engagement des États contractants se borne à « reconnaître » (en anglais *to secure*) aux personnes relevant de leur « juridiction » les droits et libertés énumérés. En outre, la Convention ne régit pas les actes d'un État tiers, ni ne prétend exiger des Parties contractantes qu'elles imposent ses normes à pareil État. L'article 1er ne saurait s'interpréter comme consacrant un principe général selon lequel un État contractant, nonobstant ses obligations en matière d'extradition, ne peut livrer un individu sans se convaincre que les conditions escomptées dans le pays de destination cadrent pleinement avec chacune des garanties de la Convention. En réalité, le gouvernement britannique le souligne avec raison, en déterminant le champ d'application de la Convention, et spécialement de l'article 3, on ne saurait oublier l'objectif bénéfique de l'extradition : empêcher des délinquants en fuite de se soustraire à la justice. [...].Ces considérations ne sauraient pourtant relever les États contractants de leur responsabilité, au regard de l'article 3, pour tout ou partie des conséquences prévisibles qu'une extradition entraîne en dehors de leur juridiction.

**87.** La Convention doit se lire en fonction de son caractère spécifique de traité de garantie collective des droits de l'homme et des libertés fondamentales (arrêt Irlande contre Royaume-Uni du 18 janvier 1978, série A, n° 25, p. 90, § 239). L'objet et le but de cet instrument de protection des êtres humains appellent à comprendre et appliquer ses dispositions d'une manière qui en rende les exigences concrètes et effectives [...]. En outre, toute interprétation des droits et libertés énumérés doit se concilier avec « l'esprit général [de la Convention], destinée à sauvegarder et promouvoir les idéaux et valeurs d'une société démocratique » (arrêt Kjeldsen, Busk Madsen et Pedersen du 7 décembre 1976, série A, n° 23, p. 27, § 53).

**88.** L'article 3 ne ménage aucune exception, et l'article 15 ne permet pas d'y déroger en temps de guerre ou autre danger national. Cette prohibition absolue, par la Convention, de la torture et des peines ou traitements inhumains ou dégradants montre que l'article 3 consacre l'une des valeurs fondamentales des sociétés démocratiques qui forment le Conseil de l'Europe. On la rencontre en des termes voisins dans d'autres textes internationaux, par exemple, le Pacte international de 1966 relatif aux droits civils et politiques et la Convention américaine des droits de l'homme, de 1969 ; on y voit d'ordinaire une norme internationalement acceptée. Reste à savoir si l'extradition d'un fugitif vers un autre État où il subira ou risquera de subir la torture ou des peines ou traitements inhumains ou dégradants engage par elle-même la responsabilité d'un État contractant sur le terrain de l'article 3. Que l'aversion pour la torture comporte de telles implications, la Convention des Nations Unies contre la torture et autres peines ou traitements cruels, inhumains ou dégradants le reconnaît en son article 3 : « Aucun État partie [...] n'extradera une personne vers un autre État où il y a des motifs sérieux de croire qu'elle risque d'être soumise à la torture. » De ce qu'un traité spécialisé en la matière énonce en détail une obligation précise dont s'accompagne l'interdiction de la torture, il ne résulte pas qu'une obligation en substance analogue ne puisse se déduire du libellé général de l'article 3 de la Convention européenne. Un État contractant se conduirait d'une manière incompatible avec les valeurs sous-jacentes à la Convention, ce « patrimoine commun d'idéal et de traditions politiques, de respect de la liberté et de prééminence du droit » auquel se réfère le Préambule, s'il remettait consciemment un fugitif – pour odieux que puisse être le crime reproché – à un autre État où il existe des motifs sérieux de penser qu'un danger de torture menace l'intéressé. Malgré l'absence de mention expresse dans le texte bref et général de l'article 3, pareille extradition irait manifestement à l'encontre de l'esprit de ce dernier ; aux yeux de la Cour, l'obligation implicite de ne pas extrader s'étend aussi au cas où le fugitif risquerait de subir dans l'État de destination des peines ou traitements inhumains ou dégradants proscrits par ledit article.

**89.** Ce qui constitue « des peines ou traitements inhumains ou dégradants » dépend de l'ensemble des circonstances de la cause [...]. En outre, le souci d'assurer un juste équilibre entre les exigences de l'intérêt général de la communauté et les impératifs de la sauvegarde des droits fondamentaux de l'individu est inhérent à l'ensemble de la Convention. Les voyages de par le monde devenant plus faciles et la criminalité prenant une plus grande ampleur internationale, toutes les nations ont un intérêt croissant à voir traduire en justice les délinquants présumés qui fuient à l'étranger. Inversement, la création de havres de sécurité pour fugitifs ne comporterait pas seulement des dangers pour l'État tenu d'abriter la personne protégée : elle tendrait – également à saper les fondements de l'extradition. Ces considérations doivent figurer parmi les éléments à prendre en compte pour interpréter et appliquer, en matière d'extradition, les notions de peine ou traitement inhumain ou dégradant.

**90.** En principe, il n'appartient pas aux organes de la Convention de statuer sur l'existence ou l'absence de violations virtuelles de celle-ci. Une dérogation à la règle générale s'impose pourtant si un fugitif allègue que la décision de l'extrader enfreindrait l'article 3 au cas où elle recevrait exécution, en raison des conséquences à en attendre dans le pays de destination ; il y va de l'efficacité de la garantie assurée par ce texte, vu la gravité et le caractère irréparable de la souffrance prétendument risquée (§ 87 ci-dessus).

**91.** En résumé, pareille décision peut soulever un problème au regard de l'article 3, donc engager la responsabilité d'un État contractant au titre de la Convention, lorsqu'il y a des motifs sérieux et avérés de croire que l'intéressé, si on le livre à l'État requérant, y courra un risque réel d'être soumis à la torture, ou à des peines ou traitements inhumains ou dégradants. Pour établir une telle responsabilité, on ne peut éviter d'apprécier la situation dans le pays de destination à l'aune des exigences de l'article 3. Il ne s'agit pas pour autant de constater ou prouver la responsabilité de ce pays en droit international général, en vertu de la Convention ou autrement. Dans la mesure où une responsabilité se trouve ou peut se trouver engagée sur le terrain de la Convention, c'est celle de l'État contractant qui extrade, à raison d'un acte qui a pour résultat direct d'exposer quelqu'un à des mauvais traitements prohibés [...]

B / Application de l'article 3 dans les circonstances de la cause[...]

**102.** La Convention est sans conteste « un instrument vivant à interpréter [...] à la lumière des conditions de vie actuelles » ; pour déterminer s'il lui faut considérer un traitement ou une peine donnés comme inhumains ou dégradants aux fins de l'article 3, « la Cour ne peut pas ne pas être influencée par l'évolution et les normes communément acceptées de la politique pénale des États membres du Conseil de l'Europe dans ce domaine » (arrêt Tyrer précité, série A, n° 26, p. 15-16, § 31). [...]Pour savoir si la peine capitale elle-même, en raison de ces changements notables, constitue désormais un mauvais traitement prohibé par l'article 3, il échet de suivre les principes régissant l'interprétation de la Convention.

**103.** Cette dernière doit se comprendre comme un tout, de sorte qu'il y a lieu de lire l'article 3 en harmonie avec l'article 2 [...]. Dès lors, les auteurs de la Convention ne peuvent certainement pas avoir entendu inclure dans l'article 3 une interdiction générale de la peine de mort, car le libellé clair de l'article 2, § 1 s'en trouverait réduit à néant. Une pratique ultérieure en matière de politique pénale nationale, sous la forme d'une abolition généralisée de la peine capitale, pourrait témoigner de l'accord des États contractants pour abroger l'exception ménagée par l'article 2, § 1, donc pour supprimer une limitation explicite aux perspectives d'interprétation évolutive de l'article 3. Toutefois, le Protocole n° 6, accord écrit postérieur, montre qu'en 1983 encore les Parties contractantes, pour instaurer une obligation d'abolir la peine capitale en temps de paix, ont voulu agir par voie d'amendement, selon la méthode habituelle, et, qui plus est, au moyen d'un instrument facultatif laissant à chaque État le choix du moment où il assumerait pareil engagement. Dans ces conditions et malgré la spécificité de la Convention (§ 87 ci-dessus), l'article 3 ne saurait s'interpréter comme prohibant en principe la peine de mort.

**104.** Il n'en résulte pas que les circonstances entourant une sentence capitale ne puissent jamais soulever un problème sur le terrain de l'article 3. La manière dont elle est prononcée ou appliquée, la personnalité du condamné et une disproportion par rapport à la gravité de l'infraction, ainsi que les conditions de la détention vécue dans l'attente de l'exécution, figurent parmi les éléments de nature à faire tomber sous le coup de l'article 3 le traitement ou la peine subis par l'intéressé. L'attitude actuelle des États contractants envers la peine capitale entre en ligne de compte pour apprécier s'il y a dépassement du seuil tolérable de souffrance ou d'avilissement [...]

**111.** Eu égard, cependant, à la très longue période à passer dans le « couloir de la mort » dans des conditions aussi extrêmes, avec l'angoisse omniprésente et croissante de l'exécution de la peine capitale, et à la situation personnelle du requérant, en particulier son âge et son état mental à l'époque de l'infraction, une extradition vers les États-Unis exposerait l'intéressé à un risque réel de traitement dépassant le seuil fixé par l'article 3. L'existence, en l'espèce, d'un autre moyen d'atteindre le but légitime de l'extradition, sans entraîner pour autant des souffrances d'une intensité ou durée aussi exceptionnelles, représente une considération pertinente supplémentaire.

En conclusion, la décision ministérielle de livrer le requérant aux États-Unis violerait l'article 3 si elle recevait exécution [...].

Les étrangers (ressortissants d'un État non partie à la CEDH, réfugiés, apatrides) peuvent se prévaloir des droits et libertés énoncés par la Convention (art. 1), mais le droit d'entrer, de demeurer ou de s'établir sur le territoire de l'un des États contractants n'est pas, comme tel, garanti. Ce vide normatif originaire est partiellement comblé, dans la seule matière de l'expulsion, par deux stipulations additionnelles dont la portée pratique est restée réduite jusqu'à présent.

D'une part, l'article 4 du Protocole 4 interdit « les expulsions collectives d'étrangers » et impose donc aux États un examen spécifique de chaque cas individuel, afin d'éviter des expulsions en blocs ou... par « charter ». Dans son arrêt *Conka c/ Belgique*, (5 févr. 2002 ; voir Comm., déc. 3 oct. 1975, Becker c/ Danemark, *DR*, 4, 215), la Cour définit l'« expulsion collective » comme « toute mesure contraignant des étrangers, en tant que groupe, à quitter un pays, sauf dans les cas où une telle mesure est prise à l'issue et sur la base d'un examen raisonnable et objectif de la situation particulière de chacun des étrangers qui forment le groupe » (§ 59). Cependant, le respect de cette dernière condition n'exclut pas que les circonstances entourant la mise en œuvre de la mesure d'expulsion emportent violation de l'article 4 du Protocole 4. Il en va ainsi dans l'affaire *Conka*. Au vu, notamment, du grand nombre de personnes de même origine (tsigane) ayant connu le même sort que les requérants (convoqués par la police afin de « compléter leur dossier de demande d'asile », ils furent ensuite transférés dans un centre fermé de transit puis ramenés par avion en Slovaquie) et du déroulement des faits (annonce politique d'une opération de ce genre, convocations simultanées au commissariat, libellé identique des ordres de quitter le territoire...), la Cour juge que la procédure suivie n'offrait pas « des garanties suffisantes attestant d'une prise en compte réelle et différenciée de la situation individuelle de chacune des personnes concernées » (§ 63) et conclut au « caractère collectif de l'expulsion critiquée ».

Afin de ne pas soustraire à la protection de la Convention « une partie importante des phénomènes migratoires contemporains », la Cour européenne confère à l'article 4 du Protocole 4 un effet extraterritorial et juge cette disposition applicable à « un éloignement d'étrangers vers un État tiers effectué en dehors du territoire national » (*Hirsi Jamaa et a. c/ Italie*, 23 févr. 2012, Gr. Ch., *JCP G* 2012, act. 380, C. Picheral : interception de migrants en haute mer et transfert vers la Libye).

D'autre part, l'article 1er du Protocole 7 accorde à l'étranger deux séries de garanties spécifiques, qui sont subordonnées à la condition, fixée par le droit interne, de la « régularité de la présence de l'étranger » sur le territoire de l'État contractant (Comm., déc. 13 janv. 1993, Voulfovitch *et al. c/ Grèce*, *DR*, 74, 199). En premier lieu, l'étranger ne peut être expulsé qu'« en exécution d'une décision prise conformément à la loi », le terme « loi » s'entendant au sens de la Convention comme désignant à la fois l'existence d'une base légale en droit interne et la qualité (accessibilité et prévisibilité) de la loi (*Lupsa c/ Roumanie*, 8 juin 2006, *JCP G*, 2006, I, 164, n° 14, obs. F. Sudre). Il s'agit là d'une « garantie fondamentale » qui, selon la Cour, ne souffre aucune exception et est « la condition *sine qua non* » du respect de la Convention (*Bolat c/ Russie*, 5 oct. 2006, *JCP G*, 2007, I, 106, n° 16, obs. F. Sudre). En second lieu, l'étranger bénéficie de garanties procédurales minimales, dont les conditions d'exercice relèvent de la législation nationale (§ 1 : droit de faire valoir les raisons qui militent contre son expulsion, droit de faire examiner son cas, droit de se faire représenter à cette fin devant l'autorité compétente), à moins que des raisons touchant à « l'intérêt de l'ordre public » ou à « la sécurité nationale » ne s'y opposent (§ 2 ; *Nolan et K. c/ Russie*, 12 févr. 2009). Mais, dans cette hypothèse, l'étranger doit être autorisé à exercer les droits énoncés au § 1 après son expulsion (*Lupsa :* expulsion en urgence).

L'acquis jurisprudentiel vient, à titre principal, pallier les défaillances du dispositif conventionnel. L'arrêt *Soering*, par lequel la Cour juge que l'extradition d'un individu par un État partie à la Convention vers un État tiers peut engager la responsabilité de l'État partie, au titre de l'article 3, pour les mauvais traitements que la personne extradée est susceptible de subir dans le pays de destination, apparaît comme l'arrêt fondateur de la protection des droits des étrangers par la Convention européenne des droits de l'homme. En l'espèce, M. Soering, ressortissant allemand, alléguait que la décision des autorités britanniques de l'extrader vers les États-Unis, sur la base d'un accord bilatéral d'extradition de 1972, en vue de son jugement en Virginie pour un crime d'assassinat passible de la peine de mort, serait constitutive d'un traitement contraire à l'article 3 de la Convention en ce qu'elle l'exposerait au « syndrome du couloir de la mort ».

La Cour affirme le principe de l'applicabilité de l'article 3 aux mesures d'éloignement des étrangers puis définit les conditions d'application de l'article 3 en la matière.

## I / Le principe de l'applicabilité de l'article 3 aux mesures d'éloignement des étrangers

En retenant une telle solution, l'arrêt *Soering* consacre formellement le mécanisme prétorien élaboré par la Commission de la « protection par ricochet », qui permet d'étendre la garantie de la Convention à certains droits non expressément protégés par elle.

A) L'économie de cette « protection par ricochet », exposée au § 85 de l'arrêt, tient en trois propositions : la Convention ne régit pas « la matière de l'extradition, de l'expulsion et du droit d'asile » (déc. 16 oct. 1986, Lukka c/ Royaume-Uni, *DR*, 50, 268) et, comme le rappelle régulièrement la Cour, l'État dispose « en vertu d'un principe de droit international bien établi » du « droit de contrôler l'entrée, le séjour et l'éloignement des non-nationaux » (*Chahal c/ Royaume-Uni*, 15 nov. 1996, § 73 ; *JCP G*, 1997, I, 4000, n° 9 chron. F. Sudre) ; l'État partie n'est pas pour autant affranchi dans l'exercice de son pouvoir de police des étrangers du respect de la Convention (déc. 30 sept. 1974,

X. c/ RFA, *DR*, 1, 73) ; dès lors, une décision d'éloignement du territoire d'un étranger est susceptible de « porter atteinte aux droits garantis à l'intéressé par la Convention », notamment par son article 3 (déc. 17 déc. 1976, Agee c/ Royaume-Uni, *DR*, 7, 184).

1 / L'article 3 et l'article 8 (*infra*, n° 55) sont les vecteurs principaux de cette protection indirecte ou « par ricochet », qui joue quelle que soit la nature de la mesure d'éloignement – extradition *(Soering)*, expulsion (*Cruz-Varas c/ Suède*, 20 mars 1991, A. 201, *RUDH*, 1991, 205, note G. Cohen-Jonathan), refoulement (*Vilvarajah c/ Royaume-Uni*, 30 oct. 1991, A. 215, *RTDH*, 1993, 411, obs. M. Bossuyt et I. Lammerant) ou encore mesure de « remise extraordinaire », entendue comme le transfert extrajudiciaire « à des fins de détention ou d'interrogatoire en dehors du système juridique ordinaire » (*El Masri c/ « l'ex-république yougoslave de Macédoine »,* 13 déc. 2012, GC, § 221, *JCP G* 2013, doctr. 64, F. Sudre ; *Al Nashiri c/ Pologne*, 24 juil. 2014, *JCP G* 2014, act. 929, F. Sudre).

La Cour admet aussi qu'une décision d'extradition peut engager la responsabilité de l'État requis sur le terrain de l'article 6, au cas où l'individu aurait subi ou risquerait de subir « un déni de justice flagrant » dans l'État requérant (déc. 16 oct. 2001, *Einhorn c/ France*, n° 71555/01 ; *Mamatkulov et Askarov c/ Turquie*, 4 févr. 2005, Gr. Ch., § 90-91 ; Comm., déc. 20 janv. 1994, Aylor-Davis c/ France, *DR*, 76 A, 164) ; le Conseil d'État se prononce dans le même sens (CE, 11 déc. 1998, Knock, n° 195432). Par « déni de justice flagrant », il faut entendre une méconnaissance des garanties fondamentales du procès équitable telle que ce droit est atteint dans sa substance même (*Othman c/ Royaume-Uni*, 17 janv. 2012, § 260, *JCP G* 2012, act. 222, L. Milano : la probabilité de recours à des preuves obtenues par la torture au cours d'un procès pénal emporte violation de l'article 6 § 1).

La responsabilité de l'État peut également être engagée au titre de l'article 5 de la Convention s'il renvoie une personne vers un État où elle court un risque réel de violation flagrante du droit à la liberté et à la sûreté ; il en est ainsi en cas de « remise extraordinaire » qui implique une détention en dehors du système juridique ordinaire, en violation flagrante de l'État de droit (*El Masri*, préc., § 239).

Toutefois, cette protection indirecte ne saurait jouer automatiquement pour toutes les dispositions de la Convention, car on ne saurait exiger d'un État partie qu'il ne renvoie un étranger que dans un pays où la situation est pleinement conforme à chacun des droits garantis par la

CEDH (ainsi, pour la liberté religieuse : déc. 28 févr. 2006, *Z. et T. c/ Royaume-Uni*, n° 27034/05).

2 / La Cour, afin d'assurer l'effectivité de la garantie conventionnelle, retient l'hypothèse d'une violation virtuelle (*infra*, n° 73) de l'article 3 (voir, Comm., Rap. 7 mars 1984, Altun c/ RFA, *DR*, 36, 236) : en l'espèce, M. Soering n'était pas encore extradé (§ 90). Une décision d'éloignement du territoire prise (voir *Vijayanathan et Pusparajah c/ France*, 27 août 1992, A. 241-B, § 46) mais non exécutée tombe donc sous le coup de l'article 3. De plus, le non-respect par l'État des mesures provisoires prescrites par les organes de contrôle (par ex., surseoir à l'exécution d'une décision d'extradition) enfreint désormais la Convention (*Mamatkulov, supra*, n° 1).

3 / Enfin, la garantie de l'article 3 est désormais applicable non seulement lorsque l'État de destination est un État tiers à la Convention mais également quand il s'agit d'un État partie (déc., 7 mars 2000, *TI c/ Royaume-Uni*, n° 43844/98 : renvoi d'un demandeur d'asile sri-lankais vers l'Allemagne, où l'asile lui avait été initialement refusé ; *Chamaïev et al. c/ Géorgie et Russie*, 12 avr. 2005 : extradition vers la Russie ; *R.U c/ Grèce*, 7 juin 2011 : expulsion vers la Turquie), contrairement à la solution retenue par la Commission qui présumait qu'un État partie respectait les droits individuels (déc. 2 déc. 1986, K. et F. c/ Pays-Bas, *DR*, 51, 272). Le juge national a montré ici la voie en acceptant de faire jouer l'article 3 lorsque la Turquie est en cause (CE, 21 févr. 1997, Préfet des Hauts-de-Seine c/ M. Aktas, n° 171933 ; Trib. féd. suisse, 1re Cour de droit public, 11 sept. 1996, X. c/ Office fédéral de la police, *RUDH*, 1997, 118).

B) Le fondement de cette « protection par ricochet » se situe, en premier lieu (§ 86), dans l'engagement général des États parties de reconnaître les droits définis par la Convention à « toute personne relevant de leur juridiction » (art. 1). C'est l'acte d'éloignement du territoire qui fonde la responsabilité de l'État partie au regard de la Convention lorsque cet acte a pour résultat direct d'exposer une personne à une violation de ses droits protégés par la Convention (§ 91). Néanmoins, la garantie conventionnelle de l'article 3 porte ses effets dans l'État de destination, qui peut être un État tiers à la Convention, et a pour conséquence, bien que la Cour prenne soin de préciser que « la Convention ne régit pas les actes d'un État tiers » (§ 86), d'une part de conduire la Cour à apprécier le droit de cet État à l'aune des exigences de la Convention – qui produit ainsi un effet extra-territorial – et, d'autre part, s'agissant d'une extradition, à contraindre l'État partie à écarter les obligations d'un accord international d'extradition au bénéfice de la

Convention. C'est ici la confirmation du caractère « objectif » de la Convention (*supra*, n° 1) et de sa spécificité « de traité de garantie collective des droits de l'homme », sur laquelle s'appuie, en second lieu, la Cour (§ 87). Mettant en exergue la singularité de l'article 3 (*supra*, n° 14), qui « consacre l'une des valeurs fondamentales des sociétés démocratiques », la Cour dégage alors de cette disposition une « obligation implicite de ne pas extrader » une personne qui risque de subir des traitements contraires à l'article 3 dans l'État de destination (§ 88).

## II / Les conditions d'application de l'article 3 aux mesures d'éloignement des étrangers

La mise en jeu de l'article 3 est, selon l'arrêt *Soering*, subordonnée à deux conditions : d'une part, des « motifs sérieux » de croire que l'étranger court un « risque réel » de traitements contraires à l'article 3 dans le pays de destination (§ 91 ; déc. 15 déc. 1969, X. c/ RFA, *Rec. déc.* 31, 107) ; d'autre part, un traitement atteignant « un minimum de gravité pour tomber sous le coup de l'article 3 » (§ 100). Assouplissant sensiblement ces conditions, la jurisprudence postérieure ordonne la protection des étrangers par l'article 3 autour de deux lignes directrices.

A) La garantie de l'article 3 joue dès lors que la mesure d'éloignement du territoire fait courir à l'étranger un risque réel de subir des mauvais traitements, quelle que soit la nature ou l'origine de ce risque.

1 / La jurisprudence *Soering* vise un risque de traitements contraires à l'article 3 impliquant une responsabilité directe des autorités de l'État de destination.

*a)* Le risque tient ici au système juridique interne de l'État de destination et au fait que l'individu éloigné y encourt une peine incompatible avec l'article 3. En l'espèce, la Cour juge que si la peine de mort n'est pas en soi contraire à l'article 3, puisque la Convention (art. 2, § 1) l'autorise expressément (§ 103), « les circonstances entourant une sentence capitale » peuvent, elles, constituer un traitement inhumain (§ 104). Elle estime ainsi qu'une détention dans le « couloir de la mort » est susceptible, au vu de la situation personnelle du condamné (sexe, âge, état de santé), des conditions de détention dans l'attente de l'exécution et de la durée de la détention avant l'exécution, de constituer un traitement contraire à l'article 3 (§ 111). Pour apprécier si une détention dans le « couloir de la mort » est compatible avec l'article 3, le juge européen conjugue désormais cette approche avec sa jurisprudence *Kudla* sur les conditions de détention (*supra*, n° 15) et juge, par exemple, que l'angoisse omniprésente de l'exécution de la peine capitale ressentie par l'intéressé durant une longue détention se combine aux conditions de détention dans le couloir de la mort (régime d'isolement sévère, cellule non chauffée, absence de soins médicaux, pouvoir arbitraire des autorités pénitentiaires) pour constituer un traitement « particulièrement grave et cruel » méritant la qualification de torture (*Ilascu et al.*, § 440, *infra*, n° 71 ; aussi, *Poltoratskiy c/ Ukraine*, 29 avril 2003).

La solution *Soering*, reprise par l'arrêt *Chamaïev* du 12 avril 2005 (préc.), est désormais dépassée par la lecture résolument évolutive des articles 2 et 3 de la Convention faite par la Cour dans ses arrêts *Öcalan c/ Turquie*, du 12 mai 2005 (n° 13) et *Al-Saadoon et Mufdhi c/ Royaume-Uni*, du 2 mars 2010 (*JCP G*, 2010, act. 327, K. Grabarczyk). D'une part, la Cour analyse en un traitement inhumain une condamnation à mort prononcée à l'issue d'un procès inéquitable. D'autre part, elle juge que la peine de mort en temps de paix comme en temps de guerre est de nos jours une « sanction inacceptable » prohibée par l'article 2 et considère, au vu de la pratique étatique, que l'exécution de la peine de mort, en toutes circonstances, constitue dorénavant un traitement inhumain et dégradant contraire à l'article 3. Cela conduit la Cour à reconnaître clairement que l'extradition (ou l'expulsion) d'une personne vers un pays où elle encourt la peine capitale enfreint, en soi, l'article 3 (*Al-Saadoon et Mufdhi ; Al Nashiri c/ Pologne*, 24 juil. 2014), et à rompre avec l'ambiguïté de la solution retenue par l'arrêt *Bader et al. c/ Suède* (8 nov. 2005 : expulsion vers la Syrie d'un requérant condamné par contumace à la peine de mort), concluant à une violation combinée des articles 2 et 3, au motif principal que la condamnation à mort a été prononcée à l'issue d'un procès inéquitable.

Au demeurant, un État partie au Protocole 6 abolissant la peine de mort peut voir sa responsabilité engagée au titre de ce Protocole s'il extrade une personne vers un État où elle risque sérieusement d'être condamnée à mort et exécutée (déc. 14 déc. 2000, *Nivette c/ France*, n° 44190/98). Le Conseil d'État, de longue date, juge que l'extradition d'une personne passible de la peine de mort « serait contraire à l'ordre public français » sauf à ce que les autorités françaises obtiennent de la partie requérante des « assurances suffisantes » que la peine ne sera pas appliquée (CE, 27 févr. 1987, Fidan, *D*, 1987, 305, concl. J.-C. Bonichot ; Ass. 15 oct. 1993, Davis-Aylor, *RFDA*, 1993, 1166, concl. C. Vigouroux).

Est également jugée contraire à l'article 3, car portant atteinte à la dignité et à l'intégrité tant physique que psychique de la personne, une peine corporelle prévue par le droit pénal musulman (lapidation pour adultère, *Jabari c/ Turquie*, 11 juill. 2000, *JCP G*, 2001, I, 291, n° 5, chron. F. Sudre) ; flagellation, pour fornication, qualifiée de peine « inhumaine », *D. et al. c/ Turquie*, 22 juin 2006) ; la Cour de cassation juge également que la peine de l'amputation prévue par la charia en vigueur dans les Émirats arabes unis est une « peine contraire à l'ordre public français » (Cass. crim., 29 oct. 2008, n° 08-85.713).

De même une peine perpétuelle est incompatible avec l'article 3 si elle est incompressible ou si elle est « nettement disproportionnée » au crime commis (*Vinter et a.* 9 juill. 2013, *supra* n° 15 ; *Babar Ahmad et a. c/ Royaume-Uni*, 10 avr. 2012 GC ; voir *Einhorn*, préc, et en sens contraire : CE, 6 nov. 2000, Nivette, *RFDA*, 2001, 1037, concl. I. de Silva).

*b)* Le risque peut aussi résider dans les actes intentionnels des autorités publiques du pays de destination, la nature du régime politique faisant craindre que les droits de l'homme soient « grossièrement violés » (par ex., pratique de la torture des opposants politiques par la police : déc. 26 mars 1963, Kuzbari c/ RFA, *Rec. déc.*, 10, 26 ; *Cruz-Varas ; Hilal c/ Royaume-Uni*, 6 mars 2001), ou résulter d'une situation gravement troublée dans le pays de destination (troubles, désordres civils), telle qu'y règne une insécurité générale due principalement aux agissements de forces de sécurité (disparitions, exécutions extrajudiciaires, torture...) et à l'impunité dont bénéficient ces dernières (*Chahal* : agissements des forces de sécurité du Pendjab contre les militants sikhs ; aussi, *Vilvarajah*). Après avoir subordonné la mise en jeu de l'article 3 à l'individualisation du « risque réel » de mauvais traitements contraires à l'article 3 encourus par la personne expulsée (cette condition n'est pas réunie pour un membre de la communauté tamoule à raison de la situation générale de celle-ci au Sri-Lanka, *Vilvarajah*, § 111 ; dans le même sens, *Chamaïev*, § 352), que la Cour évaluait au cas par cas en se fondant sur l'examen des « facteurs de risques » présentés par l'intéressé (*N.A. c/ Royaume-Uni*, 17 juil. 2008), le juge européen admet désormais qu'une situation générale de violence peut, dans des circonstances exceptionnelles, par son intensité même exposer toute personne qui retourne dans le pays à un risque réel de mauvais traitement (*Sufi et Elmi c/ Royaume-Uni*, 28 juin 2011, § 218 : expulsion vers la Somalie). Ce faisant, elle aligne son standard de protection sur celui de la directive 2004/83 de l'Union européenne (CJCE, 17 févr. 2009, Elgafaji, aff. C-465/07).

Le Conseil d'État n'ignore pas cette hypothèse d'applicabilité de l'article 3 (CE, 15 mars 2000, Préfet de l'Essone, n° 211321.

*c)* L'inclusion des conditions de détention (*supra* n° 15) ou des conditions d'existence dans la notion de « risque de traitements contraires à l'article 3 » pris en compte pour faire jouer la protection de l'article 3 en cas d'extradition (*Garabaïev c/ Russie*, 7 juin 2007 ; *Aswat c/ Royaume-Uni*, 16 avr. 2013, *JCP G* 2013, act. 577, F. Sudre) ou de refoulement d'un demandeur d'asile (*M.S.S. c/ Belgique et Grèce*, 21 janv. 2011, *RTDH* 2011-88, 1023, note C. Raux) marque un élargissement notable de cette protection. Soulignant qu'un demandeur d'asile appartient à un « groupe de la population particulièrement défavorisée et vulnérable qui a besoin d'une protection spéciale », la Cour juge ainsi qu'un État partie a l'obligation de lui fournir des conditions de vie décentes permettant de subvenir à ses besoins essentiels (*M.S.S.*, § 251).

*d)* Pour admettre qu'il y a des « motifs sérieux » de faire jouer l'article 3, la Cour recourt au critère de la preuve « au-delà de tout doute raisonnable » (*supra*, n° 13 ; *Chamaïev*, § 338 et 353) mais, sans procéder à un renversement de la charge de la preuve (difficilement concevable en cas d'éloignement du territoire), n'hésite pas à demander à l'État partie de lui fournir des « assurances » que la sécurité de l'intéressé sera assurée dans le pays de destination (*Chahal*, *Chamaïev*, § 352). En s'appuyant notamment sur des sources extérieures (Nations Unies, ONG), la Cour considère « comme établi » le risque réel de traitements contraires à l'article 3 en l'absence de telles « assurances » (*Chahal*, § 107 ; *Chamaïev*, § 366-367), voire même, lorsqu'elles sont fournies par l'État, si elles n'apparaissent pas fiables (*Ismoilov et al. c/ Russie*, 24 avr. 2008, § 127).

2 / Une approche renouvelée du risque pris en compte élargit le champ d'application de l'article 3 à deux nouvelles hypothèses.

*a)* Le risque invoqué par le requérant ne provient pas des autorités publiques mais « de personnes ou de groupes de personnes qui ne relèvent pas de la fonction publique » (*H. L. R. c/ France*, 29 avr. 1997, § 40 ; *RUDH*, 1997, 347, note N. Chauvin : mesure d'expulsion vers la Colombie prise à l'encontre d'un trafiquant de drogue, qui prétend risquer d'être assassiné à son retour par le cartel de la drogue ; aussi, *Ahmed c/ Autriche*, 17 déc. 1996). C'est la défaillance des autorités publiques, incapables d'assurer la protection de la personne contre des mauvais traitements perpétrés par des groupes organisés, qui réalise le risque pris en compte (pour une application en droit interne, CE, 1er déc. 1997, Kechemir, n° 184053 : reconduite vers l'Algérie).

Le risque réel de traitements contraires à l'article 3 peut résider non seulement dans la situation personnelle de l'intéressé (pour une violation, *N. c/ Finlande*, 26 juill. 2005) mais aussi dans l'appartenance même à un groupe minoritaire particulièrement menacé ou à une catégorie de personnes (les femmes, les demandeurs d'asile), ce qui confère une dimension « collective » à la protection de l'article 3 (*Salah Sheek c/ Pays-Bas*, 11 janv. 2007 ; *Sultani c/ France*, 20 sept. 2007 ; *Saadi c/ Italie*, 28 févr. 2008, Gr. Ch., § 132 ; aussi, *M.S.S.*, préc.). De plus, la Cour étend le jeu de l'article 3 à l'hypothèse où le risque émane de simples particuliers (déc., 8 mars 2007, *Collins et Akaziebie c/ Suède*, n° 23944/05 : risque allégué de mutilation génitale féminine en cas d'expulsion vers le Nigeria ; *N. c/ Suède*, 20 juill. 2010 : violence domestique en cas d'expulsion vers l'Afghanistan), suivant en cela la jurisprudence du juge administratif (TA Lyon, 12 juin 1996, Mariama Condé, *RTDH*, 1996, 695, note M. Levinet, et, pour une application implicite, CE, 20 déc. 2000, Mme Minata Ouattara, n° 202505 ; aussi, CE, 28 avr. 2004, Préfet de police c/ M. Boubkari, *RFDA*, 2004, 639 : transsexuel menacé par sa propre famille). Toutefois, la portée pratique de l'« effet horizontal » conféré par ricochet à l'article 3 est limitée par la difficulté d'établir l'existence de risques « sérieux » (*Aoulmi c/ France*, 17 janv. 2006, § 66 ; *Collins et Akaziebie*), que la Cour s'efforce de pallier en recourant aux statistiques et aux rapports internationaux (*N. c/ Suède*, préc.).

*b)* Le risque de mauvais traitements résulte de facteurs purement objectifs, indépendants des autorités ou du droit interne de l'État de destination, et n'implique plus une quelconque responsabilité du gouvernement de ce dernier État. Dans son arrêt *D. c/ Royaume-Uni* (2 mai 1997, *JCP G*, 1998, I, 107 n° 10, obs. F. Sudre) la Cour juge que l'expulsion d'un individu en phase terminale du Sida constitue un traitement contraire à l'article 3 dès lors qu'aucun traitement médical approprié ne pourrait lui être administré dans son pays d'origine (aussi, déc. 19 mai 1994, Tanko c/ Finlande, *DR*, 77 B, 133). L'acte d'éloignement du territoire fonde la responsabilité de l'État partie parce que, en soi, indépendamment du comportement de l'État tiers, il exposera l'individu à une situation s'apparentant à un traitement inhumain ; l'élément d'intentionnalité présent dans la notion de « traitement » s'estompe et ne réside plus que dans la seule décision d'expulser. La jurisprudence interne est dans le même sens (TA Versailles, 26 sept. 1996, Bamba Bamba, concl. J. Krulic, *RFDA*, 1997, 315 ; CE, 8 oct. 1997, Mlle Ndjowe Bedimo, n° 186452 ; et, sur le fondement des principes généraux du droit applicables à l'extradition, CE, 13 octobre 2000, Kozirev, n° 212865) et le nouvel article 25 8° de l'ordonnance du 2 novembre 1945 (loi du 11 mai

1998) intègre désormais les exigences de l'article 3 (CE, 17 mai 1999, Mme Damba, n° 199859).

Cependant, la jurisprudence européenne postérieure à l'arrêt D. limite l'hypothèse de violation de l'article 3 à des circonstances très exceptionnelles, en raison de « considérations humanitaires impérieuses » entendues étroitement (*Bensaid c/ Royaume-Uni*, 6 févr. 2001, § 40, *JCP G*, 2001, I, 342, n° 6, obs. F. Sudre) et s'applique à vider de toute substance la solution retenue par cet arrêt (déc. 24 juin 2003, *Arcila Henao c/ Pays-Bas*, n° 13669/03 ; déc. 7 oct. 2004, *Dragan et al. c/ Allemagne*, n° 33743/03) ; *N. c/ Royaume-Uni*, 27 mai 2008, Gr. Ch.), dont elle semble réduire l'application à la seule hypothèse d'une maladie incurable en phase terminale (déc. 27 sept. 2005, *Hukic c/ Suède*, n° 17416/05 ; *Aoulmi*, préc.). De plus, la Cour retient une approche restrictive de la question de l'accessibilité effective à des soins médicaux adéquats dans le pays d'accueil. Considérant que l'article 3 ne saurait faire obligation à l'État partie de pallier les disparités existant entre les pays en matière de soins médicaux « en fournissant des soins de santé gratuits et illimités à tous les étrangers dépourvus du droit de demeurer sur son territoire », elle juge que la réduction significative de l'espérance de vie en cas d'expulsion, due notamment à la difficulté matérielle d'accéder à un traitement médical adéquat dans le pays d'origine, n'est pas « en soi » suffisante pour emporter violation de l'article 3 (*N. c/ Royaume-Uni*, 27 mai 2008, Gr. Ch., § 42-44, *RTDH* 2009, 261, note F, Julien-Laferrière ; *Josef c/ Belgique*, 27 févr. 2014). Il en va *a fortiori* de même de la seule détérioration des conditions de vie (*S.H.H. c/ Royaume-Uni*, 29 janv. 2013, *JCP G* 2013, doctr. 855, F. Sudre).

Le Conseil d'État est plus exigeant et subordonne la reconduite à la frontière d'un étranger malade (art. L. 511-4 10 CESEDA) à la vérification non seulement de la disponibilité sur place du traitement approprié mais aussi de l'effectivité de l'accès de l'intéressé à ce traitement dans le pays de renvoi (CE, 7 avr. 2010, n° 301640, Ministre de l'Intérieur et de l'Aménagement du territoire, *AJDA*, 2010, 881, obs. S.-J. Liéber et D. Botteghi ; *JCP G*, 2010, note 673, N. Guimezanes).

3 / On réservera l'hypothèse, exceptionnelle, où l'article 3 déploie une protection directe, lorsqu'une mesure d'éloignement d'un étranger du territoire constitue un traitement inhumain en soi et non en raison des risques de mauvais traitements encourus dans le pays d'origine. Ainsi, du refoulement d'une enfant âgée de 5 ans, en raison de l'extrême angoisse qui lui a été causée et d'un « manque flagrant d'humanité envers sa personne » (*Mubilanzila Mayeka et Kaniki Mitunga c/ Bel-*

*gique*, 12 oct. 2006, § 69, *RTDH*, 2007-71, 823, note B. Masson ; *Popov c/ France*, 19 janv. 2012, *JCP G* 2012, act. 221, F. Sudre).

B) L'interdiction des mauvais traitements énoncée à l'article 3 est « tout aussi absolue » en matière d'éloignement du territoire qu'elle l'est en matière de privation de liberté (*Chahal*, § 80 ; *D*, § 47). L'arrêt *Soering*, conformément à la jurisprudence classique sur l'article 3 (*Irlande c/ Royaume-Uni*, 18 janv. 1978, *supra*, n° 13), utilise le critère de l'appréciation relative de la gravité des mauvais traitements pour, à la fois, déterminer la mise en jeu et la violation de l'article 3 (§ 100 et 104) : compte tenu de l'âge et de l'état mental de l'individu, des caractéristiques et de la durée de la détention, de l'angoisse croissante de l'exécution, la Cour juge ainsi qu'une longue attente dans le « couloir de la mort » constitue un « traitement dépassant le seuil fixé par l'article 3 » et conclut à la violation de cette disposition (§ 111). L'arrêt *Chahal* signe en pratique l'abandon de ce critère et son apport est double.

1 / Il ne saurait y avoir, en principe, d'appréciation « relative » d'une garantie absolue. Absolue, la garantie de l'article 3 protège les étrangers frappés par une mesure d'éloignement du territoire, quels qu'aient été leurs agissements (§ 79). Le principe de proportionnalité, introduit de manière très discutable dans l'arrêt *Soering* (§ 89) pour apprécier la gravité du traitement (§ 104) et vérifier si un « juste équilibre » a été ménagé « entre les intérêts en jeu » par la décision d'extradition (§ 110), qui tendait à transformer la protection offerte par l'article 3 en une protection relative, n'a donc pas sa place ici. La garantie de l'article 3 ne saurait être modulée en fonction du caractère plus ou moins dangereux de la personne considérée ou de la menace qu'elle représente pour la sécurité nationale de l'État qui éloigne (*Chahal*, § 80-82 ; *Ahmed*, § 41 ; *D*, § 47 ; *Chamaïev*, § 335). Cette solution est solennellement confirmée par la Grande Chambre (*Saadi c/ Italie*, 28 févr. 2008, § 138, *JCP G*, 2008, I, 167, n° 6, obs. F. Sudre).

2 / L'arrêt *Chahal* transpose à la matière de l'éloignement des étrangers, et donc à un mauvais traitement potentiel, la solution retenue par l'arrêt *Tomasi* (27 août 1992, *supra*, n° 13), selon laquelle tout usage de la force physique pratiqué sur une personne privée de liberté atteint en soi le « minimum de gravité » requis pour tomber sous le coup de l'article 3. Cette nouvelle approche a pour effet de dissoudre la distinction entre applicabilité de l'article 3 et qualification du traitement contraire à l'article 3. Le constat de l'existence d'un « risque réel » de mauvais traitements suffit *en soi* à emporter violation de la Convention (§ 107 ; aussi, *Ahmed*, § 47 ; *Jabari*, § 42 ; *Hilal*, § 68). L'arrêt *Chamaïev* est topique qui, selon la situation des divers requérants, conclut soit à

l'existence d'un risque réel (§ 367) et à la violation de l'article 3 (§ 368), soit à son absence (§ 352) et à la non-violation (§ 353).

3 / L'interdiction absolue édictée par l'article 3 inclut une dimension procédurale, qui suppose que le droit interne offre des garanties de procédure effectives afin de protéger un étranger contre une mesure d'expulsion arbitraire vers un État où il serait exposé à des risques sérieux de traitements contraires à l'article 3 ((*Müslim c/ Turquie*, 26 avr. 2005, § 72 ; déc. *T. I c/ Royaume-Uni*, 7 mars 2000, préc.). Cette protection procédurale se confond largement avec celle dont bénéficie l'étranger sous le coup d'une mesure d'éloignement au titre du droit à un recours effectif de l'article 13 de la Convention (*Chahal*, § 151-154 ; *Jabari*, § 50), d'autant que l'exigence du recours effectif, au sens de l'article 13, a été généralisée à toute mesure d'éloignement comportant un risque de violation de l'article 3 (*Gebremedhin c/ France*, 26 avr. 2007, *D*, 2007, 2780, note J.P. Marguénaud : demandeurs d'asile à la frontière déboutés et placés en zone d'attente).

En bref, l'État méconnaît l'article 3 si, d'une part, il n'a pas apprécié le risque de mauvais traitements encourus dans l'État d'accueil au regard tant de la situation générale dans ce pays et des circonstances propres à l'individu et, d'autre part, s'il n'offre pas les garanties requises par l'article 13 de la Convention. Cela implique notamment que le demandeur d'asile dispose d'un délai suffisant pour déposer sa demande, que la décision d'expulsion soit susceptible d'un recours juridictionnel, que le contrôle du juge ne se borne pas un contrôle de la légalité formelle de l'expulsion mais porte aussi sur le bien-fondé du grief tiré de la Convention, que le recours ait un effet suspensif systématique de la mesure d'éloignement (*M.S.S.*, préc. ; *Auad c/ Bul*garie, 11 oct. 2011). En conséquence, l'État membre de l'Union européenne qui décide du transfert d'un demandeur d'asile en application du règlement « Dublin » vers un autre État membre de l'Union doit s'assurer, sauf à violer l'article 3, que ce dernier État offre la protection procédurale requise par cette disposition (*M.S.S.*, préc).

F. S.

# SECTION 3
# *L'interdiction de l'esclavage et du travail forcé*

## 17. **Siliadin c/ France, 26 juillet 2005**, *JCP G*, 2005, II, 10142, note F. Sudre, *D*, 2006, 346, note D. Roets.

I / Quant à l'applicabilité de l'article 4 et aux obligations positives : [...]

**82.** La Cour estime qu'avec les articles 2 et 3, l'article 4 de la Convention consacre l'une des valeurs fondamentales des sociétés démocratiques qui forment le Conseil de l'Europe. [...]

**89.** Dans ces conditions, la Cour estime que limiter le respect de l'article 4 de la Convention aux seuls agissements directs des autorités de l'État irait à l'encontre des instruments internationaux spécifiquement consacrés à ce problème et reviendrait à vider celui-ci de sa substance. Dès lors, il découle nécessairement de cette disposition des obligations positives pour les gouvernements, au même titre que pour l'article 3 par exemple, d'adopter des dispositions en matière pénale qui sanctionnent les pratiques visées par l'article 4 et de les appliquer en pratique [...].

II / Quant à la violation de l'article 4 de la Convention : [...]

**112.** La Cour rappelle que l'article 4 consacre l'une des valeurs fondamentales des sociétés démocratiques. Le premier paragraphe de cet article ne prévoit pas de restrictions, en quoi il contraste avec la majorité des clauses normatives de la Convention et des Protocoles n$^{os}$ 1 et 4, et d'après l'article 15, § 2 il ne souffre nulle dérogation, même en cas de guerre ou d'autre danger public menaçant la vie de la nation [...].Dans ces conditions, la Cour estime que, conformément aux normes et aux tendances contemporaines en la matière, il y a lieu de considérer que les obligations positives qui pèsent sur les États membres en vertu de l'article 4 de la Convention commandent la criminalisation et la répression effective de tout acte tendant à maintenir une personne dans ce genre de situation [...].

**116.** (La Cour) a considéré qu'il existe en effet une analogie frappante, et qui n'est pas fortuite, entre le § 3 de l'article 4 de la Convention européenne et le § 2 de l'article 2 de la Convention n$^{o}$ 29. Or le paragraphe 1 du même article précise qu'« aux fins » de cette dernière, l'expression « travail forcé ou obligatoire » désigne « tout travail ou service exigé d'un individu sous la menace d'une peine quelconque et pour lequel ledit individu ne s'est pas offert de son plein gré ».

**117.** Reste à savoir s'il y a eu travail « forcé ou obligatoire ». Cela évoque l'idée d'une contrainte, physique ou morale. Il doit s'agir d'un travail « exigé [...] sous la menace d'une peine quelconque » et, de plus, contraire à la volonté de l'intéressé, pour lequel celui-ci « ne s'est pas offert de son plein gré » [...].

**118.** La Cour note qu'en l'espèce, si la requérante n'était pas sous la menace d'une « peine », il n'en demeure pas moins qu'elle était dans une situation équivalente quant à la gravité de la menace qu'elle pouvait ressentir. En effet, adolescente, dans un pays qui lui était étranger, elle était en situation irrégulière sur le territoire français et craignait d'être arrêtée par la police. Les époux B... entretenaient d'ailleurs cette crainte et lui faisaient espérer une régularisation de sa situation [...]. Dès lors, la Cour considère que la première condition est remplie, d'autant plus que, la Cour y insiste, la requérante était mineure.

**119.** Quant au fait de savoir si elle a accompli ce travail de son plein gré, il ressort clairement des faits établis qu'il ne saurait sérieusement être soutenu que tel était le cas. Il est au contraire flagrant qu'aucun autre choix ne lui était offert.

**120.** Dans ces conditions, la Cour estime que la requérante a, au minimum, été soumise à un travail forcé au sens de l'article 4 de la Convention alors qu'elle était mineure.

**121.** Reste à déterminer si la requérante a été en outre maintenue dans un état de servitude ou d'esclavage. Il importe de ne perdre de vue ni les caractères particuliers de la Convention, ni le fait que celle-ci est un instrument vivant à interpréter à la lumière des conditions de vie actuelles, et que le niveau d'exigence croissant en matière de protection des droits de l'homme et des libertés fondamentales implique, parallèlement et inéluctablement, une plus grande fermeté dans l'appréciation des atteintes aux valeurs fondamentales des sociétés démocratiques [...].

**122.** La Cour relève d'emblée que selon la Convention relative à l'esclavage de 1927, « l'esclavage est l'état ou la condition d'un individu sur lequel s'exercent les attributs du droit de propriété ou certains d'entre eux ». Elle note que cette définition correspond au sens « classique » de l'esclavage, tel qu'il a été pratiqué pendant des siècles. Bien que la requérante ait été, dans le cas d'espèce, clairement privée de son libre arbitre, il ne ressort pas du dossier qu'elle ait été tenue en esclavage au sens propre, c'est-à-dire que les époux B... aient exercé sur elle, juridiquement, un véritable droit de propriété, la réduisant à l'état d'« objet ».

**123.** En ce qui concerne la notion de « servitude », elle « prohibe une forme de négation de la liberté, particulièrement grave » [...]. Elle englobe, « en plus de l'obligation de fournir à autrui certains services [...] l'obligation pour le "serf" de vivre sur la propriété d'autrui et l'impossibilité de changer sa condition » [...].

**124.** Il en résulte, au vu de la jurisprudence existante sur la question, que la « servitude » telle qu'entendue par la Convention s'analyse en une obligation de prêter ses services sous l'empire de la contrainte et qu'elle est à mettre en lien avec la notion d'« esclavage » qui la précède [...].

**126.** En sus du fait que la requérante a été astreinte à un travail forcé, la Cour relève que ce travail s'effectuait sept jours sur sept et environ quinze heures par jour. Amenée en France par une relation de son père, elle n'avait pas choisi de travailler chez les époux B... Mineure, elle était sans ressources, vulnérable et isolée, et n'avait aucun moyen de vivre ailleurs que chez les époux B... où elle partageait la chambre des enfants, aucune autre forme d'hébergement ne lui ayant été proposée. Elle était entièrement à la merci des époux B... puisque ses papiers lui avaient été confisqués et qu'il lui avait été promis que sa situation serait régularisée, ce qui ne fut jamais fait.

**127.** De plus, la requérante, qui craignait d'être arrêtée par la police, n'était en tout état de cause autorisée à sortir que pour accompagner les enfants en classe et à leurs différentes activités. Elle ne disposait donc d'aucune liberté de mouvement et d'aucun temps libre.

**128.** N'ayant par ailleurs pas été scolarisée malgré ce qui avait été promis à son père, la requérante ne pouvait espérer voir sa situation évoluer et était entièrement dépendante des époux B...

**129.** La Cour conclut de ce qui précède que la requérante, mineure à l'époque des faits, a été tenue en état de servitude au sens de l'article 4 de la Convention.

Il a fallu attendre l'arrêt *Siliadin* pour que la Cour européenne constate pour la première fois une violation de l'article 4 – relatif à l'interdiction de l'esclavage, de la servitude et du travail forcé ou obligatoire –, qui faisait jusque-là figure de survivance historique. En l'espèce, une ressortissante congolaise âgée de 15 ans et demi avait été amenée en janvier 1994 en France, avec l'accord de son père, par Mme D., ressortissante française d'origine togolaise. Après l'avoir fait travailler chez elle, Mme D. l'avait « prêtée » à un couple d'amis B. afin qu'elle effectue des tâches ménagères pour lui. D'octobre 1995 au mois de juillet 1998, Siwa-Akofa Siliadin travailla ainsi chez les époux B. – et pendant une période chez Mme G. – 15 heures par jour, sept jours sur sept, dormant sur un matelas posé sur le sol de la chambre de l'un des enfants B., et ce, sans percevoir la moindre rémunération et en demeurant en situation irrégulière, son passeport lui ayant été de surcroît confisqué. Poursuivis pour obtention abusive, d'une personne vulnérable ou dépendante, de services non rétribués ou insuffisamment rétribués (art. 225-13 CP) et pour soumission de l'intéressée à des conditions de travail ou d'hébergement incompatibles avec la dignité humaine (art. 225-14 CP), les époux B. avaient été relaxés par la cour d'appel de Paris (le 19 oct. 2000) des charges retenues contre eux. Au civil, ils avaient été condamnés à verser à Mme Siliadin des dommages et intérêts pour le préjudice né du seul délit de l'article 225-13, le juge interne considérant que les éléments du délit de l'article 225-14 n'étaient pas constitués. Confrontée pour la première fois à une affaire d'« esclavage domestique » impliquant uniquement des personnes privées, la Cour donne vie à l'article 4 qui, aux termes d'une interprétation dynamique de la Convention, va ainsi trouver à s'appliquer à des fléaux contemporains comme celui de l'« esclavage domestique », et dont le respect impose à l'État une obligation de protection contre de telles pratiques.

## I / Le champ d'application de l'article 4

L'interprétation évolutive de l'article 4 conduit à affirmer que l'« esclavage domestique » fait bien partie des pratiques que ce dernier prohibe.

A) Prenant en compte de nouvelles pratiques gravement attentatoires aux droits des personnes, le juge européen fait une lecture actualisée de cette disposition.

1 / Soulignant que celle-ci est l'une des rares dispositions conventionnelles garantissant un droit intangible, insusceptible de dérogations (art. 15 § 2 CEDH, § 112), il consacre logiquement l'interdiction de l'esclavage, de la servitude et du travail forcé ou obligatoire comme « l'une des valeurs fondamentales des sociétés démocratiques » européennes (§ 82, 112, 121), à l'instar du droit à la vie (*supra*, n° 11) et de l'interdiction de la torture et des peines ou traitements inhumains ou dégradants (*supra*, n° 14), en faisant l'une des composantes de l'ordre public européen des droits de l'homme.

2 / Bien évidemment, cette valorisation du droit garanti par l'article 4 traduit la volonté de la Cour d'en assurer une réelle effectivité. Dans une démarche analogue à celle empruntée dans l'arrêt *Selmouni* (*supra*, n° 14), la lecture qu'elle en fait est adaptée « aux conditions de vie actuelles » (§ 121). Prenant appui sur la nature d'« instrument vivant » de la Convention, elle affirme ainsi que « le niveau d'exigence croissant en matière de protection des droits de l'homme et des libertés fondamentales implique, parallèlement et inéluctablement, une plus grande fermeté dans l'appréciation des atteintes aux valeurs fondamentales des sociétés démocratiques » (§ 121). Pareille approche, résolument appliquée depuis l'arrêt *Stafford c/ Royaume-Uni* (Gr. Ch., 28 mai 2002, *JCP G*, 2002, I, 157, n° 7, chron. F. Sudre), permet de qualifier l'« esclavage domestique » au regard de l'article 4.

B) S'appuyant sur les conventions internationales pertinentes, la Cour examine les traitements subis par la requérante au regard des pratiques que l'article 4 interdit, sans cependant les définir.

1 / S'interrogeant tout d'abord sur le fait de savoir si Mme Siliadin a été soumise à un « travail forcé », elle estime que tel a bien été le cas. Dans le droit fil de sa jurisprudence antérieure (*Van der Mussele c/ Belgique*, 23 nov. 1983, A. 70, l'obligation pour un avocat stagiaire d'assister gratuitement un prévenu ne peut être qualifiée de travail forcé ou obligatoire), la Cour définit le « travail forcé ou obligatoire », en se référant à la définition donnée par la Convention n° 29 de l'OIT concernant le travail forcé, du 28 juin 1930 (art. 2, § 2), comme « tout travail ou service exigé d'un individu sous la menace d'une peine quelconque et pour lequel ledit individu ne s'est pas offert de son plein gré » (§ 116). Dès lors, elle ne peut que constater la présence, en l'espèce, des deux éléments constitutifs du « travail forcé » : la menace d'une sanction tenant à la situation irrégulière de la requérante qui craignait d'être

arrêtée par la police et l'absence de consentement au travail fourni (§ 118-119). Accordant un poids important à la minorité de l'intéressée (§ 118), elle estime donc que Mme Siliadin, soumise à « une contrainte, physique ou morale » propre au travail forcé (§ 117), a, « au minimum, été soumise à un travail forcé » (§ 120 ; *a contrario, Roda et Bonfatti c/ Italie*, 21 nov. 2006, § 91, mineur suivant un programme d'hippothérapie devant assister sa monitrice dans son travail).

Sachant que n'est pas considéré comme un « travail forcé ou obligatoire » tout travail « requis normalement d'une personne soumise à la détention » dans le respect de l'article 5 (art. 4, § 3 a), la Cour estime, en l'absence d'un « consensus suffisant », que le travail obligatoire d'un détenu, sans affiliation à un régime de pension de retraite, est compatible avec la Convention (*Stummer c/ Autriche*, Gr. Ch., 7 juill. 2011, § 132). Il en va de même d'un travail non rémunéré mais ouvrant droit à une réduction de la peine (déc., 12 mars 2013, *Floroiu c/ Roumanie*, n° 15303/10).

2 / Dans l'arrêt *Siliadin*, le juge européen s'interroge ensuite sur la question de savoir si la requérante a également été maintenue dans un état de servitude ou d'esclavage. Dans le cadre d'une interprétation évolutive, il distingue l'« esclavage » au sens classique de la « servitude », forme contemporaine de ce dernier. Et prenant appui sur la définition figurant dans la Convention de Genève du 25 septembre 1926 relative à l'esclavage – « l'état ou la condition d'un individu sur lequel s'exercent les attributs du droit de propriété ou certains d'entre eux » –, il ne peut que constater que l'intéressée n'a pas été « tenue en esclavage au sens propre » (§ 122). En revanche, elle a indubitablement été « tenue en état de servitude » (§ 129). Antérieurement, une acception étroite de la notion de « servitude » avait été retenue par référence à la notion de « servage » figurant dans l'article 1 de la Convention supplémentaire relative à l'abolition de l'esclavage, de la traite des esclaves et pratiques analogues à l'esclavage, du 30 avril 1956, la Cour épousant la position de la Commission EDH, selon laquelle la servitude, en plus d'impliquer la fourniture de certains services à autrui, « englobe pour le « serf » de vivre sur la propriété d'autrui et l'impossibilité de changer sa condition » (*Van Droogenbroeck c/ Belgique*, 9 juill. 1980, B. vol. 44, p. 30, § 79 ; *Van Droogenbroeck*, 24 juin 1982, § 58, absence de violation, à propos d'un condamné récidiviste placé à la disposition du Gouvernement et attaché à une colonie pénitentiaire dans laquelle il devait travailler). Mais ici, dans le droit fil de la décision *Séguin c/ France* (7 mars 2000, n° 42400/98, la perpétuation de l'obligation de secret professionnel prévue par le contrat de travail après le licenciement ne constitue pas

un état de servitude), la Cour en retient une acception plus large, la définissant, « en lien avec la notion d'« esclavage » », comme « une obligation de prêter ses services sous l'empire de la contrainte » et la qualifiant de « forme de négation de la liberté, particulièrement grave » (§ 124). Réceptionnant implicitement cette jurisprudence, la Cour de cassation incorpore l'interdiction de la servitude à l'ordre public international et juge que ce dernier justifie la compétence de la loi et des juridictions françaises pour sanctionner un état de servitude (Soc., 10 mai 2006, *Epx Markarim c/ Isopehi*, n° 03-46593).

3 / Ainsi, comme pour les concepts de l'article 3 (*supra*, n° 14), la Cour choisit, dans une logique résolument protectrice, d'établir une différenciation du champ d'application des notions de travail forcé, servitude et esclavage figurant dans l'article 4, l'« esclavage » constituant le traitement le plus grave. Visant pour sa part une atteinte plus importante que le « travail forcé », le concept de « servitude » est, dès lors, susceptible de fournir une garantie contre les formes contemporaines d'asservissement et d'exploitation de la personne humaine comme l'« esclavage domestique » (*C.N. et V. c/ France*, 11 oct. 2012), le prélèvement d'organes ou la traite d'êtres humains. Concernant cette dernière, qu'elle ne qualifie pas mais juge incompatible avec une société démocratique, la Cour considère qu'elle suppose, compte tenu de la nature et des fins d'exploitation qu'elle poursuit, l'exercice de pouvoirs comparables au droit de propriété (*Rantsev c/ Chypre et Russie*, 7 janv. 2010, § 281-282, décès à Chypre d'une jeune femme russe victime de la traite d'êtres humains, *JCP G*, 2010, act. 132, F. Sudre).

## II / L'étendue des obligations de l'État partie

Dans la mesure où les traitements subis par la requérante étaient le fait de personnes privées, l'affaire *Siliadin* posait la question de l'applicabilité horizontale de l'article 4 et, partant, du fondement de la responsabilité de l'État. Ainsi la Cour se place-t-elle logiquement sur le terrain des obligations positives pour sanctionner les défaillances du droit français.

A) Dans le droit fil de sa jurisprudence relative à l'article 3, elle consacre donc l'extension des obligations positives à l'article 4 (§ 89).

1 / Outre une obligation d'abstention, dont la violation est de nature à engager sa responsabilité à raison d'agissements directs des autorités, pèse sur l'État l'obligation de prendre les mesures nécessaires

à la protection de toute personne relevant de sa juridiction contre des pratiques privées contraires à l'article 4. En consacrant l'effet horizontal de cette disposition, la Cour renforce ainsi le dispositif construit jusqu'alors principalement sur le fondement des articles 2, 3 et 8 de la Convention, en vue de protéger l'intégrité physique et morale de la personne contre des atteintes commises par des tiers. Elle utilise pour ce faire les conventions internationales pertinentes qui mettent à la charge des États parties l'obligation de prendre les mesures nécessaires à leur application mais dont les dispositions sont, à la différence de l'article 4, dépourvues d'effet direct. En procédant de la sorte, le juge européen confère donc une « justiciabilité » accrue aux obligations qu'elles renferment. Ainsi en est-il, dans l'arrêt *Rantsev*, pour la Convention du Conseil de l'Europe sur la lutte contre la traite des êtres humains du 16 mai 2005.

2 / Dans le droit fil du raisonnement développé à propos du viol (*M.C. c/ Bulgarie*, 4 déc. 2003, obligation positive inhérente aux articles 3 et 8, *supra*, n° 2), l'obligation positive issue de l'article 4 impose « la criminalisation et la répression effective » de tout acte qui lui est contraire (§ 112). Elle est à la fois de nature substantielle et procédurale. Sur le plan substantiel, l'État doit non seulement mettre en place un cadre légal et administratif visant à interdire et à punir les actes prohibés mais doit également prendre les mesures concrètes appropriées pour protéger les victimes, ou les victimes potentielles dès lors que les circonstances permettent légitimement de soupçonner qu'une personne court un risque certain et immédiat, et punir de tels actes (*Rantsev*). L'obligation procédurale impose aussi de promulguer une législation pénale permettant de punir effectivement le travail forcé et l'état de servitude et de l'appliquer au moyen d'une enquête et de poursuites effectives.

B) En l'espèce, les insuffisances de la législation pénale en vigueur à l'époque des faits et son application défaillante – l'absence de pourvoi du procureur général à l'encontre de l'arrêt de relaxe de la cour d'appel de Paris n'ayant pas permis que les époux B. soient pénalement condamnés – conduisent à constater que le droit pénal français n'a pas assuré à la requérante une protection effective contre les actes dont elle a été victime et que la France a ainsi manqué aux obligations positives inhérentes à l'article 4 (§ 148-149 ; v. *mutatis mutandis, C.N. c/ Royaume-Uni*, 13 nov. 2012). Les dispositions du Code pénal relatives aux conditions de travail et d'hébergement contraires à la dignité humaine (art. 225-13 et 225-14 CP) ne répriment pas, en tant que tels, l'esclavage et la servitude et, nonobstant les efforts de la Cour de cassation pour affiner le cadre de la « situation de vulnérabilité » (Crim., 4 mars 2003,

*D.*, 2004, 181, obs. T. Aubert-Montpeyssen ; Crim., 23 avr. 2003, *JCP G*, 2004, II, 10015, note M.-B. Salgado), les notions d'« abus de la vulnérabilité ou de la situation de dépendance » de la personne sont imprécises et susceptibles de faire l'objet d'interprétations variables. Depuis lors, le dispositif litigieux a cependant été aménagé par la loi n° 2003-239 du 18 mars 2003 pour la sécurité intérieure qui, d'une part, crée une incrimination de traite des êtres humains (art. 225-4-1 à 225-4-9 CP) et, d'autre part, facilite la reconnaissance des infractions prévues par les articles 225-13 et 225-14 CP. En outre, le nouvel article 225-15-1 CP établit « une véritable présomption de vulnérabilité ou de dépendance » au profit des mineurs et des personnes qui sont victimes à leur arrivée en France des faits visés aux articles 225-13 et 225-14 CP (*JCP G*, 2004, I, 105, chron. M. Véron). Au visa de l'article 4 de la Convention et de l'article 225-14 du Code pénal, la Cour de cassation peut ainsi juger que « tout travail forcé est incompatible avec la dignité humaine » (Crim., 13 janv. 2009, n° 08-80.787, *D.*, 2009,1935, note B. Lavaud-Legendre). Mais surtout, la loi n° 2013-711 du 5 août 2013 portant diverses dispositions d'adaptation dans le domaine de la justice tire toutes les conséquences de l'arrêt *Siliadin* en introduisant dans le Code pénal les nouvelles incriminations de réduction en esclavage (art. 224-1 A), de travail forcé (art. 225-14-1) et de réduction en servitude (art. 225-14-2), dont les définitions sont similaires à celles de la jurisprudence européenne. Prémunissant la France contre de nouvelles condamnations, elle permet aussi de mettre le droit interne en conformité avec la Convention du 16 mai 2005 et la directive 2011/36/UE du Parlement européen et du Conseil du 5 avril 2011.

H. S.

# *Chapitre 2*

# LES LIBERTÉS DE LA PERSONNE PHYSIQUE

## SECTION UNIQUE *Le droit à la liberté et à la sûreté*

### I | La régularité de la privation de liberté (art. 5, § 1)

**18.** ***Storck c/ Allemagne 16 juin, 2005,*** *JCP G, 2005, I, 159, n° 7, chron. F. Sudre ; RTDH, 2006, 237, note I. Soumy.*

**100.** La Cour estime que les circonstances propres à l'espèce l'appellent à examiner la question de savoir si l'internement de la requérante est imputable à l'État défendeur en ce que celui-ci aurait enfreint l'obligation positive qui lui incombait de protéger l'intéressée de toute ingérence dans sa liberté de la part de particuliers.

**101.** Selon la jurisprudence constante de la Cour, la responsabilité d'un État se trouve engagée quand la violation de l'un des droits et libertés définis dans la Convention dérive d'une infraction à l'article 1, aux termes duquel il les reconnaît dans son droit interne à toute personne relevant de sa juridiction (voir, entre autres, Costello-Roberts c/ Royaume-Uni, arrêt du 25 mars 1993...). En conséquence, la Cour a expressément constaté que l'article 2 [...], l'article 3 [...] et l'article 8 de la Convention [...], exigeant de l'État non seulement qu'il s'abstienne de commettre une ingérence active dans les droits en question par l'intermédiaire de ses représentants, mais aussi qu'il prenne des mesures appropriées en vue d'assurer une protection contre une ingérence dans ces droits provenant soit d'agents de l'État soit de particuliers.

**102.** Eu égard à ces principes, la Cour considère que la première phrase de l'article 5, § 1 de la Convention doit elle aussi être comprise comme imposant à l'État l'obligation positive de protéger la liberté de ses ressortissants. Conclure que tel n'est pas le cas serait non seulement en contradiction avec la jurisprudence de la Cour, notamment sous l'angle des articles 2, 3 et 8 de la Convention, mais aussi créerait une lacune assez grande dans la protection contre la détention arbitraire, ce qui ne cadrerait pas avec l'importance que revêt la liberté individuelle dans une société démocratique. L'État est donc tenu de prendre des mesures offrant une protection effective aux personnes vulnérables, notamment des mesures raisonnables destinées à empêcher une privation de liberté dont les autorités avaient ou auraient dû avoir connaissance [...].

**103.** S'agissant en particulier de personnes nécessitant un traitement psychiatrique, la Cour observe que l'État est dans l'obligation de reconnaître à ses citoyens le droit à l'intégrité physique énoncé à l'article 8 de la Convention. C'est dans ce but que des hôpitaux publics gérés par l'État coexistent avec des établissements privés. L'État ne peut se décharger entièrement de sa responsabilité en déléguant ses obligations dans ce domaine à des organismes privés ou à des particuliers [...]. La Cour fait remarquer que, dans l'affaire Costello-Roberts (préc.), l'État a été tenu pour responsable des actes du directeur d'une école indépendante en raison de l'obligation qui est la sienne de reconnaître aux élèves les droits énoncés aux articles 3 et 8 de la Convention. La Cour estime de même qu'en l'espèce l'État a le devoir d'exercer une surveillance et un contrôle sur les institutions psychiatriques privées. Ces institutions, notamment celles où des personnes ont été internées sans décision de justice, doivent non seulement disposer d'une licence mais aussi être placées sous la surveillance régulière de personnes compétentes [...]

**104.** Pour en venir à la présente espèce, la Cour relève qu'en droit allemand, l'internement d'une personne dans un hôpital psychiatrique doit être ordonné par un juge si la personne en question n'a pas donné son consentement ou est incapable de le faire. En pareil cas, l'autorité sanitaire compétente a également le pouvoir de surveiller l'exécution de ces décisions de justice. Toutefois, dans le cas de la requérante, la clinique n'avait pas obtenu la décision judiciaire nécessaire alors même que l'intéressée n'avait pas donné son consentement. Partant, aucune autorité sanitaire n'a jamais apprécié – ce qui est plus que douteux – si la requérante représentait une grave menace pour la sûreté ou l'ordre public au sens de l'article 2 de la loi du *Land* de Brême sur l'internement des personnes atteintes de maladie mentale ou de déficience mentale et des toxicomanes [...]. L'État n'a donc exercé aucun contrôle de la régularité de l'internement de la requérante dans la clinique pendant une durée de vingt mois environ. [...]

**106.** L'absence de tout contrôle effectif de l'État est illustrée de manière particulièrement frappante par le fait que, le 4 mars 1979, la police a reconduit de force la requérante dans le lieu où elle était internée et dont elle avait tenté de s'échapper. [...] les autorités publiques ont par là pris part à l'internement de la requérante à la clinique [...]. Cela montre qu'il existe un grand risque d'abus dans ce domaine [...].

**107.** La Cour observe que, peu après la sortie de la requérante de la clinique privée, l'article 34 de la loi sur les mesures d'aide et de protection en cas de troubles mentaux a créé de nouvelles garanties au bénéfice des personnes détenues dans des institutions psychiatriques, afin de pallier l'insuffisance de protection dans ce domaine [...].

**108.** Dès lors, la Cour conclut que l'État défendeur a failli à l'obligation positive qui lui incombait de protéger la requérante contre les ingérences de particuliers dans son droit à la liberté de juillet 1977 à avril 1979. Il y a donc eu violation de la première phrase de l'article 5, § 1 de la Convention.C. Quant à savoir si la détention a respecté « les voies légales » et était « régulière » au sens de l'article 5, § 1 *e)*.

**110.** La Cour rappelle qu'il n'y a lieu d'examiner la question de savoir si l'internement de la requérante était conforme aux voies légales et régulières que pour autant que les autorités publiques, et notamment les tribunaux, ont été directement impliquées dans l'ingérence dans le droit de la requérante à la liberté [...]. Or cette ingérence n'étant le résultat que d'actes commis par des particuliers [...], elle ne relève pas du champ d'application de la deuxième phrase de l'article 5, § 1 de la Convention. En ce cas, le simple fait que l'État ait failli au devoir général qui découle pour lui de la première phrase de l'article 5, § 1 de protéger le droit de la requérante à la liberté emporte violation de l'article 5 (voir, *mutatis mutandis*, Nielsen, rapport de la Commission, p. 38, § 102).

**111.** La régularité de la détention aux fins de l'article 5, § 1 *e)* suppose la conformité au droit interne mais aussi au but des restrictions autorisées par cet article. Pour ce qui est de la conformité au droit interne, la Cour rappelle que le terme « régulier » recouvre les aspects procédural et matériel du droit interne et qu'il existe un certain chevauchement entre ce terme et l'exigence générale énoncée à l'article 5, § 1 de respect des « voies légales » (voir, entre autres, Winterwerp c/ Pays-Bas, 24 oct. 1979..., et H. L. c/ Royaume-Uni, préc., § 114).

**112.** La Cour note que, ainsi qu'elle l'a constaté plus haut, la requérante a été privée de sa liberté contre son gré ou à tout le moins sans son consentement. Dans ces conditions, nul ne conteste que, conformément à l'article 3 de la loi de 1962 [...], l'internement ne pouvait être régulier que s'il avait été ordonné par le tribunal d'instance compétent. La Cour renvoie à cet égard à la conclusion du tribunal régional de Brême sur ce point [...]. Étant donné que l'internement de la requérante dans la clinique privée n'a été autorisé par aucune ordonnance de justice, sa détention n'était pas conforme aux voies légales au sens de la deuxième phrase de l'article 5, § 1 de la Convention. Il n'y a donc pas lieu de rechercher s'il a été établi de manière probante que l'intéressée était atteinte d'un trouble mental revêtant un caractère ou une ampleur légitimant un internement d'office.

**113.** Dès lors, la Cour conclut que l'internement de la requérante à la clinique du Dr Heines de juillet 1977 à avril 1979 a emporté violation du droit de l'intéressée à la liberté garanti par l'article 5, § 1 de la Convention.

En conflit avec ses parents, une jeune fille poliomyélitique âgée de 18 ans avait été internée dans une clinique privée pendant près de deux ans à la demande de son père. N'ayant jamais signé de déclaration de consentement à ce placement que nul tribunal n'avait ordonné, elle avait réussi à s'enfuir de cet accueillant établissement, mais la police l'y avait ramenée de force. Le constat unanime de violation de l'article 5, § 1 que Waltraud Storck a finalement réussi à faire dresser contre l'Allemagne le 16 juin 2005 permet de livrer la quintessence des règles qui gouvernent l'interprétation de ce texte reconnaissant à toute personne le droit à la liberté et à la sûreté. Il n'y a guère que deux points importants que cet arrêt ne permette pas d'aborder directement : celui de la preuve de la privation de liberté, examiné par l'arrêt de Grande chambre *Creanga c/ Roumanie* du 28 février 2012, dans l'hypothèse où il est difficile de savoir si une personne convoquée devant une autorité pour livrer une déposition peut ou non s'en revenir à sa guise avant d'y avoir procédé ; celui de la distinction entre la privation de liberté, relevant de l'article 5, § 1, et la restriction à la liberté de circulation soumise à l'article 2, § 4 du Protocole 4. Il convient donc de se référer, à cet égard, à l'arrêt *Guzzardi c/ Italie*, du 6 novembre 1980, suivant lequel la distinction entre ces deux notions « n'est que de degré ou d'intensité, non de nature ou d'essence » et « doit s'opérer à partir de la situation concrète de l'intéressé » au moyen de critères, comme le genre, la durée, les effets et les modalités d'exécution de la mesure considérée, dont l'appréciation *in concreto* conduit à considérer : que le confinement à domicile sous surveillance avec interdiction de sortir (*Lavents c/ Lettonie*, 28 nov. 2002) ou le placement forcé dans un foyer social pour personnes atteintes de troubles mentaux (*Stanev c/ Bulgarie* Gr. ch 17 janvier 2012) sont des privations de liberté, tandis que le placement dans un foyer spécialisé d'une retraitée dont les conditions de vie à domicile s'étaient considérablement dégradées est une « mesure responsable » échappant au domaine de l'article 5, § 1 (*H. M. c/ Suisse*, 25 févr. 2002) ; qu'une personne en détention provisoire reste privée de liberté même lorsqu'elle fait l'objet d'une hospitalisation alors qu'une personne assignée à domicile subit seulement une restriction à sa liberté de circulation (*Freimanis et Lidums c/ Lettonie*, 9 févr. 2006) ; que la liberté surveillée, distinguée du confinement à domicile, ne relève pas du champ d'application de l'article 5 mais de celui de l'article 2 du Protocole n° 4 qui, dès lors, a pu faire l'objet de l'un de ses premiers constats de violation (*Villa c/ Italie* 20 avril 2010). Quant aux privations de liberté proprement dites, l'arrêt Storck aide à mieux préciser leur caractère et rappelle que, lorsqu'elles sont permises, elles doivent être soustraites à l'arbitraire.

## I / Le caractère exceptionnel des privations de liberté

La structure de l'art. 5, § 1 révèle sans la moindre ambiguïté que la liberté est le principe, énoncé dans la première phrase, tandis que les restrictions de liberté sont seulement admises dans des cas minutieusement énumérés par la deuxième phrase. Leur caractère exceptionnel est encore accentué par l'interprétation que la Cour de Strasbourg a donnée de l'art. 5, § 1. C'est à cet égard que l'arrêt Storck est le plus exemplaire, car il diffuse le principe de la première phrase dans les relations privées tout en s'inscrivant dans une logique d'interprétation stricte des exceptions énumérées par le reste de l'article.

A) La conclusion suivant laquelle l'État défendeur avait violé son obligation positive – préalablement reliée à l'article 1er de la Convention – de protéger le requérant contre les ingérences portées à sa liberté par des personnes privées de juillet 1977 à avril 1979, permet indiscutablement à la Cour de consacrer « l'effet horizontal » (cf. *supra*, n° 3) de l'article 5, § 1, première phrase. Il est en effet reproché à l'Allemagne de n'avoir pas exercé de contrôle de la légalité de la détention, par un établissement privé, d'une personne privée vulnérable dont l'absence de consentement n'avait pas été compensée par la décision d'un tribunal. On remarquera cependant que le manquement à l'obligation positive de faire respecter l'article 5, § 1, première phrase dans les relations privées procède autant de l'action de la police qui avait reconduit Mlle Storck à la clinique après sa fugue, que de l'inaction des tribunaux qui n'avaient pas pris les mesures adaptées à la situation. Il n'est donc pas tout à fait impossible que la solution de l'arrêt *Storck* ait pu être justifiée sans une référence aussi appuyée à la théorie des obligations positives et à ses prolongements vers les relations privées. La reconnaissance de l'« effet horizontal » de l'article 5, § 1, première phrase, esquivée par l'arrêt *Nielsen c/ Danemark* du 28 novembre 1988 dans une affaire comparable concernant un mineur de 12 ans, laissée à l'arrière-plan de l'arrêt *Riera Blume c/ Espagne* du 14 octobre 1999 relatif à la surveillance dans un hôtel de personnes que leurs familles voulaient soustraire à l'influence d'une secte, n'en est que plus significative. En plaçant sous interdiction européenne la privation de liberté d'une personne privée par une personne privée, elle peut aider à lutter contre la « tyrannie familiale » (I. Soumy, *op. cit.*) qui trouve toujours de nouvelles raisons sectaires ou communautaristes de porter atteinte à la liberté de nouvelles Angèles gionesques (v. aussi *Chtoukatourov c/ Russie*, 27 mars 2008). Il restera néanmoins à déterminer jusqu'à quel point l'obligation positive de l'État devra le pousser à s'immiscer dans la vie privée et familiale des uns et des autres pour détecter les ingérences privées dans la liberté des personnes vulnérables. En attendant, on observera que la privation de liberté dans son propre domicile peut aussi entraîner des constats de violation de l'article 5, § 1 (*Dacosta Silva c/ Espagne*, 2 nov. 2008, relatif à une sanction disciplinaire de six jours de mise aux arrêts à domicile infligée à un garde civil par son supérieur hiérarchique).

B) En ne visant que la première phrase du § 1 de l'article 5, l'arrêt Storck prend la sage précaution d'exclure tout « effet horizontal » des privations de liberté exceptionnellement admises par l'énumération de la seconde phrase. Il en résulte donc que l'interdiction pour un particulier de porter atteinte à la liberté d'un autre particulier est absolue. Il s'agit là d'une nouvelle manifestation de l'interprétation étroite des privations de liberté autorisées par l'article 5, § 1. Ce principe, posé par quelques arrêts célèbres de la fin des années 1970 (*Engel c/ Pays-Bas*,

18 juin 1975, *supra*, n° 4 ; *Winterwep c/ Pays-Bas*, 24 oct. 1979) est fréquemment mis en œuvre pour limiter les motifs et la durée de la privation de liberté.

Quant aux motifs, la Cour a précisé que l'arrestation et la détention en vue d'être conduit devant l'autorité judiciaire compétente, lorsqu'il y a des raisons plausibles de soupçonner la commission d'une infraction (art. 5, § 1 *c*), sont seulement permises dans le cadre d'une procédure pénale et doivent être par conséquent exclues lorsqu'il s'agit d'une simple procédure de prévention (*Ciulla c/ Italie*, 22 févr. 1989). Par l'important arrêt *Conka c/ Belgique* du 5 février 2002, elle a aussi affirmé qu'il n'est pas compatible avec l'article 5 de décider consciemment, au cours d'une opération planifiée d'expulsion, de tromper des personnes en situation illégale pour mieux pouvoir les priver de leur liberté. Surtout, elle a proclamé par l'arrêt *Guzzardi* (préc.) que s'il est possible de retenir contre leur gré des personnes socialement inadaptées (art. 5, § 1 *c*), « ce n'est pas pour le seul motif qu'il faut les considérer comme parfois dangereuses pour la sécurité publique, mais aussi parce que leur propre intérêt peut nécessiter leur internement ». L'arrêt *Guzzardi* laisse entendre que le critère du propre intérêt de la personne à être privée de liberté tend vers la même solution que le principe d'interprétation étroite. Il peut cependant s'en écarter au point de permettre de le contourner. C'est ce qui transparaît de l'arrêt *Witold Litwa c/ Pologne* du 4 avril 2000 par lequel la Cour justifie l'assimilation d'une personne ivre à un alcoolique pour pouvoir la conduire, dans son propre intérêt et en l'absence de diagnostic médical, dans un centre de dégrisement, et de l'arrêt *Kolanis c/ Royaume-Uni* du 21 juin 2005 admettant la prolongation d'un internement jusqu'à la réunion de conditions préalables de surveillance extérieure du malade. Un autre moyen d'éluder le principe d'interprétation étroite peut être puisé dans l'article 5, § *b* qui permet les arrestations et les détentions pour garantir l'exécution d'une obligation prescrite par la loi. Même si la Cour exige que l'obligation légale en question soit spécifique et concrète, même si elle exclut catégoriquement le caractère punitif de la mesure privative de liberté destinée à en garantir l'exécution, il semble bien en effet que cet élément du § 1 soit en passe de devenir l'instrument justificateur de toutes les conduites au poste des récalcitrants excentriques. C'est ce que peuvent laisser craindre les arrêts *Vasileva c/ Danemark* (25 nov. 2003) relatif à la détention d'une vieille dame réfractaire au contrôle des billets de bus et *Epple c/ Allemagne* (24 mars 2005) concernant l'arrestation d'un jeune punk allergique aux festivals de musique folklorique. Le principe suivant lequel seule une interprétation étroite cadre avec le but et l'objet de l'article 5 § 1 a cependant été fermement rappelé par l'arrêt de Grande chambre *Medvedeyev c/ France* du 29 mars 2010 (*JCP*, 2010 éd. G. 454, note F. Sudre) au soutien d'un constat de violation en raison d'une privation de liberté de 13 jours imposée à l'équipage d'un navire arraisonné en haute mer. Il n'en reste pas moins que l'admission de privations de liberté pour des raisons autres que celles qui sont limitativement énumérées par l'article 5 § 1 est dans l'air du temps. C'est ce qui est remarquablement attesté par l'arrêt de Grande chambre *Hassan c/ R.-U.* du 16 septembre 2014, nouveau prolongement jurisprudentiel de l'intervention en 2003 des troupes britanniques en Irak c'est-à-dire en dehors du Conseil de l'Europe. La nécessité d'harmoniser le droit international humanitaire et le droit européen des droits de l'Homme a, en effet, conduit à estimer que la capture et l'internement d'un prisonnier de guerre, que l'on chercherait vainement dans l'énumération des cas de privations de liberté autorisés par l'article 5 § 1 mais que les États peuvent réaliser en vertu des pouvoirs que leur confèrent les troisième et quatrième Conventions de Genève du 12 août 1949 relatives au traitement des prisonniers de guerre et à la protection des personnes civiles en temps de guerre, ne peuvent pas être jugées arbitraires. À condition toutefois qu'aient été respectées les garanties prévues par la Convention lesquelles continuent de s'appliquer en cas de conflit armé international quoiqu'en étant interprétées à l'aune du droit international humanitaire.

Si le principe d'interprétation étroite est un peu concurrencé sur le terrain des motifs de la privation de liberté où il est très attendu, il regagne de la vitalité sur celui de la durée d'une privation de liberté initialement conforme aux exigences de l'article 5, § 1 où on l'attendait moins. Ainsi a-t-il directement permis à la Cour de juger qu'il y avait violation de cet article lorsque les autorités prolongent pendant plus de onze heures la détention d'un individu dont la chambre d'accusation avait ordonné l'élargissement sur le champ (*Quinn c/ France*, 22 mars 1995) ou, *a fortiori*, lorsqu'elles s'accordent vingt et un jours pour vérifier si le bénéficiaire d'une ordonnance d'élargissement ne devait pas être détenu pour une autre cause (*Bojilov c/ Bulgarie*, 22 déc. 2004). Certes, le principe d'interprétation étroite n'empêche pas les juges européens de reconnaître qu'un certain délai dans l'exécution d'une décision de remise en liberté est souvent inévitable (*Picaro c/ Italie*, 9 juin 2005) ou de juger que l'annulation d'une décision de privation de liberté ne rend pas, en principe, rétroactivement irrégulière la détention pendant la période intermédiaire (*Khoudoyorov c/ Russie*, 8 nov. 2005). Néanmoins, il reçoit régulièrement de nouvelles applications. Ainsi, a-t-il valu à la France un constat unanime de violation de l'article 5, § 1 parce que la « période de déferrement » comprise entre la levée de la garde à vue et la présentation au juge d'instruction se traduisait par une privation de liberté intermédiaire qui, jusqu'à l'introduction par la loi du 9 mars 2004 d'un article 803-3 dans le Code de procédure pénale, n'avait aucune base légale (*Zervudacki*, 27 juill. 2006). On mesure mieux, dès lors, l'importance du risque européen bravé par la chambre criminelle de la Cour de cassation qui, par son arrêt du 1$^{er}$ mars 2006, a estimé qu'il n'était contraire à aucune disposition conventionnelle d'avoir retenu une avocate toulousaine trois jours depuis la fin de sa garde à vue pour pouvoir la transférer après le week-end devant un juge d'instruction orléanais. Cette imprudence a effectivement conduit au retentissant constat de violation de la CEDH par l'arrêt *Moulin c/ France* du 23 nov. 2010, qui s'est cependant fondé sur le § 3 de l'art. 5, parce que le procureur de la République adjoint, qui avait décidé de l'addition des délais de garde à vue et de déferrement, n'était pas un magistrat au sens de cette disposition (cf. *infra* n° 19).

Ayant constaté qu'il n'y avait aucune décision de justice autorisant l'enfermement de W. Storck dans une clinique privée, la Cour ne recherche pas plus avant si elle souffrait d'un type de troubles mentaux justifiant un internement d'office. Autrement dit, la reconnaissance de l'« effet horizontal » de la première phrase de l'article 5, § 1 rendait inutile une vérification détaillée des « voies légales » auxquelles sont subordonnées les privations de liberté qui, telle la détention « régulière » d'un aliéné, sont exceptionnellement autorisées par la seconde phrase.

## II / La protection contre la mise en œuvre arbitraire des privations de liberté

C'est à l'arrêt *Winterwerp* (préc.) que revient le mérite d'avoir révélé l'importance de la finalité sous-jacente à l'article 5, § 1 : dans une société démocratique adhérant à la prééminence du droit, une détention arbitraire ne peut jamais passer pour régulière. Cette finalité est reflétée aussi bien par l'expression « voies légales » qui figure au début de la seconde phrase de l'article que par l'adverbe « régulièrement » et l'adjectif « régulières » qui sont utilisés à 5 reprises pour énumérer les cas de privation de liberté autorisés. Si, dans ces conditions, il y a un certain chevauchement entre les exigences de la régularité et celles de la légalité, la Cour a su, justement à partir de l'idée de protection de l'individu contre l'arbitraire, préciser et développer les unes et les autres.

A) Les exigences de régularité – qui valent pour les six cas de privation de liberté visés par l'article 5, § 1 (Cpr *Guzzardi*, préc. § 102) – concernent essentiellement la preuve du motif invoqué et l'adéquation du lieu et du régime de détention à la cause de privation de liberté.

1 / L'aliénation est le motif dont la preuve soulève le plus de difficultés même si l'arrêt *Winterwerp* (préc.) a affirmé que, sauf cas d'urgence, elle doit être établie au moyen d'une expertise médicale objective, préalable à la décision, cela irait sans dire, mais doit quand même parfois être dit (cf. *Kroushev c/ Bulgarie*, 3 juill. 2008). Pendant longtemps, en effet, la Cour s'en est tenue à une vérification formelle de l'objectivité et de la solidité des preuves médicales sur la base desquelles les autorités de l'État défendeur ont autorisé un internement donné (cf. *Herczegfalvy c/ Autriche*, 24 sept. 1992). Il a fallu attendre un arrêt *Varbanov c/ Bulgarie* du 5 octobre 2000 pour qu'elle commence à s'enhardir un peu en estimant, au nom de la protection contre l'arbitraire, que l'opinion médicale justifiant la privation de liberté doit être fondée sur l'état actuel de la santé de l'intéressé et pas seulement sur des événements survenus deux ans plus tôt. Elle s'est avancée un peu plus dans cette direction prudemment novatrice par son arrêt *R. L. et M. J. D. c/ France* du 19 mai 2004 en jugeant que si l'urgence ou la violence du comportement, face auxquelles des assouplissements aux exigences de preuve sont traditionnellement admis (cf. *Herz c/ Allemagne*, 17 juin 2003), rendent impossible l'obtention d'un avis médical préalablement à l'arrestation, il doit être établi immédiatement après : autrement, on ne peut plus soutenir que l'aliénation de la personne privée de liberté a été établie de manière probante. La preuve de la plausibilité des soupçons sur lesquels doit se fonder une arrestation (art. 5, § 1 *c*) a également appelé d'importantes précisions jurisprudentielles. Elles ont été principalement apportées par l'arrêt *Fox, Campbell et Hartley c/ Royaume-Uni* du 30 août 1990 : il a affirmé que l'existence de soupçons plausibles présupposait celle de faits ou de renseignements propres à persuader un observateur objectif que l'individu en cause peut avoir accompli l'infraction tout en concédant que ce qui peut passer pour plausible dépendait de l'ensemble des circonstances. Il a été estimé, à cet égard, que la criminalité terroriste entre dans une catégorie spéciale, mais il a fallu attendre l'arrêt *Murray c/ Royaume-Uni* du 28 octobre 1994 pour que deviennent effectifs les assouplissements probatoires théoriquement admis en cette matière hautement sensible. Un renforcement spectaculaire et original des exigences probatoires, a, en revanche, été opéré pour transformer l'article 5, § 1 en instrument de lutte contre le fléau des disparitions involontaires. C'est ainsi que selon

l'arrêt *Kurt c/ Turquie* du 25 mai 1998, il y a une violation particulièrement grave du droit à la liberté et à la sûreté lorsque les autorités ne fournissent pas d'explications plausibles et étayées quant à l'endroit où se trouve une personne disparue dont elles ont l'obligation de rendre compte du sort (v. aussi *Tanis c/ Turquie* du 2 août 2005, qui prolonge ces exigences probatoires sur le terrain de l'article 2, et les arrêts relatifs aux événements de Tchétchénie notamment l'arrêt *Musayeva* du 3 juill. 2008). L'arrêt de Grande chambre *El Masri c/ Ex République yougoslave de Macédoine* du 13 décembre 2012 s'est d'ailleurs référé aux principes dégagés par l'arrêt *Kurt* pour stigmatiser la détention et la « remise » secrète aux autorités américaines d'une personne soupçonnée de terrorisme (cf. F. Sudre *JCP G* 2013.94). C'est aussi à partir d'exigences essentiellement probatoires que la Cour, par le célèbre arrêt *Öcalan* du 12 mai 2005 (*supra*, n° 13), a proposé une sorte de théorie générale de l'arrestation à l'étranger d'une personne soupçonnée des infractions les plus graves.

2 / À partir de l'arrêt *Ashingdane c/ Royaume-Uni* du 28 mai 1985, la Cour a admis qu'il faut un certain lien entre, d'une part, le motif invoqué de privation de liberté autorisée et, de l'autre, le lieu et le régime de la détention. Comme souvent, cette innovation est restée longtemps sans produire de conséquences concrètes qui se sont finalement manifestées par l'arrêt *Aerts c/ Belgique* du 30 juillet 1998 constatant une violation de l'article 5, § 1 parce qu'un individu dont l'état appelait l'internement dans un établissement de défense sociale avait été détenu dans l'annexe psychiatrique d'un établissement pénitentiaire (v. aussi *Mocarska c/ Pologne*, 6 nov. 2007). La Cour n'en continue pas moins à être bienveillante pour l'État, notamment quant au temps nécessaire au choix de l'établissement adapté (cf. *Brand c/ Pays-Bas*, 11 mai 2004) ou quant aux modalités d'internement après l'expiration de la peine d'un récidiviste dangereux, examinées par l'arrêt *Schepper c/ Belgique* 13 oct. 2009 en tenant compte de l'obligation positive d'assurer à l'intéressé un traitement adapté à son état et de nature à lui permettre de retrouver sa liberté. Il faut cependant noter l'émergence, en sens opposé, d'une obligation positive sécuritaire d'interner un mari violent pour protéger la vie privée des proches, dégagée par l'arrêt *Hajduova c/ Slovaquie* du 30 nov. 2010 qui refuse néanmoins de la fonder sur l'art. 5 visant aussi le droit à la sûreté.

B) Les exigences de légalité ont été précisées notamment, par l'arrêt *Winterwerp* d'après lequel les mots « selon les voies légales » se réfèrent, pour l'essentiel, à la législation nationale et consacrent la nécessité de suivre la procédure qu'elle fixe. En conséquence, la Cour s'est attribué une mission de vérification du respect du droit interne qui ne lui appartient pas d'habitude. L'ampleur de ce contrôle est cependant limitée car il incombe au premier chef aux tribunaux d'interpréter et d'appliquer le droit interne (cf. *Léger c/ France*, 11 avr. 2006). Aussi, les constats de violation de l'article 5, § 1 fondés sur le non-respect de la législation nationale étaient-ils rarissimes. Depuis quelques années, ils se succèdent néanmoins à un rythme beaucoup plus soutenu comme en témoigne l'arrêt *Fedotov c/ Russie*, 25 oct. 2005 par lequel la Cour se dit préoccupée du défaut de coopération entre les autorités étatiques qui étaient à l'origine du manquement aux exigences de la législation nationale et l'arrêt de Grande chambre *Medvedyev c/ France* du 29 mars 2010 considérant qu'une note verbale d'un ministre des affaires étrangères ne pouvait, même dans un contexte de lutte internationale contre le trafic de drogue, légalement fonder des mesures de placement en détention de marins sur leur navire arraisonné. La gravité particulière, au regard de l'article 5, § 1, d'une privation de liberté contraire aux prescriptions du droit interne semble d'ailleurs avoir entraîné la Cour vers deux innovations majeures : la suppression, inhabituelle au regard du caractère déclaratoire de ses arrêts (cf. *infra*, n° 72), du choix des moyens à mettre en œuvre par l'État pour remédier à la violation constatée (*Assanidzé* du 8 avr. 2004 par lequel une Grande chambre indique à la Géorgie qu'il lui incombe d'assurer, dans les plus brefs délais, la remise en liberté d'une personne détenue en toute illégalité et l'arrêt *Fatullayev c/ Azerbaïdjan* du 22 avril 2010 demandant de remettre immédiatement en liberté un journaliste emprisonné en violation de l'art. 10) ; la mise en œuvre de l'article 18, que l'on croyait lettre morte, pour sanctionner un détournement de pouvoir consistant à restreindre l'exercice des droits garantis par la Convention dans un but autre que ceux qu'elle admet (*Güsinskiy c/ Russie*, 19 mai 2004). Toutefois, il ne suffit pas que les prescriptions de la loi interne aient été suivies pour que la privation de liberté ait été réalisée « selon les voies légales ». Il faut aussi que le droit interne se conforme lui-même aux principes généraux conventionnels et particulièrement au but de l'article 5 de protéger l'individu contre l'arbitraire (ex. *Laumont c/ France*, 8 mars 2001). C'est dire que la loi interne autorisant une privation de liberté doit répondre à certains critères de qualité.

C'est essentiellement, à partir de l'arrêt *Amuur c/ France* du 25 juin 1996 que la Cour, invoquant la prééminence du droit, a considéré que les termes « selon les voies légales » concernent aussi la qualité de la loi (*supra*, n° 5), laquelle implique qu'une loi nationale soit suffisamment accessible et précise pour éviter tout danger d'arbitraire. En conséquence, elle a pu stigmatiser les conditions très approximatives dans lesquelles était organisé, en l'espèce, le maintien des étrangers en zone internationale avant l'entrée en vigueur de la loi du 6 juillet 1992. Augmentée de l'exigence d'un droit écrit ou non écrit assez précis pour permettre au citoyen, s'entourant au besoin de conseils éclairés, de prévoir, à un degré raisonnable dans les circonstances de la cause, les conséquences de ses actes, la jurisprudence *Amuur* fait régulièrement l'objet d'importantes applications au bénéfice des aliénés dociles (*H. L. c/ Royaume-Uni*, 5 oct. 2004), des alcooliques turbulents (*Hilda Hafsteinsdottir c/ Islande*, 8 juin 2004) ou des étrangers en cours d'expulsion (*Mohd c/ Grèce*, 27 avr. 2006).

Il faut aussi souligner que l'intensification du contrôle de la conformité des mesures privatives de liberté à l'objectif primordial de protection de l'individu contre l'arbitraire ouvre régulièrement de nouvelles pistes protectrices : contre les lois internes qui méconnaissent le principe de subsidiarité de la privation de liberté parce qu'elles n'envisagent pas de mesures moins sévères suffisantes pour la sauvegarde de l'individu et de l'intérêt public (*v. Witold Litwa*, préc. ; *Ladent c/ Pologne*, 18 mars 2008 ; *Enhorn c/ Suède* du 25 janv. 2004 qui semble établir une subsidiarité renforcée pour dénoncer l'isolement forcé des porteurs du *vih*) ; contre les pratiques généralisées destinées à combler les lacunes du Code de procédure pénale (*Svipsta c/ Lettonie*, 9 mars 2006 ; v. aussi *Gigolashvili c/ Géorgie*, 8 juill. 2008), contre les astuces se traduisant par un contournement des exigences de l'article 5 (ex. : *Karagöz c/ Turquie*, 8 mars 2005 et *Tonka c/ Turquie*, 22 juill. 2008, relatifs à l'extraction de prison des personnes en détention provisoire pour les remettre entre les mains de la gendarmerie aux fins d'interrogatoire pendant une période de quarante jours ; *John c/ Grèce*, 10 mai 2007, dénonçant l'attitude des autorités qui, pour ne pas dépasser le délai légal de la détention provisoire avait libéré le détenu… pendant dix minutes) ou contre les mesures qui affectent la liberté des enfants (cf. *Sultan Oner c/ Turquie* du 17 oct. 2006 relatif à deux mineurs placés pendant plus de dix-huit heures en cellule avec leur mère d'ailleurs victime d'une erreur policière ; *Mubilanziba Mayeka et Kancki Mitunga c/ Belgique* du 12 oct. 2006 se rapportant à la détention d'une fillette de 5 ans dans un centre fermé pour adultes étrangers en séjour illégal dans les mêmes conditions qu'une personne adulte et sans le moindre égard pour sa situation d'extrême vulnérabilité). On remarquera enfin que le respect des voies légales se traduit par une certaine promotion du formalisme protecteur de la liberté individuelle (cf. *Hulewicz c/ Pologne*, 23 févr. 2006 rappelant qu'un acte d'accusation ne suffit pas à justifier un placement en détention ; *Nakach c/ Pays-Bas*, 30 juin 2005, stigmatisant l'absence de procès-verbal officiel de l'audience de la juridiction ayant statué sur la prolongation de la détention provisoire ; *Viskuil c/ Pays-Bas*, 22 nov. 2007, sanctionnant le non-respect du délai légal de notification d'une ordonnance de mise en détention).

Ces dernières années resteront cependant marquées par l'inauguration de pistes inédites moins favorables à la liberté individuelle. Ainsi, la décision *Garagin c/ Italie* du 29 avril 2008, se démarque-t-elle du formalisme protecteur pour énoncer que « la Convention ne saurait faire obstacle à ce qu'une erreur de calcul dans la fixation de la peine ou une interprétation erronée des règles en matière d'addition des condamnations soit corrigée par la suite ». Surtout, l'arrêt de Grande Chambre, *Saadi c/ Royaume-Uni* du 29 janvier 2008 a consacré une solution générale particulièrement limitatrice de la liberté des étrangers qui veulent entrer sur le territoire d'un État membre du Conseil de l'Europe. Profitant de la première occasion qui lui était offerte d'interpréter la première branche de l'article 5, § 1 F visant la détention régulière d'une personne pour l'empêcher d'entrer irrégulièrement sur le territoire, la Cour, de plus en plus sensible au « droit indéniable des États de contrôler souverainement l'entrée et le séjour des étrangers sur leur territoire », s'est en effet livrée à d'inquiétantes contorsions conceptuelles pour justifier la détention dans un centre de rétention pendant les sept jours nécessaires au traitement du dossier d'un demandeur d'asile. À cette fin, une des « trouvailles » de cet arrêt *Saadi* est de faire dépendre l'arbitraire de la mauvaise foi des autorités. En outre, l'arrêt de Grande chambre *Mooren c/ Allemagne* du 9 juill. 2009 et l'arrêt *Seferovic c/ Italie* du 8 fév. 2011 ont consacré une distinction fondamentale, empruntée au droit anglais, entre les titres de placement en détention manifestement invalides, telles que l'incompétence du tribunal, emportant irrégularité de la détention en cause au regard de l'art. 5 § 1, et les titres de détention *prima facie* valides et efficaces tant qu'ils n'ont pas été annulés par une juridiction supérieure, dont les vices peuvent être purgés s'ils ne s'analysent pas en une irrégularité grave et manifeste. Cette tendance régressive est confirmée par deux arrêts plus récents : l'arrêt de Grande chambre *Austin c/ R.-U.* du 15 mars 2012 (*JCP G* 2012 act. 455 obs. F. Sudre) suivant lequel une mesure coercitive, telle que le kettling consistant à confiner des manifestants à l'intérieur d'un cordon de police, n'équivaut pas à une privation de liberté dès lors qu'elle paraît nécessaire pour prévenir des atteintes graves aux personnes et aux biens ; l'arrêt *Ostendorf c/ Allemagne* du 7 mars 2013 (RSC 2013.653 obs. J-P Marguénaud) admettant la mise en œuvre d'une garde à vue préventive pour mieux lutter, il est vrai, contre le hooliganisme.

Quant aux juridictions internes, elles ne se donnent pas très souvent l'occasion de mettre en œuvre l'article 5, § 1. Lorsque, de temps en temps, la chambre criminelle de la Cour de cassation est conduite à s'y référer, c'est pour affirmer que l'application de la règle de procédure pénale en question le respecte scrupuleusement (Cass. crim., 9 févr. 2000, *Bull. crim.*, n° 63). On attendra patiemment de voir si elle aura le courage de confronter aux exigences de l'article 5, § 1 les dispositions de la loi du 25 février 2008 relative à la rétention de sûreté (cf. D. Roets, *D*, 2008, 1840) dont la conventionnalité pourra être plus sûrement appréciée à la lumière de l'arrêt M. du 17 décembre 2009 (RSC 2010, 228 obs. D. Roets) prolongé par les arrêts *Kallweit, Mautes Schummer* et *Haidn* du 13 janv. 2011 suivant lesquels la très voisine détention de sûreté allemande est contraire à cette disposition. La première chambre civile, semble, quant à elle, portée à plus d'audace puisque par un arrêt du 6 février 2007 (*RJPF*, mai 2007. 10, obs. E. Putman), elle n'a pas hésité à se fonder sur l'article 5 pour stigmatiser la déloyauté des pratiques d'interpellation des étrangers.

J.-P. M.

## II | Les garanties reconnues aux personnes soupçonnées d'infractions

### 19. *McKay c/ Royaume-Uni, 3 octobre 2006* (*Grande Chambre*), *JCP G, 2007, I, 106, n° 3, obs. F. Sudre.*

**1.** L'article 5, § 3, en tant qu'il s'inscrit dans ce cadre de garanties, vise structurellement deux aspects distincts : les premières heures après une arrestation, moment où une personne se retrouve aux mains des autorités, et la période avant le procès éventuel devant une juridiction pénale, pendant laquelle le suspect peut être détenu ou libéré, avec ou sans condition. Ces deux volets confèrent des droits distincts et n'ont apparemment aucun lien logique ou temporel (*T. W. c/ Malte* [GC], n° 25644/94, § 49, 29 avr. 1999).

**2.** Concernant la phase initiale de détention visée à la première phrase, la jurisprudence de la Cour établit qu'il faut protéger par un contrôle juridictionnel la personne arrêtée ou détenue parce que soupçonnée d'avoir commis une infraction. Un tel contrôle doit fournir des garanties effectives contre le risque de mauvais traitements, qui est à son maximum durant cette phase initiale de détention, et contre un abus par des agents de la force publique ou une autre autorité des pouvoirs qui leur sont conférés et qui doivent s'exercer à des fins étroitement limitées et en stricte conformité avec les procédures prescrites. [...].

**3.** Le contrôle juridictionnel lors de la première comparution de la personne arrêtée doit avant tout être rapide car il doit permettre de détecter tout mauvais traitement et de réduire au minimum toute atteinte injustifiée à la liberté individuelle [...].

**4.** Le contrôle doit être automatique et ne peut être rendu tributaire d'une demande formée par la personne détenue. À cet égard, la garantie offerte est distincte de celle prévue par l'article 5, § 4 qui donne à la personne détenue le droit de demander sa libération [...].

**5.** Le magistrat doit présenter les garanties requises d'indépendance de l'exécutif et des parties, et doit avoir le pouvoir d'ordonner l'élargissement, après avoir entendu la personne et contrôlé la légalité et la justification de l'arrestation et de la détention [...].

**6.** Toutefois, l'examen [...] ne permet pas de conclure que le contrôle doit systématiquement englober la question de la libération, assortie ou non de conditions, pendant la procédure pour des raisons autres que celles se rapportant à la régularité de la détention ou que l'existence de motifs plausibles de soupçonner que l'intéressé a commis une infraction. [...]

**7.** (....) La Grande Chambre n'est pas en mesure de souscrire à une interprétation selon laquelle les magistrats devraient avoir le pouvoir d'accorder la mise en liberté provisoire à une personne détenue dès sa première comparution après son arrestation.

**8.** Le contrôle automatique initial portant sur l'arrestation et la détention doit donc permettre d'examiner les questions de régularité et celle de savoir s'il existe des raisons plausibles de soupçonner que la personne arrêtée a commis une infraction, c'est-à-dire si la détention se trouve englobée par les exceptions autorisées énumérées à l'art. 5, § 1 *c*. S'il n'en est pas ainsi, ou si la détention est illégale, le magistrat doit avoir le pouvoir d'ordonner la libération.

**9.** Il existe une présomption en faveur de la libération. Comme la Cour l'a dit dans l'affaire *Neumeister c/ Autriche* (arrêt du 27 juin 1968...), le deuxième volet de l'art. 5, § 3, n'offre pas aux autorités judiciaires une option entre la mise en jugement dans un délai raisonnable et une mise en liberté provisoire. Jusqu'à sa condamnation, la personne accusée doit être réputée innocente et la disposition analysée a essentiellement pour objet d'imposer la mise en liberté provisoire dès que le maintien en détention cesse d'être raisonnable.

**10.** En résumé, les juridictions internes doivent exercer un contrôle sur le maintien en détention provisoire d'une personne en vue de garantir sa libération lorsque les circonstances ne justifient plus sa privation de liberté. Au moins pendant une période initiale, l'existence de soupçons raisonnables peut justifier la détention, mais vient un moment où ceux-ci ne suffisent plus. Étant donné que le caractère raisonnable d'une période de détention ne peut pas être apprécié dans l'abstrait, mais doit être vérifié dans chaque cas en fonction des particularités de la cause, il n'existe aucune période fixe applicable à chaque affaire.

**11.** Afin que le droit garanti soit concret et effectif, et non pas théorique et illusoire, le magistrat qui procède au premier contrôle automatique de la régularité de la privation de liberté et de l'existence d'un motif de détention devrait également avoir la compétence d'examiner la question d'une mise en liberté provisoire ; non seulement il s'agirait là d'une bonne pratique mais ce serait hautement souhaitable pour réduire les délais au minimum. Toutefois, ce n'est pas une exigence posée par la Convention et il n'y a aucune raison de principe pour que ces questions ne puissent pas être examinées par deux magistrats, dans le laps de temps requis. […]

**12.** La Cour rappelle que le requérant, soupçonné d'avoir commis un vol qualifié dans une station-service, a été arrêté le 6 janvier 2001, à 22 heures. Il a été inculpé le lendemain à 12 h 37. Le 8 janvier 2001, à 10 heures, il a comparu pour la première fois devant la *magistrates'court* qui a ordonné son placement en détention provisoire. […]. Cela a suffi à fournir des garanties satisfaisantes contre un abus de pouvoir des autorités et à rendre l'examen conforme à la première phrase de l'article 5, § 3 en ce qu'il a été rapide et automatique, et s'est déroulé devant un magistrat dûment habilité.

**13.** La question d'une libération pendant la procédure est un problème distinct et séparé, qui n'entre logiquement en ligne de compte qu'après l'établissement de l'existence d'une base légale et d'un motif de détention conforme à la Convention. Dans le cas du requérant, cette question a été examinée environ vingt-quatre heures après, le 9 janvier 2001, par la *High Court*, qui a ordonné la libération de l'intéressé. Ni le fait que ce soit un autre tribunal ou juge qui ait ordonné cet élargissement ni le fait que l'examen de cette question fût tributaire d'une demande du requérant ne révèlent un élément d'abus ou d'arbitraire. […].

**14.** Certes, la police n'avait rien à objecter à la mise en liberté provisoire et si le magistrat avait eu le pouvoir de l'ordonner, le requérant aurait été élargi un jour plus tôt, mais la Cour estime qu'en l'espèce la procédure a été conduite avec la diligence requise, pour aboutir à la libération de l'intéressé environ trois jours après l'arrestation.

**15.** Partant, il n'y a pas eu violation de l'article 5, § 3 de la Convention.

L'Angleterre est le berceau de *l'habeas corpus*, mais le Royaume-Uni semble effrayé par le droit à la liberté et à la sûreté consacré par l'article 5 de la CEDH. En tout cas, il ne perd aucune occasion d'essayer de convaincre une Grande Chambre de la Cour de Strasbourg d'en limiter la portée. Il faut bien constater qu'il y parvient assez brillamment : par l'arrêt *Saadi* du 29 janvier 2008, il a obtenu un assouplissement de la notion d'arbitraire pour mieux pouvoir limiter la liberté des étrangers en situation irrégulière (v. *supra*, n° 18) ; par l'arrêt *McKay* du 3 octobre 2006, il a réussi à faire changer l'esprit dans lequel doivent être appliquées les garanties que le § 3 de l'article 5 reconnaît aux personnes soupçonnées d'avoir commis une infraction qui sont particulièrement exposées à des risques de détention arbitraire.

Les circonstances qui ont permis ce discret changement de cap sont relativement simples. Une personne soupçonnée d'avoir commis un vol qualifié dans une station-service avait été arrêtée puis conduite devant le juge. Reconnaissant les faits, elle fit demander sa mise en liberté provisoire à laquelle la police ne vit d'ailleurs aucune objection dans la mesure où le vol n'était pas lié au terrorisme. Pourtant, le *resident magistrate* estima qu'il n'était pas habilité à ordonner l'élargissement. Le voleur soupçonné se trouva donc exposé au désagrément de saisir la

*High Court* qui lui accorda dès le lendemain la liberté provisoire. Même si un jour de privation de liberté de plus, c'est toujours vingt-quatre heures de trop, M. McKay n'avait pas dû faire face à une situation dramatique. Elle n'en soulevait pas moins une importante question de principe : celle de savoir si le juge, devant lequel la personne arrêtée ou détenue parce qu'il y a des raisons plausibles de soupçonner qu'elle a commis une infraction est, selon l'article 5, § 3, aussitôt traduite, doit avoir le pouvoir d'ordonner la mise en liberté en toute hypothèse, que la détention soit régulière ou irrégulière, ou seulement dans le cas où il aurait constaté son irrégularité ou son illégalité. Dans la mesure où plusieurs arrêts avaient déjà précisé que « l'article 5, § 3 exige que le magistrat se penche sur le bien-fondé de la détention » (*T. W. c/ Malte* et *Acquilina c/ Malte*, 29 avr. 1999. V. aussi *S. C. B. c/ Royaume-Uni*, 19 juin 2001), la réponse semblait aller de soi : le juge doit toujours pouvoir ordonner l'élargissement de la personne arrêtée qui est aussitôt traduite devant lui. Or, aux termes d'un laborieux travail de limitation rétrospective de la portée de ses propres précédents, la Cour de Strasbourg a procédé à un « infléchissement » de sa jurisprudence (F. Sudre) en énonçant qu'elle n'est pas en mesure de souscrire à une interprétation suivant laquelle les magistrats devraient avoir le pouvoir d'accorder la mise en liberté provisoire à une personne détenue dès sa première comparution après arrestation : ce serait hautement souhaitable, mais ce n'est pas une exigence. Le moins que l'on puisse dire, et que n'ont d'ailleurs pas manqué d'écrire cinq juges dissidents, c'est que cette solution, dangereuse pour les détenus vulnérables dans l'impossibilité de savoir rapidement à quel juge demander leur élargissement, se concilie mal avec l'objet même de l'article 5, § 3 pourtant rappelé avec insistance par l'arrêt *McKay*, qui est de protéger l'individu contre une privation arbitraire ou injustifiée. Cet arrêt n'est pas un arrêt scandaleux, liberticide ou scélérat mais c'est un arrêt qui, insidieusement, sans avoir l'air d'y toucher, remet en cause l'existence de la « présomption en faveur de la libération » à laquelle il a l'outrecuidance de se référer encore. Dès lors, le rappel de la prééminence du droit et de tous les grands principes d'interprétation de l'article 5, § 3, qui vise structurellement deux aspects distincts : les premières heures après l'arrestation qui correspondent à la garde à vue (I) et la période de la détention provisoire qui précède un éventuel procès (II), sonne-t-il un peu faux.

## I / Les premières heures après l'arrestation

L'arrêt *McKay* a au moins le mérite de dire sans ambages que, au cours de la phase initiale de la détention, les risques de mauvais traitements et d'abus par des agents de la force publique sont à leur maximum. Le droit d'être aussitôt traduit devant un juge, que l'article 5, § 3, reconnaît pour les conjurer, doit donc répondre à des exigences particulières. L'arrêt du 3 octobre 2006 en distingue trois : la promptitude ; l'automaticité du contrôle ; les caractéristiques et pouvoirs du magistrat. Du caractère automatique du contrôle, il n'y a pas grand-chose à dire, sauf à rappeler, avec l'arrêt *McKay*, l'idée suivant laquelle, en pareilles circonstances, il est essentiel que le juge ait à se prononcer même en l'absence de demande formée par la personne détenue. Il en va différemment des deux autres qui, depuis des décennies, ont fait l'objet de nombreuses précisions jurisprudentielles.

A) Pour que les exigences de l'article 5, § 3 – dont le champ d'application est strictement limité aux privations de liberté fondées sur l'article 5, § 1 *c* (*Quinn c/ France*, 22 mars 1995 relatif à la détention à titre extraditionnel) – soient satisfaites, il faut que la personne placée en garde à vue soit aussitôt traduite devant un juge ou libérée. Les formes les plus rudimentaires de la protection juridique pourraient en effet être trop aisément bafouées si les agents de l'exécutif pouvaient tenir un individu à leur merci aussi longtemps qu'ils l'estiment nécessaire. On imagine bien, cependant, que les exigences de la lutte contre la criminalité et du maintien de l'ordre public commandent de les laisser disposer d'un peu de temps avant de devoir traduire devant un juge ou un autre magistrat judiciaire un individu soupçonné d'avoir commis de graves infractions. Il est donc particulièrement important de savoir comment, au sens de l'article 5, § 3 l'adverbe « aussitôt » permet de concilier ces données contradictoires. C'est l'apport essentiel de l'arrêt *Brogan c/ R.-U.* du 29 novembreb 1988 (*RTDE*, 1989· 163, obs. G. Cohen Jonathan) que d'avoir donné à ce mot un sens favorable à la personne privée de liberté alors que le contexte de lutte contre le terrorisme dans lequel s'inscrivait cette affaire invitait plutôt à une interprétation privilégiant les intérêts de la répression. Pour parvenir à ce résultat, la Cour a dû choisir entre les versions anglaise et française, également officielles, du texte. Or, pour permettre à la CEDH de mieux atteindre son but et de réaliser plus pleinement son objet, elle a décidé de faire prévaloir le terme français qui évoque avec force l'idée d'imminence à laquelle ne renvoie pas nécessairement le *promptly* anglais. Elle a alors pu considérer que ce sens strict ne pouvait sans doute pas conduire à oublier les caractéristiques de la cause mais qu'il serait élargi de manière inacceptable si on lui attachait un poids trop grand pour justifier une longue détention sans comparution devant un juge ou un « autre magistrat ». Aussi, en l'espèce, a-telle jugé que la plus courte des quatre détentions litigieuses, qui s'était prolongée sans la moindre intervention d'un juge pendant 4 jours et 6 heures, était déjà trop longue, même dans des circonstances de lutte contre le terrorisme, pour ne pas avoir eu de conséquences contraires à la substance du droit protégé par l'article 5, § 3. Cet arrêt, qui n'est pas le seul à avoir donné la préférence à la version française d'un article de la CEDH (v., par ex., *Niemietz c/ Allemagne*, § 30, *infra*, n° 45) devrait d'ailleurs être proposé à la méditation de ceux qui ne manquent jamais une occasion de taxer la Cour de Strasbourg d'anglophilie. Depuis, les mêmes principes ont été appliqués à plusieurs reprises dans des affaires où les autorités étatiques avaient été aussi confrontées aux problèmes particuliers soulevés par les infractions terroristes. Ils ont régulièrement conduit à des constats de violation de l'article 5, § 3, lorsque les requérants avaient été gardés à vue sans contrôle judiciaire pour des durées comparables à celle qui avait été jugée excessive dans l'affaire Brogan (v., par ex *Samoila et Cionca c/ Roumanie*, 4 mars 2008) ou même pour une durée plus brève, de 3 jours et 23 heures, ainsi qu'en témoigne l'arrêt *Kandjov c/ Bulgarie* du 6 nov. 2008, peu remarqué par la doctrine, mais qui sert de point de repère à l'arrêt *Svetoslav Hristov c/* Bulgarie du 13 janv. 2011, délaissant la traditionnelle référence aux 4 jours et 6 heures de l'arrêt de 1988 encore très appuyée dans l'arrêt *Moulin c/ France* du 23 nov. 2010. Des assouplissements à l'exigence de promptitude, susceptibles de soulever des ambiguïtés que peut révéler une lecture attentive de l'arrêt *Gutsanovi c/ Bulgarie* du 15 octobre 2013 (cf. D. Roets RSC 2014), sont cependant admis face à des circonstances exceptionnelles (ex. *H. Y. et Hü. Y. c/ Turquie*, 6 oct. 2005 : la personne en garde à vue était *tombée* dans le coma après une intervention chirurgicale). L'arrêt de Grande chambre *Medvedyev c/ France* du 29 mars 2010 semble d'ailleurs avoir conduit à une appréciation encore plus souple de cette notion de circonstances exceptionnelles. La Cour a en effet considéré qu'il avait bien fallu 16 jours pour faire parcourir à un navire délabré les 1 600 kilomètres qui séparaient le lieu de son arraisonnement en haute mer du port de Brest où l'équipage avait pu être enfin placé en garde à vue et, au grand dam de 8 juges dissidents, elle a surtout refusé d'apprécier la faisabilité d'une opération de transfert sur un vaisseau militaire plus rapide. Dans une autre affaire plus récente d'interception en haute mer, *Vassis c/ France* du 27 juin 2013 (RSC 2013.656 obs.

D. Roets), la Cour a certes constaté une violation de l'article 5 § 3 parce que les marins n'avaient été traduits devant un magistrat que 48 heures après leur arrivée au port contre 8 ou 9 dans l'affaire Medvedyev, mais elle a admis que l'acheminement jusqu'à Brest d'un caboteur égaré au large de l'Afrique avait bien pu prendre 18 jours correspondant à autant de jours de privation de liberté des membres de son équipage. Dans la mesure où l'arrêt Vassis rappelle que, hors circonstances maritimes particulières, un délai de deux ou trois jours sans présentation à un juge ou à un magistrat habilité est compatible avec l'exigence d'un contrôle automatique initial, il s'agit bien là, dans l'ensemble, d'une nouvelle progression des idées sécuritaires, amorcée par l'arrêt *McKay*, qui pourrait d'ailleurs finir par inverser la tendance favorable à la liberté individuelle inaugurée par l'arrêt *Brogan*. Un nouveau signe particulièrement éclatant de cette tendance régressive est fourni par l'arrêt de Grande chambre *Mangouras c/ Espagne* du 28 sept. 2010 qui, au nom de l'idée suivant laquelle « le niveau d'exigence croissant en matière de protection des droits de l'homme et des libertés fondamentales implique, parallèlement et inéluctablement, une plus grande fermeté dans l'appréciation des atteintes aux valeurs fondamentales des sociétés démocratiques » dont la protection de l'environnement fait désormais partie, a estimé que subordonner au versement d'une caution de 3 millions d'euros la remise en liberté du modeste capitaine du pétrolier *le Prestige*, placé en détention provisoire après le naufrage du 13 nov. 2002, ne constituait pas une violation de l'art. 5 § 3.

B) La notion de « juge ou autre magistrat habilité par la loi à exercer des fonctions judiciaires » devant qui la personne arrêtée ou détenue dans les conditions prévues au § 1 *c)*, doit être « aussitôt » traduite, a suscité une intéressante évolution jurisprudentielle. À l'origine, par son arrêt *Schiesser c/ Suisse* du 4 déc. 1979, elle avait admis qu'un magistrat du parquet pouvait tout aussi bien qu'un magistrat du siège répondre à la qualité requise par l'article 5, § 3 aux deux conditions, vérifiées en l'espèce, de prendre ses décisions en pleine indépendance et d'accorder à la personne privée de liberté les garanties de procédure consistant à l'entendre personnellement puis à se prononcer selon des critères juridiques sur l'existence des raisons justifiant sa détention. Le défaut d'impartialité d'un représentant du parquet qui se prononce sur le maintien en détention d'une personne contre laquelle il est susceptible d'agir ultérieurement comme partie poursuivante n'avait donc pas semblé devoir faire difficulté. Or, la Cour devait vite abandonner cette solution, car il eût été trop malaisé de la concilier avec celles que, à partir de l'arrêt *Piersack c/ Belgique* du 1$^{er}$ oct. 1982, elle allait rendre dans le domaine voisin de l'article 6, § 1, au nom des exigences de l'impartialité objective destinée à prendre en compte l'importance toujours plus grande attribuée aux apparences. Amorcée le 22 mai 1984 dans trois affaires néerlandaises qui avaient permis à la Cour de dénoncer le défaut d'indépendance d'un auditeur militaire ayant ordonné la mise en détention d'objecteurs de conscience alors qu'il aurait pu tenir le rôle d'organe de poursuite après leur éventuel renvoi devant le conseil de guerre *(De Jong, Baljet et Van den Brink)*, cette évolution a été consacrée par l'arrêt *Huber c/ Suisse* (23 oct. 1990,). Se référant expressément à l'arrêt *Piersack* (préc.), à l'arrêt *Hauschildt c/ Danemark* du 24 mai 1989 (*infra*, n° 26) et à un arrêt *Pauwels c/ Belgique* du 26 mai 1988, la Cour a en effet réussi, dans cette affaire où, comme dans l'affaire Schiesser, une privation de liberté avait été décidée par un procureur de district helvétique, à déplacer la question du terrain de l'indépendance vers celui de l'impartialité pour pouvoir constater, cette fois, une violation de l'article 5, § 3. Ainsi a-telle estimé que, s'il n'est pas exclu que le magistrat décidant de la détention ait aussi d'autres fonctions judiciaires, son impartialité peut paraître sujette à caution s'il peut intervenir dans la procédure pénale ultérieure en qualité de partie poursuivante (§ 43). Il y a eu d'autres applications de cette nouvelle exigence d'impartialité objective qui ont conduit à dénier la qualité de « juge ou autre magistrat habilité par la loi… » au procureur de la République italien (*Brincat c/ Italie*, 26 nov. 1992), au chef de corps de militaires britanniques (*Hood c/ R.-U.*, 18 févr. 1999), au magistrat instructeur et au procureur bulgares (*Assenov*, 28 oct. 1998 ; *Nikolova*, 25 mars 1999 ; *Bojilov*, 22 déc. 2004) ou, plus récemment, au juge d'instruction suisse (*H. B. c/ Suisse*, 5 avr. 2001), au procureur roumain (*Pantea c/ Roumanie*, 3 juin 2003) D'une manière plus générale, le droit français n'a pas pris assez tôt en compte cette jurisprudence européenne. En enlevant au juge d'instruction le pouvoir de placer la personne mise en examen en détention provisoire pour le confier à un juge des libertés et de la détention, la loi du 15 juin 2000 relative à la présomption d'innocence et aux droits des victimes (v. C. Lazerges, *RSC*, 2001, p. 7) a certes su tirer, plus ou moins consciemment, les enseignements qu'il était sage de dégager des arrêts *Assenov et Nikolova.* En revanche, la chambre criminelle de la Cour de cassation a délibérément ignoré l'arrêt *Huber* en décidant, par son arrêt du 28 janvier 1992 (*Bull. crim.*, n° 32), que les dispositions de l'article 77 CPP conférant, aujourd'hui encore, le pouvoir de prolonger la garde à vue de vingt-quatre heures au procureur de la République, ne sont pas incompatibles avec la Convention européenne et en précisant par son arrêt du 10 mars 1992 (*Bull. crim.*, n° 105) que ledit procureur est un magistrat habilité par la loi à exercer des fonctions judiciaires à qui l'article 5 de la CEDH n'interdit pas d'ordonner la prolongation du maintien de la personne entendue à la disposition des enquêteurs. Par un arrêt *Laaziz X* du 17 mars 2004 (*Bull. crim.*, n° 69), la chambre criminelle de la Cour de cassation a cependant fait une application audacieuse de l'art. 5, § 3 à la garde à vue sur une question qui, il est vrai, ne concernait pas la qualité de magistrat habilité par la loi du procureur. Elle a en effet visé cet article pour décider que, si une personne peut être soumise, pour des faits distincts, à des gardes à vue immédiatement successives, elle ne peut toutefois être retenue de manière continue à la disposition des officiers de police judiciaire pendant une période totale excédant la durée maximale de la garde à vue autorisée par la loi. L'ignorance des réalités européennes était cependant si profonde, que, comme on le sait, le gouvernement français n'avait pas hésité à envisager la mise au point d'un projet tendant à supprimer le juge d'instruction pour confier sa mission aux représentants du ministère public. Le réveil européen a été douloureux même s'il a fallu le sonner en trois temps. Il y a eu tout d'abord l'arrêt de chambre *Medvedyev c/ France* du 10 juill. 2008 qui, dans un développement relatif à l'article 5 § 1 étranger à la question, a constaté que le procureur de la République n'était pas une autorité judiciaire parce qu'il lui manque en particulier l'indépendance à l'égard du pouvoir exécutif. Il y a eu ensuite l'arrêt de Grande chambre *Medvedyev* du 29 mars 2010 qui, au titre de l'article 5 § 3 dont aucune violation n'a cependant été constatée dans la mesure où les personnes privées de liberté sur leur navire arraisonné avaient été rapidement présentées à un juge d'instruction après leur arrivée au port, a de nouveau mis en question la qualification d'autorité judiciaire du ministère public. Il y a eu enfin l'arrêt *Moulin* du 23 nov. 2010 qui a constaté une violation de l'art. 5 § 3 après avoir affirmé sans ambages qu'un membre du ministère public ne remplissait pas les garanties d'indépendance exigées pour être qualifié de juge ou de magistrat habilité à exercer des fonctions judiciaires au sens de cet article. Aussi, par un arrêt du 15 déc. 2010 (Dalloz, 2011, 338 note J. Pradel) la chambre criminelle de la Cour de cassation a-telle fini par se ranger à ce point de vue perturbateur des projets de réforme de l'instruction. Le législateur a, quant à lui, sagement tiré les leçons de *l'arrêt Moulin* en modifiant, par la loi du 14 avril 2011, le Code de procédure pénale afin que, désormais, une personne interpellée à plus de 200 kilomètres de la juridiction saisie soit conduite non plus devant le procureur de la République mais devant le juge des libertés et de la détention du lieu de l'arrestation lorsqu'il n'est pas possible de le conduire dans les 24 heures devant le juge d'instruction (cf. la Résolution du Comité des Ministres du 5 décembre 2013 estimant que l'arrêt du 23 novembre 2010 a été exécuté).

## II / La période de la détention provisoire

Le second des droits reconnus par l'article 5, § 3 à la personne privée de liberté parce qu'elle est soupçonnée d'avoir commis ou de se préparer à commettre une infraction est le droit d'être jugé dans un délai raisonnable ou libéré pendant la procédure. Il est libellé sous une forme alternative qui peut prêter à confusion. On pourrait, en effet, comprendre que les autorités nationales disposent d'une option : ou bien elles jugent la personne concernée dans un délai raisonnable et elles peuvent alors la maintenir en détention jusqu'au jugement ; ou bien, elles la libèrent pendant la procédure et elles sont en contrepartie affranchies de l'obligation de la juger dans un délai raisonnable. Cette ambiguïté a été dissipée par l'arrêt *Wemhoff c/ Allemagne* du 27 juin 1968 selon lequel, au sens de l'article 5, § 3 le délai raisonnable ne se rapportait pas, comme au regard de l'article 6, § 1 à la durée de la procédure, mais à celle de la détention provisoire. Ayant apporté cette précision de « la plus haute importance », la Cour a encore eu à délimiter avec exactitude la période à prendre en considération et à affiner les critères d'appréciation du caractère raisonnable du maintien en détention provisoire.

A) Le point de départ de la période à prendre en considération au titre de l'article 5, § 3 est, sans aucun doute, le jour où la personne soupçonnée a été arrêtée ou détenue. Le point d'arrivée a été plus difficile à fixer. Ici encore, s'opposaient une interprétation restrictive, permise par le texte anglais, qui portait à le placer au moment de l'ouverture du procès, et une interprétation plus favorable au détenu, découlant de la version française, qui tendait à le situer au jour du prononcé du jugement. Or, une nouvelle fois, c'est le texte français qui a prévalu grâce au même arrêt *Wemhoff* du 27 juin 1968. Cet arrêt a néanmoins rejeté une conception maximaliste qui entendait prolonger la période à prendre en considération jusqu'au jour où le jugement est devenu définitif. La Cour a en effet estimé que, « après condamnation », la situation relève de l'article 5, § 1 *a* et que, en attendant le moment où la condamnation deviendra définitive, l'intéressé, cessant d'être en détention provisoire, devra reporter ses derniers espoirs sur le délai raisonnable de l'article 6, § 1. Dès le jugement de première instance, le détenu perd donc le bénéfice de l'article 5, § 3 qui, selon l'arrêt *Stögmüller c/ Autriche* du 10 novembre 1969, se caractérise par l'exigence d'une diligence particulière. Cette solution a été consolidée par les arrêts *B. c/ Autriche* (20 mars 1990) et par l'arrêt *I. A. c/ France* 23 sept. 1998, (*RDP*, 1999, 864, chron. D. Thomas). La chambre criminelle de la Cour de cassation se sera sûrement fait une joie de s'y conformer pour pouvoir décider, par son arrêt du 18 novembre 1998 (*D*, 1999, 98, note J. Pradel), que, dans l'attente de la décision de la Cour de cassation, le condamné qui a introduit un pourvoi ne peut se prévaloir de l'article 5, § 3 et, par son arrêt du 15 mai 2002 (*Bull. crim.*, n° 114), que ce texte ne peut pas bénéficier au condamné dans l'attente de la décision de la nouvelle cour d'assises d'appel.

B) À de très nombreuses reprises, la Cour a dû se livrer à une appréciation du caractère raisonnable de la durée de la détention provisoire. Aussi, a-t-elle mis au point des principes généraux et affirmé un certain nombre de critères particuliers. La plupart des principes généraux sont rappelés dans une formule tendant à devenir rituelle, que l'arrêt *McKay* reproduit d'ailleurs fidèlement et que l'arrêt de Grande chambre *Bykov c/ Russie* du 10 mars 2009 a encore rendu plus solennelle : « La persistance de raisons plausibles de soupçonner la personne arrêtée d'avoir commis une infraction est une condition *sine qua non* de la régularité du maintien en détention. Par ailleurs, au bout d'un certain temps, elle ne suffit plus. La Cour doit dans ce cas établir si les autres motifs adoptés par les autorités judiciaires continuent à légitimer la privation de liberté. Quand ceux-ci se révèlent pertinents et suffisants, elle cherche de surcroît si les autorités compétentes ont apporté une diligence particulière à la poursuite de la procédure. » On en retiendra notamment que la Cour se reconnaît le pouvoir de contrôler les motifs de maintien en détention avancés par les juridictions. Pour comprendre la méthode de travail de la Cour, il faut aussi savoir que, selon elle, le caractère raisonnable du maintien en détention doit s'apprécier dans chaque cas d'après les particularités de la cause (*Wemhoff*, préc. ; *Contrada c/ Italie*, 24 août 1998 ; *Labita c/ Italie*, 6 avril 2000), et que la poursuite de l'incarcération ne se justifie, dans une espèce donnée, que si des indices concrets révèlent une véritable exigence d'intérêt public prévalant, nonobstant la présomption d'innocence, sur la règle du respect de la liberté individuelle (*W. c/ Suisse*, 26 janv. 1993, § 30, et *Debboub alias Hussein Ali c/ France*, 9 nov. 1999, § 39). Il n'est pas étonnant, dans ces conditions, que très peu de motifs de maintien en détention provisoire fassent échapper les États à une condamnation pour violation de l'article 5, § 3. La plupart de ceux qui sont initialement avancés par les autorités nationales résistent en effet fort mal à l'usure du temps. Il en est ainsi du danger de fuite qui diminue nécessairement au fur et à mesure que la détention se prolonge (*Wemhoff*, § 14 ; *Neumeister c/ Autriche*, 27 juin 1968) et qui ne peut pas être apprécié seulement en fonction de la gravité de la peine encourue (*Tomasi c/ France*, 27 août 1992 ; *Panchenko c/ Russie*, 5 oct. 2004). En outre, lorsqu'il est le seul à persister, la libération provisoire doit être ordonnée s'il est possible d'obtenir des garanties (*Wemhoff*) ; lesquelles ne doivent pas être appréciées seulement en fonction du préjudice causé par l'infraction (*Neumeister*, préc.) et doivent être fixées en tenant rigoureusement compte du montant des ressources de l'intéressé (cf. *Georgieva c/ Bulgarie*, 3 juill. 2008). Il peut néanmoins advenir parfois que, aux yeux de la Cour, il y avait encore un risque de fuite suffisamment fort pour justifier un maintien en détention (v., par ex., *Toth c/ Autriche*, 12 déc. 1991, 224, § 72). Les risques de pression sur les témoins et de collusion entre les coaccusés (*Tomasi*, préc ; *Letellier c/ France*, 26 juin 1991), et même des risques de trouble à l'ordre public (*Tomasi*, préc.) ou d'altération des preuves (*Labita*, préc.) sont eux aussi voués à s'atténuer, voire à disparaître au fil du temps. Quant à la crainte de récidive, elle ne saurait être suffisamment justifiée par la référence aux antécédents du détenu (*Clooth c/ Belgique*, 12 déc. 1991) qui, à la longue, perdent de leur pertinence. Il a, en outre, été heureusement précisé que l'absence de domicile fixe et le défaut de travail ne sont pas des raisons suffisantes de maintien en détention (*Sulaoja c/ Estonie*, 15 févr. 2005). Il convient aussi de relever l'affirmation de plus en plus nette de deux orientations protectrices de l'individu : le renforcement du caractère subsidiaire de la privation de liberté en fonction de l'écoulement du temps (*Jaworski et Kubiez c/ Pologne*, 28 mars 2006 ; *Lelièvre c/ Belgique* du 8 nov. 2007 qui rattache à la substance même de l'article 5, § 3, la recherche en cours de procédure de mesures alternatives à la détention provisoire) ; l'éradication des formules stéréotypées de prolongement de la détention (*Svipsta c/ Lettonie*, 9 mars 2006 ; *Castravet c/ Moldavie*, 13 mars 2007. V. aussi *Dumont-Maliverg c/ France*, du 31 mai 2005 qui, dans le même esprit, stigmatise des références trop abstraites ou trop imprécises aux motifs de maintien en détention provisoire). Un motif de maintien en détention permet cependant de prendre plus généreusement en compte l'intérêt de la société à une lutte efficace contre la criminalité. Il s'agit de la complexité de l'affaire qui a notamment permis à la Cour de justifier le long maintien en détention provisoire de « barons de la drogue » (*Van der Tang c/ Espagne*, 13 juill. 1995) ; de membres présumés de la mafia (*Contrada c/ Italie*, préc.) ou de personnes soupçonnées d'extorsion de fonds (*Wiensstal c/ Pologne*, 30 mai 2006). Les exigences de la lutte contre le fléau de la criminalité de type mafieux ont d'ailleurs conduit les juges européens à admettre qu'elles pouvaient justifier une véritable dérogation à la règle fixée par l'article 5, § 3. Cette concession majeure aux thèses sécuritaires résulte d'un arrêt *Pantano c/ Italie* du 6 novembre 2003 qui, au nom de la sécurité et de l'ordre public d'une part, de la prévention des infractions pénales les plus graves d'autre part, est allé jusqu'à admettre que, dans un tel contexte, une présomption légale de dangerosité assouplissant les conditions du maintien en détention provisoire peut se justifier en particulier lorsqu'elle n'est pas absolue. Cet arrêt pourrait apporter beaucoup d'eau au moulin des artisans d'un plus qu'énergique renforcement des moyens de lutte contre « la grande criminalité » qui ne se résume pas aux pratiques mafieuses. L'accentuation par l'arrêt *McKay* des assouplissements sécuritaires pourrait cependant conduire à des dérives dont on peut déjà relever quelques signes dans l'arrêt *Galuashvili c/ Géorgie* du 17 juillet 2008 qui se refuse à constater une violation de l'article 5, § 3 malgré l'absence de précisions sur les raisons d'un maintien en détention provisoire. Néanmoins, l'arrêt de Grande chambre *Idalov c/ Russie* du 22 mai 2012 (RSC 2012.687. obs. J-P Marguénaud) a rappelé avec une particulière solennité que la gravité des charges ne pouvait pas être invoquée automatiquement pour justifier le prolongement d'une détention provisoire.

La France, condamnée pour avoir violé l'article 5, § 3 à de nombreuses reprises, notamment par les arrêts précités *Tomasi, Letellier* – auxquels il convient d'ajouter l'arrêt *Kemmache* (27 nov. 1991) suivant lequel la continuation de la détention provisoire ne saurait servir à anticiper une peine privative de liberté – a fait quelques efforts législatifs pour lutter contre la durée excessive des détentions provisoires (v., en particulier, les art. 57 à 69 de la loi du 15 juin 2000). Quant à la chambre criminelle de la Cour de cassation, il n'est pas impossible que sa religion en matière de conformité du droit français de la détention provisoire aux exigences européennes soit toujours reflétée par ses arrêts du 3 juin 1975 (*Bull. crim.*, n° 141) et du 6 mars 1986 (*D*, 1986, 315, note D. Mayer) qui avaient estimé, avec un certain optimisme, que les dispositions en vigueur à l'époque ne soulevaient aucune difficulté conventionnelle. De toute façon, elle juge que l'évaluation du caractère raisonnable de la durée d'une détention provisoire relève de l'appréciation souveraine des juges du fond (v. Cass. crim., 3 juin 2003, *Mounir, Rev. sc. crim.*, 2003, 887, obs. J.-F. Renucci). Aussi dans une affaire *Blondet*, ne s'est-il trouvé aucune autorité judiciaire pour s'étonner de la longueur d'une détention provisoire qui avait duré presque cinq ans, dont plus de trois consécutifs, sans le moindre interrogatoire. Par un arrêt du 5 octobre 2004, la Cour de Strasbourg a donc dû constater une violation de l'article 5, § 3 en soulignant par un bel euphémisme, que « les autorités françaises n'ont pas agi avec toute la promptitude nécessaire » (v. encore, *Gosselin c/ France*, 13 sept. 2005, *Garriguenc c/ France* 10 juill. 2008, *Abad Urxixo c/ France* du 26 septembre 2013 relatif à une détention provisoire de 5 ans, 11 mois et 23 jours...). Un arrêt de la chambre criminelle du 25 octobre 2005, *Mohamed X...*, qui, tout en mettant un point d'honneur à ne pas viser l'article 5, § 3, casse l'arrêt d'une chambre de l'instruction parce qu'elle avait rejeté une demande de mise en liberté sans donner d'indications particulières justifiant la poursuite de l'information, semble néanmoins opérer un léger changement de cap.

J.-P. M.

## III | Les garanties reconnues à toute personne privée de liberté

### 20. *De Wilde, Ooms et Versyp c/ Belgique, 18 juin 1971, série A, n° 12, JT, 1971, p. 341, obs. J. Velu ; AFDI, 1972, p. 443, obs. R. Pelloux*

**65.** Le fait de se présenter à la police en vue d'un internement peut être inspiré par la détresse ou une misère passagère. Il n'implique pas nécessairement que le solliciteur se trouve en état de vagabondage, moins encore qu'il soit un mendiant professionnel ou que son état de vagabondage résulte de l'une des circonstances – fainéantise, ivrognerie ou dérèglement de mœurs – qui, suivant l'article 13 de la loi de 1891, peuvent entraîner une mesure d'internement plus sévère. Dans la mesure où elle a joué un rôle, la volonté des intéressés ne saurait d'ailleurs effacer ni masquer le caractère impératif, et non « contractuel », des décisions incriminées, qui ressort sans ambiguïté des textes légaux [...] et des pièces du dossier. Enfin et surtout, le droit à la liberté revêt une trop grande importance dans une « société démocratique », au sens de la Convention, pour qu'une personne perde le bénéfice de la protection de celle-ci du seul fait qu'elle se constitue prisonnière. Une détention pourrait enfreindre l'art. 5 quand bien même l'individu dont il s'agit l'aurait acceptée. Dans une matière qui relève de l'ordre public au sein du Conseil de l'Europe, un contrôle scrupuleux, de la part des organes de la Convention, de toute mesure pouvant porter atteinte aux droits et libertés garantis, est commandé dans tous les cas. [...]. La « constitution volontaire » des requérants ne dispense pas davantage la Cour de rechercher s'il y a eu ou non violation de la Convention.

**76.** De prime abord, le libellé de l'art. 5, § 4 pourrait donner à penser qu'il reconnaît au détenu le droit de faire toujours contrôler par un tribunal la légalité d'une décision antérieure qui l'a privé de sa liberté Les deux textes officiels ne s'expriment cependant pas dans les mêmes termes, le texte anglais parlant de *proceedings* et non d'*appeal*, de *recourse* ou de *remedy* [...]. D'ailleurs, il est clair que l'art. 5, § 4 a pour but d'assurer aux individus arrêtés ou détenus le droit à une vérification juridictionnelle de la légalité de la mesure ainsi prise à leur égard ; le mot « tribunal » *(court)* y figure au singulier et non au pluriel. Si la décision privative de liberté émane d'un organe administratif, l'art. 5, § 4 astreint sans nul doute les États à ouvrir au détenu un recours auprès d'un tribunal, mais rien n'indique qu'il en aille de même quand elle est rendue par un tribunal statuant à l'issue d'une procédure judiciaire. Dans cette dernière hypothèse, le contrôle voulu par l'art. 5, § 4 se trouve incorporé à la décision ; tel est le cas, par exemple, d'une « condamnation » à l'emprisonnement prononcée « par un tribunal compétent » [...]. Il ressort cependant du but et de l'objet de l'art., ainsi que des propres termes du, § 4 (« recours », *proceedings*), que, pour constituer un tel « tribunal », un organe doit offrir les garanties fondamentales de procédure appliquées en matière de privation de liberté. Si la procédure de l'organe compétent ne les fournit pas, on ne saurait dispenser l'État de mettre à la disposition de l'intéressé une seconde autorité qui s'entoure, elle, de toutes les garanties d'une procédure judiciaire. En définitive, la Cour estime que l'art. 5, § 4 se contente de l'intervention d'un organe unique, mais à condition que la procédure suivie ait un caractère judiciaire et donne à l'individu en cause des garanties adaptées à la nature de la privation de liberté dont il s'agit.

**78.** À la vérité, la Convention emploie le mot « tribunal » dans plusieurs de ses articles. Elle s'en sert pour désigner l'un des éléments constitutifs de la garantie accordée à l'individu par la disposition en cause [...]. Il s'agit toujours, dans ces cas divers, d'organes présentant non seulement des traits fondamentaux communs, au premier rang desquels se place l'indépendance par rapport à l'exécutif et aux parties [...], mais encore les garanties d'une procédure judiciaire. Les modalités de la procédure voulue par la Convention ne doivent cependant pas nécessairement être identiques dans chacun des cas où celle-ci requiert l'intervention d'un tribunal. Pour trancher la question de savoir si une procédure offre des garanties suffisantes, il faut avoir égard à la nature particulière des circonstances dans lesquelles elle se déroule. Ainsi, la Cour a estimé dans l'affaire Neumeister que les juridictions compétentes demeuraient des « tribunaux » malgré l'absence d'« égalité des armes » entre le ministère public et une personne qui réclamait sa mise en liberté provisoire *(ibid.)* ; il pourrait, néanmoins, ne pas en aller de même dans un contexte différent, et par exemple dans une autre hypothèse régie elle aussi par l'art. 5, § 4.

Trois des quatre garanties que les rédacteurs de l'article 5 ont consacrées pour renforcer la protection contre les privations arbitraires de liberté sont accordées indépendamment de la raison pour laquelle un individu est détenu contre son gré.

Il s'agit tout d'abord du droit pour « toute personne arrêtée d'être informée, dans le plus court délai et dans une langue qu'elle comprend, des raisons de son arrestation et de toute accusation portée contre elle », reconnu par l'article 5, § 2. Même si les termes « arrestation » et « accusation » utilisés par ce texte ont une forte connotation pénale, la Cour, par son arrêt *Van der Leer c/ Pays-Bas* du 21 février 1990 (A. 170) a estimé qu'une interprétation autonome conforme à l'objet et au but de l'art. 5 de protéger toute personne contre les privations arbitraires de liberté empêchait de distinguer entre les personnes privées de leur liberté par arrestation au sens strictement pénal du terme et celles qui le sont par détention. En conséquence, elle a décidé que le § 2 était applicable à une personne soumise à une détention forcée dans un hôpital psychiatrique. Elle a en outre jugé qu'il avait été violé parce que l'intéressée n'avait pas été avisée, comme il convenait, des mesures privatives de liberté la frappant. Il faut, en revanche, remarquer que les principes régissant l'interprétation et l'application de l'art. 5, § 2 dans les cas d'arrestation proprement dite, qui ont été fixés par l'arrêt *Fox, Campbell et Hartley c/ Royaume-Uni* du 30 août 1990, ont été aménagés de manière à ne pas donner beaucoup de prise à un constat de violation (pour un exemple de non-violation de l'art. 5, § 2 appliqué en matière pénale, v. *Dikme c/ Turquie* du 11 juill. 2000). Il en résulte, en effet, que si la personne arrêtée doit bénéficier des renseignements prévus par le texte dans le plus court délai, le policier procédant à l'arrestation peut ne pas les lui fournir en entier sur-le-champ et que, pour déterminer si elle en a reçu assez et suffisamment tôt, il faut avoir égard aux circonstances de l'espèce. Lorsqu'une personne est arrêtée en vue d'être extradée ou expulsée, son information peut même être moins complète, mais il serait contraire aux exigences du § 2 d'attendre 72 heures pour lui révéler les motifs de sa détention (*Saadi c/ Royaume-Uni*, 29 janv. 2008 confirmant sur ce point un autre arrêt *Saadi* du 11 juill. 2006).

Il s'agit encore du droit à réparation prévu par le, § 5 en faveur de toute personne victime d'une arrestation ou d'une détention dans des conditions contraires aux dispositions de l'art. 5 dont la délimitation du domaine ne soulève, cette fois, aucune difficulté particulière et qui par conséquent, est aussi appliquée aux personnes privées de liberté en raison de leur état mental (cf. *Wassink c/ Pays-Bas*, 27 sept. 1990). Ce droit exécutoire à réparation est strictement réservé aux victimes d'une arrestation ou d'une détention opérée dans des conditions contraires à l'art. 5 (*Benham c/ R.-U.*, 10 juin 1996) qui peuvent faire état d'un tort, matériel ou moral, à réparer (*N. C. c/ Italie*, Gr. Ch., 18 déc. 2002, § 49). Des violations de l'art. 5, § 5 sont donc essentiellement constatées en l'absence de toute possibilité d'introduire une demande en indemnité devant les juridictions nationales (*Stephen Jordan c/ Royaume-Uni*, 14 mars 2000 ; *Bojilov c/ Bulgarie*, 22 déc. 2004 qui exerce une particulière vigilance lorsque le droit à réparation pourrait être limité aux seules détentions irrégulières selon le droit interne ; *Chitayev et Chitayev c/ Russie*, 18 janv. 2007) ou lorsque le recours approprié n'existe pas avec un degré suffisant de certitude (*Sakik et al. c/ Turquie*, 26 nov. 1997). Il faut d'ailleurs bien comprendre qu'un tel constat de violation ne préjuge pas de la compétence de la Cour pour accorder une satisfaction équitable pécuniaire au titre de l'art. 41, qui est, en l'occurrence, soumise à des exigences particulièrement rigoureuses (cf. *Nikolova c/ Bulgarie*, 25 mars 1999). Il convient de souligner que la première chambre civile de la Cour de cassation s'est expressément fondée sur l'art. 5 § 4 pour casser l'arrêt d'une cour d'appel qui, pour limiter l'indemnisation d'une personne hospitalisée d'office dans des conditions formellement irrégulières, avait pris en compte son état psychologique préalable à l'irrégularité commise (Cass. Civ. 1re 23 juin 2010 pourvoi n° 09-66026).

Il s'agit surtout du droit, énoncé par l'art. 5, § 4, pour « toute personne privée de liberté par arrestation ou détention, d'introduire un recours devant un tribunal afin qu'il statue à bref délai sur la légalité de sa détention et ordonne sa libération si la détention est illégale ». Deux arrêts récents, *Castravet c/ Moldavie* du 13 mars 2007 et *Modarca c/ Moldavie* du 10 mai 2007, ont fait servir ce paragraphe important à la promotion des droits de la défense et à une protection exigeante de la relation entre l'avocat et son client pendant leurs discussions au parloir. C'est néanmoins l'arrêt *De Wilde, Ooms et Versyp* relatif à des vagabonds belges mis à la disposition du gouvernement pour être enfermés dans des dépôts de mendicité ou internés dans des maisons de refuge qui en fournit les principales clefs de l'interprétation. Il met en place un mécanisme tendant à réduire le droit d'introduire un recours pour faire statuer sur la légalité de la décision privative de liberté (I) tout en réservant l'éventualité d'un droit à des recours ultérieurs visant à faire vérifier si la privation de liberté, légale à l'origine, n'a pas cessé de l'être en raison de l'évolution de la situation (II).

## I / Le recours contre la décision initiale de privation de liberté

Par l'arrêt du 18 juin 1971, la Cour a principalement abordé la question de savoir si l'article 5, § 4 exige qu'une seconde autorité, ayant le caractère d'un tribunal, contrôle la légalité de la décision de privation de liberté prise par une première autorité. Elle y a répondu, en principe, par la négative, en introduisant la notion de « contrôle incorporé » (A). Néanmoins, les garanties fondamentales, qui doivent avoir été reconnues à l'intéressé devant la première autorité pour que l'État soit dispensé d'en mettre une seconde à sa disposition, sont devenues si nombreuses qu'elles ont progressivement vidé le principe de l'essentiel de son contenu (B).

A) En dépit du libellé de l'article 5, § 4, la Cour a estimé que le droit de faire contrôler par un tribunal la légalité d'une décision qui prive un individu de liberté ne s'impose que si elle a été prise par une autorité administrative (dans cette hypothèse, les exigences de certitude de l'existence d'un recours et de bref délai sont strictement vérifiés, cf. *Bilen c/ Turquie*, 21 févr. 2006 relevant l'absence d'exemple, dans ce pays, de personne placée en garde à vue ayant obtenu qu'un juge statuât sur la légalité de sa détention ou la libérât ; *Van Glabeke c/ France*, 7 mars 2006 constatant qu'aucun tribunal n'avait jamais statué sur la demande de libération immédiate d'une personne internée pendant plus de quinze jours suivant la procédure d'hospitalisation à la demande d'un tiers). Il n'en va pas de même, en revanche, lorsqu'elle a été rendue par un tribunal statuant à l'issue d'une procédure judiciaire car alors le contrôle voulu par l'article 5, § 4 se trouve incorporé à la décision initiale. Un tel relâchement des exigences du texte de la Convention, dans un domaine où la priorité est la lutte contre l'arbitraire, n'était pas sans présenter quelque danger au regard du but et de l'objet de l'article en question. Aussi la Cour a-telle entendu le limiter strictement en décidant qu'il ne pouvait y avoir contrôle incorporé que par un organe offrant les garanties fondamentales de procédure appliquées en matière de privation de liberté. En l'occurrence, les tribunaux de police qui avaient ordonné de mettre les vagabonds à la disposition du gouvernement pour être internés dans un dépôt de mendicité ne lui ont pas semblé mériter la qualification de « tribunal » au sens de l'article 5, § 4. En effet, la procédure qu'ils avaient suivie, trop imprégnée du caractère administratif de la décision à prendre, n'avait pas assuré aux intéressés des garanties comparables à celles valant pour les détentions en matière pénale alors pourtant que leur internement s'en rapproche considérablement. Par la suite, la Cour a eu de nombreuses occasions de préciser les garanties fondamentales dont l'absence empêche l'organe prenant la décision initiale de privation de liberté d'y incorporer le contrôle de la légalité.

B) La matière est gouvernée par le principe, évoqué par l'arrêt *De Wilde, Ooms et Versyp* lui-même (§ 78), suivant lequel l'obligation que l'article 5, § 4 impose aux États n'est pas forcément identique en chaque circonstance, ni pour chaque sorte de privation de liberté (*X c/ R.-U.*, 5 nov. 1981). En conséquence, la Cour a parfois l'occasion de souligner que les garanties procédurales qu'il exige ne sont pas nécessairement identiques à celles imposées par l'article 6, § 1 (*Megyeri c/ Allemagne*, 12 mai 1992 ; *Reinprecht c/ Autriche*, 15 nov. 2005, selon lequel la publicité de l'audience relative au maintien en détention provisoire n'est pas nécessairement imposée par l'art. 5, § 4 dans la mesure où les exigences de célérité qu'il fixe sont plus fortes que celles de l'art. 6, § 1), mais elle estime néanmoins inconcevable qu'il n'envisage pas également comme condition fondamentale l'impartialité du juge ou du magistrat habilité par la loi (*D. N. c/ Suisse*, 29 mars 2001, § 42). C'est surtout en considération de la « sorte de privation de liberté » que les juges européens apprécient si la procédure suivie permet d'attribuer à l'organe de décision la qualification de « tribunal » habile à exercer un « contrôle incorporé ». Ainsi, en cas de privation de liberté liée à des raisons plausibles de soupçonner la commission d'une infraction (art. 5, § 1 *c*), sont-ils particulièrement attentifs à ce qu'une audience ait été tenue (cf. *Assenov c/ Bulgarie*, 28 oct. 1998, § 162 ; *Samoila et Cionca c/ Roumanie*, 4 mars 2008) ; à ce que l'égalité des armes ait été respectée (*Kampanis c/ Grèce*, 13 juill. 1995 ; *Kolev c/ Bulgarie* 28 avr. 2005). L'arrêt de Grande chambre *Idalov c/ Russie* du 22 mai 2012 (cité *supra*, n° 19) a fermement rappelé que le recours à un tribunal devant statuer à bref délai sur la légalité de la détention devait donner lieu à une audience au cours de laquelle le détenu doit disposer de la garantie procédurale fondamentale d'être entendu lui-même moyennant une certaine forme de représentation. Dès lors, la conventionnalité de l'article 199 al. 6 du Code de procédure pénale permettant parfois au président de la chambre de l'instruction de refuser la comparution personnelle du détenu peut sembler douteuse.

En matière de détention d'un aliéné (5, § 1 *e*), exposée à l'influence encore incertaine de l'arrêt *Glien c/ Allemagne* du 28 nov. 2013 (*JCP G* 2013 act. 1352 obs. K. Blay-Grabarczyk) la Cour a estimé que la décision initiale de privation de liberté ne pouvait pas incorporer le contrôle de légalité lorsque le juge l'avait rendue sans respecter la garantie fondamentale de procédure consistant à entendre l'intéressé avant d'ordonner son internement (*Van der Leer c/ Pays-Bas*, 21 févr. 1990) et elle a souligné par l'arrêt *Baudoin* du 18 nov. 2010, que le système français de double compétence juridictionnelle ne satisfaisait pas aux exigences de l'art. 5 § 4 en ce qu'il ne permettait pas à la personne concernée d'obtenir une décision des tribunaux judiciaires mettant fin à son hospitalisation. Dans l'hypothèse d'une détention à titre extraditionnel (art. 5,

§ 1 F*)*, il a été jugé que l'article 5, § 4 commande d'assurer à l'intéressé, d'une manière ou d'une autre, le bénéfice d'une procédure contradictoire (*Sanchez-Reisse c/ Suisse*, 21 oct. 1986). Enfin, en cas de placement de mineurs délinquants en danger, la Cour a dénié la qualité de « tribunal » au sens de l'art. 5, § 4 à un tribunal de la jeunesse parce que l'intéressé n'avait pas joui de l'assistance effective d'un avocat (*Bouamar c/ Belgique*, 29 févr. 1988). Lorsque la décision initiale a été prise par un organe répondant à la notion de « tribunal » ainsi entendue, l'art. 5, § 4 n'impose pas un double degré de juridiction. Si l'État a néanmoins institué une juridiction d'appel, elle doit alors se prononcer en respectant les mêmes exigences procédurales que celles qui avaient été exigées au premier degré. C'est ce qui résulte d'une jurisprudence constante (*Toth c/ Autriche*, 12 déc. 1991, *Rokhlina c/ Russie*, 7 avr. 2005) qui, cependant, a été le plus souvent appliquée à l'appel interjeté contre des décisions ayant statué sur la persistance de la légalité de la détention.

## II / Les recours ultérieurs

L'arrêt *De Wilde, Ooms et Versyp* avait pris en considération, sous l'angle de l'article 5, § 4, non seulement les décisions initiales d'internement pour vagabondage, mais aussi la procédure régissant l'examen des demandes d'élargissement, pour autant qu'elles soulevaient des questions quant à la légalité de la poursuite de cet internement. Cependant, comme, en l'occurrence, l'existence de recours devant le Conseil d'État ne faisait pas le moindre doute, la Cour n'avait pas beaucoup développé l'examen de cette question. Il en résultait une relative ambiguïté sur le point de savoir si la théorie du « contrôle incorporé » ne conduisait pas à exempter de tout contrôle ultérieur de la légalité pour peu qu'un véritable « tribunal » ait pris la décision initiale de privation de liberté. L'arrêt *Winterwerp c/ Pays-Bas* du 24 octobre 1979 devait énergiquement dissiper toute équivoque en décidant que, dans la mesure où les motifs justifiant à l'origine un internement peuvent cesser d'exister, on méconnaîtrait le but et l'objet de l'article 5, § 4 s'il n'offrait pas la possibilité de renouveler, à des intervalles raisonnables, le contrôle de la légalité. La portée de la théorie du « contrôle incorporé » est donc considérablement limitée par l'exigence de recours ultérieurs destinés à contrôler si l'évolution de la situation n'a pas ruiné la légalité de la détention. Encore faut-il savoir quelles situations doivent être tenues pour suffisamment évolutives pour appeler l'organisation de tels recours ultérieurs (A). Encore faut-il connaître l'étendue du contrôle qu'ils doivent permettre (B).

A) L'internement des aliénés est, à n'en pas douter, la privation de liberté dont le motif est le plus exposé à des variations significatives. Aussi, dans le prolongement de son arrêt *Winterwerp*, la Cour a-telle constaté de nombreuses violations de l'article 5, § 4 parce que la personne internée n'avait pas bénéficié de recours appropriés pour faire constater que l'amélioration de son état rendait illégal son maintien en détention (v. *Van Droogenbroeck c/ Belgique*, 24 juin 1982 ; *Magalhaes Pereira c/ Portugal*, 20 déc. 2005). L'arrêt *Chtoukatourov c/ Russie* du 27 mars 2008 a en outre précisé que les contrôles ultérieurs de la légalité de la détention sont d'autant plus nécessaires que l'internement est dû à une initiative privée.

La contrainte par corps, dont la régularité dépend de la solvabilité du requérant qui est un élément évoluant avec le temps, est aussi une privation de liberté qui doit échapper à la théorie du « contrôle incorporé » (*Soumare c/ France*, 24 août 1998). La détention provisoire, reposant sur des justifications dont on sait que la pertinence s'amenuisait avec le temps, a également vocation à relever de l'exigence d'un recours ultérieur. Dans la mesure où, comme en France, il peut être demandé à tout moment d'y mettre fin, il arrivait rarement qu'elle débouchât sur un constat de violation de l'article 5, § 4 : l'article 5, § 3 y suffisait (cf. *Letellier c/ France*, 26 juin 1991). Il en va autrement depuis que les pays de l'Europe orientale sont soumis à la juridiction obligatoire de la Cour (cf. *Nikolova c/ Bulgarie* 25 mars 1999 ; *Wlock c/ Pologne*, 19 oct. 2000 ; *Stoichkov* c/ Bulgarie 24 mars 2005). C'est surtout le système pénitentiaire britannique qui a suscité des difficultés d'appréciation de l'exigence conventionnelle de recours ultérieurs. Par les arrêts *Weeks* du 2 mars 1987, et *Thynne, Wilson et Gunnel* du 25 octobre 1990, la Cour avait estimé que, en cas de condamnation à des peines perpétuelles discrétionnaires, il y avait lieu, au terme de la période punitive, de mettre en place des recours pour examiner les nouvelles questions de légalité pouvant se poser dans la mesure où les motifs invoqués pour prononcer ce genre de peine tiennent au risque et à la dangerosité de l'individu, éléments susceptibles d'évoluer avec le temps. La même argumentation avait prévalu à l'égard des mineurs condamnés pour meurtre et détenus pour « la durée qu'il plaira à Sa Majesté » (arrêts *Hussain et Singh*, 21 févr. 1996). En revanche, les peines perpétuelles obligatoires avaient été laissées sous la stricte influence de la théorie du « contrôle incorporé », dont elles constituaient une sorte de bastion, en raison de l'automaticité de leur application (*Wynne*, 18 juill. 1994). Or, par un arrêt

*Stafford*, rendu en Grande Chambre le 28 mai 2002, la Cour, prenant notamment en compte l'entrée en vigueur le 2 octobre 2000 de l'*Human Rights Act* de 1998, a procédé sur ce point à un revirement de jurisprudence. Désormais, les peines perpétuelles obligatoires sont soumises au même régime que les peines perpétuelles discrétionnaires et la « théorie du contrôle incorporé » qui ne fait plus l'objet que de rares applications (v. *Sulaoja c/ Estonie*, 15 févr. 2005) semble promise à la désuétude comme le confirme l'arrêt *Iorgov II c/ Bulgarie* du 2 sept. 2010 suivant lequel le contrôle de la légalité de la réclusion criminelle sans possibilité de commutation était incorporé dans la décision qui l'avait condamné à mort juste avant que l'État n'instaure un moratoire sur les exécutions capitales.

B) C'est essentiellement à propos des contrôles ultérieurs que la Cour a affirmé qu'ils ne doivent pas porter seulement sur la légalité formelle (*E. c/ Norvège*, 29 août 1990) et que si l'article 5, § 4 ne garantit pas le droit à un examen judiciaire d'une portée telle qu'il habiliterait le « tribunal » à substituer sur l'ensemble des aspects de la cause, y compris les considérations d'opportunité, sa propre appréciation à celle de l'autorité dont émane la décision, il n'en veut pas moins un contrôle assez ample pour s'étendre à chacune des conditions indispensables à la régularité de la détention d'un individu assujetti à un type particulier de privation de liberté (*Weeks c/ R.-U.*, 2 mars 1987. V. aussi l'arrêt *Benjamin et Wilson c/ Royaume-Uni* du 26 sept. 2002, relatif au maintien en détention dans un hôpital de sécurité de condamnés à perpétuité ayant purgé la période punitive de leur peine). Il faut aussi signaler que, eu égard au bref délai exigé par l'article 5, § 4, la Cour est souvent conduite à accorder une attention particulière à l'appréciation des « intervalles raisonnables » qui doivent séparer la décision initiale du premier contrôle ultérieur, puis les contrôles ultérieurs entre eux (v., par ex., *Herczegfalvy c/ Autriche*, 24 sept. 1992, qui parle de « rythme raisonnable » ; *Kolanis c/ R.-U.*, 21 juin 2005.

L'arrêt *De Wilde, Ooms et Versyp* est aussi riche d'un autre enseignement qui pourrait servir de conclusion à une étude de l'ensemble de l'article 5. Au gouvernement qui prétendait que les trois vagabonds ne pouvaient pas se plaindre d'une privation de liberté dans la mesure où, s'étant présentés de leur plein gré à la police, ils avaient plus ou moins sollicité leur internement dans une maison de refuge, la Cour a en effet apporté une réplique particulièrement édifiante. Elle a estimé que le droit à la liberté, matière relevant de l'ordre public au sein du Conseil de l'Europe, revêt une trop grande importance dans une « société démocratique » pour qu'une personne en perde le bénéfice du seul fait qu'elle se constitue prisonnière. On ne peut donc pas renoncer au droit à la liberté comme on peut renoncer à certaines des garanties procédurales de l'article 6, § 1 (v., par ex., *Colozza c/ Italie*, 12 févr. 1985).

J.-P. M.

*Chapitre 3*

# LES DROITS DE PROCÉDURE

## SECTION 1
## *Le droit à un procès équitable*

## I | Champ d'application

### A | LA MATIÈRE CIVILE

#### *1 / La matière ordinale*

**21. Le Compte, Van Leuven et De Meyere c/ Belgique, 23 juin 1981** (Cour plénière), série A, n° 43, *CDE*, 1982, 201, obs. G. Cohen-Jonathan ; *RDSS*, 1982, 65, note L. Dubouis ; Gaz Pal., 19 juin 1982, doctrine, 338, étude J.-F. Flauss ; *AFDI*, 1982, 495-498, chron. R. Pelloux ; *JDI*, 1982, 216, obs. P. Rolland.

**41.** L'article 6, § 1 ne vaut que pour l'examen des « contestations sur [des] droits et obligations de caractère civil » et du « bien-fondé de toute accusation en matière pénale ». Certaines « causes » échappent à son empire faute de se ranger dans l'une de ces catégories ; la Cour l'a constaté à plusieurs occasions (v. par. ex., l'arrêt Lawless du 1er juillet 1961, série A, n° 3, p. 51, § 12 ; l'arrêt Neumeister du 27 juin 1968, série A, n° 8, p. 43, § 23 ; l'arrêt Guzzardi du 6 novembre 1980, série A, n° 39, p. 40, § 108).

**42.** Ainsi [...] en renvoyant à l'arrêt Engel du 8 juin 1976, les poursuites disciplinaires ne relèvent pas, comme telles, de la « matière pénale » ; il peut pourtant en aller différemment dans des cas donnés (série A, n° 22, p. 33-36, § 80-85). De même, pareilles poursuites ne conduisent pas d'ordinaire à une contestation sur des « droits et obligations de caractère civil » (*ibid.*, p. 37, § 87, *in fine*). On ne saurait cependant exclure qu'il en soit autrement dans certaines circonstances. La Cour n'a pas eu jusqu'ici à trancher la question en termes exprès ; dans l'affaire König, mentionnée par la Commission et le gouvernement, le requérant se plaignait uniquement de la durée d'instances introduites par lui devant des juridictions administratives après qu'un organe de l'exécutif lui eut retiré l'autorisation de gérer sa clinique puis d'exercer la profession médicale (arrêt du 28 juin 1978, série A, n° 27, p. 8, § 18, et p. 28, § 85 ; voir, en outre, l'arrêt Engel préc., p. 36-37, § 87, 1er alinéa).

**43.** En l'occurrence, il se révèle indispensable d'établir si l'article 6, § 1 s'appliquait à tout ou partie de la procédure suivie devant les conseils provinciaux et d'appel, organes disciplinaires, puis devant la Cour de cassation, institution judiciaire.

1. Sur l'existence de « contestations » relatives à des « droits et obligations de caractère civil »

**44.** Certains aspects du sens des mots « contestations sur [des] droits et obligations de caractère civil » se dégagent des arrêts Ringeisen du 16 juillet 1971, et König du 28 juin 1978. Selon le premier, ce membre de phrase couvre « toute procédure dont l'issue est déterminante pour des droits et obligations de caractère privé », même si elle oppose un particulier à une autorité détentrice de la puissance publique ; peu importe la nature « de la loi suivant laquelle la contestation doit être tranchée » et de l'organe compétent pour statuer (série A, n° 13, p. 39, § 94). La notion même de « droits et obligations de caractère civil » se trouvait au centre de l'affaire König. Parmi les droits en cause figurait celui « de continuer à exercer ses activités professionnelles » médicales après avoir « obtenu les autorisations nécessaires ». À la lumière des circonstances de l'espèce, la Cour l'a qualifié de droit privé, donc civil au regard de l'article 6, § 1 (loc. cit., p. 29-32, § 88-91 et 93-95). Les conséquences de cette jurisprudence sont encore largement étendues par l'arrêt Golder du 21 février 1975. La Cour y a conclu que « l'article 6, § 1, garantit à chacun le droit à ce qu'un tribunal connaisse de toute contestation relative à ses droits obligations de caractère civil » (série A, n° 18, p. 18, § 36). Il en résulte, entre autres, que ce texte ne vaut pas seulement pour une procédure déjà entamée : peut aussi l'invoquer quiconque, estimant illégale une ingérence dans l'exercice de l'un de ses droits (de caractère civil), se plaint de n'avoir pas eu l'occasion de soumettre pareille contestation à un tribunal répondant aux exigences de l'article 6, § 1.

**45.** Dans la présente affaire, un premier point mérite éclaircissement : Peut-on parler d'une véritable « contestation », au sens de « deux prétentions ou demandes contradictoires » (plaidoirie du conseil du gouvernement) ?L'esprit de la convention commande de ne pas prendre ce terme dans une acception trop technique et d'en donner une définition matérielle plutôt que formelle ; la version anglaise de l'article 6, § 1, n'en renferme du reste pas le pendant (« In the determination of his civil rights and obligations » ; comp. l'article 49 : « dispute »). Même si l'emploi du mot français « contestation » implique l'existence d'un différend, les pièces du dossier montrent clairement qu'il y en avait un. Les requérants se virent reprocher par l'Ordre des médecins des fautes disciplinaires dont ils se défendirent et qui les rendaient passibles de sanctions. [...]

**46.** Encore faut-il que la « contestation » ait porté « sur [des] droits et obligations de caractère civil », c'est-à-dire que « l'issue de la procédure » ait été « déterminante » pour un tel droit (arrêt Ringeisen préc.). [...]

**47.** Quant au point de savoir si la contestation portait sur le droit susmentionné, la Cour estime que l'article 6, § 1, dans chacun de ses deux textes officiels (« contestation sur », « determination of »), ne se contente pas d'un lien ténu ni de répercussions lointaines : des droits et obligations de caractère civil doivent constituer l'objet – ou l'un des objets – de la « contestation », l'issue de la procédure être directement déterminante pour un tel droit. Si la Cour marque ici son accord avec le gouvernement, elle ne souscrit pas à l'opinion suivant laquelle il manquait en l'espèce semblable relation directe entre les procédures en question et le droit de continuer à exercer la profession médicale. La suspension prononcée par le conseil provincial le 30 juin 1971 contre le D[r] Le Compte, puis le 24 octobre 1973 contre les Drs Van Leuven et De Meyere, tendait à leur ôter temporairement le droit de pratiquer. [...]

**48.** En outre, dans le chef de médecins pratiquant l'art de guérir à titre libéral, tels les requérants, le droit de continuer à exercer est mis en œuvre dans des relations d'ordre privé avec leurs clients ou patients ; [...] Il s'agit dès lors d'un droit de caractère privé, nonobstant la nature spécifique et d'intérêt général de la profession de médecin et les devoirs particuliers qui s'y rattachent. La Cour conclut ainsi à l'applicabilité de l'article 6, § 1 ; comme dans l'affaire König (arrêt préc., p. 32, § 95), elle n'a pas à rechercher si la notion de « droits [...] de caractère civil » va au-delà de celle de droits de caractère privé.

**49.** [...] La suspension dont se plaignent les requérants constituait à n'en pas douter, à la différence de certaines autres sanctions disciplinaires qu'ils encouraient (avertissement, censure et réprimande – § 32 ci-dessus), une ingérence directe et substantielle dans l'exercice du droit de continuer à pratiquer l'art médical. Sa nature temporaire ne l'empêchait pas de porter atteinte à ce droit (comp., mutatis mutandis, l'arrêt Golder préc., p. 13, § 26) ; les « contestations » visées à l'article 6, § 1 peuvent certes avoir pour enjeu l'existence même d'un droit « de caractère civil », mais aussi son étendue ou les modalités selon lesquelles son titulaire est libre d'en user.

L'introduction des procédures disciplinaires devant les juridictions ordinales dans le champ d'application de l'article 6, § 1 de la Convention est évidente aujourd'hui. Elle ne le fut explicitement que depuis l'arrêt *Le Compte, Van Leuven et De Meyere.* Les contestations devant les juridictions ordinales pouvant être entendues comme ayant un caractère privé par opposition à celle portant sur des droits de caractère public, la question était délicate pour certaines professions libérales qui présentent à la fois des aspects de droit privé et de droit public. Médecin, architecte, pharmacien ou avocat entretiennent des rapports de droit privé avec leur clientèle. En revanche, l'accès à ces professions et leur exercice sont réglementés par l'État dans un but d'intérêt général. Le contentieux disciplinaire concernant le respect de cette réglementation est confié à des ordres professionnels qui sont des instances de droit public. Pouvait-on le qualifier de contestation sur des droits et obligations de caractère civil ? En y répondant positivement, par quinze voix contre cinq, la Cour affirme rapidement et durablement l'applicabilité du volet civil de l'article 6, § 1 aux poursuites disciplinaires devant les juridictions ordinales. Malgré sa vigueur et sa constance, cette jurisprudence ne sera suivie et totalement admise par le juge administratif français que tardivement et progressivement.

## I / Une applicabilité affirmée rapidement et durablement par le juge européen

S'appuyant sur les critères généraux et autonomes déterminant les contestations relatives à des droits et obligations de caractère civil, déjà dégagés auparavant (*Ringeisen c/ Autriche*, 16 juill. 1971, A. 13 ; *supra*, n° 4, König), la Cour soumet les poursuites disciplinaires à l'article 6, § 1 tout en admettant que cette soumission est vaste, mais pas illimitée.

A) Fondée sur une large et autonome interprétation de la double notion de contestation et de droits et obligations de caractère civil, la démarche de la Cour aspire le contentieux disciplinaire des ordres professionnels dans le champ de l'article 6, § 1.

La contestation doit être entendue dans un sens matériel, elle doit être réelle et sérieuse, elle porte tant sur l'existence même d'un droit que sur son étendue ou ses modalités d'exercice, elle peut concerner aussi bien des points de fait que des questions de droit (*Benthem c/ Pays-Bas*, 23 oct. 1985, A. 97, § 32). Aussi, un simple différend autour d'un manquement à des règles déontologiques d'une profession est assimilé à une contestation (*Albert et Le Compte c/ Belgique*, 10 févr. 1983, A. 58, § 6, 29, 36 ; *JDI*, 1985, 212, obs. P. Rolland).

Cette contestation doit avoir un lien avec des droits et obligations de caractère civil. Apparemment strict et direct, car ne pouvant pas être ténu ni ayant des répercussions lointaines (*Athanassoglou et al. c/ Suisse*, Gr. Ch., 6 avr. 2000 : il ne saisit pas la procédure de contestation de la légalité du renouvellement de l'autorisation d'exploitation d'une centrale nucléaire), mais couvrant toute procédure dont l'issue est directement déterminante pour de tels droits, ce lien se distend jusqu'au droit des médecins de poursuivre la pratique de l'art médical (*Diennet c/ France*, 26 sept. 1995, A. 325-A, § 27). Déjà qualifiée d'activité de caractère privé (*König*, préc., § 92), l'activité médicale implique l'exercice d'un droit et obligation de caractère civil (*Gubler c/ France*, 22 juill. 2006). Étendue à d'autres professions libérales (par ex., architecte, *Doustaly c/ France*, 23 avr. 1998, § 36 ; avocat, *Turczanik c/ Pologne*, 5 juill. 2005), cette jurisprudence considère qu'un contentieux disciplinaire dont l'enjeu – eu égard aux sanctions pouvant être prononcées par les juridictions ordinales – est le droit de continuer à pratiquer une profession donne lieu à des contestations sur des droits de caractère civil (*Philis c/ Grèce*, n° 2, 27 juin 1997, § 45 ; *Gautrin c/ France*, 20 mai 1998, § 33 ; *Serre c/ France*, 29 sept. 1999, § 20 ; *Voggenreiter c/ Allemagne*,

8 janv. 2004, § 44). Il en est ainsi de la contestation du rejet de la demande d'un avocat radié du barreau de réintégrer celui-ci, afin de pouvoir exercer à nouveau (*H. c/ Royaume-Uni*, 30 nov. 1987, A. 127, § 47) ou encore du refus de nomination par l'administration aux postes d'experts-comptables (*Thlimmenos c/ Grèce*, 6 avr. 2000, § 58 ; *JCP*, 2001, I, 291, n° 32, chron. F. Sudre ; *RTD civ.*, 2000, 433, obs. J.-P. Marguenaud ; *AJDA*, 2000, 537, chron. J.-F. Flauss). La position de la Cour est stable, constante et invariable (par ex : *Buzesku c/ Roumanie*, 24 mai 2005). Elle connaît toutefois des limites.

B) Toutes les poursuites disciplinaires ne sont pas sous le joug du volet civil de l'article 6, § 1. Celles qui ne mettent pas en cause le droit de continuer à pratiquer une profession échappent à son emprise. Sauf éventuelle évolution provoquée par l'arrêt Vilho Eskelinen (*infra*, n° 23), il en est ainsi du droit du fonctionnaire de poursuivre l'exercice de ses fonctions. Sont aussi éloignés de l'article 6, § 1, les différends portant sur les conditions d'admission à un titre permettant d'exercer une profession, même si les intéressés ont déjà exercé dans cette profession (*Van Marle c/ Pays-Bas*, 26 juin 1986, A. 101, § 36 ; *JDI*, 1987, 785, obs. P. Tavernier : à propos des conditions d'admission portant sur une évaluation des connaissances et de l'expérience nécessaires pour exercer la profession d'expert-comptable ; déc. 28 févr. 2002, *San Juan*, n° 43956/98 : accès à la profession d'expert-comptable sur la base de l'expérience professionnelle refusé par la commission compétente pour évaluer l'expérience du candidat), sauf si le requérant satisfait déjà à toutes ces conditions, auquel cas, il possède un droit d'accès à ladite profession et le différend en la matière est soumis au volet civil de l'article 6, § 1 (*De Moor c/ Belgique*, 23 juin 1996, A. 292-A, § 43 : à propos du refus de l'ordre des avocats de Belgique d'inscrire le requérant sur la liste des avocats stagiaires).

La jurisprudence européenne a été promptement acceptée par les juridictions judiciaires (Cass. civ. 1re, 10 janv. 1984, Rennemann, concl. Gulphe, *JCP*, 1984, II, 20210). Tardivement suivie par le juge administratif français, elle est dépassée même parfois par celui-ci.

## II / Une applicabilité admise tardivement et progressivement par le juge administratif

Cette réticence initiale fut fondée sur une conception qui lui était propre des droits et obligations de caractère civil et sur un attachement à une approche traditionnelle de la procédure ordinale. Le Conseil d'État y était d'autant plus attaché que le désaccord avec la Cour européenne des droits de l'homme portait sur le fond, sur la question de la publicité des débats devant les juridictions disciplinaires des ordres professionnels. Ces ordres permettaient en quelque sorte de « laver le linge sale en famille ». La publicité des audiences par les juridictions ordinales était donc peu conforme à cette tradition. Celle-ci a été abandonnée au profit d'une position favorable à une conception large de la matière civile.

A) Les procédures disciplinaires devant les ordres professionnels ayant en général pour but d'assurer le respect, par les membres de groupes particuliers, des règles de comportements propres à ces derniers (*Weber c/ Suisse*, 22 mai 1990, A. 177, § 33), le Conseil d'État fut réticent à les ouvrir aux droits et obligations de caractère civil, qu'il considérait comme des droits qu'un individu tire de son appartenance sociale et concernant l'ensemble des citoyens et non des droits sectoriels limités à une profession ou à une institution (CE, Sect., 27 oct. 1978, Debout, *Rec.*, 395, concl. D. Labetoulle ; CE, Sect., 22 nov. 1985, Benamour, *RFDA*, 1986, 866, concl. D. Latournerie). Ainsi, malgré la sollicitation de certains commissaires du gouvernement, il n'acceptait pas l'applicabilité du volet civil de l'article 6, § 1 aux poursuites disciplinaires devant l'ordre des médecins (CE, Ass., 11 juill. 1984, Subrini, *Rec.*, 259, *D*, 1985, J, 150, concl. B. Genevois). Incompatible avec la jurisprudence européenne, cette position a même été à l'origine d'une condamnation de la France par la Cour pour violation du droit à la publicité des débats devant les juridictions disciplinaires (Diennet, préc.). Cette condamnation préfigurait une évolution attendue de la jurisprudence administrative.

B) En vérité, le Conseil d'État était précédé par l'exécutif. Le décret du 5 février 1993 met en place la publicité des audiences devant les instances disciplinaires des professions médicales (*jo*, 9 févr. 1993, 2136, *JCP*, 1993, I, 3663, note R. Debbasch). À la suite de ce décret, il a franchi le pas dans l'arrêt Maubleu (CE, Ass., 14 févr. 1996, *Rec.*, 34, concl. M. Sanson ; *RFDA*, 1997, 1010, étude L. Sermet ; *RTDH*, 34, 1998, étude J. Andriantsimbazovina) confirmé explicitement par l'arrêt L'Hermitte (CE, 30 déc. 1996, L. Sermet et J. Andriantsimbazovina, études précitées), à propos respectivement de la procédure disciplinaire devant les juridictions ordinales de l'ordre des avocats et de l'ordre des médecins. Dorénavant, le contentieux relatif à la liberté d'exercice d'une profession devant les sections disciplinaires des ordres professionnels relève de la matière civile de l'article 6, § 1 (CE, 2 oct. 1997, M. Mellick,

*RDP*, 1997, 1506, n° 133, chron. O. Gohin ; CE, 20 oct. 1999, Des Moutis, *RFDA*, 2000, 1070, chron. L. Sermet ; CE, 18 juin 2010, req. 326115, Guingnet, *AJDA*, 2010, p. 2071 : ordre des pharmaciens ; CE, 17 mai 1999, Chereau, *Rec.*, 152 ; CE, 28 juin 1999, Moris ; *RFDA*, 2000, 1070, chron. L. Sermet : concernant le contentieux disciplinaire respectivement devant la chambre de discipline de la Compagnie nationale des conseils en propriété industrielle et devant la chambre régionale de discipline de l'ordre des vétérinaires ; CE, 26 juill. 1996, Pandit, *Rec.*, 300 : ordre des chirurgiens-dentistes ; CE, 28 juill. 1999, Le Goff, *Rec.*, 275, *RDP*, 2000, 386, chron. C. Guettier : Ordre des géomètres-experts ; CE, 20 mars 2000, Touchet, *Rec. tabl.*, 994 : ordre des architectes ; CE, 2 févr. 2005, M. Delord, req. 255 309, *Rec. tabl.* : ordre des médecins ; CE, 9 juill. 2007, (Mme Briot et Ministre de l'Économie, des Finances et de l'Industrie, req. 258552 et 303512, *AJDA*, 2007, p. 1887 : ordre des experts-comptables ; CE, Sect., 12 oct. 2009, Petit, req. 311641, *AJDA*, 2009, p. 2163, chr. S.-J. Liéber et D. Botteghi ; *Revue des sociétés* 2010, p. 180, note T. Granier : ordre des commissaires aux comptes). En adéquation avec les exigences de l'article 6 de la Convention, le pouvoir exécutif a réorganisé l'ensemble du régime juridique de la discipline des avocats (décret n° 2005-531 du 24 mai 2005, *JORF*, 26 mai 2005, 9107) comme il interdit à l'Ordre des géomètres-experts de recevoir, en matière disciplinaire, des instructions des ministres intéressés (ordonnance 2005-658 du 8 juin 2005, *JO*RF, 9 juin 2008, 10094).

Dans sa fonction de juge de cassation, le Conseil d'État vérifie la compatibilité du fonctionnement d'une juridiction ordinale avec l'article 6, § 1 (CE, Sect., 3 déc. 1999, Leriche, *Rec.*, 402 ; *Dr. soc.*, 2000, 194, concl. R. Schwartz).

Allant au-delà des exigences européennes, il étend le champ de l'article 6, § 1 aux sanctions d'avertissement et de blâmes qui sont susceptibles de porter atteinte à l'exercice d'un droit civil au sens de cet article (CE, 23 mars 1998, Sté Fiducial Expertise, *Rec. tabl.* ; CE, 8 oct. 1997, Artigues, req. 154212, *RFDA*, 1998, 1209, chron. L. Sermet). Il admet même l'applicabilité du volet civil de l'article 6, § 1 aux procédures disciplinaires universitaires concernant les usagers alors que le lien entre ces procédures avec les entraves à l'exercice d'une profession est aléatoire (CE, 7 juin 2000, Zurmely, *Rec. tabl.*, 994 CE, 3 nov. 1999, Zurmely, *Rec.*, 341 ; *RFDA*, 2000, 1079, concl. A. F. Roul ; *RFDA*, 2001, 1259, chron. L. Sermet : à propos des procédures devant les instances disciplinaires des conseils d'administrations des établissements publics d'enseignement supérieur et du Conseil national de l'enseignement supérieur et de la recherche). Ces cas étant différents de ceux qui concernent le personnel (CE, 10 janv. 2000, Massart, n° 190041 : interdiction temporaire de diriger un établissement libre d'enseignement secondaire prononcée par le Conseil supérieur de l'éducation à l'encontre d'un chef d'établissement).

Tout en respectant la jurisprudence européenne, elle-même non dépourvue de complexité, le juge administratif français développe et construit lui-même sa jurisprudence relative au champ d'application de l'aspect civil de l'article 6, § 1 de la Convention européenne des droits de l'homme. Le dialogue des juges en la matière conduit à une meilleure protection des droits des administrés et des justiciables.

J. A.

*2 / La matière sociale*

**22. Feldbrugge c/ Pays-Bas, 29 mai 1986**, série A, n° 99, *CDE*, 1988, 452, obs. G. Cohen-Jonathan ; *AFDI*, 1987, 239, chron. V. Coussirat-Coustère ; *JDI*, 1987, 778, obs. P. Tavernier.

**25.** Quant à l'existence d'une contestation relative à un droit, la Cour renvoie aux principes adoptés par elle dans sa jurisprudence et rappelés dans son arrêt Benthem du 23 octobre 1985 (série A, n° 97, p. 14-15, § 32). En l'occurrence, il paraît clair qu'une « contestation » a surgi [...]. Réelle et sérieuse, elle portait sur l'existence même du droit, revendiqué par la requérante, de continuer à recevoir des allocations d'assurance-maladie. [...] elle était ainsi directement déterminante pour le droit en jeu. [...]

**26.** Selon la jurisprudence de la Cour, « la notion de "droits et obligations de caractère civil" ne peut » s'interpréter par simple « référence au droit interne de l'État défendeur » (arrêt König du 28 juin 1978, série A, n° 27, p. 29-30, § 88-89). De plus, l'article 6 ne vise pas uniquement « les contestations de droit privé au sens classique, c'est-à-dire entre des particuliers, ou entre un particulier et l'État dans la mesure où ce dernier a agi comme personne privée, soumise au droit privé », et non comme « détenteur de la puissance publique » (même arrêt, loc. cit., p. 30, § 90). Peu importent tant « la nature de la loi suivant laquelle la contestation doit être tranchée » que « celle de l'autorité compétente en la matière » : il peut s'agir d'une « juridiction de droit commun », d'un « organe administratif, etc. » (arrêt Ringeisen du 16 juill. 1971, série A, n° 13, p. 39, § 94). « Seul compte le caractère du droit » en question (arrêt König préc., série A, n° 27, p. 29-30, § 90).

**27.** Pas plus que dans de précédentes affaires, la Cour ne croit devoir donner en l'espèce une définition abstraite de la notion de « droits et obligations de caractère civil ». Placée pour la première fois devant le domaine de la sécurité sociale, et plus particulièrement le régime de l'assurance-maladie aux Pays-Bas, il lui faut dégager des éléments propres à préciser ou compléter les principes rappelés ci-dessus. [...]

**28.** La législation néerlandaise attribue au droit en cause un caractère public [...]. Une telle qualification n'offre pourtant qu'un point de départ (voir notamment, mutatis mutandis, l'arrêt Engel et autres du 8 juin 1976, série A, n° 22, p. 35, § 82) ; elle ne saurait s'imposer à la Cour que si elle se trouvait corroborée par d'autres éléments. Dans son arrêt König du 28 juin 1978, la Cour a notamment indiqué : » C'est [...] au regard non de la qualification juridique, mais du contenu matériel et des effets que lui confère le droit interne de l'État en cause, qu'un droit doit être considéré ou non comme [...] de caractère civil [...]. Il appartient à la Cour, dans l'exercice de son contrôle, de tenir compte aussi de l'objet et du but de la Convention ainsi que des systèmes de droit interne des autres États contractants [...] » (série A, n° 27, p. 30, § 89).

**29.** Il existe entre les États membres du Conseil de l'Europe une grande diversité quant à la manière dont leur législation et leur jurisprudence conçoivent la nature juridique du droit aux prestations sociales d'assurance-maladie, c'est-à-dire la catégorie dans laquelle elles classent ce dernier. Certains – dont les Pays-Bas – lui confèrent un caractère public, d'autres au contraire un caractère privé ; d'autres enfin semblent adopter un système mixte. Au surplus, des divergences jurisprudentielles apparaissent parfois à l'intérieur d'un même ordre juridique : dans des États où prévaut le caractère public, des décisions judiciaires affirment pourtant l'applicabilité de l'article 6 à des litiges analogues à celui dont il s'agit en l'espèce (ainsi Cour du travail de Bruxelles, 11 mai 1984, Journal des Tribunaux, 1985, p. 168-169). Dès lors, il n'y a pas un dénominateur commun qui permette de dégager en la matière une notion européenne uniforme.

**30.** L'examen des particularités du système néerlandais d'assurance sociale contre la maladie révèle en même temps des aspects de droit public et de droit privé. [...]i. Aspects de droit public [...](1) Le caractère de la législation [...](2) Le caractère obligatoire de l'assurance [...](3) La prise en charge de la protection sociale par la puissance publique [...]ii. Aspects de droit privé [...](1) La nature personnelle et patrimoniale du droit contesté [...](2) Le rattachement au contrat de travail [...](3) Les affinités avec une assurance de droit commun [...]c) Conclusion

**40.** Ayant évalué le poids respectif des aspects de droit public et de ceux de droit privé que présente l'affaire, la Cour relève la prédominance des seconds. Aucun d'eux n'apparaît décisif à lui seul, mais additionnés et combinés ils confèrent au droit revendiqué un caractère civil au sens de l'article 6, § 1 de la Convention, lequel trouvait donc à s'appliquer.

Avec l'arrêt *Deumeland c/ Allemagne* rendu le même jour (A. 100) concernant le système allemand de l'assurance sociale contre les accidents du travail, l'arrêt *Feldbrugge*, portant sur le système néerlandais de l'assurance contre la maladie, sonne le début d'une extension sans cesse croissante, voire aventureuse, du champ d'application de l'article 6, § 1 de la Convention. En l'occurrence, ce mouvement fut d'autant plus significatif que la Cour contredisait le rapport de la Commission, du 9 mai 1984, qui écartait l'applicabilité de l'article 6, § 1 ; de plus, l'arrêt avait été adopté à une courte majorité de dix voix contre sept, au prix donc de l'opinion dissidente vigoureuse de sept éminents juges qui contestait à la fois la méthode et le résultat.

La Cour fait évoluer la méthode et les critères de détermination du champ d'application de l'article 6, § 1 et y intègre explicitement le contentieux de la Sécurité sociale, ouvrant la voie à une véritable « matière sociale » au sein du volet civil de l'article 6, § 1.

## I / L'évolution de la méthode et des critères de détermination du champ d'application de l'article 6, § 1

Jusqu'à l'arrêt *Feldbrugge*, la Cour exploitait uniquement les méthodes et critères qu'elle avait dégagés dans les arrêts *Ringeisen c/ Autriche* (23 juin 1973, A. 13) et *König* (*supra*, n° 4). Tout en refusant de donner une définition abstraite de la notion de « droits et obligations de caractère civil », elle lui attribue un sens autonome et donc européen (*supra*, König, n° 4). Depuis l'arrêt *Feldbrugge*, elle ajoute la mise en balance des aspects de droit public et des aspects de droit privé du droit litigieux en portant, parmi les seconds, une attention particulière au caractère personnel et patrimonial de ce droit.

A) Plus encore que le contentieux devant les juridictions disciplinaires, celui de la Sécurité sociale mêle et entremêle les aspects de droit public et les aspects de droit privé. La protection sociale étant un élément fondamental de l'État providence, la vive et ardente intervention de la puissance publique y est nécessaire. Cette présence importante de la puissance publique a été considérée par les juges minoritaires comme un facteur déterminant d'exclusion de la protection sociale de la sphère de la matière civile au sens de l'article 6, § 1. Au point 18 de leur opinion dissidente commune, ils estimèrent que « les caractéristiques collectives et publiques du régime social d'assurance en cause prévalent d'une manière tellement nette que les droits et obligations en question échappent au domaine « civil », au sens de l'article 6, § 1 ». De plus, selon eux, au vu des travaux préparatoires de l'élaboration de la Convention, l'introduction du mot "civil" était dictée par un souci de limitation du champ d'application de l'article 6, § 1. En cela, celui-ci ne doit donc pas faire l'objet d'une interprétation extensive à l'infini. Ils ne furent pas entendus par la majorité.

Sans doute, la volonté de la Cour de soumettre le contentieux de la Sécurité sociale aux garanties du procès équitable a été plus forte. En effet, la méthode ajoutée met bien en balance les aspects de droit public de l'assurance-maladie (la réglementation et le contrôle par les organes de l'État, le caractère obligatoire de l'assurance, la prise en charge de la protection sociale par la personne publique) et ses aspects de droit privé (le caractère personnel et patrimonial du droit, le rattachement avec le contrat de travail, les affinités avec l'assurance de droit commun). Cependant, la Cour n'indique point avec quels critères et quels instruments la pesée est effectuée. La conclusion à laquelle elle aboutit est certes claire et nette : la prédominance des aspects de droit privé. Le raisonnement qui l'y a conduit apparaît en revanche empreint de mystère. On peut dire que la méthode est franchement pragmatique, pétrie d'empirisme et fortement casuistique.

Malgré les critiques, allant au-delà des allocations sociales, tout en affirmant que « la démarche ne doit pas être la même pour des allocations et pour des cotisations » (*Schouten et Meldrum c/ Pays-Bas*, 9 déc. 1994, A. 304, § 49), la Cour l'a maintenue pour étendre le champ d'application de la matière civile au contentieux des cotisations sociales (*Schouten et Meldrum*, préc., § 51). Comme dans l'arrêt Feldbrugge, la Cour procède cependant davantage par affirmation que par démonstration. Pour écarter les aspects de droit public, elle se contente d'indiquer tour à tour que le fait d'intervention de l'État ne suffit pas à lui seul pour faire entrer dans le champ du droit public les cotisations de Sécurité sociale (§ 52), que les cotisations de Sécurité sociale sont tellement analogues aux primes d'assurances obligatoires que l'impossibilité pour les intéressés d'éviter de les payer ne suffit pas à la soumettre au droit public (§ 53), qu'il est dans la nature des choses que les moyens utilisés par l'administration pour garantir le paiement des cotisations sociales obligatoires aient quelques ressemblances avec ceux mis en œuvre pour collecter les impôts, mais on ne saurait en conclure que ces cotisations relèvent nécessairement du droit public (§ 55). Pour faire prévaloir les aspects de droit privé, elle accorde une importance plus grande au lien entre les cotisations en cause et le contrat de travail (§ 58) et à l'analogie entre les régimes de Sécurité sociale et les assurances privées (§ 59).

B) Sans renoncer à son pragmatisme, la Cour apportera un ajustement à sa méthode en mettant l'accent sur la nature subjective et patrimoniale du droit invoqué (*Salesi c/ Italie*, 26 févr. 1993, A. 257-E). Ainsi, pour justifier, dans l'arrêt Salesi, l'inclusion de l'aide sociale dans la sphère de la matière civile, elle affirma sans orgueil que l'évolution juridique amorcée par les arrêts Feldbrugge et Demeuland et le principe d'égalité de traitement « permettent d'estimer que l'applicabilité de l'article 6, § 1 constitue aujourd'hui la règle dans le domaine de l'assurance sociale » (§ 19). Consciente cependant de ce que l'on se trouvait en l'occurrence sur le terrain de l'aide sociale et non de l'assurance sociale, la Cour admettait les différences entre ces deux domaines. Elle les balayait toutefois d'un revers de la main au motif que l'intervention étatique ne suffisait pas à l'établir l'inapplicabilité de l'article 6, § 1 (§ 19). D'autres considérations tenant à l'absence de rapports régis par les prérogatives discrétionnaires de l'administration et portant sur l'atteinte subie par Mme Salesi dans ses moyens de substance plaidaient en faveur de l'applicabilité de l'article 6, § 1. La requérante invoquait en définitive « un droit subjectif de caractère patrimonial, résultant des règles précises d'une loi donnant effet à la Constitution » (§ 19). La nature patrimoniale et personnelle de l'obligation ou du droit litigieux devient donc le critère décisif de l'applicabilité de l'article 6, § 1. Elle permet ainsi d'intégrer dans la matière civile le droit de soumissionner à un contrat d'entreprise ou de sous-traitance de travaux publics (*Tinnelly & Sons Ltd et al. et McEduff et al. c/ Royaume-Uni*, 10 juill. 1998, § 60). Parfois, l'économie des moyens est de mise car l'applicabilité est implicitement admise (*Styranowski c/ Pologne*, 30 oct. 1998 : à propos d'un contentieux de versement d'une pension de retraité par une caisse de Sécurité sociale). Le caractère patrimonial par nature du droit concerné implique l'applicabilité de l'article 6, § 1 (*Mennitto c/ Italie*, 5 oct. 2000, Gr. Ch., § 28).

C'est le critère de la nature patrimoniale du droit litigieux qui a permis à la Cour d'intégrer durablement la protection sociale dans le champ d'application de l'article 6, § 1.

## II / L'intégration de la protection sociale dans le champ d'application de l'article 6, § 1

Une telle extension touche différents aspects des systèmes de protection sociale. Elle est approuvée par les juridictions nationales.

A) Comme on vient de le voir, en moins de dix ans, la matière civile de l'article 6, § 1 couvre divers types de protection sociale. Les arrêts Feldbrugge et Demeuland y incorporent les contestations relatives à l'attribution de prestations sociales, respectivement des allocations d'assurance-maladie et d'assurance contre les accidents de travail. L'arrêt Salesi y joint le contentieux de l'aide sociale. Enfin, l'arrêt Schouten et Meldrum y intègre celui de l'obligation de cotisations de Sécurité sociale. Cet état des choses est acquis. Ayant eu à statuer à nouveau sur l'application de la même loi néerlandaise relative aux allocations d'assurance-maladie en cause dans l'arrêt Feldbrugge, la Cour constatait que nul ne contestait l'applicabilité de l'article 6, § 1 (*De Haan c/ Pays-Bas*, 26 août 1997, § 44). Bien entendu, les prestations d'assurance relèvent de la matière civile (*Schuler Zrgaggen c/ Suisse*, 24 juin 1993, A. 263, § 46). Le contentieux des allocations contre les accidents de travail (*Duclos c/ France*, 17 déc. 1996, § 53), y compris lorsqu'il s'agit d'accidents subis lors du service militaire en temps de guerre, met en cause un droit civil au sens de l'article 6, § 1 car une rente viagère octroyée en application de la loi « était individuelle et pécuniaire par nature et tendait à compenser la perte de moyens de subsistance résultant d'une incapacité » (*Kerojärvi c/ Finlande*, 19 mai 1995, A. 322, § 63).

Bien au-delà des prestations d'assurance-maladie ou d'assurance contre les accidents de travail, sont considérés comme relevant de la matière civile le contentieux du droit à une pension (*Pauger c/ Autriche*, 28 mai 1997, § 45), le contentieux de versement d'une pension de retraité par une caisse de Sécurité sociale (*Salerno c/ Italie*, 12 oct. 1992, A. 245-D, § 16 ; Styranowski, préc.), le contentieux de privation d'une pension de retraite (*Azinas c/ Chypre*, 20 juin 2002, *jdi* 2003, 570, obs. M. Boumghar), le contentieux d'indemnisation pour travail forcé (*Wos c/ Pologne*, 8 juin 2006, § 81), le contentieux d'attribution d'une allocation aux familles qui s'occupent directement à domicile d'handicapés membres de leurs foyers (*Mennitto*, préc., § 28), le contentieux de suspension d'une indemnité journalière de travail (*H. A. L. c/ Finlande*, 27 janv. 2004, § 43), les procédures relatives au rachat des cotisations en vue de l'octroi d'une pension équivalant à la durée d'un emploi à l'étranger lorsque la législation de l'État de résidence le permet, mais le soumet à un délai impératif (*Paskhalidis et al. c/ Grèce*, 19 mars 1993, § 30) ; le contentieux de l'allocation pour adultes handicapés (*Koua Poirrez c/ France*, 30 sept. 2003, § 56-57, *RDP*, 2004, 845, obs. F. Sudre ; *AJDA*, 2004, 537, obs. J.-F. Flauss ; *RTDH*, 2005, 159, obs. J. Callewaert) ; le contentieux concernant les conditions d'attribution d'une prestation d'invalidité (*Miller c/ Suède*, 8 févr. 2005, § 28).

La protection sociale est entendue de la manière la plus large possible. Au-delà du contentieux spécifique de l'applicabilité du volet civil de l'article 6, § 1 à la protection sociale, la Cour a forgé un véritable corpus jurisprudentiel relatif aux droits sociaux grâce à une combinaison de l'article 6, § 1 et de la notion de « biens » contenue dans l'article 1er du Protocole n° 1. Sous l'angle spécifique de l'article 6, § 1, le droit au travail sans discrimination des convictions religieuses ou d'opinions politiques (*Tinnelly et al.*, préc., § 60) et le contentieux du licenciement des salariés protégés (*Delgado c/ France*, 14 nov. 2000) sont sous la protection du volet civil de l'article 6, § 1. Il faut souligner cependant que la demande d'allocation d'une aide économique supplémentaire en complément d'aides sociales subséquentes n'est pas considérée comme un différend relevant de l'article 6, § 1 (déc. 30 nov. 2000, *La Parola et al.*, n° 39712/98).

B) Après une période de réticence (CE, 17 mars 1993, Mme Gabeur, *Rec.*, 541 ; *RDSS*, 1993, 493, concl. G. Le Chatelier) face à la jurisprudence de la Cour européenne, le Conseil d'État a placé les contentieux du domaine social sous l'ombre portée du volet civil de l'article 6, § 1 de la Convention. Il en est ainsi de la procédure devant la Commission centrale d'aide sociale, relative à la récupération de dépenses d'aide sociale à domicile sur la succession du bénéficiaire des prestations (CE, 29 juill. 1994, Département de l'Indre, *RFDA*, 1995, concl. J.-C. Bonichot) ; CE, 13 janv. 2003, M. Bournigal, *AJDA*, 2003, 1012, note M. Ghebali-Bailly) du contentieux relatif à la prise en charge par l'État de cotisations patronales de Sécurité sociale acquittées par un collège privé sous contrat (CE, Avis, 5 déc. 1997, ministre de l'Éducation nationale, de la Recherche et de la Technologie c/ Organisme de gestion du collège privé de l'abbaye de Saint-Sauveur-le-Vicomte, *Rec.*, 464, concl. L. Touvet) ; de la procédure concernant le refus par la Commission centrale d'aide sociale de l'octroi d'une prestation d'aide sociale (CE, 27 mars 1998, CCAS de La Rochelle et Département de la Saône-et-Loire, *Rec.*, 107 ; *RFDA*, 1999, 805, chron. L. Sermet ; du contentieux de la récupération d'un trop-perçu au titre du revenu minimum d'insertion (CE, Ass., 6 déc. 2002, Trognon, *AJDA*, 2002, 1418, obs. C. Biget) ; de la procédure concernant l'allocation d'une pension de retraite (CE, Avis, 3 nov. 2003, Montesinos et Gardon, *AJDA*, 2003, 2120). Marque de cette évolution de la jurisprudence administrative est l'abandon par le Conseil d'État (CE, 6 déc. 2002, Aïn-Louht, *RFDA*, 2003, 705, concl. F. Seners, 945, chr. J. Andriantsimbazovina et L. Sermet) du refus de l'applicabilité de l'article 6 au contentieux devant les commissions départementales des travailleurs handicapés (CE, 22 nov. 1985, Benamour, *RFDA*, 1986, 866, concl. D. Latournerie). Décidément, le dialogue des juges renforce la protection des droits du justiciable, quelle que soit sa qualité : administré ou assuré social.

J. A.

### *3 / La matière administrative*

**23. Vilho Eskelinen *et al.* c/ Finlande, 19 avril 2007** (Grande Chambre), Rec. 2007, AJFP, 2007, 406, note A. Fitte-Duval ; *AJDA*,

2007, 1921, chr. J. F. Flauss ; *RFDA*, 2007, p. 1031, note G. Gonzalez ; *JDI*, 2008, 784, obs. C. de La Hougue ; AHRLR, 2007, n° 4, 441, note S. Parmar ; *AJDA*, 2007, 1360, note F. Rolin ; JCP G, 2007, I, 182, n° 3, obs. F. Sudre. [...]

**42.** La Cour doit examiner l'argument du gouvernement, fondé sur l'arrêt Pellegrin, selon lequel l'article 6 est ici inapplicable au motif que les contestations soulevées par des agents publics tels que des policiers quant à leurs conditions d'emploi sont exclues de son champ d'application... [...]

**50.** L'arrêt Pellegrin, dernier maillon important de la chaîne que constitue l'évolution de la jurisprudence, devait fournir un concept opératoire sur la base duquel on vérifierait, au cas par cas, si compte tenu de la nature des fonctions et des responsabilités qu'il comportait l'emploi d'un requérant impliquait une participation directe ou indirecte à l'exercice de la puissance publique et aux fonctions visant à sauvegarder les intérêts généraux de l'État ou des autres collectivités publiques. Il fallait ensuite déterminer si le requérant, dans le cadre de l'une de ces catégories de postes, occupait bien des fonctions pouvant être considérées comme relevant de l'exercice de la puissance publique, c'est-à-dire si la position de l'intéressé dans la hiérarchie de l'État était suffisamment importante ou élevée pour que l'on puisse dire qu'il participait à l'exercice de l'autorité étatique.

**51.** Cependant, le cas d'espèce fait apparaître que l'application du critère fonctionnel peut en soi déboucher sur des anomalies. À l'époque considérée, les requérants relevaient du ministère de l'Intérieur. Cinq d'entre eux étaient policiers, emploi illustrant parfaitement les activités spécifiques de l'administration publique telles que définies ci-dessus. Leur poste impliquait une participation directe à l'exercice de la puissance publique et à des fonctions visant à sauvegarder les intérêts généraux de l'État. Quant aux fonctions de l'assistante, elles étaient purement administratives, dépourvues de compétence décisionnelle ou d'exercice direct ou indirect de la puissance publique ; elles ne pouvaient donc être distinguées de celles de n'importe quelle autre assistante administrative travaillant dans le secteur public ou dans le secteur privé. Comme cela a été observé plus haut, l'arrêt Pellegrin mentionnait expressément la police comme exemple manifeste d'activités relevant de l'exercice de la puissance publique, et soustrayait ainsi toute une catégorie de personnes du champ d'application de l'article 6. Il découlerait d'une application stricte de l'« approche Pellegrin » que, dans la présente affaire, l'assistante administrative bénéficie des garanties de l'article 6, § 1 alors que ce n'est assurément pas le cas pour les requérants policiers, même si le litige est identique pour l'ensemble des intéressés.

**52.** En outre, l'examen des affaires tranchées depuis l'arrêt Pellegrin montre qu'il n'est pas aisé de déterminer quels sont la nature et le statut des fonctions d'un requérant ; de même, la catégorie à laquelle celui-ci appartient au sein de la fonction publique n'est pas toujours facile à distinguer sur la base de son rôle effectif. Dans certains cas, le degré d'appartenance à un secteur spécifique de la fonction publique qui suffit pour exclure l'applicabilité de l'article 6 indépendamment de la nature des responsabilités de l'intéressé n'apparaît pas clairement. [...]

**55.** Force est à la Cour de conclure que le critère fonctionnel, tel qu'appliqué en pratique, n'a pas simplifié l'examen de la question de l'applicabilité de l'article 6 aux procédures auxquelles un fonctionnaire est partie, et que, contrairement aux attentes, il n'a pas apporté en la matière plus de certitude [...].

**56.** Dans ce contexte et pour ces raisons, la Cour estime que le critère fonctionnel adopté dans l'affaire Pellegrin doit être développé plus avant. Certes, il est dans l'intérêt de la sécurité juridique, de la prévisibilité et de l'égalité devant la loi que la Cour ne s'écarte pas sans motif valable de ses précédents ; toutefois, si elle devait faillir à maintenir une approche dynamique et évolutive, pareille attitude risquerait de faire obstacle à toute réforme ou amélioration [...].

**57.** L'arrêt Pellegrin doit être replacé dans le contexte de la jurisprudence antérieure de la Cour et être compris comme une première distanciation d'avec l'ancien principe d'inapplicabilité de l'article 6 à la fonction publique, et un premier pas vers l'applicabilité partielle. Cet arrêt reflète le postulat de base selon lequel certains agents publics, en raison de leurs fonctions, ont un lien spécial de confiance et de loyauté avec leur employeur. Cependant, il ressort clairement des affaires tranchées depuis lors que dans de très nombreux États contractants l'accès à un tribunal est accordé aux fonctionnaires, de sorte que ceux-ci peuvent présenter des revendications relativement au salaire ou aux indemnités, voire au licenciement ou au recrutement, de la même façon que les salariés du secteur privé. Dans ces conditions, le système national ne discerne aucun conflit entre les intérêts essentiels de l'État et le droit de l'individu à une protection. En effet, si ni la Convention ni ses Protocoles ne garantissent un droit d'accès à la fonction publique, cela ne signifie pas pour autant qu'à d'autres égards les fonctionnaires sortent du champ d'application de la Convention [...].

**58.** En outre, les articles 1 et 14 de la Convention précisent que « toute personne relevant de [la] juridiction » des États contractants doit jouir, « sans distinction aucune », des droits et libertés énumérés au titre I [...]. En règle générale, les garanties de la Convention s'étendent aux fonctionnaires [...].

**59.** Suivant l'interprétation restrictive du critère fonctionnel préconisée par l'arrêt Pellegrin lui-même, il devrait donc y avoir des raisons convaincantes de soustraire telle ou telle catégorie de requérants à la protection offerte par l'article 6, § 1. Dans la présente affaire, où les requérants – les policiers comme l'assistante administrative – avaient en vertu de la législation nationale le droit de voir examiner leurs demandes d'indemnisation par un tribunal, aucun motif ayant trait au fonctionnement effectif de l'État ni aucun impératif d'ordre public n'ont été avancés qui soient de nature à commander la suppression de la protection apportée par la Convention contre une procédure inéquitable ou excessivement longue.

**60.** Se tournant globalement vers le droit européen, source de précieuses indications [...], la Cour relève que l'arrêt Pellegrin s'appuie sur les catégories d'activités et les emplois énumérés par la Commission européenne et par la Cour de justice des Communautés européennes s'agissant de la dérogation au principe de la libre circulation (§ 66 de l'arrêt Pellegrin). Cependant, la Cour observe aussi que la Cour de justice suit elle-même une approche plus large en faveur du contrôle juridictionnel, comme l'atteste son arrêt de principe Marguerite Johnston c/ Chief Constable of the Royal Ulster Constabulary (affaire 222/84, Rec. CJCE, 1986, p. 1651, § 18). [...]Ce précédent ainsi que d'autres, dans des domaines liés au droit communautaire, montrent que dans le droit de l'Union européenne l'étendue de l'applicabilité du contrôle juridictionnel est vaste. Lorsqu'un individu peut se prévaloir d'un droit matériel garanti par le droit communautaire, son statut de détenteur de la puissance publique n'a pas pour effet de rendre inapplicables les exigences du contrôle juridictionnel. Par ailleurs, en se référant aux articles 6 et 13 de la Convention, la Cour de justice a souligné la large portée d'un contrôle juridictionnel effectif (affaire Marguerite Johnston, susmentionnée, et affaire Panayotova et autres c/ Minister voor Vreemdelingenzaken en Integratie, affaire C-327/02, Rec., 2004, p. I-11055, § 27), comme le fait aussi la Charte des droits fondamentaux [...].

**61.** La Cour reconnaît l'intérêt qu'a l'État à limiter, pour certaines catégories de salariés, l'accès à un tribunal. C'est d'ailleurs au premier chef aux États contractants – en particulier au parlement national concerné – et non à la Cour qu'il appartient d'identifier expressément les secteurs de la fonction publique impliquant l'exercice de prérogatives discrétionnaires inhérentes à la souveraineté de l'État où les intérêts de l'individu doivent céder. La Cour exerce son contrôle dans le respect du principe de subsidiarité [...]. Lorsqu'un ordre interne empêche l'accès à un tribunal, la Cour vérifie que le litige est bien tel qu'il justifie une dérogation aux garanties de l'article 6. Si tel n'est pas le cas, aucun problème ne se pose et l'article 6, § 1 trouve à s'appliquer. Il convient toutefois de souligner que la présente situation se distingue de celles en cause dans d'autres affaires qui, en raison des revendications formulées, sont considérées comme sortant des volets civil et pénal de l'article 6, § 1 de la Convention [...]. En l'espèce, le raisonnement se limite donc à la situation des fonctionnaires.

**62.** En résumé, pour que l'État défendeur puisse devant la Cour invoquer le statut de fonctionnaire d'un requérant afin de le soustraire à la protection offerte par l'article 6, deux conditions doivent être remplies. En premier lieu, le droit interne de l'État concerné doit avoir expressément exclu l'accès à un tribunal s'agissant du poste ou de la catégorie de salariés en question. En second lieu, cette dérogation doit reposer sur des motifs objectifs liés à l'intérêt de l'État. Le simple fait que l'intéressé relève d'un secteur ou d'un service qui participe à l'exercice de la puissance publique n'est pas en soi déterminant. Pour que l'exclusion soit justifiée, il ne suffit pas que l'État démontre que le fonctionnaire en question participe à l'exercice de la puissance publique ou qu'il existe – pour reprendre les termes employés par la Cour dans l'arrêt Pellegrin – un « lien spécial de confiance et de loyauté » entre l'intéressé et l'État employeur. Il faut aussi que l'État montre que l'objet du litige est lié à l'exercice de l'autorité étatique ou remet en cause le lien spécial susmentionné. Ainsi, rien en principe ne justifie de soustraire aux garanties de l'article 6 les conflits ordinaires du travail – tels ceux portant sur un salaire, une indemnité ou d'autres droits de ce type – à raison du caractère spécial de la relation entre le fonctionnaire concerné et l'État en question. En effet, il y aura présomption que l'article 6 trouve à s'appliquer, et il appartiendra à l'État défendeur de démontrer, premièrement, que d'après le droit national un requérant fonctionnaire n'a pas le droit d'accéder à un tribunal, et, deuxièmement, que l'exclusion des droits garantis à l'article 6 est fondée s'agissant de ce fonctionnaire.

**63.** En l'espèce, il ne prête pas à controverse que les requérants avaient tous accès à un tribunal en vertu du droit national. L'article 6, § 1 est donc applicable.

L'arrêt *Vilho Eskelinen* réaménage le critère d'insertion ou non du contentieux de la fonction publique dans le champ d'application du volet civil de l'article 6, § 1. Ce critère était fixé auparavant par l'arrêt *Pellegrin c/ France* (GC, 8 déc. 1999, n° 28541/95, CEDH, 1999, VIII, *GACEDH*, 4e éd., n° 22). Ce changement témoigne de la difficulté de déterminer le critère d'intégration de certains litiges administratifs dans le volet civil de l'article 6, § 1.

Les requérants, des policiers et une assistance administrative de la police, ayant perdu une compensation de salaire en substitution d'une indemnité d'éloignement et ayant été déboutés par les juridictions finlandaises de leurs recours, se plaignaient, entre autres moyens, de la violation de l'article 6, § 1 en raison d'un délai excessif de jugement et de l'absence d'audience.

Se posait au préalable la question de l'applicabilité de l'article 6, § 1. La Cour l'accepte, mais en modifiant l'approche retenue dans l'arrêt *Pellegrin*. Ce dernier avait retenu un critère fonctionnel : les litiges des agents publics dont l'emploi les faisait participer à l'exercice de la puissance publique ou à la sauvegarde des intérêts généraux de l'État ou des collectivités publiques échappaient au champ d'application de l'article 6, § 1. Les litiges qui concernaient des agents dont l'emploi n'avait pas ces caractéristiques rentraient dans ce champ. La Cour reconnaît dans l'arrêt *Vilho Eskelinen* que « l'application du critère fonctionnel peut en soi déboucher sur des anomalies » (§ 51). La Cour en tire les conséquences. Elle renforce une présomption d'applicabilité de l'article 6, § 1 au contentieux de la fonction publique. Cette présomption peut être renversée sous deux conditions : le droit national doit avoir exclu expressément le contentieux concernant un emploi ou une catégorie d'agents ; cette exclusion doit être justifiée par des motifs objectifs liés à l'intérêt de l'État.

De cette façon, l'arrêt *Vilho Eskelinen* prolonge le mouvement d'extension du champ d'application du volet civil de l'article 6, § 1 à la matière administrative en réaffirmant le principe d'incorporation des litiges administratifs dans ce champ (I). Il en réduit certes les limites, mais ne les supprime pas (II).

## I / Le principe de l'incorporation des litiges administratifs dans le volet civil de l'article 6, § 1 de la Convention

Comme on le sait, la Cour a choisi une conception matérielle du droit de caractère civil au sens de l'article 6, § 1. Écartant ainsi une approche organique, elle passe outre la nature administrative ou de droit public de l'autorité nationale compétente et le caractère public du contentieux au niveau national (par ex., *APEH Üldözötteinek Szövetsége c/ Hongrie*, 5 oct. 2000 : même relevant du droit public, la procédure d'enregistrement des associations est soumise à la matière civile car elle met en jeu la capacité même de l'association à devenir titulaire de droits et obligations de caractère civil en vertu du droit hongrois, § 36).

Trois types de critère ont été dégagés pour insérer les litiges administratifs dans le volet civil de l'article 6, § 1. Le critère du « caractère privé » du droit en cause (*supra*, n° 21, *Le Compte*), celui de la mise en balance des aspects de droit privé et des aspects de droit public de celui-ci (*supra*, n° 22, *Feldbrugge ;* aussi *Tre Traktörer Aktielboag c/ Suède*, 7 juill. 1989, Série A, n° 159, § 43, *GACEDH*, 4e éd., n° 22), la nature patrimoniale et subjective du droit litigieux (*Éditions Periscope c/ France*, 26 mars 1992, A. 234-B, § 40, *AFDI*, 1992, 642, obs. V. Coussirat-Coustère). Ces critères ont facilité l'applicabilité de l'article 6, § 1, volet civil, aux litiges administratifs y compris partiellement ceux de la fonction publique. Tourné résolument vers l'applicabilité du volet civil de l'article 6, § 1 de la convention aux litiges de la fonction publique, l'arrêt *Vilho Eskelinen* renforce un critère dérogatoire d'échappatoire au champ d'application de l'article 6, § 1.

A) La jurisprudence a fait évoluer les critères d'incorporation des litiges administratifs dans le volet civil de l'article 6, § 1. En dehors de la fonction publique, les répercussions de la décision administrative sur un droit de caractère privé ont toujours été un critère d'assimilation de ce droit à un droit de caractère civil au sens de la Convention. Dès lors que le litige met en cause un droit de caractère privé, peu importe que le contentieux soit un contentieux de la responsabilité de la puissance publique (*H. c/ France*, 24 oct. 1989, A. 162-A, § 47, *RFDA*, 1990, 203, note O. Dugrip et F. Sudre ; *X. c/ France*, 31 mars 1992, A. 234-C, § 30, *AJDA*, 1992, 420, obs. J.-F. Flauss) ou un contentieux de la légalité d'un acte administratif. Au-delà même de la défense de l'intérêt général dont une association de défense de l'environnement est la gardienne, dès lors qu'une telle association défend l'intérêt particulier de ses membres ainsi que le sien propre dans un but matériellement et géographiquement limité, le recours juridictionnel qu'elle intente rentre dans le champ de l'article 6 § 1 de la CEDH (*L'Érablière ASBL c/ Belgique*, 24 fév. 2009, *JCP G*, 2009, I, 143, § 7, chr. F. Sudre).

1 / La décision de refus ou de retrait d'exercer une activité professionnelle rentre dans la catégorie des droits civils (*supra*, n° 4, *König*). En dépit des raisons d'intérêt public qui commandent la soumission de l'exercice d'une profession à l'obtention d'une licence, la décision d'octroi ou de refus d'une licence d'exploitation d'un médicament concerne un droit d'intérêt privé qui la fait basculer dans la matière

civile (*Nowicky c/ Autriche*, 24 févr. 2005, § 37). *Ibidem* pour le retrait d'une licence de débit de boisson (TTA, *op. cit.*). En revanche, la péremption de ce type de licence ne relève pas de l'article 6, § 1 (*Kervoëlen c/ France*, 27 mars 2001, § 28-29). Relève aussi du volet civil de l'article 6, § 1 de la convention la procédure administrative relative à la légalité de la décision d'un jury refusant l'octroi d'un brevet d'État à la requérante (déc. 28 mars 2000, *Motière c/ France*, n° 39615/98 : brevet d'enseignement de la culture physique et du culturisme). Plus généralement tout contentieux de la régularité d'un examen ou d'un concours d'entrée dans la fonction publique rentre dans la matière civile au sens de l'article 6, § 1 (*Jarlan c/ France*, 15 avril 2003, § 10). Il est intéressant de relever que les visites et saisies domiciliaires effectuées par l'administration fiscale en vertu de l'article L. 16 B du livre des procédures fiscales constituent un droit « civil » relevant de l'article 6, § 1 de la Convention (*Ravon c/ France*, 21 févr. 2008, § 24). Une lecture de l'article 6, § 1 à la lumière du droit à un domicile de l'article 8 n'est pas étrangère à cette solution.

2 / La Cour va affiner progressivement le critère de détermination du champ d'application de la matière civile. Dans un premier temps, elle établissait un lien entre le respect de la propriété et le caractère civil d'un droit [ainsi divers contentieux d'actes d'urbanisme et d'environnement : permis, arrêtés de classement (*Allan Jacobson c/ Suède*, 25 nov. 1989, A. 163, § 72-73, *RTDH*, 1990, 367, obs. B. Haubert ; *Skärby c/ Suède*, 28 juin 1990, A. 180-B, § 29 : *Fredin c/ Suède*, 18 févr. 1991, A. 191, § 63 ; *Œrlemans c/ Pays-Bas*, 27 nov. 1991, A. 219, § 48)]. Dès lors que « le droit de propriété revêt manifestement un "caractère civil" » (*Zander c/ Suède*, 25 nov. 1993, A. 279-B, § 27), la Cour pouvait systématiser le concept de la nature patrimoniale des droits litigieux. L'impact et la répercussion d'une procédure ou d'un acte sur un droit de nature patrimoniale constituent un critère déterminant pour sa qualification de droit de caractère civil « nonobstant l'origine du différend et la compétence des juridictions administratives » (*Éditions Periscope*, préc., § 40 : refus d'octroi de tarifs postaux préférentiels ; *Geouffre de la Pradelle c/ France*, 16 déc. 1992, A. 253-B, *D*, 1993, J, 561, note F. Benoit-Rohmer : décret de classement d'un site naturel ; *Beaumartin c/ France*, 24 nov. 1994, A. 296-B, § 28, *D*, 1995, J, 235, note X. Prétot : indemnisation de ressortissants français expropriés par un État étranger ; *Ortenberg c/ Autriche*, 25 nov. 1994, A. 295-B, § 28 ; *Vergos c/ Grèce*, 24 juin 2004 : contestation de permis de construire, de plans d'occupation des sols et de réglementation des constructions ; *Procola c/ Luxembourg*, 28 sept. 1995, A. 326, § 39, *RFDA*, 1996, 777, note J.L. Autin et

F. Sudre : arrêtés ministériels de fixation de quotas laitiers). L'applicabilité de l'article 6, § 1 aux contentieux qui mettent en cause la propriété terrienne ou immobilière du requérant est acquise (*H. L. c/ France*, 7 févr. 2002 : contentieux de remembrement rural ; *Aldo et Jean-Baptiste Zanatta c/ France*, 28 mars 2000 ; *Guillemin c/ France*, 21 févr. 1997, *AJDA*, 1997, 399, note R. Hostiou : contentieux de l'expropriation). Le critère de la « patrimonialité » justifie l'arrimage de certains contentieux à la matière civile de l'article 6, § 1 [déc. 18 janv. 2000, *Association Ekin c/ France*, n° 39288/98 : police des publications de provenance étrangère ; contentieux devant les juridictions financières tant concernant la procédure de gestion de fait (déc. 7 oct. 2003, *Richard-Dubarry c/ France*, *RFDA*, 2004, 378, note A. Potteau ; voir arrêt du 1er juin 2004) que la procédure de jugement des comptables patents, c'est-à-dire des comptables publics, dans ce cas la nature de l'emploi concerné est privilégiée (déc. 13 janv. 2004, *Martinie c/ France*, *JCP G*, 2004, I, 162, n° 4-5, chron. F. Sudre ; *AJDA*, 2004, 1809, chron. J.-F. Flauss ; *JCP A*, 2005, 1038, obs. J. Andriantsimbazovina ; *Martinie c/ France*, 12 avr. 2006, Gr. Ch., *JCP A*, 1324, note J. Andriantsimbazovina ; *RFDA*, 2006, 577, étude L. Sermet ; *JCP G*, 2006, I, 164, n° 5, chron. F. Sudre)]. Si le Conseil d'État a suivi quasi-immédiatement la décision Richard-Dubarry (CE, 30 déc. 2003, Beausoleil, Richard, *RFDA*, 2004, 365, concl. M. Guyomar ; 371, note A. Coutant ; 991, chron. J. Andriantsimbazovina et L. Sermet revenant sur CE, 6 janv. 1995, Nucci, *Rec.* 6 ; CE, 16 nov. 1998, SARL Deltana et Perrin, *Rec.*, 415) il n'a pas pour autant considéré que la procédure de gestion de fait méconnaît l'article 6, § 1 (CE, 20 avr. 2005, M. Karsenty, Fondation D'Aguesseau, n° 261706). Sa position excluant le jugement des comptes des comptables publics du volet civil de l'article 6, § 1 (CE, 19 juin 1991, Ville d'Annecy c/ Dussolier, *Rec.*, 242 ; CE, Sect., 3 avr. 1998, Barthélemy, *Rec.*, 129 ; CE, Ass., 27 oct. 2000, Desvigne, *Rec.*, 473, *RFDA*, 2001, 737, concl. A. Seban) a été modifiée « dès lors qu'est en cause la mise en débet du comptable » (CE, 30 mai 2007, Javelot, *RFDA*, 2008, p. 744, chr. L. Sermet et J. Andriantsimbazovina, même jour Garnier, n° 270410). L'extension du champ d'application de l'article 6 § 1 CEDH touche également les mesures provisoires ; revenant sur sa jurisprudence refusant l'applicabilité du volet civil de l'article 6 § 1 aux procédures préliminaires pouvant conduire aux mesures provisoires (par ex. déc., 15 mars 2001, *Wiot c. France*, n° 43722/98), la Cour l'accepte dorénavant dès lors que le droit en jeu dans la procédure préliminaire et dans la procédure principale est de caractère civil et que la mesure provisoire est déterminante pour un droit ou une obligation de caractère civil en jeu (*Micallef c/ Malte*, 15 oct. 2009, Gd. Ch., § 85-85, *JCP G*, 2010, I, 70, § 6, chr. F. Sudre).

3 / Le domaine de la fonction publique va être un terrain de changements de critère dont l'arrêt *Vilho Eskelinen* est l'aboutissement (provisoire ?). Le critère de la patrimonialité permettra d'ouvrir une brèche dans le principe d'exclusion de la fonction publique du volet civil de l'article 6, § 1. Après avoir affirmé clairement que « les contestations concernant le recrutement, la carrière et la cession d'activité des fonctionnaires sortent, en règle générale, du champ d'application de l'article 6, § 1 » (*Massa c/ Italie*, 24 août 1993, A. 265-B, § 26 renvoyant à *Glasenapp c/ Allemagne*, 28 août 1986, A. 104, § 49, *Kosiek c/ Allemagne*, même date, A. 105, § 35), la Cour n'en affirma pas moins que « l'intervention de l'autorité publique par une loi ou un règlement n'a pas empêché la Cour, dans plusieurs affaires, de conclure au caractère civil du droit litigieux » (*Lombardo*, préc., § 16). Cette motivation sera complétée *a posteriori* par la nature patrimoniale des droits en cause. Les réclamations d'une pension de réversion (Massa) et d'une pension d'invalidité (Lombardo, 26 nov. 1992, A. 249-B, A. 249-C) « n'avaient trait ni au "recrutement" ni à la "carrière" et ne concernaient qu'indirectement la "cessation d'activité" d'un fonctionnaire puisqu'elles consistaient en la revendication d'un droit purement patrimonial légalement né après celle-ci » (*Neigel c/ France*, 17 mars 1997, § 43, *RTDH*, 1998, 303, note D. Yernault). Dès lors, les revendications qui avaient trait à un droit *« purement patrimonial »* (*De Santa, Lapalorcia, Abenavoli c/ Italie*, 2 sept. 1997, § 18, § 21, § 16 : contentieux relatifs au salaire) ou *« essentiellement patrimonial »* (*Nicodemo c/ Italie*, 2 sept. 1997, § 18 : salaire et indemnité de retard) et qui ne mettaient pas en cause « principalement des prérogatives discrétionnaires de l'administration » mettaient en cause des droits de caractère civil (*Couez c/ France*, 24 août 1998, § 25 : refus de l'administration d'imputer à un accident de travail des arrêts de travail suite à un infarctus survenu lors d'un cross organisé par sa compagnie de CRS et mise en disponibilité sans traitement ; *Benkessiouer c/ France*, 24 août 1998, § 29.30 : contentieux de l'annulation d'un refus d'octroi d'un congé maladie et d'une suspension du traitement ; *JCP*, 1999, I, 105, chron. F. Sudre).

Le lien entre demande indemnitaire et droit patrimonial travestissait le principe d'exclusion en simple exception. Son maniement favorisait une interprétation hasardeuse, voire arbitraire du critère des prérogatives discrétionnaires de l'administration.

Face aux virulentes critiques d'incohérence, cette jurisprudence a fait l'objet d'un premier revirement dans l'arrêt *Pellegrin*. S'inspirant de la jurisprudence de la Cour de justice des Communautés européennes relative à la notion d'emploi dans l'administration publique (CJCE, 17 déc. 1980, Commission c/ Belgique, 149/79, *Rec.*, 3881 ; CJCE, 16 juin 1987, Commission c/ Italie, 225/85, *Rec.*, 1625), la Cour européenne des droits de l'homme posait un critère fonctionnel, fondé sur la nature des fonctions et des responsabilités exercées par l'agent. Cela impliquait que tous les litiges concernant les agents publics, titulaires ou contractuels, qui occupaient des emplois ne les faisant pas participer, directement ou indirectement, à l'exercice de la puissance publique et ne visant pas à sauvegarder les intérêts généraux de l'État ou des autres collectivités publiques étaient soumis au volet civil de l'article 6, § 1 (*Satonnet c/ France*, 2 août 2000, § 29 : médecin psychiatre, engagé par contrat comme directeur à temps partiel d'un centre médico-psychopédagique créé par une commune ; *Frydlender c/ France*, 27 juin 2000, Gr. Ch., § 34-41, *JCP*, 2001, I, 291, n° 16, obs. F. Sudre : agent contractuel, conseiller-technique au service de l'expansion économique du ministère français de l'Économie et des Finances ; *Nikolopoulos c/ Grèce*, 2 juin 2005, § 14 : employé de l'organisme des chemins de fer ; *Pramov c/ Bulgarie*, 30 sept. 2004, § 29 : contrôleur des titres de transport dans les trains).

Cette nouvelle politique jurisprudentielle élargissait considérablement le champ d'application de l'article 6, § 1. Sont inclus dans la matière civile les emplois dans un service commercial, dans la santé publique, dans l'enseignement et dans la recherche à des fins civils (CE, 23 févr. 2000, L'Hermite, *Rec.*, 101 ; *JCP*, 2000, II, 10371, note C. Moniolle). Est concerné aussi le contentieux des pensions de retraite car les fonctionnaires ayant cessé leurs activités n'ont plus aucun lien avec leur administration employeur (*Dimitrios Georgiadis c/ Grèce*, 28 juin 2000, § 21). Cette tendance est forte car la Cour considère que « les litiges en matière de pensions relèvent tous du domaine de l'article 6 » (*Andrianesis c/ Grèce*, 10 févr. 2005, § 12) même lorsque la fonction de l'intéressé la faisait participer à l'exercice de prérogatives de puissance publique (*Bruxelles c/ France*, 30 nov. 2004, § 23 : droit à pension d'un brigadier-chef de la police). Il ne suffit pas qu'un fonctionnaire travaille dans un service qui peut avoir une influence sur des prérogatives de puissance publique pour qu'un contentieux le concernant échappe à l'article 6, § 1. Il doit lui-même exercer directement un emploi ayant une telle influence (*Devlin c/ Royaume-Uni*, 30 oct. 2001, § 26 : relève de l'article 6, § 1 le contentieux d'un assistant administratif ; déc. 16 nov. 2004, *Alberto Sanchez c/ Espagne*, § 24 : *ibid.*, officiers auxiliaires de l'administration de la justice en Espagne).

Cette jurisprudence n'a apporté ni stabilité ni cohérence. « Contrairement aux attentes, l'arrêt Pellegrin n'a pas apporté en la matière plus de certitude » (*Vilho Eskelinen*, § 55).

B) Les incertitudes dans l'application du critère fonctionnel ont commandé l'abandon de ce dernier. Elles relèvent à la fois de la complexité du critère fonctionnel et des discriminations que ce dernier créé. D'où l'adoption de nouveaux critères d'applicabilité de l'article 6, § 1.

1 / La complexité du critère fonctionnel est soulignée par la Cour elle-même. Un sapeur-pompier dans l'incapacité de lutter contre les incendies, et ayant exercé la fonction de professeur dans le corps des sapeurs-pompiers, ne relevait pas de l'article 6, § 1 car il avait accès à des informations sensibles concernant la défense nationale (*Kepka c/ Pologne*, déc., 11 juill. 2000, 31439/96 et 35123/97, CEDH, 2000-IX). Un officier de l'armée russe n'obtenant pas l'exécution d'un jugement rendu en sa faveur à propos de frais de déplacement n'a pu bénéficié de l'article 6, § 1 (*Kanaïev c/ Russie*, 27 juill. 2006, n° 43726/02). Ces exemples montrent qu'un fonctionnaire se trouvant dans la même situation qu'un employé d'une entreprise privée peut être exclu du bénéfice de l'article 6, § 1.

Cette situation est source de discrimination évidente dans l'arrêt *Vilho Eskelinen*. Dans l'espèce jugée, les policiers n'auraient pas pu bénéficier de l'applicabilité de l'article 6, § 1 tandis que l'assistante administrative en aurait peut-être bénéficié. Cette discrimination n'est pas acceptable au regard d'une lecture combinée des articles 1er et 14 de la Convention européenne des droits de l'homme. En faisant « du principe de non-discrimination le levier de l'évolution du champ d'application de l'article de la convention » (G. Gonzalez), la Cour élargit considérablement à tous les fonctionnaires le champ d'application de l'article 6, § 1 de la Convention.

2 / Pareille affirmation générale mérite des précisions que la Cour apporte à travers des nouveaux critères d'applicabilité de l'article 6, § 1 au contentieux de la fonction publique.

Le premier est celui de l'accès à un tribunal en droit national. Dès lors que le droit national reconnaît aux fonctionnaires l'accès à un tribunal, cela vaut applicabilité de l'article 6, § 1 de la Convention aux litiges les concernant. « Dans de nombreux États contractants l'accès à un tribunal est accordé aux fonctionnaires, de sorte que ceux-ci peuvent présenter des revendications relativement au salaire et aux indemnités, voire au licenciement ou au recrutement, de la même façon que les salariés du secteur privé » (*Vilho Eskelinen*, § 57). La Cour ajoute au § 60 une comparaison avec le droit communautaire. .

À première vue ce critère est d'une redoutable efficacité. Il permet de faire l'économie de la recherche de la nature de la fonction et de l'emploi dans la déclaration d'applicabilité de l'article 6, § 1 (*Blandeau c/ France*, 10 juill. 2008, § 20 : fonctionnaire civil de la Défense nationale affecté au bureau du service national ; *Teodorescu c/ Roumanie*, 29 juill. 2008, § 48-50 : directeur des ressources humaines et des relations publiques d'une préfecture).

Ce nouveau critère n'est pas dépourvu d'effets pervers dont le plus grave est celui de faire dépendre du droit des États membres en matière d'accès à un tribunal le champ d'application de l'article 6, § 1 de la Convention. Le second est celui de transposer de façon hasardeuse à la détermination du champ d'application de l'article 6, § 1 la jurisprudence de la CJUE relative au droit à un recours juridictionnel effectif.

L'autre critère est celui de la présomption d'applicabilité de l'article 6, § 1 sauf pour l'État d'édicter l'exclusion expresse d'un poste ou d'une catégorie de salariés de l'accès à un tribunal et de justifier cette dérogation par des motifs objectifs liés à l'intérêt de l'État.

En apparence, outre qu'il fait peser sur l'État la charge de renversement de la présomption, ce critère donne à la Cour une grande maîtrise en ce qu'elle lui offre un large pouvoir de contrôle sur les actes étatiques de dérogation. Au vu des premières applications de la jurisprudence *Vilho Eskelinen*, par des arguments d'autorité, la Cour déclare avec force le principe d'applicabilité de l'article 6, § 1 au contentieux de la fonction publique (outre *Blandeau, Teodorescu précités, Karaduman et Tandogan c/ Turquie,* 3 juin 2008, § 9 : contentieux de révocation d'enseignante dans un lycée ; *Zisis c/ Grèce,* 19 juill. 2007 : gestionnaire de chèques dans un bureau militaire postal) y compris au contentieux disciplinaire des magistrats (*Olujic c/ Croatie*, 5 fév. 2009 : litige devant le Conseil judiciaire national) au contentieux du personnel des assemblées parlementaires (*Savino e.a c/ Italie*, 28 avr. 2009) et au contentieux de certains emplois dans les ambassades et les établissements publics à l'étranger (Sabeh El Leil c/ France, 29 juin 2011 : comptable ; Cudak c/ Lituanie, 23 mars 2011, Gd. Ch : standardiste, secrétaire ; Guadagnino c/ Italie et France, 18 janv. 2011 : assistant de publication à l'École française de Rome). Remarquable est l'extension du volet civil aux sanctions disciplinaires pénitentiaires dès lors que le droit national admet le recours devant un tribunal contre celles-ci et que ces sanctions affectent un droit « civil » du détenu, par exemple le droit de recevoir de la visite (*Gülmez c/ Turquie*, 20 mai 2008, § 27-30) ou le droit d'avoir des contacts physiques et matériels avec l'extérieur de la prison relevant des droits de la personne (*Enea c/ Italie*, 17 sept. 2009, Gd. ch., § 103, *JCP G*, 2010, I, 70, § 7, chr. F. Sudre).

En réalité, il n'est pas exclu que certains États n'en profitent pas pour limiter l'accès de certains fonctionnaires au tribunal. La Hongrie a tenté en vain d'exploiter les critères d'exercice de la puissance publique et d'obligations visant à préserver l'intérêt général pour soustraire un contentieux de contestation par le président de la Cour suprême de la cessation prématurée de son mandat (Baka c. Hongrie, 27 mai 2014, req. 20261/12).

Par ailleurs, qu'en est-il de la différence entre les États adhérents en matière d'accès des fonctionnaires au droit à un tribunal ?

Quelle que soit l'ampleur de l'extension du champ d'application de l'article 6, § 1, volet civil, et malgré le verrouillage par la Cour des dérogations, elle n'a pu supprimer les limites de ce mouvement.

## II / Les limites de l'incorporation des litiges administratifs dans le volet civil de l'article 6, § 1 de la Convention

En demandant que la dérogation repose « sur des motifs objectifs liés à l'intérêt de l'État » (*Vilho Eskelinen*, § 62), la Cour n'évacue ni la notion d'exercice de la puissance publique ni « le lien spécial de confiance et de loyauté entre l'intéressé et l'État employeur » consacrés par l'arrêt *Pellegrin*. En exigeant que l'État « montre que l'objet du litige est lié à l'exercice de l'autorité étatique ou remet en cause le lien spécial susmentionné », la Cour restreint la marge de manœuvre de l'État en matière de fonction publique, mais n'empêche pas que certains litiges administratifs échappent au volet civil de l'article 6, § 1.

A) L'arrêt *Vilho Eskelinen* réduit le cercle des litiges administratifs non attraits dans le champ du volet civil de l'article 6, § 1 de la Convention. La notion d'administration publique développée par l'arrêt *Pellegrin* n'est plus d'une grande utilité pour la détermination de l'applicabilité de l'article 6, § 1. Le fait pour un agent public d'exercer une activité le faisant participer à la puissance publique ou à la protection des intérêts généraux n'est plus déterminant pour apprécier l'applicabilité du volet civile de l'article 6, § 1. Toutefois, se pose toujours la question de l'exclusion des emplois dans les forces publiques. Cette exclusion sous *Pellegrin* (*R. c/ Belgique*, 27 févr. 2001, § 44 : revendication du paiement d'une pension en réparation des lésions encourues lors de l'accomplissement d'obligations militaires en tant qu'officier de réserve ; *Mosticchio c/ Italie*, 5 déc. 2000, § 10-11 : contestation d'un refus d'octroi d'une indemnité de service nocturne à un sous-officier de l'armée) est réduite mais non éradiquée (déc. 11 sept. 2007, *Sukut c/ Turquie*, n° 59773/00 : révocation de l'armée pour indiscipline).

Le Conseil d'État s'est adapté régulièrement aux différentes évolutions de la jurisprudence européenne. Après avoir jugé, dans un premier temps, que le contentieux concernant les militaires était exclu du volet civil de l'article 6, § 1 (CE, Avis, 13 janv. 1997, Derbay, *Rec.*, 17), il jugea, dans un deuxième temps, que ce contentieux y était inclus (CE, Ass., 5 déc. 1997, Lambert, *Rec.*, 460). Après le changement de la Cour dans l'arrêt *Pellegrin*, il, modifie à nouveau de jurisprudence dans un troisième temps (CE, Ass., 11 juill. 2001, ministre de la Défense c/ Préaud, *RFDA*, 2001, 1047, concl. C. Bergeal). Il s'aligne implicitement sur la jurisprudence *Vilho Eskelinen* en acceptant l'applicabilité de l'article 6, § 1 à un litige concernant un magistrat (CE, 12 déc. 2007, Siband, *RFDA*, 2008, p. 745, chron. L. Sermet et J. Andriantsimbazovina, *AJDA*, 2008, 932, note E. Tsalpatouros).

B) Un noyau dur des procédures relevant de l'administration publique – les procédures « de nature administrative et discrétionnaire » – reste en dehors du volet civil de l'article 6, § 1. Le contentieux fiscal et celui des douanes (*Shouten et Meldrum c/ Pays-Bas*, 9 déc. 1994, A. 304, § 50, *JCP G*, 1995, I, 3823, n. 12, chron. F. Sudre), « en dépit des effets patrimoniaux qu'il a nécessairement quant à la situation des contribuables » (*Ferrazzini* (GC), 12 juill. 2001, § 29, *AJDA*, 2001, 1061, obs. J.-F. Flauss). La Cour ne contredit pas et rejoint le Conseil d'État qui considère que « le juge de l'impôt ne statue ni sur des contestations relatives à des droits et obligations de caractère civil, ni sur des accusations en matière pénale » (CE, 2 juin 1989, Bussoz, *Rec.*, 563). La prudence de la Cour européenne n'empêche pas la Cour de cassation de France d'accepter l'applicabilité implicite de l'article 6, § 1, volet civil, au contentieux concernant l'assiette de l'impôt et au contentieux fiscal (respectivement, Cass. com., 4 janv. 1994, Bruyelle, *RJF*, 1994, 498 ; Cass. Ass. plén., 14 juin 1996, Kloeckner, *JCP G*, 1996, II, 22692, concl. Y. Monnet).

Échappent également à l'aspect civil de l'article 6, § 1, les litiges relatifs à la police des étrangers (*Maaouia c/ France*, 5 oct. 2000, Gr. Ch., § 40 ; *Mamatkulov et Askarov c/ Turquie*, 4 févr. 2005, Gr. Ch., § 82). A noter cependant l'applicabilité de l'article 6 § 1 à une mesure d'éloignement d'un étranger telle qu'une expulsion ou une extradition lorsque l'intéressé risque de subir un « déni de justice flagrant » dans l'État de destination (Othman (Abou Quatada) c/ Royaume-Uni, 17 janv. 2012, § 258-262).

L'arrêt *Vilho Eskelinen* constitue une nouvelle avancée de la soumission de la matière administrative aux exigences du volet civil de l'article 6, § 1. Reste que les efforts d'interprétation de la Cour pour élargir ce champ ne sauraient s'affranchir de la volonté des rédacteurs de la Convention de limiter le champ d'application de l'article 6, § 1. La jurisprudence *Vilho Eskelinen* n'a pas mis fin à une anomalie : les agents publics les plus exposés aux pouvoirs discrétionnaires de l'administration sont dépouillés des garanties du procès équitable. Certes, ces garanties peuvent exister en droit national. Mais la diversité des systèmes juridiques des États adhérents met les agents publics dans une situation d'inégalité. Pour remédier à cette situation, y compris en dehors de la fonction publique, l'élaboration d'un protocole pour réviser la rédaction de l'article 6, § 1 de la Convention devrait donc être entamée cela d'autant que, dans l'ordre juridique communautaire, l'article 47 de la Charte des droits fondamentaux de l'Union européenne ne circonscrit pas à un domaine donné l'application du procès équitable.

La proclamation du procès équitable sans limites de domaines améliorerait l'état actuel de la justice au sein de la Convention européenne des droits de l'homme. Elle épargnerait à la Cour une tâche absorbante et supprimerait une jurisprudence qui fait certes les délices des juristes, mais impose souvent aux justiciables un harassant, et parfois vain, parcours de combattant.

J. A.

### *4 / La matière constitutionnelle*

**24. Ruiz-Mateos c/ Espagne, 23 juin 1993**, série A, n° 262 (Cour plénière) ; *RFDC*, 1994, obs. G. Cohen-Jonathan, 175 ; *JDI*, 1994, 799, obs. P. Tavernier ; RBDC, 1994, 131, étude M. Verdussen. [...]

**32.** L'applicabilité de l'article 6, § 1 aux actions civiles des requérants en restitution de leurs biens ne prête pas à controverse. Le gouvernement allègue pourtant que pour se prononcer sur la question du « délai raisonnable », il faut laisser de côté la durée des procédures devant le Tribunal constitutionnel ; quant au grief relatif au caractère équitable de ces dernières, il sortirait du cadre dudit article. Le problème de l'applicabilité de l'article 6, § 1 ne se pose pas exactement dans les mêmes termes sur les deux points. [...]

B / Sur le respect du « délai raisonnable » [...]

**35.** D'après une jurisprudence bien établie de la Cour, une instance devant une cour constitutionnelle entre en ligne de compte pour calculer la période à examiner lorsque son résultat peut influer sur l'issue du litige débattu devant les juridictions ordinaires (voir, entre autres, les arrêts Deumeland c/ Allemagne du 29 mai 1986, série A, n° 100, p. 26, § 77, Poiss c/ Autriche du 23 avril 1987, série A, n° 117, p. 103, § 52, et Bock c/ Allemagne du 29 mars 1989, série A, n° 150, p. 18, § 37). La Cour ne voit pas de raison de s'en écarter pour retourner à la solution de son arrêt Buchholz c/ Allemagne du 6 mai 1981 (série A, n° 42, p. 15, § 48), comme le souhaitent l'État défendeur ainsi que les gouvernements allemand et portugais [...].

**36.** Sans doute les procédures constitutionnelles se situaient-elles en l'espèce au milieu de l'action engagée au principal et non, comme dans les affaires mentionnées plus haut, après sa clôture, mais de l'avis de la Cour pareille circonstance, soulignée par le gouvernement, fournit plutôt une raison supplémentaire de les prendre en considération, surtout lorsqu'elles revêtent un caractère préjudiciel (arrêt Giancarlo Lombardo c/ Italie du 26 novembre 1992, série A, n° 249-C, p. 43, § 18). Le gouvernement invoque aussi la « nature politique » du Tribunal constitutionnel, lequel n'appartiendrait pas au pouvoir judiciaire. L'argument n'emporte pas la conviction : la Cour a, plus d'une fois, eu égard aux phases d'une procédure se déroulant à titre incident devant des institutions politiques ou des organes ou services administratifs (voir, notamment, les arrêts Foti et autres c/ Italie du 10 décembre 1982, série A, n° 56, p. 21, § 63, et Martins Moreira c/ Portugal du 26 octobre 1988, série A, n° 143, p. 19-21, § 55-60). Dans tous les cas, c'est la responsabilité de l'État qui se trouve en cause (arrêt Foti *et al.*, préc., *ibid.*).

**37.** En l'occurrence les juridictions civiles compétentes avaient estimé devoir déférer au Tribunal constitutionnel, à la demande des plaignants, le problème de la conformité des articles 1 et 2 de la loi 7/1983 avec la Constitution [...]. À cette fin, il leur fallait non seulement prouver l'applicabilité des dispositions litigieuses, mais aussi justifier la pertinence de leur démarche, c'est-à-dire signaler dans quelle mesure l'issue du litige dépendait de la validité des normes contestées [...]. De son côté, le Tribunal constitutionnel jugea recevables les deux questions, au motif qu'elles remplissaient les conditions formelles requises par la loi [...]. Comme il s'agissait d'une question préjudicielle, les juridictions civiles devaient, pour se prononcer, attendre les arrêts du Tribunal, déterminants pour la décision au principal. La période à considérer englobe donc la durée des deux procédures constitutionnelles ; elle s'étend ainsi sur près de sept ans et neuf mois. [...]

C / Droit à un procès équitable

**54.** Quant au caractère équitable de la procédure, le grief des requérants concerne exclusivement les instances devant le Tribunal constitutionnel [...], mais vu leur nature préjudicielle il échet de tenir compte de leur contexte : une action en restitution de biens expropriés.

1. Applicabilité de l'article 6, § 1

**55.** Contestant l'applicabilité de l'article 6, § 1, le gouvernement plaide que le droit en cause ne revêtait pas un « caractère civil ». Il en veut pour preuves la spécificité de la tâche du Tribunal constitutionnel et les caractéristiques propres aux questions d'inconstitutionnalité. Il incomberait à la haute juridiction de veiller au respect de la Constitution par les pouvoirs législatif, exécutif et judiciaire, et non de statuer sur les droits ou intérêts d'individus. Cette particularité apparaîtrait encore plus nettement dans les instances du genre considéré : engagées par le juge ordinaire, elles auraient pour but d'éliminer de l'ordre juridique interne des dispositions contraires à la norme suprême ; en l'occurrence, on ne saurait parler de « parties » car la loi organique 2/1979 exige seulement d'entendre les représentants des pouvoirs de l'État et le procureur général [...]. En outre, l'arrêt n'est notifié qu'à la juridiction ayant soulevé la question.

**56.** Dans leurs observations [...], les gouvernements allemand et portugais soulignent que l'issue de l'affaire Ruiz-Mateos aura une grande importance pour les autres États membres du Conseil de l'Europe dotés d'une cour constitutionnelle. Le premier, invoquant l'arrêt Buchholz précité, soutient que l'article 6, § 1 ne vaut pas pour les procédures introduites devant de telles juridictions ; la République fédérale d'Allemagne l'aurait entendu ainsi lorsqu'elle a ratifié la Convention. Il appuie la thèse du gouvernement défendeur en expliquant à grands traits le régime en vigueur en Allemagne, semblable du reste à celui de l'Espagne. De son côté, le gouvernement portugais estime qu'en raison de leur nature, de leur structure et de leurs compétences, les cours constitutionnelles échappent à l'empire de l'article 6, § 1.

**57.** La Cour n'a pas à se prononcer dans l'abstrait sur l'applicabilité de l'article 6, § 1 aux cours constitutionnelles en général ou à celles de l'Allemagne, du Portugal, ou même de l'Espagne ; elle doit pourtant rechercher si des droits garantis aux requérants par ce texte ont été touchés en l'espèce. [...]

**59.** La Cour constate qu'il existait bien un lien étroit entre les objets respectifs des deux types de procédures : l'annulation, par le Tribunal constitutionnel, des normes controversées aurait amené les juges civils à accueillir les prétentions de la famille Ruiz-Mateos [...]. En l'occurrence, les instances civiles et constitutionnelles apparaissaient même tellement imbriquées qu'à les dissocier on verserait dans l'artifice et l'on affaiblirait à un degré considérable la protection des droits des requérants. La Cour rappelle qu'en suscitant des questions d'inconstitutionnalité, ces derniers utilisaient l'unique moyen – indirect – dont ils disposaient pour se plaindre d'une atteinte à leur droit de propriété : la voie du recours d'amparo ne s'ouvre pas dans le domaine de l'article 33 de la Constitution espagnole [...].

**60.** Partant, l'article 6, § 1 s'appliquait aux procédures litigieuses.

Loué ou déploré, l'inexorable accroissement du volet civil de l'article 6, § 1 touche les questions constitutionnelles, y compris par exemple celle de la justice politique ou/et parlementaire (*Demicoli c/ Malte*, 27 août 1991, A. 210 : poursuite contre un journaliste devant la Chambre des Représentants du Parlement de Malte). Jusqu'où cependant peut-il pénétrer au cœur de celles-ci sans dépasser les limites posées par le texte même de l'article 6, § 1 ? Celui-ci ne valant que pour l'examen des droits et obligations de caractère civil et du bien-fondé de toute accusation en matière pénale, peut-il indéfiniment couvrir les problèmes de droit public et de droit politique sans se dénaturer et sans dénaturer ces derniers ? Les organes de la Convention ont abordé ces questions à travers la problématique de l'applicabilité de l'article 6, § 1 aux procédures devant les cours constitutionnelles. Dans le cadre de l'affaire de l'expropriation du groupe RUMASA par l'État espagnol au début des années 1980, saisie entre autres des griefs de violation du droit au délai raisonnable du procès et de méconnaissance par le Tribunal constitutionnel du principe de l'égalité des armes en raison de l'impossibilité pour les requérants de répliquer aux observations de l'avocat de l'État, la Cour rendit un important arrêt de principe. Avec une confortable majorité, la Cour accepta l'applicabilité de l'article 6, § 1 au titre de son caractère civil et condamna l'Espagne sur les deux points. L'arrêt Ruiz-Mateos offre alors quelques clés pour ouvrir les portes des rapports délicats entre l'article 6, § 1 et les « matières constitutionnelles ». Confirmant la jurisprudence antérieure et celle de la Commission, il rappelle et précise l'applicabilité partielle du volet civil de l'article 6, § 1 aux cours constitutionnelles. Il a été prolongé par une politique jurisprudentielle du verre à moitié vide et à moitié plein qui privilégie l'inapplicabilité partielle de cet article aux droits de nature politique.

## I / L'applicabilité partielle du volet civil de l'article 6, § 1 aux cours constitutionnelles

Leur rôle de gardien de la constitution vis-à-vis de tous les pouvoirs (législatif, exécutif et juridictionnel), fait des cours constitutionnelles des juridictions différentes des autres. Plus que toute autre juridiction, elles se trouvent au carrefour du droit et de la politique. Elles sont estampillées par le droit public et se trouvent loin de la matière civile. Compte tenu de ces paramètres, la Cour européenne avait le choix entre deux voies radicales : la soumission totale au volet civil de l'article 6, § 1 ou l'exclusion totale de l'emprise de celui-ci. Mais, elle a préféré une voie médiane qui tient compte de la diversité des cours constitutionnelles : l'applicabilité partielle aux procédures préjudicielles et aux recours individuels directs d'un côté, et l'inapplicabilité totale aux procédures abstraites provoquées par les pouvoirs publics de l'autre côté.

Dans un premier temps, après hésitations (déc. 31 mai 1974, *Rec. déc.*, n° 46, 118 ; déc. 16 juill. 1976, *DR*, 7, 8 ; déc. 4 oct. 1977, *DR*, 12, 111), la Commission opta pour l'inapplicabilité de l'article 6, § 1 à une Cour constitutionnelle car elle « ne s'occupe que des droits constitutionnels », c'est-à-dire « elle tranche des litiges portant sur la compatibilité avec la Constitution nationale d'actes ou de mesures pris par les pouvoirs publics dans l'exercice de la puissance publique » (déc. 13 déc. 1979, *DR*, 18, 216). La Cour se contentait d'une position d'attente en soulignant que la Cour constitutionnelle n'était pas saisie de contestation portant sur des droits et obligations de caractère civil (*Buchholz c/ Allemagne*, 6 mai 1981, A. 42, § 48 ; *Sramek c/ Allemagne*, 23 oct. 1984, A. 84, § 35). Elle changea de position dans l'arrêt *Deumeland c/ Allemagne* (29 mai 1986, A. 100, § 77) en acceptant l'applicabilité du délai raisonnable à la procédure devant la Cour constitutionnelle de la République fédérale allemande. Position confirmée par la suite (*Bock c/ Allemagne*, 29 mars 1989, A. 150), mais qui laissait planer un doute quant à la question de savoir si l'applicabilité concernait la procédure devant la Cour constitutionnelle en tant que telle ou si elle dépendait de l'insertion de cette procédure dans l'ensemble des procédures devant les juridictions nationales dans le calcul du délai. De plus, restait en suspens l'applicabilité des garanties du procès équitable aux cours constitutionnelles. L'arrêt Ruiz-Mateos met fin à ces incertitudes.

A) Balayant tous les arguments tenant à la mise entre parenthèses de la procédure constitutionnelle, à la nature politique des cours constitutionnelles, il confirme d'abord l'applicabilité des exigences du délai raisonnable dès lors que le résultat de l'arrêt de la Cour constitutionnelle peut influer sur l'issue du litige débattu devant les juridictions ordinaires (*Ruiz-Mateos*, § 35, ci-dessus avec les arrêts). *A fortiori*, une procédure relève de l'article 6, § 1 même si elle se déroule devant une juridiction constitutionnelle, si son issue est déterminante pour des droits et obligations de caractère civil (*Mianowicz c/ Allemagne*, 18 oct. 2001, § 45, *Trickovic c/ Slovénie*, 12 juin 2001, § 39-41 ; *Orsus c/ Croatie*, 16 mars 2010, Gd. Ch., § 109). Il n'est pas contestable que lorsqu'elle est saisie d'une question préjudicielle par une juridiction ordinaire, l'ensemble des procédures devant les juridictions nationales est suspendu en attendant la réponse de la Cour constitutionnelle. Il est logique que le délai de jugement devant celle-ci entre en ligne de compte dans le calcul du délai raisonnable (*Süssmann c/ Allemagne*, 16 sept. 1996 ; *Probstmaïer c/ Allemagne*, 1er juill. 1997 ; *Pammel c/ Allemagne*, même date, *JDI*, 1998, 198, obs. P. Tavernier). En résumé, l'article 6, § 1 s'applique aux procédures devant les cours constitutionnelles dans trois hypothèses : dans le cadre d'un renvoi préjudiciel (*Gorraiz Lizarraga et al. c/ Espagne*, 27 avr. 2004, § 47) ou d'un recours équivalent comme la question prioritaire de constitutionnalité devant le Conseil constitutionnel, dans le cadre d'un recours constitutionnel dirigé contre les décisions judiciaires (*Becker c/ Allemagne*, 26 sept. 2002 ; *Soto Sanchez c/ Espagne*, 25 nov. 2003) et lorsque la cour constitutionnelle est saisie d'un recours dirigé directement contre une loi si le droit national prévoit un tel recours (*Voggenreiter c/ Allemagne*, 8 janv. 2004, *JDI*, 2005, 485, obs. G. Juchs).

On soulignera cependant que la Cour de justice de l'Union européenne bénéficie d'une sorte de traitement de faveur. La Cour européenne des droits de l'homme ne prend pas en compte le délai devant le juge communautaire dans le cadre du renvoi préjudiciel afin de ne pas porter atteinte à la substance et au but de cette procédure (*Pafitis c/ Grèce*, 28 févr. 1998 ; déc., 20 janvier 2009, *Cooperatieve Producentenorgnisatie Van de Nederlandse Kokkelvisserij* U.A *c/ Pays-Bas*, 13645/05).

Les cours constitutionnelles ne sont pas logées à la même enseigne. Les recours constitutionnels directs introduits devant la Cour constitutionnelle sont soumis à l'article 6, § 1 (*Sürmeli c/ Allemagne*, 8 juin 2006, Gr. Ch. ; déc. 28 janv. 2003, *Caldas Ramirez de Arrellano*, n° 68874/01 : recours d'amparo ; *Olujic c/ Croatie*, 5 fév. 2009 : recours direct des magistrats devant la cour constitutionnelle) tant sous son volet civil, y compris le délai d'examen d'une requête par un comité de filtrage (*Klein c/ Allemagne*, 27 juill. 2000, § 29-33 ; *Volkwein c/ Allemagne*, 4 avr. 2002, § 32 ; *Diaz Aparizio c/ Espagne*, 11 oct. 2001, § 15-23 ; *Rosa Marques et al. c/ Espagne*, 25 juill. 2002 ; *Castanheira Barros c/ Portugal*, 26 oct. 2000, § 36), que sous son volet pénal (*Gast et Popp c/ Allemagne*, 25 févr. 2000, § 62-68). Toutefois, la Cour ne rabote pas la spécificité de la procédure devant les cours constitutionnelles en tant que gardien de la constitution, si bien qu'elle prend en compte d'autres éléments comme la nature d'une affaire ou son importance sur le plan politique et social (*Süssmann*, § 56 ; déc., 2 mars 2005, *Wolf-Ulrich Maltzan et al. c/ Allemagne*, Grande Chambre, n° 71916/01, § 132). Elle accepte ainsi que la Cour regroupe les requêtes soulevant les mêmes questions de constitutionnalité (*Gast et Popp ; Wolf-Ulrich Maltzan et al.*, préc.). Cela ne signifie pas cependant une mansuétude à l'égard des cours constitutionnelles (*Klein*, préc., § 44 : instance sur recours direct de huit ans).

B) Plus délicate est l'applicabilité des exigences plus générales du procès équitable aux cours constitutionnelles. Les spécificités de leurs fonctions entrent sans doute davantage en jeu ici. L'intervention de l'Allemagne et du Portugal auprès de l'Espagne dans la procédure témoignait de l'importance de l'enjeu. Pas plus que dans l'affaire Ruiz-Mateos, la Cour n'accorde quelque crédit à ces thèses. Refusant de donner une réponse abstraite, elle se fonde encore une fois sur l'imbrication des instances civiles et constitutionnelles et sur la nécessité de ne pas affaiblir la protection des droits des requérants pour déclarer l'applicabilité de l'article 6, § 1. Une nouvelle fois, l'applicabilité de l'égalité des armes et du principe du contradictoire devant une Cour constitutionnelle est admise (*Krcmar et al. c/ Rép. tchèque*, 3 mars 2000 ; *Steck-Risch et al. c/ Liechteinstein*, 19 mai 2005 : non-violation du principe d'impartialité mais violation du principe d'égalité des armes). La Cour accepte aussi de vérifier le respect du droit à un tribunal devant le Tribunal constitutionnel espagnol (*Rodriguez Valin c/ Espagne*, 11 nov. 2001, § 22-28 : à propos des délais et modalités d'introduction du recours d'amparo), devant la Cour constitutionnelle fédérale allemande (*Prince Hans-Adam II de Lichteinstein c/ Allemagne*, 12 juill. 2001, § 74), devant la Cour constitutionnelle croate (*Truhli c/ Croatie*, 28 juin 2001), devant la Cour constitutionnelle tchèque (*Bulena c/ République tchèque*, 20 avr. 2004 : l'absence d'examen au fond des griefs par la Cour constitutionnelle viole le droit à un tribunal ; *Vodarenska c/ République tchèque*, 20 févr. 2004), devant la Cour constitutionnelle d'Albanie (*Marini c/ Albanie*, 18 déc. 2007). Il en est de même du respect du principe d'impartialité par la Cour constitutionnelle de Croatie (*Meznaric c/ Croatie*, 15 juill. 2005, *JDI*, 2006, 1097, note P. Tavernier).

De façon générale, la Cour européenne des droits de l'homme va jusqu'à contrôler la motivation des décisions d'une cour constitutionnelle nationale et à remettre en cause l'interprétation de la constitution nationale par celle-ci (*Adamicek c/ Rép. Tchèque*, 12 oct. 2010, § 52-59 ; *Melich et Beck c/ Rép. Tchèque*, 24 juillet 2008 ; *M. c/ Allemagne*, 17 déc. 2009, § 133 : dans cette dernière espèce, la Cour européenne condamne l'interprétation de la notion de « peine » résultant de la jurisprudence constitutionnelle allemande ; *Sejdic et Finci c/ Bosnie-Herzégovine*, 12 déc. 2009, Gd. ch. : condamnation de l'exclusivité constitutionnelle des droits de vote et d'éligibilité à la Chambre des peuples aux seuls citoyens des peuples constituants (bosniaque, croate, serbe) à l'exclusion des roms et des juifs. La Cour contrôle également la procédure d'élections des juges constitutionnels (Juričic c/ Croatie, 26 juill. 2011).

Toutefois, lorsque le requérant a la possibilité de contester directement des décisions administratives devant la Cour constitutionnelle, son recours constitutionnel direct contre les lois sur lesquelles sont fondées les décisions administratives litigieuses ne rentre pas dans le volet civil de l'article 6, § 1 car le recours constitutionnel, abstrait dans ce cas, n'est pas décisif pour déterminer les droits de caractère civil du requérant (déc. 13 sept. 2001, *Bakaric*, n° 48077/99).

Ainsi, largement soumises au volet civil de l'article 6, § 1 quant aux procédures préjudicielles, directes et concrètes, les cours constitutionnelles lui échappent quant aux procédures abstraites provoquées par les pouvoirs publics.

Il s'agit là de la conséquence même de la spécificité des cours constitutionnelles. Dès lors que les recours introduits par les pouvoirs publics visent à donner une interprétation abstraite de la constitution ou à obtenir *in abstracto*, la censure d'une loi pour inconstitutionnalité (par ex. la saisine du Conseil constitutionnel) prévue par l'article 61 de la Constitution du 4 octobre 1958, ou encore à régler des conflits de compétences entre pouvoirs publics, le caractère totalement constitutionnel de la procédure, son absence de lien avec des instances devant les juridictions ordinaires justifient l'inapplicabilité de l'article 6, § 1.

Cette solution étant obtenue à partir d'une lecture *a contrario* de la jurisprudence, étant également le résultat d'une interprétation dynamique de l'article 6, § 1, elle ne saurait être sans limite. Afin de bien marquer celle-ci, la Cour a développé la politique jurisprudentielle des « droits de nature politique » qui exclut partiellement l'applicabilité de l'article 6, § 1 à ce type de droit.

## II / L'inapplicabilité partielle du volet civil de l'article 6, § 1 aux droits de nature politique

Le développement du critère de la nature patrimoniale d'un droit (*supra*, n° **22**, *Feldbrugge*) aurait pu servir à élargir le champ d'application de l'article 6, § 1 à certains contentieux ou matières de type constitutionnel ou politique. La Cour a mis fin à cet espoir et on peut d'ailleurs puiser dans la jurisprudence de la Commission pour trouver des arguments supplémentaires à l'appui de sa position.

A) La Cour a solennellement mis en avant la doctrine des droits de nature politique sans doute pour préserver son prétoire de certains contentieux de masse et pour ménager l'autonomie constitutionnelle des États.

1 / C'est au nom de cette doctrine que la Cour écarte le contentieux des élections politiques du champ d'application de la matière civile au sens de l'article 6, § 1 (*Pierre-Bloch c/ France*, 21 oct. 1997, § 50, *Cahiers cons. constit.*, n° 4, 1998, 123, note Flauss, *AJDA*, 1998, 65, note L. Burgorgue-Larsen ; *RFDA*, 1998, 999, note P. Jan). Alors même que le

contentieux en cause pourrait être qualifié de « civil » en raison de la présence d'éléments patrimoniaux (par ex., obligation de verser une certaine somme au Trésor public en cas de dépassement du plafond des dépenses de campagne électorale), le lien de ce contentieux avec l'exercice d'un droit de nature politique élimine l'aspect patrimonial. La Cour confirme sa position puisque la contestation de la validité des élections politiques ne relève pas du volet civil de l'article 6, § 1 (déc. 2 juill. 2002, *Valentin Gorizdra c/ Moldova*, n° 53180/99). C'est une jurisprudence d'harmonisation en creux car le contentieux des élections politiques est attribué à des organes de nature diverse dans les différents États contractants.

La Cour rejoint de la sorte les juridictions nationales qui ont déclaré l'inapplicabilité de l'article 6, § 1 aux contentieux des élections politiques (CC, 8 nov. 1988, AN Seine-Saint-Denis 6e circonscription, *Rec.*, 196 ; CE, 7 juill. 1997, Mme Roustan, *Rec. tabl.*, 801 ; CE, 10 oct. 1993, Sorgniard, *Rec. tabl.*, 789 : élections cantonales ; CE, Ass., 30 oct. 1998, Sarran et Levacher *et al.*, *RFDA*, 1998, 1081, concl. C. Maugüé). En revanche, la perte de qualité d'électeur (art. L7 du Code électoral) entraînant l'inéligibilité constitue une « accusation en matière pénale » (CE, 1er juill. 2005, Jean-Pierre Ousty et Jean Gravier, *RFDA*, 2006, 587, chron. J. Andriantsimbazovina et L. Sermet).

2 / La doctrine des droits de nature politique est étendue en dehors du domaine des élections politiques. Il n'est pas possible ainsi de se plaindre auprès de la Cour européenne des droits de l'homme de la violation du droit à une audience publique devant une cour constitutionnelle dès lors que l'affaire soumise à l'examen de celle-ci porte sur un droit de nature politique qui, comme tel, ne relève pas de la garantie de l'article 6, § 1 de la Convention (*Yazar, Karatas, Aksoy et le Parti travail du peuple (HEP) c/ Turquie*, 9 avr. 2002, § 66 ; déc. 3 oct. 2000, *Refah Partisi, Erbakan, Kazan et Tekdal c/ Turquie*, n° 41340/98, 41342 à 41344/98 : les contentieux devant la Cour constitutionnelle turque portant sur la compatibilité des actes des partis en cause avec la Constitution turque étant de nature politique, ils ne concernaient donc ni des droits et obligations de matière civile ni le bien-fondé d'une accusation en matière pénale). Inapplicabilité de l'article 6 § 1 (volets civil et pénal) au contrôle de consitutionnalité d'un décret présidentiel d'octroi de la nationalité et à l'impeachment devant la Cour constitutionnelle (Paksas c/ Lituanie, 6 janv. 2011, Gd. ch § 66).

L'exclusion du droit de siéger dans une Assemblée législative (Comm., 7 déc. 1978, *DR*, 16, 162), pourrait également être rattachée à la doctrine des droits de nature politique. Très implicitement, cette doctrine semble être à l'arrière-plan de la jurisprudence selon laquelle les rapports parlementaires d'enquête n'ont aucun effet juridique et ne peuvent servir de fondement à aucune action pénale ou administrative (déc. 2 juill. 2002, *Sté Anthroposophique en France*, n° 53934/00 ; déc. 6 nov. 2001, *Fédération chrétienne des témoins de Jéhovah de France*, n° 54430/99).

De même, étant de nature politique, ne relève pas de l'article 6, § 1 le contentieux du droit à pension d'un ancien député (déc. 11 oct. 2005, *Papon c/ France*, n° 344/04).

Dans cette logique, l'article 6, § 1 – dans son double volet civil et pénal – ne s'applique pas non plus à la procédure devant une commission d'enquête parlementaire (déc. 2 mars 2006, *Van Vondel c/ Pays-Bas*, n° 38258/03).

B) La position adoptée par la Cour européenne des droits de l'homme a été assouplie dans le domaine particulier des immunités parlementaires. La Cour admet le principe d'un contrôle européen sur les immunités parlementaires en déclarant l'applicabilité de l'article 6, § 1 (*A. c/ Royaume-Uni*, 17 déc. 2002 ; *Jorio c/ Italie*, 3 juin 2004, § 48 ; Kart c/ Turquie, 3 déc. 2009, Gd. ch.). Tout en effectuant un contrôle de proportionnalité la Cour n'en pose pas moins l'idée que « le fait pour les États d'accorder généralement une immunité plus au moins étendue aux parlementaires constitue une pratique de longue date, qui vise à permettre la libre expression des représentants du peuple et à empêcher que des poursuites partisanes puissent porter atteinte à la fonction parlementaire. Dans ces conditions, la Cour estime que l'ingérence en question, qui était prévue par l'article 68, § 1 de la Constitution, poursuivait des buts légitimes, à savoir la protection du libre débat parlementaire et le maintien de la séparation des pouvoirs législatif et judiciaire » (*Cordova, n° 2 c/ Italie*, 30 janv. 2003, § 56 ; *RDP*, 2004, 813, obs. G. Gonzalez). Seuls les propos injurieux et diffamatoires qui sont coupés de l'exercice de la fonction parlementaire proprement dite qui ne sont pas couverts par l'immunité (*Cordova, n° 1 c/ Italie*, 30 janv. 2003, *RDP*, 2004, 813, obs. G. Gonzalez). L'intérêt général du débat démocratique, de l'institution parlementaire et du principe de séparation des pouvoirs peut justifier une limitation du droit au tribunal par les immunités parlementaires. Tout en acceptant le principe d'un droit de regard sur la règle de l'immunité parlementaire, la Cour accorde une sorte de présomption de légitimité de celle-ci (déc. 27 nov. 2003, *Zollman c/ Royaume-Uni*, n° 62902/00).

Ce changement salutaire suscite néanmoins quelques réserves tant elle manque de lisibilité au regard de la jurisprudence de la Cour relative à la société démocratique.

En effet, il est curieux qu'elle prive de garanties du procès équitable des justiciables qui se trouvent justement démunis devant certains types de contentieux. Par exemple dans le cadre de la dissolution d'un parti politique (*Yazar et al.*, préc.). On peut, certes, rétorquer que ce que le justiciable ne peut obtenir par le biais de l'article 6, § 1 peut l'être en invoquant des dispositions portant sur des droits substantiels comme celles de l'article 11 (*infra*, n° **63**, *Parti communiste unifié de Turquie*) ou celles de l'article 3 du Protocole 1 (*infra*, n° **65**, *Zdanoka*). La cohérence de la jurisprudence européenne est sujette à caution. En intégrant des aspects procéduraux dans ces dispositions substantielles, la Cour européenne des droits de l'homme donne certes du poids à l'interprétation systématique de la Convention, mais elle ne fait pas toujours preuve de rigueur.

Plus que jamais, l'adoption d'un protocole supprimant la limitation du champ d'application de l'article 6, § 1 éviterait à la Cour de telles contorsions.

J. A.

## B | La matière pénale

### *1 / Les sanctions administratives*

**25. Oztürk c/ Allemagne, 21 février 1984**, série A, n° 73, *CDE*, 1986, 212, obs. G. Cohen-Jonathan ; *AFDI*, 1985, 403, 416, obs. V. Coussirat-Coustère ; D, 1986, chron., obs. 27, M. Delmas-Marty ; *JDI*, 1986, 1051, obs. P. Tavernier. […]

**47.** L'article 6, § 3-e) ne vaut que pour un « accusé ». Il ressort de sa version anglaise (« charged with a criminal offence ») et du paragraphe 1 de l'article 6 (« accusation en matière pénale ») – texte de base dont les paragraphes 2 et 3 (art. 6-2, art. 6-3) représentent des applications particulières […] – que l'« accusation » visée au paragraphe 3-e) (art. 6-3-e) doit porter sur une « infraction pénale » […]. D'après le droit allemand, le manquement commis par M. Öztürk ne s'analysait pas en une infraction pénale (Straftat) mais en une « contravention administrative » (Ordnungswidrigkeit). La question se pose de savoir si cette qualification est décisive au regard de la Convention.

**48.** La Cour a rencontré un problème analogue dans l'affaire Engel et autres, mentionnée d'ailleurs par les comparants. À la vérité, celle-ci concernait des sanctions infligées à des appelés du contingent et considérées comme disciplinaires par la législation néerlandaise ; dans son arrêt, rendu le 8 juin 1976, la Cour a pris soin de préciser qu'elle se limitait au domaine du service militaire [...]. Elle n'en estime pas moins que les principes se dégageant dudit arrêt [...] entrent aussi en ligne de compte, mutatis mutandis, dans la présente affaire.

**49.** La Convention n'empêche pas les États, dans l'accomplissement de leur rôle de gardiens de l'intérêt public, d'établir ou maintenir une distinction entre différents types d'infractions définis par le droit interne et d'en fixer le tracé, mais il ne s'ensuit pas que la qualification ainsi adoptée soit déterminante aux fins de la Convention. Le législateur qui soustrait certains comportements à la catégorie des infractions pénales du droit interne peut servir à la fois l'intérêt de l'individu [...] et les impératifs d'une bonne administration de la justice, notamment dans la mesure où il décharge les autorités judiciaires de la poursuite et de la répression de manquements, nombreux mais de peu d'importance, à des règles de la circulation routière. La Convention ne va pas à l'encontre des tendances à la « décriminalisation » existant – sous des formes fort diverses – dans les États membres du Conseil de l'Europe ; le gouvernement a raison d'y insister. Toutefois, si les États contractants pouvaient à leur guise, en qualifiant une infraction d'« administrative » plutôt que de pénale, écarter le jeu des clauses fondamentales des articles 6 et 7, l'application de celles-ci se trouverait subordonnée à leur volonté souveraine. Une latitude aussi étendue risquerait de conduire à des résultats incompatibles avec l'objet et le but de la Convention.

**50.** Ayant ainsi réaffirmé l'« autonomie » de la notion de « matière pénale » telle que la conçoit l'article 6, la Cour doit rechercher si la « contravention administrative » commise par le requérant relève ou non de ladite « matière ». À cette fin, elle retient les critères adoptés dans son arrêt Engel précité [...] : il importe d'abord de savoir si le texte définissant l'infraction en cause ressortit ou non au droit pénal d'après la technique juridique de l'État défendeur ; il y a lieu d'examiner ensuite, eu égard à l'objet et au but de l'article 6, au sens ordinaire de ses termes et au droit des États contractants, la nature de l'infraction ainsi que la nature et le degré de gravité de la sanction que risquait de subir l'intéressé.

**51.** En droit allemand, le fait reproché à M. Öztürk – méconnaissance de l'article 1, § 2 du règlement relatif à la circulation routière – revêtait le caractère d'une « contravention administrative » (art. 49, § 1, n° 1 dudit règlement) [...]. Il n'existe pas de cloison étanche entre le droit pénal allemand et le droit des « contraventions administratives », notamment en cas de connexité [...] ; elle (la Cour) ne perd pas non plus de vue que les dispositions du droit commun régissant la procédure pénale s'appliquent par analogie à la procédure engagée pour une telle infraction [...], et en particulier à sa phase judiciaire éventuelle.

**52.** De toute manière, les indications que fournit le droit interne de l'État défendeur n'ont qu'une valeur relative. Le deuxième des critères énoncés plus haut – la nature même de l'infraction, considérée aussi en rapport avec celle de la sanction correspondante – représente un élément d'appréciation de plus grand poids [...]. Elle constate [...], tout d'abord, que selon le sens ordinaire des termes relèvent en général du droit pénal les infractions dont les auteurs s'exposent à des peines destinées, notamment à exercer un effet dissuasif et qui consistent d'habitude en des mesures privatives de liberté et en des amendes. [...] Le caractère général de la norme et le but, à la fois préventif et répressif, de la sanction suffisent à établir, au regard de l'article 6 de la Convention, la nature pénale de l'infraction litigieuse. [...] Rien ne donne en effet à penser que l'infraction pénale (*criminal offence*), au sens de la Convention, implique nécessairement un certain degré de gravité. [...] En outre, il serait contraire à l'objet et au but de l'article 6 qui garantit aux « accusés » le droit à un tribunal et à un procès équitable, de permettre à l'État de soustraire à l'empire de ce texte toute une catégorie d'infractions pour peu qu'il les juge légères. [...]

**54.** Comme le manquement commis par M. Öztürk revêtait un caractère pénal au regard de l'article 6 de la Convention, il ne s'impose pas de l'examiner de surcroît sous l'angle du dernier des critères énoncés plus haut [...]. La faiblesse relative de l'enjeu [...] ne saurait retirer à une infraction son caractère pénal intrinsèque.

**55.** [...] La Cour se borne à renvoyer à sa jurisprudence constante : au sens de l'article 6, l'« accusation » peut en général se définir « comme la notification officielle, émanant de l'autorité compétente, du reproche d'avoir accompli une infraction pénale », encore qu'elle puisse dans certains cas prendre « la forme d'autres mesures impliquant un tel reproche et entraînant elles aussi des répercussions importantes sur la situation du suspect » [...].

**56.** L'article 6, § 3-e) s'appliquait donc en l'espèce. Il n'en résulte point, la Cour tient à le préciser, que le système adopté en la matière par le législateur allemand soit en cause dans son principe. Eu égard au grand nombre des infractions légères, notamment dans le domaine de la circulation routière, un État contractant peut avoir de bons motifs de décharger ses juridictions du soin de les poursuivre et de les réprimer. Confier cette tâche, pour de telles infractions, à des autorités administratives ne se heurte pas à la Convention pour autant que l'intéressé puisse saisir de toute décision ainsi prise à son encontre un tribunal offrant les garanties de l'article 6 [...].

Le contentieux que M. Oztürk a entamé contre une « contravention administrative » au sens de la loi allemande sur la circulation routière a permis à la Cour européenne des droits de l'homme de condamner l'Allemagne pour violation de l'article 6, § 3, par douze voix contre six, après avoir auparavant tranché en faveur de l'applicabilité du même article à la « contravention administrative », par treize voix contre cinq.

En statuant de la sorte, la Cour n'innovait pas fondamentalement puisqu'elle avait déjà affirmé l'appartenance des sanctions disciplinaires infligées aux militaires à la matière pénale au sens de la Convention (*supra*, n° 4, Engel). L'arrêt Oztürk n'en est pas moins un arrêt marquant à plusieurs titres. Il reconnaît la légitimité intrinsèque des sanctions administratives au regard de la Convention. En contrepartie, il les soumet au volet pénal de l'article 6 en précisant les critères de cette pénalisation. Malgré ces précisions, depuis l'arrêt Öztürk, la portée de cette pénalisation reste difficile à évaluer.

## I / La légitimité du système des sanctions administratives au regard de la CEDH

Le développement des garanties à l'encontre des sanctions administratives provoque paradoxalement des rejets de celles-ci. L'on pourrait même être amené à considérer, à tort, que la Convention européenne des droits de l'homme bannit les sanctions administratives. Il n'en est rien.

A) Allant plus loin que l'arrêt Engel qui se contentait de reconnaître aux États la possibilité de distinguer les sanctions disciplinaires et les sanctions pénales avec des garanties supérieures pour ces dernières (*supra*, n° 4, Engel, § 80-81), la Cour admet, au nom des « impératifs d'une bonne administration de la justice » que les États puissent décharger les autorités judiciaires de la poursuite et de la répression d'infractions de masse à certaines règles comme celles de la circulation (*Lutz c/ Autriche*, 25 août 1987, A. 123, § 57). Sous cet angle, la proximité, la simplicité, l'acceptabilité, l'adaptabilité des sanctions administratives sont reconnues par rapport à l'éloignement, la complexité, l'infamie et la lourdeur des sanctions pénales.

La Cour estime cependant que le pouvoir de poursuite et de répression confié à l'administration pourrait se heurter à la Convention si l'intéressé ne peut pas saisir de toute sanction administrative à son encontre un tribunal offrant les garanties de l'article 6 (*infra*, n° 27, *Golder ;* aussi *Fischer c/ Autriche*, 26 avr. 1995, A. 312, § 28). Admettre et encadrer, telle est donc la doctrine de la Cour en matière de sanctions administratives.

B) Elle a été rejointe par le Conseil constitutionnel qui, après avoir émis des réticences à leur égard, a admis leur constitutionnalité en les soumettant à des garanties sans cesse précisées (notamment CC, 89-260 DC, 28 juill. 1989, *Rec.*, 71, *RFDA*, 1989, 671, note B. Genevois). Plutôt que d'interdire les sanctions administratives et de priver ainsi l'État d'un système souple et efficace de régulation de la société et de la paix sociale, la Cour européenne et le Conseil constitutionnel ont adopté une position convergente fondée sur le pragmatisme. Cela a cependant un prix. En ce qui le concerne, le juge européen devait fixer selon quels critères et avec quelle méthode les sanctions administratives étaient soumises à la matière pénale au sens de la Convention européenne des droits de l'homme.

## II / Les critères de la pénalisation des sanctions administratives

Une telle pénalisation n'est possible qu'en la présence d'une accusation. Au sens autonome européen (*supra*, n° 4, Engel), celle-ci signifie « la notification officielle, émanant d'une autorité compétente, du reproche d'avoir accompli une infraction pénale » (*Deweer c/ Belgique*, 27 févr. 1980, A. 35, § 42). L'applicabilité du volet pénal aux sanctions administratives est fondée ensuite sur une définition extensive de « la matière pénale ». Non abstraite, cette définition est obtenue par trois critères dont la mise en œuvre ne brille pas par sa simplicité et qui n'est donc pas à l'abri de la critique.

A) Les trois critères fixés par l'arrêt Engel et affinés par l'arrêt Oztürk sont faciles à identifier. Il s'agit de la qualification de l'infraction en droit national, de la nature de l'infraction et de la nature et de la sévérité de la sanction. Ces critères sont alternatifs (*Lutz c/ Allemagne*, 25 août 1987, A.1 23, § 55 ; *Weber c/ Suisse*, 22 mai 1990, A. 177, § 31-34 ; *Demicoli c/ Malte*, 27 août 1991, A. 210, § 30-35 ; *Ravnsborg c/ Suède*, 23 mars 1994, A. 283-B, § 30 ; *Ezeh et Connors c/ Royaume-Uni*, 9 oct. 2003, Gr. Ch., *JCP*, 2004, I, 107, n° 4, obs. F. Sudre). Chacun suffit donc à qualifier une matière de pénale. Mais, « cela n'empêche pas l'adoption d'une approche cumulative si l'analyse séparée de chaque critère ne permet pas d'aboutir à une conclusion claire quant à l'existence d'une accusation en matière pénale » (voir *Jussila c/ Finlande* [GC], *infra*, n° 26, § 31). Toutefois, afin d'éviter que chaque État qualifie librement une matière de non pénale pour la faire échapper de l'article 6 de la Convention, le premier critère n'a que valeur indicative ; le second a une certaine importance, notamment lorsque la règle violée par l'intéressé s'adresse à tous les citoyens et pas à un groupe déterminé ayant un statut particulier (par ex., *Kadubec c/ Slovaquie*, 2 sept. 1998, § 52) ; le troisième critère compte aussi car il permet par exemple de savoir si la sanction débouche sur une peine privative de liberté (*Zaicevs c/ Lettonie*, 31 juill. 2007, § 35 : contravention administrative de trois jours de détention) ou sur une amende, ou de tracer la frontière entre le pénal et le disciplinaire concernant la condamnation de détenus à des jours de détentions supplémentaires pour violation du règlement pénitentiaire (*Ezeh et Connors*, préc.). Étant entendu cependant que l'absence de peine d'emprisonnement comme la mention au casier judiciaire ne sont pas déterminants quant à la qualification de l'infraction aux fins de l'applicabilité de l'article 6 (par ex., *Lauko c/ Slovaquie*, 2 sept. 1998, § 58).

B) Le caractère élastique et pragmatique de sa démarche dans la mise en œuvre de ces critères conduit la Cour à transgresser la règle qu'elle s'est fixée : l'approche alternative. En effet, elle n'hésite pas à adopter une approche cumulative si l'analyse alternative ne permet pas d'aboutir à une conclusion claire quant à l'existence d'une accusation en matière pénale (*Bendenoun c/ France*, 24 fév. 1991, A 284, § 47 ; *Garyfallou AEBE c/ Grèce*, 24 sept. 1997, § 33). Dès lors, la Cour ajoute alors quatre sous-critères : l'infraction concerne tous les citoyens, l'infraction vise à punir pour empêcher la réitération et la récidive, la sanction est fondée sur une norme générale dont le but est la fois préventif et répressif, enfin la sanction peut être d'une grande ampleur (*A. P., M. P. et T. P c/ Suisse*, 29 août 1997, § 41). Le tout est évalué et il appartient à la Cour de dire si le poids de ceux qui présentent une « coloration pénale » (*infra*, n° 26, *Jussila*) prédomine et, si combinés, ils aboutissent à retenir l'applicabilité du volet pénal de l'article 6, § 1.

Le moins que l'on puisse dire est qu'une telle démarche n'est pas d'une grande clarté (*infra*, III). Il donne l'impression que la Cour décide discrétionnairement de l'applicabilité du volet pénal de l'article 6, § 1 aux sanctions administratives. Ainsi, le basculement vers l'approche cumulative semble être dicté par la volonté de trouver à tout prix l'existence d'une accusation en matière pénale. Par ailleurs, la faiblesse ou le caractère mineur de la sanction sont parfois sous-estimés comme dans l'arrêt Oztürk. Parfois, la transformation éventuelle d'une amende en peine d'emprisonnement n'est pas prise en compte alors que cette dernière est la marque même de la sanction pénale (*Ravnsborg*, préc.). Dans d'autres cas, la sévérité des sanctions l'emporte sur les autres critères (Grande Stevens c. Italie, 4 mars 2014 : sanctions administratives prononcées par la Commission nationale des sociétés et de la bourse qui pouvaient atteindre cinq millions d'euros et entraîner une interdiction pour toutes sociétés de collaborer avec l'auteur d'une manipulation des marchés ainsi qu'une confiscation du produit ou du profit de la conduite illicite). Ne serait-il pas plus cohérent de choisir une fois pour toutes l'approche cumulative qui permettrait de prendre en compte la complexité de l'évaluation des critères ?

Ces incertitudes dans la démarche de la Cour compliquent l'évaluation de la portée de sa jurisprudence.

## III / La portée de la pénalisation des sanctions administratives

À partir du moment où des critères sont posés, toutes les sanctions administratives n'ont donc pas vocation à être soumises au volet pénal de l'article 6, § 1. La jurisprudence européenne fixe quelques enseignements que les juridictions nationales suivent tant bien que mal.

A) Compte tenu de la complexité de la jurisprudence de la Cour, l'on ne peut guère dépasser le stade de l'énumération de cas dans lesquels l'applicabilité du volet pénal a été retenue ou écartée.

Outre les sanctions disciplinaires dans l'armée (*supra*, n° 4, *Engel ; Cable et al. c/ Royaume-Uni*, 18 févr. 1999 ; *Findlay c/ Royaume-Uni*, 25 févr. 1997) et dans les prisons (*Campbell et Fell c/ Royaume-Uni*, 28 juin 1984, A. 80 ; *Ezeh et Connors*, préc. ; *Enea c/ Italie*, 17 sept. 2009, Gd. Ch.), sont susceptibles de tomber dans la matière pénale les sanctions douanières (*Salabiaku c/ France*, 7 oct. 1988, A. 141 ; *Garyfallou AEBE*, préc.), les infractions au droit de la concurrence (*Sténuit c/ France*, 27 févr. 1992, A. 232-A, *JCP*, *Cahiers de droit de l'entreprise*, suppl. n° 4, 1992, 26, obs. F. Sudre), certaines contraventions routières (*Lutz*, préc., § 57 ; *Gradinger c/ Autriche*, 23 oct. 1995, A. 328 C) ; *Palaoro*, 23 oct. 1995, A. 329-B) ; *Weh c/ Autriche*, 8 avr. 2004 ; *Rieg c/ Autriche*, 24 mars 2005), la réglementation du permis à points (*Malige c/ France*, 23 sept. 1998, § 39, *JCP*, 1999, II, 10086, note F. Sudre ; *Peltier*, 21 mai 2002, § 22), les sanctions infligées par une juridiction financière (*Guisset c/ France*, 26 sept. 2000, § 59) ; les amendes pour abus de procédure dans le cadre d'une demande d'aide juridictionnelle, en raison de leur sévérité et de la possibilité de les transformer en peine d'emprisonnement (*T. c/ Autriche*, 4 nov. 2000 ; une amende administrative devant une juridiction pénale (*Boldea c/ Roumanie*, 15 févr. 2007) ; la démolition d'une maison construite sans permis constitue une peine relevant du volet pénal de l'article 6, § 1 (*Hamer c/ Belgique*, 27 nov. 2007, § 60).

En revanche, la Cour a écarté l'applicabilité du volet pénal de l'article 6, § 1 à certaines mesures administratives relatives à la circulation routière comme le retrait immédiat du permis de conduire car il s'agit d'une mesure préventive dont la durée est limitée dans le temps (*Escoubet c/ Belgique*, 28 oct. 1999, Gr. Ch., § 32-39) ou encore la décision ministérielle d'imposer une formation obligatoire, à leur charge, pour les personnes auxquelles il est reproché d'avoir conduit sous l'emprise de l'alcool (déc. 7 nov. 2000, *Blokker c/ Pays-Bas*, n° 45282/

99 : décision à objectif pédagogique liée à la procédure de délivrance du permis de conduire qui est une procédure de pur droit administratif sans lien avec le droit pénal). De même, ne relève pas de la matière pénale une sanction pécuniaire pour travaux d'aménagement sur une maison sans le permis requis car l'infraction est une contravention, qu'elle s'analyse comme une réglementation de l'usage des biens dans une politique globale d'urbanisme, qu'elle ne constitue donc pas une mesure punitive ou répressive s'appliquant à tous les citoyens, qu'enfin, même d'un montant élevé, la sanction ne peut être remplacée par une peine privative de liberté ni être relayée par une poursuite pénale (déc. 11 janv. 2001, *Inocêncio c/ Portugal*, n° 43862/98). De même, les sanctions disciplinaires dans l'armée ne rentrent pas dans le champ d'application du volet pénal de l'article 6, § 1 si, de par leur nature et leur sévérité, elles ne sont pas assez importantes (déc. 28 sept. 2000, *João José Brandão Ferreira c/ Portugal*, n° 41921/98 : « arrêt simple » de cinq jours qui n'a pas empêché l'intéressé de vaquer à ses occupations dans la caserne). Plus largement, le contentieux pénitentiaire relatif à un refus de congé pénal ne rentre ni dans le volet pénal ni dans le volet civil de l'article 6 § 1 (Boulois c. Luxembourg, 3 avril 2012, Gd, ch : § 85 et suivants). Ne relève pas du volet pénal de l'article 6 § 1 une sanction disciplinaire pénitentiaire ordonnant la détention en cellule en simple exécution de peines prononcées par le juge pénal (Payet c/ France, 20 janv. 2011, § 99). Toutefois, les sanctions disciplinaires pénitentiaires peuvent relever du volet civil de l'article 6 § 1 si celles-ci portent atteinte à un « droit de caractère civil » du détenu (Enea c. Italie, 17 sept. 2009, Gr.ch., *JCP G* 2010, doctr. 70, chr. F. Sudre ; Boulois c. Luxembourg, préc.).

B) Dans l'ensemble, les juridictions nationales adoptent une concordance de vue avec le juge européen. Mais, on trouve des cas où elles vont au-delà des exigences de celui-ci et d'autres cas où elles restent en deçà.

1 / Le Conseil d'État soumet au volet pénal de l'article 6, § 1 les sanctions prononcées par les juridictions financières (CE, 16 nov. 1998, SARL Deltana et Perrin, *Rec.*, 415 : amendes prononcées par la Cour des comptes ; CE, Sect., 30 oct. 1998, Lorenzi, *Rec.*, 374, *RFDA*, 1999, 1022, note H. Surrel ; *RDP*, 1999, 633, note G. Eckert : par la Cour de discipline budgétaire et financière), la réduction du nombre de points de permis de conduire (CE, Avis, 23 sept. 1999, Rouxel, *Rec.*, 280).

L'applicabilité de la matière pénale aux autorités administratives a été et est source d'hésitations (voir à propos du jugement des comptes des comptables publics : CE, Sect., 3 avr. 1998, Mme Barthélemy, *Rec.*,

129). Privilégiant un critère strictement organique, le Conseil d'État considère que l'article 6, § 1 ne s'applique qu'aux procédures juridictionnelles devant des juridictions. Il n'en admet pas l'applicabilité aux autorités administratives (CE, Sect. Avis, 31 mars 1995, ministre du Budget c/ SARL Autoroute-Industrie Méric, *Rec.*, 34, concl. M. Sanson ; CE, Ass., 1er mars 1991, Le Cun, *Rec.*, 71 : le Conseil des bourses de valeurs ; CE, 4 mai 1998, Sté de bourse Wargny, *Rec.*, 192 : le Conseil du marché à terme ; CE, 19 oct. 1996, Association Ici et Maintenant, *Rec.*, 401 : le Conseil supérieur de l'Audiovisuel). Le Conseil d'État estime ainsi que « lorsqu'elle se prononce sur une opération de concentration qui lui a été notifiée, l'Autorité de la concurrence, qui ne prononce pas une sanction, statue sur une demande qui lui a été présentée et, alors même qu'elle ne se prononce pas sur la base de normes de droit et à l'issue d'une procédure organisée, ne tranche pas une contestation sur les droits et obligations de caractère, mais exerce un pouvoir de police » (CE, Ass, 21 déc. 2012, Sté Groupe Canal Plus, Sté Vivendi, Sté Numericable, Sté Parabole Réunion, *RFDA* 2013, 55 et 70, concl. V. Daumas, 576, chr. H. Labayle, F. Sudre, X. Dupré de Boulois, L. Milano). En revanche, les décisions de l'Autorité de la concurrence prononçant une sanction rentrent dans le champ d'application de l'article 6 § 1 CEDH.

Assouplissant le critère organique lié au caractère juridictionnel de l'organisme, le Conseil d'État accepte exceptionnellement l'applicabilité du volet pénal de l'article 6, § 1 à des organismes administratifs dotés d'un pouvoir de sanction, en fonction de deux critères : la nature et les attributions de l'organe, et la nature du vice allégué (CE, Ass., 3 déc. 1999, Didier, *Rec.*, 399 ; *JCP*, 2000, II, 10267, note F. Sudre : Conseil des marchés financiers ; CE, 4 févr. 2005, Sté GSD Gestions, M. Gautier, *RFDA*, 2005, 1174, note D. Costa ; *RFDA*, 2006, 591, chron. J. Andriantsimbazovina et L. Sermet : Autorité des marchés financiers ; CE, Sect., 20 oct. 2000, Sté Habib Bank Ltd, *AJDA*, 2000, 1001, chron. M. Guyomar et P. Collin : Commission bancaire ; CE, 28 juill. 2000, Sté Copper Communication, *Rec. tabl.*, 995 : Autorité de régulation des télécommunications ; CE, 29 juill. 2002, Association Radio Deux Couleurs, *AJDA*, 2003, 475, étude J.-P. Thiellay : Conseil supérieur de l'audiovisuel ; CE, 28 oct. 2002, Laurent, *AJDA*, 2002, 1492, note D. Costa : Commission de contrôle des assurances ; CE, 31 mars 2004, Sté Etna Finances, *Rec. tabl. ;* CE, 10 mai 2004, Crédit du Nord, *Rec. tabl.* : CE, 23 mars 2005, Sté Financière Hottinguer, *Rec. tabl.* : Conseil de discipline de la gestion financière).

Une telle « juridictionnalisation » de la procédure devant certaines autorités administratives indépendantes n'est pas générale. Elle ne concerne pas, par exemple, la Commission nationale de l'informatique et des libertés (CE, Ass., 3 déc. 1999, Caisse de crédit mutuel de Bain-Tresbouef, *Rec.*, 397).

La Cour de cassation ne s'embarrasse pas de semblables subtilités. Elle pose l'applicabilité de la matière pénale de l'article 6 à l'ensemble des autorités de régulation sous son contrôle (Cass. Ass. plén., 5 févr. 1999, Oury, *JCP*, 1999, II, 10060, note H. Matsopoulou : Commission des opérations des bourses ; Cass. Com., 5 oct. 1999, Campenon Bernard SGE, *Bull. civ.*, IV, n° 158, p. 133 ; *JCP*, 2000, II, 10255, note E. Cadou : Conseil de la concurrence).

De concert, les deux cours suprêmes françaises font tomber dans le volet pénal de l'article 6, § 1, l'inéligibilité résultant de la perte de qualité d'électeur frappant les élus auteurs d'infractions visées par le Code électoral (art. L 7, L 230 et L 236 : CE, 1er juill. 2005, Jean-Pierre Ousty et Jean Gravier, *RFDA*, 2006, 587, chron. J. Andriantsimbazovina et L. Sermet ; Cass. civ. 2e, 18 déc. 2003, *Bull. civ.*, II, n° 396).

L'abandon du critère organique au profit des critères matériels de la « matière pénale » au sens de la Convention n'est pas l'apanage des seules juridictions françaises. La Cour de justice des Communautés a changé de jurisprudence en la matière. Après avoir écarté l'applicabilité de l'article 6 à la procédure de répression des ententes devant la Commission de la Communauté européenne, au motif que celle-ci n'est pas une juridiction (CJCE, 29 oct. 1980, Heintz Van Landewyck SARL *et al.* c/ Commission (Accords Fedetab), aff. 209 à 215 et 218, *Rec.*, 3125), la Cour de justice considère dorénavant que les sanctions pécuniaires prononcées par la Commission en matière de concurrence sont des sanctions pénales telles que celles-ci sont définies par la jurisprudence de la Cour européenne des droits de l'homme (CJCE, 17 déc. 1998, Baustahlgewebe GmbH c/ Commission, aff. C-185/95P, *Rec.*, I-8417 ; *RTDH*, 1999, 487, obs. F. Sudre).

Respectant et dépassant ainsi les exigences de la jurisprudence européenne les deux hautes juridictions peuvent prendre aussi une position qui leur est propre.

2 / Ainsi, pour la Cour de cassation, une sanction disciplinaire au sein d'un établissement pénitentiaire n'est pas une sanction pénale (Cass. crim., 27 mars 1997, *Bull. crim.*, n° 128) ; à souligner cependant que, pour le Conseil d'État, eu égard à leur nature et à leur gravité, certaines sanctions disciplinaires pénitentiaires ou militaires sont susceptibles d'être déférées devant le juge de l'excès de pouvoir (CE, Ass., 17 janv. 1995, Hardouin et Marie, *Rec.*, 82, 85, concl. P. Frydman). Allant plus loin encore, la haute juridiction administrative a anticipé

une condamnation de la France par la Cour européenne des droits de l'homme (*Ramirez Sanchez c/ France*, 27 janv. 2005 ; 4 juill. 2006, Gr. Ch. : condamnation de l'absence de recours effectif contre les décisions de placement en isolement d'un détenu) en admettant les recours contre les décisions de placement en isolement d'un détenu (CE, 30 juill. 2003, Remli, *AJDA*, 2003, 2090, note D. Costa) revenant ainsi sur CE, 28 février 1996, Fauqueux, *Rec.*, 52. Il s'agit cependant de solutions implicites sous l'angle du volet pénal de l'article 6 CEDH. Le Conseil d'État prend en compte l'atteinte aux droits fondamentaux du détenu causée par une mesure de l'administration pénitentiaire pour déterminer si cette mesure relève du contrôle juridictionnel du juge administratif (CE, Ass., 14 déc. 2007, M. Planchenault et garde des Sceaux, Ministre de la Justice c/ M. Boussouar, *RFDA*, 2008, p. 87, concl. M. Guyomar ; *RFDA*, 2008, p. 750, chron. L. Sermet et J. Andriantsimbazovina ; *AJDA*, 2008, 128, chron. J. Boucher et B. Bourgeois-Machureau ; CE, 9 avr. 2008, Rogier c/ Ministre de la Justice, n° 308221, *Rec. tabl.*). Échappent toujours au volet pénal de l'article 6 CEDH les mesures de police administrative qui ne sont pas d'ailleurs considérées comme des sanctions administratives au sens du droit interne (CE, 2 déc. 1992, Mme Parouty, *RDP*, 1994, 587 ; CE, 15 mai 1991, Mlle Mbada, *Rec.*, 192) comme par exemple la décision préfectorale de suspension provisoire du permis de conduire (CE, 19 mars 2003, Leclère, *AJDA*, 2003, 1623, note A.-E. Courrier ; *RFDA*, 2004, 994, obs. J. Andriantsimbazovina et L. Sermet). Enfin, s'il est soumis au volet civil de l'article 6, § 1 (*supra*, n° 21, *Le Compte et al.*), le contentieux devant les juridictions disciplinaires des ordres professionnels ne relève pas du volet pénal de ces stipulations (CE, 29 janv. 2001, M. Léon-Suberbielle, 194914, *Rec. tabl.*, 960 ; CE, 27 oct. 1999, Fédération française de football, *JCP*, 2000, II, 10376, obs. R. Piastra : mesures de discipline en matière sportive). De même, si les sanctions disciplinaires frappant les détenus et qui limitent les droits fondamentaux de ceux-ci peuvent rentrer dans le champ d'application de la matière civile, « la nature administrative de l'autorité prononçant les sanctions disciplinaires fait obstacle à ce que les stipulations de l'article 6 de la Convention européenne de sauvegarde des droits de l'hommes et des libertés fondamentales soient applicables à la procédure disciplinaire dans les établissements pénitentiaires » (CE, 11 juillet 2012, *Section française de l'observatoire international des prisons*, req. 347146).

Les divergences entre le juge européen et les juridictions nationales sont devenues marginales. La jurisprudence européenne a sans doute provoqué un renouvellement des textes et de la jurisprudence en matière de sanctions administratives.

J. A.

## *2 / Les sanctions fiscales*

**26. Jussila c/ Finlande, 23 novembre 2006** [GC], CEDH, 2006-XIV, *RTD*H, 207, 239, note I. Costea ; *AJDA*, 2007, 903, chron. J. F. Flauss ; *RDP*, 2007, 878, obs. G. Gonzalez ; *RFDA*, 2007, 1043, chron. H. Labayle et F. Sudre ; JCP G, 2007, I, 106, n° 4, chr. F. Sudre ; *JDI*, 2007, 709, obs. S. Touzé.

1. Sur l'applicabilité de l'article 6

**29.** La présente affaire a trait à une procédure à l'issue de laquelle le requérant s'est vu infliger un redressement fiscal au titre de la TVA, ainsi qu'une majoration d'impôt représentant 10 % des droits dont il fut jugé redevable, en raison d'erreurs qu'il aurait commises dans ses déclarations fiscales. L'article 6 n'étant pas applicable, sous son angle civil, à l'établissement de l'imposition et aux majorations d'impôt (Ferrazzini c/ Italie [GC]), la question qui se pose en l'espèce consiste à savoir si la procédure litigieuse est de nature « pénale » au sens autonome de l'article 6 et est à ce titre susceptible d'entraîner l'application des garanties prévues par le volet pénal de cette disposition.

**30.** Selon la jurisprudence constante de la Cour, l'applicabilité de l'article 6 sous son aspect pénal doit s'apprécier sur la base de trois critères. Ceux-ci, que l'on appelle parfois les « critères Engel », ont été réaffirmés en dernier lieu par la Grande Chambre dans l'arrêt qu'elle a rendu en l'affaire Ezeh et Connors c/ Royaume-Uni ([GC], § 82) : »

**82.** [...] [I] l importe d'abord de savoir si le ou les textes définissant l'infraction incriminée appartiennent, d'après la technique juridique de l'État défendeur, au droit pénal, au droit disciplinaire ou aux deux à la fois. Il s'agit cependant là d'un simple point de départ. L'indication qu'il fournit n'a qu'une valeur formelle et relative ; il faut l'examiner à la lumière du dénominateur commun aux législations respectives des divers États contractants. » La nature même de l'infraction représente un élément d'appréciation d'un plus grand poids. [...]» Là ne s'arrête pourtant pas le contrôle de la Cour. Il se révélerait en général illusoire s'il ne prenait pas également en considération le degré de sévérité de la sanction que risque de subir l'intéressé [...] »

**31.** Les deuxième et troisième critères sont alternatifs et pas nécessairement cumulatifs. Pour que l'article 6 s'applique, il suffit que l'infraction en cause soit par nature pénale ou ait exposé l'intéressé à une sanction qui, par sa nature et son degré de gravité, ressortit en général à la matière pénale [...]. La faiblesse relative de l'enjeu ne saurait retirer à une infraction son caractère pénal intrinsèque [...]. Cela n'empêche pas l'adoption d'une approche cumulative si l'analyse séparée de chaque critère ne permet pas d'aboutir à une conclusion claire quant à l'existence d'une accusation en matière pénale [...].

**32.** La Cour a recherché si elle pouvait se fonder sur des éléments de sa jurisprudence pour employer une autre méthode en matière fiscale. Elle rappelle que, dans l'arrêt Bendenoun c/ France (précité), où étaient en cause des amendes fiscales et des majorations d'impôt pour fraude fiscale respectivement infligées à la société dirigée par le requérant (au titre de la TVA et de l'impôt sur les sociétés) et à celui-ci (au titre de l'impôt sur le revenu), elle ne s'est pas expressément référée à l'arrêt Engel et a énuméré les quatre éléments qu'elle jugeait pertinents dans cette affaire pour trancher la question de l'applicabilité de l'article 6, relevant que la loi qui prévoyait les sanctions concernait tous les citoyens en leur qualité de contribuables, que les majorations d'impôt ne tendaient pas à la réparation pécuniaire d'un préjudice mais visaient pour l'essentiel à punir pour empêcher la réitération des agissements incriminés, qu'elles étaient fondées sur une norme de caractère général dont le but était à la fois préventif et répressif et que les montants exigés de ce chef revêtaient une ampleur considérable (422 534 F français (FRF) pour le requérant, soit 64 415 euros, et 570 398 FRF pour sa société, soit 86 957 euros). Toutefois, dans le contexte de cette affaire, les éléments en question peuvent être considérés comme faisant partie de ceux que la Cour a pris en compte pour se prononcer sur l'application des deuxième et troisième critères Engel aux faits de la cause, car rien n'indique qu'elle ait entendu s'écarter de sa jurisprudence antérieure ou poser des principes distincts en matière fiscale. Il convient en outre de souligner que, dans l'arrêt Bendenoun, la Cour a estimé qu'aucun de ces éléments n'apparaissait décisif à lui seul et qu'elle a opté pour une approche cumulative qui l'a amenée à conclure à l'applicabilité du volet pénal de l'article 6.

**33.** Dans l'arrêt qu'elle a rendu en l'affaire Janosevic c/ Suède, la Cour, se situant dans le droit fil des critères Engel rappelés ci-dessus, n'a pas cité l'arrêt Bendenoun et n'a pas suivi l'approche particulière qu'elle avait alors adoptée. Si elle a relevé la gravité de la sanction encourue et de celle qui fut réellement infligée à M. Janosevic (qui consistait en une majoration dont le montant n'était pas plafonné et qui fut fixée à 161 261 couronnes suédoises (SEK), soit 17 284 euros), elle en a fait un motif supplémentaire et distinct d'attribuer à l'infraction le caractère pénal qu'elle lui avait déjà reconnu en examinant sa nature [...].

**34.** En revanche, dans l'affaire Morel c/ France, dont elle a eu à connaître par la suite, la Cour a considéré que l'article 6 ne s'appliquait pas à une majoration d'impôt de 10 % (correspondant à 4 450 F, soit 678 euros), qui était de « faible importance » et était donc « loin de revêtir l'"ampleur considérable" » nécessaire pour que l'on retînt le caractère pénal de l'affaire. La décision en question, dans laquelle la Cour a appliqué les critères Bendenoun plutôt que les critères Engel, accorde un poids primordial au degré de gravité de la sanction – au détriment des autres éléments retenus dans la décision Bendenoun, notamment celui relatif à la nature de l'infraction (et au but de la sanction) – et ne comporte aucune référence à l'arrêt Janosevic, plus récent. [...] L'affaire Morel, où la Cour s'est fondée sur le caractère véniel de la sanction pour juger que le litige échappait à l'empire de l'article 6, alors même que les autres conditions requises pour l'application de cette disposition (généralité de la norme, sanction dépourvue de caractère indemnitaire poursuivant un but préventif et répressif) étaient incontestablement réunies, constitue une exception parmi les affaires publiées.

**35.** La Grande Chambre souscrit à la démarche adoptée par la chambre qui avait rendu, dans l'affaire Janosevic, un arrêt au fond après avoir procédé à une analyse minutieuse des questions en litige et entendu les parties en leurs explications (l'affaire Morel avait donné lieu à une décision d'irrecevabilité). Il n'existe donc pas, dans la jurisprudence de la Cour, de précédent faisant autorité qui permette de dire que la légèreté de la sanction constituerait, en matière fiscale ou autre, un facteur décisif pour exclure du champ d'application de l'article 6 une infraction revêtant par ailleurs un caractère pénal.

**36.** En outre, la Cour n'est pas convaincue par la thèse selon laquelle les procédures de redressement fiscal doivent ou devraient, en raison de leur nature même, échapper à la protection de l'article 6. Les arguments qui ont été invoqués au soutien de pareille thèse en matière de discipline pénitentiaire et d'infractions légères aux règles de la circulation routière ont été rejetés par la Cour [...]. Si la Cour ne doute pas de l'importance de l'impôt pour le bon fonctionnement de l'État, elle n'est pas convaincue qu'il faille affranchir les sanctions fiscales des garanties procédurales contenues dans l'article 6 pour préserver l'efficacité du système fiscal ni d'ailleurs que pareille démarche puisse se concilier avec l'esprit et le but de la Convention. Par conséquent, la Cour appliquera en l'espèce les critères Engel rappelés ci-dessus.

**37.** En ce qui concerne le premier de ces critères, il apparaît que la majoration d'impôt infligée à l'intéressé ne ressortissait pas au droit pénal mais relevait de la législation fiscale. Toutefois, pareille considération n'est pas décisive.

**38.** Le deuxième critère, qui touche à la nature de l'infraction, est le plus important. La Cour observe qu'à l'instar de celles infligées dans les affaires Janosevic et endenoun, les majorations d'impôt appliquées en l'espèce peuvent être considérées comme fondées sur des dispositions juridiques générales applicables à l'ensemble des contribuables. Elle n'est pas convaincue par l'argument du gouvernement selon lequel la TVA ne s'applique qu'à un groupe déterminé de personnes ayant un statut particulier car en l'espèce, comme c'était le cas dans les affaires précitées, le requérant était assujetti à cet impôt en tant que contribuable. Le fait que l'intéressé a choisi de soumettre son activité professionnelle au régime de la TVA ne modifie pas sa situation à cet égard. En outre, comme le gouvernement l'a reconnu, les majorations d'impôt ne tendaient pas à la réparation pécuniaire d'un préjudice mais visaient pour l'essentiel à punir pour empêcher la réitération des agissements incriminés. On peut dès lors en conclure que les majorations infligées étaient fondées sur une norme poursuivant un but à la fois préventif et répressif. Cette considération suffit à elle seule à conférer à l'infraction infligée un caractère pénal. La légèreté de la sanction litigieuse distingue la présente espèce des affaires Janosevic et Bendenoun en ce qui concerne le troisième critère Engel mais n'a pas pour effet de l'exclure du champ d'application de l'article 6. Cette disposition s'applique donc sous son volet pénal nonobstant la modicité de la somme exigée au titre de la majoration d'impôt.

Exclu du volet civil de l'article 6, § 1 de la Convention européenne des droits de l'homme (*Schouten et Meldrum c/ Pays-Bas*, 9 déc. 1994, A. 304, § 50 ; *Ferrazzini c/ Italie*, 12 juill. 2001, Gr. Ch., § 29, *JCP*, 2002, I, 105, 6, obs. F. Sudre : « Le contentieux fiscal échappe au champ des droits et obligations de caractère civil, en dépit des effets patrimoniaux qu'il a nécessairement quant à la situation des contribuables ») le contentieux fiscal est pleinement intégré dans le volet pénal de celui-ci (*Bendenoun c/ France*, 21 févr. 1994, A, n° 284-A, *GACEDH*, 4e éd., n° 25 ; *Stingaciu et Tudor c/ Roumanie*, 3 août 2006, § 25 ; *Stere et al. c/ Roumanie*, 23 févr. 2006, § 28).

Les critères de l'attraction des sanctions fiscales dans le champ d'application du volet pénal de l'article 6 de la Convention n'étaient cependant pas maniés avec grande clarté. Alors que l'arrêt *Engel* (*supra*, n° 4) privilégie une approche alternative des critères de pénalisation des sanctions administratives – la classification par le droit national, la nature de l'infraction, la nature et la gravité de la sanction encourue – l'arrêt *Bendenoun* préférait une approche cumulative de ces critères concernant la pénalisation des sanctions fiscales. La jurisprudence a hésité entre ces deux approches. Analysé comme un arrêt de remise en ordre grâce à un retour aux critères alternatifs en matière fiscale, et en cela comme un revirement de jurisprudence, l'arrêt *Jussila* retient l'attention surtout par sa volonté de faciliter et de renforcer la pénalisation des sanctions fiscales (I). Il permet de préciser aussi la portée de cette pénalisation (II).

## I / Le renforcement de la pénalisation des sanctions fiscales

L'arrêt *Jussila* prolonge un mouvement prudent de pénalisation des sanctions finales entamé par l'arrêt *Bendenoun* qui exploitait des critères de pénalisation cumulatifs. Allant plus loin que ce dernier, il facilite grandement cette pénalisation en recourant aussi à des critères alternatifs et n'accordant que peu d'importance à la gravité de la sanction.

A) La jurisprudence européenne abordait avec retenue la question de la pénalisation des sanctions fiscales.

1 / Initialement, la Commission européenne déclarait l'inapplicabilité de l'article 6, § 1 à toutes procédures fiscales (Comm., déc. 23 mai 1966, A, B, C, D, n° 1904/63, 2029/63, 2093/63, 2217/64 ; déc. 4 mai 1983, X, *DR*, 32, 266). Le Conseil d'État fut sur cette ligne (CE, 2 juin 1989, Bussoz, *DF*, 1990, 8, comm., 1019). La Commission changea sa jurisprudence en appliquant la méthode des faisceaux de critères : « amende administrative » est soumise à la matière pénale de la Convention (Comm., déc. 8 mai 1987, S. M., n° 11919/86). Avec les critères de la qualification du droit national, de la nature de l'infraction, de la nature et de la sévérité de la sanction fiscale, elle se munissait d'un instrument de contrôle, encerclant les pénalités fiscales (Comm., déc. 6 juill. 1990, *Bendenoun*, n° 12547/86 ; aussi Comm. déc. 1er déc. 1992, Perrin, n° 18656/91 : les pénalités fiscales prévues par l'article 1729 du Code général des impôts tombent dans le volet pénal de l'article 6, § 1).

L'évolution de la jurisprudence française sur les sanctions fiscales n'était pas indifférente dans le changement de la Commission. Le Conseil constitutionnel soumet les sanctions fiscales aux principes constitutionnels en matière répressive (CC, 82-155 DC, 30 déc. 1982, *Rec.*, 88 ; CC, 89-260 DC, 28 juill. 1989, *Rec.*, 71). Le Conseil d'État admet progressivement le caractère répressif des sanctions fiscales, même si cela n'impliquait pas une assimilation de celles-ci à la matière pénale au sens de la CEDH (CE, Ass., 27 avr. 1979, Yacht Motors Corporation, *RJF*, 6/1979, 366, concl. B. Martin-Laprade : implicitement ; CE, 17 févr. 1992, Époux Vermeersch, *Rec.*, 62 : explicitement). Ce renfort venu de France permettait à la Commission d'approfondir sa jurisprudence (Comm., rap. 10 déc. 1992, B, n° 12547/86) et à la Cour de la confirmer solennellement.

2 / Recourant à la technique du faisceau d'indices, la Cour déclare l'applicabilité du volet pénal de l'article 6, § 1 aux majorations d'impôt en cause dans l'arrêt *Bendenoun*. Se singularisant de la jurisprudence *Engel* (*supra*, n° 4), l'arrêt *Bendenoun* envisage l'éventuel recours, de manière secondaire, à une approche cumulative de ces critères. Ne tenant pas compte du fait que le droit national distingue bien sanctions fiscales et sanctions pénales, elle préféra valoriser le caractère général des majorations d'impôts, leur caractère punitif, préventif et répressif et enfin la gravité et la sévérité de la solution. Ayant fait le bilan des aspects de droit public et de droit pénal classique, la Cour constatait la prédominance de ceux qui donnent une « coloration pénale » aux sanctions litigieuses. Elle concluait alors à l'applicabilité de l'article 6, § 1 (*Bendenoun*, § 47). Les pénalités fiscales sont soumises à la matière pénale (*Rega c/ France*, 9 déc. 2004, § 28 ; *King c/ Royaume-Uni*, 16 nov. 2004 ; *Storck c/ France*, 14 sept. 2004), y compris les amendes pour fraude fiscale rendant ainsi invocable l'article 6, § 2 (*A. P., M. P. et T. P. c/ Suisse*, 29 août 1997, § 43), les amendes d'ordre pour refus de fourniture de renseignements nécessaires à la détermination de l'impôt (*J. B. c/ Suisse*, 3 mai 2001, § 47-49), les majorations pour déclaration incorrecte (*Janosevic c/ Suède*, 23 juill. 2002 ; *RFDA*, 2003, 940, obs. H. Labayle et F. Sudre ; même date *Västberga Taxi Aktielboag et Vulic c/ Suède*) ; les majorations pour impayées (*Julius Kloiber Schlaschthof GmbH e.a c. Autriche*, 4 avril 2013 ; aussi *Steininger c. Autriche*, 17 avril 2012) ; le droit de greffe exigé pour introduire un recours juridictionnel contre des pénalités fiscales (*J. J. c/ Pays-Bas*, 27 mars 1998, § 40).

Les juridictions nationales s'alignent sur cette jurisprudence pour toutes pénalités fiscales « dès lors qu'elles présentent le caractère d'une punition tendant à empêcher la réitération des agissements qu'elles visent comme les majorations d'impôts pour manœuvres frauduleuses et non pas seulement pour objet la seule réparation d'un préjudice pécuniaire » (CE, Avis, Sect., 31 mars 1995, SARL AutoIndustrie Méric, *Rec.*, 154 ; CE, Avis, Sect., 12 avr. 1996, Houdmond, *Rec.*, 116 ; la Cour de cassation statue dans le même sens, Cass. Com., 29 avr. 1997, Ferreira c/ DGI, *JCP*, 1997, II, 22935, note F. Sudre). Il en est de même de la « contribution spéciale » imposée, au profit de l'Office des migrations internationales, aux personnes ou entreprises employant irrégulièrement des travailleurs étrangers (CE, Sect., 28 juill. 1999, Mumm-Perrier-Jouët, *Rec.*, 257, concl. J.-C. Bonichot).

Bien qu'acquise, la soumission des sanctions fiscales à la matière pénale au sens de l'article 6, § 1 n'était pas commandée par une approche nette des critères utilisés par la Cour pour y parvenir.

B) L'arrêt *Jussila* est censé apporter une clarification et une cohérence.

1 / Il commence par pointer du doigt les incertitudes de la jurisprudence *Bendenoun*. Il souligne d'emblée l'écart entre l'approche alternative retenue par l'arrêt *Engel* et l'approche cumulative choisie par l'arrêt *Bendenoun* (*Jussila*, § 32). Il procède à une relecture de la jurisprudence ultérieure à l'arrêt *Bendenoun* en insistant sur le décalage entre le recours aux critères alternatifs dans l'arrêt *Janosevic* (préc.) et l'application des critères cumulatifs dans la décision *Morel c/ France* (déc., n° 54559/00, CEDH, 2003-IX). Ce constat lui permet de minimiser le critère de la gravité de la sanction en affirmant que : « Il n'existe donc pas, dans la jurisprudence de la Cour, de précédent faisant autorité qui permette de dire que la légèreté de la sanction constituerait, en matière fiscale ou autre, un facteur décisif pour exclure du champ d'application de l'article 6 une infraction revêtant par ailleurs un caractère pénal » (*Jussila*, § 35). Il semble que là n'est pas la véritable raison de la banalisation de la pénalisation des sanctions fiscales.

2 / En réalité, une volonté évidente d'élargir le champ d'application du volet pénal de l'article 6, § 1 au maximum des différents types de sanctions fiscales justifie le retour aux critères alternatifs. La Cour ne souhaite pas soustraire les procédures de redressement fiscal de l'article 6 en faisant une comparaison avec les sanctions disciplinaires pénitentiaires ou avec les sanctions infligées aux auteurs d'infractions routières. La Cour développe un raisonnement résolument finaliste : « Si la Cour ne doute pas de l'importance de l'impôt pour le bon fonctionnement de l'État, elle n'est pas convaincue qu'il faille affranchir les sanctions fiscales des garanties procédurales contenues dans l'article 6 pour préserver l'efficacité du système fiscal ni d'ailleurs que pareille démarche

puisse se concilier avec l'esprit et le but de la Convention. Par conséquent, la Cour appliquera en l'espèce les critères *Engel* rappelés ci-dessus » (§ 36). Ce recours aux critères alternatifs est confirmé (*Chatzinikolau c/ Grèce*, 21 févr. 2008, § 19). Toutefois, la Cour semble davantage guidée par la volonté de retenir l'applicabilité du volet pénal de l'article 6, § 1 que par le respect du caractère alternatif ou cumulatif des critères. « Pour que l'article 6 s'applique, il suffit que l'infraction en cause soit par nature pénale ou ait exposé l'intéressé à une sanction qui, par sa nature et son degré de gravité, ressortit en général à la matière pénale. Cela n'empêche pas l'adoption d'une approche cumulative si l'analyse séparée de chaque critère ne permet pas d'aboutir à une conclusion claire quant à l'existence d'une accusation en matière pénale » (*Hÿsein Turan c/ Turquie*, 4 mars 2008, § 17). Elle procède par pragmatisme. Elle énumère parfois l'ensemble des critères. Elle donne un poids tantôt fort (*Chatzinikolau c/ Grèce*, § 20) tantôt faible (*Hÿsein Turan c/ Turquie*, § 19) à la gravité d'une sanction pour retenir la pénalisation d'une sanction.

## II / Les précisions quant à la portée de la pénalisation des sanctions fiscales

L'arrêt *Jussila* confirme l'applicabilité du volet pénal de l'article 6, § 1 à la phase non juridictionnelle de la procédure de répression fiscale. Il laisse en suspens une question : les critères de la « matière pénale » suffisent-ils à faire le tri parmi les diverses et nombreuses formes de pénalités fiscales (rien qu'en France, on en recense entre 120 et 200) ? Il ne tranche pas non plus la question du pouvoir de modulation de la sanction par le juge fiscal.

A) L'applicabilité du volet pénal de l'article 6, § 1 de la Convention à la phase administrative de la procédure de répression fiscale a divisé.

La jurisprudence Bendenoun ouvrait la porte à deux interprétations contradictoires. L'arrêt *Bendenoun* décerne un brevet de conventionnalité à la phase administrative de la procédure de répression fiscale. Il laisse à l'État la liberté de confier à l'administration fiscale la poursuite et la répression des fraudes fiscales « pour autant que le contribuable puisse saisir de toute décision prise à son encontre un tribunal offrant les garanties de ce texte (art. 6, § 1 de la Convention) » (§ 46). Il doit s'agir d'un tribunal doté d'une compétence de pleine juridiction (*Silvester's Horeca Service c/ Belgique*, 4 mars 2004, § 27-28 : tel n'est pas le cas d'une juridiction qui ne peut se prononcer sur l'opportunité des amendes ou d'en accorder la remise). C'est une position déjà anticipée (CE, 26 juin 1992, Monnier-Besombes, *Rec.*, 250) et immédiatement suivie par le juge administratif (CE, 18 mars 1994, Sté Sovemarco-Europe, n° 68799).

Toutefois, la Cour européenne des droits de l'homme a admis l'applicabilité du volet pénal de l'article 6, § 1 à la procédure administrative devant la Commission des infractions fiscales (*Miailhe n° 2*, 26 sept. 1996, § 46). La position de la Cour n'est cependant pas dépourvue d'ambiguïté. Tout en affirmant cette applicabilité de l'article 6, § 1 à la procédure administrative, elle ne contrôle pas la compatibilité de cette seule phase avec le droit à un procès équitable. Elle examine l'ensemble de la procédure fiscale, la procédure administrative préalable et la procédure juridictionnelle. La possibilité réelle de se défendre devant les juridictions pendant la phase juridictionnelle constitue un gage de conventionnalité de l'ensemble de la procédure (déc. *André Le Meignen c/ France*, 11 janv. 2000, n° 41544/98, *RJF*, 4/2001, n° 426). Cela signifie-t-il que les garanties du procès équitables doivent jouer de la même manière pendant la phase d'instruction d'un procès pénal *stricto sensu* (Stratégie communication et *Dumoulin c/ France*, 15 juill. 2002, § 39) et pendant la procédure administrative d'édiction de sanctions fiscales, même si celle-ci est suivie d'une phase contentieuse devant une juridiction ? Le Conseil d'État et la Cour de cassation considèrent qu'il n'en est pas ainsi. Les deux hautes juridictions excluent l'applicabilité du volet pénal de l'article 6, § 1 aux procédures administratives relatives à l'élaboration ou au prononcé des sanctions fiscales (CE, 27 mars 2000, SARL Maurel et fils, n° 187703, *RJF*, 5/2000, n° 700 ; Cass. crim., 16 mai 2001, Gaydamak, n° 0082649, *bicc*, 2001, 540, n° 823). Le Conseil d'État accepte toutefois l'applicabilité de l'article 6, § 2 à ces procédures (CE, 24 mai 2006, SA Martell et Co, *JCP G*, 2007, II, 10206, note B. Belda ; CE, 26 mai 2008, Sté Norelec, *Dr. Fisc.*, 2008 (28), n° 411, concl. F. Seners ; CE, Avis, 4 déc. 2009, Sté Rueil Sports, *Dr. Fisc.*, 2010 (6), n° 181, concl. E. Glaser). Par ailleurs, il considère que l'office du juge du référé fiscal n'est soumis ni au volet civil ni au volet pénal de l'article 6, § 1 (CE, Sect., 25 avr. 2001, Sté Parfival, *Rec.*, 208).

L'arrêt *Jussila* a laissé entendre l'applicabilité du volet pénal de l'article 6, § 1 à la phase administrative de la procédure fiscale en prenant en considération l'ensemble « des éléments pertinents du cadre fiscal »

(§ 39). Il est clairement conforté par la jurisprudence ultérieure qui affirme cette applicabilité de l'article 6 § 1 à la procédure administrative de « détermination des montants dus à titre d'impôt, sans complètement exclure qu'une amende soit prononcée » (*Chambaz c/ Suisse*, 5 avril 2012, § 40, *JCP* G 2012, doctr. 924, chr. F. Sudre, § 8).

B) Reste en suspend également la question de l'applicabilité du volet pénal de l'article 6, § 1 de la Convention aux intérêts et aux majorations de retard de paiement des impôts.

Le principe qui préside la qualification de la matière pénale paraît bien posé. Il est fondé sur la finalité de la pénalité. En droit européen – faut-il le rappeler ? –, une pénalité fiscale qui présente le caractère d'une punition tendant à enrayer la récidive de certains comportements constitue une accusation en matière pénale au sens de l'article 6, § 1 de la Convention. En droit national, la jurisprudence va dans le même sens. Les intérêts et les majorations de retard n'y sont pas assimilés à des sanctions dès lors qu'ils n'ont pas de finalité répressive, mais ont un but de réparation pécuniaire (CC, 82-155 DC, 30 déc. 1982, *Rec.*, 88), c'est-à-dire une dette résultant du retard pris pour le dépôt de la déclaration ou/et pour le paiement des impôts (Cass. Com., 18 mai 1999, Sté Vidrace c/ DGI, *Bull. civ.*, IV, n° 105, 85).

Relativement simple à énoncer, le principe ainsi fixé apparaît difficile à mettre en œuvre. Les intérêts de retard dont le taux est largement supérieur au taux légal ne perdent-ils pas leur but réparateur pour devenir des intérêts punitifs ? Les hautes juridictions françaises répondent négativement (CE, Avis, Sect., 31 mars 1995, Sarl AutoIndustrie Méric, préc. ; CE, Avis, Sect., 12 avr. 1996, Houdmond, préc., CE, Avis, 8 juill. 1998, Fattel, préc. ; Cass. Com., 27 sept. 2005, Octogone immobilier, *D*, 2005, *IR*, 2548) sans être en contradiction avec la Cour européenne (déc. 3 déc. 2002, *Mieg de Boofzheim c/ France*, 52938/99). L'arrêt *Jussila* maintient la distinction entre les sanctions fiscales comprenant les intérêts de retard qui ne relèvent pas de la matière pénale et les sanctions fiscales à but repressif qui relèvent de celles-ci. Certaines juridictions judiciaires de première instance se sont risquées à y répondre positivement (TGI Paris, 6 juill. 2000, Crts Dalloz-Furet, *DF*, 2001, 133 ; *Procédures*, 2001, n° 3, n° 76, note J.-L. Pierre). Le Conseil d'État a donné une réponse très ferme basée sur un double critère de la finalité et de la gravité de la mesure. « L'intérêt de retard institué [...] vise essentiellement à réparer les préjudices de toute nature subis par l'État à raison du non-respect par les contribuables de leurs obligations de déclaration et payer l'impôt aux dates légales. Si l'évolution des taux du marché a conduit à une hausse relative de cet intérêt depuis son institution, cette circonstance ne lui confère pas pour autant la nature d'une sanction, dès lors que son niveau n'est pas devenu manifestement excessif au regard du taux moyen pratiqué par les prêteurs privés pour un découvert non négocié » (CE, Ass., 12 avr. 2002, Sté Anonyme Financière Labeyrie, *AJDA*, 2002, 410, chron. M. Guyomar et P. Collin).

En définitive, la soumission des sanctions fiscales à la matière pénale au sens de l'article 6, § 1 de la Convention européenne des droits de l'homme a contribué à renforcer les droits des justiciables vis-à-vis de l'administration fiscale. Elle n'est cependant pas totale. Elle n'a pas levé non plus toutes les interrogations sur les rapports de la matière fiscale au sens large avec la Convention européenne des droits de l'homme. Sur ce point, le juge administratif est réservé quant à l'applicabilité de l'article 6, § 1 (CE, 26 nov. 1999, Guénon, *Rec. tabl.*, 789 : caractère inopérant des moyens tirés de la violation de l'article 6, § 1 dans un litige relatif à l'assiette de l'impôt, même en cas d'application de dispositions législatives rétroactives ; CE, 21 déc. 2001, SCI La Complexe, *Rec.*, 663 : l'article 6, § 1 n'est pas invocable devant le juge de l'impôt au soutien d'une contestation d'une participation pour dépassement du coefficient d'occupation des sols), mais, il faut le savoir, le contribuable peut invoquer d'autres articles de la Convention ou de ses protocoles, tel que l'article 14 ou/et l'article 1er du Protocole 1 devant la Cour européenne des droits de l'homme. La question est susceptible d'évoluer dans le cadre du dialogue des juges.

C) En attendant, l'arrêt Jussila ne s'est pas prononcé sur le pouvoir du juge de l'impôt de moduler la sanction fiscale. Les juridictions nationales ont adopté des solutions divergences.

Alors que la Cour de cassation reconnaît le pouvoir des juridictions judiciaires de moduler la sanction fiscale même dans le silence de la loi répressive (Cass. Comm., 29 avr. 1997, *Ferreira c/ DGI*, préc.), le Conseil d'État a pris une position nuancée concernant les juridictions administratives. Il nie un tel pouvoir de modulation (CE, Avis, Sect., 12 avr. 1996, Houdmond, préc., CE, Avis, 8 juill. 1998, Fattel, *RJF*, n° 8/9, 637, concl. J. Arrighi de Casanova) sauf dans le cas où le législateur lui-même a prévu une échelle de sanctions (CE, Ass., 16 févr. 2009, Sté Atom, *Dr. Fisc.* 2009 (15), comm. 275, concl. C. Legras ; *RFDA*, 2010, p. 597, chr. J. Andriantsimbazovina et L. Sermet ; CE, 10 avril 2009, Von Koening, *rjf* 2009 (7), n° 676 ; CE, 27 juillet 2009, Caisse interfédérale de Crédit Mutuel et Sté Conforama Holding (2 arrêts), *Dr. Fisc.* 2009 (42), comm. 106, concl. E. Glaser ; CE, 30 déc. 2009, Maso-Serra, req. 308515). Ici le juge administratif exerce un contrôle entier des faits et de la qualification du fisc. Dans le cas où le texte répressif ne fixe qu'une seule sanction, le juge administratif recherche l'échelle de sanction dans plusieurs dispositions fiscales (CE, 26 mai 2008, Sté Norelec, *Dr. Fisc.* 2008 (28), comm. 411, concl. F. Séners, note J.-L. Pierre ; CE, 30 juillet 2010, Sté Turbo's Hoet Truck Center et M. Hoet (2 arrêts), *Dr. Fisc.* 2010 (50), comm. 597). Cette différence de position entre les deux cours suprêmes nuit à la cohérence du droit fiscal et à l'égalité des justiciables devant la loi et devant le juge.

La Cour européenne des droits de l'homme conforte la position du Conseil d'État. En raison de la nature particulière du contentieux fiscal et sous réserve de l'absence d'arbitraire, l'absence d'un pouvoir de modulation peut être compensée par « le recours de plein contentieux, dans le cadre duquel le juge administratif dispose de pouvoirs étendus : il apprécie tous les éléments de fait et de droit et peut non seulement annuler ou valider un acte administratif, mais également le réformer, voire substituer sa propre décision à celle de l'administration et se prononcer sur les droits de l'intéressé ; en matière fiscale, il peut décharger le contribuable des impôts et pénalités mis à sa charge ou en modifier le montant dans la limite de l'application de la loi, et en matière de pénalités, substituer un taux inférieur à un taux supérieur pour autant que la loi le prévoit » (*Segame SA c. France*, 7 juin 2012, *JCP G* 2012, doctr. 924, chr. F. Sudre, § 10). Le Conseil d'État joue dorénavant de concert avec la Cour européenne des droits de l'homme en affirmant que l'article 6 § 1 de la Convention n'oblige pas le juge de l'impôt à moduler les pénalités fiscales (CE, 28 décembre 2012, François-Xavier B., 334885, cons. n° 12 ; voir aussi CE, 27 juillet 2012, Catusse, Dr. fisc. 2012, 51, comm. 571, J. L. Pierre).

J. A.

## II | Les garanties générales du procès équitable

### A | Le droit à un tribunal

#### *1 / Le droit d'accès à un tribunal*

**27. Golder c/ Royaume-Uni, 21 février 1975**, série A, n° 18, *AFDI*, 1975, 330, note R. Pelloux.

**26.** Il n'en demeure pas moins que Golder avait manifesté de la façon la plus claire sa volonté « d'intenter une action civile pour diffamation » ; c'est dans ce but qu'il désirait se mettre en rapport avec un avocat, mesure préparatoire normale en elle-même et vraisemblablement indispensable pour lui en raison de son état de détention. En lui interdisant d'établir pareil contact, le ministre de l'Intérieur a contrecarré l'introduction de l'instance envisagée. Sans dénier formellement à Golder le droit de saisir un tribunal, il l'a empêché en fait d'engager une action dès 1970. Or, un obstacle de fait peut enfreindre la Convention à l'égal d'un obstacle juridique.

**28.** D'autre part, l'article 6, § 1 ne proclame pas en termes exprès un droit d'accès aux tribunaux. Il énonce des droits distincts mais dérivant de la même idée fondamentale et qui, réunis, constituent un droit unique dont il ne donne pas la définition précise au sens étroit de ces mots. Il incombe à la Cour de rechercher, par voie d'interprétation, si l'accès aux tribunaux constitue un élément ou aspect de ce droit. [...]

**34.** Ainsi que le précise l'article 31, § 2 de la Convention de Vienne, le préambule d'un traité forme partie intégrante du contexte. En outre, il offre d'ordinaire une grande utilité pour la détermination de l'« objet » et du « but » de l'instrument à interpréter. En l'espèce, le passage le plus significatif du préambule de la Convention européenne est celui où les gouvernements signataires s'affirment « résolus, en tant que gouvernements d'États européens animés d'un même esprit et possédant un patrimoine commun d'idéal et de traditions politiques, de respect de la liberté et de prééminence du droit, à prendre les premières mesures propres à assurer la garantie collective de certains des droits énoncés dans la Déclaration universelle » du 10 décembre 1948 [...]. Si les gouvernements signataires ont décidé de « prendre les premières mesures propres à assurer la garantie collective de certains des droits énoncés dans la Déclaration universelle », c'est en raison notamment de leur attachement sincère à la prééminence du droit. Il paraît à la fois naturel et conforme au principe de la bonne foi (art. 31, § 1 de la Convention de Vienne) d'avoir égard à ce motif, hautement proclamé, en interprétant les termes de l'article 6, § 1 dans leur contexte et à la lumière de l'objet et du but de la Convention. Il en est d'autant plus ainsi que le Statut du Conseil de l'Europe, organisation dont est membre chacun des États parties à la Convention (art. 66 de celle-ci), se réfère à deux reprises à la prééminence du droit : une première fois dans le préambule, où les gouvernements signataires proclament leur inébranlable attachement à ce principe, et une seconde fois dans l'article 3, aux termes duquel « tout Membre du Conseil [...] reconnaît le principe de la prééminence du droit [...] » . Or, en matière civile, la prééminence du droit ne se conçoit guère sans la possibilité d'accéder aux tribunaux.

**35.** Le principe selon lequel une contestation civile doit pouvoir être portée devant un juge compte au nombre des principes fondamentaux de droit universellement reconnus ; il en va de même du principe de droit international qui prohibe le déni de justice. L'article 6, § 1 doit se lire à leur lumière. Si ce texte passait pour concerner exclusivement le déroulement d'une instance déjà engagée devant un tribunal, un État contractant pourrait, sans l'enfreindre, supprimer ses juridictions ou soustraire à leur compétence le règlement de certaines catégories de différends de caractère civil pour le confier à des organes dépendant du gouvernement. Pareilles hypothèses, inséparables d'un risque d'arbitraire, conduirait à de graves conséquences contraires auxdits principes et que la Cour ne saurait perdre de vue [...]. Aux yeux de la Cour, on ne comprendrait pas que l'article 6, § 1 décrive en détail les garanties de procédure accordées aux parties à une action civile en cours et qu'il ne protège pas d'abord ce qui seul permet d'en bénéficier en réalité : l'accès au juge. Équité, publicité et célérité du procès n'offrent point d'intérêt en l'absence de procès.

**36.** De l'ensemble des considérations qui précédent, il ressort que le droit d'accès constitue un élément inhérent au droit qu'énonce l'article 6, § 1. Il ne s'agit pas là d'une interprétation extensive de nature à imposer aux États contractants de nouvelles obligations : elle se fonde sur les termes mêmes de la première phrase de l'article 6, § 1, lue dans son contexte et à la lumière de l'objet et du but de ce traité normatif qu'est la Convention [...], ainsi que de principes généraux de droit. La Cour arrive ainsi, sans devoir recourir à des « moyens complémentaires d'interprétation » au sens de l'article 32 de la Convention de Vienne, à la conclusion que l'article 6, § 1 garantit à chacun le droit à ce qu'un tribunal connaisse de toute contestation relative à ses droits et obligations de caractère civil. Il consacre de la sorte le « droit à un tribunal », dont le droit d'accès, à savoir le droit de saisir le tribunal en matière civile, ne constitue qu'un aspect. À cela s'ajoutent les garanties prescrites par l'article 6, § 1 quant à l'organisation et à la composition du tribunal et quant au déroulement de l'instance. Le tout forme en bref le droit à un procès équitable ; la Cour n'a pas à rechercher en l'espèce si, et dans quelle mesure, l'article 6, § 1 exige en outre une décision sur le fond même de la contestation.

**40.** Dans ces conditions, Golder pouvait légitimement vouloir prendre contact avec un avocat afin de s'adresser à une juridiction. Le ministre n'avait pas à apprécier lui-même les chances de succès de l'action envisagée ; il appartenait à un tribunal indépendant et impartial de décider éventuellement. En répondant qu'il ne croyait pas devoir accorder la permission sollicitée, le ministre a méconnu dans la personne du requérant le droit de saisir un tribunal, tel que le garantit l'article 6, § 1.

L'arrêt *Golder* est un arrêt fondateur pour le droit à un procès équitable, d'une part parce que la Cour reconnaît pour la première fois que l'article 6 § 1 consacre le droit d'accès à un tribunal, d'autre part parce qu'elle pose dans cet arrêt les bases des méthodes d'interprétation constructive qui serviront par la suite à enrichir le contenu de l'article 6.

Purgeant une peine de prison, M. Golder se vit opposer un refus à sa demande de contacter un avocat en vue d'intenter une action en diffamation contre un gardien qui l'avait accusé d'avoir participé à une mutinerie. La question centrale posée à la Cour était de savoir si le droit de toute personne à un tribunal énoncé à l'article 6 § 1 incluait le droit d'accès à un tribunal, droit dont le requérant avait été privé.

Pour conclure que le droit d'accès à un tribunal est un aspect du droit à un tribunal garanti par l'article 6 § 1, la Cour se réfère aux règles d'interprétation des traités énoncées dans la Convention de Vienne du 23 mai 1969, aux « principes fondamentaux de droit universellement reconnus » (§35) et au principe de prééminence du droit, principe qui constitue l'argument majeur pour justifier l'interprétation extensive opérée en l'espèce. Ce principe légitime une interprétation finaliste de la Convention, le droit d'accès à un tribunal étant la condition première de réalisation du procès équitable. La recherche constante de l'effectivité des droits affirmée par l'arrêt *Golder* constituera d'ailleurs le fil conducteur de la jurisprudence ultérieure relative à l'article 6. Bien que non expressément inscrit dans la Convention, le droit d'accès à un tribunal constitue donc un « élément inhérent » au droit garanti par l'article 6 § 1 (§36), la Cour comblant ainsi une lacune de la Convention. Il est vrai que le droit au juge est un droit si consubstantiel à l'État de droit que sa reconnaissance explicite a, dans un premier temps, été négligée. Hormis le Pacte international relatif aux droits civils et politiques du 19 décembre 1966 (art. 14), la consécration de ce droit est tardive et l'influence strasbourgeoise souvent manifeste, en particulier s'agissant de la Cour de Luxembourg (CJCE, 15 mai 1986, Marguerite Johnston, aff. 222/84, *Rec.* 1651), l'article 47 de la Charte des droits fondamentaux de l'Union européenne du 18 décembre 2000 constituant quant à lui une synthèse des articles 6 et 13 de la Convention. Au niveau national, la consécration de ce droit fut d'abord le fait du Conseil d'État (CE, 7 janv. 1972, Élections au Conseil de l'Unité d'enseignement et de recherche des lettres et sciences humaines de l'Université de Limoges, *Rec.* 26, concl. Théry) et de la Cour de cassation (Ass. plén., 30 juin 1995, M. X., *D*, 1995, 513, concl. Jeol), puis du Conseil constitutionnel (déc. 96-373 DC, 9 avr. 1996, Autonomie de la Polynésie française, *AJDA*, 1996, 371, obs. Schrameck).

L'arrêt *Golder* consacre ainsi le droit d'accès à un tribunal, droit dont le contenu sera précisé au fil de la jurisprudence européenne.

## I / Le droit d'accès à un tribunal

Si la dimension substantielle des droits contenus à l'article 6 § 1 a pu dans le passé soulever des interrogations, en revanche le droit d'accès à un tribunal a très vite été reconnu comme un droit fondamental ; il fait par ailleurs l'objet d'une jurisprudence abondante mais précise veillant à garantir les conditions de son effectivité.

A) Le droit à un procès équitable, dont le droit d'accès à un tribunal est le pivot central, est un droit qui a été considérablement valorisé par le juge européen qui estime qu'il « consacre le principe fondamental de la prééminence du droit dans une société démocratique » (*Sunday Times c/ Royaume-Uni*, 26 avr. 1979, § 55).

Cette valorisation emporte deux conséquences principales, intimement liées.

D'une part, la Cour admet la renonciation au droit à un tribunal et donc à la justice étatique au profit d'autres modes de règlement des litiges tel que l'arbitrage (*Deweer c/ Belgique*, 27 fév. 1980, § 49). Elle encadre toutefois strictement cette renonciation en exigeant qu'elle soit libre, sans contrainte et sans équivoque (*Deweer*), « le droit à un tribunal revêt en effet une trop grande importance dans une société démocratique pour qu'une personne en perde le bénéfice par le seul fait qu'elle a souscrit à un arrangement parajudiciaire » (*Suda c/ Rép. Tchèque*, 28 oct. 2010, § 48-49, concernant un arbitrage).

S'agissant des procédures de « plaider-coupable », celles-ci entraînant la privation de certains droits procéduraux, la Cour ajoute (*Natsvlishvili et Togonidze c/ Géorgie*, 29 avr. 2014, § 91, *JCP G*, 2014, act. 627, L. Milano) un critère supplémentaire pour admettre la validité de la renonciation en estimant qu'elle doit être assortie de garanties minimales pour prévenir les abus, c'est-à-dire l'acceptation volontaire par l'accusé de cette procédure en pleine connaissance de ses conséquences juridiques et un contrôle juridictionnel suffisant sur son contenu et ses modalités.

La Cour a, d'autre part, érigé le droit à un procès équitable en valeur constitutive de l'ordre public européen (sur cette notion, *Loizidou c/ Turquie*, 23 mars 1995, *supra* n° 1). Cette consécration impose aux juridictions des États parties de ne pas appliquer un accord conclu avec un État tiers ou un jugement étranger qui méconnaîtrait les exigences essentielles de l'article 6 et qui serait constitutif d'un « déni de justice flagrant », sous peine pour l'État partie de violer lui-même l'article 6 (*Maumousseau et Washington c/ France*, 6 déc. 2007, § 99). Dissipant les doutes de l'arrêt *Pellegrini c/ Italie* (20 juill. 2001, *RTDH*, 2002, 463, note J.-P. Costa) sur le contenu de cette obligation, la Cour précise dans l'arrêt *Othman c/ Royaume-Uni* (17 janv. 2012, *JCP G*, 2012, act. 141, L. Milano) qu'un déni de justice flagrant va au-delà de la simple violation des garanties du procès équitable et implique une destruction de l'essence même des garanties de cet article. En cas de risque de déni de justice flagrant, il revient à l'État de dissiper les doutes en la matière. À ce titre, il faut souligner que la Cour de cassation, en dehors de tout élément d'extranéité, a refusé d'accorder l'*exequatur* à des jugements britanniques en affirmant que le droit d'accès au juge, consacré par l'article 6 § 1 de la Convention, relève de l'ordre public international (civ., 16 mars 1999, Pordéa c/ Sté Times Newspapers limited ; dans le même sens civ. 1re, 1er fév. 2005, État d'Israël c/ Sté National Iranian Oil Company, *JCP G*, 2005, II 10101, note G. Kessler).

B) L'effectivité des droits garantis est une directive majeure d'interprétation de la Convention mais elle joue un rôle particulièrement important s'agissant du droit d'accès à un tribunal comme l'atteste l'arrêt *Airey c/ Irlande* (9 oct. 1979, *supra* n° 2). Dès l'arrêt *Golder*, la Cour fait de l'effectivité de ce droit la condition de réalisation des autres garanties procédurales contenues à l'article 6 (§35) ; elle liera par la suite l'effectivité du droit d'accès au droit à l'exécution des décisions de justice (*Hornsby c/ Grèce*, 19 mars 1997, *infra* n° 33) ou encore au droit d'être jugé dans un délai raisonnable (*Kutic c/ Croatie*, 1er mars 2002 ; *Musumeci c/ Italie*, 11 janv. 2005).

Pour que l'accès au juge soit assuré, certaines conditions matérielles et juridiques doivent être réunies, « un obstacle de fait [pouvant] enfreindre la Convention à l'égal d'un obstacle juridique » (§26) ; dans le cas de M. Golder en l'empêchant de s'adresser à un avocat, le ministre de l'Intérieur l'a concrètement empêché de saisir une juridiction. Adoptant un raisonnement pragmatique, la Cour ne se contente pas de vérifier si le justiciable a pu accéder à un tribunal, elle vérifie également si « le degré d'accès procuré par la législation nationale » était suffisant pour garantir l'effectivité de ce droit (*Ashingdane c/ Royaume-Uni*, 28 mai 1985, § 57).

Du point de vue des conditions matérielles, la Cour va ainsi considérer que même si la Convention n'impose une aide judiciaire qu'en matière pénale (art. 6 § 3-c), l'effectivité de l'accès au juge peut imposer en matière civile un système d'aide juridictionnelle lorsque la représentation par avocat est obligatoire ou en raison de la complexité de la procédure (*Airey*). Au regard des circonstances de l'affaire, le refus d'accorder l'aide juridictionnelle peut également entraîner une rupture de l'égalité des armes (*Steel et Morris c/ Royaume-Uni*, 15 fév. 2005). Y compris en matière pénale, ce droit n'est toutefois pas absolu, la gravité de l'infraction, la sévérité de la sanction encourue, la situation particulière du requérant (*Biba c/ Grèce*, 26 sept. 2000, § 29) ou encore sa situation financière et les chances de succès de la procédure (*Steel et Morris*) peuvent justifier ou non une aide judiciaire. Cette aide peut prendre la forme d'une aide financière ou de la mise à disposition d'un avocat commis d'office (*Imbrioscia c/ Suisse*, 24 nov. 1993).

La Cour laisse, en revanche, une plus grande marge d'appréciation à l'État concernant l'octroi d'une telle aide aux personnes morales (*Granos Organicos Nacionales SA c/ Allemagne*, 22 mars 2012, § 53, personnes morales étrangères ; en ce sens CJUE, 22 déc. 2010, DEB, C-279/09, *Europe*, 2011, comm. 38, D. Simon).

Concernant les systèmes de filtrage des requêtes, la position de la Cour a évolué. Elle a, dans un premier temps, considéré que le refus d'accorder l'aide juridictionnelle au motif que la prétention ne paraissait pas sérieuse portait atteinte à la substance du droit à un tribunal

(*Aerts c/ Belgique*, 30 juill. 1998, *D.*, 1998, act. 38, F. Rolin). Elle va par la suite admettre qu'un refus pour défaut de moyen sérieux de cassation est compatible avec l'article 6 dans une procédure sans représentation obligatoire (*Gnahoré c/ France*, 19 sept. 2000, *RDP*, 2000, 682, A. Gouttenoire), puis, de manière beaucoup plus contestable, dans une procédure avec représentation obligatoire en posant toutefois pour condition que le système de filtrage offre des garanties substantielles contre l'arbitraire (*Del Sol c/ France*, 26 fév. 2002, *RDP*, 2003, 699, A. Gouttenoire ; en ce sens CE, 22 avr. 2005, Magerand, *RFDA*, 2005, 1151, note C. Mayeur-Carpentier). Le Conseil d'État considère que l'absence de prise en charge par l'État des frais exposés par une partie qui décide d'avoir recours à un conseil autre qu'un avocat afin de l'assister lorsqu'une expertise a été ordonnée n'est pas contraire à la Convention (CE, 27 févr. 2004, *AJDA*, 2004, 1434). Saisie d'une demande d'aide juridictionnelle jointe au fond, la juridiction doit transmettre sans délai celle-ci au bureau compétent et sursoir à statuer dans l'attente de la réponse à ladite demande, l'absence de sursis à statuer étant un moyen d'ordre public (CE, avis, 6 mai 2009, Jafor Khan, *AJDA*, 2009, 1898, note B. Arvis)

S'agissant des conditions juridiques entourant l'accès à un tribunal, la Cour estime que l'effectivité commande qu'un individu jouisse « d'une possibilité claire et concrète de contester un acte constituant une ingérence dans ses droits » et condamne le manque de « clarté et de garanties suffisantes » entourant le dispositif français d'indemnisation des hémophiles contaminés par le VIH (*Bellet c/ France*, 4 déc. 1995 ; *Lagrange c/ France*, 10 oct. 2000). La Cour pose dès lors une exigence de clarté et prévisibilité des règles en matière d'accès au juge (*Geouffre de la Pradelle c/ France*, 16 déc. 1992), le principe de sécurité juridique constituant « un des éléments fondamentaux de la prééminence du droit » (*Brumarescu c/ Roumanie*, 28 oct. 1999, *JCP G*, 2000, I 203, obs. F. Sudre).

Le caractère effectif de l'accès au juge exige que le justiciable soit informé de son droit de soumettre toute difficulté au juge, notamment dans le cadre de visites domiciliaires en matière fiscale (*Ravon c/ France*, 21 févr. 2008, *JCP G*, 2008, I 167, obs. F. Sudre ; en ce sens CE, 21 nov. 2012, n° 33200, *RFDA*, 2013, 587, obs. L. Milano).

Toutefois, la Cour considère que « les exigences de la sécurité juridique et de protection de la confiance légitime des justiciables ne consacrent pas un droit acquis à une jurisprudence constante » (*Unedic c/ France*, 18 déc. 2008, *JCP G*, 2009, I 143, obs. F. Sudre), le droit d'accès à un tribunal ne fait donc pas obstacle à l'application rétroactive d'un revirement de jurisprudence, sous réserve de la prévisibilité de ce revirement (*Legrand c/ France, 26 mai 2011*, *JCP* G, 2011, act. 730, C. Picheral). La Cour s'inscrit ainsi dans les pas de la jurisprudence de la Cour de cassation (Civ. 1°, 21 mars 2000, Le Collinet ; Ass. Plén., 21 déc. 2006, *JCP G*, 2007, II 10111, note X. Lagarde) qui semble cependant plus protectrice en précisant que l'application immédiate d'une solution nouvelle ne doit pas priver le requérant du droit d'accès au juge (Civ. 1°, 11 juin 2009, n$^{os}$ 07-14932 et 08-16914, *D.*, 2009, 2567, obs. N. Molfessis), le Conseil d'État applique une solution similaire (CE, 6 juin 2008, n° 283141 ; CE, 2 sept. 2009, n° 297013).

## II / Contenu du droit d'accès à un tribunal

Selon la Cour, « le droit d'accès à un tribunal comprend le droit d'engager une action, mais aussi le droit à une solution juridictionnelle du litige » (*Kutic*). Elle a ainsi posé des exigences relatives au tribunal saisi et au jugement rendu.

A) Est qualifié de tribunal tout organe à qui « il appartient de trancher, sur la base de normes de droit et à l'issue d'une procédure organisée, toute question relevant de sa compétence » (*Sramek c/ Autriche*, 22 oct. 1984, § 36, s'agissant de l'autorité régionale des transactions immobilières). « Par "tribunal" l'article 6 § 1 n'entend pas nécessairement une juridiction de type classique intégrée aux structures judiciaires ordinaires du pays » (*Campbell et Fell c/ Royaume-Uni*, 28 juin 1984, § 76).

1 / Dans une décision *Didier c/ France* (27 août 2002, *JCP* G, 2003, II 10177, note G. Gonzalez), la Cour a érigé la notion de « tribunal » en notion autonome (*supra* n° 4) ce qui suscite un certain nombre d'ambiguïtés. D'une part, à la différence des autres notions autonomes contenues dans la Convention, la notion de « tribunal » ne détermine pas le champ d'application de l'article 6, seules les notions de « droits et obligations de caractère civil » et d'« accusation en matière pénale » commandant l'applicabilité de cet article, bien que l'arrêt *Vilho Eskelinen c/ Finlande* (GC, 19 avr. 2007, *supra* n° 23) brouille cette analyse s'agissant du contentieux de la fonction publique. La jurisprudence du Conseil d'État a également entretenu le doute en faisant de la notion de « tribunal », qui plus est au sens organique, un critère d'applicabilité de l'article 6 (CE, avis, 31 mars 1995, SARL Auto-Industrie Méric, Rec. p. 154), avant d'abandonner cette solution en matière pénale (CE, ass.,

3 déc. 1999, Didier, Rec. p. 399) et plus récemment en matière civile (CE, ass., 21 déc. 2012, Société Groupe Canal Plus, *RFDA*, 2013, 70, concl. V. Daumas).

D'autre part, bien avant la décision *Didier*, la jurisprudence européenne avait démontré que la notion de tribunal au sens de l'article 6 ne se confondait pas avec celle de juridiction au sens des droits nationaux. Toutefois, à la différence des autres notions autonomes, l'opération de déqualification/requalification joue ici dans les deux sens, la Cour qualifiant de « tribunaux » des organes non reconnus comme tels dans les droits internes (par ex. le conseil des marchés financiers dans la décision *Didier*) et considérant parfois qu'une juridiction au sens du droit interne ne peut recevoir la qualification de « tribunal » faute de remplir les exigences posées par l'article 6 (s'agissant du Conseil d'État, *Beaumartin c/ France*, 24 nov. 1994 ; *Chevrol c/ France*, 13 fév. 2003, *JCP G*, 2003, I 160, obs. F. Sudre).

2 / Élément de la garantie de l'article 6, la notion de « tribunal » répond à une série d'exigences.

Le tribunal doit tout d'abord être établi par la loi, faute de quoi il lui manquerait « la légitimité requise dans une société démocratique pour entendre la cause des particuliers » (*Lavents c/ Lettonie*, 28 nov. 2002, § 61). Le terme de « loi » est ici entendu au sens organique et formel, même s'il revient aux juridictions nationales d'interpréter la législation en cause (*Coëme c/ Belgique*, 22 juin 2000). Cette exigence concerne non seulement l'existence et la compétence du tribunal mais également toute disposition de droit interne relative à la composition du tribunal.

Ceci soulève une difficulté s'agissant de l'arbitrage volontaire, néanmoins, la nature contractuelle de la règle qui désigne le « tribunal » n'exclut pas l'applicabilité de l'article 6 lorsqu'elle a pour objet de déterminer la compétence territoriale d'une juridiction ou de désigner un arbitre (CA Lyon, 6 mai 2002, *JCP G*, 2003, I 105, obs. J. Béguin).

Le tribunal doit ensuite être indépendant et impartial (*infra* n° 31) car « le rôle juridictionnel ne suffit pas [...], seul mérite l'appellation de tribunal un organe répondant à une série d'autres exigences – indépendance à l'égard de l'exécutif comme des parties en cause, durée du mandat des membres, garanties de procédure (...) » (*Le Compte, Van Leuven, De Meyere c/ Belgique*, 23 juin 1981, § 55, *supra* n° 21). La jurisprudence européenne semble ainsi considérer ces garanties statutaires comme constitutives de la notion de « tribunal » en estimant qu'une violation de l'une d'elles n'est pas corrigible dans la suite de la procédure et emporte automatiquement une violation de l'article 6 (par ex. *Sramek* ; *De Cubber c/ Belgique*, 26 oct. 1984 ; *Kingsley c/ Royaume-*

*Uni*, 7 nov. 2000). L'arrêt *Vera Fernandez-Huidobro c/ Espagne* (6 janv. 2010, *JCP G*, 2010, act. 130, F. Sudre ; voir *Grande Stevens et a. c/ Italie*, 4 mars 2014 s'agissant d'une autorité administrative) remet toutefois en cause cette analyse, la Cour estimant qu'un manquement à l'exigence d'impartialité, en l'espèce d'un juge d'instruction, n'emporte pas violation de l'article 6 « si la décision rendue était soumise à un contrôle subséquent d'un organe judiciaire doté de la plénitude de juridiction et offrant les garanties de l'article 6 ».

Enfin, le « tribunal » doit être apte à trancher le litige car « la compétence de décider est inhérente à la notion même de tribunal au sens de la Convention » (*Benthem c/ Pays-Bas*, 23 oct. 1985, § 40). Ceci implique que l'organe soit habilité à trancher définitivement sur le fond de l'affaire et rende des décisions obligatoires ne pouvant être modifiées par une autorité non judiciaire au détriment d'une partie (*Terra Woningen BV c/ Pays-Bas*, 17 déc. 1996, *JCP G*, 1997, I 4000, obs. F. Sudre). En effet, « l'un des éléments fondamentaux de la prééminence du droit est le principe de la sécurité des rapports juridiques, qui veut, entre autres, que la solution donnée de manière définitive à tout litige par les tribunaux ne soit plus remise en cause » (*Brumarescu*, pouvoir du procureur général de remettre en cause un jugement définitif). L'organe doit disposer d'une compétence propre à assurer « une solution juridictionnelle » au litige (*Benthem*), tel n'est pas le cas lorsque seules des autorités administratives sont appelées à se prononcer (*Linnekogel c/ Suisse*, 10 mars 2005). Il doit pouvoir se pencher sur toutes les questions de fait et de droit pertinentes pour la solution du litige. Le pourvoi en cassation ouvert aux personnes ayant subi une visite domiciliaire en matière fiscale ne répond pas à ces exigences, en ce qu'il ne permet pas d'obtenir un contrôle juridictionnel effectif, en fait comme en droit, de la régularité de la décision prescrivant la visite ainsi que des mesures prises sur son fondement (*Ravon*). De même, en s'en remettant à l'interprétation des traités par le ministre des Affaires étrangères, le Conseil d'État renonce, à tort, à l'un des attributs de la pleine juridiction (*Beaumartin*). Le Conseil d'État a d'ailleurs souscrit à cette solution (Gisti, 7 févr. 2003, *AJDA*, 2003, 996, note F.-J. La Ferrière). Il a cependant été une nouvelle fois condamné dans l'arrêt *Chevrol* pour avoir persisté (CE, Ass., 9 avr. 1999, Mme Chevrol, *RFDA*, 1999, 937, note J.-F. Lachaume) à s'en remettre au ministère des Affaires étrangères sur le point de savoir si un traité international satisfaisait la condition de réciprocité à laquelle est subordonnée son application. Cette solution est cependant désormais abandonnée (CE, ass., 9 juill. 2010, Mme Chériet-Benseghir, *RFDA*, 2010, 1146, note J.-F. Lachaume).

L'absence de toute décision judiciaire peut également entraîner une violation du droit d'accès à un tribunal. Ainsi, le manque de diligence du fisc qui retarde indûment une décision judiciaire, alors que des mesures d'exécution avaient été prises contre lui, prive l'intéressé du droit d'accès effectif à un tribunal (*Janosevic c/ Suède*, 25 juill. 2002). Il en va de même de la suspension par un amendement législatif de procédures d'indemnisation qui laisse le requérant dans l'incertitude sur l'issue de la procédure qu'il a engagée (*Acimovic c/ Croatie*, 9 oct. 2003, *JCP G*, 2004, I 107, obs. F. Sudre) ou de l'absence de décision sur les recours déposés par un détenu contre les arrêtés lui imposant un régime spécial de détention (*Ganci c/ Italie*, 30 oct. 2003, *JCP G*, 2004, I 107, obs. F. Sudre). L'irrecevabilité du recours contre une telle décision et l'absence de décision sur le fond qui en découle annulent l'impact du contrôle exercé par les tribunaux sur la décision d'imposer au détenu un régime spécial (*Bifulco c/ Italie*, 8 févr. 2005 ; *Enea c/ Italie*, 17 sept. 2009).

B) Le droit d'accès à un tribunal implique le droit à un jugement sur le fond ce qui suppose que le tribunal dispose d'une compétence de pleine juridiction et que le jugement rendu soit motivé.

1 / a) La notion de compétence de pleine juridiction qui caractérise le « tribunal » au sens européen revêt un contenu différent en matière civile et en matière pénale. En matière civile, elle implique un contrôle en fait et en droit et un contrôle suffisant qui ne saurait se limiter à l'examen de la motivation des faits et au détournement de procédure (*Obermeier c/ Autriche*, 28 juin 1990). En matière de sanction administrative ou disciplinaire, ce contrôle doit également porter sur la proportionnalité de la sanction par rapport aux faits reprochés. La Cour considère ainsi que lorsque le Conseil d'État statue en cassation sur les décisions de la section disciplinaire du conseil national de l'ordre des médecins, il ne peut passer pour un « organe judiciaire de pleine juridiction », notamment parce qu'il n'a pas le pouvoir d'apprécier la proportionnalité entre la faute et la sanction (*Diennet c/ France*, 26 sept. 1995 ; *Gubler c/ France*, 27 juill. 2006). Ceci a amené le Conseil d'État a renforcé son contrôle sur les sanctions administratives professionnelles (CE, 22 juin 2007, Arfi, *RFDA*, 2007, 1199, concl. M. Guyomar) et plus récemment sur les sanctions infligées dans le cadre du contentieux de la fonction publique (CE, ass., 13 nov. 2013, M. Dahan, *RFDA*, 2013, 1175, concl. R. Keller, pour un précédent mais qui était cantonné aux sanctions infligées aux magistrats CE, 27 mai 2009, Hontang).

En matière civile, la plénitude de juridiction n'implique pas que le tribunal dispose d'un pouvoir de substitution (*Chaudet c/ France*,

29 oct. 2009, *JCP* G, 2010, act. 488, F. Sudre), à la différence de ce qui est exigé en matière pénale où le tribunal doit avoir « le pouvoir de réformer en tous points, en fait comme en droit, la décision entreprise rendue par l'organe inférieur » (*Schmautzer c/ Autriche*, 23 oct. 1995, § 36, *JCP G*, 1996, I 3910, obs. F. Sudre). La question qui se pose, et à laquelle la jurisprudence européenne n'apporte pas toujours une réponse claire, est de savoir si ce pouvoir de réformation induit un pouvoir de modulation de la sanction (en ce sens *Menarini Diagnostics SRL c/ Italie*, 27 sept. 2011 ; CJUE, 8 nov. 2011, KME Germany AG, C-199/11, sanctions en matière de droit de la concurrence). Les juges internes ont adopté des solutions opposées à ce sujet en matière de sanctions fiscales. Alors que la Cour de cassation estime que le juge doit disposer d'un pouvoir de modulation (com., 29 avr. 1997, Ferreira, *JCP G*, 1997, II 2935, note F. Sudre), le Conseil d'État n'accepte de moduler la sanction que si la loi prévoit un taux maximum (CE, ass., 16 fév. 2009, Sté Atom) ou qu'elle prévoit elle-même une échelle de sanctions (CE, 26 mai 2008, Sté Norelec), ce qui est conforme à la jurisprudence européenne (*Malige c/ France*, 23 sept. 1998, *JCP G*, 1999, I 105, obs. F. Sudre, s'agissant du retrait des points du permis de conduire), mais s'y refuse en dehors de ces hypothèses (CE, avis, 8 juill. 1998, Fattell). S'agissant des sanctions fiscales à taux unique, la Cour a estimé dans l'arrêt *Segame SA c/ France* (7 juin 2012, § 59, *JCP G*, 2012, 922, note L. Milano) que l'absence de pouvoir de modulation de la sanction par le juge n'était pas contraire à l'article 6, mais ce constat semble circonscrit « au caractère particulier du contentieux fiscal qui implique une exigence d'efficacité pour préserver les intérêts de l'État », matière qui ne fait pas partie du « noyau dur du droit pénal », et au caractère proportionné du taux appliqué.

b) Au-delà du contenu des exigences propres à un « tribunal de pleine juridiction », cette notion sert également à moduler les exigences du procès équitable en fonction de l'étape de la procédure. Les garanties de l'article 6 § 1 doivent être assurées devant toutes les juridictions qu'elles soient de premier degré, d'appel ou de cassation mais, pratiquant un contrôle global, la Cour admet que la violation de l'une de ces garanties puisse être compensée devant une juridiction supérieure disposant d'une compétence de pleine juridiction (*De Cubber*). De plus, considérant que « des impératifs de souplesse et d'efficacité » peuvent justifier l'intervention d'organes non juridictionnels (*Le Compte et a.*, § 51), la Cour exige que la procédure devant ces organes, soit satisfasse elle-même les garanties de l'article 6, § 1, soit subisse le contrôle ultérieur d'un organe judiciaire de pleine juridiction qui présente ces garanties

(*Albert et Le Compte c/ Belgique*, 10 févr. 1983, § 29). La décision d'une autorité administrative ne remplissant pas elle-même les exigences de l'article 6, § 1 doit ainsi subir le contrôle ultérieur d'un organe de pleine juridiction (*Oztürk c/ Allemagne*, 21 févr. 1984, *infra* n° 24 ; *Schmautzer*). Dans cette lignée jurisprudentielle, le Tribunal de première instance des Communautés européennes considère que les décisions de la Commission étant contrôlées par un organe juridictionnel et indépendant disposant d'une compétence de pleine juridiction, la procédure qui se déroule devant elle n'a pas à satisfaire aux exigences de l'article 6 (TPI, 14 mai 1998, *Enso Espanola c/ Commission*, *Europe*, juill. 1998, comm. n° 230, F. Berrod). La Cour de cassation comme le Conseil d'État semblent quant à eux opérer une distinction entre prescriptions de forme et garanties de fond de l'article 6 § 1. Ainsi, le principe d'impartialité est applicable dès la phase administrative (Cass., com., 1er déc. 1998, Oury, *JCP G*, 1999, II 10057, note E. Garaud, s'agissant de la COB ; CE, ass., 3 déc. 1999, Didier, *Rec.* 399, *RFDA*, 2000, 584, concl. A. Seban, s'agissant du CMF ; CE, ass., 21 déc. 2012, Sté Groupe Canal Plus, *RFDA*, 2013, 55, concl. V. Daumas, s'agissant de l'Autorité de la concurrence). De même, selon la Cour de cassation, le principe d'égalité des armes est applicable au Conseil de la concurrence et non le principe de publicité puisque ses décisions sont soumises au contrôle de pleine juridiction de la Cour d'appel de Paris (Com., 5 oct. 1999, Campenon, *JCP G*, 2000, II, 10255) ; pour le Conseil d'État, les garanties de l'article 6 § 3, hormis le droit à l'assistance judiciaire, s'appliquent dès la phase administrative dès lors que la sanction relève de la « matière pénale » (CE, 27 oct. 2006, *Parent*, *LPA*, 2006, 253, concl. M. Guyomar, concernant l'AMF).

2 / L'article 6 de la Convention ne garantit pas le droit à la motivation des décisions de justice, c'est le juge européen qui est venu l'ajouter à la liste des garanties implicites (*H. c/ Belgique*, 30 nov. 1987, § 53). La motivation impose au juge « l'obligation de se livrer à un examen effectif des moyens, arguments et offre de preuves des parties » *(Dulaurans c/ France*, 21 mars 2000, § 33). Sont ainsi sanctionnées les décisions insuffisamment motivées (*Alija c/ Grèce*, 7 avr. 2005), par lesquelles le tribunal ne statue pas sur les principaux arguments du requérant (*Buzescu c/ Roumanie*, 24 mai 2005) ou encore le jugement du tribunal correctionnel transmis au requérant qui ne contient ni les « considérants du tribunal relatifs aux moyens de défense du requérant ni ceux relatifs à la fixation de la peine », obligeant l'intéressé à interjeter appel, et donc l'exposant à un appel incident du ministère public, sans mesurer ses réelles chances de succès (*Baucher c/ France*, 24 juill. 2007, *JCP G*, 2008,

I 110, obs. F. Sudre). La Cour européenne sanctionne ainsi la pratique illégale et éminemment critiquable consistant, pour les juridictions, à ne procéder à une rédaction complète des décisions que si les parties interjettent appel.

Il faut souligner que la Cour, dans un arrêt *Dhabi c/ Italie* (8 avr. 2014), constate pour la première fois une violation de l'article 6 § 1 en raison de l'absence de motivation du refus de la Cour de cassation de poser une question préjudicielle à la CJUE. Ainsi qu'il ressort de sa jurisprudence antérieure (*Ullens de Schooten et Rezabek c/ Belgique*, 20 sept. 2011, *JCP G*, 2011, note n° 1369, L. Milano), si la Convention ne garantit pas un droit au recours préjudiciel même dans l'hypothèse où les juridictions sont tenues de saisir la Cour de Luxembourg conformément au droit de l'Union, les juridictions internes ont néanmoins l'obligation de motiver leurs décisions de refus de renvoi et de justifier au regard de la jurisprudence CILFIT (CJCE, 6 oct. 1982, aff. 283/81) les raisons de ce refus.

Elle a cependant toujours opéré une appréciation souple de cette obligation de motivation. Celle-ci ne saurait se comprendre « comme exigeant une réponse détaillée à chaque argument » (*Van de Hurk c/ Pays-Bas*, 19 avr. 1994, § 61), de plus « l'étendue de ce devoir peut varier selon la nature de la décision » (*Ruiz Torija c/ Espagne*, 9 déc. 1994, § 29).

La Cour a admis qu'une juridiction d'appel rejette un recours en faisant siens les motifs de la décision de première instance dans la mesure où celle-ci était motivée en fait et en droit (*Garcia Ruiz c/ Espagne*, 21 janv. 1999). Elle a également considéré « qu'en ne répondant pas à un simple argument dénué d'influence sur la question en litige, la cour d'appel n'avait commis aucun défaut de motivation » (*Jahnke et Lenoble c/ France*, 29 août 2000, *JCP G*, 2000, II 10435, note A. Pedriau). La solution selon laquelle « l'article 6 n'exige pas que soit motivée en détail une décision par laquelle une juridiction, se fondant sur une disposition légale spécifique, écarte un recours comme dépourvu de chance de succès » a été appliquée aux juridictions administratives françaises (*SA Immeuble Groupe Kosser c/ France*, déc., 9 mars 1999) et à la procédure d'admission des pourvois en cassation instaurée par la loi du 25 juin 2001 (art. L. 131-6 COJ : *Burg c/ France*, déc., 28 janv. 2003, *JCP G*, 2004, I 160, obs. F. Sudre ; *Ogis-Institut Stanislas, OGEC St Pie X et Blanche de Castille et al. c/ France*, 27 mai 2004). Toutefois, dans un arrêt *Hansen c/ Norvège* (2 oct. 2014), elle sanctionne, de manière inédite, la décision d'une juridiction d'appel qui, se contentant de citer le code de procédure civile, déclare un recours irrecevable au motif qu'il n'a manifestement aucune chance d'aboutir sans aucune autre motivation.

Ce contrôle souple a parfois été démenti par des décisions audacieuses comme celle rendue dans l'affaire *Dulaurans (supra)*, la Cour constatant la violation de l'obligation de motivation par la Cour de cassation, celle-ci ayant commis « une erreur manifeste d'appréciation » en appréciant la notion de « moyen nouveau ». Elle est toutefois revenue à un contrôle plus mesuré dans l'arrêt *Tourisme d'affaires c/ France* (16 févr. 2012, *JCP G*, 2012, actu n° 293, G. Gonzalez).

S'agissant de l'absence de motivation des décisions de cours d'assises, la Cour a estimé dans la décision *Papon c/ France* (15 nov. 2001) que « l'exigence de motivation doit aussi s'accommoder des particularités de la procédure, notamment devant les cours d'assises où les jurés ne doivent pas motiver leur intime conviction ». Si l'arrêt *Taxquet c/ Belgique* (GC, 16 nov. 2010, § 90, *JCP G*, 2010, act. 1250, F. Sudre) condamne le système belge, très proche du système français, c'est en raison de l'absence d'individualisation et de précision des questions posées au jury, seules susceptibles « de compenser adéquatement l'absence de motivation des réponses du jury » car « le public et, au premier chef, l'accusé doit être à même de comprendre le verdict qui a été rendu. C'est là une garantie essentielle contre l'arbitraire ». Bien que le Conseil constitutionnel ait déclaré la constitutionnalité du dispositif français (1er avril 2011, n° 2011-113-115 QPC), le législateur (loi du 10 août 2011, n° 2011-939), allant au-delà des exigences européennes, a inséré un nouvel article 365-1 dans le code de procédure pénale prévoyant « une feuille de motivation » des décisions de cours d'assises. Cette réforme a été approuvée par la Cour dans l'arrêt *Agnelet c/ France* (10 janv. 2013, *JCP G*, 2013, actu 116, L. Milano) constatant par ailleurs une violation de l'article 6 § 1 par l'ancien dispositif en raison de l'absence de précision des questions.

Enfin, la Cour a admis l'application de la théorie dite de la « peine justifiée » ou du « support légal », laquelle consiste, en cas de pluralité d'infractions, à ne pas examiner le moyen critiquant la déclaration de culpabilité portant sur l'une d'elles au motif que l'autre ou les autres infractions légalement constatées justifient la peine prononcée, dès lors que cette technique est écartée s'il existe un doute sur la réunion des éléments constitutifs de l'infraction reprochée et dans la mesure où en l'espèce elle n'était pas défavorable à l'accusé (*Louis c/ France*, 14 nov. 2006).

L. M.

## 2 / *Les limites du droit d'accès à un tribunal*

### **28. Fogarty c/ Royaume-Uni, 21 novembre 2001** (Grande Chambre), Rec., 2001-XI, *RGDIP*, 2002, 893, note I. Pingel ; D, 2003, 1246, obs. J.-F. Flauss ; *JCP G*, 2002, I, 105, chron. F. Sudre ; *JDI*, 2002, 273, obs. O. de Frouville.

**33.** Le droit d'accès aux tribunaux n'est toutefois pas absolu : il se prête à des limitations implicitement admises car il commande de par sa nature même une réglementation par l'État. Les États contractants jouissent en la matière d'une certaine marge d'appréciation. Il appartient pourtant à la Cour de statuer en dernier ressort sur le respect des exigences de la Convention ; elle doit se convaincre que les limitations mises en œuvre ne restreignent pas l'accès offert à l'individu d'une manière ou à un point tels que le droit s'en trouve atteint dans sa substance même. En outre, pareilles limitations ne se concilient avec l'article 6, § 1 que si elles tendent à un but légitime et s'il existe un rapport raisonnable de proportionnalité entre les moyens employés et le but.

**34.** La Cour doit d'abord rechercher si la limitation poursuivait un but légitime. Elle note à cet égard que l'immunité des États souverains est un concept de droit international, issu du principe *par in parem non habet imperium*, en vertu duquel un État ne peut être soumis à la juridiction d'un autre État. La Cour estime que l'octroi de l'immunité souveraine à un État dans une procédure civile poursuit le but légitime de respecter le droit international afin de favoriser la courtoisie et les bonnes relations entre États grâce au respect de la souveraineté d'un autre État.

**35.** La Cour doit déterminer ensuite si la restriction était proportionnée au but poursuivi. Elle rappelle que la Convention doit s'interpréter à la lumière des principes énoncés par la Convention de Vienne du 23 mai 1969 sur le droit des traités, qui énonce en son article 31, § 3 c) qu'il faut tenir compte de « toute règle de droit international applicable aux relations entre les parties ». La Convention, y compris son article 6, ne saurait s'interpréter dans le vide. La Cour ne doit pas perdre de vue le caractère spécifique de traité de garantie collective des droits de l'homme que revêt la Convention et elle doit tenir compte des principes pertinents du droit international (voir, mutatis mutandis, l'arrêt Loizidou c/ Turquie du 18 décembre 1996, Recueil des arrêts et décisions, 1996-VI, § 43). La Convention doit autant que faire se peut s'interpréter de manière à se concilier avec les autres règles du droit international dont elle fait partie intégrante, y compris celles relatives à l'octroi de l'immunité aux États.

**36.** On ne peut dès lors, de façon générale, considérer comme une restriction disproportionnée au droit d'accès à un tribunal tel que le consacre l'article 6, § 1 des mesures prises par une Haute Partie contractante qui reflètent des principes de droit international généralement reconnus en matière d'immunité des États. De même que le droit d'accès à un tribunal est inhérent à la garantie d'un procès équitable accordée par cet article, de même certaines restrictions à l'accès doivent être tenues pour lui être inhérentes ; on en trouve un exemple dans les limitations généralement admises par la communauté des nations comme relevant de la doctrine de l'immunité des États.

**37.** La Cour observe que la documentation dont elle dispose [...] fait apparaître une tendance en droit international et comparé à limiter l'immunité des États dans les litiges portant sur des questions liées à l'emploi. Toutefois, lorsqu'une procédure concerne un emploi dans une mission ou une ambassade étrangère, la pratique internationale se partage sur la question de savoir si l'immunité de l'État continue de s'appliquer et, dans l'affirmative, si elle vaut pour les différends relatifs aux contrats de l'ensemble du personnel ou seulement à ceux des membres de la mission qui occupent des postes élevés. L'on ne peut assurément pas dire que le Royaume-Uni soit seul à prétendre que l'immunité s'applique aux actions intentées par les agents des missions diplomatiques ou que, en accordant cette immunité, le Royaume-Uni s'écarte de normes internationales actuellement admises.

**38.** Par ailleurs, la procédure que la requérante voulait engager portait non pas sur les droits contractuels d'un agent d'ambassade en poste, mais sur une discrimination prétendue dans les modalités de recrutement. Compte tenu de la nature même des missions et ambassades, l'engagement de leur personnel peut présenter des aspects sensibles et confidentiels touchant notamment à la politique diplomatique et organisationnelle d'un État étranger. À la connaissance de la Cour, aucune tendance ne se manifeste en droit international vers un assouplissement du principe de l'immunité des États en ce qui concerne les questions de recrutement dans les missions étrangères. La Cour relève à cet égard que [...] la Commission du droit international n'entendait pas exclure l'application de l'immunité des États lorsque la procédure a pour objet l'engagement d'une personne, y compris l'engagement sur un poste d'une mission diplomatique.

**39.** Dans ces conditions, on ne saurait considérer qu'en conférant en l'espèce l'immunité aux États-Unis en vertu de la loi de 1978, le Royaume-Uni a outrepassé la marge d'appréciation reconnue aux États quand il s'agit de limiter le droit d'accès d'un individu à un tribunal.

Il s'ensuit qu'il n'y a pas eu en l'espèce violation de l'article 6 § 1 de la Convention.

Dès la reconnaissance du droit d'accès à un tribunal dans l'arrêt *Golder c/ Royaume-Uni* (21 fév. 1975, *supra* n° 27), la Cour a immédiatement reconnu que ce droit n'était pas absolu et qu'il y avait place pour des limitations implicites.

Parmi ces limitations, les immunités de juridiction constituent sans aucun doute celles qui soulèvent le plus de difficultés tant le déni de justice auxquelles elles aboutissent est attentatoire au droit à une protection juridictionnelle effective.

C'est à cette épineuse question qu'était confrontée la Cour dans l'arrêt *Fogarty*, ainsi que dans les arrêts *Al-Adsani c/ Royaume-Uni* et *Mac Elhinney c/ Irlande* rendus le même jour en Grande chambre, s'agissant d'immunités étatiques. En l'espèce, les tribunaux anglais avaient accueilli la demande d'immunité présentée par les États-Unis à l'encontre de la plainte de la requérante pour discrimination sexuelle en matière d'emploi pratiquée par l'ambassade américaine à Londres.

Les principes qui gouvernent la question des limitations au droit d'accès à un tribunal, rappelés par l'arrêt (§33), sont d'origine jurisprudentielle, le droit d'accès n'étant pas explicitement garanti par l'article 6 § 1. Ces principes formulés dès l'arrêt *Golder* sont explicités par l'arrêt *Ashingdane c/ Royaume-Uni* (28 mai 1985). La Cour considère ainsi que le droit d'accès appelle « de par sa nature même une réglementation par l'État » et que « les États contractants jouissent en la matière d'une certaine marge d'appréciation ». Ces limitations ne doivent pas restreindre l'accès offert à l'individu « d'une manière ou à un point tels que le droit s'en trouve atteint dans sa substance même », en outre elles doivent tendre à un but légitime et être proportionnées au but poursuivi. La question du contenu précis de la notion d'atteinte à la « substance » du droit d'accès ainsi que celle du rôle de cette notion par rapport à l'atteinte disproportionnée n'ont jamais trouvé de réponses précises dans la jurisprudence européenne, la Cour se refusant à élaborer toute théorie générale en la matière. On peut néanmoins déduire de la jurisprudence que le respect de la substance du droit d'accès à un tribunal implique au minimum que les requérants jouissent « d'une possibilité claire, concrète et effective de contester un acte » (*Geouffre de la Pradelle c/ France*, 16 déc. 1992) et ne soient pas empêchés « de se prévaloir d'une voie de recours disponible » (*Perez de Rada Cavanilles c/ Espagne*, 28 oct. 1998).

Au regard de ces principes, les immunités de juridiction sont donc beaucoup plus problématiques que les autres limitations implicites.

## I / Les immunités de juridiction

Obstacle définitif et absolu au droit d'accès au juge, les immunités de juridiction sont difficilement conciliables avec les principes dégagés par le juge européen, la faiblesse du contrôle opéré témoigne d'ailleurs des difficultés auxquelles il se heurte.

A) 1 / La première difficulté à laquelle furent confrontés les organes de contrôle de la Convention fut celle de l'applicabilité de l'article 6 § 1 en matière civile aux immunités, les États arguant que les requérants ne pouvaient se prétendre titulaires d'un « droit » défendable. La Commission et la Cour ont donc tout d'abord considéré les requêtes en la matière comme irrecevables *ratione materiae* (Com., *Agee c/ Royaume-Uni*, 17 déc. 1976), puis ont accepté leur recevabilité (Com., *Dyer c/ Royaume-Uni*, 9 ct. 1984) en éludant la question de l'applicabilité de l'article 6 et en constatant systématiquement la non-violation de cet article. Sans résoudre la question de la nature des immunités, la Cour dans l'arrêt *Fayed c/ Royaume-Uni* (21 sept. 1994, § 65-67) précise son raisonnement en estimant « qu'une personne ait, au plan interne, une prétention pouvant donner lieu à une action en justice peut dépendre non seulement du contenu matériel, à proprement parler, du droit de caractère civil en cause tel que le définit le droit national, mais encore de l'existence de barrières procédurales empêchant ou limitant les possibilités de saisir un tribunal de plaintes potentielles ». Dans cette dernière catégorie d'affaires, l'article 6 § 1 peut s'appliquer (*Al-Adsani*, § 47 ; *McElhinney*, § 25), ainsi le veut le principe de prééminence du droit, une solution contraire autorisant un État à soustraire à la compétence des tribunaux toute une série d'actions civiles ou à exonérer de toute responsabilité de larges groupes ou catégories de personnes (*Fayed*, § 65). Toutefois, selon une jurisprudence constante (*James c/ Royaume-Uni*, 21 févr. 1986, § 81, *infra* n° 68), la Cour ne peut pas « créer, par voie d'interprétation de l'article 6 § 1, un droit matériel n'ayant aucune base légale dans l'État concerné », celui-ci ne peut donc s'appliquer aux limitations matérielles d'un droit consacré par la législation interne (*Roche c/ Royaume-Uni*, Gde ch., 19 oct. 2005, *JCP G*, 2006, I 109, obs. F. Sudre : limitation du droit des militaires d'engager une action en réparation contre la Couronne), bien que la jurisprudence manque parfois de clarté (*Markovic c/ Italie*, Gde ch., 14 déc. 2006, *RFDA*, 2007, 1043, obs. H. Labayle, F. Sudre, l'impossibilité d'engager la responsabilité de l'État du fait d'un acte de gouvernement est analysée comme une règle régissant « le droit d'action matériel en droit interne » et relève pourtant de l'article 6).

2 / Cette distinction contestable entre limitations procédurales et matérielles va cependant permettre à la Cour à partir de l'arrêt *Ashingdane* de considérer que les immunités de juridiction ou d'exécution (*Kalogeropoulou c/ Grèce et Allemagne*, déc., 12 déc. 2002), qu'elles soient issues du droit interne ou du droit international, rentrent dans la catégorie des limitations implicites au droit d'accès à un tribunal, ce qui suscite une seconde difficulté. En effet, au regard des principes posés par la Cour, les limitations appliquées au droit d'accès à un tribunal ne doivent en aucun cas porter atteinte à la substance de ce droit. Les limitations implicitement admises par le juge européen sont ainsi des limitations dans le temps, des limitations formelles ou celles tenant à l'auteur de l'action (*infra*) ; or « l'immunité juridictionnelle n'a pas pour conséquence de restreindre ou de conditionner l'accès à un tribunal dans un souci de “bonne administration de la justice” (…) mais constitue une entrave absolue et définitive » (H. Tigroudja, *RTDH*, 2000, 92). L'immunité peut donc difficilement être assimilée à une limitation implicite. La position de la Cour semble toutefois guidée par des raisons pratiques. Seule la théorie des limitations implicites lui permet de garder un droit de regard sur les immunités et de les contrôler en vérifiant le but recher-

ché et la proportionnalité de la mesure comme le démontre *a contario* l'arrêt *Markovic c/ Italie* (*préc.*) concernant un acte de gouvernement, dans lequel la Cour n'applique pas la théorie des limitations implicites et n'opère aucun contrôle réel pour conclure à l'absence de violation de l'article 6.

Il faut à ce titre noter que le contrôle très prudent opéré sur les actes de *jus imperii* ou ceux relevant des règles du droit international, s'il est encore d'actualité comme le montre la jurisprudence sur les immunités issues du droit international (en ce sens *Jones c/ Royaume-Uni*, 14 janv. 2014, *JCP* G, 2014, act. 107, K. Blay-Grabarczyk), connaît cependant des évolutions notables. Ainsi, s'agissant des règles nationales de mise en œuvre des résolutions du Conseil de sécurité, la Cour, sans doute incitée par la Cour de Luxembourg (Kadi et Al Barakaat Foundation, Gde ch., 3 sept. 2008, aff. C-402/05 P et C-415/05 P), s'autorise désormais à les contrôler (*Nada c/ Suisse*, Gde ch., 12 sept. 2012, *RTDE*, 2013, 515, note R. Tinière) et applique pour ce faire la présomption d'équivalence posée par l'arrêt *Bosphorus c/ Irlande* (30 juin 2005, Gde ch., *infra* n° 71). Ainsi, dans l'arrêt *Al-Dulimi c/ Suisse* (26 nov. 2013, *JCP G*, 2014, 78, obs. F. Sudre), dans lequel les requérants alléguaient que l'impossibilité de contester devant le juge national la mesure de confiscation de leurs avoirs portait atteinte à leur droit d'accès à un tribunal, la Cour, écartant la présomption d'équivalence, constate que si la mesure poursuivait un but légitime, l'absence d'examen judiciaire efficace et indépendant au niveau des Nations Unies de la légitimité de la mesure s'avérait disproportionné et constituait une atteinte à la substance du droit d'accès à un tribunal, démontrant ainsi toute l'utilité d'un contrôle sous l'angle des limitations implicites.

B) L'application de la théorie des limitations implicites aux immunités amène à un contrôle en deux temps, la Cour vérifiant la légitimité du but poursuivi et la proportionnalité de la mesure. Il faut d'emblée constater la faiblesse du contrôle opéré par la Cour ; le fondement national ou international de la règle accordant l'immunité affecte également la teneur de ce contrôle.

1 / Les immunités réglementées par le droit interne visent à protéger une catégorie de personnes contre des poursuites judiciaires abusives en vue d'assurer le libre exercice de leurs fonctions qu'il s'agisse par exemple de parlementaires (*A. c/ Royaume-Uni*, 17 déc. 2002), de magistrats (*Ernst c/ Belgique*, 15 juill. 2003) ou de policiers (*Osman c/ Royaume-Uni*, 28 oct. 1998). Le contrôle de la Cour sur l'objectif poursuivi par ces immunités est purement formel. Celle-ci, s'appuyant notamment sur « une pratique de longue date », se contente ainsi de

prendre acte que l'immunité parlementaire vise les buts légitimes de la protection de la liberté d'expression au Parlement et le maintien de la séparation entre les pouvoirs législatif et judiciaire (*A.*, § 77) ou « la préservation de l'intégrité du Parlement et la protection de l'opposition » (*Kart c/ Turquie*, Gr. Ch., 3 déc. 2009, *RTDH*, 2010, 705, note K. Muylle), que le privilège de juridiction des magistrats tend à assurer le bon fonctionnement de la justice (*Ernst*, § 50). Si les objectifs poursuivis par ces immunités apparaissent, en effet, légitimes, ils démontrent néanmoins la spécificité de la matière, ces objectifs étant très éloignés des considérations de bonne administration de la justice habituellement invoquées pour justifier des limitations implicites au droit d'accès à un tribunal.

S'agissant de la proportionnalité de la mesure, elle est déduite de la légitimité de l'objectif poursuivi dès lors que l'immunité accordée est en lien avec cet objectif (*Ashingdane*, § 59 ; *Fayed*, § 82). Toutefois, la Cour constate parfois que l'immunité invoquée est sans lien direct avec les fonctions exercées. Tel était le cas dans l'arrêt *Cordova c/ Italie* (30 janv. 2003, § 62-63, *JCP G*, 2003, I 160, obs. F. Sudre ; dans le même sens *Syngelidis c/ Grèce*, 11 fév. 2010 ; *Onorato c/ Italie*, 24 mai 2011) s'agissant d'une immunité parlementaire, la Cour estime que la conduite du parlementaire en cause « n'était pas liée à l'exercice des fonctions parlementaires *stricto sensu* » et conclut à la violation du droit d'accès à un tribunal. L'absence d'autres voies de recours efficaces pour protéger les droits des requérants est également prise en compte dans l'examen de la proportionnalité de la mesure (*Osman*, § 153 ; *Cordova*, § 65 ; *Onorato*, § 54).

2 / Le contrôle de la Cour sur les immunités réglementées par le droit international est encore plus illustratif de sa volonté d'autolimitation, qu'il s'agisse des immunités accordées aux organisations internationales ou de celles accordées aux États.

a) Peu d'affaires ont porté sur la question de l'immunité des organisations internationales et dans aucune d'elles la Cour n'a conclu à une violation de l'article 6. Ce sont les arrêts *Waite et Kennedy c/ Allemagne* et *Beer et Regan c/ Allemagne* (18 fév. 1999 ; *RTDH*, 2000, 83, note H. Tigroudja) qui ont posé les principes en la matière. La légitimité du but poursuivi par de telles immunités est évidente selon la Cour puisqu'elles sont « un moyen indispensable au bon fonctionnement » de ces organisations (*Beer et Regan*, § 53). Toutefois, pour déterminer si une telle immunité « est admissible au regard de la Convention, il importe d'examiner si les requérants disposaient d'autres voies raisonnables pour protéger efficacement leurs droits garantis par la Convention » (*Beer et*

*Regan*, § 58). La nécessité de prévoir un mode de règlement des litiges alternatif à l'immunité est donc présentée ici comme un critère central. L'affirmation reste néanmoins largement théorique puisqu'elle ne vérifie pas dans ces deux affaires si les autres voies de recours ouvertes aux requérants étaient effectives et utiles (dans le même sens *Chapman c/ Belgique*, déc., 5 mars 2013). Ce critère est d'ailleurs remis en cause dans la décision *Stichting Mothers of Srebrenica c/ Pays-Bas* (27 juin 2013, § 164) s'agissant de l'immunité de juridiction de l'ONU, la Cour considérant que l'absence d'autres voies de recours ne saurait entraîner *ipso facto* une violation du droit d'accès à un tribunal.

Le contrôle opéré par la Cour de cassation est plus protecteur lorsqu'elle juge que le droit d'accès à un tribunal, « qui relève de l'ordre public international », s'oppose à ce qu'une organisation internationale se prévale de l'immunité de juridiction dans un litige l'opposant à l'un de ses salariés qu'elle a licencié dès lors qu'elle n'avait pas institué en son sein un tribunal compétent pour statuer sur des litiges de cette nature (Cass. soc., 25 janv. 2005, Banque africaine de développement c/ Degboe, *D*, 2005, 1540, note F. Viangalli ; soc., 11 févr. 2009, Beaugrenier c/ UNESCO, *RDIP*, 2009, 732, obs. J. Matringe).

b) Le contrôle sur les immunités accordées aux États n'est pas plus convaincant, même si une évolution a eu lieu dans ce domaine. Dans les arrêts *Fogarty*, *Al-Adsani* et *Mc Elhinney*, la Cour adopte un raisonnement similaire pour légitimer le but poursuivi par ces immunités qui est « de respecter le droit international afin de favoriser la courtoisie et les bonnes relations entre États grâce au respect de la souveraineté d'un autre État » (§34 ; de même pour les immunités d'exécution *Kalogeropoulou)*. Le contrôle sur la proportionnalité de la mesure est ici inexistant, la Cour rappelant que la Convention doit s'interpréter de manière à se concilier avec les autres règles du droit international, elle pose pour postulat « qu'on ne peut dès lors, de façon générale, considérer comme une restriction disproportionnée au droit d'accès à un tribunal (...) des mesures prises par une Haute partie contractante qui reflètent les principes du droit international généralement reconnus en matière d'immunités des États » (§36). La recherche d'autres voies de recours disponibles, esquissée dans l'arrêt *McElhinney* (§39), est totalement absente dans les arrêts *Fogarty* et *Al-Adsani*, elle conclura dans les trois affaires à l'absence de violation de l'article 6.

Le contentieux en matière d'emploi, au cœur de l'arrêt *Fogarty*, est particulièrement intéressant car la Cour a récemment fait évoluer sa jurisprudence sur cette question. En l'espèce, elle conclut que s'agissant du recrutement de la requérante au sein d'une ambassade, la tendance du droit international à limiter l'immunité des États dans les litiges portant sur des questions liées à l'emploi ne se manifeste pas en ce qui concerne les questions de recrutement dans les missions étrangères (§38), ce que confirme en effet la Convention sur l'immunité des États et de leurs biens adoptées au sein des Nations Unies le 2 décembre 2004. En revanche, sur la base des mêmes fondements, dans l'arrêt *Cudak c/ Lituanie* (23 mars 2010, Gde Ch., *JCP G*, 2010, act. 395, C. Picheral), confirmé dans l'arrêt *Sabeh El Leil c/ France* (29 juin 2011, Gde Ch. ; *Guadagnino c/ Italie et France*, 18 janv. 2011), la Cour opère une distinction entre les actes relevant de la sphère du droit public (*acta jure imperii*) et ceux relevant de celle du droit privé (*acta jure gestionis*) pour considérer que l'application du principe d'immunité juridictionnelle des États porte atteinte au droit d'accès à un tribunal lorsque sont en cause des procédures relatives à des contrats de travail conclus entre l'État et une personne physique, dès lors que les fonctions exercées par l'intéressé ne relèvent pas de la puissance publique ou ne sont pas liées aux intérêts supérieurs de l'État employeur. Elle reprend ainsi une distinction appliquée par la Cour de cassation (soc., 10 nov. 1998, Barrandon, *D*, 1999, 157, note Monjucq) qui vise à limiter le domaine de l'immunité de l'État étranger aux actes participant à l'exercice de la souveraineté de l'État (Cass., 1^er^ civ., 9 mars 2011, n° 09.14743, *D.*, 2011, 890, obs. I. Gallmeister, immunité de l'État libyen pour l'attentat du DC 10 d'UTA) excluant les actes de gestion administrative (Cass., ch. mixte, 20 juin 2003, Mme Soliman c/ École saoudienne de Paris *et al.*, *JCP G*, 2004, II 10010, note J.-G. Mahinga ; *JDI*, 2003, 1115, note I. Pingel ; Civ. 1^re^, 20 sept. 2006, Société Prony habitations c/ Guinée-Bissau, *RGDIP*, 2006, 971, obs. G. Le Floch) ; de même, l'État étranger ne peut opposer son immunité d'exécution lorsqu'est en cause « une opération habituelle de gestion relevant du droit privé » (acquisition de biens immobiliers affectés au logement du personnel diplomatique : Cass. civ. 1^re^, 25 janv. 2005, République démocratique du Congo c/ Syndicat des copropriétaires de l'immeuble Résidence Antony Châtenay, *D*, 2005, 616, avis J. Sainte-Rose). La Cour de cassation refuse toutefois d'étendre cette distinction à l'immunité de juridiction et d'exécution des organisations internationales (soc., 30 sept. 2003, Union latine c/ Mme Mazeas, et soc., 28 oct. 2003, Union latine c/ Mme Refievna, *JCP G*, 2004, II, 10102, note J.-G. Mahinga), tout comme la Cour européenne (*Chapman*, *préc*).

Il semblerait que cette conception restreinte des immunités étatiques puisse désormais s'appliquer au-delà des litiges en matière d'emploi (*Oleynikov c/ Russie*, 14 mars 2013, demande de remboursement d'un prêt consenti à une ambassade).

Cette évolution de la jurisprudence européenne en matière d'immunités ne concerne cependant pas les immunités des États opposées aux actions civiles en réparation pour actes de torture. Bien que reconnaissant dans l'arrêt *Al-Adsani* que l'interdiction de la torture a « valeur de norme impérative, c'est-à-dire de *jus cogens* » (§60), elle se réfugie derrière le droit international et la marge d'appréciation étatique pour conclure à l'absence de violation de l'article 6. Cette position très contestable est maintenue dans l'arrêt *Jones c/ Royaume-Uni (préc.)*, la Cour refusant ouvertement de faire évoluer sa jurisprudence au nom d'un consensus international en la matière (voir en ce sens CIJ, Allemagne c/ Italie, 3 fév. 2012, *Rec.* p. 99, reconnaissance de l'immunité de juridiction de l'Allemagne pour les actes commis par les formes armées du Reich pendant la Deuxième guerre mondiale) et acceptant d'étendre l'immunité aux agents de l'État dans les actions dirigées à leur encontre.

## II / Les autres limitations implicites

Les principes jurisprudentiels applicables à l'accès au juge de première instance et aux juges successifs qui interviennent par le biais des voies de recours sont identiques.

En effet, l'article 6 § 1 de la Convention n'astreint pas les États à créer des cours d'appel ou de cassation, mais le juge européen a précisé qu'un État qui se dote de juridictions de cette nature a l'obligation de veiller à ce que les justiciables jouissent auprès d'elles des garanties fondamentales de l'article 6 (*Delcourt c/ Belgique*, 17 janv. 1970).

Il prend néanmoins en compte la phase de la procédure à laquelle la limitation est imposée, le contrôle étant plus strict lorsque la restriction concerne l'accès au juge de première instance que si elle concerne l'exercice d'une voie de recours (*par ex. Kreuz c. Pologn*e, 19 juin 2001).

A) L'accès à un tribunal appelant, de par sa nature même, une réglementation étatique, la Cour reconnaît aux États une marge d'appréciation qui reste toutefois sous son contrôle.

L'arrêt *Ashingdane* (*préc.*, § 57) annonce un raisonnement en trois temps pour contrôler les limitations implicites : le contrôle de l'absence d'atteinte à la substance du droit d'accès, le contrôle du but légitime et celui de la proportionnalité de la mesure.

1/L'atteinte à la substance du droit d'accès à un tribunal peut résulter d'une réglementation privant définitivement les justiciables de la possibilité de faire valoir leurs droits en justice (*Les saints monastères c/*

*Grèce*, 9 déc. 1994). Infirmant la jurisprudence de la Cour de cassation (crim. 16 nov. 1999, *Bull. crim.* n° 260, p. 813), la Cour européenne juge que l'exigence de la déclaration préalable en préfecture pour une association étrangère n'ayant pas « de principal établissement » en France porte atteinte à la substance même du droit d'accès à un tribunal (*Ligue du monde islamique et organisation islamique mondiale du secours islamique c/ France*, 15 janvier 2009). Dans le même sens, la Cour de cassation considère que le fait de subordonner le droit d'une société de capitaux étrangère d'ester en justice à une autorisation délivrée par décret constitue une violation de l'article 6, § 1 (com. 8 juill. 2003, Banque internationale pour le commerce et l'industrie de la Guinée c/ Sté Grégori, *D*, 2003, 2016).

L'interdiction faite à la victime d'une infraction militaire ou commise par un militaire de mettre en mouvement l'action publique, par une constitution de partie civile, contenue dans l'ancien article 698-2 du Code de procédure pénale a été jugée contraire à l'article 6 § 1 par la Cour de cassation (crim., 19 juin 2001, *Bull. crim.*, n° 47) qui a, en revanche, admis la même interdiction faite aux victimes des délits de presse (crim., 5 mars 2002, *Bull. crim.*, n° 55), la protection de la liberté d'expression expliquant sans doute cette solution.

Le contentieux du permis de conduire a également valu à la France un constat d'atteinte à la substance du droit d'accès à un tribunal dans l'arrêt *Célice* (8 mars 2012). En cas de contestation de l'infraction, l'officier du ministère public ne peut rejeter la requête qu'en cas de non-respect des conditions formelles. En l'espèce, celui-ci ayant rejeté à tort la requête, cela a entraîné, conformément à l'article 529-10 du Code de procédure pénale, l'encaissement de l'amende et l'extinction de l'action publique sans qu'un tribunal puisse examiner l'accusation dirigée contre le requérant (voir Cons. const., n° 2010-38 QPC, 29 sept. 2010).

La réglementation de l'accès à un tribunal doit également assurer un accès direct et indépendant aux juridictions, le requérant devant pouvoir exercer une certaine emprise sur la procédure (*Philis c/ Grèce*, 27 juill. 1991, système de subrogation ne permettant pas au requérant d'agir personnellement ; *Stanev c/ Bulgarie*, 17 janv. 2012, Gde ch., nécessité de prévoir un accès direct à un tribunal afin que les personnes partiellement déclarées incapables puissent demander le rétablissement de leur capacité juridique).

2 / Toutefois, la jurisprudence européenne démontre, qu'en pratique, le contrôle s'effectue généralement en deux temps, la recherche du but légitime et le contrôle de proportionnalité, celui-ci absorbant le contrôle de l'absence d'atteinte à la substance du droit d'accès.

Pour apprécier la légitimité du but poursuivi par ces limitations, la Cour utilise les principes de bonne administration de la justice et de sécurité juridique, considérant que « la réglementation relative aux formalités et aux délais à respecter pour former un recours vise à assurer la bonne administration de la justice et le respect, en particulier, du principe de sécurité juridique » (*Leoni c/ Italie*, 26 oct. 2000, § 23).

S'agissant des délais pour introduire un recours, elle admet que la sécurité juridique nécessite de prévoir des délais de prescription pour mettre les défendeurs potentiels à l'abri de plaintes tardives (*Stubbings c/ Royaume-Uni*, 22 oct. 1996, prescription concernant l'action civile de victimes de sévices sexuels). S'agissant de l'indemnisation de victimes d'atteinte à l'intégrité physique, elle considère cependant que le délai de prescription ne doit commencer à courir que lorsque la victime est en mesure d'évaluer le préjudice subi *(Howald Moor c/ Suisse*, 11 mars 2014, § 78, exposition à l'amiante).

L'article 528-1 du Code de procédure civile qui interdit tout recours si le jugement n'a pas été notifié dans le délai de deux ans après son prononcé est compatible avec l'article 6, § 1 car il est fondé sur les impératifs de sécurité juridique et de bonne administration de la justice (Cass., civ. 2$^{e}$, 30 janv. 2003, *D*, 2003, 2722). Le bref délai dans lequel l'action en garantie des vices cachés doit s'inscrire, en vertu de l'article 1648 du Code civil, ne constitue pas une restriction inadmissible du droit d'agir (Cass., civ. 1$^{re}$, 21 mars 2000, Le Collinet, *D*, 2000, 593, note C. Atias). Toutefois, si un délai de cinq jours pour former un pourvoi en cassation en matière pénale est justifié par un but légitime, il est insuffisant lorsque le requérant réside en Polynésie (*Tricard c/ France*, 10 juill. 2001, *JCP G*, 2002, II 10034, note L. Di Raimondo).

La Cour veille également à ce que l'interprétation par les juridictions nationales des conditions pour agir soit prévisible et raisonnable (*Levages Prestations services c/ France*, 23 oct. 1996, *JCP G*, 1997, I 4000, obs. F. Sudre, règles en matière d'introduction des pourvois résultant d'une jurisprudence ancienne et accessible ; *Miragall Escolano c/ Espagne*, 25 janv. 2000, *JCP* G, 2001, I 291, obs. F. Sudre, le *dies a quo* étant controversé, l'irrecevabilité du recours pour tardiveté viole l'article 6) et sanctionne « l'interprétation particulièrement rigoureuse faite par les juridictions internes d'une règle de procédure » privant le requérant du droit d'accès à un tribunal (*Perez de Rada Cavanilles*, § 49 ; *Yagtzilar c/ Grèce*, 6 déc. 2001, prescription à l'action des requérants opposée à un stade très avancé de la procédure ; *Guillard c/ France*, 15 janv. 2009, s'agissant de la complexité des règles relatives au désistement d'office devant le Conseil d'État, la Cour condamne l'interprétation trop rigoureuse opérée en l'espèce). De même, si le non-respect des conditions pour agir résulte d'une erreur commise par un auxiliaire de justice, l'irrecevabilité du recours constitue une entrave au droit d'accès à un tribunal (*Leoni*, erreur commise par le greffe d'une cour d'appel ; *Platakou c/ Grèce*, 11 janv. 2001, erreur commise par un huissier de justice ; *Barbier c/ France*, 17 janv. 2006, transmission tardive d'un appel par les services pénitentiaires), à moins que l'irrecevabilité du recours ne soit liée au manque de diligence du requérant (*Rodriguez Valin c/ Espagne*, 11 oct. 2001). De plus, s'agissant de l'usage de la voie électronique pour traiter des requêtes, la Cour a considéré dans l'arrêt l'arrêt *Lawyer Partners SA c/ Slovaquie* (16 juin 2009 ; *Procédures*, 2009, comm.358, N. Fricero, refus des juridictions d'enregistrer les actions que la requérante avait soumises par DVD, possibilité prévue par le code de procédure civile) que les États ont l'obligation de mettre en place les moyens nécessaires pour assurer concrètement le recours à ces nouvelles technologies dès lors que le droit interne prévoit leur utilisation (dans le même sens CJUE, 18 mars 2010, Alassini, C-317/08).

S'agissant des conditions financières pour introduire un recours, la Cour reconnaît en principe la légitimité de telles limitations (*Tolstoy Miloslavsky c/ Royaume-Uni*, 13 juill. 1995, caution *judicatum solvi* ; *Lorga c/ Roumanie*, 25 janv. 2007, droit de timbre), mais elle peut sanctionner, là encore, l'application trop rigoureuse de ces conditions par les juridictions nationales, en particulier lorsque la situation financière du requérant n'est pas prise en compte (*Aït-Mouhoub c/ France*, 28 oct. 1998, consignation trop élevée au regard de l'absence de ressources du requérant ; *Kreuz*). La contribution pour l'aide juridique qui avait été instaurée en France pour un montant de 35 euros, qui vient d'être supprimée (Décret n° 2013-1280, 29 déc. 2013), et le droit d'appel de 150 euros ont ainsi été jugés conforme à l'article 6 § 1 par le Conseil d'État (CE, Syndicat des avocats de France, 28 déc. 2012, *RFDA*, 2013, 587, obs. L. Milano ; dispositions jugées conformes à la Constitution Cons. Const., n° 2012-231/234 QPC, 13 avr. 2012). La Cour de cassation a, quant à elle, refusé, sur le fondement notamment de 6 § 1, *l'exequatur* à deux décisions de la *Hight Court of justice* condamnant un plaideur à payer des frais de justice d'un montant excessif (civ. 1re, 16 mars 1999, Pordéa, *JCP G*, 1999, act. 661).

Dans l'arrêt *Iordache c/ Roumanie* du 14 octobre 2008, la Cour condamne le rejet de l'action introduite par le requérant en vue de l'obtention d'un droit de visite à l'égard de son enfant pour défaut de paiement des droits de timbre d'un montant très important. Elle lie pour la première fois dans cette décision le droit au juge et la primauté de l'intérêt supérieur de l'enfant.

Enfin, la Cour estime que le droit d'accès à un tribunal n'est pas incompatible avec l'existence d'un système d'amende pour recours abusif (Com., déc. 2 juill. 1991, *Sté Les travaux du Midi c/ France*, *AJDA*, 1991, 809, note J.-F. Flauss et J.-P. Pietri) si le montant de l'amende n'est pas tel qu'il constitue une réelle entrave à l'accès aux tribunaux (dans le même sens CE, 25 juill. 1986, Casanovas, *Rec.* 669, et Cass., ass. plén., 30 juin 1995).

B) L'exercice des voies de recours est contrôlé par le juge européen selon les mêmes principes que ceux précédemment analysés, il a cependant souligné que « les modalités d'application de l'article 6 devant semblables juridictions [d'appel ou de cassation] dépendent de la particularité de la procédure dont il s'agit » (*Monnell et Morris c/ Royaume-Uni*, 2 mars 1987, § 56). Il a également précisé que les conditions de recevabilité d'un pourvoi en cassation pouvaient « être plus rigoureuses que pour un appel » (*Levages Prestations Services*, § 45).

1 / Le contrôle de la Cour, de manière générale, s'avère plus strict dès lors qu'il s'agit d'entraves au juge de première instance qu'au juge d'appel. L'arrêt *Chatellier c/ France* (31 mars 2011 ; *JCP G*, 2011, 735, note L. Milano) démontre néanmoins l'importance que revêt à ses yeux le droit à un double degré de juridiction, même si celui-ci n'est pas garanti pas l'article 6 § 1, et la nécessité de prendre en compte la situation particulière des requérants. Etait en cause l'application de l'article 526 du code de procédure civile, qui permet la radiation du rôle d'une affaire en cas de non-exécution de la décision de première instance. La Cour considère que la mesure de radiation a, en l'espèce, privé le requérant du double degré de juridiction et que « compte tenu de la gravité de l'atteinte au droit à un tribunal à ce stade de la procédure », l'État disposait d'une marge d'appréciation restreinte. Elle conclut à la violation du droit d'accès effectif au juge d'appel, la mesure de radiation du rôle ayant été prise alors qu'aucune exécution de la décision attaquée n'était envisageable en raison de la disproportion entre la situation matérielle du requérant et les sommes dues au titre de la décision frappée d'appel.

2 / Devant les Cours suprêmes, reconnaissant qu'un formalisme plus grand assortisse la procédure suivie devant les cours de cassation (*Brualla Gomez de la Torre c/ Espagne*, 19 déc. 1997), la Cour admet le filtrage des requêtes fondé sur le caractère sérieux des moyens exposés (pour le Conseil d'État, *SA Immeuble groupe Kosser c/ France*, déc., 9 mars 1999 ; pour la Cour de cassation, *Essaadi c/ France*, 26 fév.

2002). Elle admet également le monopole des avocats aux conseils devant la Cour de cassation (*Meftah c/ France*, 26 juill. 2002, *JCP G*, 2003, I 109, obs. F. Sudre) et devant le Conseil d'État (*Mocie c/ France*, 8 avr. 2003 ; *G. L. et S. L. c/ France*, déc., 6 mars 2003, *JCP G*, 2003, I 160, obs. F. Sudre) au motif que la spécificité de la procédure justifie de « réserver aux seuls avocats spécialisés le monopole de la prise de parole » (en ce sens, Cass., civ. 1re, 10 mai 2000, Rio, *D*, 2000, 649, note N. Fricero). Une directive communautaire du 16 février 1998 reconnaît aussi ce monopole.

a) En matière civile, différents arrêts ont porté sur l'application de l'article 1009-1 du Code de procédure civile, qui met en place un mécanisme similaire à celui de l'article 526 CPC (*Chatellier*), et prévoit le retrait des pourvois du rôle de la Cour de cassation en cas de non-exécution de la décision attaquée à moins que l'exécution soit de nature à entraîner des conséquences manifestement excessives. Appréciant les conséquences manifestement excessives d'une mesure de radiation à la lumière de la situation matérielle des requérants, la Cour a ainsi jugé ce dispositif contraire à l'article 6 § 1 au regard du montant des condamnations (*Annoni di Gussola c/ France*, 14 nov. 2000), de l'âge avancé du requérant (*Carabasse c/ France*, 18 janv. 2005) ou des chances sérieuses de succès du recours (*Bayle c/ France*, 25 sept. 2003). Dans l'arrêt *Carabasse*, la Cour constate que les ordonnances de retrait du pourvoi ne sont pas motivées d'une façon qui permette de s'assurer que le requérant a bénéficié d'un examen effectif et complet de sa situation par le premier président de la Cour de cassation. L'effectivité de cet examen conjuguée avec la situation matérielle du requérant et le montant de la condamnation constituent les critères de proportionnalité de l'entrave au droit à un tribunal que représente le retrait du pourvoi (§54). Toutefois, le retrait du rôle est justifié dès lors que le requérant n'a pas véritablement apporté la preuve que l'exécution de la décision aurait eu pour lui des conséquences manifestement excessives (*Pages c/ France*, 25 sept. 2003) et la Cour a admis l'irrecevabilité d'un pourvoi en cassation en matière civile fondée sur l'article 979 du CPC qui exigeait que soit produit un arrêt antérieur de la cour d'appel auquel l'arrêt attaqué de cette juridiction renvoyait (*Levages Prestations Services*).

b) Le contrôle de la Cour est d'autant plus sévère s'agissant des limitations à l'accès au juge de cassation en matière pénale. Elle a admis la compatibilité avec le droit au juge de l'ancien article 575 du Code de procédure pénale (déclaré contraire à la Constitution, Cons. Const., n° 2010-15/23 QPC, 23 juill. 2010) qui, en dehors des sept cas visés, subordonnait la recevabilité du pourvoi en cassation de la partie civile à l'exercice de cette voie de recours par le ministère public (*Berger c/ France*, 3 déc. 2002, *JCP G*, 2003, I 106, obs. F. Sudre ; dans le même sens, Cass., crim., 23 nov. 1999, *Bull.*, n° 268). Elle a en revanche condamné différents autres aspects de la procédure pénale française. Elle a tout d'abord sanctionné l'irrecevabilité du pourvoi en cassation pour non-exécution d'un mandat d'arrêt comme constituant une atteinte à la substance du droit de recours à partir de l'arrêt *Poitrimol c/ France* (23 nov. 1993, *infra* n° 36 ; *Omar c/ France et Guérin c/ France*, 29 juill. 1998), obligeant la Cour de cassation à opérer un revirement de jurisprudence (Crim., Rebboah, 30 juin 1999 ; *Dr. Pén.*, 1999, comm. 156, obs. A. Maron). Celle-ci, dans cet arrêt, ne tirait toutefois pas toutes les conséquences de la jurisprudence européenne puisqu'elle continuait à déclarer la déchéance du pourvoi pour non-respect de l'obligation de mise en état telle que prévue par l'article 583 du code de procédure pénale (disposition abrogée par la loi du 15 juin 2000 relative à la présomption d'innocence et à la protection des victimes). Ceci valut à la France une nouvelle série de condamnations (*Khalfaoui c/ France*, 14 déc. 1999 ; *Van Pelt c/ France*, 23 mai 2005 ; *Walser c/ France*, 1er juill. 2004 ; également *Stift c/ Belgique*, 24 fév. 2005), la Cour considérant que cette disposition contraignait « l'intéressé à s'infliger d'ores et déjà à lui-même la privation de liberté résultant de la décision attaquée » (*Khalfaoui*, § 44). En revanche, l'obligation de se constituer prisonnier pour faire opposition au jugement correctionnel ne constitue pas une entrave au droit d'accès à un tribunal dès lors qu'elle découle de la violation des obligations du contrôle judiciaire par les requérants (*Karatas et Sari c/ France*, 16 mai 2002, *RDP*, 2003, 701, obs. C. Hugon) ; il en va autrement lorsque cette obligation résulte du jugement lui-même (*Maat c/ France*, 27 avr. 2004).

La condamnation par la Cour européenne d'une procédure pénale pour violation de l'une des exigences de l'article 6 permet depuis la loi du 15 juin 2000 (*préc.*) le réexamen de la décision en vertu de l'article 626-1 du Code de procédure pénale (Cass., ass. plén., 24 oct. 2003, Christian X., *D*, 2003, 2805). L'assemblée plénière de la Cour de cassation a ainsi examiné et rejeté le pourvoi de M. Papon (ass. plén. 11 juin 2004, Papon, *JCP G*, 2004, Act. 325), effaçant donc l'irrégularité de la procédure antérieure, jugée non conforme à l'article 6 par la Cour européenne au motif que le pourvoi de l'intéressé, en fuite au moment de son examen, avait été déclaré irrecevable (*Papon c/ France*, 25 juill. 2002).

L. M.

## *3 / Les lois rétroactives*

### **29. Zielinski et Pradal, Gonzalez *et al.* c/ France, 28 octobre 1999**, Rec., 1999-VII ; *RFDA*, 2000, 1254, obs. S. Bolle ; *AJDA*, 2000, 533, chron. J.-F. Flauss ; *RDP*, 2000, 716 obs., G. Gonzalez ; *RTD* civ., 2000, 436, obs. J.-P. Marguenaud ; *RTD*H, 2000, 796, obs. E. Mella ; JCP, 2000, I, 203, n° 11, obs. F. Sudre.

**57.** La Cour réaffirme que si, en principe, le pouvoir législatif n'est pas empêché de réglementer en matière civile, par de nouvelles dispositions à portée rétroactive, des droits découlant de lois en vigueur, le principe de la prééminence du droit et la notion de procès équitable consacrés par l'article 6 s'opposent, sauf pour d'impérieux motifs d'intérêt général, à l'ingérence du pouvoir législatif dans l'administration de la justice dans le but d'influer sur le dénouement judiciaire du litige [...].

**58.** Or, en l'espèce, comme dans les affaires susmentionnées, la Cour ne peut pas perdre de vue l'effet produit par le contenu de l'article 85 de la loi n° 94-43 du 18 janvier 1994, combiné avec la méthode et le moment de son adoption. D'abord, si l'article 85 exclut expressément de son champ d'application les décisions de justice devenues définitives, il fixe définitivement les termes du débat soumis aux juridictions de l'ordre judiciaire et ce, de manière rétroactive et « nonobstant toutes stipulations collectives ou individuelles contraires en vigueur à la date de la publication de la présente loi » [...]. Ensuite, l'article 85 était inclus dans une loi « relative à la santé publique et à la protection sociale » [...]. Ce n'est qu'au cours des débats parlementaires et peu après le prononcé, le 13 octobre 1993, de l'arrêt de la cour d'appel de Besançon, que fut prise l'initiative de présenter un amendement relatif à l'IDP. Enfin et surtout, l'article 85 a purement et simplement entériné la position adoptée par l'État dans le cadre de procédures pendantes. Or, la Cour note que les jurisprudences des juges du fond étaient majoritairement favorables aux requérants. Certes, la Cour constate que si la cour d'appel de Metz avait donné entièrement raison aux employés des caisses concernées [...], la cour d'appel de Colmar avait, quant à elle, contrairement au Conseil de prud'hommes de Colmar, rejeté leurs demandes [...]. Cependant, il convient d'insister sur le rôle particulier de la cour d'appel de Besançon, juridiction de renvoi après cassations du 22 avril 1992 [...]. La cour d'appel de Besançon avait été désignée pour résoudre le litige, notamment les questions en « fait », dans le cadre juridique préalablement fixé par la Cour de cassation elle-même [...]. Or la cour d'appel de Besançon, se conformant strictement au cadre du débat délimité par les arrêts de cassation du 22 avril 1992, a constaté une absence d'usage et rejeté la méthode défendue par l'État. [...] Une telle jurisprudence, qui clarifiait le débat dans le respect du cadre fixé le 22 avril 1992 par la Cour de cassation, était favorable aux requérants puisqu'elle revenait à plus que doubler le montant de la prime effectivement versée par les caisses, avec un droit à rappel sur les primes versées depuis plusieurs années [...].

**59.** La Cour ne discerne pas, dans les faits de l'espèce, ce en quoi les divergences de jurisprudence imposaient une intervention législative en cours de procédures. Elle considère que de telles divergences constituent, par nature, la conséquence inhérente à tout système judiciaire qui, à l'instar du modèle français, repose sur un ensemble de juridictions du fond ayant autorité sur leur ressort territorial. Le rôle de la Cour de cassation étant précisément de régler les contradictions de jurisprudence, on ne saurait préjuger de ce qu'aurait été sa décision, en présence de cette contrariété de jugements, sans l'intervention de la loi litigieuse. Par ailleurs, de l'avis de la Cour, les circonstances de l'espèce ne permettent pas d'affirmer que l'intervention du législateur était prévisible, pas plus qu'elles ne peuvent étayer la thèse d'une intention initiale pervertie [...], s'agissant d'un litige sur l'application d'un accord discuté et adopté, dans le cadre d'une procédure réglementée, par les différents partenaires sociaux. La Cour estime que le risque financier dénoncé par le gouvernement [...], et expressément relevé par le Conseil constitutionnel pour motiver sa décision [...], ne saurait permettre, en soi, que le législateur se substitue, tant aux parties à la convention collective, qu'aux juges pour régler le litige. Sur ce point, la Cour note que le gouvernement avance la somme de 350 millions de pertes financières pour les organismes de Sécurité sociale concernés en cas de succès généralisé des recours [...], sans fournir d'autres éléments de comparaison, notamment quant au coût total des 9 000 employés, quant aux particularités des dépenses de santé des organismes d'Alsace-Moselle, etc. L'adoption de l'article 85 réglait en réalité le fond du litige. Son application par les juridictions internes, notamment par la Cour de cassation dans ses arrêts du 2 mars 1995 [...], rendait vaine la continuation des procédures. Avec la Commission, la Cour estime que la décision du Conseil constitutionnel ne suffit pas à établir la conformité de l'article 85 de la loi du 18 janvier 1994 avec les dispositions de la Convention [...]. Au vu de ce qui précède, la Cour estime également qu'une distinction entre les requérants, selon qu'ils auraient ou non été bénéficiaires d'une décision définitive au fond, est inopérante.

**60.** Quant à l'argument du gouvernement selon lequel il ne s'agissait pas d'un litige opposant les requérants à l'État [...], les caisses locales d'assurance-maladie étant des personnes morales de droit privé et non de droit public, la Cour relève que les organismes de Sécurité sociale réalisent une mission de service public et sont placés sous la double tutelle du ministre chargé de la sécurité sociale et du ministre de l'Économie et des Finances. Outre la diversité et l'importance que peuvent revêtir les formes de tutelle, y compris pour les conventions collectives fixant le statut des personnels [...], la Cour constate que les procédures opposant les requérants aux organismes qui les employaient ont systématiquement vu le préfet, représentant de l'État dans le département ou la région, ou la Direction régionale des affaires sanitaires et sociales, service extérieur du ministère de tutelle, intervenir en qualité de partie au procès. En tout état de cause, le système français, avec ses organismes gérant un service public, bénéficiant de prérogatives de puissance publique et soumis aux autorités de tutelle ministérielles, illustre le rôle particulier et les devoirs des États membres du Conseil de l'Europe, tels qu'ils peuvent résulter de la Charte sociale européenne, dans la protection sociale de leurs populations. Force est donc de constater que l'intervention du législateur en l'espèce eut lieu à un moment où des instances judiciaires auxquelles l'État était partie se trouvaient pendantes.

**61.** Par conséquent, il y a eu violation de l'article 6, § 1 en ce qui concerne le droit à un procès équitable.

L'intervention du législateur modifiant de façon rétroactive les règles de droit applicables, soit pour mettre à l'abri des censures contentieuses des actes, notamment administratifs, soit pour changer une interprétation jurisprudentielle de la loi, soit pour imposer une règle de droit nouvelle constitue une pratique courante dans les États adhérents à la Convention européenne des droits de l'homme. Les lois rétroactives portent atteinte au droit d'accès au juge. Sa compatibilité avec le « droit à un tribunal », un des éléments primordiaux du droit à un procès équitable, est *a priori* douteuse (*supra*, n° 27, *Golder*). Une loi rétroactive met à mal le principe de sécurité juridique, autre composante du « droit à un tribunal » (*Brumarescu c/ Roumanie*, 28 oct. 1999, *JCP*, 2000, I, 203, 10, obs. F. Sudre). À travers la déclaration d'inconventionnalité d'une loi de validation, l'arrêt Zielinski et Pradal, Gonzalez *et al.* le démontre parfaitement.

À l'unanimité, la Grande Chambre de la Cour européenne considéra que l'intervention rétroactive du législateur dans une procédure juridictionnelle pour en modifier le cours en faveur de l'État violait l'article 6, § 1 quant à l'équité de la procédure.

Le raisonnement adopté par la Cour pour aboutir à cette solution lui permit de confirmer sa volonté d'encadrer les lois rétroactives (I). Sa jurisprudence provoquera un perfectionnement du contrôle de ces lois en droit national (II).

## I / L'encadrement européen des lois rétroactives

Limites du droit à un tribunal, les lois rétroactives suscitent normalement la méfiance et la défiance. En principe, elles sont alors prohibées dans un État de droit. Toutefois, elles y constituent aussi la technique la moins pire pour débloquer certaines situations juridiques inextricables. Tout en soulignant l'anomalie qu'elles constituent, la Cour en admet la conformité avec la convention sous certaines conditions.

A) Confrontée pour la première fois aux lois rétroactives dans l'affaire des Raffineries grecques, la Cour affirma sa volonté de les interdire en convoquant d'éminents principes : « Le principe de la prééminence du droit et la notion de procès équitable consacrés par l'article 6 s'opposent à toute ingérence du pouvoir législatif dans l'administration de la justice dans le but d'influer sur le dénouement judiciaire d'un litige » (*Raffineries grecques Stran et Stratis Andreadis c/ Grèce*, 9 déc. 1994, A. 301-B, § 49, *JCP*, 1995, I, 3823, 40, obs. F. Sudre). En l'espèce, le gouvernement grec avait conclu un contrat de construction d'une raffinerie avec un entrepreneur. À la suite du changement de régime politique intervenu après la dictature, le gouvernement n'avait pas honoré son contrat. Les procédures engagées par l'entrepreneur, y compris dans le cadre d'un arbitrage prévu par le contrat, ayant été favorables au requérant, le Parlement vota une loi qui rendait impossible les recours de l'entrepreneur. La Cour considéra qu'un tel agissement contrevenait à l'équité du procès. Elle confirmera cette proscription des lois rétroactives, l'arrêt Zielinski étant la manifestation de cette volonté de la nouvelle Cour issue du Protocole 11 à la Convention (*Papageorgiou c/ Grèce*, 22 oct. 1997, § 37, *RGDP*, 1998, 241, obs. J.-F. Flauss ; *Dimitrios Georgiadis c/ Grèce*, 28 mars 2000, § 25, *JCP*, 2001, I, 291, 26, obs. F. Sudre ; *Anagnostopoulos et al. c/ Grèce*, 7 nov. 2000, § 20).

La rigueur et la fermeté de la position de la Cour sont indéniables et louables. Appliquée comme telle, elle n'allait pas sans soulever quelques problèmes juridiques et pratiques de grande envergure. Ainsi, elle risquait de laisser les États démunis face à des situations complexes telles que l'annulation par exemple d'un concours administratif, ou de l'annulation de décisions qui emportent des conséquences financières lourdes pour un État. Il fallait donc faire preuve, encore une fois, de réalisme et de pragmatisme. Pour ce faire, la Cour pouvait puiser dans la jurisprudence nationale comme celle du Conseil constitutionnel français. Celui-ci proscrit le pouvoir du législateur « de censurer les décisions des juridictions » (CC, 2005-531 DC, 29 déc. 2005, *RFD adm.*, 2006, 497, note M. Disant : contournement d'un arrêt de la Cour de justice des Communautés européennes et d'un arrêt du Conseil d'État), et notamment de valider un acte annulé par le juge sans dénier qu'il possède « pour des raisons d'intérêt général la faculté d'user de son pouvoir de prendre des dispositions rétroactives afin de régler [...] les situations nées de l'annulation » (CC, 80-119, DC, 22 juill. 1980, *Rec.*, 46).

Sans doute tirant la leçon d'une telle position médiane, le juge européen tempéra sa jurisprudence. Dans une affaire de débordement de recouvrement d'impôts à l'encontre de « caisses mutuelles de dépôts » au Royaume-Uni, et au cours de laquelle le législateur est intervenu pour faire échec à la restitution des sommes trop perçues par le fisc, la Cour indiqua que l'article 6, § 1 « ne saurait toutefois s'interpréter comme empêchant toute ingérence des pouvoirs publics dans une procédure judiciaire » (*National & Provincial Bulding Society et al., 23 oct. 1997*, § 112, *JDI*, 1998, 225, obs. P. Tavernier). L'État peut avoir des motifs d'intérêt général impérieux pour rendre ingagnables des procédures juridictionnelles en cours (§ 112). Ce recours à la notion d'« intérêt général impérieux » est « un plus » qui sera réaffirmé dans l'arrêt Zielinski et Pradal. La Cour la place désormais au centre de sa jurisprudence relative aux lois rétroactives. Elle est utilisée par certaines juridictions nationales pour stimuler et pour renforcer le contrôle de conventionnalité des lois de validations (CA, Limoges, 13 mars 2000, *D, IR*, 127 ; *RTD civ.*, 629, obs. R. Perrot).

La référence à l'« intérêt général impérieux » marque, au moins dans le vocabulaire, la volonté d'encadrer strictement les validations législatives exceptionnellement admises.

L'irruption du juge européen sur le terrain des validations législatives, le procès équitable épaulé par le principe de prééminence du droit à la main, modifie sensiblement l'approche que l'on peut avoir de la pratique des validations législatives. Certes, la Cour rappelle que l'édiction de mesures rétroactives par le législateur est interdite en matière pénale, le principe de non-rétroactivité de la loi pénale étant un principe intangible proclamé par l'article 7 de la Convention. Certes encore, à l'inverse, elle admet exceptionnellement l'adoption de telles mesures en matière civile. Mais, en dégageant des critères de contrôle précis et maniés avec rigueur et vigueur, la Cour européenne a resserré l'étau autour des validations législatives. « Le principe de la prééminence du droit et la notion de procès équitable commandent de traiter avec la plus grande circonspection les raisons avancées pour justifier de pareilles mesures » (*Acimovic c/ Croatie*, 9 oct. 2003, § 30). Le resserrement ne signifie pas l'étranglement. La Cour a construit une jurisprudence rationnelle basée sur des critères de contrôle dont la mise en œuvre se traduit par un perfectionnement du contrôle juridictionnel des lois rétroactives.

B) Respectant le principe d'interprétation selon lequel l'exception doit être interprétée strictement, la Cour fixe trois critères de contrôle des lois rétroactives : l'interdiction de l'ingérence du pouvoir législatif dans l'administration de la justice dans le but d'influer le dénouement judiciaire du litige (*Zielinski*, § 57 ; *Raffineries*, § 49 ; *Anagnostopoulos*, § 20, § 31 ; *Logothetis c/ Grèce*, 12 avr. 2001, § 15 ; *Adamogiannis c/ Grèce*, 14 mars 2002, § 20-21 ; *M.C e.a c. Italie*, 3 sept. 2013 : intervention du législateur pour bloquer la réévaluation annuelle en fonction du taux d'inflation d'une indemnité complémentaire bénéficiant à des personnes contaminées par le VIH, l'hépatite B ou l'hépatite C, à la suite de transfusions sanguines alors que l'État était partie prenante dans plusieurs procès en cours), la présence et l'existence d'un impérieux motif d'intérêt général, la proportionnalité de l'atteinte au droit à un tribunal.

La mise en œuvre de ces critères est certes empreinte d'un certain subjectivisme inhérent au contrôle de proportionnalité. Ainsi, dans l'affaire Zielinski, le Conseil constitutionnel français a jugé que le souci du législateur de mettre fin aux divergences de jurisprudence entre cours d'appel constituait un motif d'intérêt général justifiant la loi de validation alors que la Cour européenne des droits de l'homme considérait qu'il ne s'agissait pas là d'un motif d'intérêt général impérieux permettant de court-circuiter le rôle de régulateur de la Cour de cassation dans l'ordre judiciaire. Dans l'ensemble, ne constituent pas de tels motifs l'intérêt financier tendant à exclure une allocation dans le calcul d'une pension de retraite (*Anagnostopoulos*, préc. ; *Dimitrios Georgiadis*, préc.) ou empêcher la restitution de retenue de salaire (*Papageorgiou*, préc.). En tout cas, le motif financier ne suffit pas à lui seul à justifier une loi rétroactive (*Lecarpentier c/ France*, 2 févr. 2006, § 47 ; *Cabourdin c/ France*, 11 avr. 2006, § 37 ; *JCP*, 2006, I, 164, § 4, chron. F. Sudre ; *Achache c/ France*, 3 oct. 2006 ; *Arnolin et al. c/ France*, 9 janv. 2007 ; *Aubert c/ France*, 9 janv. 2007 ; *Chiesi SA c/ France*, 16 janv. 2007, § 39 ; *SCM Scanner de l'ouest Lyonnais et al.*, 21 juin 2007, § 31 ; *Sté Lilly France c/ France*, 25 no. 2010, § 51 : dans cette dernière espèce, l'objectif de freiner de nombreuses contestations de redressements constatés et dressés irrégulièrement par des agents de l'URSSAF pouvant créer un manque à gagner de 131 millions d'euros à l'État pour la seule région parisienne ne constitue pas un motif impérieux d'intérêt général pouvant justifier une loi de validation ; Azienda Agricola Silverfunghi S.A.S e.a c/ Italie, 24 juin 2014, 48357/07).

En revanche, constitue un tel motif le souci de l'État de préserver le niveau des recettes fiscales (*National & Provincial Bulding Society*, préc.), de combler un vide juridique et d'établir la parité des situations des enseignants travaillant dans des établissements et des établissements publics en matière de cotisations sociales (*OGIS-Institut Stanislas, OGEC St-Pie X et Blanche de Castille et al. c/ France*, 27 mai 2004, § 71), de prévoir un vaste projet d'espaces naturels dans lesquels l'aménagement et l'urbanisme ont une importance particulière (*Gorraiz Lizarraga et al. c/ Espagne*, 27 avr. 2004, § 70-71), de corriger des erreurs techniques initiales du législateur dès lors que l'intervention du législateur est prévisible et ne modifie pas l'économie de la loi validée (déc. 10 nov. 2005, *EEG, Slachthuis Verbist c/ Belgique*, n° 60559/00). Se dessine par là un visage du motif d'intérêt général impérieux : s'il peut être financier, cet aspect n'est pas déterminant ; il inclut surtout une approche rigoureuse et généreuse de l'intérêt général soit pour permettre d'atteindre une bonne législation soit pour favoriser la conduite d'un projet profitable aux plus grands nombres.

La jurisprudence de la Cour a soulevé des interrogations quant à la portée du premier critère. La proscription de l'ingérence de l'État dans une procédure juridictionnelle en cours en vue d'influer sur le dénouement judiciaire de l'affaire vaut-elle dans tous les cas ou est-elle limitée aux affaires dans lesquelles l'État est partie au litige ? La jurisprudence européenne n'était pas d'une grande clarté. À première vue, elle semblait privilégier la deuxième solution, car l'État a été directement ou indirectement partie aux litiges en cours dans les affaires portées devant la Cour. Mais son silence pouvait s'interpréter autrement. On ne saurait admettre, d'un côté, que l'État puisse porter atteinte à la substance même de ce droit dans les hypothèses où il ne serait pas partie au litige en cause et, de l'autre côté, interdire son ingérence dans le cours de la procédure juridictionnelle dès qu'il est partie au litige. Une telle dissymétrie est difficilement explicable et justifiable car, même dans le premier cas, une atteinte au droit au tribunal est consommée ; l'État devient alors l'allié objectif d'une des parties pour rompre l'égalité des armes entre elles. La formule générale de l'arrêt Raffineries grecques ne fait d'ailleurs pas mention de l'État partie au litige (voir également *Zielinski*, § 57 ; *Anagnostopoulos*, § 20). C'est seulement, *in concreto*, pour marquer la présence de l'État dans les litiges portés devant elle que la Cour européenne fait allusion à cette présence étatique. Logiquement celle-ci n'est pas nécessaire. La Cour avalise cette thèse en deux temps. Dans un premier temps, sa position était ambiguë. Après avoir affirmé que « la responsabilité de l'État est encourue tant en sa qualité de législateur, s'il fausse le procès ou influe sur le dénouement judiciaire du litige, qu'en sa qualité d'autorité judiciaire, du fait des atteintes au procès équitable et ce, y compris dans le cadre des litiges de droit privé entre particuliers » (*Cabourdin c/ France*, § 30), elle ajoutait que l'État pouvait être indirectement présent dans une procédure opposant deux personnes privées dès lors qu'il était actionnaire indirect d'une des deux parties, en l'occurrence un établissement financier (*Cabourdin c/ France*, préc., § 35). Dans un second temps, la Cour va plus loin en constatant que « l'État n'était pas en tant que tel partie à la procédure judiciaire lors de l'intervention législative litigieuse. [...] La Cour estime que sa jurisprudence [...] va au-delà des litiges dans lesquels l'État est partie » (*St-Adam et Millot c/ France*, 2 mai 2006, § 20 ; *Vezon c/ France*, 18 avr. 2006, § 29).

Au-delà des critères de son contrôle, lorsqu'à la suite d'une loi rétroactive, une nouvelle législation est adoptée pour permettre l'indemnisation du préjudice résultant de la validation, pareille législation ne saurait ni poser des conditions drastiques d'indemnisation ni suspendre au-delà d'un délai raisonnable l'action en justice du requérant sous peine de méconnaissance du droit d'accès à un tribunal (*Acimovic*, préc. ; rapprocher de *Kutic c/ Croatie*, 1er janv. 2002 et de *Multiplex c/ Croatie*, 19 juin 2003). Dans l'ensemble, sans se départir de sa rigueur, la Cour tente de trouver un équilibre entre la préservation des droits des individus et la légitimité des motifs d'intérêt général impérieux.

Le contrôle des lois rétroactives se fait à l'aune de l'article 6, § 1 de la Convention sur la base du principe d'égalité des armes (déc., *EEG, Slachthuis Verbist c/ Belgique*, préc. ; Cabourdin c/ France, § 34). Il peut être exercé en combinaison avec l'article 1er du Protocole 1, ou au regard de ces dernières stipulations seules, ces dernières absorbant le grief tiré de la violation de l'article 6, § 1 (*Lecarpentier c/ France*, préc. § 47, § 57 ; *Achache c/ France*, préc.) ou se substituant à celui-ci notamment dans les cas où l'article 6 § 1 n'est pas applicable (*Joubert c/ France*, 23 juillet 2009, *JCP A* (47), 16 nov. 2009, 2268, note B. Pacteau ; *Procédures* (10), oct. 2009, comm. 345, note L. Ayarault : une loi de validation tendant à prévenir le risque de contentieux visibles et abondants méconnaît l'article 1er du Protocole 1). La distinction du contrôle du respect de l'article 6, § 1 et de celui de l'article 1er du Protocole 1 (CE, Ass., Avis, 27 mai 2005, M. Provin, *Rec.*, 212, concl. C. Devys ; *RFDA*, 2006, 588, chron. J. Andriantsimbazovina et L. Sermet ; ou encore dans l'affaire Joubert précitée devant les juridictions administratives françaises) ne met pas la loi de validation à l'abri de l'inconventionnalité.

Cela étant, l'arrêt Zielinski a été à l'origine du rapprochement mutuel de la jurisprudence européenne et de la jurisprudence des juridictions nationales tant en matière de contrôle de constitutionnalité qu'en matière de contrôle de conventionnalité des lois de validation.

## II / Le perfectionnement du contrôle national des lois rétroactives

L'émulation entre la jurisprudence européenne et nationale transparaît dans la convergence concernant l'application de la jurisprudence européenne aux litiges dans lesquels l'État n'est pas partie (*St-Adam et Millot c/ France*, préc. ; *Vezon c/ France*, préc.). Après une légère hésitation (Cass. Civ. 1re, 20 juin 2000, Crédit Lyonnais et M. et Mme Carpentier, *RFDA*, 2000, 1199, concl. J. Sainte-Rose, note B. Mathieu), la Cour de cassation a rejoint le Conseil d'État qui avait déjà anticipé la position de la Cour européenne (CE, Avis, 16 févr. 2001, Syndicat des Compagnies aériennes autonomes, *Rec.*, 69 ; BDCF 5/01, n° 72, 60, concl. E. Mignon ; Cass. Ass. plén., 23 janv. 2004, SCI Le Bas Noyer c/ Castorama France, *RFDA*, 2004, 224, obs. B. Mathieu).

Le rapprochement peut être méthodologique pour arriver au même résultat. Il peut aussi être à la fois conceptuel et de fond facilitant la recherche d'une solution similaire. Mais cela n'empêche pas des différences.

A) Les juridictions nationales ont fait évoluer leur position en tenant compte de la jurisprudence européenne.

1 / Après le désaveu indirect de sa décision du 13 janvier 1994 par la Cour européenne dans l'affaire Zielinski, le Conseil constitutionnel resserra son contrôle des lois de validation en exigeant du législateur de définir strictement la portée de la validation législative, eu égard à ses effets sur le contrôle de la juridiction saisie et d'éviter que cette validation ait pour effet d'interdire tout contrôle juridictionnel sur l'acte validé (CC, 99-422 DC, 21 déc. 1999, *Rec.*, 143 ; CC, 99-425 DC, 29 déc. 1999, *Rec.*, 168).

Dans un premier temps, il va contrôler le but d'intérêt général suffisant, plus exactement à vérifier la détermination de celui-ci, préalable indispensable à un éventuel contrôle de proportionnalité de cet intérêt général par rapport aux intérêts des particuliers (CC, 2002-458 DC, 7 févr. 2002, *Rec.*, 80). La doctrine du Conseil constitutionnel a été : « Si le législateur peut valider un acte administratif dans un but d'intérêt général suffisant, c'est sous réserve du respect des décisions de justice ayant force de chose jugée et du principe de non-rétroactivité des peines et des sanctions ; qu'en outre, l'acte validé ne doit méconnaître aucune règle, ni aucun principe de valeur constitutionnelle, sauf à ce que le but d'intérêt général visé par la validation soit lui-même de valeur constitutionnelle ; qu'enfin, la portée de la validation doit être strictement définie, sous peine de méconnaître l'article 16 de la Déclaration de 1789 » (CC, 2004-509 DC, 13 janv. 2005, cons. n° 31, *JORF*, 18 janv. 2005, 896 : non-conformité avec la constitution d'une loi de validation destinée à permettre l'extension rapide d'une ligne de tramways ; CC, 2003-486 DC, 11 déc. 2003, cons. n° 23, *Rec.*, 467 : eu égard au montant des recouvrements de cotisations sociales concernées, la validation n'était pas justifiée par un intérêt général suffisant ; voir aussi CC, 2013-685 DC, 29 déc. 2013, Loi de finances 2014, *JO*RF 30 déc. 2013, 22188, cons. 25). À travers ces exemples, le Conseil constitutionnel censure les lois rétroactives non justifiées par un but d'intérêt général suffisant (aussi CC, 2001-453 DC, 18 déc. 2001, *Rec.*, 164, § 27-28). Naturellement, en dehors de l'existence ou non d'un tel intérêt général, une loi tendant à neutraliser ou à contourner une décision de justice est censurée par le Conseil constitutionnel pour méconnaissance des principes de séparation des pouvoirs et de garantie des droits (CC, 2005-531 DC,

29 déc. 2005, *RFDA*, 2006, 497, note M. Disant : contournement d'un arrêt de la Cour de justice des Communautés européennes et d'un arrêt du Conseil d'État). Notons que dans le cadre de la procédure de question prioritaire de constitutionnalité, le Conseil constitutionnel contrôle également une loi de validation rétroactive au regard de « l'équilibre des droits des parties » garantit par l'article 16 DDHC (CC, 2010-78 QPC, 10 déc. 2010, Sté Imnoma) palliant par là les invocations infructueuses de stipulations de la CEDH devant le Conseil d'État (voir les conclusions L. Olléon dans CE, 6 oct. 2010, Sté Imnoma, req. 341827, *Dr. Fisc.* 2010, comm. 561 et comparer avec CE, 19 nov. 2008, Sté Gétécom, *Dr. Fisc.* 2009 (6) comm. 179, concl. N. Escaut, note. P. Fumenier : rejet du moyen fondé sur la violation de l'article 1er du Protocole 1).

Dans en second temps, tout en s'appuyant sur l'article 16 DDHC, le Conseil constitutionnel va intégrer pleinement dans sa jurisprudence relative aux validations législatives et aux lois rétroactives le critère du « motif impérieux d'intérêt général ». Pour lui « si le législateur peut modifier rétroactivement une règle de droit ou valider un acte administratif ou de droit privé, c'est à la condition que cette modification ou cette validation respecte tant les décisions de justice ayant force de chose jugée que le principe de non-rétroactivité des peines et des sanctions et que l'atteinte aux droits des personnes résultant de cette modification ou de cette validation soit justifiée par un motif impérieux d'intérêt général ; qu'en outre, l'acte modifié ou validé ne doit méconnaître aucune règle, ni aucun principe de valeur constitutionnelle, sauf à ce que le motif impérieux d'intérêt général soit lui-même de valeur constitutionnelle ; qu'enfin, la portée de la modification ou de la validation doit être strictement définie » (CC, 2013-366 QPC, 14 févr. 2014, SELARL PJA, *JO*RF 16 févr. 2014, 2724, cons. n° 3 et n° 6, *AJDA* 2014, 377).

2 / Dans un premier temps, le Conseil d'État est resté sur la même ligne que le Conseil constitutionnel. En ayant recours à l'article 6, § 1 de la Convention pour contrôler et limiter les validations législatives (CE, Ass., Avis, 5 déc. 1997, ministre de l'Éducation nationale, de la Recherche et de la Technologie c/ OGEC de Saint-Sauveur, *Rec.*, 464 ; même date, la décision Lambert, *Rec.*, 446) il a eu l'occasion de déclarer pour la première fois l'incompatibilité d'une loi de validation avec l'article 6, § 1 (CE, Ass., 28 juill. 2000, Tête et Association du Collectif pour la gratuité contre le racket, *RFDA*, 2001, p. 1262, chron. L. Sermet et J. Andriantsimbazovina). En l'espèce, l'intérêt financier avancé par le législateur n'était pas considéré comme suffisant pour justifier la validation. On l'a vu, la différence de formulation, « intérêt général suffisant »

pour le Conseil constitutionnel et le Conseil d'État et « intérêt général impérieux » pour la Cour européenne des droits de l'homme, peut conduire à des appréciations convergentes entre les juges.

Toutefois, cette différence de vocabulaire n'est pas toujours sans effet sur l'intensité du contrôle exercé. La préférence initiale du Conseil d'État pour la notion d'« intérêt général suffisant » masquait mal une insuffisance de l'appréciation systématique et avec profondeur de l'intérêt général (CE, Avis, 16 févr. 2001, 226155, Syndicat des Compagnies aériennes autonomes, préc.). La jurisprudence administrative est devenue plus stricte (CE, 25 avr. 2007, Ministre de l'Équipement c/ M. Couegnat et c/ M. Herbert, *RFDA*, 2007, 1019, concl. R. Keller ; *RFDA*, 2008, p. 747, chron. L. Sermet et J. Andriantsimbazovina). Elle est suivie par le Tribunal des conflits qui considère que, en vertu de l'article 6 § 1 de la Convention européenne des droits de l'homme, en l'absence d'impérieux motifs d'intérêt général, le législateur ne saurait requalifier rétroactivement comme de contrats administratifs des conventions de droit privé contractées par deux personnes privées (TC, 13 déc. 2010, Sté Green Yellow e.a c. Electricité de France, *AJDA* 2011, 439, concl. M. Guyomar, 444, note L. Richer).

Néanmoins, le ralliement des juridictions nationales à la notion de « motifs impérieux d'intérêt général », s'il est gage d'un contrôle approfondi ne constitue pas une garantie de censure de la loi de validation. Significative est l'attitude de la Cour de cassation qui est passée de l'indifférence à l'égard de la notion de « motif impérieux d'intérêt général » (Cass. civ. 1re, 20 juin 2000, Crédit Lyonnais et M. et Mme Carpentier, préc.) à son utilisation (Cass. soc., 24 avr. 2001, Être enfant au Chesnay c/ Terki, *RFDA*, 2001, 1055, obs. J.-Y. Frouin, B. Mathieu) sans que ce changement ait fait taire toutes les critiques d'une certaine compréhension de la Haute Juridiction judiciaire à l'égard des lois de validation (Cass. Ass. plén., 24 janv. 2003, Mme X. *et al.* c/ Association des handicapés dans le Loiret, *RFDA*, 2003, 470, note B. Mathieu ; *D*, 2003, J, 1648, note S. Paricard-Pioux : « Obéit à d'impérieux motifs d'intérêt général l'intervention du législateur destinée à aménager les effets d'une jurisprudence nouvelle de nature à compromettre la pérennité du service public de la santé et de la protection sociale auquel participent les établissements pour personnes inadaptées et handicapées » ; Cass. civ. 1re, 9 juill. 2003, Ép. Dolléans c/ SA UCB, *JCP G*, II, 10016, note X. Prétot ; Cass. Ass. plén., 23 janv. 2004, SCI, Le bas Noyer c/ Castorama France, *RFDA*, 2004, 224, obs. B. Mathieu).

La même remarque peut être faite à l'égard de l'évolution de la jurisprudence du Conseil d'État. En choisissant de se mettre au diapason de la Cour européenne des droits de l'homme à la suite de la Cour de cassation, à travers un recours explicite à la notion de motifs impérieux d'intérêt général, il n'est pas pour autant devenu d'une grande sévérité à l'égard des lois de validations (CE, 23 juin 2004, Sté Laboratoire Genevrier, *Rec.*, 256 à comparer avec *Chiesi SA*, préc. ; CE, 7 juill. 2004, Association des fonctionnaires d'État des télécommunications Région Rhône-Alpes, *Rec. tabl. ;* CE, Avis, 18 juill. 2006, *RFDA*, 2006, p. 1194, concl. L. Vallée). Le contrôle de proportionnalité exercé à cette occasion est sans conséquence dès lors que la mesure litigieuse est justifiée par d'impérieux motifs d'intérêt général (CE, 5 juill. 2004, Sté Sud Parisienne de construction, *Rec.*, 291, *AJDA*, 2004, 2216, note P. Sablière ; CE, 29 déc. 2004, X, *Rec. tabl.* ; CE, 12 avril 2012, Syndicat national des producteurs d'énergie photovoltaïque, n° 337528, *AJDA* 2012, 793). Toutefois, le contrôle est rigoureux concernant les lois rétroactives touchant des litiges en cours (CE, Ass., Avis, 27 mai 2005, M. Provin, préc.) tant au regard de l'article 6, § 1 que de l'article 1er du protocole n° 1 même si le Conseil d'État distingue deux types de contrôle en fonction de chacune de ses dispositions. En somme, la qualification d'un motif impérieux d'intérêt général peut varier en fonction des espèces. Si le Conseil d'État considère que l'objectif de ne pas aggraver le déficit de l'assurance-maladie ne constitue pas en soi un motif impérieux d'intérêt général susceptible de justifier l'intervention du législateur dans un procès en cours (CE, 21 décembre 2007, Fédération de l'hospitalisation privée, *AJDA*, 2008, 2280), il estime en revanche que la prévention des conséquences négatives sur le service offert aux consommateurs et sur l'emploi de l'annulation d'autorisations d'équipements commerciaux constitue un motif impérieux d'intérêt général qui justifie la conventionnalité d'une loi validant ces autorisations (CE, 18 nov. 2009, Établissement Pierre Fabre, *RFDA*, 2010, p. 595, chr. J. Andriantsimbazovina et L. Sermet).

Malgré tout, la volonté de suivre la logique européenne l'emporte globalement. La condamnation européenne de l'application immédiate d'une loi destinée à briser une jurisprudence (*Draon c/ France, Maurice c/ France*, 5 oct. 2005, Gr. Ch., *JCP*, 2006, I, 109, § 16, obs. F. Sudre) a été suivie par les deux cours suprêmes (CE, 24 févr. 2006, Levenez, *AJDA*, 2006, 1272, obs. S. Hennette-Vauchez revenant sur CE, avis, 6 déc. 2002, M. et Mme Draon, *RF adm.*, 2003, 339, note J. Petit ; Cass. Civ. 1re, 24 janv. 2006, *JCP*, 2006, II, 10062, obs. A. Gouttenoire et S. Porchy-Simon). De même, sur la base de l'article 6, § 1 de la Convention, le Conseil d'État fait droit à un recours contestant une loi rétroactive en matière de réforme des retraites dès lors que la rétroactivité n'est pas fondée sur un impérieux motif d'intérêt général (CE, 6 févr. 2006, M. Wessang, *AJDA*, 2006, 992, obs. P. Soubirous). Il ne reconnaît la conventionnalité d'une loi rétroactive en matière de réforme des retraites au regard de l'article 1er du Protocole 1 qu'aux termes d'un contrôle de proportionnalité des droits des bénéficiaires de pensions de retraite et de la pérennité des régimes complémentaires concernés (CE, 26 mars 2010, Fédération des masseurs kinésithérapeutes rééducateurs, req. 323201).

On le voit, à l'instar de la Cour européenne des droits de l'homme qui ne limite pas le contrôle des lois rétroactives à l'aune de l'article 6, § 1, mais l'étend à la vérification du respect du droit de propriété garanti par l'article 1er du Protocole 1 (*National & Provincial Bulding Society*, préc.), le Conseil d'État n'hésite pas à confronter les lois de validations au droit de propriété (CE, Ass., 11 juill. 2001, ministre de la Défense c/ M. Préaud, *RFDA*, 2001, 1047, concl. C. Bergeal ; C. Bergeal ; v. aussi CE, 5 juill. 2004, Sté Sud Parisienne, préc. ; CE, 29 déc. 2004, X, préc.). Dans l'affaire ministre de la Défense c/ M. Préaud, le contrôle de conventionnalité de la loi de validation sous l'angle de l'article 1er du Protocole 1 est d'autant plus remarquable qu'il permet au Conseil d'État de compenser l'inapplicabilité de l'article 6, § 1 au contentieux en cause (*supra*, n° 23, *Vilho Eskelinen*) en utilisant également le critère du motif impérieux d'intérêt général (CE, 21 oct. 2011, Ministre du Budget c/ SCN Peugeot Citroën Mulhouse, n° 314767, Dr. Fisc. 2011,50, comm. 630, concl. C. Legras, note O. Fouquet). L'évolution de la position de la Haute Juridiction administrative est emblématique. Elle conforte le mouvement général d'encerclement des lois de validation. Si celles-ci échappent à la censure du Conseil constitutionnel, elles peuvent encore tomber sur le contrôle de conventionnalité exercé soit par les juridictions nationales soit par le juge européen. Dans ces dernières hypothèses, elles peuvent subir un contrôle à trois facettes : à l'aune de l'article 6, § 1 pris soit isolément, soit en combinaison avec l'article 1er du Protocole 1, ou enfin au regard de ces dernières stipulations seules.

Un tel faisceau de contrôles juridictionnels des lois rétroactives place l'exigence du droit à un tribunal à un niveau très élevé. Même si la jurisprudence européenne et celle des juridictions nationales semblent converger vers un certain pragmatisme envers les validations législatives, la soumission de celles-ci aux exigences du droit à un tribunal a le mérite de placer la pratique des lois rétroactives sous multiples surveillances. Ce n'est pas le moindre mérite de la jurisprudence européenne relative aux lois rétroactives.

J. A.

## B | L'ÉGALITÉ DES ARMES

### 30. ***Borgers c/ Belgique, 30 octobre 1991***, *série A, n° 214-A, RDIDC, 1992, 125, note A. Wauters ; RTDH, 1992, 204, note J. Callewaert, RUDH, 1992, 6, obs. F. Sudre ; JDI, 1992, 797, obs. E. Decaux.*

**24.** Il y a lieu [...] de rechercher si la procédure devant la Cour de cassation a respecté [...] les droits de la défense et le principe de l'égalité des armes, éléments de la notion plus large de procès [...]. Celle-ci a connu dans la jurisprudence de la Cour une évolution des plus notables, marquée en particulier par l'importance attribuée aux apparences et à la sensibilité accrue du public aux garanties d'une bonne justice [...].

**26.** Nul ne doute de l'objectivité avec laquelle le parquet de cassation s'acquitte de ses fonctions. En attestent le consensus dont il fait l'objet en Belgique depuis ses origines et l'assentiment que le Parlement lui a marqué à diverses reprises. Néanmoins, son opinion ne saurait passer pour neutre du point de vue des parties à l'instance en cassation : en recommandant l'admission ou le rejet du pourvoi d'un accusé, le magistrat du ministère public en devient l'allié ou l'adversaire objectif. Dans la seconde hypothèse, l'article 6, § 1 impose le respect des droits de la défense et du principe de l'égalité des armes.

**27.** En l'espèce, l'audience du 18 juin 1985 devant la Cour de cassation se termina sur les conclusions de l'avocat général tendant au rejet du pourvoi de M. Borgers [...]. À aucun moment celui-ci ne put y répondre [...]. On n'aperçoit point ce qui justifie de telles restrictions aux droits de la défense. Dès lors que le parquet avait présenté des conclusions défavorables au requérant, celui.ci avait un intérêt certain à pouvoir les discuter avant la clôture des débats. Que seules les questions de droit ressortissent à la compétence de la Cour de cassation, n'y change rien.

**28.** Ensuite et surtout, le déséquilibre s'accentua encore du fait de la participation, avec voix consultative, de l'avocat général au délibéré de la Cour. Pareille assistance, prêtée en toute objectivité, peut offrir une certaine utilité pour la rédaction des arrêts, encore que celle-ci relève au premier chef de la Haute Juridiction elle-même. On conçoit mal cependant qu'elle puisse rester cantonnée aux questions de forme, au demeurant souvent indissociables du fond, si elle a pour but supplémentaire, comme l'affirme aussi le gouvernement, de contribuer au maintien de l'unité de la jurisprudence. Quand bien même elle s'y serait limitée en l'espèce, l'avocat général pouvait légitimement sembler disposer en Chambre du conseil d'une occasion supplémentaire d'appuyer, à l'abri de la contradiction du requérant, ses conclusions de rejet du pourvoi.

**29.** En conclusion, eu égard aux exigences des droits de la défense et de l'égalité des armes ainsi qu'au rôle des apparences dans l'appréciation de leur respect, la Cour constate une violation de l'article 6, § 1.

**30** ***(suite) Nideröst-Huber c/ Suisse, 18 février 1997****, Rec., 1997, 101, RTD civ., 1997, 1006 obs. J.-P. Marguénaud.*

**19.** Malgré une demande expresse, le Tribunal fédéral ne lui aurait pas communiqué, avant de statuer, les observations du tribunal cantonal de Schwyz, le privant ainsi de toute possibilité d'en prendre connaissance et, le cas échéant, de les commenter en temps utile. Pourtant, leur transmission se serait révélée d'autant plus nécessaire qu'elles auraient complété le jugement attaqué et que le Tribunal fédéral en aurait clairement repris certains passages dans son arrêt. Bref, il y aurait eu violation du principe de l'égalité des armes et du droit à un procès équitable.

**23.** Le principe de l'égalité des armes – l'un des éléments de la notion plus large de procès équitable – requiert que chaque partie se voit offrir une possibilité raisonnable de présenter sa cause dans des conditions qui ne la placent pas dans une situation de net désavantage par rapport à son adversaire (voir, parmi d'autres, Ankerl c/ Suisse, 23 oct. 1996, *Rec.*, 1996-V, p. 1567-1568, § 38). En l'occurrence, les observations du tribunal cantonal ne furent communiquées à aucune des parties au litige devant le Tribunal fédéral : ni au requérant ni à la société défenderesse. De son côté, le tribunal cantonal, juridiction indépendante, ne saurait passer pour l'adversaire de l'une d'elles. Aucun manquement à l'égalité des armes ne se trouve donc établi.

**24.** Toutefois, la notion de procès équitable implique aussi en principe le droit pour les parties à un procès de prendre connaissance de toute pièce ou observation présentée au juge et de la discuter (voir Lobo Machado c/ Portugal et Vermeulen c/ Belgique, 20 févr. 1996, *Rec.*, 1996-I, p. 206, § 31, et p. 234, § 33).

**26.** La Cour note que, même limitées à une page, les observations en cause n'en contenaient pas moins un avis motivé sur le bien-fondé du recours en réforme, dont elles proposaient explicitement le rejet. Comme le relève le délégué de la Commission, elles visaient donc manifestement à influencer la décision du Tribunal fédéral.

**27.** Peu importe, à cet égard, leur effet réel sur celle-ci. De toute façon, comme les observations émanaient d'une juridiction indépendante qui, de surcroît, connaissait parfaitement le dossier pour l'avoir examiné au fond, il paraît peu vraisemblable que la Haute juridiction ne leur ait pas prêté attention. Il convenait donc, d'autant plus, d'offrir au requérant une possibilité de les commenter s'il le désirait.

**28.** Peu im porte aussi que l'affaire relève du contentieux civil où, comme le rappelle à juste titre le gouvernement, les autorités nationales jouissent d'une latitude plus grande que dans le domaine pénal (Dombo Beheer B. V. c/ Pays-Bas du 27 octobre 1993, A. 274, § 32, et Levages Prestations Services c/ France, 23 oct. 1996, *Rec.*, 1996-V, p. 1544, § 46). En effet, il ressort des arrêts Lobo Machado et Vermeulen préc. qu'en la matière, les exigences découlant du droit à une procédure contradictoire sont les mêmes au civil comme au pénal (respectivement p. 206, § 31, et p. 234, § 33).

**29.** Il n'en va pas non plus autrement quand, de l'avis des juridictions concernées, les observations ne présentent aucun fait ou argument qui ne figure pas déjà dans la décision attaquée. Cette appréciation, en réalité, appartient aux seules parties au litige : c'est à elles de juger si un document appelle des commentaires. Il y va notamment de la confiance des justiciables dans le fonctionnement de la justice : elle se fonde, entre autres, sur l'assurance d'avoir pu s'exprimer sur toute pièce au dossier.

**30.** Sans doute, le dépôt d'observations du genre de celles en question en l'espèce poursuit-il un but d'économie et d'accélération de la procédure. Comme en témoigne sa jurisprudence, la Cour attache une grande importance à cet objectif, lequel toutefois ne saurait justifier de méconnaître un principe aussi fondamental que le droit à une procédure contradictoire. De fait, l'article 6, § 1 vise avant tout à préserver les intérêts des parties et ceux d'une bonne administration de la justice (voir, *mutatis mutandis*, Acquaviva c/ France, 21 nov. 1995, A. 333-A, § 66).

**31.** En l'espèce, le respect du droit au procès équitable, garanti par l'article 6, § 1 de la Convention, exigeait que M. Nideröst-Huber fût informé de l'envoi d'observations par le tribunal cantonal et qu'il eût la possibilité de les commenter. Telle est d'ailleurs, comme le gouvernement l'a expliqué à l'audience devant la Cour, la pratique habituelle du Tribunal fédéral. Elle n'a pas été suivie dans le cas présent.

**32.** Partant, il y a eu violation de l'article 6, § 1 (art. 6-1).

Manifestation procédurale du principe général d'égalité, le principe de l'égalité des armes vise à garantir l'équilibre dans le procès. L'arrêt *Borgers* concernait une procédure pénale diligentée contre un avocat belge du chef de faux et usage de faux en écriture, tandis que l'arrêt *Nideröst-Huber* était rendu en matière de droit du travail dans une procédure dont l'objet était la revendication d'arriérés de salaires et d'indemnité de départ. Dans la première affaire, le requérant se plaignait de l'impossibilité à laquelle il avait été confronté de répondre aux conclusions de l'avocat général devant la Cour de cassation et de la présence de ce dernier au délibéré de la formation de jugement. Dans la seconde affaire, le requérant invoquait le défaut de communication à la défense d'observations émanant d'une juridiction cantonale et transmises au juge saisi de la procédure. Les deux arrêts concluent à la violation de l'article 6, § 1 mais le premier sur le fondement du principe de l'égalité des armes et le second sur le fondement du principe du contradictoire. Ces deux décisions permettent de mesurer la consécration du principe de l'égalité des armes dans la jurisprudence de la Cour européenne mais également de cerner la distinction entre égalité des armes et principe du contradictoire, la mise en œuvre de ces principes à propos du ministère public devant la Cour de cassation et le Conseil d'État méritant une analyse particulière.

## I / La consécration du principe de l'égalité des armes

Si, dès l'arrêt *Delcourt c/ Belgique* du 17 janvier 1970, la Cour européenne reconnaît l'existence du principe de l'égalité des armes, elle n'admet sa violation que dans l'arrêt *Borgers.*

Dès l'arrêt *Neumeister* (27 juin 1968), la Cour européenne reconnaît que le principe de l'égalité des armes constitue un aspect de la notion plus large de procès équitable devant un tribunal indépendant et impartial, même s'il n'épuise pas le contenu de l'article 6, § 1 (Delcourt, § 28). Des arrêts ultérieurs (notamment *Ankerl c/ Suisse*, 23 oct. 1996, *JCP G*, 1997, I, 4000, obs. F. Sudre ; *Dombo Beher c/ Pays-Bas*, 27 oct. 1993 ; *Niderhöst-Huber*, § 23) affirment plus précisément que le principe de l'égalité des armes consiste dans la possibilité raisonnable pour chaque partie, y compris dans les litiges opposant des intérêts privés, de présenter sa cause dans des conditions qui ne le placent pas dans une situation de net désavantage par rapport à son adversaire.

A) La procédure pénale est particulièrement concernée par l'application du principe de l'égalité des armes, du fait de la nécessité de rétablir l'équilibre entre les droits de l'accusation et ceux de la défense. Toutefois « même en l'absence de ministère public, un procès n'est pas équitable s'il se déroule dans de telles conditions que l'accusé est mis dans une position désavantageuse » (*Monnell et Morris c/ Royaume Uni*, 2 mars 1987). Le principe de l'égalité des armes s'applique à toutes les phases de la procédure, et notamment à l'instruction (*Lamy c/ Belgique*, 30 mars 1989), aux demandes de libération provisoire formulées par un détenu sur lequel pesait la menace d'une extradition (*Sanchez-Reisse c/ Suisse*, 21 oct. 1986) ou au recours contre une décision relative à la détention provisoire (*Niedbala c/ Pologne*, 4 juill. 2000). Il s'applique aussi devant les juridictions spécialisées, notamment militaires (*Engel et al., supra*, n° 4).

Le principe de l'égalité des armes est également appliqué à la matière civile (*Feldbrugge c/ Pays-Bas*, 29 mai 1986) et fiscale (*Bendenoun c/ France*, 24 févr. 1994 ; *Hentrich c/ France*, 22 sept. 1994, *Gaz. pal.*, 1995, 535, obs. L.E. Pettiti ; Cons. Const., déc. n° 2010-78, QPC, 10 déc. 2010, sté Immoma, *JCP*, 2010 entr. aff., act. 696). La Cour européenne a cependant considéré que ne constitue pas une violation du principe de l'égalité des armes le fait pour le requérant de n'avoir pas eu accès à des documents utilisés contre lui par l'Administration devant la Commission des infractions fiscales, au motif que celle-ci n'est qu'un organe consultatif et que le principe du contradictoire a été respecté devant la juridiction pénale (*Miailhe c/ France*, 26 sept. 1996, *JCP G*, 1997, I, 4000, obs. F. Sudre).

B) 1° Les parties doivent participer à égalité à la recherche de la preuve ; tel n'est pas le cas lorsque l'une des parties ne peut présenter l'un de ses témoins *(Dombo Beher)* ou lorsqu'existe une différence de traitement quant à l'audition des témoins et dans la possibilité de chacune des parties de les interroger (*Ankerl*). L'impossibilité pour un requérant qui avait choisi de ne pas se faire assister par un avocat, de ne pas pouvoir plaider oralement sa cause et d'interroger les témoins à l'audience, alors que la partie adverse, représentée par un avocat, a pu le faire, constitue une violation du principe de l'égalité des armes, même si l'enjeu du litige était minime (*Cruz de Carvalho c/ Portugal*, 10 juill. 2007).

Toutes les inégalités dans la communication des pièces aux parties peuvent être considérées comme des atteintes à l'égalité des armes (*Bendenoun c/ France* pour un dossier douanier dans une procédure administrative). Constitue également une atteinte au principe de l'égalité des armes, la transmission au seul procureur et non à la défense d'un rapport de police (*Kuopila c/ Finlande*, 27 avr. 2000, *JCP G*, 2001, I, 291, obs. F. Sudre), le refus d'ordonner une contre-expertise alors que l'expert, après avoir pris connaissance de nouvelles pièces exprime – contrairement à son rapport écrit – un avis très défavorable (*G. B. c/ France*, 2 oct. 2001), le fait pour l'accusation de ne pas divulguer la déclaration d'un témoin à charge pour un motif de sécurité nationale ou d'intérêt public (*Rowe et Davis c/ Royaume-Uni*, 16 févr. 2000 ; *Atlan c/ Royaume-Uni*, 19 juin 2001) ou des éléments de preuve qui auraient pu permettre aux personnes poursuivies d'établir qu'elles avaient été incitées à commettre des infractions par des policiers infiltrés (*Edwards et Lewis c/ Royaume-Uni*, [GC], 27 oct. 2004). La Cour admet cependant qu'une telle divulgation n'ait pas lieu, si la demande de dispense de divulgation a fait l'objet d'une procédure contradictoire (*Fitt c/ Royaume-Uni*, 16 févr. 2000).

La Cour de cassation, en soumettant la preuve au principe de loyauté sur le fondement de l'article 6 de la Convention européenne des droits de l'homme (Civ. 2$^{e}$, 7 oct. 2004, Slusarek c/ Collignon, *D*, 2005, 122, obs. P. Bonfils) va plus loin que la Cour européenne qui « ne saurait exclure par principe, *in abstracto*, l'admissibilité d'une preuve recueillie de manière illégale » (*Schenck c/ Suisse*, 12 juill. 1988, *Rev. sc. crim.*, 1988, 840, obs. L. E. Pettiti).

2° Le principe de l'égalité des armes implique en outre que les parties disposent des mêmes moyens pour faire valoir leurs arguments, ce qui n'est pas le cas lorsque ne sont pas communiquées à la personne poursuivie des observations remises à la Cour suprême par le procureur général dans une procédure pénale (*Bulut c/ Autriche*, 22 févr. 1996, *JCP G*, 1997, I, 4000, obs. F. Sudre ; *Fisher c/ Autriche*, 17 janv. 2002) ou lorsque le caractère sommaire et général de la décision de l'Administration fiscale ne permet pas à l'intéressé de faire valoir sa cause dans des conditions qui ne la désavantagent pas par rapport à l'Administration (*Hentrich*). Le fait que des pièces, communiquées au procureur général aient été versées au dossier sans que le requérant n'en ait été averti crée un déséquilibre certain à son détriment (*Baumet c/ France*, 24 juill. 2007, *JCP*, 2008, I, 110, qui note que cette lacune a été comblée par le décret du 27 sept. 2002).

Est également placée dans une situation désavantageuse par rapport à l'État, la requérante qui ne bénéficie pas, contrairement à ce dernier, d'une suspension des délais de procédure pendant les vacances judiciaires (*Platakou c/ Grèce*, 11 janv. 2001) ou le demandeur en cassation qui dispose d'un délai de deux mois pour déposer un mémoire alors que la partie défenderesse n'est soumise à aucun délai (*Wynen c/ Belgique*, 5 nov. 2002, *JCP G*, 2003, I, 109, n° 10, chron. F. Sudre). La position privilégiée du Commissaire du gouvernement dans la procédure d'expropriation avant l'entrée en vigueur du décret n° 2005-467 du 13 mai 2005 (*AJDA*, 2005, 1029) qui apparaissait comme un allié objectif de l'expropriant, était incompatible avec le principe de l'égalité des armes (*Yvon c/ France*, 24 avr. 2003, *AJDA*, 2004, 1441, obs. R. Hostiou) ; la Cour de cassation, tentant compte de cet arrêt, avait limité le rôle du Commissaire du gouvernement dans la procédure d'expropriation (Civ. 3ᵉ, 9 avr. 2008, n° 07-14411, SCI Saint-Martin de Seignans c/ Commune de Bayonne ; CE, Association de sauvegarde du droit de propriété et autres, 3 sept. 2007, n° 282385).

La procédure devant la Cour des comptes ayant pour objet l'appel d'un jugement de chambre régionale des comptes mettant un comptable public en debet, a également été condamnée en raison du déséquilibre qui la caractérise, au détriment du comptable et au profit du procureur général (*Martinie c/ France*, 12 avr. 2006, *RFDA*, 2006, p. 577, obs. L. Sermet).

L'égalité des armes doit également être garantie au niveau des voies de recours. La chambre criminelle avait déclaré incompatible avec l'article 6, § 1, l'article 546 du Code de procédure pénale qui réservait, en matière de contravention, au seul procureur général, le droit de saisir la juridiction supérieure (Crim., 6 mai 1997, *D*, 1998, 223, note A. Cerf) avant que la loi du 23 juin 1999 modifie ce texte. La Cour européenne, à l'inverse de la Cour de cassation (Crim., 27 juin 2000, *D*, 2001, 514, obs. J. Pradel), considère dans l'arrêt *Ben Naceur c/ France* du 3 octobre 2006 que l'article 505 du CPP fixant à deux mois le délai d'appel du procureur général alors que le prévenu dispose d'un délai de dix jours, porte atteinte au principe de l'égalité des armes : le fait pour le parquet de bénéficier d'une prolongation du délai d'appel, conjugué à l'impossibilité pour le requérant d'interjeter un appel incident, place ce dernier dans une position de net désavantage par rapport au ministère public (dans le même sens, *Gacon c/ France*, 22 mai 2008). La Cour avait certes admis dans une décision *Guigue et SGEN CFDT c/ France* du 6 janvier 2004 des délais de recours différents pour le ministère public et la partie civile, mais cette différence de solutions s'expliquait par le fait que les intérêts de cette dernière n'étaient pas affectés par l'appel interjeté par le procureur général contre le volet pénal du jugement ; si la partie civile et le ministère public ne sont pas des « adversaires » il n'en va pas de même pour le prévenu condamné en première instance et le ministère public, qui ont des intérêts à la fois distincts et opposés. Le Conseil d'État admet, quant à lui, que le ministre chargé du budget dispose d'un délai pour interjeter appel excédant celui du contribuable dès lors que ce dernier peut, le cas échéant, présenter des observations en défense, former un appel incident et en outre écourter le délai d'appel du ministre en lui signifiant directement la décision (CE, 6 juin 2007, Ministre de l'Économie, des Finances et de l'Industrie, req. n° 270955).

La question de l'aide juridictionnelle, examinée par la Cour sous l'angle du droit d'accès à un tribunal (*supra*, n° 27), fait également l'objet d'une analyse au regard de l'égalité des armes dans l'arrêt *Steel et Morris c/ Royaume-Uni* du 12 février 2005, l'État n'ayant pas l'obligation de chercher à garantir, au moyen de fonds publics, une égalité des armes totale entre la personne assistée et son adversaire du moment. Il suffit que chaque partie se voit offrir une possibilité raisonnable de présenter sa cause dans des conditions qui ne la placent pas dans une situation de net désavantage par rapport à son adversaire au regard de la gravité de l'enjeu pour le requérant, la complexité du droit et de la procédure applicables ainsi que la capacité du requérant de défendre effectivement sa cause.

La Cour européenne a refusé de déclarer la participation à la séance d'information des jurés de la cour d'assises, de l'avocat général désigné pour requérir lors du procès, contraire à l'égalité des armes (*Corcuff c/ France*, 4 oct. 2007).

La Cour européenne considère, dans l'arrêt *Lagardère c/ France* du 12 avril 2012 (D. 2012 p. 1708, obs. D. Roets), que le fait pour un fils d'être tenu à payer des dommages et intérêts en conséquence de la condamnation pénale *post-mortem* de son père, le place dans une situation de net désavantage par rapport à la partie adverse car le requérant n'a pas pu discuter du bien-fondé des sommes mises à sa charge qui découlaient du constat de culpabilité de son père prononcé sans que ce dernier, par hypothèse, ne puisse se défendre.

## II / La distinction des principes de l'égalité des armes et du contradictoire

Consacré comme découlant du principe plus général du droit à un procès équitable, le principe du contradictoire doit être distingué de celui de l'égalité des armes comme l'affirme clairement la Cour européenne dans l'arrêt *Niderhöst-Huber.*

A) « La notion de procès équitable implique [...] le droit pour les parties au procès de prendre connaissance de toute pièce ou observation présentée au juge et de la discuter » (*Niderhöst-Huber,* § 24, et *Kress* 7 juin 2001, *JCP G,* 2001, II, 10578, note F. Sudre, § 74).

La règle du contradictoire, « principe fondamental du procès équitable » (*Niderhöst-Huber,* § 30) s'applique à toute procédure, qu'elle soit pénale, civile (*Niderhöst-Huber ; Vermeulen c/ Belgique,* 20 févr. 1996, *JCP G,* 1997, I, 4000, obs. F. Sudre), administrative ou disciplinaire (*Van Orshoven c/ Belgique,* 25 juin 1997, *RTD civ.,* 1997, p. 1006, obs. J.P. Marguénaud) ou encore à une procédure en exception d'inconstitutionnalité (*Ruiz-Mateos c/ Espagne,* 23 juin 1993, *supra,* n° 24). Le principe du contradictoire concerne toutes les phases de la procédure, notamment les phases de l'information préliminaire et de l'instruction (*Abdelali c/ France,* 11 oct. 2012, *JCP* 2012, note 1425, L. Milano) y compris celle de l'expertise (*Mantovanelli c/ France,* 18 mars 1997, *RTD civ.,* 1997, 1006, obs. J.-P. Marguénaud ; *Basyté-Lideikiené c/ Lituanie,* 4 novembre 2008).

1° Impliquant pour les parties le droit d'accès aux informations, le principe du contradictoire est violé lorsqu'un élément du dossier ne leur est pas communiqué *(Niderhöst-Huber ; Bendenoun).* Exiger de l'avocat du requérant qu'il prenne l'initiative de s'enquérir périodiquement du point de savoir si de nouveaux éléments ont été versés au dossier lui impose une charge disproportionnée (*Parsil c/ Turquie,* 26 avr. 2005). L'impossibilité d'accéder au dossier pénal de l'accusé qui se défend seul viole le principe du contradictoire (*Foucher c/ France,* 18 mars 1997, *JCP G,* 1997, I, 4000, obs. F. Sudre ; Crim. 12 juin 1996, *Rev. sc. crim.,* 1996, 878, obs. J.-P. Dintillac). Il en va de même du fait d'accorder *l'exequatur* à un jugement de nullité du mariage émanant des juridictions du Vatican alors que la requérante n'a pas été informée en détail de la demande de nullité formulée par son mari (*Pellegrini c/ Italie,* 27 juill. 2001, *JCP G,* 2002, I, 105, obs. F. Sudre). L'arrêt

*McMichael c/ Royaume-Uni* (24 févr. 1995, A. 307-B, *D*, 1995, 449, note M. Huyette) sanctionne en matière d'assistance éducative, le défaut de communication aux parents de certaines pièces du dossier sur le fondement du principe du contradictoire ; le décret du 15 mars 2002 (*Dr. fam.*, 2002, chron., n° 14, obs. A. Gouttenoire) a organisé la consultation directe par les parties du dossier en cette matière.

Les nécessités de célérité de la procédure, évoquées dans l'arrêt *Niderhöst-Huber* (§ 30) n'empêchent pas d'exiger le respect du contradictoire. Le Conseil d'État a cependant admis l'absence de communication au demandeur d'observations de la partie adverse au nom des nécessités de rapidité de la procédure de référé (CE, 22 mars 1999, Soudain, *D*, 1999, 567, note J.-M. André).

2° Le principe du contradictoire n'est pas respecté lorsqu'une partie n'a pu discuter un élément soumis au juge, étant précisé que c'est aux parties qu'il revient de juger si un document appelle des commentaires, peu important l'effet réel de celui-ci sur la décision (*Nideröst-Huber*, § 27 et 29 b ; *Antunes et Pires c/ Portugal*, 21 juin 2007 ; *Kessler c/ Suisse*, 26 juill. 2007). Il en va ainsi lorsque le requérant, poursuivi pour violences sexuelles sur sa belle-fille, n'a pas été informé que son ex-femme avait soumis une lettre à la cour d'appel et a été privé de la possibilité de livrer ses observations sur cette pièce (*M. S. c/ Finlande*, 22 mars 2005). Le principe du contradictoire n'est pas non plus respecté lorsque l'une des parties ne peut répondre aux conclusions de l'autre, notamment lorsqu'elles émanent du ministère public, autorité de poursuite (*Van Orshoven ;* CE, 27 oct. 2000, Letarte, *RFDA*, 2000, no 6, 1375). Le principe du contradictoire s'applique également aux observations présentées par un tiers, à la procédure, lesquelles doivent pouvoir être commentées par les parties (*Spang c/ Suisse*, 11 oct. 2005).

Dans l'arrêt *Abdelali c/ France* du 11 octobre 2012 (*JCP* 2012, 1425, obs. L. Milano), la Cour européenne se prononce sur l'impossibilité pour une personne jugée par défaut de discuter de la légalité d'une preuve recueillie au cours de l'instruction. L'article 385 alinéa 3 du code de procédure pénale prévoit en effet que des exceptions de nullité peuvent être soulevées devant le tribunal correctionnel lorsque l'avis d'instruction n'a pas pu être notifié aux parties ; toutefois la Cour de cassation considère depuis 2007 (Crim. 3 avr. 2007, n° 06-89.375, *AJP* 2007 p. 428, obs. J. Leblois-Happe) que cet article ne peut bénéficier à un mis en examen en fuite qui n'a pas la qualité de partie, refusant dans une décision du 4 janvier 2012 (n° 10-85.692) de transmettre une question prioritaire de constitutionnalité portant sur ce point, au motif que le bénéfice de cette disposition constituerait un avantage injustifié par rapport à un prévenu qui a comparu normalement aux actes de procédure. Cette interprétation est condamnée dans l'arrêt *Abdelali* par la Cour européenne selon laquelle, pour être considérée comme en fuite et ayant renoncé à comparaître, et donc à bénéficier des droits procéduraux attachés à cette comparution, la personne poursuivie doit avoir une connaissance suffisante des poursuites et des accusations à son encontre. Elle considère qu'on ne pouvait déduire cette qualification du seul fait que la personne poursuivie était absente de son domicile habituel. Dès lors, le fait que la personne poursuivie n'ait pu former qu'une opposition à l'encontre du jugement le condamnant par défaut, sans pouvoir contester la validité des preuves retenues contre lui n'est pas justifiée et constitue une violation du principe du contradictoire.

La non-communication d'une pièce de la procédure et l'impossibilité de la discuter sont cependant compatibles avec les exigences d'une procédure équitable dans le cas où « elle n'aurait eu aucune incidence sur l'issue du litige » (*Stepinska c/ France* du 15 juin 2004). Tel n'est pas le cas de la non-communication d'un pré-rapport établi par un expert, clairement défavorable au requérant, et dont le Conseil national de l'ordre des médecins avait pris connaissance avant de rendre sa décision de radiation du requérant (*Baccichetti c/ France*, 18 févr. 2010, *JCP*, 2010, 859, obs. F. Sudre). En revanche, la procédure de citation directe, en matière fiscale, est compatible avec les exigences du droit au procès équitable, dès lors que la personne poursuivie a eu pleinement l'occasion de discuter des accusations portées contre lui (*Le Meignen c/ France*, 11 janvier 2000 ; *Versini c/ France*, 11 mai 2010, *Dt fiscal*, 2010, comm. 391, obs. L. Ayrault). La Cour européenne précise que le juge pénal doit s'assurer que les constatations de l'administration fiscale donnent lieu à un débat contradictoire, ce qui est notamment le cas lorsque le contribuable dispose du droit de demander des mesures d'instruction supplémentaires (*Le Meignen*) et de produire tous les éléments de preuve de nature à contredire la position de l'administration fiscale (*Versini*).

La Cour européenne impose en outre au juge de respecter lui-même le principe du contradictoire, comme le fait l'article 16, al. 1 du Code de procédure civile, en considérant que constitue une atteinte à ce principe la déchéance du pourvoi en cassation du requérant pour un motif d'irrecevabilité, retenu d'office par la Cour de cassation (*Skondrianos c/ Grèce*, 18 déc. 2003). Il en va de même de la substitution par la Cour de cassation d'un moyen de pur droit au moyen soulevé par les parties sans que celles-ci n'aient été invitées à formuler leurs observations (*Clinique des Acacias et al. c/ France*, 13 oct. 2005, *JCP*, 2006, I, 109, obs.

F. Sudre). La Cour européenne considère que l'article 61 du règlement de procédure de la CJCE qui offre la possibilité « réaliste et non purement théorique » de rouvrir la procédure orale après avoir entendu les conclusions de l'avocat général permet de satisfaire aux exigences du contradictoire même si la réouverture de la procédure ne constitue pas un droit pour les parties mais est laissée à la discrétion de la Cour et à son examen sélectif des demandes de réouverture (*Cooperatieve producentenorganisatie van de Nerelandse Kokkelvisserij U.A. c/ Pays-Bas*, (déc.) 20 janv. 2009).

B) Les principes de l'égalité des armes et du principe du contradictoire sont tous deux applicables à la communication des pièces. Si le défaut de communication d'une pièce ne concerne qu'une partie alors que l'autre a eu accès à la pièce en cause, la Cour se fonde sur l'égalité des armes *(Kuopila)*, alors qu'elle se fonde sur le principe du contradictoire lorsque ni l'un ni l'autre des parties n'a eu communication des pièces. Dans l'arrêt *Niderhöst-Huber*, le principe de l'égalité des armes est exclu au motif que « les observations du tribunal cantonal ne furent communiquées à aucune des parties aux litiges devant le Tribunal fédéral » (§ 23). La Cour affirme dans l'arrêt *Kress*, à propos du défaut de communication des conclusions du commissaire du gouvernement que « la requérante ne saurait tirer du droit à l'égalité des armes reconnu par l'article 6, § 1 de la Convention le droit de se voir communiquer, préalablement à l'audience, des conclusions qui ne l'ont pas été à l'autre partie ». Le principe de l'égalité des armes impose seulement de traiter les parties de façon égalitaire sans que l'une ne puisse revendiquer un droit dont l'autre n'a pas bénéficié. Selon l'arrêt *K. A. et A. D. c/ Belgique* (17 févr. 2005) l'absence de communication préalable à l'audience publique du rapport du juge rapporteur et des conclusions de l'avocat général devant la Cour de cassation ne constitue pas un manquement au principe de l'égalité des armes dès lors que ces informations n'ont été communiquées ni à l'autre partie à l'instance, ni au rapporteur ni aux juges de la formation de jugement.

La distinction entre égalité des armes et principe du contradictoire n'est toutefois pas toujours très nette dans la jurisprudence de la Cour. Le fait que la Cour ait qualifié le rôle du procureur « d'organe de poursuite au sens traditionnel » explique le recours, dans l'arrêt *Belziuck* (25 mars 1998, *JCP G*, 1999, I, 105, obs. F. Sudre), à l'égalité des armes ; on se demande toutefois pourquoi elle vise également le principe du contradictoire. La même question se pose à propos de l'arrêt *Öcalan c/ Turquie* du 12 mai 2005 dans lequel la cour vise les deux principes pour sanctionner les difficultés faites au requérant et à ses avocats pour consulter le dossier alors que le principe du contradictoire suffisait. Alors même que l'impossibilité de répondre aux arguments de l'autre partie relève en principe du contradictoire, la Cour la sanctionne sur le fondement de l'égalité des armes dans l'arrêt *Steck-Risch et al. c/ Liechtenstein* du 19 mai 2005.

La question de l'accès direct au dossier d'instruction de la partie civile est envisagée assez curieusement par la Cour européenne des droits de l'homme, qui vise le principe de l'égalité des armes tout en raisonnant comme lorsqu'elle applique le principe du contradictoire, sans se référer à celui-ci (*Frangy c/ France*, 1er févr. 2005 ; *Menet c/ France*, 14 juin 2005). Dans l'arrêt *Frangy*, la Cour semblait considérer que l'impossibilité pour la partie civile, qui n'est pas assistée par un avocat, d'avoir accès au dossier d'instruction est contraire au principe de l'égalité des armes, étendant ainsi à l'instruction et à la partie civile, la solution de l'arrêt *Foucher c/ France* du 18 mars 1997 – qui est cependant fondé sur le principe du contradictoire – concernant l'accès au dossier lors de la phase de jugement. Elle admet cependant quelques mois plus tard, dans l'arrêt *Menet*, que l'accès au dossier de l'instruction peut être réservé aux avocats, les accusés et les parties civiles n'étant pas soumises, en tant que personnes privées, au secret de l'instruction. L'atteinte est donc proportionnée selon les juges européens. Il reste que l'on ne voit pas en quoi l'égalité des armes n'est pas respectée puisque la partie civile et la personne poursuivie sont toutes deux privées d'accès au dossier d'instruction. La Cour considère en outre que le procès n'est pas équitable lorsque le requérant se voit opposer le secret de l'instruction alors qu'il avait sollicité la désignation d'un avocat sans l'avoir obtenue (*Seris c/ France*, 10 mai 2007).

L'arrêt *Menet* donne également à la Cour l'occasion d'affirmer que les droits de l'accusé et ceux de la partie civile peuvent être différenciés. La position particulière de la partie civile dans le procès pénal permet de faire une application souple, à son égard, du principe de l'égalité des armes. La Cour a considéré par ailleurs que « la partie civile ne peut être considérée comme l'adversaire du ministère public, ni d'ailleurs nécessairement son allié, leurs rôles et leurs objectifs étant clairement distincts » (*Berger c/ France*, 3 déc. 2002, § 38).

Le choix de l'un ou l'autre des fondements comporte un enjeu relatif au remède à l'atteinte au principe violé. S'il s'agit d'une atteinte à l'égalité des armes, l'équilibre pourra être rétabli par la suppression de l'avantage concédé à une seule partie alors que la violation du principe du contradictoire exige de donner à la partie l'accès à l'information ou la possibilité dont elle était privée de présenter ses arguments.

## III / Les principes de l'égalité des armes et du contradictoire appliqués au ministère public devant la Cour de cassation et le Conseil d'État

A / Les arrêts *Reinhardt et Slimane Kaïd c/ France* (31 mars 1998, *RTD civ.*, 1999, 511, obs. J.-P. Marguénaud ; 25 janv. 2000, *D*, 2000, 186, obs. N. Fricero), *Berger c/ France* (3 déc. 2002, *JCP G*, 2003, I, 108, chron. F. Sudre) *Lacas c/ France* (8 févr. 2005), condamnent la communication du rapport du conseiller rapporteur de la Cour de cassation qui obéit à des modalités différentes selon que le destinataire est une partie ou l'avocat général, le déséquilibre ainsi créé ne s'accordant pas avec les exigences de l'égalité des armes. Dans l'arrêt *Dayanan c/ Turquie* du 13 octobre 2009 (*JCP* 2009, 382), la Cour européenne considère que la non-communication au requérant de l'avis du procureur général près la Cour de cassation a enfreint son droit à une procédure contradictoire.

La Cour européenne a admis qu'il est possible de communiquer aux parties seulement le premier volet du rapport contenant les faits tandis que le second, couvert par le secret du délibéré, contenant l'analyse juridique et l'avis du rapporteur peut rester secret (*Pascolini c/ France*, 26 juin 2003, *D*, 2003, 2341). Cette pratique qui est désormais celle de la Cour de cassation « préserve la souhaitable confidentialité de la position personnelle du rapporteur et le secret du délibéré » (*Fabre c/ France*, 2 nov. 2004, *JCP G*, 2005, I, 103, obs. F. Sudre). Encore faut-il que le premier volet du rapport soit bien communiqué au requérant ou à son conseil avant l'audience dès lors qu'il a été communiqué à l'avocat général (*Beloff* c/ *France*, 22 mai 2008). Toutefois, la Cour juge que, devant le Conseil d'État, le défaut de communication du rapport du conseiller-rapporteur au requérant alors qu'il a été porté à la connaissance du commissaire du gouvernement ne crée pas une rupture dans l'égalité des armes lorsque le rapport est un « simple résumé des *pièces* » du dossier en possession des parties (*Avenir d'Alet c/ France*, 14 févr. 2008, *JCP*, 2008, I, 167, obs. F. Sudre). Dans la décision d'irrecevabilité *Marc Antoine c/ France* du 4 juin 2013 (déc. n° 54984/09 ; *JCP* 2013 p. 779, obs. L. Milano), la Cour européenne considère que le projet de décision du conseiller rapporteur, contenu dans le rapport de celui-ci, est un « élément établi au sein de la juridiction dans le cadre du processus d'élaboration de la décision finale », couvert par le secret et pouvant être transmis au rapporteur public, successeur depuis le 1$^{er}$ février 2009 du Commissaire du Gouvernement, sans être transmis aux parties.

B / Si, dans l'arrêt *Borgers*, l'impossibilité de répondre à l'avocat général a été sanctionnée sur le fondement du principe de l'égalité des armes, à partir des arrêts *Vermeulen et Lobo Machado* du 20 février 1996 (*RTD civ.*, 1996, 1028, obs. J.-P. Marguénaud), ce même grief est qualifié de violation du principe du contradictoire (*J. J. c/ Pays-Bas*, 27 mars 1998, *JDI*, 1999, 232, obs. H. Ascencio ; *Slimane-Kaïd, Meftah et al. c/ France*, 26 juill. 2002, *JCP G*, 2003, I, 108, chron. F. Sudre ; *Le Duigou c/ France*, 19 mai 2005). L'impossibilité de répondre aux conclusions du commissaire du gouvernement fait pareillement l'objet d'une discussion sur le terrain du principe du contradictoire dans l'arrêt *Kress*. La Cour de justice des communautés européennes considère, quant à elle, que les conclusions de l'avocat général se situent « en dehors du débat entre les parties » et que, de ce fait, la jurisprudence de la Cour EDH ne paraît pas transposable aux conclusions des avocats généraux à la CJCE (Emesa Sugar et Aruba, 4 févr. 2000, Europe, 2000, n° 4, comm., 90, obs. D. Simon). La Cour européenne distingue selon que les conclusions du commissaire du gouvernement ou de l'avocat général sont présentées seulement à l'audience ou transmises avant, par écrit à la formation de jugement. Dans le premier cas, le requérant ne peut se plaindre de ne pas en avoir eu communication avant l'audience (*Association Avenir d'Alet c/ France*, 14 févr. 2008). En revanche, la cour condamne le défaut de signification des observations écrites du procureur général près la Cour de cassation (*Parsil c/ Turquie*, 26 avr. 2005 ; *Beloff c/ France*, 22 mai 2008).

La Cour a admis que la pratique des notes en délibéré (art. 445 CPC) pouvait remédier à l'impossibilité pour les parties de répondre aux conclusions de l'avocat général ou du commissaire du gouvernement présentées à l'audience (*Reinhardt et Slimane-Kaïd, Voisine*, 8 févr. 2000 ; *RTDH*, 2001, 825, note J.-P. Marguénaud, *Meftah* 26 juill. 2002, *Kress c/ France*, 7 juin 2001, *JCP G*, 2001, II, 10578, note F. Sudre, *APBP c/ France* 21 mars 2002, *JCP G*, 2002, I, 157, obs. F. Sudre). Tel n'était pas toutefois le cas dans l'arrêt Reinhard et Slimane-Kaïd parce que cette pratique n'était pas en vigueur au moment des faits ni dans les arrêts *Voisine, Adoud et Bosoni c/ France* (27 févr. 2001), *Meftah et Philippe Pause c/ France* (15 févr. 2005), dans lesquels le requérant, qui se défendait seul, n'avait pas pu en bénéficier (dans le même sens pour le Conseil d'État, *Fretté*, 26 févr. 2002). Dans l'arrêt *Kress* en revanche, la pratique des notes en délibéré « sauve » la procédure devant le Conseil d'État. Selon l'arrêt *APBP*, pour que la note en délibéré contribue au respect du contradictoire, le justiciable « doit pouvoir déposer une telle note indépendamment de la décision éventuelle du président d'ajourner l'affaire tout en disposant d'un délai suffisant pour la rédiger » (§ 27) et l'arrêt du Conseil d'État doit expressément viser l'existence d'une note en délibéré, ce qui implique l'obligation de la prendre en compte. Le régime de la note en délibéré précisé par le Conseil d'État dans l'arrêt *Leniau* (12 juill. 2002, *JCP G*, 2002, I, 190, obs. C. Boiteau) tient compte de la jurisprudence de la Cour européenne. Celle-ci affirme que la communication des conclusions de l'avocat avant l'audience au justiciable, offrant à ce dernier la possibilité d'y répondre par une note en délibéré satisfait aux exigences du principe du contradictoire (*Nesme c/ France*, 14 déc. 2004). Le décret du 19 décembre 2005 modifiant la partie réglementaire du Code de justice administrative (*RFDA*, 2006, p. 286, obs. F. Sudre) codifie la pratique de la note en délibéré conformément aux exigences de la Cour européenne.

3° Dans l'arrêt *Borgers*, le déséquilibre qui caractérise l'atteinte au principe de l'égalité des armes « s'accentua encore du fait de la participation avec voix consultative de l'avocat général au délibéré de la cour » (§ 28). La participation du commissaire du gouvernement au délibéré du Conseil d'État est également sanctionnée sur le fondement du principe de l'égalité des armes *(Kress ; APBP)*, contrairement à la position adoptée par le Conseil d'État lui-même (CE, 29 juill. 1998, Esclatine, *D*, 1999, 85, concl. D. Chauvaux). La présence de l'avocat général au délibéré est contraire au principe de l'égalité des armes même s'il ne participe pas aux débats (*Slimane Kaïd c/ France*, 27 nov. 2003 ; *Fontaine et Bertin c/ France*, 8 juill. 2003, *JCP G*, 2004, I, 107, n° 6, chron. F. Sudre).

Le fondement de la critique de la participation au délibéré de l'avocat général ou du commissaire du gouvernement a évolué du principe de l'égalité des armes, dans les arrêts *Delcourt* et *Borgers*, au principe du contradictoire, dans les arrêts *Vermeulen* et *Lobo Machado*. Les juges européens sont finalement revenus au principe de l'égalité des armes dans les arrêts *Kress* et *Slimane Kaïd* n° 2 (27 nov. 2003). L'avocat général ou le commissaire du gouvernement se voient ainsi appliquer le principe de l'égalité des armes pour ce qui est de leur participation au délibéré et le principe du contradictoire pour ce qui est de l'impossibilité de répondre à leurs conclusions.

L'égalité des armes, applicable dans les seuls rapports entre les parties, implique que le ministère public soit considéré comme une partie, ce qu'il n'est pas. La Cour a recours à la théorie des apparences pour assimiler le ministère public à une partie. Elle considère que le magistrat du ministère public parce qu'il recommande l'admission ou le rejet du pourvoi « devient l'allié ou l'adversaire objectif » d'un accusé. Assimilé à une partie, l'avocat général « pouvait légitimement sembler disposer en Chambre du conseil d'une occasion supplémentaire d'appuyer à l'abri de la contradiction du requérant, ses conclusions de rejet du pourvoi » et donc rompre l'égalité des armes (dans le même sens à propos du commissaire du gouvernement : *Kress*). L'avocat général près la Cour de cassation et le commissaire du gouvernement devant le Conseil d'État avaient donc l'apparence d'une partie, alors que la Cour a souligné à plusieurs reprises leur indépendance et leur impartialité. La participation du magistrat du ministère public était sanctionnée essentiellement parce qu'elle peut laisser penser au requérant qu'il est victime d'une inégalité, peu importe finalement que celle-ci soit réelle. La décision *Marc Antoine c/ France* semble cependant revenir sur cette analyse à propos du Commissaire du gouvernement devenu le rapporteur public ; la cour affirme en effet ne pas voir « en quoi le rapporteur public serait susceptible d'être qualifié d'adversaire ou de partie dans la procédure, condition préalable pour être à même d'alléguer une rupture de l'égalité des armes ».

L'avocat général ne participe plus au délibéré de la Cour de cassation depuis la réforme opérée par la Haute juridiction le 1er octobre 2001 (P. Waquet, La situation à la Cour de cassation, *in* I. Pingel et F. Sudre (dir.), *Le ministère public et les exigences du procès équitable*, Bruylant, 2003, p. 179 ; *Vesque c/ France*, 7 mars 2006). La résistance du Conseil d'État a été condamnée par les juges de Strasbourg (*Loyen c/ France*, 5 juillet 2005, *JCP*, 2006, I, 109, obs. F. Sudre ; *Martinie c/ France*, 12 avril 2006 ; *Assad c/ France*, 14 nov. 2006 ; *Seidel c/ France*, 16 janv. 2007 ; *Djaoui c/ France*, 4 oct. 2007). Reprenant l'arrêt Kress, la Cour européenne considère dans l'arrêt Martinie que l'avantage pour la formation de jugement de l'assistance technique du commissaire du gouvernement est à mettre en balance avec l'intérêt du justiciable ; celui-ci doit avoir l'assurance que ce dernier ne peut exercer aucune influence sur l'issue du délibéré ; or cette assurance ne saurait être garantie en cas de présence même muette du commissaire du gouvernement au délibéré. Un décret n° 2006-964 du 1er août 2006 (art. R. 733-3 CJA) a finalement tiré les leçons de l'arrêt Martinie en permettant aux parties, par une demande écrite, d'exclure le commissaire du gouvernement du délibéré. Le même texte prévoit en revanche que le délibéré devant les tribunaux et cours d'appel administratifs se dérouleront systématiquement en dehors de la présence du commissaire du gouvernement. La procédure désormais en vigueur devant le Conseil d'État a été indirectement approuvée par une résolution du Comité des ministres du Conseil de l'Europe du 20 avril 2007. Par sa décision d'irrecevabilité *Étienne c/ France* du 15 septembre 2009, la Cour EDH lève tout doute sur la conventionnalité du nouveau dispositif. La Cour européenne se contente du fait que la requérante a été informée préalablement à l'audience de la possibilité de demander que le commissaire du gouvernement n'assiste pas au délibéré et qu'aucun obstacle ne l'a empêché de faire usage de cette faculté pour conclure qu'elle « a renoncé à cette faculté ».

A. G.

## C | LE DROIT A UNE BONNE ADMINISTRATION DE LA JUSTICE

### *1 / Indépendance et impartialité du tribunal*

**31. Hauschildt c/ Danemark, 24 mai 1989**, série A, n° 154 ; *JDI*, 1990, 727, obs. P. Tavernier ; *AFDI*, 1991, 585, obs. Coussirat-Coustère.

**39.** Le gouvernement excipe de l'irrecevabilité de la requête pour non-épuisement des voies de recours internes (art. 26 de la Convention). Il plaide que M. Hauschildt, dans la mesure où il craignait de voir le juge Larsen et les juges à la cour d'appel manquer d'impartialité pour avoir pris plusieurs décisions avant son procès, aurait pu les récuser en vertu des articles 60, § 2 et 62 de la loi (§ 29 ci-dessus), mais n'en fit rien.

**41.** Il incombe au gouvernement de convaincre la Cour que M. Hauschildt disposait là d'un recours effectif à l'époque dont il s'agit, soit à l'ouverture de son procès (27 avril 1981) puis des audiences d'appel (15 août 1983). La Cour ne souscrit pas à la thèse d'après laquelle le conseil du prévenu se fourvoyait à l'évidence sur la portée des articles 60, § 2 et 62. Le gouvernement n'avance aucun élément contrôlable, par exemple la jurisprudence ou la doctrine, qui aurait dû inciter ledit avocat à s'interroger sur l'exactitude de sa lecture de la loi. Bien au contraire, il ne nie pas que pendant des années personne n'a jamais récusé un juge du fond pour avoir pris des décisions en l'espèce. [...] Partant, l'avocat du requérant pouvait raisonnablement, à l'époque, croire vouée à l'échec toute objection tirée de la participation de tel magistrat à plusieurs décisions antérieures au procès.

**46.** Aux fins de l'article 6, § 1, l'impartialité doit s'apprécier selon une démarche subjective, essayant de déterminer la conviction personnelle de tel juge en telle occasion, et aussi selon une démarche objective amenant à s'assurer qu'il offrait des garanties suffisantes pour exclure à cet égard tout doute légitime (voir, entre autres, De Cubber, 26 oct. 1984, A. 86, § 24).

**47.** Quant à la première, ni devant la Commission ni devant la Cour le requérant n'a taxé de parti pris les juges concernés. Au demeurant, l'impartialité personnelle d'un magistrat se présume jusqu'à la preuve du contraire, non fournie en l'espèce. Reste donc l'appréciation objective.

**48.** Elle consiste à se demander si indépendamment de la conduite personnelle du juge, certains faits vérifiables autorisent à suspecter l'impartialité de ce dernier. En la matière, même les apparences peuvent revêtir de l'importance. [...] Il en résulte que pour se prononcer sur l'existence, dans une affaire donnée, d'une raison légitime de redouter chez un juge un défaut d'impartialité, l'optique de l'accusé entre en ligne de compte mais ne joue pas un rôle décisif. Doit donc se récuser tout juge dont on peut légitimement craindre un manque d'impartialité (voir, mutatis mutandis, De Cubber, § 26 ; Piersack, du 1er oct. 1982, A. 53, § 31). L'élément déterminant consiste à savoir si les appréhensions de l'intéressé peuvent passer pour objectivement justifiées.

Les droits de procédure

**49.** En l'occurrence, la crainte d'un manque d'impartialité tenait au fait que le juge ayant présidé le tribunal en première instance, puis les magistrats qui participèrent à l'examen final de la cause en appel, en avaient déjà connu à un stade antérieur et avaient pris avant le procès diverses décisions relatives au requérant (§ 20-22 et 26 ci-dessus). Pareille situation peut susciter chez le prévenu des doutes sur l'impartialité du juge. Ils se comprennent, mais on ne saurait pour autant les considérer comme objectivement justifiés dans tous les cas : la réponse varie suivant les circonstances de la cause.

**50.** Les activités judiciaires sur l'exercice desquelles reposent les appréhensions du requérant, et qui concernent la phase antérieure au procès, sont celles d'un magistrat indépendant, non chargé de préparer l'affaire en vue du procès ni d'ordonner le renvoi en jugement (art. 746, 760, 762 et 770, § 32, 33 et 36 ci-dessus). Il en va ainsi des décisions mentionnées par M. Hauschildt, dont celles qui avaient trait à la prolongation de sa détention provisoire ou à sa réclusion cellulaire. Elles furent toutes rendues à la demande de la police, demande que l'intéressé, aidé de son conseil, combattit ou aurait pu combattre (§ 23-24 ci-dessus). En vérité, le présent litige se distingue des affaires Piersack, De Cubber et Ben Yaacoub (27 nov. 1987, A. 127-A, § 9) par la nature des tâches dont les juges qui siégèrent en l'espèce s'acquittèrent avant de connaître du fond. En outre, les questions qu'un magistrat doit trancher de la sorte avant les débats ne se confondent pas avec celles qui dicteront son jugement final. En se prononçant sur la détention provisoire et sur d'autres problèmes de ce genre avant le procès, il apprécie sommairement les données disponibles pour déterminer si, de prime abord, les soupçons de la police ont quelque consistance ; lorsqu'il statue à l'issue du procès, il lui faut rechercher si les éléments produits et débattus en justice suffisent pour asseoir une condamnation. On ne saurait assimiler des soupçons à un constat formel de culpabilité (voir, par ex., Lutz, 25 août 1987, A. 123-A, § 62). Qu'un juge de première instance ou d'appel, dans un système comme le danois, ait déjà pris des décisions avant le procès, notamment au sujet de la détention provisoire, ne peut donc passer pour justifier en soi des appréhensions quant à son impartialité.

**51.** Certaines circonstances peuvent néanmoins, dans une affaire donnée, autoriser une conclusion différente. En l'espèce, la Cour ne peut qu'attribuer une importance spéciale à un fait : dans neuf des ordonnances prorogeant la détention provisoire de M. Hauschildt, le juge Larsen s'appuya explicitement sur l'article 762, § 2 de la loi (§ 20 ci-dessus). En la prolongeant à leur tour avant l'ouverture des débats en appel, les magistrats qui contribuèrent ensuite à l'adoption de l'arrêt final se fondèrent eux aussi sur le même texte à plusieurs reprises (§ 26-27 ci-dessus).

**52.** Or, pour appliquer l'article 762, § 2, un juge doit entre autres s'assurer de l'existence de « soupçons particulièrement renforcés » que l'intéressé a commis les infractions dont on l'accuse. D'après les explications officielles, cela signifie qu'il lui faut avoir la conviction d'une culpabilité « très claire » (§ 34-35 ci-dessus). L'écart entre la question à trancher pour recourir audit article et le problème à résoudre à l'issue du procès devient alors infime. Partant, dans les circonstances de la cause, l'impartialité des juridictions compétentes pouvait paraître sujette à caution et l'on peut considérer comme objectivement justifiées les craintes de M. Hauschildt à cet égard.

**53.** En conséquence, il y a eu violation de l'article 6, § 1 de la Convention.

M. Hauschildt poursuivi pour escroquerie et fraude fiscale avait fait l'objet d'une procédure pénale particulièrement longue et complexe au cours de laquelle furent prises un certain nombre de décisions relatives à sa détention provisoire, dont certaines furent rendues par des magistrats qui participèrent ensuite à la formation de jugement. Il invoquait devant le juge européen une violation de l'exigence d'impartialité.

L'impartialité garantit le justiciable contre un risque de pré-jugement, elle vise en ce sens le processus décisionnel qui conduit au jugement. Elle se distingue de l'indépendance qui situe le juge dans son rapport aux tiers et doit le protéger des influences extérieures. Les deux garanties sont néanmoins étroitement liées et il est parfois bien difficile de les départager, le juge européen emploie d'ailleurs fréquemment les deux notions conjointement (*Sacilor-Lormines c/ France*, 9 nov. 2006, *JCP G*, 2007, I 106, obs. F. Sudre). Le juge national, quant à lui, opère souvent une confusion entre les deux garanties. Pourtant les deux notions ne se confondent pas, l'indépendance du juge étant l'une des conditions préalables de son impartialité.

Indépendance et impartialité sont les piliers fondateurs de la justice, ceci justifie qu'elles s'appliquent « pareillement à tous types de tribunaux, y compris à ceux comportant un jury » (*Pullar c/ Royaume-Uni*, 10 juin 1996) et aux arbitres (Civ. 1re, 29 janv. 2002, Didier Hudault, *JCP G*, 2003, I 105, obs. J. Béguin), les principes établis en la matière valant pour les magistrats non professionnels comme pour les magistrats professionnels (*Luka c/ Roumanie*, 21 juillet 2009).

À ce titre, elles apparaissent comme inhérentes à la notion autonome de « tribunal » (*Le Compte, Van Leuven, De Meyere c/ Belgique*, 23 juin

1981, § 55 ; *supra* n° 27). La jurisprudence selon laquelle un vice affectant l'indépendance ou l'impartialité de la procédure en première instance ne peut être compensé à un stade ultérieur (*De Cubber c/ Belgique*, 26 oct. 1984 ; *Kingsley c/ Royaume-Uni*, 7 nov. 2000) semble, en revanche, remise en cause par l'arrêt *Vera Fernandez-Huidobro c/ Espagne* (6 janv. 2010, *JCP G*, 2010, act. 130, F. Sudre), la Cour estimant qu'un manquement à l'exigence d'indépendance et d'impartialité d'un organe juridictionnel n'emporte pas violation de l'article 6 « si la décision rendue était soumise à un contrôle subséquent d'un organe judiciaire doté de la plénitude de juridiction et offrant les garanties de l'article 6 » (§131). La Cour applique le même raisonnement dans l'arrêt *Grande Stevens et al. c/ Italie* (4 mars 2014) à propos d'une autorité administrative. La jurisprudence française est, de ce point de vue, plus protectrice. La Cour de cassation impose en effet le respect du principe d'impartialité dès la phase administrative (Cass., com., 1er déc. 1998, Oury, *JCP G*, 1999, II 10057, note E. Garaud, s'agissant de la COB), le Conseil d'État également dès lors que l'autorité statue en « matière pénale » (CE, ass., 3 déc. 1999, Didier, *Rec.* 399, *RFDA*, 2000, 584, concl. A. Seban, s'agissant du Conseil des marchés financiers ; CE, ass., 21 déc. 2012, Sté Groupe Canal Plus, *RFDA*, 2013, 55, concl. V. Daumas, s'agissant de l'Autorité de la concurrence). Le Conseil constitutionnel, plus récemment, a lui aussi appliqué les principes d'indépendance et d'impartialité aux autorités administratives (Cons. const., 12 oct. 2012, n° 2012-280 QPC, *Constitutions*, 2013, 95, Note O. Le Bot, Autorité de la concurrence).

L'indépendance et l'impartialité constituent la condition de la légitimité de l'action du juge car « il y va de la confiance que les tribunaux d'une société démocratique se doivent d'inspirer aux justiciables » (*Piersack c/ Belgique*, 1er oct. 1982). Il n'est donc pas surprenant que la théorie des apparences (*Hauschildt*, § 48) trouve un terrain de prédilection en la matière, théorie résumée dans l'adage anglo-saxon utilisé par le juge européen selon lequel « *justice must not only be done, it must also be seen to be done* » (*Campbell et Fell c/ Royaume-Uni*, 28 juin 1984, § 81). Cette théorie doit néanmoins être maniée avec prudence, au risque de décrédibiliser l'institution judiciaire. Le juge européen considère ainsi que « le point de vue de l'accusé entre en ligne de compte mais sans pour autant jouer un rôle décisif » lorsqu'un défaut d'indépendance ou d'impartialité est invoqué, l'élément déterminant consistant à savoir « si les appréhensions de l'intéressé peuvent passer pour objectivement justifiées », si tel est le cas « doit donc se récuser tout juge dont on peut légitimement craindre un manque d'impartialité » ou d'indépendance (§48).

Mettant fin à une jurisprudence allant dans le sens de l'autonomie de l'article 6 § 1 (civ. 2e, 3 juill. 1985, *Bull.*, n° 133 ; Soc. 8 janv. 1997, *Bull.*, n° 11), l'Assemblée plénière de la Cour de cassation a affirmé que le demandeur n'est pas recevable à faire état d'une violation de l'article 6 § 1, dès lors qu'il n'a pas fait usage de la possibilité d'en obtenir le respect en récusant le magistrat par application des textes internes (ass. plén., 24 nov. 2000, Comet, *RTD. Civ.*, 2001, 192, obs. J. Normand ; civ. 2e, 8 avr. 2004, *D*, 2004, 1710 ; crim., 29 sept. 2004, *D*, 2004, 2834 ; en matière pénale ass. plén., 11 juin 2004, Papon, *JCP G*, 2004, IV 2597). Encore faut-il cependant que le demandeur ait eu ou pu avoir connaissance de la composition de la juridiction qui allait le juger (civ. 2e, 12 juill. 2001, M. X. c/ Mme Y., *D*, 2001, *IR* 2639). Les huit causes de récusation limitativement prévues par l'article 341 du Code de procédure civile n'épuisant toutefois pas l'exigence d'impartialité (civ. 1re, 28 avr. 1998, X. c/ Centre régional de transfusion sanguine de Bordeaux, *JCP G*, 1999, II 10102, note J. Pralus-Dupuy ; civ. 2e, 27 mai 2004, *D*, 2004, 1863). En matière administrative, le Conseil d'État adopte dans l'arrêt Petit (CE, 12 oct. 2009, *RFDA*, 2010 p. 596, obs. L. Sermet et J. Adriantsimbazovina) une approche différente, garantissant une meilleure protection en considérant qu'« un moyen tiré de l'irrégularité de la composition de la formation de jugement, quel qu'en soit le fondement, peut être invoqué à tout moment de la procédure, même après le début de la séance de jugement, y compris devant une juridiction supérieure ».

L'œuvre de la jurisprudence européenne est essentielle en ce qu'elle donne les clés de compréhension du contenu des garanties d'indépendance et d'impartialité, faisant d'elles de véritables conditions de la notion de tribunal.

## I / L'indépendance du tribunal

Condition indispensable de toute fonction juridictionnelle, l'indépendance du juge est aussi une condition de l'État de droit et de la séparation des pouvoirs. Cette indépendance passe tout d'abord par un ensemble de garanties statutaires entourant le mandat du juge, indépendance organique qui est l'une des conditions de son indépendance fonctionnelle.

A) Pour déterminer « si un organe peut passer pour indépendant notamment à l'égard de l'exécutif et des parties, la Cour a égard au mode de désignation et à la durée du mandat des membres, à l'existence de garanties contre des pressions extérieures et au point de savoir s'il y a ou non apparence d'indépendance » (*Campbell et Fell*, § 78).

1 / Il ressort de la jurisprudence que la Cour européenne est attentive à un certain nombre de critères dont aucun n'est déterminant pris isolément mais qu'elle utilise comme faisceau d'indices. Ainsi, s'agissant du mode de désignation des juges, elle n'impose aucun mode déterminé, ils peuvent être élus (instances disciplinaires : *Le Compte et a.* ; *Gubler c/ France*, 27 juill. 2006, *JCP G*, 2007, I 106, obs. F. Sudre), nommés, y compris par l'exécutif s'il existe des critères de sélection objectifs (*Sramek c/ Autriche*, 22 oct. 1984 ; *Sacilor-Lormines*). Le mandat du juge doit néanmoins être protégé, la durée de celui-ci peut constituer un premier critère. Ce critère est relatif mais un mandat court renforce la nécessité de garanties contre les pressions extérieures (*Morris c/ Royaume-Uni*, 26 fév. 2002, § 70, nomination sans durée fixe d'officiers dans une cour martiale, non-violation art. 6 ; *contra* s'agissant d'une cour de sûreté *Incal c/ Turquie*, 9 juin 1998), le caractère renouvelable ou non de ce mandat faisant partie de ces garanties.

Le mode de révocation est un autre élément pris en compte, l'inamovibilité des juges étant considérée par la Cour « comme un corollaire de leur indépendance » (*Campbell et Fell ; Morris*).

Ce faisceau d'indices vise à déterminer si l'autonomie des juges est assurée par rapport à l'autorité de nomination (*Brudnika c/ Pologne*, 3 mars 2005 : nomination et révocation des juges par le pouvoir exécutif, absence d'inamovibilité et rapport de subordination avec leur ministre) et aux parties aux litiges (*Sramek*, § 41 ; *Sacilor-Lormines*, la nomination de l'un des Conseillers d'État à un poste de secrétaire général du ministère de l'Économie, une semaine après le prononcé de l'arrêt rendu dans une affaire où ce ministère était partie, entraîne une violation de l'article 6).

2 / S'agissant de l'indépendance par rapport à l'autorité de nomination, la composition des cours de sûreté turques et des cours martiales anglaises a entraîné un contentieux abondant. Les premières ont pour fonction de juger des civils en cas d'atteinte à la sûreté de l'État et sont composées de magistrats professionnels et de militaires. La Cour a jugé que ces militaires étant dépendants du pouvoir exécutif, leur présence jetait un doute sur l'indépendance de ces cours (*Incal* ; *Balçik*, 26 avr. 2005 ; *Öcalan*, 12 mai 2005). Un problème similaire s'est posé pour les cours martiales anglaises jugeant cette fois des militaires (*Findlay*, 25 fév.

1997 ; *Morris)*, jusqu'à ce que des garanties soient apportées par le gouvernement sur l'indépendance des membres de ces cours (*Cooper*, 16 déc. 2003). La Cour juge toutefois que le fait que la fonction de *juge advocate* ne soit pas assurée par un civil mais par un militaire devant la cour martiale de la marine conduit à considérer que l'indépendance de la juridiction militaire n'est pas garantie (*Grieves c/ Royaume-Uni*, 16 déc. 2003). De même, la procédure disciplinaire pénitentiaire ne satisfait pas l'exigence d'indépendance et d'impartialité lorsque les personnes chargées d'enquêter sur les faits, d'engager les poursuites et de statuer sur la culpabilité des détenus sont des gardiens ou directeurs de prison subordonnés au ministre de l'Intérieur (*Whitfield et al. c/ Royaume-Uni*, 12 avr. 2005).

3 / S'agissant de l'indépendance par rapport aux parties au litige, la question est particulièrement sensible s'agissant des juridictions spécialisées qui sont composées de juges non professionnels et qui sont le plus souvent amenées à juger leurs pairs (conseil de l'ordre des médecins : *Ouendeno c/ France*, déc., 9 janv. 2001 ; *Gubler*). Ce problème a suscité un lourd contentieux devant les juridictions françaises, celles-ci utilisant conjointement les notions d'indépendance et d'impartialité. La Cour de cassation juge ainsi que ces garanties sont violées lorsqu'un tribunal du contentieux de l'incapacité est présidé par un représentant du directeur régional des affaires sanitaires et sociales, lié avec la caisse d'assurance-maladie partie au litige (soc., 17 déc. 1998, Madaci c/ CPAM de Vienne, *RTD. Civ.*, 2000, 622, obs. J. Normand ; civ. 17 janv. 2007, n° 05-19967 ; la loi n° 2002-73 du 17 janv. 2002 a modifié la composition de la Cour nationale de l'incapacité qui ne compte plus ni médecin ni fonctionnaire) ou lorsque le représentant du ministre est présent au délibéré du Conseil national de l'Ordre des pharmaciens siégeant en matière disciplinaire (CE, 8 déc. 2000, Mongauze ; *JCP G*, 2001, II 10556, concl. D. Chauvaux). La Cour de cassation a également jugé qu'un conseiller prudhommal ne pouvait exercer de mission d'assistance ou de représentation devant le Conseil des prudhommes dont il est membre (soc., 2 fév. 2005, Thomas c/ Sté Groupe Tests, *D.*, 2005, 596). Le Conseil constitutionnel juge dans le même sens (Cons. Const., 25 mars 2011, n° 2010-110 QPC, Commission départementale d'aide sociale).

Il y a souvent dans la jurisprudence interne une confusion entre indépendance et impartialité. Tel est le cas lorsque le Conseil d'État admet que la présence de fonctionnaires dans les commissions d'aide sociale n'est pas en elle-même contraire à l'exigence d'impartialité sauf si, lorsqu'elles statuent sur un litige portant sur des prestations sociales relevant de l'État, elles comprennent des fonctionnaires rattachés au service en charge de l'aide sociale au ministère des Affaires sociales (CE, ass., 6 déc. 2002, Trognon, dans le même sens CE, ass., 6 déc. 2002, Aïn-Lhout, commission départementale des travailleurs handicapés, *RFDA*, 2003, 946, obs. L. Sermet ; dans le même sens pour la Cour nationale de la tarification sanitaire et sociale, CE, 30 janv. 2008, OREAG, n° 274556) ou lorsque la Cour de cassation affirme que la circonstance qu'un ou plusieurs membres d'un Conseil de prud'hommes appartiennent à la même organisation syndicale que l'une des parties, n'est pas de nature à mettre en cause l'impartialité de ses membres (soc. 19 déc. 2003, Sté d'HLM Mon logis SA, *JCP G*, 2004, act. 88, P. Morvan).

B) L'indépendance statutaire du juge constitue une garantie de son indépendance fonctionnelle, celle-ci doit être assurée à l'égard des pouvoirs et des parties (*Campbell et Fell*, § 78) mais également de la hiérarchie judiciaire.

L'immixtion du pouvoir législatif dans le cours de la justice dans le but « d'influer sur le dénouement judiciaire du litige » par le biais de lois à portée rétroactive (*Zielinski, Pradal, Gonzalez c/ France*, 28 oct. 1999, *supra* n° 29) peut à ce titre être perçue comme une atteinte à l'indépendance fonctionnelle du juge, bien que la Cour ne se place jamais directement sous l'angle de cette garantie.

1 / C'est toutefois sur la question de l'indépendance du juge à l'égard du pouvoir exécutif que se focalise la jurisprudence européenne, la Cour soulignant à ce sujet « que la notion de séparation du pouvoir exécutif et de l'autorité judiciaire tend à acquérir une importance croissante dans la jurisprudence » *(Kleyn c/ Pays-Bas*, 6 mai 2003, Gde ch., *RTDH*, 2004, 365, note G. Gonzalez).

a) Les ingérences du pouvoir exécutif dans l'administration de la justice peuvent tout d'abord être directes. Ainsi toute immixtion de l'exécutif dans le pouvoir de trancher le litige constitue une atteinte à l'indépendance (*Benthem c/ Pays-Bas*, 23 oct. 1985, le Conseil d'État n'émettait sur certains litiges qu'un avis consultatif, la Couronne tranchant le litige). Constitue également une ingérence directe, le pouvoir reconnu à l'exécutif de priver une décision juridictionnelle de ses effets (*Van de Hurk c/ Pays-Bas*, 19 avr. 1994*; Findlay*). Sur ce motif, la Cour a condamné le fait qu'un procureur, subordonné au ministre de la Justice, ait le pouvoir de saisir la Cour suprême d'un recours en annulation contre des décisions juridictionnelles définitives (*Vasilescu c/ Roumanie*, 22 mai 1998). La Cour a d'ailleurs estimé, sur le terrain de l'article 5 de la Convention, que le procureur de la république français ne pouvait être considéré comme une « autorité judiciaire » au sens de cet article du fait de sa subordination hiérarchique au ministre de la Justice (*Medvedyev c/ France*, Gde ch., 29 mars 2010, *JCP G*, 2010, 454, doct. F. Sudre).

Les tentatives d'influence du pouvoir exécutif sur le cours de la justice, indépendamment de l'influence réelle jouée par celles-ci, révèlent selon la Cour « un manque de respect envers la fonction même du pouvoir judiciaire » (*Sovtransavto Holding c/ Ukraine*, 25 juill. 2002).

b) Les ingérences peuvent ensuite être indirectes. Tel est le cas lorsque le juge abdique sa mission de juge pour s'en remettre au pouvoir exécutif afin de connaître le droit applicable. Ainsi, s'agissant de la pratique consistant pour le Conseil d'État à demander au ministre des Affaires étrangères le sens d'une convention internationale soulevant des difficultés d'interprétation (*Beaumartin c/ France*, 24 nov. 1994 ; le Conseil d'État a mis fin à cette pratique : CE, 7 fév. 2003, Gisti, *AJDA*, 2003, 996, note F.-J. La Ferrière) ou d'apprécier la condition de réciprocité d'un traité international (*Chevrol c/ France*, 13 fév. 2003, *D.*, 2003, 931, note H. Moutouh ; abandon de cette pratique avec l'arrêt CE, ass., 9 juill. 2010, Mme Chériet-Benseghir, *RFDA*, 2010, 1146, note J.F. Lachaume), la Cour a estimé que « pareille ingérence d'une autorité du pouvoir exécutif (...) dans les compétences du Conseil d'État ne cadre pas avec le principe d'indépendance du pouvoir juridictionnel énoncé à l'article 6 § 1 » (*Beaumartin*, § 35).

2 / Enfin, adoptant une conception stricte de l'indépendance, la Cour considère que le juge doit aussi être protégé de la hiérarchie judiciaire. « L'indépendance judiciaire interne » implique que les juges ne reçoivent aucune instruction ou ne subissent aucune pression de juges exerçant des responsabilités administratives ou hiérarchiques supérieures (*Agrokompleks c/ Ukraine*, 6 oct. 2011, § 17, *JCP G*, 2012, I 87, obs. F. Sudre). En revanche, l'autorité que revêt pour des juridictions inférieures les décisions d'une juridiction suprême ne remet pas en cause leur indépendance (*Mosteanu et al. c/ Roumanie*, 26 nov. 2002).

## II / L'impartialité du tribunal

L'impartialité constitue la deuxième exigence inhérente à l'exercice d'une fonction juridictionnelle, elle est considérée comme le critère même de la justice. Elle est cependant une notion très complexe qui recèle une part d'indétermination. Cette complexité explique sans doute que l'impartialité ait été l'une des garanties de l'article 6 le plus invoquée devant les juridictions françaises. Faisant fi de ces difficultés, le juge européen a cherché à guider l'appréciation des juges nationaux en élaborant une grille d'analyse très sophistiquée de cette garantie distinguant impartialité subjective et objective. À cette première distinction qui concerne la relation du juge aux parties, s'en ajoute une seconde qui concerne le fonctionnement de la justice et les différentes fonctions endossées par un juge au cours d'une affaire.

A) Selon la Cour, « l'impartialité doit s'apprécier selon une démarche subjective, essayant de déterminer la conviction personnelle de tel juge en telle occasion, et aussi selon une démarche objective amenant à s'assurer qu'il offrait des garanties suffisantes pour exclure à cet égard tout doute légitime » (*Hauschildt*, § 46 ; distinction posée dans l'arrêt *Piersack*, § 30).

L'impartialité subjective se définit comme l'absence de parti pris du juge (§47) et se présume jusqu'à la preuve du contraire, la Cour considère à ce titre ce grief comme non fondé si le requérant n'a pas usé de son droit de récusation (*supra* ; *Le Compte et a.*, § 58). La difficulté à rapporter la preuve d'un tel défaut d'impartialité explique la rareté des arrêts de violation en la matière. Ainsi, le fait qu'un juge ne se soit pas déporté de l'examen en appel d'une action civile alors qu'il avait participé à l'examen d'une autre procédure civile liée ne constitue pas une preuve suffisante pour réfuter cette présomption (*Golubovic c/ Croatie*, 27 nov. 2012). Tel fut toutefois le cas dans des affaires dans lesquelles les juges avaient manifesté un parti pris par voie de presse (*Buscemi c/ Italie*, 16 sept. 1999, *JCP G*, 2000, I 203, obs. F. Sudre ; *Lavents c/ Lettonie*, 28 nov. 2002). En droit interne, la Cour de cassation a considéré que l'appartenance du président du tribunal au syndicat de la magistrature ne suffisait pas à caractériser son impartialité subjective à l'égard du Front national (civ. 2e, 24 juin 2004, Front national, *D*, 2004, 2083 ; voir en ce sens *Salaman c/ Royaume-Uni*, déc., 15 juin 2000, appartenance du juge à la franc-maçonnerie). Elle fait une application particulière de l'impartialité subjective pour condamner les propos outranciers ou injurieux d'un magistrat à l'égard d'une partie (civ. 2e, 14 sept. 2006, *JCP G*, II 10189, avis R. Kessous, obs. V. Vigneau ; civ. 3e, 4 juill. 2007, nº 06-13738). En revanche, les fonctions du rapporteur de l'Autorité des marchés financiers au sein de la société concurrente de la société poursuivie porte atteinte à son impartialité (CE, 6 juill. 2007, Société Global Equities).

Comme le souligne la Cour, « la frontière entre l'impartialité subjective et l'impartialité objective n'est cependant pas hermétique (...).

Ainsi, dans des cas où il peut être difficile de fournir des preuves permettant de réfuter la présomption d'impartialité subjective du juge, la condition d'impartialité objective fournit une garantie importante de plus » (*Pullar*, § 32 ; *Micallef, c/ Malte*, Gde ch., 15 oct. 2009, § 95, *JCP G*, 2010, 70, obs. F. Sudre). Dans ce cas, la Cour recherche si les appréhensions de l'intéressé peuvent passer pour objectivement justifiées, « si indépendamment de la conduite personnelle du juge, certains faits vérifiables autorisent à suspecter l'impartialité de ce dernier » (*Hauschildt*, § 48). La Cour met à ce titre à la charge des autorités et du juge de véritables obligations positives. Dans l'arrêt *Remli c/ France* (23 avr. 1996, *JCP G*, 1997, I 4000, obs. F. Sudre ; dans le même sens *Sander c/ Royaume-Uni*, 9 mai 2000), elle conclut à la violation de l'article 6 en raison de la passivité de la juridiction qui, face à une allégation grave quant à la partialité d'un juré, a rejeté la requête sans même l'examiner. De même, elle estime nécessaire l'existence de procédures nationales en matière de déport pour garantir l'impartialité du juge (*Micallef*, § 99-100).

Constituent des « faits vérifiables » autorisant à suspecter l'impartialité du juge, l'existence de lien de parenté (*Micallef*), de lien d'ordre privé ou encore une communauté d'intérêts entre l'une des parties et le juge (*Langborger c/ Suède*, 22 juin 1989 ; *Holm c/ Suède*, 25 nov. 1993 ; *Gautrin c/ France*, 25 mai 1998, *JCP G*, 1999, I 105, obs. F. Sudre ; *Thaler c/ Autriche*, 3 fév. 2005). La Cour de cassation a fait application de cette jurisprudence à l'expert judiciaire (2$^{e}$ civ., 5 déc. 2002, Sté Pasteur vaccins c/ Girard ; voir également en ce sens CE, 19 avr. 2013, n° 360598) en considérant que devait être récusé l'expert médical qui avait des liens avec l'une des parties. De même, le fait que l'avocat de la partie adverse ait siégé comme juge dans des procédures concomitantes auxquelles le requérant était partie (*Wettstein c/ Suisse*, 21 déc. 2000) ou encore que le juge puisse être considéré comme juge et partie en étant partie prenante à la solution du litige (*Demicoli c/ Malte*, 27 août 1991 ; *Chmélir c/ Rép. Tchèque*, 7 juin 2005 ; *Kyprianou c/ Grèce*, 15 déc. 2005, GC, procédure de *contempt of court*) emportent violation de l'exigence d'impartialité. La Cour allant même jusqu'à estimer que si l'attribution d'une affaire à un juge ou à un tribunal donnés relève de la marge d'appréciation des autorités internes, elle peut contrôler que cette attribution est compatible avec la garantie d'indépendance et d'impartialité de la justice (*Bochan c/ Ukraine*, 3 mai 2007, § 70). Il faut d'ailleurs souligner que dans toutes ces affaires où l'impartialité du juge dans son rapport aux parties est sujette à caution, il est souvent très difficile de distinguer indépendance et impartialité.

B) L'impartialité objective tend également à prémunir le justiciable contre un risque de pré-jugement. Ici c'est le rôle du juge dans la procédure judiciaire qui peut autoriser à suspecter son manque d'impartialité. En la matière, c'est le critère du cumul de fonctions qui est décisif, la jurisprudence européenne déterminant, au regard des circonstances de chaque affaire, les cumuls autorisés et ceux qui sont prohibés. De plus, elle distingue l'impartialité objective fonctionnelle qui concerne le cumul de fonctions juridictionnelles par le même juge et l'impartialité objective structurelle qui concerne le cumul de fonctions juridictionnelles et non juridictionnelles par le même organe.

1 / L'appréciation de la Cour quant à l'impartialité fonctionnelle du juge a évolué avec l'arrêt *Hauschildt*. Dans le premier temps de sa jurisprudence, en application de la théorie des apparences, la Cour a prôné une séparation rigide des fonctions juridictionnelles. Cette conception, qui pouvait se résumer par le principe selon lequel à chaque fonction devait correspondre un juge, interdisait le cumul de fonctions de poursuite, d'instruction et/ou de jugement. Ainsi, dès l'arrêt *Piersack*, elle condamne le cumul des fonctions de poursuite et de jugement (principe également consacré en droit français, Cons. Const., 2 fév. 1995, n° 95-360 DC, *Rec.* 195, *RFDC*, 1995, 405, obs. T.S. Renoux). Dans l'arrêt *De Cubber c/ Belgique (préc)*, c'est le cumul des fonctions d'instruction et de jugement qui sera jugé contraire au principe d'impartialité. Enfin, dans l'arrêt *Oberschlick c/ Autriche* (23 mai 1991), elle estime, en application du droit interne, que le juge ayant rendu la décision attaquée ne peut ensuite siéger au sein de la juridiction de second degré.

Cette conception abstraite de l'impartialité est vite apparue trop rigoureuse et en contradiction avec la réalité du procès, la connaissance du dossier acquise par le juge lors d'actes préparatoires étant un avantage au moment de trancher le litige.

L'arrêt *Hauschildt* marque en ce sens une nouvelle étape dans le raisonnement de la Cour et le passage à une conception concrète de l'impartialité. Adoptant une approche réaliste, elle estime en effet que si le fait que le juge chargé de trancher le litige ait connu l'affaire à un stade antérieur peut susciter des doutes chez le prévenu, « on ne saurait pour autant les considérer comme objectivement justifiés dans tous les cas : la réponse varie suivant les circonstances de la cause » (§49). Au-delà des apparences, il convient donc de démontrer en quoi le juge peut être suspecté de partialité. Elle pose à ce titre un nouveau critère : c'est « la nature des tâches » (§50) antérieurement exercées par le juge qui déterminera s'il est susceptible d'avoir opéré un pré-jugement, pré-jugement qui suppose, et ceci constitue le second critère déterminant, une identité des faits ou de la cause dont le juge a eu successivement à connaître. La Cour de cassation applique avec fermeté cette exigence d'identité de faits en rejetant le soupçon de partialité lorsque les faits sont seulement connexes (crim., 10 juill. 1997, *Bull.* n° 271 ; crim., 7 avr. 2004, *D*, 2004, 1864 ; pour des faits différents concernant les mêmes personnes : crim., 20 févr. 2008, n° 02-82676).

Dans l'arrêt *Hauschildt*, le juge pour prolonger la détention s'était fondé sur un article de loi impliquant l'existence de « soupçons particulièrement renforcés », c'est-à-dire la conviction de la culpabilité du requérant, ce qui traduit l'existence d'un pré-jugement (dans le même sens *Perote Pellon c/ Espagne*, 25 juill. 2002). Toutefois, désormais, le simple fait pour un juge d'avoir pris des décisions avant le procès ne remet pas en cause automatiquement son impartialité, ce qui compte est « la portée et la nature des mesures » adoptées par le juge avant le procès (*Nortier c/ Pays-Bas*, 24 août 1993, § 33 ; conception reprise par la CJCE, 1er juill. 2008, Chronopost SA, C-341/06).

Ces principes, applicables en matière pénale comme civile, sont synthétisés dans l'arrêt *Morel c/ France* (6 juin 2000, *JCP G*, 2001, I 291, obs. F. Sudre, concernant une procédure de redressement judiciaire), la Cour estimant que « la connaissance approfondie du dossier par le juge n'implique pas un préjugé empêchant de le considérer comme impartial au moment du jugement sur le fond. Enfin, l'appréciation préliminaire des données disponibles ne saurait non plus passer comme préjugeant l'application finale. Il importe que cette appréciation intervienne avec le jugement et s'appuie sur les éléments produits et débattus à l'audience ».

a) S'agissant du cumul de fonctions juridictionnelles différentes dans la même affaire par le même juge, sur la base d'un examen concret des fonctions réellement exercées par le juge avant le jugement, la Cour va juger que ne constitue pas une violation de l'exigence d'impartialité : le cumul des fonctions de juge de la détention et de juge du fond dans une affaire connexe concernant le même prévenu, les appréciations opérées étant sommaires (*Sainte-Marie c/ France*, 16 déc. 1992 ; *Saraiva de Carvalho c/ Portugal*, 22 avr. 1994), le cumul des fonctions d'instruction et de jugement dès lors qu'il s'agissait d'actes d'instruction sommaires (*Padovani c/ Italie*, 26 fév. 1993 ; *Bulut c/ Autriche*, 22 fév. 1996 ; *contra* violation de l'article 6 lorsque le juge fait un usage étendu de ses pouvoirs d'enquête puis statue au fond *Tierce c/ Saint-Marin*, 25 juill. 2000), le cumul par le juge des enfants des fonctions d'instruction, de mise en détention provisoire et de juge du fond, les questions à traiter étant différentes (*Nortier*). Au contraire, niant toute spécificité au juge des enfants, la Cour juge dans l'arrêt *Adamkiewicz c/ Pologne* (2 mars 2010, § 104, *D.*, 2010, 1324, note P. Bonfils) que le cumul de fonctions de juge d'instruction et de juge du fond dans une procédure concernant un mineur emporte violation de l'exigence d'impartialité au regard de l'étendue des pouvoirs du juge (en ce sens Cons. const. 8 juill. 2011, n° 2011-147 QPC et 4 août 2011, n° 2011-635 DC, le cumul des fonctions d'instruction et de jugement par le juge des enfants est contraire au principe d'impartialité).

Si l'appréciation de la Cour s'opère au regard des circonstances de l'affaire, on peut néanmoins déduire de sa jurisprudence qu'un juge ne peut être considéré comme impartial dès lors que sa première intervention dans la procédure lui a fait émettre une appréciation susceptible d'avoir une influence sur sa seconde intervention (*Le Stum c/ France*, 4 oct. 2007, cumul des fonctions de juge-commissaire et juge du fond dans une procédure de redressement judiciaire).

C'est ce critère qui guide également le cumul de fonctions de juge civil et de juge pénal, question traitée dans l'arrêt *Gillow c/ Royaume Uni* du 24 novembre 1986 selon lequel un tribunal dans une composition quasiment identique peut connaître successivement de l'action civile et des poursuites pénales fondées sur les mêmes faits. Dans le même sens, la Cour de cassation admet que le magistrat ayant ordonné une mesure d'assistance éducative en faveur du fils de l'accusé siège à la cour d'assises qui juge des faits commis par ce dernier (crim., 11 oct. 2000, *D*, 2001, 291) ou que le magistrat qui a pris une mesure de protection concernant l'accusé statue à son égard en tant qu'assesseur de la cour d'assises (crim., 14 mars 2000, *Dr. pénal*, 2001, comm. n° 106, obs. A. Maron). L'exigence d'impartialité est satisfaite dès lors qu'aucune appréciation de culpabilité n'a été portée par le juge du divorce sur le compte du demandeur avant sa mise en accusation (crim., 13 sept. 2000, *JCP G*, 2001, IV 1447) ; en revanche un magistrat qui a déjà porté une appréciation sur la culpabilité de l'accusé en qualité de juge du divorce (crim., 21 févr. 1996, *Bull.* n° 82 ; *Dr. pénal*, 1996, n° 122, obs. Maron) ou de juge du contentieux du travail (crim., 24 nov. 1999, *Bull.* n° 275 ; *Dr. pénal*, 2000, comm. n° 52, obs. Maron) ne peut siéger dans la cour d'assises qui statue sur un crime commis par celui-ci. Ne peut non plus faire partie du tribunal correctionnel le magistrat ayant statué sur l'action en indemnisation intentée, pour les mêmes faits, devant une juridiction civile contre les personnes poursuivies du chef d'escroquerie (crim., 5 nov. 2003, Gilles X., *D*, 2004, 396). Si la participation à la juridiction pénale, qui poursuit un débiteur alimentaire pour abandon de famille, du magistrat ayant fixé la pension alimentaire impayée est admise par la Cour de cassation au motif que le juge n'a pas apprécié les mêmes faits (crim., 9 juin 1999, *Bull. crim.*, 1999, n° 130), le fait pour le juge pénal ayant condamné le débiteur pour abandon de famille de statuer ensuite sur sa demande de réduction de la pension alimentaire impayée est contraire à l'exigence d'impartialité, le magistrat ayant porté une appréciation sur le comportement fautif du demandeur, en raison duquel il a été débouté de sa demande (civ. 1re, 29 sept. 2004, *Dr. fam.*, 2005, comm. n° 6, note A. Gouttenoire).

Le seul cumul de fonctions qui reste, par principe, prohibé car entraînant automatiquement un pré-jugement sur le fond est celui des fonctions de poursuite ou d'accusation avec celle de jugement (*Piersack* ; *Demicoli* ; *Findlay*). Ainsi, la Cour a sanctionné dans l'arrêt *Dubus SA c/ France* (11 juin 2009, *D.*, 2009, 2247, note A. Couret) l'absence de distinction claire entre les fonctions de poursuite, d'instruction et de sanction au sein de la Commission bancaire (le Conseil d'État s'est rallié à cette conception, CE, 8 nov. 2010, n° 329384, *D.*, 2011, obs. D. R. Martin, H. Synvet ; pour une application stricte du principe d'impartialité aux autorités de régulation dotés de pouvoirs répressifs, voir Cons. const. 2 déc. 2011, n° 2011-200 QPC, *AJDA*, 2012, 578, chron. M. Lombard, S. Nicinski, E. Glaser). Encore faut-il que ce cumul concerne les mêmes juges (tel n'était pas le cas dans l'arrêt *Gubler*).

En conformité avec cette jurisprudence, la chambre criminelle interdit à un conseiller de la chambre d'accusation de siéger ensuite à la cour d'assises saisie de l'affaire (Cass., crim., 12 oct. 1983, *D*, 1984, 610, note J. Pradel ; dans le même sens Cass., crim., 5 déc. 2001, *JCP G*, 2002, IV, 1298 ; Cass., crim., 24 mai 2005, *D.*, 2006, 619, obs. J. Pradel). La loi du 15 juin 2000 a interdit au juge des libertés et de la détention de siéger dans la formation de jugement (art. 137-1 CPP ; crim. 16 mai 2007, n° 06-85347). Le bâtonnier qui, dans le cadre d'une procédure disciplinaire, détient le pouvoir de décider soit du renvoi devant le Conseil de l'ordre soit du classement de l'affaire, ne peut participer au délibéré de la formation disciplinaire (Cass., civ. 1re, 23 mai 2000, M. X. c/ Procureur général près de la cour d'appel de Besançon, *AJDA*, 2000, 762, obs. P. Sargos).

b) Le risque de pré-jugement de l'affaire est accentué lorsque le juge occupe successivement la fonction de juger dans la même affaire. La Cour considère qu'on ne saurait poser en principe général découlant du devoir d'impartialité qu'une juridiction de recours annulant une décision administrative ou judiciaire a l'obligation de renvoyer l'affaire à une autre autorité juridictionnelle ou à un organe autrement constitué (*Ringeisen c/ Autriche*, 16 juill. 1971 ; dans le même sens *Diennet c/ France*,

26 sept. 1995, *JCP G*, 1996, I 3910, obs. F. Sudre, juridiction ordinale), ce principe vaut en matière civile (*Ringeisen* ; *Diennet)* comme pénale (*Thomann c/ Suisse*, 10 juin 1996, *JCP G*, 1997, I 4000, obs. F. Sudre). Elle veille toutefois à l'absence de pré-jugement. En ce sens, en tenant également compte de la composition de la formation de jugement (*infra*), elle condamne le cumul de la fonction de juger dans la même affaire (*Mancel et Branquart c/ France*, 24 juin 2010, *JCP G*, 2010, I 859, obs. F. Sudre ; *contra Depiets c/ France*, 10 fév. 2004, s'agissant de la même affaire mais de questions de droit différentes), s'agissant des mêmes accusés (*De Haan c/ Pays-Bas*, 26 août 1997 ; *Castillo Algar c/ Espagne*, 28 oct. 1998 ; pour une transposition de cette jurisprudence sous l'angle de l'article 5 § 4, *D.N. c/ Suisse*, 29 mars 2001), dans la même affaire pour des accusés différents (*Ferrantelli et Santangelo c/ Italie*, 7 août 1996), ou dans des affaires très proches (*Rojas Morales c/ Italie*, 16 nov. 2000).

La Cour de cassation adopte la même solution à propos d'un magistrat qui a présidé en première instance et en appel dans la même affaire concernant une action à fins de subsides (civ. 2$^{e}$, 20 nov. 2003, *D*, 2003, 108) ou du juge des tutelles qui est membre du tribunal de grande instance saisi du recours contre sa décision (civ. 1$^{re}$, 5 mai 1993, Sté Times Newspaper c/ Pordéa, *D*, 1993, *IR* 137). Le Conseil d'État interdit également au commissaire du gouvernement qui a conclu en première instance de participer à la formation de jugement statuant sur le recours formé contre la décision de première instance (CE, 30 nov. 1994, Commissariat à l'énergie atomique, *D*, 1995, 244, obs. J. Barthélémy). En revanche, il a admis qu'un tribunal administratif dont le jugement a été annulé, puisse statuer, dans une formation identique, sur le même litige après renvoi de la cour d'appel, l'affaire étant dans ce cas entièrement réexaminée (CE, 11 févr. 2005, Commune de Meudon, *JCP G*, 2005, II 10044, note P. Le Goff ; CE, 27 juill. 2005, Weygand et Bernardini, *AJDA*, 2005, 2016, concl. M. Guyomar, Cour des comptes ; CE, 11 avr. 2008, UPE, n° 300540).

En matière pénale, le magistrat du ministère public peut requérir successivement en première instance et en appel (Cass., crim., 21 mai 2003, *D*, 2003, 2052).

Il faut distinguer, parmi les voies de recours, entre les voies de rétractation et les voies de réformation. Par les premières, et notamment l'opposition, les magistrats ne sont pas appelés à se prononcer sur des éléments qui ont déjà fait l'objet devant eux d'un débat puisqu'ils examinent des arguments qui n'avaient encore jamais été discutés. La Cour européenne, dans l'affaire *Thomann (préc)* juge que le fait qu'un tribunal pénal ait, dans la même composition, réexaminé en présence de l'intéressé une affaire qu'il a déjà jugée par défaut ne suffit pas à mettre en doute l'impartialité du tribunal, dès lors que celui-ci n'est aucunement lié par sa première décision et qu'il s'agit de reprendre l'affaire au départ et non pas de l'exercice d'une voie de recours (§ 35). « L'identité de composition de la juridiction se prononçant sur l'opposition à une précédente décision rendue par défaut n'est pas contraire à l'exigence du tribunal impartial » (Cass., crim., 14 mars 2007, n° 06-85065). De même, une cour d'appel peut être composée par les magistrats ayant délibéré de la décision objet d'un recours en révision (Cass., soc. 13 juill. 2004, Granara c/ SA Crédit immobilier, *JCP G*, 2004, IV 2987).

Selon le Conseil d'État, le principe d'impartialité ne fait pas obstacle à ce qu'un recours en tierce opposition soit jugé par le juge qui a rendu la décision attaquée (CE, 10 déc. 2004, Sté Resotim, *AJDA*, 2005, 782, note A.-M. Mazetizer) ; il s'oppose cependant, à la différence de la Cour de cassation (ass. plén., 1er avr. 1994, *JCP G*, 1994, II 22256, concl. M. Jéol), à ce que participe à l'examen d'un recours en rectification d'erreur matérielle, un juge qui a participé à la décision qui en fait l'objet (CE, 22 juin 2005, M. et Mme Hespel, *RFDA*, 2006, 58, concl. E. Glaser).

Toujours s'agissant du cumul de fonctions de juger, la Cour européenne tient compte d'autres éléments tels que le nombre de magistrats concernés par pareille prise de position ainsi que leur rôle au sein de la formation de jugement. Elle a ainsi conclu à l'absence de violation de l'exigence d'impartialité en tenant compte de la faible proportion de juges concernés au sein d'une formation collégiale où les décisions sont prises à la majorité (*Diennet)*, ou au contraire à la violation de l'article 6 en prenant en considération à la fois la proportion élevée de magistrats concernés et les fonctions de président ou de rapporteur exercées par ces derniers au sein de la formation collégiale (*Cardona Serrat c/ Espagne*, 26 oct. 2010, § 37). Ce critère est pourtant relativisé, de manière très surprenante, dans l'arrêt *Fazli Aslaner c/ Turquie* (4 mars 2014, § 40), trois juges sur trente et un ayant participé au premier jugement dont la vice-présidente du Conseil d'État, la Cour estime que « le nombre ou la proportion des juges concernés par la problématique de l'impartialité objective n'est pas déterminante et que des considérations de nature quantitative n'ont pas d'incidence sur l'examen de la question, étant donné qu'aucun motif sérieux ne rendait absolument nécessaire la participation des trois intéressés à la formation de jugement avec voix délibérative ».

c) L'impartialité est la garantie de l'article 6 qui a longtemps été la plus invoquée devant les juridictions nationales et elle a fait l'objet d'une jurisprudence très abondante, celle-ci opérant la réception de la conception européenne de cette exigence.

Deux aspects de cette jurisprudence retiennent particulièrement l'attention.

Tout d'abord, la jurisprudence relative au cumul des fonctions de juge des référés et du juge du fond. Dans deux arrêts rendus le 6 novembre 1998 (Sté Bord Na Mona et Guillotel, *JCP G*, 1998, II, 10198, rapport P. Sargos ; *D*, 1999, 1, concl. J.-F. Burgelin, premier arrêt), l'Assemblée plénière de la Cour de cassation distingue entre les mesures conservatoires, qui n'impliquent pas un pré-jugement et autorisent donc le juge à ensuite siéger dans la formation de jugement (Guillotel), et les mesures anticipatoires qui appellent une appréciation sur le fond (Sté Bord Na Mona, demande de provision qui suppose que le juge apprécie le caractère non sérieusement contestable de l'obligation).

Adoptant la même approche, le Conseil d'État a admis que le juge du référé suspension puisse être membre de la juridiction qui examine ensuite la requête au fond (CE, avis, 12 mai 2004, Commune de Rogerville, *Rec*. 223, *AJDA*, 2004, 1354, chron. C. Landais, F. Lenica ; solution étendue au sursis à exécution d'un jugement CE, 26 nov. 2010, Sté Paris tennis, *AJDA*, 2011, 807, G. du Puy-Montbrun), à condition que le référé n'amène pas le juge à un pré-jugement (CE, 7 déc. 2006, Mme Sene, n° 294218, référé conservatoire). Tel est le cas lorsque le juge des référés dans sa décision d'irrecevabilité de la première demande de suspension préjuge de la solution qui pourrait être réservée à une nouvelle demande de suspension (CE, 2 nov. 2005, M. et Mme Fayant, *AJDA*, 2006, p. 327, obs. P. Cassia). Il considère également que le fait pour un juge des référés d'avoir statué antérieurement sur la demande d'aide juridictionnelle du requérant ne remet pas en cause son impartialité lorsqu'il est ensuite appelé à statuer sur le fond de la demande (CE, 12 mai 2004, Hakkar, *Rec*. 224, *D.*, 2005, 1182, obs. P. Cassia). Aucune disposition législative ou réglementaire, ni aucun principe ne s'opposent, selon la haute juridiction administrative, à ce qu'un magistrat ayant fait partie de la formation de jugement qui a annulé une décision administrative se prononce ultérieurement en tant que juge des référés sur la demande de suspension de la nouvelle décision prise à la suite de cette annulation (CE, 9 avr. 2004, M. Olard, *AJDA*, 2004, 1429, note S. Hul).

Le second aspect de la jurisprudence interne qui retient l'attention est celui relatif à l'application du principe d'impartialité aux autorités administratives et juridictions spécialisées. Ici deux éléments peuvent être évoqués. D'une part, la question du cumul de fonctions d'instruction et de jugement par le rapporteur. Adoptant une conception stricte de l'impartialité, allant au-delà des exigences européennes, la Cour de cassation a condamné ce cumul de fonctions s'agissant de la procédure devant la Commission des opérations de bourse (ass. plén., 5 févr. 1999, Oury, *préc.*, *JCP G*, 1999, II 10060, H. Matsopoulou) ou le Conseil de la concurrence (com., 5 oct. 1999, Campenon ; *RTD. Civ.*, 2000, p. 625, obs. J. Normand), conduisant à une réforme de ces procédures par deux décrets du 1er août 2000. Elle a appliqué une solution identique s'agissant de la procédure devant le Conseil de l'Ordre des avocats (Cass, 1re civ., 5 oct. 1999, D. c/ Proc. gén. près CA Douai, *JCP G*, 1999, II 10203, concl. J. Sainte-Rose ; le décret 2005-531 du 24 mai 2005 a réformé la procédure disciplinaire des avocats). Au contraire, le Conseil d'État se fondant sur le caractère peu approfondi des investigations menées, a estimé que le cumul de fonctions du rapporteur était conforme au principe d'impartialité s'agissant de différentes autorités administratives (par ex. CE, ass., 3 déc. 1999, Didier, *préc.*, s'agissant du Conseil des marchés financiers), différentes juridictions ordinales (par ex. CE, 3 déc. 1999, Leriche, *Rec.* 402, Conseil national de l'Ordre des médecins ; CE, 12 déc. 2007, M.A., n° 293301, formation disciplinaire du Conseil supérieur de la magistrature) ou de juridictions spécialisées (CE, ass., 14 déc. 2001, Société Réflexions, Médiations, Ripostes, *AJDA*, 2002, 127, chron. M. Guyomar, P. Collin, Cour des comptes). Analyse validée par la Cour européenne dans la décision *Didier c/ France* (27 août 2002, *JCP G*, 2003, II 10177, note G. Gonzalez, Conseil des marchés financiers). En revanche, le Conseil d'État a estimé, au regard de l'étendue des pouvoirs du rapporteur près des chambres régionales des comptes, qu'il ne pouvait ensuite siéger dans la formation de jugement (CE, ass., 6 avr. 2001, SA Entreprise Razel Frères, *RFDA*, 2001, 1299, concl. A. Seban ; la loi du 12 déc. 2001 relative aux chambres régionales des comptes et à la Cour des comptes ainsi que le décret 2002-1201 du 27 sept. 2002 excluent le rapporteur du délibéré).

La question de l'auto-saisine de certaines autorités administratives et juridictions disciplinaires a, d'autre part, soulevé la question de la compatibilité de ce pouvoir avec le principe d'impartialité. Les juridictions internes ont établi la conventionnalité de principe de ce pouvoir d'auto-saisine (Cass., 1re civ., 4 janv. 2005, *JCP G*, 2005, IV 1283, juridiction disciplinaire ; CE, 20 oct. 2000, Sté Habib Bank Limited, *Rec.* 433, *JCP G*, 2001, II 10459, concl. F. Lamy, Commission bancaire ; en revanche, s'agissant de l'auto-saisine du tribunal de commerce dans le cadre d'une procédure de redressement judiciaire, ce pouvoir est jugé inconstitutionnel, Cons. Const., 7 déc. 2012, n° 2012-286 QPC), avant même que le juge européen ne se prononce sur cette question, à condition toutefois que l'acte d'auto-saisine ne donne pas à penser que les faits sont d'ores et déjà établis (Cass., 1re civ., 13 nov. 1996, Ordre des avocats au barreau de Lille ; CE, 30 juill. 2003, Sté Dubus SA, *Rec.* 672). Le juge européen a explicitement pris position sur cette question dans l'affaire *Dubus c/ France (préc)*, infirmant d'ailleurs la position du Conseil d'État, en estimant à propos de la Commission bancaire que si la faculté d'auto-saisine n'était pas en soi contraire à l'article 6, il était nécessaire d'encadrer ce pouvoir afin que le requérant n'ait pas l'impression que sa culpabilité ait été établie dès le stade de l'ouverture de la procédure (pour une exacte application de cette jurisprudence voir CE, 22 déc. 2011, Union mutualiste générale de prévoyance, n° 323612 ; CE, ass., 21 déc. 2012, Sté Groupe Canal Plus, *préc.*).

Cette problématique est toutefois aujourd'hui résolue pour les autorités administratives qui disposent de deux collèges séparés qui assurent respectivement les fonctions de contrôle et celles de sanctions (organisation appliquée par ex. à l'Autorité des marchés financiers, décret 2003-1109 du 21 nov. 2003, ou plus récemment à l'Autorité de contrôle prudentiel, ord. 2010-76 du 21 janv. 2010), l'auto-saisine du collège de contrôle ne pouvant emporter violation du principe d'impartialité (CE 9 nov. 2011, n° 341658, *RFDA*, 2012, 465, obs. L. Milano, agence de lutte contre le dopage).

2 / Il existe un autre type de cumul de fonctions susceptible de jeter un doute sur l'impartialité du tribunal, c'est le cumul de fonctions juridictionnelles et non juridictionnelles. Les arrêts de la Cour européenne en la matière sont toutefois beaucoup moins nombreux que s'agissant du cumul de fonctions juridictionnelles.

Dans l'arrêt *Procola c/ Luxembourg* du 28 septembre 1995 (*RFDA*, 1996, 777, obs. J.-L. Autin et F. Sudre), la Cour a condamné le cumul de fonctions juridictionnelles et consultatives affirmant que dans le cadre d'une institution telle que le Conseil d'État luxembourgeois, le seul fait que certaines personnes exercent successivement, à propos des mêmes décisions, les deux types de fonctions est de nature à mettre en cause l'impartialité structurelle de ladite institution. Largement dominée par la théorie des apparences, cette analyse (voir également *Belilos c/ Suisse*, 29 avr. 1988 ; *McGonnell c/ Royaume-Uni*, 8 fév. 2000) va subir une évolution comparable à celle qu'a connu l'appréhension de l'impartialité fonctionnelle, la Cour optant à partir de l'arrêt *Kleyn c/ Pays-Bas* (*préc.* ; *Pabla Ky c/ Finlande*, 22 juin 2004) pour une approche beaucoup plus concrète. En effet, à partir de cet arrêt, la Cour utilise le même raisonnement que pour l'impartialité fonctionnelle en recherchant si le cumul de fonctions a pu amener le juge à préjuger de l'affaire, le critère décisif étant de savoir s'il a eu à connaître de « la même affaire » ou de la « même décision ».

S'agissant du Conseil d'État français, dans l'arrêt *Sacilor-Lormines c/ France (préc)*, la Cour affirme clairement que le cumul des fonctions consultatives et juridictionnelles des conseillers d'État n'est pas contraire au principe d'impartialité (dans le même sens *Union fédérale Que choisir de Côte d'Or c/ France*, déc., 15 juill. 2009, *RFDA*, 2009, 885, note B. Pacteau ; CE, 11 juill. 2007, Union syndicale des magistrats administratifs, *AJDA*, 2007, 2218, note T. Gründler ; le décret du 6 mars 2008, n° 2008-225 sépare nettement les formations consultatives et contentieuses du Conseil d'État). Elle vérifie néanmoins concrètement que l'avis rendu en l'espèce par la section consultative du Conseil d'État n'a pas constitué une sorte de pré-jugement. L'impartialité a été, en l'espèce, préservée puisqu'aucun membre de la section contentieuse n'avait siégé dans la section consultative et que les questions posées n'étaient ni identiques ni analogues.

Cette question du cumul de fonctions juridictionnelles et non juridictionnelles peut également se poser s'agissant de juridictions spécialisées telle que la Cour des comptes qui cumule des fonctions de contrôle, dont elle fait état dans son rapport public annuel, et des fonctions juridictionnelles. Le Conseil d'État a ainsi estimé que le principe d'impartialité et les droits de la défense faisaient obstacle à ce qu'une décision juridictionnelle prononçant la gestion de fait soit rendue par la Cour des comptes alors qu'elle avait précédemment évoqué cette affaire dans un rapport public en relevant l'irrégularité des faits (CE, ass., 23 fév. 2000, Sté Labor Métal, *Rec.* 83, *RFDA*, 2000, 435, concl. A. Seban). Dès lors, dans le cas où la Cour des comptes estime ne pas pouvoir se prononcer régulièrement sur un appel parce que les faits en cause ont été évoqués dans son rapport public, il lui appartient de transmettre l'affaire au Conseil d'État afin que celui-ci donne les suites qui conviennent à cette transmission et le cas échéant se prononce lui-même (CE, Dugoin, 17 oct. 2003, *AJDA*, 2003, 2034 ; jurisprudence que s'applique la Cour de discipline budgétaire et financière, CDBF, 15 juin 2004, Gestion du centre hospitalier spécialisé de Villejuif, *AJDA*, 2004, 1602, A. Maucour-Isabelle).

Dans l'arrêt Dubreuil (CE, ass., 4 juill. 2003, *RFDA*, 2003, 713, concl. M. Guyomar), deux des conseillers à la Cour des comptes avaient siégé lors de l'adoption du rapport public mettant directement en cause

M. Dubreuil, puis avaient participé au délibéré de l'arrêt de la CDBF le condamnant. Le Conseil d'État constate un manquement à l'impartialité fonctionnelle mais écarte, à juste titre, le moyen tiré du défaut d'impartialité structurelle, car à la différence du cas de l'affaire Labor Métal dans laquelle une seule institution était en cause, ici deux institutions distinctes étaient successivement intervenues.

L. M.

## *2 / Publicité et célérité de la procédure*

### **32. Pretto c/ Italie, 8 décembre 1983**, série A, n° 71 ; *AFDI*, 1984, 453, obs. R. Pelloux ; *JDI*, 1985, 228, obs. P. Tavernier.

**21.** La publicité de la procédure des organes judiciaires visés à l'article 6, § 1 protège les justiciables contre une justice secrète échappant au contrôle du public ; elle constitue aussi l'un des moyens de préserver la confiance dans les cours et tribunaux. Par la transparence qu'elle donne à l'administration de la justice, elle aide à réaliser le but de l'article 6, § 1 : le procès équitable, dont la garantie compte parmi les principes fondamentaux de toute société démocratique au sens de la Convention (Golder, 21 févr. 1975, A. 18 ; Lawless, 14 nov. 1960, A. 1).

**22.** Si les États membres du Conseil de l'Europe reconnaissent tous le principe de cette publicité, leurs systèmes législatifs et leurs pratiques judiciaires présentent une certaine diversité quant à son étendue et à ses conditions de mise en œuvre, qu'il s'agisse de la tenue de débats ou du prononcé des jugements et arrêts.

**25.** Par les termes dont il use en sa seconde phrase « le jugement sera rendu publiquement », « judgment shall be pronounced publicly » l'article 6, § 1 donnerait à penser qu'il prescrit la lecture du jugement à haute voix. Sans doute le texte français emploie-t-il le participe « rendu » (given) là où la version anglaise se sert du mot « pronounced » (prononcé), mais ce léger écart ne suffit pas à dissiper l'impression qui se dégage du libellé de la disposition en cause : « rendu publiquement » – et non « rendu public » – peut très bien passer pour l'équivalent de « prononcé publiquement ».

**26.** De nombreux États membres du Conseil de l'Europe connaissent pourtant de longue date, à côté de la lecture à haute voix, d'autres moyens de rendre publiques les décisions de leurs juridictions ou de certaines d'entre elles, spécialement leurs cours de cassation, par exemple un dépôt à un greffe accessible au public [...]. La Cour ne croit donc pas devoir opter pour une interprétation littérale. Elle estime qu'il échet, dans chaque cas, d'apprécier à la lumière des particularités de la procédure dont il s'agit, et en fonction du but et de l'objet de l'article 6, § 1, la forme de publicité du « jugement » prévue par le droit interne de l'État en cause.

**27.** [...] Aux yeux de la Cour, le but poursuivi en la matière par l'article 6, § 1 – assurer le contrôle du pouvoir judiciaire par le public pour la sauvegarde du droit à un procès équitable – n'est pas moins bien réalisé, en tout cas pour l'instance en cassation, par un dépôt au greffe, permettant à chacun d'avoir accès au texte intégral de l'arrêt, que par la lecture en audience publique – parfois limité au dispositif – d'une décision de rejet ou de cassation.

**28.** Le défaut de prononcé public de l'arrêt de la Cour de cassation n'a donc pas enfreint la Convention en l'espèce.

**29.** Les requérants se plaignent aussi de la durée du procès que M. Pretto a intenté devant les juridictions italiennes.

**30.** La période qui entre en ligne de compte n'a pas commencé dès la saisine du tribunal de Vicence, le 24 septembre 1971 (§ 10 ci-dessus), mais seulement avec la prise d'effet, le 1^er^ août 1973, de la reconnaissance du droit de recours individuel par l'Italie. Pour vérifier le caractère raisonnable du laps de temps écoulé après le 31 juillet 1973, il faut toutefois tenir compte de l'état où l'affaire se trouvait alors (Foti *et al.*, 10 déc. 1982, A. 56). Quant au terme du « délai » à examiner, il se situait le 5 février 1977, jour du dépôt de l'arrêt du 19 octobre 1976 au greffe de la Cour de cassation (§ 13 ci-dessus). En résumé, la période à considérer va du 1^er^ août 1973 au 5 février 1977, soit trois ans, six mois et cinq jours.

**31.** Le caractère raisonnable de la durée d'une procédure doit s'apprécier chaque fois suivant les circonstances de la cause et eu égard aux critères consacrés par la jurisprudence de la Cour (voir, en dernier lieu, Zimmermann et Steiner, 13 juill. 1983, A. 66).

a) La complexité de l'affaire

**32.** Commission et gouvernement s'accordent à estimer que les faits ne prêtaient pas à controverse, mais qu'un problème assez complexe d'interprétation juridique se trouvait soulevé. La Cour souscrit à cette opinion : il s'agissait d'appliquer une loi relativement nouvelle qui ne contenait pas de dispositions précises quant au point de droit en litige, celui de savoir si les conditions à remplir pour user du droit de préemption valaient également pour le droit de rachat ; en outre, la jurisprudence – encore peu abondante – révélait des orientations contradictoires. Il était donc raisonnable, pour éliminer cette divergence et assurer la certitude du droit, que la 3^e^ chambre civile de la Cour de cassation ajournât sa décision jusqu'à celle des chambres réunies même s'il en résultait une prolongation de l'instance (§ 13 ci-dessus).

b) Le comportement de M. Pretto

**33.** Devant la Commission, les requérants ont avancé que M. Pretto avait par deux fois sollicité l'examen des pourvois en cassation (§ 13 ci-dessus), mais que pour des raisons indépendantes de leur volonté ils ne se trouvaient pas en mesure d'en fournir la preuve. La Cour n'aperçoit pas de motifs de douter de l'exactitude de leur affirmation, non contestée par le gouvernement. Elle constate en outre que M. Pretto avait le droit d'utiliser en entier les délais ouverts par la législation italienne et qu'il n'a dépassé aucun d'entre eux. Il n'en a pas moins contribué jusqu'à un certain point, quoique de manière non fautive, à prolonger la procédure (Eckle, 15 juill. 1982, A. 51, § 82). À cet égard, il ne saurait rien reprocher à l'État défendeur.

c) Le comportement des autorités judiciaires

**37.** Certes, les débats de cassation auraient pu se dérouler plus tôt : bien que l'on ignore à quel moment précis la Cour suprême en fixa la date (§ 13 ci-dessus), il y a lieu de penser que la cause se trouvait en état dès le 3 mai 1975, une fois introduits tous les pourvois. En outre, et même selon la loi italienne, il n'aurait pas dû se produire un tel intervalle entre l'adoption des arrêts de la cour d'appel de Venise, puis de la Cour de cassation, et leur dépôt au greffe. Quoique vraisemblablement évitables, ces divers retards ne se révèlent pourtant pas assez graves pour permettre de considérer comme excessive la durée globale du procès. La limite du tolérable n'a donc pas été franchie.

**38.** En résumé, les requérants n'ont pas subi une violation de leur droit à l'examen de leur cause « dans un délai raisonnable », au sens de l'article 6, § 1.

M. Pretto n'ayant pu exercer son droit de préemption relatif à un terrain qu'il avait cultivé pendant plusieurs années à titre de fermier, avait intenté une procédure de rachat de ce terrain. Après une première décision qui lui donna gain de cause, il se vit débouter en appel et devant la Cour de cassation. Le texte intégral de l'arrêt de cette juridiction a été rendu public par dépôt au greffe. Estimant que cette forme de publicité ne satisfaisait pas aux exigences de l'article 6 § 1 de la Convention, il intenta un recours devant le juge européen. Il alléguait également d'une atteinte au droit d'être jugé dans un délai raisonnable.

Conditions de « la transparence » (§21) de la justice et de son efficacité, la publicité et la célérité des procédures constituent des garanties objectives d'une bonne justice qui n'ont cependant pas la même portée. Si la publicité des procédures est aujourd'hui largement consacrée dans les droits nationaux, la célérité de l'instance reste un problème majeur des systèmes juridictionnels des États membres et l'une des garanties de l'article 6 les plus invoquée devant le juge européen. Il est vrai que les deux garanties ne soulèvent pas les mêmes difficultés de mise en application. La célérité, à la différence de la publicité, ne nécessite pas un simple aménagement procédural mais implique une réflexion plus large sur l'organisation juridictionnelle.

Elles n'ont pas non plus le même régime juridique dans le texte conventionnel, la publicité étant susceptible de limitations alors que la célérité est une condition impérative.

La publicité comme la célérité de la procédure apparaissent néanmoins l'une comme l'autre nécessaires à la qualité de l'instance juridictionnelle.

## I / La publicité de la procédure

Selon les termes employés dans l'arrêt *Pretto* (§21), l'exigence de publicité est une condition de réalisation du procès équitable. L'article 6 § 1 confère deux aspects à cette exigence, la publicité des audiences et la publicité des jugements, qui toutes deux s'adressent aux parties comme au public en assurant un contrôle de la bonne administration de la justice.

A) Qualifiée de « principe fondamental » (*Schuler-Zgraggen c/ Suisse*, 24 juin 1993, § 58), la publicité des audiences « protège les justiciables contre une justice secrète échappant au contrôle du public » (*Pretto*, § 21). Elle peut néanmoins faire l'objet de différents aménagements.

1/ Le principe d'un procès public est, d'une part, un droit des parties dans l'instance. Il noue à ce titre des liens étroits avec les autres garanties de l'article 6 § 1 : les droits de la défense (*Forcellini c/ Saint-Marin*, 15 juill. 2003) et le contradictoire (*Fredin c/ Suède*, 23 fév. 1994), mais également l'indépendance et l'impartialité du tribunal (*Gautrin c/ France*, 20 mai 1998, *RDP*, 1999, 874, obs. F. Sudre ; *Tierce c/ Saint-Marin*, 25 juill. 2000).

La publicité des audiences est, d'autre part, un droit du public dans une société démocratique en assurant la transparence dans l'administration de la justice. Au-delà de l'intérêt individuel des requérants, la publicité poursuit donc un objectif d'intérêt général et constitue un moyen pour le public « de bien s'informer et de suivre la marche des instances » (*Jan-Ake Andersson c/ Suède*, 29 oct. 1991, § 24). La Cour peut ainsi juger qu'il y a eu violation du principe de publicité alors même que le requérant n'aurait pas pâti de cette absence de publicité (*Engel c/ Pays-Bas*, 8 juin 1976, § 89 ; *supra* n° 4). De même, si la Cour admet qu'un requérant puisse renoncer à la publicité des audiences (*infra*), elle exige que cette renonciation ne heurte aucun « intérêt public important » (*Hakansson et Sturesson c/ Suède*, 21 fév. 1990, § 66, *RTDH*, 1991, 491, note J.-F. Flauss), confirmant que cette exigence dépasse les seuls intérêts des requérants.

La publicité des audiences impose un certain nombre d'obligations aux États. S'appliquant à tout tribunal tel que défini de manière autonome par la Cour (*supra* n° 27), elle a entraîné de nombreuses modifications du droit français. C'est en effet sous l'influence des condamnations européennes (*Diennet c/ France*, 26 sept. 1995, *JCP G*, 1996, I 3910, obs. F. Sudre ; *Gautrin* ; *Serre c/ France*, 29 sept. 1999, *RDP*, 2000, 710, obs. C. Hugon) que ce principe s'est progressivement généralisé devant les juridictions spécialisées. Le Conseil d'État a ainsi longtemps refusé d'appliquer le principe de publicité des débats aux juridictions disciplinaires (CE, 11 juill. 1984, Subrini, *D*, 1985, 150, concl. Genevois) contrairement à la Cour de cassation (civ. 1re, 10 janv. 1984, Rememann, *JCP G*, 1984, II 20210, concl. Gulphe), puis a finalement admis l'applicabilité de l'article 6 de la Convention à la procédure disciplinaire ordinale et, partant, l'application du principe de publicité (CE, 14 févr. 1996, *Maubleu*, *JCP G*, 1996, II 22669, note Lascombe et D. Vion). C'est également à la suite de condamnations européennes (*Martinie c/ France*, 12 avr. 2006, Gde ch. ; *AJDA*, 2006, 986, note F. Rolin) que la publicité des audiences s'est imposée devant les juridictions financières (loi n° 2008-1091 du 28 oct. 2008).

La publicité peut parfois astreindre l'État à de véritables obligations positives d'agir, comme dans l'arrêt *Riepan c/ Autriche* (14 nov. 2000) concernant un procès pénal se déroulant en prison. l'État a ainsi une obligation d'information et doit faciliter l'accès du public à l'audience.

2/ La publicité des audiences n'est toutefois pas un droit absolu.

a) Elle est tout d'abord susceptible de modulation. Cette modulation s'opère par l'exercice d'un contrôle global. La Cour estime que le défaut de publicité à un stade de la procédure peut être compensé ultérieurement, à condition que le contrôle subséquent se déroule devant un organe judiciaire de pleine juridiction (*Le Compte, Van Leuven, De Meyere c/ Belgique*, 23 juin 1981 ; *Albert et Le Compte c/ Belgique*, 10 févr. 1983 ; *Diennet ;* en ce sens C. cass., com., 5 oct. 1999, Campenon Bernard SGE, *JCP G*, 2000 II 10255, note E. Cadou ; C.Cass., com., 28 janv. 2003, Sté Domoservices maintenance, *D.*, 2003, 553, obs. E. Chevrier). Dès lors que des débats publics ont eu lieu en première instance, « leur absence au deuxième ou au troisième degré peut se justifier par les caractéristiques de la procédure dont il s'agit » (*Jan-Ake Anderson*, infraction mineure ; *Meftah et al. c/ France*, 26 juill. 2002).

Toutefois, la Cour tient compte de la nature des questions à trancher (*Göc c/ Turquie*, 11 juill. 2002, Gde ch., la nature du litige justifie que le requérant expose lui-même sa situation ; *Faruk Deniz c/ Turquie*, 12 fév. 2008), de l'enjeu de la procédure pour le requérant (*Grande Stevens c/ Italie*, 4 mars 2014, § 122) et juge que lorsqu'une juridiction est saisie de questions de fait et de droit et que l'enjeu de la procédure revêt une certaine gravité pour le requérant, le défaut de publicité des débats constitue une violation de l'article 6 § 1 (*Ekbatani c/ Suède*, 26 mai 1988 ; *Constantinescu c/ Roumanie*, 27 juin 2000).

Le contrôle global implique, en principe, que la publicité soit respectée au moins à un stade de la procédure (*Osinger c/ Autriche*, 24 mars 2005). La Cour a toutefois admis une dérogation à ce principe en cas de « circonstances exceptionnelles » (*Fredin c/ Suède*, 23 fév. 1994 ; *Allan Jacobsson c/ Suède*, 19 fév. 1998). Si la procédure litigieuse « ne soulève aucune question qui ne pût se résoudre de manière adéquate sur la base du dossier » (*Schuler-Zgraggen*, § 58, litige technique se prêtant mieux à des écritures qu'à des plaidoiries), la nature du litige (*Jussila c/ Finlande*,

23 nov. 2006, Gde ch., *JCP G*, 2007, I 106, obs. F. Sudre, sanctions fiscales ne relevant pas du « noyau dur » du droit pénal) ou sa technicité (*Martinie*, § 43-44) peuvent justifier que les exigences de célérité et d'efficacité priment sur le principe de publicité.

b) Elle est également susceptible de renonciation. Celle-ci est reconnue et encadrée dès les arrêts *Le Compte et a. (préc)*, la Cour précisant que « ni la lettre, ni l'esprit de l'article 6 § 1 » n'empêchent une personne de renoncer de son plein gré de manière expresse ou tacite à la publicité des débats, à condition que cette renonciation soit non équivoque et ne heurte aucun intérêt public important *(Haranksson et Sturesson ; Schuler Zgraggen)*. Le fait qu'un requérant n'ait pas réclamé de débats publics ne saurait être assimilé à une renonciation de sa part lorsque la législation ou la pratique nationale exclut la tenue de tels débats car « on ne saurait reprocher à l'intéressé de n'avoir pas formulé une demande qui n'avait aucune chance d'aboutir » (*Werner c/ Autriche*, 24 nov. 1997, § 48). En revanche, de manière critiquable, la Cour estime que, lorsque le droit national prévoit la publicité des audiences mais que les juridictions ont pour règle de n'appliquer cette garantie que si les parties les y invitent expressément, l'absence de pareille demande équivaut à une renonciation sans équivoque, imposant ainsi aux parties une véritable obligation de diligence (*Haranksson et Sturesson ; Pauger c/ Autriche*, 28 mai 1997 *; Simsek c/ Turquie*, 28 fév. 2012*)*.

c) Enfin, la publicité des audiences est la seule garantie susceptible de limitations prévues par le texte même de l'article 6 § 1, celui-ci énumérant une série d'hypothèses dans lesquelles l'accès du public à l'audience peut être interdit. La Cour admet ainsi le recours au huis clos dès lors qu'il s'agit de protéger la vie privée (*Ernst c/ Belgique*, 15 juill. 2003), de protéger un témoin (*Jasper c/ Royaume-Uni*, 16 fév. 2000) ou encore pour des mineurs délinquants (*T. et V. c/ Royaume-Uni*, 16 déc. 1999, *Dr. famille*, 2000, comm. 46, A. Gouttenoire). L'ordonnance du 2 février 1945 relative à l'enfance délinquante établit une liste de personnes autorisées à assister à l'audience ; la publicité est rétablie lorsque la personne poursuivie, devenue majeure au jour de l'ouverture des débats, le demande. Le caractère familial d'une procédure justifie également que soit écarté le principe de publicité de la procédure (*B. et P. c/ Royaume-Uni*, 29 avr. 2001). Par ailleurs, la Cour de cassation a admis la conformité à l'article 6 § 1 de l'article 306 al. 3 CPP qui laisse à la partie civile, victime d'un viol, le soin de décider du huis clos (crim., 4 janv. 2006, *D*, 2006, *IR* 395).

Le huis clos doit cependant être strictement commandé par les circonstances de l'affaire. Si la Cour reconnaît la nécessité de préserver la confidentialité de certains documents, elle condamne dans l'arrêt *Nikolova et Vandova c. Bulgarie* (17 déc. 2013, *JCP G*, 2014, act. 38, L. Milano) le fait que la juridiction ait motivé sa décision par la simple production de documents classifiés sans s'interroger sur le caractère indispensable de la restriction et sans chercher à en limiter les effets.

B) Le droit à la publicité des jugements est quant à lui un droit absolu, qui ne peut faire l'objet d'aucune limitation, mais dont la Cour opère une appréciation très souple. Face à la grande diversité des conditions de mise en œuvre de la publicité des jugements dans les États membres, elle privilégie une interprétation réaliste laissant aux États une grande liberté de choix quant aux moyens propres à assurer cette exigence. C'est d'ailleurs en se fondant sur la pratique diversifiée des États que la Cour admet dans l'arrêt *Pretto* que la publicité de la décision n'implique pas obligatoirement une lecture à haute voix de celle-ci et qu'elle peut passer par d'autres modalités, dont le dépôt de l'arrêt au greffe accessible au public (§ 27 ; *Ernst* ; dans le même sens CE, 12 oct. 2009, Petit, *AJDA*, 2009, 2163, chron. S.-J. Liéber et D. Botteghi) ou la publication de l'arrêt dans un recueil officiel (*B. et P. ; Ernst*). En effet, la Cour considère que « l'aspect formel de la question revêt une importance secondaire », c'est donc « à la lumière de la procédure dont il s'agit et en fonction du but et de l'objet de l'article 6 § 1 » qu'elle apprécie la forme de publicité prévue par le droit interne (*Sutter c/ Suisse*, 22 fév. 1984). À cette interprétation souple s'ajoute un contrôle global, un défaut de publicité à un stade de la procédure pouvant être compensé à un autre (*Axen c/ Allemagne*, 8 déc. 1983 ; dans le même sens C.Cass., com., 28 janv. 2003, Sté Domoservices maintenance).

Veillant toutefois à l'effectivité de ce droit, la Cour considère que le prononcé public de la décision d'une cour d'appel s'impose lorsque le libre accès de chacun au texte intégral du jugement n'est pas organisé (*Szücs et Werner c/ Autriche*, 24 nov. 1997, *JCP G*, 1998, I 107, obs. F. Sudre). Dans l'arrêt *Nikolova et Vandova* (*préc*), s'agissant d'un dossier classé comme secret, la Cour constate une violation de l'article 6 § 1, aucune forme de publicité n'étant prévue à l'intention des parties et le public ne pouvant avoir accès au jugement qu'au terme d'un délai légal de 5 ans.

## II / La célérité de la procédure

Le droit d'être jugé dans un délai raisonnable est une exigence cardinale de la justice mais qui a bien du mal à être respecté par les États membres, comme en atteste le contentieux de masse qu'il a généré devant le juge européen. Malgré le fait que cette garantie ne puisse s'apprécier qu'au regard des circonstances de chaque affaire, la Cour a su dégager des lignes directrices très claires pour déterminer le caractère raisonnable d'une procédure et a contribué à considérablement revaloriser cette exigence.

A) Afin de guider son appréciation et celle des juges nationaux, la Cour a développé une grille d'analyse très précise pour juger du respect du délai raisonnable.

1/ Cette grille d'analyse repose tout d'abord sur des critères objectifs de détermination du délai à prendre en compte, la Cour précisant le bornage de la procédure.

a) Le *dies a quo* s'apprécie différemment en matière civile et en matière pénale, mais indépendamment de cette distinction, la période à prendre en considération ne peut débuter qu'à partir de la date à laquelle l'acceptation par l'État du droit de recours individuel est devenue effective (*Pretto*, § 30), même s'il faut tenir compte de l'état dans lequel l'affaire se trouvait alors (*Dobbertin c/ France*, 25 févr. 1993, *JCP G*, 1994, I 3742, obs. F. Sudre).

En matière civile, le délai raisonnable a en principe pour point de départ la saisine du tribunal (*Buchholz c/ RFA*, 6 mai 1981). Toutefois, la Cour estime que chaque fois que le droit interne impose au justiciable une procédure préalable à la saisine du juge, celle-ci marque le point de départ du calcul du délai (*König c/ Allemagne*, 28 juin 1978, *supra* n° 4). Ainsi, une procédure administrative préalable (*Jorge Nina Jorge c/ Portugal*, 19 fév. 2004), un recours gracieux préalable (*X. c/ France*, 31 mars 1992, *JCP G*, 1993, I 3654, obs. F. Sudre ; *Visiez c/ France*, 15 oct. 2002, *LPA*, 2003, 8, Note E. Mauleon), une procédure préliminaire devant un organe non juridictionnel (*Santoni c/ France*, 29 juill. 2003, saisine de la commission nationale des accidents), une expertise (*Billi c/ Italie*, 26 févr. 1993), une procédure de liquidation d'une succession devant un notaire (*Dumas c/ France*, 23 sept. 2003) doivent être intégrés dans le calcul des délais. Lorsqu'un conflit de compétence aboutit à la saisine successive d'un juge administratif et d'un juge judiciaire, la procédure administrative doit également être prise en compte (*Allenet de Ribemont c/ France*, 10 fév. 1995, *infra* n° 34), dans sa phase gracieuse et contentieuse (*Cazenave de la Roche c/ France*, 9 juin 1998, *JCP G*, 1999, I 105, obs. F. Sudre). En revanche, s'agissant des procédures arbitrales, le requérant ayant renoncé à la justice étatique, l'État ne saurait être tenu pour responsable de la durée de ces procédures, le *dies a quo* ne commence donc à courir qu'à la date de la saisine des juridictions étatiques (*Lithgow c/ Royaume-Uni*, 8 juill. 1986).

En matière pénale, la période à considérer débute « dès l'instant qu'une personne se trouve "accusée" » (*Eckle c/ Allemagne*, 15 juill. 1982), la notion autonome d'« accusation » étant définie comme la « notification officielle émanant de l'autorité compétente du reproche d'avoir accompli une infraction pénale » (*Deweer c/ Belgique*, 27 févr. 1980, inculpation signifiée à l'issue de la garde à vue). Peut donc constituer le point de départ du *dies a quo*, la date d'ouverture d'une information judiciaire (*Ciacci c/ Italie*, 1er mars 2001), la date de mise en examen (*Rouille c/ France*, 6 janv. 2004), la date du procès-verbal constatant une infraction (*Weil c/ France*, 5 fév. 2004), la date à laquelle est effectuée une perquisition (*Coëme c/ Belgique*, 22 juin 2000), l'adoption par un procureur d'un réquisitoire introductif d'instance contre le requérant (*Bertin-Mourot c/ France*, 2 août 2000). Le délai à prendre en considération comprenant donc la phase d'instruction (*Tomasi c/ France*, 27 août 1992).

b) Le *dies ad quem* couvre en matière civile comme pénale l'ensemble de la procédure, incluant les voies de recours, y compris la cassation (*Pretto*, § 30), voire la procédure devant une cour constitutionnelle lorsque la décision de celle-ci peut influer sur la décision des juges ordinaires (*Bock c/ Allemagne*, 29 mars 1989). En matière civile, ce délai s'étend jusqu'à la décision vidant définitivement la « contestation » (*Piron c/ France*, 14 nov. 2000), ce qui peut inclure la procédure d'exécution du jugement, la durée d'exécution s'ajoutant dans ce cas à la durée du procès (*Pinto de Oliveira c/ Portugal*, 8 mars 2001, *D*, 2002, 687, obs. N. Fricero ; *E.R. c/ France*, 15 juill. 2003 ; en ce sens CE, Mafille, 26 mai 2010, *AJDA*, 2010, 1784, S. Théron). L'inexécution d'une décision de justice pendant une longue période constitue une violation de l'exigence de célérité de la procédure (*Gorolhov et Roussyaïev c/ Russie*, 17 mars 2005). En revanche, une procédure en rectification d'erreur matérielle n'a pas à être prise en compte pour l'appréciation de la durée de la procédure, sauf si l'erreur commise interdit d'obtenir la réalisation effective du droit en litige (*Jarreau c/ France*, 8 avr. 2003).

En matière pénale, le *dies ad quem* est le moment où l'accusé est fixé définitivement sur sa situation juridique. En cas de condamnation, cela implique que la peine soit déterminée définitivement (*Eckle*).

Il faut noter que la Cour considère que la procédure préjudicielle devant la Cour de justice de l'Union européenne ne rentre pas dans le calcul du délai raisonnable (*Pafitis c/ Grèce*, 26 fév. 1998, *JCP G*, 1999, I 105, obs. F. Sudre).

2/ L'analyse de la Cour repose, d'autre part, sur des critères objectifs permettant de déterminer le caractère raisonnable du délai. Trois critères sont énoncés dès l'arrêt *König :* la complexité de l'affaire, le comportement des requérants et celui des autorités judiciaires. S'est ajouté ultérieurement, un quatrième critère relatif à l'enjeu du litige pour le requérant. Seuls les retards imputables à l'État sont constitutifs d'une violation de l'article 6 § 1.

S'agissant de la complexité de l'affaire, celle-ci se détermine par rapport aux faits et aux questions juridiques soulevées (*Pretto*, § 32 ; *Coëme*), à la pluralité des parties (*H. c/ Royaume-Uni*, 30 nov. 1987) ou à la multiplicité des procédures (*Katikaridis c/ Grèce*, 15 nov. 1996), en particulier lorsque l'État connaît le dualisme juridictionnel (*Guillemin c/ France*, 21 févr. 1997, *JCP G*, 1998, I 107, obs. F. Sudre). La matière objet du litige peut justifier la longueur de la procédure (*Klische de la Grange c/ Italie*, 27 oct. 1994, *JCP G*, 1995, I 3823, obs. F. Sudre, urbanisme et protection de l'environnement ; *Guillemin*, contentieux de l'expropriation *; C. P. c/ France*, 1er août 2000, *JCP G*, 2001, I 291, obs. F. Sudre, droit pénal des affaires ; voir Cass., civ. 1re, 22 mars 2005, R. Vallon c/ Agent judiciaire du Trésor *et al.*, indemnisation du licenciement d'un salarié protégé). Toutefois, la combinaison de ce critère avec celui du comportement des autorités judiciaires aboutit le plus souvent à constater que la complexité de l'affaire ne saurait justifier à elle seule les délais de jugement (*Kanoun c/ France*, 3 oct. 2000, 19 ans de procédure pour une liquidation de régime matrimonial, *Defrénois*, 2001, 37420, note J.-P. Marguénaud). Dans les arrêts relatifs à l'indemnisation des personnes contaminées par le VIH au cours d'une transfusion (*X. ; Karakaya c/ France*, 26 août 1994, *JCP G*, 1995, I 3823, obs. F. Sudre), la Cour considère que si la question de la responsabilité de l'État relevait d'une complexité certaine, les données permettant de la résoudre étaient à sa disposition depuis longtemps.

S'agissant du comportement du requérant, s'il « constitue un fait objectif, non imputable à l'État » (*Pretto*, § 34), il est rarement retenu comme facteur justificatif du dépassement du délai raisonnable. Il est lui aussi combiné avec le comportement des autorités judiciaires et même si le requérant est responsable d'un retard de plusieurs années, ce retard peut ne pas suffire pour dégager les autorités judiciaires de leur responsabilité (*Kokkini c/ Grèce*, 17 févr. 2005). Certes, le justiciable doit faire preuve de diligence (tel n'a pas été le cas par ex. dans les arrêts *Vernillo c/ France*, 20 fév. 1991 ; *Gergouil et Guichon c/ France*, 21 mars 2000). Toutefois, il ne saurait lui être reproché d'avoir exercé l'ensemble des voies de recours (*Slimane-Kaïd c/ France*, 6 avr. 2004), d'avoir choisi une voie de droit plus complexe (*X.*), d'avoir saisi une juridiction incompétente (*Beaumartin c/ France*, 24 nov. 1994), d'avoir omis d'utiliser tous les moyens permettant d'accélérer la procédure (*Manios c/ Grèce*, 11 mars 2004). De plus, la Cour accorde une portée limitée au principe dispositif qui gouverne la procédure civile, lequel ne dispense pas les juges d'assurer le respect des exigences de l'article 6 en matière de délai raisonnable (*Scopellitti c/ Italie*, 23 nov. 1993 ; *Poelmans c/ Belgique*, 3 fév. 2009). En matière pénale, elle considère que « l'article 6 n'exige pas de l'intéressé une coopération active avec les autorités judiciaires » (*C.P.*).

Le comportement des autorités judiciaires apparaît donc comme le critère décisif car « le devoir de diligence dans l'administration de la justice incombe en premier lieu aux autorités compétentes » (*Manios*, § 28). Le caractère raisonnable de la durée de l'instance s'apprécie de la même manière devant toutes les juridictions (pour les tribunaux des affaires de Sécurité sociale : *Duclos c/ France*, 17 déc. 1996, *JCP G*, 1997, I 4000, obs. F. Sudre ; pour une procédure collective : *Laine c/ France*, 17 janv. 2002, *D*, 2002, 807), seule la procédure devant une cour constitutionnelle justifie une appréciation plus souple (*Orsus c/ Croatie*, 16 mars 2010, Gde ch.). Les motifs traditionnellement invoqués par l'État pour justifier les retards de la justice, tels que l'encombrement des juridictions (*Vieziez* ; *Vallar c/ France*, 4 oct. 2007), ne sont que rarement acceptés par la Cour. Seules des circonstances exceptionnelles peuvent justifier un engorgement passager des juridictions (*Guincho c/ Portugal*, 10 juill. 1984), la Cour vérifiant néanmoins si l'État a adopté des mesures appropriées pour y remédier (*Buchholz*).

Outre la condamnation de périodes de stagnation injustifiées (*Beaumartin ; Pélissier et Sassi c/ France*, 25 mars 1999) ou la multiplication inutile d'actes de procédure (*Bock*), la Cour n'hésite pas à pointer les causes structurelles de ces retards excessifs, qu'il s'agisse du dualisme juridictionnel (*Guillemin*), de la succession des juges qui ont traité le dossier (*Weil*), des organes intervenant en amont de l'instance judiciaire (*Santoni*). Ainsi, le critère du comportement des autorités judicaires inclut en réalité tous les acteurs contribuant au fonctionnement du service de la justice telles des lenteurs imputables à la durée d'une expertise (*Versini c/ France*, 10 juill. 2001), au partage amiable effectué devant un notaire (*Siegel c/ France*, 28 nov. 2000, *Defrénois* 2001, 1239, note J.-P. Marguénaud ; *Dumas*), voire une grève du barreau dans la mesure où l'État n'aurait pas pris les mesures nécessaires pour résorber les retards en résultant (*Terzis c/ Grèce*, 29 janv. 2004).

Cette sévérité est encore accentuée par la prise en compte de l'enjeu du litige pour le requérant, enjeu justifiant une célérité renforcée. Initié lorsque la personne concernée est détenue (*Abdoella c/ Pays-Bas*, 25 nov. 1992), ce critère sera ensuite étendu à de nombreuses hypothèses : le cas des personnes dont l'espérance de vie est réduite (*X. c/ France ; Karakaya ; A. et al. c/ Danemark*, 8 févr. 1997), les procédures susceptibles de porter atteinte au droit à la vie familiale (*Johansen c/ Norvège*, 7 août 1996, en matière d'assistance éducative ; *Laino et E. P. c/ Italie*, 18 févr. 1999, en matière de garde d'enfant ; *Cultraro c/ Italie*, 27 févr. 2001 pour une action en reconnaissance de paternité), les procédures susceptibles d'influer sur la situation professionnelle du requérant (*Doustaly c/ France*, 23 avr. 1998, *JCP G*, 1999, I 105, obs. F. Sudre ; *Delgado c/ France*, 14 nov. 2000 ; *Vallar*), celles touchant à l'indemnisation de victimes (*Santoni* ; *Sekin c/ Turquie*, 22 janv. 2004) ou relatives à l'état et la capacité des personnes (*Laino*).

B) Condition de la crédibilité et de l'efficacité de la justice *(H. c/ France*, 24 oct. 1989), l'exigence de célérité a considérablement été revalorisée par le juge européen.

En effet, face au contentieux de masse qui s'est développé en matière de violation du délai raisonnable, la Cour a fait preuve d'une sévérité accrue en la matière, faisant de cette garantie une condition d'effectivité du droit d'accès à un tribunal (*Anagnostopoulos c/ Grèce*, 3 avr. 2003) et du droit à l'exécution des décisions de justice (*Pinto de Oliveira*). Cette sévérité s'est manifestée par l'adjonction du critère de l'enjeu du litige pour le requérant (*supra*) imposant une diligence exceptionnelle, par des constats de violation quasi-automatiques au-delà d'une certaine durée de procédure (*Boudier c/ France*, 21 mars 2000 ; *Moufflet c/ France*, 3 fév. 2004), la Cour cumulant, de plus, une approche globale et une approche par instance (*Bufferne c/ France*, 11 fév. 2003 ; *Gunes c/ France*, 20 nov. 2008). Les obligations des États en la matière n'ont donc cessé de se renforcer, l'Italie ayant même été condamnée pour « pratique incompatible avec la Convention » (par ex. *Bottazzi c/ Italie*, GC, 28 juill. 1999) en raison de l'accumulation de violation du délai raisonnable. Cette jurisprudence stricte a cependant produit des effets positifs en conduisant à l'évolution des pratiques et droits nationaux, en particulier en France.

Il faut tout d'abord constater, de manière générale, l'effort qui a été réalisé pour diminuer la durée moyenne des procédures. En matière pénale, la loi du 15 juin 2000 a ainsi intégré l'exigence de célérité de la procédure dans l'article préliminaire du Code de procédure pénale. En matière administrative, le Conseil d'État dans l'arrêt Magiera (ass.,

28 juin 2002, *Rec.* p. 248, *AJDA*, 2002, 596, obs. F. Donnat, D. Casas) a fondé l'obligation de statuer dans un délai raisonnable sur les principes généraux du droit qui gouvernent le fonctionnement des juridictions administratives, déconnectant l'application de cette garantie de l'applicabilité de l'article 6 § 1.

De plus, les juridictions judiciaires comme administratives, tout comme le juge de l'Union européenne (CJCE, 17 déc. 1998, *Baustahlgewebe GmbH*, *RTDH*, 1999, 487, chron. F. Sudre), appliquent à la lettre les critères européens de bornage de la procédure et ceux relatifs à l'appréciation du délai raisonnable. Le Conseil d'État a d'ailleurs fait sienne l'analyse à la fois concrète et par instance appliquée par le juge européen à la suite de la condamnation de la France dans l'arrêt *Gunes* (CE, Le Helloco, 6 mars 2009, *RFDA*, 2009, 546 et 551, concl. R. Keller, note B. Delaunay ; CE, Mafille), appréciation par instance qui est en revanche refusée par le juge judiciaire qui ne procède qu'à une appréciation globale (Cass., civ., 25 mars 2009, n° 07.15576, *JCP G*, 2009, act. 197, L. Milano).

Une autre évolution du droit national est liée au revirement de jurisprudence opéré dans l'arrêt *Kudla c/ Pologne* (26 oct. 2000, Gde ch., *infra* n° 40) sous l'angle de l'article 13, la Cour imposant des voies de recours internes effectives pour se plaindre d'une violation du délai raisonnable, ce qui a conduit à transférer ce contentieux vers les juridictions nationales (*infra* n° 40). La Cour a cependant précisé que le recours ouvert en droit interne pour se plaindre de la durée excessive d'une procédure doit aboutir à une indemnisation qui couvre le dommage matériel et moral tenant aux désagréments et incertitudes résultant de ce dépassement, le défaut de conformité du recours pouvant constituer une violation de l'article 6 § 1 (*Apicella c/ Italie et Scordino c/ Italie*, 29 mars 2006) ; la durée excessive d'une telle procédure conjuguée à une indemnisation d'un montant par trop inférieur aux sommes accordées par la Cour dans des affaires similaires, ouvrent la voie à un recours devant la Cour européenne en violation de l'article 6 § 1 (*Scordino c/ Italie*, déc. 27 mars 2003 ; *Sartory c/ France*, 24 sept. 2009, *Procédures*, 2009, comm. 363, note N. Fricero).

L. M.

## D | Le droit à l'exécution des décisions de justice

### 33. ***Hornsby c/ Grèce, 19 mars 1997***, *Rec., 1997-I-495 ; AFDI, 1997, 571, obs. V. Coussirat-Coustère ; JCP, 1997, G, II, 22949, obs. O. Dugrip et F. Sudre ; D, 1998, J., 74, obs. N. Fricero ; AJDA, 1997, 986, obs. J.-F. Flauss ; RTD civ., 1997, 1009, obs. J.P. Marguénaud.*

**38.** Les requérants allèguent que le refus de l'administration de se conformer aux arrêts du Conseil d'État des 9 et 10 mai 1989 méconnaît leur droit à une protection judiciaire effective s'agissant des contestations sur leurs droits de caractère civil. Ils invoquent l'article 6, § 1 de la Convention [...]

**40.** La Cour rappelle sa jurisprudence constante selon laquelle l'article 6, § 1 garantit à chacun le droit à ce qu'un tribunal connaisse de toute contestation relative à ses droits et obligations de caractère civil ; il consacre de la sorte le « droit à un tribunal », dont le droit d'accès, à savoir le droit de saisir un tribunal en matière civile, constitue un aspect [...]. Toutefois, ce droit serait illusoire si l'ordre juridique interne d'un État contractant permettait qu'une décision judiciaire définitive et obligatoire reste inopérante au détriment d'une partie. En effet, on ne comprendrait pas que l'article 6, § 1 décrive en détail les garanties de procédure – équité, publicité et célérité – accordées aux parties et qu'il ne protège pas la mise en œuvre des décisions judiciaires ; si cet article devait passer pour concerner exclusivement l'accès au juge et le déroulement de l'instance, cela risquerait de créer des situations incompatibles avec le principe de la prééminence du droit que les États contractants se sont engagés à respecter en ratifiant la Convention [...]. L'exécution d'un jugement ou arrêt, de quelque juridiction que ce soit, doit donc être considérée comme faisant partie intégrante du « procès » au sens de l'article 6 ; la Cour l'a du reste déjà reconnu dans les affaires concernant la durée de la procédure [...].

**41.** Ces affirmations revêtent encore plus d'importance dans le contexte du contentieux administratif, à l'occasion d'un différend dont l'issue est déterminante pour les droits civils du justiciable. En introduisant un recours en annulation devant la plus haute juridiction administrative de l'État, celui-ci vise à obtenir non seulement la disparition de l'acte litigieux, mais aussi et surtout la levée de ses effets. Or, la protection effective du justiciable et le rétablissement de la légalité impliquent l'obligation pour l'administration de se plier à un jugement ou arrêt prononcé par une telle juridiction. La Cour rappelle, à cet égard, que l'administration constitue un élément de l'État de droit et que son intérêt s'identifie donc avec celui d'une bonne administration de la justice. Si l'administration refuse ou omet de s'exécuter, ou encore tarde à le faire, les garanties de l'article 6 dont a bénéficié le justiciable pendant la phase judiciaire de la procédure perdraient toute raison d'être.

**42.** La Cour note qu'à la suite de l'arrêt de la Cour de justice des Communautés européennes [...], le Conseil d'État annula les deux décisions du directeur de l'enseignement secondaire qui refusaient aux requérants – sur le seul fondement de leur nationalité – le permis sollicité [...]. Compte tenu de ces arrêts, les intéressés pouvaient alors prétendre avoir le droit de voir leurs demandes aboutir ; en les réitérant le 8 août 1989 [...], ils ne faisaient que rappeler à l'administration son obligation de prendre une décision conformément aux règles de droit dont le non-respect avait entraîné l'annulation. Néanmoins, elle demeura silencieuse jusqu'au 20 octobre 1994 [...]. Certes, les requérants auraient pu introduire contre ce refus tacite un nouveau recours sur la base des articles 45 et 46 du décret présidentiel n° 18/1989 [...], mais, dans les circonstances de la cause, la Cour estime que ceux-ci ne pouvaient raisonnablement s'attendre à ce qu'un tel recours donnât le résultat voulu [...].

**43.** La Cour comprend le souci des autorités nationales de réglementer, après les arrêts susmentionnés du Conseil d'État, la création et le fonctionnement des frontistiria d'une manière à la fois conforme aux obligations internationales du pays et propre à assurer la qualité de l'enseignement dispensé. Il est normal, de surcroît, que les autorités puissent disposer d'un délai raisonnable pour choisir les moyens les plus adéquats pour donner effet auxdits arrêts.

**44.** Toutefois, depuis le 15 mars 1988, date à laquelle la Cour de justice des Communautés européennes a rendu son arrêt [...], et, subsidiairement, depuis les 9 et 10 mai 1989, lorsque le Conseil d'État s'est prononcé sur le cas des requérants [...], et jusqu'à l'adoption du décret présidentiel n° 211/1994, le 10 août 1994, la législation grecque en vigueur ne prévoyait aucune condition particulière pour les ressortissants communautaires souhaitant ouvrir un frontistirion en Grèce, sauf celle imposée aussi aux nationaux – la possession d'un diplôme universitaire – et remplie par les requérants [...]. De surcroît, il n'apparaît pas que les intéressés aient renoncé à leur objectif d'ouvrir un frontistirion : en saisissant le 3 juillet 1992 le tribunal administratif de Rhodes, les intéressés sollicitaient une indemnité pour le préjudice qu'ils considéraient avoir subi mais aussi pour celui qu'ils subiraient jusqu'au jour où l'administration leur accorderait le permis sollicité [...].

**45.** En s'abstenant pendant plus de cinq ans de prendre les mesures nécessaires pour se conformer à une décision judiciaire définitive et exécutoire, les autorités nationales ont, en l'occurrence, privé les dispositions de l'article 6, § 1 de la Convention de tout effet utile.

Par conséquent, il y a eu violation de cet article (art. 6-1).

Assurément, l'arrêt Hornsby est un très grand arrêt. Dans une dense ambiance de droit européen, au nom de la prééminence du droit, il parachève le « droit à un tribunal » dégagé par l'arrêt *Golder* (*supra*, n° 27) en y incluant le droit à l'exécution des décisions de justice. La portée de ce droit est telle qu'il est devenu quantitativement un des objets importants des contentieux portés devant la Cour européenne des droits de l'homme donnant lieu à des séries d'affaires (par ex. *Gasan, Koltsov, Petrushko c/ Russie*, 24 févr. 2005 ; *Makarova, Plotnikovy, Poznakhirina c/ Russie*, 24 févr. 2005).

Après avoir déclaré l'applicabilité de l'article 6, § 1 en l'espèce, la Cour consacre un très large droit à l'exécution des décisions de justice qui vaut pour toute juridiction, y compris la Cour de justice des Communautés européennes. Rattaché au « droit à un tribunal », ce droit est devenu un élément du procès équitable. Il implique, dans un État de droit, une particulière obligation de l'État et de toute autorité publique de se plier à une décision de justice rendue à leur encontre.

## I / Le rattachement du droit à l'exécution des décisions de justice au procès équitable

Le texte même de la Convention ne garantit pas explicitement le droit à l'exécution des décisions de justice. Grâce à une interprétation fondée sur l'effet utile du droit à un procès équitable, la Cour arriva à le dégager. D'une logique indiscutable, son raisonnement fait de l'exécution des jugements une composante du « procès » au sens de l'article 6, § 1 et un prolongement de la prééminence du droit.

A) « L'exécution d'un jugement ou d'un arrêt, de quelque juridiction que ce soit, doit donc être considérée comme faisant partie intégrante du "procès" au sens de l'article 6, § 1 » (§ 40). Cette affirmation de principe, point d'aboutissement du raisonnement de la Cour, est pleinement ancrée dans sa jurisprudence (*Immobiliare Saffi c/ Italie*, 28 juill. 1999, § 63 ; *Antonakopoulos, Vortsela et Antonakopoulou c/ Grèce*, 14 déc. 1999, § 25 ; *Dimitrios Georgiadis c/ Grèce*, 28 mars 2000, § 25 ; *Antonetto c/ Italie*, 20 juill. 2000, § 27 ; *Lunari c/ Italie*, 11 janv. 2001, § 42 ; *Logothetis c/ Grèce*, 12 avr. 2001, § 14 ; *Burdov c/ Russie*, 7 mai 2002, § 34 ; *Katsaros c/ Grèce*, 6 juin 2002, § 33). La démonstration qui y conduit est exemplaire de la cohérence de la jurisprudence relative au « droit à un tribunal » depuis l'arrêt *Golder* (*supra*, n° 27) et plus largement au procès équitable. La Cour dit clairement que le droit à l'exécution des décisions de justice est des aspects du droit à tribunal (*Simaldone c. Italie*, 31 mars 2009, § 42). Comme en témoigne l'arrêt Burdov précité, cette jurisprudence évite d'abord de créer un double standard : celui des anciennes démocraties et celui des nouvelles démocraties. Ensuite, les trois branches qui le composent n'étaient pas complètes avant l'arrêt Hornsby. Les deux premières – l'accès au juge et le bon déroulement de l'instance – furent jusque-là approfondies, améliorées et perfectionnées. Manquait la troisième. Quel serait en effet le droit d'accès à un tribunal si l'on pouvait accéder au juge, obtenir que le tribunal fonctionne dans le respect du procès équitable, mais que le jugement n'est pas respecté en devenant une pathétique exhortation ? Dans l'ordre public européen, où la Convention a pour but de « protéger des droits non pas théoriques ou illusoires mais concrets et effectifs » (*supra*, n° 2, *Airey*, § 24), l'instrument réel et efficace permettant d'atteindre cet objectif est l'exécution des décisions de justice. Si les décisions de justice n'étaient pas exécutées, le « droit à un tribunal » serait une coquille vide : il « serait illusoire si l'ordre juridique interne d'un État contractant permettait qu'une décision judiciaire définitive et obligatoire reste inopérante au détriment d'une partie » (§ 40). Le droit à l'exécution d'une décision de justice semble même déborder les jugements ou les arrêts prononcés par une juridiction ; la décision d'une autorité compétente devenue définitive en l'absence de toute contestation en justice et qui donne un titre de propriété créé une espérance légitime de la voir exécutée (déc. 3 mars 2005, *Manoilescu et Dobrescu c/ Roumanie*, n° 60861/00, § 67). L'exécution est ainsi animée par une logique de l'effectivité, laquelle s'appuie sur celle de la prééminence du droit.

B) En effet, si les garanties du procès équitable devaient être limitées à l'accès au juge et au bon déroulement de l'instance, « cela risquerait de créer des situations incompatibles avec le principe de la prééminence du droit que les États contractants se sont engagés à respecter en ratifiant la Convention » (§ 40). Interprétées à la lumière de l'objet et du but de la Convention (*supra*, n° 27, *Golder*, § 36), les stipulations de l'article 6, § 1 font jaillir de ses entrailles les poumons et le cœur de la prééminence du droit. Celle-ci ne peut respirer sans le souffle du concours et de l'office du juge ; elle ne peut vivre normalement sans les battements de l'exécution des décisions de justice.

En faisant de la prééminence du droit le socle et la source du droit à l'exécution des décisions de justice, la Cour ne limite pas le champ de ce dernier à celui de l'article 6, § 1. En effet, « la prééminence du droit, l'un des principes fondamentaux d'une société démocratique, est inhérente à l'ensemble des articles de la Convention [...] et implique le devoir de l'État ou d'une autorité publique de se plier à un jugement ou un arrêt rendu à leur encontre » (*Antonetto*, préc., § 35 ; *Dimitrios Georgiadis*, préc., § 31 ; *Antonakopoulos, Vortsela et Antonakopoulou*, préc., § 30 ; *Katsaros*, préc., § 43 ; *Iatridis c/ Grèce*, 25 mars 1999, § 58). C'est un enrichissement et une évolution de la jurisprudence européenne depuis l'arrêt Hornsby. Dans les affaires citées, outre son lien premier avec l'article 6, § 1, le droit à l'exécution des décisions de justice est rattaché également au respect du droit de propriété garanti par l'article 1<sup>er</sup> du Protocole 1 à la Convention (*Mutishev et al. c/ Bulgarie*, 3 déc. 2009).

Dans l'optique de la prééminence du droit, sa jonction avec d'autres droits garantis par la Convention est de plus en plus courante. Le couplage le plus intéressant étant celui du droit à l'exécution des décisions de justice et droit à la non-discrimination garantie par l'article 14 CEDH. La Cour peut condamner un État pour violation de ce droit en raison d'une discrimination fondée sur le sexe (*Garcia-Mateos c. Espagne*, 19 févr. 2013 : inexécution de jugements en amparo du Tribunal constitutionnel constant une violation du principe de non-discrimination selon le sexe par le juge du travail en raison du refus du tribunal de reconnaître à une mère de famille une réduction de sa journée de travail pour lui permettre de garder son fils de moins de six ans).

Posé par l'arrêt Hornsby sur les épaules de l'unique administration, le devoir de se plier à un jugement ou à un arrêt rendu à son encontre, est mis en réalité à la charge de l'État et de toute autorité publique. La jurisprudence ultérieure a pu préciser son contenu et sa portée.

## II / L'obligation particulière de l'État et de toute autorité publique d'exécuter les décisions de justice

L'obligation d'exécuter les décisions de justice définitives qui les concernent s'impose naturellement aux particuliers et aux personnes privées. Son effet horizontal est acquis (voir l'opinion dissidente du juge B. Zupancic à laquelle se rallient les juges T. Pantiru et R. Türmen sur l'arrêt *Nuutinen c/ Finlande*, 27 juin 2000, : à propos des difficultés à faire exécuter les jugements relatifs à la garde de l'enfant et au droit de visite après séparation des parents ; *Ruianu c/ Roumanie*, 17 juin 2003, § 72-73 ; *Annuaire de Droit européen*, vol. 1, p. 648, obs. J. Andriantsimbazovina ; *Pini, Bertani, Manera, Atripaldi c/ Roumanie*, 22 juin 2004, *JCP*, 2004, I, 161, n° 7, chron. F. Sudre ; *SC Magna Holding SRL c/ Roumanie*, 13 juill. 2006). Toutefois, en cas de défaillance des intéressés, il revient, en définitive, aux autorités publiques de faire respecter cette obligation (*Annoni Di Gussola et al. c/ France*, 14 nov. 2000, § 52 ; *Ignaccolo-Zenide c/ Roumanie*, 25 janv. 2000, § 94). Mieux, « les États ont […] l'obligation positive de mettre en place un système qui soit effectif en pratique comme en droit et qui assure l'exécution des décisions judiciaires définitives entre personnes privées » (*Romanczyk c/ France*, 10 nov. 2010, § 55 : exécution d'un jugement d'un tribunal polonais ; *Fouklev c/ Ukraine*, 7 juin 2005, § 84). Le refus ou les carences des autorités publiques à remplir leur devoir dans ce cas ou *a fortiori* dans le cas où les décisions de justice sont rendues directement contre elles constituent un manquement inacceptable à l'obligation d'exécuter les décisions de justice. Cette obligation est à la fois impérative et positive (*supra*, n° 2, *Airey*). Elle interdit au législateur de remettre en cause les décisions de justice devenues définitives et d'intervenir dans une procédure juridictionnelle en cours en vue de modifier le dénouement du procès (*supra*, n° 29, *Zielinski et al.*). Elle contraint l'État à organiser son système juridictionnel de manière à éviter tout obstacle à l'exécution des jugements définitifs des juridictions (*Pibernik c/ Croatie*, 4 mars 2004) et à prévoir un recours effectif permettant d'obtenir l'exécution (*Zazanis c/ Grèce*, 18 nov. 2004, § 49). Elle ne saurait connaître d'atténuation que dans des circonstances exceptionnelles et dans les limites étroites définies par la Cour. Sa mise en œuvre est soumise alors à un strict contrôle de proportionnalité du juge européen.

A) Dans l'arrêt Hornsby, la particularité de la situation de l'administration dans un État de droit justifie à son égard une lourde obligation d'exécuter des décisions de justice (§ 41).

1 / Plus que toute autre autorité publique, l'administration doit veiller scrupuleusement à exécuter les jugements ou arrêts définitifs prononcés contre elle (*Tétériny c/ Russie*, 30 juin 2005, § 41), surtout lorsqu'il s'agit de la décision de la plus haute juridiction administrative (*Antonnetto*, préc., § 29 : l'abstention pendant quatorze ans des autorités de la ville de Turin d'exécuter plusieurs arrêts du Conseil d'État d'Italie annulant un permis de construire illégal et plusieurs délibérations et ordonnant à la ville de détruire tout ou partie l'immeuble construit illégalement a privé d'effet utile l'article 6, § 1). L'octroi d'une licence d'exploitation d'une mine d'or par le Conseil des ministres au mépris des décisions d'un tribunal administratif et du Conseil d'État viole le droit à l'exécution des décisions de justice (*Lemke c/ Turquie*, 5 juin 2007, § 52). L'exécution doit être complète, parfaite et non partielle (*Sabin Popescu c/ Roumanie*, 2 mars 2004 : l'attribution d'un terrain équivalent, de façon non définitive et révocable, au requérant constitue un refus d'exécution d'un jugement qui ordonnait la restitution du terrain litigieux). Constituent aussi une violation du « droit à un tribunal » au sens de l'article 6, § 1, bien sûr, le refus d'appliquer des arrêts d'annulation d'une autorisation d'ouvrir une école privée (Hornsby), le refus de l'administration grecque d'exécuter un arrêt de la Cour des comptes de ce pays réajustant le montant d'une pension de retraite (*Logothétis*, préc., § 16 ; voir aussi *Adamogiannis c/ Grèce*, 14 mars 2002, § 23), la non-exécution de décision de justice définitives octroyant, à un journaliste, le droit de recevoir des informations à caractère public de la part des autorités nationales (Rosiianu c. Roumanie, 24 juin 2014).

L'obligation de l'administration d'exécuter les jugements définitifs prend un relief particulier dans le cadre du respect du droit de propriété (par ex. *Antonetto*, préc., § 35 : refus de démolition d'un immeuble construit illégalement) puisque la violation de l'article 1^er^ du Protocole 1 peut absorber celle de l'article 6, § 1 (*Iatridis*, préc., § 69 : refus de tirer les conséquences d'un jugement annulant l'expulsion du requérant du terrain sur lequel il exploitait un cinéma de plein air) ou se conjuguer avec elle (*Immobiliare Saffi*, préc. ; *Lunari*, préc. : non-exécution d'ordonnances d'expulsion d'un locataire ; *Antonakopoulos, Vortsela et Antonakopoulou*, préc. ; *Dimitrios Georgiadis*, préc. : non-application d'arrêts de la Cour des comptes ordonnant le réajustement et le versement de pensions de retraite ; *Borchtchevski c/ Russie*, 21 sept. 2006, § 65). Elle touche divers domaines comme le contentieux complexe de l'attribution de la garde d'enfants dans le cadre de l'article 8 CEDH (*Iglesias Gil et A. U. I c/ Espagne* du 29 avr. 2003 ; *Sylvester c/ Autriche* du 24 avr. 2003 ; *Pini et al.*, préc.) et le contentieux de l'environnement appréhendé par l'article 6 (*Okyay c/ Turquie*, 12 juill. 2005, *JDI*, 2006, 1103, obs. P. Tavernier ; *JCP*, 2006, I, 109, n° 3, chron. F. Sudre). L'obligation d'exécution des décisions de justice y apparaît comme une obligation positive. En tout cas, l'administration ne doit pas attendre la mise en œuvre de procédure d'exécution par un particulier pour exécuter une décision de justice (*Öneryildiz*, § 117-118). Elle considère même qu'« il n'est pas opportun de demander à un individu, qui a obtenu une créance contre l'État à l'issue d'une procédure judiciaire, de devoir par la suite engager une procédure d'exécution forcée afin d'obtenir satisfaction » (*Dragne et al. c/ Roumanie*, 7 avr. 2005, § 27 ; *Metaxas c/ Grèce*, 27 mai 2004, § 19). Bref, sont inadmissibles les tergiversations de l'État pour exécuter un jugement condamnant l'État au paiement d'une indemnité (*Timofeyev c/ Russie*, 23 oct. 2003, *JCP*, 2004, I, 2004, n° 8, obs. F. Sudre). L'État doit signifier clairement le jugement à l'autorité nationale chargée de l'exécuter afin de lever tout doute vis-à-vis du justiciable bénéficiaire de ce jugement (*Akachev c/ Russie*, 12 juin 2008, § 21). Si l'État peut normalement demander au justiciable qui détient une créance à son encontre de fournir des documents supplémentaires comme les coordonnées bancaires, cela ne doit dépasser ce qui est strictement nécessaire (*Kosmidis et Kosmidou c/ Grèce*, 8 nov. 2007, § 24) et n'exonère pas l'État de l'obligation d'exécuter le jugement dans un délai raisonnable (*Bourdov c/ Russie (n° 2)*, 15 janvier 2009, § 69-70). L'État ne peut pas non plus transférer au justiciable la responsabilité de la charge financière de l'organisation de la procédure d'exécution sans violer l'article 6 § 1 de la Convention (*Osman Yilmaz*, 8 déc. 2009, § 43). Si le recours en réparation peut s'avérer adéquat dans le cadre de griefs de non-exécution d'un jugement ordonnant le paiement d'une somme d'argent (*Bourdov c/ Russie (n° 2), préc.*), il ne l'est qu'en cas d'exécution rapide et dans un délai raisonnable (*Mutishev e.a c/ Bulgarie*, 3 déc. 2009, § 110).

2 / En raison de son caractère impératif dans un État de droit, l'obligation d'exécuter les jugements ne connaît que d'exceptionnelles limites.

En droit européen, cette obligation ne concerne que les décisions définitives et insusceptibles de recours, sauf si c'est un pourvoi non suspensif (*Dimitrios Georgiadis*, préc., § 32). En effet, la Cour libère l'administration du respect des décisions qui peuvent être soumises au contrôle de plus hautes instances et, éventuellement infirmées. Ainsi, n'est pas contraire à l'article 6, § 1, l'omission de l'administration de se plier à un jugement de tribunal administratif rendu en première instance et infirmé par une cour d'appel (Ouzounis *et al.* c/ Grèce, 18 avr. 2002, § 21 ; v. aussi déc. 20 janv. 2005, *Anagnostou c/ Grèce*, n° 32298/02).

Par ailleurs, la Cour n'accorde qu'une limitation temporelle aux autorités étatiques dans l'exécution des décisions de justice (par ex. *Tunç c/ Turquie*, 24 mai 2005, § 27 : parlant du « délai raisonnable » dont dispose l'État pour tirer les conséquences d'un arrêt ; une inexécution pendant dix ans efface un intérêt légitime de protection de l'emploi (Apanasewicz c/ Pologne, 3 mai 2011)). Ainsi, les autorités de l'État ne sauraient prendre prétexte de l'absence de crédits pour ne pas honorer leur dette et ne pas exécuter une décision de justice (*Burdov*, préc., § 35 ; *Chilov et Baykova c/ Russie*, 29 juin 2006, § 27-30). En revanche, elles disposent d'un délai raisonnable pour choisir les moyens les plus adéquats pour donner effets aux décisions en question. Une telle rigidité ne va pas sans quelques difficultés de mise en œuvre, notamment dans le domaine des logements. C'est pourquoi la Cour l'a assouplie tout en restant extrêmement vigilante. Dans ce domaine « qui occupe une place centrale dans les politiques sociales et économiques des sociétés modernes, la Cour respecte l'appréciation portée à cet égard par le législateur national, sauf si elle est manifestement dépourvue de base raisonnable » (*Immobiliare Saffi*, préc., § 49 ; *Lunari*, préc., § 26). Ainsi, le législateur peut fixer des priorités en matière d'expulsion d'occupants de logements et surseoir à l'exécution des ordonnances d'expulsion en tenant compte des risques de troubles à l'ordre public et de précarité de la situation des personnes frappées d'expulsion. En effet, « la Cour reconnaît qu'un sursis à exécution d'une décision de justice pendant le temps strictement nécessaire à trouver une solution satisfaisante aux problèmes d'ordre public peut se justifier dans des circonstances exceptionnelles » (*Immobiliare Saffi*, § 69). Le législateur doit aussi prévoir les moyens les plus adéquats et les plus rapides de substitution pour éviter le prolongement excessif de l'inexécution de la décision de justice. Au final, c'est toujours l'exécution qui doit l'emporter. En effet, « si on peut admettre que les États contractants, dans des circonstances exceptionnelles et, comme en l'espèce, dans le cadre de la marge d'appréciation dont ils jouissent en matière de réglementation de l'usage des biens, interviennent dans une procédure d'exécution d'une décision de justice, pareille intervention ne peut avoir comme conséquence ni d'empêcher, invalider ou encore retarder de manière excessive l'exécution, ni, encore moins, de remettre en question le fond de cette décision » (*Immobiliare Saffi*, préc., § 74 ; *Lunari*, préc., § 43). Il appartient également au gouvernement de démontrer que le sursis à exécution n'a duré que le temps strictement nécessaire à trouver une solution satisfaisante aux problèmes d'ordre public auxquels les autorités sont confrontées (*Lunari*, préc., § 45). La Cour ne donne pas une indication concernant la notion de délai raisonnable. Ce délai peut aller de trois ans (Timofeyev) à huit ans (*Basoukou c/ Grèce*, 21 avr. 2005, § 6, 20-21) en passant par quatre ans (*Karahalios c/ Grèce*, 11 déc. 2003, § 30) ou cinq ans (*Amat G Ltd et Mebaghishvili c/ Georgie*, 27 sept. 2005, *JDI*, 2006, 1105, obs. O. Matter), la Cour restant pragmatique et tient compte des circonstances particulières de chaque affaire (*Derkach et Palek c/ Ukraine*, 21 déc. 2004, § 38-39 : une vaine attente de plus de deux ans d'exécution), un délai d'exécution d'un an et de huit mois après la notification peut s'avérer déraisonnable (*Oray c/ Turquie*, 10 avril 2010, § 27).

On notera également que, dans le cadre de la mise en œuvre du règlement Bruxelles 1 (CE 44/2001 du Conseil) du 22 décembre 2000, concernant la compétence judiciaire, la reconnaissance et l'exécution des décisions en matière civile et commerciale, la Cour de justice de l'Union européenne exige des autres États membres de l'Union européenne la reconnaissance et l'exécution du jugement d'une juridiction nationale d'un État membre même lorsqu'un tel jugement porte sur un terrain situé dans une zone non contrôlée par cet État membre (CJCE, 28 avril 2009, C-420/07, *Apostolides c. époux Orams, Rec*. I-3571 : à propos de la reconnaissance et l'exécution par les juridictions du Royame-Uni d'un jugement d'un tribunal de la République de Chypre sur un terrain situé à Chypre du Nord).

La jurisprudence européenne condamne-t-elle une jurisprudence nationale ou communautaire qui légitime un refus des autorités nationales de prêter le concours de la force publique pour assurer l'exécution d'une décision de justice lorsqu'un tel concours risque de provoquer de graves troubles à l'ordre public ? On pense notamment à la jurisprudence Couitéas du Conseil d'État de France qui accepte de réparer sans faute le préjudice résultant d'un refus de concours de la force publique à l'exécution des décisions de justice (CE, 30 nov. 1923, Couitéas, *Rec.*, 789). La jurisprudence de la Cour européenne des droits de l'homme est prudente à ce sujet. Elle semble s'inspirer de la jurisprudence du Conseil constitutionnel qui considère « que si, dans des circonstances exceptionnelles tenant à la sauvegarde de l'ordre public, l'autorité administrative peut, sans porter atteinte au principe sus-évoqué (de la séparation des pouvoirs), ne pas prêter son concours à l'exécution d'une décision juridictionnelle, le législateur ne saurait subordonner l'octroi de ce concours à l'accomplissement d'une diligence administrative » (CC, 98-403 DC, 29 juill. 1998, *Rec.*, 276, 46). En intégrant la dimension de la préservation exceptionnelle de l'ordre public, elle n'ignore pas non plus la position de la Cour de justice de l'Union européenne qui admet qu'un État membre « peut établir qu'une action de sa part aurait sur l'ordre public des conséquences auxquelles il ne pourrait pas faire face grâce aux moyens dont il dispose » et qui ajoute « qu'il n'est pas ainsi à exclure que la menace de troubles graves à l'ordre public puisse, le cas échéant, justifier une absence d'intervention des forces de l'ordre » (CJCE, 9 déc. 1997, Commission c/ France, *Rec.*, I-6959, 56-57). Tout en estimant que ni l'attribution de terrain équivalent à un requérant privé de son terrain (Sabin Popescu, préc.) ni la perception d'une importante indemnité en condamnation d'une faute lourde de l'État qui n'a pas exécuté une décision de justice passée en force chose jugée (*Matheus c/ France*, 31 mars 2005, § 58, *Europe*, juin 2005, n° 33, note N. Deffains) ne saurait combler la carence des autorités nationales dans l'exécution d'une décision de justice, la Cour ne semble pas moins réserver les cas où des « circonstances exceptionnelles » rendent difficile ou impossible l'exécution (*Matheus*, § 60 : voir l'opinion concordante du juge Jean-Paul Costa qui distingue bien cette espèce où l'attitude du préfet a conduit à une condamnation de l'État pour faute lourde et la jurisprudence Couitéas dans laquelle l'absence d'exécution était justifiée par des risques graves de troubles à l'ordre public ; aussi opinion dissidente du juge Bîrsan dans l'arrêt Pini, celle du juge Thomassen dans l'arrêt Ruiani appelant à une approche moins formalisante du droit à l'exécution des décisions de justice et à une prise en compte exceptionnelle de certaines circonstances). Ainsi, la Cour a déclaré irrecevable une requête se plaignant de la non-exécution pendant trois ans d'une ordonnance d'expulsion de plusieurs familles avec une majorité d'enfants en bas âge dès lors que l'administration n'est pas restée inactive pour trouver des solutions de relogement et qu'elle a pris en compte également les considérations sérieuses d'ordre public et social. Pour la Cour, le refus de l'administration d'exécuter l'ordonnance d'expulsion « répondait au souci de pallier les risques sérieux de troubles à l'ordre public liés à l'expulsion de plusieurs familles, parmi lesquelles se trouvaient majoritairement des enfants, et ce d'autant que cette occupation s'inscrivait dans le cadre d'une action militante à visée médiatique. De surcroît, les occupants se trouvaient en situation de précarité et fragilité, et apparaissaient mériter, à ce titre, une protection renforcée » (déc., 12 oct. 2010, *Sté Cofinfo c/ France*, n° 23516/08, *JCP G*, 2011, I, 94, § 8, chr. F. Sudre ; voir toutefois *Barret et Sinjean c/ France*, *Fernandez e.a c/ France*, 21 janv. 2010). Dans le prolongement de cette décision, la Cour européenne des droits de l'homme admet une dérogation encadrée au droit à l'exécution des décisions de justice (*Sabin Popescu c. Roumanie*, 2 mars 2004, § 66 ; *Sofiran et BDA c. France*, 11 juillet 2013, § 49). Les motivations d'ordre public et « d'ordre social dans le domaine du logement ou de l'accompagnement social » peuvent justifier un report du recours à la force publique en fonction des particularités de chaque cas d'espèce (*Sofiran et BDA c. France*, préc., § 54 : absence de violation de l'article 6 § 1 dans le refus d'accorder le concours de la force publique pour exécuter une ordonnance de référé d'expulsion pour libérer les locaux d'une entreprise occupée par une partie gréviste du personnel en raison de risque de troubles à l'ordre public et de négligences des entreprises requérantes dans la procédure de demande d'exécution des décisions de justice).

Dans cette ligne, le Conseil d'État oblige le préfet à se substituer aux collectivités territoriales défaillantes pour dégager ou créer les ressources nécessaires à l'exécution d'une décision de justice passée en force de chose jugée (CE, 18 nov. 2005, Sté Fermière de Campoloro, *RFDA*, 2006, 341, note P. Bon). À la lumière de ces convergences des juridictions nationales et européennes, tel un produit de luxe, la jurisprudence Couitéas ne devrait servir que de manière exceptionnelle avec une extrême rigueur et accompagnée d'un puissant contrôle de proportionnalité. Elle ne saurait constituer un alibi pour l'administration de retarder l'exécution d'une décision de justice ni une excuse pour le juge administratif pour faire preuve de mansuétude à l'égard de la lenteur, de la frilosité et parfois de l'immobilisme de l'administration.

B) Les défaillances étatiques en matière d'exécution des décisions de justice sont soumises à un strict contrôle de proportionnalité. « La nécessité de rechercher si un juste équilibre a été maintenu entre les exigences de l'intérêt général de la communauté et les impératifs de sauvegarde des droits fondamentaux de l'individu [...] ne peut se faire sentir que lorsqu'il est avéré que l'ingérence litigieuse a respecté le principe de la légalité et n'était pas arbitraire » (*Iatridis*, préc., § 58 ; *Antonetto*, préc., § 35). Au préalable donc, les exceptions à l'obligation d'exécution d'un jugement ou arrêt définitifs doivent avoir une base légale raisonnable (*Immobiliare Saffi*, préc., § 49 ; *Lunari*, préc., § 26). En l'absence d'une telle base légale, la Cour constate une violation du droit à l'exécution des décisions de justice que celui-ci soit rattaché à l'article 6, § 1 ou à l'article 1er du Protocole 1 de la Convention. Elle n'éprouve pas la nécessité d'effectuer un contrôle de proportionnalité (*Antonetto*, préc., § 38). Ensuite, si une telle base légale existe, alors la Cour vérifie si l'ingérence litigieuse a rompu le juste équilibre devant régner entre soit le droit de propriété soit le droit à un tribunal enrichi de la protection juridictionnelle effective et les exigences de l'intérêt général (*Antonakopoulos, Vortsela et Antonakopoulou*, préc., § 31 ; *Dimitrios Georgiadis*, préc., § 32 ; *Pialopoulos et al.*, 15 févr. 2001). Rompt cet équilibre la restriction subie à l'usage d'un appartement, en raison notamment de la mauvaise application des exceptions à la suspension de l'octroi de l'assistance de la force publique par les autorités compétentes, qui a imposé une charge spéciale et excessive au propriétaire (*Lunari*, préc., § 34).

Cela étant, la jurisprudence européenne n'appelle pas la Cour « à examiner si l'ordre juridique interne de l'État est apte à garantir l'exécution des décisions prononcées par les tribunaux. En effet, il appartient à chaque État contractant de se doter d'un arsenal juridique adéquat et suffisant pour assurer le respect des obligations positives qui lui incombent. La Cour a uniquement pour tâche d'examiner si en l'espèce les mesures adoptées par les autorités roumaines ont été adéquates et suffisantes » (*Rianu*, § 66 ; *Fociac c/ Roumanie*, 3 févr. 2005, § 69). Toutefois, utilisant l'article 46 de la Convention, la Cour peut indiquer à l'État de s'assurer de l'exécution d'une décision de justice en précisant les mesures pour ce faire (*Karanovic c/ Bosnie-Herzégovine*, 20 nov. 2007, § 25, 30 : affiliation du requérant à un fond de pension et versement d'une somme de 2 000 euros). Elle renforce ainsi l'effectivité du droit à l'exécution des décisions de justice. Une volonté d'exécution (*Guez c/ France*, 17 mai 2005, § 35), un ensemble d'opérations d'exécution peuvent suffire à satisfaire l'obligation d'exécution lorsque la difficulté ou l'impossibilité d'exécution ne sont pas du fait des autorités nationales (*Fociac*, préc.).

L'arrêt Hornsby offre toute sa dimension au droit à un tribunal en l'enrichissant par le droit à l'exécution des décisions de justice. Il contribue ainsi à la crédibilité de la prééminence du droit.

J. A.

# III | Les garanties accordées à l'accusé

## A | Le droit à la présomption d'innocence

**34. *Allenet de Ribemont c/ France, 10 février 1995***, *série A, n° 308 ; AFDI, 1995, 485, obs. V. Coussirat-Coustère ; JDI, 1996, 211, obs. E. Decaux ; Justices, 1996-3, 248, obs. Flauss ; Rev. sc. crim., 1996, 485, obs. R. Koering-Joulin ; Rev. sc. crim., 1995, 639, obs. L..E. Pettiti ; RTDH, 1995, 657, comm. D. Spielman ; JCP, 1996, I, 4000, obs. F. Sudre.*

A) Sur l'applicabilité de l'article 6, § 2

**32.** Le gouvernement conteste en substance l'applicabilité de l'article 6, § 2, en se fondant sur l'arrêt Minelli c/ Suisse du 25 mars 1983 (A. 62). D'après lui, une atteinte à la présomption d'innocence ne peut provenir que d'une autorité judiciaire et se révéler qu'à l'issue de la procédure en cas de condamnation si la motivation du juge permet de supposer que celui-ci considérait *a priori* l'intéressé comme coupable.

**34.** La tâche de la Cour consiste à déterminer si la situation constatée en l'espèce a pu toucher au droit que l'article 6, § 2 garantit au requérant (voir *mutatis mutandis*, Sekanina c/ Autriche, 25 août 1993, A. 266-A, § 22).

**35.** La présomption d'innocence consacrée par le § 2 de l'article 6 figure parmi les éléments du procès pénal équitable exigé par le § 1 [...]. Elle se trouve méconnue si une décision judiciaire concernant un prévenu reflète le sentiment qu'il est coupable, alors que sa culpabilité n'a pas été préalablement légalement établie. Il suffit, même en l'absence de constat formel, d'une motivation donnant à penser que le juge considère l'intéressé comme coupable (Minelli, § 37). Le champ d'application de l'article 6, § 2 ne se limite pourtant pas à l'hypothèse avancée par le gouvernement. La Cour a, en effet, constaté une violation de cette disposition dans les affaires Minelli et Sekanina précitées alors que les juridictions nationales saisies avaient clôturé les poursuites pour cause de prescription dans la première et acquitté l'intéressé dans la seconde. Elle a de même admis son applicabilité dans d'autres affaires où les juridictions nationales n'étaient pas amenées à statuer sur la culpabilité [...]. Elle rappelle en outre, que la Convention doit s'interpréter de façon à garantir des droits concrets et effectifs, et non théoriques et illusoires [...]. Cela vaut aussi pour le droit consacré par l'article 6, § 2.

**36.** Or, la Cour estime qu'une atteinte à la présomption d'innocence peut émaner non seulement d'un juge ou d'un tribunal mais aussi d'autres autorités publiques.

**37.** Lors de la conférence de presse du 29 décembre 1976, M. Allenet de Ribemont venait d'être arrêté par la police. Bien qu'il ne se trouvât pas encore inculpé de complicité d'homicide volontaire, son interpellation et sa garde à vue s'inscrivait dans le cadre de l'information judiciaire ouverte quelques jours plus tôt par un juge d'instruction de Paris et lui conféraient la qualité d'« accusé » au sens de l'article 6, § 2. Les deux hauts fonctionnaires de police étaient en l'occurrence chargés de conduire les investigations. Tenus en contrepoint de l'information judiciaire et appuyés par le ministre de l'Intérieur, leurs propos s'expliquent par l'existence de celle-ci et présentent un lien direct avec elle. L'article 6, § 2 s'applique donc en l'espèce.

B) Sur l'observation de l'article 6, § 2

**38.** La liberté d'expression, garantie par l'article 10 de la Convention, comprend celle de recevoir ou de communiquer des informations. L'article 6, § 2 ne saurait donc empêcher les autorités de renseigner le public sur des enquêtes pénales en cours, mais il requiert qu'elles le fassent avec toute la discrétion et toute la réserve que commande le respect de la présomption d'innocence.

**41.** La Cour constate qu'en l'espèce, certains des plus hauts responsables de la police française désignèrent M. Allenet de Ribemont, sans nuance ni réserve, comme l'un des instigateurs, et donc le complice, d'un assassinat [...]. Il s'agit là à l'évidence d'une déclaration de culpabilité qui, d'une part, incitait le public à croire en celle-ci et, de l'autre, préjugeait de l'appréciation des faits par les juges compétents. Partant, il y a eu violation de l'article 6, § 2.

M. Allenet de Ribemont avait été présenté lors d'une conférence de presse par le ministre de l'Intérieur et des hauts responsables de la police comme l'un des protagonistes de l'assassinat de l'ancien ministre Jean de Broglie. Il bénéficia d'un non-lieu quatre ans plus tard et entama sans succès une procédure devant les juridictions administratives et judiciaires françaises pour obtenir réparation de ce qu'il considérait comme une atteinte à son droit à la présomption d'innocence. Il obtint, en revanche, gain de cause devant la Cour européenne des droits de l'homme qui constata une violation de l'article 6, § 2 de la Convention. Cette importante décision de la Cour de Strasbourg pose, à la fois, la question de l'applicabilité de l'article 6, § 2 de la Convention qui consacre la présomption d'innocence et celle de son application.

## I / L'applicabilité de l'article 6, § 2

Si la présomption d'innocence constitue une garantie essentielle du procès pénal elle a aussi vocation à s'appliquer au-delà de ce cadre.

A) La présomption d'innocence « figure parmi les éléments du procès pénal équitable exigés par le § 1 de l'article 6 » (§ 35 ; *Phillips c/ Royaume-Uni*, 5 juill. 2001) dont la valeur fondamentale fut consacrée, dès 1963, par la Commission (Rap : 30 mars 1963, *Autriche c/ Italie*) et par un arrêt *Minelli c/ Suisse* de la Cour du 25 mars 1983. Proclamée par l'article 9 de la Déclaration des droits de l'homme et du citoyen de 1789, la présomption d'innocence a également reçu la consécration du Conseil constitutionnel (déc. 89-258 DC, 8 juill. 1989, Dix de Renault, *JCP G*, 1990, II, 21409, note C. Franck). Depuis la loi du 15 juin 2000, l'article préliminaire du Code de procédure pénale prévoit que « les atteintes à la présomption d'innocence sont prévenues, réparées et réprimées dans les conditions prévues par la loi ».

Il y a atteinte à la présomption d'innocence « si sans établissement légal de la culpabilité d'un prévenu [...], une décision judiciaire le concernant reflète le sentiment qu'il est coupable » (*Minelli*, § 37). C'est le préjugement qui est critiquable, même si celui-ci ne prend pas la forme d'un constat formel mais d'une simple motivation donnant à penser que le juge considère l'intéressé comme coupable (*Minelli ; Sekanina c/ Autriche*, 25 août 1993). Il n'est cependant pas nécessaire pour que le respect de la présomption d'innocence s'impose au juge pénal que ce dernier condamne la personne poursuivie *(Minelli et Sekanina)*, ni même qu'il se prononce sur sa culpabilité (*Allenet de Ribemont*, § 35).

Dans l'arrêt *Allen c/ Royaume-Uni* du 12 juillet 2013 (*JCP* 2014, doct. 78, obs. F. Sudre) la Grande chambre confirme que la garantie de la présomption d'innocence joue en aval du procès pénal et permet de « faire respecter dans toute procédure ultérieure un acquittement ou une décision d'abandon des poursuites » ; elle s'applique notamment à une décision de rejet de la demande en indemnisation d'une détention provisoire lorsque la procédure a abouti à un non-lieu (*Capeau c/ Belgique*, 13 janv. 2005).

La présomption d'innocence s'applique à la procédure d'indemnisation du préjudice subi par une personne acquittée du fait de la procédure pénale diligentée contre elle ; elle s'applique également à une procédure civile de réparation engagée par les victimes contre la personne poursuivie au pénal et acquittée, si la décision sur la demande de réparation contient une déclaration allant dans le sens de l'affirmation de la culpabilité du défendeur (*Y c/ Norvège*, 11 févr. 2003).

Dans l'arrêt *Diamantides c/ Grèce* du 19 mai 2005 la Cour considère que le refus de renvoyer en jugement des personnes poursuivies pour diffamation, aux motifs que leurs propos étaient conformes à la réalité, alors que les actes qui en étaient l'objet, dont le requérant était accusé, faisaient l'objet de poursuites pénales encore pendantes, portait atteinte à la présomption d'innocence ce dernier. Dès lors qu'une décision de relaxe ou d'acquittement est définitive, aucun doute ne saurait être formulé sur l'innocence d'un accusé ; une cour d'appel ne saurait donc rendre une ordonnance de confiscation de biens à l'encontre d'une personne relaxée dans le cadre de la procédure pénale relative aux infractions auxquelles cette confiscation était liée (*Geerings c/ Pays-Bas*, 1er mars 2007, *JCP*, 2007, I, 182, obs. F. Sudre). En revanche, lorsqu'un comportement est à la fois susceptible de faire l'objet de sanctions pénales et de sanctions administratives en droit interne, le fait pour les juridictions administratives de ne pas avoir pris en compte l'absence de poursuites pénales pour la même infraction, ne saurait s'analyser en une violation de la présomption d'innocence (*Mamidakis c/ Grèce*, 11 janv. 2007).

La présomption d'innocence implique en revanche l'impossibilité de poursuivre des héritiers pour une fraude fiscale commise par leur auteur, la responsabilité pénale ne survivant pas à l'auteur de l'acte délictueux (*E. L. c/ Suisse*, 29 août 1997, *JCP G*, 1998, I, 107, obs. F. Sudre).

Dans l'arrêt *Lagardère c/ France*, du 12 avril 2012 (*D.* 2012 p. 1708, obs. D. Roets), la Cour accepte que le droit à la présomption d'innocence soit invoqué par le fils d'une personne condamnée *post-mortem*, le requérant étant tenu au paiement des dommages et intérêts résultant de cette condamnation. La Cour constate qu'il existe un lien manifeste entre la procédure pénale et la procédure en réparation concomitante, qui justifie que l'on étende à la seconde le champ d'application de l'article 6 § 2. La juridiction répressive, en statuant sur l'action civile, s'est forcément prononcée sur la culpabilité de la personne décédée ; le juge européen considère qu'en se prononçant sur la responsabilité pénale du père du requérant, alors que l'action publique était éteinte du fait de son décès et que sa culpabilité n'avait jamais été établie de son vivant, la juridiction répressive a violé le droit à la présomption d'innocence. Dans le même sens la Cour considère dans l'arrêt *V. et a. c/ Russie* du 10 janvier 2012 (*Dr. pén.* 2013, chron n° 4, obs. E. Dreyer) que le fait pour une juridiction civile de se fonder sur une décision pénale qui condamne trois personnes en reconnaissant formellement la culpabilité d'une quatrième décédée, pour attribuer une partie des biens de cette dernière aux victimes à titre de réparation, porte atteinte au droit à la présomption d'innocence.

Toutefois, puisque le texte s'applique à « toute personne accusée d'une infraction », la garantie de l'article 6, § 2 ne s'applique qu'à la matière pénale, au sens de la Cour européenne (*supra*, nos 25 et 26), qui a ainsi admis l'applicabilité de la présomption d'innocence à une procédure relative à une fraude fiscale (*Hentrich c/ France*, 22 sept. 1994, *JCP G*, 1995, II, 22374, obs. J.-P. Legall et L. Gérard) et en matière de sanction administrative (*Lutz*, 25 août 1987 ; dans le même sens, pour une autorité administrative indépendante, Com., 1er déc. 1998, Oury, *JCP G*, 1999, II, 1005, note E. Garraud pour la COB).

B) L'arrêt *Allenet de Ribemont* étend pour la première fois le rayonnement de la présomption d'innocence au-delà du procès pénal, en affirmant qu'elle ne s'impose pas au seul juge mais également aux autres autorités publiques, notamment comme en l'espèce, aux membres du gouvernement et aux autorités policières. Les juges de Strasbourg fondent cette extension du champ d'application de la présomption d'innocence sur l'effectivité des droits garantis par la Convention, procédant ainsi à une interprétation évolutive et téléologique du texte. La Commission avait déjà admis précédemment l'applicabilité de l'article 6, § 2 aux propos tenus par un ministre (déc. 3 déc. 1978, Pétra Krause c/ Suisse, *DR*, 13, 73). La Cour confirme cette extension du domaine d'application de la présomption d'innocence dans l'arrêt *Y. B. et al. c/ Turquie* (28 oct. 2004). Le critère d'applicabilité de l'article 6, § 2 réside alors non plus dans l'autorité qui porte atteinte à la présomption d'innocence, mais dans la situation de la personne présentée comme coupable qui revêt la qualité d'« accusé » au sens de l'article 6, § 2 au jour des faits. La notion d'accusation est alors entendue au sens large puisqu'au moment des déclarations litigieuses, le requérant n'était qu'un suspect, interpellé et placé en garde à vue. La présomption d'innocence s'applique également à une personne qui avait auparavant fait l'objet d'une décision d'acquittement *(Sekanina)*.

## II / L'application de l'article 6, § 2

Au fil de sa jurisprudence, la Cour a précisé ce qui pouvait constituer une atteinte à la présomption d'innocence, laquelle peut être constituée soit par la présentation d'une personne comme coupable d'une infraction avant qu'elle ne soit jugée comme telle, soit par le fait de faire peser sur la personne poursuivie la charge de la preuve de son innocence.

A) 1° N'est pas considéré comme une violation de l'article 6, § 2 ni le fait pour deux experts de présenter l'accusé comme l'auteur des faits qui lui étaient reprochés (*Bernard c/ France*, 23 avr. 1998, *JCP G*, 1999, I, 105, obs. F. Sudre), ni le fait de lire à l'audience de la cour d'assises un arrêt de condamnation de l'accusé rendu par une autre juridiction, si la conviction du juge n'est pas fondée sur cette précédente condamnation (Comm., Rap. 13 déc. 1983 ; *DR*, 39, 43), ni le fait de communiquer au tribunal des informations sur les antécédents judiciaires de l'accusé (Comm., Rap. 1er avr. 1986, *Ann.*, vol. IX, 551).

Le fait pour une juridiction, statuant sur la révocation d'un sursis avec mise à l'épreuve de déclarer que le requérant s'est « certainement » rendu coupable d'une infraction faisant l'objet d'une procédure parallèle toujours pendante constitue en revanche une atteinte à la présomption d'innocence (*Böhmer c/ Allemagne*, 3 oct. 2002). Il en va de même d'une décision d'extradition qui présente les personnes à l'encontre de qui elle est rendue comme coupables des infractions pour lesquelles les autorités de leur pays ne les ont pas encore jugées (*Ismoilov c/ Russie*, 22 avr. 2008) ou de la motivation d'un classement sans suite de la plainte dirigée contre un policier fondée sur le fait que celui-ci s'est contenté de réagir à une agression dont il a fait l'objet, en ce qu'elle laisse entendre que l'auteur de la plainte s'est rendu coupable d'une infraction qu'aucun tribunal n'établit (*V. c/ Arménie*, 2 oct. 2012, *Dr. pén.* 2013, chron. n° 4, obs. E. Dreyer).

La Cour européenne considère que les commentaires d'une avocate de victimes relatifs aux pressions subies par l'auteur d'un rapport d'expertise, ne porte par atteinte à la présomption d'innocence dans la mesure où les familles de victimes ont un intérêt certain pour leur défense à rapporter au public ces pressions (*Mor c/ France*, 15 déc. 2011, *JCP* 2012 p. 33, obs. B. Pastre-Belda).

La Cour européenne ne garantit cependant pas un droit au remboursement des frais de justice au prévenu acquitté (*Lutz ; Leutscher c/ Pays-Bas*, 26 mars 1996). Dans l'arrêt *Ashendon and Jones c/ Royaume Uni* du 13 septembre 2011 (*JCP* 2011 p. 1125, obs. L. Milano), la Cour affirme qu'il n'est pas dans son rôle de décider si le remboursement des frais d'avocat de la personne acquittée doit ou non être ordonné. Elle se limite à vérifier que le refus d'indemniser une personne poursuivie puis acquittée ne porte pas atteinte au droit au respect de la présomption d'innocence (*Sekanina ; Vostic c/ Autriche*, 7 oct. 2002 ; *O c/ Norvège*, 11 févr. 2003, *JCP G*, 2003, I, 160, no 8, chron. F. Sudre). Ce droit est violé lorsque le juge national, pour refuser la demande d'indemnisation, s'appuie sur le fait que l'acquittement du requérant a été obtenu faute de preuves et ne résulte pas d'une constatation de l'inexistence des faits délictueux (*Tendam c/ Espagne*, 13 juill. 2010). De même, le fait d'exiger d'une personne qu'elle apporte la preuve de son innocence, ce qui donne à penser que la juridiction considère l'intéressé comme coupable apparaît déraisonnable et révèle une atteinte à la présomption d'innocence (*Capeau* c/ Belgique, 13 janv. 2005, § 25). À l'inverse, dans l'arrêt *Ashendon et Jones*, la cour rejette l'atteinte à la présomption d'innocence en considérant que le refus de remboursement des frais d'avocats était motivé sans que le juge n'ait manifesté de soupçons quant à l'innocence du prévenu. De même, dans l'arrêt *Allen*, elle admet que l'indemnisation puisse être refusée au motif que les conditions de la qualification d'erreur judiciaire ne sont pas réunies malgré la décision finale de non-culpabilité.

La présomption d'innocence exige en outre qu'il soit procédé dans les fichiers automatisés de données personnelles utilisés à des fins policières à une distinction dans le traitement des données entre les personnes condamnées et celles n'ayant été reconnues coupables d'aucunes infractions afin d'éviter tout risque de stigmatisation (*S. et Marper c/ Royaume Uni*, 4 déc. 2008 ; *MK. c/ France*, 18 avril 2013, *JCP* 2013 p. 576, obs. B. Pastre-Belda).

La Cour considère que l'exécution forcée d'une sanction fiscale prononcée par l'administration avant qu'elle ne soit devenue définitive ne porte pas atteinte à la présomption d'innocence, dès lors que l'intéressé peut obtenir par voie judiciaire le remboursement de tout montant versé (*Janosevic c/ Suède*, 25 juill. 2002, *JCP G*, 2003, I, 108, chron. F. Sudre).

2° Dans l'arrêt *Allenet de Ribemont*, c'est la présentation par les autorités policières du requérant « sans nuance, ni réserve » comme complice d'un assassinat qui constitue, selon la Cour, une déclaration de culpabilité incitant le public à croire en celle-ci et préjugeant de l'appréciation des juges (§ 41). Porte *a fortiori* atteinte à la présomption d'innocence le magistrat qui fait à la presse des déclarations allant dans le sens de la culpabilité de l'accusé (*Lavents c/ Lettonie*, 28 nov. 2002). La Cour admet que l'atteinte à la présomption d'innocence peut résulter non d'un seulement d'un juge ou d'un tribunal mais aussi d'autres agents de l'État ou de personnalités publiques (*Butkevicius c/ Lituanie*, 26 mars 2002). Elle va même jusqu'à considérer qu'une telle atteinte peut émaner d'un candidat à une élection, effectivement élu ultérieurement, le requérant ayant été arrêté immédiatement après (*Kouzmin c/ Russie*, 18 mars 2010, *Dr. pén.* 2011, chron n° 3, obs. E. Meyer).

Les juges européens sont amenés à préciser comment les exigences du respect de la présomption d'innocence se combinent avec la liberté d'information. Ils affirment, en effet, que les autorités pouvaient informer le public du déroulement de l'enquête en cours mais « avec toute la discrétion et toute la réserve que commande le respect de la présomption d'innocence » (§ 38). La Cour considère qu'il n'y a pas d'atteinte à la présomption d'innocence lorsque dans le contexte d'une procédure devant le Conseil de la concurrence, un rapport d'enquête de la DGCCRF est divulgué dans la presse, dès lors que la culpabilité de la société concernée n'est pas présentée comme certaine et que le ton nuancé adopté par les journalistes ne préjugeait pas de l'appréciation des faits par la Conseil de la concurrence (déc. 13 mars 2012, *Société Bouygues Telecom c/ France*, n° 2324/08).

La même prudence est imposée en droit interne aux journalistes par l'article 9-1 du Code civil qui interdit de présenter publiquement une personne comme coupable de faits faisant l'objet d'une enquête ou d'une instruction judiciaire. La Cour, si elle a admis la condamnation d'un journaliste dont l'article était susceptible d'influer sur le cours d'un procès pénal en présentant la personne poursuivie comme coupable (*Worm c/ Autriche*, 29 août 1997, *jdi*, 1998, 214, obs. S. Barbier), a tendance à privilégier la liberté de la presse (*supra*, n° 59). Dans le même sens, la Cour a considéré que l'interdiction faite aux journalistes par l'article 2 de la loi du 2 juillet 1931 de faire état des plaintes avec constitution de partie civile est contraire à la liberté d'information (*Du Roy et Malaurie c/ France*, 3 oct. 2000, *JCP G*, 2001, I, 291, obs. F. Sudre) provoquant un revirement de jurisprudence de la part de la Cour de cassation (Crim., 16 janv. 2001, *D*, 2001, 1066, obs. J.-F. Renucci). L'article 38, al. 1 de la loi du 29 juillet 1881 sur la liberté de la presse, qui interdit la publication des actes d'accusation et actes de procédure criminelle ou correctionnelle avant qu'ils aient été lus en audience publique est cependant conforme à la Convention européenne dans la mesure où l'interdiction est temporaire et limitée à la seule reproduction littérale (*Tourancheau et July c/ France*, 24 nov. 2005, *JCP G*, 2006, I, 109, obs. F. Sudre).

B) L'atteinte à la présomption d'innocence peut également être constituée par une inversion de la charge de la preuve. Le respect de la présomption d'innocence « exige, entre autres, qu'en remplissant leurs fonctions les membres du tribunal ne partent pas de l'idée préconçue que le prévenu a commis l'acte incriminé ; la charge de la preuve pèse sur l'accusation et le doute profite à l'accusé » (*Barbéra Mességué et Jabardo c/ Espagne*, 6 déc. 1988, § 77). La Cour a souligné le lien existant entre la présomption d'innocence et le droit de ne pas s'auto-incriminer (*Heaney et McGuiness c/ Irlande*, et *Quinn c/ Irlande*, 21 déc. 2000, *JCP G*, 2001, I, 291, obs. F. Sudre). Toutefois, la condamnation acquise sur la base d'un procès-verbal d'infraction faisant foi jusqu'à preuve contraire, que la requérante s'est vue offrir la possibilité d'établir, est conforme aux exigences européennes (G. *c/ Roumanie*, 3 avr. 2012, *Dr. pén.*, 2013, chron. n° 4, obs. E. Dreyer).

Les présomptions de fait ou de droit figurant dans les lois répressives ne sont pas en elles-mêmes incompatibles avec la présomption d'innocence si elles sont enserrées « dans des limites raisonnables prenant en compte la gravité de l'enjeu et en préservant les droits de la défense » (*Salabiaku c/ France*, 7 oct. 1988 ; *Pham Hoang c/ France*, 25 sept. 1992, *JCP G*, 1993, I, 3654, obs. F. Sudre ; *Janosevic*). La présomption de responsabilité du directeur de publication pour tous propos tenus à l'antenne d'une radio en vertu de l'article 93-3 de la loi du 29 juillet 1982 respecte ces conditions dès lors que l'intéressé peut s'exonérer de sa responsabilité en démontrant la bonne foi de l'auteur des propos incriminés ou l'absence de « fixation préalable » du message litigieux (*Radio France c/ France*, 30 mars 2004). Le Conseil constitutionnel a adopté la même position (déc. 99-411 DC, 16 juin 1999, *RDP*, 2000, 68, obs. D. Rousseau). La Cour de cassation a également suivi la jurisprudence de la Cour européenne en considérant que ces présomptions sont compatibles avec la présomption d'innocence, dès lors « qu'il est possible d'apporter la preuve contraire et que les droits de la défense sont assurés » (Crim., 10 fév. 1992, *Bull.*, n° 62 ; Crim., 16 mars 1993, *Bull.*, n° 115). Elle a cependant considéré que le fait pour un tribunal de police de motiver son jugement en affirmant que l'attitude des prévenus laissait « présumer qu'ils n'ont rien à objecter » et que les contraventions qui leur sont reprochées « paraissent suffisamment établies », constitue une violation de l'article 6, § 2 de la Convention européenne (Crim., 19 mars 1986, *Bull.*, n° 113).

A. G.

## B | Les droits de la défense

### *1 / Le droit de ne pas s'incriminer*

**35. John Murray c/ Royaume-Uni, 8 février 1996**, Rec., 1996, p. 30 ; JCP, 1997, I, 4000, obs. F. Sudre.

**45.** Il ne fait aucun doute que, même si l'article 6 (art. 6) de la Convention ne les mentionne pas expressément, le droit de se taire lors d'un interrogatoire de police et le droit de ne pas contribuer à sa propre incrimination sont des normes internationales généralement reconnues qui sont au cœur de la notion de procès équitable consacrée par l'article 6 (arrêt Funke précité, loc. cit.). En mettant le prévenu à l'abri d'une coercition abusive de la part des autorités, ces immunités concourent à éviter des erreurs judiciaires et à garantir le résultat voulu par l'article 6 (art. 6).

**46.** La Cour n'estime pas devoir se livrer à une analyse dans l'abstrait de l'étendue de ces immunités et, en particulier, de ce qui constitue en l'occurrence une « coercition abusive ». Se trouve en jeu, ici, la question de savoir si ces interdictions revêtent un caractère absolu en ce sens que l'exercice par un prévenu du droit de garder le silence ne pourrait jamais servir en sa défaveur au procès ou, à titre subsidiaire, qu'il y a toujours lieu de tenir pour une « coercition abusive » le fait de l'informer au préalable que, sous certaines conditions, son silence pourra être ainsi utilisé.

**47.** D'une part, il est manifestement incompatible avec les interdictions dont il s'agit de fonder une condamnation exclusivement ou essentiellement sur le silence du prévenu ou sur son refus de répondre à des questions ou de déposer. D'autre part, il est tout aussi évident pour la Cour que ces interdictions ne peuvent et ne sauraient empêcher de prendre en compte le silence de l'intéressé, dans des situations qui appellent assurément une explication de sa part, pour apprécier la force de persuasion des éléments à charge. Où que se situe la ligne de démarcation entre ces deux extrêmes, il découle de cette interprétation du « droit de garder le silence » qu'il faut répondre par la négative à la question de savoir si ce droit est absolu. On ne saurait donc dire que la décision d'un prévenu de se taire d'un bout à l'autre de la procédure pénale devrait nécessairement être dépourvue d'incidences une fois que le juge du fond tentera d'apprécier les éléments à charge. En particulier, comme le gouvernement le relève, si elles consacrent le droit de garder le silence et l'interdiction de contribuer à sa propre incrimination, les normes internationales établies sont muettes sur ce point. Pour rechercher si le fait de tirer de son silence des conclusions défavorables à l'accusé enfreint l'article 6, il faut tenir compte de l'ensemble des circonstances, eu égard en particulier aux cas où l'on peut procéder à des déductions, au poids que les juridictions nationales leur ont accordé en appréciant les éléments de preuve et le degré de coercition inhérent à la situation.

**48.** Quant au degré de coercition en l'occurrence, il y a lieu de rappeler que le requérant a en vérité pu garder le silence. Bien que mis en garde à plusieurs reprises contre la possibilité que des déductions fussent tirées de son silence, il ne fit aucune déclaration à la police et ne déposa pas à son procès. D'ailleurs, en vertu de l'article 4, § 5 de l'ordonnance, il demeurait un témoin que l'on ne pouvait forcer (§ 27 ci-dessus). Son silence persistant tout au long de la procédure ne constituait donc pas une infraction pénale ou un contempt of court. De plus, comme des décisions judiciaires internes l'ont souligné, le silence ne saurait en soi passer pour un indice de culpabilité (§ 24 et 29 ci-dessus).

**49.** Il échet donc de distinguer les circonstances de la présente cause de celles de l'affaire Funke (§ 41 ci-dessus) dans laquelle les services des douanes avaient entamé contre le requérant des poursuites pénales, afin de le contraindre à fournir des preuves d'infractions qu'il aurait commises. La Cour avait jugé en pratique incompatible avec l'article 6 ce degré de coercition puisqu'il vidait de son sens l'interdiction de contribuer à sa propre incrimination.

**50.** Certes, combiné avec le poids des éléments à charge, un système où l'on avertit le prévenu – éventuellement en l'absence d'un avocat (comme ici) – que l'on pourra tirer des conclusions en sa défaveur de son refus d'expliquer à la police sa présence sur le lieu d'une infraction ou de déposer à son procès, comporte un certain degré de coercition indirecte. Cependant, le requérant ne pouvant être contraint à parler ou à déposer, comme cela a été indiqué, ce fait ne saurait à lui seul être déterminant ; la Cour doit plutôt s'attacher au rôle que les déductions ont joué dans la procédure pénale, et en particulier la condamnation.

**51.** Il faut rechercher dans chaque cas si les charges de l'accusation sont suffisamment sérieuses pour appeler une réponse. Le tribunal national ne peut conclure à la culpabilité du prévenu simplement parce que celui-ci choisit de garder le silence. C'est seulement si les preuves à charge « appellent » une explication que l'accusé devrait être en mesure de donner, que l'absence d'explication « peut permettre de conclure, par un simple raisonnement de bon sens, qu'il n'existe aucune explication possible et que l'accusé est coupable ». À l'inverse, si le procureur n'a pas établi de charges suffisamment sérieuses pour appeler une réponse, l'absence d'explication ne saurait justifier de conclure à la culpabilité (*ibid.*). En résumé, le juge peut seulement tirer, en vertu de l'ordonnance, des éléments à charge les conclusions dictées par le bon sens et qu'il estime appropriées.

**53.** Le juge du fond tira des conclusions formelles défavorables au requérant en vertu de l'article 6 de l'ordonnance faute pour l'intéressé d'avoir expliqué sa présence dans la maison lorsque la police l'arrêta et l'interrogea. Il tira aussi des conclusions formelles en vertu de l'article 4 de l'ordonnance du refus de M. Murray de déposer à sa décharge lorsque le tribunal l'y invita (§ 25 ci-dessus).

**54.** [...] Comme le relève le délégué de la Commission, dans un grand nombre de pays où les éléments de preuve sont appréciés librement, les tribunaux peuvent, en se livrant à cette appréciation, tenir compte de tous les facteurs pertinents, y compris la manière dont l'accusé s'est comporté ou a mené sa défense. La Cour estime que le fait de tirer des conclusions en vertu de l'ordonnance se distingue en ce que, outre l'existence des garanties précises mentionnées plus haut, il s'agit, comme le dit la Commission, d'« un système formalisé ayant pour objet de permettre que des déductions dictées par le bon sens jouent ouvertement un rôle dans l'évaluation des éléments de preuve ».

**58.** Partant, il n'y a pas eu violation de l'article 6, § 1 et 2 de la Convention.

L'arrêt John Murray élève au rang de garantie implicite, déduite de l'article 6 de la Convention, le droit de ne pas s'incriminer. Dans la lignée de l'arrêt *Imbrioscia c/ Suisse* (24 nov. 1993), cette décision relève de l'interprétation constructive de l'article 6 dans lequel la Cour européenne consacre explicitement le droit de ne pas s'incriminer, tout en précisant que ce droit n'est pas absolu.

## I / Le droit de ne pas s'incriminer consacré

« Le droit de se taire et ne pas contribuer à sa propre incrimination » avait déjà été reconnu par la Cour européenne dans l'arrêt *Funke c/ France* du 25 février 1993 (*JCP G*, 1993, II, 22073, Romain et Garnon). L'arrêt *John Murray* vient préciser les contours de cette garantie fondée sur l'article 6, § 1 qui ne la contient cependant pas expressément (contrairement au PIDCP, § 13. 3, *g*). Le droit de se taire et le droit de ne pas contribuer à sa propre incrimination ont pour objectif de soustraire le prévenu à la coercition abusive des autorités et ainsi d'éviter les erreurs judiciaires. Ces droits constituent un élément essentiel de l'équité de l'accusation pénale (*JB c/ Suisse*, 3 mai 2001, *JCP G*, 2001, I, 342, obs. F. Sudre). Dans ses arrêts concernant la garde à vue, la Cour européenne rappelle que le droit de ne pas contribuer à sa propre incrimination et le droit de garder le silence sont des normes internationales généralement reconnues qui sont au cœur de la notion de procès équitable (*Brusco c/ France*, 14 oct. 2010, *JCP G*, 2010, act. 1064, obs. F. Sudre).

A) Le domaine du droit de non-incrimination est limité à l'accusation en matière pénale, la notion d'accusation devant être entendue au sens large et autonome de la Cour européenne (*supra*, n^os^ 25 et 26). Le droit de ne pas contribuer à sa propre incrimination s'applique dans le cadre d'une procédure fiscale qui a notamment pour objet de déterminer les impôts dus par le requérant et, le cas échéant, de procéder à un rappel et d'infliger à l'intéressé une amende pour soustraction d'impôt (*J. B. c/ Suisse*, 3 mai 2001, *JCP G 2001, I, 342, n^o^ 13, obs. F. Sudre ; Chambaz c/ Suisse*, 5 avril 2012, *JCP* 2012 p. 924). Dans l'arrêt *Chambaz*, la Cour considère que les autorités fiscales, en infligeant des amendes ont fait pression pour que le requérant leur soumette des documents contenant des informations sur son revenu et sa fortune en vue de son imposition, ce qui constitue une violation du droit de ne pas s'incriminer. Ce droit s'applique également à une procédure d'enquête des douanes (*Funke*).

La Cour a admis dans un arrêt *O'Halloran et Francis c/ Royaume-Uni* du 29 juin 2007 (*JCP*, 2008, I, 110, obs. F. Sudre) que l'obligation faite aux propriétaires de véhicules photographiés en excès de vitesse d'indiquer le nom du conducteur sous peine de faire l'objet de poursuites pénales relevait de la matière pénale, contrairement à ce qu'elle avait affirmé antérieurement (*Rieg c/ Autriche*, 24 mars 2005 ; *Weh c/ Autriche*, 8 avr. 2004), cette obligation ne porte pas selon elle une atteinte excessive au droit de se taire et de ne pas contribuer à sa propre incrimination compte tenu du caractère limité de l'enquête de police, des garanties procédurales et de l'utilisation faite des déclarations des intéressés. Selon l'arrêt *Serves c/ France* (20 oct. 1997, *JCP G*, 1998, I, 107, obs. F. Sudre), une assignation à comparaître comme témoin peut s'analyser en une accusation au sens de l'article 6 dès lors qu'elle est assortie d'une amende pour avoir refusé de prêter serment et de déposer.

Dans l'arrêt *Saunders* (17 déc. 1996, *JCP G*, 1997, I, 4000, obs. F. Sudre), la Cour précise que ce droit s'applique aux procédures pénales concernant « tous les types d'infraction criminelle, de la plus simple à la plus complexe ». Comme l'ensemble des garanties du procès équitable, le droit de ne pas s'incriminer est en outre applicable « aux phases qui se déroulent avant la phase de jugement », dès la naissance de l'accusation au sens matériel du terme *(Imbrioscia)*. John Murray pouvait donc invoquer son droit de se taire dans le cadre de l'enquête policière.

Les termes employés par la Cour européenne permettent, en revanche, de considérer que le droit de ne pas s'incriminer est circonscrit à la matière pénale et ne concerne pas les droits et obligations de caractère civil (dans le même sens, CJCE, 10 nov. 1993, Otto bv c/ Postbank lv, *D*, 1994, 197, note J.-L. Clergerie).

Le droit de se taire a été particulièrement affirmé dans le cadre de la garde à vue, associé avec le droit d'être assisté d'un avocat consacré à ce stade de la procédure par l'arrêt *Salduz c/ Turquie* du 27 novembre 2008 (*supra* n° 37). Dans cet arrêt, la Cour affirme que la vulnérabilité particulière dans laquelle se trouve la personne placée en garde à vue « ne peut être compensée de manière adéquate que par l'assistance d'un avocat, dont la tâche consiste notamment à faire en sorte que soit respecté le droit de tout accusé de ne pas s'incriminer soi-même ». Dans l'arrêt *Brusco*, le constat de violation de la Cour est également motivé par le fait que le requérant n'a pas été informé par les autorités, au début de son interrogatoire, du droit de se taire et que son avocat qu'il n'a rencontré qu'à l'issue de la 20^e^ heure de garde à vue n'a pu l'informer de ce droit avant le premier interrogatoire. Dans cette affaire, le droit de garder le silence avait été également violé par l'obligation faite à la personne gardée à vue de prêter serment, qui a été supprimée par la loi n° 2004-204 du 9 mars 2004, le requérant ayant en effet pu se sentir obligé de répondre du fait du serment aux questions qui lui étaient posées. Dans l'arrêt *Andamkiewicz c/ Pologne* du 2 mars 2010, la Cour constate que les aveux incriminants ont été recueillis par les autorités avant même que le requérant ait été informé de son droit de garder le silence et de ne pas contribuer à sa propre incrimination, les autorités n'ayant pas, avant de l'interroger, informé d'une manière quelconque le requérant de son droit de garder le silence et de consulter un avocat avant toute déclaration. Dans l'arrêt *Condron c/ Royaume-Uni* du 2 mai 2000 la Cour précise que « le fait qu'une personne sous le coup d'une arrestation et qui est interrogée moyennant un avertissement bénéficie de l'accès à des conseils juridiques [...] et de la présence physique d'un solicitor pendant les interrogatoires de police, doit passer pour une garantie particulièrement importante qui permet de dissiper l'incitation à parler qui se trouve peut-être en filigrane dans les termes de l'avertissement » (§ 60). Le droit de garder le silence est donc fortement lié au droit à l'assistance d'un avocat en ce sens que la mise en œuvre du premier de ces droits peut passer par l'exécution du second ; toutefois la mise en œuvre du droit de garder le silence peut passer par un autre moyen, notamment par une information des autorités avant tout interrogatoire. La Cour de cassation dans ses arrêts du 19 octobre 2010 (Pourvois n° 10-82902, 10-82306, 10-85051) note qu'outre l'absence de l'avocat au début de la garde à vue, le non-respect du droit de s'incriminer soi-même a motivé le constat de violation du droit au procès équitable.

Le droit au silence doit être notifié à l'accusé. Dûment averti de son droit de se taire, le prévenu peut renoncer à ce dernier en pleine connaissance de cause. Dans l'arrêt *Funke*, les procès-verbaux de police mentionnent que l'intéressé a été averti de son droit de ne pas répondre aux questions qui lui étaient posées. Dans ses différents arrêts relatifs à la garde à vue (cf. *supra*) la Cour considère que le droit au silence n'a pas été respecté lorsque la personne poursuivie ne s'est pas vue notifiée ce droit par les autorités policières, dès lors qu'elle n'était pas assistée d'un avocat qui aurait pu l'informer de ses droits. La Cour de cassation dans les arrêts du 19 octobre 2010 affirme qu'il résulte de l'article 6 de la Conv. EDH que toute personne soupçonnée d'avoir commis une infraction doit, dès le début de la garde à vue, être informée de son droit de se taire (Pourvoi n° 10-82902). Dans sa décision du 30 juillet 2010 (Déc. n° 2010-14/22 QPC), le Conseil constitutionnel constate après avoir souligné les restrictions aux droits de la défense, « qu'au demeurant la personne gardée à vue ne reçoit pas la notification de son droit de garder le silence » (cons. 28 *in fine*).

L'article 63-1 du CPP issu de la loi du n° 2011-392 du 14 avril 2011 prévoit expressément que dès le début de sa garde à vue, la personne poursuivie est immédiatement informée par un officier de police judiciaire ou, sous le contrôle de celui-ci, par un agent de police judiciaire, dans une langue qu'elle comprend, le cas échéant au moyen de formulaires écrits « du droit, lors des auditions, après avoir décliné son identité, de faire des déclarations, de répondre aux questions qui lui sont posées ou de se taire », revenant ainsi au système mis en place par la loi du 15 juin 2000 et supprimé par la loi du 18 mars 2003.

Le fait d'entendre une personne en qualité de témoin alors que les autorités policières disposaient d'éléments de nature à la suspecter d'avoir participé à l'infraction constitue un détournement de procédure qui ne peut justifier le fait que lors de son audition le droit de se taire ne lui avait pas été notifié (*Brusco c/ France*, 14 oct. 2010, *Dr. pén.* 2011, chron n° 3, obs. E. Dreyer).

B) Le droit de se taire implique que le silence de la personne poursuivie ne peut entraîner de condamnation ou la reconnaissance des faits reprochés. Les arrêts *Heaney et McGuiness et Quinn c/ Irlande* (21 déc. 2000, *JCP G*, 2001, I, 291, obs. F. Sudre) soulignent le lien étroit existant entre la présomption d'innocence et le droit de ne pas s'auto-incriminer. Une présomption légale qui permettrait de déduire la culpabilité du seul silence du prévenu serait ainsi contraire à la Convention. En l'espèce, la Cour constate que le requérant a pu garder le silence, et que celui-ci ne constituait pas une infraction, distinguant cette espèce de l'affaire *Funke* dans laquelle les services des douanes avaient entamé des poursuites pénales afin de contraindre le requérant à fournir des preuves d'infractions qu'il aurait commises. L'arrêt *Shannon c/ Royaume-Uni* du 4 octobre 2005 (*RSC*, 2006, p. 448, obs. F. Massias) censure l'amende infligée au requérant ayant refusé de répondre à une convocation émanant d'enquêteurs financiers qui voulaient l'entendre à propos d'infractions pour lesquelles il était poursuivi.

En vertu du droit de ne pas contribuer à sa propre incrimination, l'accusation doit fonder son argumentation sans recourir à des éléments de preuve obtenus par la contrainte ou les pressions, au mépris de la volonté de l'accusé (*Saunders ;* JB). Il en résulte que ce droit ne se limite pas aux aveux mais couvre toute déposition recueillie sous la contrainte et ensuite utilisée dans la procédure pénale contre son auteur (*Saunders*).

En revanche, ce droit ne concerne pas l'usage de données obtenues sous la contrainte mais existant indépendamment de la volonté de la personne poursuivie tels que les prélèvements de sang ou d'ADN (*Saunders*). Cette solution n'est cependant pas applicable aux éléments de preuve ingurgités par la personne poursuivie – en l'espèce des sachets de drogue – et restitués par elle, contre sa volonté, du fait de l'administration de force d'un vomitif (*Jalloh c/ Allemagne*, 11 juill. 2006). Pour la Cour, le fait d'avoir permis l'utilisation au procès du requérant des éléments obtenus à la suite d'un tel traitement, tombant sous le coup de l'article 3 de la Convention, a porté atteinte au droit de l'intéressé de ne pas contribuer à sa propre incrimination. Ce faisant, la Cour élargit le domaine du droit de ne pas s'incriminer dans lequel elle avait déjà inclus les tentatives visant à contraindre le requérant à divulguer des documents (*Funke* et *J. B.*). Elle a cependant admis l'équité du procès lorsque les preuves obtenues à la suite d'un traitement contraire à l'article 3 (*Gäfgen c/ Allemagne*, [GC] 1$^{er}$ juin 2010, *JCP* 2010, 859, obs. F. Sudre) ou à l'article 8 (*Bykov c/ Russie*, 10 mars 2009, *JCP* 2009, I, 143, obs. F. Sudre), n'ont pas joué dans le verdict de culpabilité et la peine prononcée contre le requérant, ni compromis les droits de la défense,

Le droit de ne pas s'incriminer n'est pas respecté lorsque les aveux de l'accusé ont été faits à un codétenu chargé par la police d'obtenir des informations (*Allan c/ Royaume-Uni*, 5 nov. 2002).

## II / Le droit de ne pas s'incriminer soi-même limité

La Cour affirme que le droit de garder le silence n'est pas un droit absolu et qu'il ne saurait empêcher de prendre en compte le silence de l'intéressé dans des situations qui appellent assurément une explication de sa part. Dans l'arrêt Murray, les juges pouvaient légitimement tenir compte du refus de l'accusé d'expliquer sa présence dans une maison ayant abrité un acte terroriste, d'autant que ce dernier avait été averti que des déductions pouvaient être tirées de son silence. La Cour reconnaît que ce procédé comporte un certain degré de coercition, mais elle estime que celle-ci n'est pas suffisamment forte pour conduite à une violation du droit de garder le silence. Elle précise surtout que « c'est seulement si les preuves à charge appellent une explication que l'accusé devrait être en mesure de donner, que l'absence d'explication peut permettre de conclure par un simple raisonnement de bon sens qu'il n'existe aucune explication possible et que l'accusé est coupable » (§ 51). Autrement dit, si le silence de l'accusé ne peut, à lui seul, permettre de conclure à sa culpabilité, il peut venir corroborer d'autres éléments à charge. Le fait que John Murray ait été arrêté sur les lieux de la séquestration était une preuve de sa culpabilité renforcée par son refus de fournir une explication à sa présence. Le silence du requérant constitue un des éléments d'appréciation qui peuvent être pris en compte par le juge dans le cadre de son intime conviction, système applicable dans de nombreux pays. Toutefois, le fait pour le juge d'appeler l'attention du jury sur le silence de l'accusé en des termes l'invitant à en tirer des conclusions défavorables à l'accusé porte atteinte au droit de ne pas s'incriminer soi-même (*Beckles c/ Royaume-Uni*, 8 oct. 2002). La Cour opère une distinction sur ce point selon que la juridiction est composée de magistrats professionnels *(Murray)* ou non (*Condron*, préc.). Elle considère dans cette dernière hypothèse, qu'« il était donc encore plus impérieux de veiller à ce que le jury fût correctement informé de la manière dont il devait envisager la question du silence des requérants » (*Condron*, § 62).

La Cour de cassation estime que le droit de ne pas s'incriminer ne fait pas obstacle aux présomptions de fait ou de droit instituées en matière pénale, dès lors qu'elles laissent entiers les droits de la défense (Crim., 10 févr. 1992, *JCP G*, 1992, IV, 1985).

A. G.

## *2 / Le droit de participer à son procès*

**36. Poitrimol c/ France, 23 novembre 1993**, série A, n° 277-A ; Rev. sc. crim., 1994, 370, obs. L. E. Pettiti ; *JDI*, 1994, 821, obs. P. Tavernier ; *AFDI*, 1994, 684, obs. R. Pelloux.

**28.** M. Poitrimol reproche à la cour d'appel d'Aix-en-Provence de l'avoir condamné en son absence sans que son avocat ait pu présenter ses moyens de défense. Il se plaint en outre de s'être vu refuser l'accès à la Cour de cassation au motif qu'il n'avait pas obéi au mandat d'arrêt décerné contre lui. Il y aurait eu violation des § 1 et 3 c) de l'article 6 de la Convention.

**29.** Comme les exigences du § 3 de l'article 6 s'analysent en aspects particuliers du droit à un procès équitable garanti par le § 1, la Cour examinera les griefs sous l'angle de ces deux textes combinés (voir, parmi beaucoup d'autres, l'arrêt F. C. B. c/ Italie du 28 août 1991, A. 208-B 20, § 29).

**30.** La présente espèce se distingue des affaires Goddi, Colozza, F. C. B. et T. c/ Italie (9 avr. 1984, A. 76, § 26 ; 12 févr. 1985, A. 89, § 28 ; 28 août 1991, A. 208-B, § 30-33 ; 12 oct. 1992, A. 245-C, § 27) en ce que le requérant avait reçu notification de chacune des dates d'audience, dont celle du 4 février 1987 devant la cour d'appel, et décida lui-même de ne pas comparaître.

**31.** Une procédure se déroulant en l'absence du prévenu n'est pas en principe incompatible avec la Convention s'il peut obtenir ultérieurement qu'une juridiction statue à nouveau, après l'avoir entendu, sur le bien-fondé de l'accusation en fait comme en droit (voir, mutatis mutandis, l'arrêt Colozza, A. 89, § 27 et 29). On peut se demander si cette dernière exigence subsiste quand l'intéressé a renoncé à son droit de comparaître et de se défendre, mais quoi qu'il en soit pareille renonciation doit, pour entrer en ligne de compte sous l'angle de la Convention, se trouver établie de manière non équivoque et s'entourer d'un minimum de garanties correspondant à sa gravité (Pfeifer et Plankl c/ Autriche, 25 févr. 1992, A. 227, § 37).

**32.** En l'occurrence, le requérant avait clairement manifesté la volonté de ne pas se rendre aux audiences d'appel des 10 septembre 1986 et 4 février 1987, donc de ne pas se défendre lui-même. En revanche, il ressort du dossier qu'il entendait être défendu par un avocat, mandaté à cette fin et présent auxdites audiences. La question se pose dès lors de savoir si un accusé qui évite délibérément de comparaître reste en droit d'« avoir l'assistance d'un défenseur de son choix », au sens de l'article 6, § 3 c).

**33.** Le gouvernement souligne que ce texte parle d'« assistance » et non de « représentation ». En droit français, le premier terme impliquerait la présence du justiciable aux côtés de son avocat, le second son remplacement juridique par celui-ci. En matière pénale, la comparution personnelle constituerait le principe, énoncé à l'article 410 du Code de procédure pénale. Y renoncer signifierait renoncer à se défendre [...].

**34.** La Cour ne peut adopter l'interprétation étroite que le gouvernement donne au mot « assistance ». Quoique non absolu, le droit de tout accusé à être effectivement défendu par un avocat, au besoin commis d'office, figure parmi les éléments fondamentaux du procès équitable. Un accusé n'en perd pas le bénéfice du seul fait de son absence aux débats (Campbell et Fell c/ Royaume-Uni, 28 juin 1984, A. 80, § 99, et, mutatis mutandis, Goddi, A. 76, § 30, et F. C. B., A. 208-B, § 33). En l'occurrence, il échet de déterminer si la cour d'appel d'Aix-en-Provence pouvait, en vertu de l'article 411 du Code de procédure pénale, en priver M. Poitrimol, atteint en personne par une convocation et n'ayant fourni aucune excuse reconnue valable pour ne pas venir à l'audience.

**35.** La comparution d'un prévenu revêt une importance capitale en raison tant du droit de celui-ci à être entendu que de la nécessité de contrôler l'exactitude de ses affirmations et de les confronter avec les dires de la victime, dont il y a lieu de protéger les intérêts, ainsi que des témoins. Dès lors, le législateur doit pouvoir décourager les abstentions injustifiées. En l'espèce, il n'y a pourtant pas lieu de se prononcer sur le point de savoir s'il est en principe loisible de les sanctionner en dérogeant au droit à l'assistance d'un défenseur, car en tout cas la suppression de ce droit se révèle disproportionnée dans les circonstances de la cause : elle privait M. Poitrimol, non recevable à former opposition contre l'arrêt de la cour d'appel, de sa seule chance de faire plaider en seconde instance sur le bien-fondé de l'accusation en fait comme en droit.

L'arrêt *Poitrimol* constitue un des éléments fondateurs de la jurisprudence de la Cour européenne relative à la participation à son procès de la personne poursuivie au cours de la procédure pénale dirigée contre elle. La Cour européenne se fonde sur les § 1 et 3 de l'article 6, considérant, comme souvent en cette matière, que les exigences du second s'analysent en des aspects particuliers du droit à un procès équitable, garanti par le premier. Le droit de la personne poursuivie de participer à son procès implique que les conditions d'une participation effective soient réunies et pose plus particulièrement la question de sa comparution personnelle.

## I / La participation effective à son procès

L'accusé doit tout d'abord être avisé des poursuites intentées contre lui, cette information devant relever d'un acte remplissant des conditions de forme et de fond propres à garantir l'exercice effectif des droits de l'accusé (*T. c/ Italie*, 12 oct. 1992). Le défaut de citation correcte de la requérante, qui résulte d'une négligence du tribunal, ayant omis de vérifier les adresses, doit être réparé par les juridictions supérieures en ordonnant un réexamen complet de l'affaire (*Miholapa c/ Lettonie*, 31 mai 2007). La Cour estime cependant que le droit pour l'accusé d'être informé de la nature et de la cause de l'accusation portée contre lui n'exige pas que l'acte d'accusation mentionne une circonstance aggravante intrinsèque à l'accusation initiale (*De Salvador Torres c/ Espagne*, 24 oct. 1996). En revanche, l'accusé bénéfice d'un droit d'être informé de manière détaillée non seulement des faits matériels qui sont mis à sa charge mais aussi de la qualification juridique donnée à ces faits (*Pélisser et Sassi c/ France*, 25 mars 1998, *JCP G*, 1999, I, 105, obs. F. Sudre). Si le juge procède à une requalification des faits, il doit veiller à ce que la personne poursuivie en soit avertie en temps utile pour exercer ses droits de la défense de manière concrète et effective (*Pélissier et Sassi c/ France*, 25 mars 1999 ; *Miraux c/ France*, 26 sept. 2006 ; *DMT et DKI c/ Bulgarie*, 4 juill. 2012, *Dr. pén.* 2013, chron. n° 4, obs. E. Dreyer). L'effectivité du droit de participer à son procès implique que la personne soit tenue informée en temps utile de la tenue de l'audience (*Ziliberg c/ Moldavie*, 1er févr. 2005). Ce droit n'est pas respecté lorsque le requérant a reçu, dans une procédure relative à son invalidité, la convocation pour l'audience d'appel quatre jours après la tenue de celle-ci, la juridiction d'appel n'ayant pas examiné si le requérant avait été dûment convoqué (*Yakolev c/ Russie*, 15 mars 2005).

Le droit de participer réellement à son procès inclut le droit non seulement d'y assister mais aussi d'entendre et de suivre les débats (*Standford c/ Royaume-Uni*, 23 févr. 1994). L'article 6, § 3 mentionne le droit pour la personne poursuivie de se faire assister gratuitement d'un interprète, s'il ne comprend pas ou ne parle pas la langue employée par la juridiction (*Kamasinski c/ Autriche*, 19 déc. 1989, § 74 ; *Lagerblom c/ Suède*, 14 janv. 2003). La personne poursuivie doit être en mesure de comprendre les accusations portées contre elle et de prendre les décisions relatives à la procédure qui sont conformes à ses intérêts. Dans l'arrêt *Vaudelle c/ France* du 30 janvier 2001 (*D*, 2002, 353, note A. Gouttenoire et E. Rubi-Cavagna), la Cour a considéré, à propos d'un majeur sous curatelle, que n'est pas respecté le droit pour la personne poursuivie de comprendre la nature et la cause de l'accusation portée contre elle, lorsque l'altération de ses facultés mentales ne lui permet pas de mesurer les enjeux de la procédure. Les États se voient imposer l'obligation positive de prendre les mesures nécessaires pour rendre effectif le droit de ces personnes à un procès équitable. Une procédure privant une personne de sa capacité juridique en raison de troubles psychiques ne satisfait pas les exigences de l'article 6, § 1 dès lors que la requérante n'a pas été représentée par un tuteur, qu'elle n'a pas été entendue, que le tribunal s'est fondé sur un seul rapport d'expertise, ancien, et a refusé d'ordonner une contre-expertise (*H. F. c/ Slovaquie*, 8 nov. 2005). La loi n° 2007-308 du 5 mars 2007 réformant la protection juridique des majeurs a enfin tiré les leçons de l'arrêt *Vaudelle* et organisé la protection des majeurs protégés objets de poursuites pénales (art. 706-112 et s. CPP, *AJ pénal*, 2008, p. 21, obs. N. Descot).

L'arrêt *Vaudelle* est à rapprocher des arrêts *T. et V. c/ Royaume-Uni* du 16 décembre 1999 (*Dr. fam.*, 2000, comm. n° 46, A. Gouttenoire) dans lesquels la Cour considère que les conditions concrètes dans lesquelles le procès s'est déroulé n'avaient pas permis aux mineurs délinquants de participer réellement à la procédure pénale diligentée à leur encontre compte tenu du traumatisme causé par la pression médiatique et la publicité faite aux débats. Dans une affaire similaire, la Cour européenne estime que lorsqu'il est décidé, par le biais d'une procédure pénale, de régler la situation d'un enfant de onze ans qui risque de ne pas pouvoir participer réellement à la procédure en raison de son jeune âge et de capacités intellectuelles limitées, il est essentiel que l'enfant soit jugé par une juridiction spécialisée capable de se montrer pleinement attentive aux handicaps dont il souffre, d'en tenir compte et d'adapter la procédure en conséquence (*S. C. c/ Royaume-Uni*, 15 juin 2004). La Cour européenne des droits de l'homme confirme dans l'arrêt *Adamkiewicz c/ Pologne* du 2 mars 2010 (*Rev pén. Dt pén.* 2010 p. 714, obs. A. Gouttenoire) que « lorsqu'un mineur est en cause, la justice est avant tout tenue d'agir en respectant dûment le principe de la protection des intérêts supérieurs de l'enfant. Ainsi, un enfant accusé d'une infraction se doit d'être traité d'une manière qui tienne pleinement compte de son âge, de sa maturité et de ses capacités sur le plan émotionnel et intellectuel. En outre, des mesures de nature à favoriser sa compréhension de la procédure et sa participation à celle-ci doivent être prises par les autorités » (§ 70).

Un état de fatigue excessif peut également empêcher la personne poursuivie de participer réellement à son procès (*Barberà, Messegué et Jaboardo c/ Espagne*, 6 déc. 1988, *RTD eur.*, 1989, 169, obs. Cohen-Jonathan) ; « il est primordial que, non seulement les accusés, mais également leurs défenseurs, puissent suivre les débats, répondre aux questions et plaider en n'étant pas dans un état de fatigue excessif » (*Makhfi c/ France*, 19 oct. 2004, *D*, 2005, 474, note D. Roets).

## II / La comparution personnelle

« Quoique non mentionnée en termes exprès au § 1 de l'article 6, la faculté pour l'accusé de prendre part à l'audience découle de l'objet et du but de l'ensemble de l'article 6 » (*Colozza c/ Italie*, 12 févr. 1985). Pèse sur l'État l'obligation positive d'assurer la présence de la personne poursuivie aux débats, en l'absence même de demande de ce dernier, lorsque la question en jeu revêt une importance particulière (*Kremzov c/ Autriche*, 21 sept. 1993 ; *JCP G*, 1994, I, 3742, obs. F. Sudre ; *Zana c/ Turquie*, 25 nov. 1996, *JCP G*, 1998, I, 107, obs. F. Sudre). Dès lors qu'il n'est pas établi que l'accusé avait eu connaissance de la date du procès, et qu'il n'avait pas manifesté la volonté de renoncer à comparaître, les autorités nationales n'ont pas satisfait cette obligation en jugeant en son absence le requérant incarcéré à l'étranger (*F. C. B. c/ Italie*, 28 août 1991). Les articles 6, § 1 et 3 *c)* sont violés lorsque le requérant, malgré ses démarches, n'a pas obtenu de laissez-passer pour revenir sur le territoire français pour assister à l'audience, son avocat n'ayant pas été autorisé à intervenir et son éloignement l'ayant empêché d'avoir une connaissance suffisante de la procédure conduite en son absence pour le mettre en mesure de former opposition contre une décision qui ne lui a pas été signifiée (*Harizi c/ France*, 30 mars 2005).

Dans l'arrêt *Henri Rivière et autres c/ France* du 25 juillet 2013 (*JCP* 2013 p. 966, obs. L. Milano), la Cour européenne condamne l'absence de motivation du refus d'un renvoi d'audience sollicité par une partie : « bien que consciente des conséquences des demandes de renvoi infondées [...], elle estime que celles qui reposent sur des justificatifs objectifs et non sur de simples affirmations non étayées de l'accusé, doivent non seulement être effectivement examinées par les juridictions internes, mais également donner lieu à une réponse motivée. »

Le droit d'être présent à son procès supporte cependant quelques atténuations. Devant les juridictions supérieures, et notamment une cour d'appel, « la présence du prévenu ne revêt pas la même importance à ce niveau qu'au premier degré » *(Kamasinski)* et en tout état de cause, la spécificité de la procédure devant la Cour de cassation « peut justifier de réserver aux seuls avocats spécialisés le monopole de la prise de parole » (*Meftah et al. c/ France*, 26 juill. 2002, § 47).

La Cour européenne admet, dans l'arrêt *Marcello Viola c/ Italie* du 5 octobre 2006, la participation d'un membre de la mafia à son procès par vidéoconférence, dans la mesure où ce mode de participation est justifié par un but légitime – éviter les inconvénients d'un déplacement de l'accusé et les pressions qu'il pourrait exercer sur les témoins par sa présence physique – et que les droits de la défense n'en sont pas affectés. En l'espèce, la Cour estime que la participation du requérant aux audiences d'appel de la deuxième procédure pénale par vidéoconférence n'a pas placé la défense dans une position de désavantage substantiel par rapport aux autres parties au procès, le défenseur du requérant ayant eu le droit d'être présent à l'endroit où se trouvait son client, et de s'entretenir avec lui de manière confidentielle, cette possibilité étant également reconnue au défenseur présent dans la salle d'audience.

Le jugement de l'accusé en son absence ne porte pas atteinte à l'article 6 « s'il peut obtenir ultérieurement qu'une juridiction statue à nouveau, après l'avoir entendu, sur le bien-fondé de l'accusation en fait comme en droit » (§ 31 ; *Colozza*). La personne poursuivie peut renoncer à comparaître mais cette renonciation doit être établie de manière claire et entourée de garanties.

La Cour admet le jugement par défaut du requérant et le refus de lui accorder un nouveau procès en sa présence en considérant que c'était son comportement qui l'avait empêché de comparaître devant la cour d'assises (*Medenica c/ Suisse*, 14 juin 2001). La Conseil d'État applique la même solution en considérant qu'en s'évadant de prison et en restant longtemps introuvable, la personne poursuivie a manifesté de manière non équivoque sa volonté de renoncer à comparaître en personne devant ses juges (CE, 18 mars 2005, Battisti) et en conclut que l'extradition de M. Battisti aux autorités italiennes n'est pas contraire à l'article 6 de la Convention européenne, alors même que le droit italien n'offre pas la certitude d'obtenir d'être à nouveau jugé. Cette impossibilité constitue en revanche une atteinte structurelle au droit de participer à son procès condamnée par la Cour européenne dans les arrêts *Somogyi c/ Italie* du 10 mai 2004 et *Sejdovic c/ Italie* du 10 novembre 2004 (*JCP G*, 2005, I, 103, obs. F. Sudre) lorsque la renonciation du requérant à comparaître n'est pas établie.

Si la comparution personnelle est avant tout un droit pour la personne poursuivie, elle est également envisagée par la jurisprudence européenne comme une obligation de l'accusé. Dans l'arrêt *Poitrimol*, la Cour met l'accent sur l'importance de la comparution personnelle de la personne poursuivie en raison de son droit d'être entendu mais également pour les nécessités liées à la recherche de la vérité dans un but de protection des intérêts des victimes et des témoins. Elle ne méconnaît pas, en conséquence, la légitimité d'une certaine pression sur l'accusé pour qu'il comparaisse, si cette comparution est respectueuse des droits des victimes et des témoins (*Lala c/ Pays-Bas*, 23 nov. 1993 ; *Poitrimol*, § 34). Toutefois cette pression ne doit pas être disproportionnée, elle ne doit notamment pas porter atteinte au droit à l'assistance d'un défenseur (*supra n° 34*).

A. G.

## *3 / Le droit à un avocat*

### 37. Salduz c/ Turquie (GC), 27 novembre 2008 (JCP 2008, I, obs. F. Sudre)

**52.** La Cour réaffirme [...] que, quoique non absolu, le droit de tout accusé à être effectivement défendu par un avocat, au besoin commis d'office, figure parmi les éléments fondamentaux du procès équitable (Poitrimol c. France, 23 nov. 1993, § 34 et Demebukov c. Bulgarie, n° 68020/01, § 50, 28 février 2008). Cela étant, l'article 6 § 3 c) ne précise pas les conditions d'exercice du droit qu'il consacre. Il laisse ainsi aux États contractants le choix des moyens propres à permettre à leur système judiciaire de le garantir, la tâche de la Cour consistant à rechercher si la voie qu'ils ont empruntée cadre avec les exigences d'un procès équitable. À cet égard, il ne faut pas oublier que la Convention a pour but de « protéger des droits non pas théoriques ou illusoires, mais concrets et effectifs » et que la nomination d'un conseil n'assure pas à elle seule l'effectivité de l'assistance qu'il peut procurer à l'accusé (Imbrioscia, préc., § 38).

**53.** Une législation nationale peut attacher à l'attitude d'un prévenu à la phase initiale des interrogatoires de police des conséquences déterminantes pour les perspectives de la défense lors de toute procédure pénale ultérieure. En pareil cas, l'article 6 exige normalement que le prévenu puisse bénéficier de l'assistance d'un avocat dès les premiers stades des interrogatoires de police. Ce droit, que la Convention n'énonce pas expressément, peut toutefois être soumis à des restrictions pour des raisons valables. Il s'agit donc, dans chaque cas, de savoir si la restriction litigieuse est justifiée et, dans l'affirmative, si, considérée à la lumière de la procédure dans son ensemble, elle a ou non privé l'accusé d'un procès équitable, car même une restriction justifiée peut avoir pareil effet dans certaines circonstances (voir John Murray, préc., § 63, Brennan, précité, § 45, et Magee, préc., § 44).

**55.** La Cour souligne l'importance du stade de l'enquête pour la préparation du procès, dans la mesure où les preuves obtenues durant cette phase déterminent le cadre dans lequel l'infraction imputée sera examinée au procès (Can c/ Autriche, n° 9300/81, rapport de la Commission du 12 juillet 1984, § 50, série A n° 96). Parallèlement, un accusé se trouve souvent dans une situation particulièrement vulnérable à ce stade de la procédure, effet qui se trouve amplifié par le fait que la législation en matière de procédure pénale tend à devenir de plus en plus complexe, notamment en ce qui concerne les règles régissant la collecte et l'utilisation des preuves. Dans la plupart des cas, cette vulnérabilité particulière ne peut être compensée de manière adéquate que par l'assistance d'un avocat, dont la tâche consiste notamment à faire en sorte que soit respecté le droit de tout accusé de ne pas s'incriminer lui-même. Ce droit présuppose que, dans une affaire pénale, l'accusation cherche à fonder son argumentation sans recourir à des éléments de preuve obtenus par la contrainte ou les pressions au mépris de la volonté de l'accusé (Jalloh c. Allemagne [GC], n° 54810/00, § 100, CEDH 2006, et Kolu c/ Turquie, n° 35811/97, § 51, 2 août 2005). Un prompt accès à un avocat fait partie des garanties procédurales auxquelles la Cour prête une attention particulière lorsqu'elle examine la question de savoir si une procédure a ou non anéanti la substance même du droit de ne pas contribuer à sa propre incrimination (voir, mutatis mutandis, Jalloh, préc., § 101).

**56.** Dans ces conditions, la Cour estime que, pour que le droit à un procès équitable consacré par l'article 6 § 1 demeure suffisamment « concret et effectif » (paragraphe 51 ci-dessus), il faut, en règle générale, que l'accès à un avocat soit consenti dès le premier interrogatoire d'un suspect par la police, sauf à démontrer, à la lumière des circonstances particulières de l'espèce, qu'il existe des raisons impérieuses de restreindre ce droit. Même lorsque des raisons impérieuses peuvent exceptionnellement justifier le refus de l'accès à un avocat, pareille restriction – quelle que soit sa justification – ne doit pas indûment préjudicier aux droits découlant pour l'accusé de l'article 6 (voir, mutatis mutandis, Magee, précité, § 44). Il est en principe porté une atteinte irrémédiable aux droits de la défense lorsque des déclarations incriminantes faites lors d'un interrogatoire de police subi sans assistance possible d'un avocat sont utilisées pour fonder une condamnation.

**59.** Il est donc clair en l'espèce que le requérant a été personnellement touché par les restrictions mises à la possibilité pour lui d'avoir accès à un avocat, puisqu'aussi bien sa déclaration à la police a servi à fonder sa condamnation. Ni l'assistance fournie ultérieurement par un avocat ni la nature contradictoire de la suite de la procédure n'ont pu porter remède au défaut survenu pendant la garde à vue.

**62.** Or, en l'espèce, ainsi qu'il a été expliqué ci-dessus, la restriction imposée au droit d'accès à un avocat relevait d'une politique systématique et était appliquée à toute personne, indépendamment de son âge, placée en garde à vue en rapport avec une infraction relevant de la compétence des cours de sûreté de l'État.

**63.** En résumé, même si le requérant a eu l'occasion de contester les preuves à charge à son procès en première instance puis en appel, l'impossibilité pour lui de se faire assister par un avocat alors qu'il se trouvait en garde à vue a irrémédiablement nui à ses droits de la défense.

Expressément énoncé en matière pénale par l'article 6 § 3 de la Convention, le droit à l'assistance d'un avocat constitue selon la Cour européenne des droits de l'homme un élément fondamental du droit à un procès équitable. L'arrêt *Salduz*, qui concerne une affaire dans laquelle une personne, mineure, avait été condamnée sur la base de ses aveux, obtenus en garde à vue sans l'assistance de son avocat, confère à ce droit une portée nouvelle en affirmant qu'il s'applique à l'ensemble de la procédure, y compris lors de la garde à vue. Cette extension du domaine du droit à un avocat s'accompagne dans la jurisprudence européenne d'un enrichissement de son contenu.

## I / L'extension du domaine du droit à un avocat

La mise en œuvre du droit à un avocat a d'abord suscité des difficultés dans l'hypothèse particulière de l'absence du prévenu ; c'est ensuite la question de son extension à l'ensemble de la procédure pénale qui s'est posée à la Cour.

A) Dans l'arrêt *Poitrimol c/ France* du 23 novembre 1993, la Cour européenne affirme que le refus du prévenu de comparaître ne justifie pas qu'il soit privé du droit à l'assistance d'un défenseur. Elle confirme dans les arrêts *Lala et Pelladoah c/ Pays-Bas* du 22 septembre 1994 (*JCP G*, 1995, I, 3823, obs. F. Sudre) qu'un accusé ne perd pas le bénéfice du droit à un avocat du seul fait de son absence aux débats devant la cour d'appel, même à défaut d'excuse (pour des accusés en fuite : *Karatas et Sari c/ France*, 16 mai 2002, *JCP G*, 2002, I, 157, obs. F. Sudre). La Cour considère que le droit à l'assistance d'un défenseur revêt un caractère pratique et effectif qui ne permet pas de le subordonner à l'accomplissement de conditions excessivement formalistes. Elle refuse dans l'arrêt *Poitrimol* de souscrire au raisonnement du gouvernement selon lequel il faut distinguer entre la représentation et l'assistance, la seconde exigeant la présence de la personne poursuivie. « Il appartient aux juridictions de veiller à ce qu'un avocat qui, à l'évidence, y assiste pour défendre son client en l'absence de celui-ci, se voit donner l'occasion de le faire » (*Lala*, § 34 ; *Pelladoah*, § 41). Cette position de la Cour est par la suite réaffirmée dans les arrêts *Van Geyseghem c/ Belgique* du 21 janvier 1999 relatif à une procédure d'opposition en appel (*JCP G*, 2000, I, 203, obs. F. Sudre), et *Van Pelt c/ France* du 23 mai 2000 (*JCP G*, 2001, I, 291, obs. F. Sudre) dans une affaire où le prévenu n'avait pas comparu pour des raisons médicales (aussi *Vigroux c/ France*, 19 mai 2005).

Alors que l'arrêt *Poitrimol* concernait une procédure correctionnelle, l'arrêt *Krombach* du 13 février 2001 (*D*, 2001, 3302, obs. J.-P. Marguénaud) a étendu la solution à la procédure criminelle, constatant que l'interdiction faite aux avocats de se présenter pour le contumax est absolue et que la cour d'assises statuant par contumace n'a pas la possibilité d'y déroger. Selon la Cour de justice des communautés européennes (CJCE, *Kromback c/ Bamberski*, 28 mars 2000, *RTD civ.*, 2000, p. 944, obs. J. Raynard) qui a statué dans la même affaire à propos des intérêts civils, le refus d'entendre la défense d'un accusé absent justifie que le juge allemand puisse se prévaloir de la clause d'ordre public pour refuser l'exécution de la décision française. La Cour de cassation qui avait jusqu'alors refusé de se soumettre aux exigences de la Cour européenne (Crim., 21 juin 1995, *Bull.*, n° 230 ; Crim., 6 mai 1997, *Bull.*, n° 176) a opéré un revirement de jurisprudence dans un arrêt de l'Assemblée plénière Dentico du 2 mars 2001 (*D*, 2001, 1899, note J. Pradel), affirmant que « le droit au procès équitable et le droit de tout accusé à l'assistance d'un défenseur s'opposent à ce que la juridiction juge un prévenu non comparant et non excusé sans entendre l'avocat présent à l'audience pour assurer sa défense ». La loi n° 2004-204 du 9 mars 2004 a consacré dans les articles 379-3 et 412 du CPP la possibilité pour l'avocat présent d'être entendu, en l'absence de la personne poursuivie. La Cour de cassation a également cassé, au visa de l'article 6 § 1 de la Conv. EDH, l'arrêt qui avait considéré qu'était non soutenu un appel contre une ordonnance d'assistance éducative en raison de l'absence de la mère à l'audience, celle-ci étant représentée par son avocat ; elle considère au contraire que l'appel est valablement soutenu dès lors que l'avocat était présent à l'audience et avait été entendu en ses observations (Civ. 1re, 25 nov. 2009, Pourvoi n° 08-18006).

B) Le droit à l'assistance d'un avocat a été déclaré applicable à la phase de l'instruction préliminaire menée par la police (*John Muray c/ Royaume Uni*, 8 févr. 1996, *supra*, no 35 ; *Magee et Averill c/ Royaume-Uni*, 6 juin 2000, *JCP G*, 2001, I, 291, obs. F. Sudre, *Öcalan c/ Turquie*, 12 mai 2005). Dans l'arrêt Salduz la Cour affirme que l'accès à un avocat doit être garanti dès le premier interrogatoire du suspect par la police, dès le début de son placement en garde à vue qui constitue une « accusation pénale », précisant que seules des raisons « impérieuses » et non plus seulement « valables » (J. Muray) peuvent justifier des restrictions à ce droit (dans le même sens *Adamkiewicz c/ Pologne*, 2 mars 2010, D. 2010, 1324, obs. P. Bonfils ; *Brusco c/ France*, 14 oct. 2010, D. 2010, p. 2950, obs. J.-F. Renucci ; *Dr. pén.* 2010, Étude 29, obs. C. Mauro). L'article 63-3-1 du CPP issu de la loi du n° 2011-392 du 14 avril 2011 est conforme aux exigences européennes en disposant que « dès le début de la garde à vue, la personne peut demander à être assistée par un avocat. »

Dans l'arrêt *Süzer c/ Turquie* du 23 avril 2013, la Cour énonce « qu'un accusé se trouve souvent dans une situation particulièrement vulnérable à ce stade de la procédure, effet qui se trouve amplifié par le fait que la législation en matière de procédure pénale tend à devenir de plus en plus complexe, notamment en ce qui concerne les règles régissant la collecte et l'utilisation des preuves. Dans la plupart des cas, cette vulnérabilité particulière ne peut être compensée de manière adéquate que par l'assistance d'un avocat, dont la tâche consiste notamment à faire en sorte que soit respecté le droit de tout accusé de ne pas s'incriminer lui-même » (§74). Le droit d'être assisté d'un avocat dès le premier interrogatoire permet de garantir le droit de la personne poursuivie de garder le silence (cf. *infra* n° 35). La personne gardée à vue doit « *a fortiori* bénéficier de l'assistance d'un avocat lorsqu'elle n'a pas été préalablement informée par les autorités de son droit de se taire » (*Navone et a. c/ Monaco*, 24 oct. 2013, *JCP* 2014, doct. 78, obs. F. Sudre). La violation du droit d'être assisté d'un avocat est particulièrement évidente lorsque celle-ci est passée aux aveux lors de sa garde à vue et que ses déclarations sont utilisées pour fonder une condamnation (*Salduz ; Adamkiewicz*). Toutefois, la violation peut être constatée alors même que le prévenu est resté silencieux pendant sa garde à vue (*Dayanan*). Le fait que le prévenu ait été informé de son droit à garder le silence ne suffit pas, en l'absence d'un avocat, à garantir le droit de la personne à ne pas contribuer à sa propre incrimination. L'utilisation d'autres éléments pour confirmer les aveux obtenus en garde à vue hors de la présence d'un avocat ne permet pas non plus d'éviter la violation de l'article 6 § 3 (*Karabil c/ Turquie*, 16 juin 2009 ; *Mehmet Ali Ayhan c/ Turquie*, 3 nov. 2009). Dans l'arrêt *Oleg Kolensik* c/ Ukraine du 19 novembre 2009, la Cour ajoute que les déclarations de l'accusé obtenues en l'absence d'un avocat ne peuvent être retenues à charge. Le premier alinéa de l'article préliminaire du CPP selon lequel « En matière criminelle et correctionnelle, aucune condamnation ne peut être prononcée contre une personne sur le seul fondement de déclarations qu'elle a faites sans avoir pu s'entretenir avec un avocat ou être assistée par lui » va dans le même sens.

L'arrêt *Navone* précise cependant que le droit du gardé à vue de garder le silence et le droit à l'assistance d'un avocat pendant tous les interrogatoires sont deux « droits distincts » ; qu'en conséquence la renonciation à l'un des droits n'entraîne pas renonciation à l'autre (cf. *infra*). Le droit à l'assistance d'un avocat revêt une importance particulière lorsque la personne poursuivie est mineure. Dans l'arrêt *Adamkiewicz c/ Pologne* du 2 mars 2010, la Cour observe « qu'étant donné qu'à l'époque des faits le requérant était âgé de quinze ans et n'avait aucun antécédent criminel, il serait difficile d'affirmer qu'au vu de son âge, il aurait pu raisonnablement savoir qu'il avait le droit de solliciter l'assistance d'un défenseur ou qu'il aurait été capable d'apprécier les conséquences de l'absence d'une telle assistance lors de son interrogatoire où il était entendu en tant que suspect du meurtre d'un autre mineur ». Le mineur doit être davantage soutenu qu'un adulte lorsqu'il est soumis à l'épreuve d'une procédure pénale dirigée contre lui. Dans l'arrêt *Adam-*

*kiewicz*, la Cour déduit du fait « qu'au cours de cette période décisive pour l'issue de la procédure entière le requérant est resté isolé au foyer pour mineurs en étant de surcroît privé pendant un certain temps de contacts avec sa famille », l'impérieuse nécessité qu'il ait un large accès à un avocat dès les premiers stades de la procédure.

Le fait que le droit d'être assisté par un avocat a été respecté dans la suite de la procédure ne permet pas de compenser l'absence de l'avocat lors de la garde à vue (*Salduz*). Il faut ainsi considérer que le droit d'être assisté d'un avocat dès le début de la garde à vue doit constituer le principe qui ne peut admettre que des restrictions « clairement circonscrites et [dont] l'application est limitée dans le temps ». La Cour sanctionne ainsi dans l'arrêt *Salduz* une « politique systématique » de restriction au droit d'accès à un avocat et juge dans l'arrêt *Dayanan* qu'une « restriction systématique » sur la base des dispositions légales pertinentes suffit à conclure à un manquement aux exigences de l'article 6 de la Convention. Le Conseil constitutionnel dans une décision du 30 juillet 2010 (déc. n° 2010-14/22 QPC) déclare inconstitutionnelle l'impossibilité pour une personne ayant commis une infraction particulière de bénéficier de l'assistance effective d'un avocat pendant son interrogatoire lors de sa garde à vue, considérant qu'« une telle restriction aux droits de la défense est imposée de façon générale, sans considération des circonstances particulières de la justifier pour rassembler ou conserver les preuves ou assurer leur protection des personnes ». Dans les arrêts du 19 octobre 2010, la chambre criminelle de la Cour de cassation (*D.* 2010 p. 2809, obs. E. Dreyer) considère également, en se référant à l'article 6 de la Conv. EDH, que « la restriction du droit d'être assisté dès le début de la garde à vue par un avocat, en application de l'article 706-88 du Code de procédure pénale ne répondait pas à l'exigence d'une raison impérieuse, laquelle ne pouvait découler de la seule nature de l'infraction » (pourvoi n° 10-82902), condamnant ainsi les régimes dérogatoires de garde à vue comme le régime de droit commun (pourvois n° 10-82306 et n° 10-82902). Par huit arrêts allant dans le même sens, l'Assemblée plénière de la Cour de cassation confirme cette analyse en affirmant notamment que « attendu qu'après avoir retenu qu'aux termes de ses arrêts *Salduz c/ Turquie et Dayanan c/ Turquie*, rendus les 27 novembre 2008 et 13 octobre 2009, la Cour européenne des droits de l'homme a jugé que, pour que le droit à un procès équitable, consacré par l'article 6 § 1 de la Convention de sauvegarde, soit effectif et concret, il fallait, en règle générale, que la personne placée en garde à vue puisse bénéficier de l'assistance d'un avocat dès le début de la garde à vue et pendant ses interrogatoires, le premier président qui a relevé que, alors que M. X... avait demandé à s'entretenir avec un avocat dès le début de la mesure, il avait été procédé, immédiatement et sans attendre l'arrivée de l'avocat, à son interrogatoire, en a exactement déduit que la procédure n'était pas régulière et décidé qu'il n'y avait pas lieu de prolonger la rétention. »

L'absence de l'avocat lors de l'accomplissement d'actes d'enquête tel qu'un transport sur les lieux avec reconstitution des faits constitue également une violation de l'article 6 § 3 (*Karadag c/ Turquie*, 29 juin 2010).

Le détenu faisant l'objet d'une procédure pouvant aboutir à une sanction disciplinaire pénitentiaire a également le droit d'être représenté par un avocat, cette mesure relevant de la matière pénale (*Ezeh et Connors c/ Royaume-Uni*, 9 oct. 2003, *D.*, 2003, 932, note J.-P. Ceré).

Le refus de se voir désigner un avocat d'office devant la Cour de cassation porte atteinte au droit à l'assistance d'un défenseur lorsque la procédure est lourde de conséquences pour le requérant et que la complexité des questions juridiques soulevées exigeait la présence d'un conseil expérimenté (*Pham Hoang c/ France*, 25 sept. 1992, *JCP G*, 1993, I, 3654, obs. F. Sudre). Selon les particularités de la procédure devant les juridictions en cause, les pouvoirs de celle-ci, les enjeux de la décision, la complexité des questions juridiques en l'espèce, la Cour peut juger que l'absence de défenseur devant la juridiction d'appel ou de cassation enfreint (*Broner c/ Royaume-Uni*, 28 oct. 1994) ou non (*Tripodi c/ Italie*, 22 févr. 1994), l'article 6, § 3, alinéa *c* (*JCP G*, 1995, I, 2823, obs. F. Sudre).

## II / L'enrichissement du contenu du droit à un avocat

L'arrêt *Pakelli c/ Allemagne* du 25 avril 1983 précise l'étendue de la garantie consacrée par l'article 6, § 3 *c)* qui garantit trois droits à l'accusé : se défendre lui-même, bénéficier de l'assistance d'un défenseur de son choix et, sous certaines conditions, pouvoir être assisté gratuitement par un avocat d'office.

Si les garanties de l'article 6, § 3, al. *c*, dont le droit de se défendre soi-même, sont applicables à la procédure devant la Cour de cassation, la Cour admet, compte tenu de la spécificité de cette procédure, que soit réservé « aux seuls avocats spécialisés le monopole de la prise de parole » (*Meftah et al. c/ France*, 26 juill. 2002, *JCP G*, 2003, I, 107, chron.

F. Sudre ; dans le même sens pour le Conseil d'État et la Commission spéciale de cassation des pensions : *Mocie c/ France*, 8 avr. 2003).

Dans l'arrêt *Dayanan*, la Cour apporte des précisions particulièrement utiles sur le contenu du droit à l'assistance d'un avocat en visant « la discussion de l'affaire, l'organisation de la défense, la recherche des preuves favorables à l'accusé, la préparation des interrogatoires le soutien de l'accusé en détresse et le contrôle des conditions de détention sont des éléments fondamentaux de la défense que l'avocat doit librement exercer ».

Le droit à un avocat implique une présence effective de celui-ci aux côtés de son client et les moyens pour organiser réellement la défense de celui-ci.

A) Le droit d'être défendu par un avocat doit être effectif ; tel n'est pas le cas lorsqu'un avocat a été tardivement désigné et qu'il n'a pas, en réalité, assuré la défense du requérant, celui-ci étant privé, par voie de conséquence, de l'accès à certaines pièces du dossier qu'il n'a pu obtenir lui-même (*Seris c/ France*, 10 mai 2007). Il en va de même lorsque les avocats aux conseils du requérant, désignés tardivement en raison d'un recours relatif à l'octroi de l'aide juridictionnelle, se sont vus refuser la possibilité de déposer un mémoire ampliatif devant la Cour de cassation (*Saoud c/ France*, 9 oct. 2007). Dans l'arrêt *Süzer contre Turquie* du 23 avril 2013, la Cour européenne estime que l'assistance offerte au requérant était manifestement défaillante dès lors qu'elle constate que l'avocate commise d'office ne s'est pas opposée au recueil par la police des dépositions du requérant, alors qu'une telle pratique méconnaissait les dispositions du droit interne, et qu'elle n'a même pas vérifié si les parents du requérant avaient été informés de l'arrestation de leur fils mineur.

Le refus de se voir accorder l'aide judiciaire, qui peut constituer une atteinte au droit à un tribunal (*supra* n° 27), est également susceptible de constituer une violation de l'article 6, § 3 (*Twalib c/ Grèce*, 9 juin 1998, *JCP G*, 1999, I, 105, obs. F. Sudre ; *R. D. c/ Pologne*, 18 déc. 2001). La longueur de la procédure qui se termine au petit matin et la fatigue qui en résulte, empêche l'avocat d'assurer une défense efficace (*Makhfi c/ France*, 19 oct. 2004, D, 2005, 474, note D. Roets).

Les différents arrêts de la Cour européenne relatifs au droit d'être assisté par un avocat pendant la garde à vue précisent que ce droit implique la présence de l'avocat pendant les interrogatoires même si cette affirmation ne paraissait pas évidente dans l'arrêt *Salduz* (*Karabil ; Adamakiewicz ; Busco*) ; ainsi « l'effectivité des droits du gardé à vie implique non seulement la notification du droit de se taire mais également la présence de l'avocat à tous les actes de la garde à vue » (A.-S. Chavent, La double condamnation européenne et française, *Procédures* n° 12, déc. 2010 comm. 149). À cet égard, le droit antérieur à la réforme du 14 avril 2011 qui permettait seulement à la personne poursuivie de s'entretenir pendant trente minutes avec un avocat lors de la garde à vue dès la première heure n'était pas suffisant pour satisfaire les exigences européennes. Il faut en effet, comme le précise l'arrêt *Brusco*, que l'avocat soit effectivement présent aux côtés du gardé à vue pour l'informé de son droit à garder le silence, et qu'il l'assiste le cas échéant lors de ses différentes dépositions. On peut ainsi affirmer que « le rôle de l'avocat pendant la garde à vue ne se limite donc pas seulement à l'information sur un vague droit au silence ou à une surveillance à l'encontre de violences éventuelles mais il constitue la première étape de la défense » (C. Mauro, obs. préc.). Dans un des arrêts du 19 octobre 2010 (Pourvoi n° 10-82306), la Cour de cassation approuve la Cour d'appel qui a annulé des procès-verbaux de garde à vue et des auditions intervenues pendant celle-ci, au visa de l'article 6 de la Conv. EDH, au motif que « M. X… a bénéficié de la présence d'un avocat mais non de son assistance dans des conditions lui permettant d'organiser sa défense et de préparer avec lui les interrogatoires auxquels cet avocat n'a pu, en l'état de la législation française, participer ».

La loi du 14 avril 2011 réformant la garde à vue prévoit que la personne gardée à vue peut demander à ce que l'avocat assiste aux auditions [art. 63-4-2]. Les exceptions que le texte prévoit à cette règle semblent suffisamment restreintes et justifiées pour être conformes à la jurisprudence européenne et française sur cette question. L'article 63-4-2 CPP prévoit en effet que « Lorsque les nécessités de l'enquête exigent une audition immédiate de la personne, le procureur de la République peut autoriser, par décision écrite et motivée, sur demande de l'officier de police judiciaire, que l'audition débute sans attendre l'expiration du délai prévu au premier alinéa » et qu'« à titre exceptionnel, sur demande de l'officier de police judiciaire, le procureur de la République ou le juge des libertés et de la détention […] peut autoriser, par décision écrite et motivée, le report de présence de l'avocat lors des auditions ou confrontations, si cette mesure apparaît indispensable pour des raisons impérieuses tenant aux circonstances particulières de l'enquête, soit pour permettre le bon déroulement d'investigations urgentes tendant au recueil ou à la conservation des preuves, soit pour prévenir une atteinte imminente aux personnes. » Enfin le même texte prévoit que « Lorsque la personne est gardée à vue pour un crime ou un délit puni d'une peine d'emprisonnement supérieure ou égale à cinq ans, le juge des libertés et de la détention peut, sur requête du procureur de la République, autoriser à différer la présence de l'avocat, au-delà de la douzième heure, jusqu'à la vingt-quatrième heure. »

La Cour européenne admet que la personne poursuivie puisse renoncer librement et volontairement à son droit d'être assistée d'un avocat, dès lors qu'il est établi que ce droit lui a été rappelé pendant sa garde à vue, qu'il en a convenu en signant un exemplaire du procès-verbal constatant son refus et qu'il a réitéré la plupart de ses déclarations lors de la phase de jugement (*Salduz ; Yoldas c/ Turquie*, 23 févr. 2010, *Dr. pén.* 2011, chron. n° 3, obs. E. Dreyer *; Satir c/ Turquie* 1er déc. 2009). La renonciation ne peut en revanche être admise comme pouvant écarter la violation du droit d'être assisté d'un avocat lorsque la personne poursuivie refuse les services d'un avocat commis d'office car il a le sentiment que, compte tenu des difficultés de communication avec celle-ci, sa participation à la procédure se réduisait à une simple formalité (*Sakhnovski c/ Russie*, 2 nov. 2010).

Si l'absence d'un défenseur constitue une atteinte à l'article 6, § 3, encore faut-il que celle-ci soit imputable à l'État et non à la négligence de l'avocat. Il ne saurait en effet être imputé à l'État la responsabilité d'une défaillance de l'avocat choisi par l'accusé *(Tripodi).* À propos d'un avocat commis d'office, la Cour affirme dans l'arrêt *Kamasinski* que « la désignation [de celui-ci] ne règle pas nécessairement par elle-même la question du respect de l'article 6, § 3 *c* » (§ 65). Elle avait déjà précisé dans l'arrêt *Artico c/ Italie* du 13 mai 1980 qu'en cas de défaillance de l'avocat d'office, les autorités doivent le remplacer ou l'amener à s'acquitter de sa tâche si on les avertit, tout en affirmant « qu'on ne saurait imputer à l'État la responsabilité de toute défaillance d'un avocat d'office ». Toutefois en cas de carence manifeste d'un avocat commis d'office, il incombe aux autorités judiciaires de ne pas demeurer passives afin d'assurer à l'intéressé la jouissance effective du droit protégé (*Daud c/ Portugal*, 21 avr. 1998, *JCP* G, 1999, I, 105, obs. F. Sudre ; *Czekalla c/ Portugal*, 10 oct. 2002, *JCP G*, 2003, I, 107, n° 15, chron. F. Sudre). Le droit de choisir son avocat n'a cependant pas un caractère absolu : lors de la désignation d'un avocat d'office, le juge peut imposer le choix d'un conseil si les intérêts de la justice le commandent (*Croissant c/ Allemagne*, 29 sept. 1999, *JCP G*, 1993, I, 3654, obs. F. Sudre).

B) L'article 6, § 3 consacre le droit « à disposer du temps et des facilités nécessaires pour la préparation de sa défense ». Ces dernières impliquent notamment la possibilité de consultations préalables entre l'accusé et son avocat (*Campbell et Fell c/ Royaume-Uni*, 28 juin 1984 ; dans le même sens, C, const. Déc. 93-226 DC du 11 août 1993).

Même si l'article 6, § 3 *c* ne consacre pas expressément le droit pour l'accusé de communiquer sans entrave avec son défenseur, la Cour considère que la présence d'un policier lors du premier entretien de l'accusé avec son conseil porte atteinte au droit de ce dernier à l'assistance d'un défenseur (*Brennan c/ Royaume-Uni*, 16 oct. 2001 ; *S. c/ Suisse*, 28 nov. 1991 ; *Öcalan c/ Turquie*, 12 mai 2005). L'interception d'une lettre par laquelle un détenu faisait savoir à son avocat son intention de se pourvoir en cassation et la remise de cette lettre après l'expiration du délai pour déposer le pourvoi portent atteinte au droit pour l'accusé de disposer du temps nécessaire à la préparation de sa défense (*Domenichini c/ Italie*, 15 nov. 1996). L'article 63-4 du CPP prévoit que dans le cadre de la garde à vue, « l'avocat désigné dans les conditions prévues à l'article 63-3-1 peut communiquer avec la personne gardée à vue dans des conditions qui garantissent la confidentialité de l'entretien »

Le défenseur doit en outre se voir notifier les dates d'audience, l'absence d'une telle notification contribuant à priver le requérant d'une défense concrète et effective (*Godi c/ Italie*, 9 avr. 1984). Lorsque la personne poursuivie a choisi de se défendre elle-même pèse également sur les autorités judiciaires l'obligation de l'informer du point de départ et de l'échéance d'un délai pour produire son mémoire en cassation (*Vacher c/ France*, 17 déc. 1996, *JCP G*, 1997, I, 4000, obs. F. Sudre).

La juridiction doit adopter toutes les mesures positives destinées à permettre à l'avocat de remplir sa tâche dans les meilleures conditions (*Poitrimol*). La question se pose cependant de savoir si l'accès au dossier de l'avocat, qui relève de l'évidence dans le cadre de la procédure judiciaire, doit également être organisé lors de la garde à vue. La réponse ne paraît pas certaine même si on peut considérer que l'accès de l'avocat au dossier dès la garde à vue découle de la définition, dans l'arrêt *Adamkiewicz*, des éléments fondamentaux de la défense que l'avocat doit librement exercé. Même après la réforme de la garde à vue, la loi du 14 avril 2011 ne prévoit pas l'accès de l'avocat au dossier ; il ne peut consulter que les documents relatifs au déroulement de la garde et aux procès-verbaux d'audition de son client.

A. G.

### *4 / Le droit d'interroger les témoins (38. Kostovski c/ Pays-Bas, 20 novembre 1989)*

**38. Kostovski c/ Pays-Bas, 20 novembre 1989** Rev. sc. crim., 1990, 388, obs. L.-E. Pettiti ; *AFDI*, 1991, 602, obs. V. Coussirat-Coustère ; *JDI*, 1990, 738, obs. P. Rolland ; *RTD*H, 1990, 267, obs. J. Callewaert ; Dr. pénal, 1990, comm., 143, obs. A. Maron.

**39.** Il faut rappeler d'emblée que la recevabilité des preuves relève au premier chef des règles du droit interne (Schenk du 12 juillet 1988, A. 140, § 46). De même, il revient en principe aux juridictions nationales d'apprécier les éléments recueillis par elles (Barberà Messegué et Jabardo, 6 déc. 1988, A. 146, § 68). À la lumière de ces principes, la Cour estime qu'en l'espèce sa tâche ne consiste pas à se prononcer sur le point de savoir si les déclarations en cause furent correctement admises et interprétées, mais à rechercher si la procédure considérée dans son ensemble, compris le mode de présentation des moyens de preuve, revêtit un caractère équitable. Comme là réside le problème fondamental, et que les exigences du § 3 de l'article 6 représentent des aspects particuliers du droit a un procès équitable garanti par le § 1 [...], elle examinera les griefs de l'intéressé sous l'angle de ces deux textes combinés.

**40.** En droit néerlandais, un seul des auteurs des déclarations en cause – celui dont la déposition fut lue à haute voix en première instance – était considéré comme « témoin » [...]. Toutefois, le sens autonome à donner à ce terme (Bönisch, 6 mai 1985, A. 92, § 31-32) amène à les regarder tous deux comme tels aux fins de l'article 6, § 3 d) de la Convention car leurs affirmations, lues ou non à l'audience, se trouvaient en fait devant les juges, lesquels les prirent en compte.

**41.** Les éléments de preuve doivent en principe être produits devant l'accusé en audience publique, en vue d'un débat contradictoire (arrêt Barberà, Messegué et Jabardo, préc., § 78). Il n'en résulte pourtant pas que la déclaration d'un témoin doive toujours se faire dans le prétoire et en public pour pouvoir servir de preuve : utiliser de la sorte des dépositions remontant à la phase de l'instruction préparatoire ne se heurte pas en soi aux § 3 d) et 1 de l'article 6, sous réserve du respect des droits de la défense. En règle générale, ces droits commandent d'accorder à l'accusé une occasion adéquate et suffisante de contester un témoignage à charge et d'en interroger l'auteur, au moment de la déposition ou plus tard [...].

**42.** Or le requérant ne bénéficia pas d'une telle occasion, bien que l'on ne pût douter de son désir de contester le témoignage des personnes anonymes dont il s'agit et de les questionner. Non seulement elles ne furent pas entendues pendant le procès, mais leurs déclarations avaient été recueillies, par la police ou le juge d'instruction, en l'absence de M. Kostovski et de son conseil [...], lesquels ne purent donc les interroger eux-mêmes à aucun stade des poursuites. Devant le tribunal d'arrondissement d'Utrecht puis devant la cour d'appel d'Amsterdam, la défense put certes interroger l'un des policiers et les deux juges d'instruction qui avaient enregistré les déclarations [...]. Elle put aussi, mais pour une seule des personnes anonymes, présenter des questions écrites par l'intermédiaire du juge d'instruction [...]. La nature et l'étendue des questions qu'elle put poser de l'une ou l'autre manière se trouvèrent toutefois considérablement limitées par la décision de préserver l'anonymat desdites personnes [...]. Ce dernier aspect de l'affaire aggrava les difficultés rencontrées par le requérant. Si la défense ignore l'identité d'un individu qu'elle essaie d'interroger, elle peut se voir privée des précisions lui permettant justement d'établir qu'il est partial, hostile ou indigne de foi. Un témoignage ou d'autres déclarations chargeant un accusé peuvent fort bien constituer un mensonge ou résulter d'une simple erreur ; la défense ne peut guère le démontrer si elle ne possède pas les informations qui lui fourniraient le moyen de contrôler la crédibilité de l'auteur ou de jeter le doute sur celle-ci. Les dangers inhérents à pareille situation tombent sous le sens.

**44.** Le gouvernement souligne qu'aux Pays-Bas, la jurisprudence et la pratique en matière de dépositions anonymes découlent de l'intimidation croissante des témoins et recherchent un équilibre entre les intérêts de la société, des accusés et des témoins. En l'espèce, il apparaît selon lui que les auteurs des déclarations en cause avaient de bonnes raisons de craindre des représailles [...]. Ici non plus [...], la Cour ne sous-estime pas l'importance de la lutte contre la délinquance organisée mais bien que non dépourvu de poids le raisonnement du gouvernement ne la convainc pas. Si l'expansion de la délinquance organisée commande à n'en pas douter l'adoption de mesures appropriées, la thèse du gouvernement semble à la Cour attacher trop peu de prix à ce que le conseil du requérant appelle « l'intérêt de chacun, dans une société civilisée, à une procédure judiciaire contrôlable et équitable ». Dans une société démocratique, le droit à une bonne administration de la justice occupe une place si éminente (arrêt Delcourt, 17 janv. 1970, A. 11, § 25) qu'on ne saurait le sacrifier à l'opportunité. La Convention n'empêche pas de s'appuyer, au stade de l'instruction préparatoire, sur des sources telles que des indicateurs occultes, mais l'emploi ultérieur de déclarations anonymes comme des preuves suffisantes pour justifier une condamnation soulève un problème différent. En l'espèce, il a conduit à restreindre les droits de la défense d'une manière incompatible avec les garanties de l'article 6. De fait, le gouvernement reconnaît que la condamnation du requérant se fondait « à un degré déterminant » – sur les dépositions anonymes.

**45.** La Cour conclut donc que dans les circonstances de la cause, les droits de la défense subirent de telles limitations que M. Kostovski ne saurait passer pour avoir joui d'un procès équitable. Partant, il y a eu violation du § 3 d) de l'article 6, combiné avec le § 1.

M. Kostovski avait été condamné pour vol à main armée sur le fondement de déclarations de deux témoins anonymes, entendus, en l'absence de l'accusé et de son conseil, par la police pour l'un et par un juge d'instruction pour l'autre. L'arrêt rendu par la Cour européenne dans cette affaire s'inscrit dans une jurisprudence abondante relative aux droits de l'accusé par rapport aux témoignages recueillis au cours de son procès. Il permet de préciser les contours du droit d'interroger les témoins consacré par l'article 6, § 3 *d)* de la Convention et d'établir le régime spécifique du témoignage anonyme.

## I / Le droit d'interroger les témoins

Dans l'arrêt *Kostovski*, comme dans tous les arrêts relatifs à la preuve, la Cour rappelle que « la recevabilité des preuves relève du droit interne » (§ 39), se reconnaissant cependant une compétence pour connaître de la mise en œuvre des règles de droit interne relatives à la preuve dans la mesure où elle doit s'assurer que l'ensemble de la procédure, répond aux exigences du procès équitable (en dernier lieu, *Luca c/ Italie*, 27 févr. 2001).

A) Selon une jurisprudence constante, le droit d'interroger les témoins de l'article 6, § 3 *d)* fait partie des exigences posées par l'article 6, § 1 (§ 39) et l'examen des droits accordés au requérant dans la procédure par rapport aux témoignages est fondé sur une combinaison de ces deux textes.

La notion de témoin revêt un sens « autonome » et s'entend de toute personne dont les dires sont portés à la connaissance des juges et dont ceux-ci tiennent compte pour fonder la condamnation (*Bönisch c/ Autriche*, 6 mai 1985). Elle s'applique aux experts *(Bönisch)*, à la partie civile (*Bricmont c/ Belgique*, 7 juill. 1989) ou à un co-inculpé *(Luca)*. Le fait que la personne ne comparaisse pas en audience publique ne lui enlève pas sa qualité de témoin (*Windisch c/ Autriche*, 27 sept. 1990, § 23 ; *Delta c/ France*, 19 déc. 1990, *Rev. sc. crim.*, 1990, 853, obs. L.-E. Pettiti ; *RTDH*, 1992, 51, note J. Salce, § 34 ; *Lüdi c/ Suisse*, 15 juin 1992, *JCP G*, 1993, I, 3654, obs. F. Sudre, § 44).

Le droit d'interroger les témoins réside dans le droit pour l'accusé de pouvoir contester un témoignage à charge et d'en interroger l'auteur, il constitue un aspect particulier du principe du contradictoire (*supra*, n° 30). Le principe rappelé, dans tous les arrêts relatifs à cette question, est que les éléments de preuve, dont les témoignages font partie, doivent être produits en présence de l'accusé, en audience publique, en vue d'un débat contradictoire.

Dans l'arrêt *Oleg Kolesnik c/ Ukraine* du 19 novembre 2009 (*JCP* 2009, 545, obs. L. Milano), la Cour européenne affirme que les droits de la défense sont restreints de manière incompatible avec les exigences de l'article 6 lorsqu'une condamnation se fonde uniquement ou dans une mesure déterminante sur des dépositions faites par une personne que l'accusé n'a pas pu interroger ou faire interroger ni au stade de l'instruction ni pendant les débats. En outre, la cour considère que la combinaison des paragraphes 1 et 3 de l'article 6 impose aux États de prendre les mesures positives afin de permettre à l'accusé d'interroger ou de faire interroger les témoins à charge. En l'espèce elle considère qu'il ne ressort pas des preuves et des explications présentées par le Gouvernement que les autorités nationales ont pris les mesures suffisantes pour garantir la comparution des témoins devant le tribunal. L'absence d'objection du requérant et de son avocat à la poursuite de la procédure sans que les témoins aient été interrogés ne peut être selon la cour interprétée comme un consentement implicite à l'utilisation des déclarations de ces témoins dans la procédure.

B) Le droit d'interroger les témoins n'est cependant pas absolu qu'il s'agisse de témoin à décharge ou de témoin à charge. La Cour considère toutefois que « même si la Convention n'exclut pas toute possibilité d'entendre un témoin en l'absence de l'accusé, à condition que son avocat soit présent, une telle exception aux garanties offertes par l'article 6 doit faire l'objet d'une interprétation restrictive » et être suffisamment motivée (*Melich et Beck c/ République tchèque*, 24 juill. 2008).

1°« L'article 6, § 3 *d)* laisse [aux juridictions nationales] le soin de juger de l'utilité d'une offre de preuve par témoins » (*Vidal c/ Belgique*, 22 avr. 1992 ; *JCP G*, 1993, I, 3654, obs. F. Sudre). Ce principe vise également le plaignant dans une affaire de diffamation lorsque son audition en tant que témoin des faits, objet des déclarations prétendument diffamatoires, est demandée (*Perna c/ Italie*, 25 juill. 2001). Toutefois, « le silence complet » gardé par une cour d'appel qui n'a pas motivé son refus d'entendre les témoins à décharge, « ne cadre pas avec l'idée de procès équitable qui domine l'article 6 » (*Vidal*, § 34). S'il revient au juge national de juger de l'utilité d'une offre de preuve par témoin c'est sous la réserve majeure que la procédure litigieuse « dans son ensemble » revête un caractère équitable, et tel n'est le cas lorsqu'une cour d'appel fonde sa condamnation du requérant sur l'interprétation de témoignages déposés en première instance dont elle a refusé d'entendre les auteurs malgré la demande en ce sens du requérant (*Destrehem c/ France*, 18 mai 2004). Lorsque les témoins à décharge sont entendus, il suffit qu'ils le soient dans des circonstances non désavantageuses pour la défense même si elles ne sont pas rigoureusement identiques à celles de la déposition d'un témoin à charge (*Brandstetter c/ Autriche*, 28 août 1991).

2° Le droit d'interroger les témoins ne peut être satisfait que si son exercice a été sollicité par l'accusé (*Kamasinski*, 19 déc. 1989). Dans l'arrêt *Saïdi c/ France* (20 sept. 1993, *JCP G*, 1994, II, 22215, comm. P. Chambon), la Cour européenne relève que l'accusé a sollicité une confrontation avec les témoins pendant tout le cours de la procédure même s'il ne l'a pas demandé par voie de conclusion, se montrant ainsi moins sévère que la Cour de cassation qui exige que cette demande soit formée par voie de conclusions (Crim., 21 janv. 1991, *Bull.*, n° 32). Il suffit, selon les juges européens, que la cour d'appel ait eu connaissance de la demande de confrontation pour que soit satisfaite l'exigence selon laquelle le requérant doit soulever, au moins en substance, devant les juridictions internes les griefs qu'il entend formuler à Strasbourg (Saïdi,

§ 38). Dans l'arrêt *Cardot c/ France* (19 mars 1991), la Cour considère que le moyen tiré de la violation de l'article 6, § 3 *d)* est irrecevable car le requérant n'avait pas sollicité la comparution du témoin devant les juridictions internes. Une condamnation peut être fondée sur les dépositions d'un témoin à charge que l'« accusé » n'a pu interroger si le défaut de confrontation est dû à l'impossibilité de localiser le témoin et si la condamnation ne repose pas exclusivement sur le témoignage litigieux (*Rachdad c/ France*, 13 nov. 2003 ; *AJ pénal*, 2004, 76).

Si le principe est que le témoin doit être interrogé durant l'audience publique, des obstacles peuvent empêcher cette audition publique, notamment lorsque le témoin est anonyme (cf. *infra*) ou afin de protéger des témoins mineurs dans le cadre de procès pénal concernant des infractions à caractère sexuel (*P. S. c/ Allemagne*, 20 déc. 2001, *JCP G*, 2002, I, 105, obs. F. Sudre). La Cour admet que certaines mesures soient prises aux fins de protéger la victime pourvu qu'elles puissent être conciliées avec un exercice adéquat et effectif des droits de la défense, particulièrement dans les affaires impliquant un mineur ou une personne faible (*Mayali c/ France*, 14 juin 2005, § 34). Tel n'est pas le cas lorsque le requérant, poursuivi pour abus sexuel sur des mineurs, n'a pas eu la possibilité de voir comment la police recueillait le témoignage des enfants, ni de leur soumettre des questions, les dépositions des enfants n'ayant par ailleurs pas été filmées (*Bocos-Cuesta c/ Pays-Bas*, 10 nov. 2005, *RSC*, 2006, p. 452, obs. F. Massias). La Cour considère que le requérant n'a pas eu une occasion adéquate et suffisante de contester les dépositions des témoins déterminantes pour sa condamnation ; l'argument de l'intérêt de l'enfant qui consistait à ne pas revivre une expérience traumatisante est considéré par la Cour comme spéculatif et ne reposant pas sur des éléments suffisants.

L'utilisation de témoignages recueillis au cours de l'instruction préparatoire est admise à condition que les droits de la défense aient été respectés, l'accusé devant avoir eu une occasion adéquate et suffisante de contester le témoignage au moment de la déposition ou plus tard (*Lüdi*, qui fait référence à une « jurisprudence constante » ; *Van Mechelen c/ Pays-Bas*, 23 avr. 1997, *RTDH*, 1998, 158, obs. J. De Codt ; *JCP G*, 1998, I, 107, obs. F. Sudre, § 51 ; *Luca*). Si la défense a pu contester un témoignage à charge avant l'audience, notamment au cours d'une confrontation, la lecture à l'audience de la déposition du témoin recueillie lors de l'instruction est suffisante (*Isgro c/ Irlande*, 19 févr. 1991). Pour estimer que les droits de la défense ont été respectés malgré l'impossibilité d'interroger le témoin, la Cour, dans l'arrêt *Asch c/ Autriche* du 26 avril 1991 constate que l'accusé aurait pu notamment contester le témoignage de la victime, interroger l'inspecteur qui avait reçu sa déposition ou faire citer d'autres témoins. À l'inverse, la Cour a affirmé dans l'arrêt *Unterpertinger c/ Autriche* (24 nov. 1986, *Rev. sc. crim.*, 1987, obs. L.-E. Pettiti) que la seule lecture de la déposition de l'épouse et de la belle-fille de la personne poursuivie à la gendarmerie sans que l'accusé n'ait pu interroger ou faire interroger les témoins, avait porté une atteinte excessive aux droits de la défense (dans le même sens *Delta*). La Cour de cassation adopte une position similaire à l'égard du témoin qui n'est pas entendu à l'audience, considérant en matière correctionnelle (Crim., 12 janv. 1989, *Bull.*, n° 13 ; *Rev. sc. crim.*, 1990, 350, obs. Braunschweig) comme en matière criminelle (Crim., 6 mars 1991 et Crim., 13 juin 1991, *JCP G*, 1992, I, J.-P. Lassalle) qu'en cas d'impossibilité pour le témoin de déposer durant les débats, l'accusé a le droit d'être confronté au témoin s'il en fait la demande par voie de conclusion. La France est condamnée dans l'arrêt *Guilloury* du 22 juin 2006 dans une affaire d'abus sexuels d'un patron sur ses apprentis au double motif que le requérant n'a pas pu bénéficier d'une occasion adéquate et suffisante de contester les déclarations faites exclusivement avant le procès sur lesquelles sa condamnation pour relations sexuelles aggravées est fondée et que, s'agissant des témoins à décharge, la cour d'appel ne les a pas entendus alors qu'au moins deux d'entre eux étaient présents à l'audience et qu'elle avait donc la possibilité matérielle de les entendre.

Dans l'arrêt *Al-Khawaja et Tahercy contre Royaume-Uni du* 15 décembre 2011 (*JCP G* 2012, doctr. 87, F. Sudre), la Cour admet qu'un témoignage par ouï-dire puisse constituer l'élément à charge déterminant sur lequel se fondera la condamnation de l'accusé sous réserve « qu'il existe des éléments suffisamment compensateurs des inconvénients liés à l'admission d'une telle preuve pour permettre une appréciation correcte et équitable de la fiabilité de celle-ci » (*§ 147*). Dans l'une des affaires, il s'agissait de la déposition de la victime d'une agression sexuelle qui s'était suicidée avant la procès qui avait été lue à l'audition et complétée par le témoignage de ses amis. Les éléments compensateurs étaient constitués par le fait que les jurés ont entendu d'autres témoins qui ont été soumis à un contre-interrogatoire par la défense et qu'ils ont été avertis par le juge qu'ils devaient accorder moins de poids à la déposition de la victime. « Dans ces conditions, la Cour, considérant l'équité du procès dans son ensemble, estime que si des difficultés ont été causées à la défense par l'admission de la déposition de S.T. et s'il y a des risques inhérents à ce type de preuve, il existait en l'espèce des éléments compensateurs suffisants pour faire conclure que cette circonstance n'a pas emporté violation de l'article 6 § 1 combiné avec l'article 6 § 3 d) de la Convention » (§158). Ainsi, si l'admission à titre de preuve d'un témoignage par ouï-dire constituant l'élément à charge unique ou déterminant n'emporte pas automatiquement violation de l'article 6 § 1, la Cour doit soumettre la procédure à un examen particulièrement rigoureux. Dans le même sens, la Cour estime dans l'arrêt *Gani c/ Espagne* du 19 février 2013 que la lecture à l'audience des dépositions de la victime et l'appréciation approfondie de celles-ci par la juridiction de jugement constituent de tels « éléments compensateurs » et conclut en conséquence à la non violation des article 6 § 1 et 6 § 3 d) ensemble.

Dans l'arrêt *Al-Khawaja et Tahercy contre Royaume-Uni*, la Cour précise que, compte tenu de la mesure dans laquelle l'absence d'un témoin nuit aux droits de la défense, il ne faut admettre sa déposition écrite en lieu et place de sa présence au procès qu'en dernier recours. Elle affirme qu'« avant de pouvoir dispenser un témoin de comparaître au motif qu'il craint de se présenter au procès, le juge doit estimer établi que toutes les autres possibilités, telles que l'anonymat ou d'autres mesures spéciales, seraient inadaptées ou impossibles à mettre en œuvre ».

## II / Le régime spécifique applicable au témoignage anonyme

Dans l'arrêt *Kostovski*, la Cour européenne se prononce pour la première fois sur la question de la compatibilité des témoignages anonymes avec les exigences de l'article 6, § 3 *d)*.

A) La Cour opère une distinction entre l'utilisation dans la phase policière d'indicateurs occultes, et l'emploi ultérieur de déclarations anonymes comme preuve d'une condamnation (*Doorson c/ Pays-Bas*, 26 mars 1996, *Rev. sc. crim.*, 1997, 484, obs. R. Koering-Joulin, § 69) qui seul suscite une difficulté au regard de l'article 6, § 3 *d)* de la Convention.

L'importance de la lutte contre la délinquance organisée (§ 43 ; *Saïdi*) justifie le recours à des témoignages anonymes pour éviter l'intimidation des témoins. « Certes, l'article 6 ne requiert pas explicitement que les intérêts des témoins en général, et ceux des victimes appelées à déposer en particulier, soient pris en considération. Toutefois, il peut y aller de leur vie, de leur liberté ou de leur sûreté, comme d'intérêts relevant, d'une manière générale, du domaine de l'article 8 de la Convention » *(Doorson)*. Elle considère cependant dans l'arrêt *Van Mechelen* que les agents de police devaient, en général, accepter d'être exposés à des dangers nettement plus sérieux que d'autres personnes tout en reconnaissant qu'en principe il peut être légitime pour les autorités de police de souhaiter préserver l'anonymat d'un agent employé à des activités secrètes, afin non seulement d'assurer sa protection et celle de sa famille, mais aussi de ne pas compromettre la possibilité de l'utiliser dans des opérations futures. Il apparaît que la démonstration du danger couru par le témoin pour justifier son anonymat est nécessaire pour la recevabilité de ce dernier, la Cour affirmant ainsi dans l'arrêt *Van Mechelen* que cette démonstration n'avait pas été faite contrairement à ce qui fut le cas dans l'affaire *Doorson*, dans laquelle il avait été décidé, sur la base d'informations contenues dans le dossier lui-même, que les témoins avaient des raisons suffisantes de croire que l'accusé pourrait recourir à la violence. La crainte du témoin peut ne pas être due directement à des menaces de l'accusé ou de personnes agissant pour son compte mais seulement à la notoriété de l'accusé ou de ses acolytes (*Dzelili c. Allemagne* (déc.), 29 sept. 2009) ; la peur pour la vie ou l'intégrité physique d'un tiers et la crainte d'un préjudice matériel sont également des éléments qui peuvent être pris en compte. Le juge doit cependant mener des investigations pour vérifier que les craintes du témoin sont objectivement justifiées *(Krasniki c. République tchèque*, 28 févr. 2006).

En réalité, la Cour européenne examine surtout, au cas par cas, l'influence que peut avoir un témoignage anonyme sur la procédure dans son ensemble. Si, dans la plupart des arrêts rendus en la matière, la Cour européenne estime que les nécessités liées à la protection des témoins sont insuffisantes pour justifier l'atteinte aux droits de la défense entraînés par ces témoignages anonymes, sa condamnation est moins dirigée contre le témoignage anonyme lui-même que contre les atteintes aux droits de la défense. Dans l'arrêt *Doorson*, la Cour affirme d'ailleurs qu'« ainsi [que] il résultait déjà de manière implicite des § 42 et 43 de l'arrêt *Kostovski*, semblable utilisation n'est pas en toutes circonstances incompatible avec la Convention » (dans le même sens Van Mechelen, § 52). Si, dans l'arrêt *Lüdi*, les juges européens concluent à la violation de l'article 6, § 3 *d)*, ils ne condamnent pas en elle-même la technique des agents infiltrés, indispensable dans la lutte contre la drogue, mais sanctionnent les autorités suisses parce qu'en l'espèce, il aurait été possible d'organiser une confrontation de telle manière que soit préservé l'anonymat des policiers.

B) La recevabilité du témoignage anonyme est soumise par la Cour européenne à deux conditions cumulatives : il faut que la défense bénéficie d'une compensation dans l'exercice de ses droits et que le témoignage ne soit pas la seule preuve de la culpabilité de l'accusé.

1 / « Si l'on préserve l'anonymat des témoins à charge, la défense se trouve confrontée à des difficultés qui, normalement, ne devraient pas s'élever dans le cadre d'un procès pénal. » Aussi la Cour a-telle reconnu que, en pareil cas, l'article 6, § 1 combiné avec l'article 6, § 3 *d)* de la Convention exige que les obstacles auxquels se heurte la défense soient suffisamment compensés par la procédure suivie devant les autorités judiciaires (*Doorson ; Van Mechelen*).

La première exigence réside dans l'intervention d'un juge lors de l'interrogatoire du témoin anonyme, ce qui fut le cas dans l'affaire *Doorson*. Cette intervention du juge n'est cependant pas suffisante (*Van Mechelen*). Il faut en outre pour que le respect des droits de la défense soit assuré que celle-ci ait pu, malgré l'anonymat, interroger le témoin. Dans l'arrêt *Kostovski*, la défense avait pu présenter des questions écrites par l'intermédiaire du juge d'instruction mais il a été reproché aux autorités néerlandaises d'avoir repoussé certaines d'entre elles qui avaient pour objectif d'identifier les témoins. Dans l'arrêt *Doorson*, la Cour relève le fait que l'avocat de la défense a pu assister à l'interrogatoire et qu'il a pu poser les questions qu'il désirait à l'exception de celles impliquant que le témoin dévoile son identité. Dans l'arrêt *Van Mechelen* les accusés et leurs avocats avaient été au contraire exclus lors de l'interrogatoire du témoin. Dans cette décision, comme dans l'arrêt *Kostovski*, la Cour constate que la défense a été privée de la possibilité d'observer la réaction des témoins à des questions directes, ce qui l'a empêché de contrôler leur fiabilité. Il ressort de la jurisprudence que le témoin doit être directement confronté à la défense, au moins par l'intermédiaire de l'avocat (*Doorson* préc.). La Cour fait allusion dans l'arrêt *Van Mechelen* à des techniques de maquillage qui pourraient permettre cette confrontation tout en respectant l'anonymat du témoin.

2 / La recevabilité du témoignage anonyme dépend également, et sans doute surtout, de son caractère déterminant. « Même là, où des procédures faisant contrepoids sont jugées compenser de manière suffisante les obstacles auxquels se heurte la défense, une condamnation ne peut se fonder uniquement, ni dans une mesure déterminante, sur des déclarations anonymes » (*Doorson*, § 76). Dans cet arrêt, les juges européens considèrent que la cour d'appel n'a pas fondé son constat de

culpabilité uniquement, ou dans une mesure déterminante, sur ces témoignages. Dans l'arrêt *Van Mechelen* au contraire, la condamnation des requérants est fondée « dans une mesure déterminante » sur des témoignages anonymes, qui, de plus, émanent de policiers (dans le même sens, *A. M. c/ Italie*, 14 déc. 1999). On peut se demander si, en mesurant le caractère déterminant ou non du témoignage anonyme, la Cour européenne n'en arrive pas à contrôler indirectement l'appréciation effectuée par les juridictions nationales des éléments de preuve produits. La chambre criminelle mesure également la recevabilité du témoignage anonyme en vérifiant qu'il se combine avec d'autres éléments de preuve (Crim., 24 oct. 1989, *Bull.*, n° 373). Elle admet ainsi souvent un tel témoignage en constatant que « le témoignage anonyme n'était pas indispensable à la manifestation de la vérité » (Crim., 6 mars 1991, *Dr. pénal*, 1991, comm., 213, A. Maron ; Crim., 3 fév. 1993, *JCP G*, 1994, I, 197, obs. P. Chambon). La Cour de cassation a admis que soit utilisé un procès-verbal qui rapportait des informations obtenues par un policier d'une personne désirant conserver l'anonymat alors que celui-ci ne répondait pas aux nouvelles exigences de la loi n° 2001-1062 du 15 novembre 2001, au motif qu'il ne constituait pas un procès-verbal d'audition de témoin mais un procès-verbal de renseignements destinés à guider d'éventuelles investigations sans pouvoir être retenu comme moyen de preuve (Crim., 9 juill. 2003, *D*, 2003, 2285). Depuis le décret n° 2003-455 du 16 mars 2003, la possibilité pour un témoin de déposer de manière anonyme est soumise à l'autorisation du juge des libertés et de la détention (art. R 53-27 et s. CPP).

A. G.

## SECTION 2
## *Le principe de la légalité des délits et des peines*

**39. S. W. c/ Royaume-Uni, 22 novembre 1995**, série A, n° 335-B, *AJDA*, 1996, 445, note J.-P. Costa ; *JDI*, 1996, 267, obs. P. Tavernier ; *RTD*H, 1996, 459, obs. S. Van Drooghenbroek.

A / Principes généraux

**34.** La garantie que consacre l'article 7, élément essentiel de la prééminence du droit, occupe une place primordiale dans le système de protection de la Convention, comme l'atteste le fait que l'article 15 n'y autorise aucune dérogation en temps de guerre ou autre danger public. Ainsi qu'il découle de son objet et de son but, on doit l'interpréter et l'appliquer de manière à assurer une protection effective contre les poursuites, les condamnations et sanctions arbitraires.

**35.** Comme la Cour l'a dit dans son arrêt Kokkinakis c/ Grèce du 25 mai 1993 (série A, n° 260-A, p. 22, § 52), l'article 7 ne se borne donc pas à prohiber l'application rétroactive du droit pénal au désavantage de l'accusé : il consacre aussi, de manière plus générale, le principe de la légalité des délits et des peines (nullum crimen, nulla poena sine lege) et celui qui commande de ne pas appliquer la loi pénale de manière extensive au désavantage de l'accusé, notamment par analogie. Il en résulte qu'une infraction doit être clairement définie par la loi. Dans son arrêt précité, la Cour a ajouté que cette condition se trouve remplie lorsque l'individu peut savoir, à partir du libellé de la clause pertinente et, au besoin, à l'aide de son interprétation par les tribunaux, quels actes et omissions engagent sa responsabilité pénale. La Cour a donc indiqué qu'en parlant de « loi », l'article 7 renvoie à la même notion que celle recouverte par d'autres articles de la Convention, notion qui englobe le droit écrit comme non écrit et implique des conditions qualitatives, entre autres celles d'accessibilité et de prévisibilité [...].

**36.** Aussi clair que le libellé d'une disposition légale puisse être, dans quelque système juridique que ce soit, y compris le droit pénal, il existe immanquablement un élément d'interprétation judiciaire. Il faudra toujours élucider les points douteux et s'adapter aux changements de situation. D'ailleurs, il est solidement établi dans la tradition juridique du Royaume-Uni comme des autres États parties à la Convention que la jurisprudence, en tant que source du droit, contribue nécessairement à l'évolution progressive du droit pénal. On ne saurait interpréter l'article 7 de la Convention comme proscrivant la clarification graduelle des règles de la responsabilité pénale par l'interprétation judiciaire d'une affaire à l'autre, à condition que le résultat soit cohérent avec la substance de l'infraction et raisonnablement prévisible.

B / Application de ces principes [...]

**41.** La Cour note que la condamnation du requérant pour viol reposait sur l'infraction de viol définie par la loi, à savoir l'article 1er de la loi de 1956, précisé par l'article 1, § 1 de la loi de 1976 [...]. L'intéressé ne conteste pas que la conduite qui lui a valu sa condamnation aurait constitué un viol au sens de la définition légale du viol applicable à l'époque, si la victime n'avait pas été sa femme. Le grief qu'il tire de l'article 7 de la Convention porte uniquement sur le fait que lorsqu'il a décidé, le 18 avril 1991, que l'intéressé devait répondre de l'accusation de viol, le juge Rose a suivi l'arrêt de la Court of Appeal du 14 mars 1991 dans l'affaire R. v. R., lequel déclarait que l'immunité était levée.

**43.** Les décisions de la Court of Appeal et de la Chambre des Lords ne faisaient que poursuivre une tendance perceptible dans l'évolution de la jurisprudence et démantelant l'immunité qui mettait un mari à l'abri de poursuites pour le viol de sa femme [...]. Nul doute en l'état de la loi au 18 septembre 1990 qu'un mari ayant de force des rapports sexuels avec son épouse pouvait, dans diverses circonstances, être convaincu de viol. De plus, l'interprétation jurisprudentielle opérait une évolution manifeste, cohérente avec la substance même de l'infraction, du droit pénal qui tendait à traiter d'une manière générale pareille conduite comme relevant de l'infraction de viol. Cette évolution était telle que la reconnaissance judiciaire de l'absence d'immunité constituait désormais une étape raisonnablement prévisible de la loi (§ 36 ci-dessus).

**44.** Le caractère par essence avilissant du viol est si manifeste qu'on ne saurait tenir le résultat des décisions de la Court of Appeal et de la Chambre des Lords – d'après lesquelles le requérant pouvait être reconnu coupable de viol quelles que fussent ses relations avec la victime – pour contraires à l'objet et au but de l'article 7 de la Convention, qui veut que nul ne soit soumis à des poursuites, des condamnations ou des sanctions arbitraires (§ 35 ci-dessus). De surcroît, l'abandon de l'idée inacceptable qu'un mari ne pourrait être poursuivi pour le viol de sa femme était conforme non seulement à une notion civilisée du mariage mais encore, et surtout, aux objectifs fondamentaux de la Convention dont l'essence même est le respect de la dignité et de la liberté humaines.

**45.** En conséquence, lorsqu'il a suivi dans le cas du requérant l'arrêt de la Court of Appeal dans R. V. R., le juge Rose n'a pas rendu un verdict de culpabilité incompatible avec l'article 7 de la Convention.

**47.** En résumé, la Cour, comme le gouvernement et la Commission, estime que la décision de la Crown Court d'après laquelle le requérant ne pouvait exciper de l'immunité pour échapper à une condamnation pour le viol de sa femme, n'ont pas enfreint les droits de l'intéressé au titre de l'article 7, § 1 de la Convention.

Approfondissant la première décision au fond sur l'article 7 (*Kokkinakis*, 25 mai 1993, *infra*, n° 56), l'arrêt *S. W.* énonce les « principes généraux » gouvernant cette disposition. L'article 7 prohibe non seulement l'application rétroactive de la loi pénale mais, plus largement, consacre « le principe de la légalité des délits et des peines *(nullum crimen, nulla poena sine lege)* » (§ 35). Soulignant que ce principe est un « élément essentiel de la prééminence du droit » et tient une « place primordiale » dans le système de la Convention, attestée par le caractère absolu de l'article 7 et l'impossibilité d'y déroger (§ 34), la Cour place de manière significative l'interprétation de l'article 7 sous le signe de l'effectivité du droit garanti : il s'agit d'« assurer une protection effective contre les poursuites, les condamnations et sanctions arbitraires » (§ 34).

En l'espèce, S. W., condamné pour le viol de sa femme, allègue une violation de l'article 7 au motif que, à l'époque des faits, la *common law* ne déclarait pas punissable le viol entre époux (aussi, *C. R. c/ Royaume-Uni*, 22 nov. 1995, A. 335-C). L'affaire soulevait moins le problème de la rétroactivité de la loi pénale que celui de la rétroactivité de l'interprétation de la loi par le juge. La décision retient une conception souple de la légalité pénale qui conduit à s'interroger sur la place faite à l'interprétation judiciaire de la loi pénale.

## I / La légalité pénale

Refusant tout particularisme au principe de la légalité pénale, la Cour européenne transpose aux notions de « peine » et de « légalité » des solutions retenues ailleurs dans le droit de la Convention.

A) Le juge européen a d'emblée signifié que l'article 7 ne vaut que pour les infractions pénales et ne vise que la loi pénale. L'applicabilité de l'article 7, qui dans l'affaire *S. W.* n'est pas contestable, est ainsi écartée dès lors que n'est pas en cause une condamnation pénale : dans sa décision *Lawless*, la Cour juge que la détention litigieuse « constitue une mesure préventive (et) ne peut pas être considérée comme résultant d'une condamnation pénale au sens de l'article 7 de la Convention » (1er juill. 1961, A. 3, § 19).

1 / Le champ de ce qui est ou non « pénal » est alors défini par référence à la notion de « peine » de l'article 7, qui revêt, au même titre que la « matière pénale » (*supra*, Engel, n° 4), un sens « autonome » (*Welch c/ Royaume-Uni*, 9 févr. 1995, A. 307-A, à propos d'une ordonnance de confiscation). Soucieuse de rendre efficace la protection offerte par l'article 7, la Cour s'estime libre « d'aller au-delà des apparences et d'apprécier elle-même si une mesure particulière s'analyse au fond en une "peine" au sens de cette clause » (*ibid.*, § 27 ; *Coëme c/ Belgique*, 22 juin 2000, § 145).

a) Les critères de la « peine », outre le lien avec une condamnation pour une « infraction », sont, pour l'essentiel, transposés de la « matière pénale » : la nature et le but (prévention, réparation, répression) de la mesure en cause, sa qualification en droit interne, les procédures associées à son adoption et à son exécution, sa gravité (*Welch*, § 28). Ainsi, la Cour analyse la contrainte par corps non en une mesure d'exécution forcée d'une condamnation pécuniaire mais en une « peine », tant au sens de l'article 7 de la Convention (*Jamil c/ France*, 8 juin 1995, A. 317-B, § 30, *JCP G*, 1996, I, 3910, n° 29, obs. F. Sudre) que de l'article 4 du Protocole 7 (*Göktan c/ France*, 2 juill. 2002, § 48) ; la chambre commerciale de la Cour de cassation se rallie à cette interprétation (Cass. com., 16 mai 2000, Hayoure, *D*, 2000, *IR*, 163) mais la chambre criminelle voit dans la contrainte par corps une mesure de « caractère pénal » visant à assurer l'exécution des peines pécuniaires (Cass. crim., 29 fév. 1996, *Bull. crim.*, n° 100). De même, une confiscation de biens immobiliers, bien que sanction administrative en droit interne, est une « peine » pour le juge européen (déc., *Sud Fondi srl et a c/ Italie*, 30 août 2007, n° 75909/

01 ; *Varvara c/ Italie*, 29 oct. 2013). Sont, par contre, exclues du champ de l'article 7 comme n'étant pas des sanctions « pénales », une interdiction définitive du territoire français (qualifiée de « mesure de police » : Comm., déc. 26 févr. 1997, *Renna c/ France, RUDH*, 1997, 422 ; dans le même sens, CE, 24 mars 1997, M. Errahali, n° 162318), une amende de nature disciplinaire (frappant un conseil juridique : Cour EDH, déc. 24 nov. 1998, *Brown c/ Royaume-Uni*, n° 38644/97) ou l'inscription au fichier national automatisé d'auteur d'infractions sexuelles, dont la Cour relève qu'elle « poursuit un but purement préventif et dissuasif et ne peut être regardée comme ayant un caractère répressif et comme constituant une sanction » (*Bouchacourt c/ France*, 17 déc. 2009, § 42, *JCP G*, 2010, act. 63, F. Sudre). Le Conseil constitutionnel qualifie également cette dernière mesure de « mesure de police » (déc. n° 2004-492 DC, 2 mars 2004, *Rec.* 66) et la Cour de cassation juge aussi que ce n'est pas une « peine » au sens de l'article 7 (Cass. Crim., 31 oct. 2006, n° 05-87. 153).

b) La jurisprudence européenne établit une distinction entre une mesure qui constitue en substance une « peine » et une mesure relative à l'« exécution » ou à l'« application » de la peine, qui, ne faisant pas partie intégrante de la « peine », ne relève pas du champ de l'article 7 (*Kafkaris c/ Grèce*, 12 févr. 2008, Gr. Ch.). En conséquence, ne tombe pas sous le coup de l'article 7 une mesure relative aux conditions d'exécution de la peine, telle une sanction de douze jours de cellule de punition, qui est une aggravation des conditions de détention et non une privation supplémentaire de liberté (Comm., déc. 10 oct. 1986, *Pelle c/ France, DR*, 50, 263 ; dans le même sens, Cass. crim., 27 mars 1997, *Bull. crim.*, 1997, n° 128). De même, le Conseil d'État considère à juste titre que le placement sous surveillance de sûreté ne constitue par lui-même ni une peine, ni une sanction au sens de l'article 7 (CE, 12 déc. 2007, n° 293993, Section française de l'Observatoire international des prisons : mesure dite du bracelet électronique ; CE, 26 nov. 2010, n° 323694, Section française de l'OIP).

Par contre, relève du champ d'application de l'article 7 un mode de calcul des remises de peine applicables ayant pour effet pratique d'allonger la durée de la peine à purger (*Del Rio Prada c/ Espagne*, 21 oct. 2013, GC) de même que la Cour juge, au vu des critères de la « peine » (*Welch*, préc.), qu'un placement en détention de sûreté est une « peine » au sens de l'article 7 § 1, considérant que la transformation d'une détention de durée limitée en une détention de durée illimitée ne concerne pas seulement l'exécution de la peine mais constitue en substance une peine supplémentaire (*M. c/ Allemagne*, 17 déc. 2009, § 135 ; *JCP G*,

2010, note 334, M. Giacopelli). En conséquence, la prolongation rétroactive de la détention de sûreté au-delà de la durée maximale autorisée au moment de la commission de l'infraction méconnaît le principe de la non-rétroactivité de la loi pénale (*M. c/ Allemagne*, préc ; *Jendrowiak c/ Allemagne*, 14 avr. 2011, *JCP G* 2011, act. 596, F. Sudre).

Quant à lui, le Conseil constitutionnel estime que la rétention de sûreté (art. 706-53-13 CPP) n'est « ni une peine, ni une sanction ayant le caractère d'une punition », mais, néanmoins, qu'elle ne peut faire l'objet d'une application rétroactive (déc. n° 2008-562 DC, 21 févr. 2008, *Rec.* 89). En jugeant que le placement en rétention de sûreté (art. 706-53-19 CPP) ne méconnaît pas le principe de non rétroactivé des peines et des sanctions énoncé par l'article 7 de la Convention, le Conseil d'État semble implicitement admettre que cette mesure relève bien du champ de l'article 7 (CE, 26 nov. 2010, n° 323694, préc.).

2 / L'interprétation « autonome » de la matière « pénale » n'est pas sans conséquence sur la règle *non bis in idem*, consacrée par l'article 4, § 1 du Protocole 7. Le juge européen considère en effet que « les termes "procédure pénale" » figurant dans ce texte « doivent être interprétés à la lumière des principes généraux » applicables aux notions de « matière pénale » et de « peine » (*Zolotoukhine c/ Russie*, 10 févr. 2009, Gr. Ch., § 52, *RTDH* 2009-79, 867, note H. Mock ; *D* 2009, 2014, note J. Pradel). La règle *non bis in idem* interdit aux juridictions d'un même État (mais non aux juridictions nationales de deux États ou plus : déc. 20 mai 1994, EGM c/ Luxembourg, *DR*, 77-A, 144) de poursuivre ou de punir « pénalement » pour une même infraction quiconque a déjà été acquitté ou condamné par un jugement définitif (*Gradinger c/ Autriche*, 23 oct. 1995, A. 328-C, *JCP G*, 1996, I, 3910, n° 43, obs. F. Sudre). Visant à prohiber la répétition de poursuites pénales définitivement clôturées par une décision définitive passée en force de chose jugée, cette disposition n'interdit pas seulement le cas d'une double condamnation mais aussi celui des doubles poursuites. Elle ne trouve donc pas à s'appliquer avant l'ouverture d'une nouvelle procédure (ainsi, pour une sanction administrative s'analysant comme une peine complémentaire à la condamnation pénale, dont elle fait partie intégrante : *Maszni c/ Roumanie*, 21 sept. 2006, § 69).

a) La Cour européenne a varié dans la détermination de l'*idem.* Elle a considéré, dans un premier temps, que le principe *non bis in idem* ne s'opposait pas à ce que des juridictions distinctes connaissent d'infractions différentes issues d'un même fait pénal (*Oliveira c/ Suisse*, 30 juill. 1998, *RTDH*, 1999, 623, obs. H. Mock ; *Göktan*, § 50). Le simple fait qu'un seul acte soit constitutif de plusieurs infractions n'était donc pas contraire à l'article 4 du Protocole 7, si ces infractions différaient dans leurs « éléments essentiels » (*Franz Fischer c/ Autriche*, 29 août 2001, § 25 ; *W. F. c/ Autriche*, 30 mai 2002, § 25). Par son arrêt *Zolotoukhine* (préc.) la Cour abandonne le critère des « éléments essentiels » et retient l'approche de la CJCE (CJCE, 9 mars 2006, Van Esbroeck, C-436/04, *DCDF*, n° 73) fondée non sur l'identité d'« infractions » mais sur l'identité des faits matériels, considérant que le critère de la qualification juridique des faits est trop restrictif et affaiblit la protection offerte par l'article 4 du Protocole 7. Cette disposition doit donc être comprise « comme interdisant de poursuivre ou de juger une personne pour une seconde "infraction" pour autant que celle-ci a pour origine des faits identiques ou des faits qui sont en substance les mêmes » (§ 82).

b) Le caractère casuistique de la qualification de « peine » rend délicate l'application de la règle *non bis in idem*. Ainsi, la Cour en a fait usage pour interdire le cumul de poursuites administratives (au sens du droit national) et pénales à raison des mêmes faits, après avoir requalifié l'infraction administrative en cause d'infraction pénale (*Gradinger* : condamnation pénale pour homicide par imprudence et sanction administrative pour conduite en état d'ébriété frappant l'auteur d'un accident de la circulation ; *Ruotsalainen c/ Finlande*, 16 juin 2009).

La Cour de cassation se fonde sur la réserve française, qui limite la portée de l'article 4 du Protocole 7 aux seules infractions relevant en droit interne de la compétence des juridictions pénales, pour juger que cette disposition ne s'oppose pas au cumul d'une sanction pénale et d'une sanction fiscale (Cass. crim., 20 juin 1996, Ponsetti, *RJF*, 5/97, 287, note S. Austry ; Cass. crim., 6 nov. 1997, *JCP G*, 1998, II, 10087, note M. Cliquennois) et n'interdit pas l'exercice de poursuites devant le juge répressif parallèlement à une procédure conduite devant la COB aux fins de sanction administrative (Cass. crim., 1er mars 2000, *D*, 2000, 229, note A. Lienhard), alors que ces sanctions – fiscales ou administratives – sont de nature « pénale » au sens de la Convention (*supra*, nos 26 et 25) ; le fondement tenant à l'absence d'identité d'infraction semblerait plus approprié (Cour EDH, déc. 14 sept. 1999, *Ponsetti et Chesnel c/ France*, nos 36855/97 et 41731/98 : sanctions pour omission de dépôt des déclarations fiscales, art. 1728 et 1741 CGI). Le Conseil d'État se prononce à l'identique sur le cumul d'une sanction pénale et d'une sanction fiscale (CE, 26 déc. 2008, n° 282995, Gonzales-Castrillo, *Dr Fisc.* 2009-10, n° 231, concl. P. Collin) et, sans viser la réserve française, statue dans le même sens que le juge judiciaire (CE, 30 juill. 2003, Houlle, n° 232238, *Rec. tab*l., CE, 7 janv. 2004, Colombani, *AJDA*, 2004, 1653, note A. Dord : cumul d'une condamnation pénale et d'une sanction disciplinaire ; CE, 10 mai 2004, Crédit du Nord, n° 241587, *Rec. tabl.* : cumul de deux sanctions administratives prononcées, au titre des mêmes faits, par le Conseil de discipline de la gestion financière statuant en « matière pénale » au sens de l'article 6, § 1). On précisera que le non-cumul des sanctions pénales et administratives n'est érigé en principe constitutionnel que pour les sanctions administratives de nature pécuniaire (Cons. const., déc. n° 96-378 DC, 23 juill. 1996, loi portant réglementation des télécommunications, *JO*, 27 juill. 1996, 11400).

Le juge européen a par ailleurs précisé que si l'article 4, § 1 du Protocole 7 interdit le renouvellement des poursuites – ne sont visées que les secondes poursuites engagées sciemment et non celles ouvertes par méprise (déc. 3 oct. 2002, *Zigarella c/ Italie*, n° 48154/99) – ou du procès, son § 2 autorise la réouverture du procès en raison de circonstances exceptionnelles, telle l'apparition de faits nouveaux ou la découverte d'un vice fondamental dans la procédure précédente (*Xheraj c/ Albanie*, 29 juill. 2008 ; *Margus c/ Croatie*, 13 nov. 2012, *RTDH* 2013, 477, note M. Puéchavy).

B) La notion de « légalité » de l'article 7 est « banalisée » par le juge européen, qui l'interprète comme synonyme de la notion de « loi » figurant dans la clause d'ordre public (*supra*, n° 5) : la « loi » au sens de l'article 7 « englobe le droit écrit comme non écrit et implique des conditions qualitatives » (*S. W.*, § 35 ; *Cantoni c/ France*, 15 nov. 1996, *RTDH*, 1997, 685, obs. D. Spielmann).

1 / Le principe de légalité de l'article 7 revêt une signification élargie en ce qu'il incorpore l'interprétation judiciaire. Ainsi, dans l'affaire *Cantoni*, la « base légale » de la condamnation pénale d'un gérant de grande surface pour exercice illégal de la pharmacie, est constituée par « le texte de la disposition légale (art. L. 511 du Code de la santé publique), lue à la lumière de la jurisprudence interprétative dont elle s'accompagne » (§ 32). Cette base légale peut, selon l'article 7, résider tant dans le droit interne que dans le droit international (*Streletz, Kessler et Krenz c/ Allemagne* et *K. H. W. c/ Allemagne*, 22 mars 2001, *Rev. sc. crim.*, 2001, 639, obs. F. Massias ; *RTDH*, 2001, 1109, obs. P. Tavernier).

2 / La « loi », outre son « accessibilité », suppose la « prévisibilité » de la règle de droit (*S. W.*, § 35). Cette condition vise à sauvegarder le principe de sécurité juridique (rap. 12 avr. 1995, Gragnic c/ France, n° 15312/89, § 61) et est remplie « lorsque l'individu peut savoir, à partir du libellé de la clause pertinente et, au besoin à l'aide de son interprétation par les tribunaux, quels actes et omissions engagent sa responsabilité pénale » (*S. W.*, § 35) ; le juge communautaire reprend cette analyse (CJCE, 12 déc. 1996, Procédures pénales c/ X., C-74/95 et C-129/95,

*Rec.*, I, 6609, pt 25, *Bull. dr. h.*, 1997, 216, note L. Weitzel). Ainsi comprise, l'exigence de prévisibilité implique, en premier lieu, qu'« une infraction doit être clairement définie par la loi » (§ 35) et, sur le fondement de l'article 7, la Cour de cassation peut écarter la loi interne au motif que la formulation imprécise de l'incrimination « n'offre pas de garanties réelles quant à la prévisibilité des poursuites » (Cass. crim., 20 fév. 2001, *D*, 2001, 3001, note P. Wachsmann : art. 38, al. 3 de la loi du 29 juillet 1881, sanctionnant la publication ou la reproduction de « tout ou partie des circonstances d'un crime »). Cependant, le juge européen, comme pour la loi « ordinaire » (*supra*, n° 5), se satisfait d'une précision relative de la loi pénale, en fonction « du texte considéré, du domaine qu'il couvre et de la qualité de ses destinataires » (*Cantoni*, § 35). Dans cette affaire, où le requérant allégua en vain l'absence de prévisibilité de la définition, tant légale que jurisprudentielle, du médicament, la Cour souligne que la technique législative des catégories générales (plutôt que celle des listes exhaustives) – telle qu'utilisée pour la définition du « médicament » – ne saurait passer en soi pour incompatible avec l'article 7 (§ 32) et insiste sur la qualité des destinataires de la règle, « professionnels, habitués à devoir faire preuve d'une grande prudence dans l'exercice de leur métier » (§ 35).

L'exigence de prévisibilité renvoie, en second lieu, à l'interprétation jurisprudentielle elle-même ; comme le souligne la Cour, aussi clair que soit le libellé d'une disposition légale, il existe toujours « un élément d'interprétation judiciaire », y compris en droit pénal (*S. W.*, § 36).

## II / L'interprétation de la loi pénale

Le rôle assigné par la Cour européenne au juge pénal dans la clarification et la précision de la « loi » se concilie mal avec les principes de l'interprétation stricte et de la non-rétroactivité de la loi pénale.

A) Classiquement, la Cour juge que le principe de la légalité des délits et des peines impose une interprétation stricte de la loi pénale, refusant l'interprétation analogique *in malam partem* (*S. W.*, § 35 ; dans le même sens, CJCE, Procédures pénales c/ X.). La Cour constate ainsi une violation de l'article 7 lorsqu'un éditeur se voit appliquer une peine d'emprisonnement pour atteinte à l'intégrité territoriale de l'État par « une interprétation extensive, par analogie, de la règle énoncée pour les rédacteurs en chef » (*Baskaya et Okçuoglu c/ Turquie*, 8 juill. 1999, § 42). Le principe de légalité commande aussi que l'accusé ne se voit pas infliger une peine plus lourde que celle qu'il encourrait, en vertu des règles du droit interne en vigueur, pour l'infraction dont il a été reconnu coupable (*Gabarri Moreno c/ Espagne*, 22 juill. 2003 : le juge du fond n'a pas pris en compte la circonstance atténuante pour fixer la peine d'emprisonnement). Par ailleurs, rapprochant l'article 7 de l'article 6 § 2 (présomption d'innocence), la Cour tire deux conséquences du principe de légalité pénale, l'interdiction de répondre pénalement pour le fait d'autrui (*Varvara*, préc., § 66) et « l'interdiction d'infliger une peine sans constat de responsabilité » (§ 67),

1 / Il reste que la Cour européenne confère au juge, comme interprète de la loi, le soin d'assurer la prévisibilité de la « loi » : « La fonction de décision confiée aux juridictions sert précisément à dissiper les doutes qui pourraient subsister quant à l'interprétation des normes, en tenant compte des évolutions de la pratique quotidienne » (*Cantoni*, § 32). C'est admettre que, dans un système de droit écrit comme de *common law*, la jurisprudence, en tant que source du droit, peut contribuer à l'« évolution progressive » des règles de la responsabilité pénale, à condition, toutefois, que le résultat de l'interprétation judiciaire « soit cohérent avec la substance de l'infraction et raisonnablement prévisible » (*S. W.*, § 36 ; *Streletz et al.*, § 82). Par exemple, est jugée « raisonnablement prévisible » l'interprétation du juge national (Cass. crim., 8 juin 1999), selon laquelle la première diffusion d'un message diffusé de manière répétitive sur les ondes constitue une « fixation préalable » du message au regard des diffusions ultérieures permettant de retenir, dès la seconde diffusion, la responsabilité pénale du directeur de publication (art. 93-3 de la loi du 29 juill. 1982 sur la communication audiovisuelle ; *Radio-France c/ France*, 30 mars 2004, § 20). De même, la Cour juge que la « jurisprudence claire et constante » de la Cour de cassation (Crim., 31 août 1893, *D*, 1896· 1. 137 ; Crim., 29 fév. 2000, Achour, *Bull. crim.*, n° 95), qui retient le second terme de la récidive (la nouvelle infraction commise) pour résoudre la question de l'application dans le temps des lois relatives à la récidive, permet à la disposition légale (art. 132-9 NCP) en vertu de laquelle la personne a été condamnée pour avoir agi en état de récidive de remplir les conditions d'accessibilité et de prévisibilité à l'époque des faits exigées par l'article 7 (*Achour c/ France*, 29 mars 2006, Gr. Ch., *D*, 2006, 2513, note D. Zerouki-Cottin) ; en se plaçant sur le terrain du principe de la légalité des délits et des peines et non de la rétroactivité de la loi pénale, la Grande Chambre se démarque heureusement de l'arrêt rendu par la Chambre (10 nov. 2004, *D*, 2005, 1203, note D. Roets). Dans le même esprit, selon le juge européen, la juridiction pénale belge, en condamnant les requérants pour coups et

blessures volontaires du fait de pratiques sexuelles sadomasochistes particulièrement violentes, a fait une interprétation « raisonnablement prévisible » pour les intéressés (un magistrat et un médecin) des dispositions légales applicables (*K. A. et A. D. c/ Belgique*, 17 févr. 2005).

L'interprétation large du crime de génocide retenu par les juridictions allemandes est également jugée « raisonnablement prévisible » par la Cour, au vu notamment de la doctrine et de la résolution 47/121 du 18 décembre 1992 de l'Assemblée générale des Nations Unies sur la situation en Bosnie-Herzégovine (*Jorgic c/ Allemagne*, 12 juill. 2007, § 107-108). Par contre, tel n'est pas le cas de celle de « crime contre l'humanité » par le juge hongrois, à propos de la répression meurtrière d'une émeute lors de l'insurrection d'octobre 1956 (*Korbely c/ Hongrie*, 19 sept. 2008, Gr. Ch. ; *RDP* 2009, 907, obs. F. Sudre) ; la Cour juge que l'article 3 § 1 commun aux Conventions de Genève ne pouvait « raisonnablement servir de fondement à une condamnation pour crime contre l'humanité au regard des normes pertinentes du droit international à l'époque des faits » (§ 91). L'arrêt *Kononov* a délaissé cette interprétation très stricte de la notion de « prévisibilité » qui, bridant l'application du droit international pénal, n'allait pas dans le sens d'une protection effective de la population civile. En effet, la Cour estime que l'interprétation de la notion de « crime de guerre » retenu par le juge letton, à propos de l'exécution de villageois lettons par un commando soviétique en 1944, pouvait se fonder sur « les principes intransgressibles du droit international coutumier » qu'étaient devenues, selon la CIJ, les Conventions de La Haye et de Genève dès le procès de Nuremberg et satisfaisait à l'exigence de « prévisibilité » de l'article 7 (*Kononov c/ Lettonie*, 17 mai 2010, Gr. Ch., § 215, *JCP* G, 2010, act. 637, B. Belda).

Le pouvoir d'interprétation du juge pénal doit donc rester dans des limites raisonnables mais la notion d'interprétation « raisonnable » reste difficile à cerner.

2 / La Commission a, certes, indiqué que si le juge ne « pouvait modifier, de manière substantielle, au détriment de l'accusé » les éléments constitutifs d'une infraction, en revanche « il n'y avait rien à objecter à ce que les éléments constitutifs de l'infraction soient précisés et adaptés à des circonstances nouvelles pouvant raisonnablement entrer dans la conception originelle de l'infraction » (déc. 7 mai 1982, X. Ltd c/ Royaume-Uni, *DR*, 28, 85 ; déc. 9 avr. 1996, H. M. A. c/ Espagne, *DR*, 85-A, 117). Cette distinction est néanmoins délicate à mettre en œuvre, que ce soit dans un système de *common law (S. W.)* ou de droit écrit *(Streletz et al.)*. Dans l'arrêt *S. W.*, la Cour s'appuie sur l'évolution antérieure « cohérente avec la substance même de l'infraction » de la

jurisprudence britannique et conclut que la condamnation pénale du requérant ne portait pas atteinte au principe de la légalité des délits et des peines, au motif que la reconnaissance judiciaire de l'absence d'immunité de l'époux pour le viol de sa femme « constituait désormais une étape raisonnablement prévisible de la loi » (§ 43). Dans les arrêts *Streletz* et *K. H. W.*, qui s'inscrivent dans le contexte particulier de la réunification allemande, la Cour juge que les actions des requérants, condamnés par les juridictions allemandes pour avoir causé la mort de plusieurs personnes ayant tenté de fuir la RDA entre 1971 et 1989, constituaient, au moment où elles ont été commises, des infractions définies avec suffisamment de précision par le droit de la RDA. Selon la Cour, on ne saurait reprocher aux juridictions d'un État de droit « qui ont succédé à celles existant antérieurement, d'appliquer et d'interpréter les dispositions légales existantes à l'époque des faits à la lumière des principes régissant un État de droit » (§ 81).

Une interprétation constructive de l'article 7 conduit donc à faire céder le principe de la légalité des délits et des peines, dans un cas, devant le principe du respect de la dignité humaine (§ 44) et, dans l'autre, devant le principe de la prééminence du droit. Il n'en demeure pas moins que le juge européen admet qu'une interprétation extensive *in malem partem* de la loi pénale, qu'elle résulte d'un revirement de jurisprudence consécutif à une évolution de la société *(S. W.)* ou d'une évolution jurisprudentielle due à un changement radical de système juridique dans le cadre d'une succession d'États *(Streletz et K. H. W.)*, peut être compatible avec le principe de la légalité des délits et des peines, tout en en soulignant le caractère exceptionnel (*Pessino c/ France*, 10 oct. 2006, § 35-36, *D*, 2007, 124, note D. Roets : revirement de jurisprudence non prévisible ; Cass. Ass. plén., 13 févr. 2009, n° 01-85.826, Pessino, *AJDA*, 2009, 1164, note B. Pacteau).

B) Toute interprétation jurisprudentielle est nécessairement rétroactive pour l'affaire à partir de laquelle elle se forme et, dès lors qu'elle est plus sévère ou qu'elle présente un caractère extensif, elle se heurte en matière pénale au principe de la non-rétroactivité de la loi pénale, consacré expressément par l'article 7, § 1 (*S. W.*, § 35 ; *Pessino*).

1 / Sur le fondement de ce principe, le juge européen sanctionne l'application rétroactive de la loi pénale qui s'est faite « au détriment de l'accusé » (*Kokkinakis*, § 52 ; par ex., *Welch* et *Jamil :* application de lois élevant les sanctions après les faits commis) mais non à son avantage. Bien que l'article 7, à la différence de l'article 15 du PIDCP, n'énonce pas le droit à l'application rétroactive de la loi pénale plus douce, la Cour européenne, à la différence de la Commission qui s'y était refusée

(déc. 6 mars 1978, X. c/ RFA, n° 7900/77, *DR*, 13, 70), a, dans un premier temps, reconnu l'exception de la rétroactivité *in mitius* (*Gragnic c/ France*, 27 sept. 1995, A. 325-B, § 24 ; *JDI*, 1996, 249, obs. P. Tavernier) sans pour autant tirer de l'article 7 le principe de l'application immédiate de la loi plus douce (déc. 5 déc. 2000, *Le Petit c/ Royaume-Uni*, n° 35574/97 ; déc., 6 mars 2003, *Zaprianov c/ Bulgarie*, n° 41171/98). Par son arrêt *Scoppola*, elle procède à une véritable réécriture de l'article 7 (*Scoppola c/ Italie (n° 2)*, 17 sept. 2009, Gr. Ch., § 106 et 109 ; *RTDH* 2010-84, 853, note S. Van Drooghenbroeck). Prenant très largement appui sur des sources extérieures à la Convention, qu'elles soient internationales (PIDCP, CIADH, statut de la CPI et jurisprudence du TPIY) ou communautaires (Charte des droits fondamentaux de l'UE (art. 49 § 1), jurisprudence de la CJCE) et se réclamant d'une « approche dynamique et évolutive » de la Convention, la Cour se prévaut d'un « consensus » européen et international pour considérer que le principe de l'application immédiate de la loi plus douce est devenu « un principe fondamental du droit pénal » et que, dès lors, l'article 7 § 1 « ne garantit pas seulement le principe de non-rétroactivité des lois pénales plus sévères, mais aussi, et implicitement, le principe de rétroactivité de la loi pénale plus douce ». Cette réécriture est faite en harmonie avec la jurisprudence de la CJCE, qui estime que « le principe de l'application rétroactive de la peine plus légère fait partie des traditions constitutionnelles communes aux États membres » (CJCE, 3 mai 2005, Berlusconi, C-387/02, pt. 68).

2 / Les modalités d'application du principe de non-rétroactivité ont été précisées. En premier lieu, la Cour juge que l'application immédiate d'une loi nouvelle allongeant les délais de prescription n'enfreint pas l'article 7 si elle respecte les prescriptions déjà acquises (*Coëme*, § 149). En second lieu, en cas d'infraction continue, l'application d'une loi nouvelle à des infractions antérieures à son entrée en vigueur n'est compatible avec l'article 7 que si, conformément au principe de la sécurité juridique, l'acte d'accusation énonce clairement les éléments constitutifs de cette infraction continue (*Ecer et Zeyrek c/ Turquie*, 27 févr. 2001, § 33 : actes de poursuite ne visant que des infractions antérieures à la loi nouvelle).

Toutefois, le principe de la non-rétroactivité ne trouve pas à s'appliquer aux actes, ou omissions, qui, au moment où ils ont été commis, étaient criminels « d'après les principes généraux de droit reconnus par les nations civilisées » (art. 7, § 2). Cette expression renvoie au « droit de Nuremberg » et aux crimes commis durant la Seconde Guerre mondiale (Comm., déc. 20 juill. 1957, *X c/ Belgique*, n° 268/57). Elle couvre également les crimes contre l'humanité (Comm., déc. 13 janv. 1997, Touvier c/ France, *RUDH*, 1997, 100 ; déc. 17 janv. 2006, *Kolsk et Kislyiy c/ Estonie*, n$^{os}$ 23052/04 et 24018/04), dont le juge européen précise que la règle de l'imprescriptibilité a été posée par le Statut du Tribunal international de Nuremberg (déc. 15 nov. 2001, Papon c/ France, n° 54210/00). Néanmoins, la Cour accepte d'examiner la poursuite d'un crime de guerre non sous l'angle de cette disposition dérogatoire, dont elle semble limiter la portée aux seuls crimes de guerre nazis, mais au titre de l'article 7, § 1 (*Kononov*, préc. ; *Korbely*, préc), précisant que l'article 7 § 2 ne saurait constituer « une exception générale à la règle de la non-rétroactivité » (*Maktouf et Damjanovic c/ Bosnie-Herzégovine*, 18 juill. 2013, GC, § 72).

F. S.

## SECTION 3
## *Le droit à un recours effectif*

**40. Kudla c/ Pologne, 26 octobre 2000** (Grande Chambre), Rec., 2000-XI, *RTD*H, 2002, 179, obs. J.-F. Flauss ; *JT*DE, 2001, 49, obs. P. Frumer ; *JDI*, 2001, 191, obs. P. Tavernier.

**146.** Dans de nombreuses affaires précédentes où elle a constaté une violation de l'article 6, § 1, la Cour n'a pas jugé nécessaire, lorsqu'était en outre invoqué l'article 13, de se prononcer aussi sur ce grief. La plupart du temps, elle a estimé qu'eu égard aux circonstances, l'article 6, § 1 devait passer pour une lex specialis par rapport à l'article 13. Ainsi, lorsque le droit revendiqué par le justiciable sur le fondement de la Convention est un « droit de caractère civil » reconnu en droit interne – tel le droit de propriété –, la protection offerte par l'article 6, § 1 entre aussi en jeu [...]. En pareille circonstance, les exigences de l'article 6, § 1, qui impliquent toute la panoplie des garanties propres aux procédures judiciaires, sont plus strictes que celles de l'article 13, qui se trouvent absorbées par elles [...]. La Cour a suivi un raisonnement analogue dans des affaires où le requérant alléguait l'inadéquation d'une procédure d'appel ou de cassation existante relevant tant de l'article 6, § 1 dans sa branche « pénale » que de l'article 13 [...]. En pareil cas, il n'y a aucun intérêt juridique à réexaminer l'allégation sous l'angle des exigences moins sévères de l'article 13.

**147.** Il n'y a toutefois pas superposition, et donc pas absorption, lorsque, comme en l'espèce, le grief fondé sur la Convention que l'individu souhaite porter devant une « instance nationale » est celui tiré d'une méconnaissance du droit à faire entendre sa cause dans un délai raisonnable, au sens de l'article 6, § 1. La question de savoir si le requérant dans une affaire donnée a pu faire statuer dans un délai raisonnable sur une contestation relative à des droits ou obligations de caractère civil ou sur une accusation en matière pénale est juridiquement distincte de celle de savoir s'il disposait, en droit interne, d'un recours effectif pour se plaindre à cet égard [...].

**148.** La Cour estime aujourd'hui que le temps est venu de revoir sa jurisprudence, eu égard à l'introduction devant elle d'un nombre toujours plus important de requêtes dans lesquelles se trouve exclusivement ou principalement allégué un manquement à l'obligation d'entendre les causes dans un délai raisonnable, au sens de l'article 6, § 1. La fréquence croissante de ses constats de violation à cet égard a récemment amené la Cour à attirer l'attention sur « le danger important » que la « lenteur excessive de la justice » représente pour l'État de Droit dans les ordres juridiques nationaux « lorsque les justiciables ne disposent, à cet égard, d'aucune voie de recours interne » [...].

**149.** Dans ces conditions, la Cour perçoit à présent la nécessité d'examiner le grief fondé par le requérant sur l'article 13 considéré isolément, nonobstant le fait qu'elle a déjà conclu à la violation de l'article 6, § 1 pour manquement à l'obligation d'assurer à l'intéressé un procès dans un délai raisonnable [...].

**151.** La Cour ne décèle rien dans la lettre de l'article 13 dont on puisse dégager un principe en vertu duquel il ne serait possible d'appliquer l'article 13 à aucun des aspects du « droit à un tribunal » consacré par l'article 6, § 1. De même, rien dans les travaux préparatoires de la Convention ne va dans le sens de pareille limitation de la portée de l'article 13. Certes, la protection offerte par cette disposition n'est pas absolue. En fonction du contexte dans lequel s'inscrit la violation alléguée, ou la catégorie de violations alléguées, il peut y avoir des limitations implicites aux recours possibles. En pareille circonstance, l'article 13 n'est pas considéré comme étant inapplicable, mais son exigence d'un « recours effectif » doit s'entendre d'un « recours aussi effectif qu'il peut l'être eu égard à sa portée limitée, inhérente [au contexte] » [...]. De surcroît, « l'article 13 ne va pas jusqu'à exiger un recours par lequel on puisse dénoncer, devant une autorité nationale, les lois d'un État contractant comme contraires en tant que telles à la Convention » [...]. Ainsi, l'article 13 ne peut être interprété comme exigeant la mise à disposition d'un recours effectif permettant de se plaindre de l'absence en droit interne de tout accès à un tribunal au sens de l'article 6, § 1. En ce qui concerne les allégations de manquement à l'obligation d'entendre les causes dans un délai raisonnable, en revanche, pareille restriction implicite de la portée de l'article 13 ne peut être discernée.

**152.** Au contraire, la place de l'article 13 dans le système de protection des droits de l'homme institué par la Convention milite en faveur d'une limitation maximale des restrictions implicites à cette clause. En vertu de l'article 1er [...], ce sont les autorités nationales qui sont responsables au premier chef de la mise en œuvre et de la sanction des droits et libertés garantis. Le mécanisme de plainte devant la Cour revêt donc un caractère subsidiaire par rapport aux systèmes nationaux de sauvegarde des droits de l'homme. Cette subsidiarité s'exprime dans les articles 13 et 35, § 1 de la Convention. La finalité de l'article 35, § 1, qui énonce la règle de l'épuisement des voies de recours internes, est de ménager aux États contractants l'occasion de prévenir ou de redresser les violations alléguées contre eux avant que la Cour n'en soit saisie [...]. La règle de l'article 35, § 1 se fonde sur l'hypothèse, incorporée dans l'article 13 (avec lequel elle présente d'étroites affinités), que l'ordre interne offre un recours effectif quant à la violation alléguée (*ibid.*).Ainsi, en énonçant de manière explicite l'obligation pour les États de protéger les droits de l'homme en premier lieu au sein de leur propre ordre juridique, l'article 13 établit au profit des justiciables une garantie supplémentaire de jouissance effective des droits en question. Tel qu'il se dégage des travaux préparatoires [...], l'objet de l'article 13 est de fournir un moyen au travers duquel les justiciables puissent obtenir, au niveau national, le redressement des violations de leurs droits garantis par la Convention, avant d'avoir à mettre en œuvre le mécanisme international de plainte devant la Cour. Vu sous cet angle, le droit de chacun à voir sa cause entendue dans un délai raisonnable ne peut être que moins effectif s'il n'existe aucune possibilité de saisir d'abord une autorité nationale des griefs tirés de la Convention, et les exigences de l'article 13 doivent être regardées comme renforçant celles de l'article 6, § 1 plutôt que comme étant absorbées par l'obligation générale, imposée par cet article, de ne pas soumettre les justiciables à des procédures judiciaires anormalement longues. [...].

**156.** Eu égard aux considérations qui précèdent, la Cour estime que l'interprétation correcte de l'article 13 est que cette disposition garantit un recours effectif devant une instance nationale permettant de se plaindre d'une méconnaissance de l'obligation, imposée par l'article 6, § 1, d'entendre les causes dans un délai raisonnable.

3 / Sur l'observation en l'espèce des exigences de l'article 13

**157.** La Cour l'a dit à de nombreuses reprises, l'article 13 de la Convention garantit l'existence en droit interne d'un recours permettant de s'y prévaloir des droits et libertés de la Convention tels qu'ils peuvent s'y trouver consacrés. Cette disposition a donc pour conséquence d'exiger un recours interne habilitant à examiner le contenu d'un « grief défendable » fondé sur la Convention et à offrir le redressement approprié [...]. La portée de l'obligation que l'article 13 fait peser sur les États contractants varie en fonction de la nature du grief du requérant. Toutefois, le recours exigé par l'article 13 doit être « effectif » en pratique comme en droit [...]. L'« effectivité » d'un « recours » au sens de l'article 13 ne dépend pas de la certitude d'une issue favorable pour le requérant. De même, l'« instance » dont parle cette disposition n'a pas besoin d'être une institution judiciaire, mais alors ses pouvoirs et les garanties qu'elle présente entrent en ligne de compte pour apprécier l'effectivité du recours s'exerçant devant elle. En outre, l'ensemble des recours offerts par le droit interne peut remplir les exigences de l'article 13, même si aucun d'eux n'y répond en entier à lui seul [...].

**160.** Dès lors, la Cour estime qu'en l'espèce il y a eu violation de l'article 13 de la Convention à raison de l'absence en droit interne d'un recours qui eût permis au requérant d'obtenir la sanction de son droit à voir sa cause « entendue dans un délai raisonnable », au sens de l'article 6, § 1 de la Convention.

Sous l'angle du droit à un recours effectif, l'arrêt Kudla (déjà commenté au titre des conditions de détention, *supra*, n° 15) constitue un important revirement de jurisprudence. La Cour y accepta d'examiner le grief de la violation de l'article 13 de la Convention et condamna la Pologne, à ce titre, pour n'avoir pas prévu un recours qui eût permis au requérant d'obtenir la sanction de son droit à un procès dans un délai raisonnable. Cela alors même qu'elle avait déjà retenu une violation du droit à un procès dans un délai raisonnable garanti par l'article 6, § 1 de la Convention. Avant l'arrêt Kudla, il n'en aurait pas été ainsi. Le constat de violation de l'article 6, § 1 conduisait la Cour à ne pas examiner le grief tiré de la violation du droit à un recours effectif devant une instance nationale (*Pizetti c/ Italie*, 26 févr. 1993, § 21 ; *Bouilly c/ France*, 7 déc. 1999, § 27 ; *Tripodi c/ Italie*, 25 janv. 2000, § 15). Au-delà des rapports de l'article 13 avec l'article 6, § 1, l'arrêt Kudla confirma plus largement la fin de la marginalisation du droit à un recours effectif devant une instance nationale. En effet, droit complémentaire, secondaire et accessoire en ce qu'il ne peut être invoqué qu'à l'appui d'un autre droit garanti par la Convention, le droit à un recours effectif fut un parent pauvre de celle-ci. Les organes de la Convention ne statuaient pas sur la question de la violation de l'article 13, dès lors qu'un constat de violation d'une disposition « normative » de la Convention avait été effectué (*Lithgow c/ Royaume-Uni*, 8 juill. 1986, § 205, *CDE*, 1998, 481, obs. G. Cohen-Jonathan). Cette mise à l'écart a été assouplie progressivement. La Cour accepta de constater une violation de l'article 13 lorsque celui-ci fut invoqué en combinaison avec un autre article qu'il y ait eu violation ou non de cet article (*Chahal c/ Royaume-Uni*, 15 nov. 1996, § 147-155 : combinaison avec l'article 3 ; *Camezind c/ Suisse*, 16 déc. 1997, § 57, *RTDH*, 1997, 639, obs. G. Malinverni : combinaison avec l'article 8). Un double mouvement de normalisation et d'autonomisation du droit à recours effectif était en marche. L'arrêt Kudla en constitue le point d'orgue en parachevant la normalisation et en confirmant l'autonomisation.

## I / Le parachèvement de la normalisation du droit à un recours effectif

Proscrit en raison de son caractère accessoire, l'article 13 est doté pourtant d'un double rôle dynamique : soutenir les autres droits fondamentaux et stimuler l'effectivité de la protection nationale de la Convention. L'arrêt Kudla marque l'épanouissement de ce double rôle et constitue un retour aux sources.

A) Comme soutien des autres droits fondamentaux, le droit subjectif de nature procédurale qu'est le droit à un recours effectif a mis du temps pour s'affirmer. Sa sortie de l'ombre n'est cependant pas absolue.

1 / Subissant la concurrence d'autres droits de nature équivalente proclamés notamment par les articles 5, § 4 et 6, § 1 de la Convention, le grief de la violation du droit à un recours effectif fut considéré soit

comme surabondant par rapport à un constat de violation déjà dressé (*Young, James et Webster c/ Royaume-Uni*, 13 août 1981, A. 44, § 67, *JDI*, 1982, 220, obs. P. Rolland ; *Bouamar c/ Belgique*, 29 févr. 1988, A. 129), soit comme faisant double emploi avec une infraction déjà constatée (*X. et Y. c/ Pays-Bas*, 26 mars 1985, A. 91, § 36, *AFDI*, 1986, 282, 293, obs. V. Coussirat-Coustère), soit comme absorbé par une violation établie au titre d'une autre disposition de la Convention (*supra*, n° 2, *Airey*, § 35 ; *Pudas c/ Suisse*, 27 oct. 1987, A. 125, § 43). Cette position était fortement enracinée dans la jurisprudence relative à la combinaison du droit à un recours effectif avec le droit à une durée raisonnable du procès. Les exigences de l'article 6, § 1 y furent considérées comme plus fortes et plus strictes que celles de l'article 13. Dès lors, le constat de violation du premier article rendait superfétatoire l'examen du grief tiré de la violation du second article (*Pizzetti*, préc., § 21) que le requérant invoque le grief de l'absence en droit national d'une juridiction compétente pour examiner le moyen dénonçant la durée déraisonnable du procès (*Tripodi*, préc., § 15) ou celui de l'inexistence en droit national d'une procédure permettant de raccourcir la durée excessive de la procédure ou d'y mettre fin (*Bouilly*, préc., § 27). Outre les risques qu'une telle position faisait peser sur le prétoire de la Cour européenne, les risques de déni de justice engendrés par la durée déraisonnable du procès (*infra*, n° 32, *Pretto*) ont convaincu la Cour de changer explicitement et solennellement de jurisprudence à l'occasion de l'affaire Kudla.

Ce revirement est fondé sur l'idée de la séparation et de la dissimilitude du grief de la méconnaissance du délai raisonnable du procès et de celui de la violation du droit à un recours effectif (*Kudla*, § 147). Il n'était pas brutal. Il a été annoncé par une jurisprudence favorable à régénération de l'article 13.

Déjà visible dans la combinaison du droit à un recours effectif avec l'article 8 de la Convention (*Camezind*, préc. ; *Sabou et Pircalab c/ Roumanie*, 28 sept. 2004, *jdi*, 2005, 534, obs. C. de la Houge ; *Keegan c/ Royaume-Uni*, 18 juill. 2006 ; *Panteleyenko c/ Ukraine*, 29 juin 2006), l'intensité de la reviviscence de l'article 13 a été forte dans la jurisprudence relative à l'interdiction de la torture et des traitements inhumains et dégradants (*supra*, n° 14, *Selmouni*). Elle y aboutit à l'absorption de l'obligation procédurale de l'article 3 par celle de l'article 13 (*Ilhan c/ Turquie*, 27 juin 2000, Gr. Ch., § 92). De même, dans la jurisprudence relative au droit à la vie (*supra*, n° 11, *Mac Cann ;* n° 12, *Osman*), les exigences de l'article 13 sont plus fortes que l'obligation procédurale que l'article 2 fait aux États de mener une enquête effective (*Kaya c/ Turquie*, 19 févr. 1998, § 107). L'article 13 peut soutenir plusieurs articles de la

Convention à la fois, le fait de ne pas disposer de recours pour contester les ingérences étatiques dans les droits garantis par les articles 3, 8, 9, 10 de la Convention, et par les articles 1 et 2 du Protocole 1 constitue une violation du droit à un recours effectif (*Chypre c/ Turquie*, 10 mai 2002, Gr. Ch., *RTDH*, 2002, 807, obs. P. Tavernier). Il implique même l'exigence d'un recours qui puisse s'opposer à l'exécution d'une mesure d'expulsion collective d'étrangers avant l'issue de l'examen par les autorités nationales de sa conventionnalité (*Conka c/ Belgique*, 5 févr. 2002, *JCP*, 2002, I, 157, 25, obs. F. Sudre : combinaison de l'article 13 et de l'article 4 du Protocole 4). Dans la lutte contre le délai déraisonnable du procès, l'acceptation par la Cour de l'exploitation de l'article 13, dans l'arrêt Kudla, confirme bien une large normalisation du droit à un recours effectif sans pour autant mettre fin à son caractère intrinsèquement accessoire.

2 / En effet, dans tous les cas où le grief tiré de la violation de l'article 13 s'identifie avec le moyen tiré de la violation de l'article 6, § 1 de la Convention, ce dernier absorbe le premier, notamment lorsque le constat de violation de l'article 6, § 1 s'appuie sur la complexité de l'accès à un tribunal (*Tsironis c/ Grèce*, 6 déc. 2001, § 21 ; *Baumann c/ France*, 22 mai 2001, § 39 ; *Budescu et Petrescu*, 2 juill. 2002, § 42 ; *Falcoianu et al.* c/ R*oumanie*, 9 juill. 2002, § 41). Il en est ainsi aussi lorsque le constat de violation de l'article 6, § 1 est motivé par le retard de l'administration à exécuter des décisions de justice (*Katsaros c/ Grèce*, 6 juin 2002, § 37), par les contrariétés de la jurisprudence d'une Cour suprême aboutissant à une méconnaissance du principe de sécurité des rapports juridiques (*Hodos et al. c/ Roumanie*, 20 mai 2002, § 61).

En dehors du domaine de la lutte contre le délai déraisonnable du procès, l'obligation procédurale tirée de l'article 13 peut également s'effacer derrière une autre obligation procédurale rattachée à un droit substantiel. Il en est ainsi dans la jurisprudence relative à l'interdiction de la torture et des traitements inhumains et dégradants (*supra*, n° 14, *Selmouni*). Bien que l'obligation procédurale de l'article 13 y absorbe celle de l'article 3, la Cour se réserve la possibilité, en fonction des circonstances particulières de l'espèce, de se placer plutôt sur le terrain de l'article 3 et de valoriser l'obligation procédurale y afférent (*Dikme c/ Turquie*, 11 juill. 2000 ; *Indelicato c/ Italie*, 18 oct. 2001).

La mise en lumière de l'article 13 de la CEDH s'accompagne cependant parfois d'un certain flou notamment lorsque la Cour le met en rapport avec deux autres articles à la fois comme les articles 6 § 1 et 8 (*Schmidt c/ France*, 26 juillet 2007).

B) En parachevant la normalisation de l'article 13, l'arrêt Kudla revivifie avec éclat le principe de subsidiarité qui implique le caractère subsidiaire de la protection européenne et le caractère prioritaire de la protection nationale des droits proclamés par la Convention car l'article 13 proclame le droit à un recours effectif – faut-il le rappeler ? – devant une instance nationale.

1 / L'arrêt Kudla rappelle explicitement (§ 152) les attaches étroites unissant le droit à un recours effectif proclamé par l'article 13 et la règle de l'épuisement des voies de recours internes édictée par l'article 35, § 1 (*McFarlane c/ Irlande*, 10 sept. 2010, Gd. Ch., § 107-108 ; *infra*, n° 73, *Akdivar*). Le requérant qui a négligé d'utiliser les voies de recours internes utiles et pertinentes ne saurait se prévaloir de l'article 13 de la CEDH, seul ou en combinaison avec un autre article (*Slimani c/ France*, 27 juill. 2004, § 38-42). Cela étant, les États adhérents ont l'obligation de se doter de recours effectif qui puisse permettre de prévenir, de sanctionner et de redresser la violation du droit à un procès dans un délai raisonnable (§ 156-157). L'inexistence d'un tel recours pour lutter contre le délai déraisonnable de jugement entraîne systématiquement une violation de l'article 13 (par ex. *Mamic c/ Slovénie*, n° 2, 22 juill. 2006 ; *Nafpliotis, Nikolopoulos c/ Grèce*, 2 juin 2005 ; *Kangasluoma c/ Finlande*, 20 janv. 2004). De même, l'insuffisance du pouvoir du juge constitutionnel pour remédier à la durée excessive d'une procédure devant le juge civil viole le droit à un recours effectif (*Sürmeli c/ Allemagne*, 8 juin 2006, § 106-107 : concernant le recours constitutionnel). Est effectif un recours permettant l'indemnisation du préjudice résultant du délai excessif du procès dès lors qu'il est effectivement accessible et donne des résultats tangibles (la lenteur même de ce recours ou l'insuffisance de l'indemnité constituent une violation de l'article 13 : *Scordino c/ Italie (n° 1)*, 29 mars 2006, Gr. Ch. ; *Apicella c/ Italie*, Gr. Ch., même jour). Sont des recours effectifs qui doivent être épuisés par les requérants préalablement à l'introduction d'une requête individuelle devant le juge européen tendant à contester la durée excessive du procès : le recours tendant à l'obtention d'une satisfaction équitable pour réparer le préjudice né d'une durée déraisonnable du procès, créé par la loi Pinto du 24 avril 2001, en Italie (déc. 3 juin 2004, *Castaldo c/ Italie*, n° 45656/99 ; déc. 6 sept. 2002, *Brusco c/ Italie*, n° 69789/01) ; les recours permettant de contester la durée excessive de la procédure pénale au Portugal (*Toma Mota c/ Portugal*, 2 déc. 1999) et en Espagne (Comm., déc. 6 juill. 1993, *Prieto Rodriguez, DR*, 75, 128 ; Cour, déc. 5 oct. 1999, *Gonzalez Marin*, n° 39521/98).

2 / L'arrêt Kudla a provoqué des ajustements de jurisprudence en droit national. Ceux-ci facilitent la réparation du préjudice résultant de la durée excessive des procès en engageant la responsabilité de l'État pour fonctionnement défectueux de la justice tant judiciaire qu'administrative. Devant le juge judiciaire, une telle responsabilité ne peut être engagée que pour faute lourde (article L. 141-1 du Code de l'organisation judiciaire, créé par l'ordonnance 2006-673 du 8 juin 2006, *JO*RF du 9 juin 2006 ; ancien art. L. 781-1 du Code de l'organisation judiciaire). Dès lors le recours institué par cet article n'est pas un recours effectif à épuiser (Girard c/ France, 30 juin 2011, *JCP G*, I, 914, § 2, chr. F. Sudre). Une révision de ce texte s'impose. Après que plusieurs juridictions de première instance et d'appel ont considéré que la durée excessive du procès est constitutive d'une telle faute lourde, la Cour de cassation a donné une interprétation très souple de cette faute : « Toute déficience caractérisée par un fait une série de faits traduisant l'inaptitude du service public de la justice à remplir la mission dont il est investi » (Cass. Ass. plén., 13 févr. 2001, Consorts Bolle-Laroche, *AJDA*, 2001, 788, note S. Petit). Est considéré alors comme un recours effectif et efficace le recours permettant d'engager pour faute lourde la responsabilité de l'État du fait du fonctionnement défectueux du service de la justice judiciaire (*Nouhaud c/ France*, 9 juill. 2002, § 44 : ancien art. L. 781-1 du Code de l'organisation judiciaire). Le Conseil d'État qui n'accepte l'engagement de la responsabilité de l'État du fait du fonctionnement défectueux de la justice administrative que pour faute lourde (CE, Ass., 29 déc. 1978, Darmont, *Rec.*, 542, concl. M. Rougevin-Baville ; *RDP*, 1979, 1742, note J.-M. Auby ; *AJDA*, 1979, n° 11, 45, note M. Lombard) a assoupli sa jurisprudence sous l'influence de la jurisprudence européenne. Sachant que la Cour européenne dénie le caractère effectif et donc l'efficacité de la jurisprudence Darmont à lutter contre le délai déraisonnable du procès (Lutz c/ France, 26 mars 2002, *JCP*, 2002, I, 157, 19, obs. F. Sudre), le Conseil d'État admet dorénavant d'indemniser pour faute simple le préjudice résultant de la durée excessive de la procédure devant les juridictions administratives (CE, Ass., 28 juin 2002, garde des Sceaux, Ministre de la Justice c/ M. Magiera, *RFDA*, 2002, 756, concl. F. Lamy ; *RFDA*, 2003, 85, étude J. Andriantsimbazovina). Les recours en responsabilité dirigés contre l'État pour durée excessive des procédures devant les juridictions administratives relèvent de la compétence en premier et dernier ressort du Conseil d'État (art. R-331-1-7 du Code de justice administrative, décret n° 2005-911 du 28 juill. 2005, art. 10, *JORF*, 4 août 2005, 12772 : CE, 25 janv. 2006, SARL Potchou *et al.*, *RFDA*, 2006, 299, concl. J. Y. Struillou). Doréna-

vant, le recours en responsabilité devant les juridictions administratives du fait du délai excessif de jugement constitue un recours établi à un degré suffisant de certitude non seulement en théorie mais aussi en pratique ; et ce depuis le 1er janvier 2003 (*Broca et Texier-Micault c/ France*, 21 oct. 2003, *JCP*, 2004, I, 107, n° 7, obs. F. Sudre ; *Favre c/ France*, 2 mars 2004, § 20-21 : recevabilité d'une requête déposée en 2001). La durée excessive d'une procédure résultant du dépassement du délai raisonnable de jugement est présumée entraîner par elle-même, un préjudice moral dépassant la préoccupation habituellement causée par un procès sauf circonstances particulières en démontrant l'absence (CE, 19 oct. 2007, Blin, *RFDA*, 2008, p. 748, chron. L. Sermet et J. Andriantsimbazovina ; *AJDA*, 2007, p. 597, note N. Albert). Le Conseil d'État s'inspire là et d'un arrêt de la Cour de cassation d'Italie (26 janv. 2004, n[os] 1338 et 1339) et d'un arrêt de la Cour européenne des droits de l'homme (*Apicella c/ Italie*, GC, 29 mars 2006, § 93). Il a depuis étoffé une jurisprudence précise fixant les modalités d'appréciation du délai de jugement et les conditions de la réparation du préjudice créé par le délai déraisonnable de jugement (CE, 18 juin 2008, Gestas, *Dr. Adm.* 2008, comm. 120, note M. Gautier ; *JCP A* 2008, 2187, note J. Moreau ; CE, 6 mars 2009, Le Helloco, *RFDA*, 2009, p. 546, concl. R. Keller ; CE, Sect., 17 juillet 2009, Ville de Brest, *JCP A* 2010, 2006, note N. Albert ; *RFDA*, 2010, p. 405, note S. Givernaud ; CE, 26 mai 2010, M. Mafille, *AJDA*, 2010, p. 1784, note S. Théron) en totale harmonie avec la jurisprudence de la Cour européenne des droits de l'homme (*Gunes c/ France*, 20 nov. 2008, *RFDA*, 2009, p. 501, étude B. Delaunay).

La dualité de juridiction pouvant être la cause d'un délai déraisonnable de jugement contraire à l'article 6 § 1 CEDH (*Vallar c/ France*, 14 janv. 2008 : arrêt condamnant la France après que la Cour de cassation a refusé d'apprécier la durée de la procédure devant les juridictions administratives dans un cas d'enchevêtrement des procédures judiciaires et administratives – Cass. Civ. 1re, 22 mars 2005, Vallar, *Gaz. Pal.*, 5-6 oct. 2005, 10, note G. Gonzalez) le Tribunal des conflits confie à l'ordre de juridiction compétent pour le fond le soin de régler de façon globale le recours intenté pour durée excessive de la procédure résultant d'instances successives introduites devant les deux ordres de juridiction, considérant que le juge du fond est compétent « pour porter une appréciation globale sur la durée de la procédure devant les deux ordres de juridiction et, le cas échéant, devant le Tribunal des conflits » (Trib confl., 30 juin 2008, M. et Mme Bernardet, n° 3682, *AJDA*, 2008, 1362).

La prise en compte du droit à un recours effectif devient une véritable préoccupation du juge national même si sa concrétisation demeure source d'interrogations dans certains cas (CE, Avis, 16 févr. 2009, Hoffman Glemane, *RFDA*, 2009, p. 525, note B. Delaunay ; p. 535, note P. Roche ; *AJDA*, 2009, p. 589, chr. S.J. Liéber D. Botteghi : le système de recours et d'indemnisation des préjudices subis par les personnes victimes des persécutions antisémites sous le régime de Vichy satisfait-il aux exigences de l'article 13 de la CEDH ?)

Tirant les conséquences de la condamnation de l'État belge par le juge européen pour ne pas s'être doté d'un système de lutte contre les délais excessifs de jugement (par ex. : *Landsheer c/ Belgique*, 15 juill. 2005 ; *Dumont c/ Belgique*, 28 avr. 2005 ; *Roobaert c/ Belgique*, 29 juill. 2004 ; *Willekens c/ Belgique*, 24 avr. 2003), la Cour de cassation de Belgique reconnaît sa compétence pour contrôler le législateur et engager la responsabilité de l'État du fait de la carence du législateur (Cass. Belgique, Sect. Fr., 1re Ch., 28 sept. 2006, n° C020570F, concl. J.-F. Leclercq).

En France, en dehors de la lutte contre le délai déraisonnable de jugement, le risque d'une condamnation de la France pour violation de l'article 13 a conduit le Conseil d'État à abandonner une jurisprudence ne permettant pas l'introduction de recours contre les décisions de prolongement de mise en isolement des détenus (CE, 30 juill. 2003, Remli, voir n° 25, *Oztürk*). En précisant les critères des mesures prises par l'administration pénitentiaire susceptibles d'être soumis au contrôle du juge administratif, le Conseil d'État prend en compte la pression de la jurisprudence européenne en matière de droit à un recours effectif (CE, Ass., 14 déc. 2007, M. Planchenault et garde des Sceaux, Ministre de la Justice c/ M. Boussouar, *RFDA*, 2008, p. 87, concl. M. Guyomar ; *RFDA*, 2008, p. 750, chron. L. Sermet et J. Andriantsimbazovina ; *AJDA*, 2008, 128, chron. J. Boucher et B. Bourgeois-Machureau).

Sur le plan de la formulation, on remarquera la tendance à la nationalisation du droit à un recours effectif. Après avoir fait explicitement référence à l'article 13 de la CEDH (CE, Avis contentieux, 3 nov. 2003, M. Montesinos et M. Gardon, *Rec. tabl.*), le Conseil d'État parle de principe à valeur constitutionnelle pour les personnes intéressées de présenter un recours effectif devant une juridiction rappelé par les stipulations de la CEDH (CE, 22 avr. 2005, Margerand, *RFDA*, 2005, 1151, note C. Mayeur-Carpentier ; CE, 23 févr. 2005, Association pour la moralité et la transparence des marchés publics, n° 264712, *Rec.* qui rattache le droit à un recours effectif à l'article 6 de la Convention !). On notera cependant que le Conseil d'État adosse également le droit à un recours effectif à l'article 16 DDHC et à l'article 13 CEDH (CE, 7 juill. 2010, req. 322555, M.B., *Rec. Tabl.*).

Pareille pratique ne saurait minimiser ni la normalisation ni l'autonomisation au niveau européen du droit à un recours effectif devant une instance nationale consacrées par l'arrêt Kudla.

## II / La confirmation de l'autonomisation du droit à un recours effectif

Connaissant la dépendance de l'article 13 à l'égard des autres articles de la Convention, le juge européen a hésité entre la volonté de donner son autonomie au droit à un recours effectif et le souci de limiter sa portée. Il a choisi une voie médiane qui consiste à reconnaître une portée autonome à l'article 13 tout en essayant de l'encadrer. L'arrêt Kudla réaffirme cette tendance en rappelant les conditions et la portée de l'autonomisation du droit à un recours effectif.

A) Les conditions de l'autonomisation ont évolué. Dans un premier temps, bien qu'elle ait changé fréquemment sa position, la Commission fut globalement opposée à l'autonomie de l'article 13 (voir notamment sa position indiquée dans l'arrêt de la Cour sur l'affaire *Klass c/ Allemagne*, 6 sept. 1978, A. 28, § 62). La Cour adopta une position similaire en rejetant le grief de la violation de l'article 13 lorsqu'il n'y avait pas violation d'autres dispositions de la Convention (*Syndicat suédois des conducteurs de locomotives*, 6 déc. 1976, A. 20, § 49-50). Sachant qu'il était absurde et paradoxal de soumettre l'examen du grief de l'infraction au droit à un recours effectif au constat de violation d'un droit garanti par la Convention, la Cour prit la route de l'autonomisation de l'article 13 en abandonnant la condition de l'exigence d'un constat de violation et lui substituant la condition de *l'allégation* d'une violation des droits et libertés protégés par la Convention (*Klass*, préc., § 64). Pour que cette allégation de violation soit déterminante encore faut-il que le grief soit « plausible » (*Silver et al. c/ Royaume-Uni*, 25 mars 1983, § 113) et surtout qu'il soit « défendable » au regard de la Convention (*Klass*, préc., *Boyle et Rice c/ Royaume-Uni*, 27 avr. 1988, A. 131, § 52-55, *JDI*, 1989, 801, obs. P. Tavernier). Cette condition de la « défendabilité » n'a pas reçu une définition abstraite et la Cour reste pragmatique dans son interprétation (*Plattform « Ärzte für das Leben »*, 21 juin 1988, A. 139, § 25-27, *JDI*, 1989, 824, obs. P. Tavernier : non-défendabilité d'un grief pourtant déclaré recevable par la Commission ; *G. H. H. c/ Turquie*, 11 juill. 2000 : non-défendabilité de griefs de violation des articles 2 et 3 de la Convention, dès lors qu'une demande de statut de réfugié a été refusée par le Haut-commissariat des Nations Unies pour les réfugiés ; déc. 15 janv. 2004, *Lindberg c/ Suède*, n° 48198/99 : non-défendabilité d'un grief tiré de l'inexécution de jugement obtenu en Norvège dans le cadre de procédure devant les juridictions suédoises alors même que celles-ci n'ont pas exclu l'exécution du jugement norvégien et que la requête du requérant contre la Norvège avait été déclarée irrecevable par la Commission européenne des droits de l'homme). L'arrêt Kudla la corrobore (§ 157).

B) Le flou qui entoure la notion de « grief défendable » manifeste le souci d'encadrer la portée de l'autonomie du droit à un recours effectif sans la brider totalement. En effet, revenant sur sa jurisprudence antérieure (*Abdulaziz, Cabales et Balkandali c/ Royaume-Uni*, 28 mai 1988, A. 94, § 93), la Cour considère que l'article 13 n'implique pas une obligation des États parties « d'intégrer la Convention aux systèmes juridiques nationaux » (*James et al. c/ Royaume-Uni*, 21 févr. 1986, A. 98, § 84, *CDE*, 1988, 479, obs. G. Cohen-Jonathan). La Cour fixe d'ailleurs quelques balises souvent à double face.

L'article 13 implique, pour les États dualistes, l'existence en droit interne d'un recours permettant de s'y prévaloir en substance des droits garantis par la Convention (*Costello-Roberts c/ Royaume-Uni*, 25 mars 1994, A. 247-C, § 40). La Cour impose aux États une obligation positive de se doter de recours interne permettant d'offrir le redressement approprié de la violation de la Convention, ouvrant ainsi la voie à la contestation de mesures insusceptibles de recours en droit interne (*Valsamis c/ Grèce*, 18 déc. 1996 : à propos de mesures d'ordre intérieur, voir *supra*, n° 2, *Airey ; Ramirez Sanchez c/ France*, 27 janv. 2005, confirmé par une Grande Chambre, 4 juill. 2006, § 166 : violation de l'article 13 en raison de l'impossibilité, à l'époque des faits, de contester devant une juridiction les mesures de prolongation de mise en isolement dans les prisons françaises, voir *supra*, n° 25, *Oztürk ; Schemkamper c/ France, 18 oct. 2005 :* absence de recours contre un refus de permission de sortie par le juge d'application des peines ; *Khider c/ France*, 9 juill. 2009, § 105, *JCP G*, 2010, I, 70, § 24, chr. F. Sudre : absence de recours pour contester la décision de procéder à des fouilles corporelles en prison). Un recours non suspensif et soumis à un recours administratif préalable n'est pas compatible avec l'article 13 CEDH (Payet c/ France, 20 janv. 2011, *JCP G*, 2011, I, 914, § 17, chr. F. Sudre).

Mais, pour la Cour, l'article 13 CEDH ne pousse pas cette obligation jusqu'à l'exigence de création d'un recours contre la loi (*supra*, n° 16, *Soering ; Willis c/ Royaume-Uni*, 11 juill. 2002 ; *Roche c/ Royaume-Uni*,

19 oct. 2005, Gr. Ch., § 137, *JCP*, 2006, I, 109, n° 4, chron. F. Sudre ; *Tsonyo Tsonev c/ Bulgarie*, 1er oct. 2009, § 47) comme « il ne saurait non plus exiger un recours permettant de contester une jurisprudence constitutionnelle à effet normatif » (*Paksas c/ Lituanie*, 6 janv. 2011, § 114) ni imposer un recours en appel car la Convention ne garantit le double degré de juridiction que dans le cadre de l'article 2 du Protocole 7 (Kudla, § 154).

Dans l'ensemble, le recours effectif au sens de l'article 13 peut être porté devant une instance non juridictionnelle (*Klass*, préc., § 67) dès lors que celle-ci répond à certaines garanties d'indépendance, d'impartialité et de procédure (*Diana c/ Italie*, 15 nov. 1996). Tel n'est pas le cas de la possibilité de s'adresser au ministre et au médiateur dès lors qu'une telle procédure ne confère pas aux requérants un droit à réparation dont ils auraient pu obtenir en justice (*T. P. et K. M. c/ Royaume-Uni*, 15 mai 2001, Gr. Ch., *JCP*, 2001, I, 342, 18, obs. F. Sudre) ; *ibid.*, ne sont pas considérées comme des recours effectifs les plaintes déposées devant le médiateur parlementaire et le chancelier de la justice en Suède (*Segersted-Wiberg et al. c/ Suède*, 6 juin 2006).

Pour autant, l'effectivité du recours n'est ni linéaire ni invariable. Comme le rappelle l'arrêt Kudla, la portée du droit à un recours effectif varie en fonction de la nature du grief du requérant (§ 157).

Comme il est normal, l'exigence d'effectivité est maximum lorsqu'un droit intangible est en jeu. Ainsi, l'article 13 exige la mise en œuvre d'enquête impartiale, approfondie et effective, l'accès effectif du plaignant à la procédure d'enquête et le versement d'une indemnité s'il y a lieu dans le cadre de l'article 3 (*Aksoy c/ Turquie*, 18 déc. 1996, § 98 ; *Z. et al. c/ Royaume-Uni*, 10 mai 2001, Gr. Ch., § 109). L'article 13 impose à l'État l'obligation de prévoir des recours permettant de protéger les individus contre les actes de simples particuliers, par exemple contre la pédophilie. « Lorsque des droits d'une importance aussi fondamentale que ceux protégés par l'article 3 sont en jeu et qu'il est reproché aux autorités de n'avoir pas protégé des personnes contre les actes de simples particuliers, l'article 13 exige que la victime dispose d'un mécanisme permettant d'établir, le cas échéant, la responsabilité d'agents ou d'organes de l'État pour des actes ou omissions emportant violation des droits consacrés par la Convention ; par ailleurs, une indemnisation du dommage moral découlant de la violation doit en principe faire partie du régime de réparation mis en place » (*O'Keeffe c. Irlande*, 28 janv. 2014, Gr. Ch., § 115).

L'article 13 met même « hors jeu » les nécessités de la sécurité nationale lorsque l'article 3 est invoqué (*Chahal*, préc.). Une telle exigence vaut également dans le cadre de l'article 8 (*Al-Nashif c/ Bulgarie*, 20 juin 2002).

Si la Cour européenne des droits de l'homme a établi une jurisprudence propre au droit à un recours effectif contre les mesures d'éloignement des étrangers, la protection de ce droit varie selon que sont en cause des droits intangibles (articles 2 et 3 CEDH) et l'interdiction d'expulsion collective des étrangers (article 4 Protocole 4 – *Hirsi Jamaa et a. c/ Italie*, 23 févr. 2012, Gr. Ch., *JCP G*, 2012, doctr. 924, chr. F. Sudre, § 25) ou le droit au respect de la vie privée et de la vie familiale (article 8 CEDH – De Souza Ribeiro c. France, 13 déc. 2012, Gr. Ch., *JCP G*, 2012, act. 1420, obs. H. Surrel).

La protection maximale du droit à un recours effectif s'applique aux mesures d'éloignement des étrangers qui risquent d'entraîner une atteinte à l'article 3 CEDH (*M.S.S. c/ Belgique et Grèce*, 21 janv. 2011, Gr. Ch ; *JCP G*, 2011, I, 914, § 8, chr. F. Sudre). Elle exige un recours suspensif contre ces mesures afin de lutter contre tout éloignement arbitraire (*Gebremedhin c/ France*, 26 avr. 2007, § 67 : demandeurs d'asile en zone d'attente ; *I.M c. France*, 2 févr. 2012, *JCP G*, 2012, act. 222, L. Milano : procédure d'asile prioritaire de l'article L-741-4 CESEDA ; *M.A c. Chypre*, 23 juillet 2013).

La protection est moindre lorsque seul est en cause le droit au respect de la vie privée et familiale. Le recours suspensif n'y est pas indispensable. L'État doit seulement fournir « une possibilité effective de contester la décision d'expulsion ou de refus d'un permis de séjour et d'obtenir un examen suffisamment approfondi et offrant des garanties procédurales adéquates des questions pertinentes par une instance interne compétente fournissant des gages suffisants d'indépendance et d'impartialité » (*De Souza Ribeiro c. France*, préc., § 83). Cela ne doit cependant pas justifier les examens précipités des décisions de contestation (*De Souza Ribeiro*).

L'exigence d'effectivité peut être limitée concernant les droits conditionnels. Ainsi, combiné avec la liberté de religion (art. 9 de la Convention), l'article 13 n'exige pas l'ouverture d'un recours au profit de tout croyant d'engager à titre personnel une procédure formelle pour contester une décision relative à l'enregistrement des dirigeants de sa communauté religieuse, l'existence d'une procédure ouverte aux représentants de cette communauté satisfait aux exigences de l'article 13 (*Hassan et Tchaouch c/ Bulgarie*, 26 oct. 2000, Gr. Ch., § 98-99). Toutefois, il peut faire place à une simple obligation procédurale de collecte et de diffusion d'informations dans le cadre de l'article 8 (*Guerra et al. c/ Italie*, 19 févr. 1998, § 58.60 ; *McGinley et Egan c/ Royaume-Uni*, 9 juin 1998,

§ 101). L'effectivité n'est pas dictée par la « certitude d'un résultat favorable » (*Soering*, préc., § 122 ; *Observer et Guardian c/ Royaume-Uni*, 26 nov. 1991, A. 216, § 76, *JDI*, 1992, 813, obs. E. Decaux). Cependant, bien que l'État dispose d'une marge d'appréciation dans la mise en œuvre du droit à un recours effectif, l'article 13 n'implique ni une liberté totale de l'administration dans l'application du caractère suspensif d'un recours (*Conka*, préc.), ni l'entrave du recours par les actes ou la passivité des autorités nationales (*Sabuktekin c/ Turquie*, 19 mars 2002). De même, le contrôle exercé par l'instance nationale doit être d'une intensité équivalente à celle du contrôle européen, dans le cas contraire le recours en question perd son caractère effectif (*Smith et Grady c/ Royaume-Uni*, 27 sept. 1999, *RTD civ.*, 1999, 917, obs. J.-P. Marguénaud). Un contrôle laissant un pouvoir discrétionnaire illimité aux autorités enlève de toute façon son effectivité au recours (Hassan et Tchaouch, préc., § 100). La Cour juge contraire à l'article 13 de la Convention l'absence de recours contre le large pouvoir discrétionnaire laissé à l'autorité administrative dans le cadre de l'État d'urgence (*Ertas Aydin et al. c/ Turquie*, 20 sept. 2005 ; *Güneri c/ Turquie*, 12 juill. 2005) ou contre un arrêté de retrait de titre de séjour pour motifs de sécurité nationale (*Musa et al. c/ Bulgarie*, 11 janv. 2007, § 70) ; l'absence de recours pleinement suspensif au profit des demandeurs d'asile placés en zone d'attente viole l'article 13 combiné avec l'article 3 (*Gebremedhin c/ France*, préc., § 67 ; V. M.S.S. c/ Belgique et Grèce, préc.). L'empressement de remettre des détenus à des autorités étrangères avant même que leur recours ait pu être examiné par une juridiction nationale viole l'article 13 (*Al-Saadoon et Mufdhi c/ Royaume-Uni*, 2 mars 2010). Il en est de même de l'impossibilité pour une magistrate de soulever un grief relevant de sa vie privée au sens de l'article 8 devant une instance adéquate (*Özpinar c/ Turquie*, 19 oct. 2010) ; même violation de l'article 13 à propos de l'absence de contrôle des décisions du Conseil supérieur de la magistrature (*Kayasu c/ Turquie*, 13 nov. 2008, § 117-123) et de l'impossibilité de demander réparation du préjudice résultant des retards accusés dans une procédure pénale (*Mc Farlane c/ Irlande*, 10 sept. 2010, Gd. Ch., préc.). Enfin, la complexité de la dualité de juridiction peut être source de violation du droit à un recours effectif (Baudoin c/ France, 18 nov. 2010 : contentieux de l'hospitalisation d'office).

L'effectivité du recours est mesurée aussi à l'aune de l'effectivité de l'exécution des décisions de justice (*supra*, n° 33, Hornsby ; voir *Iatridis c/ Grèce*, 25 mars 1999, *JCP*, 2000, I, 202, 30, obs. F. Sudre). Le refus du Conseil des ministres de se conformer aux arrêts d'une Cour suprême nuit à l'effectivité des recours introduits devant elle (*Hassan et Tchaouch*, préc., § 101). L'absence d'un recours interne qui eût permis l'exécution d'un arrêt d'une juridiction suprême constitue une violation de l'article 13 (*Zazanis et al. c/ Grèce*, 18 nov. 2004, § 49). *Ibid.* l'absence de procédure de réparation rapide et suffisante pour des plaintes portant sur la longueur excessive d'une procédure d'exécution (*Wasserman c/ Russie*, 2 avr. 2008, § 55-58). La Cour sanctionne l'ineffectivité de recours instauré par un État contractant pour tirer les conséquences d'un arrêt pilote relatif à l'inexécution de décisions de justice nationales ordonnant à l'État l'octroi de logement (*Ilyushkin c. Russie*, 17 avril 2012).

Compliqué et complexe, le droit à un recours effectif devant une instance nationale le reste après l'arrêt Kudla. Efficace et exigeant à l'égard des systèmes nationaux de protection, il l'a été avant l'arrêt Kudla, il l'est davantage encore depuis.

J. A.

# *Chapitre 4*

# LE DROIT AU RESPECT DE LA VIE PRIVÉE ET FAMILIALE

## SECTION 1
## *La protection de la vie privée*

## I | Le droit à la « vie privée personnelle »

### A | LE DROIT À L'INTIMITÉ DE LA VIE PRIVÉE

#### *1 / Le droit au respect de la correspondance*

**41. Malone c/ Royaume-Uni, 2 août 1984** (Cour plénière), série A, n° 82, *AFDI*, 1985, p. 393, obs. V. Coussirat-Coustère ; *JT*, 1985, p. 414, obs. P. Lambert ; Rev. sc. crim., 1984, p. 145, obs. L.E. Pettiti. [...]

**64.** Nul ne conteste qu'une conversation téléphonique du requérant a été interceptée à la demande de la police, en vertu d'un mandat du ministre de l'Intérieur [...]. Les communications téléphoniques se trouvant comprises dans les notions de « vie privée » et de « correspondance » au sens de l'article 8 [...], ladite interception s'analysait en une « ingérence d'une autorité publique » dans l'exercice d'un droit que le § 1 garantissait au requérant.

3 / Sur le point de savoir si les ingérences se justifiaient

**65.** Le principal sujet de controverse consiste à savoir si les ingérences constatées se justifiaient au regard du § 2 de l'art. 8, et notamment si elles étaient « prévues par la loi » et « nécessaires », « dans une société démocratique », à la poursuite de l'un des buts y énumérés.

**66.** Dans son arrêt Silver *et al.* du 25 mars 1983 [...], la Cour a jugé qu'au moins pour les entraves à la correspondance de détenus, les mots « prévue par la loi / in accordance with the law », figurant au § 2 de l'art. 8, doivent s'interpréter à la lumière des principes généraux qui, d'après l'arrêt Sunday Times du 26 avril 1979 [...], valent pour les termes comparables, « par la loi / prescribed by law », dont se sert le § 2 de l'art. 10. Premier principe : le mot « loi » englobe à la fois le droit écrit et le droit non écrit [...]. Deuxième principe, que Commission, gouvernement et requérant s'accordent à estimer applicable en l'occurrence : « L'ingérence doit avoir une base en droit interne » [...]. Toutefois, la Cour a considéré que les exigences découlant desdites expressions allaient au-delà de la conformité à la loi nationale. Elle a exposé deux d'entre elles ainsi qu'il suit : « Il faut d'abord que la "loi" soit suffisamment accessible : le citoyen doit pouvoir disposer de renseignements suffisants, dans les circonstances de la cause, sur les normes juridiques applicables à un cas donné. En second lieu, on ne peut considérer comme une "loi" qu'une norme énoncée avec assez de précision pour permettre au citoyen de régler sa conduite ; en s'entourant au besoin de conseils éclairés, il doit être à même de prévoir, à un degré raisonnable dans les circonstances de la cause, les conséquences de nature à dériver d'un acte déterminé » [...].[...]

**67.** La Cour rappelle qu'à ses yeux le membre de phrase « prévue par la loi » ne se borne pas à renvoyer au droit interne, mais concerne aussi la qualité de la « loi » ; il la veut compatible avec la prééminence du droit, mentionnée dans le préambule de la Convention [...]. Il implique ainsi – et cela ressort de l'objet et du but de l'art. 8 – que le droit interne doit offrir une certaine protection contre des atteintes arbitraires de la puissance publique aux droits garantis par le § 1 [...]. Or, le danger d'arbitraire apparaît avec une netteté singulière là où un pouvoir de l'exécutif s'exerce en secret [...]. À la vérité – le gouvernement a raison de le soutenir –, les impératifs de la Convention, notamment quant à la prévisibilité, ne peuvent être tout à fait les mêmes dans le contexte spécial de l'interception de communications pour les besoins d'enquêtes de police que quand la loi en cause a pour but d'assortir de restrictions la conduite d'individus. En particulier, l'exigence de prévisibilité ne saurait signifier qu'il faille permettre à quelqu'un de prévoir si et quand ses communications risquent d'être interceptées par les autorités, afin qu'il puisse régler son comportement en conséquence. Néanmoins, la loi doit user de termes assez clairs pour indiquer à tous de manière suffisante en quelles circonstances et sous quelles conditions elle habilite la puissance publique à opérer pareille atteinte secrète, et virtuellement dangereuse, au droit au respect de la vie privée et de la correspondance. [...]

**79.** Ces considérations prouvent que le droit anglais et gallois relatif à l'interception de communications pour les besoins de la police est aujourd'hui, à tout le moins, assez obscur et sujet à des analyses divergentes. La Cour usurperait le rôle des juridictions nationales si elle essayait de trancher de telles questions de droit interne [...], mais la Convention l'appelle à déterminer si, aux fins du § 2 de l'art. 8, la « loi » litigieuse énonce avec une netteté suffisante les éléments essentiels des compétences des autorités en la matière.En Angleterre et au pays de Galles, il existe bien des procédures détaillées concernant les interceptions dont il s'agit [...]. Qui plus est, les statistiques en montrent l'efficacité pour maintenir à un niveau assez bas le nombre des mandats décernés, surtout si on le rapproche de la fréquence croissante des crimes [...] perpétrés et des postes de téléphone installés [...]. Néanmoins, les données communiquées à la Cour ne permettent pas de dire avec l'assurance souhaitable à quels égards le pouvoir d'interception se trouve intégré à des normes juridiques et sous quels rapports il reste tributaire de l'exécutif. En raison de l'ambiguïté et de l'incertitude qui subsistent sur cet aspect capital du droit en vigueur, la Cour ne saurait arriver à une conclusion différente de celle de la Commission. À ses yeux, le droit anglais et gallois n'indique pas avec assez de clarté l'étendue et les modalités d'exercice du pouvoir d'appréciation des autorités dans le domaine considéré. Dans cette mesure fait défaut le degré minimal de protection juridique voulu par la prééminence du droit dans une société démocratique.

**80.** En résumé, les atteintes au droit du requérant au respect de sa vie privée et de sa correspondance [...], tel que le garantit l'art. 8, n'étaient pas « prévues par la loi » pour autant qu'il s'agit de l'interception de communications.

Il y a une forte ressemblance entre les notions de « communication » et de « correspondance » : dans les deux cas, il s'agit de transmettre, grâce à des moyens techniques plus ou moins sophistiqués, un message à quelqu'un d'autre. Il y a cependant, entre les deux, une différence majeure : la communication est destinée à tout le monde ; la correspondance est réservée à une personne à l'exclusion de toutes les autres. C'est donc fort logiquement que la CEDH a rattaché celle-là à la liberté d'expression et celle-ci au droit au respect de la vie privée. Quant à elle, la jurisprudence de la Cour EDH a finalement réussi à protéger le droit au respect de la correspondance comme un élément de l'intimité de la vie privée. Cette orientation n'allait pourtant pas de soi car, en la matière, la sauvegarde de l'intérêt de l'individu est, le plus souvent, en très vive concurrence avec l'intérêt de l'ensemble de la société à une lutte énergique contre la criminalité. L'arrêt *Malone* qui, à la requête d'un antiquaire inculpé de plusieurs délits de recel de biens volés, a débouché sur un constat de violation de l'art. 8 par le Royaume-Uni, vient, après les arrêts *Golder c/ R.-U.* du 21 février 1975 (*supra*, n° 27), *Klass c/ Allemagne* du 6 sept. 1978 et *Silver c/ R.-U.* du 25 avril 1983, aider à préciser les principes qui permettent d'atteindre ce délicat équilibre. Entre autres intérêts, l'arrêt *Malone* présente celui d'envisager globalement les questions qui surgissent souvent en ordre séparé, des écoutes téléphoniques et des correspondances écrites. Il se prête donc plus particulièrement à une analyse de la protection jurisprudentielle du droit au respect de la correspondance en général. Pour ne pas lui faire dire plus qu'il ne pouvait dire, il convient néanmoins d'apporter deux précisions. Il faut tout d'abord observer que, rendu il y a plus d'un quart de siècle, il est antérieur au déferlement du courrier électronique. Il a donc fallu attendre jusqu'à l'arrêt *Copland c/ R.-U.* du 2 avril 2007 (*JCP G*, 2007, I, 182 obs. F. Sudre) pour que la Cour EDH aborde de front la question de savoir dans quelle mesure les principes qu'il énonce sont adaptés aux particularités techniques de cette nouvelle forme de correspondance. Il faut d'ailleurs observer que, pendant plusieurs années, la Cour de Strasbourg, par la force des choses, était en retard sur la chambre sociale de la Cour de cassation ; laquelle, par son retentissant arrêt *Nikon France* du 2 oct. 2001 (*D*, 2001, J, 3148, note P.-Y. Gautier ; *D*, 2002, Somm., 2296, obs. Ch. Caron), dont l'audace a été tempérée par son arrêt *Klajer* du 17 mai 2005, s'est expressément appuyée sur l'art. 8 de la CEDH pour décider qu'un employeur ne peut ni prendre connaissance des messages personnels émis ou reçus par un salarié grâce à un outil informatique mis à sa disposition exclusivement pour son travail, ni ouvrir les fichiers, identifiés par le salarié comme personnels, contenus sur le disque dur, même s'il y avait de forts soupçons d'y découvrir des données pornographiques. Il convient néanmoins de relever que, depuis quelques années, la Cour de Strasbourg travaille d'arrache-pied à combler son retard dans le domaine des nouvelles technologies, mais elle le fait pour les mettre au service de la répression. C'est ainsi que l'arrêt *Kennedy c/ RU* du 18 mai 2010 a estimé légitime l'interception des e-mails d'un condamné à perpétuité libéré. Surtout, l'important arrêt *Uzun c/ Allemagne* du 2 sept. 2010 (*JCP* 2010 ed. G 905. obs. K. Grabarczyk) a estimé que la surveillance par GPS des déplacements publics d'une personne, *a priori* moins attentatoire à sa vie privée, n'était pas en principe soumise aux critères relativement stricts établis et suivis dans le domaine spécifique de la surveillance des télécommunications. La fâcheuse influence de cet arrêt sur la loi du 28 mars 2014, autorisant la géolocalisation sans contrôle préalable du juge que l'arrêt de la chambre criminelle de la Cour de cassation du 22 octobre 2013 avait stigmatisée sur le fondement de l'art de la CEDH, est manifeste.

Il faut aussi remarquer que, dans l'arrêt *Malone*, la question de la violation de correspondances écrites était abordée sous un angle relativement inhabituel : comme les conversations téléphoniques du requérant, elles avaient été interceptées pour essayer de le confondre pendant qu'il était libre. Or, le plus souvent, ce sont des détenus qui se plaignent d'une entrave à leur droit d'envoyer et de recevoir des lettres. C'est dire que ce second aspect du droit au respect des correspondances écrites ne pourra être abordé sans d'importants emprunts à d'autres grands arrêts qui lui ont été spécialement consacrés comme l'arrêt *Campbell c/ R.-U.* du 25 mars 1992 (*RUDH*, 1993, p. 1, chron. F. Sudre).

## I / L'interception de la correspondance des personnes soupçonnées

Toute affaire de protection du droit au respect de la correspondance d'une personne toujours libre mais déjà soupçonnée d'avoir commis une infraction à la loi pénale, ou toujours en activité mais déjà soupçonnée d'être en faute professionnelle, soulève généralement deux questions complémentaires : celle de l'existence d'une ingérence puis celle de la justification de cette ingérence. L'arrêt *Malone* aborde effectivement l'une et l'autre.

A) M. Malone, qui en définitive ne fut pas condamné, avait engagé une action civile contre le préfet de police du Grand Londres parce qu'il avait été forcé de s'expliquer devant les tribunaux répressifs à la suite d'interceptions de ses conversations téléphoniques et de son courrier qui, depuis des années, lui était parvenu tardivement, refermé par des rubans adhésifs ou même non cacheté. S'agissant du courrier, il ne faisait pas de doute qu'il pouvait faire l'objet d'une ingérence relevant du champ d'application de l'art. 8, § 1. En 1984, la même solution ne s'imposait pas encore d'évidence pour les communications téléphoniques. En effet, elle venait seulement d'être admise par l'arrêt *Klass* du 6 sept. 1978. Il n'était donc pas inutile que l'arrêt *Malone* la rappelle expressément et qu'il l'étende à la technique dite du « comptage » qui, sans intercepter les conversations, enregistre les numéros composés et permet d'identifier les interlocuteurs de la personne surveillée. Toutes les difficultés de qualification des atteintes au secret des communications téléphoniques n'étaient pas pour autant résolues. Il devait en surgir de nouvelles que la Cour n'allait d'ailleurs pas trancher dans le même sens. Dans l'affaire *Lüdi c/ Suisse* du 15 juin 1992, elle a estimé que la mise sur table d'écoute d'un trafiquant de drogue avec un agent infiltré ne touchait, ni en soi ni par combinaison avec les écoutes téléphoniques, à la sphère de la vie privée, et a conclu qu'il n'y avait aucune violation de l'article 8. Dans l'affaire *Halford c/ R.-U.* du 25 juin 1997, il s'agissait de l'interception, aux fins de poursuites disciplinaires, des conversations téléphoniques qu'une fonctionnaire de police engageait à partir d'un téléphone de bureau raccordé au réseau interne de télécommunications mis en place dans les locaux de la police. S'appuyant sur l'arrêt *Klass* et l'arrêt *Malone*, qui s'en tenaient pourtant à affirmer d'une manière très générale que les communications téléphoniques se trouvent comprises dans les notions de « vie privée » et de « correspondance », la Cour n'a pas hésité à balayer la thèse gouvernementale selon laquelle les appels téléphoniques passés depuis le lieu de travail échappent à la protection de l'art. 8, car on ne peut raisonnablement s'attendre à leur voir reconnaître un caractère privé. Au § 44 de l'arrêt *Halford*, elle a en effet énoncé que les appels émanant de locaux professionnels, tout comme ceux provenant du domicile, peuvent se trouver compris dans les notions visées à l'art. 8, § 1. Ainsi ce texte est-il applicable aux systèmes de télécommunications indépendants du réseau public. Il y a donc tout lieu de croire que les interceptions des conversations échangées sur les réseaux privés de téléphone sans fil constitueraient des ingérences au sens de l'art. 8 (pour une hypothèse où le juge d'instruction avait refusé la mise sur écoute d'un téléphone portable V. *Iglesias Gil et AUI c/ Espagne* du 29 avr. 2003.) En outre, l'arrêt *Amann c/ Suisse* du 16 fév. 2000 a appliqué la jurisprudence Halford aux appels passés depuis ce lieu de travail un peu particulier qu'est une ambassade. En outre, la Cour a admis l'existence d'une « ingérence d'une autorité publique » lorsque le branchement a été réalisé par un particulier techniquement conseillé par la police (*Van Vondel c/ Pays-Bas*, 25 oct. 2007) et dans le cas où les informations interceptées ont été publiées dans des journaux privés au mépris de l'obligation positive des autorités de garantir le respect effectif de la vie privée et de la correspondance dans les relations entre particuliers (*Craxi c/ Italie*, 17 juill. 2003). Surtout, par l'arrêt *Copland* du 3 avril 2007, elle a admis, dans le prolongement direct de l'arrêt *Halford*, que l'envoi d'e-mails depuis le lieu de travail relève aussi de la protection de l'art. 8.

Toujours au titre de la vérification de l'existence d'une ingérence, l'arrêt *Malone* a repris une affirmation essentielle de l'arrêt *Klass* suivant laquelle un système autorisant et instaurant une surveillance secrète des communications constitue en soi une ingérence dans l'exercice des droits garantis par l'art. 8 en dehors même de toute application effective à une personne donnée.

B) C'est sur la question de la justification de l'ingérence au regard du § 2 de l'art. 8 que l'arrêt Malone apporte sa contribution majeure à la protection contre l'interception des correspondances des personnes soupçonnées. Dans l'affaire *Klass*, il se trouve que l'ingérence litigieuse était indiscutablement prévue par une loi adoptée par le Parlement et modifiée par la Cour constitutionnelle fédérale. La Cour de Strasbourg avait donc dû vérifier qu'elle répondait aux buts légitimes de sauvegarde de la sécurité nationale, de défense de l'ordre et de prévention des infractions pénales, puis, surtout, apprécier si elle était nécessaire dans une société démocratique pour atteindre ces objectifs. Elle avait alors constaté que l'art. 8 n'avait pas été violé après avoir notamment admis la nécessité, devant une situation exceptionnelle, de dispositions législatives accordant des pouvoirs de surveillance secrète des correspondances. Dans l'affaire *Malone*, c'était au contraire le point de savoir si l'ingérence avait été prévue par la loi qui faisait problème. La Cour s'est donc inspirée de l'arrêt *Silver* (préc.) relatif à la question voisine des entraves aux correspondances des détenus pour décider que, ici aussi, les mots

« prévue par la loi » doivent s'interpréter à la lumière des principes généraux dégagés par l'arrêt *Sunday Times* du 26 avril 1979 En conséquence, il ne suffit pas que l'interception ait été réalisée conformément au droit interne, il faut encore et surtout que ce droit interne ait été fixé par une « loi » présentant la double qualité d'être accessible et d'être suffisamment précise pour permettre au citoyen de régler sa conduite. Contrairement à ce qui était advenu dans l'affaire *Klass*, un constat de violation a donc pu être dressé parce que les données communiquées à la Cour ne lui avaient pas permis de dire avec l'assurance souhaitable à quels égards le pouvoir d'interception se trouvait intégré à des normes juridiques et sous quels rapports il restait tributaire de l'exécutif. Avant d'aboutir à cette sévère conclusion, la Cour avait pourtant concédé au gouvernement que « les impératifs de la Convention, notamment quant à la prévisibilité, ne peuvent être tout à fait les mêmes dans le contexte spécial de l'interception de communications pour les besoins d'enquête de police que dans le cas où la loi en cause a pour but d'assortir de restrictions la conduite d'individus ». Cet assouplissement spécifique n'a pas résisté longtemps aux exigences de plus en plus pressantes du principe de prééminence du droit. Ainsi, après l'avoir explicitement visé, les arrêts *Huvig et Kruslin c/ France* du 24 avril 1990 (cf. *supra*, n° 5) ont-ils au contraire estimé : « Les écoutes et autres formes d'interception des entretiens téléphoniques représentent une atteinte grave au respect de la vie privée et de la correspondance. Partant, elles doivent se fonder sur une "loi" d'une précision particulière (v. aussi *Agaoglu c/ Turquie*, 6 déc. 2005). L'existence de règles claires et détaillées en la matière apparaît indispensable, d'autant plus que les procédés techniques utilisables ne cessent de se perfectionner. » Cette évolution peut en partie expliquer les retentissantes « condamnations » de la France dans ces deux affaires. Ces deux arrêts ont d'ailleurs eu des prolongements législatifs et jurisprudentiels qui donnent un excellent exemple de ce que devrait être l'influence sur le droit français des arrêts de la Cour EDH. Il suffira de rappeler ici que, dès le 10 juillet 1991, soit à peine plus d'un an après les arrêts *Kruslin et Huvig*, a été promulguée une loi relative au secret des correspondances émises par la voie des télécommunications dont les dispositions ont été saluées par la Cour EDH dans l'arrêt *Lambert* du 24 août 1998 pour avoir posé des règles claires et détaillées précisant, *a priori*, avec suffisamment de clarté l'étendue et les modalités d'exercice du pouvoir d'appréciation des autorités. (Pour le plaisir d'une comparaison avantageuse, on se reportera à l'arrêt *Prado Bugallo* du 18 févr. 2003 très réservé à l'égard des garanties introduites en la matière par la loi espagnole du 25 mai 1988.) Néanmoins, la Cour, par cet arrêt *Lambert* a dû « condamner » une nouvelle fois la France parce que la chambre criminelle de la Cour de cassation avait eu la curieuse idée de vider la loi nouvelle d'une bonne partie de son intérêt en décidant, par un arrêt du 27 sept. 1993, qu'elle n'aurait pas dû jouer en faveur de ceux qui conversent sur une autre ligne téléphonique que la leur. D'ailleurs, les louanges décernées à l'auteur de la loi du 10 juillet 1991 sont aujourd'hui largement compensées par les blâmes infligés à son interprète. En effet, par deux arrêts *Matheron* du 29 mars 2005 et *Vetter* du 31 mai 2005 la Cour de Strasbourg a jugé que la chambre criminelle avait fait de mauvaises applications européennes de cette loi quand elle avait décidé, par un arrêt du 6 octobre 1999 (*Bull. crim.*, n° 210) d'une part et par un arrêt du 15 février 2000 d'autre part, que ses dispositions (art. 100 et s. CPP) permettent de couvrir la situation de personnes écoutées dans le cadre d'une procédure à laquelle elles sont étrangères et l'hypothèse voisine mais distincte de la sonorisation d'un appartement. La chambre criminelle n'en continue pas moins à rester sourde aux arguments de ceux qui, confondus par des écoutes téléphoniques provenant d'une procédure étrangère à l'information (Cass. crim., 8 juin 2006, Ozdemir) ou un procédé de sonorisation (Cass. crim., 1er mars 2006, *D*, 2006, 1504, note J. Pradel) se plaignent d'une violation de l'art. 8. Il semble d'ailleurs que la chambre criminelle aime toujours à jouer avec les risques européens en matière de correspondance puisque, par un arrêt du 27 novembre 2013 faisant contraste avec celui précité du 22 octobre 2013 relatif à la géolocalisation, elle a admis sans sourciller la validité de la saisie globale et indifférenciée d'une messagerie professionnelle.

## II / Le contrôle des correspondances écrites des personnes détenues

Il n'est plus rare que le contrôle, litigieux au regard de l'art. 8, porte sur les conversations téléphoniques de prisonniers (cf. *Lind c/ Russie*, 6 déc. 2007 relatif à l'impossibilité pour un détenu de dire dignement adieu au téléphone à son père mourant mais visant le droit au respect de la vie familiale ; *Petrov c/ Bulgarie*, 22 mai 2008 abordant une troublante question d'interdiction faite à un détenu de téléphoner à l'élue de son cœur parce qu'ils n'étaient pas mariés). Souvent les conversations directes des personnes détenues retiennent aussi l'attention de la Cour.

Ainsi la France a-t-elle été condamnée par un arrêt *Wisse* du 20 déc. 2005 pour avoir méconnu « le droit aux parloirs » (D. Roets, *D*, 2006, 764) qui, dans le prolongement de l'arrêt *Messina c/ Italie* du 28 sept. 2000 a été esquissé au confluent du droit au respect de la vie privée et du droit au respect des correspondances pour conférer un certain degré de liberté dans la conversation des personnes placées en détention provisoire recevant leurs premières visites et préserver une « certaine intimité » qu'elles peuvent « espérer » en ces occasions. Cette allusion à la notion d'espérance légitime ne va pas, cependant, jusqu'à conduire la Cour à consacrer une obligation positive de garantir l'accès au parloir. En revanche, elle n'a pas hésité à mobiliser cette théorie pour stigmatiser une garde à vue *in communicando* de plus de sept jours par l'arrêt *Sari et Colak c/ Turquie* du 4 avril 2006. Ce sont néanmoins les correspondances écrites qui soulèvent le plus souvent des difficultés. La Cour a dégagé à leur égard des principes généraux qui sont parfois aménagés en considération du correspondant du détenu.

A) On peut, en schématisant à peine, distinguer dans la jurisprudence européenne entre les principes qui gouvernent l'expédition et ceux qui se rapportent à la réception du courrier des détenus.

S'agissant de l'envoi, par un prisonnier, de lettres à quelqu'un qui pourrait le conseiller ou le réconforter, il faut mettre en exergue le principe dégagé par l'arrêt *Golder c/ R.-U.* du 21 février 1975 (*supra*, n° 27) suivant lequel un obstacle apporté à la possibilité même de correspondre représente la forme la plus radicale d'ingérence dans l'exercice du droit au respect de la correspondance. Si le détenu doit pouvoir écrire, il n'est pas discuté que le contrôle exercé par l'administration sur son courrier poursuit un des buts légitimes visés par le § 2 de l'art. 8 : défense de l'ordre, prévention des infractions pénales ou protection des droits ou libertés d'autrui. Encore faut-il, toujours au regard du § 2, que l'ingérence réalisée par ce contrôle soit « prévue par la loi » et « nécessaire dans une société démocratique ». Comme on l'a vu, c'est l'arrêt *Silver* qui a emprunté à l'arrêt *Sunday Times* les exigences d'accessibilité et de prévisibilité de la « loi » tout en admettant qu'elles ne vont pas jusqu'à imposer d'insérer les garanties dans le texte même qui permet d'imposer des restrictions au droit d'expédier du courrier. L'arrêt *Silver* a aussi mis la Cour en mesure de se prononcer sur le caractère « nécessaire dans une société démocratique » des mesures de contrôle. Après avoir admis qu'il y avait lieu d'avoir égard aux exigences normales et raisonnables de l'emprisonnement, elle a consolidé l'essentiel du travail de la Commission qui avait dressé une liste de motifs d'interception n'apparaissant pas nécessaires dans une société démocratique (pour une utilisation ultérieure de cette liste, v. l'arrêt *Pfeifer et Plankl c/ Autriche* du 25 févr. 1992). Pour une plus grande effectivité du droit du prisonnier à envoyer des lettres, la Cour, par un arrêt *Cotlet c/ Roumanie* du 3 juin 2003, a mis à la charge de l'État l'obligation positive de lui fournir le papier à lettres, le stylo, les enveloppes et les timbres nécessaires. Dans ces conditions, les prisons peuvent devenir le lieu privilégié de résistance de la calligraphie à l'invasion de l'e-mail et du texto qui ont encore quelques difficultés à se faire admettre dans l'univers carcéral. L'arrêt *Nuri Ozen c/ Turquie* du 11 janvier 2011 pourrait, quant à lui, contribuer à la protection des langues minoritaires puisque, selon lui, l'obligation faite aux détenus d'assurer à leurs frais la traduction en turc des lettres qu'ils écrivaient en kurde à leurs proches constituait une violation de l'art. 8. L'arrêt *Frérot c/ France* du 12 juin 2007 (*RSC*, 2008, 162 obs. D. Roets) marque une étape importante dans la protection du droit des détenus en dénonçant la définition trop restrictive de la correspondance retenue en l'occurrence par une circulaire française. Il intéresse d'ailleurs aussi bien le détenu expéditeur que le détenu destinataire.

La réception du courrier par les détenus a suscité la mise en place par l'arrêt *Messina c/ Italie* du 26 fév. 1993 d'une importante présomption de causalité conduisant à un constat de violation de l'art. 8 lorsque l'État défendeur n'est pas en mesure d'apporter la preuve que les lettres adressées au prisonnier lui ont bien été distribuées (cf. F. Sudre, *Droit européen et international des droits de l'homme*, Puf, 11e éd., 2012, p. 527). Les restrictions dont elle peut faire l'objet doivent évidemment, être au moins prévues par la loi (cf. *Ospina Vargas c/ Italie*, 14 oct. 2004 qui vise aussi la non-remise d'un livre).

B) L'identité du correspondant du détenu a été souvent prise en compte par la Cour. Ainsi, par exemple, dans l'arrêt *Boyle et Rice c/ Royaume-Uni* du 27 avril 1988 a-telle estimé que l'interception d'une lettre écrite à un ami auteur dramatique susceptible d'alerter les médias constituait un manquement aux exigences de l'art. 8. Il faut accorder une plus grande importance encore aux arrêts qui, à partir de l'arrêt *Campbell c/ R.-U.* du 25 mars 1992, ont estimé que l'ouverture du courrier adressé à la Commission européenne des droits de l'homme n'était pas nécessaire dans une société démocratique au sens de l'art. 8 (v., par exemple, l'arrêt *Wasilewski c/ Pologne*, 6 déc. 2005). La correspondance avec la Commission naguère et avec la Cour aujourd'hui (cf. *Ochlik c/ Pologne*, 29 juill. 2008) est, à n'en pas douter, indispensable à l'effectivité du droit de recours individuel devant les organes de Strasbourg. Aussi ne faut-il pas s'étonner si, parfois, les entraves à cette correspondance particulière sont stigmatisées non seulement au titre de l'art. 8, mais également au regard de l'ancien art. 25, § 1 dont l'équivalent est aujourd'hui l'art. 34 (cf. l'arrêt *Petra c/ Roumanie* du 23 sept. 1998 où la Cour marque son vif mécontentement de ce que le directeur de l'établissement pénitentiaire ait accompagné ses restrictions aux échanges épistolaires avec la Commission d'un intempestif : « Je vais t'en donner, moi, du Conseil de l'Europe ! »). Néanmoins, ce sont les correspondances entre le détenu et son avocat qui, depuis l'arrêt *Golder* de 1975, ont surtout retenu l'attention de la Cour. À cet égard, l'arrêt *Campbell* du 25 mars 1992 est d'un intérêt majeur. S'appuyant sur l'arrêt *S. c/ Suisse* du 28 nov. 1991 qui, dans le contexte de l'art. 6, § 3 *c*, avait souligné l'importance du droit pour un détenu de communiquer hors de portée d'ouïe des autorités pénitentiaires, la Cour y a en effet affirmé qu'au regard de l'art. 8 également, la relation avocat-client devait en principe bénéficier d'un régime privilégié de façon à ce que la consultation de l'homme de loi puisse se faire dans des conditions propices à une pleine et libre discussion. Parmi les éléments de ce régime de faveur figure la règle selon laquelle les autorités pénitentiaires ne peuvent ouvrir la lettre d'un avocat à un détenu que si elles ont un motif plausible de penser qu'il y figure un élément illicite non révélé par les moyens normaux de détection auquel cas elles doivent seulement la décacheter sans la lire. De nombreux arrêts ont concouru au renforcement de cette protection privilégiée qui complète heureusement celle dont bénéficie aussi le domicile professionnel de l'avocat (cf. *infra*, n° 46). Parmi les plus anciens figure le célèbre arrêt *Campbell et Fell c/ R.-U.* du 24 juin 1984. Parmi les plus récents, on peut relever l'arrêt *Jankauskas c/ Lituanie*, 24 février 2005. La chambre criminelle de la Cour de cassation participe aussi à cette protection européenne des conversations téléphoniques d'un avocat avec son client. C'est ainsi que, visant l'art. 8 de la CEDH, un arrêt du 8 novembre 2000 (*D*, 2002, p. 856, obs. B. Blanchard) a clairement précisé que seule la présomption de participation de l'avocat à l'infraction autorise la transcription de ces conversations (pour un exemple d'une telle autorisation, v. Cass. crim., 14 nov. 2001, *Bull. crim.*, n° 238), tandis qu'un arrêt du 18 janvier 2006 a cassé l'arrêt d'une chambre d'instruction qui n'avait pas suffisamment vérifié s'il avait été porté atteinte à la confidentialité des conversations téléphoniques entre un avocat et un client.

C'est dans ce contexte professionnel que s'inscrit le très important arrêt *Michaud c/ France* du 6 décembre 2012 (*AJDA* 2013.165 chron. L. Burguorgue-Larsen). Même s'il admet la conventionnalité de l'obligation de déclaration de soupçon que trois directives européennes relatives à la lutte contre le blanchiment des capitaux d'origine frauduleuse font peser sur l'avocat, il ouvre d'intéressantes perspectives pour la protection des correspondances en transformant le secret professionnel, initialement organisé en termes de droit pour le client et d'obligations pour l'avocat, pour qu'il devienne aussi un droit pour l'avocat.

J.-P. M.

### 2 / *La confidentialité des données à caractère personnel*

**42. S. et Marper c/ Royaume-Uni 4 décembre 2008** (Grande chambre) *RFDA*, 2009.741 note S. Peyrou-Pistoulet ; RSC 2009.182. obs. J.-P. Marguénaud

**66.** La Cour rappelle que la notion de « vie privée » est une notion large, non susceptible d'une définition exhaustive, qui recouvre l'intégrité physique et morale de la personne (Pretty c. Royaume-Uni, n° 2346/02, § 61, CEDH 2002-III, et Y.F. c/ Turquie, n° 24209/94, § 33, CEDH 2003-IX). Elle peut donc englober de multiples aspects de l'identité physique et sociale d'un individu (Mikulić c/ Croatie, n° 53176/99, § 53, CEDH 2002-I). Des éléments tels, par exemple, l'identification sexuelle, le nom, l'orientation sexuelle et la vie sexuelle relèvent de la sphère personnelle protégée par l'article 8 (voir, entre autres, Bensaid c/ Royaume-Uni, n° 44599/98, § 47, CEDH 2001-I et les références qui y sont citées, et Peck c/ Royaume-Uni, n° 44647/98, § 57, CEDH 2003-I). Au-delà du nom, la vie privée et familiale peut englober d'autres moyens d'identification personnelle et de rattachement à une famille (voir, mutatis mutandis, Burghartz c. Suisse, 22 février 1994, § 24, série A n° 280-B, et Ünal Tekeli c/ Turquie, n° 29865/96, § 42, CEDH 2004-X (extraits)). Les informations relatives à la santé d'une personne constituent un élément important de sa vie privée (Z c/ Finlande, 25 février 1997, § 71, Recueil des arrêts et décisions 1997-I). La Cour estime de plus que l'identité ethnique d'un individu doit aussi être considérée comme un élément important de sa vie privée (voir notamment l'article 6 de la Convention sur la protection des données, cité au paragraphe 41 ci-dessus, qui fait entrer les données à caractère personnel révélant l'origine raciale, avec d'autres informations sensibles sur l'individu, parmi les catégories particulières de données ne pouvant être conservées que moyennant des garanties appropriées). L'article 8 protège en outre un droit à l'épanouissement personnel et celui de nouer et de développer des relations avec ses semblables et le monde extérieur (voir, par exemple, Burghartz, précité, avis de la Commission, p. 37, § 47, et Friedl c/ Autriche, 31 janvier 1995, série A n° 305-B, avis de la Commission, p. 20, § 45). La notion de vie privée comprend par ailleurs des éléments se rapportant au droit à l'image (Sciacca c/ Italie, n° 50774/99, § 29, CEDH 2005-I).

**67.** Le simple fait de mémoriser des données relatives à la vie privée d'un individu constitue une ingérence au sens de l'article 8 (Leander c/ Suède, 26 mars 1987, § 48, série A n° 116). Peu importe que les informations mémorisées soient ou non utilisées par la suite (Amann c/ Suisse [GC], n° 27798/95, § 69, CEDH 2000-II). Toutefois, pour déterminer si les informations à caractère personnel conservées par les autorités font entrer en jeu l'un des aspects de la vie privée précités, la Cour tiendra dûment compte du contexte particulier dans lequel ces informations ont été recueillies et conservées, de la nature des données consignées, de la manière dont elles sont utilisées et traitées et des résultats qui peuvent en être tirés (voir, mutatis mutandis, Friedl, précité, avis de la Commission, § 49-51, et Peck c/ Royaume-Uni, précité, § 59).

b. Application des principes précités au cas d'espèce

**68.** La Cour note d'emblée que les trois catégories d'informations personnelles conservées par les autorités au sujet des deux requérants, à savoir des empreintes digitales, des profils ADN et des échantillons cellulaires, constituent toutes des données à caractère personnel au sens de la Convention sur la protection des données car elles se rapportent à des individus identifiés ou identifiables. Le Gouvernement admet de son côté que dans les trois cas il s'agit de « données à caractère personnel », au sens de la loi de 1998 sur la protection des données, qui se trouvent entre les mains de personnes en mesure d'identifier les individus concernés.

**69.** Les organes de la Convention se sont déjà penchés à diverses reprises, dans le contexte de procédures pénales, sur des questions se rapportant à la conservation par les autorités de telles données à caractère personnel. Pour ce qui est de la nature et de la portée des informations contenues dans chacune des trois catégories de données, la Cour a par le passé établi une distinction entre la conservation des empreintes digitales et celle des échantillons cellulaires et profils ADN au motif que les informations personnelles contenues dans ces deux dernières catégories se prêtent davantage à des utilisations ultérieures (Van der Velden c/ Pays-Bas (déc.), n° 29514/05, CEDH 2006). Elle estime en l'espèce que la question de l'atteinte au droit des requérants au respect de leur vie privée doit être examinée séparément pour la conservation de leurs échantillons cellulaires et profils ADN et pour celle de leurs empreintes digitales. [...].

**125.** En conclusion, la Cour estime que le caractère général et indifférencié du pouvoir de conservation des empreintes digitales, échantillons biologiques et profils ADN des personnes soupçonnées d'avoir commis des infractions mais non condamnées, tel qu'il a été appliqué aux requérants en l'espèce, ne traduit pas un juste équilibre entre les intérêts publics et privés concurrents en jeu, et que l'État défendeur a outrepassé toute marge d'appréciation acceptable en la matière. Dès lors, la conservation litigieuse s'analyse en une atteinte disproportionnée au droit des requérants au respect de leur vie privée et ne peut passer pour nécessaire dans une société démocratique. Cette conclusion dispense la Cour d'examiner les critiques formulées par les requérants à l'encontre de certains points précis du régime de conservation des données litigieuses, tels l'accès, trop large selon eux, à ces données et la protection, insuffisante à leurs yeux, offerte contre les usages impropres ou abusifs de ces données.

**126.** Dès lors, il y a eu en l'espèce violation de l'article 8 de la Convention.

Un mineur acquitté après avoir été poursuivi pour vol avec violence et un mari dont l'affaire de harcèlement à l'égard de sa femme avait été classée sans suite grâce à une providentielle réconciliation, avaient l'un et l'autre demandé à la justice britannique d'ordonner la destruction de leurs empreintes digitales et de leurs échantillons cellulaires et profils ADN que les autorités répressives n'avaient pas manqué de relever et de prélever au moment où elles leur avaient demandé des comptes. Plus sensible à l'intérêt de la conservation de ces trésors de police scientifique qu'à la préservation des droits de l'homme face aux conquêtes de la génétique et des technologies de l'information, la Chambre des Lords, à l'unanimité moins la voix d'une baronne courageuse et lucide, avait cependant refusé de satisfaire leurs demandes. Aussi ont-ils saisi la Cour européenne des droits de l'Homme qui, se prononçant en Grande chambre au titre de la procédure de dessaisissement prévue par l'article 30 de la Convention, a rendu, le 4 décembre 2008 un arrêt qui est un grand arrêt à tous points de vue puisqu'il a su affirmer que la protection des données personnelles relevant de la vie privée au sens de l'article 8 devait prévaloir sur le vertigineux engouement pour la technologie répressive et les prouesses de la police scientifique. L'apport de l'arrêt *S. et Marper* sur le point crucial de la conservation et de l'utilisation des données à caractère personnel (I) est si considérable qu'il pourrait rendre secondaire l'autre volet de la question pourtant marqué par les importants arrêts *Gaskin c/ R.-U.* du 7 juill. 1989 et *Odièvre c/ France* du 13 févr. 2003, qui se rapporte à l'accès (II) des personnes qu'elles concernent à ces données.

## I / La mémorisation et l'utilisation des données à caractère personnel

Dans l'arrêt *S. et Marper*, la Cour synthétise et précise utilement les principes généraux qui gouvernent la matière. Tout d'abord elle rappelle, à la suite des arrêts *Leander c/ Suède* du 26 mars 1987 et *Amann c/ Suisse* du 16 févr. 2000, que le simple fait de mémoriser des données relatives à la vie privée d'un individu constitue une ingérence au sens de l'art. 8 même si, par la suite, les informations mémorisées ne sont pas utilisées. Ensuite elle redit, plus fortement qu'elle ne l'avait fait dans l'arrêt *Peck c/ R.-U.* du 28 janvier 2003 où l'idée était seulement suggérée, que la détermination du point de savoir si les informations à caractère personnel conservées par les autorités font entrer en jeu l'un des aspects de la vie privée protégés contre les ingérences, doit se faire, toutefois, en tenant dûment compte du contexte dans lequel elles ont été recueillies et conservées, de leur nature, de la manière dont elles sont exploitées et des résultats susceptibles d'en être tirés. Encore faut-il connaître les aspects de la vie privée qui relèvent de ce cadre général de protection contre la mémorisation et la conservation d'informations. Or, de ce point de vue, un des apports les plus remarquables de l'arrêt *S. et*

*Marper* est d'avoir admis, en s'appuyant sur la Convention du Conseil de l'Europe du 28 janv. 1981 pour la protection des personnes à l'égard du traitement automatisé des données à caractère personnel, que l'identité ethnique d'un individu en faisait partie. Quant aux autres aspects de la vie privée qui peuvent être concernés, ils ne se limitent pas aux empreintes digitales et éléments d'ADN auxquels l'arrêt est essentiellement consacré et aux données relatives à la santé qu'il vise expressément.

A) Consolidant une solution dégagée par une décision *Van der Velden c/ Pays-Bas* du 7 déc. 2006, l'arrêt *S. et* Marper refrène les convoitises sécuritaires des agents de police scientifique en affirmant solennellement qu'une atteinte au droit au respect de la vie privée peut être constituée aussi bien par la conservation d'échantillons cellulaires contenant le plus d'informations que par celle de profils ADN permettant au moins de tirer des déductions sur l'origine ethnique de l'individu. S'agissant des empreintes digitales, l'apport de l'arrêt *S. et Marper* est encore plus spectaculaire puisqu'il opère un véritable revirement de jurisprudence. En estimant que leur conservation constitue également une atteinte au droit au respect de la vie privée, il contredit en effet directement la décision de la Commission EDH *Kinnunen c/ Finlande* du 15 mai 1996. Dans les deux cas, la Grande chambre estime que ces atteintes n'étaient pas justifiées compte tenu d'un principe général fortement réaffirmé suivant lequel il y a lieu de procéder à un contrôle rigoureux de toute mesure prise par un État pour autoriser la conservation et l'utilisation de données à caractère personnel sans le consentement de la personne concernée. Cet aménagement du contrôle de proportionnalité n'a toutefois conduit à un constat de violation de l'art. 8 que dans la mesure où les empreintes, échantillons et profils ADN concernaient des personnes poursuivies puis innocentées. S'agissant, en revanche, des données personnelles de personnes poursuivies puis condamnées, leur conservation, pendant de longues années, peut répondre à un motif d'intérêt général de prévention des infractions – sexuelles notamment – comme en atteste l'arrêt *Bouchacourt c/ France* du 17 décembre 2009 (RSC 2010.240 obs. D. Roets) auquel fait écho l'arrêt du Conseil d'État du 16 avril 2010 *Association Aides et autres* relatif au fichier cristina. Les principes dégagés dans l'arrêt *S. et Marper* ont valu à la France un constat de violation de l'article 8 en raison de son système de conservation des empreintes digitales par un arrêt M.K.du 18 avril 2013 (*JCP G* 2013 act.576 obs.B. Pastre-Belda). Cette solution de la Cour de Strasbourg semble, en outre, soulever un redoutable problème de conciliation avec la position du Conseil constitutionnel qui, avant de déclarer contraires à la Constitution plusieurs articles de loi relative la protection de l'identité par une décision DC du 22 mars 2012, avait admis la constitutionnalité des dispositions du Code de procédure pénale concernant le fichier des empreintes digitales par une décision QPC du 16 septembre 2010.Quoi qu'il en soit, le cas de la France s'est encore aggravé depuis du 18 septembre 2014 avec un arrêt *Brunet* constatant une nouvelle violation de l'article 8 à cause du fichier STIC, système de traitement des infractions constatées ayant conduit à la conservation de données sur une personne ayant bénéficié d'un classement sans suite. La jurisprudence *S. et Marper* a été également transposée par l'arrêt *Khelili c/ Suisse* du 18 oct. 2011 au cas de la conservation injustifiée de la mention « profession prostituée » dans le dossier de police d'une femme condamnée avec sursis pour injure.

Quant aux données médicales proprement dites, la Cour a eu l'occasion de préciser les modalités d'application de l'art. 8 à leur divulgation dans la sordide affaire *Z. c/ Finlande* du 25 février 1997 (*RSC*, 1998, 387, obs. R. Koering-Joulin). Un mari, qui était poursuivi pour plusieurs viols, était soupçonné d'avoir, en outre, délibérément soumis ses trois victimes au risque d'infection par le VIH. Or, pour établir cette funeste intention, il était déterminant de démontrer qu'il savait que sa femme était aussi séropositive. Comme elle avait refusé de témoigner, ses médecins avaient été sommés de révéler son état ; lequel fut pris en compte par l'arrêt, ultérieurement rendu public, qui condamna l'agresseur. Cette affaire a permis à la Cour d'affirmer que le respect du caractère confidentiel des informations sur la santé constitue un principe essentiel car il est capital non seulement pour protéger la vie privée des malades, mais également pour préserver leur confiance dans le corps médical. Elle lui a également donné l'occasion de préciser que ces considérations valent particulièrement lorsqu'il s'agit de protéger la confidentialité des informations relatives à la séropositivité dont la divulgation pourrait avoir des conséquences dévastatrices sur la vie privée, familiale, sociale et professionnelle de l'intéressé. Cependant, compte tenu de l'exigence impérieuse qu'il y avait en l'espèce de prévenir les infractions pénales et de protéger les droits et libertés d'autrui, la Cour a jugé que seule la divulgation de l'identité et de l'état de santé de la requérante dans l'arrêt rendu public avait constitué une ingérence disproportionnée dans le droit au respect de sa vie privée. Au nom des principes exprimés par cet arrêt Z., la Cour a retenu une solution beaucoup plus discutable dans l'affaire *M. S. c/ Suède* du 27 août 1997 (*D*, 2000, 521, note I. Laurent-Merle). Elle a en effet estimé que la communication par un hôpital public d'un dossier médical à un organisme social ne constituait pas une atteinte disproportionnée à la vie privée d'une malade car elle était décisive pour l'allocation de fonds publics et pouvait donc passer pour avoir tendu à protéger le bien-être économique du pays. En revanche, dans l'affaire *I c/ Finlande* jugée le 17 juillet 2008, les principes dégagés par l'arrêt *Z* de 1997 ont débouché sur un constat de violation de l'art. 8 parce que le dossier médical d'une infirmière, soignée contre le sida dans l'hôpital où elle travaillait, n'avait pas été mis à l'abri des regards des collègues. La question de l'utilisation par l'un des époux du dossier médical de l'autre au cours d'une procédure de divorce est en pleine effervescence. Dans l'affaire *L. L. c/ France* du 10 octobre 2006, la Cour a estimé qu'il y avait violation de l'art. 8 parce que des pièces médicales tendant à établir l'alcoolisme du mari avaient été exploitées sans son consentement. L'arrêt *N. N. et T. A. c/ Belgique* du 13 mai 2008 se démarque de l'arrêt *L. L.* en jugeant que l'utilisation de lettres d'amour échangées par le mari avec son amant n'entraînait aucune atteinte disproportionnée au droit au respect de la vie privée de l'un et de l'autre partenaire. Cette solution présente l'intérêt de ne pas traiter l'homosexualité comme une maladie : elle n'est pas très élégante pour autant.

Pendant longtemps, l'attention de la Cour a été retenue par la seule question de la divulgation des données médicales. Depuis peu, elle s'intéresse plus précisément à la manière dont elles sont collectées. Ainsi atelle jugé la soumission forcée d'une femme gardée à vue à un examen gynécologique attentatoire à l'art. 8 (*Y. F. c/ Turquie*, 22 juill. 2003 ; *Juhnke c/ Turquie*, 13 mai 2008) ou même à l'art. 3 (*Yazgül Yilmaz c/ Turquie* 11 fev. 2011) et la répétition à bref délai d'expertises médicales sur l'état mental d'un prévenu contraire au droit au respect de la vie privée (*Worwa c/ Pologne*, 27 mars 2003).

B) Les données médicales, les empreintes digitales et les éléments d'ADN sont loin d'être les seuls à soulever des difficultés de mémorisation et d'utilisation par autrui. Les principes généraux qui gouvernent cet aspect de la question de la confidentialité des données à caractère personnel sont d'autant plus importants que la CJCE les a repris à son compte par son arrêt *Rechnungshof* du 20 mai 2003 (*RTDH*, 2004. 724, obs. C. Maubernard). L'arrêt *Leander c/ Suède* du 26 mars 1987, rendu dans une affaire où des informations relatives au comportement social d'un individu avaient conduit à le priver d'emploi, a largement contribué à les fixer. En l'espèce, il s'agissait d'un ancien charpentier qui, à la suite d'un « contrôle personnel » réunissant sur son compte des informations secrètes, avait été jugé trop peu fiable pour être gardien d'un musée dont plusieurs entrepôts se trouvaient dans une zone militaire. Cette affaire a permis à la Cour de poser clairement le principe suivant lequel la mémorisation tout autant que la communication de données personnelles constituent une atteinte au droit au respect de la vie privée dont la justification doit passer par une loi répondant aux exigences classiques de clarté, de prévisibilité et d'accessibilité. La Cour a néanmoins admis, en l'espèce, que l'ingérence n'était pas disproportionnée eu égard à l'utilité particulière de la mémorisation de fichiers secrets quand la sécurité nationale est en jeu. Ce sont aussi des exigences de sécurité qui expliquent pourquoi, dans les décisions *Madsen c/ Danemark* du 7 mars 2002 et *Wretlund c/ Suède* du 9 mars 2004 (*D*, 2005, 36, note J. Mouly et J.-P. Marguénaud), la Cour a déclaré irrecevables les requêtes des membres de l'équipage d'un ferry et du service de nettoyage d'une centrale nucléaire qui avaient essayé de faire juger contraires à l'article 8 les tests de dépistage de la drogue et de l'alcool auxquels ont les avait soumis. Néanmoins, consciente depuis l'arrêt *Klass c/ Allemagne* du 6 sept. 1978 de ce qu'un système de surveillance secrète destiné à protéger la sécurité nationale comporte le risque de saper, voire de détruire la démocratie au motif de la défendre, un arrêt *Antunes Rocha c/ Portugal* du 31 mai 2005, invoquant le défaut de clarté du droit interne, a stigmatisé, sur le fondement de l'art. 8, la collecte de renseignements généralisée dont faisait l'objet la salariée d'un organe sous tutelle directe du Premier ministre d'un pays membre de l'OTAN. En tout cas, la Cour se montre beaucoup plus audacieuse lorsqu'il n'y a pas d'enjeu sécuritaire. Ainsi, dans l'important arrêt *Rotaru c/ Roumanie* du 4 mai 2000 n'a-t-elle pas hésité à affirmer que même « des données de nature publique peuvent relever de la vie privée lorsqu'elles sont, d'une manière systématique, recueillies et mémorisées dans des fichiers tenus par les pouvoirs publics » et que « cela vaut davantage encore lorsque ces données concernent le passé lointain d'une personne ». L'appartenance religieuse du salarié est également une donnée relative à la vie privée selon l'arrêt *Wasmuth c/ Allemagne* du 17 fev. 2011 qui a néanmoins admis, dans un contexte fiscal particulier, qu'elle pouvait figurer sur une carte d'imposition transmise à l'employeur.

La portée de la jurisprudence *Rotaru* a été amplifiée grâce à une combinaison avec la jurisprudence *Sidabras et Dziautas c/ Lituanie* du 27 juill. 2004, annonciatrice du droit à gagner sa vie par le travail. Un arrêt *Turek c/ Slovaquie* du 14 fév. 2006 a en effet considéré qu'elle devait conduire à mettre en œuvre, au titre de l'art. 8, des garanties procédurales destinées à protéger contre les conséquences excessives des lois organisant la lustration, c'est-à-dire l'exclusion de certains emplois des collaborateurs les plus zélés de l'ancien régime communiste. La conciliation, propre à la matière, des exigences de sécurité et de protection de la vie privée débouche néanmoins sur des solutions d'apparence paradoxale. Ainsi l'arrêt *Segerstedt-Wiberg c/ Suède* du 6 juin 2006 a-t-il fait jouer le principe de proportionnalité de manière à décider que la conservation de documents par les services de Sécurité était justifiée par l'intérêt même de la personne concernée lorsqu'elle est menacée d'attentat mais contraire à l'art. 8 lorsqu'elle se rapportait à des personnes susceptibles de recourir à la violence. C'est dans cette perspective que se situe l'important arrêt de la chambre commerciale de la Cour de cassation *GBMA c/ Cannard* du 15 mai 2007 (*RJPF*, 2007, n° 11. 13, obs. E. Putman) qui a fait triompher l'idée suivant laquelle la preuve de l'état de santé déficient d'une personne peut justifier une atteinte à sa vie privée. Quant au Conseil d'État, il aurait dû, dans le prolongement de son arrêt du 16 août 2008, confronter le décret du 27 juin 2008, portant création d'un très problématique traitement automatisé de données à caractère personnel dénommé « Edvige », aux exigences de l'art. 8 mais le retrait de ce décret, finalement intervenu le 19 novembre 2008, lui aura évité de se prononcer sur le fond.

## II / L'accès aux données à caractère personnel

A) La question du droit de connaître ses origines avait été une première fois abordée par la Cour dans son arrêt *X, Y et Z c/ Royaume-Uni* du 22 avril 1997 où elle avait fait incidemment remarquer qu'il n'existait pas d'assentiment général des États membres du Conseil de l'Europe quant à savoir s'il est préférable, du point de vue de l'enfant conçu par des techniques d'assistance médicale à la procréation, de lui donner le droit de connaître l'identité de son géniteur ou de protéger l'anonymat du donneur de sperme. Elle en avait conclu qu'en de tels domaines où le droit paraît traverser une phase de transition, il y a lieu d'accorder à l'État une large marge d'appréciation. On aurait pu croire, après l'arrêt *Mikulic c/ Croatie* du 7 février 2002, que cette période de transition devait être considérée comme révolue. Dans cette affaire, où la requérante se plaignait de ce que la longueur d'une procédure de recherche de paternité naturelle avait prolongé l'incertitude relative à son identité personnelle de manière attentatoire au respect de sa vie privée, la Cour avait en effet amorcé une évolution significative en sacrifiant l'intérêt du père supposé à ne pas se soumettre à des tests révélateurs, à l'intérêt de l'enfant à découvrir « la vérité concernant un aspect important de son identité personnelle, soit par exemple l'identité de ses géniteurs » (v. aussi *Ebru et Tayfun Engin Colak c/ Turquie*, 30 mai 2006 faisant une nouvelle application de la jurisprudence *Mikulic et Paulik c/ Slovaquie* du 10 oct. 2006 qui, dans l'hypothèse inverse où l'homme a établi par des tests ADN sa non-paternité, conclut à une violation de l'art. 8 en raison de l'absence de procédure permettant de mettre la réalité juridique en conformité avec la réalité biologique admise par tous les intéressés). Cette consécration du droit d'accès aux origines paternelles semblait logiquement appeler la reconnaissance symétrique d'un droit d'accès aux origines maternelles délibérément ignoré par quelques rares États européens, qui comme la France, admettent l'accouchement sous X. En rattachant d'emblée la question à la sauvegarde de la stabilité mentale considérée, depuis l'arrêt *Bensaïd c/ R.-U.* du 6 février 2001, comme un préalable inéluctable à la jouissance effective du droit au respect de la vie privée, l'arrêt de Grande chambre *Odièvre c/ France* du 13 février 2003 (*JCP G* 2003 II 10049 note A. Gouttenoire et F. Sudre) semblait devoir s'orienter vers cette direction paritaire. Néanmoins, en cours de route, les juges européens ont trouvé plusieurs raisons de changer de cap. Pour faire passer au second plan l'intérêt de l'enfant, ils n'ont pas hésité à coaliser l'intérêt de la femme à conserver l'anonymat pour sauvegarder sa santé en accouchant dans des conditions médicales appropriées ; l'intérêt général à éviter les avortements clandestins, les abandons sauvages et à protéger la vie et même l'intérêt des tiers que sont les parents adoptifs en oubliant qu'en l'espèce ils avaient toujours fermement soutenu P. Odièvre dans la quête de ses origines. En outre, la Cour, qui n'était décidément pas dans un bon jour, a fait une application intempestive de la théorie des obligations positives et a tiré de l'isolement la France en la matière des conclusions contraires à celles qu'aurait dû appeler l'existence d'un consensus européen pour la solution inverse (cf. A. Gouttenoire et F. Sudre, *op. cit.*). En réalité, ce refus de constater une violation de l'art. 8 s'explique surtout par la promotion européenne des droits de la femme en matière de procréation (cf. *déc. Boso c/ Italie*, 5 sept. 2002). Il est néanmoins permis de se demander si ce louable objectif n'a pas conduit la Cour à s'engager dans une impasse. Comment, en effet, concilier la solution de l'arrêt Odièvre avec celle ultérieurement consacrée par l'arrêt *Jäggi c/ Suisse* du 13 juillet 2006 qui, au nom du « droit de connaître son ascendance » a jugé contraire à l'art. 8 l'impossibilité de prélèvement d'ADN sur le cadavre du père supposé ? Comment pourrait-on admettre le prolongement logique de la solution Odièvre qui serait de proscrire la reconnaissance anténatale par le père ? À cet égard, l'arrêt dit « Benjamin » de la 1re chambre civile de la Cour de cassation du 7 avril 2006 (*RTD civ.*, 2006, 275, obs. P. Remy-Corlay et 292, obs. J. Hauser) qui, au visa de la

CIDE casse deux arrêts de la Cour de Nancy du 23 février 2004 (*Dr. fam.*, 2004, obs. P. Murat) pour permettre la reconnaissance par le père d'un enfant né sous X, fait ressortir avec éclat que les interprétations trop timorées de la CEDH aident d'autres instruments protecteurs des droits de l'Homme à sortir de l'ombre (V. aussi le très médiatique arrêt de la Cour d'appel d'Angers du 26 janv. 2011 qui, au nom de l'intérêt supérieur de l'enfant né sous X et de la CIDE, l'a confié à ses grands-parents biologiques contre l'avis de sa mère). C'est sans doute la raison pour laquelle l'arrêt *Kearns c/ France* du 10 janvier 2008 (*RJPF*, 2008 n° 4, 23, obs. Th. Garé) relatif à la rétractation de l'accouchée sous X l'a laissé de côté. Peut-être aussi la Cour a-t-elle été aveuglée par le souci de récompenser le législateur français de ses efforts de prise en compte de la jurisprudence européenne. Elle estime, en effet, que la loi du 22 janvier 2002 tente d'atteindre un équilibre et une proportionnalité suffisante entre les intérêts en cause grâce à la création du Conseil national de l'accès aux origines personnelles. Même s'il n'a pas le pouvoir de contrecarrer la volonté réitérée de la mère de garder le secret, cet organe indépendant, sans équivalent dans l'affaire Mikulic ni dans l'affaire Odièvre italienne *Godelli c/ Italie* du 25 septembre 2012 (*JCP G* 2012 act. 1083 obs. K.Blay-Garbarczyk) où des constats de violation de l'art. 8 ont été dressés, a procuré à la Cour de Strasbourg un immense plaisir par sa ressemblance à celui dont elle avait brossé le portrait dans une autre affaire célèbre qui concernait l'accès à un autre type de données personnelles.

B) Il s'agit d'une affaire *Gaskin c/ R.-U.*, 7 juillet 1989 (*RUDH*, 1990, 361, chron. P. Lambert). Elle concernait un jeune délinquant qui prétendait surmonter ses difficultés grâce à une meilleure connaissance de son passé tumultueux. Ayant perdu sa mère alors qu'il était encore au berceau, il avait été confié à son père mais, toujours sous assistance, il avait passé l'essentiel de sa prime jeunesse chez divers parents nourriciers. C'est parce qu'il avait été maltraité par quelques-uns d'entre eux que, à son avis, il s'était engagé sur une mauvaise pente. Aussi, depuis sa majorité, faisait-il porter tous ses efforts d'amendement personnel sur le point de savoir chez qui et dans quelles conditions il avait vécu. Comme l'accès au contenu des dossiers dûment conservés à son sujet par la municipalité de Liverpool était réduit alors que sa volonté de retrouver le bon chemin était immense, il fit un détour par Strasbourg pour se plaindre d'une violation du droit au respect de sa vie privée. La Cour a admis que le problème de l'accès de M. Gaskin à son dossier concernait à ce point sa vie privée et familiale qu'il entrait dans le domaine de l'article 8, mais elle a aussitôt affirmé qu'elle n'était pas appelée à trancher dans l'abstrait les grands problèmes de principe en matière d'accès à des données et renseignements personnels. Cette prudence ne l'a pas empêchée de considérer que, en l'occurrence, l'article 8 avait été enfreint, à défaut, dans le système britannique, d'organe indépendant chargé de prendre la décision finale sur l'accès. Telle serait, en effet, la solution idéale pour concilier l'intérêt primordial des personnes à recevoir les renseignements nécessaires pour connaître et comprendre leurs jeunes années et la nécessité de conserver aux dossiers la confidentialité sans laquelle on ne pourrait recueillir des informations objectives dignes de foi et protéger les tiers (dans le même sens v. plus récemment *M. G. c/ R.-U.*, 24 sept. 2002). La jurisprudence Gaskin a permis à la Cour d'affirmer, dans un arrêt *McGinley et Egan c/ R.-U.* du 9 juin 1998 relatif à la santé des militaires britanniques ayant participé à la campagne d'essais nucléaires de l'île Christmas, que l'accès à des données médicales, qui auraient pu soit apaiser les craintes des intéressés, soit leur permettre d'évaluer le danger auquel ils avaient été exposés, présentait un lien suffisamment étroit avec leur vie privée pour soulever une question sur le terrain de l'article 8. Il reste néanmoins à savoir si, en ce domaine, l'interprétation de cet article n'a pas vocation à être enrichie par la Convention d'Oviedo du 4 avril 1997 relative à la protection des droits de l'homme et de la dignité de l'être humain à l'égard des applications de la biologie et de la médecine dont l'art. 10, § 2 et 3 consacre le droit de toute personne de connaître toute information recueillie sur sa santé sauf à respecter sa volonté de ne pas être informée et à tenir compte des restrictions, que, dans son propre intérêt, la loi peut prévoir à titre exceptionnel. La Cour EDH devrait d'autant plus sûrement s'inspirer à l'avenir de la Convention d'Oviedo que, aux conditions prévues par l'art. 29, elle est habilitée à en dégager l'interprétation (v. le § 84 de l'arrêt *Vo, supra*, n° 10).

J.-P. M.

### *3 / Le droit à l'image*

**43. Von Hannover c/ Allemagne, 24 juin 2004**, JCP, 2004, éd. G. I., 161, n° 8, obs. F. Sudre ; *RTD* civ., 2004, 802, obs. J.-P. Marguénaud ; D, 2005, chron. J.-L. Halperin.

**50.** La Cour rappelle que la notion de vie privée comprend des éléments se rapportant à l'identité d'une personne tels que le nom d'une personne [...] ou son droit à l'image (Schüssel c/ Autriche (déc.), 21 févr. 2002).De plus, la sphère de la vie privée, telle que la Cour la conçoit, couvre l'intégrité physique et morale d'une personne ; la garantie offerte par l'article 8 de la Convention est principalement destinée à assurer le développement, sans ingérences extérieures, de la personnalité de chaque individu dans les relations avec ses semblables [...]. Il existe donc une zone d'interaction entre l'individu et des tiers qui, même dans un contexte public, peut relever de la « vie privée » [...].

**51.** La Cour a également indiqué que, dans certaines circonstances, une personne disposait d'une « espérance légitime » de protection et de respect de sa vie privée. Ainsi, elle a estimé, dans une affaire ayant trait à l'interception de communications téléphoniques émanant de locaux professionnels, que la requérante « pouvait légitimement croire au caractère privé de ce type d'appels » [...].

**52.** Dans le cas de photos, la Commission, en vue de délimiter la portée de la protection accordée par l'article 8 contre une ingérence arbitraire des autorités publiques, a examiné si elles se rapportaient à un domaine privé ou à des incidents publics, et si les éléments ainsi obtenus étaient destinés à un usage limité ou susceptibles d'être rendus accessibles au public en général [...].

**53.** En l'espèce, il ne fait pas de doute que la publication par différents magazines allemands de photos représentant la requérante seule ou avec d'autres personnes dans sa vie quotidienne relevait de sa vie privée.

**56.** En l'espèce, la requérante ne se plaint pas d'un acte de l'État, mais d'une absence de protection suffisante de sa vie privée et de sa propre image de la part de celui-ci.

**57.** Or la Cour réitère que si l'article 8 a essentiellement pour objet de prémunir l'individu contre les ingérences arbitraires des pouvoirs publics, il ne se contente pas de commander à l'État de s'abstenir de pareilles ingérences : à cet engagement négatif peuvent s'ajouter des obligations positives inhérentes au respect effectif de la vie privée ou familiale. Elles peuvent nécessiter l'adoption de mesures visant au respect de la vie privée jusque dans les relations des individus entre eux [...]. Cela vaut également pour la protection du droit à l'image contre des abus de la part de tiers (voir Schüssel, préc.).

**58.** Cette protection de la vie privée doit être mise en balance avec la liberté d'expression garantie à l'art. 10 de la Convention. Dans ce contexte, la Cour rappelle que la liberté d'expression constitue l'un des fondements essentiels d'une société démocratique. Sous réserve du § 2 de l'art. 10, elle vaut non seulement pour les « informations » ou « idées » accueillies avec faveur ou considérées comme inoffensives ou indifférentes, mais aussi pour celles qui heurtent, choquent ou inquiètent. Ainsi le veulent le pluralisme, la tolérance et l'esprit d'ouverture sans lesquels il n'est pas de « société démocratique » [...].À cet égard, la presse joue un rôle essentiel dans une société démocratique : si elle ne doit pas franchir certaines limites, s'agissant notamment de la protection de la réputation et des droits d'autrui, il lui incombe néanmoins de communiquer, dans le respect de ses devoirs et responsabilités, des informations et des idées sur toutes les questions d'intérêt général [...]. La liberté journalistique comprend aussi le recours possible à une certaine dose d'exagération, voire de provocation [...].

**59.** Si la liberté d'expression s'étend également à la publication de photos, il s'agit là néanmoins d'un domaine où la protection de la réputation et des droits d'autrui revêt une importance particulière. En l'occurrence, il s'agit de la diffusion non pas d'« idées », mais d'images contenant des « informations » très personnelles, voire intimes, sur un individu. De plus, les photos paraissant dans la presse à sensation sont souvent réalisées dans un climat de harcèlement continu, entraînant pour la personne concernée un très fort sentiment d'intrusion dans sa vie privée et même de persécution.

**60.** Dans les affaires relatives à mise en balance de la protection de la vie privée et de la liberté d'expression dont la Cour a eu à connaître, elle a toujours mis l'accent sur la contribution que la parution de photos ou d'articles dans la presse apportait au débat d'intérêt général [...].

**61.** La Cour relève tout d'abord qu'en l'espèce les photos de la requérante parues dans les différents magazines allemands la représentent dans des scènes de sa vie quotidienne, donc dans des activités de nature purement privée, alors qu'elle fait du sport, qu'elle se promène, qu'elle sort au restaurant ou qu'elle se trouve en vacances. Ces photos, où la requérante apparaît tantôt seule, tantôt accompagnée, illustrent une série d'articles aux titres anodins comme « Du bonheur simple », « Caroline... une femme retourne à la vie », « Avec la princesse Caroline à Paris » ou « Le baiser. Ou : maintenant ils ne se cachent plus... » [...].

**62.** La Cour note ensuite que la requérante, en tant que membre de la famille princière monégasque, joue un rôle de représentation lors de certaines manifestations culturelles ou de bienfaisance. Cependant, elle n'exerce aucune fonction au sein ou pour le compte de l'État monégasque ou de l'une de ses institutions [...].

**63.** Or la Cour considère qu'il convient d'opérer une distinction fondamentale entre un reportage relatant des faits – même controversés – susceptibles de contribuer à un débat dans une société démocratique, se rapportant à des personnalités politiques, dans l'exercice de leurs fonctions officielles par exemple, et un reportage sur les détails de la vie privée d'une personne qui, de surcroît, comme en l'espèce, ne remplit pas de telles fonctions. Si dans le premier cas la presse joue son rôle essentiel de « chien de garde » dans une démocratie en contribuant à « communiquer des idées et des informations sur des questions d'intérêt public » [...], il en va autrement dans le second cas.

**64.** De même, s'il existe un droit du public à être informé, droit essentiel dans une société démocratique qui, dans des circonstances particulières, peut même porter sur des aspects de la vie privée de personnes publiques, notamment lorsqu'il s'agit de personnalités politiques (Plon (Société) préc., *ibid.*), cela n'est pas le cas en l'espèce : en effet, celui-ci se situe en dehors de la sphère de tout débat politique ou public, car les photos publiées et les commentaires les accompagnant se rapportent exclusivement à des détails de la vie privée de la requérante.

**65.** Comme dans d'autres affaires similaires dont elle a eu à connaître, la Cour estime dès lors qu'en l'espèce la publication des photos et des articles litigieux, ayant eu pour seul objet de satisfaire la curiosité d'un certain public sur les détails de la vie privée de la requérante, ne saurait passer pour contribuer à un quelconque débat d'intérêt général pour la société, malgré la notoriété de la requérante [...].

**66.** Dans ces conditions, la liberté d'expression appelle une interprétation moins large [...].

**67.** À cet égard, la Cour tient également compte de la résolution de l'Assemblée parlementaire du Conseil de l'Europe sur la protection du droit à la vie privée, qui souligne « l'interprétation unilatérale du droit à la liberté d'expression » par certains médias [...] considérant que « leurs lecteurs auraient le droit de tout savoir sur les personnes publiques » [...].

**68.** Par ailleurs, un autre point paraît important aux yeux de la Cour : même si la présente requête ne porte stricto sensu que sur la publication des photos et des articles litigieux par différents magazines allemands, on ne saurait néanmoins faire totalement abstraction du contexte dans lequel ces photos ont été prises – à l'insu de la requérante et sans son consentement – et du harcèlement dont font l'objet nombre de personnes publiques dans leur vie quotidienne [...].

**69.** Or la Cour rappelle l'importance fondamentale que revêt la protection de la vie privée pour l'épanouissement de la personnalité de chacun, protection qui – comme elle l'a dit plus haut – va au-delà du cercle familial intime et comporte également une dimension sociale. Elle estime que toute personne, même connue du grand public, doit pouvoir bénéficier d'une « espérance légitime » de protection et de respect de sa vie privée [...].

**70.** De plus, une vigilance accrue quant à la protection de la vie privée s'impose face aux progrès techniques d'enregistrement et de reproduction de données personnelles d'un individu [...]. Cela vaut également pour la réalisation systématique de photos déterminées et leur diffusion auprès d'un large public.

**71.** Enfin, la Cour rappelle que le but de la Convention consiste à protéger des droits non pas théoriques ou illusoires, mais concrets et effectifs [...].

**72.** Or la Cour éprouve des difficultés à suivre l'interprétation par les juridictions internes de l'art. 23, § 1 de la loi sur les droits d'auteur dans le domaine artistique, qui consiste à qualifier une personne en tant que telle de personnalité « absolue » de l'histoire contemporaine. Impliquant une protection très limitée de la vie privée et du droit à l'image, une telle qualification peut se comprendre pour des personnalités de la vie politique occupant des fonctions officielles. Cependant, elle ne saurait se justifier pour une personne « privée » comme la requérante, pour qui l'intérêt du grand public et de la presse est basé uniquement sur son appartenance à une famille régnante, alors qu'elle-même ne remplit pas de fonctions officielles. De toute façon, dans ces conditions, une interprétation restrictive de cette loi paraît s'imposer aux yeux de la Cour, afin que l'État remplisse son obligation positive de protection de la vie privée et du droit à l'image à l'égard de la Convention.

**73.** Enfin, la distinction opérée entre personnalités « absolues » et personnalités « relatives » de l'histoire contemporaine doit être claire et évidente, afin que, dans un État de droit, l'individu dispose d'indications précises quant au comportement à adopter ; surtout, il faut qu'il sache exactement quand et où il se trouve dans une sphère protégée ou, au contraire, dans une sphère dans laquelle il doit s'attendre à une ingérence de la part d'autrui et surtout de la presse à sensation.

**74.** La Cour estime dès lors que les critères retenus en l'espèce par les juridictions internes n'étaient pas suffisants pour assurer une protection effective de la vie privée de la requérante : en effet, en tant que personnalité « absolue » de l'histoire contemporaine, celle-ci ne peut – au nom de la liberté de la presse et de l'intérêt du public – se prévaloir d'une protection de sa vie privée que si elle se trouve dans un endroit isolé, à l'abri du public, et si, de surcroît, elle parvient à le prouver, ce qui peut s'avérer difficile. Si ces éléments font défaut, elle doit accepter d'être photographiée presque à tout moment, de manière systématique, et que ces photos soient ensuite très largement diffusées, même si, comme ce fut le cas en l'espèce, ces photos et les articles les accompagnant se rapportent exclusivement à des détails de sa vie privée.

**75.** D'après la Cour, le critère de l'isolement spatial, s'il peut paraître clair en théorie, apparaît en pratique trop vague et difficile à déterminer à l'avance pour la personne concernée : en l'espèce, le seul fait de qualifier la requérante de personnalité « absolue » de l'histoire contemporaine ne suffit pas à justifier une telle intrusion dans la vie privée de celle-ci.

**76.** Comme elle l'a dit plus haut, la Cour considère que l'élément déterminant, lors de la mise en balance de la protection de la vie privée et de la liberté d'expression, doit résider dans la contribution que les photos et articles publiés apportent au débat d'intérêt général. Or force est de constater qu'en l'espèce cette contribution fait défaut, la requérante ne remplissant pas de fonctions officielles et les photos et articles litigieux se rapportant exclusivement à des détails de sa vie privée.

**77.** De plus, la Cour estime que le public n'a pas un intérêt légitime de savoir où la requérante se trouve et comment elle se comporte d'une manière générale dans sa vie privée, même si elle apparaît dans des lieux qu'on ne saurait toujours qualifiés d'isolés, et ce malgré sa notoriété. [...]

**78.** Enfin, d'après la Cour, les critères définis par les juridictions internes n'étaient pas suffisants pour assurer une protection effective de la vie privée de la requérante, et cette dernière aurait dû bénéficier dans les circonstances de l'espèce d'une « espérance légitime » de protection de sa vie privée.

**79.** Eu égard à tous ces éléments, et malgré la marge d'appréciation dont l'État dispose en la matière, la Cour estime que les juridictions allemandes n'ont pas établi un juste équilibre entre les intérêts en présence.

**80.** Il a donc eu violation de l'article 8 de la Convention.

L'article 8 est une véritable corne d'abondance d'où s'échappent régulièrement de nouveaux droits de l'homme longtemps inaperçus. Ainsi, l'observateur ébahi a-t-il dû constater que le droit au nom (*Burghartz c/ Suisse*, 22 févr. 1994), le droit au respect du mode vie (*Chapman c/ Royaume-Uni*, 18 janv. 2001, *infra*, n° 48), le droit à la réputation (*Radio France c/ France*, 30 mars 2004 ; *Pfeifer c/ Autriche*, 15 nov. 2007, *Pértina c/ Roumanie* 14 oct. 2008), le droit de disposer de son corps (*K. A. et A. D. c/ Belgique*, 17 févr. 2005) ou le droit au respect de la décision de devenir parents génétiques (*Evans c/ R.-U.*, 10 avr. 2007 ; *Dickson c/ R.-U.* 4 déc. 2007) figuraient parmi les fruits de sa générosité conceptuelle. On sait, grâce à la princesse Caroline de Monaco, épouse Von Hannover, que le droit à l'image participe aussi à cette joyeuse profusion.

Ce sont les déboires de la princesse avec les paparazzis qui sont à l'origine de cet arrêt du 24 juin 2004 constatant à l'unanimité une violation de l'art. 8 par l'Allemagne, au grand émoi de sa Cour constitutionnelle. En cinq ans, plus de 40 photos la représentant dans diverses scènes de sa vie quotidienne, parfois en compagnie de ses enfants ou de ses prétendants successifs, avaient été publiées en trois séries dans des journaux allemands appartenant à la sous-catégorie de la presse dite « people ». Or, ses tentatives judiciaires de faire interdire ces publications avaient généralement échoué en raison de son appartenance à la surcatégorie des personnalités absolues de l'histoire contemporaine. Elle a donc introduit une requête devant la Cour EDH. Ce n'était pas la première fois que les juges européens étaient saisis de ce genre de question. Seulement, à l'exception notable de l'affaire *Schüssel c/ Autriche* du 17 févr. 2002, ils l'avaient été par des journalistes ou des organes de presse condamnés pour avoir publié des photographies de personnes célèbres ou en voie de le devenir. C'est, si l'on peut dire, cet angle de vue original qui fait l'intérêt de l'arrêt *Von Hannover* : alors que, jusqu'alors, l'image et même « le droit à l'image » (cf. *Prisma Presse c/ France*, 1er juill. 2003, n° 71612/01) avaient été généralement évoqués sous l'angle de l'art. 10, § 2 au titre des justifications à l'ingérence dans le droit à la liberté d'expression, ils ont l'honneur d'être invités à paraître au § 1 de l'art. 8. Se référant à l'affaite *Schüssel* qui n'avait donné lieu qu'à une décision d'irrecevabilité, la Cour affirme en effet, dans l'arrêt du 24 juin 2004, que « la notion de vie privée comprend des éléments se rapportant à l'identité d'une personne tels… que son droit à l'image ». Cette consécration intéresse directement la question de la publication des images qui se pose en termes de limites de la liberté de la presse. Cependant, la Cour, tout en admettant que la requête ne portait pas *stricto sensu* sur ce point, accorde une importance particulière aux conditions dans lesquelles elles avaient été réalisées. C'est logiquement et chronologiquement par là qu'il faut commencer.

## I / La réalisation des images

Pour mieux pouvoir stigmatiser le harcèlement dont la princesse avait fait l'objet de la part de ceux qui l'avaient photographiée de manière clandestine, à une distance de plusieurs centaines de mètres, à son insu et sans son consentement, la Cour fait appel au concept d'espérance légitime, forgé en matière de droit au respect des biens (cf. *infra*, n° 64), également utilisé par l'arrêt *Anagnostopoulos c/ Grèce* du 2 avril 2003 pour étendre les garanties de l'art. 6, § 1. Le nouveau concept amplificateur lui a permis « de mettre à mal le trop vague critère d'isolement spatial auquel le droit allemand subordonnait la garantie de la vie privée des personnes célèbres pour promouvoir la protection d'une zone d'interaction entre l'individu et des tiers qui, même dans un contexte public, peut relever de la vie privée », déjà délimitée par l'arrêt *P. G. et J. H. c/ R.-U.*. du 25 sept. 2001 pour dénoncer l'enregistrement de la voix de personnes enfermées dans un poste de police. C'est sur la protection de cette sphère privée élargie que « toute personne, même connue du grand public », doit pouvoir compter au nom de l'espérance légitime. Dans l'arrêt *Sciacca c/ Italie* du 11 janv. 2005, rédigé de manière particulièrement équivoque, la Cour semble néanmoins avoir voulu préciser que cette zone d'interaction se restreint en présence d'une personne ordinaire et qu'elle ne saurait être élargie si cette personne fait l'objet de poursuites pénales. Il n'y a, en revanche, aucune ambiguïté lorsque la personne dont les photographies ont été diffusées malgré elle n'est pas un personnage public et ne fait l'objet d'aucune poursuite pénale (*Gourguénidzé c/ Géorgie*, 17 oct. 2006). Quoi qu'il en soit, il sera très intéressant, à l'avenir d'observer si les principes dégagés dans l'arrêt *Von Hannover* pourraient avoir une influence sur la protection de l'image des participants à des émissions de « téléréalité » dont les scènes de la vie la plus intime sont parfois, sinon diffusées, du moins filmées en permanence. Dans le même ordre d'idées sordides, il faut, en tout cas, souligner l'importance de l'arrêt de Grande chambre *Söderman c/ Suède* du 12 novembre 2013 (*JCP G* 2013 act. 1282 obs. C. Picheral). Dans cette affaire, le droit suédois n'avait pas prévu le moyen de poursuivre le beau-père lubrique d'une jeune fille mineure qui n'avait rien trouvé de plus ingénieux que de dissimuler une caméra dans la panière à linge de la salle de bains pour la filmer en secret lorsqu'elle prenait sa douche. Déjugeant un très contestable arrêt de chambre portant alors le nom de *E.S. c/ Suède* du 12 juin 2012, la Grande chambre a estimé que, en ne poursuivant pas un acte d'autant plus grave qu'il portait atteinte à l'intégrité d'une jeune fille mineure dans un endroit où elle était censée se sentir en sécurité et à l'abri des agissements d'une personne en qui elle devait avoir confiance, l'État défendeur n'avait pas satisfait à ses obligations positives découlant de l'article 8. La gravité de la situation a, en définitive, conduit la Cour à trancher la question en termes d'atteinte au droit à l'intégrité et à l'intimité de la vie privée. Néanmoins, l'arrêt peut tout aussi bien être compris comme instituant une obligation européenne de pénaliser la captation d'images pornographiques enfantines. Il se réfère d'ailleurs à plusieurs reprises au droit à l'image et à l'arrêt Von Hannover n° 1 qui concernait aussi des captations clandestines d'images, plus anodines il est vrai.

Pour justifier la protection de la princesse contre les captations clandestines de son image, la Cour y est aussi allée de son petit couplet orwellien en énonçant qu'une vigilance accrue quant à la protection de la vie privée s'impose face aux progrès techniques d'enregistrement et de reproduction des données personnelles d'un individu. C'est à la lueur de ces considérations que la confrontation des avantages de la vidéosurveillance aux exigences de l'article 8 a déjà commencé à Strasbourg. Dans une affaire *Peck c/ Royaume-Uni* du 28 janvier 2003 (*JCP G*, 2003, I, 160, n° 9, chron. F. Sudre) où un passant dépressif, probablement sauvé du suicide grâce à une vidéosurveillance, avait ensuite beaucoup souffert de la divulgation dans les médias d'images enregistrées le représentant armé d'un couteau révélateur de sa funeste intention, la Cour a posé les principes suivants. Si l'utilisation d'un système de vidéosurveillance d'un lieu public sans enregistrement de données ne constitue pas une ingérence dans le droit au respect de la vie privée (*Carmanovici c/ Roumanie*, 1er juill. 2007), il en va autrement lorsqu'elle est prolongée par l'enregistrement, la mémorisation et la divulgation de données visuelles relatives à une personne se trouvant dans une rue publique mais ne participant pas à une scène publique. Dans un tel cas, il ne s'agit plus d'une observation de sécurité mais d'une ingérence grave, disproportionnée si elle ne s'accompagne pas de garanties adéquates. Si la vidéosurveillance d'un lieu public sans enregistrement de données ne se heurte à aucune incompatibilité conventionnelle (à condition d'être prévue par la loi cf. *Perry c/ R.-U.*, 17 juill. 2003, relatif à un local de police), il semblerait devoir en être autrement lorsqu'il s'agit de la vidéosurveillance permanente d'un seul individu dans un espace confiné. L'impératif sécuritaire d'empêcher coûte que coûte l'évasion d'un détenu soupçonné d'avoir assassiné un homme politique a eu raison de ce doute dans une décision d'irrecevabilité *Van der Graaf c/ Pays-Bas* du 1er juin 2004. Dans le même esprit, l'utilisation de photographies prises par la police lors d'une manifestation publique a été depuis longtemps jugée conforme à l'art. 8 (v. le rapport de la Commission *Friedl c/ Autriche*, 19 mai 1994). La Cour de cassation est aussi sensible aux exigences sécuritaires comme en témoigne l'arrêt de sa deuxième chambre civile du 19 déc. 2003 (*D*, 2004, *ir*, 254) relatif à la prise de photographies anthropométriques lors d'une enquête judiciaire. Sa chambre sociale, quant à elle, ne voit aucun obstacle à ce que l'employeur puisse établir la faute lourde du salarié grâce à la vidéosurveillance pourvu que l'ensemble du personnel ait été avisé de la présence de caméras (Cass. soc. 2 fev. 2011).

Depuis l'arrêt *Von Hannover* du 24 juin 2004, la Cour de Strasbourg a eu l'occasion d'aborder à titre principal la question de la réalisation des images grâce à un arrêt *Reklos et Davourlis c/ Grèce* du 15 janv. 2009 (*RTD civ.*, 2009.283 obs. J.-P. Marguénaud) rendu à la requête des parents d'un nouveau-né qui avaient reproché à une clinique privée de l'avoir photographié, à des fins purement commerciales, sans avoir recueilli préalablement leur accord et d'avoir même refusé de leur remettre les négatifs. Ainsi, a-telle pu mettre en place une importante distinction entre la captation de l'image et la rétention de l'image captée qui, lorsqu'elles concernent un nouveau-né, constituent l'une et l'autre, une violation systématique de l'art. 8 à défaut d'accord préalable des parents. Il reste encore à préciser dans quelle mesure ces principes peuvent être transposés lorsqu'il s'agit de la réalisation non consentie d'images de personnes qui ne sont plus des poupons et qui sont célèbres D'un point de vue plus général, l'arrêt *Reklos et Davourlis* présente l'intérêt d'apporter une ébauche de définition de l'image de l'individu : il s'agit de l'un des attributs principaux de sa personnalité du fait qu'elle dégage son originalité et lui permet de se différencier de ses congénères. Cet élément de définition a été consolidé par l'arrêt de Grande chambre *Von Hannover c/ Allemagne n° 2* n du 7 février 2012 (*JCP G* 2012.650 note M. Afrouk) qui, même s'il ne débouche pas sur un constat de violation de l'art. 8, renforce encore la protection du droit à l'image en affirmant qu'elle est l'une des conditions essentielles du développement personnel (V. Aussi l'arrêt *Von Hannover c/ Allemagne n° 3* du 19 septembre 2013 qui, pour l'essentiel, constate que les juridictions allemandes ont fini par prendre convenablement en compte les contrariantes avancées du n° 1)

Que leur réalisation ait ou non constitué en elle-même une violation de l'art. 8, les images soulèvent les plus graves difficultés conventionnelles lorsqu'elles sont publiées.

## II / La diffusion des images

Il est fort probable que les innovations technologiques du début des années 2000 renouvelleront profondément les données du contentieux du droit à l'image en permettant de diffuser sur Internet les images de n'importe qui à partir de n'importe quelle caméra numérique ou de n'importe quel portable. En attendant, c'est par le relais de la presse que s'opère la diffusion controversée des images. C'est donc en termes de conciliation du droit à l'image et de la liberté d'informer qu'il faut encore aborder le problème qu'elle soulève (cf. M. Levinet, « Le droit au respect de l'image », *in* F. Sudre, *Le droit au respect de la vie privée au sens de la* CEDH, Bruylant, 2005, p. 179). Abordant la difficulté à partir de l'art. 8, qui est la terre de prédilection de la théorie des obligations positives (cf. *supra*, n° 2) et de l'« effet horizontal » (cf. *supra*, n° 3), la Cour a pu affirmer, dans l'arrêt *Von Hannover*, que la nécessité d'adopter des mesures visant au respect de la vie privée jusque dans les relations des individus entre eux vaut également pour la protection du droit à l'image contre les abus de la part des tiers. Aussi, après avoir rappelé le rôle essentiel de la presse dans une société démocratique, en vient-elle à proclamer que si la liberté d'expression s'étend également à la publication de photos, il s'agit là néanmoins d'un domaine où la protection de la réputation et des droits d'autrui revêt une importance particulière car il ne s'agit pas de la diffusion d'idées mais d'images contenant des informations très personnelles. Dès lors, il devient plus difficile pour les photographies de contribuer à un « débat d'intérêt général » érigé en critère de distinction entre les bonnes et les mauvaises diffusions. Or, en l'espèce, les autorités allemandes, trop attachées à leur catégorie des personnalités absolues de l'histoire contemporaine, n'avaient pas vu que cette contribution faisait défaut.

La consécration du droit à l'image semble donc de nature à limer un peu les dents des chiens de garde de la démocratie quand ils confondent débat d'intérêt général et curiosité équivoque d'un certain public. C'est ce que confirme l'arrêt *Egeland et Hanseid* c/ Norvège du 19 avril 2009 qui utilise les principes dégagés par l'arrêt Van Hannover pour enrayer la traque journalistique de l'image du profond abattement de criminels et qui semble de nature à immuniser l'Europe contre les risques de dérives médiatiques du désormais fameux « perp walk » à l'américaine. Il ne s'agit là, d'ailleurs, que de l'une des participations de la Cour européenne des droits de l'Homme au débat sur « les liaisons dangereuses du droit à l'image et du droit à l'information du public » (P. Poncela RSC 2012.649) qui s'est aussi traduite par l'arrêt *Schweizerische Radio-und Fernsegegesellschaft SRG c/ Suisse* du 21 juin 2012. Certes, ce recadrage relatif n'empêchera pas la Cour de continuer à donner l'avantage au droit à la liberté d'expression lorsque, comme dans l'affaire *Krone Verlag c/ Autriche* du 26 février 2002, la photo publiée ne porte pas sur les détails de la vie privée d'une personne et sert à illustrer un sujet d'actualité présentant un extrême intérêt pour le public. Néanmoins, il l'aura sans doute poussée à limiter la liberté d'expression de la presse nécrophage qui n'avait pas hésité à publier la photographie du cadavre reconnaissable d'un préfet abattu sur la voie publique (*Hachette Filipacchi associés c/ France*, 14 juin 2007, *Gaz. Pal.*, 2007, n° 248-249, note L. François ; *JCP G*, 2007, II. 10164, obs. E. Derieux, v. aussi l'arrêt de la première chambre civile de la Cour de cassation du 1er juill. 2010 qui invoque la dignité humaine pour justifier l'interdiction de diffuser la photographie du cadavre atrocement torturé du petit Ihlan). Il est, en outre, probable que le droit à l'image prévaudra plus souvent devant la Cour de Strasbourg lorsque, comme dans les affaires *Jaime Campmany c/ Espagne* (déc. 12 déc. 2000) ou *Sté Prisma presse* (préc.), les clichés reproduits aident seulement à supputer l'état des amours ou des désamours des comtesses ou des chanteurs de rock.

La Cour de cassation, qui utilise l'art. 9 du Code civil comme principal moyen de défense du droit à l'image (cf. Cass. Civ. 1re 9 juill. 2009 – RJPF 2009 n° 11.13 obs E. Putman – estimant que l'image d'un artiste ne saurait tomber dans le domaine public), a parfois l'occasion de se référer à l'article 10 de la CEDH pour trancher des litiges relatifs à la diffusion de photographies dans la presse (cf. Civ. 2e, 18 déc. 2003, *ADE*, 2003, 732 concernant la diffusion de l'image d'une gitane soumise, par les femmes de sa communauté, à un examen gynécologique prénuptial), ou d'images à la télévision (Cass. civ. 1re, 5 juill. 2006 relatif à un reportage illustrant le thème de l'insécurité) a rendu, le 18 mars 2004 (*Bull. civ.*, II, n° 137, v. J.P. Gridel obs. in *Mélanges J.-L. Aubert*, Dalloz, 2005, p. 442), un très intéressant arrêt qui s'efforce de concilier le droit à l'image et la liberté de la presse par une combinaison de l'article 9 du Code civil et de l'article 8 de la CEDH. Il faut signaler que dans cette affaire, la personnalité concernée est la même que celle qui est à l'origine de l'arrêt Von Hannover… Le 14 juin 2007, dans un registre plus douloureux, la même chambre civile a cassé, sous le double visa de l'art. 9 du Code civil et de l'art. 8, § 1 du CEDH, un arrêt qui avait admis la diffusion dans un livre scolaire de l'image de deux enfants malades photographiés au cours d'une émission du Téléthon.

J.-P. M.

## II | Le droit à l'autonomie personnelle

**44.** ***Pretty c/ Royaume-Uni, 29 avril 2002***, *JCP, 2002, I, 157, nos 1 et 13, obs. F. Sudre ; RJPF, 2002, 7.8/11, p. 11, obs. E. Garaud ; Defrénois, 2002, 1131, obs. Ph. Malaurie ; RTD civ., 2002, 858, obs. J.-P. Marguénaud ; RTDH, 2003, 71, note O. de Schutter.*

1 / Applicabilité de l'article 8, § 1 de la Convention

**61.** Comme la Cour a déjà eu l'occasion de l'observer, la notion de « vie privée » est une notion large, non susceptible d'une définition exhaustive. Elle recouvre l'intégrité physique et morale de la personne […]. Elle peut parfois englober des aspects de l'identité physique et sociale d'un individu […]. Des éléments tels, par exemple, l'identification sexuelle, le nom, l'orientation sexuelle et la vie sexuelle relèvent de la sphère personnelle protégée par l'article 8 […]. Cette disposition protège également le droit au développement personnel et le droit d'établir et entretenir des rapports avec d'autres êtres humains et le monde extérieur [...]. Bien qu'il n'ait été établi dans aucune affaire antérieure que l'article 8 de la Convention comporte un droit à l'autodétermination en tant que tel, la Cour considère que la notion d'autonomie personnelle reflète un principe important qui sous-tend l'interprétation des garanties de l'article 8.

**62.** [...]. La Cour observe que la faculté pour chacun de mener sa vie comme il l'entend peut également inclure la possibilité de s'adonner à des activités perçues comme étant d'une nature physiquement ou moralement dommageable ou dangereuse pour sa personne. La mesure dans laquelle un État peut recourir à la contrainte ou au droit pénal pour prémunir des personnes contre les conséquences du style de vie choisi par elle est depuis longtemps débattue, tant en morale qu'en jurisprudence, et le fait que l'ingérence est souvent perçue comme une intrusion dans la sphère privée et personnelle ne fait qu'ajouter à la vigueur du débat. Toutefois, même lorsque le comportement en cause représente un risque pour la santé ou lorsque l'on peut raisonnablement estimer qu'il revêt une nature potentiellement mortelle, la jurisprudence des organes de la Convention considère l'imposition par l'État de mesures contraignantes ou à caractère pénal comme attentatoire à la vie privée, au sens de l'article 8, § 1, et comme nécessitant une justification conforme au second paragraphe dudit article [...].

**63.** On pourrait certes faire observer que la mort n'était pas la conséquence voulue du comportement des requérants dans les affaires ci-dessus. La Cour estime toutefois que cela ne peut constituer un élément décisif. En matière médicale, le refus d'accepter un traitement particulier pourrait, de façon inéluctable, conduire à une issue fatale, mais l'imposition d'un traitement médical sans le consentement du patient s'il est adulte et sain d'esprit s'analyserait en une atteinte à l'intégrité physique de l'intéressé pouvant mettre en cause les droits protégés par l'article 8, § 1 de la Convention. Comme l'a admis la jurisprudence interne, une personne peut revendiquer le droit d'exercer son choix de mourir en refusant de consentir à un traitement qui pourrait avoir pour effet de prolonger sa vie [...].

**64.** S'il ne s'agit pas en l'espèce de soins médicaux, la requérante souffre des effets dévastateurs d'une maladie dégénérative qui va entraîner une détérioration graduelle de son état et une augmentation de sa souffrance physique et mentale. L'intéressée souhaite atténuer cette souffrance en exerçant un choix consistant à mettre fin à ses jours avec l'assistance de son mari. Ainsi que l'a déclaré Lord Hope, la façon dont elle choisit de passer les derniers instants de son existence fait partie de l'acte de vivre, et elle a le droit de demander que cela aussi soit respecté [...].

**65.** La dignité et la liberté de l'homme sont l'essence même de la Convention. Sans nier en aucune manière le principe du caractère sacré de la vie protégé par la Convention, la Cour considère que c'est sous l'angle de l'article 8 que la notion de qualité de la vie prend toute sa signification. À une époque où l'on assiste à une sophistication médicale croissante et à une augmentation de l'espérance de vie, de nombreuses personnes redoutent qu'on ne les force à se maintenir en vie jusqu'à un âge très avancé ou dans un état de grave délabrement physique ou mental aux antipodes de la perception aiguë qu'elles ont d'elles-mêmes et de leur identité personnelle.

**66.** Dans l'affaire Rodriguez c/ Procureur général du Canada [...], qui concernait une situation comparable à celle de la présente espèce, l'opinion majoritaire de la Cour suprême du Canada considéra que l'interdiction de se faire aider pour se suicider imposée à la demanderesse contribuait à la détresse de cette dernière et l'empêchait de gérer sa mort. Dès lors que cette mesure privait l'intéressée de son autonomie, elle requérait une justification au regard des principes de justice fondamentale. Si la Cour suprême du Canada avait à examiner la situation sous l'angle d'une disposition de la Charte canadienne non libellée de la même manière que l'article 8 de la Convention, la cause soulevait des problèmes analogues relativement au principe de l'autonomie personnelle, au sens du droit d'opérer des choix concernant son propre corps.

**67.** La requérante en l'espèce est empêchée par la loi d'exercer son choix d'éviter ce qui, à ses yeux, constituera une fin de vie indigne et pénible. La Cour ne peut exclure que cela représente une atteinte au droit de l'intéressée au respect de sa vie privée, au sens de l'article 8, § 1 de la Convention. Elle examinera ci-dessous la question de savoir si cette atteinte est conforme aux exigences du second paragraphe de l'article 8.

**68.** Pour se concilier avec le § 2 de l'article 8, une ingérence dans l'exercice d'un droit garanti par celui-ci doit être « prévue par la loi », inspirée par un ou des buts légitimes d'après ce paragraphe et « nécessaire, dans une société démocratique », à la poursuite de ce ou ces buts [...].

**69.** La seule question se dégageant de l'argumentation des parties est celle de la nécessité de l'ingérence dénoncée, nul ne contestant que l'interdiction du suicide assisté en l'espèce était imposée par la loi et poursuivait le but légitime de préserver la vie, donc de protéger les droits d'autrui.

**70.** D'après la jurisprudence constante de la Cour, la notion de nécessité implique que l'ingérence corresponde à un besoin social impérieux et, en particulier, qu'elle soit proportionnée au but légitime poursuivi. Pour déterminer si une ingérence est « nécessaire, dans une société démocratique », il y a lieu de tenir compte du fait qu'une marge d'appréciation est laissée aux autorités nationales, dont la décision demeure soumise au contrôle de la Cour, compétente pour en vérifier la conformité aux exigences de la Convention. Ladite marge d'appréciation varie selon la nature des questions et l'importance des intérêts en jeu.

**71.** La Cour rappelle que la marge d'appréciation a été jugée étroite en ce qui concerne les ingérences dans le domaine intime de la vie sexuelle des individus [...]. Si la requérante soutient que l'État défendeur doit dès lors attester de raisons particulièrement impérieuses pour justifier l'ingérence dont elle se plaint, la Cour estime que la question soulevée en l'espèce ne peut être considérée comme étant de même nature ou comme appelant le même raisonnement.

**72.** Les parties axent leur argumentation sur la question de la proportionnalité de l'ingérence révélée par les faits de l'espèce. La requérante s'en prend en particulier à la nature générale de l'interdiction du suicide assisté, en tant que celle-ci omet de prendre en compte sa situation d'adulte saine d'esprit, qui sait ce qu'elle veut, qui n'est soumise à aucune pression, qui a pris sa décision de façon délibérée et en parfaite connaissance de cause, et qui ne peut donc être considérée comme vulnérable et comme nécessitant une protection. Cette inflexibilité signifie selon l'intéressée qu'elle va être forcée d'endurer les conséquences de sa maladie pénible et incurable, ce qui pour elle représente un coût personnel très élevé.

**73.** La Cour note que si le gouvernement soutient que la requérante, personne à la fois désireuse de se suicider et sévèrement handicapée, doit être considérée comme vulnérable, cette assertion n'est pas étayée par les preuves produites devant les juridictions internes ni par les décisions de la Chambre des lords [...]

**74.** La Cour considère néanmoins, avec la Chambre des lords et la majorité de la Cour suprême du Canada dans l'affaire Rodriguez, que les États ont le droit de contrôler, au travers de l'application du droit pénal général, les activités préjudiciables à la vie et à la sécurité d'autrui [...]. Plus grave est le dommage encouru et plus grand est le poids dont pèseront dans la balance les considérations de santé et de sécurité publiques face au principe concurrent de l'autonomie personnelle. La disposition légale incriminée en l'espèce, à savoir l'article 2 de la loi de 1961, a été conçue pour préserver la vie en protégeant les personnes faibles et vulnérables – spécialement celles qui ne sont pas en mesure de prendre des décisions en connaissance de cause – contre les actes visant à mettre fin à la vie ou à aider à mettre fin à la vie. Sans doute l'état des personnes souffrant d'une maladie en phase terminale varie-t-il d'un cas à l'autre. Mais beaucoup de ces personnes sont vulnérables, et c'est la vulnérabilité de la catégorie qu'elles forment qui fournit la *ratio legis* de la disposition en cause. Il incombe au premier chef aux États d'apprécier le risque d'abus et les conséquences probables des abus éventuellement commis qu'impliquerait un assouplissement de l'interdiction générale du suicide assisté ou la création d'exceptions au principe. Il existe des risques manifestes d'abus, nonobstant les arguments développés quant à la possibilité de prévoir des garde-fous et des procédures protectrices.

**75.** Les conseils de la requérante ont cherché à persuader la Cour qu'un constat de violation en l'espèce ne créerait pas un précédent général, ni un quelconque risque pour autrui. Or, si l'article 34 de la Convention donne effectivement pour mission à la Cour non de formuler des avis dans l'abstrait, mais d'appliquer la Convention aux faits concrets des espèces dont elle est saisie, les arrêts rendus dans les affaires individuelles constituent bel et bien, dans une mesure plus ou moins grande, des précédents, et la décision en l'occurrence ne saurait, ni en théorie ni en pratique, être articulée de façon à empêcher qu'elle ne soit appliquée dans d'autres espèces.

**76.** Aussi la Cour considère-t-elle que la nature générale de l'interdiction du suicide assisté n'est pas disproportionnée. Le gouvernement souligne qu'une certaine souplesse est rendue possible dans des cas particuliers : d'abord, des poursuites ne pourraient être engagées qu'avec l'accord du DPP ; ensuite, il ne serait prévu qu'une peine maximale, ce qui permettrait au juge d'infliger des peines moins sévères là où il l'estime approprié. Le rapport du comité restreint de la Chambre des lords précisait qu'entre 1981 et 1992, dans vingt-deux affaires où était soulevé le problème de l'« homicide par compassion », les juges n'avaient prononcé qu'une seule condamnation pour meurtre, qu'ils avaient assortie d'une peine d'emprisonnement à vie, des qualifications moins graves ayant été retenues dans les autres affaires, qui s'étaient soldées par des peines avec mise à l'épreuve ou avec sursis [...]. Il ne paraît pas arbitraire à la Cour que la législation reflète l'importance du droit à la vie en interdisant le suicide assisté tout en prévoyant un régime d'application et d'appréciation par la justice qui permet de prendre en compte dans chaque cas concret tant l'intérêt public à entamer des poursuites que les exigences justes et adéquates de la rétribution et de la dissuasion.

**77.** Eu égard aux circonstances de l'espèce, la Cour ne voit rien de disproportionné non plus dans le refus du DPP de prendre par avance l'engagement d'exonérer de toute poursuite le mari de la requérante. Des arguments puissants fondés sur l'état de droit pourraient être opposés à toute prétention par l'exécutif de soustraire des individus ou des catégories d'individus à l'application de la loi. Quoi qu'il en soit, vu la gravité de l'acte pour lequel une immunité était réclamée, on ne peut juger arbitraire ou déraisonnable la décision prise par le DPP en l'espèce de refuser de prendre l'engagement sollicité.

**78.** La Cour conclut que l'ingérence incriminée peut passer pour justifiée comme « nécessaire, dans une société démocratique », à la protection des droits d'autrui. Partant, il n'y a pas eu violation de l'article 8 de la Convention.

Il n'y a pas que les grands arrêts de la Cour européenne des droits de l'homme qui comptent. Il y a aussi les hommes et les femmes qui par leur courage, leur dignité et leur détermination lui ont permis de les produire. Aussi faut-il savoir gré au président L. Wildhaber de leur avoir rendu hommage dans son discours prononcé à l'occasion de l'ouverture de l'année judiciaire 2003 en les qualifiant de « héros de la Convention ». Au premier rang d'entre eux il a placé sans la nommer « une femme mourante se déplaçant en fauteuil roulant, dont le premier et dernier voyage à l'étranger fut celui qu'elle fit pour l'audience la concernant à Strasbourg ». Cette héroïne de la Convention s'appelait Diane Pretty. Sa douloureuse affaire est tellement connue que quelques mots suffiront pour la résumer. Atteinte d'une maladie neuro-dégénérative progressive dont l'évolution fatale était devenue irréversible, elle souhaitait échapper à la souffrance et à l'indignité qu'elle allait devoir endurer pour mourir. Trop affaiblie déjà pour interrompre le développement de la maladie en mettant seule fin à ses jours, elle avait demandé aux autorités répressives l'engagement de ne pas poursuivre son mari quand il l'aurait aidée à se suicider. Face à leur refus, elle avait donc saisi la Cour de Strasbourg qui, quelques semaines avant son décès, n'a pas cru devoir lui donner gain de cause. L'arrêt qui portera à jamais son nom est néanmoins d'une richesse exceptionnelle. Il l'est au regard de l'art. 2 pour avoir permis à la Cour de proclamer le caractère fondamental du droit à la vie (cf. *supra*, n° 10). Il l'est aussi pour avoir placé l'interprétation de l'art. 8 sous l'influence générale de l'autonomie personnelle, notion nouvelle (I), promise à des développements tentaculaires (II).

## I / La consécration d'une notion nouvelle

A) Pour conduire à l'examen de son cas désespéré sous l'angle du droit au respect de la vie privée et familiale, Diane Pretty avait soutenu que le droit à l'autodétermination, impliquant notamment le droit de choisir quand et comment mourir, apparaît en filigrane dans l'ensemble de la Convention et que c'est à l'art. 8 qu'il est le plus explicitement reconnu et garanti. La Cour lui a effectivement et spectaculairement concédé que même si aucune affaire antérieure n'avait établi que l'art. 8 comporte un droit à l'autodétermination en tant que tel, il fallait considérer que « la notion d'autonomie personnelle reflète un principe important qui sous-tend l'interprétation des garanties [de cet article] (§ 61) » . C'est au nom de la dignité et de la liberté de l'homme, qui sont de l'essence même de la Convention, que la Cour a reconnu cette notion nouvelle, sans nier le caractère sacré de la vie mais en tenant compte de la sophistication médicale croissante et de l'augmentation de l'espérance de vie. Il est d'ailleurs intéressant de relever, dans une perspective d'universalité des droits de l'Homme, que la Cour EDH s'est référée à un arrêt de la Cour suprême du Canada qui, en 1994, avait dû affronter une difficulté comparable d'interdiction du suicide assisté dans une affaire Rodriguez, pour apporter une consécration solennelle à une notion dont quelques traces avaient déjà été relevées dans la jurisprudence de la Commission européenne des droits de l'homme par un de ses plus fins connaisseurs, M. Levinet, et qui avait déjà fait une apparition furtive, sous la dénomination d'« autonomie individuelle » dans un arrêt *Keenan c/ R.-U.* du 3 avril 2001 relatif au suicide d'un détenu. En tout cas, ce détour par l'Amérique du Nord aura permis à la Cour de Strasbourg d'entendre le principe d'autonomie personnelle « au sens du droit d'opérer des choix concernant son propre corps » (§ 66). L'arrêt *K. A. et A. D. c/ Belgique* du 17 fév. 2005 a fait sensiblement évoluer cette conception en parlant désormais expressément du droit de disposer de son corps comme partie intégrante de la notion d'autonomie personnelle.

B) Ainsi définie, la nouvelle notion doit être distinguée de ses voisines. Il y a peu de risques de la confondre avec l'intégrité physique qui, lorsqu'elle relève seulement de l'art. 8 (on a vu *supra*, titre II, chap. I que l'expression sert à regrouper les droits intangibles garantis par les art. 2 et 3), est une expression européenne du *noli me tangere* servant, comme dans l'affaire *Glass c/ R.-U.* du 9 mars 2004 relative au refus de laisser administrer à un malade à l'agonie de la diamorphine destinée à atténuer ses souffrances mais susceptible de précipiter son décès, à justifier que l'on puisse en principe s'opposer de toutes ses forces à une atteinte à son propre corps ou à celui d'une personne au nom de laquelle on a le droit d'agir. À cet égard, l'arrêt *Pretty* lui-même a d'ailleurs précisé que l'imposition d'un traitement médical sans le consentement du patient s'analysait en une atteinte à l'intégrité physique (v. aussi les lois du 4 mars 2002 et du 22 avr. 2005). En matière d'autonomie personnelle, les éventuelles atteintes corporelles sont au contraire appelées de tous ses vœux par l'intéressé. La distinction est en revanche plus difficile à l'égard du développement personnel. Lui aussi intronisé par l'arrêt *Pretty*, qui fait néanmoins remonter son origine aux rapports établis par la Commission EDH dans les affaires *Burghartz c/ Suisse et Friedl c/ Autriche*, il semble concerner moins directement les choix et les droits sur son propre corps. Il se rapporte plutôt à la vie privée sociale (*infra*, n° 45) et plus particulièrement au droit de la mener sous l'identité que l'on souhaite. Les arrêts *I et Christine Goodwin c/ R.-U.* du 11 juill. 2002 (*infra*, n° 49) ont cependant eu recours à la notion d'autonomie personnelle pour justifier le revirement de jurisprudence relatif à la modification de l'état civil des transsexuels. On peut sans doute se réjouir de ce que, moins de trois mois après l'arrêt *Pretty* rendu en Chambre ordinaire, la Cour ait saisi la première occasion qui lui était offerte de consolider, en Grande Chambre, la notion nouvelle. Il n'est pas tout à fait certain, en revanche, qu'elle ait beaucoup contribué à clarifier son rôle. S'il s'était agi d'un problème d'interdiction de subir une opération de conversion sexuelle, on aurait certes compris qu'il ait été posé en termes d'autonomie personnelle. Or, dans ces deux affaires, cette question ne se posait plus : les opérations avaient été réalisées et il n'était plus question que de faire consacrer leurs heureux résultats par les registres de l'état civil. On remarquera, à cet égard, que la référence au principe important qui sous-tend l'interprétation des garanties de l'art. 8 était davantage justifiée dans l'arrêt *Van Kück c/ Allemagne* du 12 juin 2003 où était en cause la prise en charge de l'opération de conversion sexuelle et qu'elle eût été particulièrement à sa place dans l'arrêt *L. c/ Lituanie* du 11 septembre 2007, où on ne la trouve décidément pas, alors que le principe même de l'opération chirurgicale était en jeu. Il eût donc été préférable de régler la question posée par les arrêts du 11 juill. 2001 en se référant seulement au droit au développement personnel. En étendant l'autonomie personnelle à des questions d'identité sociale au lieu de la cantonner aux choix et aux droits relatifs au corps humain, la Cour a donc créé un risque de confusion. Elle s'est également exposée à des contradictions que les juges dissidents regroupés derrière le président Wildhaber dans l'affaire *Odièvre* (*supra*, n° 42) ont tenté d'aggraver en faisant valoir que le droit à l'autonomie aurait pu permettre la reconnaissance, en faveur de la requérante, d'un droit à l'identité. Peut-être l'arrêt *K. A. et A. D.* (préc.) aurait-il pu procéder à une utile remise en ordre en faisant du droit à l'épanouissement personnel (cf. *Bensaïd c/ R.-U.*, 6 févr. 2001) un concept général comprenant, d'une part, le développement personnel, astucieusement illustré par référence au paragraphe de l'arrêt *Christine Goodwin* où l'autonomie personnelle avait eu un rôle pour trancher une question d'identité, et, d'autre part, l'autonomie personnelle clairement circonscrite à des questions de choix concernant son propre corps et de droit d'en disposer (§ 83). Ce regroupement sous la bannière du droit à l'épanouissement personnel a été explicitement opéré par les arrêts *Bigaeva c/ Grèce* du 28 mai 2009 et *Ozpinar c/ Turquie* du 19 octobre 2010 relatifs au droit d'exercer une activité professionnelle mais, un autre arrêt récent a dit au contraire que c'était le droit à l'autonomie personnelle qui comprenait le droit au développement et à l'épanouissement personnels (*Témoins de Jéhovah de Russie c/ Russie du 10 juin 2010 § 117*) tandis que l'arrêt de Grande chambre *A*, *B et C c/ Irlande* du 16 déc. 2010 place sur le même plan droit à l'autonomie personnelle et droit au développement personnel. Cette impression de pagaïe générale est encore accentuée par la multiplication des arrêts qui rattachent à l'autonomie personnelle les questions d'identité les plus diverses (*Daroczy c/ Hongrie* du 1er juillet 2008 relatif au droit au nom, *Ciubotaru c/ Moldavie* du 7 mai 2009 abordant la question de l'identité ethnique) ou par l'affirmation fortement souligné dans l'arrêt Alkaya c/ Turquie du 9 octobre 2012 suivant laquelle le choix de la résidence « fait partie intégrante de la sphère d'autonomie personnelle ». Elle a été portée à son comble par l'important arrêt *Haas c/ Suisse* du 20 janv. 2011 qui consolide la jurisprudence *Pretty* dans une affaire où le requérant se plaignait de n'avoir pas pu obtenir sans ordonnance la dose de pentobarbital sodique qui lui aurait permis de se suicider de manière sûre, digne et sans souffrances superflues. L'étonnement vient de ce que la Cour aborde une question de disposition du corps si proche de celle qui a permis la consécration explicite de l'autonomie personnelle sans y faire la moindre allusion et en se référant essentiellement… au droit au développement personnel. De toute façon, la Cour semble prendre un malin plaisir à développer l'idée sans utiliser les mots et à se servir des mots pour mieux exclure l'idée. Ainsi dans l'affaire Haas, l'affirmation suivant laquelle le droit au respect de la vie privée inclut le droit de l'individu « de décider de quelle manière et à quel moment sa vie doit prendre fin, à condition qu'il soit en mesure de forger librement sa propre volonté à ce propos et d'agir en conséquence », correspond parfaitement à la notion d'autonomie personnelle. Les arrêts *Koch c/ Allemagne* du 19 juillet 2012 (*JCP* 2012 act. 915 obs. M. Afrouk) et *Gross c/ Suisse* du 14 mai 2013 (*JCP G* 2013 act. 650 obs. G. Gonzalez, prolongé par un très atypique arrêt de Grande chambre du 30 septembre 2014 constatant que la requérante s'était déjà suicidée en novembre 2011 et déclarant rétrospectivement sa requête irrecevable comme constitutive d'un abus du droit de recours individuel au sens de l'article 35 § 1) qui renforcent le droit de mourir à son heure confirment d'ailleurs qu'il est une des manifestations les plus éclatantes de l'autonomie personnelle. Il devrait en aller de même du choix, diamétralement opposé, d'accepter, en toute connaissance de cause, des traitements encore expérimentaux qui pourraient offrir à des cancéreux en phase terminale un fragile espoir de vivre encore. Pourtant, un arrêt *Hristozov c/ Bulgarie* du 13 novembre 2012 (*RTD*H 2013.945 obs. J-P Marguénaud) a justifié le refus des autorités sanitaires étatiques de les autoriser à s'y soumettre « sous le pavillon complaisant de l'autonomie personnelle » (F. Sudre, *JCP G* 2013. 95)Malgré cet arrêt, qui est l'un des plus mauvais jamais rendus par la Cour, l'autonomie personnelle étend progressivement son influence.

## II / Des développements tentaculaires

Comme on l'a vu, la première application de la notion d'autonomie personnelle a fait date en contribuant au renversement de la jurisprudence relative à l'état civil des transsexuels britanniques. Même si ce domaine ne semble plus devoir lui appartenir, elle connaîtra et a déjà connu d'autres développements surprenants dans son aire d'influence au centre de laquelle le corps humain se situe. C'est dire qu'elle a vocation à éclairer la solution de la plupart des questions dites de société placées sous l'influence d'Éros ou de Thanatos, qui sont rattachées à l'article 8. Depuis quelque temps, elle s'intéresse aussi à l'esprit ; ce qui obligera à la suivre au-delà des limites de l'article qui lui a servi de terre d'accueil.

A) L'arrêt *Pretty* a dit beaucoup sur la manière d'aborder le suicide assisté et l'euthanasie en fonction de l'art. 8. Malgré la consécration du droit à l'autonomie personnelle, il a en effet estimé que, en raison de l'importance du droit à la vie, une interdiction de principe du suicide assisté tempérée par un régime d'application et d'appréciation par la justice permettant de prendre en compte chaque cas concret pouvait passer pour justifiée comme nécessaire dans une société démocratique au sens du § 2 dudit article. L'arrêt *Pretty* n'a peut-être pas clos définitivement le débat. Il sera en effet très intéressant de vérifier si la consécration du droit de disposer de son corps n'est pas de nature à infléchir la solution du 29 avril 2002 qui, par ailleurs, avait été fortement influencée par la crainte, réaffirmée avec insistance en 2011par l'arrêt Haas (précité), de créer un précédent général dangereux pour des malades n'ayant pas la lucidité et la force de caractère de Mme Pretty. Une autre affirmation de l'arrêt du 29 avril 2002 n'a peut-être pas encore libéré toutes ses potentialités. C'est celle selon laquelle des activités perçues comme étant d'une nature physiquement ou moralement dommageable ou dangereuse pour la personne peuvent être justifiées au regard de l'art. 8.

Ce sont surtout les activités exposant son propre corps à des atteintes moralement discutables qui peuvent être libéralisées grâce ou à cause de la notion d'autonomie personnelle. Ainsi la solution de l'arrêt *Laskey, Jaggard et Brown c/ Royaume-Uni* du 19 février 1997, qui avait réservé le droit pour l'État de sanctionner les adultes adeptes de pratiques sadomasochistes au nom de la protection de la morale, et où il était déjà question de libre arbitre de l'individu, semblait difficilement conciliable avec le principe d'interprétation des garanties de l'article 8 découvert dans l'arrêt *Pretty.* Il ne faut donc pas s'étonner si dans l'affaire *K. A. et A. D.* relative aux pratiques sadomasochistes de notables belges condamnés pour coups et blessures volontaires, la Cour a invoqué la notion d'autonomie personnelle pour contrecarrer la solution de l'arrêt *Laskey, Jaggard et Brown* qu'elle évite soigneusement de citer, en affirmant que le droit d'entretenir des relations sexuelles découle du droit de disposer de son corps et qu'il faut en conséquence des raisons particulièrement graves pour justifier une ingérence des pouvoirs publics dans le domaine de la sexualité. Or, en l'espèce, il existait de telles raisons puisque les condamnés n'avaient pas respecté la volonté de « la victime » de leurs pratiques dont le propre droit au libre choix quant aux modalités d'exercice de sa sexualité doit aussi être garanti. Cette solution, qui substitue à la morale le respect absolu de la volonté d'autrui comme limite infranchissable au droit à l'autonomie personnelle, ne manque pas de dignité. Il est vrai que la dignité a elle aussi plusieurs visages et que beaucoup invoqueront ses relations avec la prohibition des traitements inhumains et dégradants pour critiquer la solution rendue par l'arrêt *K. A. et A. D.* au nom de l'autonomie personnelle et s'opposer à sa transposition à d'autres questions moralement dévastatrices comme celles de la prostitution ou de la gestation pour le compte d'autrui. Quoi qu'il en soit, il serait regrettable de céder à la tentation de diaboliser l'autonomie personnelle, parfois citée en vrac sans être directement placée à l'origine de la reconnaissance d'un nouveau droit raccordé à l'art. 8 (cf. le § 57 de l'arrêt *Evans c/ R.-U.* du 7 mars 2006, consolidé en Grande Chambre le 10 avril 2007 et repris par l'arrêt *Dickson c/ R.-U.* du 4 déc. 2007, puis par l'arrêt *E. B c/ France* du 22 janvier 2008, selon lequel la vie privée, englobant *notamment* le droit à l'autodétermination, recouvre *également* le droit au respect de la décision d'avoir un enfant ou de ne pas en avoir). Elle permet, en effet, d'ouvrir d'intéressantes perspectives de socialisation de l'art. 8 (cf. l'arrêt *McCann c/ R.-U.* du 13 mai 2008 qui, dans le prolongement de l'arrêt *Connors c/ R.-U.* du 27 mai 2004, sanctionne une décision refusant le maintien dans un logement social après avoir relevé que l'article 8 concerne des droits d'une importance centrale pour l'identité et l'autodétermination individuelles...) ou de le faire servir à la reconnaissance de nouveaux droits de la femme tels que le droit d'accoucher à domicile admis par l'arrêt *Ternovsky c/ Hongrie* du 14 déc. 2010.

B) L'arrêt, de Grande Chambre, *Sorensen et Rasmussen c/ Danemark* du 11 janvier 2006 n'a pas beaucoup contribué à renforcer l'homogénéité de la notion d'autonomie personnelle en l'exportant vers l'article 11 pour justifier l'assimilation du droit d'association négatif au droit d'association positif (v. dans le même sens, *Vordur Olafsson c/ Islande* du 27 avr. 2010). Il a pourtant été suivi, sur cette voie tendant à faire de la notion consacrée grâce à la dignité du combat de Diane Pretty un principe général d'interprétation de l'ensemble de la Convention, par l'arrêt *Tourniki Emosi Xanthis c/ Grèce* du 27 mars 2008 qui, pour pouvoir constater une violation de l'article 11, a curieusement rattaché à l'autonomie personnelle un droit d'exprimer ses convictions sur son identité ethnique ; par l'arrêt *Hasan Eylem Zengin c/ Turquie* du 9 oct. 2007 qui fonde son interprétation de l'article 2 du protocole n° 1 sur l'idée suivant laquelle l'enseignement s'efforce d'atteindre le but de façonnement du caractère et de l'esprit des élèves ainsi que leur autonomie personnelle ; *Chtoukatourov c/ Russie* du 27 mars 2008 qui établit une passerelle entre l'autonomie personnelle et l'article 6, § 1 pour apprécier si un malade mental devait être entendu au cours d'une procédure le concernant et par l'arrêt *Témoins de Jéhovah de Russie c/ Russie* du 10 janv. 2010 procédant à une paradoxale collectivisation du droit à l'autonomie personnelle pour aider à la protection, au titre de l'art. 9, des croyances religieuses d'une communauté. À ce rythme, les temps arriveront vite où l'étude de l'autonomie personnelle n'aura plus sa place dans un chapitre consacré au droit au respect de la vie privée et familiale. Il serait cependant souhaitable que la Cour, instillant une référence à ce concept d'origine hyperindividualiste dans des hypothèses marginales, oubliant d'y faire allusion dans des cas graves qui participent de son essence même (cf. *Ciorap c/ Moldavie*, 19 juin 2007 relatif à l'alimentation forcée, contraire à l'article 3, de détenus grévistes de la faim), y conduise avec plus de méthode.

J.-P. M.

## III | Le droit à la « vie privée sociale »

### 45. ***Niemietz c/ Allemagne, 16 décembre 1992***, *série A. 251, AFDI, 1992, p. 629, obs. V. Coussirat-Coustère ; RTDH, 1993, p. 410, chron. P. Lambert et F. Rigaux.*

A / Sur l'existence d'une « ingérence »

**27.** Le gouvernement combat la conclusion de la Commission : l'article 8 n'offrirait aucune protection contre la fouille du cabinet d'un avocat ; la Convention distinguerait nettement entre vie privée et domicile d'une part et, de l'autre, vie et locaux professionnels.

**28.** En relevant une immixtion dans « la vie privée » et « le domicile » de Me Niemietz, la Commission attache un poids spécial à la confidentialité des rapports entre avocat et client. La Cour partage les doutes du gouvernement sur le point de savoir si ce facteur peut servir en pratique à déterminer l'étendue de la garantie accordée par l'article 8. Les activités professionnelles et commerciales peuvent presque toutes impliquer, à un plus ou moins haut degré, des éléments confidentiels ; si donc on adoptait ce critère, maints différends surgiraient quant à la ligne de démarcation à tracer.

**29.** La Cour ne juge ni possible ni nécessaire de chercher à définir de manière exhaustive la notion de « vie privée ». Il serait toutefois trop restrictif de la limiter à un « cercle intime » où chacun peut mener sa vie personnelle à sa guise et d'en écarter entièrement le monde extérieur à ce cercle. Le respect de la vie privée doit aussi englober, dans une certaine mesure, le droit pour l'individu de nouer et développer des relations avec ses semblables. Il paraît, en outre, n'y avoir aucune raison de principe de considérer cette manière de comprendre la notion de « vie privée » comme excluant les activités professionnelles ou commerciales : après tout, c'est dans leur travail que la majorité des gens ont beaucoup, voire le maximum d'occasions de resserrer leurs liens avec le monde extérieur. Un fait, souligné par la Commission, le confirme : dans les occupations de quelqu'un, on ne peut pas toujours démêler ce qui relève du domaine professionnel de ce qui en sort. Spécialement, les tâches d'un membre d'une profession libérale peuvent constituer un élément de sa vie à un si haut degré que l'on ne saurait dire en quelle qualité il agit à un moment donné. De plus, on risquerait d'aboutir à une inégalité de traitement si, comme le préconise le gouvernement, on refusait le bénéfice de l'article 8 au motif que la mesure dénoncée concernait uniquement des activités professionnelles : la protection continuerait à jouer en faveur d'un individu dont les activités professionnelles et non professionnelles s'imbriqueraient à un point tel qu'il n'existerait aucun moyen de les dissocier. Jusqu'ici, la Cour n'a du reste pas opéré pareille distinction : elle a constaté une ingérence dans la vie privée même quand des écoutes téléphoniques portaient aussi sur les communications commerciales [...] ; de ce qu'une perquisition visait uniquement des activités commerciales, elle n'a pas tiré argument pour estimer l'article 8 inapplicable au titre de la « vie privée » [...].

**31.** Plus généralement, interpréter les mots « vie privée » et « domicile » comme incluant certains locaux ou activités professionnels ou commerciaux répondrait à l'objet et au but essentiels de l'article 8 : prémunir l'individu contre des ingérences arbitraires des pouvoirs publics [...]. Les États contractants ne s'en trouveraient pas indûment bridés car ils conserveraient, dans la mesure autorisée par le § 2 de l'article 8, leur droit d'« ingérence » et celui-ci pourrait fort bien aller plus loin pour des locaux ou activités professionnels ou commerciaux que dans d'autres cas.

**37.** Quant à la « nécessité » de l'ingérence « dans une société démocratique », la Cour incline à penser que l'on peut trouver pertinentes, par rapport aux buts recherchés, les raisons invoquées par le tribunal cantonal de Munich (§ 10 ci-dessus). Elle ne croit pourtant pas indispensable d'étudier la question plus avant car elle arrive à la conclusion, conforme à la thèse du requérant et à l'avis de la Commission, que la mesure litigieuse n'était pas proportionnée auxdits objectifs. Certes, on ne saurait cataloguer comme mineure, sans plus, l'infraction à l'origine de la perquisition : elle constituait non seulement une insulte envers un juge, mais encore une tentative d'exercer sur lui des pressions. Cependant, le mandat était rédigé en termes larges : il ordonnait la recherche et la saisie de « documents », sans aucune limitation, révélant l'identité de l'auteur de la lettre offensante ; ce point revêt une importance singulière lorsque, comme en Allemagne, la perquisition opérée au cabinet d'un avocat ne s'accompagne pas de garanties spéciales de procédure, telle la présence d'un observateur indépendant. Il y a plus : vu la nature des objets effectivement examinés, la fouille empiéta sur le secret professionnel à un degré qui se révèle disproportionné en l'occurrence ; il convient de se rappeler à cet égard que dans le cas d'un avocat, pareille intrusion peut se répercuter sur la bonne administration de la justice et, partant, sur les droits garantis par l'article 6 (art. 6). De surcroît, la publicité qui entoura l'affaire doit avoir pu compromettre le renom du requérant, aux yeux de ses clients actuels comme du public en général.

**38.** En conclusion, il y a eu violation de l'article 8.

Le cabinet de M$^{e}$ Niemietz, avocat à Fribourg, avait fait l'objet, en 1986, d'une perquisition ordonnée par un tribunal de Munich. Il s'agissait d'aider à l'identification de l'auteur d'une lettre d'insultes adressée, au nom d'un groupe de travail anticlérical, au juge d'un employeur, poursuivi pour avoir refusé de retenir sur le salaire de ses employés, puis de verser à l'administration fiscale, l'impôt ecclésial dont ils étaient redevables. Cette affaire, ramenant au cœur du problème de la séparation de l'Église et de l'État que l'on pourrait croire d'un autre âge (v. aussi *Darby c/ Suède* du 23 oct. 1990), a permis à la Cour d'affecter l'art. 8 à une protection particulièrement énergique et à tous égards nécessaire du cabinet de l'avocat. Cette protection s'appuie à la fois sur le droit au respect du domicile (cf. *infra*, n° **46**) et sur le droit au respect de la vie privée. Même si les deux aspects sont très étroitement mêlés, il convient ici d'essayer d'étudier le second séparément car il apporte une définition particulièrement originale de la vie privée qui se prête à des applications très diverses. Au § 29, la Cour a en effet estimé qu'il serait trop restrictif de limiter la vie privée à un « cercle intime » où chacun peut mener sa vie personnelle à sa guise à l'écart du monde extérieur. Elle en a aussitôt tiré la conclusion que le respect de la vie privée doit aussi englober, dans une certaine mesure, le droit pour l'individu de nouer et développer des relations avec ses semblables, avant de préciser qu'il n'y a aucune raison de principe d'exclure les activités professionnelles ou commerciales de cette manière de comprendre la notion de vie privée dans la mesure où c'est dans leur travail que la majorité des gens ont beaucoup, voire le maximum, d'occasions de resserrer leurs liens avec le monde extérieur. Ainsi la vie privée apparaît-elle à la fois comme le droit de rester chez soi pour exclure les autres et comme le droit de sortir de chez soi pour aller vers les autres. Encore faut-il pouvoir aller vers les autres sous un vêtement social dans lequel on se sente bien. Aussi après avoir expressément reconnu le droit d'établir et d'entretenir des relations avec autrui (I), la jurisprudence Niemietz a-t-elle logiquement appelé la consécration de ce second volet du droit à la « vie privée sociale » sous la dénomination encore hésitante de droit au développement personnel (II).

## I / Le droit de nouer et de développer des relations avec ses semblables

Le droit affirmé par l'arrêt *Niemietz* présente un volet positif dont les potentialités sont encore bridées. Il est aujourd'hui permis de s'interroger sur son éventuel volet négatif.

A) Le volet positif du droit de nouer et de développer des relations avec ses semblables semble parfois faire double emploi avec un autre droit consacré par l'art. 8 : dans l'affaire *Niemietz* elle-même, la violation aurait sans doute pu être justifiée en raison de la seule atteinte au droit au respect du domicile ; en d'autres occasions, le droit au respect de la correspondance avait déjà subi une atteinte suffisamment grave pour contrevenir à l'art. 8 (cf. les affaires *Halford c/ R.-U.* du 25 juin 1997 et *Kopp c/ Suisse* du 25 mars 1998).

Il peut néanmoins jouer un rôle autonome qui est un peu lent à s'affirmer notamment à l'égard de la question, délicate entre toutes, de l'expulsion des « étrangers de la deuxième génération » qui, selon l'expression médiatiquement consacrée, sont frappés d'une « double peine » (cf. *infra*, n° 55). Initialement, l'arrêt *C. c/ Belgique* du 7 août 1996 a considéré que l'expulsion d'un requérant de ce type s'analysait en une ingérence dans son droit au respect de sa vie privée dans la mesure où, ayant tissé en Belgique de réels liens sociaux, il y avait donc établi aussi une vie privée au sens de l'art. 8 « laquelle englobe le droit pour l'individu de nouer et développer des relations avec ses semblables, y compris dans le domaine professionnel ou commercial ». Néanmoins, fidèle à la politique répressive à laquelle elle venait de se ranger quelques mois plus tôt par l'arrêt *Boughanemi c/ France* du 24 avril 1996, la Cour a estimé que, eu égard à la gravité des infractions commises, l'expulsion vers le Maroc n'avait pas constitué une atteinte disproportionnée à ce droit. Depuis, le droit à la vie privée sociale des étrangers n'a commencé à faire une discrète réapparition que dans l'arrêt *Ezzouhdi c/ France* du 13 fév. 2001 où la Cour constate une violation de l'art. 8 après avoir notamment tenu compte des « liens intenses » entre le requérant et la France. Son retour en grâce a été confirmé par un arrêt de Grande Chambre *Slivenko c/ Lettonie* du 9 octobre 2003 qui, pour juger attentatoire à l'art. 8 l'éloignement forcé de « citoyens de l'ex-URSS », a observé que, depuis leur naissance, ils avaient noué dans la République balte « des relations personnelles, sociales et économiques qui sont constitutives de la vie privée de tout être humain » (v. aussi, dans le même sens l'arrêt *Kuric c/ Slovénie* du 13 juill. 2010 relatif aux « personnes effacées » qui n'avaient pas pu acquérir une nouvelle nationalité à la suite de la dislocation de la FRSY). Il a fallu attendre l'arrêt de Grande Chambre *Maslov c/ Autriche* du 23 juin 2008 relatif à l'expulsion d'un étranger mineur au moment des faits de gravité à peine moyenne pour que la Cour affirme clairement et fortement : «… dès lors que l'article 8 protège également le droit de nouer et entretenir des rapports avec ses semblables… il faut accepter que l'ensemble des liens sociaux entre les immigrés établis et la communauté dans laquelle ils vivent font partie intégrante de la notion de vie privée… ». Le droit des étrangers de nouer et de développer des relations avec leurs semblables et le monde extérieur a été récemment conforté, avant la votation xénophobe du 9 février 2014, par un arrêt *Hasanbasic c/ Suisse* du 11 juin 2013 en faveur d'un ressortissant de Bosnie-Herzégovine qui s'était heurté, en raison de sa situation économique, à un refus de permis d'établissement demandé pour rejoindre sa femme et son enfant dans l'État défendeur où il avait déjà vécu quelques années plus tôt. Surtout, sous la dénomination de « droit d'entretenir des contacts avec d'autres personnes », il a reçu une application éclatante dans l'arrêt de Grande chambre *Nada c/ Suisse* du 12 septembre 2012 (*JCP G* 2012 act. 1016 obs. H. Surrel) par lequel la Cour européenne des droits de l'Homme n'a pas hésité à défier l'ONU de façon à ce que l'exécution des résolutions du Conseil de sécurité ne se réalise pas au prix d'une interdiction de quitter une enclave empêchant de garder des relations avec des proches vivant à l'extérieur. Dans un registre différent, les étrangers ont bénéficié d'une nouvelle extension de la dimension sociale de la vie privée qui a fait entrer le droit d'acquérir une nationalité dans le champ d'application de l'article 8 (*Genovese c/ Malte* 11 octobre 2011 *JCP G* 2012. 166 obs. F. Sudre). Une autre catégorie de personnes plutôt habituées à une protection par ricochet a également bénéficié des prolongements du droit à la vie privée sociale. Il s'agit des détenus auxquels l'arrêt *Laduna c/ Slovaquie* du 13 décembre 2011 vient de reconnaître le droit de pouvoir regarder la télévision de manière à maintenir des relations avec le monde extérieur et, par conséquent, à garantir leur stabilité mentale.

D'aucuns pourront regretter que l'arrêt *Fretté c/ France* du 26 fév. 2002 (*JCP G*, 2002, II, 10074, note A. Gouttenoire-Cornut et F. Sudre), non contredit sur ce point par l'arrêt *E. B. c/ France* du 22 janvier 2008 (*JCP G*, 2008, II. 10071, note A. Gouttenoire et F. Sudre) n'ait pas cru devoir beaucoup nuancer l'argument du gouvernement suivant lequel le droit d'adopter (en l'occurrence pour un homosexuel) ne figure pas en tant que tel au nombre des droits garantis par la Convention même « si le respect de la vie privée doit aussi englober dans une certaine mesure le droit pour l'individu de nouer et de développer des relations avec ses semblables » (§ 29). La Cour a d'ailleurs expressément rappelé que l'article 8 ne garantit pas le droit d'adopter : par l'arrêt de Grande chambre *X et autres c/ Autriche* du 19 février 2013 qui fait jouer le principe de non-discrimination pour stigmatiser une législation autorisant l'adoption de l'enfant de l'autre pour tous les couples hétérosexuels mariés ou non mariés et la refusant pour les couples homosexuels ; par l'arrêt *Harroudj c/ France* du 4 octobre 2012 (*JCP G* 2012 act. 1145 obs. G. Gonzalez) admettant l'impossibilité de convertir une kafala en adoption

C'est cependant l'arrêt *Botta c/ Italie* du 24 février 1998 (*RTDH*, 1999, 600, obs. B. Maurer) qui a réduit de la manière la plus brutale les perspectives d'établissement de liens avec les autres dégagées par l'arrêt du 16 décembre 1992. Dans cette affaire, un handicapé physique qui avait décidé de passer ses vacances dans une station balnéaire italienne avec une amie également handicapée avait éprouvé les pires difficultés pour parvenir à la plage et à la mer parce que des établissements de bains privés n'avaient pas installé les locaux hygiéniques et les passerelles d'accès que la législation faisait obligation de mettre en place à l'usage des personnes handicapées. N'ayant pas pu obtenir des autorités les mesures nécessaires pour corriger ces défaillances, il engagea diverses poursuites et en arriva à invoquer, devant les instances strasbourgeoises, une violation du droit au respect de sa vie privée. Plus précisément, il se plaignit de n'avoir pas pu jouir d'une vie relationnelle normale lui permettant de participer à la vie de la collectivité non pas à cause d'une ingérence de l'État mais d'un manquement à ses obligations positives d'adopter des mesures et d'exercer des contrôles sur le respect des dispositions internes relatives aux établissements de bains privés. L'argumentation tendait donc à faire bénéficier le droit à la « vie privée sociale » découvert par l'arrêt Niemietz de l'effet amplificateur de la théorie des obligations positives (cf. *supra*, n° 2). La Cour n'a pas trop hésité à reconnaître que la question entrait dans la sphère de la vie privée englobant les relations de chaque individu avec ses semblables (§ 32). En revanche, elle a refusé de la placer sous l'influence de la théorie des obligations positives en affirmant que le droit revendiqué par le requérant concernait des relations interpersonnelles d'un contenu si ample et indéterminé qu'aucun lien direct entre les mesures exigées de l'État pour remédier aux omissions des établissements de bains privés et la vie privée de l'intéressé n'était envisageable. Il est probable que cette décision aura surtout été inspirée par le souci de marquer une pause dans la diffusion de l'effet dit horizontal de la CEDH (cf. *supra*, n° 3) qui, encore mal connu à l'époque, devait sans doute être utilisé avec une extrême prudence. Il n'en reste pas moins qu'elle aura eu pour conséquence d'enfermer le droit de nouer et de développer des relations avec autrui dans des limites particulièrement étroites. De telles limites sont assurément nécessaires. C'est d'ailleurs ce qu'a fort bien compris la 1re Chambre civile de la Cour de cassation qui, habituée à résoudre les questions relatives à la vie privée au moyen du seul article 9, du Code civil, n'a pas hésité, dans son arrêt du 6 mars 2001 (*D*, 2002, 248, note C. Duvert) à considérer que l'interdiction faite à une mère de mettre ses enfants en relation avec une secte dont elle était adepte, n'était pas contraire aux articles 8 et 9 de la CEDH, dès lors que ces articles autorisent des limitations. Il est néanmoins permis de se demander si, pour conjurer les risques de débordement de la théorie des obligations positives et de l'« effet horizontal », la Cour n'avait pas particulièrement mal choisi l'occasion que lui fournissait la requête d'un handicapé. On pouvait d'ailleurs penser qu'elle viendrait assez rapidement à résipiscence puisque par sa décision *Marzari* du 4 mai 1999, elle avait jugé que le droit au respect de la vie privée et familiale impliquait pour l'État l'obligation positive de prendre les mesures nécessaires pour assurer l'autonomie des handicapés. Pourtant, dans une affaire *Zehnalova et Zehnal*, examinée le 14 mai 2002, elle a à nouveau appliqué les principes dégagés dans la jurisprudence Botta, à peine nuancés par une référence au droit au développement personnel, pour déclarer irrecevable la requête d'une handicapée physique qui ne pouvait pas accéder à de nombreux bâtiments ouverts au public à défaut de mise en place par la municipalité des équipements nécessaires (dans le même ordre d'idées contestables, la décision *Farcas c/ Roumanie* du 14 sept. 2010 a estimé que le défaut d'accès spécial pour les personnes handicapées aux bâtiments des tribunaux n'entravait ni le droit d'accès à un tribunal découlant de l'art. 6 § 1 ni le droit de recours individuel garanti par l'art. 34).

Le volet positif du droit de nouer et de développer des relations avec ses semblables fait donc pâle figure dans un domaine où l'influence progressiste de la CEDH est particulièrement nécessaire. Il peut néanmoins réaliser des avancées remarquables sur des terrains où on ne l'attendait guère. C'est ainsi que, grâce à un emprunt prometteur à l'art. 1, § 2 de la Charte sociale européenne qui consacre le droit de gagner sa vie par le travail librement entrepris, les arrêts *Sidabras* et *Dziautas* du 27 juillet 2004, et *Rainys* et *Gasparavicius* du 7 avril 2005 rendus contre la Lituanie ont su le déployer vers ce qu'il est convenu d'appeler désormais le droit à la vie privée professionnelle (sur l'ensemble de la question V. J. Mouly, « La vie professionnelle », *in* F. Sudre (dir.), *Le droit au respect de la vie privée au sens de la* CEDH, Bruylant, 2005). En constatant que l'impossibilité de retrouver un emploi dans laquelle la politique dite de lustration, mise en œuvre dans des pays ayant appartenu au bloc soviétique, plaçait d'ex-membres du KGB, constituait une violation de l'art. 14 combiné avec l'art. 8, ces arrêts donnent en effet toute sa consistance au lien établi par l'arrêt Niemietz entre le travail et l'art. 8. Même si le droit de gagner sa vie par le travail est encore balbutiant (cf. l'arrêt *Karov c/ Bulgarie* du 16 nov. 2006 suivant lequel il ne va pas jusqu'à garantir la possibilité de trouver un emploi pendant une certaine période), il peut déjà suffire à fortifier la dimension professionnelle du droit à la vie privée sociale. Le failli, lui aussi placé dans de nombreux pays européens face à l'impossibilité de gagner sa vie en raison des nombreuses incapacités personnelles et professionnelles qui le frappent automatiquement, aura été l'un des premiers bénéficiaires de cette nouvelle synergie (cf. *Vitiello c/ Italie*, 23 mars 2006). Les liens entre la vie privée et la vie professionnelle ont été encore resserrés par les arrêts *Bigaeva c/ Grèce* du 28 mai 2009 et *Ozpinar c/ Turquie* du 19 oct. 2010 qui, consacrant la notion de « vie privée sociale », ont respectivement constaté des violations de l'art. 8 parce qu'une étrangère diplômée avait été empêchée d'accéder à la profession d'avocat et parce qu'une femme maquillée et court vêtue avait été révoquée de la magistrature.

B) Par sa décision *Sijakova* du 6 mars 2003 déclarant irrecevable, sous l'angle de l'art. 8, la requête de parents privés de tout contact avec leurs enfants majeurs entrés dans l'ordre monastique de l'Église orthodoxe macédonienne, la Cour a donné indirectement à entendre que, du point de vue des enfants en l'occurrence, l'existence d'un volet négatif du droit de nouer et de développer des relations avec ses semblables était plausible. La question de savoir si on peut avoir un droit de ne pas nouer de relations avec autrui était également à l'arrière-plan d'une intéressante et très contemporaine affaire *Muscio c/ Italie* déclarée irrecevable le 13 nov. 2007. En l'espèce, le président d'une association de parents catholiques se plaignait de ne pas avoir eu de moyens juridiques de s'opposer à la réception de courriers électroniques à caractère pornographique et alléguait une violation de l'art. 8. Or, après avoir rappelé que la garantie offerte par ce texte est destinée à assurer le développement de la personnalité de chaque individu dans ses relations avec ses semblables, la Cour a estimé, que compte tenu des difficultés techniques rencontrées dans la lutte contre le phénomène du *spam*, on ne saurait conclure que l'État aurait dû déployer des efforts supplémentaires pour s'acquitter de ses éventuelles obligations positives. Les premières retombées concrètes et effectives d'un droit à ne pas nouer et développer des relations avec ses semblables anonymes semblent subordonnées à de nouvelles conquêtes technologiques...

## II / Le droit au développement personnel

Utilisée par les célèbres arrêts *Pretty* du 29 avril 2002 (*supra*, n° 44), et *Christine Goodwin* (*supra*, n° 49) du 11 juillet 2002, cette expression permet à peu près de regrouper tous les aspects du second volet du droit à « la vie privée sociale » que, dans le prolongement de l'arrêt *Niemietz*, la Cour a découvert pour permettre à l'individu d'aller vers les autres muni du passeport social qui reflète le mieux sa personnalité. Ces divers aspects peuvent être eux-mêmes regroupés autour des idées d'identification personnelle et d'exposition au regard des autres.

A) Si l'arrêt *Niemietz* a pu continuer à exercer une influence concrète, c'est surtout grâce à l'arrêt *Burghartz c/ Suisse* du 22 fév. 1994 (*RTDH*, 1995, 53, note P. Georgin), réactualisé par l'arrêt *Losonci Rose et Rose c/ Suisse* du 9 novembre 2010 et par l'arrêt *Cusan et Fazzo c/ Italie* du 7 janv. 2014, qui a su canaliser son énergie créatrice vers le domaine voisin mais différent de l'identification personnelle (sur l'ensemble de la question v. F. Granet, *in* F. Sudre (dir.), *Le droit au respect de la vie privée au sens de la* CEDH, *op. cit.*). En l'espèce, il s'agissait d'un couple marié suisse qui avait choisi le nom de jeune fille de l'épouse comme nom de famille. Le mari avait donc dû porter le nom de son épouse, ce qui ne présentait pas de difficulté. Ce qui en faisait une, en revanche, c'est que, suivant la loi en vigueur, il pouvait seulement porter le nom de son épouse si bien qu'il se trouvait exposé à la difficulté de faire comprendre aux milieux académiques qu'il était bien toujours celui qui avait été fait docteur en histoire sous son nom de jeune homme. En outre, la loi prévoyait paradoxalement que l'épouse aurait pu, elle, ajouter à titre d'usage son nom de jeune fille si les époux avaient au contraire choisi le nom du mari comme nom de famille. Pour pouvoir juger cette situation contraire au principe de non-discrimination, la Cour devait arriver à combiner l'article 14 avec un autre article de la Convention (cf. *supra*, n° 8). C'est l'article 8 qu'elle a retenu. Or, elle est parvenue à en justifier l'applicabilité grâce à la définition de la vie privée que venait de donner l'arrêt *Niemietz.* Elle a en effet considéré que, « en tant que moyen d'identification personnelle [...], le nom d'une personne n'en concerne pas moins [sa] vie privée » et que les aspects de droit public relatifs à la réglementation de l'usage du nom « se concilient avec la vie privée conçue comme englobant dans une certaine mesure le droit de nouer et de développer des relations avec ses semblables ». La même argumentation allait être reprise quelques mois plus tard par l'arrêt *Stjerna c/ Finlande* du 25 nov. 1994 puis étendue au prénom par l'arrêt *Guillot c/ France* du 24 octobre 1996. Même si, dans ces deux dernières affaires où le principe de non-discrimination n'était pas en jeu, la Cour n'a pas constaté de violations de l'art. 8 qui auraient fait émerger un droit au libre choix du nom et du prénom, il demeure que la jurisprudence Niemietz aura permis d'arrimer au droit au respect de la vie privée des éléments d'identification personnelle sur lesquels la CEDH, contrairement à d'autres instruments internationaux, était restée résolument muette. D'ailleurs, dans l'affaire *Johansson c/ Finlande* du 6 sept. 2007 elle aura conduit à juger que le refus d'inscrire le prénom Axl constituait une violation de l'art. 8, dans l'affaire *Unal Tekeli c/ Turquie* du 16 nov. 2004, elle aura permis de justifier un constat de violation de l'art. 14 combiné avec l'art. 8 en raison de l'obligation faite à la femme mariée de porter le nom de son mari et dans l'arrêt *Daroczy c/ Hongrie* du 1er juill. 2008 elle aura préparé la sanction d'une atteinte au droit au nom d'une veuve sur le fondement du seul art. 8. Enfin, rappelant que le nom appartient au noyau dur des considérations relatives au droit au respect de la vie privée et familiale, l'arrêt *Kisnoun c/ France* du

5 décembre 2013 a souligné l'importance pour une personne d'avoir un nom unique.

C'est aussi grâce à la définition de l'arrêt *Niemietz* que la Cour, par l'arrêt *Mikulic c/ Croatie* du 7 février 2002 a pu considérer qu'il n'y avait aucune raison de principe d'exclure de la notion de vie privée la détermination du lien de filiation entre un enfant né hors mariage et son père naturel. Il faut d'ailleurs observer que, pour résoudre à l'avantage de la requérante cette question d'identification personnelle, la Cour n'a pas hésité à faire jouer pleinement l'« effet horizontal » qu'elle avait brutalement écarté par l'arrêt *Botta* en matière de droit de nouer et de développer des relations avec ses semblables entendus au sens strict. Dans le prolongement morbide de l'affaire *Mikulic*, la Cour par un arrêt *Znamenskaya c/ Russie* du 2 juin 2005, s'est référée à la jurisprudence Burghartz pour justifier un constat de violation de l'article 8 en raison du refus d'établir la paternité du père prédécédé à l'égard d'un enfant mort-né et de modifier son nom patronymique en conséquence (v. aussi *Jäggi c/ Suisse* du 13 juill. 2005 relatif au prélèvement d'ADN sur le cadavre du père présumé). Même s'il n'y tenait pas le rôle exclusif qui aurait dû lui revenir, le développement personnel a aussi aidé à justifier le revirement de jurisprudence relatif à l'état civil des transsexuels (cf. *supra*, n° 43. V. aussi *Van Kück c/ Allemagne*, 12 juin 2003, § 69).

Le passeport proprement dit, est à l'évidence, un moyen d'identification particulièrement nécessaire pour nouer et développer des relations avec les autres : il est donc logique que la Cour ait jugé sa confiscation, dépourvue de base légale, attentatoire à l'article 8 (*Smirnova c/ Russie*, 24 juill. 2003 ; *Pasaoglu c/ Turquie*, 8 juill. 2008). En revanche, elle a estimé par égard aux traditions culturelles et historiques de chaque société, qu'il pouvait être nécessaire dans une société démocratique de modifier la graphie d'un nom étranger d'origine à l'occasion du remplacement du passeport (déc. *Mentzen alias Mencena c/ Lettonie*, 7 déc. 2004). De même, le refus d'écrire sur les actes d'état civil un prénom d'origine régionale ou étrangère avec des caractères absents de l'alphabet officiel ne constitue pas une atteinte disproportionnée au droit garanti par l'art. 8 (V. la décision *Baylac-Ferrer c/ France* du 25 octobre 2008 qui constitue l'épilogue de l'affaire du prénom catalan Marti dont le chapitre national avait été ponctué par un arrêt de la Cour d'appel de Montpellier du 26 nov. 2001 et l'arrêt *Kemal Taskin c/ Turquie* du 2 février 2010 relatifs aux prénoms kurdes Dilxwas, Xosewist et Berxwedan).

B) Le droit au développement personnel, entendu comme le droit d'aller vers les autres paré de tous les détails de son identité d'être humain, semble devoir exercer une certaine influence sur la difficile conciliation entre respect de la vie privée et activité conduite en public. Déjà les arrêts Niemietz et Burghartz ont aidé à la délimitation d'une zone d'interaction entre l'individu et les tiers servant à protéger contre la captation clandestine de la voix ou de l'image (cf. *supra*, n° 43). Ils pourraient avoir aussi une certaine influence sur la question de la tenue vestimentaire par laquelle se concrétise le choix d'aller vers les autres muni du passeport social reflétant le mieux sa personnalité. Initialement, le problème s'était présenté dans des affaires où les enjeux étaient si graves du point de vue de l'article 9 (cf. *infra*, n° 56) que la Cour n'a pas pris le temps de l'examiner directement au regard de l'article 8 et du droit au développement personnel. La mise en œuvre de la loi du 11 oct. 2010 interdisant la dissimulation du visage dans l'espace public lui a fourni l'occasion de le faire. L'arrêt de Grande chambre *S A S c/ France* du 1er juillet 2014 a, en effet, admis que les choix faits quant à l'apparence que l'on souhaite avoir, dans l'espace public comme en privé, relèvent de l'expression de la personnalité de chacun , donc de la vie privée, et que ce qui avait déjà été admis pour le choix de la coiffure par la décision *Popa c/ Roumanie* du 18 juin 2013 valait aussi pour le choix des vêtements, *niqab* ou *burqa* en l'occurrence. Néanmoins, la Cour a estimé que l'interdiction de la dissimulation du visage dans l'espace public n'entraînait pas plus de violation de l'article 8 que de l'article 9 car elle était proportionnée à l'objectif de préservation des conditions du « vivre ensemble » rattaché de manière inédite aux « droits et libertés d'autrui » dont la protection est visée par les alinéas seconds des deux articles en question.

Le droit au développement personnel pourrait peut-être aussi avoir quelques répercussions sur la question du contrôle de la tenue vestimentaire du salarié. Manifestement, la chambre sociale de la Cour de cassation n'est pas non plus d'humeur à explorer cette piste audacieuse puisque par son arrêt Monribot du 28 mai 2003 (*RTD civ.*, 2003, 680, obs. J. Hauser ; *D*, 2004, 176, obs. A. Pousson), elle a sèchement affirmé que la liberté de se vêtir à sa guise au temps et lieu de travail n'entre pas dans la catégorie des libertés fondamentales.

On aurait surtout pu s'attendre à ce que des humiliations publiques soient jugées attentatoires au droit au développement personnel dérivé du droit au respect de la « vie privée sociale ». Effectivement, l'arrêt *Raninen c/ Finlande* du 16 déc. 1997 relatif au port des menottes a évoqué l'hypothèse d'une humiliation qui entrerait dans la définition issue de l'arrêt *Niemietz* (v. aussi l'arrêt *Costello-Roberts c/ Royaume-Uni* du 25 mars 1993, relatif aux châtiments corporels infligés aux élèves d'une école privée). Néanmoins, aucune violation de l'art. 8 n'a été constatée dans cette affaire et l'arrêt *Darraj c/ France* du 4 nov. 2010, qui constate une violation de l'art. 3 en raison du menottage d'un mineur à son arrivée au commissariat, confirme que cette opération humiliante est davantage sanctionnée en tant que brutalité policière. Pourtant, à n'en pas douter, les débordements médiatiques que chacun peut constater devraient vite fournir à la Cour des occasions de montrer plus d'audace dans la mise en œuvre concrète et effective de ce nouvel aspect de la « vie privée sociale ».

J.-P. M.

## SECTION 2
## *La protection du domicile*

### I | Le droit au respect du domicile

**46. *Chapman c/ Royaume-Uni, 18 janvier 2001*** *(Grande Chambre), RTDH, 2001, 887, obs. F. Sudre ; RTD civ., 2001, 448, chron. J.-P. Marguénaud ; L'Europe des libertés, mai 2001, 2, note M. Levinet.*

**99.** Il importe de rappeler que l'article 8 ne reconnaît pas comme tel le droit de se voir fournir un domicile, pas plus que la jurisprudence de la Cour. Il est à l'évidence souhaitable que tout être humain dispose d'un endroit où il puisse vivre dans la dignité et qu'il puisse désigner comme son domicile, mais il existe malheureusement dans les États contractants beaucoup de personnes sans domicile. La question de savoir si l'État accorde des fonds pour que tout le monde ait un toit relève du domaine politique et non judiciaire.

**100.** En bref, la question que la Cour est appelée à trancher en l'espèce n'est pas celle du caractère acceptable ou non d'une situation générale qui existe au Royaume-Uni, aussi regrettable soit-elle, au regard des engagements de ce pays en droit international, mais celle, plus restreinte, de savoir si les circonstances particulières de la cause révèlent une violation du droit de la requérante, Mme Chapman, au respect de son domicile, droit garanti par l'article 8 de la Convention.

**101.** En la matière, le contexte juridique et social dans lequel la mesure d'expulsion contestée a été prise à l'encontre de la requérante représente toutefois un facteur pertinent.

**102.** Lorsqu'une personne a établi sa résidence sans obtenir le permis d'aménagement qu'exige le droit interne, il y a conflit entre le droit de celle-ci au respect de son domicile garanti par l'article 8 et celui des autres membres de la communauté à la protection de l'environnement [...]. Pour déterminer si l'obligation imposée à une personne de quitter son domicile est proportionnée au but légitime poursuivi, il est tout à fait pertinent de savoir si ce domicile a été établi illégalement. S'il a été établi légalement, cela amoindrit à l'évidence la légitimité de toute mesure sommant l'individu de partir. À l'inverse, lorsque le domicile a été établi illégalement dans un endroit donné, la personne qui conteste la légalité d'un ordre de partir est dans une position moins forte. La Cour aura quelque réticence à accorder une protection aux personnes qui, bravant sciemment les interdits de la loi, établissent leur domicile sur un site à l'environnement protégé. Si la Cour agissait autrement, elle encouragerait les actions illégales au détriment du droit des autres membres de la communauté à voir l'environnement protégé.

**103.** Il est une autre considération pertinente dont les autorités nationales en premier lieu doivent tenir compte : si aucun hébergement de rechange n'est disponible, l'ingérence est plus grave que dans le cas contraire. De même, plus l'hébergement de rechange convient, moins est grave l'ingérence découlant de l'obligation imposée à l'intéressé de quitter l'endroit où il est installé.

**104.** Pour apprécier à quel point l'hébergement de remplacement est adapté, il faut considérer, d'une part, les besoins particuliers de l'individu concerné – à savoir ses exigences familiales et ses ressources financières – et, d'autre part, le droit de la communauté à voir protéger l'environnement. C'est une tâche pour laquelle les autorités nationales doivent bénéficier d'une grande marge d'appréciation car elles sont à l'évidence les mieux placées pour procéder à l'évaluation nécessaire.

**111.** La Cour observe qu'il a été admis au cours des procédures d'aménagement qu'il n'existait pas de sites vacants où la requérante aurait pu aller s'installer dans l'immédiat, que ce soit dans le district ou dans le comté en général. Le gouvernement a indiqué qu'il y avait d'autres sites dans le comté et que la requérante était libre d'en chercher un en dehors de ce dernier. Bien que les statistiques attestent d'un manque de sites gérés par les autorités locales pour les Tsiganes dans l'ensemble du pays, on peut constater que de nombreuses familles tsiganes mènent toujours une vie itinérante sans recourir aux sites officiels et il ne fait pas de doute que des emplacements se libèrent périodiquement sur les sites officiels.

**112.** De plus, étant donné qu'il existe beaucoup de sites caravaniers bénéficiant d'un permis d'aménagement, la question de savoir si des sites appropriés étaient disponibles pour la requérante pendant le long délai de grâce qui lui fut accordé dépend de ce que l'on entend par site approprié. À cet égard, le coût d'un site par rapport aux avoirs de la requérante, ainsi que la situation du site comparée avec les souhaits de celle-ci sont des facteurs à l'évidence pertinents. Étant donné que seule la requérante sait combien elle possède, quelles sont les dépenses auxquelles elle doit faire face et les critères géographiques qu'elle considère comme essentiels, et pourquoi, c'est à elle qu'il appartient d'apporter des éléments de preuve à ce sujet. Or elle n'a soumis à la Cour aucun renseignement quant à sa situation financière, quant aux qualités que doit présenter un terrain pour qu'elle le considère comme bien situé ou encore quant aux recherches qu'elle a menées pour trouver un autre site.

**113.** La Cour n'est donc pas convaincue qu'il n'existe pas d'autre solution pour la requérante que de continuer d'occuper un terrain sans permis d'aménagement dans la ceinture verte. Comme indiqué dans l'arrêt Buckley, l'article 8 ne va pas nécessairement jusqu'à permettre aux préférences individuelles en matière de résidence de l'emporter sur l'intérêt général [...]. Si les difficultés de la requérante découlent d'un manque d'argent, alors elle se trouve dans la même situation regrettable que beaucoup d'autres personnes qui ne peuvent se permettre de continuer à habiter dans des lieux ou des maisons qui leur plaisent.

**114.** Dans ces conditions, la Cour estime qu'il a été tenu compte comme il convient de la situation difficile de la requérante tant dans le cadre réglementaire, qui prévoyait des garanties procédurales adéquates pour protéger ses intérêts au titre de l'article 8, que de la part des autorités responsables de l'aménagement dans l'exercice de leur pouvoir discrétionnaire en ce qui concerne les circonstances propres à son cas. Lesdites autorités ont pris leurs décisions au terme d'un exercice de mise en balance des divers intérêts concurrents en présence. Il n'appartient pas à la Cour de s'ériger en juridiction d'appel et de statuer sur le fond de ces décisions, qui se sont appuyées sur des motifs pertinents et suffisants, aux fins de l'article 8, pour justifier les ingérences dans les droits reconnus à la requérante.

**115.** Les considérations d'ordre humanitaire qui auraient pu militer en faveur d'une issue différente pour la procédure interne ne sauraient être utilisées par la Cour pour fonder une conclusion qui équivaudrait à soustraire la requérante au champ d'application de la législation nationale en matière d'aménagement et à obliger les gouvernements à veiller à ce que chaque famille tsigane dispose d'un hébergement adapté à ses besoins. En outre, eu égard aux circonstances de l'espèce, les conséquences de ces décisions ne sauraient passer pour disproportionnées au but légitime poursuivi.

**116.** En bref, il n'y a pas eu violation de l'article 8 de la Convention.

L'arrêt *Chapman* est le plus célèbre d'une série de cinq arrêts similaires, qu'une Grande Chambre a consacré le 18 janv. 2001 aux affaires opposant le Royaume-Uni à des Tsiganes, contrariés dans leur volonté de continuer à adopter leur traditionnel mode de vie itinérant, par des mesures limitatives du stationnement de leurs caravanes. Cet arrêt est incontestablement un grand arrêt parce que, infléchissant la solution brutale et contestable retenue dans l'arrêt *Buckley c/ Royaume-Uni* (25 sept. 1996, *RTDH*, 1997, 47, obs. O. de Schutter), il admet que « la vie en caravane fait partie intégrante de l'identité tsigane... car cela s'inscrit dans la longue tradition du voyage suivie par cette minorité » et reconnaît que « des mesures portant sur le stationnement des caravanes de la requérante n'ont donc pas seulement des conséquences sur son droit au respect de son domicile, mais influent aussi sur sa faculté de conserver son identité tsigane et de mener une vie privée et familiale conforme à cette tradition ». Il aurait donc pu être choisi pour avoir reconnu, dans le prolongement du droit au respect de la vie privée et familiale, un droit au respect des modes de vie traditionnels. Il aurait également pu être retenu pour illustrer l'intérêt grandissant de la Cour de Strasbourg pour la protection des droits des minorités (v. F. Benoit-Rohmer, *RTDH*, 2001, 999). C'est pourtant sous son aspect modérateur que l'arrêt Chapman sera étudié ici. En effet, pour contenir les avancées réalisées au titre du droit au respect de la vie privée et familiale, et finalement décider qu'il n'y avait pas eu violation de l'art. 8, la Cour y a fait prévaloir une conception restrictive du droit au respect du domicile qui mérite de retenir une attention critique : il s'agit d'une réduction de « la dimension socio-économique du droit au respect du domicile personnel » qui se concilie mal avec la récente extension du droit au respect du domicile professionnel.

## I / Le droit au respect du domicile personnel

L'importance pour l'individu du droit au respect de son domicile, considéré comme relevant de sa sécurité et de son bien-être personnels, a été soulignée par l'arrêt *Gillow c/ R.-U.* (24 nov. 1986, *JDI*, 1987, 803, obs. P. Rolland). Cette consécration de « la dimension socio-économique » du troisième des droits expressément visés par l'art. 8 intéresse à la fois les propriétaires et les candidats à un droit au logement.

A) Dans l'affaire *Gillow*, ce sont les propriétaires d'une maison, empêchés par les lois de Guernesey sur le logement de revenir y habiter après un long séjour à l'étranger, qui ont bénéficié d'une protection du droit au respect de leur domicile. La Cour a, en effet, estimé que l'amende infligée au requérant pour s'être installé irrégulièrement chez lui, ainsi que le refus de permis temporaire d'occupation constituaient une ingérence disproportionnée au but légitime de fournir un logement aux personnes ayant des liens étroits avec l'île. Dans un contexte différent, la Cour a adopté la même ligne de conduite en faveur des Chypriotes grecs déplacés auxquels les autorités turques opposent un refus d'autorisation de regagner leur domicile dans le nord de Chypre (*Chypre c/ Turquie*, 10 mai 2001 ; *Xenides-Arestis c/ Turquie*, 22 déc. 2005). Le contentieux chypriote avait d'ailleurs déjà permis à la Cour d'apporter une importante précision sur la notion de domicile au sens de l'art. 8. Par l'arrêt rendu sur le fond le 18 décembre 1996 dans la célèbre affaire Loizidou (*supra*, n° 1), elle a en effet estimé que ce serait forcer cette notion « que de l'étendre de manière à inclure un bien-fonds sur lequel on envisage seulement d'édifier une maison à des fins d'habitation » et elle a cru devoir préciser que « ce terme ne peut pas davantage s'interpréter comme couvrant la région d'un État où l'on a grandi et où la famille a ses racines mais où l'on ne vit plus » (§ 66). Dans l'arrêt *Buckley* rendu quelques semaines plus tôt, elle avait cependant concédé que l'achat d'un terrain en vue d'y vivre dans une caravane relevait du droit au respect du domicile. En outre, dans un autre arrêt concernant à nouveau la question chypriote, la Cour s'est livrée à une intéressante prise en considération des liens fortement émotionnels avec un bien pour pouvoir rattacher une résidence secondaire à la notion extensive de domicile (*Demades c/ Turquie*, 31 août 2003). Cette dimension sentimentale du domicile a été redécouverte par un arrêt *Zrilic c/ Croatie* du 3 octobre 2013 (*RTD civ.* 2013.810 obs. J.-P. Marguénaud) qui pourrait avoir quelques prolongements surprenants en droit des régimes matrimoniaux. Il reste que l'extension la plus spectaculaire du droit au respect du domicile regardé comme un élément du bien-être de la personne se trouve sans doute dans l'arrêt *Lopez Ostra c/ Espagne* du 9 décembre 1994 (*supra*, n° 3) qui a reconnu l'existence d'une obligation positive d'assurer le respect du domicile dans les relations entre particuliers (mise à nouveau en œuvre par des arrêts *Cvijetic c/ Croatie* du 26 févr. 2004 ou *Surugiu c/ Roumanie* du 20 avr. 2004 en raison de la durée excessive des procédures nécessaires pour permettre à des habitants illégalement dépossédés de recouvrer la jouissance de leurs appartements) et qui a estimé que des atteintes graves à l'environnement peuvent priver une personne de la jouissance de son domicile (la portée environnementale du droit au respect du domicile sera précisée *infra* n° 47). Or, à cet égard, l'arrêt Chapman accentue une sorte d'effet boomerang, amorcé par l'arrêt *Buckley*, qui consiste à se servir des exigences de la protection de l'environnement pour réduire l'influence du droit au respect du domicile qui avait pourtant si fortement contribué à mieux les satisfaire. Ainsi la Cour tranche-telle le conflit entre le droit au respect du domicile d'un tsigane qui a installé sa caravane sans obtenir de permis d'aménagement et le droit des autres membres de la communauté à la protection de l'environnement en faisant prévaloir la sauvegarde d'une ceinture verte métropolitaine. Il est quand même un peu troublant que le droit de l'environnement, qui n'est pas indifférent à la protection des minorités, ait pu faire obstacle à la satisfaction de la revendication principale de la communauté tsigane, victime d'un « holocauste oublié » (cf. *Les Tsiganes*, La Documentation française, n° 503, 11 janv. 1985, p. 7), envers laquelle l'Europe a par conséquent une dette particulière. Il aura donc fallu attendre une affaire où l'obstacle au stationnement des caravanes n'était pas de nature environnementale pour que le droit au respect du mode de vie des Tsiganes reçoive une première application concrète dans l'arrêt *Connors c/ Royaume-Uni* du 27 mai 2004. Pour faire bonne mesure, l'arrêt *Chapman* reprend aussi à son compte l'énergique formule de l'arrêt *Buckley* suivant laquelle l'art. 8 ne va pas nécessairement jusqu'à permettre aux préférences individuelles en matière de résidence de l'emporter sur l'intérêt général. Ce n'est pourtant pas sur ce point qu'il est le plus restrictif.

B) En attendant que le Comité européen des droits sociaux, qui a pourtant consacré à la question d'audacieuses décisions (v. en particulier *Centre européen des droits des Roms c/ France* du 19 oct. 2009), apprenne à rendre les droits consacrés par la Charte sociale européenne révisée le 3 mai 1996 aussi concrets et effectifs que ceux garantis par la CEDH et ses protocoles additionnels, il était permis d'espérer que le droit au logement, expressément reconnu par l'article 31 de la Charte, commencerait à avoir quelques retombées pratiques par le relais du droit au respect du domicile compris dans l'énumération de l'art. 8 de la Convention. Pendant quelques années, cet espoir avait pu naître grâce à deux décisions de la Cour européenne des droits de l'homme à laquelle la Commission avait montré la voie dans l'affaire *Van Volsem c/ Belgique* (déc. 9 mai 1990, *RUDH*, 1990, 349, obs. F. Sudre). La première a été rendue le 21 novembre 1995 dans l'affaire *Velosa Barreto c/ Portugal* (*RUDH*, 1996, 17, chron. M. Levinet) conduite jusqu'à Strasbourg par l'héritier d'une maison qui n'avait pas pu en déloger les locataires et qui avait donc dû continuer à vivre dans la plus grande promiscuité avec ses beaux-parents. Pour pouvoir juger qu'il n'avait pas subi d'entraves disproportionnées à la réalisation de sa vie privée et familiale, la Cour a apporté une précision qui intéresse tout autant le droit au respect du domicile : une protection juridique permettant à chaque famille d'avoir un foyer exclusif ne s'impose pas au regard de l'art. 8. Surtout, elle a estimé que la législation appliquée en l'espèce pour empêcher le bailleur d'obtenir la résiliation du bail poursuivait le but légitime de protection sociale des locataires. Indirectement, cette affirmation, qui apparaissait déjà en filigrane au § 47 de l'arrêt *Mellacher c/ Autriche* (19 sept. 1989) pour justifier une réduction de loyers, amorce une reconnaissance d'un droit au logement (v. aussi l'arrêt *Scollo c/ Italie*, 28 sept. 1995). C'est à une consécration beaucoup plus explicite que l'arrêt *Larkos c/ Chypre* du 18 février 1999 (*JCP G*, 2000, I, 203, n° 20, chron. F. Sudre) paraissait s'être livré puisqu'il n'avait pas hésité à affirmer que, aux fins d'une combinaison avec l'art. 14, la menace d'exécution d'une décision d'expulsion d'un locataire constituait une ingérence dans le droit au respect de son domicile garanti par l'art. 8. Or, cet espoir de voir le droit au logement devenir concret et effectif grâce à une interprétation du droit au respect du domicile nourrie de considérations sociales semblait bien avoir été balayé par l'arrêt *Chapman*. À son § 99, il est en effet

« rappelé » que l'article 8 pas plus que la jurisprudence de la Cour ne reconnaissent comme tel le droit de se voir fournir un domicile. Il y figure aussi cette fine observation qui relèverait d'un cran ou deux le niveau des conversations de la plupart des *cafés du commerce* : « Il est à l'évidence souhaitable que tout être humain dispose d'un endroit où il puisse vivre dans la dignité et qu'il puisse désigner comme son domicile, mais il existe malheureusement dans les États contractants beaucoup de personnes sans domicile. » Il s'y trouve surtout le refus catégorique de la Cour de prendre à son compte la promotion du droit au logement puisque « la question de savoir si l'État accorde des fonds pour que tout le monde ait un toit relève du domaine politique et non judiciaire ». Peut-être ne s'agissait-il pas là d'un requiem pour le droit au logement puisque l'arrêt *Oneryildiz c/ Turquie* du 30 novembre 2004 semble lui avoir redonné une certaine vitalité grâce à l'article 1er du Protocole 1 (*infra*, n° 66). C'était en tout cas l'abandon de l'article 8 et du droit au respect du domicile comme instruments privilégiés de sa consolidation européenne. Il reste que les dérobades de l'arrêt *Chapman* accréditent l'idée suivant laquelle, pour une fois, les juridictions françaises (à l'exception peut-être du Conseil d'État, cf. CE ord. 3 mai 2002, *AJDA*, 2002, 818, note E. Deschamps), avant même la loi du 5 mars 2007 instituant le droit au logement opposable, ont été plus audacieuses que la Cour européenne des droits de l'homme aussi bien pour faire émerger le droit au logement (v. la décision du Conseil constitutionnel 95. 359 DC, 19 janv. 1995, *Rec.*, 176, *D*, 1995, 283, chron. H. Pauliat, qui fait de la possibilité pour toute personne de disposer d'un logement décent un objectif de valeur constitutionnelle), que pour développer les applications du droit au respect du domicile proprement dit. On se reportera à cet égard aux arrêts de la 3e chambre civile de la Cour de cassation Mel Yedei du 5 mars 1996 (*RTD civ.*, 1996, 580, obs. J. Hauser) et Zéline du 22 mars 2006 (*LPA*, 2006, n° 148, 19, note E. Garaud), suivant lesquels une clause d'habitation personnelle ne peut, en vertu de l'art. 8 de la CEDH avoir pour effet de priver le locataire ou le colocataire de la possibilité d'héberger leurs proches, et à ceux de la chambre sociale, Spileers du 12 janvier 1999 (*D*, 1999, 645, note J.-P. Marguénaud et J. Mouly) qui juge que le libre choix par un salarié du domicile familial est un des attributs du droit au respect du domicile, et Abram du 2 octobre 2001 (*JCP G*, 2002, II, 10035, note D. Corrignan-Carsin), qui affirme énergiquement que le salarié n'est tenu ni d'accepter de travailler à son domicile ni d'y installer des dossiers et des instruments de travail. Cependant, une tendance à une nouvelle utilisation du droit au respect du domicile et de l'art. 8 à des fins sociales semble se dessiner. On pouvait en déceler quelques signes dans les arrêts *Prokopovich c/ Russie* du 18 novembre 2004 qui, en insistant sur l'autonomie de la notion de domicile, avait stigmatisé l'éviction de la concubine d'un locataire décédé ; *Novoseletskiy c/ Ukraine* du 22 février 2005 qui avait constaté une violation de l'art. 8 dans une affaire de déménagement forcé réalisé avec l'aide particulièrement active du prochain occupant (v. aussi *Dogan c/ Turquie*, 29 juin 2004 plus prolixe au titre de l'art. 1^er^, Prot. 1, cf. *infra*, n° 66) ; *Wallova et Walla c/ Rép. tchèque* du 26 octobre 2006 (*RTDH*, 2007, 1121, note K. Garcia) prenant en compte le défaut d'attribution d'un logement de type social et *McCann c/ Royaume-Uni* du 13 mai 2008 Même si un arrêt de Grande Chambre *Blecic c/ Croatie* du 8 mars 2006 avait un peu freiné cette évolution en refusant de connaître au fond d'une affaire dans laquelle une Chambre avait requis l'approche sociale pour arbitrer entre les intérêts de l'ancien locataire que la guerre avait empêché de revenir de l'étranger et d'un nouvel occupant qu'il avait fallu reloger après les bombardements, il semble que l'esprit de l'arrêt *Mellacher* soit toujours prêt à souffler sur la jurisprudence de la Cour de Strasbourg. C'est ce dont témoigne une décision Société *Cofinfo c/ France* du 12 oct. 2010 refusant d'admettre que le retard à expulser 62 personnes avait constitué une violation du droit au respect des biens de la société propriétaire de l'immeuble naguère inoccupé dont elles s'étaient emparées parce qu'il avait fallu « pallier les risques sérieux de trouble à l'ordre public liés à l'expulsion de plusieurs familles parmi lesquelles se trouvaient majoritairement des enfants ». La décision *Société Cofinfo*, sensible aux réactions de l'opinion publique, apporte en outre un puissant encouragement aux initiatives spectaculaires des militants d'associations de défense du droit au logement puisqu'elle estime que la passivité des autorités était d'autant plus justifiée que l'occupation de l'immeuble « s'inscrivait dans le cadre d'une action militante à visée médiatique ». La vitalité recouvrée de la dimension sociale du droit au respect du domicile est surtout attestée par des arrêts qui se sont prononcés sur le terrain même de l'arrêt Chapman : celui du délogement et du relogement de membres de la communauté vulnérable des Roms. Il s'agit de l'arrêt *Yordonova c/ Bulgarie* du 24 avril 2012 admettant qu'ils entretiennent, avec les caravanes, les cabanes ou les bungalows installés sur les terrains qu'ils occupent, des liens suffisamment forts pour être considérés comme leur domicile, et cela indépendamment de la légalité de cette occupation selon le droit interne. Il s'agit surtout de l'arrêt *Winterstein et autres c/ France* du 17 octobre 2013 (*JCP G* 2013 act. 1144 obs. C. Picheral ; D. 2013.2678 note J. Mouly et J-P Marguénaud). Cet arrêt est important sur le plan théorique, car, en s'appuyant directement sur une courageuse décision sur le bien-fondé du Comité européen des droits sociaux *Centre européen des droits des Roms c/ France* du 19 octobre 2009, il offre un exemple encourageant de mise en synergie des différents instruments du Conseil de l'Europe. Il est plus important encore sur le plan pratique, puisque, accentuant l'autonomie de la notion de domicile, il dresse un constat de violation de l'article 8 en donnant résolument à comprendre aux ministres de l'Intérieur français successifs qu'il ne suffit pas que le campement de Roms soit contraire au POS pour que l'on puisse les expulser sans leur offrir de réelles perspectives de relogement, y compris, s'ils le souhaitent, sur des terrains familiaux.

## II / Le droit au respect du domicile professionnel

La limitation des perspectives de développement du droit au respect du domicile personnel, que la Cour a cru devoir opérer par l'arrêt *Chapman* au détriment des sans-abri et des adeptes d'un mode de vie itinérant, fait un contraste assez saisissant avec l'extension du droit au respect du domicile professionnel des personnes physiques déjà reconnu au bénéfice de membres des corporations les plus honorables mais aussi d'individus qui, souvent, ne sont que des délinquants en col blanc dont le comportement est autrement plus dangereux que celui des profanateurs de règles de stationnement. Elle semble difficilement conciliable avec la récente consécration du droit au respect du domicile professionnel des personnes morales.

A) La reconnaissance d'un droit au respect du domicile professionnel des personnes physiques est l'autre apport essentiel de l'arrêt *Niemietz c/ Allemagne* du 16 déc. 1992 (*supra*, n° 45) déjà analysé au titre de la protection de la « vie privée sociale ». Constatant qu'il est malaisé d'établir des distinctions entre vie privée et vie professionnelle dans la mesure où « on peut mener de chez soi des activités liées à une profession ou à un commerce, et de son bureau ou d'un local commercial des activités d'ordre personnel », la Cour a préféré conjurer tout danger d'inégalité de traitement en incluant au « domicile » certains locaux professionnels ou commerciaux. Pour y parvenir, elle a fait prévaloir l'interprétation qui cadre pleinement avec la version française de l'article 8 où le terme de « domicile » a une connotation plus large que le vocable « home » du texte anglais (les bureaux de magistrats soupçonnés de violation du secret professionnel ont aussi bénéficié de cette interprétation inaugurée pour une profession libérale : tel est l'autre apport de l'arrêt *Ernst c/ Belgique* du 15 juillet 2003). Elle s'est, en outre, justifiée de son audace en faisant observer qu'une telle extension répondait à l'objet et au but essentiels de l'art. 8 de prémunir l'individu contre les ingérences arbitraires des pouvoirs publics (§ 30-31). Comme le local professionnel en cause était un cabinet d'avocat, la consécration du droit au respect du domicile professionnel d'une personne physique par l'arrêt *Niemetz* constituait une contribution éclatante au renforcement de la protection générale des droits de l'homme. Dans le prolongement de cette heureuse innovation (dont on trouve un écho dans la jurisprudence de la chambre criminelle de la Cour de cassation ; v. par ex., Cass. crim., 30 juin 1999, *D*, 1999, 458, note J. Pradel), la Cour, par les arrêts *Funke et Crémieux c/ France* du 25 fév. 1993 a constaté des violations de l'article 8 envisagé dans sa triple fonction de protection de la vie privée, de la correspondance et du domicile, en raison des visites domiciliaires pratiquées, avant les réformes législatives de 1986 et 1989, par l'administration des Douanes à l'encontre d'un représentant de commerce allemand vivant en France et du PDG français d'une société ayant des relations financières avec l'étranger qui, compte tenu des charges pesant sur eux ne méritaient sans doute pas d'être traités plus favorablement, au regard du droit au respect du domicile, que les Tsiganes de l'affaire *Chapman.* Cette impression n'est pas dissipée par l'arrêt *Buck c/ Allemagne* du 28 avril 2005 où la Cour fait à nouveau jouer la différence entre les mots « domicile » et *home* au bénéfice d'un dirigeant de société victime d'une saisie de documents nécessaires pour déterminer qui de son fils ou de ses employés pilotait une voiture à une vitesse excessive rarement atteinte par les caravanes, ni même par l'arrêt *Varga c/ Roumanie* du 1er avril 2008 rendu en faveur de boulangers soupçonnés de trafic d'influence qui s'étaient rués sur des officiers de police venus procéder à une perquisition domiciliaire. Il faut néanmoins observer depuis quelque temps une série d'applications des principes protecteurs du domicile professionnel dégagés par l'arrêt *Niemietz* à des avocats qui en ont favorisé l'émergence. Ainsi, un arrêt *André et al. c/ France* du 24 juill. 2008 a-t-il précisé que les perquisitions et saisies chez un avocat portent incontestablement atteinte au secret professionnel qui est la base de la relation de confiance existant entre le défenseur et son client si bien qu'elles doivent être subordonnées à des garanties spéciales de procédure relevant d'un contrôle juridictionnel ultérieur (*Xavier Da Silvieira c/ France*, 21 janv. 2010) En outre, un arrêt *Wieser et Bicos Beteiligungen c/ Autriche* du 16 oct. 2007 a estimé que la fouille et la saisie de données électroniques dans les locaux professionnels d'un avocat étaient une ingérence dans les droits garantis par l'art. 8.

B) Dans l'arrêt *Niemetz*, la Cour s'en est tenue à reproduire la solution affirmée par son arrêt *Chappell c/ Royaume-Uni* (30 mars 1989) suivant laquelle il y a ingérence dans le droit au respect du domicile au sens de l'article 8 lorsqu'une perquisition est effectuée au domicile d'une personne physique se trouvant simultanément être le bureau d'une société contrôlée par elle. Ce rappel ne manquait pas de panache puisque la CJCE, par son arrêt Hoechst du 21 sept. 1989 (*Rec.*, 2859), s'était ostensiblement opposée à la solution de l'arrêt *Chappell* en refusant d'appliquer l'article 8 aux locaux commerciaux. La Cour de Strasbourg n'avait cependant pas profité de l'occasion pour affirmer expressément l'existence d'un droit au respect du domicile des personnes morales. Or, par son arrêt *Sociétés Colas Est et al. c/ France* (16 avr. 2002), elle a considéré que, dans le prolongement de l'interprétation dynamique de la Convention, il était temps de reconnaître, dans certaines circonstances, que les droits garantis sous l'angle de l'art. 8 peuvent être interprétés comme incluant, pour une société, le droit au respect de son siège social, son agence ou ses locaux professionnels. En conséquence, elle a estimé que les interventions réalisées, avant la réforme législative de 1986, aux sièges sociaux des sociétés avaient constitué une violation du droit au respect de leurs domiciles. Cette innovation est d'autant plus spectaculaire que dans un arrêt *Limburgse Vinyl Maatschappij et al. c/ Commission* du 20 avril 1999 (*Rec.*, II, 945), visé par l'arrêt *Sociétés Colas Est*, le tribunal de première instance des Communautés européennes n'avait vu aucune raison de s'écarter de la jurisprudence fixée par la CJCE dans l'arrêt *Hoechst*. Encore peu connue de la chambre criminelle de la Cour de cassation (cf. 9 févr. 2005, Soc. Pirelli procédant à une confrontation expéditive de l'art. L. 450-4 du Code de commerce aux exigences de l'art. 8-2 de la CEDH), la jurisprudence Sté Colas a été fermement rappelée par un arrêt *Van Rossem c/ Belgique* du 9 décembre 2004. La CJCE elle-même a d'ailleurs décidé d'en prendre acte par son important arrêt Roquette frères SA du 22 octobre 2002 (cf. L. Burgorgue-Larsen, « La protection du domicile des personnes morales », in *La France et la Cour européenne des droits de l'homme*, P. Tavernier (dir.), Bruylant, 2003). C'est une raison supplémentaire de regretter que l'arrêt Chapman n'ait pas su faire preuve d'autant d'audace en matière de droit au respect du domicile personnel. Il serait quand même un peu inquiétant que la Cour prenne l'habitude de le protéger seulement lorsque les atteintes qui lui sont portées constituent aussi des traitements inhumains et dégradants comme dans les hypothèses de destructions de maisons par les forces de sécurité (v. par ex. *Hasan Hilan c/ Turquie*, 9 nov. 2004, et *Moldovan c/ Roumanie*, n° 2, 17 juill. 2005).

J.-P. M.

## II | La protection de l'environnement

### 47. *Moreno Gomez c/ Espagne, 16 novembre 2004, AJDA, 2005, 548, obs. J.-F. Flauss ; JCP, 2005, éd. G., I.103, n° 12, obs. F. Sudre.*

**54.** [...]. Le domicile est normalement le lieu, l'espace physiquement déterminé où se développe la vie privée et familiale. L'individu a droit au respect de son domicile, conçu non seulement comme le droit à un simple espace physique mais aussi comme celui à la jouissance, en toute tranquillité, dudit espace. Des atteintes au droit au respect du domicile ne visent pas seulement les atteintes matérielles ou corporelles, telles que l'entrée dans le domicile d'une personne non autorisée, mais aussi les atteintes immatérielles ou incorporelles, telles que les bruits, les émissions, les odeurs et autres ingérences. Si les atteintes sont graves, elles peuvent priver une personne de son droit au respect du domicile parce qu'elles l'empêchent de jouir de son domicile [...].

**55.** Ainsi la Cour a déclaré applicable l'art. 8 dans l'affaire Powell et Rayner c/ Royaume-Uni (arrêt du 21 févr. 1990...), car « le bruit des avions de l'aéroport de Heathrow a [vait] diminué la qualité de la vie privée et les agréments du foyer [de chacun] des requérants ». Dans l'affaire López Ostra c/ Espagne (préc.) concernant la pollution par les bruits et les odeurs d'une station d'épuration, la Cour a estimé que « des atteintes graves à l'environnement peuvent affecter le bien-être d'une personne et la priver de la jouissance de son domicile de manière à nuire à sa vie privée et familiale, sans pour autant mettre en grave danger la santé de l'intéressée ». Dans l'affaire Guerra et autres c/ Italie (arrêt du 19 févr. 1998...), la Cour a observé que « l'incidence directe des émissions [de substances] nocives sur le droit des requérantes au respect de leur vie privée et familiale permet [tait] de conclure à l'applicabilité de l'art. 8 ». Finalement, dans l'affaire Surugiu c/ Roumanie (20 avr. 2004) relative à diverses entraves, dont l'entrée de tierces personnes dans la cour de la maison du requérant et le déversement par ces personnes de plusieurs charrettes de fumier devant la porte et sous les fenêtres de la maison, la Cour a estimé que ces entraves constituaient des ingérences répétées dans l'exercice, par le requérant, de son droit au respect de son domicile et a conclu à l'applicabilité de l'article 8 de la Convention

**58.** La présente affaire ne porte pas sur une ingérence des autorités publiques dans l'exercice du droit au respect du domicile, mais elle concerne l'inactivité des autorités pour faire cesser les atteintes, causées par de tierces personnes, au droit invoqué par la requérante.

**59.** La Cour constate que la requérante habite dans une zone dans laquelle le tapage nocturne est indéniable, ce qui de toute évidence provoque des perturbations dans la vie quotidienne de la requérante, surtout le week-end. Il faut examiner maintenant si les nuisances sonores ont dépassé le seuil minimum de gravité pour constituer une violation de l'article 8.

**60.** Le gouvernement relève que les juridictions internes avaient constaté que la requérante n'avait pas prouvé l'intensité des bruits à l'intérieur de son domicile. Pour la Cour, l'exigence d'une telle preuve, dans le cas d'espèce, est trop formaliste puisque les autorités municipales avaient déjà qualifié la zone où la requérante habite de zone acoustiquement saturée, à savoir, selon les termes de l'arrêté municipal du 28 juin 1986, une zone qui subit un impact sonore élevé qui constitue une source d'agression importante pour ses habitants [...]. En l'occurrence, le dépassement des niveaux maximums de bruits a été vérifié à plusieurs reprises par les services municipaux [...]. En conséquence, exiger de quelqu'un qui habite dans une zone acoustiquement saturée, comme celle dans laquelle la requérante habite, la preuve de ce qui est déjà connu et officiel pour l'autorité municipale ne paraît pas nécessaire. Ainsi, dans le cadre de la procédure interne, le ministère public n'a pas estimé nécessaire d'exiger de la requérante ladite preuve (§ 31 ci-dessus) et a considéré qu'en l'espèce, il y avait eu inversion de la charge de la preuve.

**61.** Compte tenu de l'intensité des nuisances sonores, hors des niveaux autorisés et pendant les heures nocturnes, et du fait que ces nuisances se sont répétées durant plusieurs années, la Cour conclut à l'atteinte aux droits protégés par l'article 8.

**62.** L'administration municipale de Valence a certes adopté dans l'exercice de ses compétences dans la matière, des mesures, en principe adéquates, visant au respect des droits garantis, telles que l'arrêté relatif aux bruits et vibrations. Mais pendant la période concernée, l'administration mise en cause a toléré l'inobservation réitérée de la réglementation qu'elle-même avait établie et y a aussi contribué. Une réglementation pour protéger des droits garantis serait une mesure illusoire si elle n'est pas observée de façon constante et la Cour doit rappeler que la Convention vise à protéger des droits effectifs et non illusoires ou théoriques. Les faits montrent que la requérante a subi une atteinte grave à son droit au respect du domicile en raison de la passivité de l'administration face au tapage nocturne.

**63.** Dans ces circonstances, la Cour estime que l'État défendeur a failli à son obligation positive de garantir le droit de la requérante au respect de son domicile et de sa vie privée, au mépris de l'article 8 de la Convention.

**64.** Par conséquent, il y a eu violation de cette disposition.

Quelques années après l'adossement à la Constitution française d'une Charte de l'environnement (loi constitutionnelle du 1er mars 2005) dont l'article 1er reconnaît à chacun le droit de vivre dans un environnement équilibré et respectueux de la santé, les constitutionnalistes ont applaudi son « réveil en fanfare » (N. Hutten et M.-A. Cohendet, *RJE*, 2010.37) sonné, notamment, par l'arrêt d'assemblée du Conseil d'État Commune d'Annecy du 3 octobre 2008 qui a reconnu son applicabilité directe même dans le silence du législateur. Dans le même temps, la jurisprudence européenne a traversé une crise qui pouvait laisser craindre une perte de l'influence concrète de la CEDH sur le droit de l'environnement qui n'en était même pas à ses premiers balbutiements au moment où elle fut signée, en 1950. Rendu à l'initiative d'une habitante d'un quartier résidentiel de Valence dont les nuits étaient troublées par le bruit venant de discothèques voisines que les autorités avaient laissées proliférer, l'arrêt *Moreno Gomez c/ Espagne* du 16 novembre 2004 dissipe une partie, mais une partie seulement, de ces doutes en utilisant le droit au respect du domicile pour redonner à l'art. 8 la portée environnementale qu'il était en passe de perdre (I). Il invite néanmoins à s'interroger sur l'harmonisation des influences respectives du droit au respect du domicile et des autres droits à portée environnementale consacrés par la CEDH (II).

## I / Le droit au respect du domicile, principal vecteur de l'influence environnementale de l'article 8

A) En constatant une violation de l'art. 8 après avoir proclamé que « l'individu a droit au respect de son domicile, conçu non seulement comme le droit à un simple espace physique mais aussi comme celui à la jouissance en toute tranquillité, dudit espace » et précisé que des atteintes à ce droit peuvent aussi être « des atteintes immatérielles ou incorporelles telles que les bruits, les émissions, les odeurs et autres ingérences », l'arrêt *Moreno Gomez* marque une sorte de retour aux sources européennes de la protection d'un droit à un environnement sain et calme. En effet, sa déclaration de naissance, qui se profilait déjà dans quelques décisions relatives aux nuisances sonores des aéroports (Comm. déc. *Arrondelle c/ Royaume-Uni*, 15 juill. 1980, et *Baggs c/ RU*, 16 oct. 1985 ; Cour EDH, 21 févr. 1990, *Powell et Rayner*) résulte de l'arrêt *Lopez Ostra c/ Espagne* du 9 déc. 1994 (étudié *supra*, n° 3 au titre de l'« effet horizontal ») qui, sans le nommer expressément, l'avait arrimé à l'art. 8 en privilégiant le droit au respect du domicile puisqu'il avait affirmé que « des atteintes graves à l'environnement peuvent affecter le bien-être d'une personne et la priver de la jouissance de son domicile de manière à nuire à sa vie privée et familiale… ». Par la suite, le droit au respect de la vie privée et familiale avait été discrètement ramené au premier plan grâce à l'arrêt *Guerra c/ Italie* du 19 fév. 1998. Dans cette affaire, la Cour s'était servie de ce droit garanti par l'art. 8

pour répondre favorablement à la question qu'une quarantaine de femmes, inquiètes des dangers auxquels la proximité d'une usine chimique exposait leurs familles, lui avaient posée en invoquant le droit de recevoir des informations consacré par l'article 10. Effrayée par la perspective de placer sous l'influence amplificatrice de la théorie des obligations positives la collecte et la diffusion, notamment par les administrations compétentes, d'informations sur les activités dangereuses pour l'environnement (qui font par ailleurs l'objet de la *Convention d'Aarhus*, cf. M. Prieur, numéro spécial de la *RJE*, 1999, p. 9) la Cour, faisant une application du principe *jura novit curia* autorisant l'examen d'office d'une affaire sous l'angle d'une disposition conventionnelle différente de celle invoquée par les parties, a préféré se situer sur un terrain qu'elle entend mieux gouverner, en analysant la trop longue attente d'informations essentielles comme une violation du droit au respect de la vie privée et familiale. L'utilité environnementale de cet élément de l'art. 8 avait été renforcée par l'arrêt *McGinley et Egan c/ Royaume-Uni* du 9 juin 1998 relatif aux conséquences lointaines des essais nucléaires britanniques de l'île Christmas qui avait étendu la jurisprudence Guerra en rattachant au respect de la vie privée et familiale garanti par l'art. 8 l'exigence de la mise en place d'une procédure de communication de l'ensemble des informations pertinentes et appropriées tenant à l'évolution de la santé des personnes ayant participé aux activités dangereuses entreprises par un gouvernement. Le droit au respect de la vie privée et familiale, associé au droit au respect du domicile, avait surtout poussé un arrêt *Hatton c/ R.-U.* du 2 octobre 2001 à faire de l'art. 8 l'outil idéal de protection de l'environnement. Cette affaire concernait les nuisances sonores éprouvées par les riverains de l'aéroport international d'Heathrow à la suite de l'autorisation donnée aux compagnies aériennes de faire décoller et atterrir des avions à certaines heures de la nuit. Pour pouvoir dresser un constat de violation de l'art. 8, une Chambre ordinaire n'avait pas hésité, en 2001, à découvrir une obligation positive renforcée d'étudier avec la plus extrême précision l'apport économique véritable des vols de nuit et leur impact réel sur le sommeil des riverains. En outre, elle avait osé faire prévaloir les exigences de la protection individualisée de l'environnement sur le bien-être économique du pays tout entier. Pour justifier tant d'audace, la Chambre n'avait pas manqué d'affirmer que, dans le domaine particulièrement sensible de la protection de l'environnement, les États doivent réduire le plus possible les ingérences dans l'exercice des droits garantis par l'art. 8 en essayant de trouver des solutions alternatives et en cherchant à atteindre leurs buts de la manière la plus respectueuse des droits de l'Homme. Ces diverses avancées étaient si lourdes de menaces pour la marge d'appréciation des États, dans un domaine où ils sont particulièrement jaloux de leurs prérogatives, que le Royaume-Uni a obtenu le renvoi de l'affaire Hatton devant une Grande Chambre suivant la procédure de l'art. 43. Ses espoirs, relayés par la British Airways grâce à une tierce intervention prévue par l'art. 36, n'auront pas été déçus puisque par un arrêt du 8 juillet 2003, la Cour a réduit à peu près à néant les courageuses innovations réalisées en 2001 au titre de l'art. 8. Elle a en particulier estimé qu'il ne fallait pas, en la matière, enfermer l'État dans une marge d'appréciation spécialement étroite étant donné qu'il n'est pas indiqué d'adopter une démarche particulière tenant à un statut spécial qui serait accordé aux droits environnementaux de l'homme. Dans le même ordre d'idées favorables aux forces du commerce et de l'industrie, un autre arrêt rendu quelques mois plus tôt, le 13 mai 2003, dans une affaire *Kyrtatos c/ Grèce*, avait brutalement averti qu'aucun autre article de la Convention ne prévoyait spécifiquement de fournir une protection générale de l'environnement et avait par conséquent refusé d'admettre que les nombreux désagréments provoqués par la construction, en toute illégalité, d'un aménagement urbain dans une réserve naturelle pouvaient affecter directement le droit des riverains au respect de leur vie privée.

B) En donnant une nouvelle définition du droit au respect du domicile, qui pourrait pratiquement être reprise mot à mot dans un futur Protocole additionnel qui serait destiné à rattacher solennellement le droit à un environnement sain et calme à la Convention, l'arrêt *Moreno Gomez* a démenti l'essentiel de ces inquiétantes affirmations. Il importe d'ailleurs de remarquer que cette redéfinition du rôle environnemental de l'art. 8 à partir du droit au respect du domicile, qui était déjà en première ligne dans l'arrêt *Lopez Ostra*, a été précédée quelques jours plus tôt par deux décisions plaçant à nouveau cet arrêt fondateur au cœur de leur raisonnement. L'une, la décision d'irrecevabilité *Ward c/ Royaume-Uni* du 9 novembre 2004 n'en tire aucune conséquence nouvelle dans une affaire où des Tsiganes n'avaient entrepris aucune démarche pour trouver un site officiel moins exposé à la pollution que celui sur lequel ils étaient installés. L'autre, l'arrêt *Taskin c/ Turquie* du 10 nov. 2004 (*AJDA*, 2005, 549, obs. J.-F. Flauss) rendu dans une affaire relative aux nuisances inhérentes à l'exploitation d'une mine d'or par la technique de la cyanurisation, a, en revanche, considérablement étendu sa portée. Reprenant la célèbre formule environnementale de l'arrêt du 9 déc. 1994, l'arrêt *Taskin* a en effet décidé qu'elle valait aussi pour les effets dangereux d'une activité soumise à une évaluation de l'impact sur l'environnement et en a dégagé une obligation positive procédurale comprenant l'accès du public aux informations et aux enquêtes au cours du processus décisionnel environnemental (cf. J.-F. Flauss, *op. cit.*). L'arrêt *Giacomelli c/ Italie* du 2 novembre 2006 a conforté la primauté environnementale du droit au respect du domicile en faisant servir les obligations procédurales inventées par l'arrêt *Taskin* à la réduction de la marge d'appréciation que l'arrêt *Hatton* de 2003 avait rendue aux États. Ainsi équipé d'un volet substantiel et d'un volet procédural, l'art. 8 dont les potentialités ont été regroupées autour du droit au respect du domicile, est donc redevenu, malgré les mises en garde du second arrêt *Hatton*, le support d'un véritable statut spécial des droits environnementaux de l'homme qui a été consolidé par un arrêt *Di Sarno c/ Italie* du 10 janvier 2012 (*JCP G* 2012 act. 79 obs C. Picheral) constituant l'épilogue européen de la crise des déchets napolitaine. Le Conseil d'État lui-même semble s'en être laissé convaincre puisque, par son arrêt Association de défense contre les nuisances aériennes du 26 octobre 2007, rendu sous le visa de la Charte constitutionnelle de l'environnement de 2004 et de la CEDH, il s'est enhardi au point d'apprécier le bon équilibre entre le droit des personnes au respect de leur vie privée et familiale et les intérêts économiques liés à l'activité nocturne d'un aéroport, sans aller toutefois jusqu'à remettre en cause le refus d'interdire les décollages entre 22 h 30 et 6 heures. L'art. 8 n'est pas pour autant devenu une arme imparable aux mains de tous ceux qui se battent pour la défense d'un certain environnement : la décision d'irrecevabilité *Fägerskiöld c/ Suède* du 28 fév. 2008, qui est en même temps un panégyrique de l'énergie éolienne, a fermement rappelé l'exigence d'un degré minimum de gravité de l'atteinte environnementale, variable selon les circonstances, en dessous duquel elle reste en dehors de son champ d'application ; l'arrêt de la chambre criminelle de la Cour de cassation du 7 fév. 2007 (*D*, 2007, 1310, note J.-Ph. Feldman) rendu dans l'affaire des faucheurs d'OGM, qui, avant l'institution de la question prioritaire de constitutionnalité (cf. Cass. crim., 16 juill. 2010 ; Cass. civ. 3 janv. 2011) sonnait en même temps le glas de l'invocation de la Charte constitutionnelle de l'environnement devant les juridictions judiciaires, a clairement indiqué, comme devait d'ailleurs aussi le faire une décision d'irrecevabilité *Caron c/ France* du 29 juin 2010, que la condamnation d'activistes écologistes pour destruction volontaire n'était en rien contraire à l'article 8 ni, d'ailleurs, à d'autres articles de la CEDH qui lui disputent, d'ordinaire, les questions environnementales.

## II / L'harmonisation des influences respectives du droit au respect du domicile et des autres droits conventionnels à portée environnementale.

A) La portée environnementale de l'art. 8 ayant été réaffirmée à partir du droit au respect du domicile, les temps semblent venus de savoir si, au prix d'une interprétation évolutive, il ne pourrait pas servir à un arrimage conventionnel d'un véritable droit à un environnement sain auquel le Comité européen des droits sociaux a déjà su faire jouer un rôle depuis sa décision *Fondation Mangourapoulos c/ Grèce* du 6 oct. 2006 même si la Charte sociale européenne ne lui fait pas non plus la moindre allusion. Une réponse positive a été apportée par l'arrêt de chambre *Tatar c/ Roumanie* du 27 janv. 2009 relatif aux nuisances frappant les voisins d'étangs de décantation saturés de cyanure. Avant de constater une violation de l'art. 8, il a en effet affirmé que « l'existence d'un risque sérieux et substantiel pour la santé et le bien-être des requérants faisait peser sur l'État l'obligation positive d'adopter des mesures raisonnables et adéquates capables de protéger les droits des intéressés au respect de leur vie privée et de leur domicile et plus généralement à la jouissance d'un environnement sain et protégé ». Cet arrêt, qui peut passer pour un véritable spicilège environnemental puisqu'il fait aussi places inédites au principe de précaution et à la Convention d'Aahrus, aurait pu marquer l'avènement, au cœur de l'art. 8, d'un droit à la jouissance d'un environnement sain et protégé substitué au droit au respect du domicile et devenir un grand arrêt en remplacement de l'arrêt *Moreno Gomez*. Malheureusement pour lui, l'évolution de la jurisprudence environnementale de la Cour de Strasbourg est toujours aussi chaotique qu'à l'époque de l'affaire Hatton. C'est ainsi que, retrouvant les accents de l'arrêt *Kyrtatos*, un arrêt *Ivan Atanasov c/ Bulgarie*, rendu le 7 déc. 2010 dans une affaire qui concernait les voisins d'une ancienne mine de cuivre, a proclamé que l'art. 8 n'était pas engagé chaque fois qu'une détérioration de l'environnement se manifestait et que d'ailleurs aucun droit à la préservation de la nature ne figurait en tant que tel parmi les droits garantis par la Convention ou ses Protocoles. Même si le droit à la préservation de la nature ne coïncide peut-être pas exactement avec le droit à un environnement sain et protégé, il y a, entre l'arrêt *Ivan Atanasov* (v. aussi l'arrêt *Dubetska c/ Ukraine* du 11 fev. 2011, constant, lui, une violation de l'art. 8 mais qui reproduit purement simplement la formule de l'arrêt *Kyrtatos*) et l'arrêt *Tatar*, ou l'arrêt *Bacila c/ Roumanie* du 30 mars 2010 qui l'avait conforté deux mois plus tard, une contradiction béante, un peu atténuée par l'arrêt *Di Sarno c/ Italie* du 10 janvier 2012 (précité), que la moindre des exigences de sécurité juridique commanderait de surmonter d'urgence. En attendant, le rôle environnemental du droit au respect du domicile, que l'émergence du droit à la jouissance d'un environnement sain et protégé semblait promettre à la désuétude, n'a jamais été aussi éclatant que depuis l'arrêt *Tatar* : les arrêts *Oluic c/ Croatie* du 20 mai 2010 (*RJE*, 210.662 obs. S. Nadaud), *Dees c/ Roumanie* du 9 nov. 2010,*Martinez Martinez c/ Espagne* du 18 oct. 2011 (*RJE* 2012.706 obs. S. Nadaud) ou *Flamenbaum c/ France* du 13 décembre 2012, qui citent d'abondance l'arrêt *Moreno Gomez*, le maintiennent au premier plan, du moins dans le domaine des nuisances sonores où des nuances sont cependant introduites à l'encontre de ceux qui fixent illégalement leur domicile dans une zone industrielle (*Martinez Martinez et Pino Manzano c/ Espagne* 3 juillet 2012 *RJE* 2012.706 obs. S. Nadaud).

B) L'art. 8 n'est pas la seule disposition conventionnelle à avoir été appliquée en droit de l'environnement. Sur le plan procédural, l'art. 6, § 1 a sans doute été écarté, d'une part, par les arrêts *Balmer-Schafroth c/ Suisse* du 26 août 1997 et *Athanassoglou c/ Suisse* du 6 avril 2000 (*RTDE*, 2000, 553, note P. Lambert) pour pouvoir éviter une prise de position sur la délicate question de la protection contre les dangers inhérents à l'exploitation des centrales nucléaires ; d'autre part, par la décision d'irrecevabilité *Luginbühl c/ Suisse* du 17 janvier 2006 suivant laquelle la tenue des débats publics sur des questions scientifiques hautement techniques de nature environnementale (en l'occurrence la nocivité de l'électrosmog dégagé par les antennes de téléphone mobile) n'est pas indiquée. Il a néanmoins permis quelques victoires à des requérants privés par leur droit interne de la possibilité d'exercer de véritables recours contre les décisions autorisant des activités génératrices de pollution (v. l'arrêt précurseur *Zander c/ Suède*, 25 nov. 1993, *RTDH*, 1998, 799, note Ph. Frümer). À cet égard, l'arrêt *Hatton* du 2 oct. 2001, qui a mieux résisté sur ce point au renvoi devant la Grande Chambre, avait eu l'audace de donner un rôle environnemental à l'article 13 en admettant discrètement qu'il pouvait permettre un recours par lequel on puisse contester en soi la réglementation d'un État. À l'autre bout du procès, l'arrêt *Okyay c/ Turquie* du 12 juillet 2005 a admis le droit à l'exécution de décisions de justice ordonnant la cessation de l'exploitation de centrales thermiques en se fondant sur la reconnaissance par la Constitution turque d'un droit à un environnement sain. L'intérêt environnemental de l'article 6 § 1 vient, en outre, d'être fortement rehaussé par un arrêt *Howald Moor et autres c/ Suisse* du 11 mars 2014 qui, au nom du droit d'accès à un tribunal découlant de cet article, a jugé nécessaire une adaptation des règles fixant les délais de prescription et de péremption en faveur des victimes de maladies, comme celles causées par l'amiante, ne pouvant être diagnostiquées que longtemps après les faits.

Sur le plan substantiel, l'art. 1er, Prot. 1 est d'une utilité certaine depuis que les arrêts *Fredin* du 18 fév. 1991 et *Pine Valley* du 29 novembre 1991 ont affirmé que la protection de l'environnement constitue manifestement un objectif légitime conforme à l'intérêt général susceptible de justifier une réglementation de l'usage des biens (cf. F. Sudre, « La protection du droit à l'environnement par la Convention européenne des droits de l'homme », in *La Communauté européenne et l'environnement*, La Documentation française, 1997, 209). Il est d'ailleurs devenu d'une implacable efficacité, tout au moins à l'encontre des plus modestes agresseurs de l'environnement (cf. *Hamer c/ Belgique* du 27 novembre 2007 relatif à la destruction d'une petite maison illégalement construite dans la forêt ; *Depalle et Brosset-Triboulet c/ France* du 29 mars 2010 consacrant une application mécanique de la loi Littoral). Il faut aussi accorder une grande attention à la récente mobilisation de l'article 10 par les arrêts *VAK c/ Lettonie* du 27 mai 2004 et *Steel et Morris c/ Royaume-Uni* du 15 fév. 2005 qui ont étendu le statut privilégié naguère réservé à la presse aux associations de protection de l'environnement et aux militants écologistes (v. aussi *Mamère c/ France*, 7 nov. 2006) dont on trouve un écho dans l'arrêt de la 1re chambre civile de la Cour de cassation du 8 avril 2008 rendu en faveur d'associations de défense de l'environnement qui avaient fait campagne en associant une tête de mort et un poisson maladif au logo du principal opérateur de la filière nucléaire). L'arrêt *Mangouras c/ Espagne* du 28 sept. 2010 a également montré que l'art. 5 était aussi un excellent vecteur de la promotion des valeurs environnementales au détriment du droit à la liberté et à la sûreté (cf. *supra* n° 19).

C) C'est cependant l'article 2 qui offre les plus belles perspectives en la matière. Grâce à l'arrêt *L. C. B. c/ R.-U.* du 9 juin 1998 rendu à la requête de la fille leucémique d'un militaire britannique qui avait participé à la campagne d'essais nucléaires de l'île Christmas en 1957 et 1958, la Cour a en effet affirmé « que la première phrase de l'article 2, § 1 astreint l'État non seulement à s'abstenir de provoquer la mort de manière volontaire et irrégulière, mais aussi à prendre les mesures nécessaires à la protection de la vie des personnes relevant de sa juridiction ». La Cour n'avait pourtant pas conclu à une violation de cette remarquable obligation positive dans la mesure où l'existence d'un lien de causalité entre l'irradiation d'un père et l'apparition de la leucémie chez l'enfant conçue ultérieurement n'avait pas été établie. Il a donc fallu attendre l'arrêt *Oneryildiz c/ Turquie* du 18 juin 2002 pour qu'un manquement à l'obligation positive de prendre des mesures préventives de protection de l'environnement débouche sur un constat de violation de l'article 2. Cet arrêt, également essentiel du point de vue du droit au respect des biens, avait d'ailleurs porté si loin les conséquences de l'arrêt *L. C. B.* en englobant toutes les questions environnementales susceptibles de donner lieu à un risque sérieux pour la vie, que comme l'arrêt Hatton, il a fait l'objet d'un renvoi en Grande Chambre. Cette dernière, par un arrêt du 30 nov. 2004 (cf. *infra*, n° 66) a suivi à peu près la solution de 2002. Toutefois, elle a cru devoir placer la question de la protection de la vie contre des activités dangereuses, qui sont généralement exercées par des agents économiques privés, sous l'influence des principes dégagés en matière de recours à la force meurtrière dont l'État a le monopole. Si le second arrêt *Oneryildiz* a eu le mérite de renforcer l'effet vertical de l'article 2 dans ses applications environnementales, il présente donc l'inconvénient d'avoir sérieusement érodé son effet dit horizontal. L'harmonisation de l'influence respective de l'art. 2 et de l'art. 8 dans le domaine de l'environnement où la santé est toujours plus ou moins directement en jeu paraît donc se faire en confiant au premier les questions où les aspects verticaux et notamment répressifs sont prédominants comme dans l'affaire *Oneryildiz* et en attribuant au second celles où l'« effet horizontal » est en cause. L'arrêt *Fadeyeva c/ Russie* du 9 juin 2005 (dont s'inspire l'arrêt *Dubetska c/ Ukraine* du 11 fév. 20111)qui constate une violation de l'article 8, dans une affaire où aucune perspective d'éloignement n'avait été offerte à des personnes logées dans le périmètre de sécurité d'une grande aciérie privatisée en 1993, et l'arrêt *Budayeva c/ Russie* du 20 mars 2008 (*RJE*, 2010.71 obs. S. Nadaud) constant une double violation de l'article 2 parce que l'État avait manqué à ses obligations positives de prévenir les risques d'une coulée de boue et de mener une enquête effective après la catastrophe, semblent s'inscrire dans ce schéma. Schéma, déjà fragilisé, notamment, par l'arrêt *Kolyadenko c/ Russie* du 28 février 2012 (*RJE* 2012.711 obs. S. Nadaud) constatant des violations des articles 2 et 8 dans le cas des catastrophiques inondations de Vladivostok d'août 2001, qu'il faudra naturellement revoir si une 8$^{e}$ édition est un jour nécessaire car, en matière environnementale où s'entrecroisent les renvois en Grande Chambre et les applications du principe *jura novit curia*, les interprétations progressistes d'arrêts *Tatar* et les rappels à l'ordre cinglants d'arrêts *Ivan Atanasov*, la Cour, à défaut d'un protocole additionnel spécifique qui lui servirait de boussole, navigue à vue. Peut-être faudrait-il suivre d'urgence l'exemple de la Charte française de l'environnement pour l'équiper d'un outil adapté à la gravité des questions dont on la saisit en désespoir de cause et lui permettre d'entrer plus résolument dans le XXI$^e$ siècle.

J.-P. M.

# SECTION 3
# *La liberté et l'orientation sexuelles*

## I | L'homosexualité

**48. Dudgeon c/ Royaume-Uni, 22 octobre 1981**, série A, n° 45 (Cour plénière) ; *CDE*, 1982, 221, chron. G. Cohen-Jonathan ; *AFDI*, 1982, 504, chron. R. Pelloux ; *JDI*, 1985, 185 chron. P. Rolland.

**41.** […]. Par son maintien en vigueur, la législation attaquée représente une ingérence permanente dans l'exercice du droit du requérant au respect de sa vie privée (laquelle comprend sa vie sexuelle) au sens de l'article 8, § 1. Dans la situation personnelle de l'intéressé, elle se répercute de manière constante et directe, par sa seule existence, sur (s)a vie privée […] : ou il la respecte et s'abstient de se livrer – même en privé et avec des hommes consentants – à des actes sexuels prohibés auxquels l'inclinent ses tendances homosexuelles, ou il en accomplit et s'expose à des poursuites pénales. […].

**52.** […] Toutefois, l'étendue de la marge d'appréciation dépend non seulement du but de la restriction, mais aussi de la nature des activités en jeu. Or la présente affaire a trait à un aspect des plus intimes de la vie privée. Il doit donc exister des raisons particulièrement graves pour rendre légitimes, aux fins du § 2 de l'article 8, des ingérences des pouvoirs publics.

**60.** En consacrant le droit que frappent les lois attaquées, la Convention entend sauvegarder une manifestation essentiellement privée de la personnalité humaine […]. On comprend mieux aujourd'hui le comportement homosexuel qu'à l'époque de l'adoption de ces lois et l'on témoigne donc de plus de tolérance envers lui : dans la grande majorité des États membres du Conseil de l'Europe, on a cessé de croire que les pratiques du genre examiné ici appellent par elles-mêmes une répression pénale ; la législation interne y a subi sur ce point une nette évolution que la Cour ne peut négliger […].

On ne saurait dès lors parler d'un « besoin social impérieux » d'ériger de tels actes en infractions, faute d'une justification suffisante fournie par le risque de nuire à des individus vulnérables à protéger ou par des répercussions sur la collectivité. Du point de vue de la proportionnalité, les conséquences dommageables que l'existence même des dispositions législatives en cause peut entraîner sur la vie d'une personne aux penchants homosexuels, comme le requérant, prédominent aux yeux de la Cour sur les arguments plaidant contre tout amendement au droit en vigueur. L'accomplissement d'actes homosexuels par autrui et en privé peut lui aussi heurter, choquer ou inquiéter des personnes qui trouvent l'homosexualité immorale, mais cela seul ne saurait autoriser le recours à des sanctions pénales quand les partenaires sont des adultes consentants.

L'arrêt Dudgeon constitue la première étape d'une jurisprudence européenne protectrice de la liberté sexuelle et particulièrement des droits des personnes homosexuelles. En l'espèce, Monsieur Dudgeon, militant homosexuel, obtient la condamnation, sur le fondement du droit au respect de la vie privée, d'une législation pénale réprimant les relations homosexuelles, dont la cour estime qu'elle emporte pour les personnes concernées des conséquences dommageables excessives.

La Cour européenne sera peu à peu amenée à se prononcer sur les différentes atteintes aux droits garantis par la convention auxquelles les personnes homosexuelles sont confrontées, en tant que personnes, mais également dans le cadre d'un couple ou encore à propos de leurs droits parentaux.

## I / La personne homosexuelle

La protection de la vie privée de la personne homosexuelle s'est traduite dans la jurisprudence de la Cour européenne par une condamnation des législations réprimant l'homosexualité puis par une remise en cause des différences de traitements dont les personnes homosexuelles pouvaient faire l'objet.

A) Les arrêts *Dudgeon et Norris c/ Irlande* du 26 octobre 1988 marque la fin de la tolérance par les institutions européennes des législations réprimant l'homosexualité, qui correspond à un mouvement de dépénalisation dans les différents États du Conseil de l'Europe. La loi du 4 août 1982 a notamment supprimé l'incrimination en France. La Cour constate dans l'arrêt Dudgeon, que la législation prohibitive irlandaise était particulièrement éloignée du droit de la majorité des États. La Cour refuse de reconnaître aux autorités nationales « une liberté absolue de jugement dans le domaine de la protection de la morale » (§ 45). L'arrêt *Dudgeon* est confirmé par l'arrêt *Modinos c/ Chypre* du 22 avril 1993. La Cour condamne ensuite les législations qui persistaient à réprimer les relations homosexuelles auxquelles participaient plus de deux adultes de sexe masculin (*A. D. T. c/ Royaume-*

*Uni*, 31 juill. 2000, *RTDH*, 2002, 345, note M. Levinet). La Cour affirme, en outre, plus généralement, au nom du droit à l'autonomie personnelle, dans l'arrêt *K. A. et A. D. c/ Belgique* du 17 février 2005 (*RTD civ.* 2005, 341, chron. J.-P. Marguénaud) que les pratiques sexuelles même extrêmes ne sauraient faire l'objet de répression pénale, dès lors qu'elles sont librement consenties, alors qu'elle avait reconnu aux États dans l'arrêt *Laskey, Jaggard et Brown c/ Royaume-Uni du* 19 février 1997 (*D*, 1998, 97, note J.-M. Larralde) le droit de réglementer les pratiques sexuelles pouvant être à l'origine de dommages corporels. Elle considère ainsi que le droit pénal ne peut intervenir dans le domaine des pratiques sexuelles consenties qui relèvent du libre arbitre des individus.

La question s'est également posée de savoir si l'âge à partir duquel le fait pour un adulte d'avoir des relations sexuelles avec un mineur n'est plus pénalement prohibé, pouvait être différent s'il s'agissait d'une relation homosexuelle. Si la commission et la Cour européenne ont d'abord admis une telle différence (par ex. déc. 17 juill. 1986, Martin Johnson c/ Royaume-Uni, *DR*, 47, 72), celle-ci a ensuite été condamnée à partir de l'arrêt *Sutherland c/ Royaume-Uni* du 27 mars 2001. Au regard des analyses scientifiques selon lesquels l'orientation sexuelle est fixée avant la puberté quel que soit le sexe, il convient de retenir le même âge pour les « majorités hétérosexuelle et homosexuelle », conformément à l'état du droit dans la majorité des États membres du Conseil de l'Europe. La Cour européenne a réaffirmé cette solution dans les arrêts *L. et V. c/ Autriche* et *S. L. c/ Autriche* (9 janv. 2003, *D.*, 2003, 2278, obs. L. Burgorgue-Larsen) en condamnant des dispositions pénalisant les rapports homosexuels entre des hommes âgés de plus de 19 ans et des adolescents âgés de 14 à 18 ans alors que les mêmes rapports entre personnes du même âge n'étaient pas condamnés lorsqu'il s'agissait de relations hétérosexuelles (v. aussi *R. H. c/ Autriche*, 19 janv. 2006).

B) La Cour européenne a ensuite sanctionné les discriminations affectant les personnes homosexuelles notamment en matière d'accès à certains emplois ou de droit au domicile.

1° À propos de la question de l'exclusion des personnes homosexuelles de la police et de l'armée, la Cour européenne a mis fin à l'indulgence de la commission (B. c/ Royaume-Uni (12 oct. 1983, *DR*, 34, 68, déc. 2 sept. 1992, O. c/ France, n° 17709/92) par les arrêts *Smith et Grady, Lustig-Prean et Beckett* du 27 septembre 1999 (*RTD civ.*, 1999, 917, chron. J.-P. Marguénaud ; *adde* : *Perkins et R., Beck, Copp et Bazeley c/ Royaume-Uni*, 22 oct. 2002), en se fondant notamment sur le mouvement général favorable à l'élimination des discriminations fondées sur l'orientation sexuelle au sein de l'Assemblée parlementaire du Conseil de l'Europe (rés. 924 contre les discriminations subies par les homosexuels, 1er oct. 1981) et du Parlement européen (rés. 13 mars 1984 sur les discriminations sexuelles sur le lieu de travail ; art. 13, TCE). La cour constate que le Royaume Uni (qui a changé sa pratique le 12 janv. 2000), qui fait partie de la « petite minorité » des « pays européens interdisant légalement et, d'une manière générale, les homosexuels dans leurs forces armées », ne pouvait « faire abstraction d'idées qui, si elles sont relativement récentes, ne cessent de se répandre et d'évoluer, ni des changements juridiques qu'elles entraînent dans le droit interne des États contractants ».

2° Contrairement à la Commission (déc. 14 mai 1986, S. c/ Royaume-Uni, *DR*, 47, 274 ; déc. 15 mai 1996, Röösli c/ Allemagne, *DR*, 85-A, 149), la Cour européenne a également condamné l'exclusion du concubin homosexuel du bénéfice du droit au transfert du bail, la qualifiant de discrimination dans l'exercice du droit au respect du domicile fondée sur l'orientation sexuelle, qui ne saurait être justifié par « la protection de la famille au sens traditionnel » (*Karner c/ Autriche*, 24 juill. 2003, *RTDH*, 2004, 663, note P. Frumer ; *adde Kosak c/ Pologne*, 2 mars 2010). La loi n° 99-944 du 15 novembre 1999 instaurant le Pacte civil de solidarité, en définissant le concubinage comme l'union de fait de deux personnes de sexe différent ou de même sexe, a exclu du droit français toute différence de traitement en la matière, en raison de l'orientation sexuelle du bénéficiaire du droit au bail.

## II / Le couple homosexuel

Si la Cour européenne a conservé une position neutre en matière de mariage des personnes de même sexe, elle a procédé à une interprétation évolutive de la notion de vie familiale pour ce qui concerne les concubins homosexuels.

A) À propos du mariage homosexuel, la Cour européenne a d'abord considéré que l'ouverture par certains États du mariage aux personnes de même sexe reflète la vision propre de ces États du mariage (*R. et F. c/ Royaume-Uni et Parry c/ Royaume-Uni*, 28 nov. 2006, *RTD civ.*, 2007, p. 287, obs. J.-P. Marguénaud). Dans l'arrêt *Schalk et Kopf c/ Autriche* du 24 juin 2010 (*JCP* 2010, n° 41, 1013 obs. H. Fulchiron), la Cour constate qu'aucun consensus ne se dégage parmi les États membres du Conseil de l'Europe sur la question du mariage homosexuel. Elle note en outre que si l'article 9, par lequel la Charte des droits fondamentaux consacre le droit de se marier ne limite pas le mariage aux couples de sexe opposé, il laisse à chaque État membre le soin de décider si, dans son ordre juridique, le mariage homosexuel doit être permis. En conséquence, la Cour refuse pour l'instant d'imposer aux États d'ouvrir le mariage aux couples homosexuels. Elle admet toutefois que « pris isolément, les mots de l'article 12 peuvent être interprétés comme n'excluant pas le mariage entre deux hommes ou deux femmes » (§ 55). La Cour considère donc que le mariage homosexuel peut relever de l'article 12 de la Convention et admet que les législations nationales puissent entendre le mariage comme l'union de deux personnes de sexe différent ou de même sexe. Ainsi, la Cour européenne adopte-t-elle une position neutre en refusant d'imposer aux États le mariage homosexuel tout en tenant compte des législations qui l'admettent. Le Conseil constitutionnel a fait preuve de la même neutralité en considérant d'abord que les textes interdisant le mariage entre personnes de même sexe – les articles 75 et 144 du Code civil tels qu'interprétés par la Cour de cassation dans son arrêt du 13 mars 2007 (*RTD civ.*, 2007, 287, obs. J.-P. Marguénaud) – qui lui étaient soumis en 2010 ne portaient atteinte ni à la liberté matrimoniale ni au principe d'égalité (Déc. n° 2010-92 QPC, 28 janv. 2010) et en affirmant ensuite que la loi n° 013-404 du 17 mai 2013 qui ouvrait le mariage aux personnes de même sexe n'était pas contraire à la constitution (Déc. n° 2013-669, 17 mai 2013).

B) Les organes du Conseil de l'Europe ont longtemps refusé de considérer comme constitutive d'une vie familiale une relation homosexuelle même stable (notamment déc. 9 nov. 1989, *Anna Eriksson et Asta Goldschmidt c/ Suède*, dr, 63, 213, déc. 15 mai 1996). Dans l'arrêt *Schalk et Kopf c/ Autriche* du 24 juin 2010, la Cour européenne admet pour la première fois expressément qu'une relation entre deux personnes de même sexe peut être qualifiée de vie familiale en se fondant sur l'évolution, dans de nombreux États européens, des attitudes sociales envers les couples du même sexe et la reconnaissance légale accordée aux couples homosexuels dans un nombre important d'États membres (dans le même sens *PB et JS c/ Autriche*, 22 juil. 2010). Elle se réfère également à certaines dispositions de droit de l'Union européenne qui reflètent cette tendance croissante à inclure les couples du même sexe dans la notion de « famille ». La cour, procédant à une interprétation à la fois évolutive et consensuelle de la notion de vie familiale en déduit « qu'il est artificiel de maintenir le point de vue que, au contraire des couples de sexe opposé, un couple du même sexe ne pourrait pas avoir de « vie de famille » au sens de l'article 8 » et affirme que « par conséquent, la relation des requérants, un couple du même sexe qui cohabite et qui a une relation de fait stable, entre dans le champ d'application de la notion de « vie de famille », tout comme la relation d'un couple de sexe opposé dans la même situation le ferait » (dans le même sens *Vallianatos et autres c/ Grèce*, 7 nov. 2013, *JCP* 2013, act. 1281, obs. F. Sudre pour un couple qui ne cohabitait pas). Le Conseil constitutionnel a emboîté le pas à la Cour européenne dans sa décision du 28 janvier 2011 (déc. n° 2010-92 QPC) en admettant qu'un couple de même sexe avait droit à une vie familiale normale.

Dans l'arrêt *Vallianatos et autres c/ Grèce* du 7 novembre 2013 (*RJPF* 2014/1 p. 127, obs. V. Egea), la Grande chambre de la Cour européenne a jugé discriminatoire le fait de réserver aux couples de sexe différent l'accès aux « pactes de vie commune ». Elle considère que la possibilité des concubins homosexuels de prendre des dispositions par voie contractuelle et testamentaire ne leur assure pas « une reconnaissance officielle de leur relation par l'État ». La Cour dans un *obiter dictum* rappelle aux États qu'« étant donné que la Convention est un instrument vivant qui doit s'interpréter à la lumière des conditions actuelles, l'État doit choisir les mesures à prendre au titre de l'article 8 pour protéger la famille et garantir le respect de la vie familiale en tenant compte de l'évolution de la société ainsi que des changements qui se font jour dans la manière de percevoir les questions de société, d'état civil et celles d'ordre relationnel, notamment de l'idée selon laquelle il y a plus d'une voie ou d'un choix possibles en ce qui concerne la façon de mener une vie privée et familiale » (§ 84).

## III / La famille homosexuelle

La Cour européenne a tout d'abord considéré, que l'orientation sexuelle d'un parent ne pouvait, en elle-même, constituer un motif pour priver un père de ses droits parentaux (*Salgueiro Da Silva Mouta c/ Portugal*, 21 déc. 1999, *Dr. fam.*, 2000, Comm. n° 145, obs. A. Gouttenoire).

Elle s'est ensuite prononcée sur la question de l'adoption d'un enfant par une personne homosexuelle. Après avoir admis que l'orientation sexuelle d'un candidat à l'adoption pouvait constituer un motif de refus d'agrément dans l'arrêt *Fretté c/ France* du 26 février 2002 (*JCP* 2002, II, 10074, note A. Gouttenoire et F. Sudre), elle a opéré un revirement de jurisprudence dans l'arrêt E.B. c/ France du 22 janvier 2008 (*JCP* 2008, note A. Gouttenoire et F. Sudre), affirmant, sur le fondement de la vie privée, que l'homosexualité d'un candidat ne pouvait justifier un refus d'agrément.

La Cour européenne a considéré dans l'arrêt *Gas et Dubois c/ France* du 15 mars 2012 (A. Gouttenoire et F. Sudre, *JCP* 2012 p. 961), que l'impossibilité opposée à une concubine d'adopter l'enfant de sa compagne ne constitue pas une discrimination dans son droit au respect de la vie familiale, admettant ainsi que la relation entre le couple et l'enfant d'une des concubines relève bien de cette notion (déjà dans la décision de recevabilité du 31 août 2010, *AJ Famille*, 2010, p. 433 obs. C. Siffein-Blanc). Elle considère que la différence de traitement entre l'adoption de l'enfant du concubin et celle de l'adoption du conjoint est justifiée par la différence de situation dans laquelle se trouve le couple marié et le couple non marié. Le juge européen s'est également fondé sur le fait que l'impossibilité d'adopter l'enfant de l'autre membre du couple concernait tous les concubins et pas seulement les concubins homosexuels. À l'inverse, la Cour condamne dans l'arrêt *X c/ Autriche* du 19 février 2013 (*JCP* 2013, doct. 855, obs. F. Sudre), une législation qui prohibe l'adoption de l'enfant du concubin dans le cadre du concubinage homosexuel alors qu'il l'autorise dans le cadre du concubinage hétérosexuel.

A. G.

## II | Le transsexualisme

**49. Christine Goodwin c/ Royaume-Uni, 11 juillet 2002** (Grande Chambre) ; *RTD* civ., 2002, 862, chron. J.-P. Marguénaud ; Dr. fam., 2002, Comm. n° 133, obs. A. Gouttenoire ; *RTD*H, 2003, 1157, note A. Marienburg-Wachsmann et P. Wachsmann ; D, 2003, 2032, note A.-S. Chavent-Leclère.

**71.** La présente affaire soulève la question de savoir si l'État défendeur a ou non méconnu son obligation positive de garantir à la requérante, transsexuelle opérée, le droit au respect de sa vie privée, notamment en ne reconnaissant pas **(s)a** conversion sexuelle… sur le plan juridique.

**74.** Sans que la Cour soit formellement tenue de suivre ses arrêts antérieurs, il est dans l'intérêt de la sécurité juridique, de la prévisibilité et de l'égalité devant la loi qu'elle ne s'écarte pas sans motif valable de ses propres précédents […]. Dans le contexte en cause, la Cour, depuis 1986, s'est déclarée à maintes reprises consciente de la gravité des problèmes que rencontraient les transsexuels et a souligné l'importance d'examiner de manière permanente la nécessité de mesures juridiques appropriées en la matière [...].

**75.** La Cour se propose donc d'examiner la situation dans l'État contractant concerné et en dehors de celui-ci pour évaluer, « à la lumière des conditions d'aujourd'hui », quelles sont l'interprétation et l'application de la Convention qui s'imposent à l'heure actuelle [...].

**77.** Il faut également reconnaître qu'il peut y avoir une atteinte grave à la vie privée lorsque le droit interne est incompatible avec un aspect important de l'identité personnelle [...]. Le stress et l'aliénation qu'engendre la discordance entre le rôle adopté dans la société par une personne transsexuelle opérée et la condition imposée par le droit qui refuse de consacrer la conversion sexuelle ne sauraient, de l'avis de la Cour, être considérés comme un inconvénient mineur découlant d'une formalité. On a affaire à un conflit entre la réalité sociale et le droit qui place la personne transsexuelle dans une situation anormale lui inspirant des sentiments de vulnérabilité, d'humiliation et d'anxiété.

**78.** [...]. La Cour est frappée par le fait que la conversion sexuelle, qui est opérée en toute légalité, ne débouche pourtant pas sur une pleine consécration en droit, qui pourrait être considérée comme l'étape ultime et l'aboutissement du processus de transformation long et difficile subi par l'intéressée. Pour l'appréciation à effectuer sous l'angle de l'article 8 de la Convention, il y a lieu d'attacher de l'importance à la cohérence des pratiques administratives et juridiques dans l'ordre interne. Lorsqu'un État autorise le traitement et l'intervention chirurgicale permettant de soulager la situation d'une personne transsexuelle, finance tout ou partie des opérations et va jusqu'à consentir à l'insémination artificielle d'une femme qui vit avec un transsexuel [...], il paraît illogique qu'il refuse de reconnaître les implications juridiques du résultat auquel le traitement conduit.

**80.** [...]. Elle constate que dans les affaires britanniques antérieures elle a attaché de l'importance aux aspects médicaux et scientifiques du problème, au point de savoir dans quelle mesure on pouvait parler d'une communauté de vues aux niveaux européen et international, et aux conséquences que pourraient avoir des modifications apportées au système des registres des naissances.

**81.** Il demeure vrai qu'aucune découverte concluante n'est intervenue concernant les causes du transsexualisme [...]. La Cour juge toutefois plus significatif le fait qu'il est largement reconnu au niveau international que le transsexualisme constitue un état médical justifiant un traitement destiné à aider les personnes concernées [...]. En outre, étant donné les nombreuses et pénibles interventions qu'entraîne une telle chirurgie et le degré de détermination et de conviction requis pour changer de rôle sexuel dans la société, on ne saurait croire qu'il y ait quoi que ce soit d'arbitraire ou d'irréfléchi dans la décision d'une personne de subir une conversion sexuelle. Aussi le fait que les causes exactes du transsexualisme soient toujours débattues par la communauté scientifique et médicale ne revêt-il plus une aussi grande importance.

**85.** [...]. Dans l'affaire Sheffield et Horsham [...], elle mit l'accent sur l'absence d'une démarche européenne commune quant à la manière de traiter les répercussions que la reconnaissance juridique des changements de sexe pouvait avoir dans d'autres domaines du droit tels que le mariage, la filiation, ou la protection de la vie privée ou des données. Si cela semble demeurer le cas, l'absence de pareille démarche commune entre les 43 États contractants n'est guère surprenante, eu égard à la diversité des systèmes et traditions juridiques. [...]. Aussi la Cour attache-t-elle moins d'importance à l'absence d'éléments indiquant un consensus européen relativement à la manière de résoudre les problèmes juridiques et pratiques qu'à l'existence d'éléments clairs et incontestés montrant une tendance internationale continue non seulement vers une acceptation sociale accrue des transsexuels mais aussi vers la reconnaissance juridique de la nouvelle identité sexuelle des transsexuels opérés.

**89.** La Cour [...] reconnaît que le niveau d'ingérence quotidienne que subissait la requérante dans l'affaire B. c/ France [...] n'est pas atteint en l'occurrence et que, sur certains points, les pratiques adoptées par les autorités permettent d'éviter ou de minimiser le risque de difficultés et d'embarras auquel la requérante en l'espèce se trouve exposée.

**90.** Cela dit, la dignité et la liberté de l'homme sont l'essence même de la Convention. Sur le terrain de l'article 8 de la Convention en particulier, où la notion d'autonomie personnelle reflète un principe important qui sous-tend l'interprétation des garanties de cette disposition, la sphère personnelle de chaque individu est protégée, y compris le droit pour chacun d'établir les détails de son identité d'être humain [...]. Au XXIe siècle, la faculté pour les transsexuels de jouir pleinement, à l'instar de leurs concitoyens, du droit au développement personnel et à l'intégrité physique et morale ne saurait être considérée comme une question controversée exigeant du temps pour que l'on parvienne à appréhender plus clairement les problèmes en jeu. En résumé, la situation insatisfaisante des transsexuels opérés, qui vivent entre deux mondes parce qu'ils n'appartiennent pas vraiment à un sexe ni à l'autre, ne peut plus durer. [...].

**91.** [...]. En fait, il n'a pas été démontré qu'une modification de la condition des transsexuels risquerait d'entraîner des difficultés concrètes ou notables ou une atteinte à l'intérêt public. Quant aux autres conséquences éventuelles, la Cour considère qu'on peut raisonnablement exiger de la société qu'elle accepte certains inconvénients afin de permettre à des personnes de vivre dans la dignité et le respect, conformément à l'identité sexuelle choisie par elles au prix de grandes souffrances.

**93.** Eu égard à ce qui précède, la Cour estime que l'État défendeur ne peut plus invoquer sa marge d'appréciation en la matière, sauf pour ce qui est des moyens à mettre en œuvre pour assurer la reconnaissance du droit protégé par la Convention. Aucun facteur important d'intérêt public n'entrant en concurrence avec l'intérêt de la requérante en l'espèce à obtenir la reconnaissance juridique de sa conversion sexuelle, la Cour conclut que la notion de juste équilibre inhérente à la Convention fait désormais résolument pencher la balance en faveur de la requérante. Dès lors, il y a eu manquement au respect du droit de l'intéressée à sa vie privée, en violation de l'article 8 de la Convention. [...].

**101.** Le droit au respect de la vie privée garanti par l'article 8 n'englobe toutefois pas l'ensemble des questions se posant sur le terrain de l'article 12, lequel mentionne expressément les conditions imposées par les lois nationales. La Cour a donc examiné si le fait que le droit national retienne aux fins du mariage le sexe enregistré à la naissance constitue en l'espèce une limitation portant atteinte à la substance même du droit de se marier. À cet égard, elle juge artificiel d'affirmer que les personnes ayant subi une opération de conversion sexuelle ne sont pas privées du droit de se marier puisque, conformément à la loi, il leur demeure possible d'épouser une personne du sexe opposé à leur ancien sexe. En l'espèce, la requérante mène une vie de femme, entretient une relation avec un homme et souhaite uniquement épouser un homme. Or elle n'en a pas la possibilité. Pour la Cour, l'intéressée peut donc se plaindre d'une atteinte à la substance même de son droit de se marier.

**103**. S'il appartient à l'État contractant de déterminer, notamment, les conditions que doit remplir une personne transsexuelle qui revendique la reconnaissance juridique de sa nouvelle identité sexuelle pour établir que sa conversion sexuelle a bien été opérée et celles dans lesquelles un mariage antérieur cesse d'être valable, ou encore les formalités applicables à un futur mariage (par exemple, les informations à fournir aux futurs époux), la Cour ne voit aucune raison justifiant que les transsexuels soient privés en toutes circonstances du droit de se marier.

En l'espèce, un homme devenu femme après une conversion sexuelle, se plaignait des conséquences que l'absence de changement de sexe sur l'État civil, entraînait dans sa vie sociale et notamment l'impossibilité qui en découlait de se marier avec un homme. Par l'arrêt Goodwin et l'arrêt I. c/ Royaume-Uni rendu le même jour, la Cour européenne des droits de l'homme, opérant un revirement remarquable, franchit une étape essentielle dans la reconnaissance des droits des transsexuels tant pour ce qui est de la question de l'État civil que de celle du mariage.

## I / Le changement de sexe sur l'État civil

L'arrêt Goodwin met fin à une jurisprudence constante de la Cour européenne des droits de l'homme qui avait jusqu'alors refusé d'imposer aux États la reconnaissance du changement de sexe des transsexuels sur les actes d'État civil.

À/La Cour a affirmé successivement dans les arrêts *Rees c/ Royaume-Uni* du 17 octobre 1986 (*JDI*, 1987, 796, chron. P. Rolland), *Cossey c/ Royaume-Uni* du 27 septembre 1990, *B. c/ France* du 25 mars 1992 (JCP 1992, II, 21955 note T. Garré), et *Sheffield et Horsham* c/ Royaume Uni du 30 juillet 1998 (*RTD*H, 1999, 646, note M. Levinet) qu'il ne pèse sur l'État, qui dispose d'une large marge d'appréciation, aucune obligation positive de reconnaître sur les actes de l'État civil le changement de sexe des transsexuels ayant subi un traitement et une opération pour modifier leur sexe et leur apparence physiques. Ainsi dans l'arrêt *Sheffield et Horsham*, elle refuse de condamner « la persistance des autorités à déterminer le sexe exclusivement d'après des critères biologiques et à proclamer l'immutabilité des informations relatives au sexe une fois celles-ci consignées dans le registre des naissances ».

La position de la Cour était fondée sur l'absence, entre les États membres du Conseil de l'Europe, d'un consensus suffisant sur la manière de traiter une série de questions juridiques complexes posées par les changements de sexe. En outre, la Cour fait état, dans les différents arrêts, d'incertitudes quant à la nature profonde du transsexualisme et au fait que la personne opérée n'acquiert pas toutes les caractéristiques de l'autre sexe ; elle estime dans l'arrêt *Cossey* « qu'aucun progrès scientifique significatif n'avait été accompli en matière de transsexualisme dans la période postérieure à son arrêt Rees qui l'eût obligée à s'écarter de celui-ci » (§48). Dès l'arrêt Rees, elle affirme que si l'exigence d'un juste équilibre entre l'intérêt général et les intérêts privés, « appelle peut-être, dans l'intérêt de personnes comme le requérant, des retouches au système en vigueur, elle ne saurait astreindre le Royaume-Uni à le remanier de fond en comble », alors même que la Commission avait affirmé dans cette affaire que l'article 8 doit être interprété comme protégeant l'individu contre la reconnaissance de son sexe modifié comme une partie de sa personnalité (déc. 15 mars 1984, Rees c/ Royaume Uni, D. et R. 36 p. 78 et Rapp. 1er mars 1979, Van Oosterjwick, Série B, vol. 36).

Dans les arrêts britanniques et notamment dans l'arrêt *Sheffield et Horsham* la Cour constate que « les situations dans lesquelles les requérantes peuvent avoir à divulguer leur ancien sexe ne se produisent pas avec une fréquence telle que l'on puisse estimer qu'elles portent une atteinte disproportionnée aux droits des intéressées au respect de leur vie privée » (§59). La Cour observe également que « l'État défendeur s'est efforcé, dans une certaine mesure, de minimiser les risques pour les transsexuels de se voir poser des questions embarrassantes concernant leur sexe en leur permettant d'obtenir des permis de conduire, des passeports et d'autres types de documents officiels établis sous leurs nouveaux prénoms et sexe, et que l'utilisation des certificats de naissance comme moyen d'identification est officiellement découragée » (§59).

Le système français d'identification des personnes étant beaucoup plus rigide, il a fait l'objet d'une condamnation au titre de la vie privée de la Cour européenne dans l'arrêt *B.* sans pour autant que la Cour impose le changement de sexe du transsexuel. Elle a considéré que la requérante « se trouve quotidiennement placée dans une situation globale incompatible avec le respect dû à sa vie privée. Dès lors, même eu égard à la marge nationale d'appréciation, il y a rupture du juste équilibre à ménager entre l'intérêt général et les intérêts de l'individu » (§90). En effet, en France, le sexe indiqué sur tous les documents concernant une personne, qu'il s'agisse de papiers d'identité ou de relevés de cotisation sociale d'une personne, doit être le même que celui indiqué sur les actes d'État civil, ce qui impliquait une distorsion entre l'apparence de la personne et le sexe mentionné sur les différents documents. Toutefois, ce sont les ingérences dans la vie privée du transsexuel qui résulte de l'absence de changement de sexe à l'État civil qui sont condamnées et non le refus de reconnaître le sexe issu de la conversion en lui-même. L'arrêt B. a provoqué l'inversion de la jurisprudence de la Cour de cassation tendant à refuser le changement de sexe sur les actes d'État civil, ce qui revenait à aller beaucoup plus loin que ce qu'exigeait la Cour européenne (Ass. plén., 11 déc. 1992, *JCP*, 1993, II, 21991, concl. M. Jéol, note G. Mémeteau). Par la suite, la Cour de cassation a exigé la preuve de l'irréversibilité de la conversion sexuelle par le recours à une expertise judiciaire (Civ. 1re, 7 juin 2012, no 11-22490), affirmant que cette exigence n'est pas contraire à l'article 8 de la Convention européenne des droits de l'homme (Civ. 1re, 13 fév. 2013, no 11-14515) et qu'elle ménageait « un juste équilibre entre les impératifs de sécurité juridique et d'indisponibilité de l'état des personnes d'une part, de protection de la vie privée d'autre part ».

Toutefois, même si dans ces différents arrêts antérieurs, la Cour européenne reconnaît aux États une grande marge d'appréciation dans un domaine où « il n'y a guère de communauté de vues, elle affirmait avoir conscience de la gravité des problèmes que rencontrent les transsexuels et affirmait « que cette question doit donner lieu à un examen permanent de la part des États contractants » la part des États contractants » (notamment Sheffield et Horsham § 61), avertissant en quelque sorte l'État britannique de ce qu'il pouvait craindre une prochaine condamnation si une évolution se faisait jour.

B / Dans l'arrêt *Goodwin*, la Cour européenne déclare attacher « moins d'importance à l'absence d'éléments indiquant un consensus européen relativement à la manière de résoudre les problèmes juridiques et pratiques qu'à l'existence d'éléments clairs et incontestés montrant une tendance internationale continue non seulement vers une acceptation sociale accrue des transsexuels mais aussi vers la reconnaissance juridique de la nouvelle identité sexuelle des transsexuels opérés » (§85). Sans préciser l'origine et la portée de cette tendance internationale, la Cour procède à une interprétation évolutive consistant à ne plus admettre « la situation insatisfaisante des transsexuels opérés, qui vivent entre deux mondes parce qu'ils n'appartiennent pas vraiment à un sexe ni à l'autre, ne peut plus durer » (§ 90). Le juge européen opère donc à un revirement de jurisprudence qu'elle explique par la nécessité de privilégier une « interprétation et une application de la Convention qui s'imposent à l'heure actuelle » (§ 75).

Alors même que « le niveau d'ingérence quotidienne » condamnable au regard de sa jurisprudence antérieure n'est pas atteint, la Cour, en insistant sur la meilleure acceptation sociale du transsexualisme, estime que le Royaume Uni ne peut plus refuser aux transsexuels la reconnaissance juridique de leur conversion sexuelle obtenue au prix de grandes souffrances. Elle estime illogique le refus de l'État d'accepter les implications juridiques du résultat auquel le traitement chirurgical conduit alors qu'il l'autorise et le finance. La Cour se réfère à la notion d'autonomie personnelle (*supra* n° 44) et affirme la nécessité de protéger la sphère personnelle de chaque individu dont fait partie le droit pour chacun d'établir les détails de son identité d'être humain. Cette notion implique « la faculté pour les transsexuels de jouir pleinement, à l'instar de leurs concitoyens, du droit au développement personnel et à l'intégrité physique et morale » (§90). Le droit au développement personnel (*Pretty*, 29 avril 2002, n° 44) suppose ainsi qu'une personne puisse vivre en conformité avec le sexe qui est le sien à l'issue de sa conversion sexuelle.

La Cour européenne modifie sensiblement sa définition du sexe en considérant que celui-ci ne doit plus être déterminé selon des critères purement biologiques. Les transsexuels « opérés ayant pleinement réalisé leur conversion » se voient reconnaître sur le fondement du droit à la vie privée consacré par l'article 8 de la Convention, un droit à la mise en conformité de leur sexe juridique avec leur sexe social. La Cour européenne considère qu'« on peut raisonnablement exiger de la société qu'elle accepte certains inconvénients afin de permettre à des personnes de vivre dans la dignité et le respect, conformément à l'identité sexuelle choisie par elles au prix de grandes souffrances » (§ 91). En conséquence, les États se voient imposer l'obligation positive de prendre les mesures nécessaires pour permettre cette mise en conformité, leur marge d'appréciation en la matière étant désormais réduite aux moyens à mettre en œuvre pour atteindre l'objectif fixé par la Cour européenne. Dans l'arrêt *Grant c/ Royaume Uni* du 23 mai 2006, la Cour européenne condamne le refus opposé à un homme transformé en femme de bénéficier de pensions accordées aux personnes biologiquement de sexe féminin, consécutif à la non-reconnaissance de sa nouvelle identité sexuelle, mais seulement à compter du jour, où, postérieurement à l'arrêt Goodwin, les autorités britanniques ont rejeté sa demande, c'est-à-dire à partir du 5 septembre 2002.

Dans l'arrêt *L. c/ Lituanie* (11 sept. 2007, § 56, *RTD* civ., 2007, 737, chron. J.P. Marguénaud) la Cour condamne en outre l'absence de mesures législatives qui auraient permis de réaliser concrètement et rapidement une opération de conversion sexuelle complète, dans un pays qui a par ailleurs admis la modification juridique du sexe consécutive à une conversion sexuelle.

Par la suite, la Cour condamne dans l'arrêt *Van Kück c/ Allemagne* du 12 juin 2003 (*RTDciv.*, 2004, 361, chron. J.-P. Marguénau) le refus des tribunaux d'ordonner le remboursement des frais complémentaires afférents à la conversion sexuelle, estimant disproportionné d'exiger de la requérante de « prouver la nécessité médicale du traitement dans un domaine concernant l'un des aspects les plus intimes de sa vie privée » (§ 82), même si « la Convention ne garantit aucun droit au remboursement des frais médicaux causés par une opération de conversion sexuelle » (*Schlumpf c/ Suisse*, 8 janv. 2009). En France, aucune disposition législative ou réglementaire n'interdit la prise en charge d'actes médicaux pour la raison qu'ils sont liés au transsexualisme (Civ. 2$^{e}$, 27 janv. 2004, Bull. civ., II, no 27, 21) »

## II / L'accès des transsexuels au mariage et à la vie familiale

Christine Goodwin invoquait également une violation de l'article 12 de la Convention consacrant le droit de se marier (*infra* n° 50). Dans les affaires *Rees et Cossey*, la Cour européenne avait considéré que l'impossibilité pour les requérants transsexuels d'épouser une personne du sexe opposé à son nouveau sexe n'était pas contraire à ce texte qui vise le mariage traditionnel entre deux personnes de sexe biologique différent. Elle avait ainsi jugé dans l'arrêt *Cossey* que l'attachement au concept traditionnel de mariage qui sous-tend l'article 12 de la Convention fournissait un motif suffisant de continuer d'appliquer des critères biologiques pour déterminer le sexe d'une personne aux fins du mariage, cette matière relevant du pouvoir dont jouissent les États contractants de réglementer par des lois l'exercice du droit de se marier.

En 2002, Cour européenne considère que les transsexuels ne doivent plus être privés du droit de se marier, ajoutant que l'incapacité pour un couple de concevoir ou d'élever un enfant ne saurait constituer un obstacle. Or, le fait que le droit national retienne, pour permettre le mariage, le sexe enregistré à la naissance qui ne peut être modifié, constitue une limitation portant atteinte à la substance même du droit de se marier puisqu'il interdit au transsexuel d'épouser une personne du sexe opposé, si on se réfère à son sexe social, mais de même sexe si on se réfère à son sexe juridique. Selon la Cour, le critère qui doit désormais être pris en compte pour accéder au mariage, qui reste l'union de deux personnes de sexe différent, n'est plus le sexe biologique, mais le sexe sociologique. Malgré une référence pour le moins ambiguë à l'article 9 de la Charte des droits fondamentaux de l'Union européenne qui consacre le droit de se marier sans se référer à l'homme et à la femme, l'arrêt *Goodwin* maintient l'exigence de différence de sexes dans le mariage. La Cour de justice des communautés européennes a également condamné l'impossibilité pour les transsexuels britanniques de se marier, en ce qu'elle empêchait ceux-ci de bénéficier d'une pension de réversion (K. B. c/ Royaume-Uni, 7 janv. 2004, *RTDciv.*, 2004, 373, chron. J. Raynard).

La Cour a en outre admis dans l'arrêt *X, Y et Z c. Royaume-Uni* du 22 avril 1997 (*JCP* G, 1998, I, 107, obs. F. Sudre), que la relation entre un transsexuel, sa compagne, et l'enfant issu d'une insémination artificielle avec tiers donneur, qu'ils élevaient ensemble était constitutive d'une vie familiale, même si elle n'a pas imposé à l'État la reconnaissance juridique de celle-ci.

Dans l'arrêt *Hämäläinen c/ Finlande* du 16 juillet 2014, la Cour européenne considère qu'il n'est pas disproportionné de poser comme condition préalable à la reconnaissance juridique du changement de sexe de la requérante que son mariage soit transformé en partenariat enregistré, le mariage homosexuel n'étant pas autorisé par la législation finlandaise, le partenariat enregistré représentant une option sérieuse offrant aux couples de même sexe une protection juridique pratiquement identique à celle du mariage. La Cour s'appuie sur l'absence de consensus européen en matière d'autorisation du mariage homosexuel comme que la question de la reconnaissance des changements de sexe dans le cas de mariage préexistant pour reconnaître à l'État une large marge d'appréciation.

A. G.

## SECTION 4
## *La protection de la vie familiale*

### I | Le droit au mariage

**50.** ***Frasik c/ Pologne, 5 janvier 2010***, *JCP G, 2010, act. 131, B. Belda.*

**88**. Article 12 secures the fundamental right of a man and a woman to marry and to found a family. The exercise of this right gives rise to personal, social and legal consequences. Both as to procedure and substance it is subject to the national laws of the Contracting States, but the limitations thereby introduced must not restrict or reduce the right in such a way or to such an extent that the very essence of the right is impaired (F. v. Switzerland, judgment of 18 December 1987, § 32 ; Christine Goodwin v. the United Kingdom [gc], § 29). In consequence, the matter of conditions for marriage in the national laws is not left entirely to Contracting States as being within their margin of appreciation. This would be tantamount to finding that the range of options open to a Contracting State included an effective bar on any exercise of the right to marry. The margin of appreciation cannot extend so far (R. and F. v. the United Kingdom, (dec.) no. 35748/05, 28 November 2006).

**89.** The Convention institutions have accepted that limitations on the right to marry laid down in the national laws may comprise formal rules concerning such matters as publicity and the solemnisation of marriage. They may also include substantive provisions based on generally recognised considerations of public interest, in particular concerning capacity, consent, prohibited degrees of affinity or the prevention of bigamy. In the context of immigration laws and for justified reasons, the States may be entitled to prevent marriages of convenience, entered solely for the purpose of securing an immigration advantage. However, the relevant laws – which must also meet the standards of accessibility and clarity required by the Convention – may not otherwise deprive a person or a category of persons of full legal capacity of the right to marry with the partners of their choice.

**95.** [...] The Court sees no reason why the trial court should – as it did – assess whether the quality of the parties' relationship was of such a nature as to justify their decision to get married or to analyse and decide which time and venue were more or less suitable for their marriage ceremony (see paragraph 38 above).

**97.** [...] A delay imposed before entering into a marriage in respect of persons of full age and otherwise fulfilling the conditions for marriage under the national law, be it a civil sanction or the practical consequence of such a refusal as in the instant case, cannot be considered justified under Article 12 of the Convention (see *F. v. Switzerland* cited above, § 33-37).

**98.** The third party drew the Court's attention to another, general aspect of the case, namely the lack of any procedure for contracting marriage in prison under Polish law. It submitted that, as shown by the facts supplied by the applicant, the authorities' discretion in granting or refusing a detained person the right to marry is unlimited. There are no rules stating in which circumstances a request for leave to marry in a detention facility can be refused and no time-limits are set for handling such requests (see paragraphs 86 and 87 above). [...]Accordingly, the Court concludes that there has been a violation of Article 12 of the Convention.

En condamnant l'interdiction faite à un détenu de se marier en prison, l'arrêt Frasik c/ Pologne, comme l'arrêt *Jaremowicz c/ Pologne* rendu le même jour, est révélateur du contrôle opéré par la Cour européenne des droits de l'homme sur la mise en œuvre par les États du droit de se marier consacré par l'article 12 de la Convention.

Contrairement à la plupart des droits consacrés par la Convention, le droit de se marier ne fait pas l'objet des limitations spécifiques de la clause d'ordre public. Alors que le texte dispose que « À partir de l'âge nubile, l'homme et la femme ont le droit de se marier et de fonder une famille selon les lois nationales régissant l'exercice de ce droit », la Cour restreint la marge d'appréciation reconnue aux États pour limiter le droit de se marier. La jurisprudence de la Cour révèle cependant que la définition même du mariage relève plutôt d'un consensus entre les États.

## I / La marge d'appréciation réduite des États en matière de limitations du droit au mariage

Affirmant que les restrictions au droit au mariage ne sont pas soumises au test de la « nécessité dans une société démocratique », la Cour vérifie qu'elles ne portent pas atteinte à la substance même du droit de se marier et ne sont pas arbitraires ou disproportionnées (§ 90).

A) Nonobstant la formulation de l'article 12 qui pouvait s'interpréter comme garantissant le droit de se marier tel que défini par les législations nationales, la Cour européenne a dégagé un droit au mariage au sens de la Convention. Elle a d'abord affirmé que les limitations à l'article 12 résultant des lois nationales « ne doivent pas le restreindre ou [le] réduire d'une manière ou à un degré qui l'atteindraient dans sa substance même » (*Rees* § 50 ; *Sheffield et Horsham*, § 66) et elle a surtout procédé à une nouvelle lecture du texte dans les arrêts *Goodwin et I* c/ Royaume Uni du 11 juillet 2002 (*supra* n° 49), en considérant que la marge d'appréciation de l'État ne saurait « aller jusqu'à interdire en pratique l'exercice du droit de se marier » (*Goodwin*, § 103). L'arrêt *Frasik* confirme cette volonté de la Cour européenne en vertu de laquelle la marge d'appréciation reconnue aux États en la matière ne saurait aller jusqu'à leur permettre d'édicter n'importe quelle condition d'accès au mariage. La législation nationale ne saurait ainsi priver une catégorie de personnes, en l'occurrence les détenus, du droit de se marier avec la personne de leur choix. Si l'incarcération prive les personnes de leur liberté et de certains droits et privilèges, cela ne signifie pas que les détenus ne peuvent pas se marier. Dans le même sens, la Cour avait déjà affirmé dans l'arrêt *Goodwin* qu'elle ne voyait « aucune raison justifiant que les transsexuels soient privés en toutes circonstances du droit de se marier ». La Cour souligne que le choix d'un(e) partenaire et la décision de l'épouser, que l'on soit en liberté ou en prison, sont des questions strictement privées et personnelles qui doivent échapper au contrôle de l'État.

La Cour condamne également le fait d'imposer un délai pour se marier à des personnes qui satisfont par ailleurs les conditions d'accès au mariage. Dans les arrêts *Frasik et Jaremowicz* elle rejette ainsi l'argument des autorités qui avaient imposé aux détenus d'attendre leur sortie de prison pour convoler en justes noces. Elle avait déjà condamné l'interdiction temporaire de se remarier pendant trois ans prononcée par le juge du divorce à l'encontre d'un ex-époux responsable de l'échec de sa précédente union (*F. c/ Suisse*, 18 déc. 1987). Le délai de viduité de trois cents jours imposé à la femme avant de contracter un nouveau mariage par l'article 228, alinéa 1er du Code civil a été supprimé en France par la loi n° 2004-439 du 26 mai 2004 relative au divorce. Dans l'arrêt *V.K. c/ Croatie* du 27 novembre 2012 (*Dr. fam.* 2013, Étude n° 3, obs. A. Gouttenoire), la Cour européenne affirme que lorsque la législation nationale autorise le divorce, les personnes divorcées doivent bénéficier du droit de se remarier sans restrictions excessives. En l'espèce, la longueur excessive de la procédure de divorce qui a laissé le requérant dans un état prolongé d'incertitude à propos de son second mariage constitue une restriction non raisonnable de son droit au mariage.

B) Dans l'arrêt *Frasik*, la Cour sous-entend que les limitations au mariage des détenus auraient pu être justifiées par des considérations liées à la sécurité dans la prison ou à la prévention d'infractions pénales. Mais elle note que de tels motifs n'ont pas été invoqués par les autorités polonaises qui se sont contentées d'affirmer que le mariage avec un détenu « s'écartait des conventions et normes sociales prédominantes ». Le juge européen a, en revanche, admis que l'article 12 ne constitue pas un obstacle à une réglementation des visites du conjoint à son époux incarcéré, le refus de telles visites dans un but de procréation devant être considéré comme justifié à des fins de défense de l'ordre et de prévention du crime, même si la Cour approuve cependant, la tendance actuelle de plusieurs pays européens à favoriser les visites conjugales, ce qui permet d'envisager une évolution de sa jurisprudence (*Aliev c/ Ukraine*, 29 avr. 2003, *RDP*, 2004, 827, obs. M. Levinet).

Une limitation au mariage relative à l'âge des époux est contenue dans le texte même de l'article 12 qui exige que ceux-ci aient atteint l'âge nubile, ce qui a permis à la Commission d'affirmer que ne constitue pas une atteinte excessive au droit au mariage l'obligation de respecter l'âge nubile légal même si la religion de l'intéressée autorise le mariage à un âge inférieur (déc. 7 juill. 1986, *Janis Khan c/ Royaume-Uni*, *DR* 48, 253). La loi française n° 2006-399 du 4 avril 2006 a uniformisé à dix-huit ans l'âge matrimonial (art. 144 C. civ.) pour les hommes et les femmes afin de lutter contre les mariages forcés des mineures.

L'article 12 de la Convention semble en outre limiter le droit au mariage aux personnes vivantes. En affirmant que la Convention ne garantit pas le droit d'épouser une personne décédée (déc. 13 déc. 1984, *M. c/ RFA*, *DR* 41, 259), la Commission européenne considère en effet que le droit au mariage n'impose pas aux États d'admettre le mariage posthume prévu par le droit français (art. 171 C. civ.).

Dans l'arrêt *Frasik*, la Cour européenne admet expressément que les États soumettent le mariage à certaines exigences de forme. La Commission a ainsi considéré qu'on ne peut pas imposer à un État la reconnaissance d'une union contractée selon un rite religieux qui ne satisfait pas les conditions de forme prescrites par la loi nationale (déc. 18 déc. 1975, X. c/ RFA, *DR*, 1, 64). La Cour affirme également dans l'arrêt *Serife Yigit* c/ Turquie (GC) du 2 nov. 2010 que l'article 8 ne saurait s'interpréter comme imposant à l'État l'obligation de reconnaître le mariage religieux. Dans le même sens, selon l'arrêt *Munoz Diaz c/ Espagne* du 8 décembre 2009 (*AJDA*, 2010, p. 997, obs. J.-F. Flauss) le fait que les unions roms n'ont pas d'effets civils ne constitue pas une discrimination, dès lors que le mariage civil est ouvert aux Roms dans les mêmes conditions d'égalité qu'aux personnes n'appartenant pas à la communauté rom. La Cour condamne cependant le refus de l'État espagnol de reconnaître les effets du mariage roms en matière de pension de réversion sur le fondement des articles 1 du protocole 1 et 14, au motif que la requérante avait été traitée, pendant la vie commune par les autorités, comme une épouse officielle.

Les dispositifs de lutte contre les mariages fictifs figurent également parmi les limitations au droit au mariage admises par la cour. Les législations nationales ayant pour but d'éviter les mariages de complaisance ne sont pas en elles-mêmes contraires à l'article 12 (Commission, déc. 6 janv. 1992, *Benes c/ Autriche*, *DR* 72, 270 ; déc. 16 oct. 1996, *Sanders c/ France*, *DR*, 87-A160). La Cour européenne vérifie cependant que les modalités nationales de lutte contre les mariages de complaisance n'aboutissent pas à priver les individus relevant du contrôle de l'immigration de leur droit au mariage. Elle considère ainsi dans l'arrêt *O'Donoghue et al. c/ Royaume-Uni*, du 14 déc. 2010 (*JCP* 2010 act. 1321, obs. C. Picheral) que les conditions auxquelles le dispositif national soumettait la possibilité pour les ressortissants étrangers de se marier n'étaient pas raisonnables et constituaient en conséquence une violation de l'article 12. La décision d'accorder ou non un certificat d'admission nécessaire au mariage des personnes relevant du contrôle d'immigration n'étant pas fondée exclusivement sur la sincérité des futurs mariés, le système de contrôle aboutissait à priver de l'exercice du droit au mariage toutes les personnes qui n'avaient pas l'autorisation d'entrer sur le territoire et l'importance des frais de dossier dont devaient s'acquitter les candidats au mariage soumis au contrôle d'immigration était de nature à porter atteinte à la substance même du droit au mariage. Le fait qu'une personne placée dans une situation analogue, mais qui aurait souhaité se marier à l'Église d'Angleterre aurait pu le faire sans entrave, constitue en outre une discrimination fondée sur les articles 12 et 14 de la Convention.

Dans le même sens, le Conseil constitutionnel a condamné les dispositions permettant d'ériger le seul caractère irrégulier du séjour de l'étranger en indice sérieux de l'absence de consentement et celle prévoyant le signalement à l'autorité préfectorale de la situation irrégulière d'un étranger accomplissant les formalités du mariage (Déc. n° 2003-484 du 20 novembre 2003, Loi relative à la maîtrise de l'immigration, au séjour des étrangers en France et à la nationalité, D. 2003, 1405, obs. O. Lecuq).

Alors que dans l'arrêt *Frasik*, la Cour européenne vise parmi les limitations justifiées du droit au mariage les degrés d'affinités interdits ou la prévention de la bigamie, l'empêchement à mariage existant entre un beau-père et sa belle-fille a, de manière surprenante, compte tenu du consensus existant sur ce point en Europe, été condamné par la Cour européenne dans l'arrêt *B. L. c/ Royaume-Uni* du 13 septembre 2005 (*Dr. fam.*, 2005, comm. no 234, obs. A. Gouttenoire et M. Lamarche). La position de la Cour européenne menace l'empêchement à mariage du droit français de l'article 161 du Code civil, qui connaît en effet des tempéraments moins importants que ceux du droit anglais, jugés insuffisants par les magistrats strasbourgeois. La Cour de cassation a cependant considéré dans un arrêt du 4 décembre 2013 (Pourvoi n° 12-26066, *JCP* 2014 p. 43, obs. M. Lamarche) que l'annulation d'un mariage entre un beau-père et sa belle-fille célébré 20 ans auparavant, sans opposition, constituait une ingérence excessive dans le droit au respect de la vie privée et familiale de l'épouse survivante.

## II / La définition consensuelle du mariage

La Cour adhère à une conception monogamique du mariage (*Johnston c/ Irlande*, 18 déc. 1986, *AFDI*, 1987, 239, obs. V. Coussirat-Coustère). Tout en reconnaissant que l'impossibilité de divorcer constitue une limitation au droit au mariage, ou plutôt au remariage, la Cour estime que dans une société monogamique, celle-ci ne porte pas atteinte à la substance de ce droit. Le droit de se marier et de fonder une famille contenu dans l'article 12 de la Convention « vise la formation des relations conjugales et non leur dissolution » (*Johnston* § 52).

A) Si l'article 12 de la Convention vise à la fois le droit de se marier et de fonder une famille, la Cour a clairement affirmé que le second aspect du droit consacré par l'article 12 n'est pas une condition du premier et que « l'incapacité pour un couple de concevoir ou d'élever un enfant ne saurait en soi passer pour le priver du droit de se marier » (*Goodwin* § 102). Dans l'arrêt *Abdulazziz, Cabales et Balkandali c/ Royaume-Uni* du 28 mai 1985, la Cour considère cependant, au visa de l'article 12, que le droit de fonder une famille ne se conçoit guère sans celui de vivre ensemble. L'article 9 de la Charte des droits fondamentaux distingue plus clairement « le droit de se marier et le droit de fonder une famille ».

Le droit de fonder une famille qui résulte de ce texte exige cependant que préexiste un couple et ne saurait être interprété comme incluant le droit pour une personne célibataire d'adopter (*Dalila Di Lazzaro c/ Italie*, déc. 10 juill. 1997, *DR*, 90). De même ne peut-il fonder le droit d'avoir des enfants en dehors du mariage (*X. c/ Belgique et Pays-Bas*, 10 juill. 1975, *DR*, 7, 75). Le Conseil d'État a estimé que l'article L. 213-2 du Code de la santé publique relatif à la stérilisation non volontaire des personnes handicapées n'est pas incompatible avec l'article 12 de la Convention européenne des droits de l'homme (CE, 26 sept. 2005, Association Collectif contre l'handiphobie, *JCP*, 2005, IV, 3299).

L'exigence d'une différence de sexes entre les membres du couple contenue dans l'article 12 a été grandement assouplie depuis la consécration par la Cour européenne du droit pour les transsexuels de se marier dans l'arrêt *Goodwin* (*supra* n° 49). Toutefois, la Cour européenne refuse d'imposer aux États l'obligation d'ouvrir le mariage aux personnes de même sexe, tout en admettant que le mariage homosexuel relève du domaine d'application de l'article 12 (*supra* n° 48).

A. G.

# II | Le droit au respect de la vie familiale

## A | La reconnaissance de la vie familiale

### 51. ***Marckx c/ Belgique, 13 juin 1979***, *série A, n° 31, JT, 1979, 513, obs. F. Rigaux ; AFDI, 1980, 317, obs. Pelloux ; JDI, 1982, 183, obs. P. Rolland.*

**31.** En garantissant le droit au respect de la vie familiale, l'article 8 présuppose l'existence d'une famille. La Cour marque son plein accord avec la jurisprudence constante de la Commission sur un point capital : l'article 8 ne distingue pas entre famille « légitime » et famille « naturelle ». Pareille distinction se heurterait aux mots « toute personne » ; l'article 14 le confirme en prohibant, dans la jouissance des droits et libertés consacrés par la Convention, les discriminations fondées sur « la naissance ». [...].L'article 8 vaut donc pour la « vie familiale » de la famille « naturelle » comme de la famille « légitime ». D'autre part, il n'est pas contesté que Paula Marckx a pris en charge sa fille Alexandra dès sa naissance et n'a cessé de s'en occuper, de sorte qu'il a existé et existe entre elles une vie familiale effective. En proclamant par son § 1 le droit au respect de la vie familiale, l'article 8 signifie d'abord que l'État ne peut s'immiscer dans l'exercice de ce droit, sauf dans sous strictes conditions énoncées au § 2. Ainsi que la Cour l'a relevé en l'affaire « linguistique belge », il a « essentiellement » pour objet de prémunir l'individu contre des ingérences arbitraires des pouvoirs publics [...]. Il ne se contente pourtant pas d'astreindre l'État à s'abstenir de pareilles ingérences : à cet engagement plutôt négatif peuvent s'ajouter des obligations positives inhérentes à un « respect » effectif de la vie familiale. Il en résulte notamment que l'État, en fixant dans son ordre juridique interne, le régime applicable à certains liens de famille comme ceux de la mère célibataire avec son enfant, doit agir de manière à permettre aux intéressés de mener une vie familiale normale. Tel que le conçoit l'article 8, le respect de la vie familiale implique en particulier, aux yeux de la Cour, l'existence en droit national d'une protection juridique rendant possible dès la naissance l'intégration de l'enfant dans sa famille. Divers moyens s'offrent en la matière au choix de l'État, mais une législation ne répondant pas à cet impératif enfreint le § 1 de l'article 8 sans qu'il y ait lieu de l'examiner sous l'angle du § 2. [...].

**34.** En agissant de manière à permettre le développement normal de la vie familiale d'une mère célibataire et de son enfant [...], l'État doit se garder de toute discrimination fondée sur la naissance : ainsi le veut l'article 14 combiné avec l'article 8. [...].

A / Sur le mode d'établissement de la filiation maternelle d'Alexandra Marckx [...]

**40.** La Cour reconnaît qu'il est en soi légitime, voire méritoire de soutenir et encourager la famille traditionnelle. Encore faut-il ne pas recourir à cette fin à des mesures destinées ou aboutissant à léser, comme en l'occurrence, la famille « naturelle » ; les membres de la seconde jouissent des garanties de l'article 8 à l'égal de ceux de la première.

**41.** [...] Assurément distinguer en ce domaine entre famille « naturelle » et famille « légitime » passait pour licite et normal dans beaucoup de pays européens à l'époque où fut rédigée la Convention du 4 novembre 1950. La Cour rappelle pourtant que cette dernière doit s'interpréter à la lumière des conditions d'aujourd'hui [...]. En l'espèce, elle ne peut pas ne pas être frappée par un phénomène : le droit interne de la grande majorité des États membres du Conseil de l'Europe a évolué et continue d'évoluer, corrélativement avec les instruments internationaux pertinents, vers la consécration juridique de l'adage « mater semper certa est ».

B / Sur l'étendue juridique de la famille d'Alexandra Marckx

**45.** Aux yeux de la Cour, la « vie familiale » au sens de l'article 8 englobe pour le moins les rapports entre proches parents, lesquels peuvent y jouer un rôle considérable, par exemple entre grands-parents et petits-enfants. Le « respect » de la vie familiale ainsi entendu implique, pour l'État, l'obligation d'agir de manière à permettre le développement normal de ces rapports [...]. Or, l'épanouissement de la vie familiale d'une mère célibataire et de son enfant reconnu par elle peut se voir entravé si le second n'entre pas dans la famille de la première et si l'établissement de la filiation ne produit d'effets qu'entre eux deux.

**48.** [...] La Cour ne discerne aucune justification objective et raisonnable des différences de traitement dont il s'agit ici. Certes, la « paix » des familles « légitimes » peut parfois être troublée si l'enfant « naturel » entre juridiquement dans la famille de sa mère à l'égal de l'enfant issu d'un mariage, mais cette considération n'autorise pas à le priver de droits fondamentaux.

C / Sur les droits patrimoniaux invoqués par les requérantes

**52.** Le domaine des successions – et des libéralités – entre proches parents apparaît intimement associé à la vie familiale. Celle-ci ne comprend pas uniquement des relations de caractère social, moral ou culturel, par exemple dans la sphère de l'éducation des enfants ; elle englobe aussi des intérêts matériels, comme le montrent notamment les obligations alimentaires et la place attribuée à la réserve héréditaire dans l'ordre juridique interne de la majorité des États contractants. [...].

**53.** L'article 8 (art. 8) n'exige pas pour autant qu'un enfant ait droit à une certaine part de la succession de ses auteurs, voire d'autres proches parents : en matière patrimoniale aussi, il laisse en principe aux États contractants le choix des moyens destinés à permettre à chacun de mener une vie familiale normale (§ 31 ci-dessus) et pareil droit n'est pas indispensable à la poursuite de celle-ci. En conséquence, les limitations apportées par le Code civil belge à la vocation successorale d'Alexandra Marckx ne se heurtent pas à la Convention en elles-mêmes, c'est-à-dire indépendamment du motif dont elles s'inspirent. Les libéralités appellent un raisonnement analogue.

**54.** La distinction établie à ces deux égards entre enfants « naturels » et enfants « légitimes » pose en revanche un problème sur le terrain des articles 14 et 8 combinés.

Paula Marckx, mère célibataire avait dû reconnaître puis adopter sa fille Alexandra pour que cette dernière puisse bénéficier des mêmes droits qu'un enfant légitime dans sa succession. La Cour européenne, suivant un mouvement général des droits internes des États membres, procède, depuis l'arrêt Marckx, à une lecture évolutive du droit à la vie familiale contenu dans l'article 8 de la Convention, pour déterminer la notion même de vie familiale comme pour imposer sa protection juridique.

## I / La notion de vie familiale

La vie familiale englobe les relations familiales personnelles et patrimoniales (*Marckx* § 52 ; *Camp et Bourimi c/ Pays-Bas*, 3 oct. 2000) et notamment les successions *(Pla et Puncernau c/ Andorre*, 13 juill. 2004, *JCP G*, 2005, I, 103, obs. F. Sudre ; *Bauer c/ Allemagne*, 28 mai 2009) les libéralités ainsi que les obligations alimentaires. La Cour s'est parfois référée dans ce domaine à l'article 1er du Protocole 1 (*Mazurek* c/ France, 1er fév. 2000 relatif aux droits successoraux d'un enfant adultérin, *infra*, n° 54 ; *Merger et Cros c/ France*, 22 déc. 2004, *JCP*, 2005, I, 103, obs. F. Sudre).

La notion de vie familiale cohabite dans la jurisprudence européenne avec le « concept gigogne » de vie privée et familiale qui recouvre un ensemble de droits individuels liés à la famille (F. Sudre, « La "construction" par le juge européen du droit au respect de la vie familiale », in *Le droit au respect de la vie familiale au sens de la* CEDH, Bruylant, 2002, p. 11). Sont inclus dans la vie privée et familiale le droit de connaître ses origines (*Gaskin c/ Royaume-Uni*, 7 juill. 1989), le droit au nom, « en tant que moyen d'identification personnelle et de rattachement à une famille », (*Burghartz c/ Suisse*, 22 févr. 1994) et au prénom (*Guillot c/ France, 24 oct. 1996*), le droit de vivre dans un environnement sain (Lopez *Ostra c/ Espagne*, 9 déc. 1994 ; *Moreno Gomez c/ Espagne*, 16 nov. 2004, *infra*, n° 47), le droit au logement (*Velosa Barreto c/ Portugal*, 21 nov. 1995), le droit à la santé (*McGinley et Egan c/ Royaume-Uni*, 9 juin 1998, *JCP G*, 1999, I, 105, obs. F. Sudre), le droit des membres d'une minorité d'avoir un mode de vie traditionnel (*Chapman c/ Royaume-Uni*, 18 janv. 2001, *infra*, n° 46).

La Cour a pu considérer qu'il n'est pas nécessaire de déterminer si le droit en cause se rapporte à la notion de vie privée ou de vie familiale, l'essentiel étant que l'article 8 soit applicable (*Elli Poluhas Dödsbo c/ Suède*, 17 janv. 2006, *JCP*, 2006, II, 10102, obs. X. Labbée ). Elle rappelle dans l'arrêt *Hadri-Vionnet du 14 mai 2008* (*RTD civ.*, 2008,

p. 257, obs. J.-P. Marguénaud) que « les notions de vie privée et de vie familiale sont des notions larges qui ne peuvent faire l'objet d'une définition exhaustive. »

L'arrêt *Marckx* constitue une illustration de la notion de vie familiale entendue comme un lien de parenté auquel s'ajoute une relation effective. La Cour européenne a cependant admis qu'un autre élément vienne suppléer l'un de ces deux critères.

A) Selon l'arrêt *Marckx*, la mise en œuvre de l'article 8 présuppose l'existence d'une famille. Le seul désir de fonder une famille, notamment par la voie de l'adoption n'est protégé par l'article 8 de la Convention qu'au titre du droit à la vie privée (*E. B. c/ France*, 22 janv. 2008, *JCP G*, 2008, II, 10071, comm. A. Gouttenoire et F. Sudre). Toutefois, la Cour a qualifié la demande d'adoption d'un enfant d'indice supplémentaire de la force du lien instauré entre une famille d'accueil et l'enfant qui leur avait été confié (*Moretti et Benedetti c/ Italie*, 27 avr. 2010, *JCP* 2010, 578, obs. F. Sudre).

La Cour a consacré dans les arrêts *Dickson c/ Royaume-Uni* du 4 décembre 2007 (*JCP G*, 2008, I, 110, obs. F. Sudre) et *S.H. c/ Autriche* du 3 novembre 2011 (*Dr. fam.* 2012, Étude n° 3, obs. A. Gouttenoire) le droit des couples de concevoir un enfant, et à recourir pour ce faire à la procréation médicalement assistée, fondé sur le droit à la vie privée et familiale. L'arrêt *Evans c/ Royaume-Uni* du 10 avril 2007 (*RTD civ.*, 2007, p. 295, obs. J.-P. Marguénaud) qui impose le respect de la décision de devenir ou de ne pas devenir parent génétique va dans le même sens. La Cour admet cependant, en se fondant sur le manque de solidité du consensus européen en la matière, que l'interdiction posée par la loi autrichienne de recourir à des techniques de procréation assistée hétérologues ne constitue pas une violation de l'article 8. Elle suggère toutefois au Parlement national de procéder à un nouvel examen complet de la législation relative aux procréations médicalement assistées. L'arrêt *Costa et Pavan c/ Italie* du 28 août 2012 (*JCP G* 2012, p. 1148, note C. Picheral) admet l'existence d'un droit à devenir parent d'un enfant sain. Elle condamne l'impossibilité de recourir à un diagnostic préimplantatoire sur l'embryon conçu par fécondation *in vitro* en raison de l'incohérence qui résulte de la confrontation entre cette absence et l'admission, dans le même temps, de l'avortement thérapeutique.

La vie familiale implique en principe deux personnes nées vivantes : le lien entre la mère et son enfant mort-né relève seulement de la vie privée (*Znamenskaya c/ Russie*, 2 juin 2005, *RTD civ.*, 2005, 737, obs. J.P. Marguénaud). La Cour a cependant admis l'applicabilité de l'article 8 au titre de la vie privée et familiale au retard excessif mis par les autorités françaises à restituer le corps de leur enfant à des parents à la suite d'une autopsie, dans l'arrêt *Pannulo et Forte c/ France* du 30 octobre 2001. Elle a également appliqué l'article 8 au refus d'autoriser le transfert de l'urne contenant les cendres du mari de la requérante mais sans préciser s'il s'agissait de vie privée ou de vie familiale dans l'arrêt *Elli Poluhas Dödsbo.* Dans l'arrêt *Hadri-Vionnet*, la Cour analyse l'inhumation d'un enfant mort-né par des agents communaux sans avoir consulté les parents, dans des conditions susceptibles de choquer leur sensibilité, comme une atteinte à leur « droit au respect de la vie privée ou familiale ».

Les deux éléments constitutifs de la vie familiale sont en principe la parenté et l'effectivité.

1° La parenté constitutive de la vie familiale peut exister en l'absence de reconnaissance juridique notamment lorsque le parent a abandonné son enfant sans l'avoir reconnu (*Kearns c/ France*, 10 janv. 2008, *Dr. fam.*, 2008, Étude n° 14, obs. A. Gouttenoire ; *Todorova c/ Italie*, 13 janv. 2009, *Dr. fam.* 2010, Étude n° 1) ou parce qu'il ignorait l'existence de cet enfant (*Gorgülü c/ Allemagne*, 26 févr. 2004, *Dr. fam.*, 2004, comm. 48, obs. P. Murat). Dans l'arrêt *Chavdarov c/ Bulgarie* du 21 décembre 2010 (*AJ Famille*, 2010, p. 108, obs. M. Douris), la Cour estime que le fait que la mère n'ait pas contesté la filiation de ses enfants à l'égard de son mari, pour l'établir à l'égard de leur père biologique, peut s'expliquer par d'autres raisons que l'absence de « vraie vie familiale » avec ce dernier. La Cour observe en outre qu'après la séparation du couple, l'intéressé a rapidement entrepris des démarches en vue de pallier l'absence de tout lien de filiation établi entre les trois enfants et lui-même, ce qui, considéré conjointement avec le fait que les enfants habitent avec lui depuis la séparation, témoigne de son attachement pour eux.

La nature de la filiation est indifférente à la reconnaissance de la vie familiale. Dans l'arrêt *Marckx*, elle affirme que l'article 8 vaut aussi bien pour la famille légitime que pour la famille naturelle. Cette décision illustre en outre la reconnaissance de la vie familiale dans la famille monoparentale. La Cour admet également que la vie familiale puisse exister lorsque l'enfant est né d'une relation adultère (*Johnston et al. c/ Irlande, 18 déc. 1986, JDI 87, 812, obs. P. Rolland ; Kroon c/ Pays-Bas,* 27 oct. 1994, *JCP G*, 1995, I, 3823, obs. F. Sudre ; *Merger et Cros*), et entre un étranger polygame et tous ses enfants (déc. 6 janv. 1992, A. et A. c/ Pays-Bas, *DR*, 72, 118). La filiation adoptive est également constitutive de la vie familiale (*Pini et Bertani, et Manera et Atripadi c/ Roumanie*, 22 juin 2004, *Dr. fam.*, 2004, Étude, n° 30, comm.

A. Gouttenoire et P. Salvage-Gerest ; *Wagner et J. M. W. L. c/ Luxembourg*, 28 juin 2007, *RTD civ.*, 2007, p. 738, obs. J.-P. Marguénaud). À cet égard, la Cour affirme dans l'arrêt *Pini et Bertani et al.*, que les obligations que l'article 8 fait peser sur les États en matière d'adoption doivent s'interpréter à la lumière des Conventions, de La Haye du 19 mai 1993 sur la protection des enfants et la coopération en matière d'adoption internationale, des Nations Unies sur les droits de l'enfant du 20 novembre 1989, et de Strasbourg du 24 avril 1976 en matière d'adoption d'enfants (§ 139).

La parenté sur laquelle repose la vie familiale s'entend également des relations existant entre l'enfant et d'autres membres de la famille que ses père et mère, particulièrement ses grands-parents (*Marckx* ; *Pla et Puncernau)*, ses frères et sœurs (*Boughanemi c/ France*, 24 avr. 1996 ; déc. 21 oct. 2004, I. et U. c/ Norvège) ou son oncle à l'égard de qui existaient des liens affectifs particulièrement forts (*Boyle c/ Royaume-Uni*, 8 févr. 1994). La Cour de cassation a considéré que les clauses d'un bail d'habitation ne pouvaient, en vertu de l'article 8 de la Convention européenne des droits de l'homme, avoir pour effet de priver le preneur de la possibilité d'héberger sa sœur et le père de ses enfants (Civ. 3e, 6 mars 1996, Mel Yedei, *JCP G*, 1997, I, 22764 ; obs. Nguyen Van Tuong ; dans le même sens pour l'hébergement d'une fille majeure par le titulaire du bail : Civ. 3e, 22 mars 2006, *JCP*, 2006, IV, 1872). Il n'est toutefois pas certain que cette conception large de la vie familiale soit applicable dans tous les domaines ; ainsi la vie familiale reconnue aux détenus semble se réduire à la famille proche (*Messina c/ Italie*, 28 sept. 2000).

La vie familiale peut également être fondée sur un lien d'alliance. Dans l'arrêt *Beljoudi c/ France* du 26 mars 1992 (*infra*, n° 52), la Cour évoque une « vie familiale d'époux » .

2° L'effectivité du lien constitue un élément essentiel de la vie familiale. La Commission a pu, en ce sens, décider que le donneur de sperme ne peut invoquer l'existence d'une vie familiale avec l'enfant en l'absence de rapports personnels avec ce dernier (déc. 8 févr. 1993, JRM c/ Pays-Bas, *Bull. dr. h.*, n° 1, 1993, 81). Dans les arrêts *Bauer* et *Todorova* les juges européens précisent que l'existence ou l'absence d'une « vie familiale » au sens de l'article 8 est d'abord une question de fait dépendant de la réalité pratique de liens personnels étroits et notamment de l'intérêt et l'attachement manifestés par le parent naturel pour l'enfant avant et après la naissance. Dans l'arrêt *Lebbink c/ Pays-Bas* du 1er juin 2004, la Cour affirme que le lien biologique n'est pas suffisant pour établir l'existence de la vie familiale mais qu'il faut également une cohabitation ou d'autres éléments démontrant l'existence d'une relation personnelle suffisamment forte

La cohabitation est un facteur essentiel de l'effectivité de la vie familiale. Tel était le cas dans l'arrêt *Marckx* mais également dans l'arrêt *Elsholz* du 13 juillet 2000 dans lequel la Cour met en avant le fait que le père a vécu avec l'enfant pendant dix-huit mois avant la séparation des parents. Dans l'arrêt *Merger et Cros*, la Cour observe que la requérante est née en 1968, alors que ses parents – son père était marié avec une autre femme – vivaient ensemble depuis 1965 et en déduit que la requérante et ses parents formaient à ce moment une famille au sens de l'article 8 de la Convention.

La vie familiale peut cependant exister en l'absence de cohabitation. Elle ne saurait tout d'abord disparaître avec la fin de la vie commune, notamment après une séparation des parents (*Berrehab c/ Pays-Bas*, 21 juin 1988). La vie familiale peut également exister entre un enfant et un parent qui n'ont jamais vécu ensemble si d'autres facteurs peuvent servir à démontrer qu'une telle relation a suffisamment de constance pour créer des liens familiaux *de facto*. Dans l'arrêt *Lebbink c/ Pays-Bas* du 1er juin 2004, la Cour européenne considère que la présence du père à la naissance de l'enfant et les visites régulières qu'il lui avait rendues pendant seize mois chez sa mère, avec qui il n'a pas vécu, permettent de caractériser une vie familiale effective (dans le même sens *Bauer*).

La Cour européenne se montre peu exigeante en ce qui concerne l'effectivité de la vie familiale : elle admet par exemple dans l'arrêt *Keegan c/ Irlande* du 26 mai 1994, qu'il existe une vie familiale entre un père et son enfant dont les relations s'étaient limitées à une visite de ce dernier à la maternité. Les juges européens déduisent la vie familiale entre l'enfant et le parent de l'existence d'une vie familiale entre ses parents. Dès lors qu'il a existé, à un moment donné, une vie familiale entre les parents de l'enfant, celle-ci n'est pas remise en cause par la séparation du couple et il existe entre l'enfant né de cette relation et le père qui ne vit plus avec la mère au moment de la naissance, un lien constitutif d'une vie familiale permettant au père de s'opposer à l'adoption de l'enfant décidée par la mère.

B) La vie familiale peut être constituée en l'absence de parenté comme en l'absence d'effectivité

1° C'est l'arrêt *X., Y. et Z. c/ Royaume-Uni* du 22 avril 1997 (*JCP* G, 1998, I, 107, obs. F. Sudre) qui a consacré la reconnaissance par la Cour européenne d'une vie familiale en dehors de tout lien de parenté. La Cour s'est fondée sur l'effectivité de la vie familiale, et notamment sur la cohabitation du couple, notamment composé d'un transsexuel, et de l'enfant né par insémination artificielle, tout en se référant à la vie sociale d'homme de X. et au fait qu'il se comporte à tous égards comme le père de Z. depuis la naissance de celui-ci. Elle combine ainsi l'effectivité et les « apparences », lesquelles suppléent l'absence de parenté.

La Cour se réfère également au fait qu'une famille d'accueil qui a accueilli un enfant pendant dix-neuf mois et s'est comporté à son égard comme des parents, pour considérer que, même en l'absence de lien juridique, il y avait une vie familiale entre les requérants et l'enfant (*Moretti et Benedetti ;* dans le même sens *Kopf et Liberda c/ Autriche*, 17 janv. 2012).

La Cour admet aussi l'existence d'une vie familiale entre un enfant et la concubine de sa mère dans la décision de recevabilité *Gas et Dubois c/ France* du 31 août 2010 (*AJ Famille*, 2010, p. 433 obs. C. Siffein-Blanc) et dans l'arrêt du 15 mars 2012 (*JCP 2012*, 961, obs. A. Gouttenoire et F. Sudre) en se fondant sur la durée et la stabilité de l'union des deux femmes et sur le fait que l'enfant avait été désiré par le couple. Le Conseil constitutionnel sans le formuler clairement, semble également admettre que la relation de l'enfant avec le concubin de son père ou de sa mère qui participe à sa prise en charge, constitue une vie familiale (déc. 6 oct. 2010, n° 2010-39 QPC, *JCP* 2010, 1145).

Le Conseil d'État (CE, 24 mars 2004, Mme Naïma et Mme Fatima (deux arrêts), *Dr. fam.*, 2004, comm. n° 170, obs. M. Farge et N. Taouli) a adopté une solution allant dans le même sens en considérant, sur le fondement de l'article 8 de la Conv. EDH, qu'une *kafala*, qui n'instaure aucun lien de parenté est constitutive d'une vie familiale compte tenu de l'intensité des liens existant entre les intéressés.

La Cour reconnaît également l'existence d'une vie familiale entre les membres d'un couple non marié. Elle affirme que la notion de famille visée par l'article 8 ne se borne pas aux seules relations fondées sur le mariage et peut englober d'autres liens familiaux *de facto* lorsque les parties cohabitent en dehors du mariage *(Johnston, Keegan, Serife Yigit c. Turquie*, 20 janv. 2009, *RTD civ.*, 2009, p. 285, obs. J.-P. Marguénaud). Dans l'arrêt *Serife Yigit*, la Cour précise les critères de la vie familiale dans de telles circonstances, que sont le fait de savoir si le couple vit ensemble, depuis combien de temps et s'il y a des enfants communs. Une relation adultère peut même constituer une vie familiale dès lors que les requérants vivaient depuis quinze ans ensemble (*Johnston*). La cohabitation, en principe nécessaire à la reconnaissance d'une vie familiale entre les membres d'un couple non marié, peut être remplacée, par d'autres facteurs témoignant de la constance de la relation *(Kroon)*. La Cour a qualifié la relation entre un détenu et sa compagne de longue date, avec qui il avait un enfant, de vie familiale (*Petrov c/ Bulgarie*, 22 mai 2008 ; *Van der Hendjen c/ Pays-Bas*, 3 avr. 2012). Elle admet également que la relation entre deux personnes de même sexe relève de la vie familiale (*supra*, n° 48).

2° La Cour européenne a par ailleurs admis l'existence d'une vie familiale en l'absence d'effectivité des relations entre les intéressés alors qu'existait seulement un lien de parenté juridique ou biologique dès lors que l'on pouvait envisager une vie familiale projetée.

Il en va ainsi dans les espèces dans lesquels les parents ou l'un d'entre eux ont été empêchés d'établir un lien, effectif ou juridique, avec leur enfant. Dans l'arrêt *Pini et Bertani et al.*, la Cour européenne reconnaît ainsi l'existence d'une vie familiale entre les parents adoptifs et les enfants adoptés, entre lesquels ne s'était établie aucune relation. La Cour se fonde sur le fait que le défaut d'effectivité des liens n'était pas imputable aux requérants. La Cour a également reconnu l'existence d'une vie familiale lorsque le seul lien avec l'enfant était seulement constitué d'une parenté biologique dans l'arrêt *Gorgülü*, relatif à un père qui avait ignoré la naissance de son enfant avec lequel il n'avait jamais eu de contact. La notion de vie familiale projetée vient également remplacer l'effectivité dans la constitution de la vie familiale dans les hypothèses des mères souhaitant revenir sur l'acte d'abandon de leur enfant (*Kearns ; Tordova*) dès lors que la Cour constate l'existence de manifestations de l'intérêt qu'elles portent à leurs enfants, ceux-ci permettant de ne pas écarter la relation potentielle qui aurait pu se développer entre elles et leurs enfants si elles avaient eu la possibilité de remettre en question leur choix. La notion de vie familiale projetée peut également s'inscrire dans des relations entre membres d'une fratrie, au regard de la volonté des requérantes de rencontrer leur jeune sœur, (déc. *I. et U. c/ Norvège*, 21 oct. 2004). Ces différentes décisions permettent de considérer que la vie familiale est constituée lorsque l'absence d'effectivité du lien est indépendante de la volonté des requérants qui ont, à l'inverse, manifesté leur volonté d'établir ou de rétablir des relations avec l'enfant. La volonté joue le même rôle dans le cadre des relations de couple dans l'arrêt *Abdulaziz, Cabales et Balkandali c/ Royaume-Uni* du 28 mars 1985 qui se réfère également à la notion de vie familiale projetée. L'arrêt *Odièvre c/ France* du 13 février 2003 (*JCP G*, 2003, II, 10049, note A. Gouttenoire et F. Sudre) va également, *a contrario*, dans ce sens, puisque la Cour pour rejeter l'applicabilité du droit au respect de la vie familiale relève que la mère de la requérante n'est jamais allée voir le bébé à la clinique et s'en est séparée « avec une indifférence absolue ». Le critère de l'effectivité serait ainsi remplacé par celui de la volonté contrariée comme le critère de la parenté est parfois remplacé par celui de l'apparence de parenté. Aux deux équations proposées par le P^r^ Sudre (art. préc.) : vie familiale = parenté + effectivité ou parenté + apparence de famille, il faudrait en ajouter une autre : vie familiale = parenté + volonté contrariée d'établir un lien. Cette hypothèse de vie familiale pourrait correspondre aux situations des pères d'enfants nés sous X auxquels les Cours d'appel françaises (Nancy, 23 févr. 2004, *Dr. fam.*, 2004, comm. n° 48, obs. P. Murat ; Grenoble, 9 juill. 2004, *Dr. fam.*, 2004, comm. n° 141, obs. P. Murat) ont refusé de « restituer » leur enfant placé en vue de son adoption et dont la Cour de cassation reconnaît désormais les droits lorsqu'ils ont reconnu l'enfant avant sa naissance (Civ. 1^re^, 7 avr. 2006, *Dr. fam.*, 2006, comm. n° 124, obs. P. Murat). Dans le même sens, la Cour d'appel d'Angers a reconnu, sans toutefois se référer formellement au droit au respect de la vie familiale de l'article 8 de la Conv. EDH, le lien entre un enfant abandonné par sa mère sans que sa filiation soit établie, et ses grands-parents biologiques en se fondant sur la volonté de la grand-mère d'établir des relations avec l'enfant, laquelle s'est heurtée à l'opposition des services sociaux (*JCP* 2011, 298, obs. A. Gouttenoire).

L'extension de la notion de vie familiale peut entraîner la reconnaissance de deux vies familiales pour un même enfant, l'une à l'égard de ses parents biologiques, l'autre à l'égard des personnes qui s'occupent effectivement de lui. La Cour européenne fait dans certains cas prévaloir le lien effectif (*Soderbäch c/ Suède*, 28 oct. 1998, *JCP G*, 1998, I, 105, obs. F. Sudre) mais admet aussi parfois la prévalence du lien biologique notamment lorsque le parent a été empêché d'entretenir des liens avec son enfant (*Görgülü).* Dans ce dernier arrêt la Cour considère que la violation de la vie familiale père ne pouvait être justifiée par le risque de traumatiser l'enfant en le séparant de sa famille d'accueil avec qui il vit depuis près de deux ans.

## II / La protection juridique de la vie familiale

Selon la Cour européenne, à l'engagement négatif de ne pas s'immiscer dans le droit au respect de la vie familiale qui se manifeste essentiellement dans le cadre des relations enfant/parent (*infra* n° 52) ou à propos de la vie familiale des étrangers (*infra* n° 55), s'ajoutent des obligations positives inhérentes à un “respect” effectif de la vie familiale (*Marckx*, § 33). Là où l’existence d’un lien familial avec un enfant se trouve établie, l’État doit agir de manière à permettre à ce lien de se développer et accorder une protection juridique rendant possible, dès la naissance, l’intégration de l’enfant dans sa famille notamment par l’établissement de la filiation. Cette obligation de protéger juridiquement la vie familiale connaît un épanouissement évident lorsque la vie familiale est fondée sur une parenté biologique ou juridique en revanche ses effets sont beaucoup plus limités lorsque la vie familiale existe en dehors de toute parenté.

A) De manière générale, comme l’illustre l’arrêt *Marckx*, le juge européen impose aux États d’organiser la reconnaissance juridique de la parenté biologique. La Cour européenne sanctionne sur le fondement de la « vie privée et familiale » le refus de faire prévaloir la réalité biologique et sociale sur une présomption légale de paternité (*Kroon ; Znamenskaya*). Dans un arrêt *Rózanski c/ Pologne* du 18 mai 2006, elle considère que le fait, pour un père biologique, d’avoir été empêché d’établir sa paternité du fait de l’établissement de la sienne par le nouveau compagnon de la mère de l’enfant constitue une violation du droit à la vie familiale. Lorsque le droit interne ne permet pas d’établir la paternité par des tests ADN, l’État a l’obligation, sur le fondement du droit à la vie privée, de mettre en place « des moyens alternatifs permettant à une autorité indépendante de trancher la question de la paternité à bref délai » (*Mikulic c/ Croatie, 7 févr. 2002 ;* dans le même sens *Jäggi c/ Suisse*, 13 juill. 2006, *Pascaud c/ France*, 16 juin 2011). L’arrêt *Kruskovic c/ Croatie* du 21 juin 2011 (Dr. fam. 2012, Étude n° 3, obs. A. Gouttenoire) consacre le droit pour un majeur incapable de voir sa paternité établie dans un délai raisonnable. En l’espèce, la reconnaissance effectuée par un homme placé sous tutelle, avait été annulée sans qu’aucune autre mesure n’ait été prise par les autorités de tutelle ou les services sociaux pour que la paternité du requérant soit établie ; selon la cour cette absence d’établissement de la paternité juridique du requérant pendant plus de deux ans est contraire à la fois à l’intérêt du père à l’intérêt de l’enfant.

La consécration par l’arrêt Marckx du principe *Mater semper certa est* découle également de l’obligation de protéger juridiquement la vie familiale. Elle est toutefois davantage abordée dans la décision du point de vue de l’égalité des enfants (*infra* n° 54). C’est sur le fondement de la jurisprudence européenne consacrant l’obligation de reconnaître juridiquement la vie familiale que la fin de non-recevoir à l’action en recherche de maternité de l’article 341-1 du Code civil, résultant de l'accouchement sous X, a été supprimée par la loi n° 2009-61 du 16 janvier 2009. La Cour de cassation a en outre admis, contrairement aux juges du fond, qu'en cas d'accouchement anonyme de la mère, la reconnaissance prénatale du père prend effet à la date de la naissance, dès lors que l'enfant a été identifié (Civ. 1re, 7 avr. 2006 préc.).

La Cour condamne au nom de l'intérêt supérieur de l'enfant, le refus du Luxembourg d'accorder l'*exequatur* à un jugement d'adoption péruvien, au motif que le droit luxembourgeois limitait le recours à l'adoption aux seuls couples mariés (*Wagner et J. M. W. L. c/ Luxembourg*, 28 juin 2007). Cette décision pourrait permettre de considérer que la filiation établie valablement à l'étranger doit être reconnue dans le pays de résidence de l'enfant dans le même sens *Negrepontis-Giannis c/ Grèce*, 3 mai 2011 (*Dr. fam.* 2012, Étude n° 3, obs. A. Gouttenoire). Le juge européen a admis la même solution à propos du mariage (*Dadouch c/ Malte* 20 juill. 2010).

L'obligation de consacrer le lien familial trouve cependant sa limite dans l'intérêt supérieur de l'enfant. La Cour européenne a ainsi admis l'impossibilité pour le père d'un enfant naturel confié par sa mère décédée à son oncle, d'établir sa filiation, la reconnaissance de paternité étant de nature à perturber la situation familiale de l'enfant (*Yousef c/ Pays-Bas*, 5 nov. 2002). Elle refuse également de condamner l'impossibilité pour la mère ayant accouché sous X de revenir sur sa décision d'abandonner son enfant une fois le délai de deux mois écoulé, dès lors qu'il est établi que le consentement à l'abandon était libre et éclairé (*Kearns*).

Dans l'arrêt *Kusçuoglu c/ Turquie* du 3 novembre 2011 (*Dr. fam.* 2012, Étude n° 3, obs. A. Gouttenoire), c'est le retard dans l'attribution à la mère de l'exercice de l'autorité parentale sur un enfant né hors mariage et reconnu par son père, qui fait l'objet de la critique de la Cour européenne.

La protection juridique de la vie familiale n'implique pas qu'un enfant ait un droit à une certaine part de la succession de ses auteurs, voire d'autres proches parents (*Marckx*, § 53) ou un droit général à des libéralités (*Merger et Cros*, § 37 et 47). Pris isolément, ce texte ne saurait donc suffire dans une telle hypothèse à fonder une violation de la Convention. C'est sur le terrain de la discrimination que la restriction des droits successoraux de l'enfant naturel est susceptible d'être critiquée (*infra*, n° 54). Toutefois, l'absence d'un régime juridique, y compris en matière de droits successoraux, reflétant les liens familiaux d'un enfant adultérin, constitue un manque de respect pour la vie familiale de l'intéressé (*Johnston*, § 75 et 79). Dans l'arrêt *Konstantin Markin* c/ *Russie* du 22 mars 2012 (*Dr. fam.* 2013, Étude n° 2, obs. A. Gouttenoire), la Cour précise que l'article 8 n'emporte pas un droit au congé parental mais note qu'en permettant à l'un des parents de rester au foyer pour s'occuper des enfants, le congé parental et l'allocation afférente favorisent la vie familiale et ont nécessairement une incidence sur l'organisation de celle-ci ; en conséquence, le congé parental entre dans le champ d'application de l'article 8 de la Convention.

La Cour européenne consacre, cette fois sur le fondement du droit à la vie privée, un droit de contester sa paternité juridique lorsque celle-ci ne correspond pas à la réalité biologique. En effet, le fondement du droit au respect de la vie familiale est exclu puisque par hypothèse, le père qui conteste sa paternité n'a pas de liens avec l'enfant.

Le système juridique russe qui prescrit en seulement un an l'action en désaveu de paternité est ainsi condamné dans l'arrêt *Shofman c/ Russie* du 24 novembre 2005. Si l'institution d'un délai pour l'engagement d'une action en désaveu de paternité peut se justifier par le souci de garantir la sécurité juridique des rapports familiaux et de protéger l'intérêt de l'enfant, la brièveté du délai de prescription en fait une atteinte disproportionnée aux buts légitimes poursuivis (dans le même sens *Mizzi c/ Italie*, 12 janv. 2006, *Paulik c/ Slovaquie*, 10 oct. 2006, RJPF, 2007, p. 41, obs. F. Dekeuwer-Defossez). Dans les arrêts *Grönmark c/ Finlande et Backlund c/ Finlande* du 6 juillet 2010, la Cour condamne la mise en œuvre trop automatique d'un délai de prescription de cinq ans. Dans l'arrêt *Iyilik c/ Turquie* du 6 décembre 2011 (*JCP 2012*, p. 498, obs. G. Gonzalez et A. Gouttenoire), elle admet que les autorités nationales aient pu faire primer l'intérêt de l'enfant concerné, adulte, qui refusait de se soumettre à l'expertise génétique réclamée par le père, en prenant en considération le long laps de temps pendant lequel il a bénéficié de son état civil de manière stable, alors même que cet état civil ne correspondait à aucune réalité affective. Selon l'arrêt *A.L. c/ Pologne* du 18 février 2014 (*AJFamille* 2014, p. 186, obs. M. Rouillard) l'irrecevabilité pour prescription d'une action en contestation de paternité pourtant fondée sur des éléments de preuve génétiques, est justifiée par l'intérêt général de protection de la sécurité juridique des relations familiales, les autorités polonaises ayant légitimement considéré que le lien de filiation devait être maintenu dans l'intérêt de l'enfant et que l'annulation de la reconnaissance de paternité aurait été une expérience traumatisante pour lui. Dans l'arrêt *Ostace c/ Roumanie* du 25 février 2014, la Cour admet également que l'absence d'un mécanisme juridique permettant au requérant de protéger son droit au respect de sa vie privée peut s'expliquer de manière générale par l'« intérêt légitime » de garantir la sécurité juridique et la stabilité des liens familiaux et par la nécessité de protéger les intérêts de l'enfant. Elle estime cependant qu'en l'espèce, en déclarant irrecevable la demande de réouverture de la procédure en recherche de paternité de l'enfant né hors mariage, alors que tous les intéressés semblaient favorables à l'établissement de la vérité biologique concernant la filiation l'enfant, à savoir ce dernier, sa mère et le père juridique, les autorités nationales n'ont pas eu égard au juste équilibre à ménager entre les intérêts en présence. Le père « putatif » disposait dans cette affaire d'un rapport d'expertise biologique, réalisé avec l'accord de l'enfant donné alors qu'il était devenu majeur, et prouvant qu'il n'était pas son père. L'irrecevabilité de son action en contestation de la filiation constituait donc une violation de son droit au respect de la vie privée.

Dans l'arrêt *Chavdarov c/ Bulgarie* du 21 déc. 2010, la Cour refuse curieusement d'imposer à l'État, compte tenu de la diversité des législations en la matière, l'obligation de permettre à un père biologique de contester la filiation de son enfant fondée sur une présomption de paternité. La Cour considère que l'absence de reconnaissance juridique de la paternité du requérant n'est pas problématique dès lors qu'elle ne l'empêche pas de mener une vie familiale *de facto* avec ses enfants et que le droit interne ne privait pas le requérant de toute possibilité d'établir un lien de paternité vis-à-vis de ceux-ci ou de pallier les inconvénients d'ordre pratique engendrés par l'absence d'un tel lien. La Cour fait ici allusion à la possibilité pour le père biologique de demander à ce que les enfants soient placés chez lui ou de les adopter !

B) De manière générale, la Cour européenne n'impose pas aux États l'obligation de consacrer juridiquement la vie familiale lorsque celle-ci ne repose pas sur un lien de parenté.

Ainsi, alors qu'elle a reconnu l'existence d'une vie familiale entre un transsexuel et l'enfant de sa compagne (*X., Y. et Z.*), la Cour constatant l'absence d'une approche commune des États membres « lorsqu'il s'agit de traduire sur le plan juridique la réalité sociale de la relation unissant un enfant conçu par IAD et la personne assumant le rôle de père », refuse de faire peser sur l'État l'obligation positive de reconnaître officiellement comme le père de l'enfant une personne qui n'en est pas le père biologique.

Dans le même sens, la Cour européenne a également refusé de condamner l'impossibilité pour la concubine d'adopter l'enfant de sa compagne dans l'arrêt *Gas et Dubois* du 15 mars 2012 (*infra* n° 48), rejoignant ainsi le Conseil constitutionnel (Déc. 6 oct. 2010, préc.).

Le droit au respect de la vie familiale n'exige pas non plus que soit condamnée l'impossibilité pour un enfant faisant l'objet d'une *kafala* d'être adopté, dès lors que sa loi personnelle prohibe cette institution (*Harroudj c/ France*, 4 oct. 2012, *JCP G 2012*, act. 1145, G. Gonzalez). Relevant qu'il n'existe pas de consensus entre les États ni sur l'effet de la *kafala*, ni sur l'adoption d'un enfant au statut prohibitif, la Cour constate que le refus d'adoption est justifié en grande partie par « le souci du respect de l'esprit et de l'objectif des conventions internationales ». Pour la cour, un ensemble d'éléments permet de parvenir à un équilibre conforme à l'article 8 de la Convention par un effacement progressif de la prohibition de l'adoption.

Si la Cour condamne dans l'arrêt Moretti et Benedetti du 27 avril 2010, le processus décisionnel ayant débouché sur l'adoption par une autre famille d'un enfant recueilli par les requérants, en qualité de famille d'accueil, alors que ces derniers avaient eux mêmes présenté une demande d'adoption, c'est en plaçant sur le terrain des obligations positives procédurales. Le caractère inéquitable de la procédure résulte du fait que la demande d'adoption des requérants n'a pas été examinée dans un bref délai et avec soin. La Cour se garde bien dans cette affaire de trancher entre les intérêts privés concurrents en jeu dans ce type d'affaire et laisse aux États une large marge d'appréciation dans ce domaine en l'absence de consensus sur « l'importance relative de l'intérêt en jeu ou sur les meilleurs moyens de le protéger ». Dans l'arrêt *Kopf et Liberda c/ Autriche* la Cour européenne refuse de considérer que le refus d'accorder à une famille d'accueil un droit de visite sur l'enfant qui était revenu vivre chez sa mère constitue une violation de l'article 8 de la Convention européenne ; elle se fonde sur l'intérêt supérieur de l'enfant pour approuver le raisonnement des juridictions autrichiennes selon lesquelles la reprise de contacts interrompus pendant plusieurs années entre les requérants et l'enfant était susceptible de placer celui-ci dans un conflit de loyauté.

Dans les arrêts *Serife Yigit et Schalk et Kopf* la Cour européenne se prononce sur la question de savoir si les États ont l'obligation de créer un statut pour les couples non mariés. Même si elle constate qu'un consensus européen se fait jour quant à la reconnaissance des couples de même sexe, celle-ci n'est pas encore prévue dans une majorité des États. Elle en déduit, eu égard à la marge d'appréciation des États en la matière, qu'elle ne peut pas leur imposer de légiférer dans un pareil domaine. Sur ce point, le Conseil constitutionnel semble se montrer – une fois n'est pas coutume – plus progressiste que le juge européen puisque dans sa décision du 28 janvier 2011 (préc.), s'il considère que le droit de mener une vie familiale normale n'implique pas le droit pour les couples homosexuels de se marier c'est en raison de la possibilité qui leur est offerte par le droit français de bénéficier du cadre juridique du concubinage ou du pacte civil de solidarité. Le juge constitutionnel semble ainsi admettre que le droit de mener une vie familiale normale implique le droit pour les couples de même sexe de bénéficier d'un statut légal.

Dans les arrêts *Mennesson et Labassée c/ France* du 26 juin 2014 (JCP 2014, p. 877, obs. A. Gouttenoire), la Cour européenne refuse de qualifier le refus des autorités françaises de reconnaître la filiation des enfants nés d'une gestation pour autrui à l'égard de leurs parents d'intention, de violation du droit au respect de la vie familiale. Elle considère que ce refus vise à décourager les ressortissants français de recourir, à l'étranger, à la GPA, prohibée en France et qu'il est proportionné car l'impossibilité de faire reconnaître le lien de filiation, n'a pas empêché les requérants de bénéficier en France de leur droit au respect à la vie familiale. En revanche, la Cour condamne sur le fondement du droit des enfants au respect de la vie privée le refus des autorités françaises de reconnaître la filiation des enfants à l'égard de leur "père d'intention" qui est également leur père biologique.

La Cour européenne a également été confrontée à la situation d'un père biologique dont la paternité n'était pas reconnue juridiquement. Dans cette hypothèse, c'est le fondement de la vie privée qui est utilisé par la Cour européenne et non celui de la vie familiale, faute de liens entre le requérant et son enfant biologique. La Cour considère dans l'arrêt *Schneider c/ Allemagne* du 15 septembre 2011 (*JCP G 2012*, doctr. 87, obs. F. Sudre), en se fondant sur le droit au respect de la vie privée, qu'un droit de visite et d'information d'un père biologique relatif à son enfant à l'égard de qui sa paternité juridique n'est pas reconnue, participait du respect de son identité (dans le même sens, *Anayo contre Allemagne*, 21 déc. 2010). Tout en précisant qu'en l'absence de consensus, il n'est pas opportun de poser une présomption générale, selon laquelle il serait toujours dans l'intérêt de l'enfant d'entretenir des relations avec son père biologique alors qu'il vit avec un père juridique différent, la Cour européenne condamne le fait pour les autorités allemandes de ne pas avoir recherché si l'intérêt de l'enfant en cause, apprécié concrètement, ne justifiait pas de fixer un tel droit de visite. Dans les arrêts *Ahrens c. Allemagne et Kautzor c/ Allemagne* du 22 mars 2012 (*Dr fam.* 2012, Étude n° 3, obs. A. Gouttenoire), la Cour estime que si les États sont tenus de rechercher s'il est dans l'intérêt supérieur de l'enfant de permettre au père biologique de nouer une relation avec celui-ci, par exemple en accordant un droit de visite, cela n'implique pas nécessairement l'obligation de permettre au père biologique de contester le statut du père légal, la décision de faire prévaloir la relation familiale existante entre l'enfant et ses parents légaux par rapport à la relation entre l'enfant et le père biologique relevant, pour ce qui est du statut juridique, de la marge d'appréciation de l'État. Dans l'arrêt *Tsikakos c/ Allemagne* du 10 février 2011, la Cour analyse le refus des juridictions allemandes d'accorder un droit de visite au requérant qui avait intenté une procédure en reconnaissance de paternité, comme une violation du droit de celui-ci au respect de sa vie familiale.

A.
A. G.

## B | La protection des relations parents-enfants, l'intérêt supérieur de l'enfant

### 52. *Maumousseau et Washington c/ France, 6 décembre 2007, AJ Famille, 2008, p. 83, obs. A. Boiché.*

**58.** La Cour constate d'emblée que, pour Mme Maumousseau et sa fille Charlotte, continuer à vivre ensemble est un élément fondamental qui relève à l'évidence de leur vie familiale au sens de l'article 8 de la Convention, lequel est donc applicable en l'espèce.

**59.** Par ailleurs, il ne prête pas à controverse que le retour de l'enfant ordonné par les juridictions françaises constitue une « ingérence » dans le chef des deux requérantes, au sens du paragraphe 2 de cette même disposition.

**60.** La Cour rappelle que la Convention ne doit pas être interprétée isolément et doit donc s'appliquer en accord avec les principes du droit international. En ce qui concerne la réunion d'un parent et de son enfant, les obligations que l'article 8 fait peser sur l'État membre doivent s'interpréter à la lumière des exigences imposées par la Convention de La Haye du 25 octobre 1980 sur les aspects civils de l'enlèvement international d'enfants (Iglesias Gil et AUI c. Espagne, § 51, Ignaccolo-Zenide c. Roumanie, § 95) ainsi qu'à celles de la Convention relative aux droits de l'enfant du 20 novembre 1989.

**66.** La Cour relève que depuis l'adoption de la Convention relative aux droits de l'enfant du 20 novembre 1989, « l'intérêt supérieur de l'enfant » dans toute matière le concernant, au sens de cet instrument, est au cœur de la protection de l'enfance, en vue de l'épanouissement de l'enfant au sein du milieu familial, la famille constituant « l'unité fondamentale de la société et le milieu naturel pour [sa] croissance et [son] bien-être », selon les termes du préambule de cette Convention. Comme la Cour l'a déjà jugé, cette considération primordiale peut revêtir plusieurs aspects.

**67.** En matière de garde d'enfant, par exemple, « l'intérêt supérieur de l'enfant » peut avoir un double objet : d'une part, lui garantir une évolution dans un environnement sain, et un parent ne saurait être autorisé à prendre des mesures préjudiciables à sa santé et à son développement ; d'autre part, maintenir ses liens avec sa famille, sauf dans les cas où celle-ci s'est montrée particulièrement indigne, car briser ce lien revient à couper l'enfant de ses racines.

**80.** La Cour considère, eu égard à l'âge de l'enfant, son audition pouvait apparaître en l'espèce comme non décisive.

**83.** S'agissant de l'obligation pour l'État d'arrêter des mesures positives, l'article 8 implique le droit d'un parent – en l'occurrence le père – à des mesures propres à le réunir à son enfant et l'obligation pour les autorités nationales de les prendre (voir, par ex., Ignaccolo-Zenide préc., § 94).

**85.** La Cour estime que le recours à des mesures coercitives ne saurait à lui seul enfreindre l'article 8 de la Convention.

**86.** Partant, il n'y a pas eu violation de l'article 8 de la Convention.

Charlotte Washington a fait l'objet d'une mesure de retour aux États Unis exécutée de force, notamment par le recours à la force publique dans l'école maternelle où elle était scolarisée, après avoir été déplacée illicitement en France par sa mère. Celle-ci prétendait que l'exécution de la mesure constituait une atteinte à son droit – et au droit de sa fille – au respect de la vie familiale.

Particulièrement révélateur de la jurisprudence de la Cour européenne des droits de l'homme relative aux enlèvements internationaux d'enfants, l'arrêt *Maumousseau et Washington* s'inscrit dans le cadre plus général de la protection européenne des relations parents-enfants. En cette matière, la Cour formule, sur le fondement du droit à la vie familiale et de l'intérêt supérieur de l'enfant, des exigences tant à propos de la séparation de l'enfant et de ses parents, qu'à propos de la réunion de la famille.

## I / La séparation de l'enfant et de son parent

Dans l'arrêt *Maumousseau et Washington*, la mise en œuvre de la décision de retour de l'enfant est analysée par la Cour européenne comme une ingérence dans le droit au respect de la vie familiale de la mère, auteur de l'enlèvement, et de sa fille. Ce raisonnement est fondé sur le principe posé par la Cour dès les premiers arrêts relatifs aux relations parents-enfants selon lequel « pour un parent et son enfant être ensemble représente un élément fondamental de la vie familiale » (*Olsson c/ Suède, 24 mars 1988, JDI, 1989, 789, obs. P. Tavernier*). Ce principe, d'abord mis en œuvre dans le cadre de l'assistance éducative, permet de considérer que la prise en charge de l'enfant par l'autorité publique constitue une ingérence dans le droit au respect de la vie familiale (*B., H., O., R. et W. c/ Royaume-Uni*, 8 juill. 1987), à laquelle la cour offre protection substantielle et procédurale.

A) Dans les affaires relatives aux relations parent-enfant, le caractère justifié et proportionné de la mesure en cause s'apprécie désormais en fonction de l'intérêt supérieur de l'enfant. Cette référence est fondée sur la Convention internationale des droits de l'enfant (CIDE) qui a placé l'intérêt supérieur de l'enfant au cœur de la protection de l'enfance. Selon la Cour, « il existe actuellement un large consensus – y compris en droit international » autour de ce principe (*Neulinger et Shuruk c/ Suisse*, 6 juill. 2010, *JCP* 2011 p. 94, obs. F. Sudre). La Cour utilise dans toutes les affaires concernant les relations parents-enfants la même formule selon laquelle « dans les affaires de ce type, l'intérêt des enfants doit passer avant toute autre considération. » Dans l'arrêt *Neulinger et Shuruk*, la Cour se réfère également à l'article 24 § 2 de la Charte des droits fondamentaux de l'Union européenne, qui énonce le principe de primauté de l'intérêt supérieur de l'enfant, mais aussi le droit de tout enfant d'entretenir régulièrement des relations personnelles et des contacts directs avec ses deux parents, sauf si cela est contraire à son intérêt. La Cour européenne s'attache à préciser la notion d'intérêt supérieur de l'enfant qui doit être « constamment interprétée de manière cohérente, quelle que soit la convention internationale invoquée ». Elle souligne que cet intérêt présente un double aspect : d'une part, garantir aux enfants une évolution dans un environnement sain ; d'autre part, maintenir ses liens avec sa famille, sauf dans les cas où celle-ci s'est montrée particulièrement indigne.

Avant même l'entrée en vigueur de la CIDE, l'intérêt de l'enfant était utilisé par la Cour européenne pour apprécier la pertinence d'un placement d'un enfant, étant précisé que cette ingérence doit évidemment être prévue par la loi. Sur ce point, la Cour considère qu'en matière d'assistance éducative l'utilisation de termes généraux et l'octroi au juge d'un large pouvoir d'appréciation, en particulier pour la mise en œuvre des décisions de prise en charge, répondent à l'exigence de qualité de la loi (*Schmidt c/ France*, 26 juill. 2007, *RTD civ.*, 2007, p. 765, obs. J. Hauser).

1° La mesure d'assistance éducative doit être à fois justifiée par l'intérêt de l'enfant (*K. et T. c/ Finlande*, 12 juill. 2001, *JCP G*, 2002, I, 105, obs. F. Sudre ; *Gnahoré c/ France*, 19 sept. 2000, *RDP*, 2001, 682, obs. A. Gouttenoire), ce que la Cour admet en général, et proportionnée à ce but, c'est-à-dire nécessaire pour la protection de l'enfant. Le placement est rarement contesté par les juges européens qui accordent sur ce point aux autorités une large marge d'appréciation. La Cour a souligné à plusieurs reprises la diversité des traditions liées au rôle de la famille et à l'intervention des pouvoirs publics dans les affaires familiales (*K. et T.*). Le même contrôle de proportionnalité est exercé sur le refus de main levée de la décision de placement, celle-ci devant prendre fin dès que la situation qui l'a justifiée s'est améliorée *(K. et T)*. La Cour européenne a validé dans l'arrêt *Vautier c/ France du 26 novembre 2009* (dans le même sens *Gnahoré*) le système français de protection judiciaire de l'enfance. En se fondant sur l'intérêt primordial des enfants d'être placés dans un environnement offrant les meilleures conditions pour leur développement, et en rappelant que cet intérêt peut, selon sa nature et sa gravité, l'emporter sur celui du parent, la Cour estime que les mesures prises en l'espèce étaient nécessaires et proportionnées. Elle admet même que le fait de tenir secret le lieu de placement de l'enfant (C. civ., art. 375-7) était justifié par les obstacles mis par la requérante au bon déroulement des mesures d'encadrement et d'accompagnement. Elle constate en outre que la mesure a été levée dès lors qu'il a été constaté qu'elle n'était plus conforme à l'intérêt de l'enfant.

La Cour a cependant condamné les autorités internes, dans des affaires dans lesquelles aucun mauvais traitement n'était reproché aux parents, pour n'avoir pas suffisamment recherché si d'autres mesures, susceptibles d'éviter le placement, étaient envisageables (Kutzner *c/ Allemagne*, 26 févr. 2002). Elle adopte la même solution lorsque les conditions matérielles de vie de la famille sont défaillantes, affirmant « que le fait qu'un enfant puisse être accueilli dans un cadre plus propice à son éducation ne saurait en soi justifier qu'on le soustrait de force aux soins de ses parents biologiques » (*Havelka et al. c/ République tchèque*, 21 juin 2007 ; *Walla et Wallová c/ République tchèque*, 26 oct. 2006 ; *Amanalachiorai c/ Roumanie*, 26 mai 2009). Dans l'arrêt *R.M.S. c/ Espagne* du 18 juin 2013, la Cour européenne affirme qu'une décision de placement d'un jeune enfant contre la volonté de sa mère ne peut être fondée sur la situation d'indigence de celle-ci, dont la vulnérabilité aurait dû être prise en considération lors de la décision de placement ; d'autres mesures auraient dû être envisagées pour répondre aux carences matérielles de la famille.

Dans l'arrêt *K. et T.* rendu à propos de la prise en charge d'un nouveau-né, réalisée dès la naissance de l'enfant, sans que les parents en soient avertis, elle considère que les autorités internes auraient dû rechercher s'il n'était pas possible de recourir à une ingérence moins extrême dans la vie familiale (dans le même sens, *Hasse c/ Allemagne*, 8 avr. 2004).

La Cour impose cependant aux États, sur le fondement de l'article 3 de la Convention, l'obligation positive de placer l'enfant lorsque sa protection l'exige (*Z. et al. c/ Royaume-Uni*, 10 mai 2001, *JCP G*, 2001, I, 342, obs. F. Sudre ; *DP et JC c/ Royaume-Uni*, 10 oct. 2002 et *E* c/ Royaume-Uni, 26 nov. 2002, *RTDH*, 2003, 1355, obs. A. Gouttenoire).

2° La séparation de l'enfant et d'un parent peut également prendre la forme d'une adoption de l'enfant qui implique une rupture définitive des liens familiaux (*Keegan, Johansen ; Clemeno et autres c/ Italie*, 21 oct. 2008). La Cour européenne procède à un contrôle vigilant de la justification de la décision d'adoptabilité, affirmant que « l'on se trouve, dans ce type d'affaire, en présence d'intérêts difficilement conciliables, ceux de la mère biologique, ceux de l'enfant et ceux de la famille d'adoption. » (*Todorova c/ Italie*, 13 janv. 2009). La Cour admet qu'un enfant soit retiré à sa famille lorsque des suspicions d'abus sexuels pèsent sur son père mais condamne la déclaration d'adoptabilité de l'enfant prise alors que la procédure pénale est encore pendante, l'acquittement du père n'ayant pas permis par la suite de modifier la décision (*Clemeno*). Si l'argument selon lequel l'intérêt de l'enfant exige une procédure d'adoption rapide est admis par la Cour *(Kearns c/ France 10 juill. 2008*, *Dr. fam.*, 2008, Étude n° 14, obs. A. Gouttenoire), il ne peut justifier un délai particulièrement court – 27 jours – entre la naissance et l'adoption de l'enfant qui n'a pas permis de s'assurer que le consentement donné par la requérante à l'abandon de ses enfants avait été éclairé et entouré de garanties adéquates (*Todorova*). En revanche, dès lors que la Cour est convaincue que la décision de déchoir la requérante de son autorité parentale et de permettre l'adoption était fondée sur des motifs pertinents et suffisants et qu'elle est proportionnée au but légitime poursuivi, à savoir la protection de l'intérêt supérieur de l'enfant, elle considère que l'adoption ne constitue pas une violation de l'article 8 (*Aune c/ Norvège*, 28 oct. 2010). Dans l'arrêt *Zambotto Perrin c/ France* du 26 septembre 2013 (*JCP 2013*, act. 1080, obs. K. Blay-Grabarczyk), la Cour européenne valide le processus français de déclaration judiciaire d'abandon et d'adoption subséquente de l'enfant. Elle constate que préalablement à la déclaration d'abandon et au prononcé de l'adoption, l'État avait rempli son obligation de favoriser le développement du lien familial. Elle affirme ensuite que l'article 350 du Code civil vise à préserver la santé et la moralité des mineurs, et à protéger leurs droits, en permettant de déclarer abandonné l'enfant dont les parents se sont manifestement désintéressés pendant une durée d'un an et de le rendre adoptable. La Cour considère en outre que le délai d'un an entre la déclaration judiciaire d'abandon et l'adoption n'est pas contraire aux exigences de l'article 8, l'intérêt supérieur de l'enfant étant, une fois la déclaration d'abandon décidée, de voir sa situation personnelle stabilisée et sécurisée par l'établissement d'un lien légalement reconnu avec sa famille d'accueil.

L'arrêt *Zhou c/ Italie* du 21 janvier 2014 (*Dr. fam.* 2014, Étude n° 12, obs. A. Gouttenoire) critique le refus des autorités italiennes de prononcer une adoption simple qui aurait pu permettre le maintien des liens entre la mère, considérée comme incapable de prendre en charge son enfant, et ce dernier. La Cour constate, certes, que le refus par les tribunaux de prononcer une adoption simple résultait de l'absence dans la législation italienne de dispositions permettant de procéder à ce type d'adoption, mais elle note également que certains tribunaux italiens avaient prononcé, par le biais d'une interprétation extensive des textes, l'adoption simple dans certains cas où il n'y avait pas abandon.

L'interdiction de l'exercice des droits parentaux découlant automatiquement du prononcé d'une peine de prison, par effet de la loi, sans contrôle par les tribunaux du type d'infraction et de l'intérêt des mineurs, ne saurait répondre à une exigence primordiale touchant aux intérêts des enfants et partant, poursuivre un but légitime (*Sabou et Pircalab* c/ Roumanie, 28 sept. 2004 ; *Iordache c/ Roumanie*, 14 oct. 2008). Dans l'arrêt *M.D. et autres c/ Malte* du 17 juillet 2012, la Cour européenne considère que la déchéance des droits parentaux subie par la mère à la suite d'une condamnation pénale pour maltraitance sur ses enfants, est une mesure particulièrement radicale qui doit être réservée aux situations exceptionnelles et fondée sur l'intérêt de l'enfant. Or, la déchéance des droits parentaux constitue dans l'État défendeur une mesure prononcée de manière automatique et définitive après une condamnation pénale, sans que le juge ne vérifie qu'elle est conforme à l'intérêt supérieur de l'enfant.

3° L'ingérence dans le droit au respect de la vie familiale peut également prendre la forme d'une suppression ou d'une réduction du droit de visite d'un parent après un placement ou une rupture du couple. Selon une jurisprudence constante « le placement de l'enfant [...] ne met pas fin aux relations familiales naturelles » (*W., Eriksson c/ Suède*, 22 juin 1989). La Cour contrôle les restrictions des droits parentaux de manière autonome et les admet seulement « si elles s'inspirent d'une exigence primordiale touchant à l'intérêt supérieur de l'enfant » (*Johansen c/ Norvège*, 7 août 1996, *JCP*, 1997, I, 4000, obs. F. Sudre). À défaut, elles constituent une atteinte disproportionnée au droit au respect de la vie familiale (*Andersson c/ Suède*, 25 févr. 1992). La Cour exerce un contrôle plus rigoureux sur les modalités d'exécution de la mesure de placement (*Johansen*, *Kutzner*) que sur l'existence même de ce dernier. Dans l'arrêt *Olsson*, la Cour affirme que le but ultime des mesures doit être d'unir à nouveau le parent naturel et l'enfant et que le fait d'interrompre les contacts pendant une trop longue période met en péril la poursuite de cet objectif (dans le même sens, *E. T. c/ Italie*, 16 nov. 1999, *JCP*, 2000, I, 203, obs. F. Sudre ; *Gnahoré*). Dans l'arrêt *Pontes c/ Portugal* du 24 septembre 2012, la Cour européenne précise, sur le terrain des obligations positives, que l'appréciation de la justification de la restriction du droit de visite doit se faire en vertu des circonstances prévalant à l'époque où les décisions ont été prises, et non pas après coup. Lorsqu'elle statue sur la justification de la décision de faire adopter l'enfant, la Cour va ainsi logiquement refuser de prendre en considération l'argument de l'État reposant sur l'absence de liens entre l'enfant et ses parents puisque c'est lui même qui est responsable de la rupture des contacts.

La Cour utilise le même raisonnement dans l'hypothèse de la détention d'un parent. La suppression ou la limitation très importante des visites des enfants et du conjoint d'un détenu, constitutive d'une atteinte au droit de ce dernier à la vie familiale, ne peut se justifier que dans des circonstances exceptionnelles (*Messina c/ Italie*, 28 sept. 2000, *JCP G*, 2001, I, 291, obs. F. Sudre ; *Lavents c/ Lettonie*, 28 nov. 2002, *JCP G*, 2003, I, 109, chron. F. Sudre ; *Nowicka c/ P*ologne, 3 déc. 2002). Dans l'arrêt *Trosin c/ Ukraine* du 23 février 2012, outre une fréquence très limitée des visites qui n'ont pu avoir lieu dans un premier temps que tous les six mois puis ensuite tous les trois mois, la Cour condamne les modalités de ces visites qui avaient lieu dans un parloir muni d'une vitre à travers laquelle le détenu devait parler à ses proches en présence d'un fonctionnaire qui écoutait les conversations. Par ailleurs, seuls trois adultes pouvaient rencontrer le détenu, ce qui a contraint celui-ci à choisir entre les membres de sa famille – son épouse, sa mère, son frère –, lorsque son fils est devenu majeur. La Cour rappelle que le maintien des contacts avec sa famille proche constitue une partie essentielle du droit au respect de la vie familiale. Si elle admet que des restrictions peuvent être apportées à ces contacts au nom de la défense de l'ordre, elle impose que la nécessité de celles-ci soit appréciée à la lumière de la situation particulière de chacune des personnes incarcérées. Or, la réglementation ukrainienne appliquait le même régime de visite à tous les détenus à perpétuité. Lorsqu'une personne est arrêtée, le fait de pouvoir communiquer avec sa famille revêt une importance capitale (*Uçar c/ Turquie*, 4 avr. 2006). Dans l'arrêt *I.S. c/ Allemagne* (5 juin 2014), la Cour européenne considère que les décisions judiciaires refusant à une mère biologique, qui avait consenti à leur adoption, le maintien du lien avec ses enfants, poursuit le but légitime de faire primer la relation familiale de l'enfant avec sa famille adoptive.

L'arrêt *Scozzari et Giunta* c/ Italie du 13 juillet 2000 (*JCP G*, 2001, I, 291, obs. F. Sudre) fait peser sur les autorités compétentes en matière d'assistance éducative, un devoir de vigilance, en ce qui concerne le travail des services sociaux afin que le comportement de ceux-ci ne fasse pas échec à la décision judiciaire.

Dans l'arrêt *Fourchon c/ France* du 28 sept. 2005, la Cour énonce clairement que l'article 8 inclut le droit pour le parent divorcé non investi du droit de garde de rendre visite à son enfant ou d'avoir des contacts avec lui. La Convention européenne sur les relations personnelles concernant les enfants du 15 mai 2003 renforce ce droit de l'enfant au maintien des liens avec ses parents. La Cour européenne admet cependant que les droits des parents puissent subir certaines restrictions lorsque l'intérêt de l'enfant l'exige (*Hokkanen c/ Finlande*, 23 sept. 1994). La Cour de cassation admet également que le droit de visite d'un parent soit réduit ou subordonné à certaines conditions au nom de l'intérêt de l'enfant (Civ. 1re, 22 fév. 2000, Mme X. c/ M. Y., *RTD civ.*, 2000, 559, obs. J. Hauser ; Civ. 1re, 24 oct. 2000, M. X. c/ Mme Y., *RTD civ.*, 2001, 126, obs. J. Hauser).

B) À partir de l'arrêt *W.*, la Cour a déduit de l'article 8 une protection procédurale des parents en matière d'assistance éducative qui a été étendue à tous les domaines concernant les relations parents-enfants. Dans l'arrêt *McMichael c/ Royaume uni* (24 févr. 1995, *JCP G*, 1996, I, 3910, obs. F. Sudre), la Cour européenne consacre expressément l'autonomie de l'article 8 comme fondement de la protection des droits procéduraux des parents. Dès lors que mesure est susceptible de porter atteinte au droit à la vie familiale, le processus décisionnel doit « être équitable et respecter comme il se doit les intérêts protégés par l'article 8 ». Pour qu'il en soit ainsi, les parents doivent pouvoir jouer un rôle suffisamment important dans la procédure (*W. ; Todorova ; Hoppe c/ Allemagne*, 5 déc. 2002). Tel n'est pas le cas lorsque les requérants n'ont jamais eu l'occasion de faire valoir leur point de vue à propos du placement de leur enfant (*Venema c/ Pays-Bas*, 17 déc. 2002). Dans l'arrêt *Schmidt c/ France*, la Cour européenne remet en cause l'utilité du pourvoi en cassation en matière d'assistance éducative dans une affaire où, selon une jurisprudence constante de la Cour de cassation, le pourvoi en cassation n'avait pas été examiné parce qu'au moment où il aurait dû l'être, la mesure sur laquelle il portait avait été levée. Les juges européens en déduisent que le recours devant la Cour de cassation n'est pas effectif.

La Cour européenne admet cependant que la protection de l'enfant justifie certaines dérogations aux droits procéduraux des parents. Le recours à une procédure d'urgence peut être « nécessaire dans une société démocratique pour la protection de la santé et des droits de l'intéressée » (*TP et KM c/ Royaume-Uni*, 10 mai 2001, *JCP G*, 2001, I, 342, obs. F. Sudre, § 76). Une mesure de placement peut être prise en cas d'urgence sans consulter les parents (*K. A. c/ Finlande*, 14 janv. 2003 ; *Hasse c/ Allemagne*, 8 avr. 2004) à la condition qu'il ait été procédé à une évaluation précise de l'impact de celle-ci sur les parents et sur l'enfant et à la recherche de solutions alternatives. La Cour reconnaît dans l'arrêt *Errico c/ Italie du 24 février 2009* que les soupçons d'abus sexuels pesant sur le requérant pouvait raisonnablement amener les autorités compétentes à penser que le fait de l'informer au préalable de la mise en œuvre de la procédure d'éloignement de l'enfant aurait pu porter préjudice à ce dernier. En droit interne, le décret n° 2002-361 du 15 mars 2002 a renforcé les droits procéduraux des parties en matière d'assistance éducative (*Dr. fam.*, 2002, chron. n° 14, obs. A. Gouttenoire).

Les mêmes garanties procédurales doivent être respectées dans le cadre des procédures d'adoption dans lequel il est capital pour le parent biologique de pouvoir s'exprimer devant l'autorité judicaire et remettre en cause le choix d'abandonner ses enfants (*Todorova).* L'exclusion de la mère du processus d'adoption est considérée comme une atteinte à sa vie familiale (dans le même sens *X c. Croatie 17 juillet 2008*). Dans le même ordre d'idée, dans l'arrêt *Maumousseau et Washington*, la Cour affirme que le processus décisionnel relatif au retour de l'enfant enlevé et débouchant sur des mesures d'ingérence doit être équitable et permettre à tous les intéressés de faire pleinement valoir leurs droits. La Cour fait également peser sur l'État l'obligation positive procédurale de mettre à la disposition du parent, « même s'il n'en fait pas la demande », toutes les informations invoquées par les autorités pour justifier une mesure de protection. La Cour admet cependant dans l'arrêt *TP et KM* que dans certains cas, la divulgation des déclarations d'un enfant peut mettre celui-ci en danger et qu'un parent ne peut donc pas avoir un droit absolu de voir, par exemple, les enregistrements vidéo des entretiens conduits par des professionnels de la santé avec cet enfant. L'arrêt *Novo et Silva c/ Portugal* du 25 septembre 2012 rappelle en outre que le principe du contradictoire, fondé sur l'article 6 § 1, doit être mis en œuvre dans le cadre de la procédure d'adoption au bénéfice des adoptants. La transmission au tribunal de la décision de placer dans une autre famille l'enfant que les requérants étaient susceptibles d'adopter, sans qu'elle leur ait été notifiée ne respecte pas cette exigence.

La protection procédurale des droits parentaux a été étendue aux procédures relatives à l'autorité parentale. La Cour se fonde simultanément sur les articles 6 § 1 et 8 pour condamner dans l'arrêt M.*D. et autres c/ Malte du 17 juillet 2012* (*Dr. fam.* 2013, Étude n° 3, obs. A. Gouttenoire), l'impossibilité pour une mère de contester la déchéance de ses droits parentaux prononcée à la suite d'une condamnation pénale pour maltraitance, qui porte atteinte au droit d'accès à un tribunal. Dans l'arrêt *Elsholz c/ Allemagne* du 13 juillet 2000, la Cour a considéré que n'était pas conforme aux exigences procédurales de l'article 8 le processus décisionnel en vertu duquel le requérant s'était vu refuser un droit de visite à l'égard de son fils sans qu'une expertise psychologique ne soit ordonnée et sans qu'une audience n'ait lieu. La Grande Chambre de la Cour a cependant considéré que « ce serait aller trop loin » que d'imposer systématiquement aux tribunaux une audition de l'enfant (*Sahin c/ Allemagne*, 8 juill. 2003, *RTD civ.*, 2003, p. 760, obs. J.-P. Marguénaud) ou une expertise psychologique (*Sommerfeld c/ Allemagne*, 8 juill. 2003, *ibid.*) et qu'il faut prendre en considération les circonstances particulières tenant à l'âge et la maturité de l'enfant. La Cour a même reproché à une juridiction finlandaise, dans une affaire opposant un père à la compagne de la mère décédée des enfants, d'avoir exclusivement pris en compte les souhaits exprimés par ces derniers, sans tenir d'audience ni prendre de mesure d'expertise (*C. c/ Finlande*, 9 mai 2006). Elle a admis dans l'arrêt *Maumousseau et Washington* le pouvoir d'appréciation des juges internes quant à l'opportunité de l'audition de l'enfant notamment eu égard à son âge.

Dans l'arrêt *Pelliccioni c/ Saint Marin* du 27 septembre 2011, la Cour européenne, notant que les autorités nationales qui bénéficient de rapports directs avec les intéressés, étaient les mieux placés pour décider au fond des relations entre la mère et l'enfant, dès lors qu'elles s'étaient fondées sur l'intérêt supérieur de l'enfant, et que la décision n'a pas rompu les liens entre l'enfant et sa mère, vérifie que les droits procéduraux de la requérante ont bien été respectés. Tel était bien le cas puisque cette dernière a bien été représentée par un avocat tout au long de la procédure, a eu accès aux pièces du dossier, a pu exposer ses arguments et participer aux différentes audiences. En outre, si elle juge répréhensible que la procédure relative au droit de garde ait duré trois ans, la Cour constate que les droits de visite de la mère ont été régulièrement conservés pendant cette période.

La Cour européenne fait peser sur les États une obligation particulière de diligence dans les procédures familiales au regard de l'enjeu de celles-ci, en se fondant sur les articles 6 § 1 ou 8 de la Convention. Selon le juge européen en effet, dans le cadre des relations familiales, le rôle de l'écoulement du temps est primordial, et les autorités doivent prendre les mesures nécessaires dans un délai réduit, qu'il s'agisse d'enlèvement d'enfant (cf. *infra*) ou de détermination des modalités des relations avec un enfant dans le cadre d'un conflit parental (*Mereilles c/ Bulgarie*, 18 déc. 2012) ou au bénéfice d'une famille d'accueil (*Kopf et Liberda c/ Autriche*, 17 janv. 2012).

## II / La réunion de la famille

Dès l'arrêt *Olsson*, la Cour mentionne l'existence d'une obligation positive de l'État de faciliter la réunion de la famille. En vertu de cette exigence, la Cour contrôle, dans les différentes hypothèses de séparation de l'enfant et de son parent, si les États ont mis en œuvre les mesures nécessaires à la réunion de la famille ; elle a plus récemment, été confrontée à la question de savoir si les mesures prises pour respecter cette exigence n'étaient pas excessives.

A) Lorsque l'enfant a été placé, pèse sur les autorités judiciaires l'obligation positive de mettre tout en œuvre pour maintenir les relations personnelles et, le moment venu, de reconstituer la famille (*Kutzner*). Dans l'arrêt *Gnahoré* la Cour s'interroge sur le point de savoir si « les autorités ont pris, pour faciliter le regroupement, toutes les mesures que l'on pouvait raisonnablement exiger d'elles » et conclut à une absence de violation de l'article 8 au motif que les services avaient bien effectué toutes les démarches nécessaires au maintien des relations parents-enfants mais que le comportement du requérant n'avait pas permis qu'elles aboutissent. C'est également au regard des obligations positives que la Cour européenne a analysé la demande de rétractation d'une mère ayant abandonné son enfant dans le cadre d'un accouchement sous x (*Kearns*). Faisant primer l'intérêt supérieur de l'enfant, elle admet que la brièveté du délai de rétractation (deux mois) permet à celui-ci de bénéficier rapidement de relations affectives stables au sein d'une nouvelle famille et valide le système français d'accouchement dans le secret, dès lors, qu'il était établi comme c'était le cas en l'espèce, que la mère avait été informée des conséquences de son acte.

Dans l'arrêt *Saleck Bardi c/ Espagne* du 24 mai 2011, « l'inertie de l'administration et du manque de coordination entre les services compétents » est condamnée par la cour dans une affaire où une enfant qui vivait avec sa mère dans un camp de réfugiés en Algérie avait été volontairement confiée par cette dernière, pour les vacances, à une famille d'accueil en Espagne. L'enfant avait ensuite été confié à la famille d'accueil par les autorités espagnoles. La Cour constate que les autorités nationales ont failli à l'obligation de célérité particulièrement exigible pour ce type d'affaires et qu'elles n'ont pas « *déployé des efforts adéquats et suffisants pour faire respecter le droit de la requérante au retour de son enfant* ». L'arrêt *Lyubenova c/ Bulgarie* du 18 octobre 2011 se prononce dans le même sens à propos d'un conflit entre une mère et ses beaux-parents qui s'étaient approprié la garde de leur petit-fils et avait privé sa mère de tout contact avec lui, alors que celui-ci leur avait été confié temporairement.

À partir de l'arrêt *Ignacollo-Zenide c/ Roumanie* du 25 janvier 2000 (*Dr. fam.*, 2000, chron. n° 26, obs. H. Fulchiron et A. Gouttenoire), la Cour européenne a également consacré une obligation positive des États de prendre les mesures nécessaires au retour de l'enfant ayant fait l'objet d'un déplacement illicite à la lumière de la Convention de La Haye du 25 octobre 1980 sur les aspects civils de l'enlèvement international des enfants. Dans l'arrêt *Maumousseau et Washington*, la Cour déclare « souscrire entièrement à la philosophie sous-jacente de cette convention. [...] Il s'agit donc, une fois les conditions d'application de la Convention de La Haye réunies, de revenir au plus vite au *statu quo ante* en vue d'éviter la consolidation juridique de situations de fait initialement illicites ». Au fur et à mesure des arrêts rendus en matière d'enlèvements internationaux d'enfant, la Cour européenne a incorporé l'ensemble des dispositions de la Convention de La Haye à l'article 8. Dans l'arrêt *Carlson c/ Suisse* du 6 novembre 2008 (*JCP* 2009, I, 104, obs. F. Sudre), la Cour se déclare compétente « pour rechercher si l'interprétation donnée par les juridictions internes des garanties de la Convention de La Haye est à l'origine d'une violation de l'article 8 de la Convention » et, notamment, pour examiner « si et dans quelle mesure la manière dont celles-ci ont procédé cadre avec l'objet et le but de la Convention de La Haye ».

La Cour s'assure en premier lieu que les conditions d'application de la Convention de La Haye sont réunies. Il faut en effet que l'enlèvement soit illicite (déc. 2 sept. 2003, *Guichard c/ France*, *Dr. fam.*, 2004, comm. no 98, obs. A. Gouttenoire). Le déplacement est considéré comme illicite en cas de partage de l'autorité parentale (*Monory c/ Roumanie et Hongrie*, 5 avr. 2005). Dans l'arrêt *Neulinger et Shuruk*, la Cour européenne considère en outre que même si, en principe, la Convention de La Haye ne s'applique qu'en cas de violation d'un droit de garde, certaines de ses dispositions visent également à protéger le droit de visite. Elle admet ainsi que constitue un enlèvement le déplacement de l'enfant qui rendait en pratique le droit de visite du père illusoire. Pour la CJUE (5 oct. 2010, aff. n° C-400/10, J. McB. contre L. E., *JCP* 2010, 1324, obs. F. Boulanger), le fait que le père non marié ne puisse obtenir un droit de garde que par une décision de justice, n'est pas contraire à l'article 24 de la Charte des droits fondamentaux. Dans l'arrêt *Rouiller c/ Suisse* du 22 juillet 2014, la Cour considère que, dès lors que les parents exerçaient en commun l'autorité parentale, la décision unilatérale de la mère de modifier le pays de résidence des enfants, même si en parcourant seulement quelques kilomètres, constituait bien un déplacement illicite d'enfant.

L'obligation de réunir l'enfant et son parent pèse sur tous les États concernés par l'enlèvement, qu'il s'agisse du pays dans lequel l'enfant réside ou de celui dans lequel il a été déplacé. La Cour examine, à la demande du parent qui a subi l'enlèvement si l'État a pris toutes les mesures nécessaires pour permettre le retour de l'enfant (notamment *Raw c/ France* du 7 mars 2013 (*Dr. fam.* 2013 p. 27, obs. F. Creux-Thomas). Dans la plupart des arrêts, elle reproche aux autorités d'avoir tardé à prendre une décision ordonnant le retour de l'enfant (*Maire c/ Portugal*, 26 juin 2003 ; *Dore c/ Portugal* et *Karoussiotis c/ Portugal*, 1^er^ fév. 2011 ; *Özmen c/ Turquie* 4 déc. 2012) tout en vérifiant que la décision imposant le retour ait été prise selon une procédure conforme aux exigences du procès équitable (*Eskinazi et Chelouche c/ Turquie*, 6 déc. 2005, *Dr. fam.*, 2006, comm. n° 44, obs. F. Sudre). L'État peut également être critiqué pour ne pas avoir pris les mesures concrètes à l'exécution de la décision de retour (*Sylvester c/ Autriche, 24 avr. 2003*, *Dr. fam.*, 2003 ; *Leschiutta et Fraccaro c/ Belgique*, 17 juill. 2008 ; *Shaw c/ H*ongrie, 26 juil. 2011), y compris des mesures coercitives à l'égard du parent auteur de l'enlèvement (*Maire ; Bianchi c/ Suisse*, 22 juin 2006). Dans l'arrêt *Raw*, la Cour affirme que l'intérêt supérieur des enfants s'oppose en règle générale à ce que des mesures coercitives soient prises à leur encontre, mais estime que de telles mesures auraient pu être prises à l'encontre du père afin de l'inciter à coopérer d'avantage. Plus généralement les États ont l'obligation de se doter d'un arsenal juridique permettant l'adoption de sanctions efficaces (*Iglesias Gil et AUI c/ Espagne*, 29 avr. 2003 ; *Maire*). La Cour réaffirme dans l'arrêt *Carlson*, que « le principe selon lequel il appartient aux États contractants d'organiser leurs services et de former leurs agents de manière à leur permettre de répondre aux exigences de la Convention est particulièrement important dans un domaine aussi sensible que l'enlèvement d'un enfant ». La Cour critique dans l'arrêt *Özmen* le fait que l'attitude des juridictions nationales a en réalité abouti « à entériner la situation illicite créée par le comportement de la mère ». Dans certaines décisions, la Cour refuse de condamner un État refuge en considérant qu'il a pris toutes les mesures qui étaient en son pouvoir pour retrouver l'enfant et organiser son retour (*Koons c/ Italie*, 30 sept. 2008 ; *Ancel c/ Turquie*, 17 févr. 2009) montrant ainsi que l'obligation positive qui père sur les États reste une obligation de moyens.

Le principe du maintien des relations de l'enfant avec ses deux parents séparés conduit également la Cour européenne à imposer aux États l'obligation positive de prendre les mesures propres à assurer l'exécution du droit de visite du parent non hébergeant (*Fourchon ; Bove c/ Italie*, 30 juin 2005, *Reidago Ramos c/ Portugal*, 22 nov. 2005). La Cour s'interroge sur le point de savoir si l'on peut reprocher aux autorités une responsabilité fautive dans le défaut d'exécution du droit de visite. Elle admet que l'obligation des autorités nationales de prendre des mesures positives pour réunir l'enfant et son parent n'est pas absolue et que leur obligation de recourir à la coercition en la matière est limitée, au regard de l'intérêt supérieur de l'enfant. La Cour européenne ne condamne pas l'absence de responsabilité pénale du parent qui n'exécute pas le droit de visite, les États disposant d'une large marge d'appréciation quant à leurs choix législatifs surtout s'agissant de politique criminelle (*Reigado Ramos*). Dans l'arrêt Fourchon, la relaxe de la mère, poursuivie pour non-représentation d'enfant, est justifiée par le refus des enfants de voir leur père (dans le même sens *Volesky c/ République tchèque*, 29 juin 2004 ; *Patera c. République tchèque* 26 avr. 2007). À l'inverse, dans l'arrêt *Bove*, la Cour européenne considère que l'inaction des autorités compétentes a été la cause de l'inobservation du droit de visite du requérant (dans le même sens, *Reidago Ramos ; Lafargue c/ Roumanie*, 22 juill. 2006, *Zavrel c/ République tchèque*, 18 janv. 2007, *Dr. fam.*, 2008, Étude no 14, obs. A. Gouttenoire). Toutefois, dans l'arrêt *Ball c/ Andorre*, du 11 décembre 2012, la Cour considère que les autorités nationales n'ont pas failli à leurs obligations positives découlant de l'article 8 dans la mesure où elles ont toujours tenu compte de l'intérêt supérieur des enfants, se fondant sur des expertises et autres éléments de preuve objectifs pour décider de suspendre le droit de visite établi en faveur du requérant. Surtout, la Cour constate qu'en l'espèce l'inactivité du requérant a contribué à son absence de contact avec ses enfants.

Dans l'arrêt *Bergmann c/ République tchèque* du 27 octobre 2011, la Cour affirme qu'un manque de coopération entre les parents séparés ne saurait dispenser les autorités compétentes de mettre en œuvre tous les moyens susceptibles de permettre le maintien du lien familial et mentionne notamment la possibilité d'enjoindre aux parents l'obligation de suivre une thérapie familiale et l'organisation de rencontres entre le requérant et son fils au sein d'une structure spécialisée. Dans l'arrêt *Gluhakovic c/ Croatie* du 12 avril 2011, l'obligation que la Cour fait peser sur les autorités nationales paraît particulièrement lourde puisqu'elle impose au juge l'obligation de fixer le droit de visite du père en conformité avec les horaires de ce dernier et dans un lieu adéquat alors que la situation professionnelle et personnelle de ce dernier rendait la mise en œuvre du droit de visite très compliquée.

Dans l'arrêt *Bordeianu c/ Moldavie* du 11 janvier 2011, la Cour admet qu'un changement de circonstances peut justifier la non-exécution d'une décision définitive portant sur la réunion du parent avec son enfant mais à condition qu'un tel changement de circonstances ne soit pas dû à l'incapacité des autorités nationales d'adopter toutes les mesures que l'on pouvait raisonnablement exiger d'elles pour faciliter l'exécution de ladite décision, en particulier des mesures pédagogiques ou thérapeutiques destinées à préparer la « passation de l'enfant d'un parent à l'autre ». En s'appuyant sur la Recommandation du Comité des Ministres du Conseil de l'Europe sur la médiation familiale (no Rec (98), la Cour pose une double exigence relativement à la médiation familiale dans le cadre du défaut d'exécution du droit de visite : non seulement les États doivent recourir à la médiation familiale lorsqu'elle fait partie de leur arsenal juridique (*Prodelalova c/ République Tchèque* 20 déc. 2011), mais ils doivent également la mettre en place lorsqu'elle n'est pas prévue par leur système juridique (*Cengil-Kiliç c/ Turquie*, 6 déc. 2011).

C'est sur l'obligation positive de prendre les mesures propres à réunir un enfant à son parent que le raisonnement de la Cour européenne est fondé dans l'arrêt *Pini et Bertani et al. c/Roumanie*, du 22 juin 2004, relatif à l'inexécution par le directeur d'un orphelinat roumain d'un jugement d'adoption. La Cour affirme cependant que cette obligation doit tenir compte de l'intérêt supérieur de l'enfant dont elle considère en l'espèce qu'il justifiait le refus des autorités roumaines de procéder à l'exécution forcée du jugement d'adoption en passant outre le refus des enfants de suivre les adoptants.

B) La Cour a également été confrontée à la requête de l'auteur d'un enlèvement d'enfant qui prétend que le retour forcé de ce dernier constitue une ingérence dans son droit au respect de la vie familiale, ce qu'elle admet (*Maumousseau et Washington ; Neulinger et Shuruck* ; *B. c/ Belgique*, 10 juill. 2012). La Cour constate dans l'arrêt *Maumousseau et Washington* comme dans l'arrêt *Neulinger et Shuruk* qu'il n'existe pas d'application automatique du retour de l'enfant en se référant aux dispositions de la Convention de La Haye qui prévoit des exceptions à l'obligation de retour. Elle en conclut qu'il incombe à la juridiction saisie d'adopter une approche *in concreto* de l'affaire. Dans l'arrêt *Maumousseau et Washnigton*, la Cour se dit consciente du risque qu'il y aurait, pour l'efficacité de la lutte contre les enlèvements internationaux d'enfant, à accueillir trop facilement les arguments tirés de ces exceptions, « le but [étant] en effet d'empêcher le parent ravisseur de parvenir à légitimer juridiquement, par le passage du temps jouant en sa faveur, une situation de fait qu'il a unilatéralement créée ». Les motifs de non-retour de l'enfant, prévu par la Convention de La Haye sont également interprétés de manière restrictive par la Cour de justice de l'Union européenne (CJCE Deticek c/ Sgueglia 23 déc. 2009 ; CJUE 1er juill. 2010, aff. C-211/10, *Doris Povse c/ Mauro Alpago*, *AJ Famille*, 2010, p. 484 Chron. A. Boiché) ainsi que par la Cour de cassation (par ex. Civ. 1re, 20 oct. 2010, *AJ Famille*, 2010, p. 546). L'avis de l'enfant enlevé qui peut constituer un obstacle à son retour ne peut être pris en compte que s'il est exprimé dans un contexte serein excluant les pressions du parent auteur de l'enlèvement (*Sophia Gudrun Hansen c/ Turquie*, 23 sept. 2003). Dans l'arrêt *Maumousseau Washington c/ France*, la Cour approuve les juges nationaux de ne pas avoir entendu l'enfant compte tenu de son jeune âge (dans le même sens *Bianchi c. Suisse*, 22 juin 2006). La Cour adopte dans l'arrêt *Raw* une position surprenante sur la question de l'opposition des enfants au retour, alors que l'un des enfants concernés était âgé de 15 ans. Elle estime que si, dans le cadre de l'application de la Convention de La Haye et du Règlement de Bruxelles II bis, le point de vue des enfants doit être pris en compte, leur opposition ne fait pas nécessairement obstacle à leur retour. Dans l'arrêt *Rouiller c/ Suisse* du 22 juillet 2014, la Cour considère que le refus de l'enfant de revenir dans son État d'origine ne suffit pas pour qu'entre en jeu l'une des exceptions au retour de l'article 13 de la Convention de La Haye, « *compte tenu notamment que ces exceptions doivent être d'interprétation stricte* ».

La Grande chambre de la Cour a considéré dans l'arrêt *Neulinger et Shuruck* qu'elle doit se placer au moment de l'exécution de la mesure de retour pour apprécier sa mise en œuvre et donc tenir compte des événements et changements de situation ayant eu lieu depuis l'enlèvement. Elle considère qu'il n'est pas dans l'intérêt de l'enfant de rentrer dans son pays d'origine et que l'exécution de la décision de retour porterait atteinte à l'article 8. En réalité c'est l'opportunité même du retour au regard de l'intérêt de l'enfant que la cour conteste (dans le même sens *Sneersne et Kampanella* c/ Italie 12 juill. 2011 ; *X c/ Lettonie* 13 déc. 2011). L'arrêt B. *c/ Belgique* accentue cette jurisprudence. En effet, selon le juge européen, si la Convention de La Haye établit une présomption selon laquelle l'intérêt de l'enfant est de ne pas être enlevé et, le cas échéant, de faire l'objet d'un retour, la Convention internationale des droits de l'enfant impose de faire une appréciation au cas par cas de l'intérêt supérieur de l'enfant. Dans la mesure où les autorités n'avaient pas réussi à établir s'il existait un risque pour l'enfant de rentrer dans l'État d'origine, au sens de l'article 13 b de la convention de La Haye, méconnaissant ainsi les exigences procédurales inhérentes à l'article 8 de la Convention, la Cour considère que « le retour de l'enfant aux États-Unis ne saurait être nécessaire dans une société démocratique ». Ce faisant, la Cour semble totalement inverser le raisonnement découlant de la Convention de La Haye en matière de déplacement illicite d'enfant et considérer qu'il faut démontrer que le retour de l'enfant est nécessaire pour justifier l'atteinte qu'il constitue au respect de sa vie familiale et de celle du parent qui l'a enlevé. Toutefois, cette analyse, qui comportait le risque de fragiliser le dispositif de lutte contre les enlèvements d'enfant puisqu'elle était susceptible d'empêcher le retour de l'enfant dès lors que celui-ci sera suffisamment intégré dans l'État refuge et qu'il n'était pas démontré, qu'il pourra poursuivre une vie familiale avec le parent auteur de l'enlèvement dans le pays d'origine, a été remise en cause par l'arrêt X. *c/ Lettonie* du 26 novembre 2013 (*AJ famille* 2014, p. 58, obs. A. Boiché). En effet la Grande Chambre estime opportun de clarifier dans cet arrêt le fait que son arrêt *Neulinger et Shuruk* ne pose en soi aucun principe pour l'application de la Convention de La Haye pour les juges nationaux (§ 105) et n'exige donc pas du juge interne qu'il procède à un examen approfondi de l'ensemble de la situation familiale. Elle impose seulement à ce dernier une « obligation procédurale particulière » (§ 107) consistant à examiner l'allégation défendable de 'risque grave'pour l'enfant en cas de retour et à rendre sur cette question une « décision spécialement motivée au vu des circonstances de l'espèce » (§ 107). En l'espèce, la condamnation se fonde sur le fait que le juge letton n'a pas examiné « effectivement » l'allégation, étayée par un certificat médical, de « risque grave » invoquée par la requérante. La Cour précise que le risque grave vise une situation qui va « au-delà de ce qu'un enfant peut raisonnablement supporter » (§ 116). Allant dans le même sens que la Cour de cassation (Cass. 1° civ., 13 févr. 2013, n° 11-28424) et que la CJUE (Doris Povse c/ Mauro Alpago n° C-211/10, 1er juill. 2010, *RTD* civ. 2010. 748, obs. P. Remy-Corlay), la Cour de Strasbourg cantonne désormais le rôle du juge de l'État refuge à un contrôle procédural, à l'exclusion d'un contrôle au fond fondé sur l'intérêt supérieur de l'enfant qu'elle semblait avoir admis dans ses arrêts antérieurs. Dans l'arrêt *Rouiller c/ Suisse* du 22 juillet 2014, la Cour maintient le cap d'une application stricte du mécanisme de la Convention de La Haye. Visant l'arrêt X. c/ Lettonie, elle se situe dans le strict champ d'application des exceptions au retour contenues dans la Convention de La Haye – à l'exclusion de l'examen au fond de l'opportunité de ce retour – et considère que les juges internes ont suffisamment justifié leur décision relative aux exceptions au retour soulevées par la requérante.

Dans l'arrêt *Maumousseau et Washington*, la Cour, après avoir considéré que la décision de retour était elle-même légitime, examine les modalités de sa mise en œuvre en tenant notamment compte de l'obligation de célérité qui pèse sur les États en matière d'enlèvement international d'enfant (cf. *supra*) La Cour a été parfois conduite à admettre que l'intérêt de l'enfant imposait d'entériner, compte tenu de la longue période écoulée depuis son enlèvement, la situation de l'enfant même si elle trouve son origine dans un déplacement illicite (*Maire ; Sylvester*).

Dans l'appréciation des modalités de mise en œuvre de la décision de retour, la Cour tient également compte du comportement obstructif de la mère. Elle affirme que « le recours à des mesures coercitives ne saurait à lui seul enfreindre l'article 8 de la Convention ». Si la Cour admet que l'intervention de la force publique dans l'école de Charlotte Washington « n'est pas la plus appropriée et peut revêtir des aspects traumatisants » elle constate qu'elle a été entourée de garanties et n'a donné lieu à aucun débordement. La Cour refuse donc dans cet arrêt de considérer que l'exécution forcée de la décision de retour de l'enfant constituait une ingérence dans la vie familiale de la requérante.

A. G.

## C | L'ÉGALITÉ DES DROITS

### *1 / L'égalité des droits parentaux et des droits des couples*

**53. Hoffman c/ Autriche, 23 juin 1993**, *RTD*H, 1994, p. 405 et s., obs. J. Morange ; D, 1994 p. 326, obs. J. Hauser.

**28.** La requérante reproche à la Cour suprême d'Autriche d'avoir attribué a son ex-époux, plutôt qu'à elle-même, l'autorité parentale sur leurs enfants Martin et Sandra, en raison de son appartenance à la communauté religieuse des témoins de Jéhovah ; elle s'appuie sur l'article 8 (art. 8) de la Convention, pris isolément et combiné avec l'article 14.

**29.** Il échet de noter d'emblée que les enfants vivaient auprès de leur mère depuis deux ans – depuis qu'elle avait quitté avec eux le domicile conjugal – au moment où la Cour suprême l'obligea, le 3 septembre 1986, a les restituer à leur père. Dès lors, l'arrêt ainsi rendu s'analyse en une atteinte au droit de l'intéressé au respect de sa vie familiale ; la cause relève donc de l'article 8 (art. 8). Le fait, invoqué par le gouvernement, qu'il s'agit d'une décision tranchant un litige entre particuliers, n'y change rien. Pour apprécier l'intérêt des enfants, la Cour suprême prit en considération les incidences que pouvaient avoir sur leur vie sociale le fait de se trouver associés à une minorité religieuse particulière et les dangers que la requérante, par son refus de toute transfusion sanguine, créait non seulement pour elle-même mais aussi – sauf ordonnance judiciaire – pour Martin et Sandra ; en somme, les répercussions négatives éventuelles de l'appartenance d'Ingrid S… à la communauté religieuse des témoins de Jéhovah.

**33.** La Cour ne nie pas que, dans certaines circonstances, les données invoquées par la Cour suprême d'Autriche à l'appui de sa décision puissent faire pencher la balance en faveur d'un parent plutôt que l'autre. Toutefois, la Cour suprême introduisit un élément nouveau, la loi fédérale sur l'éducation religieuse des enfants (§ 15 et 23 ci-dessus), et elle y attacha manifestement une importance déterminante. Dès lors, il y a eu différence de traitement et elle reposait sur la religion ; conclusion renforcée par la tonalité et le libellé des considérants de la Cour suprême relatifs aux conséquences pratiques de la religion de la requérante. Pareille différence de traitement est discriminatoire en l'absence de « justification objective et raisonnable », c'est-à-dire si elle ne repose pas sur un « but légitime » et s'il n'y a pas de « rapport raisonnable de proportionnalité entre les moyens employés et le but visé » (voir notamment l'arrêt Darby c/ Suède du 23 oct. 1990, série A n° 187, p. 12, § 31)

**34.** La Cour suprême poursuivait un but légitime : protéger la santé et les droits des enfants ; il reste à rechercher si la deuxième condition se trouve elle aussi remplie.

**35.** On peut ici se référer à l'article 5 du Protocole n° 7 entré en vigueur pour l'Autriche le 1er novembre 1988. Non invoqué en l'espèce, il prévoit pourtant l'égalité fondamentale des époux, notamment quant aux droits parentaux, et précise que l'intérêt des enfants doit prévaloir dans de telles affaires.

**36.** Dans la mesure où la Cour suprême d'Autriche ne se fonda pas uniquement sur la loi fédérale précitée, elle apprécia les faits autrement que les juridictions inférieures, qui dans leurs motifs s'appuyaient en outre sur des expertises psychologiques. Nonobstant tout argument contraire possible, on ne saurait tolérer une distinction dictée pour l'essentiel par des considérations de religion. Dès lors, la Cour ne peut conclure à l'existence d'un rapport raisonnable de proportionnalité entre les moyens employés et le but visé ; partant, il y a eu violation de l'article 8 combiné avec l'article 14.

**53 (suite) Burden c/ Royaume Uni, [GC] 29 avril 2008**, *JDI*, 2009 p. 1068, obs. E. Decaux et P. Tavernier ; *RTD*H, 2009, p. 513, obs. J.P. Marguénaud

**65.** La Grande Chambre estime que, comme pour le mariage, les conséquences juridiques du partenariat civil fondé sur la loi de 2004 – dans lequel deux personnes décident expressément et délibérément de s'engager – distinguent ce type de relation des autres formes de vie commune. Plutôt que la durée ou le caractère solidaire de la relation, l'élément déterminant est l'existence d'un engagement public, qui va de pair avec un ensemble de droits et d'obligations d'ordre contractuel. De la même manière qu'il ne peut y avoir d'analogie entre, d'un côté, un couple marié ou en partenariat civil et, de l'autre, un couple hétérosexuel ou homosexuel dont les deux membres ont choisi de vivre ensemble sans devenir des époux ou des partenaires civils (Shackell précitée), l'absence d'un tel accord juridiquement contraignant entre les requérantes fait que leur relation de cohabitation, malgré sa longue durée, est fondamentalement différente de celle qui existe entre deux conjoints ou partenaires civils. Ne change rien à cette position le fait que les États membres, comme l'indique le paragraphe 26 ci-dessus, ont adopté en matière successorale toute une variété de règles applicables aux survivants dans les couples mariés, les partenariats civils ou les relations de proche parenté, et ont de même défini différentes politiques concernant l'octroi d'exonérations de droits de succession aux diverses catégories de survivants, les États demeurant en principe libres d'élaborer des règles différentes dans le domaine de la politique fiscale.

**66.** En conclusion, la Grande Chambre considère donc que les requérantes, en tant que sœurs vivant ensemble, ne sauraient être comparées à des conjoints ou partenaires civils aux fins de l'article 14. Il s'ensuit qu'il n'y a pas eu discrimination, ni dès lors violation de l'article 14 combiné avec l'article 1er du Protocole n° 1.

L'évolution des modèles familiaux et la reconnaissance de leur pluralité se sont accompagnées d'un questionnement sur l'égalité des droits reconnus à chaque personne selon le statut ou le genre auquel elle appartient. Toutefois, si la Cour européenne a affirmé l'égalité des droits des parents, elle n'a pas encore reconnu l'égalité des droits des couples.

## I / L'égalité des droits parentaux

Dans l'arrêt *Hoffman*, la Cour européenne inaugure le raisonnement qui sera désormais le sien en matière de discrimination dans l'attribution des droits parentaux aux père et mère séparés (dans le même sens : *Palau-Martinez c/ France*, 16 déc. 2003, *JCP G*, 2004, II, 10122, note A. Gouttenoire ; *Salgueiro Da Silva Mouta c/ Portugal*, 21 déc. 1999, *Dr. fam.*, 2000, Comm. n° 145, obs. A. Gouttenoire, *P.V. c/ Espagne* 30 nov. 2010). Les juges européens condamnent l'inégalité de traitement fondée sur l'orientation religieuse du parent, en l'occurrence l'appartenance de la mère aux témoins de Jéhovah, en raison de son caractère général et abstrait, le juge interne n'ayant pas cherché à mesurer l'influence réelle de la pratique religieuse de la mère sur la vie des enfants.

A) Dans l'arrêt *Hoffman*, la Cour considère que le fait d'attribuer l'exercice de l'autorité parentale au père plutôt qu'à la mère en se fondant essentiellement sur la qualité de témoin de Jéhovah de cette dernière constitue une violation de l'article 14 combiné avec l'article 8 de la Convention. (dans le même sens *Palau-Martinez)*. La Cour a utilisé le même raisonnement à propos de l'orientation sexuelle d'un des parents dans l'arrêt *Salgueiro Da Silva Mouta c/ Portugal* du 21 décembre. Ces différentes décisions ne sanctionnent pas une disposition du droit interne mais le raisonnement d'un juge qui, pour répartir les droits entre le père et la mère séparés d'un enfant, se fonde sur une détermination abstraite de l'intérêt des enfants en fonction de l'orientation sexuelle ou religieuse d'un des parents.

L'importance déterminante et non contestée que le juge interne a accordée à l'orientation religieuse ou sexuelle du requérant permet à la Cour européenne de conclure, dans les différents arrêts, qu'il a opéré une différence de traitement reposant sur la religion ou la sexualité du requérant au nom des incidences négatives présumées que celles-ci pourraient avoir sur la vie des enfants (*Hoffman*, § 32 ; *Palau Martinez*, § 38 ; *Salgueiro Da Silva*, § 24). La Cour admet dans chacune des hypothèses que la différence de traitement poursuit le but légitime de la protection de l'intérêt et des droits de l'enfant (*Hoffman*, § 34 ; *Palau Martinez*, § 40 ; *Salgueiro Da Silva*, § 27). C'est l'exigence de proportionnalité qui fait défaut pour que la différence de traitement entre le père et la mère, placés dans une situation analogue, puisse être justifiée. Le défaut de proportionnalité ne réside pas dans le caractère excessif de la décision rendue au regard du but légitime poursuivi mais dans le jugement porté *a priori* par le juge interne sur l'appartenance de la mère à un mouvement qualifié de sectaire *(Hoffman et Palau Martinez)* ou sur l'homosexualité du père *(Salgueiro Da Silva)*.

Le fait que les parents aient été mariés ou aient simplement vécu en concubinage ne justifie pas non plus la différence de traitement des pères divorcés et des pères non mariés lorsqu'il s'agit pour eux d'obtenir un droit de visite à l'égard de l'enfant après la séparation (*Elsholz c/ Allemagne*, 13 juill. 2000 ; *Sommerfield et Sahin c/ Allemagne*, 8 juill. 2003, *JCP G*, 2004, I, 107, chron. F. Sudre). Alors que la Cour avait considéré dans l'arrêt *Emonet c/ Suisse* du 13 décembre 2007 *(Dr. fam.*, 2008, Étude n° 14, obs. A. Gouttenoire) que la différence de régime entre l'adoption de l'enfant du conjoint et l'adoption de l'enfant du concubin, cette dernière entraînant seule la rupture du lien de filiation avec le parent d'origine, n'est pas justifiée, elle a admis une telle différence dans l'arrêt *Gas et Dubois c/ France* du 15 mars 2012 (*JCP* 2012 p. 961, obs.

A. Gouttenoire et F. Sudre). Le Conseil constitutionnel a également considéré que le fait de réserver aux époux la faculté d'une adoption au sein d'un couple ne constitue pas une discrimination car les couples mariés et ceux qui ne le sont pas ne sont pas placés dans la même situation (Déc. n° 2010-39 QPC, 6 oct. 2010, *JCP* 2010, p. 114, obs. A. Gouttenoire et C. Radé).

B) Une différence de traitement dans la répartition des droits parentaux peut être conforme à la Convention européenne dès lors qu'elle est justifiée par des motivations concrètes et proportionnées. Dans l'arrêt Palau Martinez, la Cour affirme ainsi que l'enquête sociale refusée par le juge interne « aurait sans doute permis de réunir des éléments concrets sur la vie des enfants avec l'un et l'autre de leurs parents, et sur les incidences éventuelles de la pratique religieuse de leur mère sur leur vie et sur leur éducation ». Dans l'arrêt *P.V. c/ Espagne* du 30 nov. 2010, elle constate, que, si la réduction du droit de visite est liée à la conversion sexuelle de la requérante, le transsexualisme de la requérante n'a pas été déterminant. Elle relève que « le motif déterminant pour restreindre le régime de visites était l'existence d'un risque certain de porter préjudice à l'intégrité psychique et au développement de la personnalité du mineur, compte tenu de son âge et de l'étape évolutive dans laquelle il se trouvait »

La Cour européenne considère, dans l'arrêt *Schwizgebel c/ Suisse* du 10 juin 2010, qu'en l'absence de consensus entre les États, le refus d'agrément pour adopter peut être motivé par l'âge du candidat.

La Cour européenne a été confrontée à des législations qui accordaient certains privilèges à la mère. Dans l'arrêt *Rasmussen c/ Danemark* du 28 novembre 1984, la Cour, invoquant l'absence de dénominateur commun dans les États membres, a considéré que la limitation dans le temps du droit du père de désavouer un enfant né pendant le mariage, alors que la mère ne subissait pas la même restriction, se justifiait par la protection des intérêts de l'enfant, lesquels rejoignaient en principe ceux de la mère. En matière d'autorité parentale, la Commission européenne avait considéré que les États n'étaient pas tenus de mettre en place une législation permettant l'exercice en commun de l'autorité parentale sur l'enfant dans la famille naturelle (déc. 15 mars 1984, B. R. et J. c/ Allemagne, *DR*, 36, 130 ; déc. 9 oct. 1989, N. c/ Danemark, *DR*, 63, 167). En France, la loi du 4 mars 2002 a supprimé tout avantage au profit d'un parent en vertu de son sexe en matière d'autorité parentale. L'impossibilité pour un père non marié de participer à l'exercice de l'autorité parentale sans l'accord de la mère que contenait le droit allemand a été supprimée par la Cour constitutionnelle allemande dans un arrêt du 21 juillet 2010 (*AJ Famille*, 2010, p. 434, obs. Margot Felgenträger) après la condamnation de l'Allemagne par la Cour européenne dans l'arrêt *Zaunegger c/ Allemagne* du 3 décembre 2009 (*RTD*civ. 2010 p. 773 obs. J. Hauser ; dans le même sens *Sporer c/ Autriche* du 3 février 2011 (*Dr fam*. 2012, Étude n° 3, obs. A. Gouttenoire). Dans ces décisions, la Cour condamne une double discrimination : l'inégalité de traitement entre père et mère et l'inégalité de traitement entre les pères selon qu'ils ont été ou non mariés avec la mère. Elle considère que si l'attribution de l'exercice de l'autorité parentale à la mère peut se justifier pour garantir que l'enfant naturel dispose dès sa naissance d'un représentant légal, il n'existe aucun consensus européen sur la question de savoir si le père d'un enfant naturel a le droit de demander le partage de l'autorité parentale contre la volonté de la mère ; la majorité des États membres semblent considérer que l'attribution de cette prérogative doit reposer sur l'intérêt supérieur de l'enfant et qu'elle doit être soumise au contrôle des juridictions internes en cas de conflit entre les parents. La Cour condamne ainsi le fait qu'en droit autrichien, un tel contrôle est subordonné à la preuve préalable que l'attribution de l'autorité parentale exclusive à la mère constitue un danger pour l'enfant et que les tribunaux n'ont pas fondé leur décision sur une appréciation concrète de l'intérêt de l'enfant concerné.

Alors que l'absence de dénominateur commun entre les États européens avait permis à la Cour européenne d'admettre la différence de traitement entre le père et la mère en matière d'allocation de congé parental (*Petrovic c/ Autriche*, 27 mars 1998), elle a considéré dans l'arrêt Konstant*in Markin* c/ R*ussie* du 22 mars 2012 (*Dr. fam*. 2013, Étude n° 2, obs. A. Gouttenoire) que les pères, fussent-ils militaires, ne peuvent être privés de ce droit. Comme la chambre avant elle, la grande chambre considère que « les stéréotypes liés au sexe – telle que l'idée que ce sont plutôt les femmes qui s'occupent des enfants et plutôt les hommes qui travaillent pour gagner de l'argent – ne peuvent en soi passer pour constituer une justification suffisante de la différence de traitement en cause ». La qualité de militaire du requérant ne permet pas non plus de légitimer, aux yeux de la Cour européenne, le fait qu'il soit privé de congé parental, l'impératif de sécurité nationale ne justifiant pas une telle restriction. On ne saurait admettre qu'en s'engageant dans l'armée le requérant renonce à son droit de ne pas faire l'objet de discrimination ; en effet, l'importance fondamentale de la prohibition de la discrimination fondée sur le sexe ne permet pas d'admettre la possibilité d'y renoncer. La Cour de justice de l'Union européenne a dans le même sens considéré qu'un congé d'allaitement ne saurait être accordé selon des conditions différentes au père et à la mère (CJUE 30 sept. 2010, aff. C-104/09, Roca Alvarez).

## II / L'inégalité des droits des couples

Si la jurisprudence récente de la Cour européenne témoigne de la reconnaissance par cette dernière de la pluralité des modes de conjugalité (*Marckx supra* n° 51), les différents couples ne sont pas égaux aux yeux du juge européen, qui consacre en revanche, le principe de l'égalité entre époux.

A) Dans l'arrêt *Burden c/ Royaume Uni* du 29 avril 2008, la grande chambre de la Cour a considéré que deux sœurs vivant ensemble ne sauraient être comparées à des conjoints ou partenaires civils ; le fait que, lorsque l'une d'elles viendrait à décéder, la survivante aurait à payer des droits de succession beaucoup plus élevés que ceux que devrait payer dans les mêmes circonstances, le membre survivant d'un couple marié ou d'un couple homosexuel ayant conclu un partenariat civil, ne saurait être qualifié de discrimination sur le fondement des articles 1 du protocole 1 et de l'article 14 de la Convention. La différence de traitement est légitimée par la différence de situation dans laquelle se trouvent les deux sœurs par rapport à celle dans laquelle se trouvent des époux ou des partenaires. Moins que la durée ou le caractère solidaire de la relation, c'est l'existence d'un engagement public qui justifie l'ensemble de droits et d'obligations d'ordre contractuel qui en découle. La distinction entre les couples qui ont souscrit un engagement public et les autres a été réaffirmée par la Cour dans l'arrêt *Serife Yigit c. Turquie* du 2 novembre 2010 (*Dr. fam.* 2011, Étude n° 10, obs. A. Gouttenoire), qui concernait un couple marié religieusement en Turquie, alors que ce type de mariage n'était pas reconnu dans cet État. Le couple étant considéré comme des concubins, la femme se voyait dénier tous droits de pension ou de santé de son défunt compagnon. Dans la décision *Shackell c. Royaume-Uni* du 27 avril 2000, la Cour avait déjà décidé que la différence de traitement en matière de prestations sociales entre une femme célibataire ayant vécu une relation durable avec un homme entre-temps décédé, et une veuve placée dans la même situation, est justifiée car le mariage demeure une institution largement reconnue comme conférant un statut particulier à ceux qui s'y engagent. Elle a déclaré que la promotion du mariage par l'octroi d'avantages limités au conjoint survivant ne pouvait être considérée comme excédant la marge d'appréciation accordée à l'État défendeur. Dans l'arrêt *Burden*, la Grande Chambre estime en outre que, comme pour le mariage, les conséquences juridiques du partenariat civil dans lequel deux personnes décident expressément et délibérément de s'engager distinguent ce type de relation des autres formes de vie commune.

La Cour européenne affirme en outre dans l'arrêt *Schalk et Kopf c/ Autriche* du 24 juin 2010 (*JCP* 2010, n° 41, 1013 obs. H. Fulchiron) que lorsqu'un État choisit d'accorder aux couples de même sexe une autre forme de reconnaissance que le mariage, il n'est pas tenu de leur conférer un statut analogue au mariage sur tous les points. Elle relève que « l'existence de différences notables en matière de droits parentaux entre le concubinage officiel [autrichien] et le mariage reflète pour une large part la tendance au sein d'autres pays membres ». Elle en déduit que cette question « doit en conséquence continuer à être regardée comme un de ces droits évolutifs ne faisant pas l'objet d'un consensus et où les États doivent donc jouir d'une marge d'appréciation quant au moment où seront introduites des évolutions législatives ». Autrement dit, la cour reconnaît la différence de traitement entre les couples hétérosexuels et les couples homosexuels mais elle refuse de la qualifier de discrimination au motif qu'il existe un consensus européen pour l'admettre. L'arrêt *Van der Heidjen c/ Pays-Bas* du 3 avril 2012 (*Dr. fam.* 2013, Étude n° 3, obs. A. Gouttenoire) illustre le refus de la Cour européenne des droits de l'homme de reconnaître les mêmes droits aux simples concubins et aux couples ayant officialisé leur union à propos de l'obligation de témoigner contre son conjoint ou compagnon. Le code de procédure pénale néerlandais ne dispensant de l'obligation de témoigner que le conjoint ou le partenaire enregistré, la requérante qui refusa de témoigner fut incarcérée pendant treize jours. La Cour considère le législateur est en droit d'accorder un statut spécial au mariage ou au partenariat enregistré et de le refuser à d'autres formes de vie commune de fait. La nature et l'importance de l'intérêt protégé en cause ainsi que l'absence de consensus sur la question permettent, selon le juge européen, de considérer que la différence de traitement entre les couples en matière de dispense de témoigner est proportionnée.

La primauté du mariage n'est cependant pas appliquée à toutes les conséquences de l'union. La Cour européenne a ainsi considéré dans l'arrêt *Petrov c/ Bulgarie du 22 mai 2008* que l'interdiction faite à un couple de concubins dont l'un des membres était incarcéré d'avoir des contacts téléphoniques dont seuls bénéficiaient les couples mariés constitue une discrimination. La Cour a également considéré comme étant discriminatoire dans l'arrêt *PB et JS c/ Autriche* du 22 juillet 2010 (*AJ Famille*, 2010, p. 395) l'impossibilité pour un fonctionnaire de faire bénéficier son compagnon de son assurance-maladie et accident. La discrimination était cependant dans ce cas moins fondée sur la nature du couple que sur le caractère homosexuel de la relation en cause puisque la législation prévoyait l'extension de l'assurance-maladie au concubin hétérosexuel. Par ailleurs, au regard de l'importance conféré par le raisonnement de la Cour à l'engagement public du couple, il semble que la primauté du mariage pourrait être rejetée par la Cour européenne lorsqu'il s'agit de partenaires enregistrés pour certaines prestations ou pensions. Une telle solution viendrait corroborer la position de la Cour de justice des communautés européennes selon laquelle il incombe au juge, au nom du principe de l'égalité de traitement, de vérifier si un partenaire survivant est dans une situation comparable à celle d'époux bénéficiant d'une pension de réversion (CJUE, 2 avr. 2008, aff. C-267/06, Maruko c/ Versogungsanstalt der deutschen Bühnen, *Dr. fam.*, 2008, n° 92, obs. A. Devers).

B) Le principe de non-discrimination, fondé sur l'article 14 combiné avec l'article 8, a permis à la Cour européenne de condamner les différences de traitement entre époux en matière de nom (*Burghartz c/ Suisse*, 22 févr. 1994, *JCP G*, 1995, I, 3823, obs. F. Sudre ; *Ünal Tekeli c/ Turquie*, 16 nov. 2004 ; *Losonci Rose et Rose c/ Suisse* 9 nov. 2010).

La différence de sexe en elle-même ne permet pas de porter atteinte au principe de l'égalité des droits des époux, notamment dans l'exercice de leurs droits parentaux consacré par l'article 5 du Protocole 7 du 22 novembre 1984 visé dans l'arrêt *Hoffman*. Ce texte dispose que « les époux, jouissent de l'égalité de droits et de responsabilités de caractère civil entre eux et dans leurs relations avec leurs enfants au regard du mariage, durant le mariage et lors de sa dissolution ». Il constitue un second fondement à la prohibition des discriminations dans l'exercice des droits parentaux, au bénéfice des seuls époux. La Cour de cassation s'est fondée sur l'article 5 du Protocole 7 pour refuser de faire produire des effets à la rupture du mariage lorsque les modalités de celle-ci étaient incompatibles avec l'égalité des époux. (Civ. 1re, 24 févr. 1998, Mme V. c/ G., *JCP G*, 1998, II, 10175, obs. T. Vignal). Dans les arrêts du 17 février 2004 (*JCP G*, 2004, II, 10128, comm. H. Fulchiron) la Cour de cassation se fonde sur le principe européen de l'égalité entre les époux jusqu'à la dissolution du mariage pour refuser de faire produire effet à des répudiations musulmanes ; elle affirme que le divorce prononcé par un juge algérien ou marocain malgré l'opposition de la femme au motif que le divorce doit être prononcé sur la seule volonté du mari est contraire à l'article 5 du Protocole 7 même si la décision résulte d'une procédure loyale et contradictoire, le juge étant privé de tout pouvoir autre que celui d'aménager les conséquences financières de cette rupture du lien matrimonial. La Haute Juridiction abandonne le terrain de l'ordre public procédural utilisé dans les arrêts précédents (Civ. 2e, 14 mars 2002, A. c/ Mme C., *JCP G*, 2002, II, 10095, note H. Fulchiron) au profit d'un ordre public substantiel constitué par le seul principe d'égalité entre époux (*supra*, n° 2). Même s'il aboutit à une radiation du fait du désistement de la requérante, l'arrêt *D. D. c/ France* du 8 novembre 2005, approuve la position de la Cour de cassation française.

A. G.

## *2 / L'égalité des droits des enfants*

**54. Mazurek c/ France, 1er février 2000**, Rec., 2000, II, JCP, 2000, II, 10286, obs. A. Gouttenoire-Cornut et F. Sudre ; *RTD* civ., 2000, 311, obs. J. Hauser ; *RTD* civ., 2000, 429, obs. J.-P. Marguénaud ; JCP, 2000, I, 278, obs. R. Le Guidec ; Dr. et patrimoine, 2000, n° 82, 56, note P. Stoffel-Munck ; Défrenois, 2000, 654, obs. J. Massip.

**44.** La Cour relève d'emblée que le gouvernement ne conteste pas le fait que, en application des articles pertinents du Code civil, les deux demi-frères ne se trouvaient pas dans la même situation vis-à-vis de la succession de leur mère.

**45.** Elle constate que c'est en raison de sa condition d'enfant adultérin que le requérant a vu réduire de moitié, au profit de son demi-frère, la part de la succession à laquelle il aurait eu droit s'il avait été un enfant naturel ou légitime et que cette différence de traitement est expressément prévue par l'article 760 du Code civil.

**46.** La Cour rappelle, sur ce point, que dans la jouissance des droits et libertés reconnus par la Convention, l'article 14 interdit de traiter de manière différente, sauf justification objective et raisonnable, des personnes placées dans des situations comparables (Hoffmann c/ Autriche, 23 juin 1993, A. 255-C, § 31).

**47.** Il convient dès lors de déterminer si la différence de traitement alléguée était justifiée.

**48.** Au regard de l'article 14 de la Convention, une distinction est discriminatoire si elle « manque de justification objective et raisonnable », c'est-à-dire si elle ne poursuit pas un « but légitime » ou s'il n'y a pas de « rapport raisonnable de proportionnalité entre les moyens employés et le but visé » (notamment Inze préc., § 41, et Karlheinz Schmidt c/ Allemagne, 18 juill. 1994, A. 291, § 24).

**49.** La Cour rappelle à ce propos que la Convention est un instrument vivant, à interpréter à la lumière des conditions actuelles (notamment Johnston *et al.* c/ Irlande, 18 déc. 1986, A. 112, § 53). Or les États membres du Conseil de l'Europe attachent de nos jours de l'importance à l'égalité, en matière de droits de caractère civil, entre enfants issus du mariage et enfants nés hors mariage. En témoigne la Convention européenne de 1975 sur le statut juridique des enfants nés hors mariage, qui n'a pas été ratifiée par la France. Seules donc de très fortes raisons pourraient amener à estimer compatible avec la Convention une distinction fondée sur la naissance hors mariage (mutatis mutandis, Abdulaziz, Cabales et Balkandali c/ Royaume-Uni, A. 94, § 78, et Inze préc., § 41).

**50.** La Cour estime qu'il ne peut être exclu que le but invoqué par le gouvernement, à savoir la protection de la famille traditionnelle, puisse être considéré comme légitime.

**51.** Reste la question de savoir, pour ce qui est des moyens employés, si l'instauration d'une différence de traitement entre enfants adultérins et enfants légitimes ou naturels, quant à la succession de leur auteur, apparaît proportionnée et adéquate par rapport au but poursuivi.

**52.** La Cour note d'emblée que l'institution de la famille n'est pas figée, que ce soit au plan historique, sociologique ou encore juridique. [...]. Quant à l'argument tiré de la dimension des intérêts moraux (§ 42 ci-dessus), la Cour ne peut que relever la teneur des données sociodémographiques à l'époque des faits, de même que, notamment, le projet de loi tendant, en 1991, à supprimer toute discrimination.

**53.** La Cour n'est pas appelée à se prononcer sur le point de savoir si la mère du requérant avait ou non contrevenu aux engagements découlant de son mariage, vis-à-vis de la cellule familiale légitime. Elle note simplement que la mère du requérant et son mari étaient séparés de fait lors de la naissance du requérant, naissance qui a été rapidement suivie d'un divorce (§ 8 ci-dessus).

**54.** Le seul problème soumis à la Cour concerne la question de la succession d'une mère par ses deux enfants, l'un naturel, l'autre adultérin. Or la Cour ne trouve, en l'espèce, aucun motif de nature à justifier une discrimination fondée sur la naissance hors mariage. En tout état de cause, l'enfant adultérin ne saurait se voir reprocher des faits qui ne lui sont pas imputables : il faut cependant constater que le requérant, de par son statut d'enfant adultérin, s'est trouvé pénalisé dans le partage de la masse successorale.

**55.** Eu égard à tous ces éléments, la Cour conclut qu'il n'y a pas de rapport raisonnable de proportionnalité entre les moyens employés et le but visé. Partant, il y a eu violation de l'article 1er du Protocole 1 combiné avec l'article 14 de la Convention. L'arrêt Mazurek est l'un des jalons d'une jurisprudence composée des arrêts Marckx c/ Belgique (*supra*, n° 48), Inze c/ Autriche du 28 octobre 1987 (A. 126), et Vermeire (29 nov. 1991) qui consacre le principe d'égalité entre les enfants quelle que soit la nature de leur filiation. Dans cet arrêt, la Cour condamne, sur le fondement de l'article 1er du Protocole 1, la discrimination subie par un enfant adultérin qui ne devait recevoir, en vertu de l'article 760 du Code civil, qu'un quart de la succession de sa mère tandis que son demi-frère légitime en recevait les trois quarts. Le constat de discrimination qu'opère la Cour en matière de droit de propriété pourrait valoir en matière de droit au respect de la vie familiale. La Cour affirme, en effet, qu'il ne lui semble pas nécessaire d'examiner le grief tiré de l'article 8 combiné avec l'article 14 car les arguments avancés par les parties sont les mêmes que ceux examinés au titre du droit de propriété (§ 56).

De l'arrêt *Marckx c/Belgique*, du 13 juin 1979 (*supra* n° 49) à l'arrêt *Mazurek*, la Cour reconnaît « qu'il est en soi légitime, voire méritoire, de soutenir et encourager la famille traditionnelle » (§ 50) à condition que les mesures prises à cette fin n'aboutissent pas à léser la famille naturelle (*Vermeire c/Belgique*, du 29 nov. 1991, § 40), et affirme que « seules de très fortes raisons pourraient amener à estimer compatible avec la Convention une distinction fondée sur la naissance hors mariage » (§ 49 ; *Inze c/ Autriche*, 28 oct. 1987, § 41). Les arrêts *Pla et Puncernau c/ Andorre* du 13 juillet 2004 (*JCP G*, 2005, I, 103, obs. F. Sudre), *Merger et Cros c/ France* du 22 décembre 2004 *( RTD civ., 2005, p. 335, obs. J.-P. Marguénaud)*, qui ont suivi l'arrêt *Mazureck*, témoignent de la vitalité du principe de l'égalité des enfants.

L'arrêt *Mazurek*, même s'il est rendu au visa de l'article 1er du Protocole est indubitablement fondé sur le principe de l'égalité des filiations dont les deux manifestations essentielles résident dans l'égalité dans l'établissement des filiations et l'égalité des droits successoraux des enfants.

## I / L'égalité des enfants dans l'établissement de la filiation

Le droit d'établir sa filiation doit bénéficier à tous les enfants, légitimes ou naturels. L'arrêt *Marckx* consacre en effet le principe d'égalité entre les enfants qui n'a cependant pas la même portée selon qu'il s'agit d'établir la filiation maternelle ou paternelle.

A) L'arrêt *Marckx* relatif à la filiation maternelle a consacré le principe *mater semper certa est* en vertu duquel l'établissement de la filiation maternelle doit découler de la déclaration de naissance. L'obligation pour la mère d'un enfant naturel de procéder à une reconnaissance, alors que la mère d'un enfant légitime en est dispensée, est considérée par la Cour européenne comme une discrimination injustifiée entre enfant légitime et naturel. Une telle analyse repose sur l'évolution du droit interne de la plupart des États membres du Conseil de l'Europe vers l'égalité des enfants légitimes et naturels « corrélativement avec les instruments internationaux pertinents ». Cet argument est repris dans l'arrêt *Mazurek* (§ 49), et dans l'arrêt Inze. Dans ces deux décisions, la Cour se réfère à la Convention européenne de 1975 sur le statut juridique des enfants nés hors mariage en précisant que la France ne l'a pas ratifiée (*Mazurek*, § 49), au contraire de l'Autriche (Inze). Dans l'arrêt *Mazurek*, la Cour insiste sur l'aspect évolutif du droit de la famille et dresse un panorama de cette évolution en France, faisant notamment référence à la loi du 3 janvier 1972 qui a réglé la question de l'établissement de la filiation pour tous les enfants (§ 52).

La Cour de cassation admet depuis un arrêt du 14 février 2006 (*Dr. fam.*, 2006, Comm. n° 107, obs. P. Murat), au visa des articles 8 et 14 de la Convention européenne, que l'indication de la femme accouchée en tant que mère dans l'acte de naissance, établit la filiation maternelle, anticipant ainsi l'entrée en vigueur de la réforme du droit de la filiation résultant de l'ordonnance n° 2005-759 du 4 juill. 2005 (*JO* du 6 juill. 2005, n° 156, p. 11159). Cette réforme du droit de la filiation consacre enfin le principe *mater semper certa est* en faisant de la mention du nom de la mère dans l'acte de naissance le mode unique d'établissement volontaire de la filiation maternelle pour tous les enfants. La jurisprudence de la Cour appliquant, sur le fondement des articles 8 et 14 de la Convention, la mise en œuvre du principe *Mater semper certa est* dans des affaires dans lesquelles la nouvelle législation n'est pas applicable a permis l'acquisition par des enfants de la nationalité française de leur mère (Civ. 1re, 14 févr. 2006 préc. ; 25 avril 2006, Pourvoi n° 04-19.341) mais également de prétendre à des droits dans la succession de celle-ci (Civ. 1re, 15 décembre 2010, Pourvoi n° 09-16968).

B) Si la Cour considère qu'aucune distinction n'est supportable dans l'établissement de la filiation maternelle, il n'en va pas de même pour la filiation paternelle. L'obligation positive de permettre l'établissement de la paternité naturelle (*supra*, n° 49) n'empêche pas que celui-ci puisse être soumis à des conditions différentes pour l'enfant légitime et l'enfant naturel, tant que les mesures restrictives concernant la filiation de ce dernier restent proportionnées (déc. 13 mai 1986, *Lucile Marie De Mot et al. c/ Belgique, DR*, 47, 204 ; N. c/ Danemark, déc. 9 oct. 1989, *DR*, 63, 167). Dans l'arrêt *Johnston c/ Irlande* (*supra*, n° 48), la Cour affirme seulement que l'enfant naturel doit être placé dans une position voisine de celle d'un enfant légitime.

## II / L'égalité des droits patrimoniaux des enfants

La Cour, dans les arrêts *Marckx* et *Vermeire*, avait affirmé que le domaine des successions et des libéralités est « intimement associé à la vie familiale » (§ 52 ; dans le même sens *Bauer c/ Allemagne*, 28 mai 2009). Dans les arrêts *Mazurek* et *Inze* la Cour se fonde sur l'article 1er du Protocole 1, alors qu'elle revient au fondement de l'article 8 dans les arrêts *Camp et Bourimi c/ Pays-Bas* du 3 octobre 2000 et *Pla et Puncernau c/ Andorre* du 13 juillet 2004. Elle vise alternativement les deux fondements dans l'arrêt *Merger et Cross c/ France* du 22 décembre 2004. Malgré la relative ambiguïté de son fondement (*supra*, n° 49), le principe de l'égalité des droits patrimoniaux de tous les enfants quelle que soit la nature de leur filiation n'en est pas moins posé par la Cour européenne des droits de l'homme ; il se manifeste à la fois par une égalité des droits en matière de successions et en matière de libéralités.

A) L'égalité des droits successoraux des enfants légitimes et naturels se manifeste tout d'abord par la reconnaissance des droits successoraux de ces derniers tant dans la succession de leur père et mère (*Marckx*) que dans la succession des autres membres de leur famille, et notamment leurs grands-parents (*Vermeire*). L'arrêt *Marckx* a jugé discriminatoire l'absence totale de vocation successorale fondée sur le seul caractère naturel du lien de parenté (§ 56 et 59). Pour la Cour, la possibilité d'adopter l'enfant pour lui permettre d'accéder aux mêmes droits successoraux que les enfants légitimes ne fait pas disparaître la discrimination critiquée (Marckx). Dans l'arrêt *Vermeire*, la Cour affirme a cependant considéré que la succession de la grand-mère de la requérante ayant été ouverte avant le prononcé de l'arrêt *Marckx*, il n'y a pas lieu de la remettre en cause.

L'égalité des enfants exige en outre l'absence de réduction de leur part successorale en vertu de la nature de leur filiation. Dans l'arrêt *Mazurek*, la Cour constatant une « nette tendance » dans les droits internes des autres États membres « à la disparition des discriminations à l'égard des enfants adultérins » (§ 52), considère que si la protection de la famille légitime reste un but légitime, la diminution des droits successoraux de l'enfant adultérin n'en est pas moins disproportionnée. Mais « en tout état de cause, l'enfant adultérin ne saurait se voir reprocher des faits qui ne lui sont pas imputables » (§ 54). La discrimination était particulièrement injustifiée dans cette affaire car l'enfant adultérin *a matre* est né alors que la mère était déjà séparée de son mari. Dans l'arrêt *Bauer c/ Allemagne*, la Cour européenne condamne la différence de traitement subie par un enfant né hors mariage, avant la réunification, allemande, par rapport à un enfant né en mariage.

Le droit français a été modifié à la suite de la condamnation de la France par la Cour européenne par la loi no 2001-1135 du 3 décembre 2001 qui supprime toutes les dispositions du Code civil restrictives des droits successoraux de l'enfant adultérin, y compris celles qui permettaient d'éviter que l'enfant adultérin participe au partage avec la famille légitime. On peut se demander dans quelle mesure les successions liquidées avant l'entrée en vigueur de la loi no 2001-1135 du 3 décembre 2001 sont susceptibles de donner lieu à une condamnation ultérieure de la France par la Cour européenne. Dans l'arrêt *Merger et Cross*, la Cour condamne en effet la discrimination subie par un enfant adultérin dans le cadre d'une succession liquidée avant l'entrée en vigueur de la loi, mais pour laquelle la Cour de cassation s'est prononcée par un arrêt postérieur à l'arrêt *Mazurek*. Ce faisant, les juges strasbourgeois sanctionnent la résistance de la Cour de cassation qui aurait dû, à l'instar de certains juges du fond (TGI Montpellier, 2 mai 2000, *RTD civ.*, 2000, p. 930, obs. J.-P. Marguénaud ; Paris, 28 nov. 2000, *JCP G*, 2001, I, 193, obs. H. Bosse-Platière) appliquer les enseignements de la jurisprudence et écarter les dispositions condamnées par la cour de Strasbourg sans attendre la réforme législative. Il est cependant difficile de déterminer la date à partir de laquelle les juges français avaient l'obligation d'écarter les dispositions discriminatoires du droit national. Dans l'arrêt *Fabris c/ France du 7 février 2013* (*JCP G 2013, act. 242, obs. F. Sudre)* la Grande chambre condamne la réduction des droits d'un enfant adultérin dans une succession liquidée avant la loi de 2001 admise par la Cour de cassation en application des dispositions transitoires contenues dans cette loi. Elle affirme que « la protection de la confiance du *de cujus* et de sa famille doit s'effacer devant l'impératif de l'égalité de traitement entre enfants nés hors mariage et enfants issus du mariage » et estime que le demi-frère et la demi-sœur du requérant qui connaissait l'existence de celui-ci, savaient – ou auraient dû savoir – que leurs droits pouvaient se voir remis en cause. En outre, l'action en réduction que le requérant avait finalement engagée en 1998 était pendante devant les juridictions nationales au moment du prononcé de l'arrêt *Mazurek* et la publication de la loi de 2001. La Cour considère ainsi que le but légitime de la protection des droits successoraux du demi-frère et de la demi-sœur du requérant n'était pas d'un poids tel qu'il dût l'emporter sur la prétention du requérant d'obtenir une part de l'héritage de sa mère et juge contestable « qu'en 2007, des années après les arrêts *Marckx* et *Mazurek,* le juge national ait pu moduler différemment la protection de la sécurité juridique selon qu'elle était opposée à un enfant légitime ou à un enfant adultérin ». La Cour européenne, qualifie l'interprétation retenue par la Cour de cassation de « déraisonnable, arbitraire ou en flagrante contradiction avec l'interdiction de discrimination établie à l'article 14 et plus largement avec les principes sous-jacents à la Convention » (§ 60). La Cour précise que si le caractère essentiellement déclaratoire des arrêts de la Cour laisse à l'État le choix des moyens pour effacer les conséquences de la violation, l'adoption de mesures générales implique pour l'État l'obligation de prévenir, avec diligence, de nouvelles violations semblables à celles constatées dans les arrêts de la Cour.

La Cour de cassation, se fondant sur l'article 1<sup>er</sup> du Protocole 1, considère que la distinction opérée par l'article 2 de la loi du 25 juin 1982 entre les enfants naturels selon le mode d'établissement de la filiation, présente une justification objective et raisonnable en ce que d'une part elle poursuit le but légitime d'assurer la paix des familles en préservant les droits acquis et d'autre part elle respecte un rapport de proportionnalité entre les moyens employés et le but visé dès lors que les enfants naturels dont la loi a permis l'établissement de la filiation ne se voient privés de leurs droits que dans les successions déjà liquidées (Civ. 1re, 25 mai 2004, B. c/ C., *JCP G*, 2005, II, 10 032, C. Lefeuvre). En l'espèce, les requérantes dont la filiation a été établie judiciairement après la liquidation de la succession de leur auteur, affirmaient que l'impossibilité pour elle de remettre en cause une succession liquidée les plaçait dans une situation désavantageuse par rapport aux enfants naturels reconnus par leur père. Il semble que le raisonnement suivi par la Cour de cassation pourrait être accepté par la Cour européenne.

B) La prohibition des discriminations entre enfants selon la nature de leur filiation s'applique également aux libéralités, qu'elles prennent la forme d'un testament ou d'une donation. L'arrêt *Pla et Puncernau c/ Andorre* du 13 juillet 2004 applique le principe de l'égalité des filiations à l'interprétation d'un testament défavorable à un enfant adopté. La Cour européenne condamne la lecture du testament des juges andorrans selon laquelle le terme de « fils » contenu dans le testament ne pouvait désigner qu'un enfant biologique, ce qui revenait à exclure l'enfant adopté de la succession de la mère de l'adoptant. Les juges strasbourgeois n'hésitent pas à appliquer à un testament de 1939, les principes en vigueur au moment de son interprétation quelque cinquante années plus tard et considèrent que la distinction entre enfant adopté et enfant biologique n'était fondée sur aucune justification objective et raisonnable (§ 61).

La loi du 3 décembre 2001 a également fait disparaître la limitation de la capacité du parent d'un enfant adultérin de disposer en faveur de ce dernier, limitation qui avait été condamnée à propos de l'enfant naturel dans l'arrêt Marckx sur le double fondement des articles 8 de la Convention et 1er du Protocole 1, combinés avec l'article 14. Une cour d'appel viole les dispositions transitoires de ce texte en ne tenant pas compte des nouveaux droits des enfants adultérins applicables à la succession en cause et précisément de la capacité désormais entière de l'enfant adultérin de recevoir à titre gratuit (Civ. 1re, 6 janv. 2004, Guillaume X., *Dr. fam.*, 2004, comm. n° 24, obs. B. Beignier). Cette modification n'a pas empêché la condamnation par l'arrêt *Merger et Cros c/ France* du 22 décembre 2004 de l'annulation – antérieure à l'entrée en vigueur de la réforme des successions – des donations consenties par un père à son enfant adultérin, lesquelles dépassaient la moitié de la part réservataire qui lui serait revenue s'il avait été légitime, et des libéralités faites à la mère de l'enfant et présumées avoir été faites à personne interposée.

La Cour de cassation, dans un arrêt du 29 janvier 2002 (*Dr. fam.*, 2002, comm. n° 45, obs. B. Beignier), rendu avant l'entrée en vigueur de la réforme des droits successoraux, a également considéré que le refus de faire bénéficier l'enfant naturel de l'article 1527, fondant l'action en retranchement, était discriminatoire. Cette action permet de remettre en cause les avantages matrimoniaux consentis au conjoint qui porte atteinte à la réserve héréditaire en les qualifiant de libéralités. La Cour de cassation relève justement que les enfants légitimes nés d'un précédent mariage et les enfants naturels nés d'une précédente liaison se trouvent dans une situation comparable, quant à l'atteinte susceptible d'être portée à leurs droits successoraux en cas de remariage de leur auteur sous le régime de la communauté universelle et que la finalité de la protection assurée aux premiers commande qu'elle soit étendue au second au regard du principe de non-discrimination selon la naissance édictée par la Convention européenne.

A. G.

## III | Les droits des étrangers au respect de la vie familiale

**55. *Üner c/ Pays-Bas, Gr. Ch., 18 octobre 2006*** ; *JCP G, 2007, I, 106, n° 12, chron. F. Sudre ; AJDA, 2007, 906, chron. J.F. Flauss ; RDP, 2007, 887, chron. M. Levinet ; RTDH, 2007, 71, note C. Raux.*

**54.** La Cour réaffirme d'emblée que, d'après un principe de droit international bien établi, les États ont le droit, sans préjudice des engagements découlant pour eux de traités, de contrôler l'entrée des non-nationaux sur leur sol [...]. La Convention ne garantit pas le droit pour un étranger d'entrer ou de résider dans un pays particulier, et, lorsqu'ils assument leur mission de maintien de l'ordre public, les États contractants ont la faculté d'expulser un étranger délinquant. Toutefois, leurs décisions en la matière, dans la mesure où elles porteraient atteinte à un droit protégé par le paragraphe 1 de l'article 8, doivent se révéler nécessaires dans une société démocratique [...].

**55.** La Cour considère que ces principes s'appliquent indépendamment de la question de savoir si un étranger est entré dans le pays hôte à l'âge adulte ou à un très jeune âge ou encore s'il y est né. [...]. Si un certain nombre d'États contractants ont adopté des lois ou des règlements prévoyant que les immigrés de longue durée nés sur leur territoire ou arrivés sur leur territoire à un jeune âge ne peuvent être expulsés sur la base de leurs antécédents judiciaires… un droit aussi absolu à la non-expulsion ne peut être dérivé de l'article 8 de la Convention […].

**56.** […]. La Cour considère… que même si un ressortissant étranger possède un statut non précaire de résident et qu'il a atteint un haut degré d'intégration, sa situation ne peut être mise sur le même pied que celle d'un ressortissant de l'État lorsqu'il s'agit du pouvoir précité des États contractants d'expulser des étrangers […]. Elle estime de surcroît qu'une décision de révoquer un permis de séjour et/ou de prononcer une mesure d'interdiction du territoire à l'égard d'un immigré de longue durée à la suite d'une infraction pénale qui a valu à l'intéressé une condamnation à une sanction pénale ne constitue pas une double peine, ni aux fins de l'article 4 du Protocole n° 7 ni d'une manière plus générale. Les États contractants ont le droit de prendre à l'égard des personnes ayant été condamnées pour des infractions pénales des mesures de nature à protéger la société […]. Semblables mesures administratives doivent être considérées comme revêtant un caractère préventif plutôt que punitif […].

**57.** […]. Dans l'affaire *Boultif*, la Cour a énuméré les critères devant être utilisés pour l'appréciation de la question de savoir si une mesure d'expulsion était nécessaire dans une société démocratique et proportionnée au but légitime poursuivi… : la nature et la gravité de l'infraction commise par le requérant ; la durée du séjour de l'intéressé dans le pays dont il doit être expulsé ; le laps de temps qui s'est écoulé depuis l'infraction, et la conduite du requérant pendant cette période ; la nationalité des diverses personnes concernées ; la situation familiale du requérant, et notamment, le cas échéant, la durée de son mariage, et d'autres facteurs témoignant de l'effectivité d'une vie familiale au sein d'un couple ; la question de savoir si le conjoint avait connaissance de l'infraction à l'époque de la création de la relation familiale ; la question de savoir si des enfants sont issus du mariage et, dans ce cas, leur âge ; et la gravité des difficultés que le conjoint risque de rencontrer dans le pays vers lequel le requérant doit être expulsé.

**58.** La Cour souhaite expliciter deux critères qui se trouvent peut-être déjà implicitement contenus dans ceux identifiés dans l'arrêt Boultif : l'intérêt et le bien-être des enfants, en particulier la gravité des difficultés que les enfants du requérant sont susceptibles de rencontrer dans le pays vers lequel l'intéressé doit être expulsé ; et la solidité des liens sociaux, culturels et familiaux avec le pays hôte et avec le pays de destination. Quant au premier point, la Cour note qu'il se reflète déjà dans sa jurisprudence actuelle […]. Quant au second point, il convient de relever que si le requérant dans l'affaire *Boultif* était déjà adulte lors de son arrivée en Suisse, la Cour a jugé que les « critères *Boultif* » s'appliquent à plus forte raison dans les cas où les requérants sont nés dans le pays hôte ou y sont arrivés à un jeune âge […]. En effet, le motif sous-jacent à la décision de faire de la durée du séjour d'une personne dans le pays hôte l'un des éléments à prendre en considération réside dans la supposition que plus longtemps une personne réside dans un pays particulier, plus forts sont ses liens avec ce pays et plus faibles sont ses liens avec son pays d'origine. À la lumière de ces considérations, il est évident que la Cour tiendra compte de la situation particulière des étrangers qui ont passé la majeure partie, sinon l'intégralité, de leur enfance dans le pays hôte, qui y ont été élevés et qui y ont reçu leur éducation.

**59.** La Cour a jugé dans l'affaire *Boultif* qu'il lui fallait établir lesdits « principes directeurs » au motif qu'elle n'avait « connu que d'un nombre restreint d'affaires dans lesquelles le principal obstacle à l'expulsion résidait dans les difficultés pour les époux de demeurer ensemble et, en particulier, pour un conjoint et/ou des enfants de vivre dans le pays d'origine de l'autre conjoint » [...]. Il convient de noter toutefois que les trois premiers principes directeurs ne se rapportent pas directement à la vie familiale. Cela amène la Cour à examiner la question de savoir si les « critères *Boultif* » sont suffisamment compréhensifs pour pouvoir s'appliquer dans tous les cas concernant l'expulsion et/ou l'interdiction du territoire d'immigrés de longue durée ayant subi une condamnation pénale. Elle observe à cet égard que tous les immigrés installés, indépendamment de la durée de leur résidence dans le pays dont ils sont censés être expulsés, n'ont pas nécessairement une « vie familiale » au sens de l'article 8. Toutefois, dès lors que l'article 8 protège également le droit de nouer et entretenir des liens avec ses semblables et avec le monde extérieur [...] et qu'il englobe parfois des aspects de l'identité sociale d'un individu [...], il faut accepter que la totalité des liens sociaux entre les immigrés installés et la communauté dans laquelle ils vivent font partie intégrante de la notion de « vie privée » au sens de l'article 8. Indépendamment de l'existence ou non d'une « vie familiale », dès lors, la Cour considère que l'expulsion d'un immigré installé s'analyse en une atteinte à son droit au respect de sa vie privée. C'est en fonction des circonstances de l'affaire portée devant elle que la Cour décidera s'il convient de mettre l'accent sur l'aspect « vie familiale » plutôt que sur l'aspect « vie privée ».

Entré à 12 ans aux Pays-Bas au bénéfice d'un regroupement familial, ce citoyen turc qui se rendit coupable de crimes violents fut expulsé vers la Turquie avec interdiction du territoire pour dix ans après avoir purgé sa peine sans considération pour sa « vie familiale » avec sa compagne néerlandaise et ses deux enfants jugés apte à l'accompagner dans cet exil. La Grande chambre valide la mesure. Exception faite de l'interdiction des expulsions collectives d'étrangers par l'article 4 Protocole 4 (*Conka c/ Belgique*, 5 février 2002) et des garanties essentiellement procédurales de l'article 1 Protocole 7 pour les étrangers en situation régulière menacés d'expulsion (*Lupsa c/ Roumanie*, 8 juin 2006, *JCP G*, 2006.I.164, n° 14, obs. F. Sudre), la Convention demeure muette sur les droits spécifiques des étrangers à la différence d'autres instruments internationaux (art. 22 § 7 et 8 CADH). La jurisprudence a très largement pallié cette carence en développant un arsenal de « protection par ricochet » des droits des étrangers essentiellement sur le fondement des articles 3 (*supra*, n° 16) et 8 de la Convention. Laissant aux États une grande liberté en ce qui concerne le droit d'entrée et de séjour des étrangers, la Cour s'emploie essentiellement à veiller à la garantie de la vie privée et familiale d'étrangers victimes d'une mesure d'éloignement.

## I / Droit d'entrée et de séjour

La Cour ne manque jamais de rappeler que « d'après un principe de droit international bien établi les États ont le droit, sans préjudice des engagements découlant pour eux de traités, de contrôler l'entrée des non-nationaux sur leur sol » (*Abdulaziz, Cabales et Balkandali c/ Royaume-Uni*, 28 mai 1985, § 67 ; *Üner*, § 54 ; même principe constitutionnel : Déc. n° 93-325 DC, 13 août 1993, *Loi relative à la maîtrise de l'immigration*, *RFDA* 1993.871, obs. B. Genevois) et « la Convention n'interdit pas en principe aux États contractants de régler l'entrée et la durée du séjour des étrangers » (*Berrheab c/ Pays-Bas*, 21 juin 1988, § 28). D'autre part, « l'article 8 de la Convention ne va pas jusqu'à garantir à l'intéressé le droit à un type particulier de titre de séjour (permanent, temporaire ou autre), à condition que la solution proposée par les autorités lui permette d'exercer sans entrave ses droits au respect de la vie privée et familiale » (*Mendizabal c/ France*, 17 janv. 2006, § 66 ; *Mehemi c/ France n° 2*, 10 avril 2003 : modalités d'exécution d'un premier constat de violation de l'article 8), ni « l'obligation générale de fournir aux réfugiés une assistance financière… ni le droit d'y travailler » (*Müslim c/ Turquie*, 26 avr. 2005, § 85). La situation spécifique des citoyens européens impose d'interpréter l'article 8 à la lumière du droit de l'Union européenne, « en particulier des obligations imposées aux États membres quant aux droits d'entrée et de séjour des ressortissants communautaires » (*Mendizabal*, § 69) ; le traitement préférentiel qui leur est consenti repose sur des justifications objectives et raisonnables (*Müslim c/ Turquie*, 26 avr. 2005, § 49).

A) La situation de vie familiale éclatée de l'étranger pose la question de sa définition dans ce cadre particulier. Sans être écartée, « la vie familiale projetée » (*Abdulaziz*, § 62) ne trouve aucune consécration dans la jurisprudence de la Cour qui, s'agissant d'étrangers, est essentiellement confrontée à la vie familiale existante ou « effective établie sur le sol d'un État contractant par des non-nationaux qui y séjournent légalement » (*Slivenko c/ Lettonie*, Gr. Ch., 9 oct. 2003, § 94). Celle-ci « englobe la relation née d'un mariage légal et non fictif » (*Abdulaziz*, § 62 ; *Kiyutin c/ Russie*, 10 mars 2011, § 55). Un enfant est un fort gage de l'existence d'une vie familiale, qu'il s'agisse d'un foyer monoparental (*Salek Bardi c/ Espagne*, 24 mai 2011, § 49) ou d'une situation de concubinage (déc. 13 nov. 2012, *Çakir c/ Roumanie*, n° 13077/05, § 43), puisque « dès l'instant et du seul fait de sa naissance, il existe entre lui et ses parents un lien constitutif de vie familiale » sur lequel la dissolution du mariage est sans effet (*Berrehab*, § 21). Le lien subsiste malgré une séparation *de facto* entre un parent et son enfant (*Salek Bardi*, § 49 : adoption en Espagne de la fille de la requérante vivant dans le camp de réfugiés de Tindouf en Algérie), à moins de traduire un total désintérêt du parent concerné, circonstance exceptionnelle susceptible de « briser » le lien en question (*a contrario Gül c/ Pays-Bas*, 19 février 1996, § 32), mais « les rapports entre parents et enfants adultes ne bénéficient pas de la protection de l'article 8 sans que soit démontrée l'existence d'éléments supplémentaires de dépendance, autres que les liens affectifs normaux » (*Emre c/ Suisse*, 22 mai 2008, § 80). Dans la perspective d'une entrée et d'un séjour, le mariage est le moyen le plus pertinent pour identifier une vie familiale. Lorsque se pose la question de la date du commencement exact d'une vie familiale entre deux étrangers invoquant une vie commune, la Cour peut s'appuyer sur des démarches entamées en ce sens, en particulier des « demandes d'attestations de célibat auprès de leurs ambassades respectives » (déc. 11 oct. 2011, *A.Y. c/ France*, n° 25579/09). La polygamie peut aussi relever de la vie familiale notamment quand est en cause l'obtention d'un titre de séjour pour l'enfant de la première épouse vivant toujours à l'étranger d'un homme bigame (Comm., déc. 6 janvier 1992, *A. et A. c/ Pays-Bas*, n° 14501/89). Mais la sauvegarde de l'ordre public européen qui rejette unanimement la polygamie l'emporte ici sur la préservation de cette forme expansive de la vie familiale (*ibid.* ; déc. 29 juin 1992, *Rabia Bibi c/ Royaume-Uni*, n° 19628/92) validant ainsi la position française (article L 411-7 du CESEDA). Avec l'évolution du consensus européen sur les unions entre personnes de même sexe, ces relations ressortissant à la vie privée (Comm., déc. 10 février 1990, *B. c/ Royaume-Uni*, n° 16106/90) devraient entrer dans le cadre de la vie privée et familiale (pour le PACS en France : CE, 3 juill. 2002, *préfet de police c/ M. Khelifi*, n° 240014 ; CE, 4 février 2013, *Mme B. et Mme A.*, n° 352241) ou de la seule vie familiale d'un étranger, non seulement dans le contentieux d'éloignement, mais aussi dans celui du regroupement familial (sur la complémentarité des modalités d'octroi de la carte de séjour « vie privée et familiale » en France aux personnes mariées de plein droit – art. 313-11-4 CESEDA, et aux pacsés sous certaines conditions – art. 313-11-7 CESEDA : Conseil constit., n° 2013-312 QPC, 22 mai 2013, *Jory Orlando T.*, *JO*RF 24 mai 2013.8599 et n° 2013-358 QPC, 29 nov. 2013, *Azdine A.*, *JO*RF 1er décembre 2013.19605).

B) Le principe selon lequel l'article 8 « ne saurait s'interpréter comme comportant l'obligation générale de respecter le choix, par des couples mariés, de leur domicile commun et d'accepter l'installation de conjoints non nationaux dans le pays » (*Abdulaziz*, § 68 ; *Gül* § 38) pose la question du regroupement familial. Paradoxalement, le principe semble être celui du regroupement à rebours, la Cour se satisfaisant de la perspective des membres d'une famille éclatée « de mener une vie familiale dans leur pays d'origine » soit à l'occasion du renvoi d'un membre de la famille dans son pays (*Cruz Varas et a. c/ Suède*, 20 mars 1991, § 68 ; *Üner*, § 64 : le jeune âge des enfants est un gage de leur intégration, leur nationalité néerlandaise ménage leur possibilité de rendre visite à la famille demeurée aux Pays-Bas et les difficultés d'adaptation de la compagne néerlandaise ne sont pas insurmontables), soit à l'occasion de la demande de regroupement de la famille sous la « juridiction » d'un même État. Dans ce dernier cas la jurisprudence de la Cour, plutôt favorable à l'intérêt de l'État de contrôler l'immigration (*Ahmut c/ Pays-Bas*, 28 nov. 1996, § 73) fut-ce en présence d'une « situation très difficile d'un point de vue humain » (*Gül*, § 43), a évolué vers une position plus favorable dès lors que le transfert de la vie familiale dans le pays d'origine se heurte à « un obstacle majeur » (*Şen c/ Pays-Bas*, 21 déc. 2001 : couple établi de longue date régulièrement ayant eu deux enfants dans ce pays et souhaitant faire venir leur fille ainée demeurée en Turquie ; *Tuquabo-Tekle et a. c/ Pays-Bas*, 1er déc. 2005) ; mais la duplicité des requérants durant la procédure interne d'accueil puis de regroupement familial redonne l'avantage à l'intérêt étatique (*Berisha c/ Suisse*, 30 juillet 2013 : non-déclaration des enfants lors de l'obtention du titre de séjour par les parents suivie d'une demande de regroupement familial avec les enfants entrés illégalement). Le droit au regroupement familial ne peut être appliqué différemment à une même catégorie d'étrangers comme les réfugiés selon que leur mariage a été contracté avant ou après leur départ de leur pays d'origine (*Hode et Abdi c/ Royaume-Uni*, 6 nov. 2012) mais d'autres distinctions sont possibles (*Biao c/ Danemark*, 25 mars 2014). Le droit français est en phase avec cette jurisprudence qu'il a même devancée (CE, Ass., 8 déc. 1978, *GISTI*, *GAJA* n° 88 ; 26 sept. 1986, *GISTI*, Rec. 219 ; Conseil constitutionnel, 2006-539 DC, 20 juillet 2006, *Loi relative à l'immigration et à l'intégration*, *Rec.* 79) mais le droit essentiel d'unité de la famille pour les réfugiés dicte une situation plus favorable en faveur de la « famille rejoignante » et les demandes de visas doivent être traitées « rapidement, attentivement et avec une diligence particulière », selon une procédure offrant des « garanties de souplesse, de célérité et d'effectivité », exigences au regard desquelles la procédure française est trouvée en défaut (*Tanda-Muzinga c/ France ; Mugenzi c/ France ; Senigo Longue et autres c/ France*, 10 juillet 2014, *JCP G* 2014, act., 872, C. Picheral).

Dans une situation exceptionnelle concernant tant le droit à la vie familiale que la politique d'immigration, la Convention peut imposer à l'État l'obligation positive d'accorder un titre de séjour à une femme, présente illégalement sur le territoire de l'État depuis de nombreuses années et mère de trois enfants ayant seuls la nationalité du pays d'accueil (*Jeunesse c/ Pays-Bas*, Gde Ch., 3 octobre 2014). Le droit de l'Union européenne se fait conciliant avec la famille du citoyen européen ayant usé de son droit de libre circulation sur le territoire de l'Union (*Metock et al.*, Gr. Ch., 25 juillet 2008, C-127/08, *RTDH* 2009, 688, obs. C. Maubernard) mais demeure réservé à l'égard de celui qui n'en a pas fait usage et qui peut se voir refuser le droit au regroupement familial (*Kreshnik Ymerga et al. c/ Min. du travail, de l'emploi et de l'immigration*, 8 mai 2013, C-87/12).

## II / Éloignement du territoire

L'éloignement peut être justifié par le souci de l'État de maîtriser sa politique d'immigration, notamment au regard du caractère irrégulier du séjour mais aussi, dans le cadre d'un séjour régulier, pour préserver l'ordre public troublé par l'étranger délinquant.

A) Une mesure d'éloignement au service de la politique d'immigration de l'État peut suivre le refus de renouveler un titre de séjour faisant ainsi basculer l'étranger d'une situation régulière dans une situation irrégulière s'il se maintient sur le territoire de l'État concerné.

1 / Le but légitime poursuivi peut être « la défense du bien-être économique du pays… en raison de la densité de la population, de régulariser le marché du travail » (*Berrehab* § 26 ; *Ciliz c/ Pays-Bas*, 11 juillet 2000, § 65) ; néanmoins, sous ce seul angle, et en l'absence de toute infraction pénale, le refus de renouveler un titre de séjour apparaît disproportionné dès lors qu'il a pour conséquence de rompre « les liens très étroits » entre un père et son enfant (*Berrehab*, § 29) ou d'anticiper une procédure judiciaire fixant le régime des visites (*Ciliz*, § 71). Dans le contexte de l'accès à l'indépendance à l'égard de l'URSS le but légitime de la sécurité nationale n'autorise pas l'organisation d'un éloignement indifférencié (*Slivenko c/ Lettonie*, Gr. Ch., 9 oct. 2003 : un traité prévoyant le départ de militaires étrangers et de leurs familles dans l'intérêt de la sécurité nationale n'est pas en soi contraire à l'article 8 mais son application sans possibilité de prendre en compte les situations personnelles n'est pas compatible avec ses exigences). Plus généralement,

le but légitime poursuivi par toute mesure d'éloignement d'un étranger en situation irrégulière est celui de « la lutte contre l'immigration clandestine et du contrôle de l'entrée et du séjour des étrangers sur le territoire », action qui « peut se rattacher à des objectifs tant de protection de la sécurité nationale, de la défense de l'ordre, de bien-être économique du pays que de prévention des infractions pénales » (*Popov c/ France*, 19 janvier 2012, § 137). Mais « le souci des États de déjouer les tentatives de contournement des restrictions à l'immigration ne doit pas priver les étrangers de la protection accordée » par la Convention européenne et, lorsqu'un mineur est en cause, la Convention relative aux droits de l'enfant, opérant ainsi une conciliation entre « la protection des droits fondamentaux et les impératifs de la politique de l'immigration des États » (*Mubilanzila Mayeka et Kaniki Mitunga c/ Belgique*, 12 oct. 2006, § 81, *D*, 2007, 771, note P. Muzny ; le mécanisme d'impunité légale pour l'aide apportée par les membres de la famille les plus proches de l'étranger fait que le délit d'aide à l'entrée, à la circulation et au séjour d'un étranger remplit cette condition de conciliation : *Malah c/ France*, 10 nov. 2011). Par ailleurs, l'étranger ne doit pas souffrir des impérities étatiques (*Mengesha Kimfe c/ Suisse*, 29 juill. 2010, *JCP G* 2010, act. 904, F. Sudre : couple de demandeurs d'asile déboutés empêché pendant 5 ans de mener une vie familiale dans le pays de renvoi qui refusait systématiquement le retour de ses ressortissants et en Suisse où ils étaient assignés chacun dans un canton différent). Le principe selon lequel « les personnes qui, sans se conformer aux règlements en vigueur, mettent par leur présence sur le territoire d'un État contractant les autorités de ce pays devant un fait accompli, ne peuvent d'une manière générale invoquer une espérance légitime qu'un droit de séjour leur sera accordé » peut être néanmoins tenu en échec, malgré une « attitude cavalière », par les « lourdes conséquences » qu'une expulsion aurait sur les responsabilités d'une mère à l'égard de son enfant et sur leur vie familiale (*Rodriguez da Silva et Hoogkamer c/ Pays-Bas*, 31 janv. 2006, § 43-44 ; *Nunez c/ Pays-Bas*, 28 juin 2011 ; *Jeunesse c/ Pays-Bas*, Gde Ch., 3 octobre 2014 ; *a contrario Josef c/ Belgique*, 27 février 2014 : requérante atteinte du VIH expulsée avec ses enfants sans que soit pris en compte le risque de décès prématuré dans l'atteinte à la vie familiale). L'intérêt supérieur de l'enfant au maintien et à l'épanouissement d'une vie familiale n'est pas étranger au juge administratif (CE, 22 sept. 1997, *Mlle Cinar*, *Rec.*, 319, *RFDA* 1998.562) qui fait néanmoins preuve de vigilance à l'égard de toute exploitation frauduleuse de cette surprotection (CE, 10 juin 2013, *Ministre de l'intérieur c/ Mme Djepgoua*, *Rec.*).

2 / La mesure d'expulsion doit être aussi appréciée à l'aune de ses modalités d'exécution, spécialement « la pratique française de maintenir les familles en instance d'expulsion dans des lieux de privation de liberté », y compris les mineurs migrants accompagnés que trois pays européens, dont la France, placent systématiquement en rétention (*Popov*, § 142). Cette pratique aboutit certes au maintien de l'unité familiale, mais dans des conditions telles et sur une si longue durée (15 jours) que l'État est rappelé à son obligation de tout mettre en œuvre « afin de limiter autant que faire se peut la détention de familles accompagnées d'enfants et préserver effectivement le droit à une vie familiale » (*Ibid.* § 147). L'idéal est de trouver des solutions alternatives à la rétention, *a fortiori* lorsqu'il s'agit d'un mineur non accompagné (*Mubilanzila Mayeka et Kaniki Mitunga*, § 85).

B) En situation régulière, installé dans son pays d'accueil parfois depuis longtemps, voire immigré de la deuxième génération, l'étranger peut voir sa situation remise en question après avoir été reconnu coupable d'une infraction pénale sans que cette mesure ne soit constitutive d'une « double peine » (*Üner*, § 56 ; *Maaouia c/ France*, Gde Ch., 5 oct. 2000, § 39). Ainsi les États contractants « lorsqu'ils assument leur mission de maintien de l'ordre public... ont la faculté d'expulser un étranger délinquant, entré et résidant légalement sur leur territoire » (*Emre c/ Suisse*, 22 mai 2008, § 65). Le but légitime peut aussi être celui de la « sûreté publique » en cas par exemple de connivence avec des activistes terroristes (*Cherif c/ Italie*, 7 avril 2009, § 63).

1 / Après avoir distingué entre immigrés de fraiche date pour lesquels l'ingérence ne serait pas « aussi forte que celle que peut provoquer l'expulsion des requérants nés ou venus en bas âge dans le pays d'accueil » (*Dalia c/ France*, 19 février 1998, § 53), la Cour unifie le régime et juge que les principes de sa jurisprudence « s'appliquent indépendamment de la question de savoir si un étranger est entré dans le pays hôte à l'âge adulte ou à un très jeune âge ou encore s'il y est né » et que « l'article 8 de la Convention ne confère pas à une quelconque catégorie d'étrangers un droit absolu à la non-expulsion » (*Üner*, § 55 et 57 ; *Emre c/ Suisse*, § 68). La durée du séjour n'est plus qu'un critère parmi d'autres de l'appréciation de la proportionnalité de l'ingérence mais qui conserve son importance puisque « plus longtemps une personne réside dans un pays particulier, plus forts sont ses liens avec ce pays et plus faibles sont ses liens avec son pays d'origine » (*Üner*, § 58) ce qui peut laisser les immigrés de longue date à l'abri d'une expulsion malgré un passé pénal chargé même dans le cadre d'une simple « vie familiale d'époux » (*Beldjoudi c/ France*, 26 mars 1992). C'est l'apport

majeur de l'arrêt de Grande chambre *Üner* (§ 57) que de systématiser les huit critères d'appréciation de la nécessité et de la proportionnalité de la mesure d'expulsion énumérés dans l'arrêt *Boultif* (2 août 2001, § 48, *RTDH* 2002, 483, note H. Mock) et d'expliciter deux critères complémentaires qui « se trouvent peut-être déjà implicitement contenus dans ceux identifiés dans l'arrêt *Boultif* » (*Üner*, § 58) et qui sont utiles pour apprécier des situations de vie privée (la solidité des liens sociaux, culturels et familiaux avec le pays hôte et avec le pays de destination) ou pour affiner l'appréciation de l'intérêt supérieur des enfants (l'intérêt et le bien-être des enfants, en particulier la gravité des difficultés que les enfants du requérant sont susceptibles de rencontrer dans le pays vers lequel l'intéressé doit être expulsé). Le poids de ces critères « varie inévitablement selon les circonstances particulières de chaque affaire » (*Maslov c/ Autriche*, Gde Ch., 23 juin 2008, § 70) ce qui, évidemment, laisse planer le spectre d'une liberté « combinatoire » susceptible d'instrumentalisation (voir l'opinion dissidente commune sous *Üner*) qu'il appartient à la Cour de neutraliser par une motivation « pointilliste », comme dans son arrêt *Maslov*. Les trois premiers critères (gravité de l'infraction, durée du séjour, conduite du requérant depuis l'infraction) et le critère complémentaire de la solidité des liens sociaux pris isolément ne se rapportent pas directement à la vie familiale et permettent de tenir compte de l'atteinte à la seule vie privée de l'expulsé notamment dans l'hypothèse de rapports entre adultes qui ne bénéficient pas « nécessairement de la protection de l'article 8 sans que soit démontrée l'existence d'éléments supplémentaires de dépendance, autres que les liens affectifs normaux » (*Shala c/ Suisse*, 15 nov. 2012, § 45 : adulte, sans enfants, qui se prévaut en premier lieu de son intégration dans le pays hôte) ou s'agissant d'« un jeune adulte qui n'a pas encore fondé sa propre famille » (*Maslov*, § 71). Combiné avec les autres critères ils permettent de rendre compte de la totalité des liens sociaux de l'étranger constitutifs de sa « vie privée et familiale » (*Dalia*, § 42-45 ; *Ezzouhdi c/ France*, 13 févr. 2001, § 26 ; *Onur c/ Royaume-Uni*, 17 février 2009, § 47).

2 / Le critère de la gravité de l'infraction est souvent déterminant, notamment lorsqu'il s'agit de lutter contre « les ravages de la drogue » en usant d'une « grande fermeté à l'égard de ceux qui contribuent à la propagation de ce fléau » (*Dalia*, § 54 ; *C. c/ Belgique*, 7 août 1996, § 35 ; *Baghli c/ France*, 30 nov. 1999, § 48 : pas de violation de 8 pour ce trafiquant d'héroïne célibataire et sans enfants ; *Samsonnikov c/ Estonie*, 3 juillet 2012 ; *Kissiwa Kofi c/ Suisse*, 15 nov. 2012, § 71 : pas de violation de 8 pour cette trafiquante de cocaïne ivoirienne mariée depuis peu à

un Ivoirien ayant acquis la nationalité suisse et mère d'un enfant de nationalité suisse mais « ni professionnellement ni socialement intégrée »). En revanche une condamnation liée à de simples « faits d'usage et de consommation de drogues » ne révèle pas une « menace grave pour l'ordre public » (*Ezzouhdi*, § 34 ; *Maslov*, § 80) et une condamnation ne concernant pas « des délits de stupéfiants » nuit moins au requérant (*Yilmaz c/ Allemagne*, 17 avril 2003, § 46) sauf à constater une véritable « propension à la délinquance » et la répétition de graves infractions (*Üner*, § 63 ; *Shala*, § 52 ; *Mutlag c/ Allemagne*, 25 mars 2010, § 61), toutes allégations qui doivent être établies objectivement notamment lorsqu'il s'agit d'accusations d'activités terroristes (*Amie c/ Bulgarie*, 12 février 2013 : en l'absence de contrôle effectif sur ces accusations l'expulsion n'est pas prévue par la loi). Enfin, le poids de ce critère est fortement atténué lorsque la Cour constate que les infractions relèvent d'une « délinquance juvénile » (*Emre*, § 74 ; *Moustaquim c/ Belgique*, 18 février 1991, § 44 ; *Yilmaz*, § 46 ; *Maslov*, § 81 ; *Onur c/ Royaume-Uni, 17 février 2009*, § 55). L'intérêt supérieur de l'enfant, qui constitue l'autre critère déterminant de la proportionnalité (critère de la question de savoir si des enfants sont issus du mariage et critère complémentaire de l'intérêt et du bien-être des enfants), peut faire un contrepoids suffisant à la gravité de l'infraction si l'expulsion aboutit à une séparation radicale du délinquant et de ses enfants mineurs (*Mehemi c/ France*, 26 sept. 1997 : mesure d'interdiction définitive séparant radicalement un membre d'un réseau de trafiquants de drogues de son épouse et de ses enfants mineurs ; *Hamidovic c/ Italie*, 4 déc. 2012, § 44 : une condamnation pour mendicité n'est pas « grave » et le déport de la vie familiale vers la Bosnie-Herzégovine est « peu réaliste, les enfants n'ayant aucune attache dans ce pays » ; *Udeh c/ Suisse*, 16 avril 2013, § 46 : une condamnation pour possession d'une « faible quantité de cocaïne » ne justifie pas une expulsion séparant le requérant divorcé de ses filles confiées à leur mère) ; sauf à démontrer que la vie familiale peut être sans encombre transportée dans le pays d'origine, même en présence d'un enfant – position extrêmement sévère réservée à des situations exceptionnelles de grave délinquance et d'absence totale d'intégration – ayant la nationalité du pays de l'expulsion (*Kissiwa Kofi c/ Suisse*) ou fut-il malade (*Konstantinov c/ Pays-Bas*, 26 avril 2007, § 52 : enfant asthmatique). Lorsque tous les membres de la famille ont conservé la nationalité du pays d'origine et que des contacts « réguliers » demeurent possibles, les « circonstances exceptionnelles » n'existent pas (*Paposhvili c/ Belgique*, 17 avril 2014 : refus de régularisation de la situation d'un délinquant géorgien marié, père de deux enfants et atteint d'une leucémie lymphoïde chronique). La pondération des critères demeure dominée par les trois éléments principaux que sont la gravité de l'infraction, la durée de séjour dans le pays et, lorsque c'est pertinent, l'intérêt supérieur de l'enfant.

3 / La pesée des intérêts est aussi fortement influencée par la durée de l'interdiction de séjour accompagnant la mesure d'expulsion. Une interdiction définitive ou indéterminée génère une forme de présomption de disproportion (*Ezzouhdi*, § 35 ; *Yilmaz* § 49 ; *Emre*, § 86) sauf à être motivée par des faits particulièrement graves (*Dalia* ; *Aoulmi c/ France*, 17 janvier 2006 : la gravité des infractions liées notamment au trafic de drogue et la dissolution de son mariage sans que soient établis les « liens privilégiés » avec sa fille justifient une interdiction définitive du territoire ; *Mutlag c/ Allemagne*, § 61 : malgré l'absence d'attaches et des perspectives d'adaptation difficile en Jordanie, l'expulsion est justifiée sur le seul fondement de la gravité des délits commis et de leur « caractère violent et répétitif ») ou à être soumise à des mesures d'allégement comme des levées provisoires pour maintenir les liens familiaux (*Kissiwa Kofi c/ Suisse*). L'exécution « la plus naturelle » d'un arrêt de la Cour dressant un constat de violation dans le cas d'une interdiction de territoire de durée illimitée (*Emre*) et correspondant à la *restitutio in integrum* consiste à « annuler purement et simplement, et avec effet immédiat, l'interdiction de territoire » (*Emre c/ Suisse n° 2*, 11 oct. 2011, § 75). Une interdiction de durée limitée pèse de plus en plus lourd dans la retenue du contrôle européen au regard du respect du principe de subsidiarité (*Üner*, § 65 ; *Konstantinov c/ Pays-Bas*, 26 avril 2007, § 52 ; *Samsonnikov*, § 91 ; *Shala* § 56) sans être un gage de conventionnalité (*Maslov* § 99 : la durée limitée de l'interdiction de séjour n'est pas ici décisive car « vu son jeune âge, dix ans d'interdiction de séjour représentent presque autant que ce que le requérant a vécu en Autriche, alors qu'il se trouve à une période déterminante de son existence »). Converti à l'entier contrôle des mesures d'expulsion des délinquants (CE, 18 janvier 1991, *Beldjoudi Rec.* p. 18 qui n'empêcha pas un constat de violation : *Beldjoudi c/ France*, 26 mars 1992) puis de toute mesure susceptible de troubler la vie familiale de l'étranger indésirable sur le territoire français (Ass., 19 avr. 1991, *Dame Babas*, *Rec.*, 162 : reconduite à la frontière ; 10 avr. 1992, *Aykan*, *Rec.*, 153 : refus de visa ; 10 avr. 1992, *Marzini*, *Rec.*, 155 : refus de séjour), le juge administratif est aujourd'hui en phase avec la jurisprudence européenne (*Aoulmi* ; *Mallah*) tout en restant dépendant des aléas du contrôle de proportionnalité des critères *Boultif* (*Boussara c/ France*, 23 sept. 2010) et, plus globalement, des exigences procédurales liées au droit de l'étranger à faire valoir effectivement son droit à la vie familiale (*De Souza Ribeiro c/ France*, Gde Ch.,

13 déc. 2012 : plus que le juge administratif c'est l'exception guyanaise sur l'absence de caractère suspensif du recours devant lui qui est ici sanctionnée).

G. G.

# *Chapitre 5*

# LES LIBERTÉS DE LA PENSÉE

## SECTION 1
## *La liberté de pensée, de conscience et de religion*

### I | Étendue

**56.** ***Kokkinakis c/ Grèce, 25 mai 1993****, série A, n° 260-A ; RUDH, 1993, 223, chron. M. Levinet ; AJDA, 1994, 31, chron. J.-F. Flauss ; RTDH, 1994, 144, note F. Rigaux ; RFDA, 1995, 573, note H. Surrel.*

**31.** Telle que la protège l'article 9, la liberté de pensée, de conscience et de religion représente l'une des assises d'une « société démocratique », au sens de la Convention. Elle figure, dans sa dimension religieuse, parmi les éléments les plus essentiels de l'identité des croyants et de leur conception de la vie, mais elle est aussi un bien précieux pour les athées, les agnostiques, les sceptiques ou les indifférents. Il y va du pluralisme – chèrement conquis au cours des siècles – consubstantiel à pareille société. Si la liberté religieuse relève d'abord du for intérieur, elle « implique », de surcroît, notamment, celle de « manifester sa religion ». Le témoignage, en paroles et en actes, se trouve lié à l'existence de convictions religieuses. Aux termes de l'article 9, la liberté de manifester sa religion ne s'exerce pas uniquement de manière collective, « en public » et dans le cercle de ceux dont on partage la foi ; on peut aussi s'en prévaloir, « individuellement » et « en privé » ; en outre, elle comporte en principe le droit d'essayer de convaincre son prochain, par exemple au moyen d'un « enseignement », sans quoi du reste, « la liberté de changer de religion ou de conviction », consacrée par l'article 9, risquerait de demeurer lettre morte.

**33.** Le caractère fondamental des droits que garantit l'article 9, § 1 se traduit aussi par le mode de formulation de la clause relative à leur restriction. À la différence du second paragraphe des articles 8, 10 et 11, qui englobe l'ensemble des droits mentionnés en leur premier paragraphe, celui de l'article 9 ne vise que la « liberté de manifester sa religion ou ses convictions ». Il constate de la sorte que dans une société démocratique, où plusieurs religions coexistent au sein d'une même population, il peut se révéler nécessaire d'assortir cette liberté de limitations propres à concilier les intérêts des divers groupes et d'assurer le respect des convictions de chacun.

**48.** Il échet d'abord de distinguer le témoignage chrétien du prosélytisme abusif : le premier correspond à la vraie évangélisation… Le second en représente la corruption ou la déformation. Il peut revêtir la forme d'« activités [offrant] des avantages matériels ou sociaux en vue d'obtenir des rattachements à [une] Église ou [exerçant] une pression abusive sur des personnes en situation de détresse ou de besoin », selon le même rapport, voire impliquer le recours à la violence ou au « lavage de cerveaux » ; plus généralement, il ne s'accorde pas avec le respect dû à la liberté de pensée, de conscience et de religion d'autrui. La lecture de l'article 4 de la loi n° 1363/1938 révèle que les critères adoptés en la matière par le législateur grec peuvent cadrer avec ce qui précède si et dans la mesure où ils visent à réprimer, sans plus, le prosélytisme abusif, qu'au demeurant la Cour n'a pas à définir *in abstracto* en l'espèce.

**49.** La Cour relève pourtant que les juridictions grecques établirent la responsabilité du requérant par des motifs qui se contentaient de reproduire les termes de l'article 4, sans préciser suffisamment en quoi le prévenu aurait essayé de convaincre son prochain par des moyens abusifs. Aucun des faits qu'elles relatèrent ne permet de le constater. Dès lors, il n'a pas été démontré que la condamnation de l'intéressé se justifiait, dans les circonstances de la cause, par un besoin social impérieux. La mesure incriminée n'apparaît donc pas proportionnée au but légitime poursuivi, ni, partant, « nécessaire, dans une société démocratique », « à la protection des droits et libertés d'autrui » .

La sanction pénale infligée à un Témoin de Jéhovah en application d'une législation d'application de l'interdiction constitutionnelle du prosélytisme ne répond pas à un besoin social impérieux et viole l'article 9. Ce premier arrêt tardif consacre l'effectivité de la garantie européenne de la liberté de pensée, de conscience et de religion qui « représente l'une des assises d'une "société démocratique", au sens de la Convention » (*Kokkinakis*, § 31). En réalité, le terrain d'élection de la garantie des convictions non-religieuses, notamment de leur manifestation, doit plutôt être recherché dans le cadre de l'article 10. L'article 9 est essentiellement structuré autour de la liberté de religion comme en atteste l'énoncé des cultes et des rites parmi les quatre manifestations identifiables et la construction par la Cour d'un véritable droit européen des religions. Au sens de la Convention ainsi interprétée, la liberté de pensée, de conscience et, surtout, de religion implique un droit quasi-absolu d'avoir des convictions et d'en changer, ce qui n'est pas sans conséquences sur la liberté relative de manifester ces convictions.

## I / Le droit d'avoir des convictions et d'en changer

Le caractère intime et privé des convictions appelle une approche mesurée de la Cour qui impose la même réserve aux États et promeut un droit de changer de convictions sans aucune entrave. Dans sa dimension collective, ce droit peut-être revendiqué par des groupes, notamment par une Église ou un organe ecclésial qui « peut, comme tel, exercer au nom de ses fidèles les droits garantis par l'article 9 de la Convention » (Comm., déc. 5 mai 1979, *Church of Scientology c/ Suède*, *DR*, 16, 68 ; *Église métropolitaine de Bessarabie et al. c/ Moldova*, 13 déc. 2001, § 101).

A) Alors que les simples « opinions » ou « idées » s'épanouissent dans le cadre de l'article 10, l'article 9 accueille les « convictions » qui atteignent « un certain degré de force, de sérieux, de cohérence et d'importance » (*Campbell et Cosans c/ R.-U.*, 25 févr. 1982, § 36). Tel est le cas des idées pacifistes résultant de convictions philosophiques (Rapp. 12 oct. 1978, *Arrowsmith c/ Royaume-Uni*, *DR*, 19, 5) ou religieuses (*Valsamis c/ Grèce*, 18 déc. 1996, § 26), du refus de tout châtiment corporel à l'école (*Campbell et Cosans*), de l'opposition éthique à la chasse (*Chassagnou c/ France*, 29 avr. 1999, § 114), des partisans de la laïcité (*Lautsi c/ Italie*, Gr. Ch., 18 mars 2011, § 58, *JCP G* 2011, 988 note G. Gonzalez), de l'objection au service militaire « motivée par des convictions religieuses sincères » (*Bayatyan c/ Arménie*, Gr. Ch., 7 juillet 2011, § 111) mais aussi de « la philosophie pacifiste et antimilitariste » (*Tarhan c/ Turquie*, 17 juillet 2012 : consécration d'une obligation procédurale pour juger de la qualité d'objecteur de conscience) ou encore, selon le Conseil d'État, le fait de croire au procédé de la cryogénisation (CE, 6 janvier 2006, *M. Rémy Martinot et al.*, *AJDA* 2006.757 note Burgorgue-Larsen). En revanche, plutôt que de juger insuffisant le seuil qualitatif requis pour écarter l'application de l'article 9, la Cour préfère procéder à la disqualification de la « conviction » revendiquée au vu des manifestations qu'elle induit. Ainsi du vœu de faire disperser ses cendres dans son terrain après la mort (Comm., déc. 13 mars 1981, *X. c/ RFA*, *DR*, 24, 137), des messages de propagande politique en faveur d'un extrémisme religieux (déc. 18 janv. 2001, *Zaoui c/ Suisse*, n° 41615/98) ou encore de convictions favorables au suicide assisté qui « ne se rapportent pas à une forme de manifestation d'une religion ou d'une conviction par le culte, l'enseignement, les pratiques ou l'accomplissement des rites » ni à une « pratique » au sens de ce texte (*Pretty c/ Royaume-Uni*, 29 avr. 2002, § 82). Dès lors qu'une conviction faisant appel à une certaine transcendance est identifiée, le requérant jouit d'une certaine présomption à se réclamer de la liberté de religion. Comme l'énonce la Cour « sauf dans des cas très exceptionnels, le droit à la liberté de religion exclut toute appréciation étatique sur la légitimité des croyances religieuses » (*Hassan et Tchaouch c/ Bulgarie*, 26 oct. 2000, § 78, conflit opposant deux chefs religieux revendiquant le titre de grand mufti) mais un requérant se réclamant d'un mouvement méconnu ne peut espérer voir sa plainte prospérer s'il n'expose « aucun fait permettant d'(en) établir l'existence » (Comm., déc. 4 oct. 1977, *X c/ R.-U.*, *DR* 11, 56, religion Wicca). Cette extrême souplesse offre ainsi la garantie de l'article 9 à tout groupement se réclamant d'une religion plus ou moins connue (Comm., déc. 14 juillet 1987, *ARM Chappell c/ R.-U.*, *DR* 53, 248, le druidisme) ou secte (*Église de scientologie de Moscou c/ Russie*, 5 avr. 2007, *RTDH* 2008.1137 note G. Gonzalez ; Cass. Crim., 30 juin 1999, *D.*2000, jur. 655 note B. Giard). La Cour se montre néanmoins prudente à l'égard des « idées et des activités d'un groupe à connotation censément religieuse entendant véhiculer un message prétendument transmis par des extraterrestres » (*Mouvement Raëlien suisse c/ Suisse*, Gr. Ch., 13 juillet 2012, § 62 : interdiction d'une campagne d'affichage sur le domaine public renvoyant au site internet du mouvement). L'intimité des convictions religieuses bénéficie d'une protection absolue et le secret, s'il est souhaité, doit en être préservé. Au nom de la liberté négative de religion qui « implique, notamment, celle d'adhérer ou non à une religion et celle de la pratiquer ou ne pas la pratiquer » (*Buscarini c/ Saint-Marin*, 18 févr. 1999, § 34, *RTDH*, 2000, 261, note J.-F. Flauss), l'individu peut revendiquer le droit de « ne pas être obligé à manifester sa confession ou ses convictions religieuses et de ne pas être obligé d'agir en sorte qu'on puisse tirer comme conclusion qu'il a – ou n'a pas – de telles convictions » (*Alexandridis c/ Grèce*, 21 févr. 2008, § 38, avocat obligé de révéler qu'il n'était pas chrétien orthodoxe lors de la prestation de serment ; *Dimitras et a. c/ Grèce*, 3 juin 2010, § 78, obligation dans la procédure pénale de prêter serment sur l'Evangile ou, à défaut, d'indiquer la non-appartenance à l'Église orthodoxe ; *Grzelak c/ Pologne*, 15 juin 2010, § 93, absence de note sur un bulletin scolaire dans la case prévue pour un cours de religion/éthique). De ce point de vue une case religion, même vide, sur la carte d'identité viole « le droit de ne pas divulguer sa religion ou sa conviction, qui relève du for intérieur de chacun » (*Sinan Isik c/ Turquie*, 2 févr. 2010, § 42) et l'inscription de la religion ne peut être revendiquée comme une option (déc. 12 déc. 2002, *Sofianopoulos c/ Grèce*). Le régime de l'impôt ecclésial rompt cette cohérence puisque l'obligation d'un contribuable de déclarer à son employeur son absence d'appartenance à une Église n'enfreint pas la liberté de religion, eu notamment égard au défaut de norme européenne en matière de financement des Églises et des groupes religieux, question étroitement liée à l'histoire et aux traditions de chaque pays (*Wasmuth c/ Allemagne*, 17 févr. 2011, § 58-63). Et si, au nom du respect du *forum internum*, l'employeur ne peut opérer un licenciement motivé par des convictions religieuses (*Ivanova c/ Bulgarie*, 12 avr. 2007, § 84, agent administratif d'un établissement scolaire membre d'une communauté chrétienne évangélique), la Cour admet néanmoins l'existence d'une obligation de loyauté « accrue » pesant sur les personnes occupant des *emplois de tendance*, obligation susceptible de limiter la liberté de religion (*Siebenhaar c/ Allemagne*, 3 févr. 2011, licenciement d'une assistante maternelle par l'Église protestante en raison de son engagement au sein d'une autre communauté religieuse) comme le droit au respect de la vie privée qu'il s'agisse de clercs (*Fernandez Martinez c/ Espagne*, Gr. Ch., 12 juin 2014 : prêtre sécularisé marié et père de cinq enfants licencié de son poste de professeur de religion après publication de sa photo de famille et de ses critiques de son Église) ou de laïcs (*Obst c/ Allemagne*, 23 sept. 2010 : licenciement validé d'un directeur des relations publiques de l'Église mormone pour adultère ; *Schüth c/ Allemagne*, 23 sept. 2010, § 75, *JCP G* 2010, act. 1006, M. Levinet, licenciement abusif d'un organiste en chef d'une paroisse catholique pour relation extraconjugale ; rapprocher Cass. Soc. 17 avr. 1991, *RTD civ.* 1991.706 note Hauser) ou la liberté d'expression (*Lombardi Vallauri c/ Italie*, 20 oct. 2009, *AJDA* 2010 p. 215 note F. Lafaille). Cette logique de préservation de la sphère intime des convictions interdit au juge interne de s'appuyer *in abstracto*, dans le cadre d'une procédure de divorce, sur l'appartenance de l'un des conjoints à un groupement religieux déterminé pour fixer le domicile d'un enfant chez l'autre (*Hoffmann c/ Autriche*, 23 juin 1993, *infra*, n° 53) ; elle dicte aussi le contrôle du régime des exemptions de cours de religions qui doit préserver l'intimité des convictions religieuses ou philosophiques des parents (*Folgero et a. c/ Norvège,* Gr. Ch., 29 juin 2007 ; *Zengin c/ Turquie*, 9 oct. 2007). Certains événements peuvent aussi perturber la quiétude intérieure de l'homme de foi. Ainsi, la confrontation avec la liberté d'expression peut légitimer l'intervention de l'État car « dans des cas extrêmes le recours à des méthodes particulières d'opposition à des croyances religieuses ou de dénégation de celles-ci peut aboutir à dissuader ceux qui les ont d'exercer leur liberté de les avoir et de les exprimer » (*Otto-Preminger-Institut*, § 47, *infra* n° 60). Par ailleurs, l'État commet un manquement discriminatoire à son obligation positive d'agir pour empêcher et punir les actes de violences commis contre les membres d'une religion dès lors que le refus d'intervention et l'indifférence opposée aux victimes « furent en grande partie le corollaire des convictions religieuses des requérants » (*97 membres de la Congrégation des Témoins de Jéhovah de Gldani et 4 autres c/ Géorgie*, 3 mai 2007, § 140). Il doit aussi préserver la situation d'un condamné pour insoumission en raison de ses convictions religieuses pacifistes, au regard d'une législation qui exclut de la profession d'expert-comptable les personnes convaincues d'un crime (*Thlimmenos c/ Grèce*, 6 avril 2000).

B) L'article 9 proclame expressément le droit de changer de religion et la Cour en livre une interprétation dynamique puisqu'il implique le droit d'amener autrui, par un enseignement à exercer cette liberté de conversion qui, autrement, « risquerait de demeurer lettre morte » (*Kokkinakis*, § 31). La liberté de changer de religion est dépendante de l'exercice par autrui de la liberté de manifester ses convictions et le caractère absolu de celle-là n'est pas sans effet sur le caractère relatif de celle-ci. Le droit de changer de religion postule celui de convaincre son prochain sous réserve de rester dans les limites assignées par les contraintes d'ordre public et les droits d'autrui. Cette valorisation de la liberté de conversion pourrait recevoir une application au-delà du champ territorial de la Convention. Il ne s'agit pas d'imposer « aux États parties une obligation d'agir effectivement en tant que garants indirects de la liberté de culte pour le reste du monde », mais « l'article 9 de la Convention est en principe susceptible d'entrer en jeu dans le contexte de l'expulsion » si la situation personnelle du requérant ou du groupe auquel il appartient révèle « une apparence de violation flagrante de l'article 9 » (déc. 28 févr. 2006, *Z. et T. c/ Royaume-Uni*, n° 27034/05). Pour l'heure, la protection extraterritoriale de la liberté de conversion, et plus généralement de la liberté de religion, repose essentiellement sur le risque avéré de subir des traitements prohibés par l'article 3, comme ce copte égyptien demandeur d'asile en France et condamné par contumace en Égypte pour prosélytisme, ce qui en fait « une cible privilégiée de persécutions et de violences de la part d'intégristes musulmans, qu'il soit libre ou incarcéré » (*M.E. c/ France*, 6 juin 2013).

Embrasser des convictions nouvelles emporte le droit d'abandonner les anciennes, ce qui peut passer par une démarche formelle. Ainsi, l'exigence du paiement d'un impôt au titre de l'appartenance à une religion déterminée n'est pas une ingérence dans l'exercice de la liberté de religion dès lors que l'État prévoit la possibilité de quitter l'Église (Comm., déc. 14 mai 1984, *E. et G. R. c/ Autriche*, *DR*, 37, 42), droit de retrait dont les conditions sont néanmoins soumises au « large pouvoir d'appréciation » des autorités internes (Comm., déc., 4 déc. 1984, *Jean et Bertha Gottesmann c/ Suisse*, *DR* 40, 284). Le principe d'autonomie interne des Églises interdit à l'État d'obliger une communauté religieuse d'admettre en son sein de nouveaux membres ou d'en exclure d'autres (*Sviato-Mykhaïlivska Parafiya c/ Ukraine*, 14 juin 2007, § 147). De la même façon, le schisme qui s'apparente à un droit collectif, organique, de changer de convictions, doit pouvoir s'opérer sans ingérence étatique dès lors que l'ordre public n'est pas menacé et « le rôle des autorités en pareilles circonstances ne consiste pas à éliminer la cause des tensions en supprimant le pluralisme mais à veiller à ce que les groupes concurrents se tolèrent les uns les autres » (*Serif c/ Grèce*, 14 déc. 1999, § 53 ; *Église métropolitaine de Bessarabie c/ Moldavie*, 13 déc. 2001, § 116).

## II / La liberté de manifester ses convictions

Individuellement ou collectivement, en public comme en privé, chacun peut manifester ses convictions « par le culte, l'enseignement, les pratiques et l'accomplissement des rites ». Cette liberté comporte des restrictions « qui, prévues par la loi, constituent des mesures nécessaires dans une société démocratique, à la sécurité publique, à la protection de l'ordre, de la santé ou de la morale publiques, ou à la protection des droits d'autrui », le but de protéger la sécurité publique n'étant pas une restriction admise de la liberté de manifester sa religion (*Nolan et K. c/ Russie*, 12 févr. 2009, § 73), et dont la légitimité est examinée en tenant compte de « la nécessité de maintenir un véritable pluralisme religieux, inhérent à la notion de société démocratique » (*Manoussakis et al. c/ Grèce*, 26 sept. 1996, § 44, *RTDH*, 1997, 536, note G. Gonzalez), question qui est au cœur de la problématique des relations États-religions (*infra* n° 57). Le culte et les rites, habituellement célébrés dans le cercle restreint des fidèles ou des sympathisants, semblent *a priori* des manifestations paisibles de la liberté de religion. Plus tournés vers les autres, ceux qui ne partagent pas la même croyance ou n'en ont aucune, l'enseignement, les pratiques qui peuvent incorporer la visibilité de signes ou symboles, sont plus potentiellement conflictuels.

A) La religion, dans sa dimension collective, s'incarne dans le culte qui désigne un ensemble de rites réglés pour rendre hommage à Dieu ou à un saint. Les ministres du culte sont tenus de s'y conformer. Le principe de l'autonomie des Églises, « indispensable au pluralisme dans une société démocratique, (qui) se trouve au cœur même de la protection offerte par l'article 9 » (*Fernandez Martinez c/ Espagne* préc., § 80 127), tient le principe de la société démocratique largement à l'écart de l'organisation ecclésiale ; l'article 9 « ne garantit aucun droit à la dissidence à l'intérieur d'un organisme religieux ; en cas de désaccord doctrinal ou organisationnel entre une communauté religieuse et son membre, la liberté de religion de ce dernier s'exerce par la faculté de quitter librement la communauté en question » (*Mirolubovs et a. c/ Lettonie*, 15 sept. 2009, § 80 d/ ; *Sindicatul « Pastorul Cel Bun » c/ Roumanie*, Gr. Ch., 9 juillet 2013, § 166 : en refusant d'enregistrer un syndicat de membres du clergé « l'État s'est simplement abstenu de s'impliquer dans l'organisation et le fonctionnement de l'Église orthodoxe roumaine, respectant ainsi l'obligation de neutralité que lui impose l'article 9 ») ou, s'il est suivi par d'autres, d'opérer un schisme en organisant et structurant un culte concurrent (*Serif*). La libre disposition d'un lieu de culte est indispensable. Si des motifs d'ordre public, de santé ou de droits d'autrui justifient que leur ouverture soit soumise à contrôles et autorisations, notamment au vu des règles d'urbanisme (*Vergos* c/ *Grèce*, 24 juin 2004), il ne saurait être question pour l'État d'utiliser ce pouvoir à seule fin de favoriser un autre culte (*Manoussakis* préc. : refus systématique d'ouverture d'une « maison de prières » aux Témoins de Jéhovah à seule fin de protéger le culte orthodoxe) et l'État manque à son obligation de neutralité religieuse lorsque, confronté à une communauté divisée, son intervention provoque l'expulsion brutale et définitive de l'une des factions de son lieu de culte au bénéfice de la faction rivale (*Mirolubovs* préc.). L'accès des fidèles à ces lieux de dévotion est également protégé mais soumis à des restrictions qui peuvent être liées à la nécessaire protection d'un site (Comm., déc. 14 juill. 1987, *Chappell* c/ R*oyaume-Uni*, *DR* 53, 248 : Stonehenge), aux obligations professionnelles ou contractuelles (Comm., déc. 12 mars 1981, *X. c/ Royaume-Uni*, § 7, *DR*, 22, 27 : refus à un instituteur de se rendre à la mosquée pour la prière du vendredi), à la tranquillité publique (Comm., déc. 8 mars 1994, *ISKON* c/ R*oyaume-Uni*, req. 20490/92 : l'État peut limiter l'affluence au lieu de culte des adeptes de Krishna dans un village). Le juge administratif veille aussi aux conditions d'ordre public, d'hygiène et de sécurité (CE, 14 mai 1982, *AICK*, *D.*1982.516 note Boinot et Debouy ; CE, 6 mai 2008, *Bounechma*, *AJDA* 2008.1279 note G. Gonzalez) et prend soin de dissocier le temps du travail et le temps de Dieu en consacrant le droit à des absences ponctuelles mais non régulières (CE, 14 avr. 1995, *Consistoire central des israélites de France et Koen*, *Rec.* 171 : shabbat et cours le samedi ; CE, 16 févr. 2004, *M. Ahmed B. c/ OPHLM Saint-Dizier* : refus d'absence d'un agent d'entretien le vendredi pour se rendre à la mosquée ; CE, 23 déc. 2011, *Halfon et a.*, *AJDA* 2011.5 : obligation dans le cadre de conventions de concession d'ouverture le samedi des boutiques d'un marché couvert). Le faux prétexte de l'ordre public ne peut être utilisé pour interrompre une réunion à caractère religieux pour des malentendants organisée dans l'auditorium d'un collège en vertu d'un bail légal (*Kouznetsov* c/ *Russie*, 11 janv. 2007) ou encore pour interdire un office du culte dans un parc public par crainte de contre-manifestations susceptibles de dégénérer alors que les autorités nationales « disposaient d'un ample choix de moyens dont elles auraient pu user afin de faciliter la tenue, sans heurts, du rassemblement » (*Barankevitch* c/ *Russie*, 26 juill. 2007). Les personnes privées de liberté bénéficient aussi d'un accès aux services religieux et le contact avec un ministre du culte ou aumônier est un droit que l'État a l'obligation positive de préserver (*Poltoraski c/ Ukraine*, 29 avril 2003 : impossibilité pour un condamné à mort de rencontrer un prêtre ; *Igors Dmitrijevs* c/ *Lettonie*, 30 nov. 2006 ; en France CE, 16 oct. 2013, *Ministre de la justice et des libertés, Rec. Lebon* : agrément d'un aumônier des prisons pour les témoins de Jéhovah) dans des limites raisonnables (Comm., déc. 10 oct. 1986, *Pelle* c/ *France*, req. 11691/85 : un prisonnier placé à l'isolement peut être privé du culte collectif ; *Vincent c/ France*, 24 octobre 2006 : détenu handicapé qui refuse l'aide proposée pour se rendre au culte et revendique abusivement des aménagements spécifiques pour s'acquitter seul de ses obligations). Les services religieux ne prennent en général toute leur dimension sacrée que lorsqu'ils sont célébrés par des ministres du culte dûment habilités et des problèmes peuvent surgir lorsque ledit ministre est un étranger nécessitant, pour officier, un titre de séjour et/ou un permis de travail. Si viole l'article 9 l'expulsion sans motif légitime d'un missionnaire (*Nolan et K.* préc. : missionnaire de l'Église de l'unification – Moon) ou l'interdiction faite à un étranger ministre du culte d'exercer toute activité religieuse à l'occasion d'un changement de permis de séjour sans aucune raison sérieuse (*Perry* c/ *Lettonie*, 8 nov. 2007), le simple fait de devoir « satisfaire à certaines exigences » avant de pouvoir recruter un imam étranger « ne pose pas en soi problème au regard de l'article 9 » qui ne garantit pas « un droit à obtenir un permis de séjour aux fins d'exercice d'un emploi dans un État contractant quand bien même l'employeur serait une association religieuse » (*EL Majjaoui et Stichting Touba moskee* c/ *Pays-Bas*, Gr. Ch., 20 déc. 2007, § 32 : arrêt de radiation, l'imam marocain ayant finalement obtenu le permis convoité). L'étranger ministre du culte ne bénéficie donc pas d'une situation privilégiée par rapport à d'autres migrants.

Les rites funéraires incluent la manière d'enterrer les morts et d'aménager les cimetières (déc. 10 juillet 2001, *Johannische Kirche et Peters c/ Allemagne*, nº 41754/98 ; *Elli Poluhas Dödsbo c/ Suède*, 17 janvier 2006 : refus d'un transfert de cendres au regard de l'article 8) mais la nécessité publique peut justifier le déplacement d'une tombe familiale du moment que le requérant peut continuer d'accomplir les « devoirs prescrits par ses convictions » (Comm., déc. 7 oct. 1987, *Daratsakis c/ Grèce*, nº 12902/87). Les règles d'inhumation concernant la santé publique, la marge d'appréciation importante reconnue à l'État pour fixer les procédés adéquats permet au juge français de valider l'interdiction de conserver un corps congelé dans la crypte d'un château (CE, 6 janvier 2006, *Rémy Martinot* préc.). S'agissant des rites sacrificiels, le droit protégé par l'article 9 « ne saurait aller jusqu'à englober le droit de procéder personnellement à l'abattage rituel », dès lors qu'il est par ailleurs possible de se procurer et de manger une viande jugée orthodoxe (*Cha'are Shalom Ve Tsedek c/ France*, 27 juin 2000, § 82, refus d'agrément pour pratiquer l'abattage des animaux en accord avec des prescriptions religieuses très strictes). En revanche, faute d'alternative possible, l'État a l'obligation positive de fournir aux détenus une alimentation végétarienne conforme à leurs convictions bouddhistes dès lors qu'un tel régime n'exige aucune préparation spécifique et ne constitue donc pas une charge disproportionnée pour le service concerné (*Jacobski c/ Pologne*, 7 déc. 2010 ; *Vartic c/ Roumanie*, 17 déc. 2013).

B) Les convictions religieuses supposent le « témoignage, en paroles et en actes » (*Kokkinakis*, § 31). En « paroles », la manifestation de la foi sous forme d'un enseignement « comporte en principe le droit d'essayer de convaincre son prochain », faute de quoi « la liberté de changer de religion… risquerait de rester lettre morte » (*Kokkinakis*, § 31). Selon la Cour, il faut distinguer la « vraie évangélisation », ou prosélytisme de bon aloi, du « prosélytisme abusif » qui en constitue « la corruption ou la déformation » par ses formes condamnables (offre d'avantages matériels ou sociaux, pressions abusives sur des personnes en situation de détresse ou de besoin, recours à la violence ou lavages de cerveau) et « ne s'accorde pas avec le respect dû à la liberté de pensée, de conscience et de religion d'autrui » (*ibid.*, § 48). Le délit de prosélytisme ne saurait être sanctionné que sur la base d'une solide motivation démontrant le caractère abusif de l'entreprise d'enseignement alors assimilée à un endoctrinement constitutif d'un « prosélytisme de mauvais aloi » qui n'est pas protégé par l'article 9 (*Larissis c/ Grèce*, 24 févr. 1998, § 54 et 59, *RTDH* 1999, 575, note G. Gonzalez, harcèlement de simples soldats par des officiers pentecôtistes ; *Ivanova* préc. :

l'invocation sans preuves du prosélytisme pour licencier une employée d'une école publique, membre d'une église évangélique, viole l'article 9). L'État ne peut s'y livrer dans l'exercice de sa fonction d'éducation (*Kjeldsen, Busk, Madsen et Pedersen*, *infra* n° 58), non plus que ceux qui, à son service, pourraient abuser de leur position d'autorité pour imposer leurs convictions (*Larissis* préc. ; *Dahlab c/ Suisse*, déc. 15 févr. 2001, *AJDA*, 2001, 482, note J.-F. Flauss : la Cour ne relève aucun abus de cette institutrice voilée s'agissant du contenu ou de la qualité de son enseignement ; déc. 8 févr. 2002, *Pitkevich c/ Russie*, n° 47936/99 : magistrat évangéliste cherchant, dans le cadre de sa fonction, à attirer les justiciables dans son mouvement). L'État a, par ailleurs, l'obligation positive d'empêcher des opérations dites de déprogrammation menées par une association antisecte et s'accompagnant de privation arbitraire de liberté (*Riera Blume c/ Espagne*, 14 oct. 1989). Cet enseignement ou témoignage peut ainsi être apporté sous diverses formes, orales ou écrites. Dans le cadre d'un référé liberté, le Conseil d'État juge qu'un maire peut ainsi interdire « la diffusion de toute information ayant pour origine l'Église de scientologie sur le domaine public » pour éviter toute confusion avec les documents publiés par la ville dès lors que cette information est disponible en d'autres endroits, notamment des librairies (CE, 6 févr. 2008, *SARL SEL*, n° 312779). Cette position s'accorde avec celle de la Grande chambre dans l'affaire *Mouvement Raëlien suisse* qui valide l'interdiction d'affichage sur le domaine public, le mouvement concerné pouvant « continuer à diffuser ses idées par le biais de son site Internet ainsi que par d'autres moyens à sa disposition, comme la distribution de tracts dans la rue ou dans les boîtes aux lettres » (§75).

Les manifestations de la religion ne sont pas bienvenues partout et en tous lieux. Certaines institutions sont particulièrement préservées. L'armée peut ainsi sanctionner ceux qui, en son sein, manifestent des opinions intégristes peu compatibles avec son système disciplinaire (*Kalaç c/ Turquie*, 1er juill. 1997, § 27). L'école est particulièrement confrontée à la question du port des signes religieux distinctifs qui « peut constituer une pression sur les étudiants qui ne pratiquent pas ladite religion ou sur ceux adhérant à une autre religion » (Com., déc. 3 mai 1993, *Karaduman c/ Turquie*, *DR*, 74, 93). Cette pression passive est d'autant plus avérée que le signe en question est arboré par un représentant de l'autorité, notamment un enseignant confronté à des enfants en bas âge « facilement influençables » (*Dhalab*) mais la manifestation en elle-même est jugée suffisamment ostentatoire pour qu'un État puisse l'interdire sur la base du seul critère de sa propre neutralité (déc. 24 janv. 2006, *Sevgi Kurtulmus* c/ *Turquie*, n° 65500/01 : professeur associé d'université ; déc. 3 avr. 2007, *Fatma Karaduman*, n° 41296/04 : enseignante de lycée ; CE, avis 3 mai 2000, *Mlle Marteaux*, *RFDA*, 2001, 146 : surveillante d'externat). Les élèves peuvent être astreints à de telles restrictions. La Grande chambre l'a solennellement affirmé dans son arrêt *Leyla Şahin c/ Turquie* (10 novembre 2005, *AJDA* 2006. 315 note G. Gonzalez. ; jurisprudence disqualifiant toute requête similaire relative par exemple à des lycées pourtant « à vocation religieuse » : déc. 24 janvier 2006, *Köse et 93 a.* c/ T*urquie*, n° 26625/02). Selon la Cour, « dans un tel contexte [celui du principe de laïcité tel qu'interprété par la Cour constitutionnelle], où les valeurs de pluralisme, de respect des droits d'autrui et, en particulier, d'égalité des hommes et des femmes devant la loi, sont enseignées et appliquées dans la pratique, l'on peut comprendre que les autorités compétentes aient voulu préserver le caractère laïque de leur établissement et ainsi considéré comme contraire à ses valeurs d'accepter le port de tenues religieuses, y compris, comme en l'espèce, celui du foulard islamique » (§ 116). Par mimétisme, le respect de la laïcité française, conformément à ce que préjugeait le Conseil constitutionnel (2004-505 DC, 19 nov. 2004, *RFDA*, 2005, 34, obs. F. Sudre : à la lumière de la jurisprudence *Şahin*, compatibilité de l'article II-70 du traité établissant une Constitution pour l'Europe avec le principe de laïcité inscrit dans l'article 1^er^ de la Constitution), autorise la même sévérité malgré un contexte bien différent de celui de la Turquie et la Cour, à la différence du Comité des droits de l'homme des Nations Unies (*Bikramjit Singh c/ France*, 4 février 2013, comm. n° 1852/2008 : l'exclusion définitive d'un élève sikh portant le *keski* est disproportionnée et viole l'article 18 PIDCP), approuve l'exclusion définitive prononcée à l'égard d'élèves ne respectant pas l'interdiction du port des signes et tenues manifestant ostensiblement une appartenance religieuse en milieu scolaire (sur la jurisprudence du CE antérieure à la loi du 15 mars 2004 : *Dogru et Kervanci c/ France*, 4 déc. 2008, *RDP* 2009. 916, obs. G. Gonzalez ; sur l'application stricte de la loi de 2004 qui interdit, dans les écoles, les collèges et les lycées publics, « le port de signes ou de tenues par lesquels les élèves manifestent ostensiblement une appartenance religieuse » et sa circulaire d'application du 18 mai 2004 – *JO*, 22 mai, 9033 : déc. 30 juin 2009, *Aktas*, *Bayrac*, *Guazal*, *Jasvir Singh* et *Ranjit Singh*, *AJDA* 2009 p. 2077 note G. Gonzalez). La Cour se satisfait du dialogue précédant la sanction et des solutions alternatives ouvertes aux évincés de l'éducation publique qui devraient pouvoir se tourner vers l'enseignement à distance ou les établissements d'enseignement privé. Pourtant, bien que n'étant pas soumis à l'application de la loi de 2004, ces derniers peuvent décider d'appliquer l'interdit législatif dans leur règlement intérieur (Cass. Civ. 1re 21 juin 2005, *Benmehania*, *AJDA* 2005. 1863). Dans ce contexte plutôt favorable un juge administratif ose la surenchère (TA Montreuil, 22 nov. 2011, *Mme O.*, *AJDA* 2012.163 note Vauchez : neutralité des tenues des parents accompagnateurs de sorties scolaires) aussitôt relayé par une circulaire (circulaire n° 2012-056 du 27 mars 2012, Orientations et instructions pour la rentrée 2012, *BOMEN* 29 mars 2012) mais le Conseil d'État temporise (*Étude assemblée générale du Conseil d'État*, 19 sept. 2013 demandée par le Défenseur des droits : en l'absence de textes particuliers les usagers que demeurent les parents accompagnateurs de sorties scolaires ne sont pas astreints à l'exigence de neutralité religieuse en dehors de considérations liées à l'ordre public ou au bon fonctionnement du service).

Sur le lieu de travail, la Cour opère un revirement de jurisprudence et « considère que, lorsqu'un requérant se plaint d'une restriction de sa liberté de religion sur son lieu de travail, plutôt que de soutenir que la possibilité de changer de travail écarterait toute ingérence dans ce droit, la meilleure approche consisterait à tenir compte de cette possibilité dans la mise en balance opérée pour rechercher si la restriction était ou non proportionnée ». La manifestation positive des convictions religieuses par le port d'un bijou représentant une croix ne saurait être un motif de licenciement sauf à s'appuyer, dans le milieu hospitalier notamment, sur des raisons de sécurité (*Eweida et a. c/ Royaume-Uni*, 15 janvier 2013, § 83, *RTDH* 2013, p. 975 note G. Gonzalez : le licenciement d'une employée de Bristish Airways arborant une croix en dépit du code vestimentaire de la société viole l'article 9 ; le licenciement d'une employée d'un hôpital, Mme Chaplin, portant aussi une croix posant des problèmes d'hygiène et de sécurité pour les patients ne viole pas l'article 9). La conventionnalité d'une interdiction générale et absolue du port des signes religieux sur le lieu de travail semble *a contrario* proscrite. En France, la conventionnalité de l'interdit qui touche l'ensemble des agents publics peut s'appuyer sur le principe de la laïcité de l'État qui oblige à l'apparence de neutralité de ceux qui le représentent (avis 3 mai 2000, *Mlle Marteaux*, *RFDA*, 2001, 146 : arrêté mettant fin aux fonctions d'une surveillante d'externat ; CAA, Lyon, 27 nov. 2003, *Mlle Ben Abdallah*, *AJDA*, 2004.154 note F. Melleray : exclusion temporaire d'une contrôleuse du travail des transports ; CAA Versailles, 6 oct. 2011, *Mme A.*, n° 09VE02048 : confirmation du motif de licenciement d'une employée communale portant le foulard mais annulation sur la forme). La Cour de cassation admet la même restriction « nécessaire à la mise en œuvre du principe de laïcité de nature à assurer aux yeux des usagers la neutralité du service public » pour les personnels exerçant leurs fonctions dans un service public, « peu important que la salariée soit ou non directement en contact avec le public » (Cass. Soc., 19 mars 2013, *Mme X c. Caisse primaire d'assurance-maladie de Seine-Saint-Denis et a.*, *Bull.* n° 76). Pour les personnels n'entrant pas dans cette catégorie, la Cour de cassation valide finalement le licenciement par une crèche privée d'une salariée ayant contrevenu au règlement intérieur de l'association en portant le voile islamique au motif que, s'agissant d'une « association de dimension réduite, employant seulement dix-huit salariés, qui étaient ou pouvaient être en relation directe avec les enfants et leurs parents… la restriction à la liberté de manifester sa religion édictée par le règlement intérieur ne présentait pas un caractère général, mais était suffisamment précise, justifiée par la nature des tâches accomplies par les salariés de l'association et proportionnée au but recherché » (Cass., Ass., 25 juin 2014, *Mme Fatima Laaouej c. Association Baby Loup*, *Bull.* n° 75).

Hors ces lieux, le port de signes religieux ne cède que devant des contraintes de sécurité publique (déc. 11 janv. 2005, *Suku Phull c/ France*, n° 35753/03 : obligation de retirer le turban sikh dans le sas de sécurité d'une zone d'embarquement aérien ; déc. 4 mars 2008, *El Morsli c/ France*, n° 15585/06, obligation de retirer le voile à l'entrée du Consulat de France à Marrakech ; déc. 13 nov. 2008, *Mann Singh c/ France* : refus de délivrer un duplicata de permis de conduire avec une photo où le requérant porte le turban ; CE, 27 juillet 2001, *Fonds de défense des musulmans en justice*, n° 216903 : obligation de produire une photo tête nue pour établir une carte d'identité ; pour un passeport : CE, 2 juin 2003, *M^lle^ Aboutaher*, n° 245321 ; *contra* : Comité des droits de l'homme des Nations Unies, *Mann Singh c/ France*, 19 juillet 2013, n° 1928/2010 : nécessité d'une photo tête nue pour renouveler le passeport de ce sikh viole l'article 18 PIDCP – cette constatation concerne le même requérant qui s'était adressé sans succès à la Cour européenne pour la même obligation concernant son permis de conduire et arrive à la conclusion inverse d'une violation). En revanche, l'État ne peut, en l'absence d'actes de prosélytisme ou de trouble à l'ordre public, sanctionner des adeptes d'un groupe religieux pour « la tenue vestimentaire qu'ils portaient dans des lieux publics ouverts à tous comme les voies ou places publiques » (*Ahmet Arslan et al. c/ Turquie*, 23 févr. 2010, § 49, *JCP G* 2010.514 note G. Gonzalez ; *RTD civ.* 2010.687, chron. J-P. Marguénaud). Il peut cependant interdire un affichage à des fins de prosélytisme sur le domaine public (*Mouvement Raëlien suisse*, § 75). En France, la loi qui prévoit que « nul ne peut, dans l'espace public, dissimuler son visage » sauf exceptions aux motifs de la prévention d'un danger pour la sécurité publique et des « exigences minimales de la vie en société », bien que visant implicitement et principalement les « femmes dissimulant leur visage » par un voile intégral ou burqa passe le test de la constitutionnalité (Conseil constit., n° 2010-763 DC, 7 oct. 2010, *Loi interdisant la dissimulation du visage dans l'espace public*, *JO* 12 oct. 2010.18345) puis celui de la conventionnalité au titre de la proportionnalité de la restriction au but légitime de protection des droits d'autrui incarné dans la notion de « vivre ensemble » dont la Cour souligne néanmoins « la flexibilité et le risque d'excès qui en découle » (*S.A.S. c/ France*, Gr. Ch., 1er juillet 2014, § 122).

D'autres pratiques que l'on peut qualifier de négatives posent plus ou moins de difficultés. La Cour a consacré dans des contextes divers le droit à l'objection de conscience qui permet de refuser d'accomplir un acte, un engagement heurtant les convictions religieuses ou simplement philosophiques. Les illustrations les plus récurrentes se trouvent dans le domaine médical, qu'il s'agisse de l'objection de conscience des médecins à la pratique de l'avortement dont le respect est assorti de l'obligation positive de veiller à ce que les patients aient accès aux services auxquels ils ont droit (*R.R. c/ Pologne*, 26 mai 2011, § 206) ou de « la liberté d'accepter ou de refuser un traitement médical spécifique » (*Témoins de Jéhovah de Moscou c/ Russie*, 10 juin 2010, § 136, *RTDH*, 2011, p. 199, note G. Gonzalez ; CE, ordonnance du 16 août 2002, *Mme Feuillatey*, *AJDA*, 2002, p. 717). La consécration par un revirement de jurisprudence spectaculaire de l'objection au service militaire « motivée par des convictions religieuses sincères » fait peser sur les États l'obligation positive de mettre « en place des formes de service de remplacement afin d'offrir une solution en cas de conflit entre la conscience individuelle et les obligations militaires » (*Bayatyan*, op. cit., § 123). En revanche, le souci de garantir la liberté de l'orientation sexuelle contre tout comportement, fut-il d'abstention, dicté par un rejet dans son principe des relations homosexuelles l'emporte sur la préservation de l'intégrité des convictions religieuses d'un requérant licencié pour avoir refusé de remplir une partie de ses obligations professionnelles afin d'éviter d'agir d'une façon qui pourrait être assimilé à une reconnaissance de l'homosexualité (*Eweida* et a., op. cit. : le licenciement d'un officier d'état civil, Mme Ladele, refusant pour motif religieux, de marier des couples homosexuels et licenciement d'un employé, M. Mac Farlane, suspecté, compte tenu de ses convictions religieuses, de refuser de prodiguer des conseils aux couples souhaitant surmonter des dysfonctionnements sexuels ou améliorer leur activité sexuelle quelle que soit leur orientation sexuelle). Cette posture exclut toute obligation positive d'instaurer une clause d'objection de conscience dans une telle situation (Conseil constit., n° 2013-523 QPC, 18 oct. 2013, *M. Franck M. et a*).

G. G.

## II | Relations État-religions

### 57. ***Refah Partisi et al. c/ Turquie, 13 février 2003*** *(Grande Chambre) ; AJDA, 1994, 31, chron. J.-F. Flauss ; JCP G, 2003, I, 160, n° 15, chron. F. Sudre ; RFDC, 2004, 207, note M. Levinet.*

**119.** La Cour n'aperçoit aucune raison de s'écarter de la conclusion de la chambre selon laquelle le système multi-juridique, tel que proposé par le Refah, ne saurait passer pour compatible avec le système de la Convention :

« **70.** (…) la Cour estime que le système multi-juridique, tel que proposé par le [Refah], introduirait dans l'ensemble des rapports de droit une distinction entre les particuliers fondée sur la religion, les catégoriserait selon leur appartenance religieuse et leur reconnaîtrait des droits et libertés non pas en tant qu'individus, mais en fonction de leur appartenance à un mouvement religieux. Selon la Cour, un tel modèle de société ne saurait passer pour compatible avec le système de la Convention, pour deux raisons :

« D'une part, il supprime le rôle de l'État en tant que garant des droits et libertés individuelles et organisateur impartial de l'exercice des diverses convictions et religions dans une société démocratique, puisqu'il obligerait les individus à obéir non pas à des règles établies par l'État dans l'accomplissement de ses fonctions précitées, mais à des règles statiques de droit imposées par la religion concernée. Or l'État a l'obligation positive d'assurer à toute personne dépendant de sa juridiction de bénéficier pleinement, et sans pouvoir y renoncer à l'avance, des droits et libertés garantis par la Convention (…).

« D'autre part, un tel système enfreindrait indéniablement le principe de non-discrimination des individus dans leur jouissance des libertés publiques, qui constitue l'un des principes fondamentaux de la démocratie. En effet, une différence de traitement entre les justiciables dans tous les domaines du droit public et privé selon leur religion ou leur conviction n'a manifestement aucune justification au regard de la Convention, et notamment au regard de son article 14, qui prohibe les discriminations. Pareille différence de traitement ne peut ménager un juste équilibre entre, d'une part, les revendications de certains groupes religieux qui souhaitent être régis par leurs propres règles et, d'autre part, l'intérêt de la société tout entière, qui doit se fonder sur la paix et sur la tolérance entre les diverses religions ou convictions (…). »

**123.** (…) la Cour partage l'analyse effectuée par la Chambre quant à l'incompatibilité de la charia avec les principes fondamentaux de la démocratie, tels qu'ils résultent de la Convention :

« **72.** À l'instar de la Cour constitutionnelle, la Cour reconnaît que la charia, reflétant fidèlement les dogmes et les règles divines édictés par la religion, présente un caractère stable et invariable. Lui sont étrangers des principes tels que le pluralisme dans la participation politique ou l'évolution incessante des libertés publiques. La Cour relève que, lues conjointement, les déclarations en question qui contiennent des références explicites à l'instauration de la charia sont difficilement compatibles avec les principes fondamentaux de la démocratie, tels qu'ils résultent de la Convention, comprise comme un tout. Il est difficile à la fois de se déclarer respectueux de la démocratie et des droits de l'homme et de soutenir un régime fondé sur la charia, qui se démarque nettement des valeurs de la Convention, notamment eu égard à ses règles de droit pénal et de procédure pénale, à la place qu'il réserve aux femmes dans l'ordre juridique et à son intervention dans tous les domaines de la vie privée et publique conformément aux normes religieuses. (...) »

**125.** La Cour observe aussi que le régime théocratique islamique a déjà été imposé dans l'histoire du droit ottoman. La Turquie, lors de la liquidation de l'ancien régime théocratique et lors de la fondation du régime républicain, a opté pour une vision de la laïcité confinant l'islam et les autres religions à la sphère de la pratique religieuse privée. Rappelant l'importance du respect du principe de la laïcité en Turquie pour la survie du régime démocratique, la Cour considère que la Cour constitutionnelle avait raison lorsqu'elle estimait que le programme du Refah visant à établir la charia était incompatible avec la démocratie (...).

**126.** (...). La Cour prend note des considérations de la Cour constitutionnelle concernant la place du système multi-juridique dans l'application de la charia dans l'histoire du droit musulman. Il en ressort que la charia est un système de droit applicable aux relations entre musulmans eux-mêmes ou entre musulmans et membres d'autres croyances. Afin de permettre aux communautés appartenant aux autres religions de vivre dans la société dominée par la charia, le système multi-juridique a été instauré aussi par le régime théocratique islamique sous l'Empire ottoman avant la fondation de la République.

**127.** La Cour n'est pas invitée à se prononcer dans l'abstrait sur les avantages ou sur les inconvénients d'un système multi-juridique. Elle note, pour les besoins de la présente affaire, que, comme la Cour constitutionnelle l'a fait observer, le projet politique du Refah envisageait d'appliquer certaines règles de droit privé de la charia à une grande partie de la population en Turquie (c'est-à-dire les personnes de religion musulmane) dans le cadre d'un système multi-juridique. Un tel projet va au-delà de la liberté des particuliers de pratiquer les rites de leur religion, par exemple d'organiser des cérémonies de mariage religieux avant ou après l'acte civil de mariage (ce qui est d'ailleurs courant en Turquie), ainsi que d'accorder au mariage religieux l'effet de l'acte de mariage civil (...). Ce projet du Refah dépasse la sphère privée que le droit turc réserve à la religion et se heurte aux mêmes contradictions avec le système de la Convention que celles causées par l'instauration de la charia (...).

**128.** Poursuivant ce raisonnement, la Cour écarte la thèse des requérants selon laquelle empêcher un système multi-juridique de droit privé au nom de la place spéciale réservée à la laïcité en Turquie équivaudrait à établir une distinction défavorable aux musulmans qui voudraient vivre, dans leur vie privée, selon les rites de leur religion. Elle rappelle que la liberté de religion, y inclus la liberté de la manifester par le culte et l'accomplissement des rites, relève d'abord du for intérieur. La Cour souligne sur ce point que le domaine du for intérieur est tout à fait différent de celui du droit privé, ce dernier concernant l'organisation et le fonctionnement de la société tout entière.

> Personne ne conteste devant la Cour qu'en Turquie chacun peut suivre dans sa sphère privée les exigences de sa religion. En revanche, la Turquie, comme toute autre Partie contractante, peut légitimement empêcher que les règles de droit privé d'inspiration religieuse portant atteinte à l'ordre public et aux valeurs de la démocratie au sens de la Convention (par exemple les règles permettant la discrimination fondée sur le sexe des intéressés, telles que la polygamie, les privilèges pour le sexe masculin dans le divorce et la succession) trouvent application sous sa juridiction. (...).

Saisie par le Parti de la prospérité (Refah Partisi), premier parti du Parlement turc lors de sa dissolution, et par ses anciens présidents (et ex.-Premier ministre) et vice-président, frappés par diverses sanctions (déchéance du mandat parlementaire, interdiction d'être adhérent ou dirigeant de tout parti politique pendant 5 ans), la Grande Chambre unanime confirme pleinement l'arrêt de chambre (31 juill. 2001, *RTD civ.*, 2001, 979, chron. J.-P. Marguénaud), dressant, pour la première fois, dans l'imposant contentieux turc en la matière (*supra*, n° 6), un constat de non-violation de l'article 11 de la Convention en se référant « à sa jurisprudence concernant la place qu'occupe la religion dans une société démocratique et au sein d'un État démocratique » (§ 90). Décidées par la Cour constitutionnelle turque, les mesures litigieuses se fondaient sur le reproche d'avoir constitué un centre d'activités contraire au principe de laïcité garanti par la Constitution. La Cour confirme ainsi que la neutralité du système conventionnel à l'égard des relations qu'entretiennent les États avec les religions n'est pas sans limites et, à l'intérieur de ces frontières indépassables, elle s'assure que les États eux-mêmes remplissent leur devoir de neutralité et d'impartialité à l'égard des cultes placés sous leur « juridiction ».

## I / Neutralité affirmée de la Convention à l'égard des relations États-religions

Les États parties à la Convention entretiennent des relations plus ou moins proches avec les religions pratiquées sous leur juridiction, parfois privilégiées avec l'une d'entre elles. Le système de la Convention garantissant la liberté de religion et bannissant toute discrimination religieuse, ne remet pas en question ces relations privilégiées mais se montre sensible aux idéaux véhiculés par le principe de laïcité.

A) Comme l'a affirmé la Commission « un système d'église d'État ne peut en soi être considéré comme une violation de l'article 9... En fait, un tel système existe dans le cadre de plusieurs États parties et existait quand la Convention a été rédigée et quand ils y ont adhéré » (Comm., Rapport 9 mai 1989, *Darby c/ Suède*, § 45). Après la Commission (déc. 10 janv. 1992, *Iglesia Bautista « El Salvador et Ortega Moratilla » c/ Espagne*, n° 17522/90), la Cour, saisie par les membres d'une Église évangélique baptiste se plaignant de ne pouvoir affecter une partie de leur impôt à leur Église comme les catholiques en vertu de l'accord de 1979 entre l'État espagnol et le Saint-Siège, valide le système du Concordat au motif que « l'obligation faite à une Église de conclure un accord avec l'État afin de pouvoir bénéficier de la rétrocession d'une partie de l'impôt sur le revenu (...) n'apparaît pas (...) dénuée de fondement ni disproportionnée (...) ces questions étant étroitement liées à l'histoire et aux traditions de chaque pays » (déc. 14 juin 2001, *Fernández et Caballero Garcia c/ Espagne*, n° 53072/99). À propos d'une réglementation qui « donne à la religion majoritaire du pays une visibilité prépondérante dans l'environnement scolaire » (*Lautsi c/ Italie*, Gr. Ch., 18 mars 2011, § 71, *JCP G* 2011, 988 note G. Gonzalez) la Cour réaffirme que « la décision de perpétuer ou non une tradition relève en principe de la marge d'appréciation de l'État », prend en compte « le fait que l'Europe est caractérisée par une grande diversité entre les États qui la composent, notamment sur le plan de l'évolution culturelle et historique » mais souligne « que l'évocation d'une tradition ne saurait exonérer un État contractant de son obligation de respecter les droits et libertés consacrés par la Convention et ses Protocoles » (*ibid.* § 68). D'une façon générale la Cour veille à ce que les relations privilégiées entretenues dans un système d'Église d'État, de concordat ou de tout autre système, n'aboutissent pas à des restrictions disproportionnées de la liberté de religion d'autres cultes et/ou à des discriminations (par ex. *Manoussakis et al. c/ Grèce*, 26 sept. 1996, § 48). C'est à un tel résultat totalement incompatible avec la notion de société démocratique qui est au cœur de la Convention, qu'aboutirait l'instauration de l'État théocratique musulman envisagé par le projet du *Refah Partisi* tel que les juridictions turques et la Cour l'interprètent. L'instauration, même dans le chef des seuls musulmans de Turquie en vertu du système multi-juridique, de « la charia, qui se démarque nettement des valeurs de la Convention, notamment eu égard à ses règles de droit pénal et de procédure pénale, à la place qu'il réserve aux femmes dans l'ordre juridique et à son intervention dans tous les domaines de la vie privée et publique conformément aux normes religieuses » (§123) heurte en soi « l'ordre public et les valeurs de la démocratie au sens de la Convention » (§128). En ce sens peuvent être interdite les associations souhaitant l'établissement d'un régime islamique mondial fondé sur la charia si besoin par la violence (déc. 11 déc. 2006, *Kalifatstaat* c/ *Allemagne*, n° 13828/04 ; déc. 19 juin 2012, *Hizb Ut Tahir c/ Allemagne*, *JCP G* 2012 act., M. Levinet : interdiction validée sur le fondement de l'article 17).

B) À propos de la laïcité de l'État turc la Cour souligne qu'elle est « assurément l'un des principes fondateurs de l'État qui cadrent avec la prééminence du droit et le respect des droits de l'homme et de la démocratie » (*Refah Partisi*, § 93). Neutre par essence, la laïcité est ménagée dans la jurisprudence de la Cour, ce qui plaît au Conseil constitutionnel français (19 nov. 2004, déc. n° 2004-505 DC, *Traité établissant une constitution pour l'Europe : JO* 24 nov. 2004, p. 19885). La défense du principe de laïcité est d'ailleurs érigée en but légitime autonome des ingérences étatiques dans les manifestations de la liberté de religion. Les mesures adoptées pour en assurer la protection dénotent pour la Cour une conception « respectueuse des valeurs sous-jacentes à la Convention » (*Leyla Şahin c/ Turquie*, 10 novembre 2005, § 114), qui « semble répondre » aux obligations qui pèsent sur les États en matière de liberté de religion (*Dogru c/ France*, 4 déc. 2008, § 71) ou, haussant d'un cran son satisfecit, « conforme aux valeurs sous-jacentes à la Convention » (déc. 30 juin 2009, *Aktas*, *Bayrac*, *Guazal*, *Jasvir Singh* et *Ranjit Singh*, *AJDA* 2009 p. 2077 note G. Gonzalez). *A priori*, la laïcité est un terreau favorable au rôle attribué à l'État « en tant qu'organisateur neutre et impartial de l'exercice des diverses religions, cultes et croyances... (qui) contribue à assurer l'ordre public, la paix religieuse et la tolérance dans une société démocratique » (*Leyla Şahin*, § 107 ; *Dogru*, § 62). Bien que l'on puisse douter de la pertinence contemporaine de la conception turque parfois trouvée gravement en défaut (*Zengin c/ Turquie*, 9 oct. 2007 ; *Sinan Isik c/ Turquie*, 2 févr. 2010), les principes qui sont le moteur de l'idéal laïque cadrent bien avec ceux de la Convention et, l'État laïque devrait éprouver moins de difficultés à les assimiler qu'un État confessionnel. Ne voulant, ni ne pouvant imposer la laïcité, la Cour parvient néanmoins à un résultat similaire en promouvant l'État pluraliste, le pluralisme religieux étant présenté comme « l'enjeu... inhérent à toute société démocratique » (*Kokkinakis*, § 31). La Cour impose à l'ensemble des États, quelles que soient leurs relations avec les Églises relevant de leur juridiction, le respect de principes propres à une forme de laïcité européenne reposant sur le respect du pluralisme, sur la tolérance, la neutralité et le principe de non-discrimination (sur la définition de la laïcité française : Conseil constit., n° 2012-297, QPC, 21 février 2013, *Association pour la promotion et l'expansion de la laïcité*). Plus singulière est la revendication de la protection de convictions laïques individuelles. Elles peuvent faire obstacle à une forme d'endoctrinement dans le cadre de cours de religion (*Folgero et a. c/ Norvège*, Gr. Ch., 29 juin 2007). Mais l'Italie peut imposer la présence du crucifix dans les salles de classe des écoles publiques et perpétuer ainsi ses « traditions » dès lors que son espace scolaire est ouvert aux manifestations d'autres convictions religieuses, le port de signes religieux n'y étant pas proscrit, sans heurter les convictions laïques des requérants confrontés à ce symbole religieux « essentiellement passif » (*Lautsi* préc., § 72 et 74). La laïcité française « conforme » aux exigences de la Convention ne saurait se résoudre au seul principe de séparation qui ne s'applique pas sur l'ensemble du territoire de la République (CE, 6 avr. 2001, *Syndicat national des enseignants du second degré* et 6 juin 2001, *Archevêque de Strasbourg*, *Revue de droit local*, p. 52-53 : sur l'enseignement religieux en Alsace-Moselle ; CE, 16 mars 2005, *Min. de l'Outre-Mer c/ Gouvernement de la Polynésie française*, *AJDA* 2005, p. 1463 note Durand-Prinborgne). Mais le principe de séparation, un temps strictement interprété (CE, 9 oct. 1992, *Commune de Saint-Louis, Assoc. Siva Soupramanien de Saint-Louis*, *AJDA* 1992, p. 817), fait lui-même l'objet d'une interprétation assouplie par le juge administratif au visa notamment de la Convention (CE, Ass., 19 juillet 2011 (5 arrêts) : *Commune de Trélazé* ; *Fédération de la libre-pensée et de l'action sociale du Rhône* ; *Communauté urbaine du Mans-Le Mans métropole* ; *Commune de Montpellier* ; *Mme V.*), les commentateurs soulignant en référence à la jurisprudence européenne qu'il « n'est pas impossible d'imaginer que le degré d'exigence et de protection résultant du § 1er de l'article 9 de la Convention monte à l'avenir d'un ou plusieurs crans en termes d'obligations positives » (X. Domino et A. Bretonneau, *Le sacré et le local*, *AJDA* 2011 p. 1668 ; voy. aussi les conclusions d'E. Geffray, *RFDA* 2011, p. 967 s.). Entre les concepts de « laïcité » et de « séparation » siège celui de « neutralité » qui en est la synthèse renvoyant à une forme de pacification des rapports État-religion exclusive de toute discrimination. Cette exigence de neutralité et d'impartialité à l'égard des cultes caractérise l'État pluraliste magnifié par la Cour européenne.

## II / Exigence de neutralité et d'impartialité des États à l'égard des cultes

Comme la Cour le répète à l'envie « dans l'exercice de son pouvoir de réglementation et dans sa relation avec les diverses religions, cultes et croyances, l'État se doit d'être neutre et impartial » car « le maintien du pluralisme et du bon fonctionnement de la démocratie » est à ce prix (*Église métropolitaine de Bessarabie c/ Moldova*, 13 déc. 2001, § 116 ; *Hassan et Tchaouch c/ Bulgarie*, 26 oct. 2000, § 78). Ainsi l'État doit respecter le principe de l'autonomie des organisations religieuses (*Sindicatul « Pastorul Cel Bun » c/ Roumanie*, Gr. Ch., 9 juillet 2013) et reconnaître un statut juridique permettant aux groupements religieux de satisfaire les besoins spirituels de leurs adeptes, ce qui le confronte parfois à de délicates questions, telles des situations schismatiques ou encore la gestion des relations avec les sectes.

A) Pour satisfaire leurs fidèles, les églises doivent disposer d'une personnalité juridique qui leur permette de défendre leurs biens, notamment les lieux de culte, devant un juge et d'effectuer toutes les démarches nécessaires à la vie cultuelle du groupement. Consacré pour la première fois sur le terrain de l'article 6 dans un contexte de discrimination (*Église catholique de La Canée c/ Grèce*, 16 déc. 1997), cette question fait l'objet d'un abondant contentieux résolu sur le terrain des articles 9 et 11 lus à la lumière l'un de l'autre et, parfois, combinés avec l'article 14 interdisant les discriminations. Le refus d'un enregistrement donnant accès à la personnalité morale doit être fondé sur des motifs « pertinents et suffisants » et sur des faits démontrant objectivement une contrariété à l'ordre public faute de quoi il est dépourvu de base légale (*Bureau moscovite de l'armée du salut c/ Russie*, 5 oct. 2006 § 86 ; *Église de scientologie de Moscou c/ Russie*, 5 avr. 2007, § 97 ; *Fusu Arcadie et a. c/ Moldavie*, 17 juillet 2012, § 38). Les conditions posées pour l'accès à la personnalité morale peuvent aussi se révéler, par leur nature ou leur mise en œuvre, discriminatoires sans justification objective ni raisonnable (*Kimlya et a. c/ Russie*, 1 oct. 2009, § 101 : refus « purement formel » d'enregistrer une section de l'Église de scientologie). La Cour a par ailleurs précisé que le seul motif de l'absence d'enregistrement obligatoire n'autorise pas l'infliction de sanctions à l'égard des membres du groupement qui manifestent individuellement leur religion (*Masaev c/ Moldavie*, 12 mai 2009, § 26). Lorsque plusieurs personnalités juridiques sont prévues par la loi, dont une présente en général des avantages importants, l'État est en principe libre de l'attribution de l'une plutôt que l'autre dès lors que ce choix repose sur des critères non-discriminatoires (*Église catholique de La Canée*, § 47 ; *Religionsgemeinschaft der Zeugen Jehovas and Others c/ Autriche*, 31 juillet 2008, § 98 : accès au statut de « société religieuse » plus favorable que celui de « communauté religieuse » ; *Savez crkava "Riječ života" et a. c/ Croatie*, 9 déc. 2010 : refus arbitraire de conclure un accord avec des églises réformistes leur permettant notamment de dispenser un enseignement religieux dans les écoles). Mais des critères objectifs peuvent justifier un traitement différencié comme dans les systèmes d'église d'État ou de concordat, dès lors que les autres groupements religieux peuvent accéder à une personnalité morale leur permettant de réaliser leur objectif statutaire et ne se voient pas fermer l'accès à des avantages spécifiques (*Fernández et Caballero Garcia c/ Espagne*, op. cit. ; *Özbek et autres c/ Turquie*, 6 oct. 2009 : refus arbitraire de se faire enregistrer comme fondation d'utilité publique contraire à l'art. 11 bien que les requérants aient pu former une association). La Cour rappelle néanmoins que, si les organisations religieuses n'ont aucun droit à un statut juridique spécifique, l'État doit veiller à ce que les distinctions opérées quant au statut juridique accordé à certains groupes religieux ne fassent pas passer certaines d'entre elles sous un jour moins favorable dans l'opinion publique, la reconnaissance étant dans nombre d'États « la clé de la réputation sans laquelle une communauté religieuse risque d'être considérée comme une secte suspecte » (*Magyar Keresztény Mennonita Egyház et a. c/ Hongrie*, 8 avril 2014, § 92). Quant aux contraintes découlant d'un statut de droit commun, notamment fiscales, elles doivent être « prévues par la loi » de manière claire, prévisible et non équivoque (*Association les Témoins de Jéhovah c/ France*, 30 juin 2011, *JCP G* 2011.943, p. 1557, note G. Gonzalez ; *Église de Jésus Christ des saints des derniers jours c/ Royaume-Uni*, 4 mars 2014 : l'exonération de taxe foncière peut être refusée pour les lieux de culte qui ne sont pas ouverts au public). La principale difficulté demeure la revendication d'un statut dans le cadre d'une situation schismatique. La Cour a établi très clairement le principe selon lequel « dans une société démocratique, l'État n'a pas besoin de prendre des mesures pour garantir que les communautés religieuses demeurent ou soient placées sous une direction unique » (*Serif c/ Grèce*, 14 déc. 1999, § 52 ; *Hassan et Tchaouch c/ Bulgarie*, 26 oct. 2000, § 78 ; *Église métropolitaine de Bessarabie et al. c/ Moldova*, 13 déc. 2001, § 117). Il faut une atteinte forte à l'ordre public pour justifier l'intervention des autorités et non de simples tensions « conséquences inévitables du pluralisme ». En de telles circonstances, le rôle de l'État « ne consiste pas à éliminer la cause des tensions en supprimant le pluralisme mais à veiller à ce que les groupes concurrents se tolèrent les uns les autres » (*Sérif*, § 53 ; *Supreme Holy Council of the Muslim Community c/ Bulgarie*, 16 déc. 2004, § 96 ; *Saint Synode de l'Église orthodoxe bulgare (métropolite Innocent) et a. c/ Bulgarie*, 22 janv. 2009, § 148). Cette exigence de neutralité de l'État est le corollaire du principe d'autonomie des communautés religieuses qui « est indispensable au pluralisme dans une société démocratique et se trouve donc au cœur même de la protection offerte par l'article 9 » (*Hassan et Tchaouch*, § 62 ; *Mirolubovs et autres c/ Lettonie*, 15 sept. 2009, § 80 ; *Sindicatul « Pastorul Cel Bun » c/ Roumanie*, § 136). La sanction radicale de la dissolution, toujours possible une fois la personnalité juridique reconnue, vient encore restreindre la marge d'appréciation de l'État au moment de l'enregistrement d'un groupement pouvant, à tort ou à raison, susciter quelque inquiétude (*Bekir-Ousta et autres c/ Grèce*, 11 oct. 2007, § 45 : refus d'enregistrement d'une association de la « minorité » musulmane de Thrace occidentale). Mais, en vertu des mêmes principes de neutralité et d'impartialité, une mesure « aussi radicale que la dissolution permanente de la communauté assortie d'une interdiction de ses activités », sanction la plus « sévère » qui soit, doit reposer sur des faits avérés, « pertinents et suffisants » (*Témoins de Jéhovah de Moscou c/ Russie*, 10 juin 2010, § 159), l'État étant incité autant que possible à préférer une sanction plus proportionnée. En France les groupements religieux peuvent s'organiser sous la forme associative de droit commun ou en association cultuelle de façon à bénéficier de libéralités et d'avantages fiscaux. Les critères de l'association cultuelle énoncés à l'article 19 de la loi de 1905 ont été précisés par le Conseil d'État dans le sens d'un assouplissement de celui de l'objet « exclusivement cultuel » (CE, Ass., Avis 24 oct. 1997, *Association locale pour le culte des témoins de Jéhovah de Riom, RFDA*, 1998, p. 61, note G. Gonzalez) ; celui de la contrariété à l'ordre public demeure un verrou efficace (CE, 28 avr. 2004, *Assoc. Cultuelle du Vajra Triomphant*, *AJDA* 2004, p. 1367 : refus du statut au Mandarom). Outre la mise en garde de la Commission à l'égard des risques de discriminations à l'égard des associations non cultuelles (Comm., Rapport 6 juillet 1994, *Union des Athées c/ France*, n° 14635/89, § 78), la Cour a manifesté sa vigilance à l'égard de la prévisibilité de la « loi » imposant des charges supplémentaires aux associations de droit commun (*Association les Témoins de Jéhovah c/ France*, 30 juin 2011) ; mais globalement cette dualité de statut n'a pas soulevé en soi de difficultés jusqu'ici au regard de la Convention.

B) Les principes posés de neutralité et d'impartialité de l'État dans ses relations avec les religions s'appliquent pour tous les groupements religieux, comme en attestent les affaires citées. Pour autant la Cour ne se montre pas indifférente à la question des sectes (déc. 14 oct. 1999, *Riondel c/ Suisse*, n° 40130/98). Cette question « d'intérêt général » étant « largement débattue dans les sociétés européennes », chacun a le droit d'exprimer son opinion sur ce sujet (*Paturel c/ France*, 22 déc. 2005, § 32 et 42 : une association antisecte ne peut elle-même échapper aux critiques de ceux qu'elle combat ; *Jérusalem* c/ *Autriche*, 27 fév. 2001 *:* la condamnation d'un élu pour une déclaration qualifiant de psycho-secte une association viole l'art. 10). Surtout, dans l'affaire *Leela Forderkreis E.V. et a. c/ Allemagne* (6 novembre 2008, *RTDH* 2009, 553 obs. G. Gonzalez), la Cour identifie une obligation positive des États d'informer sur cette question, ce qui peut les contraindre à porter des appréciations de valeur susceptibles d'empiéter sur la sphère religieuse ou philosophique (*ibid.*, § 92). Outre ce devoir d'informer, sous la forme par exemple d'un rapport parlementaire qui « n'a aucun effet juridique et ne peut servir de fondement à aucune action pénale ou administrative » (déc. 6 novembre 2001, *Fédération chrétienne des témoins de Jéhovah de France c/ France)*, la Cour admet qu'il y a place, dans les États démocratiques, pour une législation répressive sanctionnant certaines dérives sectaires (*ibid. :* la loi du 13 juin 2001 ayant pour but de renforcer la prévention et la répression des mouvements sectaires portant atteinte aux droits de l'homme et aux libertés fondamentales mettant en place une procédure judiciaire de dissolution reflète le souci du législateur « de régler un problème brûlant de société »). La posture française à l'égard des sectes est ainsi validée qu'il s'agisse de l'appui administratif (CE, 18 mai 2005, *Association spirituelle de l'Église de Scientologie d'Île-de-France, AJDA* 2005 p. 1506 : circulaires du ministre de la justice aux procureurs généraux appelant à lutter contre les dérives sectaires) ou financier (CE, 17 février 1992, *Église de Scientologie de Paris, Rec.* : subvention à une association afin d'éditer une brochure sur les « pratiques de certains organismes communément appelés "sectes" ») apporté à la diffusion d'informations sur les sectes. Est aussi conforté le travail d'investigation et d'information confié à des autorités administratives comme la MIVILUDES (mission interministérielle de vigilance et de lutte contre les dérives sectaires). Le juge administratif veille à ce que cet organisme respecte « dans l'exercice de la mission d'échange et de diffusion des informations qui lui est confiée, les obligations d'équilibre et d'impartialité qui s'imposent à toute autorité administrative » (CE, ord. 22 novembre 2007, *Fédération chrétienne des témoins de Jéhovah de France*, n° 310221 et, même affaire au fond, CE, 7 août 2008, n° 310220, *Rec. Lebon*).

G. G.

# SECTION 2
# *Le droit à l'instruction*

## 58. *Kjeldsen, Busk Madsen et Pedersen c/ Danemark, 7 décembre 1976, série A, n° 23 ; AFDI, 1977, 489, chron. R. Pelloux ; CDE, 1978, 359, chron. G. Cohen-Jonathan ; JDI, 1978, 702, chron. P. Rolland.*

**50.** [...] Or la seconde phrase de l'article 2 s'impose aux États contractants dans l'exercice de l'ensemble « des fonctions » – en anglais *« any functions »* – dont ils se chargent en matière d'éducation et d'enseignement, y compris celle qui consiste à organiser et financer un enseignement public. En outre, la seconde phrase de l'article 2 doit se lire en combinaison avec la première qui consacre le droit de chacun à l'instruction. C'est sur ce droit fondamental que se greffe le droit des parents au respect de leurs convictions religieuses et philosophiques, et la première phrase ne distingue pas plus que la seconde entre l'enseignement public et l'enseignement privé. [...].La seconde phrase de l'article 2 vise en somme à sauvegarder la possibilité d'un pluralisme éducatif, essentielle à la préservation de la « société démocratique » telle que la conçoit la Convention. En raison du poids de l'État moderne, c'est surtout par l'enseignement public que doit se réaliser ce dessein. La Cour arrive donc, avec la Commission unanime, à la conclusion que les écoles publiques danoises n'échappent pas à l'empire du Protocole n° 1. [...].

**51.** [...] L'article 2, qui vaut pour chacune des fonctions de l'État dans le domaine de l'éducation et de l'enseignement, ne permet pas de distinguer entre l'instruction religieuse et les autres disciplines. C'est dans l'ensemble du programme de l'enseignement public qu'il prescrit à l'État de respecter les convictions, tant religieuses que philosophiques, des parents.

**52.** Ainsi que l'indique sa structure même, l'article 2 forme un tout que domine sa première phrase. [...]. Sur ce droit fondamental à l'instruction se greffe le droit énoncé par la seconde phrase de l'article 2 [...]. C'est en s'acquittant d'un devoir naturel envers leurs enfants, dont il leur incombe en priorité d'« assurer (l')éducation et (l')enseignement », que les parents peuvent exiger de l'État le respect de leurs convictions religieuses et philosophiques. Leur droit correspond à une responsabilité étroitement liée à la jouissance et à l'exercice du droit à l'instruction. [...].

**53.** Du paragraphe précédent, il résulte d'abord que la définition et l'aménagement du programme des études relèvent en principe de la compétence des États contractants. Il s'agit, dans une large mesure, d'un problème d'opportunité sur lequel la Cour n'a pas à se prononcer et dont la solution peut légitimement varier selon les pays et les époques. En particulier, la seconde phrase de l'article 2 du Protocole n'empêche pas les États de répandre par l'enseignement ou l'éducation des informations ou connaissances ayant, directement ou non, un caractère religieux ou philosophique. Elle n'autorise pas même les parents à s'opposer à l'intégration de pareil enseignement ou éducation dans le programme scolaire, sans quoi tout enseignement institutionnalisé courrait le risque de se révéler impraticable. [...].La seconde phrase de l'article 2 implique en revanche que l'État, en s'acquittant des fonctions assumées par lui en matière d'éducation et d'enseignement, veille à ce que les informations ou connaissances figurant au programme soient diffusées de manière objective, critique et pluraliste. Elle lui interdit de poursuivre un but d'endoctrinement qui puisse être considéré comme ne respectant pas les convictions religieuses et philosophiques des parents. Là se place la limite à ne pas dépasser. Une telle interprétation se concilie à la fois avec la première phrase de l'article 2 du Protocole, avec les articles 8 à 10 de la Convention et avec l'esprit général de celle-ci, destinée à sauvegarder et promouvoir les idéaux et valeurs d'une société démocratique.

Le recours infructueux des parents d'un enfant scolarisé dans une école primaire publique qui contestent, au nom de leurs convictions chrétiennes, l'assistance obligatoire à un cours d'éducation sexuelle permet à la Cour, dans le prolongement de l'*Affaire linguistique belge* (*supra* n° 9), d'insister sur l'interdépendance des deux droits énoncés par l'article 2 du Protocole 1. Le droit fondamental à l'instruction (I) impose à l'État-instructeur de respecter le droit des parents d'éduquer leurs enfants « conformément à leurs convictions religieuses et philosophiques » (II).

## I / Le droit fondamental à l'instruction

A*)* Absent du texte originaire faute de consensus, le droit à l'instruction figurera dans le premier protocole du 20 mars 1952. La première phrase y est passée de la forme positive (« Toute personne a droit à l'instruction », Rec. T. Prép., Vol. VI p. 157 ; formule de la DUDH-art. 26, du PIDESC – art. 13, Convention sur les droits de l'enfant – art. 28) à la forme négative (« Nul ne peut se voir refuser le droit à l'instruction », Rec. T. Prép., Vol. VIII, p. 175). La Cour minimise la portée de ce changement soulignant le caractère positif de la phrase qui « parle d'un "droit à l'instruction" » (*affaire linguistique belge* § 3), cette phrase consacrant « le droit de chacun à l'instruction » qui est un « droit fondamental » (*Kjeldsen*, § 50 ; *Leyla Şahin c/ Turquie*, Gr. Ch., 10 nov. 2005, § 152, *AJDA* 2006, p. 315, note G. Gonzalez ; *Folgero et a. c/ Norvège*, Gr. Ch., 29 juin 2007, § 84, *RTDH* 2008, 251, note G. Gonzalez ; *Orsüs et al. c/ Croatie*, Gr. Ch., 16 mars 2010, § 146). Il faut rassurer les États sur la portée de leurs engagements financiers, pierre d'achoppement des travaux préparatoires et objet de réserves ; ainsi, « la formulation négative signifie... que les Parties contractantes ne reconnaissent pas un droit à l'instruction qui les obligerait à organiser à leurs frais, ou à subventionner, un enseignement d'une forme ou à un échelon déterminés » ce qui ne veut pas dire « que l'État n'ait aucune obligation positive d'assurer le respect de ce droit » (*affaire linguistique* *belge* § 3). Dès lors, « en s'interdisant de “refuser le droit à l'instruction”, les États contractants garantissent à quiconque relève de leur juridiction “un droit d'accès aux établissements scolaires existant à un moment donné” et “la possibilité de tirer”, par “la reconnaissance officielle des études accomplies”, “un bénéfice de l'enseignement suivi” » (*Kjeldsen*, § 52).

Au titre de la « reconnaissance officielle » sont validés l'obligation de passer un examen supplémentaire pour les titulaires d'un certificat non homologable pour des raisons linguistiques (*Affaire linguistique belge*, § 42), le refus de délivrer un diplôme à une jeune femme voilée (Comm., déc. 3 mai 1993, *Karaduman c/ Turquie*, *DR* 74 p. 93) ou l'affirmation selon laquelle l'article 2P1 « ne garantit pas le droit aux fonctionnaires qui possèdent un diplôme universitaire de ne pas être assimilés aux fonctionnaires qui n'en possèdent pas » (Comm., déc. 3 décembre 1997, *Paschali c/ Grèce*, n° 37060/97).

Sur le droit d'accès, la Cour est plus souvent sollicitée dans un contexte plutôt favorable, tous les États parties ayant un « système d'enseignement général et officiel » (*Affaire linguistique belge*, § 3) plus ou moins développé (en France le « service public constitutionnel d'enseignement » – Conseil constit., 93-329 DC, 13 janvier 1994, *Rec.* p. 9 – permet de garantir le principe constitutionnel d'« égal accès à l'instruction » – Conseil constit., 2001-450 DC, 11 juillet 2001, *Rec.* p. 82). Logiquement, la Cour étend la garantie de l'article 2 Protocole 1 à l'enseignement supérieur que « nulle cloison étanche ne sépare… du domaine de l'instruction » (*Leyla Şahin c/ Turquie*, Gr. Ch., 10 nov. 2005, § 136), ce qui « n'astreint certes pas les États contractants à créer » de tels établissements, mais les oblige à « veiller à ce que les personnes jouissent d'un droit d'accès effectif » à ceux qui existent (§137). Une sélection objective à l'entrée de l'université est conventionnelle (déc. 12 mai 2009, *Akat et Kaynar c/ Turquie*, n° 34740/04 et 2399/06 ; *Mürsel Eren c/ Turquie*, 7 février 2006) de même que l'instauration d'un *numerus clausus* notamment pour les études médicales tant dans les établissements publics que privés (*Tarentino et a. c/ Italie*, 2 avril 2013 ; CE, 23 janvier 2013, *M. T. et a.*, n° 353300, *Rec. T.*). L'enseignement privé participe aussi à l'effectivité du droit à l'instruction (*Kjeldsen*, § 50). Si l'État n'est aucunement tenu de subventionner les écoles privées ou d'assister financièrement les élèves de ces écoles (*Kjeldsen*, § 50), il peut contrôler leur fonctionnement (Comm., déc. 2 déc. 1992, *Ingrid Jorbedo Foundation of christians schools c/ Suède*, *DR* 51 p. 130). Le financement de l'enseignement privé ne pose aucun problème de conventionnalité (*Kjeldsen* § 54 ; *Folgero* § 102 ; pour la France : Conseil constit., 2009-

591 DC, 22 octobre 2009, *JO*RF 29 octobre 2009, p. 18307 : le principe fondamental de la liberté de l'enseignement permet au législateur de prévoir que les communes de résidence doivent participer au financement du fonctionnement des écoles privées sous contrat situées dans une autre commune). L'accès à ces établissements privés offre une porte de sortie aux élèves renvoyés de l'école publique, ce qui évite de voir dans la sanction d'exclusion définitive une atteinte au droit à l'instruction (déc. 30 juin 2009, *Aktas c/ France* ; même jour : *Bayrac*, *Guazal*, *Jasvir Singh* et *Ranjit Singh*, *AJDA* 2009 p. 2077 note G. Gonzalez).

B) Le droit à l'instruction « appelle de par sa nature même une réglementation » qui ne saurait l'atteindre « dans sa substance » (*Affaire linguistique belge*, § 5 ; *Leyla Şahin*, § 154) ni être source de discriminations. Les enfants handicapés peuvent être placés dans une école spécialisée contre l'avis des parents (Comm., déc. 5 février 1990, *Graeme c/ R.-U.*, *D.R.* 64, p. 167) mais, sous l'influence sans doute du Comité européen des droits sociaux (déc. 4 novembre 2003, *Autisme Europe c/ France*), la tendance dominante est à l'instruction inclusive (implicitement : déc. 13 janvier 2009, *Kalkanli c/ Turquie*, n° 2600/04 : le refus d'une seule école d'accueillir cet enfant aveugle ne révèle pas un manquement de l'État ; en France : CE, 8 avril 2009, *M. et Mme Laruelle*, *AJDA* 2009, p. 1262 ; *D.* 21508 note P. Rambault : la carence de l'État face à l'obligation éducative des enfants handicapés engage sa responsabilité pour faute). La Cour est aussi vigilante à l'égard des discriminations indirectes (*supra n° 9*) qui pourraient frapper les enfants appartenant à des groupes minoritaires (sur la situation des enfants Roms : *D. H. et a. c/ République tchèque*, Gr. Ch., 13 nov. 2007, *JCP G* 2008, I, 110, n° 14, chron. F. Sudre : placement dans des écoles spéciales pour enfants atteints de déficiences intellectuelles ; *Sampanis et al. c/ Grèce*, 5 juin 2008 : la majorité des enfants orientés vers des classes spéciales appartenant à une minorité ethnique fait naître une présomption de discrimination ; *Orsüs et al. c/ Croatie*, Gr. Ch., 16 mars 2010, *RTDH* 2010, 987, note E. Dubout : placement des seuls enfants *roms* dans des classes séparées au motif d'une maîtrise insuffisante du croate ; *Horvath et Kiss c/ Hongrie*, 29 janvier 2013 ; *Lavida et a. c/ Grèce*, 30 mai 2013 : renoncement coupable de l'État à prendre des mesures antiségrégationnistes à l'égard des enfants Roms ; discrimination en fonction de la nationalité : *Ponomaryovi c/ Bulgarie*, 21 juin 2011 : frais de scolarités exigés à raison de la nationalité et de la situation au regard de la loi sur l'immigration). Une restriction discriminatoire de la liberté de circulation des parents qui prive leurs enfants du droit à l'éducation viole aussi l'article 2 Protocole 1 (*Timishev c/ Russie*, 13 déc. 2005 : restrictions imposées entre diverses républiques de Russie ; mais un refus d'immigration ne relève pas de l'article 2 Protocole 1 : déc. 25 mars 2004, *Vikulov c/ Lettonie*, n° 16870/03 ; l'éducation reçue dans le pays d'accueil est prise en compte pour déterminer l'atteinte à la vie familiale normale d'une mesure d'éloignement : *Üner, supra* n° 53). L'accès des détenus à ce droit peut se heurter à des obstacles matériels (Comm., déc. 13 mars 1975, *X. c/ Royaume-Uni*, *DR*, 2, 50 ; Comm., déc. 18 mai 1998, *Natoli c/ Italie*, n° 26161/95, l'administration pénitentiaire n'est pas tenue d'organiser un cours de niveau primaire pour un seul détenu).

L'article 2P1 forme un tout « que domine sa première phrase » (*Kjeldsen*, § 52), domination qui s'exprime dans la compétence de principe reconnue aux États pour « la définition et l'aménagement du programme des études » (*ibid.* § 53). Les parents ne peuvent formuler de revendications qui pourraient désorganiser le service public comme une dispense d'assiduité systématique le samedi (déc. 27 avril 1999, *Martins Casimiro c/ Luxembourg*, n° 44888/98 ; CE, 14 avril 1995, *Consistoire central des Israélites de France et Koen*, *RFDA* 1995.585). Les programmes peuvent contenir « des informations ou connaissances ayant, directement ou non, un caractère religieux ou philosophique » mais leur diffusion doit être « objective, critique et pluraliste » et ne pas poursuivre « un but d'endoctrinement » (*Kjeldsen* § 53 ; *Folgero*, § 84). De ce point de vue, les cours axés sur la religion et privilégiant souvent la croyance dominante encourent parfois la censure de la Cour (*Folgero* ; *Zengin c/ Turquie*, 9 oct. 2007). En revanche, aucune requête mettant en cause l'assistance obligatoire à des cours d'éducation sexuelle (*Kjeldsen* ; déc. 25 mai 2000, *Jimenez Alonso et Jimenez Merino c/ Espagne*, n° 51188/99 ; déc. 13 sept. 2011, *Dojan c/ All.*, n° 319/08), de morale non confessionnelle (Comm., déc. 8 sept. 1993, *Bernard et a. c/ Luxembourg*, n° 17187/90) ou d'éthique (déc. 6 oct. 2009, *Appel-Irrgang c/ Allemagne*, n° 45216/07) n'a débouché sur un constat d'inconventionnalité. Les parents ne sauraient « exiger de l'État qu'il organise un enseignement donné » (déc. 30 nov. 2004, *Bulski c/ Pologne*, n° 46254/99 : éthique ; mais cela peut poser un problème au regard de l'article 9 : *Grzelac c/ Pologne*, 15 juin 2010) ni s'insurger contre les limites d'accès à des cours coraniques (déc. 17 juin 2004, *Çiftçi c/ Turquie*, n° 71860/01 : condition préalable d'un diplôme d'enseignement primaire).

Le droit à l'instruction implique « pour ses titulaires, le droit de recevoir un enseignement dans la langue nationale ou dans une des langues nationales » (*affaire linguistique belge*, § 3 ; *Catan et a. c/ Moldavie et Russie*, Gde Ch., 19 oct. 2012, § 137), sous réserve de conduire une politique cohérente (*Chypre c/ Turquie*, Gr. Ch., 10 mai 2001 : la brutale suppression d'un enseignement secondaire en grec en RTCN alors que les enfants ont étudié dans cette langue en primaire constitue « un déni de la substance du droit en cause », § 278) et poursuivant un but légitime (*Catan et a.* : la politique linguistique appliquée dans les écoles de Transnistrie a pour seul but, illégitime, la russification de la langue et de la culture de la communauté moldave de cette région sous contrôle de la Russie). Et si les États n'ont aucune obligation positive de développer un enseignement dans d'autres langues que la langue nationale, il doit être possible de demander la création d'un enseignement facultatif dans une autre langue sans craindre de sanctions (*Temel et a. c/ Turquie*, 3 mars 2009 : cours facultatifs de kurde).

Si l'« instruction » évoquée à la première phrase, vise l'ensemble des connaissances et la formation intellectuelle transmis, l'« éducation », dans la deuxième, englobe aussi « la somme des procédés par lesquels, dans toute société, les adultes tentent d'inculquer aux plus jeunes leurs croyances, coutumes et autres valeurs » (*Campbell et Cosans c/ R.-U.*, 25 février 1982, § 33 : châtiments corporels), « l'ensemble des "fonctions" que les États assument en matière d'éducation », ce qui « inclut sans nul doute l'aménagement de l'environnement scolaire » (*Lautsi c/ Italie*, Gr. Ch., 18 mars 2011, *JCP G*, 2011 p. 988-991, note G. Gonzalez, § 63 : la présence de crucifix dans les salles de classe des écoles publiques relève de ces « fonctions »). D'une façon générale, « l'application de sanctions disciplinaires est l'un des procédés par lesquels l'école s'efforce d'atteindre le but dans lequel on l'a créée, y compris le développement et le façonnement du caractère et de l'esprit des élèves » (*Leila Şahin*, § 156) mais la Cour contrôle le caractère non arbitraire et proportionné de la mesure ainsi que le respect de garanties procédurales (*Şahin*, § 159 ; *Ali c/ Royaume-Uni*, 11 janv. 2001, exclusion temporaire d'un élève soupçonné d'avoir allumé un feu en classe, § 59).

## II / Promotion ambiguë du pluralisme éducatif

La deuxième phrase de l'article 2 du Protocole 1 est une invite à la sauvegarde du pluralisme éducatif, l'école ne devant pas ignorer le respect dû aux convictions des parents. Selon la Cour « la seconde phrase de l'article 2 vise en somme à sauvegarder la possibilité d'un pluralisme éducatif, essentielle à la préservation de la « société démocratique » telle que la conçoit la Convention » et « c'est surtout par l'enseignement public que doit se réaliser ce dessein » (*Kjeldsen* § 50). Arc-boutée sur le principe de neutralité, la promotion du pluralisme éducatif n'est pas exempte d'ambiguïtés.

A) Selon la Cour, « c'est dans l'ensemble du programme de l'enseignement public qu'il (2P1) prescrit à l'État de respecter les convictions, tant religieuses que philosophiques, des parents » (*Kjeldsen*, § 51) et « ce devoir est d'application large car il vaut pour le contenu de l'instruction et la manière de la dispenser mais aussi dans l'exercice de l'ensemble des "fonctions" assumées par l'État » (*ibid.* § 50 ; *Campbell et Cosans*, § 33). Par ailleurs, le verbe « respecter » qui « signifie bien plus que "reconnaître" ou "prendre en compte"... implique à la charge de l'État une certaine obligation positive » (*Campbell et Cosans*, § 37). Il ne s'agit pas néanmoins de consacrer la priorité des parents dans tous les domaines de l'instruction. La Convention ne leur garantit pas « le droit absolu d'assurer l'éducation de leurs enfants conformément à leurs convictions philosophiques, mais le droit au *respect* de ces convictions » (Comm., déc. 6 mars 1984, *Famille H. c/ R.-U.*, *DR* 37 p. 109). Quant à ce dernier terme, il « n'est pas synonyme des termes « opinion » et « idées » telles que les emploie l'article 10 de la Convention... la version française de l'article 9 » mais « s'applique à des vues atteignant un certain degré de force, de sérieux, de cohérence et d'importance » (*Campbell et Cosans*, § 36). Ce haut degré d'exigence vaut surtout pour les « convictions philosophiques » qui sont celles « qui méritent respect dans une "société démocratique", ne sont pas incompatibles avec la dignité de la personne et, de plus, ne vont pas à l'encontre du droit fondamental de l'enfant à l'instruction, la première phrase de l'article 2 (P1-2) dominant l'ensemble de cette disposition » (*ibid.*). La jurisprudence se montre assez souple (*Famille H.* : les convictions des parents quant à l'éducation à domicile de leurs enfants dyslexiques « ont un caractère philosophique » ; Comm., déc. 6 mars 1984, *W et D.M., M. et H.I. c/ R.-U.*, *DR* 37 p. 100 : implicitement, revendiquer un enseignement sélectif ou élitiste de préférence à un enseignement dans un établissement polyvalent peut constituer une conviction philosophique) et, dans un contentieux mettant en cause l'engagement religieux de l'État instructeur, la Cour contrôle rarement la nature athéiste ou laïque des convictions le plus souvent mises en avant pour en contester la teneur (*Lautsi*, § 58 ; *contra Olsson c/ Suède*, 24 mars 1988 : athéisme revendiqué contredit par l'appartenance à l'Église de Suède et l'absence d'indices d'une volonté de donner aux enfants une formation non religieuse). S'agissant des convictions religieuses, aucun contrôle du contenu ou de la réalité de ces convictions n'est effectué, conformément à la jurisprudence relative à l'article 9 (*supra* n° 56). Surtout la jurisprudence affirme sans ambiguïté la soumission de la deuxième phrase de l'article 2P1 à la première puisque « lorsqu'au lieu de le conforter, le droit des parents au respect de leurs convictions religieuses (ou philosophiques) entre en conflits avec le droit de l'enfant à l'instruction, les intérêts de l'enfant priment » (déc. *Martins Casimiro*, précit. ; *Kjeldsen* § 52). L'obligation de l'État instructeur se ramène à garantir l'absence d'un endoctrinement ou prosélytisme agressif à l'égard des convictions parentales. De ce point de vue, les États disposent d'une ample marge d'appréciation pour introduire dans les programmes scolaires des cours de culture religieuse et même, quoique la Cour s'en étonne, l'obligation « de défiler en dehors de l'enceinte scolaire un jour férié » (*Valsamis c/ Grèce*, 27 nov. 1996, § 31). Mais dès lors que les critères d'objectivité et de pluralisme imposés par la Cour sont bafoués, l'enseignement en question étant prodigué selon une approche confessante, des moyens appropriés doivent être adoptés pour garantir le respect des convictions des parents, voire de l'enfant lui-même au titre de l'article 9. La marge d'appréciation des États se réduit alors au choix entre l'obligation positive d'organiser un régime de dispense de droit du cours de religion ou un cours de substitution (*Folgero* : inconventionnalité d'un mécanisme complexe de dispense partielle d'un cours impliquant la participation des élèves à des activités religieuses essentiellement chrétiennes – prières, psaumes, apprentissage de textes religieux ; *Zengin* : absence de dispense d'un cours de religion fondé sur l'Islam sunnite pour les élèves alévis ; *Yalçin et a. c/ Turquie*, 16 septembre 2014 : les réformes turques depuis l'arrêt *Zengin* sont insuffisantes pour préserver les droits des élèves alévis et de leurs parents). La dispense ou l'inscription au cours de substitution ne doivent pas être conditionnés par une motivation amenant les parents à dévoiler leurs convictions (*Folgero*, § 98 ; *Zengin*, § 76). Le régime local en Alsace-Moselle respecte ces principes (CE, 6 avril 2001, *Syndicat national des enseignants du second degré*, *AJDA* 2002, p. 63, note B. Toulemonde : dispense de droit des cours obligatoires d'éducation religieuse catholique, protestant ou israélite, les parents ne révélant leur confession que dans le cas où ils ne sollicitent pas de dispense globale).

B) La dimension auditive de la neutralité se double d'une dimension visuelle qui touche avant tout les enseignants dont la tenue vestimentaire peut être réglementée afin de gommer la visibilité de tout signe religieux fort, notamment le voile islamique (déc. 15 févr. 2001, *Dhalab c/ Suisse*, *AJDA* 2001. 480, note J.-F. Flauss : licenciement d'une institutrice refusant d'ôter son voile ; déc. 24 janvier 2006, *Kurtulmuş c/ Turquie*, n° 65500/01 : renvoie d'une professeure associée d'université pour le même motif). Mais pour l'État instructeur, en tant que personne morale, cette neutralité visuelle est peu contraignante et la présence obligatoire dans les salles de cours des écoles italiennes d'un crucifix qui « donne à la religion majoritaire du pays une visibilité prépondérante dans l'environnement scolaire », est acceptable car ce « symbole passif » du christianisme ne saurait avoir la même influence qu'un « discours didactique ou la participation à des activités religieuses » (*Lautsi*, § 71-73). Les usagers du service public de l'enseignement ne bénéficient pas de la même mansuétude. Ainsi le refus, pour motif de convictions religieuses pacifistes, de participer à la commémoration nationale de l'entrée en guerre d'un pays en défilant dans les rues en présence de militaires peut-il être sanctionné d'un renvoi pour une durée limitée (*Valsamis*, § 32). Surtout, étendant aux usagers l'obligation d'apparence de neutralité imposée aux enseignants, la Cour européenne approuve sans aucune réserve l'exclusion définitive des élèves bravant l'interdiction du port du foulard islamique dans les écoles et universités publiques de Turquie (*Şahin* ; déc. 24 janvier 2006, *Köse c/ Turquie*, n° 26625/02) ou du port des signes et tenues manifestant ostensiblement une appartenance religieuse dans les écoles, collèges et lycées de France (sur la jurisprudence du CE antérieure à la loi du 15 mars 2004 : 4 déc. 2008, *Dogru et Kervanci c/ France*, *RDP* 2009. 916, obs. G. Gonzalez ; sur l'application de la loi de 2004 : *Aktas et a.* préc.) et peut-être aux parents accompagnant les sorties scolaires (TA Montreuil, 22 nov. 2011, *Mme O.*, *D.* 2012, p. 72 note Girard). Une telle latitude pour préserver le principe de laïcité rassure le Conseil constitutionnel (n° 2004-505 DC du 19 novembre 2004, *Traité établissant une constitution pour l'Europe*, *RFDA* 2005, p. 14 obs. F. Sudre). Le droit à l'instruction de ces exclus est préservé par les solutions de substitution que constituent l'enseignement dépersonnalisé à distance, celui peu prisé à domicile (*Famille H.* préc. ; déc. 11 sept. 2006, *Konrad c/ Allemagne*, n° 35504/03) ou encore l'inscription dans une école privée (Civ. 1re, 21 juin 2005, *Benmehania*, n° 02-19.831, *AJDA* 2005. 1863 : en France, ces établissements privés sont astreints par la loi au respect du pluralisme dès lors qu'ils sont sous contrat et ne sont pas soumis à la loi de 2004 sur les signes religieux mais la Cour de cassation juge qu'ils peuvent choisir d'en appliquer les dispositions ; par ailleurs ce dépaysement des élèves peut poser problème au regard de la préservation du « caractère propre » de l'établissement d'accueil : *mutatis mutandis Lombardi et Vallauri*, 20 oct. 2009, § 44 : intérêt d'une université catholique « de dispenser un enseignement suivant des convictions religieuses qui lui sont propres »). L'arrêt *Lautsi* demeure en cohérence avec cette jurisprudence sévère puisqu'il postule qu'un État peut rendre visible ses préférences religieuses à condition qu'il « ouvre parallèlement l'espace scolaire à d'autres religions », ce qui implique que « le port par les élèves du voile islamique et d'autres symboles et tenues vestimentaires à connotation religieuse » soit autorisé (§74). La Grande chambre impose un équilibre entre la manifestation par l'État de son attachement à la religion majoritaire du pays et la manifestation par les usagers du service public scolaire de leur religion mais n'évoque pas la question de la réglementation de la tenue vestimentaire des enseignants.

G. G.

## SECTION 3
## *La liberté d'expression*

### I | La liberté de recevoir et de communiquer des informations et des idées

**59.** ***Müller et al. c/ Suisse, 24 mai 1988****, série A, n° 133 ; AFDI, 1989, 549, chron. V. Coussirat-Coustère ; JDI, 1989, 812, P. Rolland.*

27. [...] Sans doute l'article 10 ne précise-t-il pas que la liberté d'expression artistique [...] entre dans son champ d'application ; il ne distingue pas pour autant les diverses formes d'expression. [...] il englobe la liberté d'expression artistique – notamment dans la liberté de recevoir et communiquer des informations et des idées – qui permet de participer à l'échange public des informations et idées culturelles, politiques et sociales de toute sorte. S'il en était besoin, la justesse de cette interprétation trouverait une confirmation dans la seconde phrase du paragraphe 1 de l'article 10 car les activités des « entreprises de radiodiffusion, de cinéma ou de télévision » s'étendent au domaine de l'art. De son côté, l'article 19 § 2 du Pacte international relatif aux droits civils et politiques, qui désigne explicitement comme un élément de la liberté d'expression les informations et idées revêtant « une forme (...) artistique », montre que la notion de liberté d'expression est assez large pour inclure l'expression artistique.

33. [...] il échet de rappeler que la liberté d'expression, consacrée par le paragraphe 1 de l'article 10, constitue l'un des fondements essentiels d'une société démocratique, l'une des conditions primordiales de son progrès et de l'épanouissement de chacun. Sous réserve du paragraphe 2, elle vaut non seulement pour les « informations » ou « idées » accueillies avec faveur ou considérées comme inoffensives ou indifférentes, mais aussi pour celles qui heurtent, choquent ou inquiètent l'État ou une fraction quelconque de la population. Ainsi le veulent le pluralisme, la tolérance et l'esprit d'ouverture sans lesquels

il n'est pas de « société démocratique » (arrêt Handyside du 7 décembre 1976, série A no 24, p. 23, § 49). Ceux qui créent, interprètent, diffusent ou exposent une œuvre d'art contribuent à l'échange d'idées et d'opinions indispensable à une société démocratique. D'où l'obligation, pour l'État, de ne pas empiéter indûment sur leur liberté d'expression.

34. Assurément, l'artiste et ceux qui promeuvent ses œuvres n'échappent pas aux possibilités de limitation que ménage le paragraphe 2 de l'article 10 [...]. Quiconque se prévaut de sa liberté d'expression assume en effet, selon les propres termes de ce paragraphe, des « devoirs et responsabilités » ; leur étendue dépend de sa situation et du procédé utilisé [...].

35. Fondée sur l'article 204 du code pénal suisse, la condamnation des requérants visait à protéger la morale. Or, aujourd'hui comme à la date de l'arrêt Handyside (précité, p. 22, § 48), on chercherait en vain dans l'ordre juridique et social des divers États contractants une notion uniforme de celle-ci. [...]

36. En l'occurrence, il importe de souligner que les toiles incriminées représentent crûment des relations sexuelles, en particulier entre hommes et animaux [...]. Créées sur place, suivant le dessein d'une manifestation qui se voulait spontanée, le public y avait librement accès : les organisateurs n'avaient fixé ni droit d'entrée ni limite d'âge. Il s'agissait d'une exposition ouverte sans restriction au grand public et cherchant à l'attirer. La Cour reconnaît [...] que les conceptions de la morale sexuelle ont changé ces dernières années. Ayant examiné les toiles litigieuses, elle ne trouve pourtant pas déraisonnable que les juges compétents les aient tenues pour « de nature à blesser brutalement », par l'accent mis sur la sexualité dans certaines de ses formes les plus crues, « la décence sexuelle des personnes douées d'une sensibilité normale » [...]. Eu égard aux circonstances, et à la marge d'appréciation que leur réservait l'article 10 § 2, ils étaient en droit d'estimer « nécessaire » à la protection de la morale d'infliger aux requérants une amende pour publications obscènes. [...]

42. Un principe de droit, commun aux États contractants, permet de confisquer « les choses dont l'usage a été régulièrement jugé illicite et dangereux pour l'intérêt général » (voir, mutatis mutandis, l'arrêt Handyside précité, p. 30, § 63). En l'occurrence, il s'agissait de protéger le public contre la réitération de l'infraction.

43. La condamnation des requérants répondait à un besoin social réel au regard de l'article 10 § 2 de la Convention [...]. Les considérations qui la justifiaient valent aussi, aux yeux de la Cour, pour la confiscation dont elle s'est doublée. Certes, requérants et Commission y insistent avec raison, un problème particulier surgit lorsque, comme ici, la confiscation porte sur un objet unique : la mesure prise empêche l'auteur de tirer parti de son œuvre de quelque manière que ce soit. Ainsi, Josef Felix Müller avait perdu notamment la possibilité de montrer ses toiles en des lieux où les exigences de la protection de la morale passent pour moins strictes qu'à Fribourg. Il faut cependant rappeler qu'aux termes d'une jurisprudence remontant à [...] 1980 puis appliquée en l'occurrence [...], le propriétaire concerné peut inviter le tribunal compétent du canton à lever ou modifier la confiscation si l'objet ne présente plus de danger ou si une autre mesure, moins drastique, suffit à protéger la morale publique. [...] Sans doute l'intéressé a-t-il été privé de ses œuvres pendant près de huit ans, mais rien ne l'eût empêché d'en solliciter plus tôt la restitution [...]. Dès lors, et eu égard à leur marge d'appréciation, les juridictions suisses étaient en droit d'estimer « nécessaire » à la protection de la morale de confisquer les toiles litigieuses.

Figurant des relations sexuelles, notamment entre hommes et animaux, trois toiles du peintre Josef-Felix Müller valurent à leur auteur – ainsi qu'aux organisateurs de la manifestation artistique dans le cadre de laquelle elles avaient été exposées – d'être condamnés à une peine d'amende pour publications obscènes, et lui furent de surcroît confisquées pendant près de huit ans sur décision du tribunal de Fribourg. Saisie dans ces circonstances d'un grief de violation de l'article 10 de la Convention, la Cour européenne des droits de l'homme a trouvé là matière à rendre une véritable décision de principe sur l'étendue de la liberté artistique. Cet apport spécifique n'est cependant pas le seul intérêt de l'arrêt *Müller*. Pour être mieux mesurés, ses enseignements méritent d'être analysés à la lumière de l'abondante jurisprudence européenne qui s'est développée sur les divers aspects de la liberté d'expression, érigée en valeur fondamentale des sociétés démocratiques (*Handyside, supra*, n° 7, § 49). Car si les ordres juridiques convergent pour en reconnaître toute l'importance (Cons. Constit., 84-181 DC, 10-11 oct. 1984, Entreprises de presse, *GDCC*, 17e éd., n° 31 ; 89-271 DC, 11 janv. 1990, Loi relative à la limitation des dépenses électorales et à la clarification des activités politiques, *Rec.*, 21), en s'inspirant éventuellement du droit de la CEDH (CJCE, Vereinigte Familiapress, 26 juin 1997, aff. C-368/95, *DCDF*, n° 37 ; Schmidberger, 12 juin 2003, aff. C-112/00, *DCDF*, n° 53), le régime conventionnel ne présente pas moins une dynamique propre, dont l'arrêt *Müller* montre bien l'ambivalence. D'un côté, il atteste en effet d'une conception extensive de la liberté de recevoir et de communiquer des idées et des informations. Mais d'un autre côté, il participe également d'une graduation dans la protection qui lui est assurée.

## I / Conception extensive de la liberté de recevoir et de communiquer des idées et des informations

Associant liberté d'opinion et d'information, bénéficiant au droit à des élections libres (*Bowman c/ Royaume-Uni*, 19 févr. 1998, § 42, *RTDH*, 2000, 54, note M. Levinet) comme à la liberté de réunion (*Ezelin*, § 37, *infra* n° 62) et d'association (*PCU*, § 57, *infra* n° 63), la liberté d'expression vaut aussi, sinon surtout, pour les « idées qui heurtent, choquent ou inquiètent l'État ou une fraction quelconque de la population ». À travers ce principe constant, promu dès l'arrêt *Handy-*

*side*, la Cour s'est donc très tôt placée dans la perspective d'une conception résolument libérale de l'article 10. Néanmoins, la vocation de cette disposition à protéger tout type d'expression ne s'est vraiment manifestée qu'à partir du milieu des années 1980 – l'arrêt *Müller* amorçant à cet égard un mouvement que la jurisprudence ultérieure a fortement amplifié.

A) Par ses fondements et ses applications, l'inclusion de la liberté d'expression artistique dans le champ de l'article 10 offre une première démonstration de l'étendue de la liberté d'information.

1 / Alors qu'il n'est pas expressément fait référence à cette forme d'expression dans la Convention, la position de principe arrêtée par l'arrêt *Müller* témoigne déjà, dans ses fondements, d'un certain volontarisme interprétatif. Car loin de s'arrêter au silence du texte, la Cour le compense, en usant pour l'essentiel d'un argument d'évidence. Une valeur seulement confirmative est attribuée aux autres motifs d'ordre exégétique et analogique (*Müller et al.*, § 27) tirés d'une part, des dispositions de l'article 10 § 1 qui visent les activités « des entreprises de radiodiffusion, de cinéma ou de télévision » (le juge européen n'hésitant pas à cet égard à prendre quelque liberté avec l'esprit d'une incise destinée, avant tout, à préserver une compétence étatique) et d'autre part, des termes du Pacte international sur les droits civils et politiques dont l'article 19 mentionne explicitement les idées et informations communiquées ou reçues sous une forme artistique (la différence rédactionnelle se voyant neutralisée). Pour la Cour, il est de toutes façons acquis que la liberté d'expression artistique « permet de participer à l'échange public des informations et des idées culturelles, politiques et sociales de toute sorte » (*Müller et al.*, § 27 ; *Ulusoy et al. c/ Turquie*, 3 mai 2007, § 42, *Légipresse* oct. 2007, 205, note A. Zollinger) et qu'elle relève donc à ce titre de la liberté de recevoir et de communiquer des informations et des idées. Bien plus, le rôle de « ceux qui créent, diffusent ou exposent une œuvre d'art » dans « l'échange d'idées et d'opinions indispensable à une société démocratique » fait quasiment figure de postulat – sans que la Cour ne se hasarde à définir la notion d'œuvre d'art ni ne s'attarde (du moins au stade de l'applicabilité de l'article 10) sur la substance du message véhiculé en l'espèce et sur son apport. Ainsi, à rebours de certains gouvernements défendeurs prétendant que la liberté artistique ne serait pas garantie en tant que telle mais que l'article 10 se bornerait à protéger les artistes qui entendent contribuer par leur travail à un débat public sur des sujets d'ordre politique ou culturel (*Vereinigung Bildender Kunstler c/ Autriche*, 25 janv. 2007, *AJDA*, 2007, 909, chron. J.-F. Flauss, § 22), l'interprétation européenne ne fait pas dépendre l'intervention de

la garantie conventionnelle de la valeur informative ou argumentative susceptible d'être attribuée à l'expression artistique. Dans le cadre de l'article 10, les concepts d'« idée » et d'« information » ne sont pas des critères matériels de délimitation. Et c'est donc, avec l'arrêt *Müller*, une liberté d'expression artistique, prise dans l'abstrait, qui se trouve par définition couverte.

2 / Aussi son propre contenu, en termes d'applications, n'a-t-il guère été circonscrit. Bénéficiant à l'artiste comme à ceux qui lui permettent d'exposer ou de diffuser son travail, la liberté d'expression artistique a ainsi pu apparaître dans la jurisprudence européenne sous des formes variées et non hiérarchisées – tableaux (*Müller* ; *Vereinigung Bildender Kunstler*) ; sculpture (comm., déc. 2 sept. 1991, *S. et G. c/ Royaume-Uni*, n° 17634/91) ; film de cinéma (*Otto-Preminger-Institut c/ Autriche*, 20 sept. 1994, *RUDH*, 1994, 441, note P. Wachsmann) ; représentation théâtrale (*Ulusoy et al.*) ; poèmes (*Karatas c/ Turquie*, 8 juil. 1999, § 49) ou encore roman (*Alinak c/ Turquie*, 29 mars 2005). Également identifiée comme « une forme d'expression artistique » (*Vereinigung Bildender Kunstler*, § 33), la satire constitue cependant un mode de commentaire social qui tend à être valorisé en tant que tel (*Alves da Silva c. Portugal*, 20 oct. 2009 : violation de l'article 10 dans le chef d'un administré condamné en diffamation pour avoir fait circuler durant le carnaval un Guignol figurant le maire et pratiquant le clientélisme). En faisant relever de ce registre un écriteau, brandi par un syndicaliste socialiste, dont la seule ironie était de retourner au président de la République l'invective « Casse-toi, pov'con ! », l'arrêt *Eon c. France* (14 mars 2013, *JCP G*, 2013, note 656, C. Picheral) retient ainsi une conception passablement élargie de la satire politique – pour se conclure, à défaut de se prononcer sur la conventionnalité même du délit d'offense au chef de l'État, par une si ferme condamnation de la sanction pénale d'amende prononcée avec sursis contre le requérant que l'infraction n'en a pas moins été abrogée par l'article 21 de la loi n° 2013-711 du 5 août 2013. Loin d'être l'apanage de la création artistique, le droit de s'exprimer par le biais satirique s'émancipe donc de ce cadre et relève plus largement de la protection des modes d'expression par l'article 10 (*Oberschlick c/ Autriche*, 23 mai 1991, § 57 ; *infra* n° 60). En ce sens, tous les titulaires de la liberté d'information « doivent être en mesure de pouvoir choisir, sans interférences déraisonnables des autorités, le mode qu'ils estiment le plus efficace pour atteindre un maximum de personnes » (*Women on Waves et al. c/ Portugal*, 3 févr. 2009, § 38 : ingérence disproportionnée résultant de l'interdiction d'entrée dans les eaux territoriales d'un navire affrété par des associations pro-avortement qui souhaitaient

organiser à bord diverses manifestations). Quoique révélateur, le prisme de la liberté artistique ne saurait dès lors rendre entièrement compte des développements de l'article 10.

B) Postérieurement à l'arrêt *Müller*, la liberté de recevoir et de communiquer des informations ou des idées s'est en effet largement déployée, sur tous les plans.

1/Débordant les contours classiques de la libre expression, sa dynamique *ratione materiae* est peut-être la plus nette. D'abord, la garantie conventionnelle en est venue à couvrir pratiquement n'importe quel type de message – de l'information factuelle à l'information produite, des propos philosophiques, politiques ou religieux aux discours relevant de la sphère professionnelle, que ces derniers touchent aux conditions de fonctionnement d'un service d'intérêt général (*Heinisch c/ Allemagne*, 21 juil. 2011, *JCP G*, 2012, doctr. 87, Chron. F. Sudre, § 17) ou qu'ils s'inscrivent dans un conflit syndical (*Palomo Sánchez et al. c/ Espagne* 12 sept. 2011, Gde ch., § 76, *JCP G*, 2011, act. 1073, G. Gonzalez ; *infra*). Dans ce mouvement, l'extensivité de la liberté d'information s'est particulièrement illustrée à travers son application, relayée par le juge national (Cass. crim., 19 nov. 1997, *D*, 1998, jur., 613, note J.-C. Galloux), au discours dit « commercial » – qu'il s'agisse de messages destinés à promouvoir des intérêts économiques (*Mark intern Verlag c/ Allemagne*, 20 nov. 1989, § 26), de publicités et musiques légères (*Groppera Radio AG et al. c/ Suisse*, 28 mars 1990, A. 173, § 54-55), de publicité professionnelle (*Casado Coca c/ Espagne*, 28 mars 1994, § 35) ou encore de photographies de mode proposées sur Internet à la consultation et à la vente (*Ashby Donald et al. c/ France*, 10 janv. 2013, *JCP G*, 2013, note 397, M. Afroukh). Indifférente à « la nature, lucrative ou non du but recherché » (*ibid.*, § 34 ; *Casado Coca*, § 35), comme au contenu de la communication, si pauvre puisse-t-il sembler en « idée » ou en « information », l'applicabilité de l'article 10 paraît alors devoir être acquise dès qu'est utilisé un canal destiné à toucher le public – sans que ce critère suffisant se révèle toujours nécessaire (*Hadjianastassiou c/ Grèce*, 16 déc. 1992, A. 252, § 39 : relève du domaine de l'article 10 une étude technique frappée du secret militaire, frauduleusement vendue par un officier à une société privée d'armement).

À partir de là, ce sont ensuite les moyens de communication et les véhicules de l'information qui se trouvent, en soi, d'autant plus protégés. Ainsi, si l'article 10 ne garantit pas le droit d'utiliser la langue de son choix dans les échanges avec les autorités publiques ou au sein d'une assemblée représentative (déc., 21 sept. 2010, *Birk-Levy c/ France*, n° 39426/06), l'effectivité du droit d'exprimer et de recevoir des idées politiques commande une tout autre solution pour des restrictions linguistiques s'imposant dans les relations interindividuelles, lors de réunions publiques en période électorale. Car « dans de tels contextes, la langue en tant que moyen d'expression mérite indéniablement la protection de l'article 10 » (*Şükran Aydin et autres c/ Turquie*, 22 janv. 2013, § 52 : incompatibilité avec les valeurs essentielles d'une société démocratique d'une interdiction absolue, assortie de sanctions pénales, d'employer une langue non-officielle lors des campagnes). Dès avant, il avait au demeurant été établi que la disposition conventionnelle concerne aussi les moyens techniques de transmission et de captage (*Autronic AG c/ Suisse*, 22 mai 1990, § 47, *RUDH* 1990, 313, note G. Cohen-Jonathan) – l'importance d'un libre accès à l'Internet, devenu « l'un des principaux moyens d'exercice par les individus de leur droit à la liberté d'expression et d'information », ne manquant pas désormais d'être fermement affirmée (*Yildirim c/ Turquie*, 18 déc. 2012, § 54 ; cp. Cons. Constit., n° 2009-580 DC, déc. 10 juin 2009, Loi favorisant la diffusion et la protection de la création sur Internet, *JO* 13 juin, 9675, *JCP G*, 2009, 274, note M. Verpeaux). En comparaison, l'accès à des médias plus traditionnels pourrait certes sembler moins assuré, puisque la liberté de recevoir et de communiquer des informations ne comprend pas un droit général et illimité à un temps d'antenne à la radio ou à la télévision (Comm., déc., 12 juil. 1971, *X et Association Z c/ Royaume-Uni*, n° 4515/70). En matière de communications audiovisuelles (*infra*, n° 60), la Cour s'est néanmoins employée à réduire la portée de la dernière phrase de l'article 10 § 1, qui autorise les États à réglementer l'organisation du secteur par un système de licences, en les soumettant dans ce cadre au respect des exigences posées à l'article 10 § 2 concernant la base légale, le but légitime et la nécessité des restrictions à la liberté d'expression (*Groppera Radio*, § 61) et en n'hésitant pas à leur imputer à ce titre diverses obligations positives.

Finalement, ce sont donc les attributs de la liberté d'information qui se sont indirectement enrichis, même s'ils ne comportent pas le droit de rechercher et d'obtenir des autorités tout type de renseignements – tels que données personnelles (*Leander c/ Suède*, 26 mars 1987, § 74) ou, plus curieusement, informations relatives à des activités dangereuses pour l'environnement (*Guerra et al. c/ Italie*, 19 févr. 1998, § 53, *Rev. eur. dr. env.*, 1998, 318, note J.-P. Marguénaud), auxquelles l'accès sera plutôt assuré sous couvert de l'article 8. Sous cette réserve, la nature et l'objet des obligations créées aux États par l'article 10 ne s'en sont pas moins diversifiés. À leur endroit, le respect de la liberté de recevoir et de communiquer des idées ou des informations ne se résume pas à un devoir de non-ingérence. Il doit être assuré, techniquement et juridiquement, y compris dans les relations interindividuelles.

2/Parallèlement, le champ de la liberté d'information ne rencontre guère de bornes *ratione personae.* Plus nettement que la Commission (déc., 6 sept. 1989, *Rommelfanger c/ RFA*, n° 12242/86), la Cour a en effet étendu à l'article 10 la jurisprudence imposant aux États de garantir les droits inscrits dans la Convention « contre des atteintes provenant même de personnes privées » (*Fuentes Bobo c/ Espagne*, 29 févr. 2000, § 38, *D.*, 2001, 574, note J.-P. Marguénaud et J. Mouly : licenciement d'un journaliste de télévision pour des propos critiques à l'endroit des dirigeants de la chaîne). Leur responsabilité pourra donc être engagée, dès lors notamment que le droit interne ou les juridictions nationales ont légitimé la restriction alléguée (*VGT Verein gegen Tierfabriken c/ Suisse*, 28 juin 2001, § 44-47 : refus d'une société privée de télévision de diffuser la campagne publicitaire d'une association de défense des animaux). Par ce biais, la liberté d'expression accède à une efficacité horizontale, susceptible de se manifester aussi bien dans les relations contractuelles entre un locataire et son bailleur (*Khurshid Mustafa et Tarzibachi c/ Suède*, 16 déc. 2008, § 32-34, *RDP*, 2009, 918, obs. M. Levinet : locataire expulsé de son domicile pour avoir refusé de démonter une antenne parabolique destinée à recevoir des programmes audiovisuels en arabe), que dans les relations de travail de droit privé (*infra*).

Au-delà, aucune catégorie de personnes n'est exclue de son bénéfice. Reconnue aux fonctionnaires, malgré leur obligation de réserve (*infra*, n° 61), la liberté d'opinion ne s'arrête pas même aux portes des prisons (*Yankov c/ Bulgarie*, 11 déc. 2003, § 142 et 143 : mise à l'isolement d'un détenu ayant consigné des propos offensants sur ses gardiens dans un manuscrit personnel) ou des casernes (*Engel et al.*, § 100, *supra*, n° 4 ; *Grigoriades c/ Grèce*, 25 nov. 1997, § 45 : élève officier déclaré déserteur après avoir adressé à sa hiérarchie une lettre virulente contre l'armée). Valant pour « pour toute personne, physique ou morale » (*Autronic AG*, § 47), la liberté d'information n'apparaît guère plus tributaire, dans son applicabilité, du statut de ceux qui s'en réclame (*Vereinigung Demokratischer Soldaten Österreichs et Gubi c/ Autriche*, 19 déc. 1994, § 27) et c'est au stade seulement du contrôle des restrictions dont ils font l'objet, que l'éventuelle particularité de leurs devoirs et responsabilités entre en ligne de compte – sans empêcher de nouvelles avancées. Protégeant notamment la liberté académique, qui peut l'emporter sur le droit, garanti par l'article 8, d'un membre de la communauté Rom au respect de son identité (*Aksu c/ Turquie*, Gde ch., 12 mars 2012 : liberté d'un professeur d'Université de se livrer à des recherches scientifiques sur un groupe ethnique spécifique et de publier ses conclusions), l'article 10 assure ainsi aux universitaires le droit « d'exprimer librement leur avis au sujet de l'institution ou du système au sein duquel ils travaillent et de répandre des connaissances et la vérité sans restriction » (*Sorguç c/ Turquie*, 23 juin 2009, § 35). S'agissant de professions réglementées, « Il va sans dire [...] que la liberté d'expression vaut aussi pour les avocats » (*Schöpfer c/ Suisse*, 20 mai 1998, § 33). Certes, leur « situation centrale dans l'administration de la justice, comme intermédiaire entre le justiciable et les tribunaux » (*Casado Coca*, § 54) leur impose des normes de conduite spécifiques et implique qu'ils contribuent « au bon fonctionnement de [l'institution] et, ainsi, à la confiance du public en celle-ci », en mesurant leurs déclarations en dehors du prétoire (*Schöpfer*, § 29). Dans le même temps, cependant, le fonctionnement de la justice est précisément un sujet sur lequel leur est reconnu le droit de se prononcer publiquement, notamment quand ils s'expriment sur une question d'intérêt général – telle que l'organisation de leur profession – en des termes ni graves, ni injurieux, quoique peu déférents à l'égard d'une juridiction suprême (*Amihalachioaie c/ Moldova*, 20 avr. 2004). Nécessaire à l'effectivité des droits de la défense, la libre parole des avocats à l'audience est d'autant plus protégée, dès lors que les critiques restent dirigées contre la manière dont l'accusation s'est acquittée de ses fonctions en l'espèce (*Nikula c/ Finlande*, 21 mars 2002 ; cp. Cass, 1re Civ., 4 mai 2012, *JCP G*, 2012, note 759, obs. M. Attal) et dans certaines circonstances, le droit de leurs clients à un procès équitable, couplé au contexte d'un débat d'intérêt général, peut légitimer une violation du secret professionnel portant sur des informations déjà divulguées par la presse (*Mor c. France*, 15 déc. 2011, § 57, *D.*, 2012, 667, obs. L. François). Reste alors à voir si, dans cette oscillation entre promotion et cadrage de la liberté d'expression des avocats, la Grande chambre confirmera les limites d'un exercice médiatique des droits de la défense que dans le sillon de la jurisprudence *Schöpfer*, l'arrêt *Morice c/ France* est venu fermement rappeler (11 juil. 2013 : avocat sanctionné pour avoir mis en cause, dans un article de presse, l'impartialité des premiers juges d'instruction dans l'affaire qu'il défendait). Enfin, la liberté d'expression n'est pas moins assurée aux étrangers, en dépit des restrictions distinctives que l'article 16 permettrait d'imposer à leur activité politique. Il faut dire que d'une utilité douteuse, cette disposition est quasiment tombée en désuétude – sa seule invocation par un gouvernement s'étant soldée par le constat de son inapplicabilité aux citoyens européens (*Piermont c/ France*, 26 avr. 1995, *RTDH*, 1996, 364, J.-F. Flauss). Au contraire, l'importance pour les immigrés de recevoir des informations en provenance de leur pays d'origine et dans leur langue a pu être spécialement relevée (*Khurshid Mustafa et Tarzibachi*, § 34), tandis que les exigences de l'article 10 ont été rappelées avec force aux États dans l'exercice de leurs compétences discrétionnaires en matière d'entrée et de séjour des étrangers (*Cox c/ Turquie*, 20 mai 2010, *JCP G*, 2010, doctr. 859, Chron. F. Sudre, n° 28 : violation de l'article 10 à raison d'une interdiction de retour sur le territoire d'une universitaire américaine s'étant exprimée sur la question kurde et le génocide arménien). Affirmant à cette occasion qu'aucune distinction ne saurait être établie entre la liberté d'expression des étrangers et celle des nationaux, le juge européen a, en outre, fait valoir la dimension « transnationale » du droit énoncé par l'article 10 § 1 (*ibid*, § 31).

3/ *Ratione loci*, la circulation des informations vaut « sans considération de frontières ». Si ce principe n'a guère trouvé écho dans l'arrêt *Müller* malgré les conséquences de la mesure de confiscation litigieuse sur la possibilité pour le requérant de présenter ses toiles ailleurs, il a mieux été mis en évidence dans le domaine de la radiodiffusion (*Groppera Radio AG :* interdiction de retransmettre par câble des émissions radiodiffusées à partir de l'Italie ; *Autronic AG :* refus d'autoriser la réception au moyen d'une antenne parabolique de programmes TV émis par un satellite soviétique de télécommunication), ainsi que dans le domaine de l'édition et de la presse où il a notamment contribué à la condamnation de l'ancien régime français des publications étrangères (*Association Ekin c/ France*, 17 juill. 2001, *AJDA*, 2002, 52, note F. Julien-Laferrière, *RTDH*, 2002, 685, note P. De Fontbressin ; *infra* n° 60).

La conception européenne de la liberté d'expression est ainsi susceptible de profondes répercussions dans l'ordre juridique interne. Sans toujours satisfaire encore aux canons conventionnels, le juge national fait d'ailleurs montre d'une réceptivité croissante aux interprétations de la Cour, dont il a, par exemple, fait une juste transposition pour écarter l'interdiction législative de publier des sondages d'opinion dans la semaine précédant les élections (Cass. Crim., 4 sept. 2001, Amaury, *JCP G*, 2001, II, 10623, concl. D. Commaret, note A. Lepage). Bien plus, confirmant l'image d'une application désormais « décomplexée » de la Convention, la Cour de cassation se fonde sur l'article 10 CEDH pour redessiner le périmètre de la responsabilité civile dans le domaine de la liberté d'expression (Cass, Civ. 1re, 10 avr. 2013, *D.*, 2014, 131, note C. Bigot), à l'aune des cas d'abus qui sont déterminés par la loi (G. Viney, La sanction des abus de la liberté d'expression, *D.*, 2014,

787). Pour autant, la dynamique jurisprudentielle ne saurait se comprendre comme tendant à ériger la liberté d'expression en droit illimité. Outre l'article 17, qui permet d'en combattre un usage contraire aux valeurs de la Convention (*supra*, n° 6), l'article 10 § 2 est l'une des clauses qui autorise les limitations les plus variées. Or, le contrôle de la Cour à ce titre, bien qu'il s'exerce à la lumière de toutes les données de l'affaire et s'attache à la qualification juridique des faits comme à la nature et à la sévérité des sanctions (*supra*, n° 7), n'aboutit pas en réalité à soumettre toute atteinte à la liberté d'expression à un strict examen. Sous couvert de principes communs, le régime de protection fluctue.

## II / Protection graduée de la liberté de recevoir et de communiquer des idées et des informations

Unanimement relevées et souvent critiquées pour leur imprévisibilité, les variations de la marge d'appréciation ont paru un moment particulièrement tributaires du but poursuivi par les autorités nationales. Mais de plus en plus, la Cour tend à promouvoir un autre critère, pris de la nature et de l'objet de l'expression restreinte. Dès lors qu'il n'est plus question d'applicabilité, la garantie de la liberté d'information paraît ainsi indexée, pour beaucoup, sur le degré de contribution à un débat d'intérêt général. S'opère une hiérarchisation des discours, que reflète la modulation de la protection assurée à la liberté artistique.

A) En tant que telle, l'expression artistique ne se voit pas conférer de statut exorbitant, qui la soustrairait par nature à toute censure : « l'artiste et ceux qui promeuvent ses œuvres n'échappent pas aux possibilités de limitation que ménage le § 2 de l'article 10 » mais sont également assujettis, dans l'exercice de leur liberté, à des « devoirs et responsabilités » (*Müller*, § 34). Dans une hypothèse de conflit avec le droit à la réputation, la Cour a certes tenu à souligner l'importance de la liberté artistique, qui est « une valeur en soi et appelle donc un niveau élevé de protection au regard de la Convention » (déc., 3 avr. 2014, *Jelševar et al. c/ Slovénie*, n° 47318/07, § 33 : irrecevabilité des griefs pris de l'article 8 contre la publication d'un roman s'inspirant de la vie de la mère des requérantes). Néanmoins, cette prise de position ne saurait faire oublier une vision passablement réductrice des fonctions de l'art dans le cadre de l'article 10, où jusqu'à présent, un niveau élevé de protection ne s'est guère vérifié que dans des contextes à connotation politique.

1 / La moindre garantie de la liberté artistique, pour elle-même, se mesure surtout face à la morale et à la préservation des sentiments religieux d'autrui. De jurisprudence quasi-constante, les autorités nationales disposent d'une ample marge d'appréciation pour juger des exigences concrètes de la morale, en raison de leur relativité intrinsèque et donc du poids « de la situation [...] au plan local, à une époque donnée » (*Otto-Preminger-Institut*, § 56). Longtemps, dans le cadre de l'article 10, l'arrêt *Open Door et Dublin Well Woman. c/ Irlande* (29 oct. 1992, *RFDC*, 1993, 216, comm. F. Sudre) a ainsi constitué le seul démenti à cette logique de retenue judiciaire, en faisant prévaloir la liberté de communiquer des informations en matière d'avortement sur les conceptions éthiques de la société irlandaise. Dans le domaine artistique, l'arrêt *Akdas c/ Turquie* a certes posé ensuite que le respect des « singularités culturelles, historiques et religieuses des pays membres du Conseil de l'Europe ne saurait aller jusqu'à empêcher l'accès du public d'une langue donnée... à une œuvre figurant dans le patrimoine littéraire européen » (16 févr. 2010, § 28 et 30, *RTDH* 2010, 917, note C. Ruet : violation de l'article 10 à raison de la saisie de la traduction turque du roman érotique d'Apollinaire *Les onze mille verges* et de l'amende infligée à son éditeur). Mais pour les œuvres qui ne bénéficient pas d'un tel statut, l'argument de relativité demeure prégnant. Parce qu'elle ne se prête pas davantage à conception uniforme, tant peuvent varier la signification de la religion dans la société (*Otto-Preminger-Institut*, § 50 ; *Wingrove*, § 57) et la perception de ce qui est de nature à offenser les convictions des croyants (*Murphy c/ Irlande*, 10 juill. 2003, § 67), la préservation des sentiments religieux d'autrui assure également aux États une large marge d'appréciation. En fait, les indices convergent pour suggérer que la Cour accorde à ces buts une nette prépondérance sur la liberté d'expression artistique – en particulier quand se manifestant par des « représentations provocatrices d'objets de vénération religieuse », cette dernière ne lui semble contribuer « à aucune forme de débat public capable de favoriser le progrès dans les affaires du genre humain » (*Otto-Preminger-Institut*, § 49). En premier lieu, il apparaît ainsi que, peu perméable aux moyens pris de la dimension symbolique de l'art, le juge européen souscrit largement aux qualifications nationales sur le contenu de l'œuvre en cause – qu'elles concernent l'obscénité de tableaux (*Müller et al.*, § 36), « une attaque injurieuse contre la religion catholique romaine » (*Otto-Preminger-Institut*, § 56), le « voyeurisme érotique » dont relève la mise en scène très sexualisée des visions de Thérèse d'Avila (*Wingrove*, § 61) ou encore l'impact sur un jeune public de scènes de violence et de sexe non simulé dans un long-métrage (*V.D. & C.G. c/ France*, déc., 22 juin

2006, n° 68328/01, entérinant CE, 30 juin 2000, Association Promouvoir et Épx Mazaudier, *RFDA*, 2000, 1282, note M. Canedo). En deuxième lieu, les conditions dans lesquelles l'œuvre se voit proposée au public ne semblent intervenir que comme facteur aggravant de l'atteinte à la morale ou à la religion. En ce sens, si l'arrêt *Müller* en restait au constat objectif d'une « exposition ouverte sans restrictions au grand public et cherchant à l'attirer » (§ 36), l'arrêt *Otto-Preminger* se montre en revanche indifférent aux nombreuses précautions entourant la projection du film litigieux, quand il ne les retourne pas contre les requérants (ample information sur le sujet, interdiction aux moins de 17 ans, diffusion dans une salle d'art et d'essai). De même, l'arrêt *I.A.* néglige-t-il le faible tirage et l'absence de réédition d'un roman (13 sept. 2005, *AJDA*, 2006, 472, chron. J.-F. Flauss : condamnation pénale d'un éditeur pour injure à la religion et au prophète de l'Islam), alors que l'arrêt *Wingrove* s'appuie en revanche sur la « nature des films vidéo » et leur grande accessibilité, une fois mis sur le marché, pour approuver la position de l'État (§ 63). Admettant jusqu'à la subsistance d'un délit de blasphème, pour autant que le dispositif juridique national s'entoure de garanties suffisantes et ne prohibe pas « l'expression, sous quelque forme que ce soit, d'idées hostiles à la religion chrétienne » (*ibid.*, § 62), la Cour en vient alors, en dernier lieu, à valider des restrictions sévères, qui équivalent à empêcher la diffusion de l'œuvre – interdiction *ab initio* (*Wingrove*), saisie et confiscation (*Müller et al.* ; *Otto-Preminger Institut*).

En comparaison, la démarche du juge judiciaire paraîtra plus équilibrée, notamment parce qu'ignorant le blasphème, elle semble faire dépendre la caractérisation d'une injure religieuse de l'intention d'outrager les fidèles (Cass. civ. 1re, 14 nov. 2006, Sté GIP c/ Assoc. Croyances et Libertés *et al.*, *Gaz. Pal.* 12 décembre 2006, 9, note G. Gonzalez : ne constitue pas une injure à la foi catholique une affiche publicitaire pour une marque de vêtements, parodiant la Cène – *contra*, CA Paris, 8 avr. 2005, *D.*, 2005, 1326, note P. Rolland). À la lumière de la jurisprudence européenne, conjuguée à la clause d'autorisation de l'article 10 § 1, on comprendra toutefois qu'en matière de police du cinéma, le Conseil d'État ait jugé « conventionnel » le régime d'interdiction de films aux moins de 18 ans (CE, 6 oct. 2008, Sté Cinéditions, *AJDA*, 2009/10, 544, note M. Le Roy).

2 / Mais la pondération des intérêts, dans d'autres contextes, peut se révéler moins défavorable à la liberté artistique.

Autre source traditionnelle d'une grande marge nationale d'appréciation, la sécurité et la défense de l'ordre autorisent certes diverses restrictions, frappant par exemple, dans le domaine artistique, une caricature susceptible de passer pour une apologie du terrorisme (*Leroy c/ France*, 2 oct. 2008, § 39, *Revue Lamy Droit de l'Immatériel*, 2009, n° 45-19, note L. François : compatibilité avec l'article 10 de la condamnation pénale d'un dessinateur ayant présenté l'effondrement des Twin Towers, le 11 septembre 2001, comme un rêve réalisé) ou, selon la jurisprudence nationale, un spectacle vivant, susceptible de créer des troubles à l'ordre public et comportant des propos antisémites (CE, ord., 9 janv. 2014, n° 374508 ; ord., 11 janv. 2014, n° 374552, Sté Les Productions de la Plume et Dieudonné M'Bala M'Bala, *JCP G*, 2014, Act. 71, E. Derieux : rejet des référés-libertés contre l'interdiction dans certaines villes du spectacle de Dieudonné « Le mur »). Cependant, la valeur justificative de ces impératifs suppose logiquement que la réalité du risque soit établie (*Ulusoy c/ Turquie* : violation de l'article 10 faute pour les autorités nationales d'avoir démontré en quoi la représentation d'une pièce de théâtre en kurde pouvait menacer l'ordre public). Elle cède surtout, au profit de la liberté d'expression artistique, lorsque l'œuvre prend un écho politique. C'est essentiellement dans cette configuration, en effet, que le juge européen semble sensible aux licences permises par certains médias, s'adressant de surcroît à un public plus restreint que celui de la presse périodique – tels un poème usant de métaphores, pour appeler au sacrifice pour le Kurdistan (*Karatas*, § 49) ou un roman s'inspirant de faits réels, mais se présentant sous la forme d'une fiction pour évoquer des exactions commises par les forces de l'ordre à l'encontre de villageois et leur absence de recours (*Alinak c/ Turquie*, 29 mars 2005, § 41). Dans les deux cas, l'agressivité de certains passages ou les sentiments d'hostilité qu'ils pouvaient susciter sont ainsi relativisés par la « nature artistique [des textes] et leur impact restreint » (*Karatas*, § 52 ; *Alinak*, § 45). Mais dans les deux cas, la Cour était en définitive saisie d'une dénonciation littéraire du pouvoir turc ou de ses agissements – bien qu'elle ne reconnaisse formellement de contenu politique qu'au poème (*Karatas*, § 50).

Le renforcement de la protection assurée à l'œuvre revêtue d'un sens politique, par rapport à celle touchant à la morale ou à la religion, s'est également illustré, face à la garantie des droits d'autrui. Non que dans ce cadre, la nature du propos et sa forme romanesque excusent tout : si « l'article 10 exige un niveau élevé de protection », s'agissant d'un roman qui « s'inscrit… dans un débat d'intérêt général et relève de l'expression politique militante » (*Lindon, Otchakovsky-Laurens et July c/ France*, Gr. Ch., 22 oct. 2007, § 48, *JCP G*, 2007, II, 10193, note E. Derieux), l'auteur d'une œuvre qui « intègre des personnages ou des faits réels » peut valablement être tenu de procéder à des vérifications factuelles minimales et doit se garder de formules dont la teneur « excède ce qui est tolérable dans le débat politique, même à l'égard d'une personnalité occupant sur l'échiquier une position extrémiste » (*ibid.*, § 55 et 57). N'est donc pas contraire à l'article 10 la condamnation en diffamation de l'auteur et des éditeurs d'un roman qualifiant le président du Front National de « chef de bande de tueurs » ou de « vampire ». Le juge interne, au demeurant, peut plus encore camper sur les limites tenant au droit de chacun au respect de sa vie privée et familiale : réduisant la liberté du caricaturiste, la Cour de cassation a ainsi condamné, au nom de l'intérêt de l'enfant et sans guère d'égard pour le critère de la contribution à un débat d'intérêt général, l'utilisation de la personne de l'enfant et l'exploitation de sa filiation pour brocarder, dans une émission radiophonique, son grand-père ou sa mère, ancien et actuel président de ce même parti (Cass., 1re civ., 20 mars 2014, n° 13-16.829, *JCP G*, 2014, act. 417, N. Dissaux ; act. 579, note A. Latil). En revanche, l'atteinte portée à la dignité d'un homme politique modérément connu ne saurait justifier l'interdiction judiciaire d'exposer, sans limitation de temps ni de lieu, une toile le figurant, avec diverses autres personnalités publiques, dans des situations sexuelles de groupe *(Vereinigung Bildender Künstler)*. L'arrêt fait ainsi primer la liberté artistique, qui bénéficie en l'occurrence de la nature satirique attribuée au portrait (*ibid.*, § 33), ainsi que de la possibilité d'y voir « une forme de contre-attaque » envers les membres du parti libéral de J. Haider (§ 34).

B) Derrière les variations de la marge d'appréciation en fonction du but poursuivi par les autorités nationales, se profile donc une catégorisation des discours, dont le niveau de protection fluctue en fonction du domaine concerné et de leur apport à un débat reconnu comme d'intérêt général.

1 / Comme le juge de l'Union s'en est fait l'écho (CJCE, Karner, 25 mars 2004, *DCDF*, n° 55), la jurisprudence européenne réserve aux États une large marge d'appréciation à l'égard du discours commercial, « spécialement dans un domaine aussi complexe et fluctuant que celui de la concurrence déloyale » (*Markt intern verlag*, § 33). En la matière, « même la publication de messages publicitaires objectifs et véridiques pourrait subir des limitations, tendant au respect des droits d'autrui ou fondées sur les particularités d'une activité commerciale ou d'une profession déterminées » (*Casado Coca c/ Espagne*, 24 févr. 1994, § 51 : compatibilité avec l'article 10 de la sanction disciplinaire infligée à un avocat ayant enfreint l'interdiction de publicité professionnelle). Manifestement, la gestion de l'affichage sur le domaine public est aussi de ces questions qui inspirent à la Cour une grande retenue. Relevant la spéci-

ficité de cet espace réglementé dont les individus n'ont pas un droit inconditionnel et illimité d'usage (*Mouvement raëlien suisse c/ Suisse*, Gde ch., 13 juil. 2012, § 58, *RDP*, 2013, obs. M. Afroukh), elle se retranche ainsi derrière le principe de subsidiarité pour refuser de « s'immiscer dans les choix des autorités nationales et locales, plus proches des réalités de leur pays » (*Mouvement raëlien*, § 64), s'agissant d'une campagne d'affichage qui visait en l'occurrence à promouvoir les idées et les activités d'une secte et qui se voit donc apparentée à un discours commercial largement entendu (*ibid.*, § 62). Enfin, d'autres éléments que le domaine peuvent contribuer à étendre la latitude consentie aux autorités nationales à l'égard de la liberté d'expression commerciale – tel un conflit avec le droit, couvert par l'article 1 Protocole I, au respect de la propriété intellectuelle qui vient légitimer une condamnation en contrefaçon, reposant sur une hiérarchisation bien plus qu'une conciliation des droits (*Ashby Donald*, § 40).

Néanmoins, cette protection atténuée n'a plus cours lorsque le propos litigieux « ne porte pas sur les intérêts strictement commerciaux de tel individu mais sur sa participation à un débat touchant à l'intérêt général », comme l'organisation d'un service vétérinaire de nuit (*Barthold c/ Allemagne*, 25 mars 1985, § 58) ou l'innocuité pour la santé des fours à micro-ondes (*Hertel c/ Suisse*, 25 août 1998, § 47). Pas plus que l'effet publicitaire d'un article de presse, le recours à un support publicitaire ne suffit alors à faire basculer un message dans le registre « commercial », quand son but et/ou sa substance sont jugés relever d'un autre ordre : information du public sur de nouvelles technologies médicales (*Stambuk c/ Allemagne*, 17 oct. 2002, *JCP G*, 2003, I, 109, n° 20, Chron. F. Sudre : article vantant les opérations au laser pratiquées par un ophtalmologue), débat historique (*Lehideux et Isorni c/ France*, 23 sept. 1998 : encart publicitaire visant à réhabiliter la mémoire du maréchal Pétain) ou militantisme en faveur de la protection des animaux (*VGT Verein Gegen Tierfabriken c/ Suisse :* campagne publicitaire télévisée pour dénoncer les conditions d'élevage).

2/Car, « la recherche de la vérité historique fait partie intégrante de la liberté d'expression » (*Chauvy et al. c/ France*, 29 juin 2004, § 69) et peut toucher à un intérêt public important pour la mémoire collective (*Orban et al. c/ France*, 15 janv. 2009, § 49, *Légipresse*, n° 262, juin 2009, 126, note P. Auvret : publication des Mémoires du Général Aussaresses, concernant le Guerre d'Algérie), dans les « efforts que tout pays est appelé à fournir pour débattre ouvertement et sereinement de sa propre histoire » (*Lehideux et Isorni* ; *Orban et al.*, § 52). Certains propos ne devant donc pas rencontrer la même sévérité que s'ils avaient été tenus peu après les événements auxquels ils se rapportent, le discours historique bénéficie d'une forte protection, dès lors qu'il ne vise pas à contester des « faits historiques clairement établis » comme l'Holocauste ou l'existence des chambres à gaz, mais porte sur des questions, sujettes à controverse entre historiens, que la Cour se refuse à arbitrer (*Lehideux et Isorni*, § 47). Objet d'une interprétation nationale conforme (Cass. Civ. 1re, 16 oct. 2013, n° 12-35434, *Gaz. Pal.*, 2014, n° 36-37, 15, Chron. Ph. Piot : ouvrage jugé ne pas dépasser les limites de la liberté d'expression, en exprimant un doute sur « une question historique objet de polémique »), cette jurisprudence s'est appliquée de manière libérale à la dénégation, par un conférencier turc, leader d'un parti nationaliste, de la qualification de « génocide » s'agissant du massacre des Arméniens par l'Empire Ottoman en 1915 – motifs pris des doutes que suscite l'évocation d'un consensus général, en particulier scientifique, sur l'application de cette notion juridique « étroite » aux événements (*Perinçek c/ Suisse*, 17 déc. 2013, § 114-117, *JCP G*, 2014, act. 37, G. Gonzalez). Mais au-delà de la singularisation d'une recherche historique qui « ne se prête guère à des conclusions définitives ou à des vérités objectives et absolues » (*ibid.*, § 117), c'est la nécessité dans une société démocratique d'une législation réprimant pénalement la négation d'un génocide sans se limiter aux crimes commis par le régime nazi qui semble en soi être récusée (*ibid.*, § 120-124). Dans l'ensemble, l'enjeu d'un libre débat paraît ainsi devoir primer, même si se manifestent parfois des limites tenant au respect des « règles essentielles de la méthode historique » ainsi qu'à la protection de la réputation d'autrui (*Chauvy* : compatibilité avec l'article 10 de la condamnation pour diffamation publique de l'auteur et de l'éditeur d'un livre évoquant une responsabilité des époux Aubrac dans l'arrestation de Jean Moulin).

3/Le régime de l'expression militante paraîtra plus contrasté. Déjà, l'article 10 ne garantit pas un droit de libre tribune (*Appleby c/ Royaume-Uni*, 6 mai 2003) et la défense de l'ordre notamment peut justifier de sanctions à l'égard d'interventions intempestives (*Chorherr c/ Autriche*, 25 août 1993, § 32-34). L'objet du discours, en outre, conduit à une nette distinction entre militantismes écologiste et syndical.

En ce sens, une évolution marquante de la jurisprudence européenne a été l'extension du statut privilégié de la liberté de la presse (*infra*, n° 60) aux défenseurs de la cause animale ou environnementale. Non seulement les associations œuvrant en la matière se sont vues attribuer un rôle de « *chien de garde de la démocratie* », équivalent à celui des journalistes (*Vides Aizsardzības Klubs* c/ Lettonie, 27 mai 2004), mais l'invocation d'une différence de régime s'est encore heurtée à l'importance dans une société démocratique, d'autoriser même de petits groupes militants non officiels à contribuer au débat public (*Steel et Morris c/ Royaume-Uni*, 15 févr. 2005, § 89 : violation de la liberté d'expression de militants, condamnés en diffamation pour avoir distribué des tracts s'en prenant à la société Mc Donald, faute de leur avoir assuré une procédure de jugement équitable et d'avoir proportionné les dommages-intérêts alloués à leur situation financière modeste). Un degré d'hyperbole et d'exagération doit donc être également toléré dans un propos militant (*ibid.*, § 90 ; *Mamère c/ France*, § 25, *D.*, 2007, 1704, note J.-P. Marguénaud ; pour une application conforme, Cass., Civ. 1re, 8 avr. 2008, Greenpeace France c/ SPCEA, *JCP G*, 2008, II, 10106, note C. Hugon). S'agissant de critiques, émanant d'un élu écologiste et dirigées contre l'information officielle sur des risques sanitaires et environnementaux, la marge nationale d'appréciation s'avère dès lors « particulièrement restreinte » (*Mamère*, § 20), et les conditions dans lesquelles l'intéressé peut s'exonérer de ses responsabilités, sensiblement assouplies. La valorisation de l'expression militante, en faveur de la protection de l'environnement ou des animaux, a toutefois essuyé un sérieux revers, avec la légitimation, – à rebours de la jurisprudence *VgT* – de l'interdiction, posée par la loi britannique, de toute publicité « politique » au sens large à la radio et à la télévision (*Animal Defenders c/ Royaume-Uni*, Gde ch., 22 avr. 2013 : refus d'autoriser une ONG de protection des animaux à diffuser un spot contre l'exploitation des primates). Dénonçant le principe pourtant réaffirmé (§ 104) d'une marge d'appréciation étroite, le contrôle de proportionnalité se fait ici très déférent envers la qualité de l'examen parlementaire et judiciaire auquel a donné lieu, au niveau national, la nécessité de la mesure (§ 113-117) et sous l'effet du principe de subsidiarité, le régime du discours militant semble alors devoir se rapprocher de celui du discours à caractère religieux (*Murphy c/ Irlande*, 10 juill. 2003 : refus légitime d'une autorité de régulation de permettre la diffusion d'une publicité religieuse sur les ondes d'une radio commerciale indépendante) – dans le domaine du moins de la publicité audiovisuelle (auquel il est à espérer que la régression reste circonscrite).

Quoi qu'il en soit, la liberté d'expression syndicale ferait plutôt figure, en contrepoint, de « parent pauvre de la démocratie » (J.-P. Marguénaud et J. Mouly, *D.*, 2010, 1465). Car s'il est posé que les conflits sociaux ne ressortent pas d'intérêts purement privés mais touchent à des questions d'intérêt général au moins pour les travailleurs de l'entreprise, il est jugé qu'« une atteinte à l'honorabilité des personnes faites par voie d'expressions grossièrement insultantes ou injurieuses au sein du milieu professionnel revêt, en raison de ses effets perturbateurs, une gravité particulière, susceptible de justifier des sanctions sévères » (*Palomo Sánchez et al. c/ Espagne*, § 76 : proportionnalité du licenciement sans préavis ni indemnisation de syndicalistes qui avaient publié dans leur bulletin une caricature et un article vilipendant le DRH de l'entreprise et deux autres travailleurs, dans le contexte d'un dur conflit social). Se donnant très clairement pour subsidiaire par rapport à celui des juridictions nationales, le contrôle européen exalte donc la spécificité de la relation de travail, sans donner effet à l'annonce d'une interprétation de l'article 10 à la lumière de l'article 11, ni même reconnaître à la caricature litigieuse cette dimension satirique qui a pu être si favorable à la liberté artistique. À la différence d'autres discours, l'expression syndicale serait, en somme, interdite d'outrance, sous deux réserves seulement – la première, inspirée de l'arrêt *Fuentes Bobo*, laissant place aux excès verbaux inhérents à « un échange oral, rapide et spontané » ; la seconde, démontrée par l'arrêt *Vellutini et Michel c/ France* (6 oct. 2011, *JCP G*, 2011, act. 1134, K. Blay-Grabarczyk), correspondant aux débordements permis à l'égard d'un élu, fût-il mis en cause en sa qualité d'employeur.

4/Car le discours politique se distingue par l'extrême valorisation dont il fait l'objet dans la jurisprudence de la Cour.

Aucune restriction ne saurait, en premier lieu, lui être apportée « sans raisons impérieuses » (*Brasilier c/ France*, 11 avr. 2006, § 41) et seules deux catégories de propos sont écartées de ce libéralisme prétorien : d'une part, les exhortations à l'usage de la violence ou la solidarité manifestée à des groupes terroristes (*Zana c/ Turquie*, 25 nov. 1997, § 55, condamnation de l'ex maire de la plus grande ville du Sud Est du pays pour des propos favorables au PKK) ; d'autre part un discours de haine et au-delà, une incitation à l'intolérance interethnique (déc. 11 oct. 2001, *Osmani et al. c/ ex-République yougoslave de Macédoine*, n° 50841/99) ou à la discrimination raciale (*Féret c/ Belgique*, 16 juill. 2009 : non-violation de l'article 10 dans le chef du président d'un parti d'extrême droite condamné à une inéligibilité à raison du contenu hostile aux musulmans de tracts et d'affiches électoraux ; déc. 7 mai 2010, *Le Pen c/ France*, n° 18788/09). Autrement, l'enjeu démocratique du discours politique semble lui conférer une quasi-immunité. Certes, les acteurs de la vie politique sont également tenus de respecter certaines bornes et doivent en particulier s'abstenir d'attaques personnelles gratuites, en dehors du contexte d'un débat public ou d'une passion polémique dans l'opinion (*Fleury c/ France*, 11 mai 2010 : légitime condamnation en diffamation d'un conseiller municipal de l'opposition, auteur d'un tract accusant le maire de diverses infractions pénales ; *De Lesquen du Plessis-Casso c/ France*, 30 janv. 2014, § 40 : même conclusion, la Cour évoquant curieusement en l'occurrence une large marge nationale d'appréciation). Le rappel de ces obligations vire toutefois à la clause de style quand la compétition électorale, par exemple, rend la vivacité des propos « plus tolérable qu'en d'autres circonstances », alors que toute sanction, fût-elle légère, est suspecte d'un effet dissuasif (*Brasilier*, § 42-43 : tracts d'un candidat malheureux dénonçant l'irrégularité d'une élection ; *Desjardin c/ France*, 22 nov. 2007 : tract d'un candidat écologiste accusant l'ancien maire d'avoir « pollué l'eau de la commune ») ou que certains débordements de l'invective politique sur le plan personnel sont admis au nom des « aléas du jeu politique et du libre débat d'idées, garants d'une société démocratique » (*Almeida Azevedo c. Portugal*, 23 janvier 2007, § 30, confirmant *Lopes Gomes da Silva c. Portugal*, 28 sept. 2000, § 34).

Cette surprotection, en second lieu, se déploie largement. « Précieuse pour chacun, la liberté d'expression l'est tout particulièrement pour un élu du peuple [qui] représente ses électeurs, signale leurs préoccupations et défend leurs intérêts » (*Castells c/ Espagne*, 23 avr. 1992, § 42). Toute ingérence dans la liberté d'expression d'un parlementaire appelle donc un contrôle européen des plus stricts (pour un exemple, en présence d'une forme d'expression originale, *Karácsony et a. c/ Hongrie*, n° 42461/13 et *Szél et a. c/ Hongrie*, n° 44357/13, 16 sept. 2014), sans que le droit de la Convention s'accommode d'un statut exorbitant du chef de l'État qui ferait tomber la critique d'un député sous le coup d'une incrimination pénale spécifique *(Otegi Mondragon c/ Espagne*, 15 mars 2011, § 55, *RDP* 2012, 1740, note L. Burgorgue-Larsen). Capable de tenir en échec une conception par trop épidermique de la défense de l'ordre et de ce qui peut être considéré comme un appel la violence (abondante jurisprudence contre la Turquie : ex. *Mehdi Zana (n° 2)*, 6 avr. 2004, § 32-35 ; *Bingöl*, 22 juin 2010, § 39), le principe vaut aussi pour un membre du Parlement européen s'exprimant sur la politique d'un État de l'Union dont il n'a pas la nationalité (*Piermont* : incompatibilité avec l'article 10 de l'expulsion de Polynésie française d'une députée européenne allemande y ayant soutenu, au cours d'une manifestation pacifique autorisée, les revendications antinucléaires et indépendantistes de plusieurs partis locaux). Mais les élus ne sont pas seuls bénéficiaires d'une protection renforcée de leur liberté d'expression politique. Il en va de même pour « les partis politiques et leurs membres actifs », spécialement lorsqu'il s'agit d'un parti de l'opposition (*Incal c/ Turquie*, 9 juin 1998, § 17). Car « les adversaires des idées et positions officielles doivent pouvoir trouver leur place dans l'arène politique, discutant au besoin des actions menées par des responsables dans le cadre

[…] de leurs mandats publics » (*Brasilier*, § 42). Dès lors, c'est la liberté d'expression des citoyens eux-mêmes qui peut accéder à un statut privilégié quand leur engagement militant et/ou politique ou bien un contexte électoral, conjugué aux responsabilités politiques de leur cible, donne une nature elle-même politique à leur critique (*Renaud c. France*, 25 fév. 2010, § 33 et § 40 : président d'une association de riverains militant contre un projet immobilier de la municipalité ; *Brosa c/ Allemagne*, 17 avr. 2014 : citoyen empêché de distribuer un tract électoral appelant à ne pas voter pour l'un des candidats à la mairie).

En fait, l'exigence d'un libre jeu du débat démocratique n'a jamais été circonscrite aux relations entre acteurs de la vie politique et c'est bien dans le cadre fondateur de la liberté de la presse (*infra*, n° 60) que la promotion du discours politique s'est d'abord enracinée.

C. P.

## II | La liberté de la presse

**60. Stoll c/ Suisse**, 10 décembre 2007 (Grande Chambre) ; *AJDA*, 2008, 988, chron. J.-F. Flauss ; *JCP G*, 2008, I, 110, no 11, chron. F. Sudre ; *RTDH*, 2008, 812, note M. Hottelier.

101. La question principale à trancher est celle de savoir si l'ingérence était « nécessaire dans une société démocratique ». Les principes fondamentaux concernant cette question sont bien établis dans la jurisprudence de la Cour et ont été résumés comme suit […] : i. La liberté d'expression constitue l'un des fondements essentiels d'une société démocratique, l'une des conditions primordiales de son progrès et de l'épanouissement de chacun. Sous réserve du paragraphe 2 de l'article 10, elle vaut non seulement pour les « informations » ou « idées » accueillies avec faveur ou considérées comme inoffensives ou indifférentes, mais aussi pour celles qui heurtent, choquent ou inquiètent : ainsi le veulent le pluralisme, la tolérance et l'esprit d'ouverture sans lesquels il n'est pas de « société démocratique ». Telle que la consacre l'article 10, elle est assortie d'exceptions qui […] appellent toutefois une interprétation étroite, et le besoin de la restreindre doit se trouver établi de manière convaincante […]ii. L'adjectif « nécessaire », au sens de l'article 10 § 2, implique un « besoin social impérieux ». Les États contractants jouissent d'une certaine marge d'appréciation pour juger de l'existence d'un tel besoin, mais elle se double d'un contrôle européen portant à la fois sur la loi et sur les décisions qui l'appliquent, même quand elles émanent d'une juridiction indépendante. La Cour a donc compétence pour statuer en dernier lieu sur le point de savoir si une « restriction » se concilie avec la liberté d'expression que protège l'article 10.iii. La Cour n'a point pour

tâche, lorsqu'elle exerce son contrôle, de se substituer aux juridictions internes compétentes, mais de vérifier sous l'angle de l'article 10 les décisions qu'elles ont rendues en vertu de leur pouvoir d'appréciation. Il ne s'ensuit pas qu'elle doive se borner à rechercher si l'État défendeur a usé de ce pouvoir de bonne foi, avec soin et de façon raisonnable : il lui faut considérer l'ingérence litigieuse à la lumière de l'ensemble de l'affaire pour déterminer si elle était « proportionnée au but légitime poursuivi » et si les motifs invoqués par les autorités nationales pour la justifier apparaissent « pertinents et suffisants » [...] Ce faisant, la Cour doit se convaincre que les autorités nationales ont appliqué des règles conformes aux principes consacrés à l'article 10 et ce, de surcroît, en se fondant sur une appréciation acceptable des faits pertinents [...] »

102. Par ailleurs, il y a lieu de rappeler que toute personne, fût-elle journaliste, qui exerce sa liberté d'expression, assume « des devoirs et des responsabilités » dont l'étendue dépend de sa situation et du procédé technique utilisé [...]. Ainsi, malgré le rôle essentiel qui revient aux médias dans une société démocratique, les journalistes ne sauraient en principe être déliés, par la protection que leur offre l'article 10, de leur devoir de respecter les lois pénales de droit commun. Le paragraphe 2 de l'article 10 pose d'ailleurs les limites de l'exercice de la liberté d'expression, qui restent valables même quand il s'agit de rendre compte dans la presse de questions sérieuses d'intérêt général [...].

103. Ainsi, la garantie que l'article 10 offre aux journalistes, en ce qui concerne les comptes rendus sur des questions d'intérêt général, est subordonnée à la condition que les intéressés agissent de bonne foi sur la base de faits exacts et fournissent des informations « fiables et précises » dans le respect de la déontologie journalistique.

104. Ces considérations jouent un rôle particulièrement important de nos jours, vu le pouvoir qu'exercent les médias dans la société moderne, car non seulement ils informent, mais ils peuvent en même temps suggérer, par la façon de présenter les informations, comment les destinataires devraient les apprécier. Dans un monde dans lequel l'individu est confronté à un immense flux d'informations, circulant sur des supports traditionnels ou électroniques et impliquant un nombre d'auteurs toujours croissant, le contrôle du respect de la déontologie journalistique revêt une importance accrue [...].

106. [...], l'article 10 § 2 de la Convention ne laisse guère de place pour des restrictions à la liberté d'expression dans le domaine du discours politique ou des questions d'intérêt général [...]. La Cour doit faire preuve de la plus grande prudence lorsque, comme en l'espèce, les mesures prises ou les sanctions infligées par l'autorité nationale sont de nature à dissuader la presse de participer à la discussion de problèmes d'un intérêt général légitime [...].

110. [...] la liberté de la presse s'avère d'autant plus importante dans des circonstances dans lesquelles les activités et les décisions étatiques, en raison de leur nature confidentielle ou secrète, échappent au contrôle démocratique ou judiciaire. Or, la condamnation d'un journaliste pour divulgation d'informations considérées comme confidentielles ou secrètes peut dissuader les professionnels des médias d'informer le public sur des questions d'intérêt général. En pareil cas, la presse pourrait ne plus être à même de jouer son rôle indispensable de « chien de garde » et son aptitude à fournir des informations précises et fiables pourrait s'en trouver amoindrie [...].

112. Pour déterminer si la mesure litigieuse était néanmoins nécessaire en l'espèce, plusieurs aspects distincts sont à examiner : les intérêts en présence (b), le contrôle exercé par les juridictions nationales (g), le comportement du requérant (d) ainsi que la proportionnalité de l'amende infligée (e).

115. [...] un règlement satisfaisant de la question des fonds en déshérence, laquelle mettait en jeu des sommes d'argent considérables, non seulement était dans l'intérêt du gouvernement et des banques suisses mais touchait aussi aux intérêts des survivants de la Deuxième Guerre mondiale et de leurs familles et descendants puisqu'il avait trait à l'indemnisation due aux victimes de l'Holocauste. La question soulevait donc non seulement des intérêts financiers importants, mais présentait également un aspect moral considérable et, à ce titre, intéressait même la communauté internationale dans un sens plus large.

116. Il en résulte que, dans l'appréciation de la nécessité de la mesure prise par les autorités suisses, il y a lieu de prendre en compte le fait qu'en l'espèce la mise en balance des intérêts en jeu s'est faite entre deux intérêts de caractère public : celui des lecteurs à recevoir des informations sur un sujet d'actualité et celui des autorités à assurer une issue favorable et satisfaisante à des négociations diplomatiques en cours.

126. À l'instar du Gouvernement et des tiers intervenants, la Cour estime qu'il est primordial, pour les services diplomatiques et pour le bon fonctionnement des relations internationales, que les diplomates puissent se transmettre des informations confidentielles ou secrètes [...].

128. [...] la confidentialité des rapports diplomatiques... ne saurait être protégée à n'importe quel prix. Aussi la Cour estime-t-elle... que la fonction de critique et de contrôle des médias s'applique également à la sphère de la politique étrangère [...]. Dès lors, l'exclusion absolue du débat public des questions relevant des affaires étrangères en raison de la protection due à la correspondance diplomatique n'est pas acceptable.

133. [...] la Cour estime que la divulgation des passages litigieux du rapport de l'ambassadeur, à ce moment-là, pouvait avoir des répercussions négatives, à un double titre, sur le bon déroulement des négociations entamées par la Suisse. [...].

134. En ce qui concerne l'aspect formel du rapport, il est évident qu'entre en jeu le langage dont s'est servi son auteur. [...].

135. Dans le cas d'espèce, les expressions utilisées [...] étaient manifestement susceptibles de provoquer chez les autres parties aux négociations, à savoir le Congrès juif mondial et ses alliés américains, une réaction négative et, par conséquent, de compromettre les chances de succès de négociations considérées comme difficiles et portant sur un sujet particulièrement sensible. [...].

140. Sur le plan de la déontologie professionnelle des journalistes, deux aspects sont à distinguer en l'espèce : la manière dont le requérant est entré en possession du rapport en question et la forme des publications litigieuses.

141. La Cour estime que la manière dont une personne obtient connaissance d'informations considérées comme confidentielles ou secrètes peut jouer un certain rôle dans l'exercice de mise en balance des intérêts à effectuer dans le cadre de l'article 10 § 2. [...].

142. À cet égard, il convient d'observer qu'il n'apparaît pas que le requérant ait été à l'origine de l'indiscrétion commise. En tout état de cause, aucune procédure n'a été ouverte à ce titre par les autorités suisses.

144. Néanmoins, l'absence de comportement illicite de la part du requérant n'est pas nécessairement déterminante dans l'appréciation de la question de savoir s'il a respecté ses devoirs et responsabilités. En tout état de cause, il ne pouvait, en tant que journaliste, ignorer de bonne foi que la divulgation du document litigieux était réprimée par l'article 293 du Code pénal [...].

145. En l'espèce, la question de savoir si la forme des articles publiés par le requérant a respecté les règles déontologiques a plus de poids. [...].

147. [...] la Cour identifie néanmoins plusieurs carences dans la forme des publications. Premièrement, le contenu des articles était manifestement réducteur et tronqué. [...].

148. Deuxièmement, le vocabulaire employé par le requérant tend à prêter à l'ambassadeur des intentions antisémites. [...].

149. Troisièmement, la mise en page des articles apparaît comme peu digne d'un sujet aussi important et sérieux que celui des fonds en déshérence. En particulier, les titres et sous-titres donnant dans le sensationnalisme sautent aux yeux [...].

150. Quatrièmement, les articles du requérant s'avèrent aussi imprécis et susceptibles d'induire les lecteurs en erreur [...].

151. Compte tenu de ce qui précède, et eu égard également à l'emplacement de l'un des articles en première page d'un hebdomadaire suisse du dimanche à grand tirage, la Cour partage l'opinion du Gouvernement et du Conseil de la presse selon laquelle le requérant a eu comme intention première non pas tant d'informer le public sur une question d'intérêt général mais de faire du rapport de l'ambassadeur... un sujet de scandale inutile.

Réaffirmant les principes établis dans l'arrêt *Handyside* (*supra*, n° 7), lesquels « revêtent une importance particulière pour la presse » (*Sunday Times c/ Royaume-Uni (n° 1)*, 26 avr. 1979, § 65), la Cour rappelle le caractère fondamental de la liberté de la presse (§ 101), tout en encadrant son exercice, soulignant que dans « un monde dans lequel l'individu est confronté à un immense flux d'informations, circulant sur des supports traditionnels ou électroniques et impliquant un nombre d'auteurs toujours croissant, le contrôle du respect de la déontologie journalistique revêt une importance accrue » (§ 104). En l'espèce, était en cause la condamnation au paiement d'une amende d'un journaliste ayant publié et commenté dans un article des extraits du rapport confidentiel de l'ambassadeur suisse aux États-Unis sur la politique à conduire à propos de l'indemnisation due aux victimes de l'Holocauste pour les avoirs en déshérence déposés sur des comptes bancaires suisses. L'arrêt *Stoll* éclaire l'approche du juge européen qui fait de la liberté de la presse une liberté éminente et conçue de manière extensive, mais dont l'exercice demeure assujetti à certaines conditions.

## I / Une liberté majeure appréhendée de manière libérale

La liberté de la presse est particulièrement valorisée par la Cour européenne, ce qui s'explique à la fois par ses missions et par les méthodes qu'elle utilise pour les remplir. Ainsi l'autonomie des États est-elle logiquement circonscrite par « l'intérêt de la société démocratique à assurer et à maintenir la liberté de la presse » (*Goodwin c/ Royaume-Uni*, 27 mars 1996, § 40, *RTD civ.*, 1996, 1026, chron. J.-P. Marguénaud, injonction faisant obligation à un journaliste de révéler l'identité d'une source et condamnation du fait de son refus), laquelle implique le droit de « communiquer des informations et des idées sur des questions d'intérêt public » et « le droit, pour le public, d'en recevoir » (Gr. Ch., *Jersild c/ Danemark*, 23 sept. 1994, § 31). Soulignant son « rôle essentiel... dans le bon fonctionnement d'une démocratie politique » (*Sürek c/ Turquie*, 8 juill. 1999, § 55), la Cour la qualifie souvent de « chien de garde » de la société démocratique (*Observer et Guardian c/ Royaume-Uni*, 26 nov. 1991, § 59 ; *Thorgeir Thorgeirson c/ Islande*, 25 juin 1992, § 63 ; *Stoll*, § 110). Dans le droit fil de cette jurisprudence, à laquelle elle se réfère, la CJCE insiste aussi sur l'importance de cette liberté, considérant que « Le maintien du pluralisme de la presse est susceptible de constituer une exigence impérative justifiant une restriction à la libre circulation des marchandises » (26 juin 1997, *Vereinigte Familiapress*, aff. C-368/95, pt 18).

A) Aux yeux de la Cour, la liberté de la presse « fournit à l'opinion publique l'un des meilleurs moyens de connaître et juger les idées et attitudes des dirigeants » (*Lingens c/ Autriche*, 8 juill. 1986, § 41, condamnation d'un journaliste pour diffamation du chancelier) et permet une libre participation au jeu du débat politique (*Castells c/ Espagne*, 23 avr. 1992, § 43, condamnation d'un élu auteur d'un article sur les attentats au pays basque). Elle s'avère d'autant plus importante dans des circonstances, comme en l'espèce, « dans lesquelles les activités et les décisions étatiques, en raison de leur nature confidentielle ou secrète, échappent au contrôle démocratique ou judiciaire » (*Stoll*, § 110). Partant, « les limites de la critique admissible sont plus larges à l'égard d'un homme politique, visé en cette qualité, que d'un simple particulier » dans la mesure où il « s'expose inévitablement et consciemment à un contrôle attentif de ses faits et gestes tant par les journalistes que par la masse des citoyens » (*Lingens*, § 42 ; *Oberschlick c/ Autriche*, 23 mai 1991, § 59, article relatif à une plainte visant les propos discriminatoires d'un leader politique). C'est plus particulièrement le cas « lorsqu'il se livre lui-même à des déclarations publiques pouvant prêter à critique » (*Lopes Gomes Da Silva c/ Portugal*, 28 sept. 2000, § 30, article dénonçant les positions idéologiques d'un candidat à une élection municipale). Ainsi en est-il également pour un homme politique connu pour ses déclarations ambiguës sur le régime national-socialiste et la seconde guerre mondiale (*Wirtschafts-Trend Zeitschriften-Verlags GmbH c/ Autriche*, 27 oct. 2005, § 37, condamnation d'un magazine pour avoir donné l'impression que Jörg Haider minimisait les camps de concentration en évoquant des « camps punitifs » ; *Oberschlick c/ Autriche (nº 2)*, 1er juill. 1997, condamnation d'un journaliste pour injures à l'égard de Jörg Haider) ou d'une femme politique ne s'étant jamais dissociée publiquement des idées politiques d'extrême-droite de son époux et ayant critiqué la législation relative à l'interdiction du national-socialisme (*Scharsach et News Verlagsgesellschaft c/ Autriche*, 13 nov. 2003, § 41) ou, plus récemment, d'un député qui, lors d'un débat parlementaire, avait tenu des propos homophobes et imité un homme homosexuel, faisant ainsi la promotion de stéréotypes négatifs à l'encontre des homosexuels (*Mladina D. D. Ljubljana c/ Slovénie*, 17 avr. 2014, § 44, condamnation à la suite de la publication d'un article extrêmement critique à l'encontre de ce député).

En la matière, la Cour de cassation adopte une position analogue (Cass., Ch. mixte, 24 nov. 2000, *X.*, Bull. crim. 2000, nº 354, 1043, au regard de l'article 10, « la protection de la réputation d'un homme politique doit être conciliée avec la libre discussion de son aptitude à exercer les fonctions pour lesquelles il se présente aux suffrages des électeurs »).

Une approche comparable s'impose pour des actions et omissions d'un gouvernement qui, « dans un système démocratique », « doivent se trouver placées sous le contrôle attentif non seulement du pouvoir législatif et judiciaire, mais aussi de la presse et de l'opinion publique » (*Castells*, § 46). Ce contrôle accru du public s'exerce également sur des individus considérés comme des personnages publics à l'instar d'hommes d'affaires importants (*Verlagsgruppe News GmbH c/ Autriche (nº 2)*, 14 déc. 2006, § 36, interdiction de publication de photographies du directeur général d'une entreprise connue, soupçonné de fraude fiscale) ou d'un leader islamiste qui « s'est lui-même exposé à la critique journalistique par la publicité qu'il a choisi de donner à certaines de ses idées ou convictions, et peut donc s'attendre à un contrôle minutieux de ses propos » (*Brunet Lecomte et Lyon Mag c/ France*, 6 mai 2010, § 46, *Légipresse*, janv. 2011, 50, note M. Afroukh). Déjà abordées dans l'affaire *Janowski c/ Pologne* (21 janv. 1999, § 33, condamnation d'un journaliste pour avoir injurié des gardes municipaux), les limites de la critique admissible « sont, comme pour les hommes politiques, plus larges pour les fonctionnaires agissant dans l'exercice de leurs fonctions officielles que pour les simples particuliers ». Toutefois, ils ne sauraient être « traités sur un pied d'égalité avec ces derniers lorsqu'il s'agit de critiques de leur comportement » (*Thoma c/ Luxembourg*, 29 mars 2001,

§ 47, émission de radio mettant en cause les gestionnaires des forêts ; *Pedersen et Baadsgaard c/ Danemark*, Gr. Ch., 17 déc. 2004, § 80, journalistes de radio ayant accusé un commissaire de police d'avoir supprimé des éléments de preuve dans une affaire de meurtre). Ils doivent ainsi être protégés contre « l'imputation diffamatoire de faits se rattachant à l'accomplissement de leur mission » (*Taffin et Contribuables associés c/ France*, 18 févr. 2010, § 64, article sur une inspectrice des impôts accusée de graves irrégularités lors d'un contrôle fiscal). La liberté de la presse constitue aussi « l'un des moyens dont disposent les responsables et l'opinion publique pour s'assurer que les juges s'acquittent de leurs hautes responsabilités conformément au but constitutif de la mission qui leur est confiée » (*Prager et Oberschlick c/ Autriche*, 26 avr. 1995, § 34, violent article sur des juges pénaux intitulé « Attention, juges méchants ! »). La critique peut ainsi viser l'impartialité des juridictions (*Barfod c/ Danemark*, 22 févr. 1989, § 32) ou porter sur des magistrats instructeurs susceptibles de faire « l'objet de critiques personnelles dans des limites "admissibles", et non pas uniquement de façon théorique et générale » (*July et Sarl Libération c/ France*, 14 févr. 2008, § 74, article sur les propos critiques de la veuve d'un juge).

B) Les journalistes disposent ainsi d'une importante latitude dans l'exercice de leur profession.

1 / *La liberté de choix des journalistes.* Comme pour la liberté d'expression en général (*infra*, n° 59), la liberté du journaliste inclut « le recours possible à une certaine dose d'exagération voire de provocation » (*Prager et Oberschlick*, § 38). Dans la mesure où « outre la substance des idées et des informations exprimées, l'article 10 protège leur mode de diffusion » (*Oberschlick c/ Autriche*, 23 mai 1991, § 57, publication dans un article du texte d'une plainte déposée contre un homme politique), la liberté de la presse implique aussi le libre choix de la technique à utiliser, « en fonction entre autres du moyen de communication dont il s'agit » pour présenter « un compte rendu objectif et équilibré » d'un fait de société (*Jersild*, § 31, journaliste condamné pour complicité dans la diffusion de propos racistes). Et, de manière générale, l'information du public ne requiert pas que « les journalistes se distancient systématiquement et formellement du contenu d'une citation qui pourrait insulter des tiers, les provoquer ou porter atteinte à leur honneur » (*Thoma*, § 64). La Cour établit, cependant, une distinction entre les faits et les jugements de valeur même s'« il peut s'avérer difficile de tracer une ligne de partage précise entre ces deux notions » (*Vides Aizsardzibas Klubs c/ Lettonie*, 27 mai 2004, § 43). Si la matérialité des premiers peut être établie, « pour les jugements de valeur, cette exigence est irréalisable et

porte atteinte à la liberté d'opinion elle-même » (*Lingens*, § 46). Il convient donc que l'opinion en cause ne soit pas dépourvue de toute base factuelle (*Feldek c/ Slovaquie*, 12 juill. 2001, § 76, publication d'une déclaration, non dépourvue de base factuelle, sur le « passé fasciste » d'un homme politique). L'analyse de la Cour de cassation est ainsi infirmée lorsque les propos litigieux constituent des jugements de valeur ayant une base factuelle suffisante (*Jean-Jacques Morel c/ France*, 10 oct. 2013, § 41-42, critique des modalités d'emploi et de rémunération du directeur d'une association de promotion économique). Les propos en cause peuvent également mêler jugements de valeur et affirmation d'un fait dont la véracité n'est pas démontrée (*De Lesquen du Plessis-Casso c/ France (n° 2)*, 30 janv. 2014, § 34-36, diffusion d'une lettre ouverte sur l'Internet contestant la légitimité d'un maire pour inviter ses administrés à une cérémonie d'hommage aux harkis et contenant des propos non établis prêtés à une personnalité). L'absence d'une telle distinction en droit interne viole la Convention (*Grinberg c/ Russie*, 21 janv. 2005, § 29, en matière de diffamation) de même que l'impossibilité pour les journalistes de faire valoir l'*exceptio veritatis* (le délit d'offense envers un chef d'État étranger – loi du 29 juill. 1881, art. 36 abrogé par la loi du 9 mars 2004 – revient à lui conférer « un privilège exorbitant qui ne saurait se concilier avec la pratique et les conceptions politiques d'aujourd'hui », *Colombani et al. c/ France*, 25 juin 2002, § 69, *RTDH*, 2003, 982, note P. Wachsmann, condamnation pour délit d'offense envers un chef d'État étranger à la suite de la publication d'un compte rendu de la version confidentielle d'un rapport sur la production et le trafic de cannabis au Maroc ; v. dans le même sens Cons. const., déc. n° 2013-319 QPC, 7 juin 2013, *M. Philippe B.*). La Cour de cassation se réfère également à « l'absence de base factuelle suffisante » (Cass. crim., 26 mai 2010, n° 09-87.083, commentaire de la décision du JAP révoquant la libération conditionnelle de l'ancien président d'Elf ; Cass. crim., 16 oct. 2012, n° 11-88.102 *M. Yves X.*, éditorial dans une revue).

Par ailleurs, l'article 10, « par essence, laisse aux journalistes le soin de décider s'il est nécessaire ou non de reproduire le support de leurs informations pour en asseoir la crédibilité » (*Fressoz et Roire c/ France*, Gr. Ch., 21 janv. 1999, § 54, publication d'extraits d'avis d'imposition du dirigeant de Peugeot dans *Le Canard Enchaîné*, *JCP G*, 1999, II, 10120, note E. Derieux). Lorsqu'ils contribuent au débat public, ils doivent « en principe pouvoir s'appuyer sur des rapports officiels sans avoir à entreprendre des recherches indépendantes » (*Colombani et al.*, § 65). Si la clause d'ordre public du § 2 de l'article 10 prévoit néanmoins la possibilité de restrictions « pour empêcher la divulgation d'informations confidentielles », la Cour considère, toutefois, que « l'exclusion absolue du débat public des questions relevant des affaires étrangères en raison de la protection due à la correspondance diplomatique n'est pas acceptable » (*Stoll*, § 128) mais clarifie cependant sa jurisprudence en fixant les critères de la « forme de la publication », de nature à encadrer l'exercice de la liberté d'expression qui ne sert pas un débat d'intérêt général (§ 141-152 ; v. *infra* pour les dérives de la presse *people*). Aussi pointe-t-elle notamment le « contenu manifestement réducteur et tronqué », le « vocabulaire tend (ant) à prêter à l'ambassadeur des intentions antisémites », « la mise en page… peu digne d'un sujet important et sérieux » d'un document au contenu « totalement inconnu du public » (§ 113) et dont la divulgation pouvait « avoir des répercussions négatives… sur le bon déroulement des négociations entamées par la Suisse » (§ 132). En définitive, « l'intention première » du journaliste était « non pas tant d'informer le public sur une question d'intérêt général mais de faire du rapport de l'ambassadeur… un sujet de scandale inutile » (§ 151).

2 / *L'exigence d'une protection effective.* La protection des sources journalistiques – « l'une des pierres angulaires de la liberté de la presse » – doit être garantie, « sauf impératif prépondérant d'intérêt public », afin de ne pas dissuader « les sources journalistiques d'aider la presse à informer le public sur des questions d'intérêt général » (*Goodwin*, § 39). Aussi la Cour n'hésite-t-elle pas à faire primer « l'intérêt public capital » que constitue cette garantie, quand bien même l'information en cause a été obtenue par un vol (*ibid.*, § 45), une violation du secret professionnel (*Roemen et Schmit c/ Luxembourg*, 25 févr. 2003, à propos d'une sanction fiscale ; *Martin et al. c/ France*, 12 avr. 2012, rapport d'observations provisoires d'une CRC) ou de l'instruction (*Dupuis et al. c/ France*, 7 juin 2007, § 39 ; *Voskuil c/ Pays-Bas*, 22 nov. 2007, § 71, détention d'un journaliste en vue de le contraindre à révéler l'identité de la source l'ayant informé sur une enquête pénale ; *Ressiot et a. c/ France*, 28 juin 2012, perquisitions et saisies à la suite d'articles sur le dopage dans le cyclisme professionnel). En revanche, la protection des sources journalistiques ne vaut pas pour un informateur qui se présente comme l'auteur d'un attentat à la bombe (déc., 27 mai 2014, *Stichting Ostade Blade et al. c/ Pays-Bas*, n° 8406/06). Aux yeux de la Cour, la manière dont un document est obtenu relève « de la liberté d'investigation inhérente à l'exercice de leur profession » par les journalistes (*Cumpana et Mazare c/ Roumanie*, Gr. Ch., 17 déc. 2004, § 96, publication d'un rapport de la Cour des comptes). Particulièrement protégé, « le droit des journalistes de taire leurs sources ne saurait être considéré

comme un simple privilège qui leur serait accordé ou retiré en fonction de la licéité ou de l'illicéité de leurs sources, mais comme un véritable attribut du droit à l'information, à traiter avec la plus grande circonspection » (*Tillack c/ Belgique*, 27 nov. 2007, § 65, articles ayant pour source des documents confidentiels de l'OLAF). En raison d'un contrôle exigeant, l'article 10 est violé dès lors qu'une perquisition et une saisie, ordonnées en vue de l'identification du journaliste auteur d'un article, ont potentiellement permis de rechercher ses sources, en raison d'une formulation très large de l'ordonnance les autorisant (*Saint-Paul Luxembourg S.A. c. Luxembourg*, 18 avr. 2013, article sur des enfants victimes d'actes de maltraitance confiés aux services sociaux ; en l'espèce, « les policiers étaient, de par l'ordonnance litigieuse, en mesure d'accéder à des informations que le journaliste n'entendait pas publier et susceptibles de renseigner l'identité d'autres sources », § 54). La protection de ce droit est renforcée par l'exigence de « garanties légales adéquates », permettant une appréciation indépendante de la question de savoir si l'intérêt de l'enquête pénale doit l'emporter sur l'intérêt à la protection des sources (*Sanoma Uitgevers B. V. c/ Pays-Bas*, Gr. Ch., 14 sept. 2010, § 100, injonction de remise de matériaux journalistiques comportant des informations de nature à permettre l'identification de sources, décision du procureur qui n'est pas suffisamment objectif et impartial). L'absence de telles garanties est également sanctionnée à propos de l'usage de « pouvoirs spéciaux » par les services secrets en vue de déterminer comment des journalistes ont obtenu des documents hautement confidentiels, en l'absence de contrôle par une instance indépendante à même de l'empêcher ou de le faire cesser alors que la décision avait été prise par le ministre de l'Intérieur (*Telegraaf Media Nederland Landelijke Media B.V. et autres c/ Pays-Bas*, 22 nov. 2012).

En attendant l'examen du projet de loi du 12 juin 2013 renforçant la protection du secret des sources des journalistes (loi du 4 janv. 2010 relative à la protection du secret des sources des journalistes, *JO*, 5 janv., 272), la Cour de cassation juge justifiée l'annulation de réquisitions visant à obtenir l'identification des numéros de téléphone de correspondants de journalistes (Cass. crim. 6 déc. 2011, n° 11-83.970, affaire des « fadettes du *Monde* ») et censure la décision d'une cour d'appel, à propos d'une perquisition menée au domicile d'un journaliste, en l'absence d'« un impératif prépondérant d'intérêt public » que la seule recherche des auteurs d'une violation du secret professionnel ne caractérise pas (Cass. crim. 25 fév. 2014, n° 13-84.761, publication par *Le Figaro* de clichés de surveillance d'un détenu évadé issus du dossier de l'instruction ; *a contrario* Cass. crim., 14 mai 2013, *Mme Martine X.*, n° 11-

86.626, la cour d'appel ne s'expliquant sur l'absence d'« un impératif prépondérant d'intérêt public » et ne caractérisant pas précisément le défaut de nécessité et de proportionnalité des mesures portant atteinte au secret des sources, factures détaillées des lignes téléphoniques de journalistes soupçonnés d'avoir bénéficié d'informations de la police).

Par ailleurs, sauf à priver l'article 10 d'effet utile, l'État est tenu de prendre des mesures efficaces pour assurer son respect dans sa dimension horizontale (*Fuentes Bobo c/ Espagne*, 29 févr. 2000, § 38, licenciement d'un journaliste en raison de déclarations jugées offensantes à l'égard des dirigeants de la chaîne, *D.*, 2001, 574, note J.-P. Marguénaud et J. Mouly). Il a l'obligation positive de prendre de telles mesures en vue d'assurer le respect de cette disposition contre des atteintes provenant de personnes privées, notamment sous la forme de mesures d'enquête ou de protection appropriées en présence d'actes de violence répétés à l'encontre d'un quotidien (*Ozgür Gündem c/ Turquie*, 16 mars 2000, § 43, cessation de parution d'un quotidien ; *Dink c/ Turquie*, 14 sept. 2010, § 137, menaces de milieux ultranationalistes contre un journaliste), ou d'assister des journalistes face à l'inexécution, par une société privée de radiodiffusion, d'une décision judiciaire reconnaissant leur droit d'accéder aux locaux et équipements de la station dans laquelle ils travaillaient (*Frasila et Ciocirlan c/ Roumanie*, 10 mai 2012, § 71).

## II / Un exercice demeurant assujetti à des réserves

Bien évidemment, la liberté de la presse rencontre des limites qui se concrétisent à la fois par l'existence de règles déontologiques et par sa nécessaire conciliation avec d'autres intérêts ou droits.

A) Entendue largement, elle doit effectivement être conciliée avec d'autres intérêts légitimes et a donc pour contrepartie les « devoirs et responsabilités » des journalistes, la garantie de l'article 10 étant « subordonnée à la condition que les intéressés agissent de bonne foi sur la base de faits exacts et fournissent des informations “fiables et précises” dans le respect de la déontologie journalistique » (*Stoll*, § 103). Pareille exigence revêt une importance particulière en matière audiovisuelle où les médias « ont des effets souvent beaucoup plus immédiats et puissants que la presse écrite » (*Jersild*, § 31). Dans cette perspective, en présence d'une information portant sur des faits d'une « extrême gravité » et diffusée « en boucle » « sur les ondes d'une radio couvrant l'ensemble du territoire », le journaliste devait « faire preuve de la plus grande rigueur et d'une particulière mesure » (*Radio France et al c/ France*, 30 mars 2004, § 39, diffusion par la chaîne France Info d'une information inexacte selon laquelle Michel Junot aurait reconnu avoir organisé le départ d'un convoi de déportés vers Drancy). En outre, dans un contexte de tensions, il convient d'éviter que les médias ne deviennent « un support pour attiser la violence et la haine » (*Sürek c/ Turquie (n° 1)*, 8 juill. 1999, § 63, propos séparatistes virulents). *A fortiori*, doivent être sanctionnés des discours heurtant les principes de la démocratie pluraliste (déc. 14 nov. 2006, *Media FM Reha Radyo V^e Iletişim Hizmetleri A. Ş. c/ Turquie*, n° 32842/02, suspension de l'autorisation d'émettre d'une radio en raison de la diffusion de « déclarations qui vont à l'encontre des valeurs fondamentales de justice et de paix » ; *Soulas et al. c/ France*, 10 juill. 2008, § 43, condamnation pour la publication d'un ouvrage appelant à « une guerre de reconquête ethnique »). Le Conseil d'État sanctionne ainsi les abus de la liberté de la presse pour assurer le respect de la dignité humaine (CE, 20 mai 1996, *Vortex*, *RFDA*, 1996, 845, suspension temporaire d'une émission de radio par le CSA en raison des propos d'un animateur se réjouissant du meurtre d'un policier).

B) L'article 10 § 2 ne laisse guère de place pour les restrictions lorsque sont en cause des questions d'intérêt général. Le contrôle de leur compatibilité revêt ainsi une forte intensité, tout en n'excluant pas, toutefois, de possibles restrictions préalables.

1 / *Les restrictions préalables.* La Convention « n'interdit pas en elle-même toute restriction préalable à la publication », qui appelle cependant « l'examen le plus scrupuleux » en raison des « grands dangers » qu'elle présente (*Observer et Guardian c/ Royaume-Uni*, interdictions provisoires de publication d'articles sur les services britanniques de sécurité, § 60). Elle nécessite ainsi « un cadre légal particulièrement strict quant à la délimitation de l'interdiction et efficace quant au contrôle juridictionnel contre les éventuels abus » (*Association Ekin c/ France*, 17 juill. 2001, § 38 et § 56, interdiction d'un livre publié à l'étranger, portant sur l'indépendance du pays basque, contrôle alors limité à l'erreur manifeste d'appréciation, remplacé ensuite par un contrôle entier – CE, 9 juill. 1997, *Association Ekin*, *RDP*, 1998, 539, note P. Wachsmann – enfin reconnaissance de l'inconventionnalité du régime – CE, 7 févr. 2003, *GISTI*, *RFDA*, 2003, 972, note A. Fitte-Duval – et abrogation de ce dernier par le décret n° 2004-1044 du 4 oct. 2004, *JO*, 5 oct., 17032). L'absence de prévisibilité de la « loi » (*Gaweda c/ Pologne*, 14 mars 2002, § 45, refus d'enregistrer les titres de périodiques) ou d'un contrôle juridictionnel (*Cetin et al. c/ Turquie*, 13 févr.

2003, § 66, interdiction de parution d'un journal) est ainsi sanctionnée. Semblable contrôle est également exercé sur une « interdiction préventive de portée générale » d'exercer l'activité de journaliste, qui ne peut se justifier qu'en présence de « circonstances exceptionnelles » (*Cumpana et Mazare*, § 118).

Par ailleurs, l'information étant « un bien périssable » (*Observer et Guardian*, § 60), une restriction en vue de « prévenir la divulgation punissable d'un secret » peut être justifiée (*Vereniging Weekblad « Bluf ! » c/ Pays-Bas*, 9 févr. 1995, rapport du service de sécurité intérieure) à condition, toutefois, que l'information en cause reste secrète (*ibid.*, § 43 ; *Observer et Guardian*, § 66-70). Elle ne se conçoit donc pas lorsque celle-ci est accessible par d'autres moyens (*Dammann c/ Suisse*, 25 avr. 2006, § 53, condamnation d'un journaliste pour instigation à la violation du secret de fonction, informations pouvant être obtenues par la consultation de recueils de jurisprudence ou d'archives de presse). En outre, « le passage du temps doit nécessairement être pris en compte pour apprécier la compatibilité avec la liberté d'expression d'une mesure aussi grave que l'interdiction » (*Éditions Plon c/ France*, 18 mai 2004, § 53, interdiction de l'ouvrage du médecin de François Mitterrand). Si une mesure temporaire du juge des référés peut être légitime, une mesure permanente viole la Convention dès lors que les informations couvertes par le secret médical ont « perdu l'essentiel de leur confidentialité » (vente de nombreux exemplaires, diffusion sur l'Internet, commentaires dans les médias) au regard de l'intérêt public des questions en cause, notamment de l'aptitude du chef de l'État à exercer ses fonctions (§ 47 et § 53). Les particularités de la communication audiovisuelle peuvent également légitimer des restrictions, en l'absence de « conception uniforme en la matière » (*Murphy c/ Irlande*, 10 juill. 2003, § 75 et § 81, interdiction de diffusion sur une station de radio d'annonces à caractère religieux) voire même l'existence d'un monopole public, cependant conditionnée au fait que celui-ci puisse « contribuer à la qualité et à l'équilibre des programmes » et, en raison de sa « radicalité », par la présence d'une « nécessité impérieuse » (*Informationsverein Lentia et al. c/ Autriche*, 24 nov. 1993, § 39, impossibilité d'obtenir une licence d'exploitation). Or, cette dernière est difficile à établir en raison des progrès techniques qui ne permettent pas d'arguer de la pénurie des ondes et de l'expérience de plusieurs États européens connaissant la « coexistence de stations publiques et privées » (*ibid.*, § 39 et § 42). En outre, dans le cas d'un régime d'autorisation, l'État « a l'obligation positive de mettre en place un cadre législatif et administratif approprié pour garantir un pluralisme effectif » (*Centro Europa 7 S.R.L. et Di Stefano c/ Italie*, Gde Ch., 7 juin 2012, § 134, absence d'attribution de radiofréquences d'émission pour la radiodiffusion télévisuelle ; *Glas Nadejda EOOD et Elenkov c/ Bulgarie*, 11 oct. 2007, exigence de motivation des décisions des autorités de régulation et de leur contrôle par les juridictions compétentes ; *Manole et al. c/ Moldova*, 17 sept. 2009, § 99, obligation d'assurer l'indépendance du secteur public audiovisuel). Dans le même esprit, le Conseil constitutionnel refuse tout système d'autorisation préalable dans le domaine de l'expression écrite (84-181 DC, *Loi visant à limiter la concentration et à assurer la transparence financière et le pluralisme des entreprises de presse*, *Rec.*, 78) et l'admet dans celui de l'audiovisuel (82-141 DC, 27 juill. 1982, *Loi sur la communication audiovisuelle*, *Rec.*, 35).

2 / *Le contrôle des restrictions à la liberté de la presse*. Ce contrôle est largement déterminé par l'existence d'une contribution à un débat d'intérêt général (*Sunday Times*, § 66, interdiction de publication d'un article sur la catastrophe de la thalidomide, portant sur des « questions fondamentales de prévention et réparation des dommages résultant de découvertes scientifiques », au motif qu'il constituerait un *contempt of court*) et par la proportionnalité de la sanction infligée. Toutefois, la marge nationale d'appréciation n'a pas la même ampleur pour chacun des buts énumérés à l'article 10 § 2 de la Convention (*ibid*, § 59). En présence d'une jurisprudence fortement unificatrice, cette marge fait en tout état de cause l'objet d'un réel encadrement, conséquence de la valorisation de cette liberté, et ne se déploie donc que dans le cadre des critères préalablement établis par la Cour lorsqu'il s'agit de juger de la nécessaire conciliation des intérêts ou droits en cause.

a) Si la protection de la morale peut justifier la saisie d'un ouvrage jugé obscène (*Handyside*), la Cour est, en revanche, particulièrement bienveillante envers la presse lorsqu'elle traite de questions d'intérêt général. Ainsi souligne-t-elle que « le financement et la gestion d'un lieu de culte, quel qu'il soit, constituent en principe des questions d'intérêt général pour les membres de la communauté religieuse concernée, ainsi que, plus largement, la communauté dans son ensemble » (*Chalabi c/ France*, 18 sept. 2008, § 41) ou relève-t-elle l'« intérêt du public, de plus en plus désireux de recevoir des informations sur le fonctionnement et la qualité de l'enseignement universitaire » (*Brunet-Lecomte et al.*, § 36). La Cour de cassation fait aussi prévaloir la liberté d'expression dans un but d'intérêt général à propos d'une enquête sur le blanchiment d'argent (Cass. Civ 1re, 3 févr. 2011, *M. D… X… c/ Société Clearstream banking et al.*, n° 09-10.301, documentaire, intérêt général du sujet et sérieux de l'enquête conduite par un journaliste d'investigation).

Cette compréhension vaut pour la critique des hommes politiques (*Lingens*, § 43), notamment lorsqu'elle vise à préserver un régime démocratique récemment établi (*Feldek c/ Slovaquie*, 12 juill. 2001, § 81) ou à dénoncer la corruption généralisée du secteur public (*Gorelishvili c/ Géorgie*, 5 juin 2007, § 36, article sur le patrimoine d'un député). Elle concerne aussi la contestation radicale de la politique gouvernementale, y compris dans un contexte de lutte contre le terrorisme, sous réserve de l'absence d'incitation à la violence (*Sürek*, § 58 ; *Kücük c/ Turquie*, 5 déc. 2002, § 40, condamnation de l'auteur d'un livre reproduisant un entretien avec Abdullah Öcalan). En revanche, la lutte contre les terroristes légitime l'interdiction faite aux membres de leurs organisations de recourir aux médias pour diffuser leur idéologie et recruter de nouveaux membres (déc. 20 déc. 2000, *Hogefeld c/ Allemagne*, n° 35402/97, interdiction de l'interview d'une ancienne activiste avant la fin de son procès) ou la sanction d'une déclaration soutenant les activités terroristes dès lors qu'intervenant dans le contexte d'attentats meurtriers, elle est « de nature à aggraver une situation déjà explosive » (*Zana c/ Turquie*, 25 nov. 1997, § 55 et § 60, condamnation d'un ancien maire pour des propos favorables au PKK). La liberté d'expression peut également être limitée *via* l'utilisation de l'article 17 de la Convention pour apprécier la nécessité d'une ingérence (*supra*, n° 6).

Par ailleurs, aux yeux de la Cour, « la recherche de la vérité historique fait partie intégrante de la liberté d'expression » (*supra*, n° 59). Ainsi un livre sur les exactions et les actes de torture pendant la Guerre d'Algérie constitue un témoignage personnel dans « un débat d'intérêt général d'une singulière importance pour la mémoire collective » (*Orban et al. c/ France*, 15 janv. 2009, § 49 ; *Monnat c/ Suisse*, 21 sept. 2006, reportage télévisé critique sur le rôle des dirigeants suisses durant la seconde guerre mondiale et sur celui des banques et des assurances quant aux fonds juifs en déshérence). Emporte également violation de l'article 10 la condamnation pour diffamation religieuse de l'auteur d'un article affirmant, que « l'anti-judaïsme scripturaire et la doctrine de l'accomplissement de l'ancienne par la nouvelle Alliance » avaient conduit à l'antisémitisme et « formé le terrain où ont germé l'idée et l'accomplissement d'Auschwitz » dans la mesure où « il ne s'agit pas d'un texte comportant des attaques contre des convictions religieuses en tant que telles » et qu'il « ne vient en aucune manière contester la réalité de faits historiques clairement établis » (*Giniewski c/ France*, 31 janv. 2006, § 51-52, *RTDH*, 2006, 839, note P.-F. Docquir).

b) S'agissant de la protection du « pouvoir judiciaire » – les termes « recouvr(a)nt l'appareil de la justice ou le secteur judiciaire du pouvoir autant que les juges en leur qualité officielle » –, le caractère beaucoup plus objectif de la notion d'« autorité du pouvoir judiciaire » que de celle de morale (*Handyside*, § 48, *supra* n° 7) – dont atteste la convergence des droits et pratiques des États parties – appelle un contrôle « plus étendu » des ingérences (*Sunday Times*, § 55 et § 59). Il faut dire que « les tribunaux constituent les organes appropriés pour apprécier les droits et obligations juridiques et statuer sur les différends y relatifs » (*Sunday Times*, § 55) et sont « les organes qualifiés pour juger de la culpabilité ou de l'innocence quant à une accusation pénale » (*Worm c/ Autriche*, 29 août 1997, § 54). Aussi leur action exige-t-elle la confiance du public (*Sunday Times*, § 55). Dans ce contexte, l'attitude des magistrats peut faire l'objet de critiques (v. *supra*) et « constituer une préoccupation légitime de la presse », et les médias peuvent « communiquer des idées et des informations sur les questions dont connaissent les tribunaux » (*Sabou et Pircalab c/ Roumanie*, 28 sept. 2004, § 38, juge accusé d'avoir commis des actes illégaux). La Cour se montre ainsi particulièrement libérale s'agissant d'articles « au ton polémique voire agressif » mettant en cause l'impartialité de magistrats dans la mesure où ils étaient « à la mesure de l'émotion et de l'indignation suscitées par les faits allégués dans les articles litigieux » (*De Haes et Gijsels c/ Belgique*, 24 févr. 1997, § 48, à propos d'une procédure d'attribution de la garde d'enfants à un père précédemment accusé d'inceste). Toutefois, les journalistes « ne doivent pas franchir les bornes fixées aux fins d'une bonne administration de la justice » (*Sunday Times*, § 65). Ainsi, il importe de protéger un magistrat confronté à des accusations non prouvées d'abus de pouvoir à des fins politiques (*Perna c/ Italie*, Gr. Ch., 6 mai 2003, § 47). De même, des reproches d'une « ampleur excessive », formulés « en l'absence d'une base factuelle suffisante » portent « atteinte non seulement à la réputation des intéressés, mais aussi à la confiance des citoyens dans l'intégrité de l'ensemble des magistrats » (*Prager et Oberschlick*, § 36-37 ; *Schöpfer c/ Suisse*, 20 mai 1998, § 32, avocat condamné en raison de critiques de la justice formulées lors d'une conférence de presse). Les journalistes doivent aussi éviter « des déclarations qui risqueraient, intentionnellement ou non, de réduire les chances d'une personne de bénéficier d'un procès équitable » (*Worm*, § 50, condamnation d'un journaliste, auteur d'un article jugé susceptible d'influer sur l'issue d'une procédure pénale intéressant un ancien vice-chancelier et ministre des finances). Le juge interne vérifie également le caractère nécessaire de perquisitions au regard du droit à la présomption d'innocence (Cass. crim., 30 oct. 2006, n° 06-85.693). Par ailleurs, en raison de l'absence de consensus européen et de ses interférences avec la bonne administration de la justice, l'État peut s'opposer à la diffusion en direct des procès (déc. 6 mai 2003, *P4 Radio Hele Norge c/ Norvège*, n° 76682/01).

c) Naturellement, les condamnations pour atteinte à la réputation et aux droits d'autrui font l'objet d'une abondante jurisprudence (M. Afroukh, Les conflits entre la liberté d'expression et le droit à la réputation dans la jurisprudence de la Cour européenne des droits de l'homme, *ADE*, 2011, 949). Nombreux sont les arrêts relatifs à des condamnations pour injure ou diffamation (*Constantinescu c/ Roumanie*, 27 juin 2000, § 73-74 ; *Chauvy et al. c/ France*, 29 juin 2004, § 77, diffamation des époux Aubrac dans un ouvrage relatif à l'arrestation de Caluire en 1943) comme pour atteinte à la vie privée ou à l'image (*Von Hannover c/ Allemagne*, 24 juin 2004, *supra*, n° 43). La liberté de la presse est, en effet, le terrain de prédilection des conflits de droits. Confronté à la délicate conciliation des droits et/ou intérêts en cause, le juge européen s'est résolument engagé dans une opération de hiérarchisation des discours et, partant, a modulé le niveau de protection garanti. Lorsque sont en cause des sujets d'intérêt général, il privilégie nettement les nécessités de l'information. Ainsi en est-il à propos de la diffusion de photographies d'un suspect accusé d'avoir envoyé des lettres piégées à des hommes politiques (*News Verlag GmbH & Co. KG c/ Autriche*, 11 janv. 2000, § 54-59), d'une injonction judiciaire de ne pas publier de photographies d'un parlementaire dans des articles portant sur la légalité de ses sources de revenus (*Krone Verlag GmbH & Co. KG c/ Autriche*, 26 févr. 2002, § 36) ou de la publication d'articles relatifs à l'implication du requérant dans le meurtre d'Olof Palme et de photographies de lui (*White c/ Suède*, 19 sept. 2006, § 29) ou bien encore de l'interdiction de diffuser l'image d'une personne condamnée pour avoir dirigé une organisation néo-nazie après sa libération (*Österreichischer Rundfunk c/ Autriche*, 7 déc. 2006, § 68).

Lorsqu'un aucun débat d'intérêt général n'est en cause mais que les photographies publiées ont un caractère exclusivement publicitaire et que l'intéressé – Johnny Hallyday – a déjà rendues publiques les informations concernées, il n'a plus, dès lors, une « espérance légitime » de voir sa vie privée protégée (*Hachette Filipacchi Associés (« Ici Paris ») c/ France*, 23 juill. 2009, § 53). La position de la Cour est, en revanche, différente s'agissant de reportages traitant d'aspects purement privés de la vie des personnes concernées et/ou de leurs familles parus dans la « presse people ». Ainsi, un article sur les époux Hallyday « ayant pour seul objet de satisfaire la curiosité d'un certain public sur l'intimité de (leur) vie privée, ne saurait passer pour contribuer à un quelconque débat d'intérêt général pour la société » (déc. 1er juill. 2003, *Société Prisma Presse c/ France*, n° 71612/01 ; déc. 13 mai 2003, *Julio Bou Gibert et El Hogar y La Moda SA c/ Espagne*, n° 14929/02 ; *Standard Verlags GmbH c/ Autriche (n° 2)*, 4 juin 2009, § 52, ragots sur le mariage du couple présidentiel et les relations extraconjugales présumées de l'épouse). Il en est de même pour un article qui n'a aucunement contribué à un débat d'intérêt général pour la société (*Leempoel & S.A. Ciné Revue c/ Belgique*, 9 nov. 2006, § 82, retrait de la vente d'un hebdomadaire reproduisant des documents confidentiels d'une juge entendue par la « Commission Dutroux » dont les audiences étaient retransmises à la télévision). Néanmoins, la sanction de la diffamation ne doit pas avoir un effet dissuasif sur ceux qui contribuent au débat public ou prendre la forme d'une condamnation « propre à décourager la libre discussion de sujets d'intérêt général » (*Thorgeir Thorgeirson c/ Islande*, § 68, condamnation d'un journaliste dénonçant des brutalités policières). Elle ne peut également être infligée dans le cadre d'une procédure inéquitable (*Dilipak et Karakaya c/ Turquie*, 4 mars 2014, § 141, condamnation, en leur absence, de journalistes, auteurs d'articles jugés offensants à l'égard d'un haut dignitaire de l'armée). Sous réserve du respect des règles déontologiques journalistiques, l'exigence d'information du public peut ainsi l'emporter sur le droit à la présomption d'innocence (*Du Roy et Malaurie c/ France*, 3 oct. 2000, § 28-37 ; Cass. crim., 16 janv. 2001, *D.* 2001, 487, inconventionnalité de l'interdiction de la publication d'informations relatives à des constitutions de partie civile) ou sur la protection des droits d'autrui (*Fressoz et Roire*, § 50-51 ; *Verein Gegen Tierfabriken c/ Suisse*, 28 juin 2001, § 70, refus d'une société de droit privé de diffuser, à la télévision, une publicité d'une association de défense des animaux). Elle s'impose aussi à propos d'écrits sur des questions de santé publique (*Hertel c/ Suisse*, 25 août 1998, publication d'un rapport d'étude sur les dangers des fours à micro-ondes ; *Bergens Tidende et al. c/ Norvège*, 2 mai 2000, § 51, articles et photographies de personnes ayant subi des opérations de chirurgie esthétique ratées). De manière discutée (*RTDH*, 1995, 1, note G. Cohen-Jonathan), l'exigence d'information du public prime également dans l'arrêt *Jersild* dans la mesure où le journaliste traitait d'un sujet d'intérêt général « dans le cadre d'une émission d'actualités danoises sérieuse » sans poursuivre « un objectif raciste » et en se distanciant des propos et comportements des personnes interrogées (reportage sur le groupe d'extrémistes *Les blousons verts*, § 34 et § 36 ; *a contrario*, *Ruokanen et al. c/ Finlande*, 6 avr. 2010, § 51, en l'absence de vérification du bien-fondé d'une accusation de viol, le droit à la présomption d'innocence et au respect de la réputation sont bafoués, *D.* 2010, 2409, note L. François).

Les controverses suscitées par ces jurisprudences ont conduit à une évolution de la position du juge européen. Il a ainsi opéré un rééquilibrage en faveur du droit à la protection de la réputation, garanti en tant que « partie du droit au respect de la vie privée » (*Radio France et al.*, § 31 ; *Chauvy et al.*, § 70, *Pfeifer c/ Autriche*, 15 nov. 2007, § 35, journaliste accusé d'avoir déclenché une « chasse à l'homme » ayant poussé au suicide un professeur poursuivi pour avoir relativisé les crimes nazis) ou au titre du « droit au développement de la personnalité de chaque individu » (*Petrina c/ Roumanie*, 14 oct. 2008, § 27, campagne de presse présentant l'intéressé comme un ancien collaborateur de la *Securitate*). Ainsi en est-il dans l'arrêt *Hachette Filipacchi Associés c/ France* (14 juin 2007) à propos de la condamnation résultant de la publication d'une photographie du corps du préfet Erignac après son assassinat. Cette jurisprudence a été réceptionnée par le juge interne (sur la conciliation avec le droit au respect de la vie privée, Cass. 1re Civ., 9 juill. 2003, *SA Figaro et al. c/ V.*, *JCP G*, 2003, II, 10139, note J. Ravanas ; Cass. 1re Civ., 23 avr. 2003, *SA Cogedipresse c/ Mme Grimaldi*, *JCP G*, 2003, I, 10085, note J. Ravanas).

Faisant œuvre de pédagogue, la Cour a, depuis lors, jugé nécessaire de préciser la façon de résoudre les conflits entre les droits à la liberté de la presse et au respect de la vie privée et de la réputation, dans les arrêts *Von Hannover c/ Allemagne (no 2)* et *Axel Springer AG c/ Allemagne (7 févr. 2012*, Gr. Ch., publication de photographies, prises à son insu, de la princesse Caroline de Monaco pendant ses vacances et interdiction de rendre compte de l'arrestation et de la condamnation de X., héros d'une série policière très connue, *JCP G*, 2012, 650, note M. Afroukh). Dans la logique d'une subsidiarité encadrée, elle indique que « (s)i la mise en balance par les autorités nationales s'est faite dans le respect des critères établis par (sa) jurisprudence…, il faut des raisons sérieuses pour (qu'elle) substitue son avis à celui des juridictions internes » (*ibid.*, § 107 ; *ibid.* § 88). Après avoir rappelé que les droits garantis par l'article 8 et par l'article 10 « méritent *a priori* un égal respect » (*ibid.*, 106 ; *ibid.*, § 87), elle précise la nature des critères à prendre en compte : la contribution des informations ou des photographies à un débat d'intérêt général, la notoriété de la personne visée et l'objet du reportage, le comportement antérieur de l'intéressé, le contenu, la forme et les répercussions de la publication litigieuse mais aussi, pour les photographies, les circonstances de leur prise et notamment l'existence ou non du consentement de l'intéressé (*ibid.*, § 89-93 ;

*ibid.*, § 108-113). Cette grille d'analyse est depuis lors appliquée par les juridictions nationales (*Rothe c/ Autriche* et *Küchl c/ Autriche*, 4 déc. 2012, article affirmant que les requérants avaient eu des relations sexuelles avec des séminaristes, accompagné de photographies ; *Verlagsgruppe News GmbH et Bobi c/ Autriche*, 4 déc. 2012, interdiction de publication de photographies ; *Von Hannover c/ Allemagne (n° 3)*, 19 sept. 2013, publication d'une photographie de la requérante, *JCP G*, 2013, 2016, obs. M. Afroukh). Mais sa mauvaise application emporte violation de la Convention (*Ringier Axel Springer Slovakia, A.S. c/ Slovaquie (n° 2) et (n° 3)*, 7 janv. 2014, § 52-54, § 83-85, condamnations pour diffamation à la suite de la publication d'articles, absence d'examen par les tribunaux notamment du contexte de parution des articles, de la publication de bonne foi, de l'existence d'un intérêt public justifiant la publication).

H. S.

## III | La liberté d'expression dans la fonction publique

**61. Vogt c/ Allemagne, 26 septembre 1995**, série A, no 323 (Grande Chambre) ; *AFDI*, 1995, 498, chron. V. Coussirat-Coustère ; *JDI*, 1996, 242, chron. E. Decaux ; *RTD*H, 1996, 405, note F. Sudre ; *RUDH*, 1996, 24, chron. M. Levinet.

43. La Cour rappelle que le droit d'accès à la fonction publique a été délibérément omis de la Convention. Le refus de nommer quelqu'un fonctionnaire ne saurait donc fonder en soi une plainte sur le terrain de la Convention. Il n'en ressort pas pour autant qu'une personne désignée comme fonctionnaire ne puisse dénoncer sa révocation si celle-ci enfreint l'un des droits garantis par la Convention. Les fonctionnaires ne sortent pas du champ d'application de cet instrument. En ses articles 1er et 14, la Convention précise que « toute personne relevant de [la] juridiction » des États contractants doit jouir, « sans distinction aucune », des droits et libertés énumérés au Titre I. L'article 11, § 2 *in fine*, qui permet aux États d'apporter des restrictions spéciales à l'exercice des libertés de réunion et d'association des « membres des forces armées, de la police ou de l'administration de l'État, confirme au demeurant qu'en règle générale les garanties de la Convention s'étendent aux fonctionnaires » (arrêts Glasenapp et Kosiek c/ Allemagne du 28 août 1986, § 49 et § 35). Dès lors, le statut de fonctionnaire titulaire que Mme Vogt

avait obtenu par sa nomination comme professeur de lycée ne la privait pas de la protection de l'article 10.

52. La Cour rappelle les principes fondamentaux qui se dégagent de ses arrêts relatifs à l'article 10. [...].

53. Ces principes s'appliquent également aux membres de la fonction publique : s'il apparaît légitime pour l'État de soumettre ces derniers, en raison de leur statut, à une obligation de réserve, il s'agit néanmoins d'individus qui, à ce titre, bénéficient de la protection de l'article 10 de la Convention. Il revient donc à la Cour, en tenant compte des circonstances de chaque affaire, de rechercher si un juste équilibre a été respecté entre le droit fondamental de l'individu à la liberté d'expression et l'intérêt légitime d'un État démocratique à veiller à ce que sa fonction publique œuvre aux fins énoncées à l'article 10, § 2. En exerçant ce contrôle, la Cour doit tenir compte du fait que, quand la liberté d'expression des fonctionnaires se trouve en jeu, les « devoirs et responsabilités » visés à l'article 10, § 2, revêtent une importance particulière qui justifie de laisser aux autorités nationales une certaine marge d'appréciation pour juger si l'ingérence dénoncée est proportionnée au but mentionné plus haut.

59. La Cour part de l'hypothèse qu'un État démocratique est en droit d'exiger de ses fonctionnaires qu'ils soient loyaux envers les principes constitutionnels sur lesquels il s'appuie. À cet égard, elle tient compte de l'expérience de l'Allemagne sous la République de Weimar et durant l'amère période qui a suivi l'effondrement de ce régime jusqu'à l'adoption de la Loi fondamentale en 1949. L'Allemagne souhaitait éviter la répétition de ces expériences en fondant son nouvel État sur l'idée de « démocratie apte à se défendre ». Il ne faut pas oublier non plus ce qu'était la situation de l'Allemagne dans le contexte politique à l'époque des faits. Il va de soi que ces circonstances ont ajouté du poids à cette notion essentielle et l'obligation correspondante de loyauté politique imposée aux fonctionnaires. Il reste que le caractère absolu de cette obligation telle que les juridictions allemandes l'ont interprétée est frappant. Elle s'impose de manière égale à tous les fonctionnaires, quels que soient leurs fonctions et leur rang. Elle implique que tout fonctionnaire, quelles que soient ses propres opinions sur la question, doit renoncer sans équivoque à tous les groupements et mouvements que les autorités compétentes jugent hostiles à la Constitution. Elle ne permet pas de distinction entre activité professionnelle et vie privée ; cette obligation doit toujours être remplie, quel que soit le contexte. Il faut relever aussi qu'à l'époque des faits, aucun autre État membre du Conseil de l'Europe ne semble avoir imposé une obligation de loyauté de pareille rigueur et que, même en Allemagne, ce devoir n'a pas été interprété et appliqué de la même manière à travers le pays ; un nombre considérable de Länder n'ont pas tenu des activités comme celles en cause ici pour incompatibles avec cette obligation.

61. Eu égard à ce qui précède, la Cour conclut que, si les raisons avancées par le gouvernement pour justifier son ingérence dans le droit de Mme Vogt à la liberté d'expression sont à coup sûr pertinentes, elles ne suffisent pas à établir de manière convaincante qu'il était nécessaire dans une société démocratique de révoquer l'intéressée. Même en laissant une certaine marge d'appréciation, force est de conclure que la révocation de Mme Vogt de son poste d'enseignant de lycée, à titre de sanction disciplinaire, était disproportionnée à l'objectif légitime poursuivi. [...].

Enseignante titulaire, Dorothea Vogt, membre active du parti communiste allemand (DKP) aux objectifs anticonstitutionnels et candidate du parti à des élections, est suspendue en 1986 puis révoquée en 1987 en raison d'un manquement à l'obligation de loyauté envers la Constitution. Réintégrée en 1991, elle allègue, devant la Cour, la violation de ses libertés d'expression et d'association. À une majorité très serrée (10 voix contre 9), celle-ci constate une violation des articles 10 et 11 de la Convention. Par cette importante décision, qui n'a pas manqué de susciter la controverse, le juge européen fixe non seulement les conditions d'applicabilité de l'article 10 aux allégations de violation de leur liberté d'expression par des fonctionnaires mais également précise la substance, dans une société démocratique, de leur obligation de réserve voire de loyalisme politique.

## I / L'applicabilité de l'article 10 aux violations alléguées par les fonctionnaires

Si le PIDCP reconnaît le droit de tout citoyen d'« accéder, dans des conditions générales d'égalité, aux fonctions publiques de son pays » (art. 25), un tel droit a, en revanche, « été délibérément omis de la Convention » (*Vogt*, § 43). Dès lors, un litige relatif à un refus d'accès à un poste dans la fonction publique ne constitue pas une ingérence dans la liberté d'expression de l'intéressé, comme en témoignent les arrêts du 28 août 1986 *Glasenapp c/ RFA* (annulation de la nomination d'une enseignante à l'essai à la suite de son refus de se dissocier de la politique du Parti communiste d'Allemagne KPD) et *Kosiek c/ RFA* (licenciement d'un maître-assistant, fonctionnaire à l'essai, en raison de ses activités au sein du Parti national-démocratique, *JDI*, 1986, 792, chron. P. Rolland). Dans ces deux affaires, l'autorité compétente n'a « pris en considération les opinions et l'attitude » des requérants que pour apprécier s'ils avaient les qualifications personnelles nécessaires pour occuper les emplois en cause (§ 53, § 39). Et le fait de faire dépendre l'accès à la fonction publique de l'aptitude à défendre le régime libéral et démocratique allemand n'est pas « incompatible en soi » avec la Convention (*Kosiek*, § 38). Dans cette perspective, tant l'engagement d'une procédure de révocation du président d'une cour suprême que la sanction d'une réduction de son traitement, à raison de la façon critiquable dont il s'est acquitté de ses fonctions, ne constituent-elles pas des ingérences dans l'exercice de la liberté d'expression, nonobstant les déclarations de l'intéressé sur la séparation des pouvoirs et les garanties de l'indépendance du pouvoir judiciaire en Slovaquie (déc. 29 juin 2004, *Harabin c/ Slovaquie*, n° 62584/00 et 20 nov. 2012, *Harabin c/ Slovaquie*, § 151-153). Partant, l'article 10 « ne s'applique pas lorsque la question principale concerne l'accès à la fonction publique » (Gr. Ch., 28 oct. 1999, *Wille c/ Liechtenstein*, § 38 ; envoi d'une lettre par le chef d'État au président d'un Tribunal administratif l'informant de sa décision de ne pas le nommer à une fonction publique à laquelle il pourrait être proposé ; v. toutefois 20 oct. 2009, *Lombardi Vallauri c/ Italie*, non-renouvellement du contrat annuel d'un enseignant – après plus de vingt ans de renouvellement – par une université catholique, personne morale de droit public). Par ailleurs, il ne trouve pas non plus à s'appliquer au refus d'un universitaire, condamné pénalement pour abus de fonction, de communiquer à deux chercheurs, en application de décisions de justice, des éléments d'un dossier de recherche, propriétés de l'université et non soumis à une obligation légale de confidentialité. Sans exclure son existence, la Cour refuse ici de consacrer un « droit négatif autonome » à la liberté d'expression (Gr. Ch., 3 avr. 2012, *Gillberg c/ Suède*, § 86 et § 92). Pour autant, « (l)es fonctionnaires ne sortent pas du champ d'application » de l'article 10 et bénéficient, ce qui ressort des articles 1er, 14 et 11 § 2, des droits qu'il garantit (*Vogt*, § 43). Ainsi le droit à la liberté d'expression peut-il être invoqué pour contester la révocation d'un fonctionnaire du fait de ses engagements politiques, comme ici dans l'affaire *Vogt* (v. aussi déc. 29 mai 2007, *Kern c/ RFA*, n° 26870/04, renvoi d'un employé municipal ayant distribué à la presse et publié *via* l'Internet un communiqué de presse, au nom d'un groupe d'extrême droite, dans lequel il approuvait les attentats du 11 septembre 2001) ou de ses opinions personnelles (avertissement infligé à un juge pour avoir suivi les médias du PKK, *Albayrak c/ Turquie*, 31 janv. 2008, § 47) ou encore pour avoir exprimé ses convictions religieuses dans l'exercice de ses fonctions judiciaires (déc. 8 févr. 2001, *Pitkevich c/ Russie*, n° 47936/99, révocation d'un juge membre de l'Église évangéliste ayant violé ses devoirs statutaires) ou bien avoir critiqué les restrictions aux activités politiques de hauts fonctionnaires de l'administration locale (*Ahmed et al. c/ Royaume-Uni*, 2 sept. 1998, § 41), ou de membres des forces armées, des services de police et de sécurité, (*Rekvényi c/ Hongrie*, 20 mai 1999, § 26, *RTDH*, 2000, 107, note J. Callewaert).

## II / La conciliation entre la liberté d'expression des fonctionnaires et leurs obligations statutaires

La Cour européenne reconnaît « une certaine marge d'appréciation » aux États parties pour concilier la liberté d'expression des fonctionnaires et « l'intérêt légitime d'un État démocratique à veiller à ce que sa fonction publique œuvre aux fins énoncées à l'article 10, § 2 ». En effet, les fonctionnaires, qui ne sont pas des individus ordinaires, se doivent, pour le moins, de respecter une « obligation de réserve » (*Vogt*, § 53).

A) Lorsque le juge européen exerce son contrôle, il « doit tenir compte du fait que, quand la liberté d'expression des fonctionnaires se trouve en jeu, les « devoirs et responsabilités » visés à l'article 10 par. 2 revêtent une importance particulière » (*Ibid.*).

1 / Cela vaut notamment pour les hauts fonctionnaires (*De Diego Nafria c/ Espagne*, 14 mars 2002, licenciement d'« un haut fonctionnaire appartenant à un corps d'agents publics d'élite au sein de la plus haute institution financière du pays » en raison de l'envoi et de l'affichage d'une lettre portant atteinte à l'honorabilité de la Banque d'Espagne et de ses employés, § 33 ou déc. Commission EDH, 13 mai 1992, *Haseldine c/ Royaume-Uni*, n° 18957/91, licenciement d'un diplomate pour la diffusion d'informations confidentielles dans une lettre au *Guardian*). Mais pareille exigence s'applique également aux militaires (*Hadjianastassiou c/ Grèce*, 16 déc. 1992, § 46) et aux juges « dont on est en droit d'attendre qu'ils usent de leur liberté d'expression avec retenue chaque fois que l'autorité et l'impartialité du pouvoir judiciaire sont susceptibles d'être mises en cause », l'action de la justice ayant « besoin de la confiance des citoyens pour prospérer » (*Wille*, § 64 ; « la plus grande discrétion (qui) s'impose aux autorités judiciaires » « doit les amener à ne pas utiliser la presse » *Poyraz c/ Turquie*, 7 déc. 2010, § 69, déclarations à la presse d'un administrateur du ministère de la Justice sur le contenu d'un rapport mettant en cause la réputation d'un juge, membre de la Cour de cassation ; *Di Giovanni c/ Italie*, 9 juill. 2013, § 71, avertissement infligé à une magistrate en raison de déclarations à la presse). De la même façon, le Conseil d'État juge fondée, au regard de l'article 10, et en raison de ses responsabilités, la révocation d'un sous-préfet d'arrondissement pour avoir publié sur l'Internet un article sur le *lobby* pro-israélien « dans lequel il s'exprimait de manière vivement polémique

à l'égard tant de différentes personnalités françaises que d'un État étranger » (CE, 23 avr. 2009, *M. B. Guigue*, n° 316862).

L'obligation de discrétion des agents publics cède, toutefois, dans certaines circonstances lorsque des fonctionnaires, susceptibles d'avoir connaissance « d'informations internes, éventuellement de nature secrète, que les citoyens ont un grand intérêt à voir divulguer ou publier », dénoncent des « conduites » ou « actes illicites constatés sur leur lieu de travail » (*Guja c/ Moldova*, Gr. Ch., 12 févr. 2008, § 72, révocation du directeur du service de presse du Parquet général pour avoir transmis à un journal des lettres envoyées au parquet par de hauts responsables politiques visant à s'immiscer dans une enquête, *RTDH*, 2009, 227, note V. Junod). Ce *droit d'alerte* ne peut néanmoins s'exercer qu'en l'absence d'autres moyens pour procéder à la divulgation, en présence d'un intérêt public et d'informations authentiques, en prenant en compte à la fois l'importance du dommage causé à l'autorité publique par la divulgation et l'intérêt du public à l'obtenir, la bonne foi de l'intéressé et les effets – notamment dissuasifs – de la sanction infligée (§ 73-78). Ainsi, la condamnation de magistrats pour avoir dénoncé des dysfonctionnements du régime démocratique (*Kayasu c/ Turquie*, 13 nov. 2008, révocation d'un procureur de la République pour avoir communiqué à la presse des copies de l'acte d'accusation visant les auteurs du coup d'État militaire de 1980 ; *Kudeshkina c/ Russie*, 26 févr. 2009, révocation d'une juge – sanction très sévère susceptible de produire un « effet paralysant » – pour avoir dénoncé dans les médias les pressions qu'elle avait subies de la part de hauts magistrats dans le cadre d'une affaire pénale, § 99) emporte-t-elle violation de l'article 10. Bénéficie également de la protection offerte aux donneurs d'alerte la dénonciation, lors d'une conférence de presse, par un fonctionnaire d'une unité militaire du service de renseignements roumain, d'écoutes téléphoniques illégales de journalistes, d'hommes politiques et d'hommes d'affaires, dénonciation lui ayant valu une condamnation à une peine de deux ans d'emprisonnement avec sursis (*Bucur et Toma c/ Roumanie*, 8 janv. 2013 ; v. aussi *Heinisch c/ RFA*, 21 juill. 2011, licenciement d'une infirmière ayant intenté une action pénale pour faire sanctionner les négligences et abus dont étaient victimes les personnes âgées dans l'établissement dans lequel elle était employée). Pareille protection ne peut cependant jouer en présence d'allégations diffamatoires même si la violation de l'article 10 peut être constatée en raison du caractère disproportionné de la peine infligée à l'intéressé (*Martchenko c/ Ukraine*, 19 févr. 2009, enseignant condamné pénalement pour avoir dénoncé des malversations présumées de la directrice de son établissement). Cette jurisprudence a été reprise par le TFPUE, dans deux arrêts cependant frappés d'un pourvoi en cours d'examen (25 sept. 2012, aff. F-41/10, *Bermejo Garde c/ CESE* et 5 déc. 2012, aff. F-88/09 et F-48/10, *Z c/ Cour de justice*). Le Conseil d'État a, en revanche, refusé de transmettre une QPC sur la protection des fonctionnaires lanceurs d'alerte au Conseil constitutionnel (CE, 5 févr. 2014, *Philippe P.*, n° 371396, mise à la retraite d'office d'un commandant de police ayant dénoncé les dysfonctionnements du Système de traitement des infractions constatées).

Par ailleurs, est également pleinement reconnue « l'importance de la liberté académique, qui autorise notamment les universitaires à exprimer librement leurs opinions sur l'institution ou le système au sein duquel ils travaillent ainsi qu'à diffuser sans restriction le savoir et la vérité » (*Sorguç c/ Turquie*, 23 juin 2009, § 35, professeur d'université ayant distribué à l'occasion d'une conférence un article dans lequel il critiquait le système de recrutement et de promotion des universitaires et, plus particulièrement, le recrutement d'un candidat dépourvu des qualifications requises).

2 / Plus largement, l'obligation de réserve des agents publics correspond, au moins pour certains d'entre eux, à une obligation de neutralité politique, la Cour attachant « une importance particulière à la fonction occupée » par l'intéressé (*Wille*, § 63, magistrat). Ainsi en est-il de hauts fonctionnaires de collectivités locales « exerçant des fonctions sensibles » afin de protéger les droits des membres des assemblées locales et des électeurs « à un régime politique véritablement démocratique au niveau local » (*Ahmed et al.*, § 54 et § 62 ; impossibilité d'être candidat et d'occuper un poste à responsabilité politique) ou de policiers en vue de s'assurer que « le rôle crucial de la police ne soit pas compromis par l'érosion de la neutralité politique » (*Rekvényi*, § 41, interdiction de s'affilier à un parti politique).

Ici, Dorothea Vogt ayant été révoquée pour s'être identifiée aux objectifs anticonstitutionnels du DKP, le juge européen doit se prononcer sur l'existence d'une obligation de loyauté politique des agents de la fonction publique. Il pointe d'emblée la singularité de la rigueur du système allemand dans lequel cette obligation, fondée sur « l'idée que la fonction publique est le garant de la Constitution et de la démocratie », tient à l'expérience qu'elle a connue sous la République de Weimar et l'a conduite, « après le cauchemar du nazisme » à instaurer une « démocratie apte à se défendre ». Au-delà de l'espèce, « un État démocratique est en droit d'exiger de ses fonctionnaires qu'ils soient loyaux envers les principes constitutionnels sur lesquels il s'appuie », et d'imposer le respect des principes de la démocratie et de l'État de droit, composante essentielle du patrimoine du Conseil de l'Europe (§ 51 et § 59, *supra* n° 6). Se référant à la jurisprudence européenne, la CJCE développe une approche convergente dans l'arrêt *Connolly c/ Commission* (6 mars 2001, aff. C-274/99 P, *RTDH*, 2002, 385, note J.-M. Larralde, révocation d'un haut fonctionnaire en raison de la publication d'un ouvrage et d'un entretien dans un quotidien très critiques à l'égard de la politique économique et monétaire européenne). Si la liberté d'expression des fonctionnaires des Communautés – « y compris dans les domaines couverts par l'activité des institutions » – « comprend celle d'exprimer (...) des opinions discordantes ou minoritaires par rapport à celles défendues par l'institution qui les emploie », ces derniers ont cependant l'obligation de « préserver la relation de confiance » qui les unit à leur institution d'appartenance, la portée de cette obligation variant en fonction des fonctions qu'ils exercent et du rang qu'ils occupent dans la hiérarchie (pts 43-45).

B) Examinant la compatibilité des restrictions à la liberté d'expression des fonctionnaires, la Cour adopte une posture assez compréhensive vis-à-vis des États, se montrant attentive aux devoirs et responsabilités particuliers des fonctionnaires au sens de l'article 10 § 2 et « tenant compte des circonstances de chaque affaire » (*Vogt*, § 53).

1 / Bien évidemment, l'ingérence est légitime lorsque l'intéressé porte manifestement atteinte à sa fonction. Ainsi en est-il d'un magistrat qui prie pendant les audiences ou promet à des parties une issue favorable à leur affaire si elles épousent sa confession (*Pitkevitch*) ou d'enseignants – « symbole d'autorité pour ses élèves dans le domaine de l'éducation » (*Vogt*, § 60) – ayant abusé de leur autorité (déc. 22 nov. 2001, *Volkmer c/ RFA*, n° 39799/98, révocation de l'intéressé, non seulement en raison de ses fonctions au sein du parti communiste est-allemand mais aussi pour avoir demandé à l'un de ses élèves d'espionner ses adversaires politiques ; déc. 18 mai 2004, *Seurot c/ France*, n° 57383/00, condamnation pénale et résiliation du contrat d'un enseignant en raison de la publication, dans la revue du collège, d'un article revêtant « incontestablement un caractère raciste » alors que les enseignants font partie des « acteurs responsables » dont la « mobilisation » est « indispensable pour lutter contre le racisme et la xénophobie »).

2 / La Cour examine la nature des restrictions en cause et leur adéquation aux objectifs légitimes poursuivis. Ainsi tient-elle compte, dans l'arrêt *Ahmed et al.*, du fait que les mesures visant à la dépolitisation de la fonction publique locale concernent « des catégories soigneusement définies de fonctionnaires ayant notamment pour tâche de fournir des

conseils à une assemblée locale ou à ses commissions opérationnelles » et sont assorties, pour certains d'entre eux, de la possibilité de « solliciter une dérogation aux restrictions » (§ 63) ou, dans l'arrêt *Rekvényi* du fait que les policiers, s'ils ne peuvent adhérer à un parti politique, peuvent néanmoins exercer certaines activités politiques (§ 49). *A contrario*, elle relève, dans l'arrêt *Vogt* (§ 59), la radicalité du système allemand – « aucun autre État » partie n'imposant « une obligation de loyauté de pareille rigueur » – connaissant une obligation de « caractère absolu » appliquée « de manière égale à tous les fonctionnaires, quels que soient leurs fonctions et leur rang » et « sans distinction entre activité professionnelle et vie privée ». Le contrôle de proportionnalité s'avère alors particulièrement approfondi, les activités litigieuses s'étant déroulées en dehors du cadre professionnel de l'intéressée, même si « les devoirs et responsabilités particuliers » incombant aux enseignants « valent aussi dans une certaine mesure pour leurs activités en dehors de l'école » (§ 60). En présence d'une « mesure très rigoureuse », l'examen du comportement de la requérante conduit à un constat de violation (v., *a contrario*, déc. 24 nov. 2005, *Otto c/ RFA*, n° 27574/02, refus de l'octroi d'une promotion à un haut fonctionnaire de police, en raison de son appartenance à un parti populiste, qui ne menace pas l'intéressé dans ses moyens d'existence). Non seulement il ne lui avait jamais été reproché d'avoir cherché à exercer une influence sur ses élèves ou d'avoir tenu des propos anticonstitutionnels, mais, en outre, son travail était « jugé pleinement satisfaisant par ses supérieurs » et elle était « hautement appréciée » par les élèves et leurs parents comme par ses collègues. En définitive, seuls étaient en cause son engagement au sein du DKP et sa candidature au Parlement du Land, donc des « activités totalement légales » en l'absence d'interdiction de ce parti par la Cour constitutionnelle (§ 60). En tout état de cause, le devoir de réserve des fonctionnaires n'interdit pas toute expression d'opinions politiques à l'enseigne d'un haut magistrat se prononçant, lors d'une conférence donnée dans un cadre académique, en faveur de la compétence de la Cour constitutionnelle en cas de désaccord entre le Prince et le Parlement, dans la mesure où il n'avait pas évoqué d'affaires pendantes, ni sévèrement critiqué des personnes ou des institutions publiques, ni injurié de hauts fonctionnaires ou le Prince (*Wille*, § 67), ou de policiers critiquant, en qualité de responsables syndicaux, la politique d'un maire, en tant qu'employeur (6 oct. 2011, *Vellutini et Michel c/ France*).

Dans certains cas, le contrôle opéré est toutefois modulé, non sans susciter la critique, par la prise en compte de spécificités nationales. Il peut s'agir « des traditions nationales » – comme au Royaume-Uni où le fonctionnement efficace de la démocratie locale est « historiquement fondé sur le rôle assumé par un corps permanent de conseillers, administrateurs et arbitres politiquement neutres se situant au-dessus de la mêlée politique et loyaux chacun envers l'ensemble du conseil qui l'emploie » (*Ahmed et al.*, § 62) – et, plus souvent, du passé de l'État en cause, comme dans la présente décision mais de manière limitée (§ 59) ou les décisions *Volkmer* et *Petersen c/ RFA* (22 nov. 2001, n° 39793/98, révocation d'un enseignant de l'ex-RDA pour manque de qualification professionnelle) à propos de la situation spécifique de la réunification allemande ou encore du « contexte historique précis » de la transition démocratique (*Rekvényi*, § 48).

H. S.

# *Chapitre 6*

# LES LIBERTÉS DE L'ACTION SOCIALE ET POLITIQUE

## SECTION 1
## *La liberté de réunion et d'association*

### I | La liberté de réunion

**62.** ***Ezelin c/ France, 26 avril 1991**, série A, nº 202, AFDI, 1991, 604, chron. V. Coussirat-Coustère ; JDI, 1992, 785, obs. P. Tavernier, RUDH, 1992, 1, obs. F. Sudre.*

II | SUR LA VIOLATION ALLÉGUÉE DE L'ARTICLE 11

**37.** Malgré son rôle autonome et la spécificité de sa sphère d'application, l'article 11 doit, en l'occurrence, s'envisager aussi à la lumière de l'article 10 [...]. La protection des opinions personnelles, assurée par l'article 10, compte parmi les objectifs de la liberté de réunion pacifique telle que la consacre l'article 11 [...].

A) Sur l'existence d'une ingérence dans l'exercice de la liberté de réunion pacifique

**39.** [...] Le terme « restrictions », figurant au § 2 de l'article 11 – et de l'article 10 –, ne saurait s'interpréter comme n'englobant pas des mesures – par exemple d'ordre répressif – prises non pas avant ou pendant, mais après une réunion [...].

**41.** La Cour rappelle que la manifestation en cause avait fait l'objet d'une déclaration préalable et ne fut pas interdite. En s'y joignant, le requérant usa de sa liberté de réunion pacifique [...].

**51.** La Cour a examiné la sanction disciplinaire en cause à la lumière de l'ensemble du dossier, pour déterminer en particulier si elle était proportionnée au but légitime poursuivi, eu égard à la place éminente des libertés de réunion pacifique et d'expression, étroitement liées en l'espèce.

**52.** La proportionnalité appelle à mettre en balance les impératifs des fins énumérées à l'article 11, § 2 avec ceux d'une libre expression par la parole, le geste ou même le silence, des opinions de personnes réunies dans la rue ou en d'autres lieux publics. La recherche d'un juste équilibre ne doit pas conduire à décourager les avocats, par peur de sanctions disciplinaires, de faire état de leurs convictions en pareille circonstance.

**53.** Certes, la sanction infligée à M. Ezelin se situe vers le bas de l'échelle des peines disciplinaires figurant à l'article 107 du décret du 9 juin 1972 [...] ; elle présente un caractère essentiellement moral, puisqu'elle n'implique aucune interdiction, même temporaire, d'exercer la profession et de siéger au conseil de l'Ordre. La Cour estime cependant que la liberté de participer à une réunion pacifique – en l'occurrence une manifestation non prohibée – revêt une telle importance qu'elle ne peut subir une quelconque limitation, même pour un avocat, dans la mesure où l'intéressé ne commet par lui-même, à cette occasion, aucun acte répréhensible.

En résumé, la sanction incriminée, si minime qu'elle ait été, n'apparaît pas « nécessaire dans une société démocratique ». Aussi a-telle enfreint l'article 11.

M. Ezelin, vice-président d'une association d'avocats guadeloupéens, participait à une manifestation publique autorisée de protestation contre des décisions judiciaires. Au cours de cette manifestation, des insultes avaient été proférées à l'encontre de la police. Des graffitis fustigeant les autorités judiciaires furent apposés sur des bâtiments publics. Sur demande du procureur de la République, M. Ezelin avait fait l'objet d'une procédure disciplinaire à l'issue de laquelle une sanction disciplinaire lui fut infligée.

Saisie de l'affaire, la Cour européenne des droits de l'homme condamna la France pour violation de la liberté de réunion pacifique compte tenu de l'importance de la liberté de participer à une réunion pacifique dans une société démocratique (voir Comm., déc. 10 oct. 1979, *Rassemblement jurassien c/ Suisse, DR*, 17, 93) et de ce qu'une telle liberté ne peut subir une quelconque limitation, dès lors que le manifestant n'a commis aucun acte répréhensible. La Cour y établit pour la première fois le lien étroit entre la liberté d'expression des opinions personnelles et la liberté de réunion pacifique (§ 37). Liaison qu'elle confirmera (*Vogt, infra*, n° 61) et que le Conseil constitutionnel imitera en définissant la liberté de manifestation comme « le droit d'expression collective des idées et des opinions » (CC, déc. 94-352 DC, 18 janv. 1995, *Rec.*, 140, cons. 16). Connaissant l'étendue quasi illimitée reconnue par la Cour européenne à la liberté d'expression (*supra, Müller*, n° **59**, *Stoll*, n° **60**), les attaches intimes de la liberté de réunion pacifique avec celle-ci contribuent au renforcement de sa protection. Se prononçant ainsi pour la deuxième fois après une affaire « autrichienne » (*Plattform « Ärzte für Das Leben » c/ Autriche*, 21 juin 1988, A. 139, *JDI*, 1989, 824, obs. P. Tavernier), elle complète et enrichit ainsi la jurisprudence des organes de la Convention en la matière. Sans être abondante, cette jurisprudence s'est légèrement étoffée depuis l'arrêt Ezelin, mais celui-ci fait entrevoir nettement l'étendue de la protection européenne de la liberté de réunion pacifique.

Ainsi que le montre le libellé même de l'article 11, la Convention ne protège que les réunions pacifiques car la notion de « réunion pacifique » n'englobe pas une manifestation dont les organisateurs et les participants sont animés d'intentions violentes (*Stankov et The United Macedonian Organisation Ilinden c/ Bulgarie*, 2 oct. 2001, *JDI*, 2002, obs. I. Moulier). Dès lors qu'une manifestation est pacifique, elle bénéficie d'une ample protection européenne tant concernant la liberté de l'organiser que la liberté d'y participer.

## I / La liberté d'organiser une réunion pacifique

En rappelant que la manifestation en cause fut dûment déclarée préalablement et ne fut pas interdite (*Ezelin*, § 41), la Cour synthétise implicitement la jurisprudence de la Commission qui accepte que l'organisation d'une réunion pacifique soit soumise à déclaration ou à autorisation (*Güneri c/ Turquie*, 12 juill. 2005, § 79 ; *Djavit c/ Turquie*, 20 févr. 2003, § 66-67, *AJDA*, 2003, 611, obs. J.-F. Flauss ; *Rune Andersson c/ Suède*, requête n° 12781/87, décision de la Commission du 13 décembre 1998 *(DR)*, 59, p. 171, § 2-3). Une fois admise et non interdite, la tenue d'une manifestation implique l'obligation négative et positive de l'État de veiller à son bon déroulement.

A) En tant que liberté collective, droit fondamental et fondement de la société démocratique, le droit de réunion pacifique n'est pas entendu strictement. Il couvre à la fois les réunions privées et les réunions sur la voie publique. Mais dans la mesure où ces dernières peuvent provoquer des troubles sérieux à la sûreté et à l'ordre public, « le fait de les soumettre à une procédure d'autorisation ne porte pas atteinte à l'essence du droit » (Comm., déc., *Rassemblement jurassien c/ Suisse*, préc. ; *Bukta et al. c/ Hongrie*, 17 juill. 2007, § 35). *A fortiori*, la procédure moins contraignante de déclaration préalable est compatible avec les exigences de l'article 11, § 1 de la Convention. Ces types de procédure permettent aux autorités de s'assurer du caractère pacifique d'une réunion. Les autorités ne sauraient invoquer des restrictions indirectes de l'organisation de réunion pacifique, par exemple en tardant à accorder une autorisation au motif que les demandeurs n'avaient pas fourni le plan de circulation (*Baczkowski et al. c/ Pologne*, 3 mai 2007). Elles doivent veiller à ce que les organisateurs disposent d'un recours effectif pour contester des refus d'autorisation et qu'ils ne fassent pas l'objet d'un traitement discriminatoire (*Baczkowski et al. c/ Pologne*, préc. : manifestations d'homosexuels). La Cour reconnaît cependant le droit d'organiser des manifestations spontanées dans des circonstances particulières et à la condition que les organisateurs ont une intention pacifique et que les autorités tolèrent implicitement la tenue de telles manifestations (*Gün e.a c. Turquie*, 18 juin 2013, § 77).

L'article 11 CEDH protège strictement le droit de manifestation pacifique de minorités (*Alekseyev c/ Russie*, 21 oct. 2010 : interdiction de manifestation d'associations et de groupements d'homosexuels) y compris pour défendre l'identité ethnique (*Sidiropoulos c/ Grèce*, 10 juill. 1998 ; *Tourkiki Enosi Xanthis e.a c/ Grèce*, 27 mars 2008, *JCP G*, 2008, I, 167, § 19, chr. F. Sudre).

Il est intéressant de relever que l'occupation d'un lieu de culte par un groupe d'étrangers en situation irrégulière, en infraction donc avec les règles relatives à l'entrée et le séjour des étrangers sur le territoire national, constitue une réunion pacifique protégée par l'article 11 de la Convention, dès lors que cette occupation ne trouble pas directement l'exercice du culte par les fidèles. Le caractère illégal d'une réunion ou d'une manifestation ne la fait pas forcément sortir du champ d'application de l'article 11 (*Cissé c/ France*, 9 avr. 2002, *JCP*, 2002, I, 157, n° 18, chron. F. Sudre).

Cependant, selon la Commission dans l'affaire « suisse » précitée, si l'organisation d'une manifestation publique comporte des risques sérieux de menaces contre la sûreté et l'ordre publics, son interdiction temporaire peut être compatible avec l'article 11, § 2 qui prévoit des restrictions à la liberté de réunion pacifique (déc. 14 mai 2002, *The Gipsy Council et al. c/ Royaume-Uni*, req. n° 66336/01).

Pour autant, il ne suffit pas que les autorités invoquent les risques de contre-manifestation violente et d'interventions « musclées » d'extrémistes pour qu'elles soient exonérées de leurs obligations à l'égard du droit d'organiser une réunion spécifique (*Öllinger c/ Autriche*, 29 juin 2006 ; Christian Democratic People's Party c/ Moldovar (n° 2), 2 fév. 2010, § 13). Ce droit « est garanti à quiconque à l'intention d'organiser une manifestation pacifique » (Comm., déc. 16 juill. 1980, *Christians against Racism and Facism c/ Royaume-Uni, DR*, 21, 138), y compris une manifestation risquant d'offenser les personnes opposées aux idées qu'elle entend défendre et exprimer (*Stankov et al.*, préc.). Pour la Cour, « les mesures qui portent atteinte à la liberté de réunion et d'expression en dehors des cas d'incitation à la violence ou de rejet des principes démocratiques – aussi choquants et inacceptables que peuvent sembler certains points de vue ou termes utilisés aux yeux des autorités – desservent la démocratie, voire, souvent, la mettent en péril » (*Alekseyev c/ Russie, préc.*, § 80 ; *Serguei Kouznetsov c/ Russie*, 23 oct. 2008, § 43).

La Cour exerçant ici un strict contrôle de proportionnalité. Violent l'article 11 l'interdiction et la dispersion par la force d'une manifestation dès lors que les autorités publiques ne démontrent par la réalité d'une menace terroriste (*Makhmoudov c/ Russie*, 26 juill. 2007, § 72). Dans l'arrêt Stankov, la Cour a jugé que des mesures radicales visant à supprimer préventivement la liberté de réunion et d'expressions en l'absence d'incitation à la violence ou de rejet des principes démocratiques desservent la démocratie, voire la mettent en danger. L'existence de risques de troubles contre la sûreté et l'ordre public ne saurait à elle seule supprimer la liberté d'organiser une réunion pacifique. Ainsi, le fait qu'une organisation s'est vue refuser son immatriculation pour inconstitutionnalité ne saurait suffire à justifier l'interdiction systématique des réunions pacifiques que cette organisation entend organiser (*Stankov*, préc.). Dans cet arrêt, la Cour considère également que la crainte de ce que des slogans séparatistes allant jusqu'à exiger des modifications territoriales majeures soient prononcés pendant la réunion ne saurait justifier une interdiction automatique de la liberté de réunion, dès lors que le statut et la pratique de l'organisation rejettent expressément la violence. Pareille interdiction ne serait conforme à l'article 11, § 2 de la Convention que si les autorités apportent la preuve de risques réels de troubles graves et non d'incidents mineurs (cf. *Ivanov et al. c/ Bulgarie*, 24 nov. 2005 ; *Alekseyev c/ Russie, préc.* : l'existence de pétitions et autres menaces contre la marche interdite ne constitue pas un élément suffisant pour justifier une interdiction).

La jurisprudence administrative est dans la lignée de la jurisprudence européenne sous réserve d'étoffer davantage les motivations. Le Conseil d'État considère qu'un arrêté interdisant une manifestation contre l'interruption volontaire de grossesse ne méconnaît pas la liberté de réunion dès lors que les précédentes manifestations organisées par la même association s'étaient soldées par l'envahissement de cliniques ou d'hôpitaux, accompagné de menaces et d'intimidations sur des médecins et des patientes, que l'emploi des forces de l'ordre dans un lieu à proximité de la manifestation n'allait pas sans difficultés (CE, 30 déc. 2003, *M. Lehembre*, req. 248264, *Rec. tabl., AJDA*, 2004, 888, obs. O. Le Bot, *RFDA*, 2004, 1000, chron. J. Andriantsimbazovina et L. Sermet). De même, l'instauration de contrôles frontaliers entraînant un blocage à la frontière de personnes souhaitant se rendre à une manifestation de l'autre côté de la frontière ne méconnaît pas la liberté de réunion pacifique dès lors que ces contrôles n'avaient pas pour objectif d'interdire la tenue de la réunion mais de prévenir les menaces de troubles à l'ordre public qui pesaient sur la manifestation (CE, 30 juill. 2003, *Association Gurekin et Coordination des Comités de soutien aux prisonniers politiques basques*, req. 237649, *Rec. tabl.*, *RFDA*, 2004, 1000, chron. J. Andriantsimbazovina et L. Sermet).

B) La liberté de réunion pacifique ne se limite pas au droit d'organiser un défilé. Elle inclut celui de bénéficier de la protection des autorités publiques contre les opposants.

Dans une affaire où une manifestation contre l'avortement a été troublée par des contre-manifestants, l'organisateur de la manifestation avait soutenu que l'État autrichien avait manqué à ses obligations découlant de l'article 11 de la Convention. La Cour a défendu la face négative et la face positive de la liberté de réunion pacifique en affirmant que « dans une démocratie, le droit de contre-manifester ne saurait aller jusqu'à paralyser l'exercice du droit de manifester » (*Plattform « Ärzte für Das Leben »,* préc., § 32). Tirant les conséquences d'une telle affirmation, elle estime qu'une liberté réelle et effective de réunion pacifique n'implique pas simplement une abstention et une non-intervention de l'État. S'inspirant de sa jurisprudence relative à l'article 8 de la Convention, la Cour estime que le droit de réunion pacifique appelle parfois des mesures positives, des interventions positives, « au besoin jusque dans les relations interindividuelles » *(Plattform « Ärzte für Das Leben », ibid.).* L'interdiction d'une contre-manifestation au prétexte que la tenue de deux manifestations opposées risque de troubler l'ordre public est disproportionnée et viole l'article 11 (*Öllinger c/ Autriche*, préc.).

La Cour laisse cependant une large marge d'appréciation à l'État. Celui-ci doit certes adopter des mesures raisonnables et appropriées afin d'assurer le déroulement des manifestations licites. Toutefois, il ne saurait le garantir de manière absolue et jouit d'un large pouvoir d'appréciation dans le choix de la méthode à mettre en œuvre. L'État assume, en vertu de l'article 11 de la Convention, « une obligation de moyens et non de résultat » (*Plattform « Ärzte für Das Leben »,* préc., § 34 : où l'Autriche n'a pas été condamnée). Cependant, la marge d'appréciation de l'État n'est pas fonction du caractère sensible de l'objet de la manifestation. Le fait qu'une réunion publique porte sur des symboles nationaux et sur l'identité nationale n'augmente pas la marge d'appréciation de l'État. Celui-ci doit veiller à ce que l'opinion publique nationale ne soit pas protégée aux dépens de l'expression d'opinions minoritaires, aussi impopulaires soient-elles (*Stankov et al.*, préc., en interdisant systématiquement les réunions d'une association des Macédoniens de Bulgarie, les autorités bulgares avaient outrepassé leur marge d'appréciation).

Il est fondamental toutefois que « les associations et autres organisateurs de manifestations participent en tant qu'acteurs de la démocratie aux règles du jeu en respectant les réglementations en vigueur » (*Ciloglu c/ Turquie*, 6 mars 2007, § 48). Une manifestation pacifique *(sit in)* se déroulant tous les samedis pendant trois ans sans tenir compte des règles de sécurité peut être dispersée sans violation de l'article 11 (*Ciloglu*, préc.).

Une fois l'organisation d'une réunion autorisée et que la sécurité de son déroulement est assurée, l'État doit veiller à ne pas entraver la participation à cette réunion pacifique.

## II / La liberté de participer à une réunion pacifique

Les liens étroits qui unissent la liberté de réunion pacifique et la liberté d'opinion déjà établis par l'arrêt Ezlin et apparaissant en filigrane dans l'arrêt Stankov justifient davantage encore une extension de la liberté de participer à une réunion pacifique et un approfondissement du contrôle de proportionnalité exercé par le juge européen, même si cette liberté n'est pas illimitée.

A) L'arrêt Ezelin affirme avec force le droit de participer à une réunion pacifique. Il protège les participants à une manifestation contre les mesures pouvant les frapper avant, pendant et après la réunion (Akgöl Gazioglu e.a c/ Turquie, 17 mai 2011, § 66 ; voir ainsi Primova e.a c. Russie, 12 juin 2014, req. 17391/06 : le blocage d'un village afin d'empêcher une manifestation pacifique et la dispersion violente de la manifestation violent l'article 11). Ainsi, le refus d'autorisation opposé – de surcroît non prévu par la loi – à un requérant qui souhaite se déplacer pour participer à une réunion pacifique viole l'article 11 de la CEDH (*Djavit c/ Turquie*, préc.). Méconnaît l'article 11 la condamnation pénale de dirigeants d'association pour n'avoir pas demandé une autorisation pour ses membres se rendant à des manifestations à l'étranger (*Izmir Savas Karsitlari Dernegi c/ Turquie*, 2 mars 2006). Id. pour la condamnation pénale d'un président d'association ayant assisté à une conférence de presse débouchant sur une réunion qualifiée d'illégale par les autorités (*Cetinkaya c/ Turquie*, 27 juin 2006). Les « restrictions » de l'exercice du droit de réunion pacifique, prévues à l'article 11 de la Convention, ne sauraient en effet s'interpréter comme n'incluant pas les mesures prises après la réunion. Il va de soi que méconnaissent l'article 11 les condamnations pénales (peines d'emprisonnement commuées en amendes ou encore un an de détention provisoire et 3 ans d'emprisonnement avec sursis pour avoir participé à une manifestation contre le président russe – Taranenko c. Russie, 15 mai 2014, req. 19554/05) et l'exclusion de la fonction publique d'enseignants ayant participé à une journée nationale de grève (*Urcan et al. c/ Turquie*, 17 juill. 2008, § 34). *Ibid.*, pour une peine d'emprisonnement de trois jours infligée à un manifestant pacifique pour « blocage de la circulation routière » et « fortes nuisances sonores » (*Galstyan c/ Arménie*, 15 nov. 2007, § 116). Mieux, une manifestation pacifique ne doit pas, en principe, être exposée à la menace d'une sanction pénale, en particulier d'une privation de liberté (*Akgöl et Göl c/ Turquie*, 17 mai 2011, § 43 ; *Gün e.a c Turquie*, préc.), et même s'il s'agit de privation de liberté de nature administrative sanctionnant une infraction à la procédure relative à la tenue d'une manifestation (*Vyerentsov c. Ukraine*, 11 avr. 2013). Même une amende administrative sanctionnant une participation à une réunion pacifique non autorisée méconnait la liberté de réunion pacifique (*Kasparov c. Russie*, 3 oct. 2013). Toutes les condamnations, de nature pénale comme de nature administrative, de personnes ayant participés pacifiquement à une manifestation violent l'article 11 CED (*Kudrevicius e.a c. Lituanie*, 26 nov. 2013).

Aussi étendue soit-elle, la protection offerte par l'article 11 bénéficie cependant aux seuls manifestants pacifiques. En effet, la Cour a pris soin de vérifier que M. Ezelin n'avait pas lui-même proféré des menaces comme il n'avait pas lui-même dégradé les murs des bâtiments publics. Dans ces conditions, sa participation pacifique à une réunion légale rentrait bien sous la protection de l'article 11 de la Convention. Il est clair également qu'un « sit-in » sur la voie publique ne peut être qualifié de réunion violente et la condamnation des manifestants pour entrave à la liberté de circulation constitue une ingérence dans le droit de participer à une réunion pacifique (Comm., déc. 6 mars 1989, *DR*, 60, 256). Dès lors que les manifestants s'abstiennent de tout acte de violence, il est important que les pouvoirs publics fassent preuve d'une certaine tolérance face à un rassemblement pacifique. La Cour sanctionne l'utilisation vigoureuse et excessive de la force pour disperser une manifestation (*Nurettin Aldemin et al. c/ Turquie*, 18 déc. 2007).

L'article 11, § 2 ne prohibe pas toutes ingérences dans l'exercice de la liberté de participer à une réunion pacifique dès lors qu'elles sont prévues par la loi et qu'elles sont nécessaires dans une société démocratique.

B) Assez classiquement, à l'instar du contrôle de proportionnalité exercé par la Cour sur les restrictions de la liberté d'expression, celui qu'elle exerce sur les mesures qui restreignent la liberté de participer à une réunion pacifique est approfondi et étendu.

Comme la Cour l'indique nettement « la proportionnalité appelle à mettre en balance les impératifs des fins énumérées à l'article 11, § 2 avec ceux d'une libre expression par la parole, le geste ou même le silence, des opinions réunies dans la rue en d'autres lieux publics » (*Ezelin*, § 52). En l'espèce, elle prend en compte le souci de ne pas décourager les avocats, par peur de sanctions disciplinaires, de faire état de leurs convictions en pareille circonstance. La mise en balance des intérêts publics et des intérêts privés du manifestant pacifique était ici favorable à ce dernier. En effet, malgré le caractère essentiellement moral et minime de la sanction, la Cour a considéré que la sanction infligée à M. Ezelin n'était pas nécessaire dans une société démocratique.

Malgré sa rigueur, l'appréciation de la « nécessité » des restrictions à la liberté de participer à une réunion pacifique ne favorise pas systématiquement les manifestants (Barraco c/ France, 5 mars 2009 : chauffeur routier participant au blocage d'une autoroute). Le contrôle de proportionnalité leur est défavorable dès lors que, par leurs actes ou leurs paroles, ils ont incité à la haine et à la violence. Ainsi, une condamnation pénale frappant un manifestant et l'ayant fait passer un an et trois mois en prison est une ingérence non disproportionnée dans la liberté de participer à une réunion pacifique dès lors que l'intéressé, maire d'origine albanaise d'une ville dans l'ex-République yougoslave de Macédoine, avait provoqué des tensions interethniques, par son discours au cours d'une réunion et par l'organisation d'équipes de nuit armées pour surveiller le drapeau albanais devant l'hôtel de ville (déc. 11 oct. 2001, *Osmani et al. c/ ex-République yougoslave de Macédoine*, n° 50841/99).

Par ailleurs, dans l'affaire des « sans-papiers de Saint-Bernard », la Cour a montré l'élasticité du contrôle de proportionnalité qui est parfois favorable à l'État. Des étrangers dont certains en grève de la faim occupèrent l'église Saint-Bernard à Paris. Après deux mois d'occupation, ils furent évacués sans ménagement des lieux. La Cour a reconnu que l'évacuation en cause constituait une ingérence certes prévue par la loi dans la liberté de réunion pacifique et qu'elle poursuivait un but légitime de prévention de l'ordre public, mais elle ne constituait pas un but légitime de « restriction » de la liberté de réunion pacifique. Cependant, la Cour a finalement jugé que, compte tenu de l'état de santé des grévistes de la faim et les conditions sanitaires devenues insuffisantes, il était devenu nécessaire de restreindre l'exercice du droit de réunion. En définitive, le juge européen considère que la valeur de symbole et de témoignage de la présence des étrangers avait pu se manifester de façon suffisamment durable pour que l'ingérence, après cette longue période, n'apparaisse pas, en l'espèce, comme excessive. Faisant référence au large pouvoir d'appréciation des États en la matière, la Cour juge que l'ingérence litigieuse n'a pas été disproportionnée. À l'unanimité, la Cour conclut à une non-violation de l'article 11 (*Cissé*, préc.).

En dépit des contorsions dans certaines affaires, il faut retenir la rigueur avec laquelle la jurisprudence européenne en la matière contrôle les « restrictions » à la liberté de manifestation pacifique.

J. A.

## II | La liberté d'association

### A | Libertés des partis politiques

**63.** ***Parti communiste unifié de Turquie c/ Turquie, 30 janvier 1998*** *(Grande Chambre), Rec., 1998, I, 1, Bibliographie et extraits, voir supra nº 6.* Déjà commenté au titre de la « société démocratique », l'arrêt Parti communiste unifié de Turquie (arrêt PCU) est le premier arrêt qui intègre les partis politiques dans la sphère de la liberté d'association (même si la Commission s'était penchée implicitement sur la question, Comm., aff. du *Parti communiste d'Allemagne*, nº 250/57, *Annuaire*, 1, 222 ; Comm., *affaire grecque, Annuaire*, 12, 70, § 392 ; Comm., *affaire France, Norvège, Danemark, Suède et Pays-Bas c/ Turquie*, nº 9940-9944/82, *DR*, 35, 143).

Il confirme la conception élastique de la liberté d'association dans la jurisprudence européenne. Ayant une « portée autonome » (*supra*, nº 4, *Engel et König*), la liberté d'association vise à constituer de groupes durables, stables et permanents. L'article 11 de la Convention protège largement cette stabilité et cette permanence. Le Conseil d'État a jugé que l'article 79-I du Code civil d'Alsace-Moselle qui radie automatiquement du registre des associations inscrites les associations n'exerçant plus d'activité et n'ayant plus de direction depuis cinq ans méconnaît l'article 11 de la Convention (CE, 16 juill. 2008, Masson, *AJDA*, 2008, p. 1466). La conception autonome de l'association permet à la Cour de protéger les groupements que les États pourraient qualifier de « publics » ou de « para-administratifs » pour les soustraire du champ d'application de l'article 11. C'est ainsi que les associations communales de chasse agréées prévues par la loi « Verdeille » du 10 juillet 1964 ont été qualifiées d'« associations » au sens de l'article 11 de la Convention (*infra*, n° 69, *Chassagnou*).

En qualifiant les partis politiques d'« associations » au sens de la Convention, l'arrêt PCU montre de manière éclatante la dimension constitutionnelle de « l'ordre public européen » des droits de l'homme (*supra, Loizidou*, n° 1). La Grande Chambre de la Cour y fut confrontée à une mesure de dissolution d'un parti politique prononcée par une Cour constitutionnelle. À peine dix jours après sa création, accusé de menacer l'unité de la nation turque et de violer l'interdiction d'user de l'appellation « communiste », le parti requérant fut dissous par la Cour constitutionnelle turque conformément à la Constitution. Ses biens furent liquidés et transférés au Trésor public. Ses dirigeants furent frappés d'interdiction d'exercer toutes fonctions politiques dans d'autres partis politiques. Pareille mesure de dissolution est-elle compatible avec la liberté d'association au sens de l'article 11 de la Convention ? Au préalable, cet article est-il applicable aux partis politiques ?

Après avoir jugé que les stipulations de l'article 11 sont applicables aux partis politiques, la Cour européenne condamna la Turquie pour violation de la liberté d'association. Une telle issue fut acquise au terme d'un raisonnement finaliste arrimant les partis politiques à la démocratie. Ces partis sont propulsés au rang de poumons indispensables de la « société démocratique » (*supra*, n° 6, *pcu*).

De la sorte, la Cour comble le silence de l'article 11 de la Convention qui ne mentionne pas les partis politiques parmi les associations pouvant se réclamer de la liberté d'association. Elle va plus loin en contrôlant plus ou moins sévèrement les mesures étatiques qui restreignent les activités des partis politiques.

## I / L'applicabilité de la liberté d'association aux partis politiques

Le laconisme de l'article 11, qui se contente d'indiquer la protection de « la liberté d'association, y compris le droit de fonder avec d'autres des syndicats », pouvait faire douter de l'intégration des partis politiques dans le champ d'application de la liberté d'association. Le gouvernement turc tente d'ailleurs d'exploiter ce caractère elliptique de la rédaction de l'article 11. Fidèle à une interprétation à la fois dynamique et téléologique de la Convention, la Cour écarte les arguments du gouvernement défendeur. Elle assimile le parti politique à une « association » au sens de la Convention. Elle lui offre une protection étendue qui concerne toutes les étapes de son existence.

A) L'assimilation des partis politiques aux « associations » au sens de la CEDH n'est pas surprenante au regard de la jurisprudence de la Cour.

1 / La notion d'association y a une signification « autonome » (*supra*, n° 4, *Engel, König*). Elle est entendue largement par les organes de la Convention. La Commission estimait que « le terme "association" suppose un groupement volontaire en vue d'un but commun » (Comm., Rap. 14 déc. 1979, *Young, James et Webster c/ Royaume-Uni,* § 167, Cour EDH, *Série B*, n^os^ 39, 47). Dans cette optique, la mention des seuls syndicats par l'article 11 de la Convention ne saurait circonscrire la portée du concept d'« association » (*infra*, n° 64, *Demir et Baykara*). Comme la Cour le note antérieurement à l'arrêt PCU : « L'article 11, § 1 présente la liberté syndicale comme une forme ou un aspect particulier de la liberté d'association » (*Schmidt et Dahlström c/ Suède*, 6 févr. 1976, A. 21, § 34). Elle précise dans l'arrêt PCU que « si l'article 11 évoque "la liberté d'association, y compris le droit de fonder avec d'autres syndicats", la conjonction "y compris" montre clairement qu'il ne s'agit là que d'un exemple parmi d'autres de la forme que peut prendre l'exercice du droit à la liberté d'association » (*PCU*, § 24). L'« association » au sens de la Convention n'est pas soluble dans le syndicat. D'ailleurs, et par exemple, en droit français, les partis politiques ont le statut d'association. Ces partis relèvent d'autant plus de l'article 11 de la Convention qu'ils jouent un rôle particulier dans la « société démocratique ».

2 / Pour la Cour européenne, « les partis politiques représentent une forme d'association essentielle au bon fonctionnement de la démocratie » (*PCU*, § 25 ; *Parti socialiste et al. c/ Turquie*, 25 mai 1998, § 29, *JDI*, 1999, 213, obs. S. Wohlfarhrt ; *Yazar, Karatas, Aksoy et Parti du Travail du peuple c/ Turquie*, 9 avr. 2002, § 30). Effectivement, lu à la lumière de l'article 3 du Protocole additionnel à la Convention, l'article 11 permet d'affirmer que les partis politiques concourent à la libre expression de l'opinion du peuple sur le choix du corps législatif (*infra*, n° 65, *Zdanoka*). Ils sont alors les garants du pluralisme dans la démocratie (*Parti de la liberté et de la démocratie c/ Turquie*, 8 déc. 1999,

§ 37). Ils contribuent de manière constante au débat politique (*PCU*, § 44). Dès lors, assez logiquement, la Cour considère que « eu égard à l'importance de celle-ci (la démocratie) dans le système de la Convention, il ne saurait y avoir aucun doute qu'ils relèvent de l'article 11 » (*PCU*, § 24-34 ; *Parti socialiste et al.*, § 29 ; *Yazar et al.*, § 32).

3 / Malgré cette affirmation, l'applicabilité de l'article 11 aux partis politiques pourrait être compromise lorsque les activités de ces partis peuvent porter atteinte aux structures constitutionnelles d'un État. Conformément à une jurisprudence bien établie relative à l'« ordre public européen » (*supra*, n° 1, *Loizidou*), la Cour écarte pareille hypothèse. « Une association, fût-ce un parti politique, ne se trouve pas soustraite à l'empire de la Convention par cela seul que ses activités passent aux yeux des autorités nationales pour porter atteinte aux structures constitutionnelles d'un État et appeler des mesures restrictives » (*PCU*, § 27). Malgré le passé d'expérience totalitaire de certains États adhérents, le simple fait de vouloir créer un parti communiste ne saurait entraîner le refus d'enregistrement du parti dès lors que le programme de celui-ci n'appelle ni à la violence, ni au soulèvement ni au rejet des principes démocratiques ni à la dictature du prolétariat (*Partidul Comunistilor (Nepeceriste) et Ungareanu c/ Roumanie*, 3 févr. 2005, § 54). L'autonomie constitutionnelle des États contractants ne saurait les dispenser de se plier au principe de prééminence du droit et d'user de leurs prérogatives constitutionnelles dans le respect de la Convention, sous le contrôle de la Cour européenne (*Open Door et Dublin Well Woman c/ Irlande*, 29 oct. 1992, *infra*, n° **72**). Il en est ainsi concernant la réglementation par les États des activités des partis politiques (PCU, § 27).

Si ces activités risquent de constituer effectivement une menace pour les structures constitutionnelles de l'État et pour la démocratie, elles pourraient tomber sous le joug de l'article 17 de la Convention aux termes duquel « aucune des dispositions de la présente Convention ne peut être interprétée comme impliquant pour un État, un groupement ou un individu, un droit quelconque de se livrer à une activité ou d'accomplir un acte visant à la destruction des droits et libertés reconnus dans la présente Convention ou à des limitations plus amples de ces droits et libertés que celles prévues à ladite Convention ». Toutefois, concernant les partis politiques, l'arrêt *pcu* semble laisser à la discrétion de la Cour le soin de trancher, au cas par cas, la question de l'applicabilité de l'article 17 (*PCU*, § 32 ; *Parti socialiste et al.*, § 53). Une association des victimes polonaises des victimes du bolchevisme et du sionisme à connotation raciste est frappée ainsi par les dispositions de l'article 17 et ne saurait invoquer l'article 11 pour dénoncer l'interdiction qui lui est faite de se constituer (déc. 2 sept. 2004, *P. W et al. c/ Pologne*, n° 42264/98). L'utilisation de l'article 17 peut être dédoublée dans le temps, la Cour acceptant d'apprécier la conformité du comportement d'une personne frappée d'inéligibilité au regard de son comportement actuel et non au regard de son comportement dans le passé (*Zdanoka c/ Lettonie*, 17 janv. 2004, § 109, *AJDA*, 2004, 1819, chron. J.-F. Flauss ; Grande Chambre, 16 mars 2006, *infra* n° 65).

En droit français, les « groupes de combat » au sens de la loi du 10 janvier 1936 modifiée tombent sans doute dans le champ d'application de l'article 17 de la Convention. Cependant, leur régime juridique comporte quelques aspects qui peuvent être contraires à l'article 11 de la Convention. Le président de la République peut dissoudre, par décret en conseil des ministres, toute association présentant les caractères du groupe de combat. Les garanties juridiques offertes aux associations concernées sont globalement satisfaisantes. Toutefois, le cas des associations qui « ont pour but de porter atteinte à l'intégrité du territoire national » mérite d'attirer l'attention. Le contrôle des mesures de dissolution les concernant paraît en retrait par rapport aux exigences européennes car le Conseil d'État ne vérifie pas si les associations litigieuses envisagent ou non d'utiliser la violence (CE, 8 oct. 1975, Association Enbata, *Rec.*, 495 ; CE, 16 oct. 1992, Battesti, *AJDA*, 1993, 156).

En évoquant le § 2 de l'article 11 de la Convention, le juge européen intègre les partis politiques dans l'ensemble du champ d'application de l'article 11. Reste à savoir si l'assimilation des partis politiques aux « associations » leur offre une protection large allant au-delà le droit de fonder un parti.

B) L'étendue de la protection des partis politiques au titre de la liberté d'association est la plus large possible. S'appuyant sur le principe de l'effectivité de la protection européenne des droits fondamentaux, la Cour estime que « la protection de l'article 11 s'étend à toute la durée de vie des associations » (*PCU*, § 33). Elle couvre la naissance, la vie et la mort des partis politiques.

Logiquement, le droit de fonder une association (*supra*, n° 21, *Le Compte, Van Leuven et De Meyere*, § 65) comprend le droit de donner naissance à un parti politique (*PCU*, § 33). Dans l'affaire PCU, la mesure de dissolution enlevait également aux fondateurs et aux dirigeants du PCU de Turquie la possibilité de créer un nouveau parti. Il était normal alors que la mesure litigieuse ait été constitutive d'ingérence dans la liberté d'association des requérants (*pcu*, § 36 ; voir aussi *Parti socialiste et al.*, § 30). En revanche, sans dépasser leur marge d'appréciation, les autorités nationales peuvent refuser d'enregistrer une association si ce refus est justifié par un besoin social impérieux, au moment de l'enregistrement, de réglementer le libre choix d'une association de se qualifier d'« organisation d'une minorité nationale » pour sauvegarder les institutions démocratiques et les procédures démocratiques existantes. Une restriction se rapportant essentiellement à la dénomination de l'association et n'obérant pas la capacité de celle-ci d'agir collectivement dans un domaine d'intérêt commun ne porte pas atteinte à la substance de la liberté d'association. Il s'agit d'un moyen légitime d'empêcher le détournement des lois électorales au profit d'une minorité (*Gorzelik et al.* c/ Pologne, 17 févr. 2004, Gr. Ch., *JCP G*, I, 161, n° 13, chron. F. Sudre, *RDP*, 2005, 797, obs. H. Surrel ; *Artyomov c/ Russie*, 7 déc. 2006 : association défendant une ethnie). En revanche, un refus d'enregistrement du renouvellement d'une association en tant que parti suite à des changements de la législation applicable alors que le parti en cause a modifié son statut pour indiquer sa participation à la vie politique de la société conformément à la nouvelle législation viole l'article 11 (*Parti présidentiel de Mordovie c/ Russie*, 5 oct. 2004). Inconventionnalité du refus d'enregistrement d'un parti qui souhaitait rompre rétroactivement avec des régimes totalitaires antérieurs (*Linkov c/ République tchèque*, 7 déc. 2007).

Bien entendu, la liberté d'association protège les activités mêmes des partis politiques et de leurs membres, la Cour contrôlant l'interdiction d'exercer une activité politique (*PCU*, § 46 ; *Yazar et al.*, § 46-49) comme elle protège les locaux d'un parti (*Ouranio Toxo c/ Grèce*, 20 oct. 2005). Les partis politiques peuvent mener des activités bénéficiant de la protection des dispositions de la Convention (*PCU*, § 57, *Refah Partisi et al. c/ Turquie*, 31 juill. 2001, § 46-47, *JCP*, 2002, I, 105, 16, obs. F. Sudre ; *RTDH*, 2002, 983, obs. S. Sottiaux et D. de Prins, arrêt confirmé avec force par une Grande Chambre, *Refah Partisi c/ Turquie*, 13 févr. 2003, *JCP*, 2003, I, 160, n° 15, obs. F. Sudre). Pour permettre aux partis de vivre, la Convention protège le droit de s'affilier ou d'adhérer à un parti politique de son choix (*Ahmed c/ Royaume-Uni*, 2 sept. 1998, § 70, *JCP*, 1999, I, 105, 48, obs. F. Sudre). Sous l'angle du droit à la non-discrimination de l'article 14 CEDH combiné avec le droit à des élections libres de l'article 3 du Protocole n° 1, la soumission du financement direct par l'État d'un parti politique à une condition de représentativité ne méconnaît pas la Convention (*ODP c. Turquie*, 10 mai 2012).

Le Conseil d'État ne s'éloigne pas de la jurisprudence européenne en jugeant que « le caractère de liberté fondamentale s'attache également au droit d'un parti politique légalement constitué de tenir des réunions »

(CE, Ord. référé, 19 août 2002, *Front national et institut de formation des élus locaux*, req. n° 249666).

De son côté, en liant le sort de la démocratie à celui des partis politiques, la Cour considère que la liberté d'association protège ceux-ci des mesures de dissolution disproportionnées (*PCU*, § 33 ; *Parti socialiste et al.*, § 54 ; *Parti de la liberté et de la démocratie*, § 48 ; *Yazar et al.*, § 61 ; *Refah Partisi*, § 82).

La jurisprudence de la Cour ne se contente pas d'interpréter la liberté d'association dans un sens favorable à l'extension de la protection des partis politiques. Elle exerce aussi un contrôle relativement intense des mesures qui restreignent l'exercice des activités de ces partis.

## II / Le contrôle des mesures étatiques concernant les partis politiques

Compte tenu de la place et du rôle particuliers des partis politiques dans la « société démocratique », la réglementation de la vie et des activités des partis politiques est soumise à un contrôle approfondi de la part de la Cour européenne. L'intensité de ce contrôle varie toutefois selon qu'il s'agit des mesures de dissolution des partis politiques ou des mesures de restriction de la participation de certains fonctionnaires à leurs activités.

A) Les mesures de dissolution des partis politiques font l'objet d'un contrôle intense et approfondi du juge européen.

1 / Cet état des choses s'explique en premier lieu par la proximité de la liberté d'association et de la liberté d'expression. De façon constante, la Cour considère que « malgré son rôle autonome et la spécificité de sa sphère d'application, l'article 11 doit s'envisager aussi à la lumière de l'article 10 » (*PCU*, § 42). Surtout, conformément à une jurisprudence bien établie (*Young, James, Webster c/ Royaume-Uni*, 13 août 1981, Cour plén., A. 44, § 57, *CDE*, 1982, 226, obs. G. Cohen-Jonathan ; *supra*, n° 61, *Vogt*, § 64), « la protection des opinions et de la liberté de les exprimer constitue l'un des objectifs de la liberté de réunion et d'association consacrée par l'article 11 » (*PCU*, § 42). *A fortiori*, eu égard au rôle essentiel des partis politiques pour le maintien du pluralisme et le bon fonctionnement de la démocratie, ils bénéficient de la protection combinée de l'article 11 et de l'article 10 (*PCU*, § 43 ; *Parti socialiste de Turquie (STP) c/ Turquie*, 12 nov. 2003, § 36). Il en est d'autant plus

ainsi que leurs activités participent d'un exercice collectif de la liberté d'expression (*PCU*, § 43).

Le contrôle exercé par la Cour est aussi fondé sur une lecture combinée de l'article 11 avec l'article 3 du Protocole 1 à la Convention. La libre expression de l'opinion du peuple sur le choix du corps législatif s'épanouit dans le pluralisme des partis politiques qui représentent les courants d'opinion qui traversent la population étatique.

La lecture triangulaire des articles 10 et 11 de la Convention et de l'article 3 du Protocole 1 place les partis politiques au centre de gravité de la vie politique et fait de ces partis les pourvoyeurs inlassables de débat politique, cœur et ossature de la notion de « société démocratique » (*Lingens c/ Autriche*, 8 juill. 1986, § 42 ; *Castells c/ Espagne*, 23 avr. 1992, § 43, *JDI*, 1993, 731, obs. E. Decaux).

Dès lors, si l'article 11 de la Convention prévoit des exceptions à la liberté d'association, appliquées aux partis politiques, celles-ci doivent faire l'objet d'une interprétation stricte. Même une interdiction temporaire méconnaît l'article 11 en ce qu'elle peut inhiber le parti dans son activité et dès lors que cette activité est pacifique (*Parti populaire démocrate-chrétien c/ Moldova*, 14 févr. 2006). En effet, dans l'exercice de son contrôle, la Cour ne prend en compte que les raisons convaincantes et impératives. Les États ne disposent que d'une marge d'appréciation étroite enserrée dans un contrôle européen rigoureux portant à la fois sur la loi et sur les décisions qui l'appliquent, y compris celles d'une juridiction indépendante (*pcu*, § 46).

Les critères du contrôle sont classiques. Ils sont clairement établis. Sans se substituer aux juridictions nationales compétentes, la Cour contrôle la mesure litigieuse au regard de l'ensemble de l'affaire. La Cour n'exclut pas pour autant au profit des États le droit de protéger leurs institutions contre les activités des partis politiques en conciliant les impératifs de la défense de la société démocratique et ceux de la sauvegarde des droits individuels (*Klass c/ Allemagne*, 6 sept. 1978, Cour plén., A. 28, § 59, *CDE*, 1979, 478, obs. G. Cohen-Jonathan). Les mesures étatiques adoptées dans cet objectif doivent être fondées sur le § 2 de l'article 11 et en totale conformité avec les stipulations de celui-ci (*PCU*, § 32).

Elle exerce un contrôle de proportionnalité de la mesure par rapport au but légitime poursuivi. Cela la conduit à vérifier si les motifs étatiques justifiant la dissolution apparaissent comme « pertinents et suffisants » et qu'ils répondent à un « besoin social impérieux » (*Yazar et al.*, § 51, 60). Cette vérification doit la convaincre du respect des principes consacrés par l'article 11. Elle doit lui permettre de s'assurer que les autorités nationales ont fondé leur décision sur une appréciation acceptable des faits pertinents (*PCU*, § 47).

2 / Les différents paramètres et critères du contrôle européen sont appliqués et mis en œuvre rigoureusement par la jurisprudence européenne.

La dissolution d'un parti politique étant une mesure radicale, elle ne saurait être justifiée par exemple par l'utilisation d'un nom prohibé, à défaut de circonstances pertinentes et suffisantes (*PCU*, § 54). Il ne suffit pas qu'un parti s'octroie un nom prohibé par la loi ou par la Constitution pour pouvoir être dissous.

Encore faut-il que son statut, ses activités et ses actions constituent une menace pour la démocratie. Il en était ainsi du Parti communiste d'Allemagne (Comm., *aff. du Parti communiste d'Allemagne*, préc.). Il en est de même d'un parti politique qui propose à la fois l'instauration « d'un système multi-juridique selon lequel la société devrait être divisée en plusieurs mouvements religieux » (*Refah Partisi*, § 68) et l'application de la Charia qui reflète fidèlement les dogmes et les règles divines édictées par la religion. Pour la Cour, le statut et les objectifs d'un tel parti ne sont pas compatibles avec les principes d'une « société démocratique » car ils méconnaissent le rôle de l'État dans la protection et la promotion des libertés des individus, le principe de non-discrimination des individus dans la jouissance des libertés publiques, le pluralisme dans la participation politique et l'évolution incessante des libertés publiques (*Refah Partisi*, Ch., § 70-74). La Grande Chambre va plus loin. Elle estime qu'un État contractant peut imposer aux partis politiques « le devoir de respecter et de sauvegarder les droits et les libertés garantis par la Convention ainsi que l'obligation de ne pas proposer un programme politique en contradiction avec les principes fondamentaux de la démocratie » (*Refah Partisi*, préc., Gr. Ch., § 104). Dans le droit fil de cette jurisprudence, la dissolution de partis politiques apparaissant comme la « vitrine légale » de l'organisation révolutionnaire basque ETA n'est pas contraire à l'article 11 CEDH dès lors que ces partis apportent un soutien aux actions terroristes d'ETA, refusent de condamner le recours à la violence, entretiennent des liens étroits avec ETA, développent des projets incompatibles avec la notion de société démocratique (*Herri Batasuna et Batasuna*, 30 juin 2009, *AJDA*, 2009, 1936, chr. J. F. Flauss).

Sauf dans ces cas extrêmes, la dissolution d'un parti politique viole la liberté d'association dès lors qu'elle est fondée sur des allégations tendant à empêcher le parti ou ses membres d'exprimer des revendications pacifiques. En effet, « il est de l'essence de la démocratie de permettre la proposition et la discussion de projets politiques divers, même ceux qui remettent en cause le mode d'organisation actuel d'un État, pourvu qu'ils ne visent pas à porter atteinte à la démocratie elle-même » (*Parti de la liberté et de la démocratie*, § 41 ; *Parti socialiste et al.*, § 47). La Cour prend en compte les difficultés liées à la lutte contre le terrorisme, mais elle juge que la dissolution d'un parti qui se contente pacifiquement de soutenir « la lutte des peuples pour leur indépendance et leur liberté » est disproportionnée et non nécessaire dans une société démocratique (Parti de la liberté et de la démocratie, préc.). Il en est de même de la dissolution d'un parti qui exhorte, certes en termes vindicatifs, un peuple ou une partie de la population d'un pays à se réunir pour revendiquer ses droits, mais à le faire dans le cadre de débats démocratiques (*Parti socialiste et al.*, préc.). La Cour considère que la revendication pacifique du droit à l'autodétermination et de la reconnaissance des droits linguistiques n'est pas contraire à la liberté d'association car ces droits ne sont pas « comme tels, contraires aux principes fondamentaux de la démocratie » (*Yazar et al.*, § 57). En somme, en l'absence de projet politique d'un parti « de nature à compromettre le régime démocratique dans le pays et/ou à l'absence d'une invitation ou d'une justification de recours à la force à des fins politiques, sa dissolution ne peut raisonnablement être considérée comme répondant à un "besoin social impérieux" et ainsi comme étant "nécessaire dans une société démocratique" » (*Parti de la démocratie et de l'évolution et al. c/ Turquie*, 25 avr. 2005, § 26). Se pose également la question de la conformité avec l'article 11 de l'interdiction temporaire d'un parti politique qui a organisé des manifestations considérées comme illégales par les autorités nationales (déc. 22 mars 2005, *Christian Democratic People's Party*, n° 28793/02). Sont disproportionnées les privations de droits politiques infligées à des membres d'un parti politique dissous – interdiction d'être fondateurs, adhérents, dirigeants ou commissaires aux comptes d'un parti politique pendant cinq ans – (*Silay c/ Turquie*, 5 avr. 2007, § 32-33 ; *Ilicak c/ Turquie*, 5 avr. 2007, § 35-36 : violation de l'article 3 du Protocole 1er, la Cour ayant préféré se prononcer sur ce seul article alors que les articles 10 et 11 de la Convention ont été invoqués).

De manière implicite, la Cour juge non compatible avec la liberté d'association un système qui instaure une déchéance automatique des mandats parlementaires des membres d'un parti dissous (*Selim Sadak et al. c/ Turquie*, 11 juin 2002).

Malgré une jurisprudence protectrice de la liberté d'association, la Cour donne des armes à l'État pour lutter contre les manifestations violentes ou appelant à la haine raciale à l'instigation d'organisations de la société civile qui ont une influence sur la vie politique et qui prônent un projet incompatible avec la CEDH et la démocratie (*Vona c. Hongrie*, 9 juillet 2013 : compatibilité avec l'article 11 de la dissolution d'une association dont l'aile paramilitaire a organisé des rassemblements anti-Roms).

B) Le contrôle exercé par la Cour sur les restrictions de la participation des agents publics à la vie d'un parti politique est moins rigoureux que celui de la dissolution même d'un parti. La Cour reconnaît que « la dernière phrase de l'article 11 § 2 de la Convention autorise explicitement les États d'apporter des restrictions à l'exercice du droit à la liberté de réunion et d'association par les membres des forces armées, de la police et de l'administration de l'État » (*Strzelecki c. Pologne*, 10 avr. 2012, § 50 : interdiction faite à un agent de garde municipal d'adhérer à un parti politique). Dès lors la Cour reconnaît une marge d'appréciation étendue aux États pour réglementer la participation à la vie politique des agents en uniforme et des agents qui participent directement à l'exercice de la puissance publique et aux fonctions visant à sauvegarder les intérêts généraux de l'État.

De même, l'annulation de candidatures d'un parti politique à des élections municipales et à des élections à un Parlement régional ne viole ni l'article 3 du Protocole 1 CEDH ni les articles 10 et 11 CEDH dès lors que ce parti visait à assurer la continuité les activités de partis dissous en raison de leur soutien à la violence et à l'organisation terroriste ETA (*Eusko Abertzale Ekintza – Accion Nacionalista Vasca c. Espagne*, 7 déc. 2010).

À noter toutefois que les restrictions de l'exercice de la vie politique qui frappent les membres des forces armées, des forces de l'ordre et des agents publics ne s'appliquent ni aux députés ni aux membres des assemblées élues des collectivités locales (*Zdanoka*, préc.).

1 / Même lue à la lumière de l'article 10 de la Convention, la dernière phrase du § 2 de l'article 11 aux termes de laquelle « le présent article n'interdit pas que des restrictions légitimes soient imposées à l'exercice de ces droits par les membres des forces armées, de la police ou de l'administration de l'État », semble élargir la marge d'appréciation des États membres et assouplir le contrôle de la Cour européenne.

Cela transparaît dans l'affaire Rekvényi où la Cour devait apprécier la compatibilité de l'article 40B, § 4 de la Constitution de Hongrie avec la liberté d'expression et la liberté d'association (*Rekvényi c/ Hongrie*, 20 mai 1999, *RTDH*, 2000, 107, obs. J. Callewaert). Les dispositions constitutionnelles litigieuses disposent : « Les membres du personnel de carrière des forces armées, de la police et des services civils de la sécurité nationale ne peuvent être membres d'un parti ni exercer d'activité politique. » La Cour admet que la volonté de l'État de préserver la neutralité politique des fonctionnaires se concilie avec les principes démocratiques (*Rekvényi*, § 41). *A fortiori*, en raison de l'expérience historique des régimes totalitaires dans les pays de l'Est européen, ce souci revêt une signification particulière (*Vogt*, § 21). Afin de consolider et de maintenir la démocratie restaurée dans ces pays, la Cour accorde une marge d'appréciation importante à la Hongrie qui permet la restriction de la liberté pour les policiers d'exercer des activités politiques, et en particulier, de se livrer au débat politique (*Rekvényi*, § 46). Compte tenu de l'appartenance passée des policiers au parti unique dans l'ancien régime communiste, la volonté du nouveau pouvoir de protéger les forces de police de l'influence directe des partis répond, selon la Cour, à un « besoin social impérieux » dans une société démocratique (*Rekvényi*, § 48). Les policiers pouvant toujours exercer des activités leur permettant d'exprimer leurs opinions et leurs préférences politiques (soutenir des candidats, adhérer à des syndicats, associations ou organisations, participer à des réunions pacifiques, faire des déclarations à la presse, collaborer à des émissions de radio ou de télévision, écrire des ouvrages ou des articles), les mesures litigieuses n'apportent pas des restrictions excessives à la liberté d'expression et à la liberté d'association (*Rekvényi*, § 49, § 61).

La Cour invoque des circonstances historiques particulières pour justifier la limitation de son contrôle. Pareille réduction du contrôle juridictionnel n'est cependant pas réservée aux cas particuliers des mesures prises par les anciens pays communistes.

Dans l'affaire Ahmed, était en cause un règlement restreignant pour certaines catégories de fonctionnaires locaux la possibilité d'exercer des activités politiques (*Ahmed et al.*, préc.). Le souci du gouvernement britannique de préserver la neutralité politique des hauts fonctionnaires dans la gestion des affaires locales constituait un « besoin social impérieux ». Dès lors que les restrictions en cause sont mineures (interdiction de la détention d'un poste qui implique la participation à la direction générale d'un parti ou de l'une de ses sections, ou la représentation du parti dans les contacts avec des tiers) et n'entament pas le droit d'adhérer à un parti, elles ne sont pas considérées comme disproportionnées (*Ahmed*, § 48-70). La volonté du gouvernement de sauvegarder le bon fonctionnement du système démocratique local constitue un but légitime qui contracte sérieusement l'intensité du contrôle de la Cour.

2 / L'assouplissement du contrôle juridictionnel n'est pas à l'abri de la critique au regard de l'article 11.

Dans l'affaire Rekvényi, l'accroissement de la marge d'appréciation de l'État hongrois au nom de la « dépolitisation » de la police peut reposer sur une fausse symétrie. L'appartenance en masse des policiers au parti unique dans l'ancienne république socialiste de Hongrie implique-t-elle automatiquement l'interdiction pour les policiers d'adhérer à un parti politique démocratique parmi d'autres, dans une société hongroise devenue une démocratie pluraliste ? Il semble qu'il y ait confusion, ici, entre la neutralité des fonctionnaires et l'exercice d'une activité politique au sein d'un parti politique démocratique.

Surtout, s'étant déjà prononcée sous l'angle de l'article 10 de la Convention, la Cour se contente d'émettre un parallèle implicite entre les « restrictions légitimes » énoncées à l'article 11, § 2, et le « but légitime » prévu à l'article 10, § 2. La nécessité des mesures restrictives dans une société démocratique, au sens de l'article 10, est-elle pour autant assimilable aux « restrictions légitimes » au sens de la dernière phrase de l'article 11, § 2 ? La lecture de l'article 11 à la lumière de l'article 10 empêche actuellement de répondre à cette question. La Cour n'examine plus les griefs tirés de la violation de l'article 11, dès lors qu'elle a déjà statué sur ceux tirés de la violation de l'article 10. Il est paradoxal que la lecture combinée de la liberté d'association et de la liberté d'expression aboutisse ainsi à diminuer le degré de contrôle de la Cour.

Cette jurisprudence semble être suivie par le Conseil d'État qui a jugé que les dispositions de l'article 11-4 de la loi n° 88-227 du 11 mars 1988 relative à la transparence financière aux termes desquelles : « Aucune association de financement ou aucun mandataire financier d'un parti politique ne peut recevoir, directement ou indirectement, des contributions ou aides matérielles d'un État étranger ou d'une personne morale de droit étranger » ne sont incompatibles ni avec l'article 10, ni avec l'article 14 de la Convention (CE, 8 déc. 2000 (*Parti nationaliste basque Eri-PNB*, *Rec.*, 594 ; *RFDA*, 2001, 1275, chron. L. Sermet et J. Andriantsimbazovina ; *RFDA*, 2002, 59, note M. Verpeaux)). La Cour européenne estime également que l'interdiction de financement d'un parti politique français par un parti politique étranger peut passer pour nécessaire dans une société démocratique à la défense de l'ordre au sens de l'article 11 de la Convention (*Parti nationaliste basque – Organisation régionale d'Ipparalde c/ France*, 7 juin 2007, § 52).

J. A.

## B | Liberté syndicale

### 64. ***Demir et Baykara c/ Turquie 12 novembre 2008*** *(Grande Chambre), JCP 2009 ed. G.I, 10008 note F. Sudre ; D 2009,739 chron. J.-P. Marguénaud et J. Mouly*

**85.** La Cour, quand elle définit le sens des termes et des notions figurant dans le texte de la Convention, peut et doit tenir compte des éléments de droit international autres que la Convention, des interprétations faites de ces éléments par les organes compétents et de la pratique des États européens reflétant leurs valeurs communes. Le consensus émergeant des instruments internationaux spécialisés et de la pratique des États contractants peut constituer un élément pertinent lorsque la Cour interprète les dispositions de la Convention dans des cas spécifiques.

**86.** Dans ce contexte, il n'est pas nécessaire que l'État défendeur ait ratifié l'ensemble des instruments applicables dans le domaine précis dont relève l'affaire concernée. Il suffit à la Cour que les instruments internationaux pertinents dénotent une évolution continue des normes et des principes appliqués dans le droit international ou dans le droit interne de la majorité des États membres du Conseil de l'Europe et attestent, sur un aspect précis, une communauté de vue dans les sociétés modernes (mutatis mutandis, Marckx, précité, § 41).

**140.** Le développement de la jurisprudence de la Cour concernant les éléments constitutifs du droit syndical peut se résumer comme suit : la Cour a toujours considéré que l'article 11 de la Convention protège la liberté de défendre les intérêts professionnels des adhérents d'un syndicat par l'action collective de celui-ci, action dont les États contractants doivent à la fois autoriser et rendre possibles la conduite et le développement (arrêt Syndicat national de la police belge, précité, § 39, Syndicat suédois des conducteurs de locomotives, précité, § 40, et Schmidt et Dahlström c. Suède, arrêt du 6 février 1976, § 36).

**141.** Quant au contenu du droit syndical consacré par l'article 11 de la Convention, la Cour a considéré que le paragraphe 1 de cette disposition garantissait aux membres d'un syndicat, en vue de la défense de leurs intérêts, le droit à ce que leur syndicat soit entendu, mais laissait à chaque État le choix des moyens à employer à cette fin. Ce qu'exige la Convention, selon la Cour, c'est que la législation permette aux syndicats, selon des modalités non contraires à l'article 11, de lutter pour défendre les intérêts de leurs membres (Syndicat national de la police belge, précité, § 39, Syndicat suédois des conducteurs de locomotives, précité, § 40, et Schmidt et Dahlström, précité, § 36).

**142.** En ce qui concerne le droit de conclure des conventions collectives, la Cour a estimé, dans un premier temps, que l'article 11 n'assurait pas un traitement particulier aux syndicats et, en particulier, ne leur garantissait pas le droit de conclure des conventions collectives (arrêt Syndicat suédois des conducteurs de locomotives, précité, § 39). Elle a précisé par ailleurs que ce droit ne constituait nullement un élément nécessairement inhérent à un droit garanti par la Convention (Schmidt et Dahlström, précité, § 34)

**145.** De l'état actuel de la jurisprudence de la Cour se dégagent les éléments essentiels suivants du droit syndical : le droit de former un syndicat et de s'y affilier (voir, récemment, Tüm Haber Sen et Çınar, précité) l'interdiction des accords de monopole syndical (voir, par exemple, Sørensen et Rasmussen, précité), le droit pour un syndicat de chercher à persuader l'employeur d'écouter ce qu'il a à dire au nom de ses membres (Wilson, National Union of Journalists et autres, précité, § 44).

**146.** Cette liste n'est pas figée. Au contraire, elle a vocation à évoluer en fonction des développements caractérisant le monde du travail. À cet égard, il y a lieu de rappeler que la Convention est un instrument vivant à interpréter à la lumière des conditions de vie actuelles, auxquelles il y a lieu d'intégrer l'évolution du droit international, de façon à refléter le niveau d'exigence croissant en matière de protection des droits de l'homme, lequel implique une plus grande fermeté dans l'appréciation des atteintes aux valeurs fondamentales des sociétés démocratiques. Autrement dit, les limitations apportées aux droits doivent être interprétées restrictivement, d'une manière qui assure une protection concrète et effective des droits de l'homme (voir, mutatis mutandis, Refah Partisi (Parti de la prospérité) et autres c. Turquie

**153.** À la lumière de ces développements, la Cour estime que sa jurisprudence selon laquelle le droit de négocier et de conclure des conventions collectives ne constitue pas un élément inhérent à l'article 11 (Syndicat suédois des conducteurs de locomotives, précité, § 39 ; Schmidt et Dahlström, précité, § 34) doit être revue, de manière à tenir compte de l'évolution perceptible en la matière tant en droit international que dans les systèmes juridiques nationaux. Certes, il est dans l'intérêt de la sécurité juridique, de la prévisibilité du droit et de l'égalité devant la loi que la Cour ne s'écarte pas sans motif valable de ses précédents ; toutefois, l'abandon par elle d'une approche dynamique et évolutive risquerait de faire obstacle à toute réforme ou amélioration (Vilho Eskelinen et autres, § 56, précité).

**154.** En conséquence, la Cour estime, eu égard aux développements du droit du travail tant international que national et de la pratique des États contractants en la matière, que le droit de mener des négociations collectives avec l'employeur est, en principe, devenu l'un des éléments essentiels du « droit de fonder avec d'autres des syndicats et de s'affilier à des syndicats pour la défense de ses intérêts » énoncé à l'article 11 de la Convention, étant entendu que les États demeurent libres d'organiser leur système de manière à reconnaître, le cas échéant, un statut spécial aux syndicats représentatifs. Comme les autres travailleurs, les fonctionnaires, mis à part des cas très particuliers, doivent en bénéficier, sans préjudice toutefois des effets des « restrictions légitimes » pouvant devoir être imposées aux « membres de l'administration de l'État » au sens de l'article 11 § 2, dont cependant les requérants en l'espèce ne font pas partie…

**170.** Dès lors, il y a eu violation de l'article 11 de la Convention sur ce point également, tant à l'égard du syndicat des requérants qu'à l'égard des requérants eux-mêmes.

Rendu à la requête de deux syndicalistes combatifs que la Cour des comptes turque avait finalement condamnés à restituer des sommes perçues sur le fondement d'une convention collective au motif que le syndicat de fonctionnaires qui l'avait conclue ne pouvait avoir acquis la personnalité juridique, l'arrêt de Grande chambre *Demir et Baykara c/ Turquie* du 12 nov. 2008 est sans doute plus qu'un grand arrêt. En effet, il marque peut-être la transformation de la Cour de Strasbourg en « Cour de justice internationale » (F. Sudre) ou en « Cour européenne des droits sociaux » (J.-P. Marguénaud et J. Mouly). Il aura en tout cas, eu la double audace d'affirmer qu'un État peut se voir opposer une interprétation évolutive de la CEDH reposant sur des instruments internationaux convergents qu'il n'a pas ratifiés ni même signés et de procéder à la réécriture de l'art. 11 de la CEDH. C'est évidemment de ce dernier point de vue qu'il sera abordé ici. L'arrêt de Grande chambre *Sorensen et Rasmussen c/ Danemark* du 11 janv. 2006 qui, compte tenu de l'effervescence de la jurisprudence sociale européenne n'aura pas pu conserver le rang de grand arrêt pendant plus de deux éditions, avait achevé de déployer le volet négatif de la liberté syndicale ; l'arrêt *Demir et Baykara* en réinvente, lui, le versant positif qui, plus logiquement, doit être, désormais exposé en premier lieu.

## I / Le volet positif de la liberté syndicale

Sous son aspect positif, l'art. 11 consacre une des principales libertés de l'action politique et sociale. Aussi a-t-il fait l'objet d'interprétations relativement extensives dont profitent d'abord les partis politiques (cf. *supra*, n° 63). D'autres organisations destinées à promouvoir des convictions philosophiques, religieuses ou identitaires bénéficient également de la protection offerte par cet article soit pour leur permettre d'exister en tant que personnes juridiques (*Sidiropoulos c/ Grèce* 10 juill. 1998 ; *Branche de Moscou de l'Armée du Salut c/ Russie* du 5 oct. 2006 ; *Témoins de Jehovah de Moscou c/ Russie* 16 juin 2010) soit pour consolider le doit des personnes physiques d'en faire partie (plusieurs arrêts ont sérieusement renforcé le droit d'appartenir à une loge maçonnique en dépit de l'influence que l'existence d'un fort lien hiérarchique et solidaire entre ses membres peut avoir sur l'exercice de certaines professions, judiciaires essentiellement : v. par exemple *Maestri c/ Italie*, 17 févr. 2004). La Cour EDH sait cependant fixer quand il le faut des limites à l'extension du bénéfice de l'article 11 : dans une pénible affaire *W. P. c/ Pologne* du 29 sept. 2004, également examinée au regard de l'article 17 et de l'abus de droit, elle a prononcé l'irrecevabilité des requêtes de fonctionnaires polonais qui se plaignaient de l'interdiction qui leur avait été faite de constituer des associations visant à obtenir l'abolition des privilèges des personnes juives ; l'arrêt de Grande chambre *Gorzelik c/ Pologne* du 17 fev. 2002 qui a fortement affirmé le lien unissant liberté d'association, pluralisme et démocratie, n'en a pas moins justifié les restrictions au droit d'une association lorsque ses activités ou les intentions qu'elle déclare explicitement ou même implicitement dans son programme mettent en danger les institutions de l'État ou les droits et libertés d'autrui et la décision d'irrecevabilité *Association nouvelle des Boulogne Boys c/ France* du 8 mars 2011 a admis la légitimité de la dissolution d'une association de supporters d'une équipe de football qui s'était rendue tristement célèbre par une banderole anti ch'tis. En matière syndicale proprement dite, les perspectives d'élargissement de la portée de l'art. 11 sont remarquables Il faut cependant distinguer entre le droit de fonder un syndicat et la liberté syndicale.

A) Il irait sans dire que le droit, positif, d'adhérer à un syndicat est énergiquement protégé et que la Cour n'hésite pas à constater des violations de l'art. 11 lorsque des États laissent les employeurs appliquer des mesures discriminatoires à leurs salariés en raison de leur appartenance syndicale (*Danilenkov c/ Russie* 30 juill. 2009) ou le neutralisent par la dissolution d'une organisation strictement professionnelle. La dernière phrase du § 2, précisant expressément que le présent article n'interdit pas que des restrictions légitimes puissent être imposées aux membres des forces armées, de la police et de l'administration de l'État, a cependant rendu difficile l'exercice par les fonctionnaires du droit de former des syndicats. L'arrêt *Tüm Haber Sen et Cinar c/ Turquie* du 21 fév. 2006, rappelant que l'art. 11 ne garantit aux syndicats ou à ses membres aucun traitement précis de la part de l'État, avait estimé qu'une interdiction absolue faite aux fonctionnaires et agents contractuels du secteur public de fonder un syndicat ne correspondait pas à un besoin social impérieux. L'arrêt *Demir et Baykara*, grâce à une mobilisation de la Convention 87 de l'OIT de l'OIT sur la liberté syndicale, de l'art. 5 de la Charte sociale européenne et de l'art. 12 de la Charte des droits fondamentaux de l'UE qui marque une nouvelle et éclatante illustration de la synergie des sources européennes en matière sociale prometteuse de nouveaux et sérieux espoirs pour le salarié (cf. A. Carillon, *Les sources européennes des droits de l'Homme salarié*, Bruylant, 2006)., affirme avec plus d'éclat encore que les membres de l'administration de l'État ne sauraient être soustraits du champ de l'art. 11. Il convenait, dès lors, de poser résolument la question de savoir si la solution, exprimée par le Conseil d'État dans ses arrêts *Remy* du 26 sept. 2007 et *Association de défense des droits des militaires* du 31 déc. 2008 (*AJDA*, 2009, 148 obs. S.J. Liéber et D. Botteghi), suivant laquelle l'interdiction de groupements professionnels militaires de caractère syndical est compatible avec la CEDH, était encore pertinente (cf. F. Sudre, *Droit européen et international des droits de l'Homme*, 11^e^ éd 2012. précitée, p. 648). La réponse, négative, a été apportée par les arrêts *Matelly* et *Adefdromil c/ France* du 2 octobre 2014 affirmant que l'interdiction absolue faite aux militaires de constituer un syndicat ou d'y adhérer porte à l'essence même de leur liberté d'association une atteinte prohibée par la Convention. Dans le prolongement de l'arrêt *Demir et Baykara*, la Cour a eu l'occasion de se prononcer sur la question de savoir si, malgré le particularisme des relations qu'ils entretiennent avec l'organisation religieuse à laquelle ils appartiennent, les prêtres ont le droit de fonder un syndicat. Par son arrêt de Grande chambre *Sindicatul Pastorul cel Bun c/ Roumanie* du 9 juil. 2013 (*JCP G* 2013 act. 919 obs. G. Gonzalez) elle a répondu par l'affirmative, mais soucieuse de ménager l'autonomie des organisations religieuses, elle a considéré que, en l'espèce, le rejet de la demande d'enregistrement du syndicat que voulaient créer 32 prêtres orthodoxes n'avait pas porté d'atteinte disproportionnée au droit que l'art. 11 leur reconnaît. Si le droit de fonder un syndicat et celui, indissociable, d'adhérer au syndicat de son choix, relève, sans conteste et de longue date du volet positif de l'article 11 (cf. l'arrêt *Schmidt et Dahlström c/ Suède* du 6 févr. 1976), il en va différemment de la liberté syndicale proprement dite.

B) Initialement, la Cour EDH, faisant valoir que les questions syndicales avaient été traitées, au sein du Conseil de l'Europe, en des termes particulièrement prudents, par la Charte sociale européenne de 1961, avait retenu une interprétation très stricte de l'art. 11 qui favorisait peu l'essor de la liberté syndicale (cf. F. Sudre, « La protection des droits sociaux par la Convention européenne des droits de l'homme », in *Les nouveaux droits de l'homme en Europe*, Bruylant, 1999, p. 103). Ainsi, l'arrêt *Syndicat national de la police belge* du 27 oct. 1975 l'avait-elle cantonnée à un rôle secondaire en considérant qu'elle avait été seulement présentée comme une forme ou un aspect particulier de la liberté d'association. Dans ces conditions, la Cour avait exclu du champ d'application de l'art. 11 le droit à la consultation puis, plus tard, le droit à la négociation et à la conclusion de conventions collectives, le droit au bénéfice de la rétroactivité d'avantages et, par un raisonnement un peu différent, le droit de grève (cf. arrêts *Syndicat suédois des conducteurs de locomotives c/ Suède* du 6 févr. 1976 et *Schmidt et Dahlström*, préc.).

L'arrêt de 1975 et les deux arrêts de 1976 n'avaient cependant pas retiré à la liberté syndicale toute possibilité de prospérer. En effet, en s'appuyant sur les mots « pour la défense de ses intérêts » qui achèvent le § 1 dont elle écarte le caractère redondant avancé par quelques-uns, la Cour y affirme que l'art. 11 protège la liberté de défendre les intérêts professionnels des adhérents d'un syndicat par l'action collective de celui-ci et que les États doivent par conséquent rendre possible la conduite et le développement de cette action. Aussi reconnaît-elle que, parmi les moyens à employer à cette fin, figurent la consultation (§ 39 de l'arrêt *Syndicat national de la police belge*), la conclusion de conventions collectives (§ 40 de l'arrêt *Syndicat suédois des conducteurs de locomotives*) et le droit de grève (§ 36 de l'arrêt *Schmidt et Dahlström*). Cependant, pour empêcher de placer directement ces droits dans le champ d'application de l'art. 11, la Cour avait pris soin de préciser à chaque fois qu'ils ne constituent que des moyens parmi d'autres entre lesquels les États choisissent comme ils l'entendent pour permettre aux syndicats de lutter pour la défense des intérêts de leurs membres. La décision *Syndicat suédois des travailleurs des transports c/ Suède* du 30 nov. 2004, estimant que si les conventions collectives constituent un moyen important permettant aux syndicats de protéger les intérêts de leurs membres, l'art. 11 ne leur garantit pas le droit de les maintenir pendant une durée illimitée, est encore fortement marquée par cette approche alambiquée.

C'est dans ce contexte jurisprudentiel que la Cour avait abordé le contenu de la liberté syndicale dans l'affaire *Gustafsson* c/ Suède du 25 avr. 1996. Il convient, néanmoins, d'observer que la question se posait de manière relativement originale : c'est le droit à ne pas entrer dans un mécanisme de négociation collective invoqué par le requérant qui avait conduit à se demander si le droit à la négociation collective, envisagé sous sa forme positive, est consacré par l'art. 11. La réponse fut apparemment catégorique : l'art. 11 « ne garantit pas en tant que tel le droit à ne pas souscrire une convention collective ». C'est dire que corrélativement, il ne garantit pas non plus le droit positif à la négociation collective. Il semble néanmoins que l'arrêt *Gustafsson* ait marqué une sensible évolution par rapport à l'arrêt *Syndicat suédois des conducteurs de locomotives* sous l'autorité duquel il s'était pourtant placé. En effet, si le droit invoqué et son volet positif ne relevaient pas de l'art. 11, il eût été logique de conclure à son inapplicabilité comme le souhaitait une forte minorité de juges dissidents. Or, la Cour avait admis l'applicabilité du texte tout en insistant fortement sur le nombre des instruments internationaux reconnaissant le caractère légitime de la négociation collective qui révèlent généralement l'augmentation du degré de consensus international annonciatrice de revirements de jurisprudence. Dès lors, il fallait conclure avec F. Sudre (*JCP*, 1997, I, 4000, n° 40) que, par l'arrêt *Gustafsson*, la Cour avait admis « nécessairement – mais implicitement » – que le droit de négociation collective est inhérent à la liberté syndicale. C'est l'arrêt de Grande chambre *Demir et Baykara* qui, 12 ans plus tard, a réalisé le revirement de jurisprudence que l'arrêt *Gustafsson* avait laissé prévoir. Considérant que sa jurisprudence fixée au milieu des années

1970 devait être revue en fonction des évolutions du droit du travail national et international, la Cour de Strasbourg y a, en effet, affirmé que, désormais, le droit de mener des négociations collectives avec l'employeur est, en principe, devenu l'un des éléments essentiels du droit de fonder des syndicats et de s'y affilier énoncé par l'art. 11 (ce qui, selon un arrêt de la chambre sociale de la Cour de cassation du 1er déc. 2010, n'empêcherait pas les États de réserver aux syndicats représentatifs le droit de participer aux négociations collectives). Cette extension hautement proclamée de la liberté syndicale n'a d'ailleurs pas tardé à se prolonger vers cet autre moyen d'action collective des salariés qu'est le droit de grève.

Sur ce terrain, l'évolution avait été amorcée par une décision d'irrecevabilité rendue dans une affaire *Unison c/ R.-U.* le 10 janv. 2002. La Cour, après avoir pourtant rappelé l'exclusion de principe prononcée par l'arrêt *Schmidt et Dahlström*, n'avait pas hésité à considérer qu'une grève devait être regardée comme concernant les intérêts professionnels des membres d'un syndicat au sens de l'art. 11 et à vérifier en conséquence si l'interdiction qui l'avait paralysée était prévue par la loi, poursuivait un des buts légitimes visés par le § 2 et était nécessaire dans une société démocratique pour atteindre ce but. De même, dans une affaire *Federation of offshore workers Trade unions c/ Norvège*, qui a aussi débouché sur une décision d'irrecevabilité le 27 juin 2002, le rappel de ce que les restrictions imposées par un État à l'exercice du droit de grève ne soulèvent pas en elles-mêmes de question au regard de l'art. 11 n'avait pas empêché la Cour de vérifier si l'interdiction, avec effet immédiat, de continuer une grève était prévue par la loi, poursuivait un but légitime au sens du § 2 de l'art. 11 et si elle répondait à un besoin social impérieux. Surtout, dans un arrêt *Wilson et al. c/ R.-U.* du 2 juillet 2002, elle avait jugé que la pratique, dénoncée par le Comité d'experts indépendants chargé de surveiller la mise en œuvre de la Charte sociale européenne de 1961, consistant à prodiguer des incitations financières pour entraîner les employés à délaisser le système de négociation collective constituait une violation par l'État de son obligation positive d'assurer la jouissance effective des droits garantis par l'art. 11. Cependant, cette remarquable avancée était restée fermement arrimée au principe issu des arrêts de 1975 et 1976. L'arrêt *Karaçay c/ Turquie* du 27 mars 2007 avait fait un pas de plus vers la consécration du droit de grève en constatant une violation de l'art. 11 parce qu'un avertissement infligé à un salarié du secteur public pour avoir participé à un mouvement de grève avait constitué une atteinte à sa liberté d'association (et non à sa liberté de réunion pacifique). L'innovation avait pu sembler d'autant plus significative qu'elle était libre de toute référence à la jurisprudence restrictive du milieu des années 1970 ; laquelle devait cependant opérer un retour en force par l'arrêt *Satilmis c/ Turquie* du 17 juill. 2007 relatif à une forme de grève perlée, qui se refusait à spéculer sur le point de savoir dans quelle mesure l'art. 11 octroie le droit de grève, se bornait à dire que le ralentissement du travail pendant trois heures constitue une action collective d'ordre général dans le contexte des droits syndicaux et constatait que les lourdes sanctions pécuniaires infligées aux salariés avaient violé leur droit à la liberté de réunion pacifique Ces tergiversations étaient d'autant plus mal venues que, d'une part, la CJCE, par ses arrêts *Viking et Laval* du 11 déc. 2007 (*RDT*, 2008, 16, note S. Robin, Olivier et E. Pataud) n'avait pas hésité, elle, à élever, au moins théoriquement, le droit de grève au rang des principes généraux du droit communautaire et que, d'autre part, le Comité européen des droits sociaux, par sa décision *Confédération des syndicats indépendants de Bulgarie c/ Bulgarie* du 16 oct. 2006, avait jugé insuffisante, au regard des exigences de la Charte sociale européenne, la participation des fonctionnaires à une action collective par la simple exhibition de brassards et de banderoles. Il eût été étonnant, dans ces conditions, que les audaces interprétatives de l'arrêt Demir et Baykara n'aspirent pas le droit de grève dans le sillage du droit à négociation collective. L'arrêt *Enerji Yapi Yol Sen c/ Turquie* du 21 avr. 2009 (*Revue de droit du travail* 2009, 499 chron. J.-P. Marguénaud et J. Mouly) a largement répondu à cette prévision en se réclamant directement des principes interprétatifs dégagés par l'arrêt du 12 novembre 2008. Sans doute n'a-t-il pas expressément affirmé que le droit de grève est devenu lui aussi un élément essentiel du droit syndical reconnu par l'art. 11, mais en constatant une violation de cet article après avoir mis en synergie les sources internationales convergeant vers sa reconnaissance, il lui a donné une indiscutable consistance conventionnelle. L'ambiguïté qui subsistait a d'ailleurs été dissipée par l'arrêt *R.M.T c/ R.-U.* du 8 avril 2014 qui, tout en jugeant que l'interdiction des grèves de solidarité n'est pas disproportionnée, a admis que ce type de grève, dénommé action revendicative secondaire, entre dans le champ d'application de l'article 11 ; ce qui implique, que la grève proprement dite en relève *a fortiori*. Le rôle dévolu par l'arrêt du 21 avril 2009 au principe de proportionnalité que les arrêts *Laval et Viking* avaient neutralisé en opérant une sorte de mise sous tutelle judiciaire de l'action collective (cf. S. Robin-Olivier et E. Pataud, *op. cit.*) lui a même permis d'apporter au droit de grève plus d'effectivité que ne l'avait fait la Cour de Luxembourg. Il semble néanmoins que cette dernière cherche, depuis un arrêt *Commission c/ Allemagne* du 15 juill. 2010, à s'inscrire elle aussi dans une logique de conciliation des droits syndicaux et des libertés économiques d'ailleurs plus conforme à l'esprit de son arrêt *Eugen Schmidberger* du 12 juin 2003. Il reste désormais à savoir si les deux récentes conquêtes du volet positif de l'art. 11 n'ont pas vocation à être contrebalancées, l'une par la reconnaissance au profit de l'employeur d'un droit de ne pas négocier, l'autre par la consécration d'un droit pour le salarié de ne pas participer à la grève décidée par le syndicat auquel il appartient. L'arrêt *Sorensen et Rasmussen*, qui a placé le volet négatif de l'art. 11 sous l'influence du principe d'autonomie personnelle pourrait aider à mettre en œuvre cette réversibilité.

## II / Le volet négatif de la liberté syndicale

A) La question de savoir si l'art. 11 de la CEDH qui reconnaît le droit de s'affilier à une association ou à un syndicat garantit aussi le droit de ne pas y adhérer avait été posée à la Cour dès l'affaire *Young, James et Webster c/ R.-U.* du 13 août 1981. Elle avait alors esquivé la difficulté en déclarant qu'elle ne savait pas si l'art. 11 consacrait ou non un droit d'association négatif mais que la gravité des contraintes exercées sur les réfractaires à l'affiliation pouvait toucher à la substance même de la liberté d'association. Elle s'en était encore tenue à cette approche évasive dans un arrêt *Sibson c/ R.-U.* du 20 avril 1993. Or, deux mois plus tard, la Cour, par son important arrêt *Sigurdur A. Sigurjonsson c/ Islande* du 30 juin 1993 a courageusement affirmé, de la manière la plus explicite, qu'il convient désormais de considérer que l'art. 11 consacre un droit d'association négatif. Une élévation du degré de consensus européen réalisée au sein du Conseil de l'Europe explique cette reconnaissance. Un tel revirement de jurisprudence qui n'osait pas encore dire son nom laissait néanmoins dans l'ombre un certain nombre de points importants. Il s'agissait tout d'abord de celui de savoir si le droit d'association négatif bénéficierait lui aussi de l'« effet horizontal » (cf. *supra*, n° 3) dont le droit d'association positif avait reçu le renfort par l'arrêt *Plattform « Arzte für das Leben » c/ Autriche* du 21 juin 1988. C'est l'arrêt *Gustafsson c/ Suède* du 25 avril 1996 (précité) qui devait dissiper cette ambiguïté en affirmant que les autorités nationales peuvent être obligées, dans certaines circonstances, d'intervenir dans les relations entre personnes privées pour adopter des mesures raisonnables et appropriées assurant le respect effectif du droit à la liberté de ne pas se syndiquer. Cependant, la nature sensible des questions sociales et politiques avait conduit la Cour à reconnaître à l'État une grande marge d'appréciation au nom de laquelle les mesures d'asphyxie économique, infligées par les syndicats de salariés à un employeur réfractaire à l'adhésion à une organisation patronale participant au système de négociation collective, n'avaient pas été jugées attentatoires à l'art. 11. L'autre point qui restait dans le vague était celui de savoir si le droit d'association négatif désormais rattaché à l'art. 11 y était inclus à l'égal du droit d'association positif.

B) L'arrêt *Chassagnou* c/ France du 29 avril 1999 (*infra*, n° 69) qui, dans une affaire relative à l'adhésion forcée des petits propriétaires aux associations communales de chasse agréées a admis l'autonomie du terme « association », avait largement ouvert la voie à la promotion du droit d'association négatif au même plan que le positif puisque, à la différence de l'arrêt *Gustafsson*, il ne refoulait plus la question. Pour autant, l'assimilation n'était pas encore explicite. Ce fut chose faite grâce à l'arrêt *Sorensen et Rasmussen c/ Danemark* du 11 janv. 2006, rendu à la requête d'un étudiant et d'un jardinier se plaignant des conséquences du modèle scandinave les obligeant à devenir membres du syndicat ayant le monopole dans l'entreprise de leur employeur, suivant lequel la Cour « n'exclut pas en principe que les aspects négatifs et les aspects positifs du droit consacré par l'article 11 doivent bénéficier du même niveau de protection dans le domaine pertinent ». Cette affirmation est la première conséquence de l'innovation majeure réalisée par l'arrêt du 11 janvier 2006 : l'extension de la notion de l'autonomie personnelle, cantonnée jusque-là à l'art. 8 (cf. *supra*, n° 44). Au § 54, la Cour énonce en effet que la notion d'autonomie personnelle reflète un principe important qui sous-tend l'interprétation des garanties de la Convention et qu'elle « doit donc être considérée comme un corollaire essentiel de la liberté de choix de l'individu implicite dans l'article 11 ainsi que comme un élément confirmant l'importance que revêt l'aspect négatif de cette disposition ». Il n'y avait peut-être pas urgence à exporter ce concept hyper-individualiste vers d'autres domaines que celui de l'art. 8 où son influence un peu provocatrice est encore loin d'avoir été clairement calculée. En tout cas il aura permis à la Cour de Strasbourg de signifier énergiquement au gouvernement défendeur que la distinction entre les accords de monopole syndical mis en place après embauche et ceux conclu, comme en l'espèce, avant, était indéfendable : et les uns et les autres relèvent des garanties de l'art. 11. Il aura aussi servi à justifier une exception à la règle suivant laquelle le caractère sensible des questions sociales et politiques conduit à faire bénéficier les États d'une ample marge d'appréciation quant à la manière d'assurer la liberté syndicale. La Cour estime en effet que lorsqu'il s'agit de la conclusion d'accords de monopole syndical qui vont à l'encontre de la liberté de choix de l'individu inhérente à l'art. 11, la marge d'appréciation doit être considérée comme réduite. De si fortes affirmations, qui marquent une forte rupture avec la position nuancée de l'arrêt *Gustafsson* semblent traduire une avancée inexorable de l'individualiste dans l'exercice des droits conventionnels à dimension collective. Indéniable, cette évolution peut néanmoins être contenue dans certaines limites. C'est ainsi que l'arrêt *ASLEF c/ R.-U.* du 27 fév. 2007 l'a contrebalancée en reconnaissant aux syndicats un droit négatif symétrique leur permettant de refuser l'adhésion d'un salarié prônant des idées en contradiction flagrante avec les valeurs fondamentales qu'ils défendent. En outre, la décision *Bota c/ Roumanie* du 12 oct. 2004 a soustrait les ordres des professions libérales à son influence en estimant que ce sont des institutions de droit public qui ne peuvent pas constituer des associations au sens de l'art. 11. La prétendue menace que ferait peser l'arrêt *Sorensen et Rasmussen* sur l'existence de l'ordre des avocats a donc été préventivement écartée. Enfin, l'arrêt *Sorensen et Rasmussen* a subordonné la mise en œuvre des nouveaux principes qu'il consacre à une appréciation *in concreto* particulièrement précieuse en matière sociale où l'intérêt du groupe organisé peut plus légitimement prévaloir sur celui de l'individu isolé.

En France, la Cour de cassation contribue aussi à renforcer la vitalité du droit d'association négatif (cf. Civ. 3e, 12 juin 2003, EURL Arlatex, *RTD civ.*, 2003, 771, obs. J. Raynard relatif à la clause d'un bail commercial faisant obligation au preneur d'adhérer à une association de commerçants). Il lui arrive cependant de s'affranchir un peu lestement de ses exigences (cf. Soc. 22 févr. 2006 affirmant la compatibilité avec l'art. 11 de l'obligation faite aux employeurs par l'art. D. 732-3 du Code du travail d'adhérer aux caisses de congés payés).

J.-P. M.

## SECTION 2
## *Le droit à des élections libres*

**65. Zdanoka c/ Lettonie, 16 mars 2006** (Grande Chambre) ; *AJDA*, 2006, 1718, chron. J.-F. Flauss ; *RTD*H, 2008, 193, note F. Jacquemot.

**102.** L'article 3 du Protocole n° 1 diffère des autres dispositions de la Convention et de ses Protocoles… en ce qu'il énonce l'obligation pour les Hautes Parties contractantes d'organiser des élections dans des conditions qui assurent la libre expression de l'opinion du peuple et non un droit ou une liberté en particulier. Toutefois, eu égard aux travaux préparatoires de l'article 3 du Protocole n° 1 et à l'interprétation qui est donnée de cette clause dans le cadre de la Convention dans son ensemble, la Cour a établi que cet article implique également des droits subjectifs, dont le droit de vote et celui de se porter candidat à des élections (Mathieu-Mohin et Clerfayt c. Belgique, arrêt du 2 mars 1987, § 46-51).

**103.** Les droits garantis par l'article 3 du Protocole n° 1 sont cruciaux pour l'établissement et le maintien des fondements d'une véritable démocratie régie par la prééminence du droit. Néanmoins, ces droits ne sont pas absolus. Il y a place pour des « limitations implicites », et les États contractants doivent se voir accorder une marge d'appréciation en la matière. La Cour réaffirme que la marge d'appréciation en ce domaine est large… Il existe de nombreuses manières d'organiser et de faire fonctionner les systèmes électoraux et une multitude de différences au sein de l'Europe notamment dans l'évolution historique, la diversité culturelle et la pensée politique, qu'il incombe à chaque État contractant d'incorporer dans sa propre vision de la démocratie […].

**104.** Cependant, il appartient à la Cour de statuer en dernier ressort sur l'observation des exigences de l'article 3 du Protocole n° 1 ; il lui faut s'assurer que les conditions auxquelles sont subordonnés les droits de vote ou de se porter candidat à des élections ne réduisent pas les droits dont il s'agit au point de les atteindre dans leur substance même et de les priver de leur effectivité, qu'elles poursuivent un but légitime et que les moyens employés ne se révèlent pas disproportionnés […].

**106.** Les organes de la Convention ont eu plus rarement l'occasion d'examiner des allégations de violation du droit de se présenter aux élections… À ce propos, la Cour a souligné que les États contractants disposaient d'une grande latitude pour établir, dans leur ordre constitutionnel, des règles relatives au statut de parlementaire, dont les critères d'éligibilité… ces critères varient en fonction des facteurs historiques et politiques propres à chaque État. […].

**115.** Eu égard aux affaires susmentionnées, la Cour parvient aux conclusions suivantes quant aux critères à appliquer pour rechercher si l'article 3 du Protocole n° 1 a été observé :

a) L'article 3 du Protocole n° 1 s'apparente à d'autres dispositions de la Convention protégeant divers droits civiques et politiques tels que, par exemple, l'article 10…, ou l'article 11… Il existe indéniablement un lien entre toutes ces dispositions, à savoir la nécessité de garantir le respect du pluralisme d'opinions dans une société démocratique par l'exercice des libertés civiques et politiques. […]. Cependant, lorsqu'une atteinte à l'article 3 du Protocole n° 1 est en cause, la Cour ne doit pas automatiquement avoir recours aux mêmes critères que ceux qui sont appliqués pour les ingérences autorisées par le paragraphe 2 des articles 8 à 11 de la Convention… Étant donné l'importance de l'article 3 du Protocole n° 1 pour le système institutionnel de l'État, cette disposition est rédigée en des termes très différents de ceux des articles 8 à 11. L'article 3 du Protocole n° 1 est libellé en des termes collectifs et généraux… Les normes à appliquer pour établir la conformité à l'article 3 du Protocole n° 1 doivent donc être considérées comme moins strictes que celles qui sont appliquées sur le terrain des articles 8 à 11 de la Convention.

b) La notion de « limitation implicite » qui se dégage de l'article 3 du Protocole n° 1 revêt une importance majeure quand il s'agit de déterminer la légitimité des buts poursuivis par les restrictions aux droits garantis par cette disposition. Étant donné que l'article 3 n'est pas limité par une liste précise de « buts légitimes », tels que ceux qui sont énumérés aux articles 8 à 11, les États contractants peuvent donc librement se fonder sur un but qui ne figure pas dans cette liste pour justifier une restriction, sous réserve que la compatibilité de ce but avec le principe de la prééminence du droit et les objectifs généraux de la Convention soit démontrée dans les circonstances particulières d'une affaire donnée.

c) La notion de « limitation implicite » qui se dégage de l'article 3 du Protocole n° 1 signifie également que la Cour n'applique pas les critères traditionnels de « nécessité » ou de « besoin social impérieux » qui sont utilisés dans le cadre des articles 8 à 11. Lorsqu'elle a à connaître de questions de conformité à l'article 3 du Protocole n° 1, la Cour s'attache essentiellement à deux critères : elle recherche d'une part s'il y a eu arbitraire ou manque de proportionnalité, et d'autre part si la restriction a porté atteinte à la libre expression de l'opinion du peuple. [...]. De plus, elle souligne la nécessité d'apprécier toute législation électorale à la lumière de l'évolution politique du pays concerné, ce qui implique que des caractéristiques inacceptables dans le cadre d'un système peuvent se justifier dans le contexte d'un autre [...].

d) La nécessité qu'une mesure législative prétendument contraire à la Convention soit individualisée et le degré d'individualisation requis le cas échéant par celle-ci dépendent des circonstances de chaque affaire particulière... Pour qu'une mesure de restriction soit conforme à l'article 3 du Protocole n° 1, il peut suffire d'un moindre degré d'individualisation que dans les situations concernant un manquement allégué aux articles 8 à 11 de la Convention.

e) Quant au droit de se présenter aux élections, c'est-à-dire l'aspect « passif » des droits garantis [...], la Cour se montre encore plus prudente dans son appréciation des restrictions dans ce contexte que lorsqu'elle est appelée à examiner des restrictions au droit de vote [...]. En fait, alors que le critère relatif à l'aspect « actif » de l'article 3 du Protocole n° 1 implique d'ordinaire une appréciation plus large de la proportionnalité des dispositions légales privant une personne ou un groupe de personnes du droit de vote, la démarche adoptée par la Cour quant à l'aspect « passif » de cette disposition se limite pour l'essentiel à vérifier l'absence d'arbitraire dans les procédures internes conduisant à priver un individu de l'éligibilité [...].

En application d'une loi de 1995 prévoyant l'inéligibilité de toute personne ayant conservé un lien avec le Parti communiste letton après 1991, date de sa dissolution pour avoir fomenté un coup d'état contre la démocratie naissante, la requérante, qui en était demeurée membre actif, fut déclarée inéligible lors de plusieurs consultations nationales mais put se présenter aux élections au Parlement européen organisées sur d'autres bases. L'arrêt innove sur la portée de l'article 3 du Protocole 1, ce qui n'est pas sans conséquences sur l'appréciation des deux composantes de cette clause politique identifiées par la Cour dans son arrêt *Mathieu-Mohin et Clerfayt c/ Belgique* (2 mars 1987), à savoir une composante institutionnelle ayant trait au « choix du corps législatif » et une composante individuelle relative à la libre expression de l'opinion du peuple par les droits subjectifs de vote et d'éligibilité.

## I / Portée

La rédaction de l'article 3 du Protocole 1 qui, en citant « les Hautes Parties contractantes » plutôt que « tout citoyen » (art. 25 PIDCP) ou « tous les citoyens » (art. 23 CADH), donne au texte une « coloration interétatique », vise à imposer à l'État l'obligation « d'adopter des mesures positives pour « organiser » des élections démocratiques » (*Mathieu-Mohin*, § 50). Bien que « cruciaux pour l'établissement et le maintien des fondements d'une véritable démocratie régie par la prééminence du droit », les droits subjectifs de participation « ne sont pas absolus » et « il y a place pour des limitations implicites » dans le cadre d'une « large marge d'appréciation » (*Zdanoka*, § 103 ; *Hirst n° 2 c/ Royaume-Uni*, Gr. Ch., 6 oct. 2008, § 58, 60-61 : suppression automatique du droit de vote des prisonniers). Toutefois, l'affirmation selon laquelle le « libellé de l'article 3 (P1-3) ne reflète aucune différence de fond avec les autres clauses normatives de la Convention et des Protocoles » (*Mathieu-Mohin*, § 50) est fortement nuancée, voire contredite, dans *Zdanoka*. La Cour rappelle bien sûr de façon classique, que « la Convention et ses Protocoles doivent être considérés comme un tout » (§ 115), les liens étant particulièrement forts avec les dispositions des articles 10 (*Bowman c/ Royaume-Uni*, 19 février 1998, § 43 : liberté d'expression de personnes autres que les partis politiques susceptibles d'influencer les électeurs) et 11 (*Parti communiste unifié de Turquie c/ Turquie*, 30 janvier 1998, *infra*, n° 63) ; néanmoins, compte tenu de sa rédaction « en des termes très différents de ceux des articles 8 à 11 de la Convention (...) les normes à appliquer pour établir la conformité à l'article 3 du Protocole n° 1 doivent donc être considérées comme moins strictes » (§ 115-a). Parmi les autres conséquences de cette rédaction l'absence d'une « liste précise de buts légitimes » élargit le champ des limitations implicites qui ne seront pas jaugées à l'aune des « critères traditionnels de "nécessité" ou de "besoin social impérieux" qui sont utilisés dans le cadre des articles 8 à 11 » mais plutôt des deux critères d'« arbitraire ou manque de proportionnalité » et d'« atteinte à la libre expression de l'opinion du peuple » dans le cadre d'une « ample marge d'appréciation » (§ 115-b-c) ; il sera requis un « moindre degré d'individualisation que dans les situations concernant un manquement allégué aux articles 8 à 11 » (§ 115-d). Cette approche prudente est encore accrue dans le cadre des restrictions au droit de se présenter à des élections (§ 115-e). La Cour limite ainsi son contrôle du respect de cette disposition qui « consacre un principe caractéristique » d'un régime politique « véritablement démocratique » au sens du Préambule de la Convention et qui « revêt donc dans le système de la Convention une importance capitale » (*Mathieu-Mohin*, § 47).

## II / Choix du corps législatif

A / L'objet du choix appréhendé par la Convention semble étroit. Il ne concerne pas les élections présidentielles (*Paksas c/ Lituanie*, Gde Ch., 6 janvier 2011, § 72 : inéligibilité définitive d'une ancien président destitué par *impeachment*) ni les référendums (déc. 7 sept. 1999, *Hilbe c/ Liechtenstein*, n° 31981/96 ; déc. 8 juillet 2003, *Comitato promotore referendum maggioritario*, n° 56507/00) ou les consultations préalables à la ratification d'un traité international (Comm., déc. 10 juillet 1975, *X c/ RFA*, *DR*, 3, 100). Néanmoins, « les mots 'corps législatif' ne s'entendent pas nécessairement du seul parlement national » et doivent être interprétés « en fonction de la structure constitutionnelle de l'État en cause » (*Mathieu-Mohin*, § 53). Ainsi, « la Cour n'exclut pas la possibilité d'appliquer l'article 3 du Protocole n° 1 à des élections présidentielles… s'il était établi que les fonctions du chef de l'État concerné comprennent l'initiative législative et le pouvoir d'adopter des lois ou incluent de vastes prérogatives en matière de contrôle de l'adoption des lois ou le pouvoir de censurer les principaux organes législatifs » (déc. 2 sept. 2004, *Boskoski c/ex-République yougoslave de Macédoine*, n° 11676/04 ; déc. 27 mai 2004, *Guliyev c/ Azerbaïdjan*, n° 35584/02 ; déc. 19 févr. 2013, *Krivobokov c/ Ukraine*, n° 28707/04), autant de compétences dont on peut douter qu'elles cadrent avec un régime vraiment démocratique. La notion européenne de « corps législatif » déborde le cadre du seul parlement national et englobe les assemblées régionales répondant aux critères de compétences fixés par la Cour (*Mathieu-Mohin* : conseils régionaux de Flandre et de Wallonie ; déc. 7 juin 2001, *Federacion Nacionalista Canaria c/ Espagne*, n° 56618/00 : communautés autonomes espagnoles ; *Vito Sante Santoro c/ Italie*, 1er juillet 2004, § 52 : conseils régionaux italiens ; *Py c/ France*, 11 janvier 2005, § 42 : Congrès de Nouvelle-Calédonie habilité par la loi du 19 mars 1999 à voter les « lois du pays ») et, au niveau supranational, le Parlement européen depuis le traité de Maastricht qui l'a « associé au processus législatif spécifique… et au contrôle démocratique général des activités de la Communauté européenne » (*Matthews c/ Royaume-Uni*, 18 février 1999, § 54, *RTDE* 1999, 637 obs. G. Cohen-Jonathan et

J.-F. Flauss : absence de droit de suffrage à Gibraltar pour les élections au Parlement européen). L'article 3 du Protocole 1 s'applique à « chaque chambre directement élue d'un Parlement » mais il n'impose aucune « obligation absolue d'organiser des élections pour chacune des deux chambres dans l'ensemble des systèmes bicaméraux » (*Sejdic et Finci c/ Bosnie-Herzégovine*, Gr. Ch., 22 déc. 2009, § 40 : impossibilité pour un juif et un rom, n'appartenant pas, selon l'héritage des accords de Dayton, à l'un des « peuples constituants » d'être candidat à la Chambre des peuples).

B/En ce qui concerne les modalités de désignation du corps législatif, la marge d'appréciation des États est large, « eu égard à la diversité dans l'espace, et à la variabilité dans le temps, de leurs lois en la matière » et les systèmes électoraux cherchant « à répondre à des objectifs parfois peu compatibles entre eux : d'un côté refléter de manière approximativement fidèle les opinions du peuple, de l'autre canaliser les courants de pensée pour favoriser la formation d'une volonté politique d'une cohérence et d'une clarté suffisantes » (*Mathieu-Mohin*, § 54). La Cour ne prend pas position sur le choix du système électoral qui, « dicté par des considérations d'ordre historique et politique qui lui sont propres, relève en principe du domaine de compétence exclusive de l'État » (*Grosaru c/ Roumanie*, 2 mars 2010, § 44). Tous les systèmes électoraux sont acceptables, même un système de listes bloquées qui ne laisse que peu de liberté de choix individuel aux électeurs (déc. 13 mars 2012, *Saccomanno et a. c/ Italie*, n° 11583/08). Il importe essentiellement de garantir la liberté d'expression et « l'égalité de traitement de tous les citoyens dans l'exercice de leur droit de vote et de leur droit de se présenter aux suffrages » sans que puisse être évité « le phénomène des « voix perdues » » (*Mathieu-Mohin*, § 54). La Cour recherche « si les disparités nées d'un système électoral donné peuvent être qualifiées d'arbitraires ou d'abusives ou si un système tend à favoriser un parti politique ou un candidat en leur offrant un avantage électoral au détriment d'un autre » (*Yumak et Sadak c/ Turquie*, Gr. Ch., 8 juillet 2008, § 121, *RFDC* 2009.423 note M. Levinet). De telles disparités pourraient naître d'un seuil électoral trop élevé. Pourtant, malgré une « pratique commune des États membres » en faveur d'un seuil électoral de 5 % et le constat que « d'une manière générale, un seuil électoral de 10 % apparaît excessif » (*ibid.*, § 147), la Cour valide, sans convaincre, un tel seuil en Turquie compte tenu de correctifs, comme la possibilité de présenter des candidats indépendants échappant à la logique de seuil, ce qui selon la Cour elle-même ne constitue qu'un « pis-aller » (*ibid.*, § 138) et des garanties apportées par « l'activité de la Cour constitutionnelle, qui veille à prévenir les excès du seuil électoral litigieux » (*ibid.* § 146 : l'activité préventrice du juge constitutionnel a constitué à annuler un seuil de… 25 % !). L'objectif de favoriser la formation de courants de pensée représentatifs est aussi visé par les seuils arrêtés pour bénéficier du financement public des partis politiques qui « vise à renforcer le pluralisme politique et contribue au bon fonctionnement des institutions démocratiques » (*Özgürlük Ve Dayanişma Partisi (ÖDP) c/ Turquie*, 10 mai 2012 § 37 ; Comm., déc. 10 mars 1988, *Fournier c/ France*, n° 11406/85) pour autant que la différence de traitement institutionnalisée demeure proportionnée. S'agissant d'un parti ayant obtenu moins de 1 % des suffrages exprimés et compte tenu, là encore, de correctifs, un seuil de 7 % ne crée pas de discriminations (*ÖDP*, § 48). L'une des clés du succès électoral réside dans l'accès aux médias mais la marge des États est si vaste que « quelques doutes » sur l'égalité de traitement entre les partis (*Fournier* préc.) ne suffisent pas pour dresser un constat de violation ; non plus que le parti pris des médias d'État pour le parti au pouvoir, d'autres médias indépendants étant accessibles ainsi qu'un contrôle de l'inégalité de la couverture médiatique par un organe judiciaire indépendant offrant des garanties procédurales, même si « les arrangements constatés n'assurent pas une présence égale des forces politiques à la télévision » (*Parti communiste de Russie et a. c/ Russie*, 19 juin 2012, § 128). Par ailleurs, l'impossibilité pour les candidats indépendants, dont l'ambition ne peut être que locale, de faire de la propagande électorale sur une chaîne de radiotélévision nationale accessible aux partis politiques, « seules formations à même d'accéder au pouvoir », ne viole pas la Convention (*Oran c/ Turquie*, 15 avril 2014, § 73). Des modifications substantielles d'une législation électorale doivent être faites suffisamment avant les élections pour permettre aux partis de s'adapter aux nouvelles exigences, un délai d'un an étant préconisé par la Commission de Venise (*Ekoglasnost c/ Bulgarie*, 6 nov. 2012 : une nouvelle disposition législative imposant, un mois avant la date limite de présentation des partis, un cautionnement électoral et 5 000 signatures d'électeurs viole l'article 3 du Protocole 1). Au crédit de l'État cette fois, compte tenu de la complexité des opérations de redécoupage des circonscriptions électorales nécessitant « expertises et consultations approfondies », un délai relativement long peut s'écouler sans redécoupage sans porter atteinte à la libre expression du peuple (déc. 4 avr. 2006, *Bompard c/ France*, n° 44081/02 : absence de redécoupage de la circonscription du Vaucluse entre le recensement de 1999 et l'élection de 2002).

## III / Droits subjectifs de participation

La Cour souligne que, bien que l'article 3 du Protocole 1 impose aux États « d'organiser des élections dans des conditions qui assurent la libre expression de l'opinion du peuple et non un droit ou une liberté en particulier », son interprétation fondée sur les travaux préparatoires et sur la Convention dans son ensemble établit « que cet article implique également des droits subjectifs, dont le droit de vote et celui de se porter candidat à des élections » (*Zdanoka*, § 102 ; *Mathieu-Mohin*, § 51). Ces droits subjectifs sont évidemment les principaux pourvoyeurs de contentieux.

A / Le droit de voter constitue le volet « actif » de l'article 3 du Protocole 1. Il ne saurait constituer un privilège et doit bénéficier au « plus grand nombre » (*Hirst n° 2*, Gr. Ch., 6 oct. 2005, § 59, *RDP* 2005, 811, obs. M. Levinet ; *Sitaropoulos et Giakoumopoulos c/ Grèce*, Gr. Ch., 15 mars 2012, § 67, *RDP* 2013, 755 obs. G. Gonzalez : absence de droit de vote des expatriés) sous réserve de conditions d'âge minimum où de résidence « en principe compatibles avec l'article 3 du Protocole 1 » (*Hirst n° 2*, § 62 ; *Sitaropoulos*, § 68 ; déc. 6 février 2007, *Doive c/ Royaume-Uni*, n° 30158/06). S'agissant de la condition de résidence, une période de quatre ans « semble relativement longue » (Comm., déc. 15 sept. 1997, *Polacco et Garofalo c/ Italie*, n° 23450/94 : 4 ans justifiés par la nécessité de protéger la minorité linguistique allemande dans la province du Trentin-Haut-Adige) ; celle de dix ans « pourrait paraître disproportionnée » hors un contexte particulier (*Py*, § 57 : l'histoire et le statut de la Nouvelle-Calédonie sont tels qu'ils sont constitutifs de « nécessités locales » au sens de la Convention autorisant une telle restriction au droit de vote). La Cour est particulièrement vigilante à l'égard de toute « exclusion du droit de vote de groupes ou catégories quelconques de la population » (*Zdanoka*, § 105) qui, par son caractère général, automatique et indifférenciée « risque de saper la validité démocratique du corps législatif ainsi élu et des lois promulguées par lui » (*Hirst n° 2*, § 62, *Sitaropoulos*, § 68) ; d'autant plus si elle est fondée sur une discrimination en fonction de l'appartenance à une communauté nationale (*Aziz c/ Chypre*, 22 juin 2004 : membre de la communauté chypriote turque ne pouvant voter aux élections législatives du pays dont il est ressortissant et où il a toujours vécu) ou aboutit à exclure la population d'une circonscription entière pourtant soumise à la « juridiction » de l'État concerné (*Matthews*).

1/ Le seul groupe pour lequel la Cour admet aujourd'hui une exclusion générale et indifférenciée est celui de citoyen résidant à l'étranger. Selon la Cour cette privation de l'exercice du droit de vote peut trouver sa justification dans, « premièrement, la présomption qu'un citoyen non-résident est moins directement ou moins continuellement concerné par les problèmes quotidiens de son pays et les connaît moins bien ; deuxièmement, les citoyens résidant à l'étranger ont moins d'influence sur la sélection des candidats ou sur l'établissement de leurs programmes électoraux ; troisièmement, le lien étroit entre le droit de vote aux élections législatives et le fait que l'on est directement touché par les actes des organes politiques ainsi élus ; et, quatrièmement, le souci légitime que peut avoir le législateur de limiter l'influence des citoyens résidant à l'étranger sur des élections se rapportant à des questions qui, tout en étant assurément fondamentales, touchent au premier chef les personnes qui résident dans le pays » (*Sitaropoulos*, § 69). De plus, il ressort de l'étude de sources internationales et du droit comparé des États membres du Conseil de l'Europe qu'aucun instrument juridique « ne permet de conclure que, en l'état actuel du droit, les États ont l'obligation de rendre possible l'exercice du droit de vote par les citoyens résidant à l'étranger » (*ibid.* § 75). Lorsque le principe d'un tel droit de vote est acquis comme en Grèce, pour la réglementation de ses modalités d'exercice les autorités nationales bénéficient d'une très grande liberté, la Cour refusant de leur indiquer « à quel moment ni de quelle manière elles devraient mettre en œuvre » ce droit (*ibid.*, § 76). Toutefois l'évolution rapide des sources internationales sur cette question devrait conduire la Cour à relativiser son constat d'absence d'atteinte à la substance du droit de vote et à ne valider qu'une privation provisoire ou transitoire du droit de vote ou encore une privation soumise à des conditions raisonnables comme par exemple une expatriation supérieure à quinze années qui constituerait une période « non négligeable » laissant subsister le droit en question au bénéfice de l'expatrié (*Schindler c/ Royaume-Uni*, 7 mai 2013, § 116). Toutefois « le droit de vote ne saurait s'interpréter comme le fondement d'une garantie générale que chaque électeur doit pouvoir trouver sur les bulletins de vote le nom du candidat ou du parti pour lequel il avait l'intention de voter » (*Oran c/ Turquie* préc., § 57) et une législation prévoyant que les citoyens expatriés ou vivant à l'étranger depuis plus de six mois ne peuvent voter que pour les partis politiques et non pas pour les candidats indépendants repose sur une justification objective et raisonnable car elle vise à « conforter le pluralisme démocratique tout en évitant une fragmentation excessive du scrutin » et « répond au souci légitime du législateur d'assurer la stabilité politique du pays et du gouvernement qui sera chargé de le diriger à l'issue de ces élections », les partis politiques étant seuls pourvoyeurs de majorité gouvernementale (*ibid.*, § 65-66).

2 / Le principe de l'absence d'atteinte à la substance du droit réside essentiellement dans l'individualisation de la restriction. Ainsi, la Cour « ne peut admettre que l'imposition à toute personne placée sous curatelle d'une interdiction absolue de voter, indépendamment de ses facultés réelles, relève d'une marge d'appréciation acceptable » (*Alajos Kiss c/ Hongrie*, 20 mai 2010, § 42). Cette même logique domine la jurisprudence relative au droit de vote des détenus à qui « une restriction globale... s'applique automatiquement, quelle que soit la durée de leur peine et indépendamment de la nature ou de la gravité de l'infraction qu'ils ont commise et de leur situation personnelle » (*Hirst n° 2*, § 82 ; *Calmanovici c/ Roumanie*, 1er juillet 2008 ; *Frodl c/ Autriche*, 8 avril 2010, § 35 ; *Cucu c/ Roumanie*, 13 novembre 2012 ; *Söyler c/ Turquie*, 17 sept. 2013) et quand bien même cette restriction résulterait de la Constitution elle-même (*Anchugov et Gladkov c/ Russie*, 4 juillet 2013). Une interdiction modulée en fonction de la gravité de l'infraction et un dispositif procédural de demande de réhabilitation permettant d'obtenir le rétablissement du droit de vote satisfont à l'exigence d'individualisation de la restriction (*Scoppola c/ Italie n° 3*, Gde ch., 22 mai 2012, § 106 et 109, *JCP G*, 2012, act. 716, C. Picheral ; déc. 28 janvier 2003, *M.D.U. c/ Italie*, n° 58540/00). Encore faut-il que la modulation dépende d'une décision prise par un juge (*Frodl*). La résistance du Royaume-Uni suite à la confirmation de l'arrêt Hirst contraint la Cour à recourir à la procédure d'arrêt pilote (*M.T. et Greens c/ Royaume-Uni*, 23 nov. 2010). *A fortiori*, la radiation automatique des listes électorales pendant la période de « surveillance spéciale » par la police d'une personne soupçonnée d'appartenir à la mafia est disproportionnée lorsque cette mesure intervient après un acquittement (*Labita c/ Italie*, 6 avril 2000). Quant à la radiation consécutive à une procédure de faillite relevant du seul droit civil elle constitue une sorte d'individualisation à rebours tendant à « diminuer le failli » et à constituer un blâme pour lui « indépendamment de toute culpabilité », ce qui constitue un but illégitime (parmi beaucoup *Vertucci c/ Italie*, 29 juin 2006, § 46 ; Conseil constit., 2011-211 QPC, 27 janvier 2012 : l'interdiction d'inscription sur les listes électorales prévues comme sanction automatique en cas de destitution d'un notaire, sans que le juge décidant de l'inéligibilité se prononce directement, est contraire à l'article 8 DDH).

B/Le droit de se présenter à des élections constitue le « volet passif » de l'article 3 Protocole 1 sur lequel le contrôle de la Cour, moins strict que celui exercé sur l'exercice du droit de vote, « se limite pour l'essentiel à vérifier l'absence d'arbitraire dans les procédures internes conduisant à priver un individu de l'éligibilité » (*Zdanoka* § 115-e). Notamment, « l'exigence d'"individualisation" ne constitue pas une condition préalable à la conformité de cette restriction à la Convention » (*ibid.* § 114). Le contrôle de la Cour se fait plus serré dès lors qu'est en jeu l'autre versant de ce droit, c'est-à-dire le droit « une fois élu, d'exercer son mandat » (*Lykourezos c/ Grèce*, 15 juin 2006, § 50).

1/Pour établir les conditions de présentation d'une candidature et d'éligibilité « les États disposent d'une grande latitude… dans leur ordre constitutionnel » (*Podkolzina c/ Lettonie*, 9 avr. 2002, § 33, *RFDC* 2003.425, note M. Levinet : connaissance suffisante de la langue officielle). Ainsi l'État peut imposer « aux participants aux élections législatives l'obligation de présenter un certain nombre de signatures de soutien de la candidature d'un parti ou d'un candidat individuel… même si le nombre de signatures à recueillir est relativement élevé » (*Ekoglasnost c/ Bulgarie*, 6 nov. 2012, § 63) ; la Cour n'exclut pas « d'office une condition de résidence de cinq années consécutives applicable aux candidats potentiels à des élections législatives » mais tient compte des dangers encourus par ce candidat pour son intégrité physique l'ayant obligé à fuir son pays (*Melnitchenko c/ Ukraine*, 19 oct. 2004) ; l'obligation de « payer un cautionnement électoral d'un montant raisonnable » et remboursable si les suffrages obtenus dépassent un certain seuil (*ibid.* ; *Soukhovetsky c/ Ukraine*, 28 mars 2006 ; Comm., déc. 3 déc. 1990, *Desmeules c/ France*) est admise comme l'obligation des candidats de soumettre des informations exactes sur leur patrimoine (*Saroukhanian c/ Arménie*, 27 mai 2008, § 42 ; en France : Conseil constit., 2013-675 DC, 9 oct. 2013, *Loi organique relative à la transparence de la vie publique*). Mais la disqualification d'une candidature pour manœuvres frauduleuses, outre qu'elle doit être individualisée (*Parti conservateur russe des entrepreneurs c/ Russie*, 11 janvier 2007 : la sanction d'inéligibilité du requérant pour des faits perpétrés par un membre de sa liste – fausse déclaration financière – et échappant à son contrôle est disproportionnée), constitue une décision grave qui doit être solidement motivée et entourée de garanties procédurales (*Saroukhanian* : omission de déclaration d'un élément mineur de patrimoine résultant de règles ambiguës ; *Atakashi c/ Azerbaïdjan*, 28 février 2012 : pratiques déloyales – paiement d'électeurs – non prouvées et lacunes procédurales pour l'examen de la décision). Par ailleurs la plainte pour violations graves de la loi électorale déposée par un candidat doit être examinée objectivement et substantiellement par les commissions électorales et tribunaux compétents afin de protéger l'effectivité du droit de se porter candidat (*Namat Aliyev c/ Azerbaïdjan*, 8 avril 2010). Le même souci d'intégrité peut justifier l'inéligibilité provisoire de certains « titulaires de la fonction publique » dans les circonscriptions où ils ont exercé leurs fonctions (*Gitonas c/ Grèce*, 1er juillet 1997, § 40 ; *Ahmed et al. c/ Royaume-Uni*, 2 sept. 1998) ou de « membres du pouvoir judiciaire, dont l'indépendance, l'impartialité et la neutralité sont des valeurs communes aux États signataires » (déc. 29 juin 2000, *Brike c/ Lettonie*, n° 47135/99). En revanche, le temps passant, « la décision de refuser tout mandat législatif futur à un haut responsable qui s'est rendu indigne de ses fonctions appartient avant tout aux électeurs, auxquels il revient de décider à l'occasion des scrutins s'il y a lieu de (lui) renouveler leur confiance » et est jugée disproportionnée « l'inéligibilité définitive et irréversible… en vertu d'une disposition générale » fondée sur une norme « gravée dans le marbre constitutionnel » d'un ancien Président destitué par *impeachment* (*Paksas c/ Lituanie*, Gr. Ch., 6 janvier 2011, *JCP G* 2011, act. 123, G. Gonzalez).

2/Des considérations « historiques et politiques » peuvent guider certains choix comme celui de la langue de travail du parlement national (*Podkolzina*, § 34) sans que la Cour puisse interférer dans ce domaine qui est de la compétence exclusive de l'État sous réserve que l'évaluation des connaissances linguistiques ne se fasse pas « en l'absence de toute garantie d'objectivité » (*ibid.* § 36). Surtout, des restrictions spécifiques normalement inacceptables peuvent trouver leur justification compte tenu du « contexte historico-politique… et de la menace que représente pour le nouvel ordre démocratique la résurgence d'idées qui risqueraient de conduire à la restauration d'un régime totalitaire si on les laissait gagner du terrain » (*Zdanoka*, § 133). Mais avec le temps, le danger s'étiole et la restriction globale doit céder la place à une « approche individualisée » qui reprend ici ses droits (*Adamsons c/ Lettonie*, 24 juin 2008, § 131 : inéligibilité des ex-agents du KGB pour une période de dix ans acceptable mais dont la prorogation pour dix années supplémentaires est jugée arbitraire). Les années passant, une jeune démocratie devra « justifier l'introduction récente de restrictions générales aux droits électoraux, (par) des raisons particulièrement impérieuses » ; tel n'est pas le cas d'une législation moldave privant d'éligibilité les binationaux adoptée peu avant les élections de 2009 et préjudiciable à l'opposition ce qui renforce son caractère suspect (*Tanase c/ Moldova*, Gr. Ch., 27 avril 2010, *JCP G*, 2010, act. 577, L. Milano). Dans un contexte différent, est approuvée l'annulation de la candidature de membres de groupements électoraux dont il a été prouvé que, bien que n'ayant pas commis d'actes violents eux-mêmes, ils « prétendaient poursuivre les activités de Batasuna et Herri Batasuna, dissous préalablement en raison de leur soutien à la violence et aux activités de l'organisation terroriste ETA », sort qui fut épargné à d'autres groupements dont les juridictions internes ont jugé que leur filiation n'était pas prouvée à suffisance ce qui « atteste le caractère individualisé de la mesure » (*Etxeberria et a. c/ Espagne*, 30 juin 2009, § 53-54 ; même jour : *Herritarren Zerrenda c/ Espagne*).

3 / L'attribution d'un mandat pose « une question de droit postélectoral » (*Grosaru*, § 46). Anecdotique, la privation d'accès aux services et facilités de la Chambre des communes à un élu du Sinn Fein refusant de prêter le serment d'allégeance à la Couronne britannique qui « fait partie du système constitutionnel » du Royaume-Uni ne viole pas l'article 3 du Protocole 1 car l'élu est censé y avoir « volontairement renoncé » (déc. 8 juin 1999, *Mc Guinness c/ Royaume-Uni*, n° 39511/98, *RFDC* 2000, 856 obs. J.-F. Flauss). En revanche la Cour est très attentive à toute déchéance d'un mandat électoral qui remet en cause l'opinion du peuple telle qu'elle a pu s'exprimer. Ainsi violent la Convention le manque de clarté de la loi électorale conjuguée avec « l'absence de garanties suffisantes quant à l'impartialité des organes chargés d'examiner les contestations » (*Grosaru*, § 57 : désignation sur le siège réservé à la minorité nationale italienne d'un candidat n'ayant pas obtenu le plus de suffrages ; *Kovatch c/ Ukraine*, 7 février 2008 : l'annulation du scrutin et le recomptage des voix entraînant l'élection d'un autre candidat au bénéfice d'une loi électorale peu claire et d'un contrôle juridictionnel déficient est « arbitraire et disproportionné »), une application de règles électorales nouvelles remettant en question des élections passées au mépris du « principe de la confiance légitime » (*Paschalidis, Koutmeridis et Zaharakis c/ Grèce*, 10 avril 2008, § 33 : revirement jurisprudentiel postélectoral imposant la prise en compte des votes blancs pour le calcul du quotient électoral et la répartition des sièges ; *Lykourezos*, § 57 : application rétroactive d'une incompatibilité absolue entre une activité professionnelle et un mandat électoral d'une disposition constitutionnelle nouvelle renvoyant à une loi en attente pour fixer des exceptions). La dissolution d'un parti politique peut aussi entraîner l'inéligibilité de certains de ses membres. Le constat de violation de l'article 11 suffit dans ce cas, l'inéligibilité constituant l'effet secondaire ou accessoire de ce constat (*Parti communiste unifié de Turquie et a. c/ Turquie*, Gr. Ch., 30 janvier 1998, § 64, *infra* n° 63). Il en va de même lorsque la dissolution validée s'accompagne, à titre de sanctions, de la destitution des députés « ayant causés par leurs actes et propos » ladite dissolution

(*Refah partisi c/ Turquie*, Gr. Ch., 13 février 2003, *infra* n° 57). L'individualisation retrouve ici sa place et il y a violation de l'article 3 du Protocole 1 dès lors que « la déchéance des requérants de leur mandat parlementaire est la conséquence de la dissolution du parti politique auquel ils appartenaient et est indépendante de leurs activités politiques menées à titre personnel » (*Sadak et a. c/ Turquie n° 2*, 11 juin 2002, § 37 : déchéance des députés du parti DEP). Cette position semble logique dès lors que la Cour constate par ailleurs que la dissolution du parti en question violait l'article 11 (*Dicle pour le Parti de la démocratie – DEP*, 10 déc. 2002). Mais elle a une portée plus générale. Alors qu'elle a radié du rôle la requête relative à la dissolution du parti Fazilet à la demande du requérant insatisfait de la conclusion de l'affaire *Refah* qui laissait présager la validation de cette dissolution pour des motifs identiques (*Fazilet partisi et Kutan c/ Turquie*, 27 avril 2006), elle va constater une violation de l'article 3 du Protocole 1 en faveur des députés de ce parti destitués de leur mandat sans « aucune distinction entre les divers degrés d'implication dans les activités en question » (*Kavakçi c/ Turquie*, 5 avril 2007, § 44 ; même date : *Silay c/ Turquie* et *Ilicay c/ Turquie* ; *Sobaci c/ Turquie*, 29 nov. 2007, § 30).

G. G.

# *Chapitre 7*

# LE DROIT DE PROPRIÉTÉ

## SECTION 1
## *La notion de « biens »*

**66. Oneryildiz c/ Turquie, 30 novembre 2004** (Grande Chambre), *AJDA*, 2005, 550, obs. J.-F. Flauss.

**124.** La Cour rappelle que la notion de « biens » prévue par la première partie de l'article 1$^{er}$ du Protocole 1 a une portée autonome qui ne se limite pas à la propriété des biens corporels et qui est indépendante par rapport aux qualifications formelles du droit interne : ce qui importe c'est de rechercher si les circonstances d'une affaire donnée, considérées dans leur ensemble, peuvent passer pour avoir rendu le requérant titulaire d'un intérêt substantiel protégé par cette disposition [...]. Ainsi, à l'instar des biens corporels, certains autres droits et intérêts constituant des actifs peuvent aussi être considérés comme des « droits de propriété », et donc comme des « biens » aux fins de cette disposition [...]. La notion de « biens » ne se limite pas non plus aux « biens actuels » et peut également recouvrir des valeurs patrimoniales, y compris des créances, en vertu desquelles le requérant peut prétendre avoir au moins une « espérance légitime » et raisonnable d'obtenir la jouissance effective d'un droit de propriété [...].

**125.** Nul n'a contesté devant la Cour que l'habitation du requérant était érigée en violation de la réglementation turque en matière d'aménagement urbain et contrevenait aux normes techniques en la matière, ni le fait que le terrain ainsi occupé appartenait au Trésor public. Cela étant, les parties ont des vues divergentes quant à la question de savoir si le requérant disposait d'un « bien » au sens de l'article 1$^{er}$ du Protocole 1.

**126.** En ce qui concerne d'abord le terrain sur lequel l'habitation litigieuse avait été construite et qui, de ce fait, a été occupé jusqu'à la survenance de l'accident du 28 avril 1993, le requérant déclare que rien ne l'empêchait d'entreprendre, à tout moment, des démarches afin d'acquérir la propriété dudit terrain, selon la procédure prévue à cette fin. Cependant, la Cour ne saurait souscrire à cette thèse quelque peu spéculative. En vérité, les parties n'ayant pas fourni de renseignements détaillés, elle n'est pas à même de savoir si le quartier de Kazim Karabekir était ou non effectivement inclus dans un plan de réhabilitation des taudis, contrairement à ce qui semble avoir été le cas pour le quartier d'Hekimbasi [...] ni si le requérant remplissait ou non les conditions formelles pour se prévaloir de la législation en matière d'urbanisme en vigueur à l'époque des faits, afin que la propriété du bien public qu'il occupait lui soit transférée [...]. Quoi qu'il en soit, le requérant admet n'avoir jamais effectué une quelconque démarche administrative à cette fin. Dans ces conditions, la Cour ne saurait conclure que l'espoir du requérant de se voir un jour céder le terrain en cause constituait une forme de créance suffisamment établie au point de pouvoir être revendiquée en justice, donc un « bien » distinct au sens de la jurisprudence de la Cour [...]

**127.** Cela étant, une autre considération s'impose pour ce qui est de l'habitation même du requérant. À cet égard, il suffit à la Cour de renvoyer aux raisons exposées ci-dessus et qui l'ont conduite à constater l'existence d'une tolérance des autorités de l'État face aux actions du requérant [...]. Ces raisons valent à l'évidence au regard de l'article 1$^{er}$ du Protocole 1 et permettent de juger que lesdites autorités ont de facto reconnu que l'intéressé et ses proches avaient un intérêt patrimonial tenant à leur habitation et à leurs biens meubles.

**128.** À ce sujet, la Cour ne saurait accepter qu'on puisse leur reprocher de cette manière des irrégularités [...] dont les autorités compétentes avaient connaissance depuis presque cinq ans. Certes, elle admet que l'exercice d'un pouvoir discrétionnaire portant sur une multitude de facteurs locaux est inhérent au choix et à l'application de politiques d'aménagement urbain et rural, et de mesures qui s'imposent. Cependant, face à un problème tel que celui soulevé en l'espèce, les autorités ne peuvent légitimement invoquer leur marge d'appréciation, celle-ci ne les dispensant aucunement de leur devoir de réagir en temps utile, de façon correcte et, surtout, cohérente. Or, dans la présente affaire, tel n'a pas été le cas puisque l'incertitude créée au sein de la société turque quant à l'application des lois réprimant les agglomérations illégales n'était pas un élément susceptible d'amener le requérant à penser que la situation concernant son habitation risquait de basculer d'un jour à l'autre.

**129.** De l'avis de la Cour, l'intérêt patrimonial du requérant relatif à son habitation était suffisamment important et reconnu pour constituer un intérêt substantiel, donc un « bien » au sens de la norme exprimée dans la première phrase de l'article 1$^{er}$ du Protocole 1, laquelle est donc applicable quant à ce volet du grief examiné.

Une catastrophe provoquée par une explosion de méthane dans un bidonville de la banlieue d'Istanbul a donné à la Cour une nouvelle occasion d'étendre le champ d'application de la CEDH, et spécialement de son article 2, aux questions qui relèvent du droit de l'environnement (*supra*, n° 47). Elle lui a aussi permis de se prononcer sur la notion de « biens » au sens de l'art. 1$^{er}$ du Prot. 1 à la singulière requête d'un habitant dont le taudis, installé en toute illégalité à proximité du dépôt d'ordures, avait été enseveli sous des tonnes d'immondices. À ce titre, l'arrêt *Oneryildiz* rendu sur renvoi d'un arrêt du 18 juin 2002 est particulièrement intéressant car il réaffirme l'autonomie de la notion tout en renforçant ce que l'on pourrait appeler sa socialisation.

## I / L'autonomie de la notion de « biens »

Dans l'arrêt du 30 nov. 2004, la Cour rappelle que la notion de « biens » de l'art. 1er du Prot. 1 a une portée autonome et que certains droits et intérêts constituant des actifs peuvent aussi passer pour des « droits de propriété » et donc pour des « biens » au sens de cette disposition. Comme on le sait (*supra*, n° 4), c'est par l'arrêt *Gasus Dosier c/ Pays-Bas* du 23 février 1995 que la Cour avait eu pour la première fois recours à l'autonomie de la notion centrale de l'article 1er du Protocole 1 de manière à pouvoir qualifier de « bien » une sûreté réelle et poser clairement la règle selon laquelle la portée de cette disposition ne se limite certainement pas à la propriété des biens corporels. Il faut, néanmoins, relever que la Cour n'avait pas eu besoin de donner son autonomie à un nouveau terme de la Convention pour qualifier déjà de « biens » des biens incorporels tels qu'une clientèle ou des intérêts économiques liés à l'exploitation d'un débit de boissons par des arrêts *Van Marle* du 26 juin 1986, et *Tre Traktörer Aktielobag* du 7 juillet 1989 (la décision d'irrecevabilité *Wendenburg c/ Allemagne* du 6 fév. 2003 applique la notion de biens à la clientèle des avocats tout en estimant que l'abolition de leur monopole de représentation devant les Cours supérieures était une mesure servant l'intérêt général parfaitement proportionnée). Il faut surtout souligner que, dans l'arrêt *Gasus Dosier*, la conquête de l'autonomie de la notion de biens a été réalisée grâce à un détour par la version anglaise de l'article 1er du Protocole 1 *(possessions)* qui, à l'évidence, renvoie à des concepts réfractaires à tout classement dans les catégories romano-germanistes. Il reste encore vrai que l'autonomie de la notion de biens n'est pas la seule technique retenue pour élargir le domaine de l'article 1er du Protocole 1 et il s'est vérifié que son rôle privilégié est de lui annexer, comme dans l'affaire du taudis turc, des intérêts juridiquement insolites.

A) La Cour a aussi retenu des interprétations extensives de la notion de biens en utilisant le concept d'« espérance légitime », découvert, dans l'affaire *Pine Valley c/ Irlande* du 29 nov. 1991 pour lui permettre d'affirmer que l'on pécherait par excès de formalisme si l'on ne considérait pas qu'un projet immobilier, fondé sur un certificat préalable d'urbanisme finalement annulé, était un élément de la propriété en question. C'est avec l'arrêt *Pressos Compania Naviera SA et al. c/ Belgique* du 20 nov. 1995 que la notion a conquis ses lettres de noblesse européenne. Amplifiant la solution retenue par l'arrêt *Raffineries grecques Stran et Stratis Andreadis* du 9 déc. 1994 selon lequel une créance d'origine contractuelle reconnue par une sentence arbitrale susceptible d'être annulée est un bien, cet arrêt a en effet accordé la même qualification à une créance d'origine délictuelle n'ayant encore été ni constatée ni liquidée par une décision judiciaire, parce que la jurisprudence traditionnellement suivie en la matière avait pu faire naître l'espérance légitime de la voir concrétiser. La Cour de cassation française est restée, quant à elle, beaucoup plus timide pour admettre que des créances incertaines sont des biens (cf. Cass. civ. 1re, 30 juin 2000, *D*, 2000, *Cahier Droit des affaires,* J, 699, note M.-L. Niboyet). On aurait pu penser que, après l'affirmation à peu près contemporaine de l'autonomie de la notion de biens, le concept d'espérance légitime allait devenir inutile, du moins au regard de l'article 1er du Protocole 1. Or il n'en a rien été. L'arrêt *S. A. Dangeville c/ France* du 16 avril 2002 témoigne d'ailleurs de sa vitalité. Il a en effet permis à la Cour de qualifier de bien la créance sur l'État d'un contribuable qui avait versé la TVA pendant un an dans des conditions prohibées par une directive communautaire. La notion d'espérance légitime, qui sert désormais à élargir le champ d'application d'autres articles de la CEDH (cf. *supra*, n° 43) semble cependant éprouver quelques difficultés pour déterminer jusqu'à quel point, elle doit amplifier le domaine de l'art. 1er du Prot. 1. Ainsi, a-telle fait l'objet d'un « confinement » (J.-F. Flauss, *AJDA*, 2005.559) par un arrêt de Grande Chambre *Kopecky c/ Slovaquie* du 28 septembre 2004 qui, après en avoir proposé une sorte de théorie générale, est arrivée à la conclusion qu'une base suffisante en droit interne, par exemple une jurisprudence bien établie des tribunaux, est nécessaire pour la faire naître, du moins lorsque l'intérêt patrimonial en jeu est de l'ordre de la créance. Dès lors, il est exclu de définir l'espérance légitime à partir des critères de « contestation réelle » ou de « prétention défendable ». Cette nouvelle approche (dont le Conseil d'État s'est inspiré à partir de son arrêt *Société Getecom* du 19 nov. 2008 auquel fait écho un arrêt de la chambre sociale de la Cour de cassation du 14 novembre 2013) a déjà justifié des décisions d'irrecevabilité dans l'affaire *Caisse régionale du Crédit agricole mutuel Nord de France* du 19 octobre 2004 pour un simple espoir d'annulation de redressements fiscaux ; dans l'affaire fleuve *Von Maltzan c/ Allemagne* du 2 mars 2005 pour un espoir, aussi peu fondé, d'une modification des lois en vigueur pour permettre une meilleure indemnisation par l'Allemagne réunifiée des expropriations réalisées par la RDA ou dans l'affaire *Kemp c/ Luxembourg* du 24 avril 2008 relatif au droit de rétrocession de terrains vendus de gré à gré en vue de travaux d'intérêt public qui finalement n'avaient pas été réalisés. L'arrêt *Kopecky* a également rappelé ce que l'on savait déjà depuis l'arrêt *Marckx* du 13 juin 1979 (v.

aussi *Jantner c/ Slovaquie*, 4 mars 2003) : l'art. 1er du Prot. 1 ne garantit pas le droit à acquérir des biens. L'arrêt *Oneryildiz* a fait une application rigoureuse de ces principes en affirmant que l'espoir du requérant de se voir un jour céder le terrain sur lequel il avait érigé son taudis ne constituait pas une créance suffisamment établie. Le confinement de l'espérance légitime s'est poursuivi au nom de la protection de l'environnement par l'arrêt *Hamer c/ Belgique* du 27 novembre 2007. L'espérance, pourtant, ne se laisse pas facilement couper les ailes, surtout quand elle est légitime. Aussi la sévère mise au point réalisée par l'arrêt *Kopecky* n'a-telle pas acculé au désespoir ceux qui avaient nourri l'espérance déçue de voir la réalisation concrète d'une créance. Ainsi les arrêts *Draon et Maurice c/ France* du 6 oct. 2005, l'arrêt *Lecarpentier c/ France* du 14 fév. 2006 puis l'arrêt *Joubert c/ France* du 23 juill. 2009 ont-ils à nouveau mobilisé la notion d'espérance légitime pour stigmatiser l'application aux instances en cours de la loi du 4 mars 2002 destinée à briser la célèbre jurisprudence Perruche, de la loi du 12 avril 1996 qui ôtait aux banquiers le poids des conséquences de la jurisprudence relative au tableau d'amortissement (cf. *supra*, n° 29) et de la loi de finances pour 1997 réputant rétroactivement réguliers des contrôles fiscaux réalisés par des agents territorialement incompétents. Les prolongements européens de ces célèbres affaires françaises semblent d'ailleurs être à l'origine d'un regain de vitalité nationale du concept inauguré par l'arrêt *Pine Valley*. Par trois arrêts du 24 janvier 2006 de sa première chambre civile, la Cour de cassation a en effet compris que sa propre jurisprudence, en l'occurrence sa jurisprudence Perruche du 17 nov. 2000, était génératrice d'espérance légitime au sens de l'art. 1er du Prot. 1 et créatrice d'un bien que le législateur ne pouvait plus supprimer en cours d'instance. Par le jeu de l'espérance légitime, le temps est donc en train de changer de maître et le combat entre la jurisprudence et la loi commence à changer d'âme. Plusieurs arrêts récents témoigneront encore du dynamisme sauvegardé de l'espérance légitime. C'est ainsi que l'arrêt *Meïdanis c/ Grèce* du 22 mai 2008 l'a utilisée pour aligner à peu près le taux d'intérêts moratoires applicable aux dettes de l'État sur celui applicable aux dettes des particuliers. Par ailleurs, les arrêts *Apostolidi c/ Turquie* du 27 mars 2007 et *Narcaryan et Deryan c/ Turquie* du 8 janv. 2008 en l'associant à un rappel peu fréquent de l'éviction du principe de réciprocité en matière de protection internationale des droits de l'homme, lui permettent de faire, dans le domaine des successions internationales, une irruption remarquable qu'un arrêt *Selin Asli Ozturk c/ Turquie* du 13 oct. 2009 (*RCDIP*, 2010, 498, note F. Marchadier) et un arrêt *Yianopulu c/ Turquie* du 14 janvier 2014 ont prolongée. En outre, l'arrêt *Karaman c/ Turquie* du 15 janv. 2008 a laissé entendre, et beaucoup s'en inquiéteront, qu'elle pourrait être fondée sur la propre jurisprudence de la Cour de Strasbourg. Surtout, les arrêts de Grande chambre *Depalle et Boisset-Triboulet c/ France* du 29 mars 2010 (*JCP*, 2010 ed. G. 451 obs. G. Gonzales ; *RJE*, 2010.664 obs. J.-P. Marguénaud) l'ont mobilisée pour pouvoir considérer que l'autorisation d'occuper une maison pouvait constituer un bien encore qu'elle ait été édifiée sur le domaine public maritime tandis que l'arrêt *Richet et Le Ber c/ France* du 18 nov. 2010 s'en est servi pour décider que constitue également un bien le droit de construire indépendamment de l'évolution des règles d'urbanisme concédé par un contrat passé avec l'Administration (V. cependant, la décision d'irrecevabilité *SCI La Roseraie c/ France* du 4 janvier 2012 refusant de qualifier de bien au sens de l'art. 1 du Prot. n° 1 une construction réalisant un empiétement au regard de l'art. 555 du Code civil). En outre, l'arrêt *Plalam SPA c/ Italie* du 18 mai 2010, révélateur de la diffusion de la CEDH vers le droit de l'entreprise, fonde sur l'espérance légitime une sorte de droit à une augmentation des subventions publiques proportionnelle à l'augmentation du coût de l'investissement productif qui, en l'occurrence s'est matérialisé par l'allocation d'une satisfaction équitable de… 1 900 000 euros (arrêt de satisfaction équitable *Plalam SA* du 8 fév. 2011). Enfin, l'arrêt *Ceni c/ Italie* du 4 février 2014 contribuera à brouiller bien des repères en s'appuyant sur l'espérance légitime pour pouvoir affirmer que l'on peut être titulaire d'un bien au sens de l'art. 1 du Protocole n° 1 en vertu d'un contrat préliminaire qui n'avait pas pour effet de réaliser un transfert de propriété. De leurs côtés, le Conseil d'État (*Ministre du Budget, des Comptes publics et de la Fonction publique* 9 mai 2012 concernant le bénéfice d'un crédit d'impôt) et la Cour de cassation (Chambre sociale 21 mars 2012 relatif au paiement de rappels de salaires) continuent à faire produire des conséquences concrètes à l'espérance légitime au sens de l'art. 1 du prot. n° 1.

À quelques nuances près, le concept d'espérance légitime reste donc essentiellement un instrument d'arrimage au système de protection conventionnelle des biens incorporels que sont les créances (on observera avec curiosité que dans la décision *Sacilor Lormines c/ France* du 12 mai 2005 relative à une inextricable affaire de droit minier, la Cour a précisé qu'une dette n'est pas susceptible d'être considérée comme un bien…) incertaines (v. cependant l'arrêt *Stretch c/ Royaume-Uni* du 24 juin 2003 à propos de l'option de renouvellement d'un bail dont on ne sait pas très bien même en droit français si elle appartient ou non à la catégorie des créances). Il s'agit là du pendant logique de la règle implicitement dégagée par l'arrêt *National et Provincial Bulding Society c/ R.-U.* du 23 oct. 1997 qui, en présence de créances ne pouvant être tenues pour suffisamment établies ou fondées sur une « espérance légitime », retient seulement à titre d'« hypothèse de travail » leur qualification en « bien » (v. aussi *Ogis-Institut Stanislas et al. c/ France* 27 mai 2004 relatif à l'application de l'art. 1^er^ du Prot. 1 à la question plus souvent abordée au regard de l'article 6, § 1 des lois rétroactives). Le domaine des droits personnels relevant désormais à peu près exclusivement du concept issu de l'arrêt *Pine Valley*, il reste à vérifier si l'autonomie de la notion de biens, révélée par l'arrêt *Gasus Dosier*, développe seule ses effets amplificateurs à l'égard des droits ou des intérêts susceptibles d'être assimilés à des droits réels.

B) La Cour a eu essentiellement recours à l'autonomie de la notion de biens dans des hypothèses où l'existence d'un droit de propriété sur un bien corporel n'avait pas pu être établie. Dans l'affaire *Gasus Dosier*, il s'était agi de venir au secours du vendeur d'une bétonnière avec réserve de propriété jusqu'au paiement intégral du prix, qui s'était trouvé en grande difficulté pour démontrer qu'il était resté titulaire d'un droit de propriété « véritable ». Dans l'affaire *Iatridis c/ Grèce* du 25 mars 1999, c'est l'exploitant d'un cinéma, expulsé d'un terrain dont on ne savait toujours pas s'il appartenait encore à son bailleur ou à l'État, qui, grâce à l'autonomie de la notion, a obtenu que sa clientèle soit considérée comme une valeur patrimoniale et donc comme un « bien ». Encore, dans ces deux premiers cas, était-il relativement commode d'analyser juridiquement les « biens » accessoirement reliés au droit de propriété discuté. Dans l'affaire *Beyeler*, jugée en Grande Chambre le 5 janv. 2000, il était en revanche difficile de comprendre quelle était la nature juridique de « l'intérêt substantiel protégé par l'article 1^er^ du Protocole 1 » du candidat à l'acquisition du célèbre « jardinier » de Van Gogh dont le projet s'était heurté à la mise en œuvre acrobatique du droit de préemption du ministère du Patrimoine culturel italien. De même, à la lecture d'un autre arrêt s'appuyant sur l'autonomie de la notion de biens également rendu en Grande Chambre le 23 nov. 2000 dans l'affaire de *l'ex-roi de Grèce*, on a un peu de mal à comprendre pourquoi ses domaines ont été dépouillés de leur caractère historique de biens royaux relevant d'un régime *sui generis* en partie public et en partie privé pour être exclusivement regardés comme des biens privés à l'égard desquels les membres de la famille royale étaient titulaires d'un intérêt substantiel protégé par l'article 1^er^ du Protocole 1. Il est en tout cas assez piquant d'observer que, toujours en Grande Chambre, la Cour, le 12 juill. 2001, n'a pas cru devoir recourir à l'autonomie de la notion de biens pour permettre au prince Hans Adam II du Liechtenstein de bénéficier de la protection de l'art.1er du Prot. 1 à l'égard d'un tableau de Pieter Van Laer qui avait été confisqué à son père par l'ex-Tchécoslovaquie : soit qu'elle ait entendu marquer sa préférence pour l'art du génial résident de Saint-Rémy-de-Provence, soit qu'elle n'ait pas su résister à la tentation de juger à la tête du client couronné, elle s'en est tenue à dire que le requérant n'avait aucun droit à restitution s'analysant… en une « espérance légitime ». Dans le domaine des droits dits réels, il y a donc une certaine concurrence entre les deux techniques. De manière un peu moins nette que dans le premier arrêt *Onerlyidiz* du 18 juin 2002, ils ont été mis en synergie par l'arrêt du 30 novembre 2004. En effet, après avoir écarté l'espérance légitime en l'existence d'une créance, la Grande Chambre l'a discrètement appelée à la rescousse en relevant que l'incertitude quant à l'application des lois réprimant les agglomérations illégales « n'était pas un élément susceptible d'amener le requérant à penser que la situation concernant son habitation risquait de basculer d'un jour à l'autre ». Elle en a conclu qu'il avait un intérêt patrimonial suffisamment important et reconnu pour constituer un intérêt substantiel, donc un bien. Il fallait décidément une telle combinaison pour parvenir à une aussi improbable qualification de « bien ». Il n'y a donc pas que la vie de château et les mondanités des galeries d'art qui entrent en ligne de compte au regard de l'art. 1er du Prot. 1 ; ce qui est d'ailleurs salutaire pour la sauvegarde du concept même de droits de l'homme. Quoi qu'il en soit, la notion d'intérêt substantiel est de plus en plus souvent la seule à servir pour apprécier si le requérant n'était pas (comme dans l'affaire *Gauchin c/ France* du 19 juin 2008 relative au statut du fermage) ou était titulaire d'un bien au sens de l'article 1er du Protocole 1. De ce dernier point de vue, il faut souligner l'importance de l'arrêt de Grande Chambre *Anheuser-Busch c/ Portugal* du 11 janv. 2007 (*JCP E*, 2007, 1409, note E. Zollinger) qui, après avoir consolidé l'idée avancée par l'arrêt de Chambre du 11 oct. 2005 selon laquelle l'article 1er du Protocole 1 s'applique à la propriété intellectuelle en tant que telle, a retenu la qualification de bien au sens de cet article pour une marque de commerce dont l'enregistrement avait été demandé en s'en tenant à la notion d'intérêt substantiel et en se dispensant expressément de vérifier si la société demanderesse pouvait se prévaloir par ailleurs d'une espérance légitime (v. aussi l'arrêt *Balan c/ Moldavie* du 29 janvier 2008 relatif au droit d'un photographe sur l'utilisation de ses photographies à l'arrière-plan des cartes d'identité et la décision *Paeffgen c/ Allemagne* du 18 septembre 2007 relative aux noms de domaine).

Dans cet ordre d'idées, il conviendrait peut-être de ne pas laisser dans l'ombre l'intéressante décision d'irrecevabilité *Georges Lopez c/ France* du 23 mars 2010. Elle constitue l'épilogue européen du célèbre documentaire « Être et avoir » tourné dans la classe unique d'un instituteur, comme on disait naguère, auquel le succès du film avait donné le goût d'avoir plus. Il avait donc demandé une forte rémunération pour sa participation à la promotion de cette œuvre cinématographique. L'échec de sa tentative l'avait déterminé à se plaindre d'une violation de l'art. 1er du Prot. nº 1. Or, pour déclarer sa requête irrecevable, la Cour a fait jouer, en creux, comme on dit communément de nos jours, un rôle original à la notion d'espérance légitime. Elle a en effet estimé que, ayant participé à la campagne de promotion du film sans consignes ni directives de la société de production, l'instituteur n'était pas tenu par un lien de subordination caractéristique du contrat de travail dont il se prévalait en sorte qu'il n'avait pas pu concevoir l'espérance légitime d'obtenir la reconnaissance de la créance réclamée. *A contrario*, l'existence d'un contrat de travail aurait pu fonder l'espérance légitime permettant d'attribuer la qualification de bien à un intérêt substantiel. Il y a peut-être là l'amorce d'un raisonnement pouvant conduire à considérer, à partir de l'espérance légitime reposant sur un contrat de travail, que l'emploi est un bien au sens de l'art. 1er du Prot. nº 1. En attendant cette qualification révolutionnaire, il y a déjà des signes de socialisation.

## II / La socialisation de la notion de « biens »

La « perméabilité » de la Convention européenne des droits de l'homme aux droits sociaux (F. Sudre, *Mélanges J. Mourgeon*, Bruylant, 1998, p. 467) se réalise principalement par le relais de la notion de biens et de l'art. 1er du Prot. 1 qui lui a donné asile. Le plus souvent, ce phénomène de « socialisation » passe par une combinaison de cet article et de l'art. 14 (cf. *supra*, nº 9) ; quelquefois, comme dans l'affaire *Oneryildiz*, elle se fait sous la bannière du seul art. 1er du Prot. 1.

A) L'arrêt *Gaygusuz c/ Autriche* du 16 sept. 1996 marque une étape essentielle de l'ouverture de la CEDH aux considérations sociales puisque pour pouvoir sanctionner, au titre de l'art. 14, une discrimination fondée sur la nationalité dans la jouissance d'un droit reconnu par la Convention, la Cour y a estimé que le droit à l'allocation d'urgence est un droit patrimonial au sens de l'art.1er du Prot. 1. L'arrêt *Gaygusuz* laissait cependant planer une incertitude sur le point de savoir si la qualification de biens était réservée aux allocations sociales contributives ou si elle valait aussi pour les allocations sociales non contributives. La solution extensive, qui poursuit la socialisation de la notion de biens, a été expressément consacrée dans une affaire *Stec c/ R.-U.* à laquelle une Grande Chambre a consacré une décision de recevabilité le 6 juill. 2005 et un arrêt le 12 avr. 2006. La jurisprudence *Gaygusuz* est particulièrement remarquable pour l'influence qu'elle a exercée sur le droit français. Ainsi, par un arrêt *Bozkurt* du 14 janv. 1999 (*JCP*, 1999, II, 10082, note F. Sudre ; *D*, 1999, 334, note J.-P. Marguénaud et J. Mouly) la Chambre sociale de la Cour de cassation, relevant un moyen d'office, n'a-telle pas hésité à se référer à la CEDH telle qu'interprétée par la Cour européenne des droits de l'homme, c'est-à-dire à l'arrêt du 16 sept. 1996, pour qualifier l'allocation supplémentaire du Fonds national de solidarité de « bien » au sens de l'art. 1er du Prot. 1 et écarter l'application de la loi qui, à l'époque, en réservait encore le bénéfice aux nationaux. Sans citer aussi loyalement ses sources, le Conseil d'État a transposé cette solution européenne aux allocations familiales (CE, Ass., 5 mars 1999, Rouquette, *RFDA*, 1999, p. 357, concl. C. Maugüe, *AJDA*, 1999, p. 420 et 462, chron. F. Raynaud et P. Fombeur) et aux pensions de retraite de militaires ayant combattu pour la France mais qui avaient ultérieurement opté pour la nationalité de leur pays devenu indépendant (CE, 30 nov. 2001, Ministre de la Défense c/ M. Diop, *AJDA*, 2001, 1039, chron. M. Guyomar et P. Collin ; dans le prolongement de cet arrêt, v. CE, 28 octobre 2002, Dame Veuve Hamoudi Mizouni, qui étend la solution à la veuve de l'ayant cause). Les juridictions françaises ne sont pas pour autant devenues exemplaires en matière d'éradication des discriminations fondées sur la nationalité dans le domaine des prestations sociales. Ainsi, leur manque d'audace a-t-il conduit la Cour de Strasbourg à décider, par un arrêt *Koua Poirrez* du 30 septembre 2003 (*AJDA*, 2004, 537, obs. J.-F. Flauss qui souligne le nouvel élargissement de la notion de bien également réalisé par cette importante décision), que le refus d'accorder une allocation pour adulte handicapé à un adopté parce qu'il n'avait pas obtenu la nationalité française et parce qu'il n'était pas ressortissant d'un pays ayant signé des accords de réciprocité avec la France constituait une violation de l'art. 14 combiné avec l'art. 1er du Prot. 1. Une décision *Epstein c/ Belgique* du 8 janv. 2008 a cependant cru devoir se démarquer de la jurisprudence *Gaygusuz/Koua Poirrez* pour pouvoir déclarer irrecevables les requêtes de victimes juives de la Seconde Guerre mondiale à qui l'on avait refusé des pensions et des rentes de guerre parce qu'elles n'étaient pas ou plus belges au moment de l'entrée en vigueur de la loi de réparation. La socialisation de la notion de biens s'est également étendue en considération de discriminations fondées sur le sexe. Amorcé par l'arrêt *Van Raalte c/ Pays-Bas* du 21 fév. 1997 et plus directement par l'arrêt *Petrovic c/ Autriche* du 27 mars 1998 relatif au droit, pour le père, à une allocation de congé parental qui n'avait cependant pas débouché sur un constat de violation, ce mouvement a été considérablement amplifié par les arrêts *Wessels-Bergervoet c/ Pays-Bas* du 4 juin 2002, et *Willis c/ R.-U.* du 11 juin 2000 (*JCP*, 2002, I, 157, n° 22, obs. F. Sudre), concernant respectivement le droit à une pension de vieillesse d'une femme dont le mari avait travaillé à l'étranger et le droit à une allocation de veuve. La question des droits à pension a d'ailleurs permis une accentuation significative de la socialisation des biens. En effet, l'arrêt *Asmundsson c/ Islande* du 12 oct. 2004 (*AJDA*, 2005, 547, obs. J.-F. Flauss) l'amène à se développer sans être enchaînée au principe de non-discrimination puisqu'il a reconnu que la suppression d'une pension d'invalidité pouvait constituer une violation de l'art.1er du Prot. 1 isolément considéré (la décision d'irrecevabilité *C. Goudswaard-Van Der Leers c/ Pays-Bas* du 22 sept. 2005 atténue cependant la portée de cette nouvelle vague de socialisation tandis que la décision d'irrecevabilité *Chroust c/ République tchèque* du 20 nov. 2006 a admis que la revalorisation d'allocations attribuées à des militaires pouvait être réservée à eux qui avaient servi dans les structures du nouvel État démocratique). Une autre avancée marquante de la socialisation de la notion de biens a été réalisée par l'arrêt *Dogan et al. c/ Turquie* du 29 juin 2004 qui, en dénonçant la privation de toutes les ressources qui constituaient le gagne-pain des requérants, fait implicitement servir l'article 1er, Protocole 1 à une garantie concrète et effective du droit de gagner sa vie par le travail (cf. F. Sudre, *JCP G*, 2004, I, n° 16) ; garantie à laquelle l'art. 8 participe aussi par ailleurs (cf. *Sidabras et Dziautas*, 27 juill. 2004, cité *supra*, n° 45). Une décision *El Orabi c/ France* du 7 mai 2010 déclarant irrecevable la requête de la veuve algérienne d'un soldat de l'armée française à qui l'on avait refusé une pension de réversion montre néanmoins que le moindre prétexte procédural est bon pour soustraire la socialisation de la notion de biens à l'influence du principe de non-régression. La Cour a en effet estimé que la requérante n'avait pas épuisé les voies de recours internes parce que, devant le Conseil d'État, elle n'avait contesté que l'un des deux motifs de refus que lui avait opposé le ministre. L'ampleur de la crise économique, qui a déstabilisé depuis 2008 nombre d'États membres du Conseil de l'Europe, a d'ailleurs conduit la Cour européenne des droits de l'Homme à refuser l'arme de l'art. 1 du Prot. n° 1 à ceux qui souffrent des mesures draconiennes mises en œuvre pour y faire face (V. par exemple, les décisions d'irrecevabilité *Koufaki et Adedy c/ Grèce* du 7 mai 2013 que l'on peut confronter aux décisions sur le bien-fondé, également rendues contre la Grèce par le Comité européen des droits sociaux le 23 mai 2012 dans les affaires *Genop-Dei* et, déjà, *Adedy*).

B) Le droit au logement et la protection de l'outil de travail sont les deux directions vers lesquelles l'application de l'art. 1er du Prot. 1, considéré isolément, a été dernièrement orientée pour donner une coloration nettement sociale à un texte initialement controversé pour avoir consacré un droit de nature économique. Il serait très exagéré de dire que la Cour de Strasbourg a pour objectif prioritaire de rendre concret et effectif le droit au logement qui, comme on le sait, n'est pas garanti par la CEDH mais par l'article 31 de la Charte sociale européenne révisée. Les nombreuses décisions par lesquelles elle est venue prêter main-forte aux bailleurs qui ne parvenaient pas à faire exécuter la décision d'expulsion de leur locataire (v. en particulier l'arrêt *Lunari c/ Italie* du 14 janv. 2001) pourraient même donner l'impression qu'elle s'en désintéresse superbement. Tel n'est pourtant pas exactement le cas. Il lui est en effet arrivé d'admettre que l'expulsion du locataire est une ingérence dans le droit au respect de son domicile (*Larkos c/ Chypre* du 18 févr. 1999) et que, au regard de l'art. 8, la limitation apportée par la loi au droit du bailleur de donner congé à son locataire poursuit un objectif légitime de politique sociale (*Velosa Barreto c/ Portugal*, 21 nov. 1995). L'arrêt *Chapman* (*supra*, n° 48) avait cependant considérablement refréné l'enthousiasme que ces deux décisions avaient pu susciter. Or, l'accent mis par l'arrêt *Oneryildiz* du 18 juin 2002 sur l'environnement social et familial créé par le requérant dans le taudis qu'il avait construit et dont il demeurait matériellement propriétaire du « corps et des composants » pouvait être le signe d'une relance du droit au logement s'il était raisonnable d'enjoliver par une telle dénomination un abri aussi insalubre. Même s'il ne fait plus allusion à « l'environnement social et familial » créé dans l'habitation de fortune, l'arrêt du 30 nov. 2004 n'efface pas ce signe encourageant. Quoi qu'il en soit, ce contexte social et familial particulier aura sûrement pesé d'un poids considérable pour déterminer la Cour à franchir une étape essentielle dans la mise en œuvre concrète et effective du droit au respect des biens. C'est en effet dans l'arrêt du 18 juin 2002 entièrement approuvé sur ce point par l'arrêt de Grande Chambre que la Cour applique pour la première fois la théorie des obligations positives à l'art. 1er du Prot. 1 (cf. F. Sudre, *JCP*, 2002, I, 157, n° 23) pour pouvoir, en l'occurrence, reprocher aux autorités turques de n'avoir pas pris toutes les mesures nécessaires pour empêcher la matérialisation du risque d'explosion de méthane donc du glissement de terrain et partant de la destruction du taudis. Il n'a pas fallu attendre longtemps la reconnaissance de l'effet horizontal du droit de propriété qui est dans la logique de cette construction jurisprudentielle : elle est intervenue expressément le 25 juillet 2002 par un arrêt *Sovtransavto Holding c/ Ukraine*. Certes, cet arrêt n'aide pas directement à rendre plus concrète et effective la socialisation de la notion de biens puisque, en l'espèce, il renforce la protection de l'actionnaire. Il met cependant en place un mécanisme particulièrement efficace qui, utilisé à des fins de « socialisation » pourra bien vite aboutir à des résultats spectaculaires. Le premier semble d'ailleurs avoir été atteint par un arrêt *Bäck c/ Finlande* du 20 juill. 2004 qui admet, pour des considérations sociales, un rééchelonnement de la dette, préjudiciable au créancier. C'est au nom du même souci d'interpréter l'art. 1^er^ du Prot. 1 en fonction de la maxime selon laquelle « la Convention consiste à protéger des droits non pas théoriques ou illusoires mais concrets et effectifs » que, le 11 avril 2002, dans un arrêt *Lallement c/ France*, la Cour avait déjà délivré un autre signe remarquable de la socialisation de la notion de « biens ». Il ressort en effet de cet arrêt que parmi les biens relevant du champ d'application de l'art.1^er^ du prot. 1, il en est qui appellent une protection renforcée, détachée de leur stricte valeur vénale : il s'agit de ceux qui peuvent recevoir la qualification d'outil de travail. S'il était besoin de se persuader de l'orientation sociale d'un tel concept, il suffirait d'observer que, en l'espèce, il a été appliqué au bénéfice d'un agriculteur qui, après expropriation de 50 % des terres adjacentes à sa ferme, se trouvait dans l'impossibilité de poursuivre, sur la superficie restante ou sur des terrains d'échange, l'activité lui permettant d'assurer décemment sa subsistance et celle de sa famille. La protection renforcée de l'outil de travail a été confirmée dans une affaire d'expropriation d'un terrain sur lequel était exploité un parc de loisir qui s'est achevée par un arrêt *Di Marco c/ Italie* du 10 janvier 2012 allouant une satisfaction équitable de 250 000 euros.

Ces évolutions souvent surprenantes, parfois déconcertantes, permettent au moins de se persuader de ce que la Cour de Strasbourg est encore loin d'avoir libéré toutes les potentialités de la notion de « biens ».

J.-P. M.

# SECTION 2
## *L'atteinte à la substance du droit de propriété*

**67. Sporrong et Lönnroth c/ Suède, 23 septembre 1982**, série A, n° 52, *AFDI*, 1985, p. 415, obs. V. Coussirat-Coustère ; *JDI*, 1985, p. 205, obs. P. Tavernier.

**60.** […] S'ils laissaient juridiquement intact le droit des intéressés à disposer et user de leurs biens, les permis d'exproprier n'en réduisaient pas moins dans une large mesure la possibilité pratique de l'exercer. Ils touchaient aussi à la substance même de la propriété en ce qu'ils reconnaissaient par avance la légalité d'une expropriation et autorisaient la ville de Stockholm à y procéder à tout moment qu'elle trouverait opportun. Le droit de propriété des requérants devenait ainsi précaire et révocable […].[…] Celui-ci (l'article 1er du Protocole 1) contient trois normes distinctes. La première, d'ordre général, énonce le principe du respect de la propriété ; elle s'exprime dans la première phrase du premier alinéa. La deuxième vise la privation de propriété et la soumet à certaines conditions ; elle figure dans la seconde phrase du même alinéa. Quant à la troisième, elle reconnaît aux États le pouvoir, entre autres, de réglementer l'usage des biens conformément à l'intérêt général et en mettant en vigueur les lois qu'ils jugent nécessaires à cette fin ; elle ressort du deuxième alinéa. La Cour doit s'assurer de l'applicabilité des deux dernières de ces normes avant de se prononcer sur l'observation de la première.

**63.** En l'absence d'une expropriation formelle, c'est-à-dire d'un transfert de propriété, la Cour s'estime tenue de regarder au-delà des apparences et d'analyser, les réalités de la situation litigieuse […]. La Convention visant à protéger des droits « concrets et effectifs » (arrêt Airey du 9 octobre 1979…), il importe de rechercher si ladite situation n'équivalait pas à une expropriation de fait, comme le prétendent les intéressés. Aux yeux de la Cour, les effets incriminés […] dérivent tous de la diminution de la disponibilité des biens en cause. Ils résultent de limitations apportées au droit de propriété, devenu précaire, ainsi que des conséquences de celles-ci sur la valeur des immeubles. Pourtant, bien qu'il ait perdu de sa substance le droit en cause n'a pas disparu. Les effets des mesures en question ne sont pas tels qu'on puisse les assimiler à une privation de propriété […].**69** […] Aux fins de cette disposition (première phrase du premier alinéa), la Cour doit rechercher si un juste équilibre a été maintenu entre les exigences de l'intérêt général de la communauté et les impératifs de la sauvegarde des droits fondamentaux de l'individu […]. Inhérent à l'ensemble de la Convention, le souci d'assurer un tel équilibre se reflète aussi dans la structure de l'article 1er […].[…] De plus, elle juge naturel que dans un domaine aussi complexe et difficile que l'aménagement des grandes cités, les États contractants jouissent d'une grande marge d'appréciation pour mener leur politique urbanistique. Elle ne saurait renoncer pour autant à son pouvoir de contrôle […].

**70.** La législation en vigueur à l'époque se caractérisait par sa rigidité. En dehors du retrait pur et simple des permis d'exproprier, qui exigeait l'accord de la municipalité, elle n'offrait aucun moyen de modifier après coup la situation des propriétaires concernés [...].

**72.** La Cour constate en outre que l'existence, pendant toute cette période, d'interdictions de construire a encore accentué les répercussions dommageables de la durée de validité des permis. La pleine jouissance du droit de propriété des requérants a été entravée au total pendant vingt-cinq ans pour la succession Sporrong et douze ans pour Mme Lönnroth [...].

**73.** Ainsi combinées, les deux séries de mesure ont créé une situation qui a rompu le juste équilibre devant régner entre la sauvegarde du droit de propriété et les exigences de l'intérêt général : la succession Sporrong et Mme Lönnroth ont supporté une charge spéciale et exorbitante que seules aurait pu rendre légitime la possibilité de réclamer l'abrégement des délais ou celle de demander réparation

[...].Aux yeux de la Cour, il n'y a pas lieu, à ce stade, de rechercher si les requérants ont réellement subi un préjudice [...] : c'est dans leur situation juridique même que l'équilibre à préserver a été détruit.

La combativité de propriétaires empêchés pendant de longues années de vendre leurs immeubles aux conditions normales du marché à cause de permis d'exproprier accordés à la ville de Stockholm en vue des éventuelles constructions d'un viaduc et de parcs de stationnement, a permis à la Cour de Strasbourg de rendre un arrêt qui est plus qu'un « grand arrêt ». L'arrêt *Sporrong et Lönnroth* du 23 septembre 1982 est, en effet, un arrêt historique puisqu'il a procédé à une véritable réécriture de l'article 1er du Protocole 1 pour le tirer du sommeil dans lequel il était assez profondément plongé depuis son adoption le 20 mars 1952. Cette réécriture, aujourd'hui largement prise en compte par la CJUE pour déterminer la portée du « droit fondamental de propriété, principe général du droit communautaire » (arrêt *Regione autonoma Friuli c/ Venezia Giulia* du 12 mai 2005, in *Droit communautaire des droits fondamentaux*, dir. F. Sudre et R. Tinière, 2e éd., Bruylant, 2007, nº 68), conduit à découvrir dans cet article, dont la lettre conciliait avec d'infinies précautions l'intérêt du propriétaire et les prérogatives de l'État, trois normes protectrices du propriétaire et un principe général d'interprétation de l'ensemble du texte. Parmi ces trois normes protectrices, une concerne l'atteinte à la substance du droit de propriété et c'est pour la mettre en œuvre qu'a été affirmé le principe général. Il faut donc déterminer la place de la notion par rapport aux deux autres et analyser la technique de sa mise en œuvre protectrice.

## I / La place de « l'atteinte à la substance du droit de propriété » dans la nouvelle architecture de l'article 1er du Protocole 1

A) Pour comprendre la métamorphose que l'arrêt *Sporrong et Lönnroth* a fait subir à l'article relatif au droit au respect des biens, il est indispensable d'avoir sous les yeux la structure que ses rédacteurs de 1952 lui avaient donnée.

*« Toute personne physique ou morale a droit au respect de ses biens »* [première phrase du premier alinéa]. *« Nul ne peut être privé de sa propriété que pour cause d'utilité publique et dans les conditions prévues par la loi et les principes généraux du droit international »* [seconde phrase du premier alinéa].

*« Les dispositions précédentes ne portent pas atteinte au droit que possèdent les États de mettre en vigueur les lois qu'ils jugent nécessaires pour réglementer l'usage des biens conformément à l'intérêt général ou pour assurer le paiement des impôts ou d'autres contributions ou des amendes »* [second alinéa].

Ainsi le premier alinéa consacre-t-il, dans sa première phrase, un droit très général, pour les personnes morales comme pour les personnes physiques, au respect de leurs biens et leur reconnaît-il, dans sa seconde phrase, une protection un peu moins vague contre la privation de leurs propriétés. Quant au second alinéa, il vise, si les mots ont un sens, non pas à consacrer des droits fondamentaux de l'individu mais à rappeler et à garantir les prérogatives économiques et fiscales auxquelles les États étaient si jalousement attachés à l'époque de la rédaction de la CEDH qu'il avait justement semblé plus sage d'isoler la question dans un protocole additionnel. C'est bien à cette prudente lecture que s'était livrée la Cour dans l'arrêt *Marckx* du 13 juin 1979 (*supra*, n° 51). En effet, après avoir énoncé que, « en reconnaissant à chacun le droit au respect de ses biens, l'article 1er garantit en substance le droit de propriété », elle avait tout aussitôt limité la portée de cette affirmation capitale en concédant que, en son second alinéa, ledit article érigeait les États en seuls juges de la nécessité de mettre en vigueur des lois pour réglementer l'usage des biens conformément à l'intérêt général. C'est ce subtil équilibre que l'arrêt *Sporrong et Lönnroth* a rompu en faisant du second alinéa une troisième norme favorable au propriétaire individuel puisqu'elle tend désormais à le protéger contre la réglementation de l'usage de ses biens.

Encore l'arrêt du 23 septembre 1982 n'avait-il détourné en faveur de l'individu que le volet économique du second alinéa de l'article 1$^{er}$ du Protocole 1. Il restait à savoir si le texte ne pouvait pas aussi servir à protéger le propriétaire contre les lois destinées à assurer le paiement des impôts, d'autres contributions ou d'amendes. C'est ce qui allait être audacieusement admis par l'arrêt *Gasus Dosier* du 23 février 1995 à l'égard d'une loi fiscale procédurale réglementant le recouvrement des créances fiscales puis par l'arrêt *National et Provincial Bulding Society* du 23 octobre 1997 qui concernait les dispositions transitoires d'une loi fiscale matérielle déterminant le montant des impôts à payer. Ces deux arrêts ne sont cependant pas allés jusqu'à faire produire des conséquences concrètes au volet fiscal ainsi mis en lumière puisque ni l'un ni l'autre n'ont débouché sur un constat de violation de l'article 1$^{er}$ du Protocole 1. L'arrêt de Grande chambre *Perdigao c/ Portugal* du 16 nov. 2010 semble néanmoins avoir accompli une étape supplémentaire vers le retournement de la fin du second alinéa en faveur de l'individu. Ayant qualifié les frais de justice de contributions au sens de cette partie du texte, il a en effet estimé que ceux supportés en l'espèce par le requérant avaient constitué une charge exorbitante dans la mesure où ils avaient absorbé l'indemnité d'expropriation qui lui avait été allouée.

B) La réécriture du texte de 1952 a conféré un double rôle à la première phrase du premier alinéa : non seulement elle énonce le principe d'ordre général du respect de la propriété, mais elle permet encore d'apporter une protection contre les atteintes qui ne s'analysent ni en privation de la propriété, ni en réglementation de l'usage des biens que l'on peut appeler atteintes à la substance du droit de propriété par référence au § 63 de l'arrêt *Sporrong et Lönnroth* ou plus communément, atteintes au droit de propriété. Or, dans cette seconde fonction, cette phrase n'est plus que subsidiaire. La Cour estime en effet qu'il lui faut s'assurer de l'applicabilité de la norme de la seconde phrase du premier alinéa et de celle du deuxième alinéa avant de se prononcer sur l'observation de la première. C'est ce qu'elle affirme au § 61 de l'arrêt du 23 septembre 1982 où elle applique d'ailleurs scrupuleusement cette démarche en démontrant d'abord que, en l'absence d'expropriation formelle, les propriétaires des terrains soumis aux permis d'expropriation n'avaient pas subi de privations de propriété, ensuite que ces permis représentant une étape initiale dans le processus de privation n'entendaient pas limiter ou réglementer l'usage des biens des intéressés, pour pouvoir enfin les examiner au regard de la première phrase du premier. Il faut néanmoins remarquer que, par la suite, la Cour a parfois conclu de manière beaucoup plus expéditive à la nécessité d'examiner la question litigieuse au regard de la norme subsidiaire. Ainsi, dans les arrêts *Phocas c/ France* du 23 avril 1996 et *Iatridis c/ Grèce* du 25 mars 1999, la démonstration est-elle particulièrement lapidaire. Dans l'arrêt *Beyeler c/ Italie* du 5 janvier 2000, elle s'est même écartée de la logique de subsidiarité affirmée par l'arrêt *Sporrong et Lönnroth* puisque, compte tenu de la difficulté à qualifier le droit du requérant, elle estime qu'il n'est pas nécessaire de trancher la question de savoir si la seconde phrase du premier alinéa de l'article 1er trouve application en l'espèce et examine aussitôt la question en considération de la première phrase. Surtout, l'arrêt *S. A. Dangeville c/ France* du 16 avril 2002 a écarté expressément le jeu de la subsidiarité de la première phrase de l'alinéa premier à l'égard du volet fiscal du second alinéa. S'agissant d'une difficulté relative à un impôt à acquitter, la Cour a en effet exclu la « démarche plus naturelle » consistant « à examiner les griefs du point de vue d'une réglementation de l'usage des biens dans l'intérêt général pour assurer le paiement des impôts, laquelle relève de la règle énoncée au second alinéa de l'article 1er », pour pouvoir examiner l'ingérence à la lumière de la première phrase du premier alinéa. Plus récemment, dans les affaires *Apostolidi* et *Nacaryan et Deryan* (citées *supra*, n° 66), elle a péremptoirement estimé que le refus de reconnaître la qualité d'héritier devait être analysé à la lumière de la norme générale énoncée dans la première phrase du premier alinéa.

Si la protection assurée par la règle n° 1 n'est plus tout à fait aussi subsidiaire qu'aux premiers temps de la nouvelle jeunesse de l'article 1er du Protocole 1, les modalités de sa mise en œuvre doivent être étudiées avec une attention particulière.

## II / La mise en œuvre de la protection contre les atteintes à la substance du droit de propriété

A) Après avoir décidé que les affaires *Sporrong et Lönnroth* devaient être examinées au regard de la première phrase du premier alinéa, la Cour a introduit une autre innovation majeure en énonçant que, aux fins de cette disposition, elle devait rechercher si un juste équilibre avait été maintenu entre les exigences de l'intérêt général de la communauté et les impératifs de la sauvegarde des droits fondamentaux de l'individu et en précisant que : « Inhérent à l'ensemble de la Convention, le souci d'assurer un tel équilibre se reflète aussi dans la structure de l'article 1er. » Alors que le texte de l'article n'y invitait pourtant pas expressément, la Cour a donc soumis les atteintes à la substance du droit de propriété à une exigence générale de proportionnalité. Plus précisément, il semble que la Cour ait relié le principe de proportionnalité au principe général énoncé par la première phrase pour en faire aussitôt application à la règle de protection subsidiaire contenue dans cette même première phrase. Dans l'arrêt *Sporrong et Lönnroth*, ce contrôle de proportionnalité, qui conduit à la conclusion que les requérants avaient « supporté une charge spéciale et exorbitante », est d'ailleurs particulièrement rigoureux puisque, dénonçant la rigidité de la législation suédoise qui excluait la possibilité d'apprécier à nouveau les intérêts de la ville et ceux des propriétaires à des intervalles raisonnables pendant la longue durée pour laquelle chacun des permis d'exproprier avait été accordé et maintenu, « la Cour en arrive à substituer son appréciation à celle des autorités nationales non seulement administratives mais aussi législatives » (cf. F. Sudre, *op. cit.*, 11e éd. 2012, p. 678). Dans les arrêts ultérieurs qui ont retenu l'application de la règle de la première phrase, la Cour n'a pas toujours fait montre de la même rigueur dans le contrôle de la proportionnalité de l'ingérence. Il lui est même advenu de se laisser aller à une souplesse particulièrement bienveillante pour les États mis en cause (v. par ex., *Wiesinger* du 30 oct. 1991, et *Coopérative La Laurentina* du 2 août 2001). La mise en œuvre du contrôle de proportionnalité à l'égard des questions fiscales qui sont rattachées à la norme générale de la première phrase semble d'ailleurs affectée d'un taux d'inconstance particulièrement élevé. Ainsi, l'arrêt *S. A. Dangeville* du 16 avril 2002 avait-il retrouvé la voie de la sévérité inaugurée en 1982 puisque pour juger l'ingérence litigieuse disproportionnée, la Cour n'avait pas hésité à stigmatiser tout à la fois le refus du Conseil d'État de tirer les conséquences d'une norme de droit communautaire directement applicable et le défaut d'intervention du législateur pour mettre le droit national en conformité avec une directive communautaire et l'arrêt *Buffalo SRL en liquidation c/ Italie* du 3 juillet 2003 lui avait-il fermement emboîté le pas en mesurant l'impact financier du retard à rembourser un crédit d'impôt. En revanche, la décision d'irrecevabilité *Imbert de Tremiolles c/ France* du 4 janvier 2008 a redonné à l'État les coudées franches pour déterminer le plafond et l'assiette de l'ISF. L'embarras fiscal de la Cour semble si fort que, dans l'arrêt *Driha c/ Roumanie* du 21 février 2008, la providentielle illégalité de l'imposition à la source d'une allocation l'a vivement entraînée à se dispenser d'exercer le contrôle de proportionnalité et à préciser qu'elle se situait sur le terrain de la norme générale de la première phrase. On remarquera d'ailleurs que pour pouvoir juger, dans l'arrêt *Perdigao* (précité), que le montant des frais de justice – eux aussi considérés comme des contributions – avait entraîné une rupture du juste équilibre devant régner entre l'intérêt général de la communauté et les droits fondamentaux de l'individu, la Cour s'est située sur le terrain de l'art. 1 du Protocole n° 1 pris dans son ensemble.

B) Dans ces conditions, il est difficile d'apprécier la portée concrète de la protection contre les atteintes à la substance du droit de propriété. Destinée à protéger contre les atteintes qui ne sont constitutives ni d'une privation de propriété ni d'une réglementation de l'usage des biens, la première phrase de l'alinéa premier a toutes les chances d'apparaître, dans cette fonction subsidiaire, comme un mécanisme attrape-tout plus ou moins bien ajusté à des hypothèses dont l'analyse juridique est incertaine comme dans les affaires *Oneryildiz* (*supra*, n° 66) ; *Broniowski* (*infra*, n° 74) relative au droit d'obtenir des biens à titre compensatoire de l'abandon de biens immobiliers ; *Witteck c/ Allemagne*, 12 déc. 2002 et *Bruncrona c/ Finlande*, 16 nov. 2004 concernant des droits d'usufruit ou d'usage sur des terrains appartenant à l'État. En définitive, on s'aperçoit que, dans le prolongement de l'arrêt *Sporrong et Lönnroth*, elle a souvent servi à sanctionner des mesures ayant prolongé pendant longtemps l'incertitude du propriétaire quant à la situation juridique du « bien ». C'est ce que l'on peut vérifier notamment dans les arrêts *Tsirikakis c/ Grèce* du 17 janv. 2002 concernant les propriétaires d'un îlot qui pendant quinze ans n'avaient pu ni exploiter la partie non expropriée ni disposer de l'indemnité d'expropriation de l'autre partie ; *Eko-Eldu Avee c/ Grèce* du 9 mars 2006 relatif au retard mis dans le remboursement de crédits d'impôts, *Koktepe c/ Turquie* du 22 juillet 2008 rendu en faveur de l'acquéreur qui avait dû attendre huit ans pour savoir si le bien qu'il avait acquis devait recevoir la qualification de domaine agricole ou de domaine forestier ou *Ozbek c/ Turquie* du 27 mai 2010 se rapportant au classement erroné d'une parcelle en zone militaire. Il apparaît néanmoins que, dans beaucoup de ces applications de la première phrase de l'alinéa premier, la mesure litigieuse aurait pu tout aussi bien être qualifiée de privation de propriété (cf. *Vasilescu c/ Roumanie* du 22 mai 1998) ou de réglementation de l'usage des biens (cf. *Katte Klitsche de la Grange* du 27 octobre 1994 ; *Koktepe*, préc.). On peut peut-être en déduire que cette phrase n'est guère autre chose qu'une doublure dans sa fonction protectrice et que la Cour se borne à la réactiver de plus en plus régulièrement pour la trouver en parfait état de marche quand le temps de nouvelles audaces est venu comme dans les affaires *Bäck c/ Finlande* et *Dogan c/ Turquie* de 2004 (citées *supra*, n° 66). On peut sûrement en conclure que la frontière de cette norme n'est pas encore clairement délimitée.

Depuis quelques années, il semble cependant que la Cour ait cherché à placer un certain nombre d'atteintes sous la protection spécifique de la première phrase de l'alinéa premier. C'est ainsi que dans le célèbre arrêt *Loizidou c/ Turquie* du 18 décembre 1996, elle s'en est servie pour sanctionner, à l'égal d'un obstacle juridique, un obstacle de fait à l'accès aux biens. Le maintien de cet obstacle de fait à l'accès aux biens de plus de 1 400 requérants chypriotes grecs a d'ailleurs incité la Cour à impartir aux autorités turques un double délai de trois mois pour mettre en place un recours puis de trois autres mois pour assurer une réparation effective des violations de la Convention dans des affaires similaires à l'affaire *Xenides-Arestis* jugée le 22 décembre 2005 par un arrêt qui illustre la technique des arrêts-pilotes inaugurée par l'arrêt *Broniowski*. Dans d'autres arrêts, elle a combiné cette norme avec le principe de prééminence du droit pour sanctionner le refus de l'État d'exécuter ou de faire exécuter une décision de justice (*Georgiadis c/ Grèce* du 28 mars 2000, *Prodan c/ Moldova*, 18 mai 2004 ; *Angelov c/ Bulgarie*, 22 avr. 2004 qui présente l'originalité d'apprécier les conséquences du retard dans l'exécution d'un jugement en fonction de l'inflation et de la dépréciation de la monnaie nationale, *Matheus c/ France*, 31 mars 2005 ou *Barret et Sirjean c/ France* du 21 janv. 2010 relatif à l'évanouissement de l'autorité de l'État face à l'occupation militante des biens ancestraux du peuple corse). En outre, l'arrêt *Sovtransavto Holding* du 25 juillet 2002 lui a attribué la protection de cette « chose complexe » mais très répandue qu'est une action de société. En outre, l'arrêt *Fotopoulou c/ Grèce* du 18 novembre 2004 semble lui avoir ouvert une nouvelle fonction environnementale (consolidée par l'arrêt *Paudicio c/ Italie* du 24 mai 2007) en la faisant jouer dans une affaire où le maintien d'un mur irrégulièrement construit privait de la vue sur la mer et violait le caractère traditionnel du village (la Cour de cassation avait déjà entrevu cette piste bucolique par un arrêt de sa 2^e^ Chambre civile du 23 oct. 2003, *RTD civ.*, 2004, 315, obs. Th. Revet en combinant l'article 544 C. civ., et l'article 1^er^ du Protocole 1 pour rejeter le pourvoi dirigé contre une décision qui avait condamné à réparer un trouble visuel du voisinage lié notamment à l'implantation d'un transformateur EDF). Grâce à cette attribution de domaines spécifiques et à l'atténuation de son caractère subsidiaire, la règle de protection contre les atteintes à la substance du droit de propriété contenue dans la première phrase de l'alinéa 1^er^ de l'article 1^er^ du Protocole 1, décidément affectée aux situations les plus paradoxales (cf. *Bugajny c/ Pologne*, 6 nov. 2007, sanctionnant un refus d'expropriation), semble donc avoir de beaux jours devant elle. Elle commence à les vivre sur le terrain contractuel grâce à un arrêt *Zolotas c/ Grèce* n° 2 du 29 janvier 2013 (Revue des contrats 2013.813 obs. J. Rochfeld) dont l'importance doit être soulignée. En l'espèce, le client d'une banque ayant délaissé son compte parce qu'il était parti vivre à l'étranger avait eu la mauvaise surprise d'apprendre que le jeu de la prescription avait provoqué sa fermeture et le transfert de son contenu à l'État. Il était d'autant plus amer que son banquier s'était bien gardé de lui faire savoir qu'il eut suffi, pour empêcher cette rude déconvenue financière, de réaliser la plus petite opération avant l'expiration du délai fatidique de 20 ans. Or, la Cour, se plaçant résolument sur le terrain de la première phrase de l'alinéa 1 après avoir spécialement relevé que l'atteinte ne correspondait ni à une expropriation ni à une réglementation de l'usage des biens, a apporté un sérieux renfort aux tenants du solidarisme contractuel en faisant émerger une obligation d'informer le cocontractant en cours d'exécution du contrat, portée par l'effet dit horizontal de la CEDH. S'il fallait choisir un grand arrêt marquant la conquête par la CEDH du droit des contrats qui lui a été longtemps rebelle, c'est sans doute cet arrêt *Zolotas n° 2* placé sous l'égide de la première phrase du premier alinéa de l'art. 1 du Prot. n° 1 qu'il faudrait élire. C'est dire que cette règle subsidiaire découverte dans le premier alinéa est appelée à faire de plus en plus d'ombre aux deux autres règles auxquelles l'arrêt *Sporrong et Lönnroth* a aussi ouvert des perspectives considérables, concrétisées par d'autres grandes décisions.

J.-P. M.

## SECTION 3
## *La privation de propriété*

**68. James *et al.* c/ Royaume-Uni, 21 février 1986**, série A, n° 98, *AFDI*, 1987, p. 239, obs. V. Coussirat-Coustère ; *JDI*, 1987, p. 772, obs. P. Tavernier ; *CDE*, 1988, p. 479, obs. G. Cohen-Jonathan.

**40.** La Cour estime, avec les requérants, qu'une privation de propriété réalisée à seule fin d'octroyer un avantage à un particulier ne saurait s'inspirer de l'« utilité publique ». Néanmoins, un transfert obligatoire de propriété d'un individu à un autre peut, dans certaines circonstances, représenter un moyen légitime de servir l'intérêt général [...].

**41.** On ne peut non plus déduire de l'expression anglaise « in the public interest » que le bien en question doive être à la disposition du public ni que la collectivité entière, ou même une large fraction de celle-ci, doive profiter directement du transfert. On peut parfaitement considérer comme « in the public interest » une privation de propriété opérée au titre d'une politique de justice sociale [...].

**42.** Quant au texte français de l'article 1^er^, les termes « pour cause d'utilité publique » se prêtent certes à l'interprétation étroite invoquée par les requérants, comme il ressort du droit interne de quelques-uns – mais non de l'ensemble – des États contractants où cette expression ou son équivalent se rencontre en matière d'expropriation. Cela n'est pourtant pas décisif car la jurisprudence de la Cour a reconnu l'« autonomie » de nombre de notions de la Convention.

**45.** La Cour rejoint ainsi la Commission : un transfert de propriété opéré dans le cadre d'une politique légitime – d'ordre social, économique ou autre – peut répondre à l'« utilité publique » même si la collectivité dans son ensemble ne se sert ou ne profite pas elle-même du bien dont il s'agit. La loi sur la réforme de l'emphytéose n'enfreint donc pas en soi l'article 1^er^ de ce chef. Partant, il y a lieu de rechercher si, à d'autres égards, elle remplissait la condition de l'« utilité publique » et le surplus des exigences de la deuxième phrase de l'article 1^er^.

**46.** Grâce à une connaissance directe de leur société et de ses besoins, les autorités nationales se trouvent en principe mieux placées que le juge international pour déterminer ce qui est d'« utilité publique ». Dans le système de protection créé par la Convention, il leur échoit par conséquent de se prononcer les premières tant sur l'existence d'un problème d'intérêt public justifiant des privations de propriété que sur les mesures à prendre pour le résoudre [...]. Dès lors, elles jouissent ici d'une certaine marge d'appréciation, comme en d'autres domaines auxquelles s'étendent les garanties de la Convention. De plus, la notion d'« utilité publique » est ample par nature. En particulier, la décision d'adopter des lois portant privation de propriété implique d'ordinaire, ainsi que le relève la Commission, l'examen de questions politiques, économiques et sociales sur lesquelles de profondes divergences d'opinions peuvent raisonnablement régner dans un État démocratique. Estimant normal que le législateur dispose d'une grande latitude pour mener une politique économique et sociale, la Cour respecte la manière dont il conçoit les impératifs de l'« utilité publique » sauf si son jugement se révèle manifestement dépourvu de base raisonnable. En d'autres termes, elle ne saurait substituer sa propre appréciation à celle des autorités nationales, mais elle doit contrôler au regard de l'article 1^er^ du Protocole 1 les mesures litigieuses et, à cette fin, étudier les faits à la lumière desquels lesdites autorités ont agi.

**47.** [...] Éliminer ce que l'on ressent comme des injustices sociales figure parmi les tâches d'un législateur démocratique. Or, les sociétés modernes considèrent le logement comme un besoin primordial dont on ne saurait entièrement abandonner la satisfaction aux forces du marché. La marge d'appréciation va assez loin pour englober une législation destinée à assurer en la matière plus de justice sociale, même quand pareille législation s'immisce dans des relations contractuelles entre particuliers et ne confère aucun avantage direct à l'État ni à la collectivité dans son ensemble. Le but que poursuivait la loi de 1967 est donc légitime en principe.

**49.** [...] Il échet donc de souscrire à la conclusion de la Commission : on ne saurait tenir pour manifestement déraisonnable l'opinion du Parlement britannique selon laquelle il y avait là une injustice sociale.

**50.** Le problème n'est pas tranché pour autant. Il ne suffit pas qu'une mesure privative de propriété poursuive, en l'espèce comme en principe, un objectif légitime d'« utilité publique » ; il doit aussi exister un rapport raisonnable de proportionnalité entre les moyens employés et le but visé [...]. L'arrêt Sporrong et Lönnroth a exprimé la même idée en des termes différents : il parle du « juste équilibre » à ménager entre les exigences de l'intérêt général et les impératifs des droits fondamentaux de l'individu [...], équilibre rompu si la personne concernée a eu à subir « une charge spéciale et exorbitante » [...]. La Cour se prononçait là dans le contexte du principe du respect de la propriété, proclamé par la première phrase du premier alinéa, mais elle a souligné que « le souci d'assurer un tel équilibre se reflète aussi dans la structure de l'article 1er » tout entier [...]. D'après les requérants, la législation sur la réforme de l'emphytéose ne remplit pas ces conditions : à supposer qu'injustice sociale il y ait, le législateur aurait appliqué des remèdes si peu appropriés et si exorbitants que sa décision excéderait la marge d'appréciation. La Cour considère qu'une mesure doit être à la fois idoine à la réalisation de son but et non disproportionnée avec lui. Elle recherchera donc, en examinant les divers arguments des requérants, s'il en a été ainsi en l'occurrence.

**54.** [...] La Cour constate avec la Commission que, dans les systèmes juridiques respectifs des États contractants, une privation de propriété pour cause d'utilité publique ne se justifie pas sans le paiement d'une indemnité, sous réserve de circonstances exceptionnelles étrangères au présent litige. De son côté, en l'absence d'un principe analogue l'article 1er [...] n'assurerait qu'une protection largement illusoire et inefficace du droit de propriété. Pour apprécier si la législation contestée ménage un juste équilibre entre les divers intérêts en cause et, entre autres, si elle n'impose pas aux requérants une charge démesurée [...], il faut à l'évidence avoir égard aux conditions de dédommagement. Quant au niveau de l'indemnisation, la Cour se range également à l'avis de la Commission : sans le versement d'une somme raisonnablement en rapport avec la valeur du bien, une privation de propriété constituerait d'ordinaire une atteinte excessive qui ne saurait se justifier sur le terrain de l'article 1er [...]. Ce dernier ne garantit pourtant pas dans tous les cas le droit à une compensation intégrale. Des objectifs légitimes d'« utilité publique », tels qu'en poursuivent des mesures de réforme économique ou de justice sociale, peuvent militer pour un remboursement inférieur à la pleine valeur marchande. En outre, le contrôle de la Cour se borne à rechercher si les modalités choisies excèdent la large marge d'appréciation dont l'État jouit en la matière [...].

**70.** En résumé, chacune des exigences de la deuxième phrase de l'article 1er [...] se trouve donc remplie pour les privations de propriété litigieuses.

**72.** Il n'y a eu infraction à l'article 1er du Protocole 1 ni en raison des dispositions de la loi de 1967, amendée, sur la réforme de l'emphytéose, ni du fait des circonstances dans lesquelles a eu lieu le rachat des immeubles des requérants.

M. John Nigel James et deux autres trustees agissant conformément au testament du deuxième duc de Westminster sont allés se plaindre à Strasbourg d'avoir été obligés de vendre de nombreux immeubles, situés dans l'une des zones résidentielles les plus recherchées de Londres, aux titulaires de baux emphytéotiques dont le « titre moral » à devenir propriétaires de leur maison avait été consacré par une loi de 1967. Ils n'y ont pas obtenu satisfaction mais la Cour, estimant qu'ils avaient été privés de leur propriété au sens de la deuxième phrase de l'alinéa 1er de l'article 1er du Protocole 1 a dû se livrer à un très dense commentaire de ce texte pour pouvoir conclure qu'il n'avait pas été violé. Pour commenter son propre commentaire, on suivra à peu près le plan qu'elle a retenu qui distingue l'utilité publique et « le surplus des exigences de la deuxième phrase de l'article 1er » (§ 45).

## I / L'exigence d'« utilité publique »

A) Dans l'affaire *James et al.*, la Cour a dû commencer par préciser la notion même de « cause d'utilité publique ». Jouant sur la difficulté à concilier les versions française et anglaise de la phrase pertinente, les requérants l'avaient en effet placée face à la nécessité de choisir entre une conception large, en harmonie avec l'expression anglaise *« in the public interest »,* et une conception étroite, plus conforme à la formulation française, dont le mérite eût été d'exposer aux foudres européennes toutes les privations de propriété qui, comme en l'espèce, n'auraient pas été opérées dans l'intérêt général au bénéfice de l'ensemble de la collectivité mais seulement en faveur de simples particuliers. Tout en concédant qu'une privation de propriété réalisée à seule fin d'octroyer un avantage à un particulier ne saurait s'inspirer de l'« utilité publique », la Cour parvient à admettre, principalement grâce à l'autonomie des termes de la Convention, qu'un transfert de propriété d'un individu à un autre peut répondre à l'« utilité publique » même si la collectivité dans son ensemble ne profite pas elle-même du bien en question pourvu qu'il soit opéré dans le cadre d'une politique légitime « d'ordre social, économique ou autre ». Il s'agit là d'une sorte de « socialisation à rebours » de l'art. 1er du Prot. 1 qui semble bien réduire considérablement les perspectives de son application aux « expropriations pour cause d'utilité privée » (J. Massip, *LPA*, 16 janv. 2001, n° 18 ; v. aussi A. Bénabent, *D*, 2001, point de vue, p. 1036) que le droit civil n'hésite plus à organiser (cf. la loi du 26 mai 2004 relative au divorce, *RTD civ.*, 2004, 565, chron. F. Bellivier). Une importante évolution vient cependant de se produire sur ce point. Elle résulte d'un arrêt *Milhau c/ France* du 10 juillet 2014 relatif à l'application par le juge d'un divorce de l'article 275 du Code civil, devenu entre-temps 274, qui lui avait permis de rendre un jugement opérant cession forcée en faveur du créancier d'une prestation compensatoire d'un bien dont le débiteur était propriétaire. Faisant écho à une réserve d'interprétation exprimée par le Conseil constitutionnel dans une décision QPC du 13 juillet 2011 subordonnant la mise en œuvre de cette mesure au principe de subsidiarité, la Cour a, en effet, jugé que le débiteur avait supporté une charge spéciale et exorbitante, emportant violation de l'art. 1 du Prot. n° 1, parce qu'il ne lui avait pas été proposé de s'acquitter de sa dette par le versement d'une somme d'argent ou le transfert de ses droits de propriété sur un ou plusieurs autres de ses biens qu'il aurait lui-même choisis.

La Cour a peut-être cru pouvoir limiter la portée du choix entre la conception large et la conception étroite en vérifiant encore si la privation de propriété dont se plaignaient les *trustees* visait un but légitime. Il y a tout lieu de croire que les juges de 1986 se sont laissés aller à la redondance : si une ingérence répond déjà à l'« utilité publique », on conçoit mal comment son but pourrait ne pas être légitime. On remarque d'ailleurs que, ultérieurement, les arrêts se sont montrés plus sobres et plus rigoureux en ne consacrant qu'un seul développement à la vérification du caractère légitime d'utilité publique (v. l'arrêt *Les saints monastères c/ Grèce* du 9 déc. 1994 ; comp. l'arrêt *Lallement* du 11 avr. 2002 qui, lui, parle curieusement de but légitime d'intérêt public).

La notion d'utilité publique a été ultérieurement élargie pour permettre d'accueillir des mesures, favorables à quelques personnes privées, qui ne poursuivaient aucun objectif social mais qui étaient destinées à assurer l'efficacité de la procédure de faillite (arrêt *Stockholms Försäkrigns-Och c/ Suède*, 16 sept. 2003) ou à maintenir un système d'indivision qui fonctionne bien (arrêt *Allard c/ Suède*, 24 juin 2003).

B) Après avoir retenu une définition déjà extensive de la notion d'utilité publique, la Cour a pratiquement vidé cette exigence de toute utilité pratique. Elle est parvenue à ce curieux résultat grâce à un élargissement considérable de la marge d'appréciation. Jugeant la notion ample par nature et estimant normal que le législateur dispose d'une grande latitude pour mener une politique économique et sociale, elle s'est donc interdit de substituer son appréciation des impératifs de l'utilité publique à celle des autorités publiques. Dans une affaire *Kliafas et al. c/ Grèce* du 8 juill. 2004 où, à la suite d'une réorganisation de leur profession, des experts comptables avaient été invités à restituer des recettes qu'ils avaient pu encaisser en parfaite légalité, la Cour a eu l'occasion de redire que la notion d'utilité publique était ample par nature. Ainsi, l'arrêt *James* subordonne-t-il la protection du propriétaire à un manquement aux autres conditions de la deuxième phrase même s'il réserve l'hypothèse assez théorique d'un jugement des autorités internes dépourvu de « base raisonnable » (cf. F. Sudre, « La protection du droit de propriété par la Cour européenne des droits de l'homme », *D*, 1988, chron. p. 75).

Effectivement, les privations de propriété sanctionnées parce qu'elles n'avaient pas une cause d'utilité publique sont rarissimes (v. cependant l'arrêt *Zwierzynski c/ Pologne* du 19 juin 2001).

## II / Le surplus des exigences de la deuxième phrase

A) L'apport essentiel de l'arrêt *James* est d'avoir appliqué à la privation de propriété le principe de proportionnalité que l'arrêt *Sporrong et Lönnroth* du 23 sept. 1982 avait puisé dans la première phrase pour le faire jouer à l'égard d'une atteinte à la substance du droit de propriété (*supra*, n° 67) Sans doute l'arrêt de 1982 avait-il averti que ce principe se reflétait dans la structure de l'article 1^er^ du Protocole 1 mais il n'était pas pour autant assuré qu'il aurait vocation à moduler la mise en œuvre des deux autres règles protectrices du propriétaire. L'enjeu était pourtant de taille : s'il n'y avait même pas la possibilité de vérifier que la privation de propriété, répondant, par hypothèse et sauf improbable défaut de base raisonnable, à une cause d'utilité publique, ménageait un juste équilibre entre l'intérêt général et l'intérêt du propriétaire, la deuxième phrase n'offrait pratiquement aucune prise à un constat de violation de l'article 1^er^ du Protocole 1. L'arrêt *James* a donc donné à la protection contre la privation de propriété quelques chances de devenir concrète et effective puisque la Cour y énonce qu'il ne suffit pas qu'une mesure privative de propriété poursuive, « en l'espèce comme en principe », un objectif légitime d'utilité publique : il doit aussi exister « un rapport raisonnable de proportionnalité entre les moyens employés et le but visé ». Pour justifier cette solution, la Cour ne manque pas de se référer à l'arrêt *Sporrong et Lönnroth* qui se prononçait dans le contexte du principe du respect de la propriété, proclamé par la première phrase du premier alinéa. L'arrêt *James* met donc en lumière le double rôle de cette première phrase qui organise une protection particulière du propriétaire et fixe un principe général d'interprétation de tout l'article. Quant à ce principe général, il faut d'ailleurs observer que c'est l'arrêt James qui le présente le premier en termes de proportionnalité en faisant expressément remarquer que l'arrêt de 1982 parlait de « juste équilibre ». Au moins au regard de l'article 1^er^ du Protocole 1, il y a donc lieu de considérer que les notions de proportionnalité et de juste équilibre sont jumelles.

L'admission du principe de proportionnalité dans le domaine de la privation de propriété est une étape théoriquement essentielle. Les conséquences concrètes dépendent néanmoins du point de savoir si la Cour ne va pas s'en tenir à un contrôle formel faisant systématiquement prévaloir l'intérêt général sur l'intérêt individuel. Or, à cet égard, l'arrêt *James* n'est pas très encourageant. Sans doute a-t-il l'immense mérite de faire découler du principe de proportionnalité l'exigence d'une indemnité sans laquelle, sous réserve de circonstances exceptionnelles, une privation de propriété ne se justifie pas, mais l'analyse de la base de calcul retenue par la loi de 1967 conduit vite à considérer que, en l'espèce, le niveau de l'indemnisation assurait un juste équilibre entre l'intérêt général de la société et le droit de propriété du bailleur, eu égard à la marge d'appréciation là encore accordée à l'État, et dans la mesure où un objectif de réforme économique ou de justice sociale peut militer pour un remboursement inférieur à la pleine valeur marchande. Quelques mois plus tard, dans l'arrêt *Lithgow et al. c/ R.-U.* du 8 juin 1986 (*AFDI*, 1987, p. 239, obs. V. Coussirat-Coustère), la Cour allait appliquer les mêmes principes et aboutir à la même conclusion dans une affaire de nationalisation des industries aéronautiques et navales. Ainsi, le principe général d'interprétation résultant de la première phrase promettait-il de rester purement symbolique dans son application à la privation de la propriété. La raison pouvait tenir à l'adjectif « raisonnable » que l'arrêt *James*, imité par l'arrêt *Lithgow*, avait affecté à la proportionnalité (cf. F. Sudre, *op. cit.*, 11e éd. 2012, p. 670). Il semble néanmoins que le renvoi à ce terme modérateur n'ait pas longtemps suffi à contenir les audaces européennes. Certes, il n'aurait pas pu empêcher de sanctionner des mesures privatives de propriété qui, en l'absence de circonstances exceptionnelles, n'étaient assorties, comme dans l'affaire des Saints Monastères (préc.) ; l'affaire *Strain c/ Roumanie* du 11 oct. 2005 ; celle de *l'ex-roi de Grèce* du 23 nov. 2000, d'aucune indemnisation. Il ne pouvait pas non plus faire obstacle à des condamnations tenant à des indemnisations trop tardives puisque là aussi le délai doit être lui-même « raisonnable » (cf. *Guillemin c/ France*, 21 févr. 1997 ou *Calheiros Lopes et al. c/ Portugal*, 7 juin 2005 qui abordent la question voisine des indemnités ne tenant pas compte de la durée même des opérations). On aurait, en revanche, pu s'attendre à ce que le simple « rapport raisonnable de proportionnalité » dont se satisfaisait l'arrêt *James* empêchât la Cour de se permettre en matière de privation de propriété les substitutions de son appréciation à celle du législateur qu'elle s'était autorisées en cas d'atteinte à la substance du droit de propriété depuis l'arrêt *Sporrong et Lönnroth*. Elle n'a pourtant pas beaucoup hésité à dénoncer

« la rigidité excessive » de systèmes de présomptions légales irréfragables excluant toute possibilité pour le propriétaire de démontrer qu'il ne tirerait pas avantage de l'amélioration publique en vue de laquelle il avait été exproprié (*Katikaridis et Tsomtsos c/ Grèce* du 15 nov. 1996 ; *Papachelas c/ Grèce* du 25 mars 1999, *Efstathiou et Michaïldis c/ Grèce* du 10 juill. 2003). Surtout, à la lecture de l'arrêt *Lallement c/ France* du 11 avril 2002 qui, tout en rappelant la règle générale suivant laquelle, en matière d'expropriation, le juste équilibre est normalement atteint lorsque l'exproprié perçoit une indemnité raisonnablement en rapport avec la valeur vénale du bien, préconise une appréciation *in concreto* conduisant à déceler une « charge spéciale et exorbitante » et à accorder une indemnité supérieure à ladite valeur vénale, on mesure le chemin parcouru depuis l'arrêt James dont un des principaux objectifs avait été de justifier « des remboursements inférieurs à la pleine valeur marchande ». Il ne faudrait pas beaucoup d'autres arrêts de ce genre pour pouvoir conclure que, désormais, le contrôle de proportionnalité est aussi sévère en matière de privation de propriété que dans l'hypothèse, plus subsidiaire, d'atteinte à la substance du droit de propriété. On doit en tout cas remarquer que les arrêts constatant une violation de la 2e phrase de l'alinéa 1er de l'art.1er du Prot. 1 parce qu'un juste équilibre n'avait pas été ménagé entre l'intérêt de l'individu et l'intérêt général sont de plus en plus nombreux : cf. *Motais de Narbonne c/ France* du 2 juill. 2002 (*AJDA*, *2002.126* note R. Houstiou) auquel fait écho l'arrêt Laurent de la 3e Chambre civile de la Cour de cassation du 28 janv. 2009 qui, pour enrayer les dérives spéculatives des constitutions de réserves foncières, prend en compte le laps de temps notable pendant lequel le projet d'utilité publique ayant motivé la privation de propriété n'avait pas été réalisé ; *Beneficio Cappella Paolini c/ Saint-Marin* du 13 juill. 2004 qui va jusqu'à sanctionner le refus de restituer la partie non utilisée de terrains valablement expropriés depuis plus de vingt ans ; *Kliafas et al.* (préc.) ; *Stockholms Försärkring-Och et Allard c/ Suède* (préc.) où les exigences de proportionnalité servent peut-être à compenser l'extension de la notion d'utilité publique ; *Jahn et al. c/ Allemagne* du 22 janvier 2004 qui explore un des aspects du vaste problème des conséquences de la réunification sur les expropriations réalisées avant et après 1949 par les autorités communistes (le contexte très particulier de cette affaire a néanmoins conduit la Grande Chambre à juger, le 30 juin 2005, qu'il n'y avait pas eu de violation de l'art. 1er du Prot. 1) ; *Kozacioglu c/ Turquie*, 19 fev. 2009 par lequel une Grande chambre stigmatisme un système interdisant toute prise en compte de la valeur culturelle des biens expropriés sans aller jusqu'à exiger que l'indemnité d'expropriation corresponde à la pleine valeur du bien culturel concerné ; *Arsovski c/ Ex république yougoslave de Macédoine* du 15 janvier 2013 relatif à l'expropriation d'une source d'eau minérale. Particulièrement bien mise en évidence dans l'arrêt *Novoseletskiy c/ Ukraine* du 22 fév. 2005, l'obligation positive de type procédural, rattachée à l'art. 1er du Prot. 1 pour exiger une enquête approfondie, prompte, impartiale et attentive sur les causes de la disparition d'un bien – meuble, *a priori* –, promet aussi d'être une nouvelle source d'abondants constats de violation de la 2e phrase de l'art. 1er du Prot. 1. Un nouveau cap vient, en outre d'être franchi par l'arrêt *Maria Atanasiu c/ Roumanie* du 12 oct. 2010, par lequel la Cour vient de déclencher la procédure de l'arrêt-pilote (cf. *infra* n° 74) pour faire face au problème structurel de la restitution des immeubles et terrains agricoles nationalisés par le régime communiste ou de l'indemnisation de leurs anciens propriétaires

Une application particulièrement spectaculaire de la protection contre la privation de propriété avait été esquissée par l'arrêt *J. A. Pye (Oxford) Ltd c/ Royaume-Uni* du 15 mars 2005 qui avait remis en cause l'institution de l'usucapion en s'étonnant de ce que la perte de propriété qu'elle entraîne ne soit contrebalancée par aucune indemnisation. L'arrêt de Grande Chambre du 30 août 2007 (*AJDA*, 2007, 1928, obs. J.F. Flauss) a néanmoins épargné des révisions déchirantes aux auteurs de traités et manuels de droit des biens puisque, en redirigeant la question vers le second alinéa et la réglementation de l'usage des biens, elle a procédé au sauvetage de cette archaïque institution au nom de la nécessité de respecter la manière dont l'État conçoit l'utilité publique dans des affaires où se trouve en jeu une branche complexe et ancestrale du droit régissant les rapports entre particuliers.

B) La deuxième phrase de l'article 1er du Protocole 1 fixe aussi des exigences normatives également précisées par l'arrêt *James.* En énonçant que nul ne peut être privé de sa propriété que dans les conditions prévues par les principes généraux du droit international, les rédacteurs de 1952, poussant un peu trop loin leur inimitable sens du compromis, ont semé les germes d'une assez vive controverse (cf. J.-F. Renucci, *Traité de droit européen des droits de l'homme*, LGDJ, éd. 2013, p. 636). En effet, pour certains, le renvoi à ces principes devait logiquement exclure la transposition aux nationaux de l'exigence d'indemnisation prompte, adéquate et effective qu'ils prévoient en faveur des étrangers privés de leur propriété, tandis que d'autres tenaient pour l'impossibilité d'établir une telle différenciation. À la suite d'une longue analyse des travaux préparatoires, la Cour est arrivée, dans l'arrêt *James*, à consacrer la première thèse en affirmant avec une particulière netteté que « les principes généraux du droit international ne s'appliquent pas à l'expropriation d'un national par son État ». Même si elle a été fermement rappelée par l'arrêt *Lithgow*, cette position de principe s'est progressivement effacée sous l'influence du contrôle de proportionnalité (cf. F. Sudre, *op. cit.*, 11e éd., 2012, p. 671).

En renvoyant à la loi, la deuxième phrase « suppose, d'abord, l'existence de normes de droit interne suffisamment accessibles, précises et prévisibles » (F. Sudre, *op. cit.*, 11e éd. 2012 p. 671). C'est bien parce qu'elle avait été instituée par la jurisprudence italienne dans des conditions ne répondant pas à ces exigences, que l'expropriation indirecte a été jugée attentatoire à l'article 1er du Protocole 1 par l'arrêt *Belvedere Alberghia c/ Italie* du 30 mai 2000 lequel complète l'arrêt *Papamichalopoulos c/ Grèce* du 24 juin 1993 qui, sur un fondement beaucoup plus évasif, avait stigmatisé les expropriations de fait. Les expropriations indirectes ont d'ailleurs fait l'objet d'un revirement de jurisprudence original puisqu'il ne sert pas à amplifier les droits fondamentaux de l'individu mais à renforcer la sauvegarde de l'intérêt financier de la collectivité. Rompant avec le principe issu de l'arrêt *Papamichalopoulos* consistant à attribuer une somme équivalente à la valeur actuelle du terrain augmentée de la plus-value apportée par les bâtiments construits, un arrêt de Grande chambre *Guiso-Gallisay c/ Italie* du 22 déc. 2009 a en effet jugé opportun d'adopter une nouvelle approche qui s'en tient à la valeur de l'immeuble au jour où sa propriété a été perdue et ne prend plus en compte la plus-value appréciée au jour où la Cour rend son arrêt (v. aussi *Ucci c/ Italie* 17 fev. 2011).

Au titre de l'application de la notion autonome européenne de « loi » à une privation de propriété, il faut surtout retenir l'arrêt *Hentrich c/ France* du 22 septembre 1994, selon lequel l'ex-article 668 CGI ne répondait pas aux exigences de la loi au sens de la Convention parce que la mesure de préemption qu'il organisait jouait de manière arbitraire, sélective et guère prévisible. Cette affaire *Hentrich* doit d'ailleurs être montrée en exemple de l'influence des arrêts de la Cour de Strasbourg sur l'évolution du droit interne. Comme, dans un second arrêt *Hentrich* du 3 juillet 1995, la France, dont le Code du domaine de l'État avait fait obstacle à une restitution *in integrum*, avait été condamnée à verser au requérant une lourde somme correspondant à la différence entre la valeur actuelle de l'immeuble et ce qui avait été versé au moment de l'exercice de son droit par l'administration fiscale, la loi du 30 décembre 1996 a en effet eu la sagesse d'abroger le texte qui faisait peser sur tout acquéreur d'immeuble une menace aléatoire. Le Conseil d'État n'est pas non plus resté insensible aux arrêts de la Cour de Strasbourg qui ont forgé les règles relatives à l'indemnisation du propriétaire privé de son bien. Ainsi, par son arrêt *Bitouzet* du 3 juillet 1998 (*RFDA*, 1998, 1243, concl. R. Abraham ; *RFDA*, 1999, p. 841, obs. D. de Béchillon), il a manifestement cherché à prévenir une condamnation de la France en raison de l'application du principe de non-indemnisation des servitudes d'urbanisme, en se livrant à une interprétation constructive du texte qui le prévoit. En effet, en empruntant directement au vocabulaire de la Cour de Strasbourg, il reprend l'article L. 160. 5 du Code de l'urbanisme pour lui faire dire qu'il prévoit une indemnisation dans le cas où le propriétaire dont le bien est frappé d'une servitude d'urbanisme supporte une charge spéciale et exorbitante hors de proportion avec l'objectif d'intérêt général poursuivi. Ultérieurement, le Conseil d'État semble avoir accepté de nouveaux risques de condamnation européenne en réservant l'indemnisation à des cas très exceptionnels (CE, 7 janv. 2000, Sté Lady Jane, *D*, 2000, J, 301, obs. H. Charles), mais il n'a jamais cessé d'étendre les principes dégagés par l'arrêt *Bitouzet* à de nouvelles hypothèses (v., par ex., l'arrêt *Mielle* du 27 juin 2007 relatif à la servitude de la bande des 100 m du rivage).

À suivre le plan de l'arrêt *James*, qui était adapté au traditionnel volet négatif de la protection contre la privation de propriété, on pourrait oublier que, quelques années plus tard et particulièrement à partir de l'arrêt *Oneryildiz c/ Turquie* du 30 novembre 2004 (*supra*, n° 66), la Cour a dégagé des obligations positives de protection contre la privation de propriété rappelées par l'arrêt de grande chambre *Kotov c/ Russie* du 3 avril 2012 relatif à la mauvaise distribution des actifs par le liquidateur d'une société en faillite.

J.-P. M.

## SECTION 4
## *La réglementation de l'usage des biens*

**69. Chassagnou *et al.* c/ France, 29 avril 1999** (Grande Chambre), *AJDA*, 1999, 922, note F. Priest ; *RFDA*, 1999, 811, note J. Andriantsimbazovina ; *RTD*H, 1999, 901, note M. Florès-Lonjou et P. Florès ; *RDP*, 2000, 734, chron. F. Sudre ; *RTD* civ., 1999, 913, obs. J.-P. Marguénaud ; *RTD* civ., 2000, 360, obs. T. Revet.

**75.** Selon une jurisprudence bien établie, le second alinéa de l'article 1er du Protocole 1 doit se lire à la lumière du principe consacré par la première phrase de l'article. En conséquence, une mesure d'ingérence doit ménager un « juste équilibre » entre les impératifs de l'intérêt général et ceux de la sauvegarde des droits fondamentaux de l'individu. La recherche de pareil équilibre se reflète dans la structure de l'article 1er tout entier, donc aussi dans le second alinéa ; il doit exister un rapport raisonnable de proportionnalité entre les moyens employés et le but visé. En contrôlant le respect de cette exigence, la Cour reconnaît à l'État une grande marge d'appréciation tant pour choisir les modalités de mise en œuvre que pour juger si leurs conséquences se trouvent légitimées, dans l'intérêt général, par le souci d'atteindre l'objectif de la loi en cause [...].

**76.** Les requérants contestent la légitimité du but de la loi Verdeille : selon eux, cette loi n'a pas été prise dans l'intérêt général mais uniquement au bénéfice d'une catégorie spécifique de personnes, à savoir les chasseurs, puisque la loi elle-même précise que les ACCA ont pour but « d'assurer une meilleure organisation technique de la chasse pour permettre aux chasseurs un meilleur exercice de ce sport » [...].

**79.** La Cour estime, vu les buts assignés aux ACCA par la loi Verdeille, tels qu'ils sont énumérés à l'article 1er de celle-ci, et les explications fournies à ce sujet, qu'il est assurément dans l'intérêt général d'éviter une pratique anarchique de la chasse et de favoriser une gestion rationnelle du patrimoine cynégétique.

**80.** Les requérants affirment que l'apport forcé de leurs terrains à une ACCA est une ingérence disproportionnée dans le droit au respect de leurs biens. Ils exposent qu'ils n'ont aucun moyen de se soustraire à cet apport, malgré les tentatives qu'ils ont effectuées auprès des ACCA ou des autorités préfectorales pour obtenir le retrait de leurs terrains du périmètre des ACCA concernées. Selon eux, il n'est nul besoin de préempter les petites propriétés au bénéfice d'associations de chasseurs pour une exploitation rationnelle des ressources cynégétiques. En effet, dans les départements ou les communes où il n'y a pas d'ACCA, le fait que certains propriétaires refusent de chasser eux-mêmes et interdisent la pratique de la chasse chez eux ne pose aucun problème ni pour ce qui est de la prolifération de certaines espèces ni pour ce qui concerne les espèces déclarées nuisibles, que seuls les propriétaires ont le droit de détruire.

**82.** La Cour estime qu'aucune des options évoquées par le gouvernement n'était susceptible en pratique de dispenser les requérants de l'obligation légale d'apporter leur fonds aux ACCA [...]. Quant aux contreparties légales mentionnées par le gouvernement, la Cour est d'avis qu'elles ne sauraient être considérées comme représentant une juste indemnisation de la perte du droit d'usage. Il est clair que dans l'esprit de la loi Verdeille de 1964, la privation du droit de chasse exclusif de chaque propriétaire soumis à apport devait être compensée par la possibilité concomitante de chasser sur l'ensemble du territoire de la commune soumis à l'emprise de l'ACCA. Cependant, cette compensation n'a de réalité et d'intérêt que pour autant que tous les propriétaires concernés soient chasseurs ou acceptent la chasse. Or la loi de 1964 n'a envisagé aucune mesure de compensation en faveur des propriétaires opposés à la chasse qui, par définition, ne souhaitent tirer aucun avantage ou profit d'un droit de chasse qu'ils refusent d'exercer. De même, l'indemnisation de la perte de recettes provenant de la privation de revenus antérieurs ne concerne que les propriétaires qui, avant création d'une ACCA dans leur commune, tiraient un revenu de l'exercice de leur droit de chasse, par exemple en le louant à des tiers, ce qui, en l'occurrence, n'est pas le cas des requérants. Étant tous propriétaires de terrains d'une superficie inférieure aux minima leur permettant de faire opposition [...], les requérants ne pouvaient donc échapper à l'apport forcé aux ACCA de leurs communes du droit de chasse sur leurs fonds.

**83.** Or cet apport forcé représente une exception au principe général posé par l'article 544 du Code civil, qui prévoit que la propriété est le droit de jouir et disposer des choses de la manière la plus absolue, pourvu qu'on n'en fasse pas un usage prohibé par les lois. L'apport forcé du droit de chasse, attribut en droit français du droit de propriété, est également dérogatoire au principe posé par l'article L. 222-1 du Code rural, selon lequel nul ne saurait chasser sur la propriété d'autrui sans le consentement du propriétaire. La Cour relève également que le fait de passer outre est, aux termes de l'article R. 228-1, puni des peines prévues pour les contraventions de la 5e classe. Il convient enfin de noter qu'en droit interne (art. R. 227-7), la responsabilité de procéder aux opérations de destruction des animaux nuisibles incombe personnellement au propriétaire et que cette responsabilité ne peut, le cas échéant, qu'être déléguée par écrit à une ACCA, comme à toute autre personne au choix du propriétaire.

**84.** La Cour observe en outre que, à la suite de l'adoption de la loi Verdeille en 1964, qui excluait dès l'origine les départements du Bas-Rhin, du Haut-Rhin et de la Moselle, seuls 29 départements, sur les 93 départements concernés en France métropolitaine, ont été soumis au régime de la création obligatoire d'ACCA, que le régime des ACCA facultatives ne s'applique que dans 851 communes, et que la loi ne vise que les petites propriétés de moins de 20 ha, à l'exclusion tant des grandes propriétés privées que des domaines appartenant à l'État [...].

**85.** En conclusion, nonobstant les buts légitimes recherchés par la loi de 1964 au moment de son adoption, la Cour estime que le système de l'apport forcé qu'elle prévoit aboutit à placer les requérants dans une situation qui rompt le juste équilibre devant régner entre la sauvegarde du droit de propriété et les exigences de l'intérêt général : obliger les petits propriétaires à faire apport de leur droit de chasse sur leurs terrains pour que des tiers en fassent un usage totalement contraire à leurs convictions se révèle une charge démesurée qui ne se justifie pas sous l'angle du second alinéa de l'article 1er du Protocole 1. Il y a donc violation de cette disposition.

Le retentissant arrêt *Chassagnou* du 29 avril 1999, qui a condamné la France à la requête de petits propriétaires, forcés, malgré leur opposition à la chasse, de faire apport de leur terrain aux Associations communales de chasse agréées ; qui a provoqué une prudente réforme de la loi dite Verdeille du 10 juillet 1964 par la loi du 26 juillet 2000 (dont la compatibilité avec les stipulations de la CEDH est d'ailleurs toujours discutée, comme en témoignent de récents arrêts rendus le 9 novembre 2007 et le 16 juin 2008 par le Conseil d'État qui avait toujours accueilli très favorablement les arguments des chasseurs jusqu'à l'arrêt *Mme Vignon* du 27 octobre 2000 et le 9 déc. 2009 par la 3e chambre civile de la Cour de cassation dans une affaire ACCA du Petit Bornand de Glières) et dont les principes favorables aux amis sincères des animaux sauvages avaient été fortifiés par l'arrêt *Schneider c/ Luxembourg* du 10 juillet 2007 méritait bien de prendre place parmi les grands arrêts de la Cour de Strasbourg. Il y figurera mais pour une raison différente de celle à laquelle on aurait peut-être pu s'attendre. En effet, si sa contribution au déploiement du volet négatif de l'article 11 n'est pas négligeable (*supra*, n° 64), son influence sur la règle du second alinéa de l'article 1er du Protocole 1 est tout à fait essentielle : en lui donnant la vitalité qu'elle n'avait jamais eue depuis sa découverte par l'arrêt *Sporrong et Lönnroth c/ Suède* (*supra*, n° 67) (I), il lui a ouvert de sérieuses perspectives d'avenir (II).

## I / La revitalisation du second alinéa de l'article 1er du Protocole 1

A) La révolution théorique réalisée par l'arrêt *Sporrong et Lönnroth*, qui avait transformé le second alinéa de l'article 1er du Protocole 1 en instrument de protection du propriétaire alors qu'il était initialement destiné à sauvegarder les prérogatives de l'État a failli ne jamais entraîner la moindre conséquence pratique. Sans doute, la protection contre la réglementation de l'usage des biens avait-elle été placée sous l'influence encourageante du principe de proportionnalité par les arrêts *Agosi c/ Royaume-Uni* (24 oct. 1986), et *Mellacher c/ Autriche* (19 déc. 1989), qui avaient emprunté à l'arrêt *James* du 21 février 1986 (*supra*, n° 68) la formule, incluant la référence à un rapport raisonnable de proportionnalité, dont il s'était servi pour transposer à la protection contre la privation de propriété ce principe général d'interprétation également dégagé par l'arrêt *Sporrong et Lönnroth*. Seulement, le contrôle de proportionnalité restait ici désespérément formel et débouchait invariablement sur la conclusion que la réglementation contestée avait admirablement su ménager un juste équilibre entre les intérêts de la communauté et l'intérêt individuel du propriétaire (cf. *Allan Jacobson c/ Suède* du 25 octobre 1989 ; *Spadea et Scalabrino c/ Italie* du 28 septembre 1995). Pour expliquer pourquoi la protection contre la réglementation de l'usage restait systématiquement dépourvue d'effectivité alors que la protection contre la privation de propriété avait fini par avoir des retombées concrètes (*supra*, n° 68), on a pu avancer plusieurs arguments techniques : le contrôle de la proportionnalité en la matière semble *a priori* inconciliable avec le Protocole qui stipule que seul l'État évalue la nécessité de la mesure ; la reconnaissance au législateur d'une ample marge d'appréciation vaudrait plus fermement, pour le but comme pour la proportionnalité de l'ingérence que dans l'hypothèse de la deuxième phrase du premier alinéa. Plus simplement, la Cour de Strasbourg avait peut-être pris l'habitude de faire du second alinéa une sorte de sanctuaire des illusions européennes du propriétaire contrarié et d'y orienter toutes les ingérences ne pouvant *a priori* donner prise à aucun constat de violation (v. la démarche encore adoptée par la Grande Chambre dans l'affaire *J. A. Pye* (Oxford), citée *supra*, n° 68). On peut difficilement s'expliquer autrement la solution – vivement critiquée – consistant à examiner au regard du second alinéa les confiscations qui sont en réalité des mesures privatives de propriété consacrée par. les arrêts *Agosi*, préc., et *Air Canada c/ Royaume-Uni* du 5 mai 1995.

B) Le second alinéa avait commencé à sortir de sa torpeur par l'arrêt *Scollo c/ Italie* (28 sept. 1995) qui, dans le contexte particulier de la grave crise du logement qui avait frappé l'Italie dans les années 1980, a conclu que l'impossibilité pour un bailleur invalide et chômeur d'obtenir le concours de la force publique pour réaliser l'expulsion du locataire récalcitrant d'un appartement dont il avait le plus impérieux besoin pour loger sa famille, était contraire aux exigences de cette disposition. La portée de cette première jurisprudentielle était cependant très limitée. En effet, la Cour avait estimé que la violation procédait de la non-application en faveur du requérant des dérogations prévues par la loi italienne qui, pour faire face à la crise, avait su ménager un juste équilibre entre les intérêts de la communauté et ceux des propriétaires. Autrement dit, la condamnation fondée sur le second alinéa de l'article 1er du Protocole 1 tenait à des raisons extérieures au jeu normal de la proportionnalité. Tout restait donc à faire. Tout a été fait par l'arrêt *Chassagnou*. Après avoir concédé aux chasseurs que les buts d'éviter une pratique anarchique de la chasse et de favoriser une gestion rationnelle du patrimoine cynégétique assignés aux ACCA par la loi dite Verdeille correspondent assurément à l'intérêt général et rappelé que, au regard du second alinéa, l'État dispose d'une grande marge d'appréciation tant pour choisir les modalités de mise en œuvre que pour juger si leurs conséquences se trouvent légitimées par le souci d'atteindre l'objectif de la loi en cause, la Cour y estime néanmoins que le système obligeant les petits propriétaires à faire apport de leur droit de chasse sur leurs terrains pour que des tiers en fasse un usage totalement contraire à leurs convictions se révèle une chose démesurée rompant le juste équilibre devant régner entre la sauvegarde du droit de propriété et les exigences de l'intérêt général. La jurisprudence Chassagnou, un temps menacée par l'arrêt de chambre *Herrmann c/ Allemagne* du 20 janvier 2011, a été sauvée par l'arrêt de Grande chambre *Herrmann c/ Allemagne* du 26 juin 2012 (Revue semestrielle de droit animalier n° 1/

2012.123 obs. D. Szymczak) estimant que, même si l'intérêt des chasseurs et l'intérêt général semblent s'être rapprochés depuis 1999, il n'y avait pas lieu de l'abandonner dans la mesure, notamment, où elle avait inspiré des réformes législatives dans d'autres États que la France. Il est donc désormais indiscutable qu'une réglementation de l'usage d'un bien, poursuivant un but d'intérêt général, peut néanmoins constituer une violation de l'article 1er du Protocole 1 parce qu'elle est disproportionnée. Certes, tous les propriétaires meurtris dans leurs convictions ou affectés dans leurs intérêts économiques par une réglementation de l'usage des biens ne sortiront pas vainqueurs de l'épreuve de contrôle de proportionnalité, mais ils n'ont plus tous perdu d'avance. C'est ce qu'un failli privé de l'administration et de la disposition de ses biens pendant plus de quatorze ans a eu le bonheur de vérifier. Par un arrêt *Luordo c/ Italie* du 17 juillet 2003, la Cour a en effet décidé que la nécessité de cette mesure de réglementation de l'usage des biens s'amenuisait avec le temps si bien que, en l'occurrence, la durée de la procédure de faillite lui avait fait subir une charge excessive constitutive d'une violation de l'article 1er du Protocole 1. Un automobiliste polonais, à qui l'Administration avait refusé l'immatriculation d'une Renault Nevada en piteux état, doit aussi figurer sur la liste des bénéficiaires du réveil sonné par l'arrêt *Chassagnou (Sildedzis*, 24 mai 2005). La revitalisation de l'art. 1er du Protocole 1 grâce au contrôle de proportionnalité est si manifeste que, désormais, des confiscations, que la Cour s'obstine à ne pas regarder comme des privations de propriété, débouchent régulièrement sur des constats de violation. Tel avait déjà été le cas dans l'arrêt *Jucys c/ Lituanie* du 8 janv. 2008 relatif à la saisie puis à la vente par l'État de fourrures de visons. Tel a surtout été le cas dans l'arrêt *Grifhorst c/ France* du 26 fev. 2009. *JCP* 2009, II, 10075 note J. Pannier) considérant que le cumul, ordonné par l'art. 405 ancien du Code des douanes, d'une amende et de la confiscation de la totalité de la somme, non déclarée par un touriste batave au moment du franchissement de la frontière entre Andorre et la France, avait constitué une violation de la règle exprimée par le second alinéa de l'art. 1er du Protocole 1. La réglementation de l'usage des biens ne peut pas pour autant servir tous les intérêts des propriétaires les plus acariâtres. C'est ainsi que l'arrêt de grande chambre *Chabauty c/ France* du 4 octobre 2012 (Revue semestrielle de droit animalier 2/2012.115 obs. D. Szymczak) a estimé qu'un petit propriétaire chasseur, obligé de faire apport de ses 10 hectares de terres à une association communale de chasse agréée, ne pouvait pas se plaindre, lui, d'une réglementation excessive de l'usage de ses biens puisque la mesure favorisait une activité qui n'était pas contraire à ses convictions.

## II / L'avenir du second alinéa de l'article 1$^{er}$ du Protocole 1

A) Après avoir été sorti de sa torpeur par l'arrêt *Chassagnou*, le second alinéa a d'abord servi à justifier d'autres constats de violation en matière d'expulsions de locataires récalcitrants où l'arrêt *Scollo* (préc.) avait ouvert une brèche. Les arrêts *Immobiliare Saffi c/ Italie* du 28 juillet 1999, *P. M. Lunari et Tanganelli c/ Italie* du 11 janvier 2001 suivant lesquels le retard à entrer en possession des appartements litigieux avait imposé une charge spéciale et excessive et rompu le juste équilibre à ménager entre la protection du droit de l'individu au respect de ses biens et les exigences de l'intérêt général, ont apporté une innovation majeure. Ils ont en effet offert aux bailleurs une protection contre la réglementation de l'usage de leurs biens résultant directement du jeu normal du principe de proportionnalité. Ces arrêts marquent néanmoins une orientation discutable du rôle du second alinéa, désormais opérationnel. Ils le dépouillent en effet de son caractère social, essentiel dans l'affaire *Scollo* qui concernait un bailleur en détresse et toujours présent dans l'arrêt *Chassagnou* intéressant les petits propriétaires heurtés dans leurs convictions, pour l'affecter au service des intérêts strictement économiques de bailleurs dont la situation personnelle est écartée des débats (v. plus particulièrement l'affaire *Immobiliare Saffi* dans laquelle le bailleur est une personne morale). Il serait fâcheux que la revitalisation du second alinéa conduise la Cour à refermer les perspectives ouvertes naguère par un autre arrêt relatif à la réglementation de l'usage des biens loués, l'arrêt *Mellacher* du 19 décembre 1989, suivant lequel le législateur, pour réformer la législation sociale, doit pouvoir prendre des mesures touchant à l'exécution future de contrats déjà conclus. Ce n'est sans doute pas dans cette direction, où il se trouve d'ailleurs concurrencé par l'article 6, § 1 auquel l'arrêt *Lunari* (préc.) a précisément rattaché le droit à l'exécution des décisions de justice, que doit s'affirmer le second alinéa (v. cependant l'arrêt *Debelianovi c/ Bulgarie* du 29 mars 2007).

B) L'avenir de ce texte revitalisé pourrait sans doute se situer du côté de son volet fiscal qui, jusqu'alors, n'a pas empêché la Cour de

« faire la part belle aux intérêts du fisc » (F. Sudre, *op. cit.*, 10e éd., 2011, p. 658). L'arrêt *S. A. Dangeville c/ France* du 15 avril 2002 qui a placé sous l'influence prioritaire de la première phrase du premier alinéa les questions relatives au paiement des impôts semble cependant lui avoir retiré une bonne partie de son utilité en ce domaine sensible. Dans ces conditions, il ne reste plus qu'à espérer qu'il sera associé au phénomène de socialisation de la notion de biens (*supra*, n° 66) pour permettre à la Cour de faire prévaloir quelques petits intérêts individuels sur de puissants intérêts économiques.

C'est dans cette direction que, au prix d'un paradoxe majeur, elle s'est dirigée par l'important arrêt de Chambre *Hutten-Czapska c/ Pologne* du 22 février 2005 appartenant à la catégorie nouvelle mais prometteuse des arrêts pilotes (cf. *infra*, n° 74) qui sont en passe de devenir un moyen de conquête européenne du droit des contrats. La réglementation de l'usage des biens en question résultait de lois adoptées à l'époque du régime communiste qui plafonnait strictement le montant des loyers. D'ordinaire, les bailleurs frappés par de telles restrictions se trouvent plutôt du côté des puissants intérêts économiques. L'originalité de la situation polonaise vient de ce que les loyers sont plafonnés à un niveau tellement bas que les propriétaires privés de tout espoir de faire un bénéfice, ne parviennent pas à couvrir leurs frais d'entretien. Aux yeux de la Cour, il s'agit là, d'un problème structurel de fond qu'il incombait aux autorités polonaises d'éliminer en abrogeant le dispositif de contrôle pour permettre aux bailleurs de percevoir un loyer raisonnablement proportionné aux frais généraux d'entretien de leurs biens et en adoptant des procédures visant à protéger autrement les droits des locataires. Grâce à la réglementation de l'usage des biens, la Cour de Strasbourg a donc entrepris de construire l'Europe sociale en commençant par empêcher les riches de devenir aussi pauvres que les pauvres. Cet avatar de la socialisation de la notion de biens et de l'article 1er du Protocole 1 en général appellera sans nul doute de riches développements jurisprudentiels, car la Grande Chambre, saisie sur renvoi de l'affaire *Hutten-Czapska*, n'est pas revenue à plus de classicisme par son arrêt du 19 juin 2006. Il y avait pourtant des raisons de croire que, en dépit des aléas de sa composition, cette formation de la Cour se montrerait prudente : par un arrêt relatif à la saisie d'un aéronef par les autorités irlandaises en application d'un règlement communautaire, elle venait en effet de refuser de constater une violation de la règle tirée du second alinéa de l'article 1er du Protocole 1 en s'abritant derrière le concept de protection équivalente des droits fondamentaux par le droit communautaire (arrêt *Bosphorus c/ Irlande* du 30 juin 2005, *infra*, n° 71). C'est peut-être la fréquentation trop rapprochée des principes du libéralisme économique mis en œuvre par le droit communautaire qui a conduit la Grande Chambre à enrichir le droit au respect des biens d'un corollaire insoupçonné jusqu'alors : le droit de tirer profit de ses biens (cf. J.-F. Flauss, *AJDA*, 2006, 1717). Dans le même ordre d'idées, il ne faudrait pas être tout à fait surpris si la Cour en venait à imposer à l'État l'obligation positive de mettre en place une réglementation organisant la sécurité nécessaire au développement d'une activité économique. La question était sous-jacente dans l'affaire *Tunnel report limited c/ France* du 18 nov. 2010, relative à la mise en liquidation judiciaire d'une société de ferroutage dont l'activité avait diminué de plus de moitié à une époque où la SNCF avait décidé de restreindre le trafic via le tunnel sous la Manche en raison des problèmes de sécurité créés par des immigrants clandestins retenus au centre de Sangatte qui tentaient de monter à bord des trains de fret pou rejoindre le Royaume-Uni. En l'espèce, la Cour n'a pas constaté de violation de l'art. 1er du Protocole 1 dans la mesure où le lien de causalité entre les difficultés de l'entreprise et le ralentissement du trafic n'était pas établi. Elle n'en a pas moins réaffirmé avec éclat, dans un domaine qui est devenu l'emblème des politiques sécuritaires, un principe, énoncé par la décision *Bielectric SRL c/ Italie* du 16 nov. 2000 puis par l'arrêt *Oneryildiz* (*supra* n° 66) dans un contexte de protection de l'environnement, suivant lequel l'art 1er du Protocole 1 « peut également impliquer des obligations positives entraînant pour l'État certaines mesures nécessaires pour protéger le droit de propriété, notamment là où il existe un lien direct entre les mesures qu'un requérant pourrait légitimement attendre des autorités et la jouissance effective par ce dernier de ses biens ». Toujours est-il que cette affaire *Hutten-Czapska* aura donné à la Cour de Strasbourg l'occasion de transformer la réglementation de l'usage des biens en un redoutable instrument de contrôle de la proportionnalité des lois qui organisent les relations contractuelles. Ainsi, le troisième arrêt rendu le 28 avril 2008 dans cette affaire pilote permet-il de mieux comprendre l'importance et l'esprit des nouvelles règles du jeu contractuel européen : assumant pleinement son rôle de superviseur d'une loi nationale relative aux baux d'habitation, la Cour ne décide de rayer l'affaire du rôle et d'entériner le règlement amiable qu'après avoir constaté l'existence de mesures générales, autrement dit d'une réforme législative, visant à régler, conformément à ses vues, le problème structurel dégagé dans son arrêt au principal. Le législateur polonais n'est d'ailleurs pas le seul à « bénéficier » de cet encadrement. Dans un arrêt *Burzo* du 4 mars 2008, par exemple, on relève cet avertissement adressé, au titre du second alinéa de l'article 1er du

Protocole 1, au législateur roumain : la charge sociale et financière que supposent la transformation et la réforme du logement ne saurait reposer sur un groupe social particulier quelle que soit l'importance que revêtent les intérêts de l'autre groupe ou de la collectivité dans son ensemble. Il faut aussi signaler l'arrêt *Statileo c/ Croatie* du 10 juillet 2014 stigmatisant des lacunes dans une nouvelle loi sur la location d'appartements. Il n'est pas certain que ce souci d'équilibre contractuel se limitera aux seuls baux d'habitation. Même s'ils s'inscrivent dans un contexte économique et social moins complexe et moins douloureux, d'autres contrats pourraient être touchés. En attendant de pouvoir déceler les signes de contamination de la jurisprudence *Hutten-Czapska*, on remarquera que la vitalité du second alinéa de l'article 1er du Protocole 1, lui permet de conquérir toujours des terrains inédits. Ainsi, grâce à l'arrêt *Megadat. com SRL c/ Moldavie* du 8 avril 2008, il se fait agent de la modernité en s'emparant du retrait des licences d'exploitation à un fournisseur d'accès à internet. Il est vrai que, par une décision d'irrecevabilité *SCEA Ferme de Fremoy* c/ France du 11 décembre 2005, le second alinéa de l'article 1er a aussi servi à justifier la réglementation de l'usage des biens classés à l'inventaire supplémentaire des monuments historiques…

J.-P. M.

TITRE III

# *La garantie des droits*

# *Chapitre 1*

# LA COMPÉTENCE DE LA COUR

## SECTION 1
## *La notion de juridiction*

**70. Ilascu *et al.* c/ Moldavie et Russie, 8 juillet 2004** (Grande Chambre), *RGDIP*, 2004, 1036, chron. P. Weckel ; L'Europe des libertés, 2005, n° 15, 5, obs. F. Benoît-Rohmer ; *JDI*, 2005, 472, obs. O. de Frouville ; *RDP*, 2005, 759, obs. F. Sudre.

1 / Principes généraux

a) Sur la notion de « juridiction » [...]

**312.** La Cour rappelle sa jurisprudence selon laquelle la notion de « juridiction » au sens de l'article 1er de la Convention doit passer pour refléter la conception de cette notion en droit international public [...]. Du point de vue du droit international public, l'expression « relevant de leur juridiction » figurant à l'article 1er de la Convention doit être comprise comme signifiant que la compétence juridictionnelle d'un État est principalement territoriale [...], mais aussi en ce sens qu'il est présumé qu'elle s'exerce normalement sur l'ensemble de son territoire. Cette présomption peut se trouver limitée dans des circonstances exceptionnelles, notamment lorsqu'un État est empêché d'exercer son autorité sur une partie de son territoire. Cela peut être dû à une occupation militaire par les forces armées d'un autre État qui contrôle effectivement ce territoire [...], à des actes de guerre ou de rébellion, ou encore aux actes d'un État étranger soutenant la mise en place d'un régime séparatiste sur le territoire de l'État en question.

**313.** Pour conclure à l'existence d'une telle situation exceptionnelle, la Cour se doit d'examiner, d'une part, l'ensemble des éléments factuels objectifs de nature à limiter l'exercice effectif de l'autorité d'un État sur son territoire et, d'autre part, le comportement de celui-ci. En effet, les engagements pris par une Partie contractante en vertu de l'article 1er de la Convention comportent, outre le devoir de s'abstenir de toute ingérence dans la jouissance des droits et libertés garantis, des obligations positives de prendre les mesures appropriées pour assurer le respect de ces droits et libertés sur son territoire [...].

Ces obligations subsistent même dans le cas d'une limitation de l'exercice de son autorité sur une partie de son territoire, de sorte qu'il incombe à l'État de prendre toutes les mesures appropriées qui restent en son pouvoir.

**314.** En outre, la Cour rappelle que, si elle a souligné la prépondérance du principe territorial dans l'application de la Convention dans l'affaire Bankovic (déc. n° 52207/99, § 80), elle a aussi reconnu que la notion de « juridiction » au sens de l'article 1er de la Convention ne se circonscrit pas nécessairement au seul territoire national des Hautes Parties contractantes […]. La Cour a admis que, dans des circonstances exceptionnelles, les actes des États contractants accomplis ou produisant des effets en dehors de leur territoire peuvent s'analyser en l'exercice par eux de leur juridiction au sens de l'article 1er de la Convention. Ainsi qu'il ressort des principes pertinents du droit international, un État contractant peut voir engager sa responsabilité lorsque, par suite d'une action militaire légale ou non, il exerce en pratique le contrôle effectif sur une zone située en dehors de son territoire national. L'obligation d'assurer, dans une telle région, le respect des droits et libertés garantis par la Convention découle du fait de ce contrôle, qu'il s'exerce directement, par l'intermédiaire des forces armées de l'État concerné ou par le biais d'une administration locale subordonnée.

**315.** Il n'est pas nécessaire de déterminer si une Partie contractante exerce dans le détail un contrôle sur la politique et les actions des autorités de la zone située en dehors de son territoire national, car même un contrôle global sur ce territoire est de nature à engager la responsabilité de cette Partie contractante […].

**316.** Dès lors qu'un État contractant exerce un contrôle global sur une zone située en dehors de son territoire national, sa responsabilité ne se limite pas aux seuls actes commis par ses soldats ou fonctionnaires dans cette zone, mais s'étend également aux actes de l'administration locale qui survit grâce à son soutien militaire ou autre […].

**317.** La responsabilité d'un État peut aussi se voir engager en raison d'actes qui ont des répercussions suffisamment proches sur les droits garantis par la Convention, même si ces répercussions se manifestent en dehors de la juridiction de cet État. Ainsi, se référant à une extradition vers un État non contractant, la Cour a dit qu'un État contractant se conduirait d'une manière incompatible avec les valeurs sous-jacentes à la Convention, « ce patrimoine commun d'idéal et de traditions politiques, de respect de la liberté et de prééminence du droit » auquel se réfère le Préambule, s'il remettait consciemment un fugitif à un autre État où il existe des motifs sérieux de penser qu'il court un risque réel d'être soumis à la torture ou à des peines ou traitements inhumains ou dégradants […].

**318.** De surcroît, si les autorités d'un État contractant approuvent, formellement ou tacitement, les actes des particuliers violant dans le chef d'autres particuliers soumis à sa juridiction les droits garantis par la Convention, la responsabilité dudit État peut se trouver engagée au regard de la Convention […]. Cela vaut d'autant plus en cas de reconnaissance par l'État en question des actes émanant d'autorités autoproclamées et non reconnues sur le plan international.

**319.** Un État peut aussi être tenu pour responsable même lorsque ses agents commettent des excès de pouvoir ou ne respectent pas les instructions reçues. En effet, les autorités d'un État assument au regard de la Convention la responsabilité objective de la conduite de leurs subordonnés ; elles ont le devoir de leur imposer leur volonté et ne sauraient se retrancher derrière leur impuissance à la faire respecter […].

[…]

3 / Sur la notion d'obligations positives [...]

**333.** La Cour considère que, si un État contractant est empêché d'exercer son autorité sur l'ensemble de son territoire par une situation de fait contraignante, comme la mise en place d'un régime séparatiste accompagnée ou non par l'occupation militaire par un d'autre État, l'État ne cesse pas pour autant d'exercer sa juridiction au sens de l'article 1er de la Convention sur la partie du territoire momentanément soumise à une autorité locale soutenue par des forces de rébellion ou par un autre État. Une telle situation factuelle a néanmoins pour effet de réduire la portée de cette juridiction, en ce sens que l'engagement souscrit par l'État contractant en vertu de l'article 1er doit être examiné par la Cour uniquement à la lumière des obligations positives de l'État à l'égard des personnes qui se trouvent sur son territoire. L'État en question se doit, avec tous les moyens légaux et diplomatiques dont il dispose envers des États tiers et des organisations internationales, d'essayer de continuer à garantir la jouissance des droits et libertés énoncés dans la Convention.

**334.** Même s'il n'appartient pas à la Cour d'indiquer quelles sont les mesures les plus efficaces que doivent prendre les autorités pour se conformer à leurs obligations, elle doit néanmoins s'assurer que les mesures effectivement prises étaient adéquates et suffisantes dans le cas d'espèce. Face à une omission partielle ou totale, la Cour a pour tâche de déterminer dans quelle mesure un effort minimal était quand même possible et s'il devait être entrepris. Pareille tâche est d'autant plus nécessaire lorsqu'il s'agit d'une violation alléguée de droits absolus tels que ceux garantis par les articles 2 et 3 de la Convention.

L'affaire *Ilascu* témoigne de la complexité de la notion de « juridiction », énoncée par l'article 1er de la Convention qui stipule que les États parties « reconnaissent à toute personne relevant de leur juridiction » les droits protégés par la Convention. La notion de « juridiction » détermine donc le champ d'application de la Convention – et, partant, la compétence de la Cour – dans sa double dimension personnelle (compétence *ratione personae*) – seules les personnes relevant de la « juridiction » d'un État partie bénéficient des droits reconnus par la Convention – et territoriale (compétence *ratione loci*) – les faits allégués doivent être localisés sous la « juridiction » de l'État partie. L'exercice par l'État partie de sa « juridiction » est alors la condition nécessaire à la mise en jeu de sa responsabilité au titre de la Convention et, partant, de la compétence *ratione personae* de la Cour à son égard : « Les États parties doivent répondre de toute violation des droits protégés par la Convention commise à l'endroit d'individus placés sous leur "juridiction" » (*Ilascu*, § 311).

Les faits de l'affaire sont schématiquement les suivants. Ex-République soviétique, la Moldavie, devenue indépendante en août 1991, est confrontée depuis cette date à un mouvement sécessionniste en Transnistrie (la « République moldave de Transnistrie », RMT), soutenu militairement (présence de l'ex-14ᵉ armée russe) et matériellement par la Russie. La Moldavie a accompagné la ratification de la Convention, en 1997, d'une déclaration faisant état de son impossibilité d'assurer le respect des dispositions de la CEDH sur la partie de son territoire contrôlé par les organes de la RMT. Les requérants, de nationalité moldave ont été, en 1992, arrêtés par les séparatistes, avec l'aide de soldats russes, condamnés par le « tribunal suprême de la RMT », soit à la peine de mort soit à des peines de douze à quinze ans de prison, et détenus en RMT. Ils invoquent, pour l'essentiel, une violation des articles 3 et 5 de la Convention. En jugeant, de manière *a priori* surprenante, que les requérants relèvent tout à la fois de la « juridiction » de la Moldavie et de celle de la Russie, la Cour européenne fait la démonstration que si la « juridiction » de l'État est principalement territoriale (I), elle peut aussi être exceptionnellement extraterritoriale (II).

## I / Une juridiction principalement territoriale

L'arrêt *Ilascu* affirme le principe de la juridiction de l'État territorial et en précise les limites (§ 312).

A) Le principe de la territorialité de la juridiction de l'État est énoncé, dans la ligne de la décision d'irrecevabilité *Bankovic* (déc. 12 déc. 2001, Gr. Ch., *Bankovic et al. c/ 17 États membres de l'OTAN, RTDH*, 2002, 1057, obs. G. Cohen-Jonathan), en prenant appui sur le droit international public (§ 312).

1 / C'est en soulignant que la Convention doit « s'interpréter, dans toute la mesure du possible, en harmonie avec les autres principes du droit international public dont elle fait partie » (*Bankovic*, § 57), que la Cour a réceptionné dans la Convention la « conception essentiellement territoriale de la juridiction des États » du droit international (§ 61-63). Ce faisant, la Cour rompt avec la jurisprudence de la Commission qui ne donnait pas à la notion de « juridiction » une simple signification territoriale mais, plus largement, la rattachait à l'exercice des compétences étatiques, considérant que les États contractants étaient tenus d'assurer les droits et libertés garantis à toute personne relevant effectivement de leur autorité et de leur responsabilité, que cette autorité s'exerce sur leur territoire ou à l'étranger (déc. 26 mai 1975, Chypre c/ Turquie, req. n$^{os}$ 6780/74 et 6950/75, *DR*, 2, 125 ; déc., 28 févr. 1983, Mme W c/ Royaume-Uni, req. n° 9360/81, *DR*, 32, 211, § 14).

2 / Le fait que la compétence juridictionnelle de l'État soit « principalement territoriale » (*Ilascu*, § 312) implique, naturellement, que la notion de « juridiction » couvre les faits survenus sur le territoire national de l'État mais suppose aussi que la Convention s'applique sur l'intégralité du territoire de l'État partie. Conformément à l'article 29 de la Convention de Vienne sur le droit des traités du 23 mai 1969, qui stipule qu'« à moins qu'une intention différente ne ressorte du traité ou ne soit par ailleurs établie, un traité lie chacune des parties à l'égard de l'ensemble de son territoire », l'arrêt *Ilascu* précise qu'« il est présumé » que la juridiction de l'État « s'exerce normalement sur l'ensemble de son territoire » (§ 312).

L'État partie ne peut en conséquence restreindre sa juridiction territoriale par une déclaration visant à exclure sa responsabilité pour des violations de la Convention commises sur telle ou telle partie de son territoire. La Cour écarte ainsi, dans sa décision de recevabilité *Ilascu* (4 juill. 2001, *RUDH*, 2001, 174), la déclaration faite par la Moldavie *(supra)* qui aurait pour effet « de priver totalement et pour une période indéterminée les personnes se trouvant sur ces "territoires" de la protection de la Convention ». Ne se rapportant à aucune disposition particulière de la Convention et ne se référant pas à une loi spécifique en vigueur, cette déclaration ne saurait être assimilée à une réserve de l'article 57 (ex-art. 64 ; *Belilos c/ Suisse*, 29 avr. 1988, A. 132, *RGDIP*, 1989, 273, note G. Cohen-Jonathan) et doit être réputée non valide (des déclarations de même nature ont été faites par la Géorgie et l'Azerbaïdjan, *Ann. conv.*, vol. 45, 2002, p. 19 et 16). De surcroît, une telle réserve aurait été sans effet car la Convention n'autorise aucune exclusion territoriale, sauf dans le cas prévu à l'article 56, § 1 (*infra, Assanidzé c/ Géorgie*, 8 avr. 2004, Gr. Ch., § 140 ; *RGDIP*, 2004, 742, chron. P. Weckel).

3/ L'article 1er impose aux États parties de répondre du respect de la Convention sur tout leur territoire et à l'égard de chaque individu, et, ce, à raison de l'exercice de l'« ensemble de leur "juridiction" » (*PCU de Turquie*, § 29, *infra*, n° 6). L'État partie est responsable de tous les actes et omissions de ses organes internes, s'ils sont contraires à la Convention, qu'ils soient accomplis en application du droit interne ou d'obligations internationales (Com., déc. 9 déc. 1987, E. Tete, *D. et R.*, 54, p. 52 ; déc. 9 février 1990, M et Co c/ RFA, *RUDH*, 1991, p. 134) et quel que soit le type de normes ou de mesures en cause.

a) En conséquence, les dispositions constitutionnelles se trouvent soumises à la Convention et « l'organisation institutionnelle et politique des États membres doit respecter les droits et principes inscrits dans la Convention » (*ibid.*, § 30). En l'absence dans la Convention d'une

« clause fédérale » qui, relativisant les obligations de l'État fédéral pour des faits survenus sur le territoire d'un État fédéré, permettrait de renverser la présomption de compétence territoriale (*Assanidzé*, § 139, 141), le pouvoir central est responsable de la méconnaissance des dispositions de la Convention par les autorités locales (*ibid.*, § 147). De la même manière, le gouvernement français ne saurait invoquer l'autonomie des collectivités territoriales pour faire échapper l'État aux obligations qu'il tient de la Convention (*Société de gestion du Port de Campoloro et Société fermière de Campoloro c/ France*, 26 sept. 2006).

b) De même – la dimension personnelle de la « juridiction » est ici en jeu – la conclusion par les États parties de traités internationaux ne permet pas de les libérer des obligations contractées dans le cadre de la CEDH (Com., déc. 10 juin 1958, n° 235/256, *Ann.*, 2, p. 257) ; plus précisément, le transfert de compétences à une organisation internationale ne délie pas les États de leurs responsabilités au regard de la Convention pour les compétences transférées car, comme le rappelle la Cour, cela « serait contraire au but et à l'objet de la Convention » (*Beer et Regan c/ Allemagne*, 18 févr. 1999, § 57 ; *infra* n° 72). Une distinction doit cependant être faite (*Bosphorus*, *infra* n° 71).

D'une part, la responsabilité d'un État partie à la Convention ne peut être engagée au regard de celle-ci en raison d'actions ou d'omissions de cet État tenant à son appartenance à une organisation internationale lorsque le litige s'inscrit entièrement dans l'ordre juridique interne d'une organisation possédant une personnalité juridique distincte de celle de ses États membres et que l'État partie s'est abstenu de toute intervention directe ou indirecte. Il en va ainsi en matière de contentieux de la fonction publique internationale (Déc. 9 déc. 2008, *Connolly c/15 États membres de l'Union européenne*, n° 73274/01 ; déc. 9 sept. 2008, *Boivin c/ France, Belgique et 32 États membres du Conseil de l'Europe*, n° 73250/01) et de justice pénale internationale (déc. 16 oct. 2007, *Beric et al. c/ Bosnie-Herzégovine*, n° 36257/04 : décisions du Haut Représentant pour la Bosnie agissant sur délégation de pouvoirs du Conseil de sécurité dans le cadre du chapitre VII ; déc. 9 juin 2009, *Galic c/ Pays-Bas*, n° 22617/07, déc. 9 oct. 2012, *Djokaba Lambi Longa c/ Pays-Bas*, n° 33917/12 : détention et procès devant une juridiction pénale internationale). La requête est alors incompatible *ratione personae* avec la Convention (art. 35, § 3 et 4). La Cour en a jugé de même, dans un premier temps, pour les actes nationaux d'application d'une résolution du Conseil de sécurité des Nations Unies prise en application du chapitre VII de la Charte, se déclarant incompétente *ratione personae* pour connaître d'actes relevant de l'action des forces armées des Nations Unies. Elle considère que de tels actes, qui sont primordiaux pour la réalisation par l'ONU du « but impératif de maintien de la paix et de la sécurité qui lui est assigné » et, partant, pour l'accomplissement par la conseil de sécurité du mandat qui lui est confié par le chapitre VII (§ 149), et qui sont directement imputables à l'ONU, qui « n'est pas une Partie contractante à la Convention », ne sauraient relever de son contrôle car cela s'analyserait en « une ingérence dans l'accomplissement d'une mission essentielle de l'ONU » (Gr. Ch., déc., 31 mai 2007, *Behrami et Behrami c/ France* et *Saramati c/ Allemagne, France et Norvège* (2 aff.), n° 71412/01, *RGDIP*, 2008, 85, obs. P. Lagrange).

D'autre part, l'État est présumé « respecter les exigences de la Convention lorsqu'il ne fait qu'exécuter des obligations juridiques résultant de son adhésion à l'organisation » dès lors que celle-ci « accorde aux droits fondamentaux une protection à tout le moins équivalente à celle assurée par la Convention » (*Bosphorus*, § 156-155). Conçu pour l'Union européenne (*infra*, n° 71), puis appliqué à d'autres organisations internationales (déc., 12 mai 2009, *Gasparini c/ Italie et Belgique*, n° 10750/03 : OTAN ; déc. 16 juin 2009, *Rambus Inc c/ Allemagne*, n° 40382/04 : Office européen des brevets), le dispositif de la présomption de protection équivalente est étendu à l'ONU par l'arrêt *Al-Dulimi et Montana management Inc c/ Suisse* (Gr. Ch., 26 nov. 2013, § 114, *JCP G* 2014, doctr. 79, chron. F. Sudre).

Toutefois, l'État demeure entièrement responsable au regard de la Convention « de tous les actes ne relevant pas strictement de ses obligations juridiques internationales, notamment lorsqu'il a exercé un pouvoir d'appréciation » (*M.S.S. c/ Belgique et Grèce*, 21 janv. 2011, GC, § 338 : pour l'Union européenne, *infra* n° 71). La Cour, considère désormais, qu'elle est compétente *ratione personae* pour connaître d'actes nationaux d'application d'une résolution du Conseil de sécurité prise en vertu du Chapitre VII de la Charte, dès lors que la résolution « charge les États d'agir en leur propre nom et de (la) mettre en œuvre au niveau national » (*Nada c/ Suisse*, 12 sept. 2012, § 121, *RTDeur*, 2013-3, 515, note R. Tinière ; *Al Dulimi c/ Suisse*, préc., § 90 : inscription sur les listes antiterroristes établies par le Conseil de sécurité). De tels actes relèvent de la « juridiction » de l'État partie, quand bien même celui-ci ne disposerait que d'une latitude restreinte (*Nada*, § 180).

B) Les limites au principe de la juridiction territoriale de l'État tiennent tant à la jurisprudence de la Cour qu'au texte de la Convention.

1 / Le juge européen admet que, « dans des circonstances exceptionnelles », la présomption de compétence territoriale peut être limitée

lorsqu'un État est empêché d'exercer effectivement son autorité sur une partie de son territoire, notamment en raison d'agissements d'un mouvement séparatiste soutenus par un État étranger *(Ilascu)*.

*a*) La Cour a alors égard au « comportement » de l'État (*Ilascu*, § 313) et estime qu'un État qui n'exerce pas son autorité effective sur une partie de son territoire ne cesse pas pour autant d'y exercer sa juridiction, au sens de l'article 1er de la Convention. Mais le contenu de la responsabilité de l'État est néanmoins réduit aux seules obligations positives qu'il tient de l'article 1er (§ 333 ; *supra*, n° 2). En conséquence, les requérants relèvent de la juridiction de la Moldavie et la responsabilité de celle-ci peut être engagée pour des actes commis sur le territoire de la « RMT », sur lequel elle n'exerce aucune responsabilité effective, non en raison de tous les actes commis par l'autorité rebelle mais au seul titre des obligations positives qui lui incombent en vertu de l'article 1er (§ 335).

*b*) La nature des obligations positives de l'État est précisée. D'une part l'État doit prendre les mesures nécessaires pour rétablir son contrôle sur le territoire concerné « en tant qu'expression de sa juridiction » (§ 339) ; la Cour accorde ici un satisfecit à la Moldavie. D'autre part, et surtout, l'État doit prendre toutes les mesures en son pouvoir, qu'elles soient d'ordre politique, diplomatique, économique, judiciaire ou autre, pour continuer à assurer dans le chef des personnes placées sous sa « juridiction » le respect des droits garantis par la Convention (§ 331, 333, 346 et s.) ; la Cour note là que la responsabilité des autorités moldaves peut être engagée du fait de leur passivité après mai 2001 quant aux actes dénoncés. Il s'agit donc de sanctionner l'inaction de l'État partie face à l'installation d'un régime illégal sur son territoire qui méconnaît la Convention, mais on peut s'interroger sur la capacité de la Cour à apprécier l'efficacité des mesures diplomatiques ou autres prises par l'État.

2 / Dérogeant au principe d'application territoriale intégrale d'un traité *(supra)*, la Convention ne s'applique de plein droit qu'aux territoires métropolitains des États contractants. Selon la « clause coloniale » de l'article 56 (ex-art. 63), la Convention n'est applicable aux territoires non métropolitains, « en tenant compte des nécessités locales » (art. 56, § 2 ; *Py c/ France*, 11 janv. 2005), que si l'État partie a fait une déclaration expresse en ce sens (pour les îles anglo-normandes : *Gillow c/ Royaume-Uni*, 24 nov. 1986, A. 109 ; pour Gibraltar : *Matthews c/ Royaume-Uni*, 18 févr. 1999 ; pour la Nouvelle-Calédonie : *Py*, préc.). Dans sa décision *Ilascu* (4 juill. 2001, préc.), la Cour précise que la clause d'extension territoriale de l'article 56 ne peut être invoquée de

manière dilatoire par un État partie « pour limiter la portée du terme “juridiction” au sens de l’article 1er uniquement à une partie du territoire ».

## II / Une juridiction exceptionnellement extraterritoriale

La « prépondérance du principe territorial » dans l’application de la Convention n’est toutefois pas absolue (*Ilascu*, § 314). La jurisprudence européenne admet que la notion de « juridiction » au sens de l’article 1er ne se limite pas au territoire national de l’État partie et que la responsabilité de celui-ci peut entrer en jeu en raison d’actes émanant de ses organes et déployant leurs effets en dehors de son territoire (*Drozd et Janousek c/ France*, 26 juin 1992, A. 240, § 91, *RTDH*, 1994, 98, note G. Cohen-Jonathan et J.-F. Flauss ; *Loizidou, supra*, n° 1, § 62). Cela couvre deux hypothèses. D’abord, selon une jurisprudence bien établie, des actes de l’État accomplis dans l’ordre interne et ayant un effet extra-territorial, telle une extradition, relèvent de la « juridiction » de l’État partie (voir *Soering, supra*, n° 14). Ensuite, sont concernés des actes extraterritoriaux accomplis et ayant produit leurs effets en dehors du territoire de l’État partie. De tels actes peuvent, « dans des circonstances exceptionnelles », s’analyser en l’exercice par l’État contractant de sa « juridiction » (*Bankovic*, § 67 ; *Ilascu*, § 314). Deux situations doivent alors être envisagées.

A) L’État partie s’est livré à un exercice extra-territorial de sa compétence à l’égard d’un autre État partie. Joue ici la théorie du « contrôle effectif » (*Ilascu*, § 314). La responsabilité d’un État partie (et l’étendue de sa juridiction au titre de la Convention) peut être engagée en raison d’actes ou de faits commis sur un territoire extérieur à ses frontières dont il exerce en pratique le contrôle effectif. Par là, il faut entendre un « contrôle global » et non un contrôle « dans le détail » sur la politique et les actions des autorités de la zone en cause (*Loizidou c/ Turquie* (fond), 18 déc. 1996, § 56).

1 / Il en va ainsi lorsque, à la suite d’une action armée, qu’elle soit légale ou non, l’État partie exerce un « contrôle global » sur le territoire concerné, soit du fait d’une occupation armée (Rap., 4 oct. 1983, Chypre c/ Turquie, *RUDH*, 1992, p. 70, § 63) soit par le biais d’une administration locale subordonnée (*Loizidou, supra*, n° 1, § 62 ; *Chypre c/ Turquie*,

10 mai 2001, Gr. Ch., § 77, *RTDH*, 2002, 807, obs. P. Tavernier). La responsabilité de l'État partie est alors engagée non seulement par les actes commis par ses propres agents (soldats, fonctionnaires) dans ce territoire mais aussi par ceux de l'administration locale qu'il soutient (*Chypre c/ Turquie*, § 77). La nature particulière de la Convention, « instrument de l'ordre public européen » (*supra*, n° 1) commande une telle solution, qui opère un transfert de responsabilité de l'État qui a perdu le contrôle effectif d'une partie de son territoire national *(supra)* vers l'État qui l'a acquis (en l'espèce, la Turquie sur la partie nord de Chypre). Il s'agit d'éviter que n'apparaisse « une lacune regrettable dans le système de protection des droits de l'homme », telle que les individus résidant dans une zone déterminée de l'espace territorial des États contractants se voient privés des garanties fondamentales de la Convention (*Chypre c/ Turquie*, préc., § 78). Dans le même esprit, le juge européen consacre le principe général de « l'effet horizontal » de la Convention (*supra*, n° 3), en affirmant qu'un État partie peut voir sa responsabilité engagée au regard de la Convention s'il approuve « formellement ou tacitement, les actes de particuliers violant dans le chef d'autres particuliers soumis à sa juridiction les droits garantis par la Convention » (*Chypre c/ Turquie*, § 81).

2 / Le critère du « contrôle global » est singulièrement assoupli par l'arrêt Ilascu lorsqu'un État partie soutient un mouvement séparatiste sur le territoire d'un autre État partie. En l'espèce, la Cour juge que les requérants relèvent de la « juridiction » de la Russie et que la responsabilité de celle-ci peut être engagée pour les actes commis par les séparatistes transnistriens, du fait de l'« autorité effective » ou, à tout le moins de l'« influence décisive » (et non plus du contrôle global) qu'elle exerce sur la RMT (§ 392 ; aussi, *Catan et a. c/ Moldova et Russie*, 19 oct. 2012, GC, § 107). Elle constate l'existence, avant et après la ratification de la Convention par la Russie (le 5 mai 1998), d'« un lien continu et ininterrompu de responsabilité » de la part de la Russie quant au sort des requérants (§ 393) : les autorités russes ont contribué tant militairement que politiquement à la création et au maintien du régime séparatiste en Transnistrie (§ 382), celui-ci survit grâce au soutien militaire, économique, financier et politique de la Russie (§ 392), les militaires russes ont participé à l'arrestation, à la détention et au transfert des requérants aux mains de la police de Transnistrie (§ 384), la Russie n'a rien tenté pour mettre fin après 1998 à la situation des requérants (§ 393).

B) La deuxième hypothèse concerne les actes d'un État partie accomplis sur le territoire d'un État non contractant.

1) La possibilité pour un État d'exercer sa juridiction sur ses propres ressortissants à l'étranger n'est pas contestée. Selon une jurisprudence constante de la Commission européenne des droits de l'homme, « les ressortissants d'un État contractant relèvent de sa "juridiction" même lorsqu'ils ont leur domicile ou leur résidence à l'étranger » et les actes des agents diplomatiques et consulaires attirent les personnes et les biens sous la juridiction de cet État, dans la mesure où ils exercent leur autorité sur ces personnes ou sur ces biens (déc. 25 sept. 1965, X. c/ RFA, req. n° 1611/62, *Rec. déc.* 17, 42 ; déc. 15 déc. 1977, Royaume-Uni, req. n° 7547/76, *DR*, 12, 73). La Cour adhère à cette analyse, qui vaut aussi pour les actes accomplis à bord de navires (déc. 11 janv. 2001, *Xhavara et al. c/ Italie et Albanie*, req. 39473/98) ou d'aéronefs immatriculés dans l'État, notant que le droit international coutumier et conventionnel a défini l'exercice de telles compétences (*Bankovic*, § 73). L'État partie se livre ici à un exercice extra-territorial de sa juridiction avec le consentement, au moins tacite, de l'État du for.

2 / Plus incertaine est la jurisprudence européenne relative aux actions armées ou de police accomplies par un État partie sur le territoire d'un État tiers à la Convention. En insistant, dans sa décision *Bankovic*, sur « la vocation essentiellement régionale du système de la Convention », la Cour – au contraire de la Commission *(supra)* – semble vouloir réduire l'application extraterritoriale de la Convention au seul « espace juridique des États contractants » et exclure qu'un État partie puisse exercer sa « juridiction » sur un territoire non « couvert par la Convention » (§ 80). Selon cette décision, la Convention « n'a donc pas vocation à s'appliquer partout dans le monde, même à l'égard du comportement » desdits États (§ 80) ; en conséquence, les personnes victimes des bombardements effectués à Belgrade en 1999 par les forces aériennes de l'OTAN ne relèvent pas de la « juridiction » des dix-sept États membres de l'OTAN parties à la CEDH du fait de l'« acte extraterritorial » en cause (§ 82).

Cependant, la jurisprudence postérieure paraît s'attacher à neutraliser la décision *Bankovic*, en confinant ses effets au cas particulier d'une opération militaire menée au titre d'une organisation internationale et sous l'autorité et le contrôle de celle-ci. D'une part, dans l'affaire *Öcalan c/ Turquie* (*supra*, n° 13), la Cour, s'appuyant sur la jurisprudence de la Commission (déc. 24 juin 1996, Ramirez Sanchez c/ France, *DR*, 86-A, 155), juge que les actes des agents d'un État partie relèvent de la « juridiction » de cet État, aux fins de l'article 1, même s'ils ont été commis à l'étranger (§ 91 ; remise du requérant par des agents kenyans à des agents turcs dans la zone internationale de l'aéroport de Nairobi).

L'acquiescement de l'État du for à l'exercice sur son territoire de la juridiction d'un État partie semble ici déterminant (§ 87). D'autre part, dans l'affaire *Issa et al. c/ Turquie* (16 nov. 2004, *AJDA*, 2005, 545, chron. J.-F. Flauss), la Cour n'exclut pas que les forces militaires d'un État partie (la Turquie) menant une opération sur le territoire d'un État tiers (l'Iraq) puissent engager la responsabilité de l'État partie au titre de la Convention dès lors qu'elles ont « exercé, temporairement, un contrôle effectif global sur une partie du territoire » de l'État tiers (§ 74). Il en va de même à propos de l'arraisonnement en haute mer par les forces militaires françaises d'un navire battant pavillon cambodgien sur lequel elles vont exercer « un contrôle absolu et exclusif » (*Medvedyev et al. c/ France*, 29 mars 2010, Gr. Ch., § 67 ; *D* 2010, 1390, note P. Hennion-Jacquet ; aussi, *Hirsi Jamaa et a. c/ Italie*, 23 févr. 2012, Gr. Ch., *JCP G* 2012, act. 380, C. Picheral). La Cour de cassation se prononce dans le même sens (Cass. crim., 16 sept. 2009, n° 09-82.777 : des pirates interpellés par les forces militaires françaises sur le territoire somalien « relèvent de la "juridiction" française au sens de l'article 1er de la CEDH »). Enfin, et surtout, les agissements de soldats d'une force multinationale intervenant sur le territoire d'un État tiers situé hors de l'espace juridique de la Convention engagent la responsabilité de l'État partie participant à cette force dès lors que ce dernier exerce sur le terrain le pouvoir et la responsabilité du maintien de la sécurité et que l'opération militaire échappe au contrôle effectif et à l'autorité de l'organisation internationale sous le couvert de laquelle elle est menée (*Al-Jedda c/ Royaume-Uni*, 7 juil. 2011, GC, *RDP* 2012-3, 786, obs. F. Sudre et *Al-Skeini c/ Royaume-Uni*, 7 juil. 2011, GC, *RGDIP* 2012-1, 61, note P.-F. Laval : les actions des forces britanniques de la force multinationale en Irak sont imputables au Royaume-Uni et non à l'ONU ; aussi, déc., 30 juin 2009, *Al-Saadoon et Mufdhi c/ Royaume-Uni*, n° 61498/08).

Cette jurisprudence paraît donc prendre parti en faveur de l'application de la Convention en dehors du seul territoire national des États contractants. Ainsi compris, l'article 1er de la Convention interdit à un État partie de perpétrer sur le territoire d'un autre État, partie ou tiers à la Convention, « des violations de la Convention qu'il ne pourrait commettre sur son propre territoire » (Issa, § 71).

F. S.

## SECTION 2
## *Les requêtes dirigées contre les Communautés et l'Union européennes et/ou leurs États membres*

### 71. **Bosphorus Hava Yollari Turizm ve Ticaret Anonim irketi c/ Irlande [GC], 30 juin 2005**, CEDH, 2005-VI ; *RFDA*, 2006, 566, étude J. Andriantsimbazovina ; *RTD*H (64), 2005, 827, étude F. Benoît-Rohmer ; *RGDIP*, 2006, 85, étude A. Ciampi ; *AJDA*, 2005, 1886, chron. J.-F. Flauss ; *RTD* eur., 2005, 749, note J.-P. Jacqué ; L'Europe des libertés, n° 17, sept. 2005, 6, étude F. Kauff-Gazin ; *JCP G*, 2005, I-10128, obs. F. Sudre ; JCP A, 2005, n° 37, 1367, obs. D. Szymczack.

**150.** La Cour estime qu'il ressort à l'évidence de ce qu'elle a dit aux § 145-148 ci-dessus que l'intérêt général poursuivi par la mesure litigieuse résidait dans l'exécution par l'État irlandais des obligations juridiques découlant de son adhésion à la Communauté européenne. Il s'agit là, au demeurant, d'un intérêt légitime revêtant un poids considérable. [...] La Cour reconnaît depuis longtemps l'importance croissante de la coopération internationale et la nécessité qui en découle d'assurer le bon fonctionnement des organisations internationales [...]. Ces considérations sont décisives pour une organisation supranationale telle que la Communauté européenne. Par conséquent, la Cour admet que le souci de respecter le droit communautaire constitue pour une Partie contractante un dessein légitime, conforme à l'intérêt général, au sens de l'article 1er du Protocole n° 1 [...].

**151.** Il convient donc de rechercher si et, le cas échéant, dans quelle mesure l'important intérêt général qu'il y avait pour l'État irlandais de respecter les obligations communautaires peut justifier l'atteinte portée par lui aux droits de propriété de la société requérante.

**152.** D'une part, la Convention n'interdit pas aux Parties contractantes de transférer des pouvoirs souverains à une organisation internationale (y compris supranationale) à des fins de coopération dans certains domaines d'activité [...]. En outre, même en tant que détentrice des pouvoirs souverains ainsi transférés, l'organisation internationale concernée ne peut, tant qu'elle n'est pas partie à la Convention, voir sa responsabilité engagée au titre de celle-ci pour les procédures conduites devant ses organes ou les décisions rendues par eux [...].

**153.** D'autre part, la Cour a également jugé que les Parties contractantes sont responsables au titre de l'article 1er de la Convention de tous les actes et omissions de leurs organes, qu'ils découlent du droit interne ou de la nécessité d'observer des obligations juridiques internationales. Ledit texte ne fait aucune distinction quant au type de normes ou de mesures en cause et ne soustrait aucune partie de la « juridiction » des Parties contractantes à l'empire de la Convention […].

**154.** Lorsqu'elle tente de concilier ces deux aspects et d'établir, ce faisant, dans quelle mesure il est possible de justifier l'acte d'un État par le respect des obligations découlant pour lui de son appartenance à une organisation internationale à laquelle il a transféré une partie de sa souveraineté, la Cour reconnaît qu'il serait contraire au but et à l'objet de la Convention que les États contractants soient exonérés de toute responsabilité au regard de la Convention dans le domaine d'activité concerné : les garanties prévues par la Convention pourraient être limitées ou exclues discrétionnairement, et être par là même privées de leur caractère contraignant ainsi que de leur nature concrète et effective […]. L'État demeure responsable au regard de la Convention pour les engagements pris en vertu de traités postérieurement à l'entrée en vigueur de la Convention […].

**155.** De l'avis de la Cour, une mesure de l'État prise en exécution de pareilles obligations juridiques doit être réputée justifiée dès lors qu'il est constant que l'organisation en question accorde aux droits fondamentaux (cette notion recouvrant à la fois les garanties substantielles offertes et les mécanismes censés en contrôler le respect) une protection à tout le moins équivalente à celle assurée par la Convention […] démarche à laquelle les parties et la Commission européenne souscrivent). Par « équivalente », la Cour entend « comparable » : toute exigence de protection « identique » de la part de l'organisation concernée pourrait aller à l'encontre de l'intérêt de la coopération internationale poursuivi […]. Toutefois, un constat de « protection équivalente » de ce type ne saurait être définitif : il doit pouvoir être réexaminé à la lumière de tout changement pertinent dans la protection des droits fondamentaux.

**156.** Si l'on considère que l'organisation offre semblable protection équivalente, il y a lieu de présumer qu'un État respecte les exigences de la Convention lorsqu'il ne fait qu'exécuter des obligations juridiques résultant de son adhésion à l'organisation. Pareille présomption peut toutefois être renversée dans le cadre d'une affaire donnée si l'on estime que la protection des droits garantis par la Convention était entachée d'une insuffisance manifeste. Dans un tel cas, le rôle de la Convention en tant qu'« instrument constitutionnel de l'ordre public européen » dans le domaine des droits de l'homme l'emporterait sur l'intérêt de la coopération internationale […].

**157.** L'État n'en demeurerait pas moins entièrement responsable au regard de la Convention de tous les actes ne relevant pas strictement de ses obligations juridiques internationales. […]

**158.** Dès lors qu'en prenant la mesure litigieuse l'Irlande n'a fait que déférer aux obligations juridiques qui lui incombaient à raison de son appartenance à la Communauté européenne […], la Cour examinera si l'observation des exigences de la Convention par l'État irlandais à cet égard peut être présumée et, le cas échéant, si cette présomption a été renversée dans les circonstances de l'espèce.

b / L'observation de la Convention pouvait-elle être présumée à l'époque des faits ?

**159.** La Cour a décrit ci-dessus […] les garanties en matière de droits fondamentaux mises en place par le droit communautaire qui s'imposent aux États membres et aux institutions communautaires, mais aussi aux personnes physiques et morales (les « particuliers »). Si les traités constitutifs des Communautés européennes ne renfermaient initialement pas de dispositions expresses protégeant les droits fondamentaux, la CJCE a reconnu par la suite que ces droits faisaient partie des principes généraux du droit communautaire dont elle assurait le respect et que la Convention avait une « importance particulière » en tant que source de ces droits. Le respect des droits fondamentaux est désormais devenu « une condition de légalité des actes communautaires » […], et lorsqu'elle procède à son appréciation la CJCE se réfère largement aux dispositions de la Convention et à la jurisprudence de la Cour. À l'époque des faits, cette évolution jurisprudentielle se reflétait dans certaines modifications qui avaient été apportées aux traités (voir notamment les aspects de l'Acte unique européen de 1986 et du Traité sur l'Union européenne […]. Cette évolution s'est confirmée par la suite, notamment dans le Traité d'Amsterdam de 1997 […]. Les dispositions de la Charte sur les droits fondamentaux de l'Union européenne, bien qu'elles ne soient pas entièrement contraignantes, s'inspirent largement de celles de la Convention, et la Charte reconnaît que la Convention établit les normes minimales en matière de droits de l'homme. L'article I-9 du traité, ultérieur, établissant une Constitution pour l'Europe (non en vigueur) prévoit que la Charte devient partie intégrante de la législation primaire de l'Union européenne et que l'Union adhérera à la Convention […].

**160.** Toutefois, l'effectivité des garanties matérielles des droits fondamentaux dépend des mécanismes de contrôle mis en place pour assurer leur respect.

**161.** La Cour a évoqué […] les compétences que possède la CJCE, notamment, dans le cadre du recours en annulation (art. 173, devenu art. 230, du traité CE), du recours en carence pouvant être formé contre une institution communautaire (art. 175, devenu art. 232), de l'exception d'illégalité prévue par l'article 184 (devenu art. 241) et du recours en manquement pouvant être dirigé contre un État membre (art. 169, 170 et 171, devenus art. 226, 227 et 228).

**162.** Certes, l'accès des particuliers à la CJCE en vertu de ces dispositions est restreint : ils n'ont pas qualité pour agir en vertu des articles 169 et 170 ; leur droit d'engager des actions au titre des articles 173 et 175 est limité, comme l'est, par conséquent, leur droit d'agir au titre de l'article 184 ; et ils ne peuvent former un recours contre un autre particulier.

**163.** Il n'en demeure pas moins que les recours exercés devant la CJCE par les institutions de la Communauté ou par un État membre constituent un contrôle important du respect des normes communautaires, qui bénéficie indirectement aux particuliers. Ceux-ci peuvent également saisir la CJCE d'un recours en réparation fondé sur la responsabilité non contractuelle des institutions […].

**164.** De surcroît, c'est essentiellement par l'intermédiaire des juridictions nationales que le système communautaire fournit aux particuliers un recours leur permettant de faire constater qu'un État membre ou un autre individu a enfreint le droit communautaire […]. Certaines dispositions du traité CE ont prévu dès le départ un rôle complémentaire pour les juridictions nationales dans le cadre des mécanismes de contrôle communautaires, notamment l'article 189 (notion d'applicabilité directe, devenu art. 249) et l'article 177 (procédure de renvoi préjudiciel, devenu art. 234). Le rôle des juridictions nationales dans l'application du droit communautaire et des garanties en matière de droits fondamentaux a été largement élargi avec le développement par la CJCE d'importantes notions telles que la primauté du droit communautaire, l'effet direct, l'effet indirect et la responsabilité de l'État […]. La CJCE maintient son contrôle sur l'application par les juridictions nationales du droit communautaire, y compris les garanties en matière de droits fondamentaux, par le biais de la procédure prévue par l'article 177 du traité CE et selon les modalités décrites aux § 96-99 ci-dessus. Bien que, conformément au rôle qui lui est imparti, la CJCE se limite à répondre à la question d'interprétation ou de validité soumise par la juridiction nationale, sa réponse a souvent un effet déterminant sur l'issue de la procédure interne [...], et l'article 177 du traité CE donne des indications détaillées, qui ont été développées par la CJCE dans sa jurisprudence, sur l'objet que peut avoir un renvoi préjudiciel et sur le moment auquel il peut, ou doit, être opéré. Les parties à la procédure interne ont le droit de présenter des observations à la CJCE dans le cadre de la procédure prévue par l'article 177. La Cour rappelle en outre que les tribunaux internes fonctionnent au sein de systèmes juridiques dans lesquels la Convention est intégrée, même si elle l'est à des degrés différents d'un État à l'autre.

**165.** Dans ces conditions, la Cour estime pouvoir considérer que la protection des droits fondamentaux offerte par le droit communautaire est, et était à l'époque des faits, « équivalente » [...] à celle assurée par le mécanisme de la Convention. Par conséquent, on peut présumer que l'Irlande ne s'est pas écartée des obligations qui lui incombaient au titre de la Convention lorsqu'elle a mis en œuvre celles qui résultaient de son appartenance à la Communauté européenne [...].

c / La présomption en question a-t-elle été renversée en l'espèce ?

**166.** La Cour a tenu compte de la nature de l'ingérence litigieuse, de l'intérêt général que poursuivaient la saisie et le régime des sanctions, et du fait que l'arrêt rendu par la CJCE (à la lumière des conclusions de l'avocat général) était obligatoire pour la Cour suprême, qui s'y est donc conformée. Il est clair à son sens qu'il n'y a eu aucun dysfonctionnement du mécanisme de contrôle du respect des droits garantis par la Convention.

La Cour estime donc que l'on ne saurait considérer que la protection des droits de la société requérante garantis par la Convention était entachée d'une insuffisance manifeste, de sorte que ladite présomption de respect de la Convention par l'État défendeur n'a pas été renversée.

Un avion loué par une société de charter turque, Bosphorus Airways, à une compagnie aérienne yougoslave a été saisi par les autorités irlandaises en application d'un règlement du Conseil de l'Union européenne ; ce dernier ayant été adopté en conformité avec une résolution du conseil de sécurité des Nations Unies imposant un embargo à la République fédérative de Yougoslavie pour sanctionner celle-ci de violations des droits de l'homme lors du conflit armé en Bosnie-Herzégovine. La contestation de la saisie litigieuse devant les juridictions irlandaises a conduit la Cour suprême d'Irlande à poser une question préjudicielle à la Cour de justice des Communautés européennes. Sans nier l'applicabilité du droit de propriété et du libre exercice des activités commerciales, le juge communautaire a estimé que la saisie n'était ni inadéquate ni disproportionnée au regard de « l'objectif d'intérêt général aussi fondamental pour la communauté internationale qui consiste à mettre un terme à l'état de guerre dans la région et aux violations massives des droits de l'homme et du droit international humanitaire dans la république de Bosnie-Herzégovine » (CJCE, 30 juill. 1996, Bosphorus Hava Yollari Turizm ve Ticaret AS c/ Minister for Transport, Energy and Communications *et al.*, aff. C.84/95, *Rec.*, I-3953, § 26).

Mécontente de l'application de cet arrêt préjudiciel en interprétation par la Cour suprême d'Irlande, se plaignant toujours d'une atteinte à son droit de propriété garanti par l'article 1er du Protocole 1 à la Convention européenne des droits de l'homme, Bosphorus saisit la Cour européenne des droits de l'homme.

Celle-ci constate une non-violation de cet article aux termes d'un raisonnement qui renouvelle et précise sa jurisprudence relative aux requêtes dirigées contre les Communautés et l'Union européennes et contre les actes des États membres de celles-ci pris en application du droit communautaire. Elle ne dresse pas un obstacle à la complémentarité des deux systèmes européens de protection des droits fondamentaux.

Après la reconnaissance de sa compétence pour contrôler les actes communautaires du droit originaire (*Matthews c/ Royaume-Uni*, Gr. Ch., 18 févr. 1999, *Rec.*, 1999-I, *GACEDH*, 3e éd., no 68), la Cour confirme sa compétence pour connaître des actes nationaux d'application du droit communautaire, mais exerce un contrôle prudent et tout en retenue.

## I / La compétence pour connaître des actes nationaux d'application du droit communautaire

Cette solution s'inscrit dans la lignée de la jurisprudence antérieure (A). Elle ne résout pas toutes les questions relatives aux requêtes individuelles contre les Communautés et l'Union européennes (B).

A) *Ratione materiae*, les actes communautaires échappaient dans un premier temps au contrôle des instances de la Convention européenne des droits de l'homme. Celles-ci vont faire évoluer leur position en faveur de leur compétence de contrôle. Celle-ci est solidement fondée.

1 / La Commission estimait que le système communautaire des droits fondamentaux offrait une protection équivalente à celle de la Convention (Comm., 9 févr. 1990, *M. et Co. c/ RFA, RUDH*, 1991, 134). Critiquée en ce qu'elle accordait une immunité injustifiée aux actes communautaires, cette solution sera ajustée. La Commission va accepter de confronter des actes nationaux d'application de règlements communautaires relatifs aux quotas laitiers avec l'article 1er du Protocole 1 à la

CEDH, mais elle va déclarer la requête manifestement mal fondée (Comm., 1er juill. 1993, *Procola c/ Luxembourg, DR*, 75, 5). Le contrôle de compatibilité des actes nationaux d'application des actes communautaires dérivés avec la Convention est accepté par la Cour dans l'affaire Cantoni (*Cantoni c/ France*, 15 nov. 1996, *Europe*, mars 1997, chron. 4, 5, obs. Y. Petit). Était en cause la compatibilité d'une disposition législative du Code de la santé publique (art. L. 511) avec l'article 7 de la Convention. La loi étant une norme de transposition mot pour mot d'une directive communautaire, le gouvernement français arguait qu'une acceptation de sa compétence par la Cour reviendrait à contrôler la compatibilité de la directive communautaire avec la Convention. Il plaidait alors l'incompétence de la Cour. Celle.ci se contente d'affirmer : « La circonstance, rappelée par le gouvernement, que l'article L. 511 du Code de la santé publique s'inspire presque mot pour mot de la directive communautaire 65/65 ne le soustrait pas à l'empire de l'article 7 de la Convention » (§ 30). Le laconisme de cette affirmation a généré des interrogations. La Cour serait-elle compétente pour connaître d'actes nationaux d'application d'une norme communautaire dérivée dotée de l'effet direct ? La compétence de la Cour s'étend-elle aux cas dans lesquels les États membres de la Communauté et de l'Union européennes ne disposent d'aucune marge de manœuvre dans l'application du droit communautaire ?

L'arrêt Bosphorus met fin à ces interrogations. Dans les § 143 à 148, elle vérifie si la saisie de l'aéronef relève d'une marge d'appréciation des autorités irlandaises ou d'une mise en œuvre des obligations communautaires de l'Irlande. En l'espèce, en retenant la seconde hypothèse, la Cour n'en a pas moins examiné si la saisie litigieuse remplit les critères de conventionnalité au regard de l'article 1er du Protocole 1. Elle est donc pleinement compétente pour connaître des actes nationaux d'application du droit communautaire dérivé nonobstant le pouvoir d'appréciation de l'État. De cette façon, la Cour contrôle indirectement la compatibilité avec la Convention des actes communautaires dérivés qu'elle ne peut connaître directement *ratione personae*.

Elle conforte ainsi le contrôle qu'elle exerce sur la mise en œuvre du droit communautaire par les États membres.

En effet, outre l'application du droit communautaire dérivé, la mise en œuvre des actes de droit originaire est susceptible d'engager la responsabilité conventionnelle des États membres de la Communauté et de l'Union européennes ; la Cour contrôle même la compatibilité des actes communautaires de droit originaire avec la Convention (*Matthews c/ Royaume-Uni*, préc.). La décision et l'Acte du Conseil des Communautés de 1976 concernant l'élection du Parlement européen au suffrage universel direct sont des instruments juridiques internationaux auxquels le Royaume-Uni a librement souscrit. Dès lors, en n'organisant pas l'élection du Parlement européen à Gibraltar, territoire sous sa juridiction, le Royaume-Uni a violé l'article 3 du Protocole 1 à la CEDH.

2 / La Cour fonde justement cette solution sur une large interprétation de la notion de « juridiction » au sens de l'article 1$^{er}$ de la Convention aux termes duquel les Hautes Parties contractantes « reconnaissent à toute personne relevant de leur juridiction les droits et libertés définis au titre du titre I de la présente Convention » (*Ilascu*, n° 70). Sur cette base, en transférant des compétences souveraines à une organisation internationale, un État n'est pas exonéré de sa responsabilité internationale. La Commission rappelait déjà que « si un État assume des obligations contractuelles et conclut par la suite un autre accord international qui ne lui permet plus de s'acquitter des obligations qu'il a assumées par le premier traité, il encourt une responsabilité pour toute atteinte portée de ce fait aux obligations qu'il assumait en vertu du traité antérieur » (n° 235/56, déc. 10 juin 1958, *Ann.*, 2, 257). Il en va d'autant plus ainsi qu'il s'agit, en l'occurrence, d'un traité, la Convention, dont les garanties touchent « à l'ordre public en Europe » (n° 788/60, *Autriche c/ Italie*, déc. 11 janv. 1961, *Ann.*, 4, 177). On ne saurait donc admettre que « par le biais des transferts de compétence, les Hautes Parties contractantes puissent se soustraire, du même coup, des matières normalement visées par la Convention aux garanties qui y sont édictées » (Comm., 9 déc. 1987, *Étienne Tête*, n° 1123/84, *DR*, 54, 52).

Rapportée à l'article 1$^{er}$ de la Convention relative à la « juridiction » de la Cour, cette jurisprudence permet à la Cour de retenir sa compétence *ratione personae* pour tout litige concernant le transfert de compétences par les États adhérents à une organisation internationale. En effet, sous peine de méconnaître « l'objet et le but de la Convention », ceux-ci ne sauraient échapper à leurs responsabilités au regard de la Convention pour ces compétences ainsi transférées (*Beer et Regan c/ Allemagne*, 18 févr. 1999, *RGDIP*, 2000, 445, note I. Pingel-Lenuzza). Réaffirmée à propos des transferts de compétence à la Communauté et à l'Union européennes par l'arrêt Matthews (§ 32), cette doctrine est reprise avec force par l'arrêt Bosphorus : « Les Parties contractantes sont responsables au titre de l'article 1$^{er}$ de la Convention de tous les actes et omissions de leurs organes, qu'ils découlent du droit interne ou de la nécessité d'observer des obligations juridiques internationales. Ledit texte ne fait aucune distinction quant au type de normes ou de mesures en cause et ne soustrait aucune partie de la "juridiction" des Parties contractantes à l'empire de la Convention » (§ 153).

La compétence ainsi confortée de la Cour pour connaître des actes nationaux d'application du droit communautaire n'est cependant pas illimitée.

B) La Communauté et l'Union européennes n'étant pas adhérentes à la Convention, la Cour européenne des droits de l'homme ne saurait connaître *ratione personae* des recours dirigés directement contre ces entités supranationales (Comm., 10 juill. 1978, CFDT *c/ Communautés européennes, DR*, 13, 231, *Matthews*, § 32 ; déc. 2 sept. 2003, P. L. c/ France, req. 42269/98). Et « il n'appartient pas à la Cour d'empiéter sur les questions de compatibilité du droit interne d'un État membre avec le projet communautaire » (*Parti nationaliste basque – Organisation régionale d'Iparralde*, 7 juin 2007, § 48). Cette solution dite du « voile des organisations internationales » est appliquée à l'Office européen des brevets (Comm., 10 janv. 1994, *Heinz, DR*, 76 B, 125) au Conseil de l'Europe (déc., 16 juin 2009, *Taner Beygo c/46 États membres du Conseil de l'Europe*, req. 36099/06 ; déc., 9 sept. 2008, *Boivin c/ France et Belgique et 32 autres États membres du Conseil de l'Europe*, req. 73250/01).

L'arrêt Bosphorus ne résout pas la question des requêtes visant collectivement les États membres de la Communauté et tendant à mettre en cause les actes communautaires eux-mêmes. La jurisprudence européenne est hésitante. L'ancienne Commission européenne des droits de l'homme a laissé la question en suspens (Comm., 10 juill. 1978, CFDT *c/ Communautés européennes*, préc.). Par la suite, elle ne semble pas avoir exclu l'engagement de la responsabilité des États (Comm., 19 janv. 1989, *Dufay c/ Communautés européennes*, n° 13539/88 ; Comm., 22 oct. 1998, *Garzilli c/ Les États membres de l'Union européenne, RUDH*, 1998, 438) sans pour autant sauter le pas. La Cour tergiverse. Dans l'arrêt Matthews, elle a évoqué l'idée d'une responsabilité conjointe des États membres de la Communauté (§ 33). Ultérieurement, elle a éludée la question de sa compétence *ratione personae* soit parce que les requêtes étaient irrecevables *ratione materiae* (déc. 4 juill. 2000, *Sté Guérin Automobiles c/ 15 États de l'Union européenne*, req. 51717/99) soit parce que les requérants n'avaient pas la qualité de victimes au sens de la CEDH (déc. 10 mars 2004, *Senator Lines GmbH c/ 15 États membres de la Communauté européenne*, Gr. Ch., *RTDH*, 2005, 121, étude F. Krenc : la sanction infligée par la Commission européenne à l'entreprise requérante et que celle-ci estimait contraire à la CEDH a été annulée avant l'audience de la Cour européenne des droits de l'homme et avant cette annulation l'amende n'a jamais été ni versée ni recouverte). En s'appuyant sur une règle du droit des traités internationaux en vertu de laquelle les États ne peuvent échapper à leurs obligations souscrites dans un traité antérieur en concluant un autre traité ultérieur, une partie de la doctrine envisage l'acceptation de la compétence *ratione personae* de la Cour pour engager la responsabilité des États membres de la Communauté du fait des propres actes des institutions communautaires. La Cour européenne n'a pas écarté cette possibilité concernant les actes pris par les États dans le cadre du deuxième pilier de l'Union européenne – Politique étrangère et de sécurité commune – mais elle relève dans la partie « en fait » de sa décision que l'on se trouve dans ce cas dans un cadre intergouvernemental (déc. 23 mai 2002, *Segi*, n° 6422/02, et *Gestoras Pro-Amnistia et al.*, n° 9916/02 : les requêtes furent déclarées irrecevables faute de qualité de victime des requérants) forcément différent de l'ordre juridique d'intégration du premier pilier dont la spécificité a été reconnue par la Cour européenne des droits de l'homme (*Moustaquim c/ Belgique*, 25 janv. 1991, § 49 ; *Matthews*, § 39 : la possibilité pour les États d'organiser des « structures constitutionnelles ou parlementaires communes par des traités internationaux » ; *Bosphorus* (§ 150). L'utilisation de la jurisprudence Ilascu (préc., n° 70) engageant la responsabilité d'un État pourtant dans l'impossibilité d'asseoir son autorité sur l'ensemble de son territoire en raison d'une « situation de fait contraignante » pour tenter de faire reconnaître la compétence *ratione personae* de la Cour en matière de requêtes contre les membres de l'Union européenne du fait des actes communautaires paraît fondée sur une analogie approximative. *Quid* en effet de l'écran communautaire que constitue la personnalité juridique de la Communauté européenne ? *Quid* encore de l'autonomie des institutions communautaires par rapport aux États membres et *vice versa ?* La Cour a affirmé son incompétence *ratione personae* (déc., 9 déc. 2008, *Connolly c/ 15 États membres de la Communauté européenne*, req. 73274/01). Sans doute pour prévenir une éventuelle acceptation de la compétence de la Cour européenne des droits de l'homme, la Cour de justice déclare recevable le renvoi préjudiciel concernant « toutes dispositions prises par le Conseil, quelles qu'en soient la nature ou la forme, qui visent à produire des effets de droit vis-à-vis des tiers » (CJCE, 27 févr. 2007, Segi c/ Conseil, C-355/04P, *RFDA*, 2007, 1100, note F. Donnat, *RTDH*, 2007, p. 1153, note S. Marciali). En résumé, la Cour européenne des droits de l'homme rejette sa compétence pour connaître des recours contre l'Union européenne tant que celle-ci n'est pas adhérente à la CEDH mais accueille les requêtes contre les États membres de celle-ci (déc., 20 janv. 2009, *Cooperatieve Producentenorganisatie Van de Nederelandse Kokkelvisserij U.A c/ Pays-Bas*, req. 13645/05).

Confrontée à la complexité des rapports de l'ordre public européen des droits de l'homme et de l'ordre juridique de la Communauté et de l'Union européennes, la Cour européenne des droits de l'homme affiche une position prudente. Le contrôle de conventionnalité des actes nationaux d'application du droit de l'Union européenne n'est utilisé qu'avec retenue.

## II / Un contrôle prudent et tout en retenue

L'arrêt Bosphorus n'est pas construit sur une logique d'affrontement, mais sur une logique de conciliation des deux systèmes européens de protection des droits fondamentaux (§ 154-156).

La Cour estime que l'exécution d'une obligation communautaire est réputée justifiée dès lors que la Communauté européenne offre une protection équivalente à celle assurée par la Convention (A). Cette présomption peut cependant être renversée si la protection des droits garantis par la Convention est entachée d'une « insuffisance manifeste » (B).

A) Le principe de « protection équivalente » est inspiré de la jurisprudence de la Cour constitutionnelle allemande (Bundesverfassungsgericht, 22 oct. 1986 (2 BVR 197/83), *RTD eur.*, 1987, p. 537, note V. Constantinesco) pour qui le contrôle de constitutionnalité des actes communautaires de droit dérivé ne sera pas exercé aussi longtemps que l'ordre juridique communautaire assure une protection des droits fondamentaux comparable à celle assurée en vertu de la Loi fondamentale allemande.

1 / La Commission européenne des droits de l'homme a ouvert la voie en affirmant que : « Le transfert de pouvoirs à une organisation internationale n'est pas incompatible avec la Convention, à condition que, dans cette organisation, les droits fondamentaux reçoivent une protection équivalente » (M. et Co., préc.). L'arrêt Bosphorus reprend ce raisonnement à son compte. Parlant des obligations juridiques internationales de l'État adhérent du fait de son appartenance à une organisation internationale, la Cour considère que : « Une mesure de l'État prise en exécution de pareilles obligations juridiques doit être réputée justifiée dès lors qu'il est constant que l'organisation en question accorde aux droits fondamentaux (cette notion recouvrant à la fois les garanties substantielles offertes et les mécanismes censés en contrôler le respect) une

protection à tout le moins équivalente à celle assurée par la Convention » (§ 155). Dans un souci de réalisme, la Cour précise que par « équivalente » il faut entendre « comparable » et non « identique ». Exiger une protection identique pourrait aller à l'encontre de la construction communautaire. Or, cette dernière revêt une importance particulière aujourd'hui. La Cour estime que « la coopération internationale » implique l'assurance du « bon fonctionnement des organisations internationales » (§ 150), surtout concernant « une organisation supranationale telle que la Communauté européenne » (§ 150). La Cour cite l'arrêt Costa c/ Enel de la Cour de justice des Communautés européennes (CJCE, 15 juill. 1964, Costa c/ Ente Nazionale per l'Energia Elettrica, aff. 6/64, *Rec.*, 585). Cette référence confirme la reconnaissance d'une spécificité de l'ordre juridique communautaire (*Moustaquim c/ Belgique*, 25 janv. 1991, A. 93, § 49 ; *Matthews c/ Royaume-Uni*, § 48).

2 / L'équivalence de protection est présumée dès lors que la Communauté et l'Union européennes se sont dotées d'un système effectif et efficace de protection des droits fondamentaux. Sur le plan substantiel, depuis 1969 la Cour de justice des Communautés européennes n'a cessé de renforcer sa jurisprudence selon laquelle les droits fondamentaux font partie intégrante des principes généraux du droit communautaire dont elle assure le respect (CJCE, 12 nov. 1969, Erich Stauder c/ Ville d'Ulm-Sozialamt, aff. 29/69, *Rec.*, 419 ; CJCE, 17 déc. 1970, Internationale Handelschgeselschaft, aff. 11/70, *Rec.*, 1125). Dans le travail de création de ces principes généraux, la Convention européenne des droits de l'homme revêt « une signification particulière » (par ex. CJCE, 18 juin 1991, Elliniki Radiophonia Tiléorassi, aff. C-260/89, *Rec.*, I-2925). Les arrêts de la Cour de justice citent d'ailleurs explicitement la Convention européenne des droits de l'homme et la jurisprudence pertinente de la Cour européenne des droits de l'homme (par ex. CJCE, 12 sept. 2006, M. G. Eman et O. B. Sevinger c/ College van burgemeester en wethouders van Den Haag, C-300/04 : citant l'art. 3 du Protocole 1er à la Convention et Cour EDH, *Melnitchenko c/ Ukraine*, 19 oct. 2004, § 56, à propos du critère de résidence en matière de droit de vote et d'éligibilité ; CJCE, 12 sept. 2006, Espagne c/ Royaume-Uni soutenu par la Commission, aff. C-145/04 à propos de l'exécution par le Royaume-Uni de l'arrêt Matthews). Par ailleurs, les traités communautaires et de l'Union européenne ont reconnu cette place de la Convention européenne des droits de l'homme (article 6, § 3 du Traité sur l'Union européenne dans sa version du traité de Lisbonne, ancien art. 6, § 2 du Traité sur l'Union européenne). En se dotant de la Charte des droits fondamentaux de l'Union européenne, certes à l'époque dépourvue de

force juridique, l'Union européenne s'est inspirée de la Convention européenne des droits de l'homme. Dans son article 52, cette Charte dispose que « dans la mesure où la présente Charte contient des droits correspondants à des droits garantis par la Convention européenne de sauvegarde des droits de l'homme et des libertés fondamentales, leur sens et leur portée sont les mêmes que ceux que leur confère ladite convention ». En matière procédurale et formelle, le droit communautaire possède un ensemble de voies de droit susceptibles d'être utilisées pour protéger les droits fondamentaux.

Tout en posant une présomption d'équivalence de protection, la Cour n'en précise pas moins que cette reconnaissance n'est pas irréfragable. « Pareille présomption peut toutefois être renversée dans le cadre d'une affaire donnée si l'on estime que la protection des droits garantis par la Convention était entachée d'une insuffisance manifeste. Dans un tel cas, le rôle de la Convention en tant qu'"instrument constitutionnel de l'ordre public européen" dans le domaine des droits de l'homme l'emporterait sur l'intérêt de la coopération internationale » (§ 156).

B) Théoriquement, le contrôle de « l'insuffisance manifeste » devrait se faire donc au cas par cas. Toutefois, la Cour a fait une vérification *in abstracto*. Elle décrit sommairement l'évolution générale des droits fondamentaux dans l'ordre juridique communautaire, de la jurisprudence d'origine au Traité établissant une Constitution pour l'Europe en passant par la Charte des droits fondamentaux de l'Union européenne. La Cour s'est attardée davantage sur les voies de droit en contentieux communautaire. Elle a minimisé les obstacles rencontrés par les particuliers pour accéder à la Cour de justice des Communautés européennes en s'alignant sur la jurisprudence de cette dernière relative au recours en annulation des particuliers contre les règlements communautaires (CJCE, 25 juill. 2002, Union de Pequenos Agricultores c/ Conseil, aff. C-50/00, *Rec.*, I-6677 ; Cassia, *D*, 2002, J., 2825 ; F. Berrod et F. Mariatte, *Europe*, oct. 2002, chron. n° 12, 7 ; P. Nihoul, *JTDE*, 2002, n° 92, 199 ; P. Gilliaux, *CDE*, 2003, 177 ; R. Mehdi, *rtde*, 2003, 23 ; H. Gaudin, « Chronique de jurisprudence communautaire (2002) », *RD publ.*, 2003, spéc. p. 1291). Elle constate alors un niveau suffisant et satisfaisant de la protection communautaire des droits fondamentaux. La présomption d'équivalence est difficile à renverser (déc., 10 oct. 2006, *Coopérative des agriculteurs de Mayenne et Coopérative laitière Maine-Anjou-France*, 16931/04 ; déc. 9 déc. 2008, *Sté établissement Biret et Sté Biret international c/15 États membres de l'Union européenne*, req. 13762/04). Globalement, cette position ne tranche pas avec sa jurisprudence précédente. Dans le calcul de la durée d'une procédure litigieuse au regard du droit à un procès dans un délai raisonnable, elle n'intègre pas le renvoi préjudiciel devant la Cour de justice des Communautés européennes (*Pafitis et al.* c/ Grèce, 22 févr. 1998, § 95 ; Koua Poirrez, 30 sept. 2003, § 61, *RTDH*, 2005, 159, étude J. Callewaert ; *RDP*, 2004, 845, obs. F. Sudre ; *Coëme et al.* c/ Belgique, 22 juin 2000, § 114 ; *Ernst et al.* c/ Belgique, 15 juill. 2003, § 74 ; déc. 17 mars 2003, *Alexandros Kefalas et al. c/ Grèce*, req. 40051/02). La Cour européenne des droits de l'homme a même donné un brevet de conventionnalité net à la procédure préjudicielle en interprétation et en appréciation de validité devant la Cour de justice de l'Union européenne en affirmant que cette procédure offre des garanties d'équité équivalentes à celles de l'article 6 § 1 CEDH (déc., 20 janv. 2009, *Cooperatieve Producentenorganisatie Van de Nederelandse Kokkelvisserij U.A c/ Pays-Bas*, req. 13645/05, préc.).

Cette prudence de la Cour a été critiquée en ce qu'elle rend le contrôle de la Cour totalement théorique.

C'est sans doute pourquoi la Cour européenne des droits de l'homme a précisé la portée de la présomption d'équivalence. Celle-ci se décline en une équivalence de contrôle et une équivalence de protection procédurale. La première implique un contrôle comparable à ce que la Cour européenne des droits de l'homme assurerait ; la seconde exige le bon fonctionnement de la procédure préjudicielle en interprétation en tant qu'instrument indirect de constat de manquement national au droit de l'Union européenne. Le fait que le renvoi préjudiciel n'a pu jouer son rôle en raison de la non-saisine de la Cour de justice de l'Union européenne par une juridiction suprême a conduit la Cour a écarté la présomption de protection équivalente (*Michaud c. France*, 6 déc. 2012, *JCP G*, 2013, doctr. 64, chr. F. Sudre, § 16).

Cette jurisprudence est raisonnable compte tenu de la non-appartenance de l'Union européenne à la Convention européenne des droits de l'homme. On peut même penser qu'il eût été possible que la Cour déclare irrecevables les requêtes contre les actes nationaux d'application du droit dérivé communautaire sauf pour les requérants à démontrer l'insuffisance manifeste de la protection communautaire des droits fondamentaux. Cette solution permettrait un partage clair de la protection des droits fondamentaux en Europe entre la Cour européenne des droits de l'homme et la Cour de justice. Cette dernière assure cette protection au sein de l'Union européenne. Ce n'est qu'en cas de défaillances manifestes du système communautaire que la Cour européenne des droits de l'homme interviendrait. Pour lever toute ambiguïté, la création d'un recours individuel au nom des droits fondamentaux devant la Cour de justice de l'Union européenne est souhaitable. Ce serait un recours interne à épuiser avant d'aller devant la Cour de Strasbourg. La complémentarité entre les deux cours européennes n'en serait alors que plus forte. Elle le sera définitivement par une adhésion de l'Union européenne à la Convention européenne des droits de l'homme.

Anticipant une telle perspective réelle, la théorie de la protection équivalente exprime le principe de subsidiarité en ce qu'elle limite le contrôle de la Cour européenne des droits de l'homme à un contrôle complémentaire, palliatif et correctif par rapport à celui des juridictions nationales et à celui de la Cour de justice de l'Union européenne. Dès lors que les juridictions nationales des États membres ont appliqué sérieusement le droit de l'Union européenne et particulièrement les arrêts préjudiciels de la Cour de justice dont le souci pour une bonne protection des droits fondamentaux ne fait pas de doute, la Cour européenne des droits de l'homme déclare la requête contre un État membre comme irrecevable (déc., 23 octobre 2012, *Ramaer et Van Willigen c/ Pays-Bas*, req. 34880/12) ou manifestement infondée (déc., 18 juin 2013, *Povse c/ Autriche*, req. 3890/11).

Ce rôle de régulation de la théorie de la protection équivalente dans les rapports entre la CEDH et l'Union européenne a été transposé par la Cour européenne des droits de l'homme aux relations de la CEDH avec les organisations internationales (déc. 12 mai 2009, *Gasparini c/ Italie et Belgique*, 10750/03 : OTAN ; *Al Dulimi et Montana Management Inc. c. Suisse*, 26 novembre 2013 : l'Organisation des Nations Unies n'offre pas une protection équivalente à celle de la CEDH en matière de procès équitable).

J. A.

## *Chapitre 2*

# LA RECEVABILITÉ DE LA REQUÊTE

## SECTION 1
## *La qualité de « victime » (art. 34)*

**72. Open Door et Dublin Well Woman c/ Irlande, 29 octobre 1992**, série A, n° 246 A, *RTD*H, 1993, p. 345, obs. F. Rigaux ; *RFDC*, 1993, p. 216, chron. F. Sudre.

A / Sur la qualité de « victimes » de Mmes Maher, Downes, X... et Geraghty

**41.** Comme déjà devant la Commission, le gouvernement plaide que seules les sociétés requérantes peuvent se prétendre « victimes » d'une violation de droits garantis par la Convention. Ni Mme Maher, ni Mme Downes, ni Mme X... ni Mme Geraghty n'auraient pris part aux procédures devant les juridictions irlandaises. Elles n'auraient d'ailleurs signalé aucune femme enceinte pouvant se poser en « victime » de ce dont elles se plaignent. Le litige s'analyserait à leur égard en une actio popularis, surtout dans le cas de Mmes X... et Geraghty.

1 / Mmes Maher et Downes

**42.** D'après le délégué de la Commission, le moyen relatif aux conseillères requérantes, Mmes Maher et Downes, contredit ce que le gouvernement avait concédé devant la Commission, à savoir que les deux intéressées tombaient sous le coup de la restriction ordonnée par la Cour suprême et, partant, pouvaient affirmer avoir subi une ingérence dans l'exercice des droits protégés par l'article 10.

**43.** La Cour considère, avec la Commission, que Mmes Maher et Downes peuvent valablement se prétendre « victimes » d'une atteinte à leurs droits car l'injonction de la Cour suprême les touche directement. Elle estime en outre que le gouvernement ne saurait invoquer devant elle, en matière d'exceptions préliminaires, des arguments inconciliables avec sa thèse devant la Commission [...].

2 / Mmes X... et Geraghty

**44.** La Cour rappelle que l'article 25 habilite les particuliers à soutenir qu'une loi viole leurs droits par elle-même, en l'absence d'acte individuel d'exécution, s'ils risquent d'en supporter directement les effets [...].

En l'occurrence, la décision de la Cour suprême empêche les sociétés requérantes, ainsi que leurs employés et agents, de fournir certains renseignements à des femmes enceintes. On n'a pas avancé que Mmes X... et Geraghty le soient, mais elles figurent sans conteste parmi les femmes en âge de procréer pouvant pâtir des restrictions incriminées. Puisque la mesure dénoncée risque de les léser directement, elles n'essaient pas de discuter dans l'abstrait la compatibilité du droit irlandais avec la Convention. Elles peuvent donc se prétendre « victimes » au sens de l'article 25, § 1.

L'article 34 de la Convention habilite toute personne physique, toute organisation non gouvernementale ou tout groupe de particuliers à saisir la Cour afin qu'elle vérifie le respect, par l'un quelconque des États parties, de ses obligations conventionnelles. Chacune de ces catégories de requérant individuel est entendue assez largement par la Cour. Ainsi, elle envisage la personne physique sans aucune restriction, peu important qu'elle ait la capacité d'ester en justice. Elle admet, sans réelle justification, que le mineur agisse seul sans l'intermédiaire de ses représentants légaux (*A. c/ Royaume-Uni*, 23 sept. 1998). Elle se contente de reprendre l'opinion de l'ancienne Commission selon laquelle rien ne s'oppose à ce que les mineurs saisissent seuls les organes de protection de la Convention, sans chercher à expliquer ce qui l'imposerait ou seulement le permettrait (*Scozzari et Scozzari c/ Italie* (Gr. Ch.), 13 juil. 2000, § 137 ; et avant cela, à propos de l'internement d'un mineur dans un hôpital psychiatrique, *Nielsen c/ Danemark*, 28 nov. 1988). Sans doute est-ce là une manifestation supplémentaire du souci de la Cour de garantir des droits concrets et effectifs et non pas théoriques et illusoires. C'est particulièrement vrai lorsque l'enfant est en conflit avec les personnes qui sont censées le représenter et le protéger. Quant aux organisations non gouvernementales, la Cour les définit par opposition aux organisations gouvernementales, soit les personnes morales, de droit public mais également de droit privé, qui exercent une partie de la puissance publique, qui poursuivent une mission d'administration publique ou qui gèrent un service public sous le contrôle des autorités. Au-delà des organes de l'administration centrale ou même décentralisée, qui relèvent nécessairement de la catégorie des organisations gouvernementales (une commune – déc. 7 juin 2001, *Danderyds Kommun c/ Suède*, n° 52559/99, une section de commune et la commission syndicale qui la représente – déc. 23 nov. 1999, *Section de commune d'Antilly c/ France*, n° 45129/98), tout dépend du statut de l'organisme, de ses prérogatives, de la nature de son activité et du contexte dans lequel elle est exercée ainsi que de son degré d'indépendance par rapport au pouvoir politique. Ont ainsi été considérés comme des organisations non gouvernementales les saints monastères grecs (*Les Saints monastères grecs c/ Grèce*, 9 déc. 1994), une société commerciale propriété exclusive d'un État (*Compagnie de navigation de la République islamique d'Iran c/ Turquie*, 13 déc. 2007) ou encore une société nationale de radiodiffusion (déc. 23 sept. 2003, *Radio France c/ France*, n° 53984/00). En revanche, en raison de la tutelle de l'État et de son monopole d'exploitation, la société nationale des chemins de fer espagnols s'apparente à une organisation gouvernementale (déc. 8 sept. 1997, *RENFE c/ Espagne*, n° 35216/97).

Contrairement aux États (v. art. 33 CEDH), les requérants individuels spécialement visés par l'article 34 doivent établir qu'ils ont la qualité de victime. Relevant de la catégorie des notions autonomes, la Cour de Strasbourg arrête son sens et son contenu. À cette fin, elle applique ses méthodes d'interprétation classiques, à commencer par celle qui tend à assurer l'effectivité des droits (déc. 26 oct. 2000, *Sanles Sanles c/ Espagne*, 48335/99). L'interprétation téléologique, d'une part, ouvre la porte aux solutions les plus audacieuses. Et ce d'autant plus que, d'autre part, la Cour place son interprétation de la notion de victime sous l'influence d'un principe de flexibilité. Il en est de la notion de victime comme de l'ensemble des conditions de recevabilité : son interprétation est empreinte d'une certaine souplesse et elle est dépourvue de tout formalisme excessif. L'affaire *Open Door et Dublin Well Woman* illustre parfaitement la conjugaison de ces deux méthodes et les résultats parfois déconcertants auxquels elle est susceptible de conduire. Les tribunaux irlandais avaient, sur le fondement du droit à la vie de l'enfant à naître protégé par la Constitution, enjoint aux deux associations requérantes de cesser leurs activités de conseil et d'accompagnement des femmes enceintes en vue de leur avortement. Or, la Cour a admis la recevabilité de la requête émanant non seulement des associations, mais également de deux femmes pour cette seule raison qu'elles étaient en âge de procréer. La Cour est donc prête à retenir une conception particulièrement compréhensive de la notion de victime même dans les hypothèses où le développement et la promotion des droits garantis par la Convention ne sont pas entravés. Dans l'affaire *Open Door*, en effet, la Cour était assurée de se prononcer sur la portée du droit à la liberté d'expression dans ce contexte si particulier dès lors qu'elle avait été saisie par des requérants pour lesquels la qualité de victime ne faisait aucun doute. Quant à l'interprétation évolutive, enfin, elle permet à la Cour de ne pas rejeter les requêtes émanant d'individus qui n'étaient pas parties aux différentes procédures internes, mais qui, conformément au droit interne, s'étaient regroupés dans une association afin de défendre leurs propres intérêts (*Gorraiz Lizarraga et a. c/ Espagne*, 27 avril 2004). Du point de vue de la Cour, en effet, l'individu est de plus en plus confronté à des situations et à des actes juridiques complexes (un arrêté ministériel autorisant les travaux de construction d'un barrage ayant notamment pour conséquence l'inondation des propriétés des individus dans l'affaire *Gorraiz Lizzaraga*) si bien que « le recours à des entités collectives, telles que les associations, constitue l'un des moyens accessibles, parfois le seul, dont il dispose pour assurer une défense efficace de ses intérêts particuliers » (§ 38). Toujours dans une perspective évolutive, le raisonnement pourrait bénéficier aux individus dont les intérêts auraient été défendus par la voie d'une action en représentation conjointe ou d'une action de groupe.

Pour donner corps à la notion de victime, la Cour ne s'inspire pas principalement de l'expérience des droits nationaux. Régulièrement, elle rappelle que la qualité de victime se conçoit indépendamment de notions internes tels que l'intérêt ou encore la qualité à agir. Que les règles relatives à la recevabilité ne poursuivent pas nécessairement les mêmes finalités selon que l'action est portée devant les juridictions internes ou devant la Cour européenne des droits de l'homme constituent l'une des principales raisons de cette indépendance (*Norris c/ Irlande*, 26 octobre 1988, § 31). Ainsi, la seule qualité de mère biologique peut suffire à conférer la qualité pour agir aux fins de protection des droits des enfants. À défaut, justifie la Cour, les enfants n'auraient pas la possibilité de faire valoir leur droit à l'encontre des décisions adoptées par leurs représentants. La Cour n'accorde donc pas le même poids à la déchéance des droits parentaux que les ordres internes (*Scozzari et Scozzari c/ Italie* (Gr. Ch.), préc.).

Pour autant, la notion conserve une dimension procédurale. La victime n'est pas celle qui a subi une lésion et qui, pour cette raison, peut demander réparation. La victime est celle qui est titulaire de l'action entendue comme le droit de saisir la Cour d'une requête portant sur la violation des droits et libertés protégés par la Convention (déc. *Sanles Sanles c/ Espagne*, préc., s'agissant de la belle-sœur d'une personne tétraplégique qui avait repris les actions introduites par ce dernier, en particulier celle destinée à permettre au médecin de lui prescrire une dose létale de médicaments sans que cela constitue une infraction pénale). C'est ainsi que la qualité de victime est indépendante de celle de préjudice et qu'une violation de la Convention offre la possibilité de saisir la Cour même s'il n'en résulte aucun préjudice (*Brumarescu c/ Roumanie* (Gr. Ch.), 28 oct. 1999, § 50), celui-ci ne jouant un rôle qu'au regard de l'éventualité d'une satisfaction équitable en vertu de l'article 41 (*Nada c/ Suisse* (Gde. Ch.), 12 sept. 2012, § 128). Les rapports entre la qualité de victime et le préjudice manquent cependant de clarté puisque la Cour affirme dans le même temps que la qualité de victime dépend du lien existant entre le requérant et le préjudice qu'il prétend avoir subi du fait de la violation de la Convention (*Gorraiz Lizarraga et autres c/ Espagne*, préc., § 34).

L'arrêt *Open Door* montre comment un requérant est susceptible d'acquérir la qualité de victime (I). Il laisse cependant dans l'ombre un aspect important de la question, intimement lié au principe de subsidiarité et à l'idée selon laquelle il appartient d'abord à l'État de prévenir, de réparer et d'effacer les atteintes à la Convention dont ont à souffrir les personnes relevant de sa juridiction. Le requérant est alors susceptible de perdre sa qualité de victime (II).

## I / Acquisition de la qualité de victime

Fondamentalement, pour qu'un requérant puisse se prétendre victime, il faut qu'il existe un lien entre lui et la ou les violations de la Convention qu'il dénonce (déc. 28 juin 2011, *Ouardiri c/ Suisse* n° 65840/09 ; déc. 30 mars 1999, *Comité des médecins à diplômes étrangers et autres c/ France*, n° 39527/98). Il doit être concerné, ne serait-ce que temporairement (*Monnat c/ Suisse*, 21 sept. 2006, § 33), par les effets de l'acte ou de la pratique incriminée et il ne doit pas en apparaître comme le principal responsable (*Pasa et Erkan Erol c/ Turquie*, 12 déc. 2006, § 22)

Ce lien est essentiel et condamne toute forme *d'actio popularis* (déc. 23 mai 2002, *Segi et Gestoras Pro-Amnistia c/15 États de l'Union européenne*, n° 6422/02). La Cour ne saurait être saisie par un requérant individuel aux seules fins d'interprétation de la Convention ou de discussion dans l'abstrait de la conventionnalité d'une loi dont il ne subirait pas, d'une façon ou d'une autre, les effets (déc. 25 nov. 1999, *Očić c/ Croatie*, n° 46306/99 ; comp. à propos de l'inexécution d'une décision et de ses effets à l'égard de requérants qui, pourtant, n'avaient pas été parties dans les procédures devant les juridictions internes, *Union des cliniques privées de Grèce c/ Grèce*, 15 oct. 2009).

La compréhension de ce lien n'est cependant pas unique ce qui laisse place à plusieurs catégories de victime et brouille la netteté des affirmations qui précèdent relativement à l'*actio popularis*. Car, selon que le lien entre le requérant et les effets produits par l'atteinte aux droits garantis est fort ou faible, la victime sera ou directe (A), ou indirecte (B) ou potentielle (C).

A) La victime directe

Toute personne directement affectée par les faits constitutifs d'une ingérence dans les droits et libertés protégés par la Convention a évidemment la qualité de victime. Ainsi, lorsque le requérant est une personne morale, il est nécessaire de s'assurer que la violation concerne les intérêts dont elle a la charge et non les intérêts individuels, le cas échéant distincts, de ses membres (v. *Vallianatos et a. c/ Grèce*, 7 nov. 2013, § 48, une association n'est pas victime d'une loi réservant un partenariat enregistré aux personnes physiques de sexe opposé). L'arrêt *Open Door* illustre là encore le manque de rigueur dans l'analyse de ces conditions dès lors que la Cour admet assez rapidement la requête des deux conseillères qui travaillaient pour le compte des sociétés (comp. déc. 28 mai 2013, *Parrillo c/ Italie*, n° 46470/11, seuls les chercheurs et les scientifiques peuvent être des victimes de la loi interdisant l'utilisation des embryons humains à des fins de recherche scientifique, pas la requérante). La victime peut alors introduire une requête en agissant soit par elle-même, soit par l'intermédiaire d'un représentant ; dans la suite de la procédure, et sauf circonstances exceptionnelles, le requérant sera représenté (art. 36, § 3 du Règlement de la Cour – 1er janv. 2014).

Le décès de la victime ne pose pas les mêmes difficultés selon qu'il intervient après ou avant l'introduction de la requête. Dans le premier cas, la Cour retient une interprétation souple des exigences de l'article 34 de la Convention tout en prenant en compte l'intérêt particulier de l'affaire. En présence d'héritiers ou de proches parents, la Cour s'attache à leur volonté de poursuivre la procédure et ne procédera donc pas d'autorité à la radiation de la requête. Elle évoque même à cet égard un « principe général voulant que, quand un requérant décède en cours d'instance, ses héritiers peuvent se prétendre à leur tour « victimes » de la violation alléguée, à titre d'ayants cause » (*Keser et Komurcu c/ Turquie*, 23 juin 2009, § 53 ; v. également *Deweer c/ Belgique*, 27 févr. 1980, § 37 ; des principes similaires s'appliquent aux personnes morales lorsqu'elles perdent la personnalité juridique : v. *Uniya OOO et Belcourt Trading Company c/ Russie*, 19 juin 2014). À défaut, la Cour raye la requête du rôle et met un terme à son contrôle. Le principe est donc inversé, mais il connaît une très importante exception toutes les fois où l'affaire qui est soumise à la Cour lui semble présenter un intérêt particulier. Ainsi qu'elle l'affirme dans son arrêt *Karner*, « si le système mis en place par la Convention a pour objet fondamental d'offrir un recours aux particuliers, il a également pour but de trancher, dans l'intérêt général, des questions qui relèvent de l'ordre public, en élevant les normes de protection des droits de l'homme et en étendant la jurisprudence dans ce domaine à l'ensemble de la communauté des États parties à la Convention » (*Karner c/ Autriche*, 24 juillet 2003, § 26). Une affaire soulève une question importante d'intérêt général lorsqu'elle intéresse non seulement l'État défendeur, mais également d'autres États. La poursuite de l'examen de la requête et le prononcé d'un arrêt permettent ainsi de clarifier, sauvegarder et développer les normes de la Convention (*Karner c/ Autriche*, préc., § 27). Cette notion possède un fort rayonnement et constitue l'une des manifestations de l'interprétation souple mise en œuvre par la Cour dans ce domaine. Elle lui permet de s'affranchir des limites censées borner son office.

Lorsque la victime décède avant l'introduction de la requête, la question est sensiblement différente. Il convient alors de déterminer si une personne qui, sans nécessairement prétendre à la qualité de victime, peut agir à la place et au nom de la victime directe. La Cour se montre *a priori* moins accueillante à l'égard de ces requêtes posthumes. D'une part, elle refuse de les examiner si elles touchent aux aspects les plus intimes de la personne. L'initiative de la requête revient alors à la seule victime. Nul ne saurait agir en son nom lorsque sont en cause des droits « éminemment personnels » parce qu'ils sont « non transférables ». Leur identification n'est guère aisée d'autant plus que la Cour manque de constance. Après avoir raisonné sur le droit revendiqué au titre de tel ou tel article de la Convention (comme un éventuel droit de mourir dans la dignité, *Sanles Sanles c/ Espagne* (déc.), préc.), elle a envisagé les articles de la Convention dans leur globalité. Ce sont alors plus radicalement et sans nuance les droits garantis par les articles 5 et 8 qui ne sont pas transférables (déc. 28 fév. 2006, *Thévenon c/ France*, n° 2476/02), par les articles 5 et 6 (*Bic et a. c/ Turquie*, 2 fév. 2006, § 22) ou encore ceux protégés par les articles 2, 3, 5, 8, 9, 14 (déc. 29 juin 2010, *Mitev c. Bulgarie* n° 42758/07, la Cour procédant à une relecture très surprenante de l'affaire *Sanles Sanles*, préc.). Une fois ce premier obstacle franchi, la recevabilité de l'action est encore subordonnée à plusieurs conditions tendant à s'assurer que celui qui agit est concerné par l'affaire. Concrètement, il doit être uni à la défunte victime par des liens familiaux étroits (déc. 3 oct. 2006, *Direkci c/ Turquie*, n° 47826/99), avoir manifesté un intérêt pour l'affaire (déc. *Mitev c. Bulgarie*, préc.) et démontrer un intérêt personnel ou juridique suffisant à l'issue de la procédure (pour un intérêt patrimonial, *Milionis et a. c/ Grèce*, 24 avr. 2008, § 23-25). Une fois encore cependant, en raison d'une interprétation souple, ces différentes conditions et limites ne s'imposent pas en toutes circonstances. L'importance particulière de l'affaire pourrait conduire à les dépasser (ce que semble suggérer la Cour dans l'affaire *Koch c/ Allemagne*, 19 juil. 2012, § 46, bien que la configuration procédurale de l'affaire soit assez différente ; v. encore *Centre de ressources juridiques au nom de Valentin Campeanu c/ Roumanie*, 17 juil. 2014, recevabilité de la requête introduite au nom de la victime par une association qui n'avait pourtant reçu aucun mandat).

B) La victime indirecte

Le prétoire de la Cour n'est pas ouvert uniquement aux victimes directes. « À titre exceptionnel » (déc. 28 juin 2011, *Ouardiri c/ Suisse*, n° 65840/09), elle examine les requêtes déposées par des personnes qui n'ont pas été directement concernées par l'acte ou la situation prétendument constitutive d'une violation de la Convention, mais qui, malgré tout, en ressentent les effets. La victime indirecte se plaint des mêmes éléments que la victime directe, mais elle fait valoir un intérêt distinct, un intérêt qui lui est propre et qui pourra donner lieu à un constat de violation de la Convention séparé.

L'hypothèse se rencontre fréquemment en cas de décès de la victime directe. Plutôt que de limiter l'objet de la requête aux droits et libertés de la victime directe, le requérant fait valoir en outre une violation de ses propres droits. Malgré la spécificité de la situation, la Cour applique les mêmes critères que lorsque l'action est exercée au nom de la personne décédée, lorsque le requérant agit pour obtenir un constat de violation des droits d'autrui (*Koch c/ Allemagne*, préc., § 43-44). Dans ce cas, toutefois, il n'y a pas lieu de s'interroger sur le caractère transférable des droits puisque le requérant invoque une violation de ses propres droits, pas de ceux d'autrui.

La victime indirecte est donc nécessairement un proche. L'existence de liens familiaux étroits n'est pas systématiquement requis (*Sanles Sanles c/ Espagne*, préc., la Cour considérant que la belle-sœur de la victime a été touchée de près par la situation litigieuse) et ne sera pas toujours suffisante (*Cakiçi c/ Turquie* (Gr. Ch.), 8 juil. 1999, § 98-99, la Cour déniant au frère de la victime directe le droit d'agir). Le requérant doit en outre être concerné par l'affaire (v. encore le contre-exemple dans l'affaire *Cakiçi c/ Turquie*, préc.) parce qu'il a un intérêt moral ou patrimonial à son issue. Ainsi, une femme peut alléguer une violation de l'article 8 du fait du refus opposé à son époux de conserver son nom après le mariage (*Burghartz c/ Suisse*, 22 fév. 1994, § 18). De même, l'époux et les enfants de la victime directe, seule partie devant les juridictions internes, ont la possibilité de se plaindre de la violation de ses droits procéduraux parce que la procédure en question a affecté leurs intérêts patrimoniaux et qu'en raison de l'autorité de chose jugée ils ne pourront faire une nouvelle fois examiner le cas (*Ressegatti c/ Suisse*, 13 juil. 2006, § 25). Un homme peut encore invoquer une violation de l'article 8 du fait de l'examen gynécologique forcée subi par son épouse (*Y. F. c/ Turquie*, 22 juil. 2003, § 31). Et, une fois encore, si l'affaire soulève un important intérêt général, la recevabilité de la requête s'imposera (*mutatis mutandis*, *Ressegatti c/ Suisse*, préc., § 26).

À partir de là, la principale difficulté consistera à convaincre la Cour que la violation des droits de la victime directe engendre une violation additionnelle à l'égard du requérant qui pourra alors agir en son nom propre. Par exemple, dans les contentieux liés à la disparition, les proches parents peuvent se prétendre indirectement victime d'une violation des droits protégés au titre des articles 2 et/ou 3 en raison de la détresse émotionnelle toute particulière qu'ils ont subie. Il n'y a donc aucune automaticité, la Cour se refusant à affirmer l'existence d'un principe selon lequel les proches parents des disparus subissent eux-mêmes, par ricochet, une violation de l'article 3 ou de l'article 2 (v. *Kurt c/ Turquie* (Gr. Ch.), 25 mai 1998, § 133 ; sur les éléments à prendre en considération v. *Cakiçi c/ Turquie*, préc., § 98 ou encore *Bazorkina c/ Russie*, n° 69481/01, 27 juil. 2006, § 139). De la même façon, sauf circonstances exceptionnelles (tenant, notamment, à l'impossibilité pour la société de saisir les organes de la Convention), les associés ne peuvent se prétendre victimes d'une violation des droits de leur société protégés par l'article 1 du Protocole n° 1 (*Agrotexim et al. c/ Grèce*, 24 oct. 1995).

C) La victime potentielle

Enfin, étendant encore un peu plus la notion de victime, la Cour accepte, « à titre très exceptionnel » (*Ouardiri c/ Suisse*, préc.), d'examiner les requêtes émanant de personnes qui n'ont pas, ou pas encore, été affectées par un acte ou des faits réalisant une violation de la Convention, mais qui sont susceptibles de l'être. Il importe alors d'établir que le risque de violation est crédible et non le fruit de simples suspicions ou conjectures (déc. *Segi et Gestoras Pro-Amnistia c/15 États de l'Union européenne*, préc.). D'un côté, cette jurisprudence volontariste permet de protéger des individus contre une violation de la Convention qui serait quasi définitive, ainsi dans les contentieux de l'éloignement. De l'autre, cependant, elle obscurcit la répartition des rôles avec les États. Le principe de subsidiarité leur attribue la prévention des violations et à la Cour la charge de les constater et d'ordonner leur cessation.

En conséquence, alors même que la Cour répète à l'envi que le système de la Convention ne ménage aucune place à l'*actio popularis*, elle autorise les requérants individuels à se plaindre d'une loi en dehors de tout acte individuel d'exécution. Afin de sauvegarder les apparences, elle précise que l'application de la loi à leur égard ne doit pas apparaître trop lointaine (*Burden c/ R.-U.* (Gr. Ch.), 29 avr. 2008, le grand âge des requérantes les rapproche de l'application de la loi successorale contestée) ou trop éventuelle (*Sedjic et Finci c/ Bosnie-Herzégovine* (Gr. Ch.), 22 déc. 2009, s'agissant d'une participation probable aux élections en raison de leur implication dans la vie publique). Pour l'essentiel, il existe trois cas dans lesquels une victime potentielle est recevable à agir devant la Cour : lorsque le requérant incrimine une législation qui autorise des mesures secrètes si bien qu'il est impossible de savoir si elle a été effectivement appliquée (*Klass et a. c/ Allemagne*, 6 sept. 1978, § 34) ; lorsque la méconnaissance de la loi est pénalement sanctionnée le contraignant ainsi à modifier son comportement (*Dudgeon c/ Royaume-Uni*, 22 oct. 1981, § 41 ; *Bowman c/ Royaume-Uni*, 19 février 1998, § 29) ; ou lorsque loi vise une catégorie de personnes à laquelle appartient le requérant (les homosexuels, *Dudgeon c. Royaume-Uni*, 22 oct. 1981 ; les femmes qui résident en France et qui souhaitent porter le voile intégral pour des raisons religieuses, *S.A.S. c/ France* (Gr. Ch.), 1er juil. 2014, § 57 ; les mères célibataires et des enfants naturels, *Marckx c/ Belgique*, 13 juin 1979, § 27 ; les femmes en âge de procréer, *Dublin Well Woman et Open Door c/ Irlande*, préc. ; comp. déc. 6 janv. 2005, *Dayras et SOS sexisme c/ France*, n° 65390/01, la loi qui impose l'attribution du nom paternel aux enfants ne semble affecter que les femmes mariées ayant eu un enfant).

En conséquence, dès lors que la norme incriminée par le requérant ne donne lieu à aucune mesure secrète, qu'elle n'est pas assortie de sanctions pénales de nature à inciter le requérant à adopter un autre comportement et que rien ne démontre que le requérant a l'intention dans un avenir prévisible de ne pas s'y conformer, sa requête sera irrecevable. Il n'a pas, même potentiellement, la qualité de victime (déc. *Ouardiri c/ Suisse*, préc.).

## II / Perte de la qualité de victime

La qualité de victime doit exister tout au long de la procédure (v. *Monnat c/ Suisse*, préc.). Il est donc envisageable que la requête devienne irrecevable parce que l'État aura adopté les mesures adéquates pour effacer la violation de la Convention.

La Cour se montre assez exigeante pour constater la perte de la qualité de victime. Selon une jurisprudence constante, elle souligne qu'une décision ou une mesure favorable à un requérant ne suffit pas, en principe, à lui retirer la qualité de victime. Il est nécessaire, en outre, que les autorités nationales aient reconnu, explicitement ou en substance, puis réparé la violation de la Convention (v. *Nada c/ Suisse* (Gr. Ch.), préc. § 128 ; *Gäfgen c/ Allemagne* (Gr. Ch.), 1er juin 2010, § 115). Ces deux conditions sont cumulatives. Si l'une ou l'autre fait défaut, le requérant peut continuer à se prétendre victime (*Burdov c/ Russie*, 7 mai 2002).

En ce qui concerne la reconnaissance de la violation, elle doit être explicite et non-équivoque. Il n'y a aucune difficulté à cet égard lorsque les juridictions internes ont rendu des décisions constatant que la situation dans laquelle se trouve le requérant réalise une violation de ses droits (*Gäfgen c/ Allemagne* (Gr. Ch.), préc., § 120) ; peut-être en serait-il de même d'une reconnaissance officielle d'une situation incompatible avec la Convention par les plus hautes autorités de l'État. À l'inverse, la seule levée des sanctions frappant le requérant n'équivaut pas à une reconnaissance, même implicite, d'une méconnaissance de la Convention (*Nada c/ Suisse*, Gr. Ch., préc., § 129).

En ce qui concerne la réparation adéquate et suffisante, la Cour considère généralement qu'elle dépend de l'ensemble des circonstances de la cause et de la nature de la violation de la Convention qui se trouve en jeu. Par exemple, en matière d'atteinte à l'article 3, la réparation doit traduire la valeur fondamentale et le caractère absolu de la prohibition qu'il édicte. Cela suppose, en premier lieu, que les autorités de l'État mènent une enquête approfondie et effective pouvant conduire promptement (des procédures pénales engagées 3 à 4 mois après les faits et le prononcé d'un jugement définitif de condamnation un peu plus de 2 ans plus tard répond à cette exigence – *Gäfgen c/ Allemagne* (Gr. Ch.), préc., § 122) à l'identification et à la punition des responsables. Il pèse donc sur l'État une obligation d'incriminer. Son ordre juridique doit comporter des dispositions pénales réprimant les traitements contraires à l'article 3. Les sanctions prononcées (pénales et le cas échéant disciplinaires) sont déterminantes. Elles doivent apparaître dissuasives (ce qui n'est pas le cas d'une peine d'amende relativement modique qui plus est assortie du sursis – *Gäfgen c/ Allemagne* (Gr. Ch.), préc., § 123-124), la Cour précisant, à cet égard, sans craindre d'empiéter sur les prérogatives souveraines, que dans une situation de violation de l'article 3 par des agents de l'État, ceux-ci doivent être suspendus pendant l'instruction ou le procès et démis de leur fonction si leur culpabilité est établie (*Gäfgen c/ Allemagne* (Gr. Ch.), préc., § 125). Cela suppose, en second lieu, que le requérant perçoive une compensation ou, du moins, qu'il ait la possibilité de demander et d'obtenir une indemnité appropriée (v. pour un montant jugé insuffisant, *Gravilita c/ Moldavie*, 22 avril 2014, 571) pour le préjudice que lui a causé le traitement contraire à l'article 3. Cette voie de recours doit être effective, adéquate et accessible (une action en responsabilité administrative ne satisfait pas à ces conditions si, trois ans après, aucune décision sur le fond n'est encore intervenue alors qu'une violation de l'article 3 a par ailleurs déjà été établie, *Gäfgen c/ Allemagne* (Gr. Ch.), préc., § 128). L'adéquation du montant qui doit ou devrait être accordé au requérant varie en fonction de la situation dont il se plaint.

Et il pourrait y avoir d'autres paramètres à prendre en considération selon les affaires. Ainsi, dans l'affaire *Gäfgen* (§ 128), la Cour réserve la question des conséquences défavorables pour le requérant des éléments recueillis par des traitements contraires à l'article 3. Peut-être faudrait-il envisager d'écarter les déclarations ainsi obtenues des éléments de preuve. La chambre avait accordé un caractère décisif à cet élément pour dénier au requérant sa qualité de victime. Selon un autre point de vue, si le requérant était encore victime, c'est précisément parce que toutes les preuves obtenues sous la contrainte n'avaient pas été écartées. Ce dernier point illustre la relativité de la question. Le caractère approprié de la réparation et son influence sur le maintien de la qualité de victime est affaire d'espèce et la réponse pénale ne devrait peut-être pas être systématique (comp. *Siliadin c/ France*, 26 juil. 2005, maintien de la qualité de victime à défaut d'une condamnation pénale des personnes l'ayant maintenue en état de servitude pendant plusieurs années ; *supra* n° 17).

F. M.

## SECTION 2
## *L'épuisement des voies de recours internes*

**73. Akdivar *et al.* c/ Turquie, 16 septembre 1996** (Grande Chambre), Rec., 1996, 1192, *JDI*, 1996, 239, obs. E. Decaux ; *RTD*H, 1998, 27, note P. Legros et P. Coenraets.

**65.** La Cour rappelle que la règle de l'épuisement des voies de recours internes énoncée à l'article 26 de la Convention impose aux personnes désireuses d'intenter contre l'État une action devant un organe judiciaire ou arbitral international, l'obligation d'utiliser auparavant les recours qu'offre le système juridique de leur pays. Les États n'ont donc pas à répondre de leurs actes devant un organisme international avant d'avoir eu la possibilité de redresser la situation dans leur ordre juridique interne. Cette règle se fonde sur l'hypothèse, objet de l'article 13 de la Convention – et avec lequel elle présente d'étroites affinités – que l'ordre interne offre un recours effectif quant à la violation alléguée, que les dispositions de la Convention fassent ou non partie intégrante du système interne. De la sorte, elle constitue un aspect important du principe voulant que le mécanisme de sauvegarde instauré par la Convention revête un caractère subsidiaire par rapport aux systèmes nationaux de garantie des droits de l'homme (Handyside c/ Royaume-Uni, 7 déc. 1976, série A, n° 24, p. 22, § 48).

**66.** Dans le cadre de l'article 26, un requérant doit se prévaloir des recours normalement disponibles et suffisants pour lui permettre d'obtenir réparation des violations qu'il allègue. Ces recours doivent exister à un degré suffisant de certitude, en pratique comme en théorie, sans quoi leur manquent l'affectivité et l'accessibilité voulues [...]. L'article 26 impose aussi de soulever devant l'organe interne adéquat, au moins en substance et dans les formes et délais prescrits par le droit interne, les griefs que l'on entend formuler par la suite à Strasbourg ; il commande en outre l'emploi des moyens de procédure propres à empêcher une violation de la Convention (Cardot c/ France, 19 mars 1991, série A, n° 200, p. 18, § 34).

**67.** Cependant, comme indiqué précédemment, rien n'impose d'user de recours qui ne sont ni adéquats ni effectifs. De plus, selon les « principes de droit international généralement reconnus », certaines circonstances particulières peuvent dispenser le requérant de l'obligation d'épuiser les recours internes qui s'offrent à lui (Van Oosterwijck c/ Belgique, 6 nov. 1980, série A, n° 40, p. 18-19, § 36-40). Cette règle ne s'applique pas non plus lorsqu'est prouvée l'existence d'une pratique administrative consistant en la répétition d'actes interdits par la Convention et la tolérance officielle de l'État, de sorte que toute procédure serait vaine ou ineffective (Irlande c/ Royaume-Uni, 18 janv. 1978, série A, n° 25, p. 64, § 159).

**68.** L'article 26 prévoit une répartition de la charge de la preuve. Il incombe au gouvernement excipant du non-épuisement de convaincre la Cour que le recours était effectif et disponible tant en théorie qu'en pratique à l'époque des faits, c'est-à-dire qu'il était accessible, était susceptible d'offrir au requérant le redressement de ses griefs et présentait des perspectives raisonnables de succès. Cependant, une fois cela démontré, c'est au requérant qu'il revient d'établir que le recours évoqué par le gouvernement a en fait été employé ou bien, pour une raison quelconque, n'était ni adéquat ni effectif compte tenu des faits de la cause ou encore que certaines circonstances particulières le dispensaient de cette obligation [...]. L'un de ces éléments peut être la passivité totale des autorités nationales face à des allégations sérieuses selon lesquelles des agents de l'État ont commis des fautes ou causé un préjudice, par exemple lorsqu'elles n'ouvrent aucune enquête ou ne proposent aucune aide. Dans ces conditions, l'on peut dire que la charge de la preuve se déplace à nouveau, et qu'il incombe à l'État défendeur de montrer quelles mesures il a prises eu égard à l'ampleur et à la gravité des faits dénoncés.

**69.** La Cour souligne qu'elle doit appliquer cette règle en tenant dûment compte du contexte : le mécanisme de sauvegarde des droits de l'homme que les Parties contractantes sont convenues d'instaurer. Elle a ainsi reconnu que l'article 26 doit s'appliquer avec une certaine souplesse et sans formalisme excessif (Cardot, préc., p. 18, § 34). Elle a de plus admis que la règle de l'épuisement des voies de recours internes ne s'accommode pas d'une application automatique et ne revêt pas un caractère absolu ; en en contrôlant le respect, il faut avoir égard aux circonstances de la cause (Van Oosterwijck, préc., p. 18, § 35). Cela signifie notamment que la Cour doit tenir compte de manière réaliste non seulement des recours prévus en théorie dans le système juridique de la Partie contractante concernée, mais également du contexte juridique et politique dans lequel ils se situent ainsi que de la situation personnelle des requérants.

**75.** En conséquence, faute d'explications convaincantes du gouvernement en sens contraire, la Cour estime que les requérants ont démontré l'existence de circonstances particulières qui les dispensaient, à l'époque des faits dénoncés, de l'obligation d'épuiser les voies de recours civiles.

Par son arrêt *Akdivar*, la Cour renouvelle l'interprétation de la règle classique de l'épuisement préalable des voies de recours internes, que l'article 35, § 1 de la Convention (ex-art. 26) érige comme condition de recevabilité des requêtes tant individuelles qu'étatiques. En l'espèce, le gouvernement turc contestait la saisine de la Commission par les requérants, qui alléguaient que l'incendie délibéré de leurs maisons d'habitation par les forces de sécurité constituait une violation des articles 8 et 1 du Protocole 1 de la Convention, au motif que ces derniers n'avaient pas saisi au préalable les juridictions turques pour faire valoir leur droit à être indemnisé du préjudice subi.

La Cour rappelle d'abord les principes de sa jurisprudence. En premier lieu, la condition de l'épuisement préalable des voies de recours internes est la marque procédurale de la subsidiarité du mécanisme de garantie institué par la Convention (§ 65 ; *Handyside, supra*, n° 6). Comme l'a souligné la Commission dans une jurisprudence constante, la règle de l'article 35, § 1, issue du droit international général, « se fonde sur la nécessité de donner d'abord à l'État défendeur la faculté de remédier à la situation litigieuse, par ses propres ressources et dans son ordre juridique interne » (déc. 16 déc. 1961, Retimag, *Rec. déc.*, 8, 29 ; déc. 5 mars 1964, Habitants de Louvain, *Rec. déc.*, 13, 104). Sa finalité est donc de ménager aux États la possibilité de redresser les manquements allégués à leur encontre (*Van Oosterwijck*, 6 nov. 1980, A. 40, § 34, *RBDI*, 1981-1982, 130, note P. Couvreur). Sur ce plan, l'article 35, § 1 a pour corollaire, comme le note la Cour (§ 65), l'obligation faite aux États par l'article 13 d'offrir aux individus des voies de recours effectives devant les instances nationales (*supra*, n° 40) ; de plus, la décision ayant épuisé les voies de recours offertes dans l'ordre juridique interne constitue la « décision interne définitive » à partir de laquelle est décompté le délai de six mois dans lequel le requérant doit saisir la Cour (par ex., *A. c/ France*, 23 nov. 1993, A. 227-B, § 30). En second lieu, les « principes de droit international généralement reconnus », auxquels l'article 35, § 1 renvoie, commandent la répartition de la charge de la preuve (*Akdivar*, § 68) : il incombe au requérant de prouver l'épuisement des voies de recours internes ou, à défaut, l'existence de « raisons particulières » propres à l'en dispenser (*Van Oosterwijck*, § 35) ; par contre, si l'État défendeur soulève l'exception de non-épuisement, c'est à lui de prouver l'existence dans son ordre juridique interne d'une voie de recours effective qui n'aurait pas été exercée (*De Wilde, Ooms et Versyp*, 18 juin 1971, A. 12, § 60, *AFDI*, 1972, 443, obs. R. Pelloux ; *Aytekin c/ Turquie*, 23 sept. 1998, § 82). Classiquement, l'épuisement des voies de recours internes s'apprécie normalement à la date d'introduction de la requête devant la Cour. L'exécution d'un arrêt « pilote » (*infra*, n° 74) constitue toutefois une exception très discutable à cette règle classique. Dans sa décision *Icyer c/ Turquie* (12 janv. 2006), la Cour juge irrecevable pour non-épuisement des voies de recours internes une requête introduite en 2002, au motif que le requérant n'a pas saisi, pour obtenir réparation du dommage subi, la commission d'indemnisation mise en place en 2004 afin d'exécuter un arrêt « pilote » rendu dans une affaire similaire.

L'intérêt majeur de l'arrêt *Akdivar* réside dans la lecture *pro victima* de l'article 35, § 1 qu'effectue le juge européen, renforçant par là l'effectivité du droit de recours individuel (art. 33), dont il estime qu'il s'agit d'une disposition « essentielle » à l'efficacité du système de la Convention (*Loizidou*, § 70, *supra*, n° 1). Considérant de longue date (*Ringeisen c/ Autriche*, 16 juill. 1971, A. 13, § 89, *RGDIP*, 1972, 110, note C. Vallée) que la règle de l'épuisement des voies de recours internes doit s'appliquer « avec une certaine souplesse et sans formalisme excessif » (§ 69), la Cour européenne en infléchit le contenu. L'arrêt *Akdivar* confirme cet assouplissement des conditions d'application de la règle et innove en créant une véritable exception à la règle de l'épuisement.

## I / L'assouplissement de l'obligation d'épuisement des voies de recours internes

L'obligation d'épuiser les voies de recours internes recouvre deux exigences distinctes mais complémentaires, l'épuisement des griefs et l'épuisement des instances.

A) Le requérant doit avoir articulé « en substance » devant le juge national, et en respectant les règles nationales de procédure, le grief qu'il entend faire valoir ensuite devant la Cour (§ 66). La notion de grief « en substance » est interprétée très souplement puisqu'il suffit que le requérant, en soulevant un grief « équivalent » ou « similaire » à celui tiré de la Convention, ait fourni au juge interne l'occasion d'éviter ou de redresser la violation alléguée (*Van Oosterwijck*, § 34). On en donnera trois exemples (aussi, *Castells c/ Espagne*, 23 avr. 1992, A. 236, § 30-31 ; *Botten c/ Norvège*, 19 févr. 1996, *RUDH*, 1997, 11, obs. F. Sudre). La Cour juge que le requérant, en rendant le Conseil d'État attentif à des impératifs de sécurité juridique, a puisé dans le droit interne « des arguments qui équivalent à dénoncer, en substance » une atteinte au droit d'accès à un tribunal et au droit à un recours effectif (*Geouffre de la Pradelle c/ France*, 16 déc. 1992, A. 253-B, § 26, *D*, 1993, 562, note F. Benoit-Rohmer). Elle estime que les requérants, en invoquant la violation du droit à la liberté d'association devant le juge national, ont également fait valoir « en substance » des griefs tirés des articles 9, 10 et 14 de la Convention, au motif que sa jurisprudence lie la liberté d'association aux libertés de pensée et d'expression (*Sidiropoulos c/ Grèce*, 10 juill. 1998, § 27). Enfin, la Cour juge que le grief tiré de la violation de l'article 10 de la CEDH a bien été soulevé « en substance » devant le juge national car, les requérants s'étant prévalu de la loi sur la presse, la liberté d'expression était en cause « de façon sous-jacente » dans la procédure interne (*Fressoz et Roire c/ France*, 21 janv. 1999, § 39, *JCP G*, 1999, II, 10120, note E. Derieux).

C'est admettre en pratique, malgré des décisions contraires (*Cardot*, 19 mars 1991, *RUDH*, 1991, note J.-F. Flauss, § 36), l'invocation implicite de la Convention devant le juge interne et contraindre celui-ci à rechercher si les arguments du requérant mettent en jeu la Convention. La Cour peut ainsi juger qu'une action en réparation des conséquences dommageables d'une intervention chirurgicale dirigée contre un centre hospitalier soulève devant le juge interne « de façon sous-jacente » un grief tiré de l'article 8 (déc., 5 oct. 2006, *Trocellier c/ France*, n° 75725/01) !

L'esprit de l'article 35 commande cependant de ménager la nécessaire autonomie du juge national, sauf à méconnaître le caractère subsidiaire du mécanisme de la Convention, et c'est à bon droit que la Cour juge que la victime n'est pas dispensée de faire valoir en substance le grief tiré de la Convention lorsque celle-ci est directement applicable devant le juge interne et que ce dernier a la faculté de soulever d'office un tel grief (*Van Oosterwijck*, § 39 ; *Sadik c/ Grèce*, 15 nov. 1996, § 33, op. diss. Martens, *RUDH*, 1997, 12, obs. F. Sudre).

B) L'obligation d'épuiser les voies de recours internes se limite à celle de faire un usage normal des recours utiles (§ 66) – la notion de recours « utile » étant étroitement liée à celle de recours « effectif » au sens de l'article 13 –, précision faite que la « voie de recours interne », au sens de l'article 35, § 1 de la Convention, doit être à l'initiative du requérant ; tel n'est pas le cas de la purge par contumace qui suppose soit l'arrestation de l'accusé soit que celui-ci se constitue prisonnier (*Krombach c/ France*, 13 févr. 2001, § 67, *Rev. sc. crim.*, 2001, 429, obs. F. Massias) ou d'un recours en exception d'inconstitutionnalité, dès lors que le justiciable ne dispose pas d'un accès direct à la Cour constitutionnelle et que celle-ci ne peut être saisie que par la seule juridiction du fond (*Spadea et Scalabrino c/ Italie*, 28 sept. 1995, A. 315-B, § 24). Cette solution semble directement transposable à la question prioritaire de constitutionnalité dès lors que le justiciable ne dispose pas d'un accès direct au Conseil constitutionnel et que la saisine de ce dernier est à la discrétion du Conseil d'État ou de la Cour de cassation. En l'état présent de la jurisprudence européenne, la procédure de la QPC devrait échapper au jeu de l'épuisement des voies de recours internes, bien que dans l'esprit du principe de subsidiarité qui gouverne l'économie de la Convention il ne paraîtrait pas incongru de considérer la QPC comme une voie de recours interne à exercer. D'autant que l'affirmation de la Cour selon laquelle il incombe à l'individu qui fait valoir un grief tiré de la violation de la Convention de « tester les limites » de la protection offerte par un recours prévu pour la protection des droits et libertés fondamentaux pourrait ouvrir la voie à une évolution de la jurisprudence européenne (déc. 30 avr. 2013, *Uzun c/ Turquie*, n° 10755/13, § 42 et 69 : recours individuel devant la Cour constitutionnelle).

1 / L'usage normal implique que seule la non-utilisation d'un recours essentiel – qui peut être un recours devant une juridiction constitutionnelle (*Ringeisen ;* déc. 11 déc. 1987, Union Alimentaria Sanders c/ Espagne, *DR*, 54, 101 ; déc. 7 oct. 1987, Zedan c/ RFA, *DR*, 54, 133) – entraîne l'irrecevabilité de la requête ; ainsi, le fait pour le requérant d'avoir exercé « un recours de nature à remédier directement à la situation litigieuse » le dispense d'engager d'autres recours moins rapides ou efficaces (*Manoussakis et al. c/ Grèce*, 26 sept. 1996, § 33 ; *Lopez Ostra*, § 38, *supra*, n° 3). La condition d'épuisement *des* voies de recours internes tend donc à se réduire à une condition d'épuisement *de la* voie de recours la plus efficace et la plus rapide (voir, cependant, *Beïs c/ Grèce*, 20 mars 1997, *RUDH*, 1998, 90, obs. F. Sudre).

2 / Les recours « utiles » sont ceux « à la fois relatifs aux violations alléguées, accessibles et adéquats » (*Van Oosterwijck*, § 27). La jurisprudence européenne en la matière est gouvernée par le principe, rappelé par le présent arrêt (§ 66), que les recours internes à utiliser doivent exister « à un degré suffisant de certitude, en pratique comme en théorie » (*Vernillo c/ France*, 20 févr. 1991, A. 198, § 27). Faisant prévaloir une interprétation souple de l'article 35, le juge européen dispense en conséquence le requérant d'exercer les recours locaux existants mais illusoires.

*a*) Le requérant n'a pas à exercer un recours interne aléatoire dès lors que l'insuccès de la voie de recours est probable, soit en raison d'une jurisprudence interne bien établie qui le voue à l'échec, soit, au contraire, du fait de l'absence de jurisprudence attestant de sa réalité. Il en va ainsi, dans le premier cas, d'un pourvoi en cassation devant le Conseil d'État fondé sur le défaut de publicité d'une décision d'une juridiction ordinale alors que le Conseil d'État jugeait (à l'époque) l'article 6 inapplicable aux juridictions disciplinaires (*Gautrin et al. c/ France*, 20 mai 1998, § 38) ou d'un recours en annulation contre un arrêté d'expulsion du territoire devant le Conseil d'État, dès lors que ce dernier exerçait (à l'époque) un contrôle restreint sur l'atteinte au droit au respect de la vie familiale là où la jurisprudence européenne exigeait un contrôle de proportionnalité (déc. 10 mai 1989, *Djeroud c/ France, DR*, 61, 237) ou encore d'un pourvoi devant la Cour de cassation se heurtant à une jurisprudence constante de la Chambre criminelle jugeant conforme au principe de la présomption d'innocence de l'article 6, § 2 de la Convention la présomption de responsabilité du directeur de publication de la loi du 29 juillet 1881 (déc. 23 sept. 2003, *Radio France et al. c/ France*, § 34, n° 53984/00).

Le second cas de figure est illustré par le recours en responsabilité pour fonctionnement défectueux du service de la justice de l'article L. 781. 1 du Code de l'organisation judiciaire. Revenant sur sa position antérieure (déc. 13 mars 1990, Tomasi c/ France, *DR*, 64, 128 ; *Vernillo*), la Cour estime qu'il existe désormais une jurisprudence interne suffisamment établie condamnant l'État pour « déni de justice » du fait du délai déraisonnable de la procédure (CA Paris, 20 janv. 1999, Gauthier, *D*, 1999, *IR*, p. 125) et juge en conséquence que le recours de l'article L. 781. 1 (devenu L. 141-1) est un recours « utile » pour les victimes de la durée excessive d'une procédure judiciaire (déc. 12 juin 2001, *Giummarra et al. c/ France, JCP G*, 2002, I, 105, n° 9, chron. F. Sudre ; aussi, solution implicite, déc. 26 sept. 2000, *Zannouti c/ France, JCP G*, 2001, II, 10491, note L. Boré), qui doit être préalablement exercé avant de saisir le juge européen (déc. Gr. Ch., 11 sept. 2002, *Mifsud c/ France*, n° 57220/00). De même, l'évolution de la jurisprudence du Conseil d'État (CE, 28 juin 2002, Magiera, *AJDA*, 2002, 596) a conduit le juge européen, qui considérait jusqu'alors le recours devant les juridictions administratives en responsabilité de l'État du fait de la durée excessive d'une procédure administrative comme « inutile » au regard de l'article 6 (déc. 4 oct. 1989, Argiller c/ France, *DR*, 62, 189 ; déc. 5 nov. 1990, Tinelli c/ France *DR*, 67, 158) et non « effectif » au sens de l'article 13 (*Lutz c/ France*, 26 mars 2002, § 20, *JCP G*, 2002, I, 157, n° 19, chron. F. Sudre ; *supra*, n° 37), à juger ce recours comme un recours « utile » au sens de l'article 35, § 1 (*Broca et Texier-Micault c/ France*, 21 oct. 2003, *RDP*, 2004, 822, obs. G. Gonzalez). Modifiant l'article R. 311-1 CJA, le décret n° 2005-911 du 28 juillet 2005, entré en vigueur le 1er septembre 2005 (*JCP G*, 2005, act. 471, obs. J.-J. Menuret), donne compétence au Conseil d'État pour connaître en premier et dernier ressort « des actions en responsabilité dirigées contre l'État pour durée excessive de la procédure devant la juridiction administrative ».

À l'inverse, ne sont pas des recours « utiles » à exercer, en l'absence de jurisprudence interne, le recours de l'article 175-1 CPP pour se plaindre de la durée d'une procédure relative à une plainte avec constitution de partie civile (déc. 8 oct. 2002, *Susini et al. c/ France*, n° 43716/98 ; *Schwarkmann c/ France*, 8 févr. 2005) ou le recours de plein contentieux devant les juridictions administratives visant la responsabilité de l'État du fait de l'activité du service public pénitentiaire (*Paradysz c/ France*, 29 oct. 2009).

D'une manière générale, n'ont pas à être exercés des recours internes voués à l'échec en raison de l'autorité attachée à la décision d'une Cour constitutionnelle (*Pressos Compania Naviera SA et al. c/ Belgique*, 20 nov. 1995, A. 332, § 27 ; déc. 14 oct. 1986, Stoutt c/ Irlande, *DR*, 49, 144) ou d'un avis d'une juridiction suprême réglant clairement une question de droit nouvelle (*Maurice c/ France*, 6 oct. 2005, Gr. Ch).

*b)* Le requérant n'a pas à exercer non plus les recours inefficaces ou inadéquats, c'est-à-dire qui ne sont pas « de nature à porter remède » aux griefs allégués (*Stögmüller*, 10 nov. 1969, A. 9, § 11). Est jugé inefficace un recours non suspensif contre l'exécution d'une décision d'éloignement du territoire lorsque le requérant allègue une violation de l'article 3 dans le pays de destination (*Sultani c/ France*, 20 sept. 2007), tel le recours devant le juge administratif français à fin de sursis a exécution d'un arrêté d'expulsion, avant la loi du 10 janvier 1990 (déc. 13 déc. 1984, M. c/ France, *DR*, 41, 104 ; déc. 5 déc. 1996, Urrutikoetxea c/ France, *DR*, 87-A, 151 ; depuis la loi de 1990 la condition du recours

« efficace » est satisfaite, Rap. 5 sept. 1991, Vijanayathan et Pusparajah c/ France, n$^{os}$ 17550/90 et 17825/91, § 114 et s.). En matière de durée excessive d'une détention provisoire (art. 5, § 3), le recours de l'article L. 781-1 COJ (préc.), comme le recours devant la commission d'indemnisation près la Cour de cassation (art. 149 CPP ; *Tomasi*, 27 août 1992, A. 241-A, *Rev. sc. crim.*, 1993, 33, note F. Sudre), est inefficace car il vise la réparation du dommage et non pas la cessation de la détention (déc. 21 janv. 1987, Woukam Moudefo c/ France, *DR*, 51, 62). Par contre, alors même que la Chambre criminelle juge que la question du caractère raisonnable ou non de la durée de la détention provisoire est « une appréciation de fait qui échappe au contrôle de la Cour de cassation » (Cass. crim., 22 juill. 1997, *D*, 1998, Somm., 171, obs. J. Pradel), le juge européen estime que le pourvoi en cassation est bien un recours « utile » : selon lui, la Cour de cassation, bien que sa compétence soit limitée aux moyens « en droit », contrôle « l'adéquation entre, d'une part, les faits établis par les juges du fond et, d'autre part, la conclusion à laquelle ces derniers ont abouti sur le fondement de ces constatations » et est en mesure d'apprécier « le respect par les autorités judiciaires du délai raisonnable conformément aux exigences de l'article 5, § 3 » (*Civet c/ France*, 28 sept. 1999, § 43, *RDP*, 2000, p. 705, obs. D. Thomas ; *Yahiaoui c/ France*, 20 janv. 2000, *JCP G*, 2001, I, 291, n° 2, chron. F. Sudre). Par un raisonnement identique, la Cour européenne juge aussi que le pourvoi en cassation contre une décision de rejet d'une demande de relèvement de l'interdiction du territoire est un recours efficace à exercer car « la Cour de cassation est à même d'apprécier si la mesure d'interdiction ou son maintien sont conformes aux exigences de l'article 8 de la Convention » (déc. 6 mars 2001, *Hamaïdi c/ France*, n° 39291/98 ; déc. 15 nov. 2001, *Karagoz c/ France*, n° 47531/99).

Enfin, lorsque sont ouverts en droit interne des recours pour se plaindre de la durée excessive d'une procédure judiciaire, le juge européen estime que le caractère adéquat du recours peut se trouver affecté par la durée même de son examen (déc. 22 mai 2003, *Paulino Tomas c/ Portugal*, n° 58698/00) ou par une indemnisation d'un montant par trop inférieur aux sommes accordées par la Cour dans des affaires similaires (déc. 27 mars 2003, *Scordino c/ Italie*, n° 36813/97), ce qui, dans l'un et l'autre cas ouvre alors la voie à un recours possible devant la Cour en violation de l'article 6, § 1 (violation que constate la Cour à propos du recours indemnitaire mis en place par l'art. R. 311-1 CJA, *supra*, *Sartory c/ France*, 24 sept. 2009). L'indemnisation doit être « globalement adéquate et apte à réparer la violation subie » (déc. 3 juin

2004, *Cataldo c/ Italie*, nº 45656/99), ce qui suppose qu'elle couvre tant le dommage matériel, c'est-à-dire les pertes effectivement subies en conséquence directe de la violation du délai raisonnable de la procédure, que le dommage moral tenant à l'état d'angoisse, aux désagréments et incertitudes résultant de cette violation (*Apicella c/ Italie*, 29 mars 2006, Gr. Ch.). Les décisions rendues par le Conseil d'État en application du décret du 28 juillet 2005 (préc.) (CE, 25 janv. 2006, SARL Potchou *et al.*, *RFDA*, 2006-2, 299, concl. J.-Y. Struillou ; CE, 29 oct. 2007, nº 298781, M. et Mme Decker) sont en harmonie avec la jurisprudence européenne (en ce sens, déc. 25 mai 2010, *Boniface c/ France*, nº 28785/09).

## II / L'exception à la règle de l'épuisement

La règle de l'épuisement des voies de recours internes « ne s'accommode pas d'une application automatique et ne revêt pas un caractère absolu » (§ 69).

A) De jurisprudence constante (*Irlande c/ Royaume-Uni*, 18 janv. 1978, A. 25, § 156, *supra*, nº 14), « la règle de l'épuisement ne s'applique pas lorsqu'est prouvée l'existence d'une pratique administrative, à savoir la répétition d'actes interdits par la Convention avec la tolérance officielle de l'État, de sorte que toute procédure serait vaine ou ineffective » (*Chypre c/ Turquie*, 10 mai 2001, § 99, *L'Europe des libertés*, janv. 2002, 8, obs. A. Klebes-Pelissier). Retenant le critère de la « preuve au-delà de tout doute raisonnable » (*ibid.*, § 115), le juge européen a constaté l'existence de telles « pratiques » de violation de la Convention dans des affaires interétatiques (*Irlande c/ Royaume-Uni* : art. 3 ; *Chypre c/ Turquie* : art. 8, 13 et 6) mais jamais à l'occasion de recours individuels (*Kurt c/ Turquie*, 25 mai 1998, § 169 ; *Tanrikulu c/ Turquie*, 8 juill. 1999, § 121), exception faite des affaires de délai déraisonnable du procès (*Botazzi c/ Italie*, 28 juill. 1999 ; *Yuri Nikolayevich Ivanov c/ Ukraine*, 15 oct. 2009 ; Vassilios Athanasiou c/ Grèce, 21 déc. 2010).

B) Une appréciation « réaliste » des recours offerts en droit interne et de leur contexte juridique et politique (§ 69) conduit la Cour à énoncer une véritable dispense d'épuisement des voies de recours internes en cas de « circonstances particulières » tenant à la carence des autorités locales. Soit que celles-ci aient été d'une passivité totale face à des allégations sérieuses de violation de la Convention (§ 68) ; c'est ce qui autorise en l'espèce les requérants (qui n'avaient exercé aucun recours en droit interne) à s'adresser directement aux organes de contrôle de la Convention (§ 77 ; aussi, *Aksoy c/ Turquie*, 18 déc. 1996, § 57). Soit que l'enquête effectuée par les autorités nationales à la suite d'une plainte d'un individu faisant état d'une violation des articles 2 ou 3 de la Convention ne soit pas effective (*Yaça c/ Turquie*, 2 sept. 1998, § 74, 107-108). L'article 35, § 1 s'interprète alors à la lumière de l'obligation procédurale tirée de ces dispositions (*supra*, n^os^ 10 et 13) : un manque de célérité des autorités nationales n'ayant pas pris les mesures positives qu'imposait le respect de l'article 3 pour faire aboutir des poursuites engagées contre des policiers fait perdre toute effectivité aux recours internes qui, dès lors, n'ont pas à être épuisés (*supra*, n^o^ 13, *Selmouni*, § 81 ; *Henaf c/ France*, 27 nov. 2003 : plainte avec constitution de partie civile). Dans les deux cas, la charge de la preuve incombe à l'État défendeur, qui doit « montrer quelles mesures il a prises eu égard à l'ampleur et à la gravité des faits dénoncés » (§ 68 *in fine ; Selmouni*, § 76). Ainsi comprise, la condition d'épuisement des voies de recours internes est modulée selon la nature des griefs invoqués et fait l'objet d'une interprétation plus souple, favorable au requérant, quand sont en cause des droits protégeant l'intégrité ou la liberté de la personne.

La Cour élargit singulièrement cette dispense en admettant que de telles « circonstances particulières » existent lorsque la pratique des autorités nationales autorise à considérer que les appréhensions du requérant relatives à l'absence d'effectivité des recours offerts en droit interne sont « objectivement justifiées » (*Riad et Idiab c/ Belgique*, 24 janv. 2008, § 62 ; voir aussi, *Opuz c/ Turquie*, 9 juin 2009, *AJDA*, 2009, 1936, obs. J.-F. Flauss : ineffectivité des voies de recours pour se plaindre des violences domestiques à l'encontre des femmes). Elle accueille ainsi, implicitement, la notion d'« effectivité objective du recours », par analogie à celle d'« impartialité objective ».

De plus, le lien étroit existant entre la règle de l'article 35, § 1 et le droit à un « recours effectif » de l'article 13 (*supra*, n^o^ 40) a pour conséquence que le caractère théorique des voies de recours internes emporte une violation de l'article 13 (*Aksoy*, § 99-100 ; *Yaça*, § 78 et 115 ; *Salman c/ Turquie*, 27 juin 2000, § 88 et 123, *RTDH*, 2001, 845, note E. Van Nuffel).

F. S.

# *Chapitre 3*

# LE JUGEMENT SUR LE FOND

## SECTION 1
## *L'autorité et l'exécution de l'arrêt (art. 46)*

**74. Broniowski c/ Pologne, 22 juin 2004** (Grande Chambre), Europe des Libertés (15) mars 2005, 12, obs. P. Ducoulombier ; *RTD*H, 2005, 203, obs. E. Lambert-Abdelgawad ; *JDI*, 2005, 544, obs. P. Tavernier ; *RDP*, 2005, 758 et 809, obs. F. Sudre et H. Surrel.

II / Sur les articles 46 et 41 de la Convention

A. Article 46 de la Convention

**188.** Aux termes de cette disposition : « 1. Les Hautes Parties contractantes s'engagent à se conformer aux arrêts définitifs de la Cour dans les litiges auxquels elles sont parties. » 2. L'arrêt définitif de la Cour est transmis au Comité des ministres qui en surveille l'exécution. »

**189.** Les conclusions de la Cour impliquent en soi que la violation du droit du requérant tel que le garantit l'article 1er du Protocole 1 tire son origine d'un problème à grande échelle résultant d'un dysfonctionnement de la législation polonaise et d'une pratique administrative et qui a touché, et peut encore toucher à l'avenir, un grand nombre de personnes. L'obstacle injustifié à l'exercice par le requérant de son « droit au respect des biens » n'a pas été causé par un incident isolé ni n'est imputable au tour particulier qu'ont pris les événements dans le cas de l'intéressé ; il résulte d'un comportement administratif et réglementaire de la part des autorités à l'égard d'une catégorie précise de citoyens, à savoir les demandeurs concernés par des biens abandonnés au-delà du Boug. L'existence et le caractère systémique de ce problème ont déjà été reconnus par les autorités judiciaires polonaises, comme l'ont confirmé plusieurs décisions, amplement citées dans le présent arrêt. Ainsi, dans son arrêt du 19 décembre 2002, la Cour constitutionnelle a déclaré que la législation concernant les biens abandonnés au-delà du Boug avait provoqué « un dysfonctionnement systémique inadmissible » (§ 85 *in fine*...). Souscrivant à cette appréciation, la Cour conclut que les faits de la cause révèlent l'existence dans l'ordre juridique polonais d'une défaillance, en conséquence de laquelle une catégorie entière de particuliers se sont vus, ou se voient toujours, privés de leur droit au respect de leurs biens. Elle estime également que les lacunes du droit et de la pratique internes décelées dans l'affaire particulière du requérant peuvent donner lieu à l'avenir à de nombreuses requêtes bien fondées.

**190.** Dans le cadre des mesures visant à garantir l'effectivité du mécanisme établi par la Convention, le Comité des ministres du Conseil de l'Europe a adopté le 12 mai 2004 une résolution (DH Rés. (2004)3) sur les arrêts qui révèlent un problème structurel sous-jacent, dans laquelle, après avoir souligné l'intérêt d'aider l'État concerné à identifier les problèmes sous-jacents et les mesures d'exécution nécessaires (§ 7 du préambule), il invite la Cour « à identifier dans les arrêts où elle constate une violation de la Convention ce qui, d'après elle, révèle un problème structurel sous-jacent et la source de ce problème, en particulier lorsqu'il est susceptible de donner lieu à de nombreuses requêtes, de façon à aider les États à trouver la solution appropriée et le Comité des ministres à surveiller l'exécution des arrêts » (§ I de la résolution). Cette résolution doit être replacée dans le contexte de l'augmentation de la charge de travail de la Cour, en raison notamment de séries d'affaires résultant de la même cause structurelle ou systémique.

**191.** À ce propos, la Cour attire l'attention sur la Recommandation du Comité des ministres du 12 mai 2004 (Rec. (2004)6) sur l'amélioration des recours internes, dans laquelle celui-ci a rappelé que, au-delà de l'obligation en vertu de l'article 13 de la Convention d'offrir à toute personne ayant un grief défendable un recours effectif devant une instance nationale, les États ont une obligation générale de remédier aux problèmes sous-jacents aux violations constatées. Soulignant que l'amélioration des recours au niveau national, tout particulièrement en matière d'affaires répétitives, devrait également contribuer à réduire la charge de travail de la Cour, le Comité des ministres a recommandé aux États membres de réexaminer, à la suite d'arrêts de la Cour qui révèlent des défaillances structurelles ou générales dans le droit ou la pratique de l'État, l'effectivité des recours existants et, « le cas échéant, de mettre en place des recours effectifs, afin d'éviter que des affaires répétitives ne soient portées devant la Cour ».

**192.** Avant d'examiner les demandes de satisfaction équitable présentées par le requérant au titre de l'article 41 de la Convention, et eu égard aux circonstances de l'espèce ainsi qu'à l'évolution de sa charge de travail, la Cour se propose d'examiner quelles conséquences peuvent être tirées de l'article 46 de la Convention pour l'État défendeur. Elle rappelle qu'aux termes de l'article 46 les Hautes Parties contractantes s'engagent à se conformer aux arrêts définitifs rendus par la Cour dans les litiges auxquels elles sont parties, le Comité des ministres étant chargé de surveiller l'exécution de ces arrêts. Il en découle notamment que, lorsque la Cour constate une violation, l'État défendeur a l'obligation juridique non seulement de verser aux intéressés les sommes allouées au titre de la satisfaction équitable prévue par l'article 41, mais aussi de choisir, sous le contrôle du Comité des ministres, les mesures générales et/ou, le cas échéant, individuelles à intégrer dans son ordre juridique interne afin de mettre un terme à la violation constatée par la Cour et d'en effacer autant que possible les conséquences. L'État défendeur demeure libre, sous le contrôle du Comité des ministres, de choisir les moyens de s'acquitter de son obligation juridique au regard de l'article 46 de la Convention, pour autant que ces moyens soient compatibles avec les conclusions contenues dans l'arrêt de la Cour (Scozzari et Giunta c/ Italie [GC], n^os^ 39221/98 et 41963/98, § 249, CEDH, 2000, VIII).

**193.** La Cour a déjà relevé que la violation qu'elle a constatée en l'espèce découlait d'une situation concernant un grand nombre de personnes. En effet, près de 80 000 personnes ont été touchées du fait que le mécanisme choisi pour traiter les demandes concernant des biens abandonnés au-delà du Boug n'a pas été mis en œuvre d'une manière compatible avec l'article 1^er^ du Protocole 1 (§ 33-34 ci-dessus). La Cour est déjà saisie de 167 requêtes qui ont été présentées par des personnes concernées par des biens situés au-delà du Boug. C'est là non seulement un facteur aggravant quant à la responsabilité de l'État au regard de la Convention à raison d'une situation passée ou actuelle, mais également une menace pour l'effectivité à l'avenir du dispositif mis en place par la Convention. Bien qu'en principe il n'appartienne pas à la Cour de définir quelles peuvent être les mesures de redressement appropriées pour que l'État défendeur s'acquitte de ses obligations au regard de l'article 46 de la Convention, eu égard à la situation à caractère structurel qu'elle constate, la Cour observe que des mesures générales au niveau national s'imposent sans aucun doute dans le cadre de l'exécution du présent arrêt, mesures qui doivent prendre en considération les nombreuses personnes touchées. Surtout, les mesures adoptées doivent être de nature à remédier à la défaillance structurelle dont découle le constat de violation formulé par la Cour, de manière que le système instauré par la Convention ne soit pas surchargé par un grand nombre de requêtes résultant de la même cause. Pareilles mesures doivent donc comprendre un mécanisme offrant aux personnes lésées une réparation pour la violation de la Convention établie dans le présent arrêt relativement à M. Broniowski. À cet égard, la Cour a le souci de faciliter la suppression rapide et effective d'un dysfonctionnement constaté dans le système national de protection des droits de l'homme. Une fois un tel défaut identifié, il incombe aux autorités nationales, sous le contrôle du Comité des ministres, de prendre, rétroactivement s'il le faut (Bottazzi c/ Italie [GC], n° 34884/97, § 22, CEDH 1999, V, Di Mauro c/ Italie [GC], n° 34256/96, § 23, CEDH 1999, V et la Résolution provisoire du Comité des ministres (DH (2000)135) du 25 octobre 2000 (Durée excessive des procédures judiciaires en Italie : mesures générales) ; voir également Brusco c/ Italie (déc.), n° 69789/01, CEDH, 2001, IX, et Giacometti *et al.* c/ Italie (déc.), n° 34939/97, CEDH 2001-XII), les mesures de redressement nécessaires conformément au principe de subsidiarité de la Convention, de manière que la Cour n'ait pas à réitérer son constat de violation dans une longue série d'affaires comparables.

**194.** Pour aider l'État défendeur à remplir ses obligations au titre de l'article 46, la Cour a cherché à indiquer le type de mesures que l'État polonais pourrait prendre pour mettre un terme à la situation structurelle constatée en l'espèce. Elle n'est pas à même d'apprécier si la loi de décembre 2003 (§ 114-120 ci-dessus) peut être considérée comme une mesure adéquate à cet égard puisqu'aucune pratique relative à sa mise en œuvre n'a encore été établie. Quoi qu'il en soit, cette loi ne s'applique pas aux personnes qui – comme M. Broniowski – ont déjà reçu une indemnisation partielle, quel que soit le montant de cette indemnisation. Dès lors, il est clair que, pour ce groupe de demandeurs concernés par des biens situés au-delà du Boug, la loi ne saurait passer pour une mesure propre à mettre un terme à la situation structurelle jugée dans le présent arrêt préjudiciable pour ces personnes.

Néanmoins, quant aux mesures générales à prendre, la Cour estime que l'État défendeur doit, avant tout, soit supprimer tout obstacle à l'exercice du droit des nombreuses personnes touchées par la situation jugée par elle contraire à la Convention en ce qui concerne le requérant, soit offrir en lieu et place un redressement équivalent. Quant à la première option, l'État défendeur doit donc garantir par des mesures légales et administratives appropriées la réalisation effective et rapide du droit en question relativement aux autres demandeurs concernés par des biens situés au-delà du Boug, conformément aux principes de la protection des droits patrimoniaux énoncés à l'article 1^er^ du Protocole 1, en particulier aux principes applicables en matière d'indemnisation […].

L'arrêt Broniowski approfondi et dynamise l'autorité et l'exécution des arrêts de la Cour. À la différence d'une jurisprudence classique où la référence à l'autorité des arrêts de la Cour et à l'obligation pour l'État condamné de la respecter et d'en tirer les conséquences est faite soit sous couvert de l'article 41 (par ex. *Iatridis c/ Grèce*, 19 oct. 2000, Gr. Ch., § 32 ; *Scordino c/ Italie n^o^ 2*, 15 juill. 2004, § 116 ; *infra*, n° 75) soit à l'appui de motivations concernant un droit garanti par la Convention (par ex. *Mehemi c/ France* n° 2, 10 avr. 2003, § 43, *RDP*, 2004, 830, obs. M. Levinet : art. 8 CEDH), la Grande Chambre, qui a bénéficié d'un dessaisissement d'une chambre de la quatrième section, combine explicitement les articles 41 (satisfaction équitable) et 46 (force obligatoire et exécution des arrêts). Sur la base de ce dernier, elle indique les mesures générales nécessaires à son exécution. En même temps, elle crée une nouvelle technique, celle de l'« arrêt pilote », arrêt constatant une violation de la CEDH ou/et de ses protocoles qui révèle un problème structurel ou systémique sous-jacent susceptible d'être à l'origine de nombreuses requêtes (plus de 80 000 personnes en l'espèce). Cette technique est définie à l'article 61-1 du règlement de la Cour : « la Cour peut décider d'appliquer la procédure de l'arrêt pilote et adopter un arrêt pilote lorsque les faits à l'origine d'une requête introduite devant elle révèlent l'existence, dans la Partie contractante concernée, d'un problème structurel ou systémique ou d'un autre dysfonctionnement similaire qui a donné lieu ou qui est susceptible de donner lieu à l'introduction d'autres requêtes analogues ». De cette façon, la Cour peut suspendre l'examen des requêtes similaires jusqu'à ce que l'État instaure les mesures impliquées par l'arrêt pilote et un recours effectif destiné à traiter les requêtes similaires. Cette nouvelle pratique prétorienne confirmée depuis (*Hutten-Czapska c/ Pologne*, 22 févr. 2005, § 190-192 et § 196, dans cette même affaire, la Grande Chambre confirme sa jurisprudence, 19 juin 2006, § 226-239 ; *Ocalan*, n° 13, § 207-218 ; *Tekin Yildiz c/ Turquie*, 22 déc. 2005, § 90-95 ; *Scordino c/ Italie*, 29 mars 2006, Gr. Ch., § 229.237) marque une volonté de consolider un acquis sur lequel il n'est plus possible de revenir, l'autorité des arrêts de la Cour, et de revigorer une quête, celle d'une exécution effective de ces arrêts à travers l'obligation concrète pour les États de tirer les conséquences d'un constat de violation de la CEDH ou/et de ses protocoles.

## I / La consolidation de l'autorité des arrêts

En rappelant l'obligation d'un État défendeur condamné non seulement de verser au requérant les sommes allouées au titre de la satisfaction équitable en vertu de l'article 41 CEDH, mais aussi de prendre, sous le contrôle du Comité des ministres, les mesures nécessaires permettant de mettre fin à la violation et d'en effacer les conséquences, au titre de l'article 46 CEDH (§ 192), l'arrêt Broniowski tient pour acquis la force obligatoire des arrêts de la Cour européenne des droits de l'homme, à savoir leur autorité. Cette autorité est double : l'autorité de la chose jugée et l'autorité de la chose interprétée. Elle n'est pas sans influence sur le droit national.

A) Classiquement, l'autorité de la chose jugée empêche que ce qui a été définitivement jugé soit remis en cause. En considérant que l'ancien article 52 de la Convention, aux termes duquel « l'arrêt de la Cour est définitif », « a pour seul but de soustraire les arrêts de la Cour à une autre autorité » (*Ringeisen c/ Autriche*, 23 juin 1973, A. 16, § 13), la Cour reconnaît l'autorité de la chose jugée attachée à ses arrêts.

1 / La détermination de celle-ci est compliquée par l'article 44 CEDH. Selon ces stipulations, seul l'arrêt de la Grande Chambre est immédiatement définitif après son prononcé. Les arrêts de Chambre ne deviennent définitifs que si une des trois conditions suivantes est remplie. Soit lorsque les parties déclarent qu'elles ne demanderont pas le renvoi de l'affaire devant la Grande Chambre, soit trois mois après la date de l'arrêt, si le renvoi de l'affaire devant la Grande Chambre n'a pas été demandé, soit enfin, lorsque le collège de la Grande Chambre rejette la demande de renvoi formulée en application de l'article 43.

Une fois acquise, l'autorité de la chose jugée n'empêche pas théoriquement l'arrêt de faire l'objet d'une demande d'interprétation (art. 79 du règlement de la Cour) ou d'une demande en révision (art. 80 du règlement de la Cour). Dans la pratique, la crainte d'une facile remise en cause de l'autorité de la chose jugée conduit sans doute la Cour à entendre très strictement ces articles du règlement. Sa compétence d'interprétation ne saurait l'amener à statuer de manière large et abstraite (*Allenet de Ribemont c/ France*, 7 août 1996) encore moins pour modifier le dispositif clair et précis d'un arrêt (*Hentrich c/ France*,

3 juill. 1997). Le caractère définitif des arrêts étant la marque de l'autorité de la chose jugée, la Cour considère que, « dans la mesure où elle remet en question ce caractère définitif des arrêts de la Cour, la possibilité d'une révision doit être considérée comme exceptionnelle. Aussi les demandes en révision appellent-elles un examen rigoureux » (*Stoicescu c/ Roumanie*, 21 sept. 2004, § 33, *jdi* 2005, 468, obs. P. Tavernier). La rigueur est donc le principe (Pardo c/ France, 29 avr. 1997 ; *Gustafsson c/ Suède*, 30 juill. 1998 ; *McGinley et Egan c/ Royaume-Uni*, 30 juill. 2000 ; *Andrea Corsi c/ Italie*, 2 oct. 2003). Toutefois, la révision est effectuée en cas de découverte tardive de l'annulation d'un certificat d'héritage du requérant qui lui enlève la qualité de « victime » d'une violation de la CEDH (Stoicescu, préc.), du décès de certains requérants avant même la date qui figure sur leurs pourvois (*Karagiannis et al. c/ Grèce*, 8 juill. 2004, § 8 : un tel incident constitue un fait nouveau incontesté dont la Cour n'avait pas connaissance à l'époque de son arrêt et qui aurait pu exercer une influence décisive sur l'issue de l'affaire) ou de survenance du décès du requérant, soit avant (*Gabay c/ Turquie*, 26 juin 2006) soit après le prononcé de l'arrêt, qui rend l'exécution de celui-ci impossible ; dans ce dernier cas la révision permet de désigner les héritiers comme bénéficiaires de la satisfaction équitable accordée par la Cour (*Armando Grasso c/ Italie*, 29 avr. 2003, *Perhirin et al. c/ France*, 8 avr. 2003 ; *Frattini et al. c/ Italie*, 26 nov. 2002 ; *Viola c/ Italie*, 7 nov. 2002). La demande de révision est acceptée aussi en cas d'erreur du greffe de la Cour omettant d'indiquer aux requérants de chiffrer la satisfaction équitable (*Epple c/ Allemagne*, 15 déc. 2005, § 10-13 ; *Baumann c/ Autriche*, 9 juin 2005, § 13) ou d'inviter le requérant à soumettre ses demandes de satisfaction équitable (*Sabri c/ Turquie*, 25 avr. 2006).

2 / Sous réserve de ces deux procédures, l'autorité de la chose jugée déploie pleinement ses effets. Elle est dotée d'une force obligatoire à l'égard de l'État partie au litige. Le principe de l'unité de l'État implique le respect de l'arrêt quelle que soit l'autorité étatique ou la norme étatique à l'origine de la violation de la Convention (par ex. *supra, Vogt*, n° 61 : interprétation de la Constitution par la Cour constitutionnelle ; *Mazurek*, n° 54 : violation de l'article 1er du Protocole 1 et de l'article 14 CEDH combiné du fait de l'article 760 du Code civil ; *Selmouni*, n° 14 : actes de torture commis par des agents de police). L'arrêt définitif doté de l'autorité de la chose jugée est renforcé par l'effet direct des arrêts de la Cour (*Vermeire c/ Belgique*, 29 nov. 1991, *gacedh*, 2e éd., n° 63). Cela implique deux choses : l'arrêt de condamnation s'impose à tous les organes de l'État condamné ; celui-ci ne saurait attendre pour respecter la chose jugée dès lors que la solution dégagée par la Cour n'est ni

imprécise ni incomplète et que l'on se trouve face à des faits proches de l'arrêt initial (*Vermeire*, préc. : la Belgique fut condamnée pour n'avoir pas tiré les conséquences de l'arrêt *Marckx, supra*, n° 51 ; *Vallée c/ France*, 22 févr. 1994, A. 289-A, § 47 ; *Grant c/ Royaume-Uni*, 23 mai 2006, condamnation du Royaume-Uni pour n'avoir pas tiré les conséquences de l'arrêt Goodwin, n° 49). La pratique prétorienne des « affaires répétitives » rentre dans ce cadre en ce qu'elle permet à la Cour de condamner l'État au vu d'une jurisprudence stable mettant en évidence une défaillance structurelle du système étatique (par ex, *Scordino c/ Italie*, préc.).

Au-delà de l'État partie au litige, l'arrêt de la Cour s'impose-t-il aux autres États adhérents à la Convention européenne des droits de l'homme ? Autrement dit, l'autorité des arrêts de la Cour est-elle limitée à celle de la chose jugée ou s'étend-elle à celle de la jurisprudence ? L'arrêt de la Cour n'est pas dépourvu d'effet à l'égard des autres États adhérents. La jurisprudence de la Cour a des effets juridiques. La notion d'arrêt « pilote » rejoint celle du précédent susceptible de s'imposer dans plusieurs autres affaires. Elle conforte la notion d'autorité de la chose interprétée. Il n'est point ici besoin de séparer artificiellement l'autorité de la chose interprétée et l'autorité de la jurisprudence européenne. La première étant l'expression conceptuelle, théorique et juridique de la seconde.

B) Dégagée par la doctrine, l'autorité de la chose interprétée est définie comme l'autorité attachée à la jurisprudence de la Cour en tant que celle-ci interprète et fait vivre la Convention européenne et ses protocoles. Elle est fondée sur la compétence d'harmonisation de l'interprétation de la Convention dévolue à la Cour. Elle n'est pas rigide et laisse place au dialogue entre la Cour européenne et le juge national.

1 / En vertu de l'article 32 de la Convention (ancien art. 45), la Cour assure la fonction d'interprétation authentique de la Convention européenne des droits de l'homme et de ses protocoles. Elle permet d'harmoniser l'interprétation de la Convention dans les différents systèmes et ordres juridiques des États adhérents en fixant un standard minimum que ceux-ci doivent atteindre, mais qu'ils peuvent dépasser.

La Cour énonce que « ses arrêts servent non seulement à trancher les cas dont elle est saisie, mais plus largement à clarifier, sauvegarder et développer les normes de la Convention, et à contribuer de la sorte au respect, par les États, des engagements qu'ils ont assumés en leur qualité de Parties contractantes » (*Irlande c/ Royaume-Uni*, 18 janv. 1978, A. 25). Sa jurisprudence lui a permis déjà d'adapter la Convention à l'évolution de la société. Les méthodes d'interprétation finalistes et évolutives utilisées par la Cour ont favorisé le développement d'une jurisprudence proche des préoccupations contemporaines des Européens. De plus, ces méthodes ont permis l'élaboration du concept de « notions autonomes » (*supra*, n° 4, *Engel*). Celles-ci ôtent aux États tout pouvoir d'interprétation national ou nationalisant de la Convention. Elles constituent en même temps le catalyseur de concepts européens communs, tels que celui du procès équitable.

Il n'est pourtant pas besoin de convoquer les « notions autonomes » pour trouver dans la jurisprudence européenne des indices précis et techniques de l'existence d'une autorité de la chose interprétée.

S'affranchissant depuis des lustres de la limitation classique de l'autorité de ses arrêts à celle de la chose jugée au prétexte qu'elle ne statuerait que *in concreto* (*supra*, n° 27, *Goldor*, § 34), la Cour européenne des droits de l'homme a donné corps et consistance à sa jurisprudence *Irlande c/ Royaume-Uni*. Habilitée par l'article 32 CEDH à jouer son rôle d'interprète privilégié de la CEDH et de ses protocoles, la Cour ne se contente pas de développer une objectivisation de son office et de sa jurisprudence, elle donne de la hauteur à ceux-ci en statuant *in abstracto*. Elle statue de plus en plus souvent au-delà du cas d'espèce. Ainsi, elle effectue un contrôle de compatibilité générale des mesures nationales litigieuses sans considération de leur cadre particulier. Elle rend pose alors une norme générale applicable à une question intéressant la société. Tel est le cas lorsqu'elle juge que le refus d'autorisation de l'insémination artificielle pour permettre à un détenu de procréer avec son épouse méconnaît l'article 8 CEDH (*Dickson c/ Royaume-Uni*, 4 déc. 2008, Gd. Ch., *AJDA*, 2008, 978, chr. J.-F. Flauss). Elle va encore plus loin en effectuant directement un contrôle de conventionnalité des normes nationales de portée générale comme la loi. Ainsi, elle n'hésite pas à affirmer qu'elle « est appelée à se prononcer sur une question de principe, celle de savoir si, en tant que telle, la législation incriminée opère une discrimination illicite entre les personnes se trouvant dans une situation analogue » (*Carson e.a c/ Royaume-Uni*, 16 mars 2010, Gd. Ch., § 62, *AJDA*, 2010, 2362, chr. J.-F. Flauss). De plus en plus souvent, elle ne s'arrête pas aux différents cas à trancher en allant confronter la loi en cause avec les stipulations pertinentes de la CEDH ou de ses protocoles (*Dimitras e.a c/ Grèce*, 3 juin 2010, *AJDA*, 2010, 2362, chr. J.-F. Flauss : incompatibilité des dispositions législatives grecques relatives à la prestation de serment judiciaire).

Le caractère objectif et abstrait de l'office de la Cour européenne des droits de l'homme renforce la jurisprudence européenne. Celle-ci voit ses effets juridiques confortés par l'effet direct des arrêts européens.

La notion d'effet direct des arrêts retrouve ici toute sa signification. Hormis, l'effet direct de l'arrêt dans l'ordre juridique de l'État condamné qui est l'hypothèse de l'arrêt *Vermeire*, la jurisprudence européenne a élargi la portée de cet effet direct. Il faut qu'une juridiction nationale confrontée à une jurisprudence européenne « applique directement la Convention et la jurisprudence de la Cour » (*Verein Gegen Tierfabriken Schweiz (GVT) c/ Suisse*, 4 oct. 2007, § 55, *JCP G*, 2008, I, 110, n° 1, obs. F. Sudre). Lorsqu'elle a déjà condamné un État adhérent dont une mesure de portée générale du droit national méconnaissait la Convention, la Cour dépasse l'autorité *inter partes*. Elle considère que tous les États qui conservent dans leur ordre juridique respectif une ou des normes nationales similaires à celle qui a été déclarée contraire à la Convention sont tenus de respecter la jurisprudence de la Cour sans attendre d'être attaqués devant la Cour européenne (*Modinos c/ Chypre*, 22 avr. 1993, A. 259, § 20-24 : référence à l'arrêt *Dudgeon c/ Irlande*, préc. ; *Valenzuela Contreras c/ Espagne*, 30 juill. 1998, § 60 : référence à *Malone c/ Royaume-Uni*, 2 août 1985, A. 82).

Le critère de l'analogie des espèces soutient l'autorité de la chose interprétée. La Cour l'exploite de façon intensive notamment dans le domaine du droit à l'exécution des décisions de justice (*supra*, n° 33, *Hornsby*) et dans celui du droit à un recours effectif (*supra*, n° 40, *Kudla*). Lorsque la Cour a déjà statué dans un sens pour résoudre une affaire analogue à d'autres affaires, elle pratique l'économie des moyens pour renvoyer au précédent (par ex. *Gasan, Koltsov, Petrushko c/ Russie*, 24 févr. 2005 ; *Makarova, Plotnikovy, Poznakhirina c/ Russie*, 24 févr. 2005 ; *Kuzin, Aggelopoulos, Fraggalexi, Charalambos Karagiannis, Kaskniotis c/ Grèce*, 9 juin 2005 ; *Nafpliotis, Nikolopoulos c/ Grèce*, 2 juin 2005 ; *Kangasluoma c/ Finlande*, 20 janv. 2004 ; utilisant explicitement la notion d'analogie des « circonstances », *Achache c/ France*, 3 oct. 2006, § 28, renvoyant à *Lecarpentier c/ France*, 2 mai 2006 ; *Kandler et al. c/ France*, 18 sept. 2008, § 24 renvoyant à *Ravon c/ France*, 21 févr. 2008). Elle affirme clairement aujourd'hui l'obligation de l'État d'appliquer l'autorité de la chose interprétée. « Si le caractère essentiellement déclaratoire des arrêts de la Cour laisse à l'État le choix des moyens pour effacer les conséquences de la violation (*Marckx*, précité, § 58, et *Verein gegen Tierfabriken Schweiz (VGT) c. Suisse* (n° 2), Gr. Ch., § 61), il y a lieu de rappeler en même temps que l'adoption de mesures générales implique pour l'État l'obligation de prévenir, avec diligence, de nouvelles violations semblables à celles constatées dans les arrêts de la Cour (voir, par exemple, *Salah c. Pays-Bas*, 6 juill. 2006, § 77). Cela entraîne l'obligation pour le juge national d'assurer, conformément à son ordre constitutionnel et dans le respect du principe de sécurité juridique, le plein effet des normes de la Convention, telles qu'interprétées par la Cour » (*Fabris c. France*, 7 févr. 2013, Gd.ch., § 75, *JCP* G 2013, act. 242, obs. F. Sudre). On peut partager l'opinion concordante du juge Pinto de Albuquerque qui considère que l'on doit comprendre l'arrêt Fabris comme l'expression de l'effet direct et *erga omnes* des arrêts de la Cour européenne des droits de l'homme.

Cette thèse peut être atténuée par l'affirmation selon laquelle « la Cour ne se trouve pas liée par ses décisions antérieures » (*Cossey c/ Royaume-Uni*, 27 sept. 1990, A. 184, § 35). L'autorité de la chose interprétée ne vise cependant pas à figer la jurisprudence de la Cour. Dans le même arrêt Cossey, la Cour avait d'ailleurs considéré qu'« elle a toutefois coutume d'en (ses décisions antérieures) suivre les enseignements, dans l'intérêt de la sécurité juridique et du développement cohérent de la jurisprudence relative à la Convention » (*Cossey*, préc., § 35). Sans assimiler l'autorité de sa jurisprudence à celle du *stare decisis* au sens de la *common law*, la Cour la renforce en dépassant l'arrêt Cossey. « Sans être formellement tenue de suivre l'un quelconque de ses arrêts antérieurs, la Cour considère qu'il est dans l'intérêt de la sécurité juridique, de la prévisibilité et de l'égalité devant la loi qu'elle ne s'écarte pas sans motif valable des précédents. La Convention étant avant tout un mécanisme de défense des droits de l'homme, la Cour doit cependant tenir compte de l'évolution de la situation dans les États contractants et réagir, par exemple, au consensus susceptible de se faire jour quant aux normes à atteindre » (*Chapman*, n° 46). Cette conception souple des précédents va dans le sens de l'autorité de la chose interprétée. Celle-ci laisse place au dialogue des juges, selon les formules de M. Bruno Genevois.

2 / Il n'existe pas au sein de l'ordre public européen des droits de l'homme un instrument formel de dialogue des juges, à l'instar de l'article 267 du traité sur le fonctionnement de l'Union européenne qui permet aux juridictions nationales de poser à la Cour de justice de l'Union européenne des questions préjudicielles en interprétation ou en appréciation de validité du droit dérivé. Cet instrument permet ce dialogue, mais il l'encadre également en renforçant et en imposant la réponse donnée par le juge communautaire. En marge de la Conférence d'Interlaken des 18 et 19 février 2010 sur l'avenir de la Cour européenne des droits de l'homme, des voix favorables à l'instauration d'une procédure équivalente devant la Cour de Strasbourg se font entendre. Revendication doctrinale relativement ancienne, cette suggestion trouve écho par exemple au Conseil d'État français sous la plume de son Vice-Président (J.-M. Sauvé, « Le principe de subsidiarité et la protection euro-

péenne des droits de l'homme », intervention au *Cycle de conférences Le droit européen des droits de l'homme*, Conseil d'État, 19 avril 2009). Le Protocole n° 16 à la CEDH, du 2 octobre 2013, instaure une procédure permettant aux hautes juridictions des Hautes Parties contractantes d'adresser à la Cour européenne des droits de l'homme une demande d'avis consultatif portant sur l'interprétation et l'application de la CEDH et ses protocoles. Sans reconnaître une force contraignante aux avis de la Cour rendus dans ce cadre, cette procédure permettra, à l'entrée en vigueur du Protocole n° 16, un épanouissement structuré et consenti de l'autorité de la chose interprétée.

En tout cas, la conception que la Cour européenne se fait de l'autorité de ses précédents exprime bien l'autorité de la chose interprétée. Celle-ci est le concept qui qualifie le mieux l'autorité de la jurisprudence européenne, c'est-à-dire sa force juridique ; elle se situe à mi-chemin entre l'autorité du précédent dans la *common law* (qui s'applique dans un système juridictionnel hiérarchisé) et l'autorité persuasive de la jurisprudence (qui n'est qu'une autorité sociologique). En attendant l'entrée en vigueur du Protocole n° 16, elle permet un dialogue informel entre la Cour et les juridictions nationales.

Comme l'indique clairement l'arrêt Vermeire, dès lors que l'interprétation de la Convention par la Cour, dans ses précédents, est claire, précise et stable, il incombe aux juridictions nationales d'en tirer les enseignements.

Si le juge national a un doute sur la portée ou le sens de son interprétation, il dispose de la faculté de ne pas suivre un précédent européen pour envoyer un signal à la Cour. Si cette dernière confirme sa position, le juge national doit s'incliner face à l'interprétation authentique fournie par la Cour qui fait corps avec les dispositions conventionnelles interprétées.

Face aux difficultés pour les juridictions nationales de tirer les enseignements de la jurisprudence européenne dans certains domaines, la Cour n'a pas hésité à changer de jurisprudence en accomplissant des véritables revirements (*supra*, n° 23, *Vilho Eskelinen ;* n° 40, *Kudla*).

C) L'autorité des arrêts de la Cour influence le droit national. L'influence peut être d'ordre textuel à travers par exemple les changements de législations qui résultent d'une condamnation de l'État adhérent par la Cour (par ex. pour la Belgique une loi du 31 mars 1987 portant modification de nombreuses dispositions relatives à la filiation tire les conséquences de l'arrêt *Marckx, supra*, n° 51 ; pour la France, le vote de la loi du 10 juillet 1991 relative au secret des correspondances émises par la voie des télécommunications (*RUDH*, 1991, 247, obs. J. Pradel) faisant suite aux arrêts *Kruslin et Huvig c/ France*, 24 avril 1990, A. 176-A et A. 176-B ; pour le Luxembourg, l'adoption d'une loi du 27 octobre 1995 modifiant la loi du 8 février 1961 portant organisation du Conseil d'État pour tirer les conséquences de *Procola c/ Luxembourg*, 28 sept. 1995, A. 326).

Elle peut aussi être d'ordre jurisprudentiel. On retiendra justement ici l'impact de l'autorité des arrêts de la Cour européenne des droits de l'homme sur les juridictions nationales.

Les juridictions françaises limitent l'autorité des arrêts de la Cour à celle de la chose jugée (CE, 24 nov. 1997, Ministre de l'Économie et des Finances c/ Sté Amibu Inc., *RFDA*, 1998, 978, obs. J. Andriantsimbazovina : critère de l'identité des parties). Leur refus de reconnaître explicitement toute existence d'une force juridique des précédents du juge européen à travers l'autorité de la chose interprétée (v. par ex., R. Abraham, concl. sur CE, Sect., 3 juill. 1998, M. Bitouzet, *RFDA*, 1998, 1243) s'estompe progressivement et fait place à une reconnaissance quasi explicite (v. concl. M. Guyomar sur CE, 30 déc. 2003, Beausoleil et Mme Richard, *RFDA*, 2004, 265). Pour des raisons de politique jurisprudentielle, ces juridictions n'en prennent pas moins en compte les solutions véhiculées par ces précédents (par ex. Cass., Ass. plén., 11 déc. 1992, Marc X. et René Y., *JCP*, 1993, II, 21991, concl. M. Jéol, note G. Mémeteau) ; Conseil d'État (CE, Ass., 19 avr. 1991, Belgacem et Babas, 1991, 497, concl. R. Abraham) et n'hésitent plus à changer de jurisprudence pour suivre la jurisprudence européenne (respectivement, B. c/ France, 25 mars 1992, A. 232-C, *D*, 1992, chron., 323, note C. Lombois ; *JCP*, 1992, II, 21955, obs. T. Garé ; Beldjoudi c/ France, 26 mars 1992, A. 234-A, *RFDA*, 1992, 510, chron. H. Labayle et F. Sudre). L'évolution de la jurisprudence européenne provoque une accélération dans le temps du revirement de jurisprudence des hautes juridictions françaises. À propos de l'applicabilité de l'article 6 de la Convention à la fonction publique (*supra*, n° 23, *Vilho Eskelinen*), le Conseil d'État n'hésite pas à épouser les méandres et les tergiversations de la jurisprudence de la Cour européenne (CE, Ass., 11 juill. 2001, Ministre de la Défense c/ Préaud, *RFDA*, 2001, 1047, concl. C. Bergeal, revenant sur CE, Ass., 5 déc. 1997, Lambert, *Rec.*, 460, retournant ainsi à sa jurisprudence initiale, CE, Avis, 13 janv. 1997, Derbay, *Rec.*, 17). Les juridictions françaises n'hésitent pas à faire référence à la jurisprudence de la Cour européenne dans les visas (CE, ord., 24 févr. 2006, Association départementale et intercommunale pour la protection du lac de Sainte-Croix, visant *Mocie c/ France*, 8 avr. 2003) et à mentionner un article de la CEDH « tel qu'interprété par la Cour européenne des droits de l'homme » [Cass. soc., 14 janv. 1999, Bozkurt, *JCP G*, 1999, II, 10082, note F. Sudre ; Cass. soc., 13 juin 2007, APEI du Bocage virois et de la Suisse normande, *D*, 2007, 2420, not. C. Pérès ; CE, 25 mai 2007, Courty, *AJDA*, 2007, 1424, concl. R. Keller ; CAA Marseille, 4 sept. 2007, *Jean-Louis Bouscaren*, req. 05MA00694). Les juridictions suprêmes françaises suivent les revirements de la Cour européenne. Après que la Cour ait condamné sa jurisprudence relative à l'application immédiate d'une loi, le Conseil d'État abandonne sa jurisprudence pour suivre celle de la Cour (respectivement Cour EDH, *Draon c/ France, Maurice c/ France*, 5 oct. 2005, Gr. Ch., *JCP*, 2006, I, 109, § 16, obs. F. Sudre ; CE, avis, 6 déc. 2002, M. et Mme Draon, *RF adm.*, 2003, 339, note J. Petit ; CE, 24 févr. 2006, Levenez, *AJDA*, 2006, 1272, obs. S. Hennette-Vauchez). Il en est de même de la Cour de cassation (Cass. civ. 1re, 24 janv. 2006, *JCP*, 2006, II, 10062, obs. A. Gouttenoire et S. Porchy-Simon). Le Conseil d'État anticipe une condamnation au fond et change de jurisprudence au vu d'une décision de recevabilité de la Cour (CE, 30 déc. 2003, Beausoleil et Mme Richard, préc., prenant en compte déc. Richard-Dubarry c/ France, *RFDA*, 2004, 378, note A. Potteau). La reconnaissance pratique de l'autorité de la chose interprétée n'est pas seulement dans le discours (J.-M. Sauvé, « Le Conseil d'État est l'application de la CEDH », intervention au colloque de l'Université Paris 3 Sorbonne Nouvelle *Les 60 ans de la* CEDH, 9 avril 2010, http://www.conseil-etat.fr/cde/fr/discours-et-interventions/le-conseil-d-etat-et-l-application-de-la-convention-europeenne-de.html) mais va jusqu'à l'application par Conseil d'État des ordonnances de mesures provisoires prononcées par la Cour européenne des droits de l'homme (CE, Ord., réf., 30 juin 2009, Ministre de l'Intérieur, de l'Outre-Mer et des Collectivité territoriales c/ Berghal, *RFDA*, 2010, p. 594, chr. J. Andriantsimbazovina et L. Sermet).

Cette assimilation de l'autorité de la chose jugée et de l'autorité de la chose interprétée attachées aux arrêts et jurisprudence de la Cour européenne des droits de l'homme ne va pas cependant jusqu'à la remise en cause de l'autorité de la chose jugée d'un jugement national. Il faut saluer ici l'intégration de la logique de l'autorité de la chose interprétée dans la jurisprudence du Conseil d'État en faisant référence à la jurisprudence européenne sur les articles 46 et 41 CEDH. Maison on peut regretter qu'il renvoie la balle au législateur pour instaurer une procédure de réexamen des procès administratifs déjà terminés. Il considère en effet que « l'exécution de l'arrêt de la Cour ne peut toutefois, en l'absence de procédures organisées pour prévoir le réexamen d'une affaire définitivement jugée, avoir pour effet de priver les décisions juridictionnelles de leur caractère exécutoire » (CE, Sect., 4 octobre 2012, Gilbert Baumet, *RFDA* 2013, 103, note F. Sudre). En revanche, si l'exécution d'un arrêt de la Cour concernant une sanction administrative devenue définitive n'implique pas, en l'absence d'une procédure organisée à cette fin, le réexamen de cette sanction par l'autorité administrative compétente, le constat de violation de la CEDH constitue un élément nouveau qui doit être pris en compte par l'autorité investie du pouvoir de sanction ; celle-ci pourra apprécier si la poursuite de l'exécution de la sanction viole la CEDH, et ensuite y mettre fin totalement ou partiellement eu égard aux intérêts dont elle a la charge, aux motifs de la sanction et à la gravité de ses effets ainsi qu'à la nature et à la gravité des manquement constatés par la Cour (CE, Ass., 30 juillet 2014, Vernes, req. 358564).

Il n'est pas indifférent, en droit comparé, qu'une juridiction comme la cour constitutionnelle allemande accepte l'autorité des arrêts de la Cour européenne des droits de l'homme et exige des juridictions allemandes son respect (BVerfG, 2BvR 1481/04, 14 oct. 2004, *Neuejuristische Wochenschrift* 2004, p. 3401-3412 ; *RTDH*, 2006, 113, étude J. Gerkrath). De même, la Cour de cassation italienne accepte également l'autorité *erga omnes* des arrêts de la Cour européenne des droits de l'homme au-delà même de l'autorité *inter partes*, et ce notamment concernant l'autorité des arrêts pilotes (Cour Cass. pen., Ass. plén., ord. 19 avril 2012 (dép. 10 septembre 2012), n° 34472, www.giurcost.org). Sur une question préjudicielle posée par la Cour de cassation italienne dans son arrêt précité, la Cour constitutionnelle italienne reconnaît également l'autorité *erga omnes* des arrêts de la Cour européenne des droits de l'homme dans certaines conditions (Cour const., arrêt n° 210 du 18 juillet 2013, in www.cortecostituzionale.it : à propos de l'autorité de l'arrêt *Scoppola c./ Italie*, Cour EDH, Gr. Ch., 17 septembre 2009).

La réalité de l'autorité des arrêts de la Cour prend progressivement le pas sur les discussions formelles autour de son existence et de sa portée. Lors de son discours à l'ouverture solennelle de l'année judiciaire 2010 à la Cour européenne des droits de l'homme, le Vice-Président du Conseil d'État, Jean-Marc Sauvé, a affirmé clairement : « Les juges nationaux ont aussi un devoir de coopération loyale avec votre Cour, qui doit conduire à envisager la reconnaissance de l'autorité interprétative de ses arrêts et donc d'effets *erga omnes*, indépendamment de l'autorité de chose jugée entre les parties ».

Cette réalité peut se heurter à des difficultés d'exécution. L'arrêt Broniowski tente de tracer quelques voies qui peuvent conduire à vaincre ces difficultés.

## II / La quête de l'exécution effective des arrêts

Bien que doté de l'autorité de la chose jugée, l'arrêt de la Cour n'a pas force exécutoire car la Cour ne peut ni annuler ni réformer les mesures nationales déclarées contraires à la CEDH. L'arrêt est « déclaratoire pour l'essentiel » (*supra*, n° 51, *Markx*). Théoriquement, l'État dispose alors du libre choix des moyens à utiliser pour s'acquitter de l'obligation qui lui incombe (outre *Markx*, par ex., *Z. c/ Finlande*, 25 févr. 1997, § 112) sous la surveillance du Comité des ministres en vertu de l'article 46 CEDH. Bien qu'entretenant l'ambiguïté, la Cour renforce considérablement depuis l'arrêt *Broniowski* son pouvoir d'indication et d'injonction à l'égard de l'État concernant les mesures individuelles ou les mesures générales découlant de l'exécution de l'arrêt (§ 192), limitant et annihilant subrepticement ce libre choix des moyens, car les moyens choisis doivent être conformes avec la jurisprudence de la Cour (*Martins Castro et Alves Correia de Castro c/ Portugal*, 10 juin 2008, § 62). Grâce à la procédure de l'arrêt pilote, la Cour s'octroie un pouvoir de contrôle direct par lui-même du respect par les États de leur obligation d'exécuter concrètement les arrêts qu'elle rend.

A) L'exécution de l'arrêt peut impliquer l'adoption de mesures individuelles pouvant consister à remettre les choses en l'état antérieur au constat de violation *(restitutio in integrum)*. Les pouvoirs d'injonction et d'indication de la Cour à ce titre et leur portée sont fondés tantôt sur l'article 41, tantôt sur l'article 46, tantôt sur les deux articles. Des ajustements et des éclaircissements seraient bienvenus (*infra*, n° 75, *Papamichalopoulos*). Au-delà des mesures individuelles (ex. *Oleksandr Volkov c. Ukraine*, 9 janv. 2013 : indication de réformer le système disciplinaire applicable aux juges et exigence de réintégration de l'intéressé ; *Al Saadoon et Mufdhi c/ Royaume-Uni*, 2 mars 2010 : demande de faire cesser la souffrance des requérants et de prendre toutes les mesures nécessaires pour obtenir des autorités irakiennes l'assurance que la peine de mort ne sera pas requise contre eux ; sur celles-ci, voir *infra*, n° 75, *Papamichalopoulos*), l'exécution de l'arrêt peut conduire à l'adoption de mesures générales. Statuant généralement *in concreto*, la Cour n'en rend pas moins des arrêts qui remettent en cause des normes nationales de portée générale telle qu'une loi ou un règlement (*supra*, n° 44, *Dudgeon c/ Royaume-Uni*, 22 oct. 1981, A. 45). Dans ce cas, l'État condamné doit adopter des mesures générales pour remédier à la violation de la Convention. Le Comité des ministres peut accepter un changement de jurisprudence, un changement de pratique ou l'adoption de mesures pratiques comme le recrutement de juges, la construction de prison ; enfin, la publication et la distribution des arrêts concernés constituent des mesures générales.

Pour la Cour, cette obligation consiste en l'adoption d'une législation ou d'une réglementation, d'une mise en compatibilité du droit national avec les exigences de l'arrêt (*Maestri c/ Italie*, 17 févr. 2004, Gr. Ch., § 47, *RDP*, 2005, 758, obs. F. Sudre). Il y a là une obligation de « loyauté conventionnelle » (F. Sudre, *Droit européen et international des droits de l'homme*, 10e éd., 2011, no 451, p. 809).

Afin de rendre cette obligation effective, tout en réaffirmant son incompétence pour adresser des injonctions à l'État condamné (§ 193) et pour ordonner les mesures générales notamment en l'absence de causes structurelles (*L. M. c/ Italie*, 8 févr. 2005, § 52), l'arrêt *Broniowski* ouvre le chemin de l'indication des mesures générales à adopter lorsque la violation puise ses sources dans pareilles causes (Alisic e. a. c. Bosnie-Herzégovine, Croatie, Serbie, Slovénie, et l'ex-République yougoslave de Macédoine, 16 juillet 2014, Gd. ch., 60642/08 : obligation pour la Serbie et la Slovénie d'adopter des recours internes effectifs pour lutter contre l'inexécution ou l'exécution tardive de décisions de justice imposant des obligations en nature ; Centre de ressources juridiques c. Roumanie, 17 juillet 2014, Gd. ch., 47848/08 : obligation de mettre en place des mesures générales tendant à faire bénéficier des personnes handicapées mentales d'une représentation indépendante).

Afin de rappeler à l'État l'obligation d'exécuter les arrêts de la Cour, lorsqu'un État a déjà été condamné pour inexécution des décisions de justice, la Cour indique les mesures générales qu'implique l'exécution de l'arrêt tout en examinant les affaires similaires (*Fondation Foyers des élèves de l'Église réformée et Stanomirescu c. Roumanie*, 7 janvier 2014).

L'État condamné est tenu de prendre et de mettre en œuvre les mesures générales indiquées par la Cour dans l'arrêt (*Güngör c/ Turquie*, 22 mars 2005 : obligation pour l'État de mettre en place une législation claire permettant de limiter l'immunité parlementaire en cas de mise en cause d'un député ou de ses proches dans une affaire de délits de droit commun ; *Tekin Yildiz c/ Turquie*, préc. : obligation de réformer le système d'expertise médico-légal ; *Lukenda c/ Slovénie*, 6 oct. 2005 : obligation de réformer le système judiciaire pour mettre fin à la durée excessive des procédures en Slovénie ; *Xenides-Arestis c/ Turquie*, 22 déc. 2005, § 40 : exigence de mise en place d'un recours destiné à garantir une réparation effective des violations de l'article 8 et de l'article 1er du Protocole 1 de la Convention se manifestant par l'impossibilité pour de nombreuses personnes d'accéder à leurs biens et propriétés ; *Hutten Czapska c/ Pologne*, 19 juin 2006, Gr. Ch. : obligation de prendre des mesures générales destinées à ménager le juste équilibre entre les intérêts des propriétaires et ceux des locataires dans le cadre d'une politique globale de logements ; *L. c/ Lituanie*, 11 sept. 2007, § 74 : indication d'un délai de trois mois pour adopter une législation reconnaissant le droit des transsexuels de changer de sexe dans leur état civil ; *Hasan et Eylem Zengin c/ Turquie*, 9 oct. 2007, § 84 : exigence d'une mise en conformité du système éducatif turque avec la Convention comme redressement approprié). Lorsque l'État annonce l'adoption future de mesures générales conformes aux exigences d'un arrêt, la Cour se dispense d'indiquer ces mesures (*Sürmeli c/ Allemagne*, 8 juin 2006, Gr. Ch., § 139). S'il satisfait aux exigences de la Cour, celle-ci radie les affaires identiques du rôle (déc. 12 déc. 2007, *Wolkenberg et al. c/ Pologne*, n° 50003/99, *Witkowska-Tobola c/ Pologne*, n° 11208/02 : application de l'arrêt *Broniowski*).

Le pouvoir d'indication des mesures ainsi développé est renforcé par un contrôle juridictionnel de l'exécution des arrêts.

B) En complément du pouvoir de surveillance de l'exécution des arrêts détenus par Comité des ministres (art. 46, § 2 de la Convention), l'arrêt Broniowski affine et précise la politique jurisprudentielle de la Cour tendant à surveiller elle-même l'exécution de ses arrêts. Cette politique rampante et subreptice est épaulée par la procédure de l'arrêt pilote.

1 / La Cour a toujours entretenu l'ambiguïté concernant sa compétence pour surveiller l'exécution de ses arrêts. À la question de savoir si elle pouvait être saisie directement d'un grief tiré de la méconnaissance de l'ancien article 53, devenu article 46, sans se heurter à la compétence du Comité des ministres en matière de surveillance de l'exécution des arrêts, elle a estimé implicitement qu'il n'y avait pas d'incompatibilité entre un éventuel contrôle du respect de l'article 46 et la compétence de surveillance dévolu au Comité des ministres (*Olsson n° 2 c/ Suède*, 27 nov. 1992, A. 250, § 94). Tout en déclinant sa compétence pour examiner le respect par une Haute Partie contractante de ses obligations en vertu d'un précédent arrêt ou pour l'obliger de rouvrir la procédure nationale dans des affaires similaires (*Mehemi n° 2 c/ France*, 10 avr. 2003, § 43 ; déc. 1er mars 2005, *Komanicky c/ Slovaquie*, n° 13677/03 ; déc. 12 févr. 2008, *Haase et al. c/ Allemagne*, n° 34499/04), elle n'a pas hésité à vérifier le respect d'un arrêt précédent à l'occasion de l'examen d'une affaire identique (*Rinzivillo c/ Italie*, 21 déc. 2000, § 23, 31, dans lequel est vérifiée la mise en œuvre des arrêts *Calogero Diana c/ Italie* et *Domenichini c/ Italie*, 15 nov. 1996), à examiner à nouveau une affaire ayant déjà fait l'objet d'un arrêt antérieur (*Mehemi n° 2 c/ France*, préc.), à séparer l'examen de l'affaire au fond et l'examen de tout ou partie de la demande de satisfaction équitable (cf. *Hutten Czapska c/ Pologne*, 19 juin 2006, Gr. Ch., préc. ; *Xenides-Arestis c/ Turquie*, préc.). Dans l'arrêt relatif à la satisfaction équitable, elle peut contrôler le caractère adéquat et effectif des mesures adoptées (*Hutten-Czapska c/ Pologne*, préc. ; *Broniowski c/ Pologne*, 28 sept. 2005, Gr. Ch., *AJDA*, 2006, 467, chron. J.-F. Flauss ; *infra*, *Papamichalopoulos*, n° 75)· Elle accueille « un grief selon lequel la réouverture d'une procédure interne, en vue d'exécuter l'un de ses arrêts,

a donné lieu à une nouvelle violation de la Convention » (*Verein Gegen Tierfabriken Schweiz (GVT) c/ Suisse*, 4 oct. 2007, § 50, préc.). La Grande chambre statuant à propos de cette affaire (*Verein Gegen Tierfabriken Schweiz (GVT) c/ Suisse n° 2*, 30 juin 2009) confirme très clairement la compétence de la Cour pour contrôler l'exécution de ses arrêts. La Cour dispose donc d'une compétence pour faire respecter l'obligation positive des États adhérents à la CEDH d'exécuter correctement et entièrement ses arrêts en tenant compte à la fois des conclusions mêmes de ceux-ci mais aussi de leur esprit.

2 / La procédure de l'arrêt pilote lui permet d'accentuer cette pratique jurisprudentielle.

L'arrêt pilote étant devenu tout à la fois l'arrêt concernant une violation découlant d'une défaillance structurelle touchant un grand nombre de personnes, ou concernant des affaires répétitives ou une norme générale, il permet à la Cour d'affirmer son pouvoir d'injonction Pour redresser une violation et prévenir de violations ultérieures et similaires, la Cour indique les mesures générales qu'impose l'exécution de l'arrêt (par ex., *Broniowski*, § 188-194 ; *Xenides-Arestis c/ Turquie*, § 40 ; *Ramadhi et al. c/ Albanie*, 13 nov. 2007, § 94 : indication des mesures de réforme du système juridictionnel local qui « doivent être prises d'urgence », même date *Driza c/ Albanie*) et va jusqu'à demander à l'État « à prendre toutes les mesures nécessaires pour faire en sorte que les décisions nationales soient conformes à la jurisprudence de la Cour » (*Martins Castro et Alves Correia de Castro c/ Portugal*, § 66). Lorsque la Cour examine une affaire qui rentre dans le cadre d'une situation correspondant à un arrêt pilote, elle peut déclarer la requête irrecevable si elle estime que l'État a adopté les mesures générales nécessaires à l'exécution de l'arrêt pilote (déc. 12 janv. 2006, *Icyer*, n° 18888/02, estimant que la Turquie a satisfait aux exigences d'un arrêt pilote, *Dogan c/ Turquie*, 29 juin 2004, en adoptant une loi en date du 27 juill. 2004). L'accumulation de dysfonctionnements et de défauts structurels qui entravent l'indemnisation ou la restitution de biens confisqués pendant la période communiste et qui retardent l'exécution des arrêts de la Cour permet à cette dernière d'exiger de l'État l'adoption urgente de mesures générales dont certaines sont suggérées dans l'arrêt pilote (*Maria Atanasiu e.a c/ Roumanie*, 12 oct. 2010). Un problème structurel qui est à la source de la multiplication des requêtes devant la Cour justifie l'exigence d'adoption de mesures générales pour l'exécution de l'arrêt de la Cour (*Yetis e.a c/ Turquie*, 6 juill. 2010).

L'affaire *Broniowski* a permis à la Cour d'enrichir sa compétence de surveillance de l'exécution de ses arrêts à l'occasion du règlement amiable. Dans son arrêt du 28 septembre 2005, elle pose les conditions suivantes :

« Dans l'hypothèse d'un règlement amiable conclu après le prononcé d'un arrêt pilote sur le fond d'une affaire, la notion de "respect des droits de l'homme tels que les reconnaissent la Convention et ses Protocoles" s'étend nécessairement au-delà des seuls intérêts du requérant dont il s'agit et commande à la Cour d'examiner la cause aussi sous l'angle des "mesures générales pertinentes".

« On ne saurait exclure qu'avant même que l'État défendeur n'adopte une mesure générale, ou une mesure générale adéquate, en exécution d'un arrêt pilote sur le fond (art. 46 de la Convention), la Cour soit amenée à rendre un arrêt rayant la requête du rôle sur la base d'un règlement amiable (art. 37, § 1 *b)*) et 39) ou à octroyer une satisfaction équitable au requérant (art. 41). Néanmoins, compte tenu du caractère systémique ou structurel de la défaillance qui se trouve à l'origine du constat de violation dans un arrêt pilote, il est évidemment souhaitable pour le bon fonctionnement du mécanisme de la Convention que redressement individuel et redressement général aillent de pair. Il est du pouvoir de l'État défendeur de prendre parallèlement les mesures à caractère général et les mesures à caractère individuel nécessaires et de procéder à un règlement amiable avec le requérant sur la base d'un accord intégrant ces deux catégories de mesures [...]. »

Dans la ligne de cette jurisprudence, la Cour a adopté une nouvelle pratique lorsque l'inexécution de l'un de ses arrêts entraîne un afflux de requêtes similaires (*Greens et M.T. c/ Royaume-Uni*, 23 nov. 2010) : pour la première fois, elle raye du rôle toutes les requêtes similaires pendantes une fois les modifications législatives requises introduites par l'État visé, sans préjudice de la faculté de les réinscrire en cas de non-exécution par l'État défendeur ; elle inaugure également la suspension du traitement des requêtes similaires non encore enregistrées ainsi que des futures requêtes.

L'efficacité de cette pratique connaît des limites. Le Royaume-Uni dispose de 6 mois à partir du rejet de la demande de renvoi par un collège d'une Grande chambre – le 11 avril 2011 – pour modifier sa législation retirant systématiquement aux détenus condamnés le droit de voter aux élections nationales et européennes (législation condamnée par l'arrêt Hirst c/ Royaume-Uni n° 2, 6 octobre 2005).

En cas de persistance, de mauvaise ou de bonne foi, de non-exécution d'un arrêt de la Cour (par ex. Res. DH (2006) 26, 10 mai 2006, inexécution de l'arrêt Ilascu concernant deux personnes toujours détenues deux ans après l'arrêt de la Cour), le requérant peut se heurter à un véritable déni de justice car tout au plus pourra-t-il obtenir une satisfaction équitable devant la Cour européenne des droits de l'homme.

Le Protocole n° 14, ouvert à la signature et à la ratification le 13 mai 2004, entré en vigueur le 1er juin 2010, prévoit deux solutions pour tenter de remédier à ce problème. Le Comité des ministres peut saisir la Cour d'une demande en interprétation en cas de difficulté de compréhension d'un arrêt ; il peut aussi mettre en demeure un État auteur d'une inexécution obstinée de l'arrêt de la Cour d'exécuter celui-ci, à défaut et à la majorité des deux tiers, il peut saisir la Cour pour constater cette violation de la CEDH. Bien qu'elles reconnaissent explicitement la compétence de la Cour de contrôler l'exécution de ses propres arrêts, ces solutions n'apparaissent pas suffisantes pour lutter contre les difficultés d'exécution concrète des arrêts de la Cour. Le constat d'inexécution d'un de ses arrêts par la Cour lui permet tout au plus de constater la violation de la CEDH et de renvoyer l'affaire au Comité des ministres. La reconnaissance au profit de la Cour européenne des droits de l'homme d'un pouvoir d'astreinte à l'instar de la Cour de justice de l'Union européenne devrait être envisagée à moyen terme. Une telle solution étant la plus fiable et la plus adaptée pour résoudre les difficultés d'exécution des arrêts (comparer avec l'art. 228 CE (devenu article 260 du Traité sur le fonctionnement de l'Union européenne), CJCE, 4 juill. 2000, Commission c/ Grèce, aff. C-387/97, *Rec.*, I, 5047 ; CJCE, 25 nov. 2003, Commission c/ Espagne, aff. C-278/01, *Europe*, janv. 2004, n° 6, F. Mariatte).

J. A.

## SECTION 2
## *La réparation*

**75. Papamichalopoulos *et al.* c/ Grèce, 31 octobre 1995** (art. 50), série A, n° 330-B ; *AFDI*, 1995, 503, chron. V. Coussirat-Coustère ; *RTD*H, 1997, 477, note M.-A. Beernaert.

**34.** La Cour rappelle que, par l'article 53 de la Convention, les Hautes Parties contractantes se sont engagées à se conformer aux décisions de la Cour dans les litiges auxquels elles sont parties ; de plus, l'article 54 prévoit que l'arrêt de la Cour est transmis au Comité des ministres qui en surveille l'exécution. Il s'ensuit qu'un arrêt constatant une violation entraîne pour l'État défendeur l'obligation juridique au regard de la Convention de mettre un terme à la violation et d'en effacer les conséquences de manière à rétablir autant que faire se peut la situation antérieure à celle-ci. Les États contractants parties à une affaire sont en principe libres de choisir les moyens dont ils useront pour se conformer à un arrêt constatant une violation. Ce pouvoir d'appréciation quant aux modalités d'exécution d'un arrêt traduit la liberté de choix dont est assortie l'obligation primordiale imposée par la Convention aux États contractants : assurer le respect des droits et libertés garantis (art. 1er). Si la nature de la violation permet une restitutio in integrum, il incombe à l'État défendeur de la réaliser, la Cour n'ayant ni la compétence ni la possibilité pratique de l'accomplir elle-même. Si, en revanche, le droit national ne permet pas ou ne permet qu'imparfaitement d'effacer les conséquences de la violation, l'article 50 habilite la Cour à accorder, s'il y a lieu, à la partie lésée la satisfaction qui lui semble appropriée.

**35.** Dans son arrêt au principal, la Cour a jugé que, la perte de toute disponibilité des terrains en cause, combinée avec l'échec des tentatives menées jusqu'ici pour remédier à la situation incriminée, a (vait) engendré des conséquences assez graves pour que les intéressés aient subi une expropriation de fait incompatible avec leur droit au respect de leurs biens (§ 45).

**36.** L'acte du gouvernement grec que la Cour a estimé contraire à la Convention, n'est pas une expropriation à laquelle n'aurait manqué, pour être légitime, que le paiement d'une indemnité équitable ; il s'agit d'une mainmise par l'État de terrains appartenant à des particuliers, qui se prolonge depuis vingt-huit ans, les autorités faisant fi des décisions des tribunaux nationaux et de leurs propres promesses aux requérants de remédier à l'injustice commise en 1967 par le régime dictatorial. Or le caractère illicite de pareille dépossession se répercute par la force des choses sur les critères à employer pour déterminer la réparation due par l'État défendeur, les conséquences financières d'une expropriation licite ne pouvant être assimilées à celles d'une dépossession illicite. À cet égard, la jurisprudence internationale, judiciaire ou arbitrale, fournit à la Cour une source d'inspiration très appréciable ; quoiqu'elle concerne plus spécialement l'expropriation d'entreprises industrielles et commerciales, les principes qu'elle dégage en ce domaine restent valables pour des situations comme celle en l'espèce. En particulier, par son arrêt du 13 septembre 1928 dans l'affaire relative à l'usine de Chorzow, la Cour permanente de justice internationale a jugé : « [...] la réparation doit, autant que possible, effacer toutes les conséquences de l'acte illicite et rétablir l'état qui aurait vraisemblablement existé si ledit acte n'avait pas été commis. Restitution en nature, ou, si elle n'est pas possible, paiement d'une somme correspondant à la valeur qu'aurait la restitution en nature ; allocation, s'il y a lieu, de dommages-intérêts pour les pertes subies et qui ne seraient pas couvertes par la restitution en nature ou le paiement qui en prend la place ; tels sont les principes desquels doit s'inspirer la détermination du montant de l'indemnité due à cause d'un fait contraire au droit international » (Recueil des arrêts, série A, n° 17, p. 47).

**37.** En l'espèce, l'indemnité à accorder aux requérants ne se limite pas à la valeur qu'avaient leurs propriétés à la date de leur occupation par la marine nationale. Dans son arrêt au principal, la Cour s'est fondée, pour qualifier l'ingérence incriminée, sur la durée de l'occupation et sur l'incapacité des autorités des années durant d'attribuer aux intéressés les terrains promis en échange. Pour cette raison, elle a invité les experts à estimer aussi la valeur actuelle des terrains litigieux ; cette valeur ne dépend pas de conditions hypothétiques, ce qui serait le cas s'ils se trouvaient aujourd'hui dans le même état qu'en 1967. Il ressort clairement du rapport d'expertise que, depuis lors, lesdits terrains et leur voisinage immédiat – qui disposaient de par leur situation d'un potentiel de développement touristique – ont été mis en valeur par la construction des bâtiments servant de centre de loisirs des officiers de la Marine nationale et par des travaux d'infrastructures à cette fin. La Cour ne perd pas de vue non plus que les intéressés avaient à l'époque un projet d'exploitation économique de leurs propriétés, qui avait reçu un début de réalisation [...].

**38.** En conséquence, la Cour estime que la restitution des terrains litigieux, d'une superficie de 104 018 $m^2$ [...] placerait les requérants, le plus possible, dans une situation équivalant à celle où ils se trouveraient s'il n'y avait pas eu manquement aux exigences de l'article 1er du Protocole 1 ; l'attribution des bâtiments existants les compenserait alors intégralement des conséquences de la perte de jouissance alléguée. [...].

**39.** À défaut pour l'État défendeur de procéder à pareille restitution dans un délai de six mois à compter du prononcé du présent arrêt, la Cour décide que celui-ci devra verser aux intéressés, pour dommage et perte de jouissance depuis que les autorités ont pris possession de ces terrains en 1967, la valeur actuelle de leurs terrains augmentée de la plus-value apportée par l'existence des bâtiments, ainsi que du coût de construction de ces derniers. Quant à la détermination du montant de cette indemnité, et eu égard à l'importance de l'écart qui sépare les méthodes de calcul employées à cette fin par les parties au litige, la Cour entérine les conclusions du rapport d'expertise pour l'évaluation exacte du préjudice subi. Ledit montant s'élèverait donc à 4 200 000 000 drachmes pour les terrains et 1 351 000 000 drachmes pour les bâtiments, majoré de 6 % d'intérêts à compter de l'expiration du délai de six mois susmentionné et jusqu'au versement effectif.

**40.** Plus spécialement, concernant les bâtiments, la Cour ne peut accueillir le moyen soulevé par le gouvernement, d'après lequel l'octroi d'une indemnité à ce titre relève exclusivement de la compétence des juridictions nationales car il nécessite au préalable une interprétation du droit national et un éclaircissement complet des circonstances de l'espèce ; les requérants disposeraient dans l'ordre juridique interne des moyens de recours efficaces pour satisfaire leurs exigences excessives. La Cour estime, d'une part, que les bâtiments forment une composante de la restitutio in integrum (§ 38 ci-dessus). Elle rappelle, d'autre part, qu'elle a reconnu les intéressés victimes d'une violation du Protocole 1 : les obliger à épuiser les voies de recours internes pour pouvoir obtenir de la Cour une satisfaction équitable, allongerait la procédure instituée par la Convention de manière peu compatible avec l'idée d'une protection efficace des droits de l'homme [...].

**43.** La Cour considère que la violation de la Convention a porté aux requérants un tort moral certain : il résulte du sentiment d'impuissance et de frustration face, d'un côté, au refus de la marine nationale et des gouvernements successifs de se conformer aux décisions des autorités judiciaires et administratives grecques [...] et, de l'autre, à l'échec de la tentative de récupération en échange de terrains d'égale valeur [...]

La Cour alloue à chacun des requérants 450 000 drachmes de ce chef, soit 6 300 000 drachmes au total.

La Cour a compétence, en vertu de l'article 41 de la Convention (ex-art. 50), pour rendre un arrêt de prestation et octroyer, « s'il y a lieu », à la victime une « satisfaction équitable » si une violation de la Convention a été établie et si le droit interne ne permet pas, ou qu'imparfaitement, d'en effacer les conséquences. Prenant appui sur les principes qui gouvernent la réparation en droit international public, la Cour européenne estime que l'article 41 ne saurait alors être interprété « dans un sens étroit et restrictif » et affirme qu'il « s'applique bien, en tant que tel, dans les affaires interétatiques » (*Chypre c/Turquie*, 12 mai 2014, GC, § 43). Elle prend soin de préciser que c'est l'individu, et non l'État, qui est principalement « lésé » par la violation d'un droit garanti par la Convention et qu'en conséquence la satisfaction équitable doit toujours être accordée « au profit de victimes individuelles » (§ 46). Elle précise également qu'il est souhaitable d'accorder une satisfaction équitable dans les affaires interétatiques où les griefs tiennent à la violation des droits fondamentaux des personnes physiques par l'État défendeur et sont « comparables en substance » à ceux soulevés dans une requête individuelle mais non dans les affaires relevant de la défense de l'ordre public européen, où sont en cause des questions d'ordre général (défaillances systémiques, pratiques administratives, § 44).

Le libellé de l'article 41 implique logiquement que la Cour européenne se prononce sur la satisfaction équitable par un arrêt distinct de l'arrêt au principal et postérieur à celui-ci. Il en est ainsi en l'espèce, d'autant que l'arrêt au fond, qui établit une violation du droit de propriété en raison d'« une expropriation de fait » résultant d'une occupation continue pendant vingt-huit ans par la Marine nationale grecque de terrains appartenant aux requérants, a relevé que la question de la réparation n'était pas en l'état (24 juin 1993, A. 260-B, § 49, *JDI*, 1994, 792, obs. P. Tavernier). Si celle-ci est en l'état, la pratique dominante de la Cour – consacrée par le Protocole 14 (art. 29 § 1 Conv.) – est de statuer par un seul arrêt sur la violation et la réparation.

L'arrêt *Papamichalopoulos* définit l'économie de l'article 41 : cette disposition énonce une obligation principale de réparation adéquate par les autorités nationales et prévoit l'octroi à titre subsidiaire d'une réparation pécuniaire par la Cour européenne.

## I / Une obligation principale de réparation adéquate par les autorités nationales

Conformément au droit international général (CPJI, affaire des usines de Chorzow, 13 sept. 1928, série A, n° 17, p. 47), la Cour affirme avec netteté le principe que la *restitutio in integrum* constitue le mode adéquat de réparation, dont elle précise le fondement et les modalités.

A) L'arrêt montre clairement que la *restitutio in integrum* est une obligation juridique issue de l'article 46 (ex-art. 53) de la Convention : « Un arrêt constatant une violation entraîne pour l'État défendeur l'obligation juridique au regard de la Convention de mettre un terme à la violation et d'en effacer les conséquences de manière à rétablir autant que faire se peut la situation antérieure à celle-ci » (§ 34). La *restitutio in integrum* prend donc sa source, comme le confirme la jurisprudence postérieure (*Scozzari et Giunta c/ Italie*, 13 juill. 2000, Gr. Ch., § 249 ; *Brumarescu c/ Roumanie*, 23 janv. 2001, Gr. Ch., § 20, *JCP G*, 2001, I, 342, n° 8, obs. F. Sudre), dans l'obligation de résultat que l'État partie tient de l'article 46 (*supra*, n° 74), qui lui impose de prendre à l'égard de la victime les mesures individuelles – et/ou le cas échéant générales – propres à effacer la violation et à assurer une remise des choses en l'état. Conformément à la théorie classique de la responsabilité internationale de l'État, pèse donc ici sur l'État une double obligation, obligation de cessation de l'illicite et obligation de réparation.

L'article 41 ne contient donc pas une simple directive mais une obligation juridique impérative pour les États parties : « Si la nature de la violation permet une *restitutio in integrum*, il incombe à l'État défendeur de la réaliser, la Cour n'ayant ni la compétence ni la possibilité pratique de l'accomplir elle-même » (arrêt, § 34). Antérieurement, la Cour s'était limitée à constater, dans son arrêt sur la satisfaction équitable, que telle solution adoptée par l'État défendeur avait conduit (*Piersack c/ Belgique*, 26 oct. 1984, A. 85, § 11 ; *Windisch c/ Autriche*, 28 juin 1993, A. 255-D, § 14) ou, au contraire, n'avait pas conduit (*De Cubber c/ Belgique*, 14 sept. 1987, A. 124-B, § 21) à « un résultat aussi proche d'une *restitutio in integrum* que la nature des choses s'y prêtait ». Après avoir suggéré, dans une affaire de privation de propriété, que « la meilleure forme de réparation consisterait en principe dans la rétrocession du terrain par l'État » (*Hentrich c/ France*, 22 sept. 1994, A. 296-A, § 71, *JCP G*, 1995, I, 3823, n$^{os}$ 41 et 51, obs. F. Sudre), le juge européen fait un pas décisif dans le présent arrêt et n'hésite pas à mettre à la charge de l'État défendeur une obligation de restitution en nature (§ 39). Cette obligation demeure cependant relative puisqu'est offerte à l'État grec la possibilité, à défaut d'une telle restitution dans un délai de six mois, de verser une indemnité pour dommage matériel (§ 39 ; *Brumarescu*, § 23). Ainsi lu, l'article 41 édicte une obligation alternative pour l'État condamné : la *restitutio in integrum* si la nature de la violation le permet, ou, à défaut, la réparation indemnitaire. Il s'agit bien, à titre principal, d'effacer complètement dans le chef de la victime les conséquences de la violation.

B) L'obligation de *restitutio in integrum* implique l'adoption de mesures individuelles de nature diverse – modification, annulation, retrait de l'acte juridique à l'origine du manquement (par ex., retrait d'une décision d'expulsion), réparation pécuniaire si cela s'avère être la modalité la plus adéquate – en fonction de l'objet du litige. Le principe demeure celui du libre choix des moyens (arrêt, § 34) : le caractère déclaratoire de l'arrêt constatant une violation (*supra*, n° 74) implique, en effet, que l'État défendeur reste libre « de choisir les moyens de s'acquitter de son obligation juridique au regard de l'article 46 de la Convention » (*Scozzari et Giunta*, § 249). Ce principe est, cependant, sensiblement aménagé par la jurisprudence récente de la Cour.

1 / Classiquement, la Cour se refuse à indiquer à l'État, et *a fortiori* à ordonner, les mesures particulières à prendre pour rétablir les victimes dans leurs droits reconnus par la Convention. Elle ne se reconnaît pas compétente pour adresser des injonctions à l'État condamné et lui prescrire, par exemple, d'effacer des sanctions disciplinaires et pénales (*Le Compte c/ Belgique*, 24 oct. 1983, A. 68, § 9), d'attribuer une carte d'invalidité et une rente viagère au requérant (*Duclos c/ France*, 17 déc. 1996, § 92), d'ordonner une enquête sur les risques de pollution causés par les activités d'une usine chimique (*Guerra et al. c/ Italie*, 19 févr. 1998, § 74) ou de procéder à l'ouverture d'un nouveau procès (*Saïdi c/ France*, 20 sept. 1993, A. 261-C, § 47 ; déc. 18 oct. 1995, Kremzov c/ Autriche, *DR*, 83-B, 55).

*a*) Procédant à une réinterprétation de l'article 41, qu'il lie parfois à l'article 46, le juge européen n'hésite plus aujourd'hui à considérer que la nature de la violation peut réduire à néant le libre choix de l'État et l'autorise à prescrire à ce dernier la mesure individuelle à prendre, comme « d'assurer la mise en liberté du requérant dans les plus brefs délais » (*Assanidzé c/ Géorgie*, 8 avr. 2004, Gr. Ch., § 203 : détention arbitraire, art. 5), de placer un détenu malade dans un établissement capable de dispenser le traitement médical nécessaire (*Ghavtadze c/ Géorgie*, 3 mars 2009, art. 3), de substituer une peine n'excédant pas 30 ans d'emprisonnement à une peine de réclusion criminelle à perpétuité (*Scoppola c/ Italie n° 2*, 17 sept. 2009, Gr. Ch., art. 7), de procéder à la mise en œuvre effective du droit de visite parental (*Gluhakovic c/ Croatie*, 12 avril 2011, art. 8, *JCP G* 2011-18, act. 532, C. Picheral), de donner accès à des informations obtenues par le biais de la surveillance électronique (*Youth initiative for human rights c/ Serbie*, 25 juin 2013, art. 10)

De même, la Cour souligne désormais avec insistance qu'un nouveau procès ou la réouverture d'une procédure judiciaire s'avère être le moyen de redressement le plus approprié pour atteindre l'objectif de la *restitutio in integrum* lorsqu'une condamnation pénale a été prononcée en violation de l'article 6, tenant au défaut d'indépendance et d'impartialité du tribunal (*Gençel c/ Turquie*, 23 oct. 2003, § 27 ; *Ocalan c/ Turquie*, 12 mai 2005, Gr. Ch., § 210), à l'absence d'un tribunal « établi par la loi » (*Claes et al. c/ Belgique*, 2 juin 2005), à une atteinte au droit de participer à son procès (*Somogyi c/ Italie*, 18 mai 2004, § 86 ; *Sejdovic c/ Italie*, 10 nov. 2004, § 47) ou aux droits de la défense (*Salduz*, *supra* n° 37). Cependant, la Cour prend soin de préciser que la réouverture d'une procédure pénale ne peut « en soi automatiquement passer pour un redressement suffisant » et que, pour qu'il en soit ainsi, « la nouvelle procédure doit être conduite avec célérité et dans le respect des garanties de l'article 6 de la Convention » (*Sakhnovski c/ Russie*, 2 nov. 2010, Gr. Ch., § 83, *JCP G* 2010, act. 1185, C. Picheral).

On notera ici que la France a institué (art. 626-1 et s. CPP) une procédure de réexamen d'une décision pénale définitive jugée par la Cour européenne contraire aux dispositions de la Convention, sous condition que la violation constatée par le juge européen entraîne pour le condamné, par sa nature et sa gravité, « des conséquences dommageables auxquelles la "satisfaction équitable" allouée sur le fondement de l'article 41 de la Convention ne pourrait mettre un terme » (v. Comm. réexamen déc. pén., 30 nov. 2000, Hakkar, et 15 févr. 2001, Voisine, *JCP G*, 2001, II, 10642, note J. Lefebvre). Le Conseil d'État est parfaitement fondé à juger qu'« en l'absence de procédures organisées pour prévoir le réexamen d'une affaire définitivement jugée », l'exécution de l'arrêt de la Cour ne peut avoir pour effet de priver les décisions juridictionnelles de leur caractère exécutoire et n'ouvre droit à aucun réexamen de la cause (CE, 4 oct. 2012, Baumet, n° 328502, *RFDA* 2013, 103, note F. Sudre ; CE, 11 févr. 2004, Mme Chevrol, *D*, 2004, 1414, concl. R. Schwartz). La Cour de cassation se prononce dans le même sens (Cass. soc., 30 sept. 2005, Lemoine c/ SNCF, *D*, 2005, 2800, obs. P.-Y. Gautier).

*b*) En matière de privation de propriété, le juge européen se reconnaît un véritable pouvoir d'injonction dans son arrêt *Papamichalopoulos* : il ordonne à l'État grec – sous la forme, certes, d'une obligation alternative *(supra)* – de procéder à la restitution des terrains litigieux, qui « placerait les requérants, le plus possible, dans une situation équivalant à celle où ils se trouveraient s'il n'y avait pas eu manquement aux exigences de l'article 1er du Protocole 1 » (§ 38 ;

*Brumarescu*, § 22). La Cour distingue entre une expropriation licite et une dépossession illicite (§ 36). Seule cette dernière exige une *restitutio in integrum* qui, en application des principes issus de la jurisprudence internationale (§ 36), n'est pas une restitution *ex ante* devenue impossible mais une restitution en l'état (cette solution est toutefois nuancée en matière d'expropriation indirecte : *Guido-Gallisay c/ Italie*, 22 déc. 2009, Gr. Ch.). Celle-ci inclut en l'espèce les aménagements faits et les bâtiments construits par l'État sur les terrains à titre de compensation d'une longue perte de jouissance (§ 38). L'expropriation licite, « à laquelle n'aurait manqué pour être légitime que le paiement d'une indemnité équitable », n'implique pas une *restitutio in integrum* mais le paiement d'une indemnisation qui doit être « raisonnablement en rapport avec la valeur du bien » (*Hentrich*, § 11 ; *Beyeler c/ Italie*, 28 mai 2002). Un remboursement inférieur à la pleine valeur marchande des biens peut alors être justifié par des objectifs légitimes « d'utilité publique », tels qu'en poursuivent des mesures de réforme économique ou de justice sociale (*James, supra*, n° 68), ou encore par un changement radical du système constitutionnel du pays, tel le passage de la monarchie à la république (*Ex-roi de Grèce et al. c/ Grèce*, 28 nov. 2002, Gr. Ch., § 78).

2 / Sous couvert de la satisfaction équitable, la Cour, par une utilisation combinée des articles 41 et 46 (*Scozzari et Giunta*, § 249) et au nom d'un principe de « loyauté conventionnelle » issu de l'article 1er de la Convention (*Maestri c/ Italie*, 17 févr. 2004, Gr. Ch., § 47), adopte désormais une définition extensive de l'obligation de l'État de se conformer à un arrêt de violation, analysée non seulement comme une obligation de cessation de l'illicite et une obligation de réparation mais aussi comme une obligation de prévention de l'illicite (définition à laquelle le Conseil d'État se rallie, CE, 4 oct. 2012, Baumet, cons. 6 et 7, préc.). Elle affirme en effet que les États parties ont l'obligation de rendre leur droit interne compatible avec la Convention et, dès lors, d'adopter des mesures de portée générale lorsque la violation constatée trouve son origine directement dans la règle de droit interne (par ex., *Assanidzé*, § 198). Ainsi, la Cour n'hésite pas à demander à l'État de rendre sa législation « claire et précise, de telle sorte que l'immunité parlementaire ne puisse plus empêcher dans la pratique la poursuite des délits de droit commun lorsque des parlementaires et leurs proches sont concernés en tant qu'éventuels témoins ou accusés » (*Güngör c/ Turquie*, 22 mars 2005, § 111), à lui prescrire d'adopter dans un délai de trois mois les mesures législatives rendant effectif le droit des transsexuels de changer de sexe reconnu par une nouvelle disposition du Code civil

(*L. c/ Lituanie*, 11 sept. 2007, § 74), à lui signifier que la mise en conformité de son système éducatif avec la Convention est « une forme appropriée de réparation » (*Hasan et Eylem Zengin c/ Turquie*, 9 oct. 2007, § 84).

Par ailleurs, la procédure de l'arrêt « pilote » permet à la Cour de déborder sans complexe sa compétence de rendre des arrêts purement « déclaratoires » (voir *Broniowski, supra*, n° 75).

3 / Motivée par le souci de transférer un contentieux de masse vers l'État partie, la pratique de l'« arrêt pilote » en matière de satisfaction équitable constitue une innovation discutable qui, différant la réparation pécuniaire accordée à la victime, fait obligation à l'État d'instaurer dans un délai de trois mois une voie de recours garantissant une réparation effective des violations constatées pour le requérant et l'ensemble des autres personnes intéressées, la réparation elle-même devant intervenir trois mois plus tard (*Xenides-Arestis c/ Turquie*, 22 déc. 2005, § 40).

## II / Une réparation pécuniaire subsidiaire par la Cour européenne

Précision faite que la Convention ne subordonne pas la recevabilité de la demande de « satisfaction équitable » à l'utilisation préalable des voies de recours internes (*supra*, n° 73) lorsque la Cour statue séparément sur l'article 41 (§ 40 ; *De Wilde, Ooms et Versyp*, 10 mars 1972, A. 14, § 16, *AFDI*, 1972, 438, obs. R. Pelloux), l'arrêt réaffirme le caractère subsidiaire de la « satisfaction équitable » de l'article 41 et fournit des précisions sur les modalités d'octroi de cette réparation pécuniaire par la Cour européenne.

A) L'octroi d'une réparation par équivalent par la Cour européenne n'intervient qu'en cas d'impossibilité d'une *restitutio in integrum* (arrêt, § 34 ; *Scozzari et Giunta*, § 250), que celle-ci résulte de l'état du droit interne de l'État condamné ou de la nature même de la violation (*De Wilde et al.*, § 20). Cela implique que le juge européen vérifie, dans le cadre de la compétence qui est la sienne au titre de l'article 41 (ex-art. 50), le caractère suffisant, ou non, des mesures adoptées par l'État défendeur pour exécuter l'arrêt de condamnation rendu contre lui au principal. Le juge européen contrôle notamment si l'exercice en droit interne d'une voie de révision contre la décision de justice génératrice d'une violation constatée de la Convention a constitué en soi une *restitutio in integrum* ou une complète réparation du dommage subi (par ex., *Windisch*, § 14, *Pressos Compania Naviera SA c/ Belgique*, 3 juill. 1997, § 11). L'arrêt *Barbera, Messegué et Jabardo c/ Espagne* (13 juin 1994, A. 285-C) offre un bon exemple d'exécution imparfaite d'un arrêt au fond de la Cour européenne (aussi, *Schuler-Zgraggen c/ Suisse*, 31 janv. 1995, A. 305-A, § 15, *JCP G*, 1996, I, 3910, n° 45, obs. F. Sudre). Celle-ci estime que l'annulation par le Tribunal constitutionnel de l'arrêt de condamnation des requérants – jugé par elle contraire à l'article 6 (6 déc. 1988, A. 146) – la réouverture du procès, l'acquittement et la mise en liberté des intéressés ne pouvaient constituer en soi une *restitutio in integrum* ou une complète réparation du dommage qui résultait de leur détention en application du procès initial (13 juin 1994, A. 285.C, § 16, *JDI*, 1995, 765, obs. O. de Frouville).

Ainsi compris, l'arrêt distinct sur l'article 41 joue le rôle d'un instrument de contrôle de l'exécution en droit interne des arrêts rendus au principal. Cependant, la Cour excède, selon nous, sa compétence lorsqu'elle se mue en juge du fond pour juger insuffisante l'indemnisation allouée par une commission nationale censée réparer intégralement les dommages résultant d'une atteinte à la personne, constitutive d'une violation de la Convention (*Trévalec c/ Belgique*, 14 juin 2011, *JCP G* 2011, act. 796, H. Surrel), et accorde sur le fondement de la satisfaction équitable une réparation supplémentaire pour le dommage moral (*Trévalec c/ Belgique*, 25 juin 2013, *D* 2013, 2139, note O. Sabard). Cet arrêt isolé confère à la satisfaction équitable une finalité punitive qui lui est en principe étrangère.

B) Au titre de l'article 41, la Cour accorde à la victime une réparation équitable couvrant les dommages subis et les frais supportés et assortie d'intérêts.

1 / La réparation équitable du préjudice moral ne soulève habituellement pas de problème de preuve d'existence et de causalité (v., cependant, *Kerojärvi c/ Finlande*, 19 juill. 1995, A. 322, § 46). La Cour européenne considère par principe que la violation de la Convention a causé un tort moral certain aux requérants, résidant dans un sentiment de détresse, d'inquiétude, d'« impuissance et de frustration » (arrêt, § 43) ou encore d'injustice (*Hornsby c/ Grèce*, 1er avr. 1998, § 18, inexécution d'une décision de justice), et admet qu'une société commerciale peut se prévaloir d'un préjudice moral résultant d'éléments « subjectifs » tels que la réputation de l'entreprise, l'incertitude dans la planification des décisions à prendre, les troubles causés à la gestion de l'entreprise elle-même (*Comingersoll SA c/ Portugal*, 6 avr. 2000 ; *Sovtransavto Holding c/ Ukraine*, 2 oct. 2003). La Cour apprécie souplement le lien de

causalité entre le manquement constaté et le dommage subi ; par exemple, elle estime, pour réparer le dommage moral, qu'« on ne saurait affirmer avec certitude que (les requérants) n'auraient rien retiré en pratique en l'absence du vice procédural en cause » (*McMichael c/ Royaume-Uni*, 24 févr. 1995, A. 307-B, § 103). On comprend mal alors que la Cour refuse de réparer le dommage moral résultant d'une violation de l'article 6, § 1 pour défaut d'impartialité ou d'indépendance (*Kingsley c/ Royaume-Uni*, 28 mai 2002, Gr. Ch., § 43) ou d'une détention provisoire faite au mépris de l'article 5, § 3 et/ou § 4 (*Nikolova c/ Bulgarie*, 25 mars 1999, § 76) et se limite à affirmer que le constat de violation fournit par lui-même une satisfaction équitable suffisante. Pour le dommage matériel doit être apportée la preuve de son existence et d'une stricte causalité (exemples de causalité non établie : *Éd. Périscope c/ France*, 26 mars 1992, A. 234-B, § 47 ; *Allenet de Ribemont*, § 65, *supra*, n° 34). Cette exigence est néanmoins assouplie par la prise en compte d'« une perte de chances réelles » (*Lechner et Hess*, 23 avr. 1987, A. 118, § 64), voire « douteuse » (*Sporrong et Lönnroth*, 18 déc. 1984, A. 88, § 25). Aussi, s'il refuse de « spéculer » sur la décision qu'aurait pu prendre l'autorité judiciaire s'il n'y avait pas eu violation de l'article 6 de la Convention (*Philis c/ Grèce*, 27 août 1991, A. 209, § 71 ; *Saïdi c/ France*, 20 sept. 1993, A. 261-C, § 49, *JCP G*, 1994, I, 3742, n° 39, obs. F. Sudre), le juge européen accepte, selon les circonstances de la cause, de considérer que la violation des garanties du procès équitable constitue une perte de chances réelle d'aboutir à un résultat plus favorable (*Colozza c/ Italie*, 12 févr. 1985, A. 89, § 38 ; *Bellet c/ France*, 4 déc. 1995, A. 333-B, § 43 ; *Dulaurans c/ France*, 21 mars 2000, § 43).

Adoptant une démarche « impressionniste », la Cour européenne évalue le dommage matériel de manière globale et « en équité » (*De Cubber*, 14 sept. 1987, A. 124-B, § 64 ; *Sporrong et Lönnroth*, § 32), « sans être liée en la matière par une norme juridique nationale » (*Schuler-Zgragen*, § 15). L'affaire *Papamichalopoulos* introduit plus de rigueur en la matière : pour la première fois, la Cour, dans son arrêt au fond, ordonne aux parties de désigner d'un commun accord des experts chargés d'estimer la valeur des terrains litigieux, puis, statuant au titre de l'article 50, se rallie à cette estimation (§ 39). De plus, jugeant la notion de « satisfaction équitable » suffisamment large pour englober les frais d'expertise, elle met ceux-ci à la charge de l'État (§ 51-54). D'une manière générale, l'ampleur de l'indemnisation ne paraît pas être en rapport avec la nature du droit violé et il est choquant que des atteintes aux biens (en l'espèce, plus de 5 milliards de drachmes ; *Ex-Roi de Grèce*, préc., 13 200 000 euro) puissent donner lieu à des indemnisations nettement plus élevées que des violations du droit à la vie (*Anguelova c/ Bulgarie*, 13 juin 2002, 19 050 euro) ou du droit de ne pas être torturé (*Selmouni*, 500 000 F), dont la jurisprudence a pourtant souligné l'importance primordiale.

La Cour laisse « aux autorités nationales agissant conformément au droit interne pertinent » le soin de régler la question de la saisissabilité de la somme versée au titre de la satisfaction équitable (*Allenet de Ribemont c/ France*, 7 août 1996, § 19, *JDI*, 1997, 227, obs. E. Decaux) mais précise que, sauf à pervertir le système de l'article 41, la somme octroyée au titre du préjudice moral « devrait être insaisissable » (*Selmouni*, § 133 ; aussi, *Ringeisen c/ Autriche*, 23 juin 1973, A. 16, § 15) ; néanmoins, elle se garde d'adresser une injonction à l'État (*Philis*, préc., § 79 ; *Selmouni ; Velikova c/ Bulgarie*, 18 mai 2000, § 99).

2 / En matière de frais et dépens, l'arrêt *Papamichalopoulos* rappelle que « les normes de la pratique interne ne s'imposent pas à la Cour » (§ 47). Selon une jurisprudence bien établie, l'allocation des frais et dépens ne peut intervenir que dans la mesure où se trouvent établis « leur réalité, leur nécessité et le caractère raisonnable de leur taux » (*Zimmerman et Steiner*, 13 juill. 1983, A. 66, § 36 ; *Beyeler*, préc., § 27).

3 / Suivant une pratique inaugurée en 1991 (*Moreira de Azevedo c/ Portugal*, 28 août 1991, A. 208-C), la Cour prescrit en l'espèce un délai impératif de trois mois à l'État grec pour s'acquitter de ses obligations financières au titre de la satisfaction équitable (pt. 4 du dispositif). Elle ordonne également, après avoir adopté une position contraire (par ex., *Nibbio c/ Italie*, 26 févr. 1992, A. 228-A ; *Pine Valley Developments c/ Irlande*, 9 févr. 1993, A. 246, note J.-F. Flauss, *RTDH*, 1993, p. 575), le versement d'intérêts de retard non capitalisables à partir de l'expiration du délai fixé pour le paiement de la somme allouée et jusqu'au versement effectif, le taux applicable étant celui en vigueur dans l'État en cause à la date du prononcé de l'arrêt (pt. 3 du dispositif ; *Vermeire c/ Belgique*, 4 oct. 1993, A. 270-A, § 13). En l'espèce, les intérêts ne couvrent que le chef du dommage matériel, mais la pratique est désormais d'accorder des intérêts moratoires sur la totalité des sommes allouées (*A. et al. c/ Danemark*, 8 févr. 1996, § 90 ; art. 75, § 3, Règl.).

F. S.

# *Éléments de bibliographie*

## BIBLIOGRAPHIE GÉNÉRALE


Andriantsimbazovina J., Gaudin H., Marguénaud J.-P., Rials S., Sudre F. (dir.), *Dictionnaire des droits de l'homme*, Puf, 2008.

Pettiti L.-E., Decaux E., Imbert P.-H. (dir.), *La Convention européenne des droits de l'homme. Commentaire article par article*, Economica, 1995.

Renucci J.-F., *Traité de droit européen des droits de l'homme*, LGDJ, 2e éd., 2012.

Sudre F., *Droit européen et international des droits de l'homme*, Puf, « Droit fondamental », 11e éd., 2012.

Sudre F. (dir.), *L'interprétation de la* CEDH, Bruylant, « Droit et justice », n° 21, 1998.

Tavernier P. (dir.), *Quelle Europe pour les droits de l'homme ?*, Bruylant, 1996.

Velu J. et Ergec R., *La Convention européenne des droits de l'homme*, Bruylant, 1990.

Pour une analyse synthétique, voir : L. Burgorgue-Larsen, *La Convention européenne des droits de l'homme*, LGDJ, 2012 ; Marguénaud J.-P., *La Cour européenne des droits de l'homme*, Dalloz, « Connaissance du droit », 6e éd., 2012 ; Sudre F., *La Convention européenne des droits de l'homme*, Puf, « Que sais-je ? » , n° 2513, 9e éd., 2012.

Consulter les *Mélanges en l'honneur de* : *Polys Modinos*, Pedone, 1968 ; *Gérard Wiarda*, Carl Heymanns, Cologne, 1988 ; *Jacques Velu*, Bruylant, 1992 ; *Marc-André Eissen*, Bruylant, 1995 ; *Louis-Edmond Pettiti*, Bruylant, 1998 ; *Rolv Ryssdal*, Carl Heymanns, Cologne, 2000 ; *Pierre Lambert*, Bruylant, 2000 ; *Gérard Cohen-Jonathan*, Bruylant, 2004 ; *Jean-Paul Costa*, Dalloz, 2011.


## BIBLIOGRAPHIE RELATIVE AUX DIFFÉRENTS TITRES DE L'OUVRAGE

Ne pouvant être exhaustif, on se limite à fournir quelques références essentielles et récentes en langue française permettant elles-mêmes l'accès à d'autres études spécialisées. Par ailleurs, le texte même des commentaires signale les notes ou chroniques de jurisprudence relatives aux arrêts commentés ou cités.

1 / Pour le Titre I (« Les principes directeurs »)

*Chapitre I (« Un instrument de l'ordre public européen »)*

Boumghar M., *Une approche de la notion de principe dans le système de la* CEDH, Pedrone 2010.

Grabarczyk K., *Les principes généraux dans la jurisprudencede la Cour européenne des droits de l'homme*, PUAM, 2008.

Hammje P., Droits fondamentaux et ordre public, *Rev. crit. dr. internat. priv.*, 1997, p. 1.

Picheral C., *L'ordre public européen. Droit communautaire et droit européen des droits de l'homme*, La Documentation française, « Monde européen et international », 2001.

Sudre F., L'ordre public européen, *in* M.-J. Redor (dir.), *L'ordre public : Ordre public ou ordres publics. Ordre public et droits fondamentaux*, Bruylant, « Droit et justice », n° 29, 2001, p. 109.

*Chapitre II (« L'effectivité des droits »)*

Section 1 (« La théorie des obligations positives »)

Akandji J.-F., Les obligations positives en vertu de la CEDH. Un guide pour la mise en œuvre de la CEDH, Conseil de l'Europe, *Précis sur les droits de l'homme*, n° 7, 2006.

Dubout E., La procéduralisation des obligations relatives aux droits fondamentaux substantiels par la Cour européenne des droits de l'homme, *RTDH*, 2007-70, 397.

Madelaine C., *La technique des obligations positives en droit de la Convention européenne des droits de l'homme*, Dalloz, Nouvelle Bibliothèque des thèses, 2014.

Moutel B., *L'« effet horizontal » de la Convention européenne des droits de l'homme en droit privé français. Essai sur la diffusion de la* CEDH *dans les rapports entre personnes privées*, Thèse dact., Limoges, 2006, 501 p.

Pastre-Belda B., La généralisation de la technique prétorienne des obligations positives, *ADE.*, vol VII, 2009, p. 633.

Spielmann D., « Obligations positives » et « effet horizontal » des dispositions de la Convention, *in* F. Sudre (dir.), *L'interprétation de la* CEDH, Bruylant, 1998, p. 133.

Spielmann D., *L'effet potentiel de la Convention européenne des droits de l'homme entre personnes privées*, Bruylant, 1995.

Sudre F., Les « obligations positives » dans la jurisprudence européenne des droits de l'homme, *RTDH*, 1995, p. 363.

Section 2 (« Les notions autonomes »)

Kastanas E., *Unité et diversité : notions autonomes et marge d'appréciation des États dans la jurisprudence de la Cour européenne des droits de l'homme*, Bruylant, 1996.

Melchior M., Notions « vagues » ou « indéterminées » et « lacunes » dans la Convention européenne des droits de l'homme, *Mélanges G. Wiarda*, 1988, p. 411.

Sudre F., Le recours aux « notions autonomes », *in* F. Sudre (dir.), *L'interprétation de la Convention européenne des droits de l'homme*, Bruylant, « Droit et justice », 1998, n° 21, p. 93.

Section 3 (« L'interprétation restrictive des limitations aux droits »)

Andriantsimbazovina J., L'État et la société démocratique dans la jurisprudence de la Cour européenne des droits de l'homme, *Mélanges G. Cohen-Jonathan*, Bruylant, 2004, p. 57.

Ducoulombier P., *Les conflits de droits fondamentaux devant la Cour EDH*, Bruylant, 2011.

De Salvia M., Contrôle européen et principe de subsidiarité : Faut-il encore (et toujours) émarger à la marge d'appréciation ?, *Mélanges Rolv. Ryssdal*, Carl Heymanns Verlag KG, 2000, p. 373.

Fabre-Alibert V., La notion de « société démocratique » dans la jurisprudence de la Cour EDH, *RTDH*, 1998, p. 465.

Jacquemot F., *Le standard européen de société démocratique*, Faculté de droit de Montpellier, « Thèses », t. 4, 2006.

Levinet M. (dir.), *Pluralisme et juges européens des droits de l'homme*, Bruylant, « Droit et justice », n° 91, 2010.

Muzny P., *La technique de proportionnalité et le juge de la Convention européenne des droits de l'homme. Essai sur un instrument nécessaire dans une société démocratique*, PUAM, 2005.

Pastre-Belda B., La Cour EDH entre promotion de la subsidiarité et protection effective des droits, *RTDH,* 2013-94, p. 251.

Rolland P., Le contrôle de l'opportunité par la Cour européenne des droits de l'homme, *in* D. Rousseau et F. Sudre (dir.), *Conseil constitutionnel et Cour européenne des droits de l'homme*, STH, 1990, p. 47.

Sudre F., À propos du dynamisme interprétatif de la Cour européenne des droits de l'homme, *JCP G*, 2001, I, 335.

Sudre F. (dir), *Le principe de subsidiarité, au sens du droit de la Convention européenne des droits de l'homme*, Némésis-Anthémis, « Droit et justice », n° 108, 2014.

Sudre F., La réécriture de la Convention par la Cour EDH, *Mélanges Jean-Paul Costa*, Dalloz 2011, 597.

Van Drooghenbroeck S., L'article 17 de la CEDH est-il indispensable ?, *RTDH*, 2001, p. 543.

Wachsmann P., De la qualité de la loi à la qualité du système juridique, *Mélanges G. Cohen-Jonathan*, Bruylant, 2004, 1687.

Wachsmann P., Réflexions sur l'interprétation « globalisante » de la CEDH, *Mélanges Jean-Paul Costa*, Dalloz, 2011, 667.

Section 4 (« L'encadrement des dérogations »)

Coussirat-Coustère V., « La réserve française à l'article 15 de la Convention européenne des droits de l'homme », *JDI* 1975, p. 269-293.

De Schutter O., « La Convention européenne des droits de l'homme à l'épreuve de la lutte contre le terrorisme », in *Lutte contre terrorisme et droits fondamentaux*, E. Bribosia et Anne Weyembergh (dir.), Bruylant-Nemesis, « Droit et justice », n° 34, 2002, p. 85-152.

Gonzalez G., « L'état d'urgence au sens de l'article 15 de la Convention EDH », *Cahiers de la Recherche des Droits Fondamentaux* (*crdf*), n° 6, 2007, p. 93-100.

*Chapitre III (« L'exercice des droits sans discrimination »)*

Bossuyt M., Article 14, *in* L.-E. Pettiti *et al.* (dir.), *La Convention européenne des droits de l'homme, Commentaire article par article*, Economica, p. 475.

Dubout E., Vers une protection de l'égalité « collective » par la Cour EDH ?, *RTDH*, 2006-68, 851.

Gonzalez G., Le Protocole additionnel n° 12 à la CEDH portant interdiction générale de discriminer, *RFDA*, 2002, p. 113.

Picheral C., Discrimination raciale et CEDH (L'apport de la jurisprudence), *RTDH*, 2001, p. 517.

Sudre F. et Surrel H. (dir.), *Le droit à la non-discrimination au sens de la* CEDH, Bruylant-Némésis, « Droit et justice », n° 81, 2008.

2 / Pour le Titre II (« Les droits garantis »)

*Chapitre I (« L'intégrité de la personne »)*

Section 1 (« Le droit à la vie »)

Afrouk M., L'article 2 de la Convention européenne des droits de l'homme dans la jurisprudence administrative, *RFDA*, n° 6, 2011, p. 1153-1164.

Levinet M. (dir.), *Le droit au respect de la vie au sens de la Convention européenne des droits de l'homme*, Bruylant, « Droit et justice », n° 93, 2010.

Surrel H., L'extension audacieuse de la compétence *ratione temporis* de la Cour EDH en matière de protection des droits procéduraux garantis par les articles 2 et 3 de la Convention, *RTDH* 2012-90, 271.

Tulkens F., Le droit à la vie et le champ des obligations des États dans la jurisprudence récente de la Cour européenne des droits de l'homme, in *Mélanges G. Cohen-Jonathan*, Bruylant, 2004, p. 1605.

Section 2 (« L'interdiction de la torture »)

Belda B., *Les droits de l'homme des personnes privées de liberté. Contribution à l'étude du pouvoir normatif de la Cour européenne*, Bruylant, 2010.

Callewaert J., L'article 3 de la CEDH : une norme relativement absolue ou absolument relative ?, in *Mélanges M.-A. Eissen*, Bruylant, 1995, p. 13.

Chassin M.-A. (dir.), *La portée de l'article 3 de la Convention européenne des droits de l'homme*, Bruylant, 2006.

Ecochard B., L'émergence d'un droit à des conditions de détention décentes garanti par l'article 3 de la CEDH, *RFDA*, 2003, 99.

Gouttenoire A., Le droit de l'enfant d'être protégé contre les mauvais traitements, *RTDH*, 2003, 1355.

Sudre F., Le renouveau jurisprudentiel de la protection des étrangers par l'article 3 de la CEDH, *in* H. Fulchiron (dir.), *Les étrangers et la* CEDH, LGDJ, 1999, p. 61.

Sudre F., Article 3, *in* L.-E. Pettiti *et al.* (dir.), *La Convention européenne des droits de l'homme, Commentaire article par article*, Economica, 1995, p. 155.

Sudre F., L'article 3 *bis* de la Convention européenne des droits de l'homme : le droit à des conditions de détention conformes au respect de la dignité humaine, *Mélanges G. Cohen-Jonathan*, Bruylant, 2004, p. 1499.

Section 3 (« L'interdiction de l'esclavage et du travail forcé »)

Chassin C.-A., L'article 4 CEDH : de la lettre à l'esprit, in *Mélanges Paul Tavernier*, Bruylant, 2013, p. 585.

*Chapitre II (« Les libertés de la personne physique »)*

Caire A.-B., *Liberté des marginaux et Convention européenne des droits de l'Homme*, Éditions universitaires européennes, 2012.

De Salvia M., Principes directeurs d'une procédure pénale européenne : la contribution des organes de la CEDH, *RCADE*, 1997, vol. V, t. 2, p. 59.

Guinchard S. *et alii*, Droit processuel. Droits fondamentaux du procès, Dalloz, 7e éd., 2013.

Guinchard S. et Buisson J., Procédure pénale, Litec, 9e éd., 2013.

Koering-Joulin R. et Truche P., Retour sur champ « pénal » européen…, *Mélanges L. E. Pettiti*, Bruylant, 1998, p. 513

*Chapitre III (« Les droits de procédure »)*

Section 1 (« Le droit à un procès équitable »)

*I. (« Champ d'application »)*

Matscher F., La notion de « décision d'une contestation sur un droit ou une obligation de caractère civil » au sens de l'article 6, § 1 de la CEDH, *Mélanges Wiarda, op. cit.*, p. 395.

Sudre F., « Dix ans d'applicabilité de l'article 6 de la CEDH par la Cour européenne des droits de l'homme », *Mélanges Serge Guinchard*, Dalloz, 2010, 393.

Sudre F. et Picheral C. (dir.), *La diffusion du modèle européen du procès équitable : Mission de recherche « Droit et justice »,* La Documentation française, 2003.

Tavernier P., Faut-il réviser l'article 6 de la CEDH (à propos du champ d'application de l'article 6), *Mélanges Pettiti, op. cit.*, p. 707.

On consultera plus particulièrement :

*Sur la « matière ordinale » :* Andriantsimbazovina J., La fin d'une résistance du Conseil d'État français à la chose interprétée par la Cour européenne des droits de l'homme : l'application de l'article 6, § 1 de la CEDH aux juridictions disciplinaires, *RTDH*, 1998, p. 365 ; Pralus-Dupuy J, « L'applicabilité de l'article 6 de la CEDH aux contentieux disciplinaires : état des lieux », *RFDA*, 2008, 317.

*Sur la « matière sociale » :* Sudre F., La « perméabilité » de la Convention européenne des droits de l'homme aux droits sociaux, *Mélanges Mourgeon*, Bruylant, 1998, p. 467.

*Sur la « matière administrative » :* Amselek P., Les juridictions des comptes et l'article 6-1 CEDH : une figure bien contestable de l'exception française, *Mélanges G. Cohen-Jonathan*, Bruylant, 2004, 31 ; Gonzalez G., Nouveau revirement de jurisprudence en matière d'applicabilité de l'article 6 § 1 de la Convention, dans son volet civil, aux fonctionnaires, *RFDA*, 2007, p. 1031 ; Milano L, « Fonction publique et CEDH », Jurisclasseur fonction publique, fasc. 1010 ; Sermet L., *Convention européenne des droits de l'homme et contentieux administratif*, Economica, 1996 ; Sudre F., L'applicabilité de l'article 6 de la CEDH aux procédures des juridictions financières,

*RFFP*, 2009, p. 55 ; Surrel H., Le jugement des comptes des comptables de fait à l'épreuve des exigences de la CEDH, *RFDA*, 2002, 104.

*Sur la « matière constitutionnelle » :* Burgorgue-Larsen L., « L'influence de la Convention européenne sur le fonctionnement des Cours constitutionnelles nationales », *Revue internationale de droit comparé*, 2008-2, 265 ; Grewe C., Procès équitable et justice constitutionnelle, in M. Delmas-Marty, H. Muir Watt, H. Ruiz-Fabri (dir.), *Variations autour d'un droit commun*, Paris, Société de législation comparée, 2002, p. 53-65 ; Sudre F., Question préjudicielle de constitutionnalité et Convention européenne des droits de l'homme, *RDP*, 2009, p. 671 ; Szymczak D., *La Convention européenne des droits de l'homme et le juge constitutionnel national*, Bruylant, 2007, 872 p.

*Sur les sanctions administratives :* Brisson J.-F., Les pouvoirs de sanction des autorités de régulation et l'article 6, § 1 de la CEDH, *AJDA*, 1999, p. 847 ; Etoa S., L'évolution du contrôle du juge administratif sur la gravité des sanctions administratives, *AJDA*, 2012, p. 358 ; Eveillard G., « L'application de l'article 6 de la CEDH à la procédure administrative non contentieuse », *AJDA*, 2010, 531 ; Mamontoff C., La notion de pleine juridiction au sens de l'article 6 de la CEDH et ses implications en matière de sanctions administratives, *RFDA*, 1999, p. 1004 ; Pralus-Dupuy J, « L'applicabilité de l'article 6 de la CEDH aux contentieux disciplinaires : état des lieux », *RFDA*, 2008, 317 ; Sudre F., Le droit à procès équitable hors les juridictions ordinaires, *Mélanges Dubouis*, Dalloz, 2002, p. 205 ; Tinière R, La notion de pleine juridiction au sens de la CEDH et l'office du juge administratif français, *RFDA*, 2009, 729 ; Les sanctions administratives. Actualité et perspectives, *AJDA*, numéro spécial, octobre 2001.

*Sur les sanctions fiscales :* Ayrault L., « Droit fiscal européen des droits de l'homme », Chr., *Droit fiscal*, depuis 2009 ; Berger V., « La jurisprudence de la Cour européenne des droits de l'homme et le droit fiscal », *Droit fiscal* 2010 (24), n° 367 ; Flauss J.-F., Sanctions fiscales et CEDH, *RFFP*, 1999, p. 77-99.

*Sur les lois rétroactives :* Milano L., Les lois rétroactives, illustration de l'effectivité du dialogue des juges, *RFDA*, 2006, p. 447. Prétot X., Les validations législatives. De la constitution à la CEDH, *RDP*, 1998, p. 11 ; Sandras C., Les lois de validation, le procès en cours et l'article 6, § 1 de la CEDH, *RTDH*, 51, 2002, p. 629 ; Van Brustem E.J., « Les lois rétroactives et la CEDH », *Droit fiscal*, 2009 (25), n° 373.

*II. (« Les garanties générales du procès équitable »)*

*Les nouveaux développements du procès équitable au sens de la* CEDH, Actes du colloque à la Cour de cassation du 22 mars 1996, Bruylant, 1996.

*Les principes communs d'une justice des États de l'Union européenne*, Actes du colloque à la Cour de cassation des 4 et 5 décembre 2000, La Documentation française, 2001.

*Le procès équitable et la protection juridictionnelle du citoyen*, Actes du colloque de l'UAE, Bruylant, 2001.

Mardon Delphine, *Les voies de recours dans le droit de la Convention européenne des droits de l'homme*, Thèse Grenoble, 2013.

Milano L., *Le droit à un tribunal au sens de la Convention européenne des droits de l'homme*, Dalloz, Nouvelle Bibliothèque des thèses, 2006, vol. 57.

Sudre F., Picheral C. (dir.), *La diffusion du modèle européen du procès équitable*, La Documentation française, 2003.

On consultera aussi sur *le droit d'accès à un tribunal* : Sudre F., Immunité de juridiction et droit de saisine du juge. La jurisprudence de la Cour européenne des droits de l'homme, *in* I. Pingel (dir.), *Droit des immunités et exigences du procès équitable*, Pedone, 2004, p. 19 ; Krenk F., La notion de « tribunal » au sens de l'article 6 de la CEDH, *Mélanges Petros J. Pararas*, Bruylant, 2009, p. 305 ; V. Donier et B. Lapérou-Scheneider (dir.), *L'accès au juge Recherche sur l'effectivité d'un droit*, Bruylant, 2013

Sur *l'égalité des armes* : Andriantsimbazovina J., Du commissaire du gouvernement au juge-orateur au sein des juridictions administratives, *D*, 2008, p. 1154 ; Dechenaud D., *L'égalité en matière pénale*, LGDJ, « Bibliothèque des sciences criminelles », 2008 ; Milano L., Douze ans après l'arrêt Kress, la reconnaissance de la spécificité du rapporteur public, *RDP*, 2013, p. 1123 ; Pacteau B., Le rapporteur public sauvé des eaux..., *RFDA*, 2014, p. 47 ; Pingel I. et Sudre F. (dir.), *Le ministère public et les exigences du procès équitable*, Bruylant, « Droit et justice », n° 44, 2003, 267 p.

Sur *l'indépendance et impartialité du tribunal* : Costa J.-P., Le droit au juge indépendant et impartial en matière administrative, Le principe vu par la Cour européenne des droits de l'homme, *AJDA*, 2001, p. 514 ; Crocq P., Le droit à un tribunal impartial, *Droits et libertés fondamentaux*, *in* R. Cabrillac *et al.*, Dalloz, 12e éd., 2006, p. 465 ; Picheral C., L'indépendance et l'impartialité des juridictions spécialisées, *RFDA*, 2012, p. 636 ; Schramek O., Le principe d'impartialité en droit public français et la Cour européenne des droits de l'homme, *Mélanges Jean-Paul Costa*, Dalloz, 2011, p. 563 ; Viennot C., Actualités et perspectives ouvertes par la jurisprudence récente de la Cour européenne des droits de l'homme en matière d'impartialité, *RTDH*, 2007, p. 179.

*III. (« Les garanties accordées à l'accusé »)*

Sur *le droit à la présomption d'innocence*, voir : Buchet A., La présomption d'innocence au regard de la Convention européenne des droits de l'homme et des libertés fondamentales, in *La présomption d'innocence en droit comparé*, Centre français de droit comparé ministère de la Justice, Société de législation comparée, 1998, p. 27 ; Koering-Joulin R., La présomption d'innocence, un droit fondamental ?, in *La présomption d'innocence en droit comparé, op. cit.*, p. 19 ; Spielman D., Procès équitable et présomption d'innocence, *RTDH*, 1995, p. 657.

Sur *les droits de la défense*, voir : Beernaert M.-A., La recevabilité des preuves en matière pénale dans la jurisprudence de la Cour EDH, *RTDH*, 2007-69, 81 ; Deshayes F. *Contribution à une théorie de la preuve devant la Cour européenne des droits de l'homme*, thèse, Montpellier, 2002, 525 p. ; Guérin M., Le témoignage anonyme au regard de la jurisprudence de la Cour européenne des droits de l'homme, *RTDH*, 2002, p. 45 ; Krenc F., De Schenk à Gäfgen : la preuve inconventionnelle à l'épreuve de l'article 6 de la CEDH, *Mélanges Paul Tavernier*, Bruylant, 2013, p. 781. ; J. Van Compernolle, Les exigences du procès équitable et l'administration des preuves dans le procès civil, *RTDH*, 2012, p. 729.

Section 2 (« Le principe de la légalité des délits et des peines »)

Belda B., Le principe de la légalité des délits et des peines en droit de la CEDH, *ADE*, vol VI, 2008, 913.

Karakosta C., *Ne bis in idem :* une jurisprudence peu visible pour un droit intangible, *RTDH*, 2007-73, 25.

Massias Fl., Le champ pénal européen selon la Cour EDH : interprétation autonome et applicabilité des articles 6 et 7 de la CEDH, *Mélanges Reynald Ottenhof*, Dalloz, 2006, 89.

Rolland P., Article 7, *in* L.-E. Pettiti *et al.* (dir.), *La Convention européenne des droits de l'homme, Commentaire article par article*, Economica, 1995, p. 293.

Sudre F., Le principe de la légalité et la jurisprudence de la Cour européenne des droits de l'homme, XIVe Congrès de l'Association française de droit pénal, « Faut-il repenser le principe de la légalité pénale ? » , Bordeaux, 1999, *Rev. pénitentiaire et de droit pénal*, 2001, n° 2, p. 335.

Section 3 (« Le droit à un recours effectif »)

De Bruyn D., Le droit à un recours effectif, in *Mélanges Lambert*, Bruylant, 2000, p. 185.

Flauss J.-F., Le droit à un recours effectif. L'article 13 de la Convention européenne des droits de l'homme, in *Le juge administratif français et la Convention européenne des droits de l'homme, RUDH*, 1991, p. 324.

Cohen-Jonathan G., Flauss J.-F. (dir.), *De l'effectivité des recours internes dans l'application de la* CEDH, Bruxelles, Bruylant, « Droit et Justice », n° 69, 2006.

*Chapitre IV (« Le droit au respect de la vie privée et familiale »)*

Section 1 (« La protection de la vie privée »)

De Schutter O., La vie privée entre droit de la personnalité et liberté, *RTDH*, 1999, p. 827

Fabre-Magnan M., Le sadisme n'est pas un droit de l'homme, *D*, 2005, 2973.

Fabre-Magnan M., Levinet M., Marguénaud J.-P., Tulkens F. Controverse sur l'autonomie personnelle et la liberté du consentement, *Droits*, 2009, n° 48, p. 3.

Jakhian E., La Cour européenne des droits de l'homme et le secret médical ou l'impossible équilibre, *Mélanges L. E. Pettiti*, Bruylant, 1999, p. 465.

Hennette-Vauchez S., Droits de l'homme et tyrannie : de l'importance de la distinction entre esprit critique et esprit de critique, *D.*, 2009, 238.

Larralde JM (dir.), *La libre disposition du corps*, Bruylant-Némésis, « Droit et justice », 2009.

Levinet M., La cour EDH aux prises avec la pénalisation du sado-masochisme. Réflexions critiques sur les dérives de l'autonomie personnelle, in *L'identité sexuelleContumace et défaut criminel*, Dalloz, 2008, 187.

Levinet M., L'embarras du juge européen des droits de l'homme face à l'homosexualité, *in* F. Guillaume et R. Arn, *Cohabitation non maritale. Évolution récente en droit suisse et étranger*, Droz, 2000, p. 59.

Meulders-Klein M. T., Vie privée, vie familiale et droits de l'homme, *RIDC*, 1992, p. 767.

Ray J. E., Le droit du travail à l'épreuve des nouvelles technologies de l'information et de la communication, *Liaisons*, 2001, p. 83.

Ringel F., Vie privée ? Vie familiale ? Les difficultés d'application de l'article 8 de la CEDH à l'homosexualité et au transsexualisme, *RRJ*, 1999, p. 1049.

Roman D., À corps défendant. La protection de l'individu contre lui-même, *D*, 2007, 1284.

Sudre F., Les aléas de la notion de vie privée dans la jurisprudence de la Cour européenne des droits de l'homme, *Mélanges L. E. Pettiti*, Bruylant, 1999, p. 687.

Sudre F. (dir.), *Le droit au respect de la vie privée au sens de la Convention européenne des droits de l'homme*, Bruylant-Némésis, « Droit et justice », n° 63, 2005.

Tabatoni P. (dir.), *La protection de la vie privée dans la société d'information*, Puf, « Cahiers des sciences sociales et politiques », 2000.

Tulkens F., Les droits de l'homme en détention, *Rev. sc. crim.*, 2001, p. 881. *Le transsexualisme en Europe* (2000), Éd. Conseil de l'Europe, 2000.

Section 2 (« La protection du domicile »)

De Fontbressin P., De l'effectivité du droit à un environnement sain à l'effectivité du droit à un logement décent, *RTDH*, 2006, 87.

Dejeant-Pons M., Les droits de l'homme à l'environnement dans le cadre du Conseil de l'Europe, *RTDH*, 2004, 861.

Flauss J.-F., Le droit de l'homme à un environnement sain, entre juridicisation et justiciabilisation, *Annuaire international des droits de l'homme*, Bruylant, vol. I, 2006, 531.

Marguénaud J.-P., L'incidence de la CEDH sur le droit de l'environnement, *JTDE*, 1998, p. 217.

Sudre F., La protection du droit à l'environnement par la CEDH in CEDECE, *La Communauté européenne et l'environnement*, La Documentation française, 1997, p. 209.

Section 3 (« La protection de la vie familiale »)

Coussirat-Coustère V., Famille et Convention européenne des droits de l'homme, *Mélanges Rolv Ryssdal*, Carl Heymanns Verlag, 2000, p. 281.

Debet A., *L'influence de la Cour européenne des droits de l'homme et le droit civil*, Dalloz, 2002.

Dekeuwer-Défossez F. (dir.), *Internationalisation des droits de l'homme et évolution du droit de la famille*, LGDJ, 1996.

Gauthier C., Gautier M. et Gouttenoire (dir.), *Mineurs et droits européens*, « Droits européens », Pedone, 2012.

Levinet M., L'éloignement des étrangers délinquants et l'article 8 de la CEDH, *RTDH*, 1999, p. 89.

Sudre F. (dir.), *Le droit au respect de la vie familiale au sens de la Convention européenne des droits de l'homme*, Bruylant-Némésis, « Droit et justice », n° 38, 2002.

Vasseur-Lambry F., *La famille et la Convention européenne des droits de l'homme*, L'Harmattan, 2000.

*Chapitre 5 (« Les libertés de la pensée »)*

Section 1 (« La liberté de pensée, de conscience et de religion »)

Costa J.-P., La CEDH et les sectes, in *Mélanges Ryssdal*, Carl Heymanns Verlag, 2000, p. 273.

Debet A., Signes religieux et jurisprudence européenne, *Archives de philosophie du droit*, t. 48, 2004, p. 221.

Flauss J.-F., Laïcité et CEDH, *RDP*, 2004, p. 317.

Gonzalez G. (dir.), *Laïcité, liberté religieuse et Convention européenne des droits de l'homme*, Bruylant, 2006.

Gonzalez G., *Les droits de l'enfant à la liberté de religion et la Convention européenne des droits de l'homme*, Société, droit et religion, n° 3, 2013, CNRS éditions, Paris, p. 153-169.

Gonzalez G., « La Convention européenne des droits de l'homme : développement jurisprudentiel d'une conception européenne de la liberté de religion », in F. Messner, P.-H. Prélot, J.-M. Woehrling (dir.), *Traité de droit français des religions*, Lexis Nexis, 2e éd., 2013, p. 483-524.

Levinet M., Croyances religieuses et travail dans la jurisprudence des organes de la CEDH, *Cahiers sociaux du Barreau de Paris*, juillet-août 2003 (numéro spécial), p. 63.

Levinet M., « Convention européenne des droits de l'homme (Libertés de la pensée) », fasc. 6522, LexisNexis, 2009, mise à jour 2011.

Pettiti C. et Massias T. (dir.), *Liberté de religion et* CEDH, Bruylant, 2004.

Rolland P., Ordre public et pratiques religieuses, *in* J.-F. Flauss (éd.), *La protection internationale de la liberté religieuse*, Bruylant, 2002, p. 231.

Russo C., La liberté religieuse dans les travaux préparatoires de la Convention européenne, in *Mélanges Ryssdal*, Carl Heymanns Verlag, 2000, p. 1247.

Section 2 (« Le droit à l'instruction »)

Gonzalez G., « Le droit à l'instruction au sens de la Convention européenne des droits de l'homme », *RDP*, 2010, p. 1003.

Levinet M., « La conciliation du droit à l'instruction de l'enfant et de l'obligation de respecter les convictions religieuses des parents à la lumière de la CEDH », *RTDH* 2011, p. 421.

Section 3 (« La liberté d'expression »)

Afroukh M., Les conflits entre la liberté d'expression et le droit à la réputation dans la jurisprudence de la Cour européenne des droits de l'homme, *ADE*, vol. VI, 2008, p. 949.

Blay-Grabarczyk K., Conciliation de la protection des droits d'autrui et de la liberté de la presse : la quête d'un équilibre introuvable, *RTDH*, 2014-97, p. 237.

Berger V., Publicité professionnelle et liberté d'expression, *Mélanges R. Ryssdal*, Carl Heymanns Verlag, 2000, p. 103.

Flauss J.-F., La Cour européenne des droits de l'homme et la liberté d'expression, in E. Zoller (dir.), *La liberté d'expression aux États-Unis et en Europe*, Dalloz, 2008, p. 97.

Larralde J.-M., L'article 10 de la CEDH et la liberté de la presse, *RTDH*, 2007-69, p. 39.

Loucaides L. G., Freedom of Expression and the Right to Reputation, in *Mélanges S. Marcus-Helmons*, Bruylant, 2003, p. 197.

Rabiller S., *Les restrictions administratives à la liberté de la presse face aux exigences constitutionnelles et européennes*, Economica/PUAM, 2002.

Ruet C., L'expression artistique au regard de l'article 10 CEDH : analyse de la jurisprudence européenne, *RTDH*, 2010-84, p. 917.

Spielmann D. et Cariolou L., The Right of Reputation under the European Convention on Human Rights, in *Mélanges P. Kuris*, Vilnius, Mykolo Romerio Universiteto Leydibos centras, 2008, p. 401.

Tavernier P., L'art et la Cour EDH, in *Mélanges G. Cohen-Jonathan*, Bruylant, 2004, p. 1537.

Verdussen M., Les droits de l'homme et la création artistique, in *Mélanges P. Lambert*, Bruylant, 2000, p. 1001.

Wachsmann P., Liberté d'expression et négationnisme, in « Le droit face à la montée du racisme et de la xénophobie », *RTDH*, numéro spécial, 2001-46, p. 585.

Wachsmann P., Une certaine marge d'appréciation. Considérations sur les variations du contrôle européen en matière de liberté d'expression, in *Mélanges P. Lambert*, Bruylant, 2000, p. 1027.

*Chapitre VI (« Les libertés de l'action sociale et politique »)*

Section 1 (« La liberté de réunion et d'association »)

Carillon A., Les sources européennes des droits de l'homme salarié, Bruylant, 2006.

Flauss J.-F., Le droit constitutionnel national devant la Cour européenne des droits de l'homme (actualité jurisprudentielle 1997-1998-1999-2000), *RFDC*, 44, 2000, p. 843, spéc. p. 874.

Jeammaud A., CEDH, *relations de travail et droit français, Ann.* Univ. Jean-Moulin, Lyon, 1981, p. 76.

Marguénaud J.-P. et Mouly J., Le Comité européen des droits sociaux, un laboratoire d'idées sociales méconnu, *RDP*, 2011-3.685.

Nivard C., *La justiciabilité des droits sociaux. Étude de droit conventionnel européen*, thèse dact., Montpellier, 2008.

Raymond J., La liberté de manifester selon la CEDH, *RTDH*, 1990, p. 331.

Lambert P. (dir.), *Les partis liberticides et la Convention européenne des droits de l'homme*, Bruylant, 2005.

Section 2 (« Le droit à des élections libres »)

Andriantsimbazovina J., Les droits politiques selon la Cour européenne des droits de l'homme, *Mélanges J.-C. Gautron*, Pedone, 2004, p. 3.

Kaiser M., Le droit à des élections libres… L'application timide d'une disposition ambitieuse, in *Mélanges P. Lambert*, Bruylant, 2000, p. 435.

Lecuyer Y., *Les droits politiquesdans la jurisprudence de la Cour européenne des droits de l'homme*, Dalloz, 2009.

Josso S. « Le droit à candidater aux élections législatives : un droit malmené », *Revue française de droit constitutionnel*, 2/2013, n° 94, p. 371-395.

*Chapitre VII (« Le droit de propriété »)*

*AJDA*, 2003, p. 2123 et s., Les incidences de la CEDH sur le droit administratif des biens. Hostiou R., Le droit français de l'expropriation et la CEDH, *AJDA*, 2000, p. 290.

IDHAE, *La protection du droit de propriété par la Cour européenne des droits de l'homme*, Bruylant, 2005.

Jean-Baptiste W., *L'espérance légitime*, LGDJ, 2011.

Lambert P., Le droit de l'homme à un logement décent, *RTDH*, 2001, p. 47.

Marcus-Helmons S., Le droit de propriété est-il un droit fondamental au sens de la CEDH ?, in *UAE. Les nouveaux droits de l'homme en Europe*, Bruylant, 1999, p. 193.

Pauliat H., Le droit de propriété devant le Conseil constitutionnel et la Cour européenne des droits de l'homme, *RDP*, 1995, p. 1445.

Sermet L., La CEDH et le droit de propriété, Conseil de l'Europe, *Dossiers sur les droits de l'homme*, 1998, n° 11.

Sudre F., La protection du droit de propriété par la Cour européenne des droits de l'homme, *D*, 1988, p. 71.

Zattara A.-M., *La dimension constitutionnelle et européenne du droit de propriété*, LGDJ, « Bibliothèque de droit privé », t. 351, 2001.

3 / Pour le Titre III (« La garantie des droits »)

*Chapitre I (« La compétence de la Cour »)*

Outre les manuels cités dans la bibliographie générale, voir :

Andriantsimbazovina J., La Cour européenne des droits de l'homme, cour éminente des droits de l'homme dans la construction européenne. Quelques réflexions sur les protocoles n° 15 et n° 16 à la Convention européenne des droits de l'homme, *Petites affiches*, 10 mars 2014, n° 49, 6.

Cohen-Jonathan G. et Flauss J.-F. (dir.), *La réforme du système de contrôle contentieux de la* CEDH, Bruylant-Némésis, « Droit et justice », 2005, n° 61.

Costa J.-P., *La Cour européenne des droits de l'homme, Des juges pour la liberté*, Dalloz 2013.

Eudes M., *La pratique judiciaire interne de la Cour européenne des droits de l'homme*, FMDH, n° 8, Pedone, 2005.

Flauss J.-F., Faut-il transformer la Cour européenne des droits de l'homme en juridiction constitutionnelle ?, *Dalloz*, 2003, chron., 1638.

Sudre F., La subsidiarité, « nouvelle frontière » de la Cour européenne des droits de l'homme, *JCP G* 2013, doctr. 1086, p. 1912.

Tigroudja H., La preuve devant la Cour EDH, *in* H. Ruiz-Fabri et J.-M. Sorel (dir.), *La preuve devant les juridictions internationales*, Pedone, 2007, 115.

Section 1 (« La notion de "juridiction" »)

Costa J.-P., Qui relève de la juridiction de quel(s) État(s) au sens de l'article 1er de la CEDH ?, *Mélanges G. Cohen-Jonathan*, Bruylant, 2004, p. 483.

Gonzalez G., La responsabilité des États parties à la CEDH du fait de leurs actions extraterritoriales, *ADE*, vol. V, 2007, 755.

Karagiannis S., Le territoire d'application de la CEDH, Vaetera et Nova, *RTDH*, 2005, n° 61, p. 33.

Romainville C., Contentieux irakien et extraterritorialité : de la nécessité de dépasser Bankovic, *RTDH* 2009-80, 1007.

Tinière R., Les « black lists » du Conseil de sécurité devant la Cour EDH, *RTD eur.*, 2013-3, 515.

Section 2 (« Les requêtes dirigées contre l'Union européenne et/ou ses États membres »)

Andriantsimbazovina J., « A qui appartient le contrôle des droits fondamentaux en Europe ? » , in *La Charte des droits fondamentaux l'Union européenne après le Traité de Lisbonne*, Institut des Droits de l'Homme des Avocats Européens, Bruxelles, Bruylant, 2010, 39.

Benoît-Rohmer Fl., Bienvenue aux enfants de Bosphorus : la Cour EDH et les organisations internationales, *RTDH*, 2010-81, 19.

Bultrini A., La responsabilité des États membres de l'Union européenne pour les violations de la CEDH imputables au système communautaire, *RTDH*, 2002, 16.

Potteau A., À propos d'un pis-aller : la responsabilité des États membres pour l'incompatibilité du droit de l'Union avec la CEDH, *RTDE*, 2009-4, 697.

Spielmann D., Un autre regard : la Cour de Strasbourg et le droit de la Communauté européenne, *Mélanges G. Cohen-Jonathan*, Bruylant, 2004, 1447.

*Chapitre II (« La recevabilité de la requête »)*

Section 1 (« La qualité de « victime »)

Delvaux H., La notion de victime au sens de l'article 25 de la CEDH, in *Actes du 5e Colloque international sur la* CEDH, Francfort, 1980, Pedone, 1982, p. 35.

Pettiti L.-E. et De Schutter O., Le rôle des associations dans le cadre de la CEDH, *JTDE*, 1996, p. 145.

Santulli C., Observations et proposition sur l'extension de la qualité de victime d'une violation des droits de l'homme, *Mélanges Cohen-Jonathan*, Bruylant, 2004, 1371.

Wyler E., Victime « actuelle » et victime « virtuelle » d'une violation des droits de l'homme dans la jurisprudence relative à l'article 25 de la CEDH, *Rev. suisse de dr. int. et eur.*, 1993, p. 3.

Section 2 (« L'épuisement des voies de recours internes

De Bruyn D. *et al.*, *Les exceptions préliminaires dans la* CEDH, Bruylant, « Droit et justice », n° 18, 1997.

De Schutter O., La subsidiarité dans la CEDH : la dimension procédurale, *in* M. Verdussen (dir.), *L'Europe de la* subsidiarité, Bruylant, 2000, p. 63.

De Schutter O., L'accès des personnes morales à la Cour européenne des droits de l'homme, in *Mélanges S. Marcus-Helmons*, Bruylant, 2003, p. 83.

Melchior M., Les Cours constitutionnelles et l'épuisement des voies de recours internes à l'égard de la CEDH, *Mélanges offerts à Silvio Marcus Helmons*, Bruylant, 2003, p. 231.

Puéchavy M., La règle de l'épuisement des voies de recours internes et la nouvelle Cour européenne des droits de l'homme, *Mélanges G. Cohen-Jonathan*, Bruylant, 2004, p. 1299.

*Chapitre III (« Le jugement sur le fond »)*

Section 1 (« L'autorité et l'exécution de l'arrêt »)

Andriantsimbazovina J., *L'autorité des décisions de justice constitutionnelles et européennes sur le juge administratif français*, LGDJ, 1998.

Andriantsimbazovina J., L'autorité de la chose interprétée et le dialogue des juges, *Mélanges Bruno Genevois*, Dalloz, 2009, 11.

IDEDH, *Le dialogue des juges*, Cahiers de l'IDEDH, n° 11, 2007.

Flauss J.-F., L'effectivité des arrêts de la Cour EDH : du politique au juridique ou vice versa, *RTDH*, 2009-77, 27.

Lambert E., *Les effets des arrêts de la Cour européenne des droits de l'homme*, Bruylant, 1999.

Lambert-Abdelgawad E., *L'exécution des arrêts de la Cour* EDH, Éd. du Conseil de l'Europe, Dossier sur les droits de l'homme, n° 19, 2e éd., 2008.

Lucas K., *Le revirement de jurisprudence de la Cour* EDH, Bruylant-Némésis, « Droit et Justice », 2008.

Malinverni G., La compétence de la Cour pour surveiller l'exécution de ses propres arrêts, La Convention européenne des droits de l'homme, un instrument vivant, *The European Convention on Human Rights, a living instrument, Mélanges en l'honneur de C. L. Rozakis*, Bruylant, 2011, 361.

Marguénaud J.-P., L'effectivité des arrêts de la Cour européenne des droits de l'homme en France, in *Le procès équitable et la protection juridictionnelle des citoyens*, Bruxelles, Bruylant, 2001, p. 137.

Ruedin X.-B., *Exécution des arrêts de la Cour européenne des droits de l'Homme*, Helbing Lichtenhahn, LGDJ, Bruylant, 2009, 442 p.

Schahmaneche A., *La motivation des décisions de la Cour européenne des droits de l'homme*, Pedone, 2014.

Sermet L., Le rôle du Comité des ministres dans le système européen de protection des droits de l'homme : dérive ou orthodoxie ?, *Mélanges Dubouis*, Dalloz, 2002, p. 159.

Sermet L., L'obscure clarté de la notion prétorienne d'arrêt pilote, *RGDIP*, 2007, 863.

Sudre F., À propos du « dialogue des juges » et du contrôle de conventionnalité, *Mélanges Jean-Claude Gautron*, Pedone, 2004, p. 207-226.

Sudre F., La motivation des décisions de la Cour européenne des droits de l'homme, *in* H. Ruiz-Fabri et J.-M. Sorel (dir.), *La motivation des décisions des juridictions internationales*, Pedone, 2008, p. 171.

Sudre F., L'effectivité des arrêts de la Cour européenne des droits de l'homme, *RTDH*, 2008-76, p. 917.

Sudre F., Du « dialogue des juges » à l'euro-compatibilité, *Mélanges Bruno Genevois*, Dalloz, 2009, p. 1015.

Sundberg F., Le contrôle de l'exécution des arrêts de la Cour européenne des droits de l'homme, *Mélanges G. Cohen-Jonathan*, Bruylant, 2004, p. 1515.

Voir les chroniques de L. Sermet (dir), *Annuaire de Droit européen* (depuis 2005) et E. Lambert, *RTDH* (depuis 2007).

Section 2 (« La réparation »)

Cohen-Jonathan G., Quelques considérations sur la réparation accordée aux victimes d'une violation de la CEDH, *Mélanges Pierre Lambert*, Bruylant, 2000, p. 109.

De Salvia M., La satisfaction équitable au titre des mesures individuelles et la pratique des organes de la CEDH : qu'en est-il du principe de sécurité juridique ?, *Mélanges Wolfang Strasser*, Bruylant-Némésis, « Droit et justice », 2007, n° 74, 45.

Lambert E., La pratique récente de réparation des violations de la convention européenne de sauvegarde des droits de l'homme et des libertés fondamentales : plaidoyer pour la préservation d'un acquis remarquable, *RTDH*, 2000, p. 199.

Tavernier P., La contribution de la jurisprudence de la Cour EDH relative au droit de la responsabilité internationale en matière de réparation. Une remise en cause nécessaire, *RTDH*, 2007-72, 945.

## CHRONIQUES DE JURISPRUDENCE

On utilisera les chroniques de la jurisprudence de la Cour européenne par : J. Andriantsimbazovina, *CDE* (depuis 1997) ; P. Rolland puis P. Rolland et P. Tavernier, et E. Decaux et P. Tavernier, *JDI* (depuis 1978) ; F. Sudre, *JCP*, éd. gén. (depuis 1993) ; F. Sudre *et al.*, *RUDH* (de 1992 à 1998) ; J.-P. Marguénaud, *RTD civ.* (depuis 1996) ; IDEDH (dir. F. Sudre), *RDP* (depuis 1999) ; D. Szymczak et S. Touzé, *La Cour européenne des droits de l'homme et le droit international*, *AFDI* (depuis 2011). Voir aussi, J. Andriantsimbazovina et J.-P. Marguénaud, Chronique de jurisprudence nationale relative à la CEDH, *ade*, depuis le vol. 1, 2003.

## RECUEIL DES DÉCISIONS

Pour les décisions de la Cour européenne des droits de l'homme : Série A. Arrêts et décisions de la Cour (Série A), et Série B. Mémoires, plaidoiries et documents (Série B), et, depuis 1996, Recueil des arrêts et des décisions, Köln, Carl Heymanns Verlag.

Les décisions et arrêts de la Cour sont disponibles sur son site Internet, http://www.echr.coe.int.

Pour les décisions de la Commission européenne des droits de l'homme, se reporter à : Conseil de l'Europe, Recueil de décisions de la Commission européenne des droits de l'homme (Rec. déc.), vol. 1 à 46 (1960-1974), et Conseil de l'Europe, Décisions et Rapports de la Commission européenne des droits de l'homme (D. et R.), vol. 1 (1975) et s.

Il faut aussi signaler l'ouvrage de V. Berger, Jurisprudence de la Cour européenne des droits de l'homme, Sirey, 12e éd., 2011, regroupant par thèmes les principaux arrêts de la Cour mais sans les commenter et celui de G. Dutertre, Extraits clés de jurisprudence. Cour européenne des droits de l'homme, Éd. Conseil de l'Europe, 2003.

# *Index des principales décisions*

Les chiffres renvoient aux pages de l'ouvrage.
Les arrêts reproduits et commentés sont indiqués en gras

DÉCISIONS ET ARRÊTS DE LA COUR EUROPÉENNE DES DROITS DE L'HOMME

COUR DE JUSTICE DE L'UNION EUROPÉENNE
(ANCIENNEMENT COUR DE JUSTICE DES COMMUNAUTÉS EUROPÉENNES)

CONSEIL CONSTITUTIONNEL



CONSEIL D'ÉTAT

COUR DE CASSATION

*Assemblée plénière*



*Chambres civiles*

*Chambre commerciale*

*Chambre sociale*



*Chambre criminelle*

# *Index des matières*

# THÉMIS

*Collection fondée par Maurice Duverger*

## DROIT

Direction : Catherine Labrusse-Riou – Didier Truchet

AMBROISE-CASTÉROT Coralie, BONFILS Philippe, *Procédure pénale*, 2011, 1re éd.
AMRANI MEKKI Soraya, STRICKLER Yves, *Procédure civile*, 2014, 1re éd.
ATIAS Christian, *Philosophie du droit*, 2011, 3e éd.
AUBY Jean-Bernard, AUBY Jean-François, NOGUELLOU Rozen, *Droit des collectivités locales*, 2009, 5e éd.
BELLESCIZE Diane de, FRANCESCHINI Laurence, *Droit de la communication*, 2011, 2e éd.
BERGE Jean-Sylvestre, ROBIN-OLIVIER Sophie, *Droit européen*, 2011, 2e éd.
BERGEL Jean-Louis, *Méthodologie juridique*, 2001, 1re éd.
BRACONNIER Stéphane, *Droit des services publics*, 2007, 2e éd.
BURDEAU François (†), *Histoire du droit administratif*, 1995, 1re éd.
BUREAU Dominique, MUIR WATT Horatia, *Droit international privé*
Tome I : *Partie générale*, 2014, 3e éd.
Tome II : *Partie spéciale*, 2010, 2e éd.
CADIET Loïc, NORMAND Jacques, AMRANI MEKKI Soraya, *Théorie générale du procès*, 2013, 2e éd.
CHEVALLIER Jacques, *Science administrative*, 2007, 5e éd.
COLLET Martin, *Droit fiscal*, 2013, 4e éd.
COLLET Martin, COLLIN Pierre, *Procédures fiscales. Contrôle, contentieux et recouvrement de l'impôt*, 2014, 2e éd.
CONSTANTINESCO Vlad, PIERRE-CAPS Stéphane, *Droit constitutionnel*, 2011, 6e éd.
DAËL Serge, COURRÈGES Anne, *Contentieux administratif*, 2013, 4e éd.
DAËL Serge, SAISON Johanne, TÜRK Pauline, *Exercices pratiques de contentieux administratif*, 2008, 2e éd.
DESGORCES Richard, AUBRY Hélène, NAUDIN Estelle, *Les grandes décisions de la jurisprudence civile*, 2011, 1re éd.
DORD Olivier, *Droit de la fonction publique*, 2012, 2e éd.
DOUAT Étienne, BADIN Xavier, *Finances publiques*, 2006, 3e éd.
DRAGO Guillaume, *Contentieux constitutionnel français*, 2011, 3e éd.
FABRE-MAGNAN Muriel, *Droit des obligations*
Tome I : *Contrat et engagement unilatéral*, 2012, 3e éd.
Tome II : *Responsabilité civile et quasi-contrats*, 2013, 3e éd.
FROMONT Michel, *Droit administratif des États européens*, 2006, 1re éd.
GIUDICELLI-DELAGE Geneviève (dir.), *Droit pénal des affaires en Europe*, 2006, 1re éd.
GUETTIER Christophe, *Droit administratif des biens*, 2008, 1re éd.

GUETTIER Christophe, *Droit des contrats administratifs*, 2011, 3e éd.
HENNION Sylvie, LE BARBIER-LE BRIS Muriel, DEL SOL Marion, *Droit social européen et international*, 2010, 1re éd., 2013, 2eo éd.
HUET André, KOERING-JOULIN Renée, *Droit pénal international*, 2005, 3e éd.
KALFLÈCHE Grégory, *Droit de l'urbanisme*, 2012,1re éd.
KARPENSCHIF Michaël, NOURISSAT Cyril (dir.), *Les grands arrêts de la jurisprudence de l'Union européenne*, 2010, 1re éd.
KESSEDJIAN Catherine, *Droit du commerce international*, 2013, 1re éd.
LABORDE Jean-Pierre, *Droit de la sécurité sociale*, 2005, 1re éd.
LACHAUME Jean-François, PAULIAT Hélène, BRACONNIER Stéphane, DEFFIGIER Clotilde, *Droit administratif. Les grandes décisions de la jurisprudence*, 2010, 15e éd.
LAUDE Anne, MATHIEU Bertrand, TABUTEAU Didier, *Droit de la santé*, 2013, 3e éd.
LOKIEC Pascal, *Droit du travail*
Tome I : *Les relations individuelles de travail*, 2011, 1re éd.
Tome II : *Les relations collectives de travail*, 2011, 1re éd.
MAILLARD DESGRÉES DU LOÛ, *Institutions administratives*, 2011, 1re éd.
MARINO Laure, *Droit de la propriété intellectuelle*, 2013, 1re éd.
MATHIEU-IZORCHE Marie-Laure, *Le raisonnement juridique*, 2001, 1re éd.
PERTEK Jacques, *Droit des institutions de l'Union européenne*, 2013, 4e éd.
PICOD Yves, *Droit des sûretés*, 2011, 2e éd.
PIEDELIEVRE Stéphane, *Droit de l'exécution*, 2009, 1re éd.
Rivier Raphaële, *Droit international public*, 2012, 2e éd.
RIVERO Jean, MOUTOUH Hugues, *Libertés publiques*
Tome I, 2003, 9e éd.
Tome II, 2003, 7e éd.
ROCHFELD Judith, *Les grandes notions du droit privé*, 2013, 2e éd.
SIMON Gérald (dir.), *Droit du sport*, 2012, 1re éd.
STRICKLER Yves, *Les biens*, 2006, 1re éd.
SUEUR Philippe, *Histoire du droit public français (XVe-XVIIIe siècle)*
Tome I : *La Constitution monarchique*, 2007, 4e éd.
Tome II : *Affirmation et crise de l'État sous l'Ancien Régime*, 2007, 4e éd.
SUDRE Frédéric, MARGUÉNAUD Jean-Pierre, ANDRIANTSIMBAZOVINA Joël, GOUTTENOIRE Adeline, LEVINET Michel, *Les grands arrêts de la Cour européenne des Droits de l'Homme*, 2011, 6eo éd.
TRUCHET Didier, *Droit administratif*, 2013, 5e éd.
VAN LANG Agathe, *Droit de l'environnement*, 2011, 3e éd.
VERPEAUX Michel, MONTALIVET Pierre de, ROBLOT-TROIZIER Agnès, VIDAL-NAQUET Ariane, *Droit constitutionnel. Les grandes décisions de la jurisprudence*, 2011, 1re éd.
WIJFFELS Alain, *Introduction historique au droit. France, Allemagne, Angleterre*, 2010, 1re éd.

## ESSAIS

VAUTROT-SCHWARZ Charles, *La police administrative*, 2014, 1re éd.

Cet ouvrage a été mis en page
par Meta-systems
59100 Roubaix

Achevé d'imprimer en mars 2015
sur les presses de Normandie Roto Impression s.a.s.
61250 Lonrai
N° d'impression : 1501153

*Imprimé en France*